HACKERS iBT TOEFL®

LISTENING

Hackers TOEFL Listening

개정판 1쇄 발행 2009년 4월 1일
개정판 10쇄 발행 2012년 3월 21일

저자 David Cho | 언어학박사 前 UCLA 교수
펴낸곳 (주)해커스 어학연구소
펴낸이 해커스 어학연구소 출판팀
주소 서울시 서초구 서초동 1316-15 해커스 교육그룹
전화 02-566-0001
팩스 02-563-0622
홈페이지 www.goHackers.com
ISBN 978-89-90700-67-4 18740
정가 29,500원 (테이프 별매)

Serial Number: 02-10-02

Preface

토플시험 준비를 넘어 실제 영어 실력 향상을 이룰 수 있도록 하여 사회에 공헌하겠다는 신념으로 토플 서적을 집필했습니다. 원리와 공식을 통한 문제 접근을 근간으로 한 '해커스 그래머', 논리적 사고 발달을 이끌어내는 토론식 학습을 위한 '해커스 토플 리딩'을 비롯하여 많은 해커스 토플 시리즈들이 베스트셀러를 넘어 이제는 스테디셀러로 자리잡았습니다. 이렇게 해커스의 책들이 많은 학습자들에게 도움이 되고 있는 것은 이러한 신념이 헛되지만은 않았다는 것을 보여주기에 매우 기쁘고 보람됩니다.

'Hackers TOEFL Listening'은 최신 iBT 리스닝 출제 경향을 철저히 분석하여 가장 실전다운 iBT 실전 문제를 최다 수록한 교재입니다. 유형별 핵심 리스닝 전략을 제시함으로써 고득점 달성의 탄탄한 발판 마련과 실질적 청취력 향상을 동시에 얻을 수 있도록 하였으며, 단계별 구성을 통해 체계적인 학습이 가능하도록 하였습니다. 실제 해외 대학 생활에서 접할 수 있는 대화와 강의 주제들을 빈출 토픽별로 다루어 학습자들은 자연스레 유학 생활을 준비할 수도 있습니다. 함께 포함된 'iBT TOEFL 리스닝 실전모의고사 CD'는 iBT 실전 시험과 동일한 난이도와 구성을 갖추고 있어 시험 전 실전 환경에 적응하는 기회를 가질 수 있고, 최종적으로 향상된 실력을 점검해 볼 수도 있습니다. 더불어 유학과 토플 관련 최고의 커뮤니티로 인터넷 시대를 선도하는 goHackers.com을 본 책의 학습과 함께 활용한다면 학습효과는 배가 될 것입니다.

오랜 연구와 시도로 새로운 갑옷을 두른 또 하나의 해커스 시리즈인 'Hackers TOEFL Listening'이 성적 상승과 영어 실력 향상의 확실한 해결책이 되어 주리라 기대하며, 나아가 여러분의 꿈을 이루어 나아가는 길에 작은 빛과 길잡이가 되기를 기원합니다.

David Cho

Contents

책의 특징 6
책의 구성 8
iBT TOEFL 소개 및 시험장 Tips 10
iBT TOEFL Listening 소개 12
Note-taking 16
학습방법 20
학습플랜 22
실전모의고사 CD 구성 및 이용법 26
Diagnostic Test 30

I. Conversations

Introduction / Hackers Strategy 38

Unit 1. Conversation Question Types

1. Main Purpose/Topic Questions 42
2. Detail Questions 52
3. Function & Attitude Questions 68
4. Connecting Contents Questions 82
5. Inference Questions 94

Unit 2. Conversation Topics

1. Instructor's Office Hours 110
2. Service Encounters 124

II. Lectures

Introduction / Hackers Strategy 144

Unit 1. Lecture Question Types

1. Main Purpose/Topic Questions 148
2. Detail Questions 158
3. Function & Attitude Questions 170
4. Connecting Contents Questions 184
5. Inference Questions 206

Unit 2. Lecture Topics

1. Biology 220
2. Astronomy 228
3. History 234
4. Art 240
5. Music 246
6. Environmental Science 250
7. Geology 256
8. Literature 262
9. Linguistics 266
10. Anthropology 270
11. Archaeology 276
12. Paleontology 282
13. Sociology 286
14. Psychology 290
15. Economics 296
16. Physics 300
17. Chemistry 304
18. Physiology 308
19. Communication 314
20. Architecture 320
21. Film 326
22. Photography 330
23. Engineering 334

Actual Test 1 340

Actual Test 2 352

Appendix 370

Conversation 실전 필수 어휘, Lecture 실전 필수 어휘

Conversation 토픽별 대학 관련 어휘, Lecture 토픽별 관련 어휘, 미국 영어와 영국 영어의 차이

Answer Key / Scripts / Translation 430

책의 특징

1. 실전 문제 최다수록

진단고사, 각 문제 유형별 Example, Hackers Practice, Hackers Test, Actual Test, CD Practice Test를 통하여 방대한 양의 적중률 높은 실전 문제를 수록하여 실전 시험을 완벽하게 대비할 수 있도록 하였다.

2. 최신 출제경향 반영

최신 iBT TOEFL 시험의 경향을 철저히 분석하여 교재에 반영함으로써, 각 영역별로 실전에 가장 가까운 지문 및 문제 유형을 제시하였으며 이러한 전략적인 학습을 통해 실제 시험에서 고득점을 얻을 수 있도록 하였다.

3. 고득점을 위한 완벽한 전략 제시

Conversation/Lecture의 문제 유형별로 실용적이고 효과적인 전략을 Hackers Strategy에서 제시하였다. 이 전략에 맞는 예제 및 표현을 본문에서 제시하여 전략을 효과적으로 습득할 수 있도록 하였으며, 본문에서 연습한 전략을 Hackers Practice 및 Hackers Test를 통해 체계적으로 학습함으로써 이것이 고득점으로 이어질 수 있도록 하였다.

4. 효과적 학습플랜 제시

본 교재의 학습플랜은 학습 구성과 학습 속도에 따라 총 4가지로 짜여 있다. iBT TOEFL 리스닝에 익숙하지 않아 체계적으로 꼼꼼히 학습하기를 원하는 독자들(6주형)과 시험을 앞두고 단시간 내에 전략적으로 학습하고자 하는 독자들(4주형)을 위한 학습플랜이 제시되며, 각각을 다시 Conversation/Lecture 별도 학습형과 Conversation/Lecture 혼합 학습형으로 나누어 놓았다. iBT TOEFL을 처음 접하는 독자의 경우에는 Conversation/Lecture 별도 학습형을 참고하기를 권한다.

5. 단계별 학습을 통해 기본부터 실전까지 완벽대비

각 단원 별로 전략을 단계적으로 연습할 수 있는 Hackers Practice에서부터 빈출 토픽과 문제를 바탕으로 한 실전 형식의 Hackers Test를 통해 심화 학습이 가능하게 하였다. 또한 난이도와 문제 유형이 실제 시험과 같은 Actual Test를 통해 실전에 완벽하게 대비할 수 있도록 하였다.

6. Note-taking 핵심 전략 제시

iBT TOEFL 시험에서 Note-taking을 허용함에 따라 청취하면서 Note-taking을 하는 데 꼭 필요한 전략을 제시하였다. 또한 Note-taking에 유용한 약어 및 기호들을 소개하여 실질적으로 Note-taking 실력을 향상할 수 있도록 하였다.

7. iBT 리스닝 실전모의고사 CD 제공

iBT TOEFL 리스닝 시험과 동일하게 34문제 세트와 51문제 세트의 두 가지 유형을 모두 테스트해 볼 수 있는 실전모의고사 CD를 수록하였다. 실전과 같은 내용, 난이도, 시험 진행 방식을 갖추고 있어서 시험 전에 자신의 실력을 점검해볼 수 있을 뿐 아니라, 실전 컴퓨터 환경에도 익숙해질 수 있다.

8. 문제 유형별, 빈출 토픽별 집중 공략

문제 유형별, 빈출 토픽별로 세부 단원을 구분하여, 각 유형별, 토픽별로 실전 문제를 집중 공략할 수 있게 하였다. 이를 통해 iBT TOEFL 리스닝 시험에 대한 체계적 이해와 논리적 접근이 가능하도록 하였으며 문제에 대한 감각도 보다 빨리 익힐 수 있도록 하였다.

9. iBT 리스닝 필수 어휘 및 발음 학습법 공략

꼭 알아두어야 할 iBT TOEFL 리스닝 관련 필수 어휘들을 한데 모아 부록으로 정리하였으며, 해설에서도 중요 어휘 및 표현들을 따로 정리해두어 실질적으로 청취력 향상에 도움을 줄 효과적 어휘 학습이 가능하게 하였다.

10. www.goHackers.com을 통한 자료 이용 및 상호 피드백

해커스 홈페이지(www.goHackers.com)를 통하여 책 내용에 관한 문의 사항을 나누고 iBT TOEFL 시험에 대한 다양하고 방대한 정보를 얻을 수 있으며, 학습 내용을 함께 토론할 수 있다.

책의 구성

1. Diagnostic Test

iBT TOEFL 리스닝 시험의 전반적인 유형 및 난이도 등에 대한 이해를 얻을 수 있도록 하고, 자신의 현재 듣기 실력을 진단하여 더욱 효과적인 학습을 계획할 수 있도록 책의 앞부분에 실제 시험의 구성과 경향을 그대로 따른 리스닝 Diagnostic Test 한 세트를 제공한다.

2. Hackers Strategy

철저히 분석된 iBT TOEFL 리스닝 시험의 실전 경향에 근거하여, 리스닝 시험에서 고득점을 얻게 해주는 전략인 Hackers Strategy를 각 문제 유형별로 제시하였다.

3. Example

실전 문제에 대한 전략을 효과적으로 응용해볼 수 있도록, 각 문제 유형별로 실전 문제 풀이과정을 그대로 구현한 Example을 제시하였다.

4. Hackers Practice

실전 리스닝 문제를 체계적으로 학습할 수 있도록, 각 문제 유형에 맞추어 제작된 다양한 유형의 연습 문제들을 Hackers Practice에서 제공한다. 한 가지 문제 유형에 대해 단계별로 짜임새 있는 연습 문제를 제공함으로써 학습자들이 자연스럽게 문제 유형을 숙달할 수 있도록 하였다.

5. Hackers Test

각 유형 공략에 필요한 전략과 Hackers Practice를 학습한 후 실전과 같은 난이도 및 형태의 문제들을 Hackers Test에서 집중적으로 풀어봄으로써, 각 문제 유형에 대한 실전 감각을 완전히 습득하도록 하였다.

6. Conversation Topics

iBT TOEFL 리스닝 시험의 Conversation 부분에서 자주 출제되는 캠퍼스 생활 관련 주제들을 만화 형식으로 흥미롭게 구성하였으며, 각 주제별로 반드시 알아두어야 할 용어 및 표현들을 제시하고 있다.

7. Lecture Topics

iBT TOEFL 리스닝 시험의 Lecture 부분에서 자주 출제되는 강의 관련 주제들을 사진과 함께 간략히 정리하여 제공함으로써 꼭 알아두어야 할 배경 지식을 효과적으로 습득할 수 있도록 하였다.

8. Appendix

iBT TOEFL 리스닝 시험을 위해 꼭 알아두어야 할 대화 필수 어휘, 강의 필수 어휘와 토픽별 대학 생활 관련 어휘 및 강의 토픽별 어휘를 부록에 수록하여 어휘 및 표현 학습을 효과적으로 병행할 수 있도록 하였다. 또한 iBT TOEFL 리스닝 시험에서 출제될 수 있는 호주/영국/미국식 억양의 차이에 대한 내용도 부록에 수록하였다.

9. Actual Test (책 + CD)

책을 모두 학습한 후 종합적인 이해도와 실력을 측정할 수 있는 Actual Test가 제공된다. iBT TOEFL 리스닝 시험의 구성 및 난이도와 같은 테스트를 풀어봄으로써, 실제 시험을 치르기 전에 자신의 실력을 점검해 볼 수 있도록 하였다. 마지막에는 실제 시험과 동일한 환경에서 구현되는 실전모의고사 CD로 실전 대비를 마무리 할 수 있다.

10. 스크립트와 해석

책의 복습을 쉽고 편하게 하기 위하여 문제의 정답과 함께 모든 교재 내용의 스크립트와 해석을 교재에 수록하였다.

iBT TOEFL 소개 및 시험장 Tips

iBT TOEFL이란?

iBT(Internet-based test) TOEFL(Test of English as a Foreign Language)은 종합적인 영어 실력을 평가하는 시험으로 Reading, Listening, Speaking, Writing의 능력을 평가하는 유형의 문제 외에도, Listening-Speaking, Reading-Listening-Speaking, Reading-Listening-Writing과 같은 통합형 문제가 출제된다. iBT의 총점은 120점이고 시험시간은 약 4시간이며, Reading, Listening, Speaking, Writing 영역의 순으로 진행된다. 네 개 시험 영역 모두 Note-taking이 허용되며, 문제를 풀 때 Note-taking한 내용을 참고할 수 있다.

iBT TOEFL의 구성

시험영역	출제 지문 및 문항 수	시험 시간	점수 범위	iBT TOEFL 특징
Reading	• 3-4개 지문 출제 • 한 지문당 길이: 700단어 • 각각 12-14문항 출제	60-80분	0 - 30	• 지문 길이가 길고, 다양한 구조의 지문이 출제됨 • 사지선다 형태, 지문 클릭(지문에 문장 삽입하기) 형태, 또는 정보를 분류하여 요약표나 범주표에 넣는 형태 등이 출제됨
Listening	• 2-3개 대화 출제 • 한 지문당 길이: 3분 • 각각 5문항 출제 • 4-6개 강의 출제 • 한 지문당 길이: 3~5분 • 각각 6문항 출제	60-90분	0 - 30	• 대화 및 강의의 길이가 길고, 실제 상황에 더욱 가까움 • Note-Taking이 허용됨 • 사지선다 형태, 다시 듣고 푸는 형태, 표 안에 정보를 분류하거나 순서대로 배열하는 형태 등이 출제됨
휴식	10분			
Speaking	• 독립형 문제 2개 • 통합형 문제 4개	20분 • 준비시간: 15~30초 • 답변시간: 45~60초	0 - 30	• 독립형 문제(1-2번) 익숙한 주제에 대해 의견 말하기 • 통합형 문제(3-6번) 읽고 들은 내용에 기초하여 말하기
Writing	• 통합형 문제 1개 • 독립형 문제 1개	20분 30분	0 - 30	• 핸드라이팅은 허용되지 않음

iBT TOEFL 관련 제반 사항

시험 소요 시간	약 4시간
총점	120점
진행 순서	읽기(Reading), 듣기(Listening), 말하기(Speaking), 쓰기(Writing) 순으로 진행
실시일	시험은 1년에 30-40회 정도 실시되며, 각 나라와 지역별로 시험일에 차이가 있음
시험장소	시험은 전용 컴퓨터 단말기가 마련된 ETS Test Center에서 치러짐
접수 방법	• 인터넷 접수: 응시일로부터 최소 7일전 인터넷 상으로 등록. 신용카드 및 전자수표로 결제 가능 • 전화 접수: 응시일로부터 최소 7일전 전화로 등록. 신용카드로만 결제 가능
시험 비용	• 시험 등록비용: US $170 • 시험일자 조정비용: US $50 • 취소한 성적복원 신청비용: US $20 • 추가 리포팅 비용: US $17 (한 대학당)
지불 수단	신용카드, 우편환, 전자수표, 수표
시험 등록 취소	• 웹사이트에 접속하거나 프로메트릭 Call Center에 전화하여 등록 취소 • 우편이나 e-mail로 취소 불가능 • 시험 응시일로부터 최소 4일전까지 취소해야 $85를 환불 받을 수 있음
성적 및 리포팅	• 시험 응시일로부터 15일 후에는 온라인 상에서 성적 확인 가능 • 시험일에 자동으로 4개 기관까지 성적 리포팅 가능 • 성적표의 유효기간은 2년

시험장 Tips

1. **입실 절차:** 고사장에 도착한 순서대로 번호표를 받아 입실하고, 시험도 순서대로 본다.
2. **신분 확인:** 유효한 신분증을 반드시 지참해야 하며, 사진을 찍은 후에 감독관이 시험을 보게 될 자리로 안내한다.
3. **필기 도구:** 연필과 종이는 감독관이 나누어 주므로 따로 챙겨갈 필요가 없다. 부족한 경우, 조용히 손을 들고 요구하면 된다.
4. **쉬는 시간:** 리딩과 리스닝이 끝난 후 10분의 휴식 시간이 주어지므로 다음 영역을 대비할 수 있다. 쉬는 시간에는 고사장 밖으로 나갈 수 있다.
5. **마이크 음량 조절:** 시험 시작 직후와 스피킹 영역이 시작 하기 전에 마이크 음량을 조절해야 한다. 목소리가 너무 작으면 컴퓨터가 인식하지 못하고 너무 크면 주위에 방해가 되므로 평소 말하는 톤으로 조절한다.
6. **주의 집중:** 여러 응시자가 한꺼번에 시험을 보게 되므로 산만할 수 있으나 집중하도록 노력한다. 특히, 다른 사람이 말하는 소리가 들리더라도 자신의 시험에 집중한다.

iBT TOEFL Listening 소개

iBT TOEFL 리스닝 영역은 크게 대화(Conversation)와 강의(Lecture)로 구성되어 있으며, 대화는 주로 대학에서 일어날 수 있는 상황에 대해, 강의는 주로 대학 강의에서 다루는 학문 분야에 대해 묻는다. 대화 및 강의를 들으면서 Note-taking을 할 수 있으므로, 기억력에 의존하기 보다는 내용을 듣고 이해하며 정리하는 능력이 더욱 요구된다고 볼 수 있다.

iBT TOEFL Listening 구성

시험은 2개 또는 3개의 Part로 구성되며, 각 Part당 1개의 대화(Conversation)와 2개의 강의(Lecture)가 나온다.

Part 1 → Conversation (5문항 출제) → Lecture 1 (6문항 출제) → Lecture 2 (6문항 출제)
Part 2 → Conversation (5문항 출제) → Lecture 1 (6문항 출제) → Lecture 2 (6문항 출제)

iBT TOEFL Listening 특이사항

- Note-taking이 허용된다.
- 대화와 강의의 길이가 길어졌으며, 화자들의 어투가 실제 상황처럼 자연스러워졌다.
- 정답이 2개 이상인 문제 형태가 출제된다.
- 화자의 의도 및 태도 여부 등을 묻는 문제 유형이 출제된다.
- 대화 및 강의의 일부 내용을 다시 들려주는 문제 형태가 출제된다.
- 일련의 사건 및 절차를 순서대로 배열하는 문제 형태가 출제된다.

iBT TOEFL Listening 문제 유형 분석

문제 형태	해당 문제 유형
Listening for Basic Comprehension 들은 내용에 대한 기본적인 이해를 요하는 문제	Main Idea Questions 주제를 묻는 문제 Detail Questions 세부 정보를 묻는 문제
Listening for Pragmatic Understanding 들은 내용의 기저에 놓인 실질적인 의미를 파악하는 문제	Function & Attitude Questions 화자의 의도와 태도를 묻는 문제
Listening for Connecting Information 들은 내용을 종합해서 풀어야 하는 문제	Connecting Contents Questions 내용의 전개 구조 또는 관계를 묻는 문제
	Inference Questions 흩어진 정보로 추론을 하는 문제

iBT TOEFL Listening 전략

❶ HOW TO PREPARE

- **어휘력을 기른다.**

  모르는 단어는 잘 들리지 않으므로 iBT TOEFL 리스닝에 자주 출제되는 어휘를 상황별/분야별로 익혀두는 것이 필요하다.

- **실제 원어민의 발음 및 억양, 말하는 속도에 익숙해진다.**

  외국 영화, 시트콤, 드라마, 뉴스 등을 자주 접하여 실제 원어민이 쓰는 영어에 익숙해져야 한다. 미국식 영어 외에 영국 및 호주 억양이 간혹 사용될 수도 있다.

- **강의 분야와 관련된 배경 지식을 습득해둔다.**

  관련 배경 지식을 많이 알고 있을수록 들리는 내용도 많으므로, 평소에 배경 지식을 많이 접해두는 것이 좋다.

- **핵심 내용을 Note-taking하면서 듣는다.**

  iBT TOEFL 리스닝 시험에서는 Note-taking하며 듣는 것을 허용한다. 듣기를 할 때 핵심 내용만을 간략하게 Note-taking 하면서 듣는 습관을 기르자.

❷ HOW TO LISTEN

- **앞부분을 놓치지 않고 듣는다.**

  iBT TOEFL의 대화 및 강의는 앞부분에서 중심 내용이 무엇인지를 파악할 수 있는 경우가 대부분이다. 그러므로 앞부분을 들을 때는 특별히 주의를 기울여서 전체적인 내용이 무엇에 대한 것일지를 예측하며 들어야 한다.

- **화제가 전환되는 부분을 파악하며 듣는다.**

  화자가 세부 화제를 전환하거나 중심 내용에서 잠깐 벗어나 다른 이야기를 할 때 이를 파악하며 듣는 것은 전체적인 내용의 흐름과 화자의 목적, 세부 내용과 중심 내용의 관계 등을 이해하는 데 필요하다.

- **새로이 소개되는 용어를 주의 깊게 듣는다.**

  강의 내용에서 화자가 새로이 소개하는 용어가 있다면, 그에 대한 정의 및 부가 설명이 뒤이어 오는 경우가 많다. 또한 이 용어는 강의 내용상 반드시 이해해야 할 개념인 경우가 대부분이므로, 문제로 이어질 가능성이 크다. 따라서 새로이 소개되는 용어를 주의 깊게 들어야 한다.

- **표시어(signal words)를 통해 내용들 간의 관계를 파악하며 듣는다.**

  예시, 비교/대조, 인과 관계, 순차적인 관계, 분류 등의 관계를 드러내주는 표시어를 통해 내용 간의 관계를 더욱 더 쉽게 파악할 수 있다.

볼륨 조정 화면

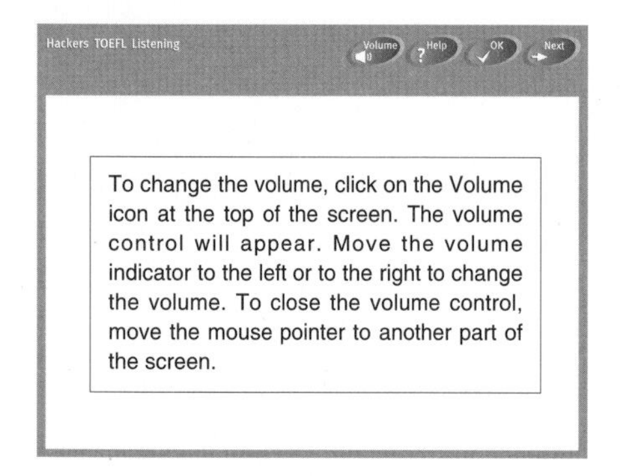

시험을 시작하기 전에 소리의 크기를 조절할 것인지를 묻는 화면이다. Volume 버튼을 클릭하면 소리를 조절할 수 있는 창이 나타난다. 내용을 듣는 동안 소리의 크기는 계속해서 조절 가능하다.

Listening Direction 화면

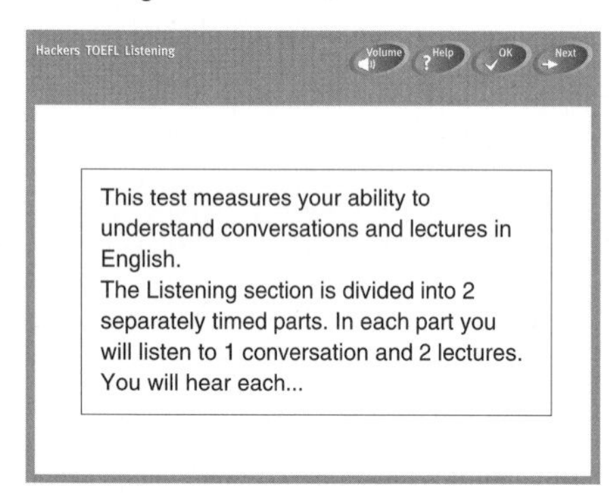

리스닝 시험 진행 방식에 대한 전반적인 설명이 주어진다. 리스닝 시험은 17문항으로 구성된 Part가 2-3세트씩 출제된다. 이 화면에서는 각 Part가 1개의 Conversation과 2개의 Lecture로 이루어져 있다는 설명이 등장한다.

지문을 들을 때 나오는 화면

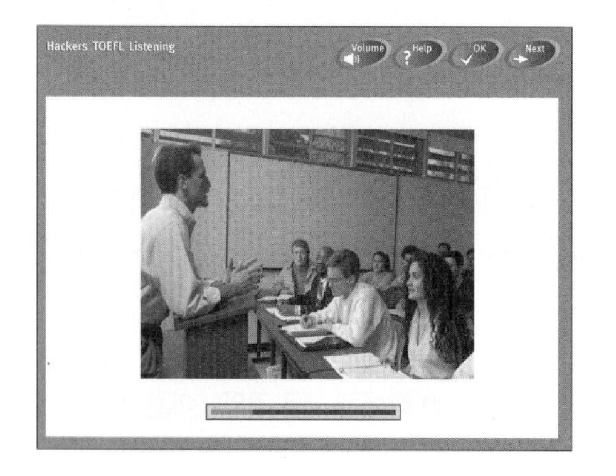

강의를 들을 때는 교수와 학생들 사진이 나오며, 대화를 들을 때는 두 화자의 사진이 나온다. 사진을 통해 화자들의 관계 및 대화가 이루어지는 장소를 짐작할 수 있다. 사진 아래의 바는 지문 내용의 진행 정도를 보여준다.

문제 나오는 화면

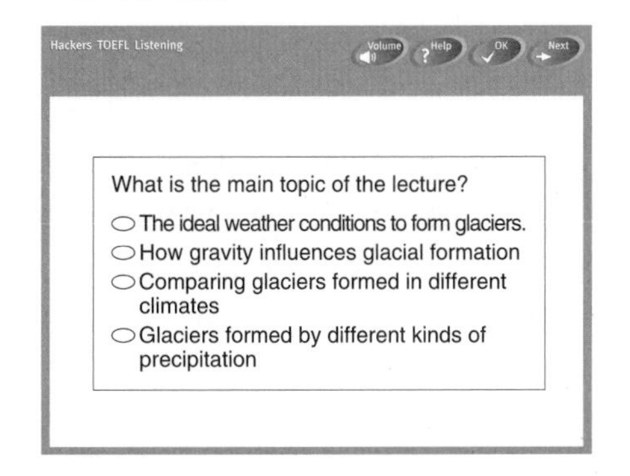

문제가 출제될 때 나오는 화면이다. 문제를 들려 준 후 보기가 화면에 나오면, 보기 앞에 있는 칸을 클릭하여 답을 표시한다. 답을 클릭한 후 Next 버튼을 누르고, 그 후 OK 버튼을 클릭하면 답이 확정되며, 이전 화면으로 돌아갈 수 없다. 답이 2개 이상인 문제는 반드시 모든 답을 클릭해야 다음 문제로 넘어갈 수 있다.

다시 들려주는 문제 유형 Direction 화면

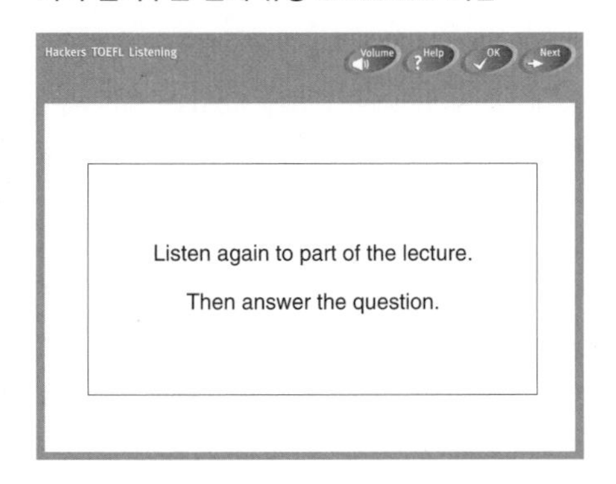

대화 및 강의의 일부를 다시 듣고 푸는 문제에서 주어지는 Direction 화면이다. 이 화면이 나온 후 지문 내용의 일부를 다시 듣게 된다.

화면 상단 Tool Bar

화면 상단에 시험 진행 과정을 보조하는 도구 창이 나타난다. 도구 창을 통해 현재 풀고 있는 문제가 몇 번 문항인지, 해당 영역에 대해 남은 시간이 얼마인지를 알 수 있다.

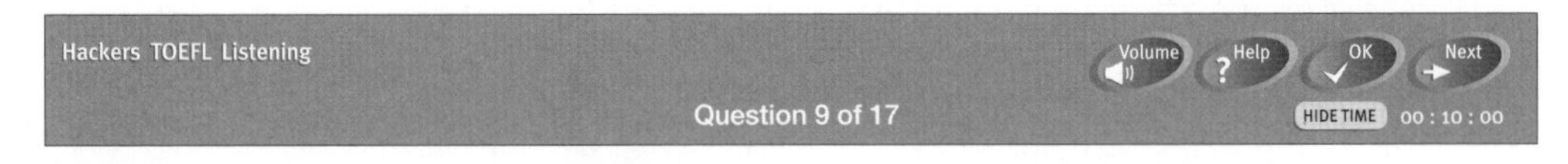

Volume 버튼을 누르면 소리의 크기를 조절할 수 있다.

Help 버튼을 누르면 시험 진행에 관련된 정보를 알 수 있다. 이때 시간은 계속해서 카운트된다.

Next 버튼을 누르면 다음 문제로 넘어갈 수 있다.

Next 버튼을 누른 후, OK 버튼을 누르면 정답이 확정되며, 이전 화면으로 돌아갈 수 없다.

Hide Time 버튼을 누르면 화면에서 시간 표시가 사라진다.

Note-taking

iBT TOEFL 리스닝에서는 대화 및 강의를 듣는 동안 Note-taking을 허용한다. 효과적인 Note-taking은 전체적인 강의의 흐름을 파악하는 것과, 세부 정보들을 기억하는 데 도움을 주며, 들려주는 내용들이 서로 어떤 연관성을 지니는가를 쉽게 파악할 수 있도록 해준다. 한 가지 유의해야 할 점은 반드시 내용에 대한 이해가 선행된 후에 Note-taking을 시작해야 한다는 점이다. 또한 효과적인 Note-taking을 하기 위해서는 모든 내용을 다 기록하려고 하기보다, 핵심 내용만을 간략하게 정리하는 요령을 길러야 한다.

Note-taking의 절차

1 중심 내용을 간략하게 쓴다.

도입부에서 먼저 내용을 듣고 이해한 후, Key words를 이용하여 중심 내용을 짧게 정리한다. Key words는 들려주는 내용의 첫 문장에서 등장하는 경우도 있고, 어느 정도 내용을 들은 후에 등장하는 경우도 있으므로 여기에 주의하여 중심 내용을 기록한다.

2 세부 화제에 따라 내용을 구분하여 Note-taking 한다.

내용이 본격적으로 전개되기 시작하면 내용별로 세부 화제를 파악하여 각 세부 화제별로 내용을 묶어서 정리해주는 것이 좋다. 세부 화제가 전환되거나 화자가 잠깐 중심 내용을 벗어난 이야기를 할 때 자주 쓰이는 표시어(Another, First of all, Secondly, Now, Then 등)를 잘 파악하면, 세부 화제의 변화를 자연스럽게 알 수 있다.

3 세부 사항을 기록한다.

세부 사항을 기록할 때는 내용을 구분하여 세부 화제별로 써주는 것이 좋으며, 강의의 경우에는 각 설명 방식에 맞게 Note-taking을 하는 것이 좋다. 강의에서 세부 사항을 설명하는 방식으로는 용어 정의, 예시, 분류, 나열, 비교, 대조 등이 있으며 단순히 세부 사항을 덧붙이는 방식을 취하기도 한다.

• 세부 화제별 Note-taking의 예

Main Topic: Ways to collct the data for psy.

Sub topic 1(or category 1): observ. (simp-st way)
- N-observ. : simple but not exact.
- Cont-observ.: diff. but exact.

Sub topic 2(or category 2): Case Stud.
- for the spcial case
eg. spcial diseas./ 2 year- baby read the book

4 약어 및 기호를 이용한다.

Note-taking을 할 때는 들리는 말을 모두 받아쓰는 것이 아니라 기호 및 약어 표현을 이용해서 간략하게 쓰는 것이 좋으며, 중요한 정보를 담은 명사 및 의미상 중요한 전치사는 빠짐없이 기록하는 것이 좋다.

❶ 기호

기호를 쓸 때는 널리 통용되는 기호를 사용함으로써, 나중에 혼동을 주지 않도록 하는 것이 좋다.

=	equals; to be	K	1,000	X	number of times
+	and; plus	&	and	/	per; each
>	more than	∴	therefore/so	/day	per day
<	less than	←	from	/h	per hour
↑	Increase	~	approximately; about	/w	per week
↓	decrease	#	number (of)	∵	because

❷ 약어

약어를 만드는 방법은 다양할 수 있는데, 일관적으로 적용될 수 있는 방법을 써서 나중에 혼동을 주는 일이 없도록 해야 한다. 약어를 만드는 데는 몇 가지 방법이 있다.

• 뒷부분 생략: European → Eu • 모음 생략: movement → mvmt • 중간 철자 생략: government → govt

e.g.	for example	usu.	usually	info	information
prob	problem	w/	with	sum.	summary
ppl	people	cf.	compare	psych	psychology
rsn.	reason	c.	century	Qs	questions
etc.	and so on	max.	maximum	pics	pictures
i.e.	that is; in other words	min.	minimum	w/o	without
intro	introduction	fr.	from	vs	versus
concl	conclusion	tech	technology	ea.	each
b.f.	before	reg	regular	btw	by the way

Note-taking Example

Script

Today, I'll be talking about the gymnosperm and the angiosperm, two types of plants that are believed to have evolved from the early vascular plants. The earliest vascular plants had no roots, leaves, fruits, or flowers. They developed some, uh, 400 million years ago during the Silurian Period and looked pretty much like stems with two branches on the tops of which one could see what looked like spores.

It was in the Devonian period that the first seed plants or gymnosperms first evolved. This was perhaps 360 million years ago. The gymnosperm plants were the most abundant type of plant until the Cretaceous period about 66 to 144 million years ago. They do still occupy large parts of the Earth such as the conifer forests that cover the vast regions of northern temperate lands in North America and Europe. As examples, we have the pines, the ginkgos and the cycads, as you see here in the next three slides. Now the, uh, seeds of many gymnosperm plants are also called naked seeds because they have only a thin dry covering. These seeds are borne in cones and are not visible. Some of you might think that cones are fruit, but they aren't, and I'll explain why a bit later.

Now let's talk about the angiosperms, which, as I said earlier, include all flowering plants that produce seeds and in some angiosperms, fruit. These flowering plants evolved from the gymnosperms about 140 million years ago. There are presently 235,000 known living species of angiosperms. Now uh... take note that in angiosperms, the seeds are surrounded by the wall of the ovary of the flower which forms the fruit. Fertilization in, in angiosperms is accomplished by a variety of pollinators, for instance, wind, animals and water. Let's compare how the angiosperms and the, uh, gymnosperms are pollinated.

Note

Note	Label
2 types of vascul. plants	Main Topic
gymno	Category 1 세부 화제별 내용 정리
- evolved in Devon.	
- still abund't	
e.g. conifer in N.A. and Euro	예시 사항 기록
e.g. pine, ginkgo, cycad	
- have naked seeds (thin, dry cover.)	
angio	Category 2 세부 화제별 내용 정리
- flowr. plant	
- have seeds and fruit	
- evolved fr. gymno.	
- surrounded by plant-wall	
- fertile. by wind, animal, water	

전체 강의 구조가 두 종류의 관다발 식물인 gymnosperm과 angiosperm을 분류하여 설명하는 방식을 취하고 있으므로 크게 두 항목으로 구분하여 Note-taking을 한 것이다. 각 항목 아래에 각각의 특징들을 약어 및 기호 등을 사용하여 간략하게 정리하였다.

학습방법

점수대별 학습방법

p.29의 진단고사를 풀어본 후에 본인의 점수대에 맞는 학습방법을 찾아 학습하시면 효과적입니다.

Level 1. 진단 고사 1-5점대 (실제 시험 예상 점수: 1-10점대)

당신의 iBT TOEFL 리스닝 실력은 '하' 단계입니다. 교재를 학습하면서 기본적인 청취력 향상에 중점을 두어야 합니다. iBT 리스닝에서 출제되는 지문들은 길이가 길다는 것이 특징이므로 긴 지문을 듣고 Main idea를 찾는 연습을 꾸준히 해야 하며, 교재의 Hackers Practice 단계를 적극 활용할 것을 권해 드립니다. Hackers Practice 학습이 끝난 후에는 곧바로 Hackers Test로 넘어가기 보다, 문장 단위를 반복해서 들으며 따라 읽거나 받아쓰는 연습을 병행하시기 바랍니다.

Level 2. 진단고사 6-10점대 (실제 시험 예상 점수: 11-19점대)

당신의 iBT TOEFL 리스닝 실력은 '중하' 단계입니다. 반복학습을 통하여 청취력 향상에 주력하는 것 뿐 아니라, 교재의 Hackers Practice 단계에서 각 문제 유형을 확실하게 파악하는 것이 중요합니다. 특히 iBT TOEFL 리스닝 시험에서 새로이 도입된 문제 유형 중 화자의 태도 및 의도를 파악하는 유형을 집중적으로 훈련해야 하며, 실전 문제를 풀어보기 전에 항상 Hackers Practice 단계에서 받아쓰기 및 따라 읽기 등의 반복 학습을 하실 것을 권해 드립니다.

Level 3. 진단고사 11-14점대 (실제 시험 예상 점수: 20-27점대)

당신의 iBT TOEFL 리스닝 실력은 '중상' 단계입니다. 어느 정도 TOEFL 리스닝 문제 유형에 익숙하다고 진단해볼 수 있습니다. 그러므로 각 문제 유형별 전략을 완전히 숙달하여 내용을 들었는데 문제를 틀리는 경우가 없도록 실전 유형을 거듭 연습하는 것이 좋습니다. 특히 강의의 세부 사항을 Note-taking하며 빠트리지 않고 잡아내는 연습을 해야 하며, Connecting Contents Questions와 같이 세부 사항에 대한 이해와 내용간의 관계에 대한 이해를 동시에 요하는 난이도 있는 문제 유형을 집중적으로 연습하실 것을 권해 드립니다.

Level 4. 진단고사 15-17점대 (실제 시험 예상 점수: 28-30점대)

당신의 iBT TOEFL 리스닝 실력은 '상' 단계입니다. 문제 유형에 대한 전략을 습득하여 이것을 실전 문제에 적용해보는 연습을 최대한 많이 하는 것이 중요합니다. 교재의 Hackers Practice 단계에서 본인이 틀린 문제만 간단히 확인하고 넘어간 후, Hackers Test 단계의 문제들을 많이 풀어보실 것을 권해 드립니다. 또한 본인이 틀린 문제는 반드시 그 원인을 확인하고 부족한 부분은 다시 교재의 내용을 확인하여 짚고 넘어가야 합니다. 세부 사항을 효과적으로 Note-taking하는 연습을 많이 해두어서 고난이도의 문제를 놓치는 일이 없도록 하시기 바랍니다.

성향별 학습방법

본인의 상황에 맞는 학습방법을 찾습니다.

개별 학습

1. 본 책에서 제시하는 학습플랜에 따라 매일의 학습 분량을 미리 계획하고, 여기에 맞추어 학습 속도를 잘 조절합니다.
2. 각 문제 유형 및 토픽에 대한 본문 내용을 숙지합니다.
3. 본문 내용을 Hackers Practice 및 Hackers Test에 적용합니다. Hackers Test 단계에서는 문제를 미리 보지 않도록 주의해야 하고, Note-taking을 해가며 내용을 다 들은 후에 푸는 연습을 해야 합니다.
4. 틀린 문제는 스크립트를 보지 않은 채 다시 한번 듣고 확인합니다. 그 후, 스크립트와 본인이 들은 내용을 비교해가며 들은 후, 자신이 듣지 못했거나 익숙지 않은 표현 및 어휘 등을 정리하여 암기하여 복습합니다.
5. 책 내용에 관한 문의 사항은 해커스토플 사이트(www.goHackers.com)의 "해커스 Books → 해커스 리스닝 Q&A"란에서 나눌 수 있습니다.

스터디 학습

1. 본 책에서 제시하는 학습플랜에 따라 매일의 학습 분량을 미리 계획합니다.
2. Hackers Strategy 및 본문 내용을 예습하고, Hackers Practice 단계도 미리 예습합니다. Hackers Practice에서 어려웠던 문제 등을 스터디 시간에 논의합니다.
3. 스터디 시간에 Hackers Test를 풀고, 어려웠던 문제나 잘 들리지 않았던 부분, 혹은 정답의 단서가 되는 부분을 다시 점검합니다. 스터디 학습 후 개인적으로 복습합니다.
4. 책 내용에 관한 문의 사항은 해커스토플 사이트(www.goHackers.com)의 "해커스 Books → 해커스 리스닝 Q&A"란에서 나눌 수 있습니다.

학원 학습

1. 학원의 진도에 맞추어 학습하며 주어진 과제에 충실히 이행합니다.
2. 수업이 끝나면 배운 내용을 그날그날 복습합니다. 오답노트를 만들어 틀렸거나 잘 이해되지 않았던 문제들을 정리하여 공부합니다. 어휘 및 표현은 따로 정리하여 암기합니다.
3. 해커스 어학원 사이트(www.Hackers.ac)의 "반별게시판"에서 책 내용에 관한 문의 사항을 나눌 수 있습니다.

동영상 학습

1. 학습을 미루지 않도록 미리 공부 시간과 계획을 정합니다.
2. 본문 내용을 예습한 후, 문제를 풀어보고 모르는 부분을 표시해두었다가, 동영상을 보면서 표시한 부분을 집중적으로 듣습니다.
3. 틀린 부분을 위주로 복습하고 오답노트를 만들어 틀렸거나 잘 이해되지 않았던 문제들을 정리하여 공부합니다.
4. 온라인 교육 포탈 사이트인 챔프스터디(www.ChampStudy.com)의 "Hackers TOEFL Listening(iBT) → 선생님께 질문하기"에서 책 내용에 관한 문의 사항은 나눌 수 있습니다.

학습플랜

6주 완성계획표

1. Conversation과 Lecture 별도 학습형

1st week	Day	1st	2nd	3rd	4th	5th	6th
	Progress	Diagnostic Test (p.30~35) 어휘 1일	Conver. Unit. 1-1 (p.42~51) 어휘 2일	Conver. Unit. 1-2 (p.52~67) 어휘 3일	Conver. Unit. 1-3 (p.68~81) 어휘 4일	Conver. Unit. 1-4 (p.82~93) 어휘 5일	Conver. Unit. 1-5 (p.94~107) 어휘 1~5일 review

2nd week	Day	1st	2nd	3rd	4th	5th	6th
	Progress	Conver. Unit. 2-1 (p.110~118) 어휘 6일	Conver. Unit. 2-1 (p.118~123) 어휘 7일	Conver. Unit. 2-2 (p.124~136) 어휘 8일	Conver. Unit. 2-2 (p.136~141) 어휘 9일	Conver. 전체 복습 어휘 10일	Lec. Unit. 1-1 (p.148~157) 어휘 6~10일 review

3rd week	Day	1st	2nd	3rd	4th	5th	6th
	Progress	Lec. Unit. 1-2 (p.158~167) 어휘 11일	Lec. Unit. 1-2~1-3 (p.168~177) 어휘 12일	Lec. Unit. 1-3 (p.178~183) 어휘 13일	Lec. Unit. 1-4 (p.184~199) 어휘 14일	Lec. Unit. 1-4 (p.200~205) 어휘 15일	Lec. Unit. 1-5 (p.206~213) 어휘 11~15일 review

4th week	Day	1st	2nd	3rd	4th	5th	6th
	Progress	Lec. Unit. 1-5 (p.214~217) 어휘 16일	Lec. Unit. 2-1 (p.220~227) 어휘 17일	Lec. Unit. 2-2~2-3 (p.228~239) 어휘 18일	Lec. Unit. 2-4~2-5 (p.240~249) 어휘 19일	Lec. Unit. 2-6~2-7 (p.250~261) 어휘 20일	Lec. Unit. 2-8~2-9 (p.262~269) 어휘 16~20일 review

5th week	Day	1st	2nd	3rd	4th	5th	6th
	Progress	Lec. Unit. 2-10~2-11 (p.270~281) 어휘 21일	Lec. Unit. 2-12~2-13 (p.282~289) 어휘 22일	Lec. Unit. 2-14~2-15 (p.290~299) 어휘 23일	Lec. Unit. 2-16~2-17 (p.300~307) 어휘 24일	Lec. Unit. 2-18~2-19 (p.308~319) 어휘 25일	Lec. Unit. 2-20~2-21 (p.320~329) 어휘 21~25일 review

6th week	Day	1st	2nd	3rd	4th	5th	6th
	Progress	Lec. Unit. 2-22~2-23 (p.330~337) 어휘 26일	Lec. 전체 복습 어휘 27일	Actual Test I (p.340~351) 어휘 28일	Actual Test II (p.352~369) 어휘 29일	실전모의고사 CD Actual Test I 어휘 30일	실전모의고사 CD Actual Test II 어휘 26~30일 review

* 학습플랜의 "어휘"는 APPENDIX의 Conversation 실전 필수 어휘와 Lecture 실전 필수 어휘입니다.

2. Conversation과 Lecture 혼합 학습형

1st week	Day	1st	2nd	3rd	4th	5th	6th
	Progress	Diagnostic Test (p.30~35) 어휘 1일	Conver. Unit. 1-1 (p.42~51) 어휘 2일	Lec. Unit. 1-1 (p.148~157) 어휘 3일	Conver. Unit. 1-2 (p.52~67) 어휘 4일	Lec. Unit. 1-2 (p.158~165) 어휘 5일	Lec. Unit. 1-2 (p.166~169) 어휘 1~5일 review

2nd week	Day	1st	2nd	3rd	4th	5th	6th
	Progress	Conver. Unit. 1-3 (p.68~81) 어휘 6일	Lec. Unit. 1-3 (p.170~177) 어휘 7일	Lec. Unit. 1-3 (p.178~183) 어휘 8일	Conver. Unit. 1-4 (p.82~93) 어휘 9일	Lec. Unit. 1-4 (p.184~199) 어휘 10일	Lec. Unit. 1-4 (p.200~205) 어휘 6~10일 review

3rd week	Day	1st	2nd	3rd	4th	5th	6th
	Progress	Conver. Unit. 1-5 (p.94~107) 어휘 11일	Lec. Unit. 1-5 (p.206~213) 어휘 12일	Lec. Unit. 1-5 (p.214~217) 어휘 13일	문제 유형 복습 어휘 14일	Conver. Unit. 2-1 (p.110~118) 어휘 15일	Lec. Unit. 2-1 (p.220~227) 어휘 11~15일 review

4th week	Day	1st	2nd	3rd	4th	5th	6th
	Progress	Lec. Unit. 2-2~2-3 (p.228~239) 어휘 16일	Conver. Unit. 2-1 (p.118~123) 어휘 17일	Lec. Unit. 2-4~2-5 (p.240~249) 어휘 18일	Lec. Unit. 2-6~2-7 (p.250~261) 어휘 19일	Conver. Unit. 2-2 (p.124~136) 어휘 20일	Lec. Unit. 2-8~2-9 (p.262~269) 어휘 16~20일 review

5th week	Day	1st	2nd	3rd	4th	5th	6th
	Progress	Lec. Unit. 2-10~2-11 (p.270~281) 어휘 21일	Conver. Unit. 2-2 (p.136~141) 어휘 22일	Lec. Unit. 2-12~2-13 (p.282~289) 어휘 23일	Lec. Unit. 2-14~2-15 (p.290~299) 어휘 24일	Lec. Unit. 2-16~2-17 (p.300~307) 어휘 25일	Lec. Unit. 2-18~2-19 (p.308~319) 어휘 21~25일 review

6th week	Day	1st	2nd	3rd	4th	5th	6th
	Progress	Lec. Unit. 2-20~2-21 (p.320~329) 어휘 26일	Lec. Unit. 2-22~2-23 (p.330~337) 어휘 27일	Actual Test I (p.340~351) 어휘 28일	Actual Test II (p.352~369) 어휘 29일	실전모의고사 CD Actual Test II 어휘 30일	실전모의고사 CD Actual Test II 어휘 26~30일 review

* 학습플랜의 "어휘"는 APPENDIX의 Conversation 실전 필수 어휘와 Lecture 실전 필수 어휘입니다.

4주 완성계획표

1. Conversation과 Lecture 별도 학습형

1st week	Day	1st	2nd	3rd	4th	5th	6th
	Progress	Diagnostic Test (p.30~35) 어휘 1~2일	Conver.Unit. 1-1~1-2 (p.42~67) 어휘 3~4일	Conver. Unit. 1-3 (p.68~81) 어휘 1~4일 review	Conver. Unit. 1-4 (p.82~93) 어휘 5~6일	Conver. Unit. 1-5 (p.94~107) 어휘 7~8일	Conver. Unit. 2-1 (p.110~119) 어휘 5~8일 review

2nd week	Day	1st	2nd	3rd	4th	5th	6th
	Progress	Conver.Unit. 2-1~2-2 (p.120~134) 어휘 9~10일	Conver. Unit. 2-2 (p.134~141) 어휘 11~12일	Lec. Unit. 1-1 (p.148~157) 어휘 9~12일 review	Lec. Unit. 1-2 (p.158~169) 어휘 13~14일	Lec. Unit. 1-3 (p.170~183) 어휘 15~16일	Lec. Unit. 1-4 (p.184~205) 어휘 13~16일 review

3rd week	Day	1st	2nd	3rd	4th	5th	6th
	Progress	Lec. Unit. 1-5 (p.206~217) 어휘 17~18일	Lec. Unit. 2-1~2-3 (p.220~239) 어휘 19~20일	Lec.Unit. 2-4~2-6 (p.240~255) 어휘 17~20일 review	Lec.Unit. 2-7~2-9 (p.256~269) 어휘 21~22일	Lec.Unit. 2-10~2-12 (p.270~285) 어휘 23~24일	Lec.Unit. 2-13~2-15 (p.286~299) 어휘 21~24일 review

4th week	Day	1st	2nd	3rd	4th	5th	6th
	Progress	Lec.Unit. 2-16~2-18 (p.300~313) 어휘 25~26일	Lec.Unit. 2-19~2-21 (p.314~329) 어휘 27~28일	Lec.Unit. 2-22~2-23 (p.330~337) 어휘 25~28일 review	Actual Test I (p.340~351) 어휘 29일	Actual Test II (p.352~369) 어휘 30일	실전모의고사 CD 어휘 29~30일 review

* 학습플랜의 "어휘"는 APPENDIX의 Conversation 실전 필수 어휘와 Lecture 실전 필수 어휘입니다.

2. Conversation과 Lecture 혼합 학습형

1st week	Day	1st	2nd	3rd	4th	5th	6th
	Progress	Diagnostic Test (p.30~35) 어휘 1~2일	Conver. Unit. 1-1~1-2 (p.42~67) 어휘 3~4일	Lec. Unit. 1-1 (p.148~157) 어휘 1~4일 review	Lec. Unit. 1-2 (p.158~169) 어휘 5~6일	Conver. Unit. 1-3 (p.68~81) 어휘 7~8일	Lec. Unit. 1-3 (p.170~183) 어휘 5~8일 review

2nd week	Day	1st	2nd	3rd	4th	5th	6th
	Progress	Conver. Unit. 1-4 (p.82~93) 어휘 9~10일	Lec. Unit. 1-4 (p.184~205) 어휘 11~12일	Conver. Unit. 1-5 (p.94~107) 어휘 9~12일 review	Lec. Unit. 1-5 (p.206~217) 어휘 13~14일	Conver. Unit. 2-1 (p.110~119) 어휘 15~16일	Lec. Unit. 2-1~2-3 (p.220~239) 어휘 13~16일 review

3rd week	Day	1st	2nd	3rd	4th	5th	6th
	Progress	Lec. Unit. 2-4~2-6 (p.240~255) 어휘 17~18일	Conver. Unit. 2-1~2-2 (p.120~134) 어휘 19~20일	Lec. Unit. 2-7~2-9 (p.256~269) 어휘 17~20일 review	Lec. Unit. 2-10~2-12 (p.270~285) 어휘 21~22일	Conver. Unit. 2-2 (p.134~141) 어휘 23~24일	Lec. Unit. 2-13~2-15 (p.286~299) 어휘 21~24일 review

4th week	Day	1st	2nd	3rd	4th	5th	6th
	Progress	Lec. Unit. 2-16~2-18 (p.300~313) 어휘 25~26일	Lec. Unit. 2-19~2-21 (p.314~329) 어휘 27~28일	Lec. Unit. 2-22~2-23 (p.330~337) 어휘 25~28일 review	Actual Test I (p.340~351) 어휘 29일	Actual Test II (p.352~369) 어휘 30일	실전모의고사 CD 어휘 29~30일 review

* 학습플랜의 "어휘"는 APPENDIX의 Conversation 실전 필수 어휘와 Lecture 실전 필수 어휘입니다.

실전모의고사 CD 구성 및 이용법

본 교재에 첨부된 CD는 실제 iBT 토플과 유사한 환경에서 리스닝 시험을 풀어볼 수 있도록 해커스 어학연구소에서 자체 제작한 것이다. 이 CD에 수록되어 있는 2회분의 Practice Test는 iBT TOEFL 리스닝과 같은 내용 및 시험 진행 방식을 갖추고 있어, 독자들이 자신의 실력을 점검해 보는 것은 물론 실제 시험 환경에 익숙해 지는 데에도 큰 도움이 될 것이다.

TEST 보기

CD를 실행한 후, 초기 화면에서 Practice Test 1, 2 중 하나를 클릭하면 실제 시험과 유사한 화면 구성과 진행 방식 하에 문제를 풀어 볼 수 있다. 문제를 푸는 도중 좌측 상단의 Test Exit 버튼을 누르면 언제든 시험을 중단할 수 있다.

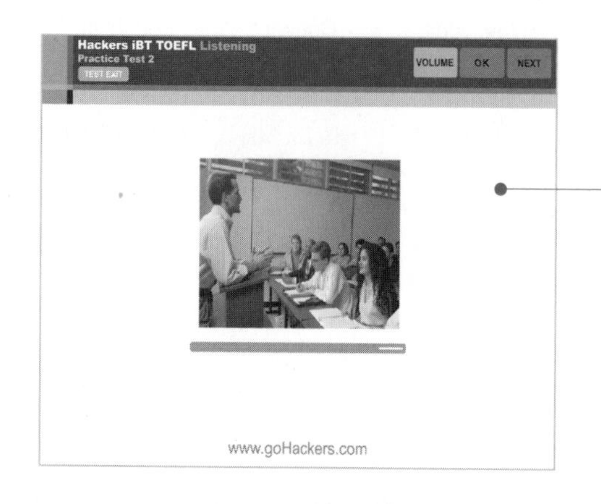

실제 시험과 유사한 화면 구성으로 실전 적응력을 높일 수 있다.

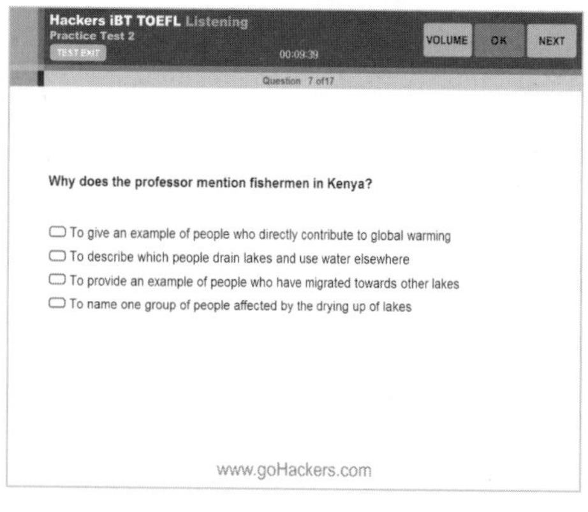

실제 시험과 동일한 진행 방식으로 문제를 풀어볼 수 있다.

채점 결과 및 Script · 해석 확인하기

1회분의 Test를 마치면 자동으로 채점이 되어 결과가 화면에 나타난다. 다음 화면으로 넘어가면 각 문항의 정답 여부 및 Script, 해석, 주요 어휘를 확인할 수 있다.

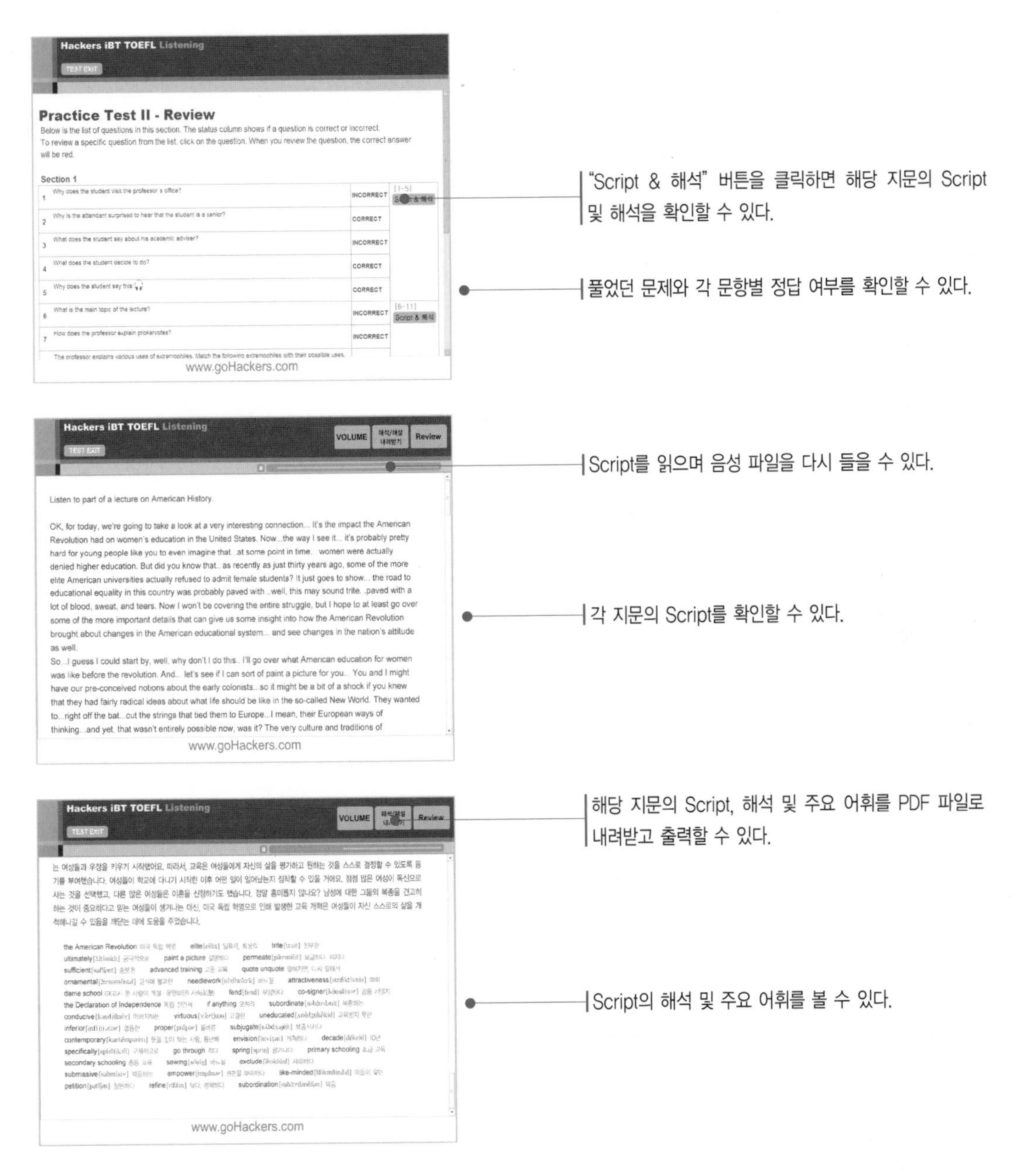

DIAGNOSTIC TEST

* 실제 TOEFL 리스닝 시험과 유사한 진단고사를 통해 본인의 실력을 평가해 봅니다.
그리고 본인에게 맞는 학습방법(p.20)을 확인한 후, 본 교재를 효율적으로 학습합니다.

 [1-5] Listen to part of a conversation between a student and a professor.

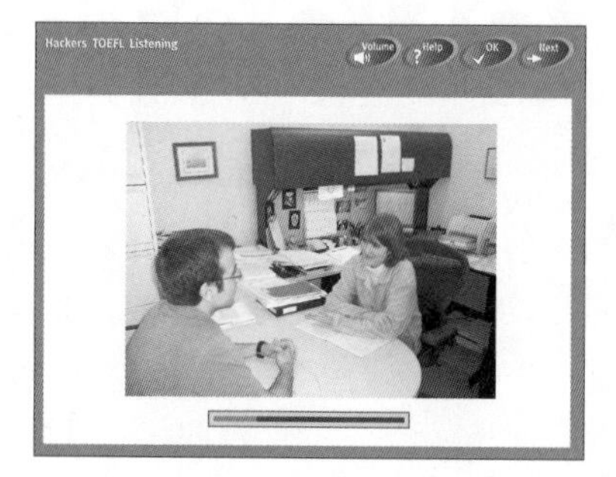

1. Why does the student visit the professor?

   (A) To ask to participate in a new project
   (B) To request advice on researching a thesis
   (C) To respond to the professor's message
   (D) To discuss work done for another professor

2. What relationship do the student and Professor Connelly have?

   (A) Professor Connelly is a former professor of the student.
   (B) Professor Connelly is another professor working on the project.
   (C) The student had previously written a thesis for Professor Connelly.
   (D) The student has studied Latin with Professor Connelly.

3. What will the student do next?

   (A) He will begin doing some preliminary research.
   (B) He will discuss the thesis with another professor.
   (C) He will start narrowing down a thesis topic.
   (D) He will meet with other project team members.

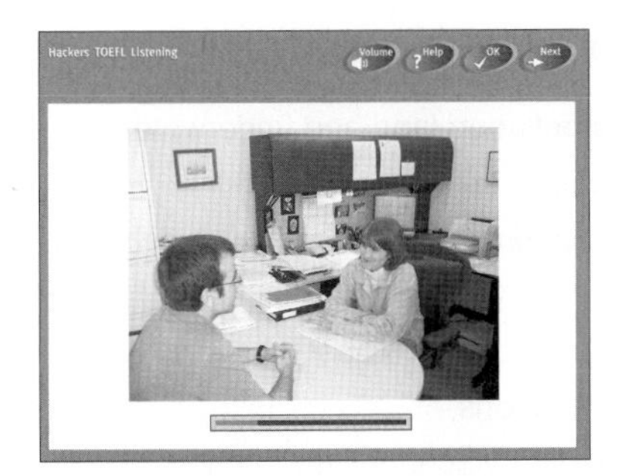

Listen again to part of the conversation. Then answer the question.

4. What does the professor mean when she says this:

   (A) The project would strengthen the student's knowledge of a subject.
   (B) The project would enhance the student's interest in his major.
   (C) The project would help the student make up for insufficient credits.
   (D) The project would help the student's law school application.

Listen again to part of the conversation. Then answer the question.

5. Why does the student say this:

   (A) To suggest that he did not anticipate being asked about the project
   (B) To state that he is not sure if he can find all of the necessary information
   (C) To show that he regrets his ignorance of the project topic
   (D) To indicate that he missed seeing an advantage of doing the project

 [6-11] Listen to a talk on geology.

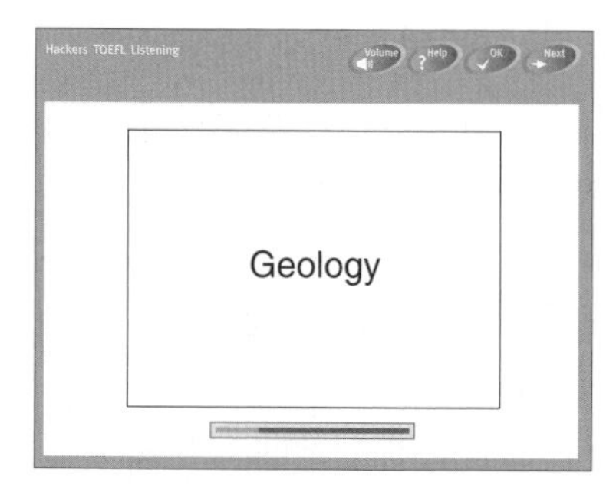

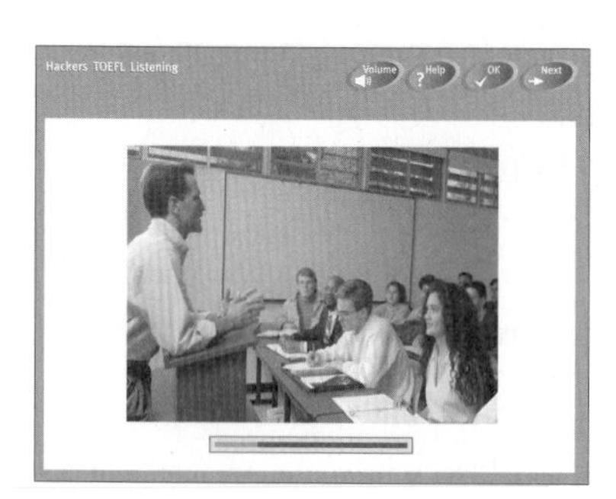

6. What is the main topic of the lecture?

   (A) The differences between land and underwater volcanic eruptions
   (B) The equipment used to examine underwater volcanoes
   (C) The dark cloud phenomenon observed in underwater explorations
   (D) Mapping out existing volcanoes on the ocean bed

7. According to the professor, what function does sonar have in relation to the ocean?

   (A) It detects seismic activity on the ocean floor.
   (B) It helps scientists determine whether an underwater volcano is active.
   (C) It identifies new marine life in the depths of the seas.
   (D) It measures the topography of the ocean bottom.

8. What does the professor say about hydrothermal vents?

   (A) They harbor sea creatures that cannot be found on the ocean's surface.
   (B) They emit water that is a source of food for deep-sea organisms.
   (C) They are so rich in minerals that sea organisms cannot subsist near them.
   (D) They form large deposits of ore at the bottom of the ocean.

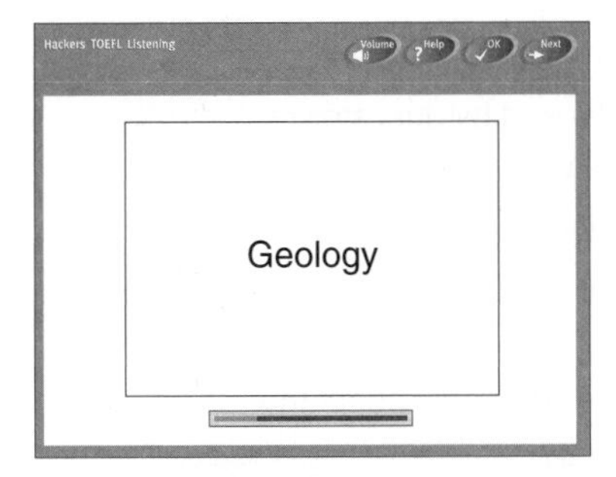

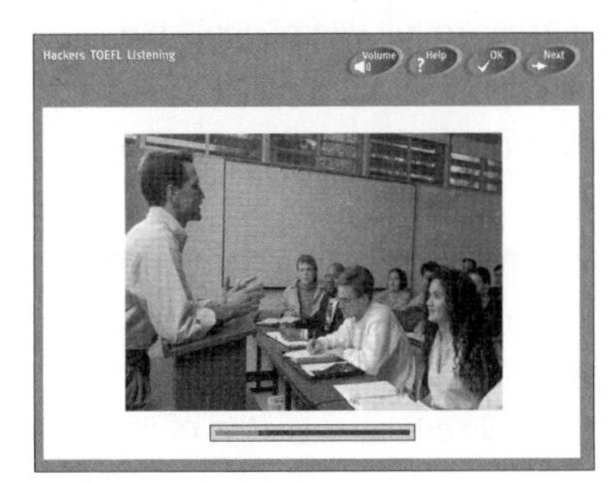

9. In the lecture, the professor explains the sequence of steps that takes place in black cloud formation. Put the steps listed below in the correct order.

   Drag each answer choice to the space where it belongs. One of the answer choices will not be used.

Step 1	
Step 2	
Step 3	
Step 4	

- The minerals in hydrothermal vent water turn into crystals on lava rocks and form sulfide structures.
- The minerals in the hot vent water break up into particles and make the water appear black.
- Sulfide minerals that collect around hydrothermal vents form black clouds.
- The surface of the lava ejected from volcanoes hardens into rock when it meets the cold water on the ocean floor.
- Hot water pushes upward through the sulfide framework and meets with the cold ocean water.

Listen again to part of the lecture. Then answer the question.

10. Why does the professor say this: 

    (A) To encourage the student to do more research
    (B) To express confusion about the student's answer
    (C) To check if the other students agree with the answer
    (D) To indicate that he was looking for another answer

Listen again to part of the lecture. Then answer the question.

11. Why does the professor say this: 

    (A) To indicate agreement with what the student said
    (B) To explain what happened in explorations of long ago
    (C) To introduce new equipment being used in underwater exploration
    (D) To correct a statement on explorations that he made earlier

 [12-17] Listen to part of a discussion in an American history class.

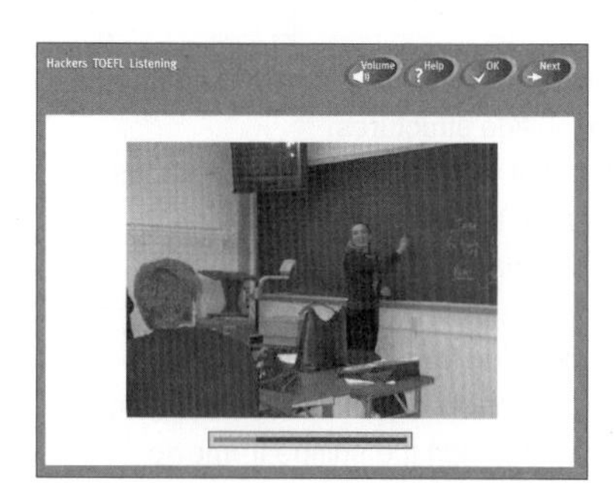

12. What is the lecture mainly about?

    (A) The diseases caused by dust storms
    (B) Major events in America in the 1930s
    (C) Dust storms' effects on people's lives
    (D) The consequences of poor soil quality

13. What does the professor imply about the overplanting of wheat?

    (A) It was carried out to make full use of available land in the region.
    (B) It was done to offset the lack of wheat after the war.
    (C) It was a result of farmers wanting to cash in on higher wheat prices.
    (D) It was a collective decision to help farmers overcome the economic crisis.

14. In the lecture, the professor cites the reasons the dust storms occurred. Indicate whether each of the following is a cause.

    Click in the correct box for each phrase.

	Yes	No
Farmers badly managed agricultural land.		
There was a lack of rain in Texas for several years.		
Not enough crops were planted to prevent soil erosion.		
The soil did not have sufficient nutrients to begin with.		
The topsoil holding the soil together had been stripped off.		

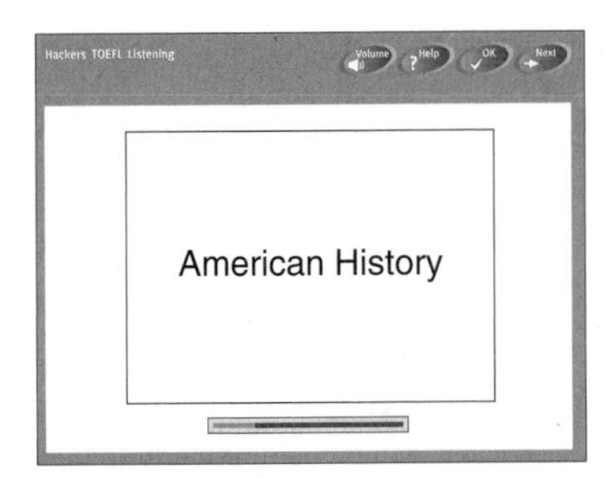

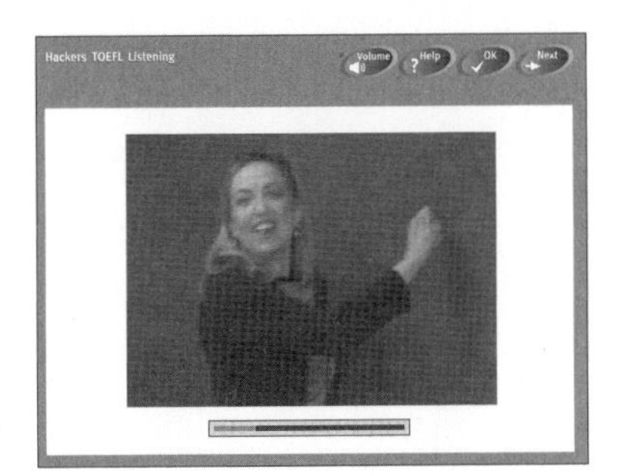

15. How did the people of the Great Plains endure the dust storms?

    (A) They used kerosene lamps to repel dust.
    (B) They sealed openings against dust.
    (C) They covered their faces with moist towels.
    (D) They saturated the walls with water.

16. According to the professor, what purpose did the book *The Grapes of Wrath* serve?

    (A) It reflected the grievances of the foreign workers in the United States.
    (B) It portrayed the suffering the people faced as a result of the Dust Bowl.
    (C) It described the events that took place during the Western expansion.
    (D) It made light of the hopes farmers had in California.

Listen again to part of the lecture. Then answer the question.

17. Why does the professor say this: 

    (A) To indicate interest in the story
    (B) To check if the students really read the book
    (C) To explain what happened to the migrants
    (D) To express uncertainty about how the story ended

정답 p.430

* 채점 후 p.20을 보고 본인의 맞은 개수에 해당하는 학습방법을 참고하세요.

I. CONVERSATIONS

Introduction

Hackers Strategy

Unit 1. Conversation Question Types

1. Main Purpose/Topic Questions
2. Detail Questions
3. Function & Attitude Questions
4. Connecting Contents Questions
5. Inference Questions

Unit 2. Conversation Topics

1. Instructor's Office Hours
2. Service Encounters

Introduction

Conversations in iBT TOEFL Listening

iBT TOEFL 리스닝에서 Conversation은 두 사람간의 대화를 듣고 주어지는 문제에 대해 응답하는 형태로 출제된다. 대화의 길이는 약 3~5분(400~500단어)이며, 총 2~3개 대화가 출제된다. 대화를 듣는 중에 Note-taking을 할 수 있다.

Conversation Questions

대화가 끝난 후에는 대화 내용에 관한 문제가 5문항씩 출제된다. Conversation에 출제되는 문제 유형은 다음과 같다.

Main Purpose/Topic Questions (목적/주제 문제)
대화의 목적 및 주제를 묻는 문제이다.

Detail Questions (세부 사항 문제)
대화를 통해 직접적으로 알 수 있는 사실에 대해 묻는 문제이다.

Function & Attitude Questions (화자의 의도/태도 파악 문제)
화자가 한 말의 이면에 숨어있는 화자의 실제 의도 및 태도를 파악하는 문제이다.

Connecting Contents Questions (관계 파악 문제)
대화의 내용들이 서로 어떤 관계로 연결되어 있는지를 파악하는 문제이다. 주로 List Question 형태로 출제된다.

Inference Questions (추론 문제)
대화 상황에서 추론할 수 있는 것을 묻는 문제이다.

Conversation Topics

대화의 Topic은 대학에서 일어날 수 있는 상황을 바탕으로 한 것이며, 토플에 출제되는 Topic은 크게 아래와 같이 구분해 볼 수 있다.

Instructor's Office Hours (교수 연구실에서의 대화)
성적에 대한 문의, 강의 내용에 대한 질문, 과제물 관련 문의, 인턴십 관련 상담 등의 내용이 출제된다.

Service Encounters (서비스 관련 대화)
수강 신청, 등록금 납부, 편입 절차 등 학사 행정에 관련된 문의와 도서관, 식당, 기숙사 등의 시설 이용 관련 내용이 출제된다.

Hackers Strategy

Main Purpose/Topic을 꼭 잡아라.

대화의 중심 내용인 Main Purpose/Topic은 대화의 도입부에서 파악할 수 있다. 대화마다 한 문제씩 꼭 출제되므로 대화를 들을 때는 반드시 중심 내용을 파악해야 한다. 이때 중심 내용을 언급할 때 자주 쓰이는 signal words나, 화자가 강조하거나 반복해서 말하는 key words가 주로 중심 내용을 알려주는 단서가 된다는 점을 기억해두는 것이 좋다.

Paraphrasing된 정답을 파악하라.

iBT TOEFL 리스닝에 출제되는 문제의 정답은 대화의 내용을 다른 말로 바꾸어 표현한 문장, 즉 paraphrasing된 문장이 대부분이다. 그러므로 대화에서 들은 단어 및 일부 표현을 그대로 쓴 선택지는 오히려 오답일 가능성이 많다는 것을 염두에 두고 문제를 풀어야 하며, 표현의 paraphrasing에 익숙해져야 한다.

중요한 세부 정보를 파악하라.

iBT TOEFL 리스닝에서는 대화의 내용에서 알 수 있는 세부적인 사실을 묻는 문제가 출제된다. 그 중에서도 다음과 같은 세부 정보들은 문제로 연결될 가능성이 크므로 이러한 정보들은 꼭 기억해두어야 한다. 이때 Note-taking을 통해 세부 정보를 기록해두면 보다 더 확실히 내용을 기억할 수 있다.

- 화자가 가진 문제
- 화자가 가진 문제의 원인
- 문제 해결을 위한 방법/제안
- 화자가 예로 들거나 나열한 세부 정보

화자의 어조 및 어법을 놓치지 마라.

iBT TOEFL 리스닝 Conversation에서는 화자가 한 말을 통해 화자의 의도 및 태도를 묻는 문제가 출제된다. 그러므로 대화를 들을 때, special tone, intonation, rhetorical question 등을 통해 화자의 어조를 파악해야 한다. 이러한 요소들을 통해 화자의 의도와 화자가 한 말의 의미를 더 정확하게 파악할 수 있기 때문이다.

Unit 1
Conversation Question Types

Unit 1에서는 Conversation의 문제 유형을 5가지로 구분하여
각 유형의 특징과 질문 형태, 실제 문제 풀이에 적용 가능한 전략들을 소개하고 있다.
또한 단계별 연습 문제 및 실전 문제를 통해 각 문제 유형을 효과적으로 공략할 수 있도록 하였다.

Conversation의 Question Types에는 다음의 5가지가 있다.

1. Main Purpose/Topic Questions
2. Detail Questions
3. Function & Attitude Questions
4. Connecting Contents Questions
5. Inference Questions

1. Main Purpose/Topic Questions

Overview

Main Purpose/Topic 문제는 전체 대화의 중심 내용이 무엇인지를 묻는 문제 유형이다. 1개의 대화 지문당 반드시 1문항씩 출제된다. Main Purpose 문제는 화자들이 대화를 나누고 있는 중심 목적을 묻는 문제로, 대화에서는 이 Main Purpose 형태의 문제가 자주 출제되는 편이다. Main Topic 문제의 경우 대화의 화두가 되는 대상, 혹은 그 대상과 관련하여 화자들이 주로 논의하고 있는 부분이 무엇인지를 묻는 문제이다. 대화의 중심 목적 및 주제는 대화의 도입부에서 알 수 있는 경우가 대부분이므로 도입부를 들을 때 이를 파악하는 것이 중요하다.

질문 형태

Main Purpose

Why does the student go to see her professor?

Why is the man/woman talking to the woman/man?

Main Topic

What are the students mainly discussing?

What are the speakers mainly talking about?

What is the man's main problem?

What does the man need from the library?

Strategy 01

대화의 목적 및 주제는 주로 도입부에서 파악할 수 있다.

대화의 목적 및 주제는 주로 도입부에서 파악이 가능하다. 먼저 대화가 시작되면 인사말이나 일상적으로 안부를 묻는 내용이 나오고 나서 대화가 이루어지는 목적 및 주제가 언급되는 경우가 많으므로, 도입부를 특히 집중해서 들어야 한다.

Example

Script

W: Hi, Professor Harmon...

M: Hi, Stacy. What can I do for you?

W: **I was wondering** if the Psychology Department has an opening for a part-time worker.

M: Well, you came at the right time, Mary. How would you like to work as a research assistant for the Psychology Department? The department's assistant is on leave for a couple of months and we need someone to replace her.

Q. Why does the woman go to see her professor?

A. To ask about a job vacancy in the Psychology Department

해설

인사말을 나눈 직후 학생의 첫 대사 "I was wondering ~" 이하에서 그녀가 심리학과 사무실에 일자리가 났는지를 알아보기 위해 교수를 찾아간 것임을 알 수 있다. 이처럼 대화의 목적 및 주제는 도입부에서 파악할 수 있는 경우가 대부분이다.

Strategy 02

목적 및 주제를 언급할 때 자주 쓰는 표현을 기억해둔다.

대화의 목적 및 주제가 언급되는 부분에서 화자가 자주 쓰는 표시어들(signal words)이 있는데, 이러한 표현들을 알아두면 보다 확실하게 목적 및 주제를 파악할 수 있다.

Example

Script

M: Hi, Professor Jones. I know you're busy, but can you give me just a few minutes of your time? **I'm here to tell you that** I'm really worried about tomorrow's test.

W: Um... Why are you worried, Craig? You seem to be doing well in class.

M: Well... but... which chapter of the book should I focus on for the test?

W: OK, then I'll be giving you handouts in class, and will help you out when you need it.

Q. Why is the man talking to his professor?

A. To ask for help to prepare for his test.

해설

남자의 첫번째 대사 중 "I'm here to tell you that ~" 이하에서 그가 시험에 대해 문의하기 위해 찾아 온 것임을 알 수 있다. 이와 같이 대화의 목적이나 주제를 언급한 표시어들을 들으면, 뒤이어 나오는 목적이나 주제를 파악하기가 쉽다.

대화의 목적 및 주제를 드러내는 표시어

Expressions	Example sentences
I'm interested in knowing ~	**I'm interested in knowing** more about the computer tutorials being offered by the faculty.
I wanted to talk to you about ~	**I wanted to talk to you about** writing a make-up paper.
I have some questions about ~	**I have some questions about** the topic you discussed in the last class.
I was wondering if ~	**I was wondering if** I could change the topic of my term paper.
I'm here because ~	**I'm here because** of the grade I got in chemistry lab.
I'm here to talk about ~	**I'm here to talk about** working as an assistant during the summer term.
Did you hear about ~?	**Did you hear about** the new summer school program they're offering in France?
Didn't you say that ~?	**Didn't you say that** you were going to work part-time this summer?
Did you have a chance to look at ~?	**Did you have a chance to look at** my lab report?
How about if we go over ~?	**How about if we go over** the list of references before we decide which one to use?
Remember I called you about ~?	**Remember I called you about** my grade on the English test?
The reason I'm here ~	**The reason I'm here** is that I'd like to get a copy of the university's guidelines for scholarship applications.

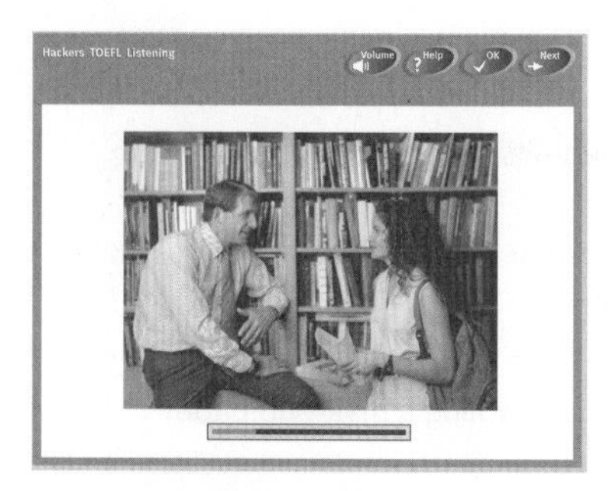

Listen to a conversation between a professor and a student.

W: Hi, Professor Rubenstein... can I talk to you for just a minute?

M: Sure, Rochelle, come on in. What can I do for you?

W: I happened to visit the art museum on the east side of the campus yesterday, and I noticed that nearly half of the paintings on display were yours. **I'm interested in knowing more about your paintings because I'm planning to write a report on that set of pieces.**

M: Yes, those paintings are mine, Rochelle. So, did you like them?

W: I must say, professor, it gave me great pleasure to look at your paintings, and...

M: Thank you.

W: ...and I, I was thinking about your paintings as I looked at them, and, maybe I'm wrong, but some of them seem to... kind of... belong together. I guess you know which ones I'm talking about...

M: Yes, I do, Rochelle.

W: Right... so they, they seemed to have one theme, and I started wondering if you did them during a special time in your life, or if you had really intended to use a particular approach with that group of paintings.

M: You know, there's a long story behind the paintings you're talking about... By the way, I call them "The Blue Paintings"... Well, to answer your question, when I did them, it had really been my intent to use a certain approach... and also... you guessed correctly, they were done during an episode in my life that was, shall we say... extraordinary. Now, I'd love to sit down with you and tell you the whole story... but, um, I have a class in, uh, ten minutes, so why don't we... Um, do you have time tomorrow afternoon?

W: Tomorrow afternoon's fine, sir.

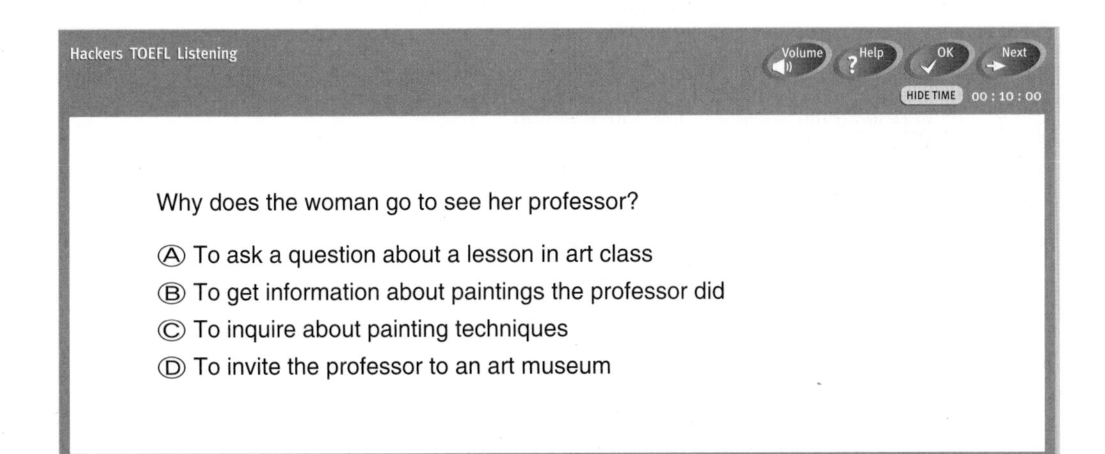

해설 | 대화의 목적(Main Purpose)을 묻는 문제이다. 도입부 중 인사말 다음에 등장하는 여자의 대사 "I'm interested in knowing more about your paintings ~"에서 여자가 박물관에 전시된 교수의 그림에 대해 알아보려고 찾아왔음을 파악할 수 있다 (Strategy 1). 그러므로 정답은 (B)이다. 이때 여자가 방문 목적을 언급하기 위해 사용한 표현 "I'm interested in knowing ~"을 통해서 보다 확실히 대화의 목적을 파악할 수 있음을 기억해두자 (Strategy 2).

정답 | Ⓑ

Hackers Practice

I. Listen to the introduction part of the conversations and choose the best answer for each question.

1. What is the main subject of the conversation?

   (A) The advantages of studying business in Japan
   (B) Choosing to study for one semester abroad
   (C) The decision to transfer to Tokyo University
   (D) Registering for a popular summer school course

2. What is the man's problem?

   (A) He is having difficulty buying plane tickets for a trip.
   (B) He is not sure he can attend a family reunion.
   (C) He does not know how to obtain access to a web site.
   (D) He will not be present to register for his classes.

3. Why does the man go to see his professor?

   (A) To present a doctor's certificate for his absences
   (B) To inquire if he can make up for a test he missed
   (C) To complain about the score he got on a test
   (D) To inform the professor that he is not feeling well

4. What will the rest of the conversation be about?

   (A) A report that the student wrote
   (B) A handout the student needs
   (C) The notes the student took in class
   (D) The subject of a report he will write

5. Why does the man talk to the woman?

   (A) To buy some new books
   (B) To ask about the price of the books
   (C) To inquire where he can trade his books
   (D) To sell his books

II. Listen to part of the conversations and choose the best answer for each question.

6. What are the professor and student mainly discussing?

   (A) Ideas for researching a course assignment
   (B) Proper methods of applying for a scholarship
   (C) The possibility of attending summer school abroad
   (D) Ecosystems and wildlife of tropical reefs in Australia

7. What are the professor and the student mainly discussing?

   (A) The subject matter of the student's term paper
   (B) A required course the student is taking for his major
   (C) The student's schedule as an archaeology major
   (D) The student's interest in Southeast Asia

8. What is the man's main problem?

   (A) He did not tell the library that he had recently changed his bank account.
   (B) He might not receive his first paycheck in time to pay his tuition.
   (C) He has not been notified about a lack of information in his academic record.
   (D) His dormitory is too far away from the main library and employment office.

9. Why does the student go to see his professor?

   (A) To request an extended deadline for his book reports
   (B) To submit an overdue term paper
   (C) To ask for help with his application for a scholarship
   (D) To inquire about his grade for the course

정답 p.439

Hackers Test

 **[1-4] Listen to a conversation between a student and a residence manager.**

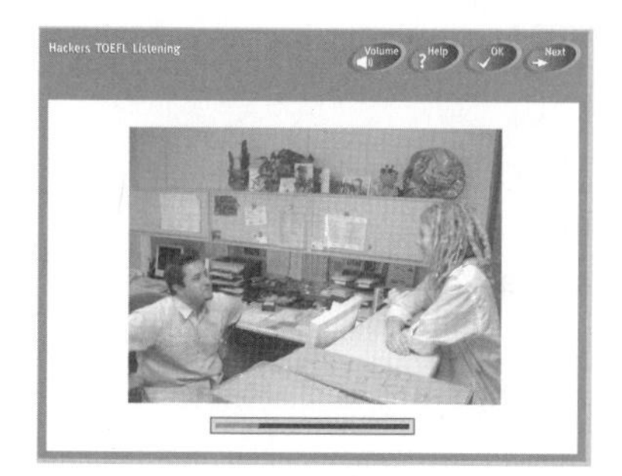

1. What is the woman's problem?

   (A) The light in her room does not work.
   (B) Her light bulb needs to be replaced.
   (C) She misplaced the key to her room.
   (D) She cannot submit her paper on time.

2. Why does the man mention the north campus?

   (A) To describe his responsibilities as residence manager
   (B) To explain that there is an emergency he has to attend to
   (C) To explain that he does not know why the phone goes unanswered
   (D) To complain about the work load that he carries

3. Why does the student think the bulb is not defective?

   (A) She purchased the bulb recently.
   (B) She has tried using another bulb.
   (C) She had the light bulb tested.
   (D) She used the light bulb in another room.

4. What will the student probably do next?

   (A) She will wait for maintenance.
   (B) She will bring back the key.
   (C) She will go to the next room.
   (D) She will attend her class.

 [5-8] Listen to a conversation between a student and his professor.

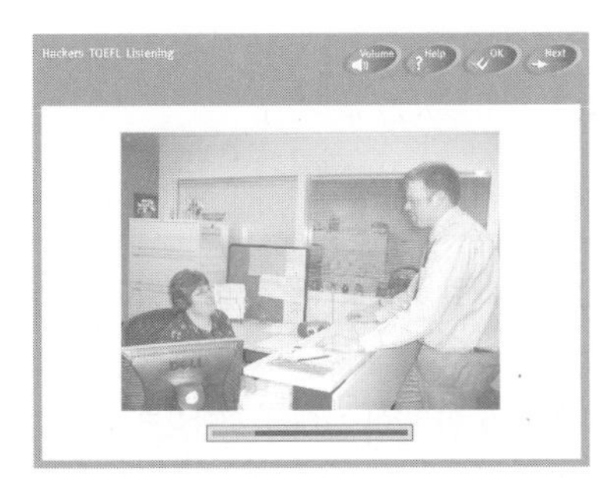

5. What do the speakers mainly discuss?

 (A) Activities for the professor's upcoming retirement party
 (B) The professor's approaching retirement from the university
 (C) An anthropology assignment the student submitted through e-mail
 (D) Work for a database the Anthropology Department is working on

6. What does the student say about his essay?

 (A) He could not finish it because of a computer problem.
 (B) He intended to give it to the professor in person.
 (C) He forgot to print it out the day before.
 (D) He is planning to send it through mail.

7. Why does the professor decline to accept the student's offer to help with the retirement party?

 Click on 2 answers.

 (A) The only tasks remaining are last-minute preparations.
 (B) Other students offered assistance before he did.
 (C) There is not very much work left to be done.
 (D) Two school employees are already doing the work.

8. What does the professor say about retiring?

 (A) She will long for the classroom most after retiring.
 (B) She will continue to grow academically after retiring.
 (C) She still wants a future in teaching even after retiring.
 (D) She will go into a new field after retiring.

정답 p.445

2. Detail Questions

Overview

Detail 문제는 대화를 통해 알 수 있는 세부 사실을 묻는 문제이다. 1개의 대화 지문당 1~2문항 가량이 출제된다. Detail 문제에 대한 정답은 화자가 한 말을 다른 말로 표현한 보기, 즉 화자의 말을 paraphrasing한 보기일 경우가 많다. 하지만 구체적인 예시 항목에 대한 문제가 출제될 때 화자가 한 말이 그대로 정답으로 출제되는 경우도 있는데, 이러한 경우에는 예로 든 각 항목들을 Note-taking 해두는 것이 필요하다.

질문 형태

Detail 문제는 다양한 세부 사실에 관해 출제되며 2~3개의 정답을 고르는 문제도 출제된다는 것에 유의한다.

According to the conversation, what is ~?
What does the man say about ~?
What is an example the man gives ~?
When will the professor leave ~?
Where will they look for ~?
How will they find ~?
Why will the woman call the man ~?

정답이 2개 이상인 형태

What are the two examples the man gives of ~? Click on 2 answers.
According to the conversation, what are the reasons for ~? Click on 3 answers.

Strategy 01

표현의 paraphrasing에 익숙해진다.

대화에서 출제되는 Detail 문제의 정답에서는 화자가 했던 말을 그대로 인용하기보다, 다른 표현으로 바꾸어 쓰는 경우가 많다. 이처럼 특정 표현을 뜻이 통하는 다른 표현으로 바꾸어 쓰는 기법을 paraphrasing이라고 한다.

Example

Script	
M: I didn't realize there was a fee for copying tapes. I thought it was covered by our student tuition. Well, here's the money. W: If you **leave a number where I can reach you**, I'll call as soon as your copy is finished.	Q. What does the woman suggest the man do? A. Give her his contact information. 해설 대화상에서 여자가 "...leave a number where I can reach you"라고 말한 것이 정답에서는 "Give her his contact information"으로 paraphrasing 되었다.

Paraphrasing의 예

Clue sentences in the script	Restated answers
M: I can't join the field trip as I have a paper to finish by then.	The man can't go on the field trip due to an assignment he's trying to complete.
W: The computer class won't count as a class towards my degree.	The woman says the computer course is not credited.
M: Will it be OK if I give them your name as a reference?	The man is asking for permission to refer to the person in his application.
W: If I miss another paper, I'll get twenty points deducted from my final score.	If the woman fails to submit the next paper, her final grade will be affected badly.
P: It wouldn't be fair to others to allow you to hand in your report late.	The professor thinks it's partial to permit the student to submit his paper late.
W: I'll come by here tomorrow to pick up the letter of recommendation.	The woman will get the letter of recommendation tomorrow.
M: If you leave a number where I can reach you, I'll call as soon as the book is returned.	The librarian suggests that he will call her when the book she needs becomes available.

Strategy 02

예를 들 때 자주 쓰이는 표시어를 놓치지 않고 듣는다.

대화에서 화자가 예를 들 경우, 그 예로 든 사실을 묻는 Detail 문제가 종종 출제된다. 이때 예로 든 내용이 이어 나올 것임을 알려주는 표시어(signal words)가 있는데, 이 표시어들을 기억해두고 지문을 들을 때 화자가 어떤 말을 할지 예상하는 것이 중요하다.

Example

Script

This is a convenient way for you to change your images from one format to another; **for example**, just pressing this key will change this picture from a bitmap file to a jpeg file.

Q. What is one example the speaker gives as a convenient way to change the images?

A. Pressing a key to change a picture file

해설
이미지 포맷을 변경하는 것이 쉽다는 것의 예로 키를 누르기만 하면 된다고 말하면서 화자는 "for example"이라는 표현을 사용하고 있다.

예를 들 때 자주 쓰이는 표시어

Expressions	Example sentences
among them are	There are many useful sources you can use when writing your report. **Among them are** the articles published in the *American Medical Journal*; you might want to take a look at those.
for instance	**For instance**, there isn't enough information to back up the conclusion you made in this part of your report.

in this case	Well, **in this case**, the liquidity ratio would have been more appropriate if you had wanted to measure how capable the company was of meeting its obligations.
let's say	How can I explain the concept of opportunity cost? Well... OK, **let's say** you decided to take just one summer course instead of two so that you could hold a part-time job.
one way	Your essay needs a little more substance, and **one way** you can do this is by including very specific examples.
referred to as	I believe the reference you need is **referred to as** the *Rules of Etiquette* by Emily Post.
such as	You need to include other documents for your grad school application, **such as** reference letters from your professors and a complete transcript of your grades.
something like	Take **something like** this periodical, which may not be current, but it does contain information which you can use for historical purposes.
things like	Well, **things like** coming to class late every morning or not being prepared for the test show me you're not really interested in my class.

Strategy 03

예가 제시될 경우 Note-taking을 하며 듣는다.

Detail 문제 가운데 화자가 예로 든 구체적인 항목들을 기억해야만 풀 수 있는 문제가 있다. 이러한 Detail 문제를 풀기 위해서는 대화를 들으면서 Note-taking을 해두는 것이 필요하다.

Example 1

Script

W: I know, but the labs are too crowded. I think it would just be much better if I had a computer at home.

M: When I first bought my computer I was shocked by how much extra I had to pay in hidden costs. **Things like** the extended warranty, taxes, my digital subscriber line, and higher electric bills.

Note-taking

W: want to buy a com.
M: shocked by + $ for com.
- + warranty
- tax
- digit. subscrib. line
- ↑ elec. bill

Q. What is one of the hidden costs the man mentioned?

A. Increased electric charges

해설
남자가 드러나지 않는 비용의 예를 언급하면서 "things like"이라는 표현을 쓴 데 유의하여 언급된 항목들을 간략하게 Note-taking 해두는 것이 도움이 된다.

Example 2

Script

M: And I think being a swimming tutor for elementary school kids would be perfect for me.

W: Why do you say that?

M: Well, **first of all**, the pay is pretty good. **Also**, I like swimming in hot weather, I can get the exercise I need while working, and I enjoy teaching swimming to young kids because they're not as reluctant about jumping into a pool as adults are.

Note-taking

swim. tutor is perfect
- good pay
- can swim in summer
- enjoy teach. kids

Q. What does the man mention as the advantages of having a swimming tutor job?

Click on 2 answers.

A1. He likes teaching young children.
A2. He believes he will be paid well.

해설
수영 강사 일의 좋은 점을 나열하면서 남자가 "first of all"이라는 표현을 썼다는 것에 유의하여, 그 이후에 "Also" 다음으로 나열되는 항목을 간단히 Note-taking 해두는 것이 중요하다.

Example

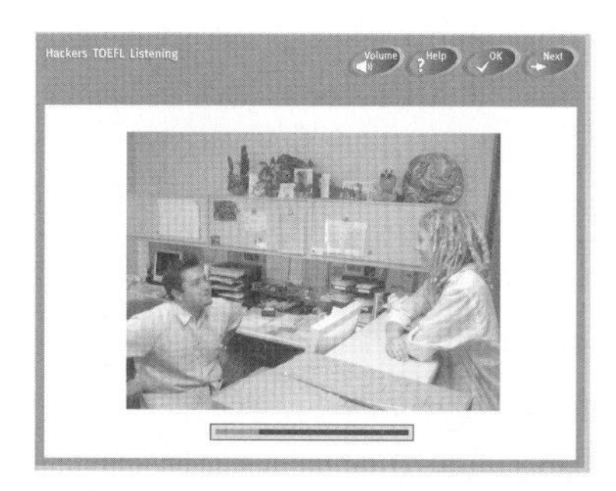

Listen to part of a conversation between a university housing official and a student.

W: Excuse me... I filed a request here two weeks ago to, um, have my place repainted.

M: I see... is there a problem with the new paint job?

W: Actually, no one's come to repaint yet so, um, I was just wondering how much longer I have to wait...

M: Hmm, that's strange... usually our department is very prompt about student problems like this... Um, just let me pull up your file and see what's going on. What's your student ID number?

W: Um, just a second... it's, um, 3325598.

M: Amy Guttenberg?

W: Yes, that's me.

M: OK... now it says here the painter went to your house twice, once the day after you filed the request, and, uh, again last Tuesday... both times you weren't there. He's not allowed to enter the premises when no one is home unless he's given permission... **I see you didn't check the box which gives him access to your place when no one's around...**

W: **Oh... I guess I didn't read the form that carefully...** um, what should I do?

M: Uh... well, it says here the painter's scheduled to visit your place tomorrow afternoon. Is that convenient for you?

W: Uh, let me think... oh no, I've got a study group at 2:00 that I can't miss... um, can he come in the morning?

M: Oh, I'm afraid not. He's got another service call. Um, you could just check the box allowing him to enter... I mean, that's what most people do.

W: I guess so... **but I'm a little concerned for some reasons, like... I'm worried about my belongings... and what if he makes a mess of my room with his paint and stuff**?

M: I understand, but honestly you don't need to worry. All of our employees are trustworthy individuals and we've never had a problem before... And if you want to get your room painted as soon as possible, you don't really have any choice.

W: OK... then I'll check the box. I just hope that everything will be fine.

M: I'm sure it will! So your place should be looking like new later tomorrow.

Hackers TOEFL Listening

What mistake did the student make?

✓Ⓐ She didn't check the permission box allowing the service man entry.
Ⓑ She didn't clear her schedule to ensure she would be home for the appointment.
Ⓒ She didn't properly file her form with the right department.
Ⓓ She forgot to explain in detail the problem she is having.

해설 | 학생이 어떤 실수를 했는지를 묻는 문제이다. 페인트칠이 늦어지는 이유에 대해 직원이 "I see you didn't check the box ~"라고 말하자 학생이 그것을 인정하므로, 학생이 실수한 부분은 집에 아무도 없을 때 직원이 들어와도 좋다고 허용하는 칸에 표시를 하지 않은 것임을 알 수 있다. 이때 "the box which gives him access to your place when no one's around"가 "the permission box allowing the service man entry"로 paraphrasing된 것임을 이해해야 한다 (Strategy 1).

정답 | Ⓐ

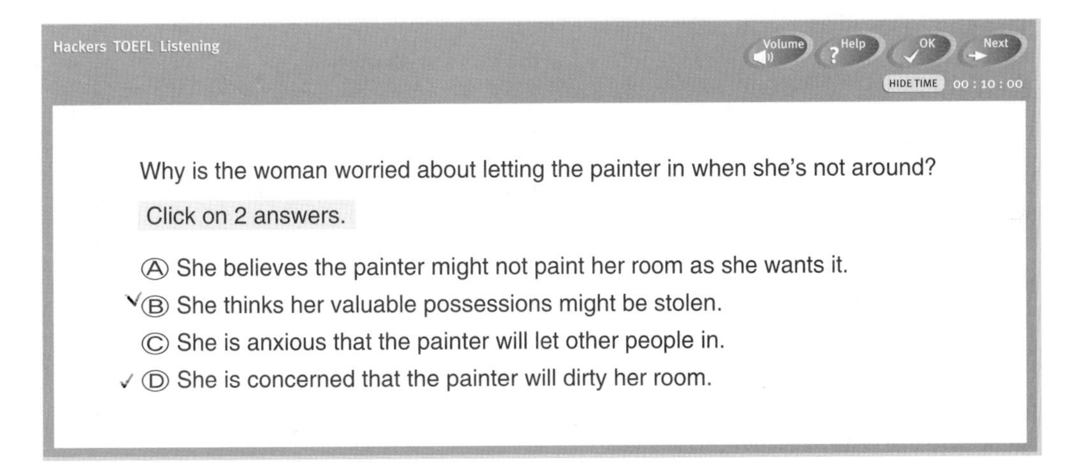

Why is the woman worried about letting the painter in when she's not around?

Click on 2 answers.

Ⓐ She believes the painter might not paint her room as she wants it.
✓Ⓑ She thinks her valuable possessions might be stolen.
Ⓒ She is anxious that the painter will let other people in.
✓ Ⓓ She is concerned that the painter will dirty her room.

해설 | 학생이 왜 아무도 없을 때 페인트 공이 오는 것을 원치 않는지 묻는 문제이다. "but I'm a little concerned for some reasons, like ~" 이하에서 학생이 자신의 소지품이 없어질까봐, 그리고 집이 어지럽혀지는 것을 염려해서 페인트 공을 들이려 하지 않는 것임을 알 수 있으므로 답은 (B)와 (D)이다. 이때 "for some reasons like ~"과 같이 몇 가지를 예로 들 때 자주 쓰이는 signal words를 주의해서 들어야 하며, 이와 같은 예들은 Note-taking을 해두면 문제를 풀 때 도움이 된다 (Strategy 2, 3).

정답 | Ⓑ, Ⓓ

Hackers Practice

I. Listen to parts of the conversations and fill in the blanks. Then answer the questions.

1.

Main Topic: The tasks to complete the report

1) go over the _____ _____ _____ and choose
2) submit the choice to the professor
3) _____ the work
   A. _____ the data
   B. write the _____ _____

Q. What will the speakers initially do?

(A) Divide the work
(B) Consult with the professor
(C) Select a topic

2.

Main Topic: Possible topics for the man's presentation

W: 1) _____ _____ in the US
   2) families living in _____ focusing on _____ _____ families

M: 1) whether the family in America is _____
   2) whether _____ _____ are on the wane

Q. What will the man do a paper on?

(A) African-American families
(B) Incidence of divorce in the United States
(C) The decline of family values

3.

Main Topic: Requirements for the application

Submitted

1) _____ _____

2) resume

3) _____

Not submitted

1) _____ _____ from a professor

2) _____ in German

Q. What does the woman need to submit?

(A) A transcript of her grades

(B) A letter from her professor

(C) An application form

4.

Main Topic: Some information the man can bring up during the interview

1) travel to _____ _____

2) giving free _____ _____ to orphans

3) setting up the university's computer network _____ _____

Q. What does the woman suggest the man talk about?

(A) The unpaid work he did for orphans

(B) The computer classes the man took

(C) The security system he established at college

II. Listen to parts of the conversations and then answer the questions.

5. Choose all the facts that can be learned from the conversation.

(A) The man is not certain whether he should major in economics.
(B) The man has to settle a sum of money he used for college.
(C) The man will take his master's degree immediately after graduation.
(D) The professor suggests that the man ask conference delegates for counsel.
(E) The speakers at the conference all took out college loans.

6. Choose all the facts that can be learned from the conversation.

(A) The woman failed to take an examination given in class.
(B) The woman is receiving monetary assistance from a company.
(C) The professor will administer a quiz in his office for the woman.
(D) The woman received an e-mail from the teacher about the test.
(E) The professor announced that he would be giving a quiz.

7. Choose all the facts that can be learned from the conversation.

(A) The man came fifteen minutes early for his appointment with Mrs. Perkins.
(B) The professor is encouraging the student to finish his report on wave energy.
(C) The professor thinks that a different subject would make a more interesting discussion.
(D) The man is concerned that there will not be enough material on the new topic.
(E) The professor has done some preliminary research on the topic.

8. Choose all the facts that can be learned from the conversation.

   (A) The woman's dorm is inconveniently far from the library.
   (B) The woman doesn't like her dormitory because it's never clean or peaceful.
   (C) The woman will lease an apartment before she can find the required number of people.
   (D) The man does not agree with the woman's opinion of her dormitory.
   (E) The man is helping the woman look for a new dormitory to live in.

9. Choose all the facts that can be learned from the conversation.

   (A) The woman has to submit a report to get credit.
   (B) The woman will gather information through in-person interviews.
   (C) The woman is going to summer school in Mexico.
   (D) The woman's parents are paying for her trip to an archeological site.
   (E) The woman is planning to stay at a hotel on the Inca site.

10. Choose all the facts that can be learned from the conversation.

   (A) The student is worried about how to teach children who are gifted, but also troublemakers.
   (B) It is quite difficult to get a placement at the Glenview Institute for Exceptional Children.
   (C) The professor suggests focusing on one theory concerning social interaction among gifted students.
   (D) The student has tried writing to the Monthly Educational Review asking for help.
   (E) The professor recommends that the student consult an educational professional for advice.

III. **Listen to parts of the conversations and then answer the questions.**

[11-13]

11. What does the professor say about her presentation at the symposium?

(A) Some of the information given will appear on a test.
(B) It will cover what the student should already know.
(C) It will refer to material not yet discussed in class.
(D) The professor will assign a reading after the presentation.

12. According to the conversation, why is uncertainty also called error?

(A) Physicists often make errors in the collection of data.
(B) The data that scientists gather is not always fixed.
(C) The data that physicists are uncertain about is usually erroneous.
(D) Past experiments have proven that physics data is often in error.

13. What penalty will be imposed on students who do not attend the symposium?

(A) An oral presentation
(B) A lower overall grade
(C) A make-up report
(D) Two missed classes

[14-16]

14. What kind of job experience does the man have?

Click on 2 answers.

(A) Waiting tables
(B) Hosting at Northern Lights Café
(C) Writing a thesis paper
(D) Working as a food preparation assistant

15. Why did the man stop working at the previous workplace?

(A) The salary was too low.
(B) He went on a trip.
(C) He was busy with school responsibilities.
(D) He wanted to take a break from work.

16. What qualification does the man lack?

(A) He has no related experience.
(B) He is not familiar with food preparation techniques.
(C) He has not had any training pertinent to the job.
(D) He has not completed his university degree.

정답 p.451

Hackers Test

 **[1-4] Listen to a conversation between a student and the head of building maintenance.**

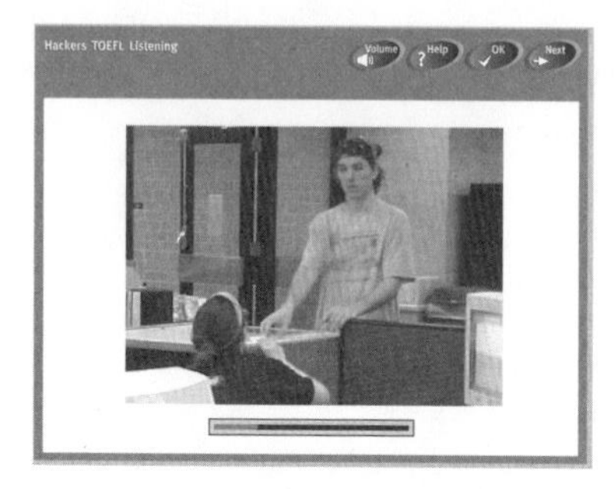

1. Why does the student go to see the head of building maintenance?

   (A) To request a transfer to another dorm
   (B) To ask that his dorm room be renovated
   (C) To obtain information about the library
   (D) To complain about a nearby renovation site

2. What are instances of the ongoing renovation the student cites as having an effect on him?

   Click on 2 answers.

   (A) The particles that drift into his room
   (B) The loudness of the noise from the site
   (C) The chatter of the construction crew
   (D) The odor emanating from the area

3. According to the conversation, what is true about the library renovation?

   (A) It will not last more than several months.
   (B) It cannot be discontinued.
   (C) It will be completed by the end of the summer.
   (D) Only one side is unfinished.

4. What will the student do next?

   (A) He will room in with a student in another dorm.
   (B) He will contact the dorm manager to check if there are empty rooms.
   (C) He will stay off-campus temporarily.
   (D) He will wait until the woman notifies him.

 [5-8] Listen to a conversation between a student and her professor.

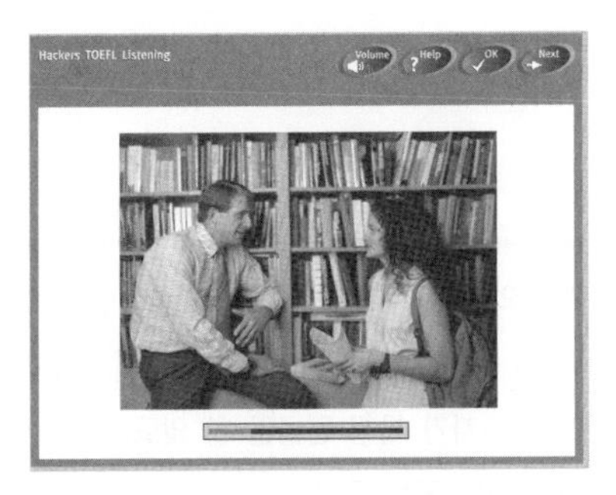

5. Why does the woman visit the office of a professor?
   (A) To request the professor to consent to her petition
   (B) To check when the professor is returning from his leave
   (C) To become acquainted with a colleague of the professor
   (D) To verify what room the professor will transfer to

6. What does the professor consider unusual about the student's interest in sports journalism?
   (A) It is a course women do not usually take.
   (B) The subject is not as interesting as linguistics.
   (C) It is offered only to journalism majors.
   (D) The course is not related to her major.

7. Why does the professor ask the student what her name is?
   (A) He realizes he had forgotten to ask the student for her name.
   (B) He is worried he might not recall what the student wants.
   (C) He wants to speak to Professor Kempton about her.
   (D) He remembers a sports story she might be interested in writing.

8. What is the professor's impression of the student?
   (A) He thinks she is too persistent.
   (B) He finds her extraordinary.
   (C) He is annoyed by her assertiveness.
   (D) He considers her unexceptional.

정답 p.462

3. Function & Attitude Questions

Overview

Function & Attitude 문제는 대화 중 화자가 한 말의 기저에 놓인 화자의 의도 및 태도를 묻는 문제이다. 1개 대화 지문당 1~2문항이 출제된다. 화자가 한 말의 일부를 다시 들려준 후 문제를 푸는 형태로 출제되며, 대화의 맥락에 대한 이해와 논리적인 유추를 요하는 문제이다. Function 문제는 화자가 특정 언급을 한 의도가 무엇인지를 묻고, Attitude 문제는 화자의 감정 및 느낌, 혹은 사실에 대한 확신 여부 등을 묻는다.

질문 형태

Function

> Listen again to part of the conversation. Then answer the question.
>
> M: ------------
> W: **********
>
> Q. Why does the woman say this:
>
> W: **********

Attitude

Why does the man/woman say this?

What does the man/woman mean when he/she says this: 

What is the professor's attitude towards ~?

How does the professor seem to feel about ~?

What does the man/woman imply when he/she says this: 

Strategy 01

대화의 맥락 속에서 화자의 말을 이해한다.

Function & Attitude 문제를 푸는 데 있어서 가장 중요한 것은 화자의 의도를 전체적인 맥락 안에서 파악하는 것이다. 이를 위해서는 대화에서 오가는 말을 통해 그 사이에 함축된 화자의 의도를 파악하는 것, 즉 행간을 읽는 것(reading between the lines)이 필수적이다. 맥락 이해의 중요성은 같은 표현이라도 서로 다른 맥락에서 어떻게 구별된 의미를 지니는가를 살펴보면 잘 알 수 있다.

Example 1

Script

W: The wall paint's kind of dull, don't you think?

M: It's pretty old, I guess.

W: **It sure is dark in here. Do I need permission to paint the room a different color?**

M: I'm not sure. You better check.

Q. What does the woman mean when she says this:

W: It sure is dark in here

A. The walls need brightening.

해설

여자는 새로운 기숙사 방의 페인트 색깔이 어두운 것 같다며 새로 페인트를 칠하려면 허락을 받아야 하느냐고 묻고 있다. 그러므로 여자의 의도는 "벽을 밝게 칠할 필요가 있다"는 것임을 파악할 수 있다.

Example 2

Script

M: Hello, professor, there's this one question on the test that you returned to the class yesterday. I'm not really sure why I got it wrong.

W: Let me take a look. Which question is it?

M: Uh... what number was that... **It sure is dark in here.**

W: **Oh... It's just that I was taking a quick** nap before my next class.

Q. What does the man mean when he says this:

W: It sure is dark in here

A. Can we turn on the light?

해설

학생이 교수에게 무언가를 질문하는 상황에서 숫자가 잘 보이지 않는다며 너무 어둡다고 말하므로 이 말을 한 의도가 "불을 켜자"는 것임을 파악할 수 있다.

Strategy 02

화자의 어조(tone)를 통해 화자의 의도 및 태도를 파악할 수 있다.

Function & Attitude 문제를 풀 때는 화자의 어조를 통해 화자의 의도나 태도를 정확하게 파악할 수 있는 경우가 많다. 특히 화자가 자신의 감정이나 생각을 표현하기 위해 사용하는 특정한 어조(special tone)를 잘 파악해야 하는데, 주로 강조, 놀람, 주장에 대한 확신/불확신, 반어법 등을 나타낼 때 이러한 어조가 자주 쓰인다.

Example

Script

W: You don't have the prerequisite to enroll in this course.

M: I know I don't have the prerequisite, but I did get some credits in a course similar to the requisite subject. So can I enroll?

W: **Uh... um... let me call someone.**

Q. What does the woman mean when she says this:

W: Uh... um... let me call someone.

A. She is not sure if she can allow the man to register for the subject.

해설

학생이 자신이 수업에 등록할 수 있느냐고 묻자, 여자는 불확실한 어조(tone)를 이용하여 그것이 허용 가능한지 알 수 없다는 것을 표현하고 있다.

Special tone의 예

강조	W: Could I have a drop slip, please? I'd like to drop my Math 101 class. M: But it's **too late** for you to drop your class now. The period for dropping ended about a week ago. 남자는 수업 신청을 취소하는 시기가 지났다는 것을 강조하기 위해 "too late"을 강한 어조로 말하고 있다.
놀람	M: So I've decided that your paper will be due on Monday instead of Wednesday. W: **Monday?** But that barely gives me enough time to finalize and proofread the paper. 여자가 "Monday?"를 놀란 어조로 말하는 것을 보아, 그녀가 과제물 제출 시기가 빠른 것에 놀라고 있다는 것을 알 수 있다.
불확신	M: If you're planning to get an apartment off-campus, you need to inform us immediately so we can give your bed space to someone else. W: **Uh... um...** can I tell you in a couple of days? 여자는 언제 이사할지 알려 달라는 말에 불확실한 어조로 답을 함으로써, 자신의 이사 시기가 확실히 정해진 것이 아님을 암시하고 있다.
반어법	W: The university's trying to save on fuel, so they're cutting the number of shuttle buses by half. That means the next bus will be due in half an hour. M: **That's wonderful!** I might as well start walking or I'll be late for class. 셔틀 버스의 수가 줄어들었다는 부정적인 소식에 대해 남자가 과장된 어조로 "That's wonderful!"이라고 말하므로, 이것이 반어적인 표현임을 알 수 있다.

Example

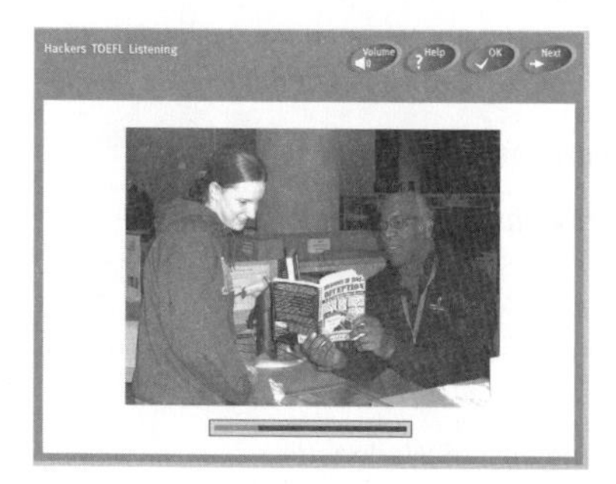

Listen to part of a conversation between a student and a librarian.

W: Hello, uh... One of my assignments is, um, to write a report about a unique old book. So do you think you have a good one for me to use?

M: A unique old book... let me see... Oh, I have one. Please wait, I'll bring the book. It's in the reference section... Here. Take a look at this book.

W: Boy, that book really looks old.

M: It is old. Take a look at the date on the cover of this book. It's 1541!

W: Wow... that book must be worth a fortune! What's it about?

M: Would you believe it's a cookbook?

W: You're kidding! You mean... recipes?

M: **Yes. They have some very interesting recipes here that would probably be very popular today given the renewed interest in health.**

W: **But, um... What can I do with this book? I mean, it's just recipes.**

M: You know what, this isn't just an old cookbook. The recipes in this book and how the author presents them reveal a lot about the culture of the olden days.

W: Oh, the author says something about the recipes... Well, that should provide enough material, then. **Maybe I should borrow that book for a couple of days.**

M: **Sorry, that's not how it works.** The policy in this library... or, for that matter, other libraries... is to allow patrons to look at these old, rare books only in the library.

W: Oh... really? Then I have no other way to do research than to read the book here in the library. Anyway, thanks for helping me.

Hackers TOEFL Listening

Listen again to part of the conversation. Then answer the question.

M: Yes. They have some very interesting recipes here that would probably be very popular today given the renewed interest in health.

W: But, um... What can I do with this book? I mean, it's just recipes.

Q. What does the woman mean when she says this:

I mean, it's just recipes.

Ⓐ She is not sure the recipes will help her in cooking.

Ⓑ She is not sure she can use the book for her report.

Ⓒ She is looking for a book with pictures.

Ⓓ She knows that her teacher will not approve of the topic.

해설 | "I mean, it's just recipes."라는 말을 통해 여자가 의미하는 바가 무엇인지를 묻는 Attitude 문제이다. 과제물에 참고할 수 있을 만한 책으로 남자가 오래된 요리책(cookbook)을 소개해주자 여자가 단지 요리책으로 무엇을 할 수 있겠냐고 말하고 있다. 이러한 맥락을 통해 여자가 그 책이 자신의 과제물에 도움이 되지 않는다는 뜻으로 이 말을 한 것임을 알 수 있으므로 답은 (B)이다. 여자의 불확실한 어조를 통해서도 정답을 확인할 수 있다 (Strategy 1, 2).

정답 | Ⓑ

Hackers TOEFL Listening

Listen again to part of the conversation. Then answer the question.

W: Maybe I should borrow that book for a couple of days.

M: Sorry, that's not how it works. The policy in this library... or, for that matter, other libraries... is to allow patrons to look at these old, rare books only in the library.

Q. Why does the man say this:

Sorry, that's not how it works.

Ⓐ To warn the woman that her idea probably will not work

Ⓑ To point out that the woman cannot check out the book

Ⓒ To express concern about the woman's carelessness with the old book

Ⓓ To make clear that the woman has to wait to borrow the book

해설 | 남자가 "Sorry, that's not how it works."라는 말을 한 목적을 묻는 Function 문제이다. 여자가 책을 며칠간 대출하고 싶다고 하자, 남자가 "Sorry, that's not how it works."라고 말하면서 대출이 불가능하다는 말을 이어하므로 이 맥락을 통해 답이 (B)임을 알 수 있다 (Strategy 1).

정답 | Ⓑ

Hackers Practice

I. **Listen to each pair of conversations, and determine how the same expression was used differently in each conversation.**

[1-2]

1. What does the speaker mean when she says this: 

(A) Isn't it supposed to be for tomorrow?
(B) I can't possibly finish the work today.
(C) Are you sure that it's due today?
(D) I'm not sure that I heard what you said.

2. What does the speaker mean when she says this: 

(A) Isn't it supposed to be for tomorrow?
(B) I can't possibly finish the work today.
(C) Are you sure that it's due today?
(D) I'm not sure that I heard what you said.

[3-4]

3. What does the speaker mean when he says this: 

(A) What part are you explaining?
(B) I'm not sure where I can find you.
(C) You're probably on the wrong page.
(D) Where are you in the picture?

4. What does the speaker mean when he says this: 

(A) What part are you explaining?
(B) I'm not sure where I can find you.
(C) You're probably on the wrong page.
(D) Where are you in the picture?

[5-6]

5. What does the speaker mean when she says this:

(A) I already know that.
(B) I am not surprised.
(C) Is this the most recent information?
(D) What more can you tell me?

6. What does the speaker mean when he says this: 

(A) I already know that.
(B) I am not surprised.
(C) Is this the most recent information?
(D) What more can you tell me?

[7-8]

7. What does the speaker mean when he says this: 

(A) Did I do that well?
(B) Is that true?
(C) Did I get it correctly?
(D) Wasn't that the one?

8. What does the speaker mean when she says this: 

(A) Did I do that well?
(B) Is that true?
(C) Did I get it correctly?
(D) Wasn't that the one?

 II. **Listen to parts of the conversations and then answer the questions.**

9. Why does the professor say this:

(A) To remind the student that attendance is related to good grades
(B) To imply that the student should consider changing the report topic
(C) To suggest that the focus of the report was discussed during class
(D) To express concern that the student has been absent from class lately

10. Why does the man say this: 

(A) To make clear that he would like to look at other references
(B) To tell the woman he still needs the books
(C) To inform the woman that he couldn't find the information he needed
(D) To point out that he has enough information

11. What does the man mean when he says this: 

(A) He wants to know more about the university.
(B) He forgot to get the adviser's signature.
(C) He is not familiar with the procedures.
(D) He does not have an adviser.

12. Why does the librarian say this: 

(A) To express agreement with the student
(B) To indicate that the student missed part of the library's policy
(C) To explain that the policy is no longer in effect
(D) To identify himself as the person who made the calls from the library

III. **Listen to parts of the conversations and then answer the questions.**

[13-14]

Listen again to part of the conversation. Then answer the question.

13. What does the professor mean when she says this: 

(A) She thinks the student should take the picture himself.
(B) She is not sure a picture is available.
(C) She wants the student to make sure the picture was sent.
(D) She thinks the picture is not necessary.

Listen again to part of the conversation. Then answer the question.

14. Why does the professor say this: 

(A) To acknowledge that the student's idea is good
(B) To suggest what the student could do
(C) To urge the student to make up his mind
(D) To ask the student what his options are

[15-16]

15. Why does the student mention Fyodor Dostoyevsky?

(A) To demonstrate his knowledge about the subject
(B) To express admiration for the author
(C) To cite a book he did a term paper on
(D) To explain his preference for European literature

Listen again to part of the conversation. Then answer the question.

16. What does the professor mean when she says this: 

(A) The professor wants the conversation to end.
(B) The professor is worried the man will lose interest in the course.
(C) The professor will give in to the student's request.
(D) The professor thinks the man is making a mistake.

정답 p.468

Hackers Test

 [1-5] Listen to a conversation between a student and a proctor.

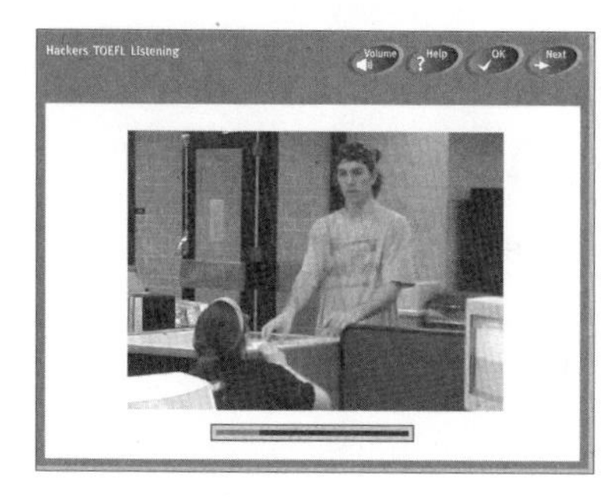

1. What is the man's problem?

   (A) He is having difficulty understanding the proctor's instructions.
   (B) He is not sure whether he can keep his scholarship.
   (C) He does not know how to reschedule a missed exam.
   (D) He is unable to take an important test because he arrived late.

Listen again to a part of the conversation. Then answer the question.

2. Why does the woman say this: 

   (A) To indicate that she cannot grant the student's request
   (B) To express uncertainty about letting the student in
   (C) To encourage the student to convince her to let him in
   (D) To find out whether the student knows what the rule is

3. What does the student say about the exam?

   (A) It will improve his present ranking in class.
   (B) Missing it will affect the status of his scholarship.
   (C) Taking it does not require the proctor's permission.
   (D) It will influence how much monetary assistance he will receive.

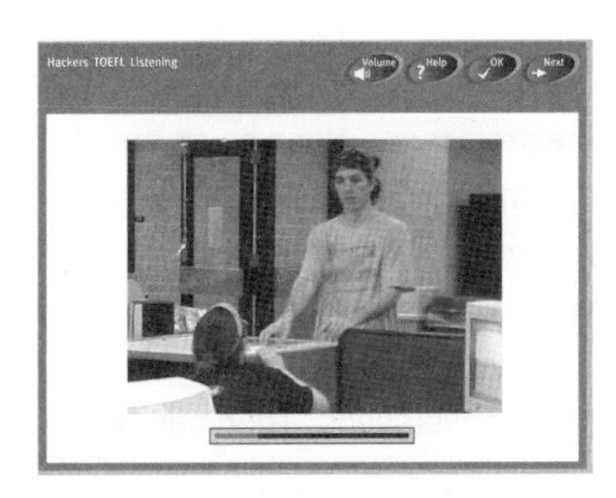

Listen again to a part of the conversation. Then answer the question.

4. What does the proctor mean when she says this:

(A) She realizes that the student does not understand what she is saying.
(B) She wishes she did not have to decide whether to let the student in.
(C) She thinks she does not have to explain the situation further.
(D) She does not think the student is considering her situation.

5. Why does the woman tell the student not to worry about the exam?

Click on 2 answers.

(A) The dean is sympathetic toward students.
(B) The exam period is not yet over.
(C) Other students missed the exam.
(D) The student may be able to get a make-up exam.

 [6-10] Listen to a conversation between a student and her professor.

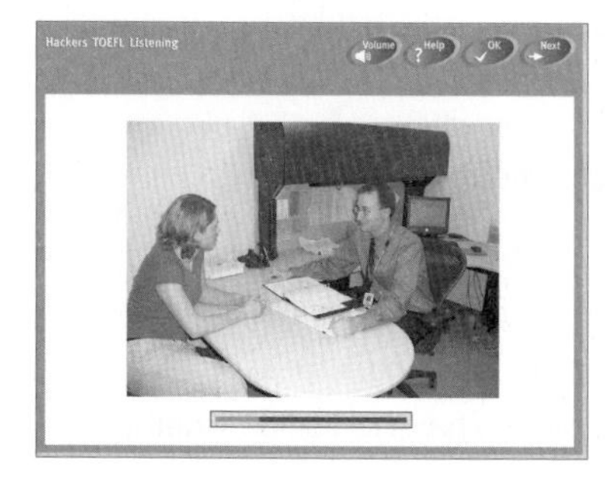

6. Why does the woman go to see her professor?
   (A) To check when the professor's office hours are
   (B) To ask for advice about a situation her group is in
   (C) To suggest that her group needs a leader
   (D) To request information on Internet marketing

Listen again to a part of the conversation. Then answer the question.

7. What does the professor mean when he says this:
   (A) He realizes he should have assigned group leaders.
   (B) He is not sure whether he told the class to designate a leader.
   (C) He is surprised that the woman's group has no leader.
   (D) He appreciates that some groups do not need leaders.

8. What are two reasons the woman gives for not having a group leader?
   Click on 2 answers.
   (A) The group has not had the time to pick a leader.
   (B) The group members think they can cope without a leader.
   (C) The persons in the group do not want to be controlled by one person.
   (D) There is no one in the group who is qualified to be a leader.

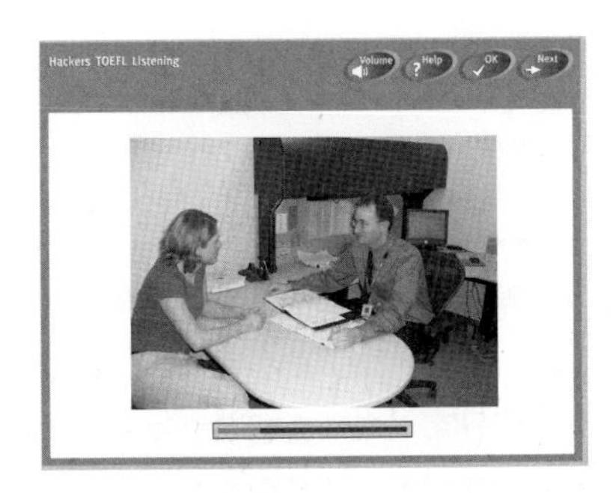

Listen again to a part of the conversation. Then answer the question.

9. Why does the professor say this: 

    (A) To express enthusiasm for the group's project
    (B) To indicate his pleasure with the group's accomplishments
    (C) To show that he is concerned about how the group is doing
    (D) To gauge the group's interest in the project they are doing

10. What can be inferred about the student?

    (A) She dislikes being with her group members.
    (B) She has doubts about leading her peers.
    (C) She is considering dropping the course.
    (D) She is intimidated by the professor.

정답 p.476

4. Connecting Contents Questions

Overview

Connecting Contents 문제는 대화에서 직접적으로 주어지는 정보들간의 관계를 파악하는 문제 유형이다. 1개 대화 지문당 0~1문항 정도 출제된다. 주로 화자의 말 한 마디에서 정답을 얻을 수 있는 것이 아니므로, 몇 번씩 주고받는 대화의 흐름을 이해하고 그 가운데서 정답을 찾아내는 능력이 요구된다. 대화에 출제되는 Connecting Contents 문제는 표 형태의 문제로, 정보의 사실 여부를 확인하는 List 문제, 알맞은 정보를 범주 별로 연결하는 Matching 문제, 사건 및 절차를 순차적으로 나열하는 Ordering 문제가 있다.

질문 형태

List

In the lecture/conversation, ~. Indicate whether each of the following is a ~.

	Included (or Yes)	Not Included (or No)
Statement A		
Statement B		

Matching

Indicate for each example what type of ~.

	Type A	Type B	Type C
Ex 1			
Ex 2			

Ordering

The professor explains the steps in the process of ~. Put these steps in order.

Step 1	
Step 2	
Step 3	
Step 4	

Strategy 01

화자가 주요한 화제와 관련하여 몇 가지 사실을 언급할 때는 Note-taking을 해둔다.

대화의 내용 가운데 주요한 화제에 대해 화자가 몇 가지 사실을 열거하면서 설명할 경우에는, 이에 대한 List 문제가 출제될 확률이 높으므로 각 항목을 Note-taking 해두는 것이 중요하다. 이때 언급된 항목이 정답에 속하는지, 그렇지 않으면 혼동을 주기 위해 언급된 내용인지를 잘 구분하여 Note-taking 할 수 있어야 한다.

Example

Script

W: Hello, professor. Uh... a group of exchange students from Canada will visit our campus this weekend. I'd like to give them the campus tour, but, uh... I'm having trouble deciding where to bring them. Can you recommend some places that might be good?

M: Hmm. Why don't you just, you know, show them the places where you spend a lot of time?

W: Uh-huh, that's a good idea. Like, um... **Lincoln Hall?** How about that?

M: **Good idea. Since it has the lakefront cafe with such an awesome view,** they would like the place. **Oh, and definitely the library...** it is such a beautiful building and, what else? Let's see... I, I think that **you should also take them up to the old humanities center** on West Hill, which used to be a bomb shelter during the sixties.

W: Wow, there seem to be a lot more places worth going to than I thought. And I think that Milwaukee Gallery would also be a good place to go to...

M: Oh, usually that would be good, but it will be closed this weekend.

W: I didn't know that. Thanks for letting me know.

Note-taking

- Places to visit for a camp. tour
- Linc. Hall - lakefront cafe
  lib. - beaut. bldg.
- Human. Cen. - bomb shelter

Q. In the conversation, the professor provided several suggestions of places to visit. Indicate in the table below whether each of the following is a place recommended by the professor.

Click in the correct box for each phrase.

	Suggested	Not suggested
Humanities center	√	
Milwaukee gallery		√
Lincoln Hall	√	
Campus museum		√
Library	√	

해설

교수가 제안한 장소를 위와 같이 Note-taking 해두면 답을 쉽게 찾을 수 있다.

Strategy 02

대화에서 몇 가지 사항을 나열할 때 자주 쓰이는 표시어들을 익혀둔다.

화자가 한 가지 화제에 관해 몇몇 사실을 언급하게 될 때 자주 쓰이는 표시어(signal words)가 있다. 이러한 표시어들을 익혀두면 다음에 화자가 몇 가지 사실을 나열하게 될 것임을 미리 예측할 수 있다. 다만, 표시어가 없더라도 내용상 화자가 한 가지 화제에 대해 몇 가지 항목들을 열거한다면 이것을 Note-taking 해두어야 한다는 사실을 주의해야 한다.

Example

Script

M: Excuse me, I'd like to apply to take an additional class beyond the maximum number of credits allowed. Can you advise me?

W: Um... why would you want to do that?

M: Actually, **I have several reasons. First of all, if I take extra credits this semester, twenty-four, to be exact, I won't have to spend money on an extra semester.**

W: Uh-huh. I see your point, but how do you expect to handle all of those classes and your part-time job at the same time?

M: Well... well if I take that many credits, I'll quit my job and get a loan to pay my tuition.

W: Yeah, I guess that's possible... So money is your biggest concern?

M: **No, the second reason is... if I have to study next semester for just six credits, I'll feel like I'm wasting precious time. I'd rather use the time to start a career and get experience.**

Q. The student gives several reasons for taking extra classes. Indicate whether each of the following is one of those reasons.

Click in the correct box for each phrase.

	Yes	No
To pay back a loan for her tuition		√
To save tuition fees for one semester	√	
To start a career earlier	√	
To apply for graduate school		√

해설

추가 수업을 듣는 이유에 대해 여자가 "I have several reasons. First of all ~"이라고 말하는 부분과, "the second reason is ~"라고 말하는 부분을 주의 깊게 들어야 한다. 이와 같이 몇 가지 사실을 나열할 때 쓰이는 표시어들을 주의깊게 들으면 List 문제를 미리 예측하여 대비할 수 있다.

몇 가지 사실을 언급할 때 자주 쓰이는 표시어

Expressions	Example sentences
There are three things ~	**There are three things** you must do with your partner. The first thing is to go over the data.
First, Second, Third ~	**First**, you need to check that no other group is doing your topic... **Second**, you must go over research that has been done by students for that topic... **Third**, you should select an angle to your topic that hasn't been done yet...
You should include ~	**You should include** information in recent journals and magazines.
You can talk about ~	**You can talk about** the reasons Emily Dickinson was so reclusive.
One way to solve the problem is ~ Another way is ~	**One way to solve the problem is** to check what assistantships your college may be offering... **Another way is** to check available scholarships for undergraduate students.

Example

Listen to part of a conversation between a student and a professor.

W: Excuse me, Professor Stevenson. I think I need your help for the assignment you gave me for the presentation.

M: Oh, come on in. Do you want to change your topic or something?

W: No, Emily Dickinson is not an easy topic, but it sure is an interesting one. What I'm worrying about is there probably won't be very much information available. She was a reclusive woman, so...

M: Surely, there must be some information. I think there's something you can refer to... **Did you check her biography in the library?**

W: Of course I did. But I'm afraid if that's the only thing that I can use...

M: **I think you can also include a description of her hometown** at the start of the presentation to give the audience a feel of what Dickinson's life may have been like...

W: Oh, guess what? I'm going to Amherst next weekend, and Dickinson's old home was in Amherst. I'll go check it out.

M: That's perfect! And if you're allowed to take pictures, that would be even better. OK, great... and, and... **letters! Letters she wrote to friends, family members, people she knew... Maybe you can check if someone has done any research on those letters**.

W: **Great... her letters...**

M: You know what, I remember I received an impressive paper on Emily Dickinson several years ago. It was on her poems, especially what made her poetry different... There wasn't much background information included, but it was focused, which is why I liked that paper very much.

W: Thank you, professor. Now I think I have some idea what I'd like to do for my paper.

Hackers TOEFL Listening

What does the professor advise the woman to include in her report? Indicate whether each of the following will be included or not.

Click in the correct box for each phrase.

	Included	Not included
Dickinson's biography		
Photos of Emily Dickinson		
Emily Dickinson's poetry		
Description of the writer's hometown		
The writer's personal letters		

해설 | 학생의 리포트에 포함될 참고자료와 그렇지 않은 것을 구분하는 List 문제이다. 대화를 들으며 교수가 나열하는 자료들을 주의 깊게 듣고 Note-taking 해두는 것이 중요하다. 대화 가운데 "Did you check ~?", "you can also include ~", "Maybe you can check ~" 등의 표시어 뒤에 이어오는 교수의 말을 통해, 리포트의 참고 자료로 쓰여질 것이 Emily Dickinson의 일대기, 고향에 대한 설명, Emily Dickinson이 쓴 편지임을 알 수 있다 (Strategy 1, 2).

정답

	Included	Not included
Dickinson's biography	√	
Photos of Emily Dickinson		√
Emily Dickinson's poetry		√
Description of the writer's hometown	√	
The writer's personal letters	√	

Hackers Practice

I. Listen to parts of conversations and fill in the blanks, and answer the questions.

1.

Types of Internet Service
1. DSL ; static
2. Cable ; broadband, good for D-top
3. Wireless
- Faster than _____
- Can be accessed at _____ or in _____ _____
- _____ access
- Broad _____ of _____________

Q. In the conversation, the service personnel mentions several advantages of wireless service. Indicate in the table below whether each of the following is an advantage.

Click in the correct box for each phrase.

	Advantage	Not an advantage
Can be accessed at a university or major city		
Can cover distances of about two kilometers		
Is free for registered students at universities		
Has a faster speed than broadband cable		

2.

Topics to be discussed at seminar
- How 20th - 21st century _____ affected _____ _____
- How male and female writers _____ these events in their _____.

Q. In the conversation, the professor mentions some topics that will be discussed in the seminar. Indicate in the table below whether each of the following is a topic or not.

Click in the correct box for each phrase.

	Topic	Not a Topic
American writing in the latter part of the 20th century		
How male and female writers write about current events		
What influence recent events have had on American writing		
Subject matter of literature in the 20th and 21st centuries		

II. **Listen to parts of the conversations and then answer the questions.**

3. In the conversation, the professor mentions what activities will be conducted by the biology club during the field trip. Indicate in the table below whether each of the following is an activity or not.
   Click in the correct box for each phrase.

	Yes	No
Verify what organisms presently exist in each habitat		
Make a count of organisms in each habitat		
Pinpoint how certain organisms came to reside in the transition area		
Determine what relationship the organisms in the transition area have		
Verify why certain organisms relocated to the transition area		

4. In the conversation, the speakers mention some advantages of studying at St. Mary's University. Indicate in the table below whether each of the following is an advantage.
   Click in the correct box for each phrase.

	Yes	No
Boasts the country's best program in an engineering course		
Professors and students characterized by broadmindedness		
More personalized attention given to the students		
Easier to form lifelong relationships with students		
Ideal for students who want to prepare for a career		

정답 p.483

Hackers Test

 **[1-5] Listen to a conversation between a student and a librarian.**

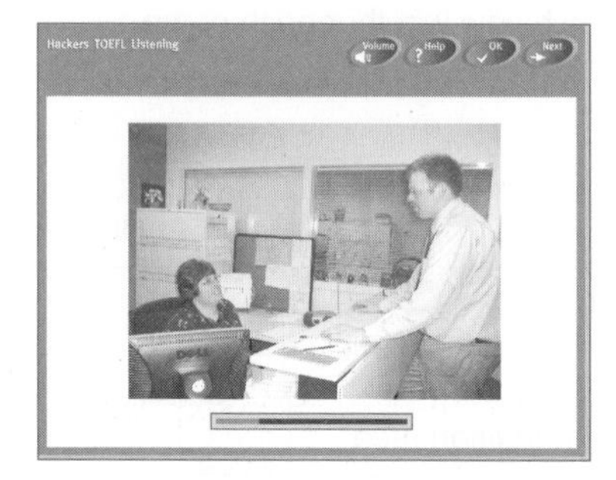

1. Why does the student go to see the librarian?

   (A) To make a video lab reservation
   (B) To ask a question about a library procedure
   (C) To find out where some videotapes are
   (D) To check the title of a video he watched

Listen again to a part of the conversation. Then answer the question.

2. Why does the man say this: 

   (A) To indicate that he does recall something about the titles
   (B) To apologize for having such a poor memory
   (C) To express frustration that the titles are hard to remember
   (D) To assure the woman that he does not need the exact titles

3. What does the woman say about reserving video lab time?

   (A) The man should keep checking for available rooms because of cancellations.
   (B) More than an hour is allowed if the student has two or three videos to watch.
   (C) The assigning of slots depends on the number of videos to be watched.
   (D) Additional time slots may be available because some rooms are used for less than an hour.

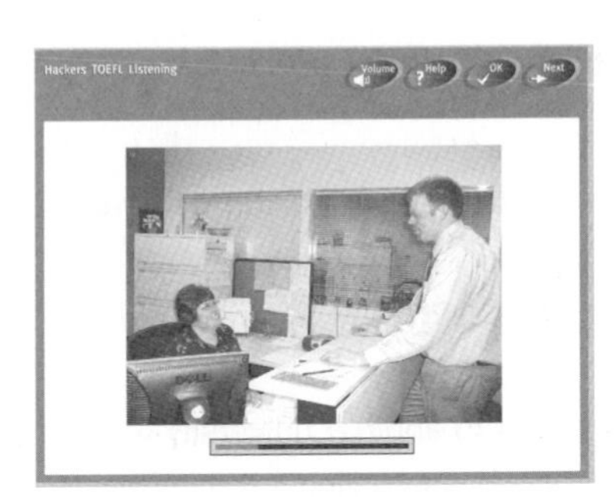

4. What will the student do next?

   (A) Go watch the video
   (B) Fill out a form to reserve the video
   (C) Attend his 3:00 class
   (D) Check the video titles

5. In the conversation, the woman explains the sequence of steps the student must take to watch a video at a video lab room. Put the steps listed below in the correct order.

   Drag each sentence to the space where it belongs.

Step 1	
Step 2	
Step 3	

   (A) Watch the videos at the designated time.
   (B) Arrange for a time when the videos can be watched.
   (C) Pick the video title or titles.

 [6-10] Listen to a conversation between a student and an administrative officer.

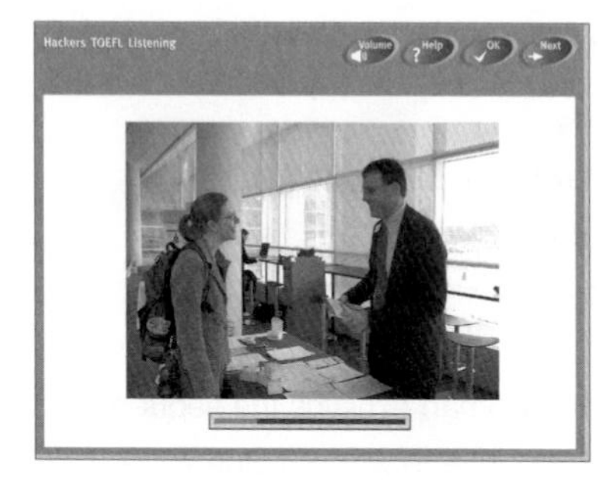

6. Why does the student go to see the university officer?

   (A) To ask about an information session for entering students
   (B) To inquire about courses for newly transferred students
   (C) To apply for a transfer to another university
   (D) To obtain assistance in scheduling a trip for the weekend

Listen again to a part of the conversation. Then answer the question.

7. What does the man mean when he says this: 

   (A) He is not sure the other students are willing to wait for her.
   (B) He wants to know if the woman will return in time to attend.
   (C) He does not want the woman to forget to attend the session.
   (D) He is interested in knowing what her itinerary is.

8. What information will be given at the orientation? For each phrase below, place a checkmark in the "Include" column or the "Not include" column.

   Click in the correct box for each phrase.

	Include	Not Include
Course information		
Dates for registration		
A short film about the city		
Non-scholastic activities		

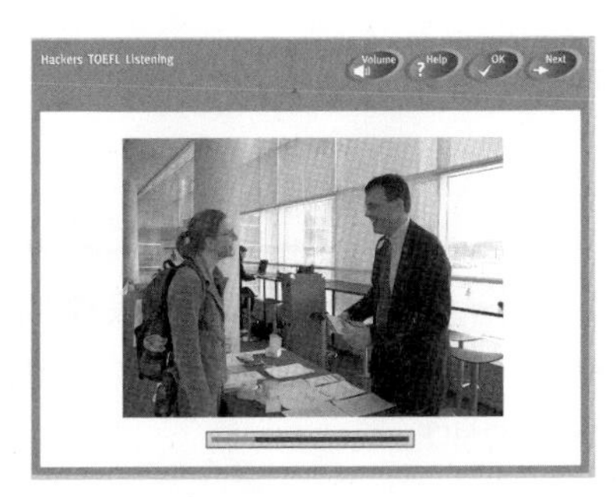

9. Why does the student want to transfer to her hometown university?

    (A) She wants to be closer to her family.
    (B) She had problems at her previous university.
    (C) She was given a job offer in her hometown.
    (D) She prefers the program offered by the university.

Listen again to a part of the conversation. Then answer the question.

10. Why does the woman say this: 

    (A) To signify that she will change her mind about going on the trip
    (B) To indicate that she needs the information the professors have to give
    (C) To point out that she has not yet selected her field of interest
    (D) To express uncertainty about going to the required classes

정답 p.489

5. Inference Questions

Overview

Inference 문제는 대화에서 직접적으로 언급되지 않았으나 맥락상 추론할 수 있는 사실을 묻는 문제이다. Inference 문제의 특징은 대화에서 주어진 정보들을 종합적으로 이해해야 답을 찾을 수 있다는 점이다. 이 때문에 Inference 문제를 푸는 데 있어서는 전체적인 맥락을 이해하는 것이 중요하다.

질문 형태

Inference 문제는 다양한 질문 형태로 출제될 수 있는데, 주로 "infer"나 "imply"라는 용어를 포함한 형태로 출제되며, 드물게 이런 용어를 포함하지 않은 형태로 출제되기도 한다.

What can be inferred about ~?
What does the man imply about ~?
Why does the student change his mind ~?
What will the woman do ~?

대화의 일부를 다시 듣고 푸는 Inference 문제도 출제된다.

Listen again to a part of the conversation. Then answer the question.

A: --

Q. What can be inferred about A?

Strategy 01

화자의 어조는 추론의 근거가 된다.

화자의 어조는 말로 하지 않은 화자의 생각을 드러내주는 좋은 단서가 되므로, 화자가 사용한 특정한 어조를 통해 화자의 생각을 파악하는 것은 Inference 문제를 푸는 한 가지 전략이 된다.

Example

Script

W: So, you need to know what the research assignment is, right?

M: Yes, Professor Evans.

W: Well, as you probably know from the reading... you're keeping up with the reading assignments at least, right?

M: **Uh... well... you see, I'm kind of, uh, double majoring... and... don't have enough time, sorry.**

Q. What does the man imply about his progress in class?

A. He hasn't been doing the assigned reading.

해설

교수가 숙제로 내준 읽기 자료를 진도에 맞게 읽고 있느냐고 묻자, 학생이 미안한 듯한 어조로 "복수 전공으로 인해 시간이 없었다"고 말하므로, 그가 자료를 다 읽지 못했음을 추론할 수 있다. 이와 같이 화자의 어조를 통해 화자가 암시하는 바를 유추할 수 있다.

Strategy 02

화자가 암시하는 바를 바르게 paraphrasing한 것이 정답이다.

화자가 직접적으로 말하지는 않았으나, 화자가 한 말을 통해 간접적으로 알 수 있는 사실이 있다. 이렇듯 화자의 말에 함축된 의미를 바르게 paraphrasing한 것이 Inference 문제의 정답이 된다.

Example

Script

M: Well, you're going to have to practice listening to Spanish... Well... why don't you start to work on your skills now, before you go? There's an excellent video tape on reserve for my upper-level classes.

W: Oh, I could really use that tape... Wait, don't I have to be registered in that class to check out the tape?

M: Oh, that's right. Uh... well, I'll have one of the grad TAs take a note to the librarian about this... **and by the way, don't take it out past the allotted time. My students need to use that tape, too.**

Q. What can be inferred about the professor?

A. He is concerned that the student will not return the tape on time.

해설

교수가 한 말 중 "and by the way ~" 이하에서 테이프가 늦게 반납되어 다른 학생들이 그것을 이용하지 못하는 것에 대해 염려한다는 내용을 paraphrasing해 볼 수 있다. 이와 같이 추론 문제에서는 화자가 한 말이 암시하는 바를 바르게 paraphrasing한 것이 정답이 된다.

Strategy 03

화자가 반복적으로 한 말을 통해 유추할 수 있는 결론을 찾는다.

화자가 반복해서 한 말을 통해서 화자의 말이나 행동에 대한 근거를 찾을 수 있다. 이는 화자가 자신의 생각을 강조하기 위해 그와 관련된 내용을 여러 번 말하는 경우가 많기 때문이다. 그러므로 화자가 반복적으로 한 말을 종합하여 바른 결론을 도출한 것이 Inference 문제의 정답이 된다.

Example

Script

S: Hi, Professor Cruz, I heard that you wanted to see me.

P: Yeah, right. The reason is... it's just that I wasn't very happy about the report you handed in. And I'm a bit surprised because your reports are usually very nicely written.

S: Then... will I get a bad grade on that report?

P: I don't really want to give you a bad grade, especially since I gave you such high marks for your earlier reports. **Uh... I'm thinking about letting you make it up.**

S: Oh, professor, would you really let me do that?

P: Hmm... I'm pretty sure that you can do a lot better than this... and that's why **I'd like to give you another chance**. So that you remember that I'm looking for something that goes deeper into the subject matter, I'll be choosing the topic myself.

S: Thanks so much, Professor Cruz!

Q. What will the professor probably do for the student?

A. He is going to let the student do a second paper.

해설

교수는 반복적으로 학생에게 다시 한 번 기회를 주고 싶다는 말을 하고 있으며, 마지막에 에세이의 주제를 대신 선택해 주겠다고 말하므로, 교수가 학생에게 한번 더 리포트를 쓸 기회를 줄 것임을 유추해 볼 수 있다. 이와 같이 반복된 화자의 말을 종합하여 유추한 결론이 Inference 문제의 정답이 된다.

Example

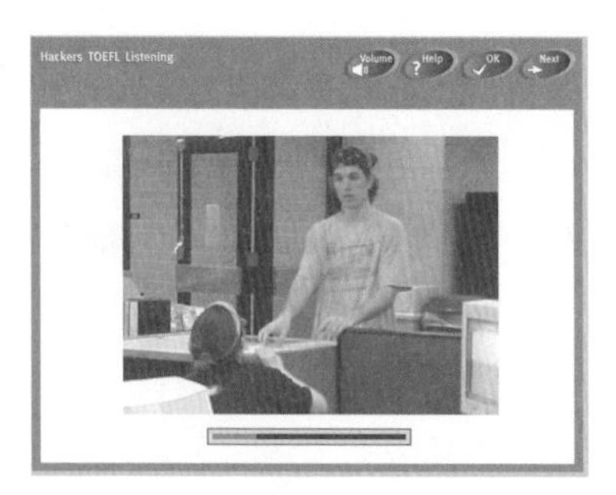

Listen to a conversation between an officer and a student.

M: Hi, can I ask you a few questions?

W: Yes, of course.

M: This might be a bit odd... I'm actually a student at another university, but I want to take a summer course at this school.

W: Interesting... may I ask why?

M: Well, I, uh... I just found out I have to take this summer course to meet my degree requirements... but during summer vacation, I'll be staying with my parents who live near this university... and I'll be working part-time at a bakery near here.

W: I see. Actually, there are quite a few students who study here during the summer only, like you want to do.

M: Really? Do you know if any of them get financial assistance?

W: **It depends... if you submit all the necessary documents, you might be able to get financial aid here. But there are no guarantees because you're not one of our students...** anyway, we need those documents to admit you as a summer school student.

M: OK, what do you need?

W: First, we need a copy of your student ID card. We also require an e-mail from your college administrator stating that you are a student of that school... once we've received and approved those things, we can talk about what classes you can take here...

M: OK, I'll call my school right now and request the e-mail. When can I come back?

W: **Why don't you come back tomorrow? I'm afraid I won't be here then... but don't worry, I'll talk to another officer to help you.**

M: OK... while I'm here, can I pick up a copy of your summer school course catalog?

W: Yes, here's one. If you have any questions, please call or e-mail this office... the contact information is on the back.

Hackers TOEFL Listening

What can be inferred about financial aid?

Ⓐ Students with part-time jobs are not eligible.
Ⓑ It is more difficult to obtain for applicants who attend another school.
Ⓒ Students who live with their families cannot apply for monetary support.
Ⓓ Students from another school usually get lower financial aid.

해설 | 재정 지원 정책에 관하여 추론할 수 있는 사실을 묻는 문제이다. 직원은 학생에게 필요한 서류를 제출해보라고 말한 뒤, "But there are no guarantees, because you're not one of our students..."라고 언급하여, 다른 대학에 다니는 학생들은 재정 지원을 얻을 기회가 더 적다는 것을 암시하고 있으므로 답은 (B)이다. 이때 재정 지원 여부에 대한 화자의 불확실한 어조가 정답에 대한 단서가 된다 (Strategy 1).

정답 | Ⓑ

Hackers TOEFL Listening

What will the student services officer do for the student?

Ⓐ She will make an identification card for the student.
Ⓑ She will register the student for the classes he wishes to take.
Ⓒ She will inform her co-worker about the student's situation.
Ⓓ She will go over the summer course catalog with the student.

해설 | 직원이 학생을 위해 어떤 일을 해줄 것인지를 추론하는 문제이다. "Why don't you come back tomorrow?" 이하에서 직원은 자신은 없을 예정이지만 다른 직원이 학생을 도울 수 있도록 이야기를 전해주겠다고 말하므로 정답은 (C)가 된다. 이때 "I'll talk to another officer to help you."라는 말에서 직원이 암시하고 있는 내용이, 학생의 상황을 다른 사람에게 알려주겠다는 내용으로 paraphrasing된 것을 파악할 수 있어야 한다 (Strategy 2).

정답 | Ⓒ

Hackers Practice

I. **Listen to parts of the conversations and then answer the questions.**

1. What can be inferred about the professor?

(A) She is planning to meet the man at her office.
(B) She thinks architecture does not have a good future.
(C) She expects the man to change his mind.
(D) She is worried that the man has made the wrong decision.

Listen again to part of the conversation. Then answer the question.

2. What can be inferred about the professor?

(A) She is not going to let the man borrow the notebook.
(B) She is not sure if the man can copy the notes in time.
(C) She is going to bring the notebook to the lost and found.
(D) She expects the man to examine how her student takes notes.

Listen again to part of the conversation. Then answer the question.

3. What can be inferred about the woman?

(A) She may still have the overdue books in her dorm room.
(B) She cannot return the overdue books by 6 p.m.
(C) She doesn't have to go to the library to check.
(D) She didn't borrow the overdue books.

II. Listen to parts of the conversations and then answer the questions.

4. Choose all the statements that can be inferred from the conversation.

(A) Seniors have a better chance of getting a parking permit.
(B) The woman would prefer to live on campus.
(C) The woman will apply to get a parking permit.
(D) The woman does not like filling out forms.

5. Choose all the statements that can be inferred from the conversation.

(A) The man previously taught math classes.
(B) The professor is unable to give the letter immediately.
(C) The man is qualified for the teaching position.
(D) The man is more qualified to do research than to teach.

6. Choose all the statements that can be inferred from the conversation.

(A) The woman has not checked journals as possible resources.
(B) The library does not have any recent information on global warming.
(C) The woman has a partner to do the presentation with.
(D) The woman will do research on the articles about the UN seminar.

7. Choose all the statements that can be inferred from the conversation.

(A) The professor is familiar with job fairs.
(B) The man does not want to get a job right after graduating.
(C) The man has no definite plans for his future.
(D) The professor is planning to go with the man.

III. Listen to parts of the conversations and then answer the questions.

[8-10]

8. What does the man imply about electives?

(A) They allow for flexibility with the types of grading system used.
(B) They are harder to enroll in than are required courses.
(C) They are easier to pass than are required courses.
(D) They require the student to have finished her general subjects.

9. What will the woman probably do next?

(A) Change her major to anthropology
(B) Change the elective she is taking
(C) Request the pass/fail option
(D) Go to the registrar's office

Listen again to part of the conversation. Then answer the question.

10. What can be inferred about the woman?

(A) She is not sure how to solve her problem.
(B) She is worried that she may still fail the subject.
(C) She is not going to change to pass/fail.
(D) She does not know how to change the subject she is taking.

[11-13]

Listen again to part of the conversation. Then answer the question.

11. What can be inferred about the man's response to the news the professor gave?

(A) He is not interested in learning about art business opportunities.
(B) He thought the period of three weeks was shorter than he expected.
(C) He did not really think it was important where he studied.
(D) He was at first disappointed at the school he was assigned to.

12. What does the professor imply about Norman Rockwell?

(A) Rockwell was the most famous alumnus of Art Students League.
(B) Rockwell did not have much influence on the man's artistic inclinations.
(C) Rockwell's talent lay in the genre of illustrations.
(D) Rockwell learned illustration at the Art Students League.

13. What does the professor imply about the man's skill as an artist?

(A) His artistic skills need further honing at the Artist Career Training School.
(B) He is the best student artist in the entire university.
(C) His skills are similar to those of the other students who also won scholarships.
(D) He already possesses the skills of a very good artist.

정답 p.496

Hackers Test

 [1-5] Listen to a conversation between a student and a housing office employee.

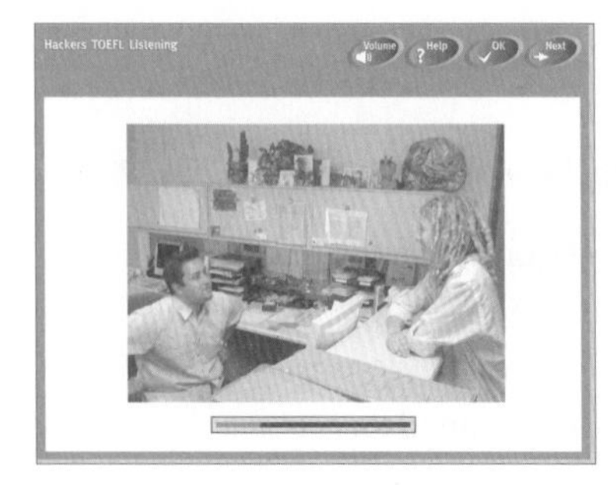

1. Why does the student go to see the housing office employee?

   (A) To find out when the dormitory fines need to be paid
   (B) To inform the office that her roommate has resolved the dorm problem
   (C) To check whether it is necessary for her to settle two penalties
   (D) To request for a postponement in the payment of fees

Listen again to a part of the conversation. Then answer the question.

2. Why does the man say this:

   (A) To remind the woman about what they were discussing
   (B) To encourage the woman to provide specifics
   (C) To indicate that he cannot recall sending the woman the fines
   (D) To express bewilderment that the woman was fined

Listen again to a part of the conversation. Then answer the question.

3. What can be inferred about the woman?

   (A) She is not planning to pay the fine.
   (B) She cannot afford to pay the fine.
   (C) She is not convinced she should pay the fine.
   (D) She expects her roommate to pay the fine.

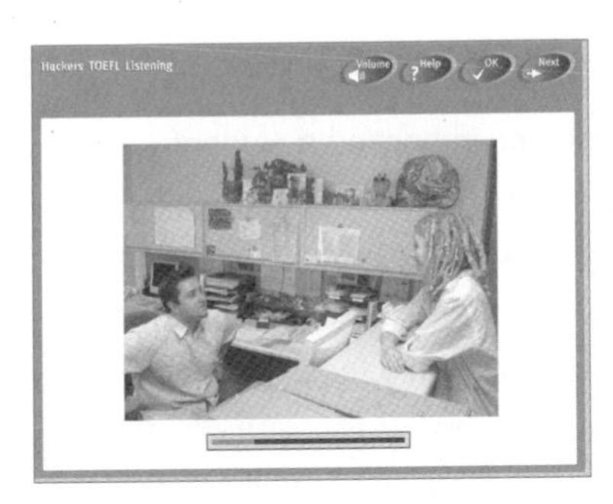

4. What does the woman imply about the dorm inspector?

   (A) He is not careful about details.
   (B) He did not attend to her request.
   (C) He does not keep accurate records.
   (D) He did not check her room thoroughly.

5. Why does the woman mention her friend?

   (A) To show that dorm inspectors often make mistakes
   (B) To emphasize the importance of providing chairs
   (C) To make a point about the lack of chairs
   (D) To cite an example that supports her argument

 [6-10] Listen to a conversation between a student and a professor.

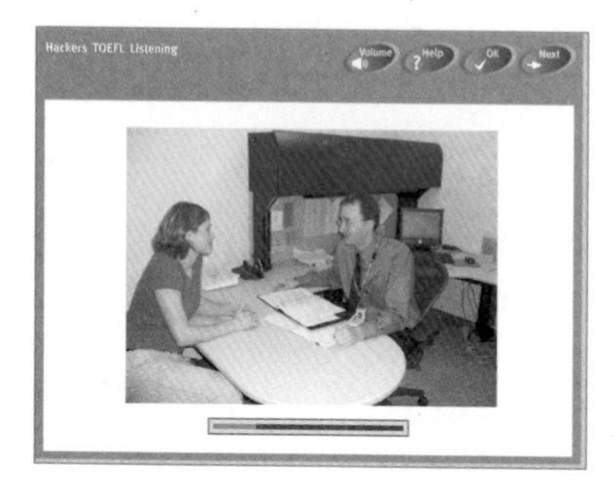

6. Why does the student go to see the professor?

   (A) To request assistance in hosting a student activity
   (B) To ask about the lack of a response to an e-mail
   (C) To solicit a recommendation to visit a university
   (D) To inquire about an available temporary job

7. According to the conversation, what are the duties of the woman if she becomes a student host?

   Click on 3 answers.

   (A) Bring assigned students to lectures she attends
   (B) Ensure that the students have a place to lodge in
   (C) Have the students eat with her at the university dining hall
   (D) Allow the students to join her in pursuits outside of the curriculum
   (E) Introduce the students to the faculty of the university

8. Why does the professor mention prospective architecture students?

   (A) To let the woman know which of the visiting students she will be hosting
   (B) To point out the impracticality of having architecture students attend physics classes
   (C) To give an example of a factor that may affect whether a visitor will attend a class
   (D) To emphasize the importance of letting the visiting students sit in her classes

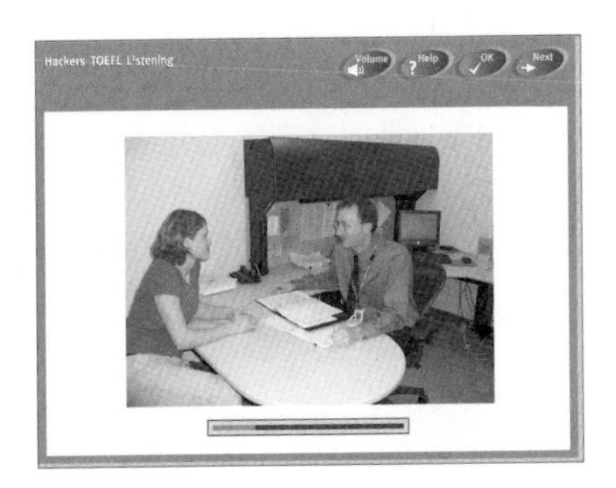

Listen again to a part of the conversation. Then answer the question.

9. Why does the student say this: 

   (A) To express uncertainty about her situation on practice days
   (B) To indicate her unwillingness to bring the students to rehearsals
   (C) To explain that orchestra rehearsal days are not the best days
   (D) To find out whether it is compulsory to bring the students

Listen again to a part of the conversation. Then answer the question.

10. What can be inferred about the professor?

   (A) He is concerned that no one will attend the orientation.
   (B) He is not sure if he should reschedule the orientation.
   (C) He expects the woman to become a student host.
   (D) He is not planning to interview other students for the job.

정답 p.505

Unit 2
Conversation Topics

Unit 2에서는 Conversation에 자주 등장하는 주제들을 중심으로 세부 단원을 구성하였다.
Conversation에서는 대학 생활 중 일어날 수 있는 다양한 대화 상황들이 출제되며,
크게 교수-학생, 직원-학생이라는 화자들의 관계를 기준으로 대화의 주제가 나누어진다.

출제되는 Conversations의 주제는 크게 다음의 2가지로 구분된다.

1. Instructor's Office Hours
2. Service Encounters

1. Instructor's Office Hours

Overview

Instructior's Office Hours는 교수나 강사의 연구실에서 이루어지는 대화이다. 주로 수업 과제물이나 시험 등에 관련된 내용을 학생이 문의하고, 교수가 그에 대해 응답하거나 상담하는 식으로 대화가 전개된다.

빈출 토픽

- 성적에 대한 문의 및 성적 변경 요청
- 빠진 수업/시험 등에 대한 보충(make-up) 요청
- 과제물 기한 연장 요청
- 학업/진로 문제 상담
- 과제물에 대한 문의
- 수업 내용에 대한 문의
- 보충 자료 및 참고 서적 내용에 대한 문의

자주 등장하는 대화의 흐름

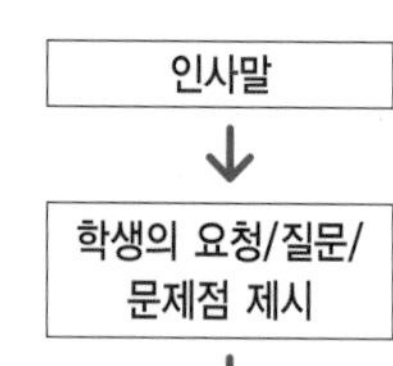

학생이 교수를 찾아 온 이유를 언급하는 부분이다. 이 부분에서 주로 Main Purpose 혹은 Main Topic문제가 출제된다.

교수의 제안/충고,
학생의 반응

학생이 제기한 문제에 대해 교수가 해결책이나 방법을 제시해주는 부분으로 이와 관련하여 다양한 문제가 출제될 수 있다.

Example

S: Hello, professor, can I talk to you for a second?
P: Oh, sure. How can I help you?
— 인사말

S: Actually, I want to experience internship before I go out to real world. So, can you recommend what kind of internship is possible for me?
— 문의 내용 제시: 대화의 목적/주제가 드러나는 부분

P: OK, I know what you're asking. So... what is your major?
S: I'm majoring in architecture.
P: Architecture... Hmm... OK, I have a friend who works in that field. You want me to write a letter of recommendation to my friend?
S: Oh, that'd be great, thanks professor. By the way, can you tell me what kind of building he has designed?
— 교수의 제안/해결책 제시

대학 생활 관련 정보

1. 성적 변경 (Changing a grade)

성적평가 과정이나 결과가 잘못된 경우 학생이 성적 변경을 요청하기 위해 교수를 찾아갈 수 있다. 철저한 검토 후 교수나 학장의 승인이 이루어지면 성적 변경이 가능하다.

*** 예상 대화**

*** 관련 어휘**

evaluation factors 평가요소 시험/리포트, 출석률, 프로젝트 등 최종성적을 평가하는 데 반영되는 요소 **dean 학장** 단과 대학의 책임자	**report card 성적표** 성적뿐만 아니라 수업중의 태도 등이 기입된 표 **GPA 평점** Grade Point Average의 약자로 학업 성적의 평균 점수

2. 예외 사항 부탁 (Asking for an exception)

정당한 이유가 있어 관련 증빙 서류를 제출하면 빠진 수업이나 시험을 다른 방법으로 대체할 수 있다. 교수의 재량에 따라 보충시험을 보거나 대체과제를 한다.

*** 예상 대화**

*** 관련 어휘**

make-up test 보충 시험 당일 부득이한 사정으로 시험을 치르지 못하였을 경우 교수와 날짜를 상의하여 다시 보는 시험	**doctor's note 진단서** 몸이 아파 시험을 못 쳤을 경우 학생이 make-up test를 요청할 때 교수가 요구하는 진단서

3. 과제물 관련 상담 (Discussing assignments)

리포트나 개인/그룹별 프로젝트 등의 과제물은 성적에서 상당한 비중을 차지하므로 리포트의 주제나 작성 요령 등에 대해 교수와 상담하는 경우가 많다. 참고자료를 문의하거나 기한 연장을 요청하는 것과 관련된 대화도 자주 등장한다.

*** 예상 대화**

*** 관련 어휘**

reference 참고자료 리포트 주제와 관련된 내용의 다양한 자료들	**term paper** 학기말 리포트 학기가 끝날 때 제출하는 과제물
bibliography 참고문헌 목록 과제물을 작성하면서 참고한 자료를 정해진 형식에 맞게 정리한 목록	**extension** 기한 연기 리포트 제출 기한 등을 연기하는 것

4. 수업 관련 문의 (Asking about lectures)

강의를 듣지 못했거나 강의 내용 중 이해되지 않는 부분을 질문하기 위해 교수를 찾아가는 경우가 있다.

*** 예상 대화**

*** 관련 어휘**

lecture notes 강의 노트 강의의 주요 내용을 메모한 것. 혹은 교수의 강의 준비 노트	**audit/sit-in** 청강 수업 등록을 하지 않고 교수의 허락 하에 강의를 듣는 것
course outline 강의 개요 강의 첫날 받게 되는 강의 소개서. 교재, 평가 항목, 과제 등이 정리되어 있다.	**assignment** 과제 수업에서 받는 숙제 또는 연구 과제

5. 진로 및 취업 관련 상담 (Discussing academic plans or careers)

학교 정규 수업을 듣는 것 이외에도 인턴쉽, 어학 연수, 교환학생 등의 다양한 학업 기회를 가질 수 있다. 구체적인 계획을 세우기 전에 교수에게 조언을 구하는 상황이 자주 출제된다. 대학원에서 입학 허가를 받고자 하거나 취업을 준비할 때 담당 교수의 추천서가 필요하면 평소에 자신에 대해 잘 알고 있는 교수에게 부탁하는 경우도 있다.

*** 예상 대화**

*** 관련 어휘**

letter of recommendation 추천서 대학원이나 회사에 지원하려 할 때 교수에게 받는 추천서	**resume** 이력서 학업과 과외활동 등의 개인 이력을 정리한 문서
confidential letter 지원하는 학생은 볼 수 없으며, 추천서를 받는 학교측만 볼 수 있도록 한 추천서	**curriculum vitae** 개인 이력이 담긴 자기소개서와 이력서

Hackers Test

 **[1-5] Listen to a conversation between a student and his professor.**

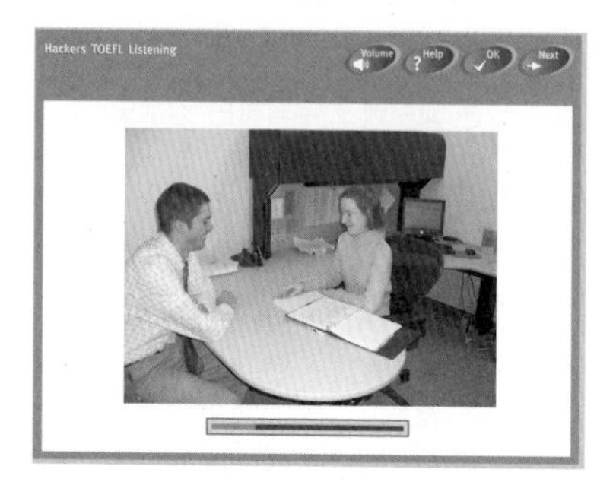

1. What is the main topic of the conversation?

   (A) The different production versions of *A Midsummer Night's Dream*
   (B) The significance of Brook's rendering of *A Midsummer Night's Dream*
   (C) The objections the student has to studying Brook's interpretation
   (D) The reasons the professor is partial toward Brook's interpretation

2. According to the conversation, what two aspects of Brook's interpretation made it stand out?

   Click on 2 answers.

   (A) Its portrayal of innocence
   (B) Its overt sexuality
   (C) Its use of unusual props
   (D) Its forest setting

Listen again to a part of the conversation. Then answer the question.

3. What does the professor mean when she says this:

   (A) She does not think the student understands the play's significance.
   (B) She thinks imaginative writing is very important.
   (C) She wants the student to understand the significance of the interpretation.
   (D) She wants to know if the student is satisfied with the reasons she gave.

4. What does the professor imply about the student's choice of play?

(A) It is simple enough for the student to understand.
(B) It is easier to study than other plays.
(C) It is not easy to produce for the stage.
(D) Its previous versions are more interesting.

5. What does the professor suggest the man do?

(A) Select another play
(B) Do further readings
(C) Write a graduate thesis
(D) Look for a video recording

 **[6-10] Listen to a conversation between a student and her professor.**

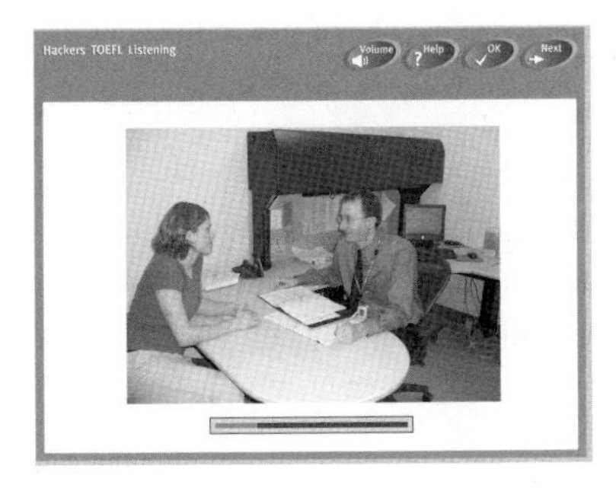

6. Why did the professor ask to see the student?

(A) To check why she submitted her assignment late
(B) To make sure she received his e-mail
(C) To give her his reactions to her report
(D) To assure her that her report is praiseworthy

Listen again to a part of the conversation. Then answer the question.

7. What can be inferred about the woman?

(A) She is not sure the professor will recommend the format.
(B) She realizes she made an error in her report.
(C) She disagrees with what the professor has said.
(D) She expects to hear a negative comment.

8. What does the woman say about the plot of the novel?

(A) It changes too often throughout the novel.
(B) It does not clarify the reason a character became different.
(C) It does not have an ending that can be understood.
(D) Its description of the character's plans is confusing.

9. Why does the woman read one chapter two times?

(A) She remembers that she did not read everything in the chapter.
(B) She realizes that she may have failed to perceive a point.
(C) She realizes that she does not sympathize with the main character.
(D) She appreciates the writing style of the author.

10. What is the professor's opinion about the author's work?

(A) He thinks the author should be more direct.
(B) He finds the author's characters very likeable.
(C) He prefers greater variety in writing technique.
(D) He appreciates the author's writing method.

 **[11-15] Listen to a conversation between a student and her professor.**

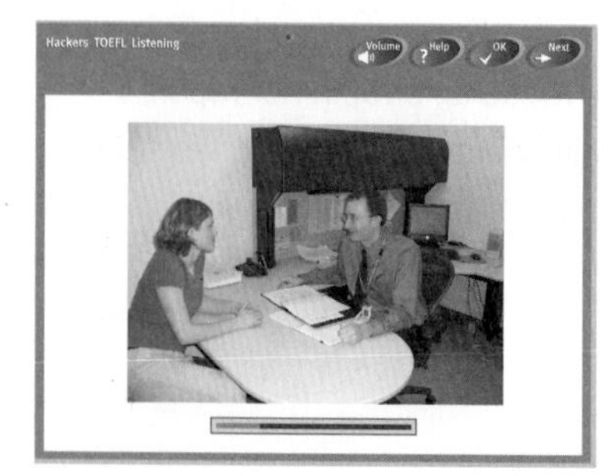

11. Why does the student go to see her professor?

(A) To ask for assistance in catching up with the other students in class
(B) To request him to explain difficult terminology used in class
(C) To discuss the possibility of dropping the class
(D) To let him know how enjoyable the class has been

12. What does the professor imply about Introduction to Cinematography and Lighting?

    (A) It is only for students majoring in film.
    (B) It is offered in high school.
    (C) It is an advanced class.
    (D) Its requirements are rigorous.

Listen again to a part of the conversation. Then answer the question.

13. Why does the professor say this: 

    (A) To indicate his lack of familiarity with high school film subjects
    (B) To check whether the student has any credits in film courses
    (C) To point out that he knows what high schools offer
    (D) To encourage the student to confirm the title of the course offered in high school

14. According to the conversation, what are three reasons the professor allows the student to continue taking the class?

    Click on 3 answers.

    (A) The student is planning to switch to a degree with a concentration in film studies.
    (B) The student finds the course interesting in spite of its level of difficulty.
    (C) The student's grades will be affected if she is forced to drop the course.
    (D) The student has understood most of the lectures even though she is not a film major.
    (E) The student has continuously attended the class for the past month.

15. What will the student probably do next?

(A) Watch a taped lecture
(B) Borrow the professor's tapes
(C) Complete the assigned homework
(D) Do extra readings

 **[16-20] Listen to a conversation between a student and her professor.**

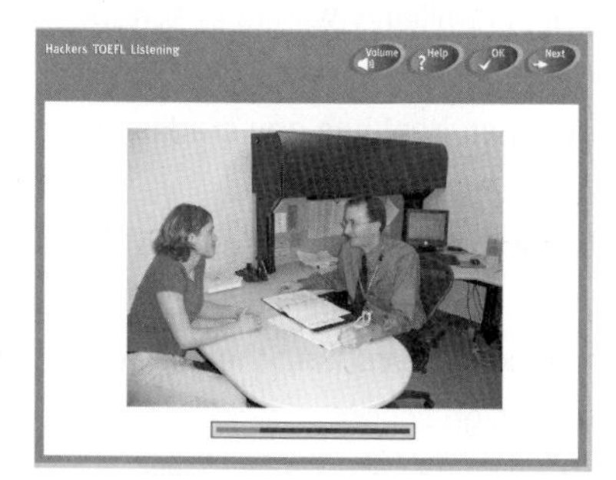

16. Why does the woman go to see her professor?

(A) To inform the professor that she will be dropping the class
(B) To complain about the manner in which the readings are discussed in class
(C) To state an opinion about the literature being considered in class
(D) To request the professor to explain a point about a drama

17. What does the professor say about modern dramas?

(A) It is similar to dramas written many centuries ago.
(B) It is difficult to determine which ones are modern and which are not.
(C) Its greatest author is considered to be Ibsen.
(D) Its earliest examples were penned in the late nineteenth century.

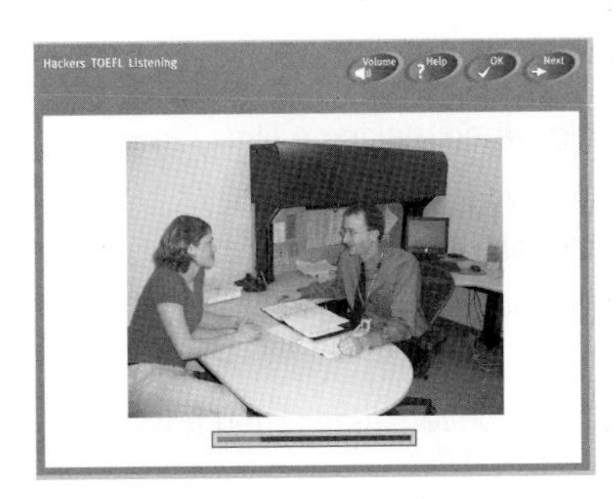

18. What can be inferred about the woman's preference for modern dramas?

(A) She is partial toward plays that are amusing and humorous.
(B) She thinks the dramas written earlier are not entertaining.
(C) She prefers dramas that are presented by universities.
(D) She enjoys reading dramas that she has seen onstage.

Listen again to a part of the conversation. Then answer the question.

19. Why does the woman say this: 

(A) To express excitement over what the professor is about to say
(B) To prompt the professor to speak a little more quickly
(C) To indicate that she is not sure what the professor is asking her to do
(D) To remind the professor to finish what he was saying

20. What does the professor suggest the woman do?

(A) Examine the characteristics of two works from different periods
(B) Produce a report on a university drama she recently watched
(C) Schedule in time to read the plays included in the list
(D) Study hard to get higher marks in the class

 **[21-25] Listen to a conversation between a student and her professor.**

21. What is the conversation mainly about?

(A) Factors to consider when making a film
(B) A film on the diversity of campus scenery
(C) Requirements for a film-making assignment
(D) Professional advice for a film project

Listen again to a part of the conversation. Then answer the question.

22. What does the student mean when she says this:

(A) She realizes her request might displease the professor.
(B) She wants to be the first to make the request.
(C) She thinks other students have the same idea that she has.
(D) She expects her request to be granted by the professor.

23. What does the professor say about restricting the location to the campus?

(A) It will prevent the students from competing with each other to produce something different.
(B) It will give the students a chance to develop a new perspective about the university at which they study.
(C) It will familiarize the students with the various sites and places on the campus grounds.
(D) It will determine whether the students can perceive something different in what is commonly known.

24. What can be inferred about the woman?

(A) She does not like the sights on the campus.
(B) She is not confident about her skills in film-making.
(C) She has not found anything worth shooting.
(D) She is not interested in becoming a professional filmmaker.

25. According to the professor, what are some limitations that professional filmmakers face?

Click on 3 answers.

(A) The type of film that must be made
(B) The amount of money available
(C) The locale in which the film will be shot
(D) Where the film is expected to be shown
(E) The length of time the film should be

 [26-30] Listen to a conversation between a student and his professor.

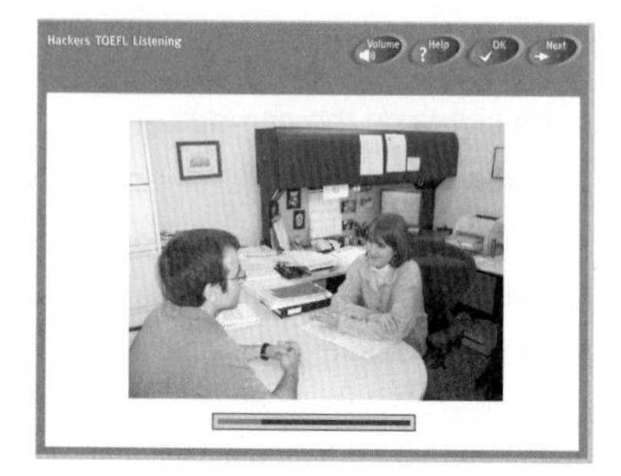

26. Why does the student go to see his professor?

(A) To express his concerns about a job he recently got
(B) To inquire about a possible teaching assistant job
(C) To ask for advice about the perfumery job he wants to apply for
(D) To complain about an exam that he proctored

27. Why does the student hesitate to take on the job?

Click on 2 answers.

(A) He is worried that he will not have time for other activities.
(B) He has not worked at a teaching assistant job before.
(C) He is concerned about his competence in teaching.
(D) He wants to get a high grade in his chemistry classes.

Listen again to a part of the conversation. Then answer the question.

28. Why does the professor say this: 

(A) To remind the student that others have succeeded
(B) To assure the student that she will give him assistance
(C) To check whether the student is capable of doing the job
(D) To encourage the student not to feel anxious about teaching

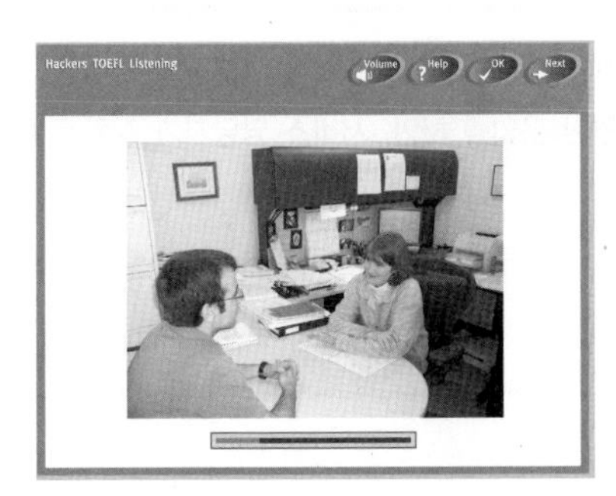

29. What is the student's opinion about the teaching assistant job?

    (A) Most teaching assistants do not enjoy the job.
    (B) Some teaching assistants were likely not successful.
    (C) The job is interesting only at the beginning.
    (D) Many who apply do not expect to do well.

30. What will the student probably do next?

    (A) Contact a former teaching assistant
    (B) Decide whether or not to keep the job
    (C) Make preparations to teach a class
    (D) Schedule another visit with the professor

정답 p.510

2. Service Encounters

Overview

Service Encounters는 학내 서비스 관련 시설에서 이루어지는 대화이다. 학사 행정 관련 내용이나 학내 시설 및 서비스에 관련된 내용이 주를 이룬다. 주로 학생이 어떤 절차에 관한 문의를 하면, 서비스 담당자가 절차를 설명해주는 식의 흐름이 출제된다.

빈출 토픽

- 수강신청 하기
- 등록금 납부 관련
- 입학/편입 절차 문의
- 도서 대출/구입
- 실습실 이용
- 학생 보험 및 의료 기관 이용
- 기숙사 이용
- 기타 시설 이용

자주 등장하는 대화의 흐름

문의 사항 제시

학생이 자신의 용건을 밝히면서 문의 사항을 언급하는 부분이다. 이 부분에서 주로 Main Purpose 혹은 Main Topic 문제가 출제된다.

답변/정보 제공

직원이 학생의 문의 사항에 대한 답변 및 정보를 제공하는 본문 부분이다. 이와 관련하여 Detail 문제, Inference 문제 등 다양한 문제가 출제된다.

추가적인 문의/응답

직원의 해결책에 대해 학생이 가지는 의문 사항이 이어지면 그에 대한 답변이 주어지면서 대화가 전개된다. 이와 관련하여 다양한 문제가 출제될 수 있다.

Example

W: Hi. I'd like to return these two videos please. Sorry, I think they may be a little bit late.

— 문의 사항 제기

M: OK... Actually it appears that these are more than a little late... five days overdue to be exact. For two tapes that comes to a late payment fee of ten dollars.

— 문의 사항에 대한 정보 제공

W: What? Ten dollars? You must be joking! That's far too much.

M: I'm sorry, but for each day that a tape is overdue, the library charges a one-dollar late fee.

— 추가적인 문의 사항 및 그에 대한 응답

대학 생활 관련 정보

1. 수강신청 (Registering for classes)

수강신청은 대부분 전산을 통해 이루어지지만 개인적인 사정이나 문제가 발생한 경우 학적과에 직접 방문하여 문의해야 한다. 수강신청을 할 때 academic advisor의 도움이 필요한 경우도 많은데, 주로 선수과목과 필수과목 수강에 대한 상담이나 수강신청 및 수강취소 등에 관한 상담이 주를 이룬다.

*** 예상 대화**

*** 관련 어휘**

registrar's office 학적과
학생들의 입학, 재학, 수강신청 등의 관련 업무를 처리하는 부서

requisite course 필수과목
기본적으로 반드시 이수해야 하는 기초 과목 required course라고도 한다.

prerequisite 선수과목
더 높은 수준의 수업을 수강하기 위하여 반드시 이수해야만 하는 과목

elective course 선택과목
필수 과목 이외에 학생들이 선택할 수 있는 과목

add/drop form 수강/포강 신청서
수업을 등록하거나 취소할 때 작성하는 신청서

withdrawal 수강취소
정해진 기간 이후에 수강을 취소하는 것 (성적표에 withdrawal의 약자인 'W'가 표시된다.)

pass/fail class 통과/낙제 과목
학점을 A, B 등으로 매기지 않고 Pass, Fail로만 표시하는 과목

non-credit course 비 학점 과목
학점이 인정되지 않는 과목

registration period 등록 기간
온라인 상으로 수강신청을 하도록 정해진 기간

course number 과목 번호
과목의 성격과 난이도를 구별 짓는 3~4자리의 숫자

2. 학비 (Tuition fees)

주립대학은 학생들의 출신 지역에 따라 차등적으로 등록금을 부과하며 사립대학은 모든 학생에게 동일한 등록금을 부과한다. 정해진 기간 내에 현금, 수표, 카드로 납부 가능하다. 학비대출, 학비보조금 등의 지원을 받고자 할 경우 행정부서에서 자신의 재정상황이나 성적을 토대로 상담을 받아야 한다. 성적이 우수하다면 다양한 장학재단의 장학금 혜택을 받을 수도 있다.

*** 예상 대화**

*** 관련 어휘**

administrative office 행정부서
등록금, 재정 등 대학교의 행정을 담당하는 부서

financial aid 재정지원
학교에서 학생들에게 제공하는 모든 형태의 재정적 지원

student loan 학비대출
일정기간 동안 낮은 이자로 학비를 대출해주는 제도

grant 보조금
갚지 않아도 되는 학비 보조금

application 신청
재정지원, 대출 등을 받기 위해 신청하는 것

dean's list 우등생 명단
평점이 성적 장학금을 받을 수 있는 일정 기준을 넘는 학생들의 명단 (honor roll 이라고도 한다.)

honors department 장학부서
장학생 선발과 장학금 배분을 담당하는 부서

scholarship/bursary 장학금
성적이 우수한 학생들이 받는 재정적 지원

3. 학사 관련 업무 (School affairs)

학생들은 다양한 학사 관련 업무로 학적과를 찾는다. 대학원 진학 및 취업 준비를 위해 성적증명서를 요청하거나, 졸업 전에 자신의 이수 학점을 확인하는 일, 교환 학생이나 인턴쉽 프로그램에 대한 문의 등이 이와 같은 학사 관련 업무에 해당한다.

*** 예상 대화**

*** 관련 어휘**

transcript 성적증명서
입학허가 과정에 필요한 성적증명서 (수강과목과 평점, 수상경력이 함께 기록되어 있다.)

delivery type 수령방법
성적증명서를 신청한 경우 그것을 수령하는 방식 (직접 방문하여 받는 방법(pick up)과 우편(mail)으로 받는 방법이 있다.)

number of recipients 수령인 수
증명서를 받게 될 학교나 수령인의 수

admissions letter 입학허가서
입학심사 과정에 통과하면 받게 되는 허가서

admission 입학
입학허가를 받은 후 공식적으로 입학하는 상태

partner universities 자매 학교
자매결연을 맺어 교환학생 제도를 공유하는 해외 소재의 학교

transfer credits 교환학점
자매결연 학교 사이에 이수한 것으로 인정되는 학점

student abroad program 해외 연수 프로그램
일정 자격조건을 갖춘 학생을 선발하여 해외 연수를 보내주는 제도

4. 도서관 (Library)

학생들이 모든 자료들을 공평하고 빠르게 사용할 수 있도록 하기 위해 대출 방침을 정해 둔다. 책이나 자료를 대출하기 위해서는 학생증을 반드시 지참해야 하며 도서 대출과정에서 문제가 발생하면 도서관 직원들에게 문의하면 된다.

*** 예상 대화**

*** 관련 어휘**

video lab 비디오 관람실 도서관 내에 마련된 비디오를 관람할 수 있는 공간	late fee 연체료
book reservation 도서 예약 현재 대출 중인 책을 예약하는 제도	ID card 학생증 도서대출 시 필요한 신분증명서
reference books 참고 도서 도서관에서 열람만 가능하고 대출할 수 없는 책	periodicals 정기간행물 도서관에서 대여할 수 있는 정기간행물

5. 복지 제도 (Student welfare)

학생들의 정신적, 신체적 건강 증진을 돕기 위해 교내에 보험 제도를 비롯한 여러 복지 제도를 마련하고 있다. 학업과 관련된 문제뿐만 아니라 다양한 고민거리를 전문 상담가와 의논할 수 있다. 상담 가능시간에 맞추어 방문하거나 미리 약속을 정하여 상담을 받으면 된다.

*** 예상 대화**

*** 관련 어휘**

academic advisor 상담가 학생 개개인의 학업, 생활 등에 대해 상담해주는 사람	health insurance 건강 보험 (학교에서 정해주는 보험제도의 보험 혜택기간은 주로 한 학기이다.)
health center 보건소	

6. 기숙사 이용 (Using dormitory facility)

학교에서 제공하는 기숙사에는 식당 및 각종 편의시설이 갖추어져 있다. 주거관리 사무실을 방문하여 입주를 신청할 수 있으며 주거 문제에 대해 상담을 받을 수도 있다.

*** 예상 대화**

*** 관련 어휘**

Housing (Services) Office 주거 관리 사무실 입주, 퇴실 등 기숙사 관련 업무를 담당하는 곳 **dormitory** 기숙사	**off-campus housing** 캠퍼스 밖에서 집을 얻어 거주하는 것

7. 교내 서점 (Campus bookstore)

교내 서점은 수업에 필요한 교재와 참고도서 등을 구비해 두고 있으며 도서의 구입, 주문, 환불 등을 직원에게 문의할 수 있다. 또한 도서 이외에도 학용품, 옷, 의약품 등 다양한 품목을 취급하며 헌책을 사고 팔기도 한다.

*** 예상 대화**

*** 관련 어휘**

used book 헌책 원가보다 저렴하게 살 수 있는 한번 사용했던 교재나 참고도서 **reading list** 교재 목록, 참고도서 목록	**refund policy** 환불 정책 구입한 물품을 환불할 때 적용하는 정책 (대부분은 반드시 영수증(receipt)을 지참해야 한다.)

8. 교내 식당 (Cafeteria)

대학 내에는 교내 식당이 있으며 이 식당들은 대부분 학생들이 규칙적으로 식당을 이용할 수 있도록 meal plan card system을 갖추고 있다.

*** 예상 대화**

*** 관련 어휘**

meal plan	meal card
주로 한 학기 동안 적용되는 메뉴, 구내 식당 이용횟수 등의 식단 계획	meal plan 정보가 입력되어 있는 카드

9. 실습실 (Laboratory)

대학 내에는 각종 학습용 도구 및 장비를 이용할 수 있는 실습실이 있다. 실습실 이용 시간, 방법, 조건 등에 관한 문의가 주로 이루어진다.

*** 예상 대화**

*** 관련 어휘**

computer laboratory 컴퓨터실 학생들이 편리하게 컴퓨터를 사용할 수 있으며 초보자들을 도와주는 학생 도우미(student assistant)가 있다. **science laboratory** 과학실 과학 실험을 할 수 있는 장비를 갖춘 실험실	**language laboratory** 어학실 외국어 학습을 위한 컴퓨터나 녹음기 등의 장비를 갖춘 실습실

10. 우체국 (Post office)

대학 내에는 학생들이 다양한 우편 업무를 처리할 수 있는 우체국이 있다. 우편물을 보내고 받는 비용과 방법, 장기간 부재 시의 우편물 관리에 대해 문의할 수 있다.

*** 예상 대화**

*** 관련 어휘**

regular mail 보통 우편 우편물(mail)을 접수한 후 3일 이내에 배달하는 우편	**registered mail** 등기 우편 수취인에게 수취 확인을 받는 우편
express mail 빠른 우편 우편물을 접수한 날의 익일까지 배달되는 우편	**postage** 우편 요금 우편물의 발송인이나 수취인이 내는 수수료

11. 기타 시설 (School facility)

교내에 있는 컴퓨터 수리점, 미용실, 안경점, 교내 체육관 등의 다양한 시설을 학교 밖보다 저렴한 가격으로 이용할 수 있다.

*** 예상 대화**

*** 관련 어휘**

waiting list 대기자 명단 서비스를 이용하는 사람들이 많은 경우 대기자의 우선 순위를 적어두는 명단	**customer call** 변동사항이나 추가적인 문제가 발생한 경우 고객에게 전화로 알려주는 것
application form 신청서 서비스 이용을 신청하는 서식	**payment method** 결제 방법 현금(cash), 신용카드(credit card), 직불카드(debit card) 등의 결제 수단

Hackers Test

 **[1-5] Listen to a conversation between a student and a clerk.**

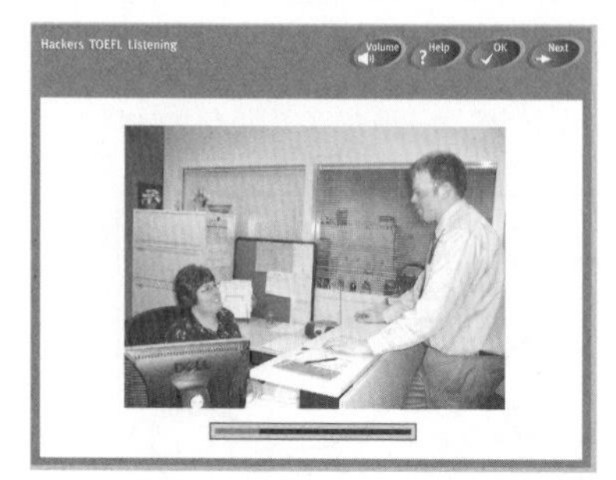

1. Why does the student go to see the woman?

   (A) To inquire about a job fair regulation
   (B) To get information about an upcoming job fair
   (C) To ask what attire is suitable for the event
   (D) To enlist in an event for graduating students

2. What does the student say about the job fair's rule on participation?

   (A) It will benefit only those who can attend the entire day.
   (B) It does not take into account students who have busy schedules.
   (C) It permits entry only to those students who have definite career goals.
   (D) It reflects a bias toward students who are completing their studies.

Listen again to a part of the conversation. Then answer the question.

3. What does the woman mean when she says this:

   (A) She does not think it is necessary to explain further.
   (B) She wants to give another reason for the rule.
   (C) She cannot think of any other reason to give.
   (D) She does not expect the student to understand her.

4. Why does the man mention his part-time jobs?

(A) To show that he can work and study at the same time
(B) To emphasize how important it is for him to work
(C) To explain how concerned he is about his career
(D) To give an example of the job experience he has

5. What does the woman suggest the man do?

(A) Attend next semester's job fair
(B) Get his questions ready for the employers
(C) Prepare for a job interview
(D) Obtain information about his line of work

 **[6-10] Listen to a conversation between a student and a school officer.**

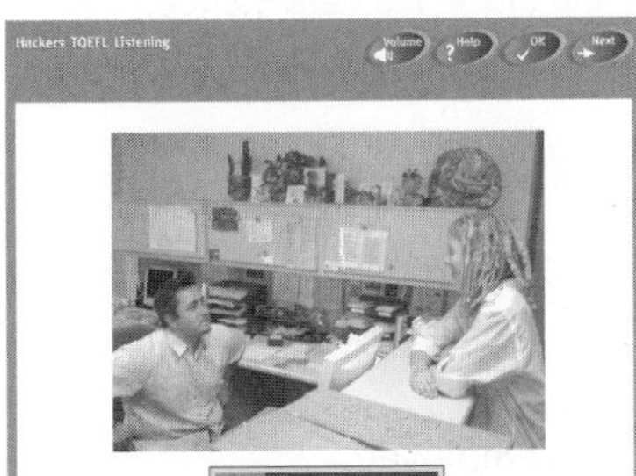

6. Why does the student visit the school officer?

(A) To obtain permission to put up some notices around campus
(B) To ask for suggestions on the posters the club made
(C) To find out why her posters were taken down
(D) To request a copy of the announcement about the concert

7. Why does the man mention an old computer?

(A) To explain the reason notice stamps are required
(B) To remind the student that old computers are for sale
(C) To give an example of notices that need a stamp
(D) To complain about how students put up so many notices

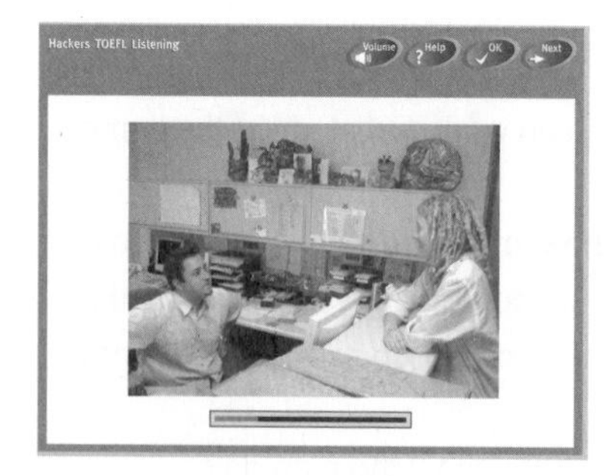

8. According to the conversation, what are two situations in which the man would approve a notice?

Click on 2 answers.

(A) It has to do with a musical performance.
(B) It involves an academic forum.
(C) It is connected with an influential visitor.
(D) It is recommended by a professor.

9. Why does the student worry about getting a notice stamp?

(A) The performance is a few days away.
(B) The office will soon run out of stamps.
(C) The deadline for approval is the next day.
(D) The club requested him to get it.

10. What is the man's attitude toward the student's situation?

(A) He is strict about implementing university rules.
(B) He is very supportive as regards student issues.
(C) He is annoyed by the student's persistence.
(D) He is unconcerned about club activities.

 **[11-15] Listen to a conversation between a student and an employee.**

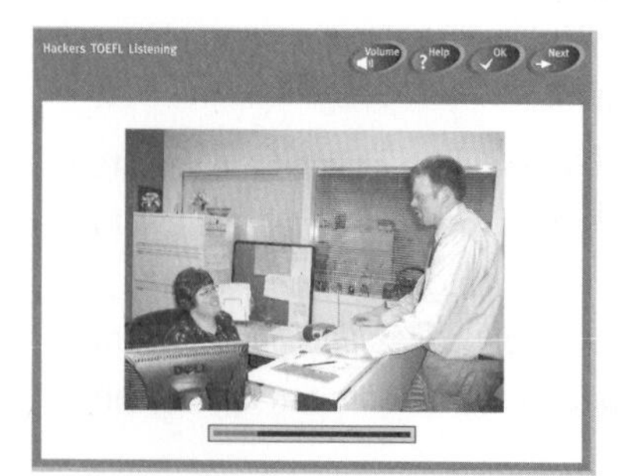

11. Why does the student go to see the woman?

(A) To ask where an office is located
(B) To arrange for the use of a facility
(C) To check what fees he has to pay
(D) To get a pass for someone who is visiting

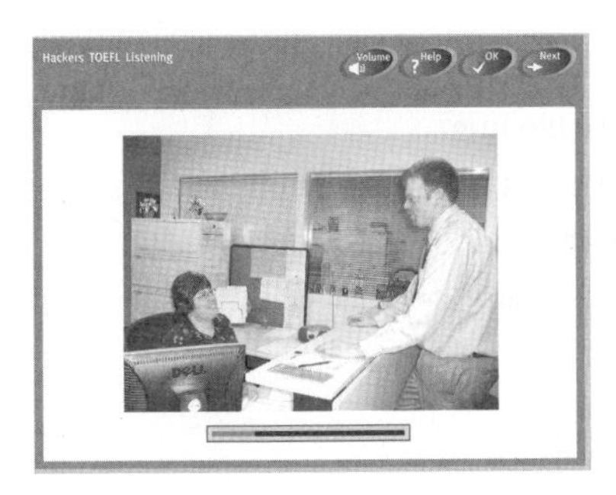

Listen again to a part of the conversation. Then answer the question.

12. What does the woman mean when she says this: 🎧

    (A) She forgot to tell the student that she has something else to take care of.
    (B) She wishes she were in a position to give the student the right advice.
    (C) She realized there might be a way to solve the roommate's problem.
    (D) She wanted to change the recommendation she gave earlier.

13. According to the conversation, what is one way the ID card problem can be settled?

    (A) Pay the library fine
    (B) Check with the finance office
    (C) Have the ID card replaced
    (D) Visit the second floor

14. Which of the ideas that the man expressed does the employee agree with?

    (A) Students visiting for social reasons should not be required to obtain a pass.
    (B) Students who are community residents should be allowed to visit freely.
    (C) Students should be able to visit other universities without presenting a pass.
    (D) Persons who are not students should not be allowed to visit the university without a pass.

15. What will the employee do for the student?

(A) Arrange for a shuttle bus
(B) Go to the tennis court reservations office
(C) Issue a pass for his friend
(D) Fill out the form for him

 **[16-20] Listen to a conversation between a student and a university employee.**

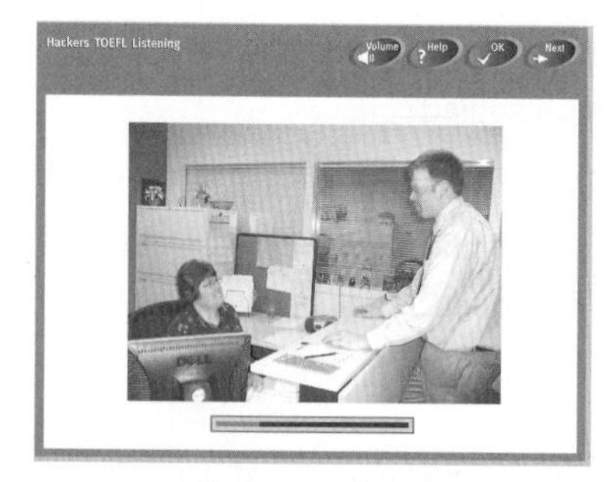

16. Why does the student go to see the university employee?

(A) To ask for assistance in completing his application form
(B) To present a document needed for a future event
(C) To verify whether he is qualified to graduate
(D) To request a list of requirements for graduation

Listen again to a part of the conversation. Then answer the question.

17. What does the man mean when he says this: 

(A) He does not think it is necessary for the woman to inspect his form.
(B) He wants the woman to see that he knows how to fill out a form.
(C) He thinks the woman will find something he may have missed.
(D) He does not want to waste time waiting for the woman to check the form.

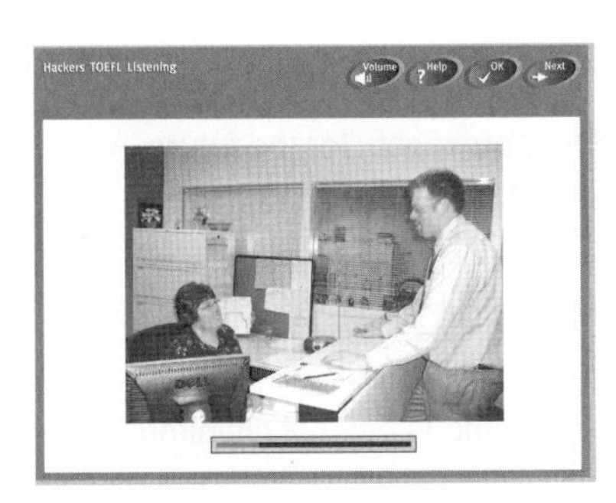

18. What does the man say about his credits?

(A) They are sufficient to give him a degree.
(B) They were mostly earned during summer sessions.
(C) They exceed the 120-credit requirement.
(D) They do not include any fieldwork he did.

19. According to the conversation, what are two possible reasons the woman gives for the error?

Click on 2 answers.

(A) A problem with the computer
(B) The man's failure to report the oversight
(C) A mistake an employee made
(D) The professor's lapse in recording

20. Why does the student have to see the chairperson immediately?

(A) He could be denied the credits that he earned.
(B) It is not easy to make an appointment with the chairperson.
(C) He might miss the deadline for application submissions.
(D) It is not certain who is authorized to change the student's records.

 **[21-25] Listen to a conversation between a student and a career center official.**

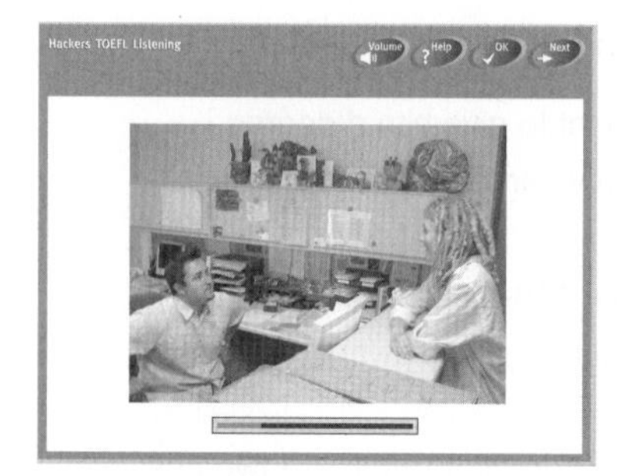

21. What are the speakers mainly discussing?

(A) The woman's career prospects for the future
(B) Work experience that the woman has had on campus
(C) Job vacancies the woman is willing to consider applying for
(D) The reason jobs on campus pay only minimum wage

22. What can be inferred about working at the library?

(A) It does not pay very much.
(B) It does not require long hours.
(C) It is dull and monotonous.
(D) It is not worth doing.

23. What does the woman say about the wait staff work she did in the past?

(A) It paid a minimum daily wage that was required by law.
(B) It paid well enough to allow her to save some money.
(C) The gratuity given by customers was higher than the daily wage.
(D) It was the highest-paying job available for students outside of campus.

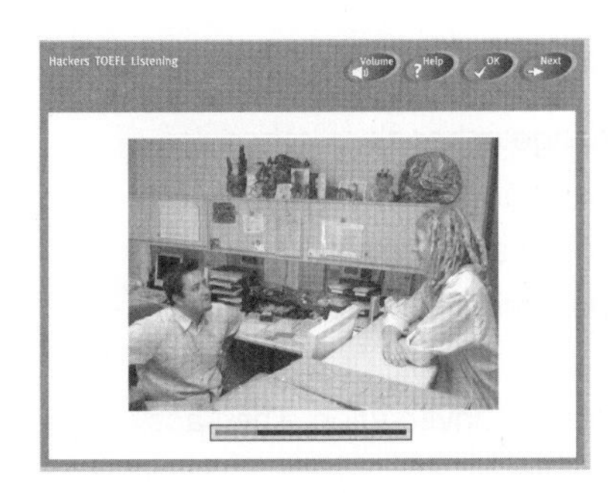

Listen again to a part of the conversation. Then answer the question.

24. What does the man imply when he says this: 

(A) The woman's friend is probably majoring in career development.
(B) The information the woman gave may not be correct.
(C) It is not the photography major's responsibility to gather information.
(D) The photography major should not have raised the woman's hopes.

25. What will the woman probably do next?

(A) Apply for the opening at the restaurant located off campus
(B) Ask the chief librarian to write a reference letter
(C) Bring a copy of her resume to the Career Center
(D) Speak to the supervisor at the restaurant where she used to work

 [26-30] Listen to a conversation between a student and her adviser.

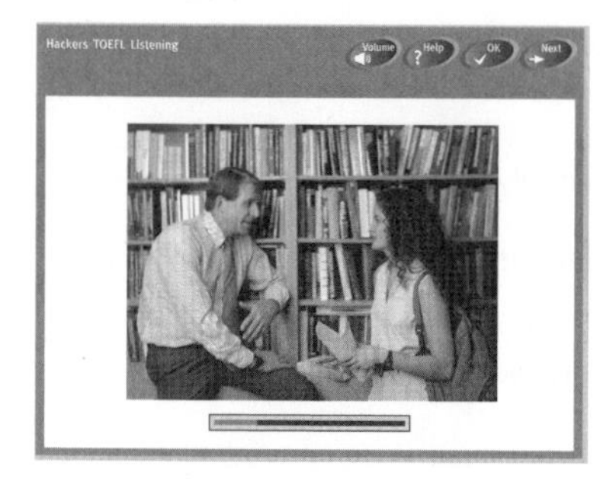

26. Why does the student go to see her student adviser?

(A) To request a change in her class schedule
(B) To get information about the university
(C) To compare living in a city with living in a town
(D) To discuss some concerns she is having

Listen again to a part of the conversation. Then answer the question.

27. Why does the adviser say this:

(A) To recommend that the girl get used to city life
(B) To explain that most students come from the city
(C) To assure the girl that her feelings are normal
(D) To admit that he does not know what advice to give

28. What does the man imply about the woman's sociology professor?

(A) The manner in which he treats his students is justifiable.
(B) He is known for his unusual teaching methods.
(C) It is his tendency to cover too much in a single class.
(D) It would be hard to judge him solely from one class session.

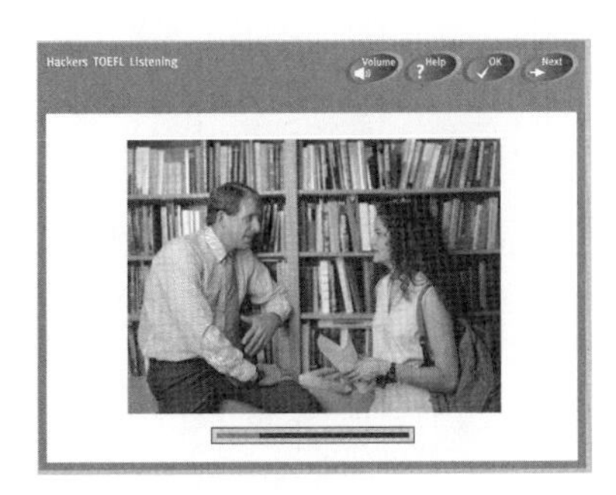

29. What does the adviser suggest the woman do?

Click on 2 answers.

(A) Request additional readings for his class
(B) Have a meeting with the professor
(C) Go to an audition for a string quartet
(D) Spend more time playing the cello

Listen again to a part of the conversation. Then answer the question.

30. Why does the adviser say this: 

(A) To express uneasiness that she has more than one problem
(B) To indicate that she is taking up too much of his time
(C) To remind the woman that he is an accommodating listener
(D) To encourage the woman to talk about her other problem

정답 p.524

II. LECTURES

Introduction

Hackers Strategy

Unit 1. Lecture Question Types

1. Main Purpose/Topic Questions
2. Detail Questions
3. Function & Attitude Questions
4. Connecting Contents Questions
5. Inference Questions

Unit 2. Lecture Topics

1. Biology
2. Astronomy
3. History
4. Art
5. Music
6. Environmental Science
7. Geology
8. Literature
9. Linguistics
10. Anthropology
11. Archeology
12. Paleontology
13. Sociology
14. Psychology
15. Economics
16. Physics
17. Chemistry
18. Physiology
19. Communication
20. Architecture
21. Film
22. Photography
23. Engineering

Introduction

Lectures in iBT TOEFL Listening

iBT TOEFL 리스닝에서 Lecture는 교수 한 사람이 진행하는 강의 내용, 혹은 강의 상황에서 교수와 학생이 주고받는 내용을 듣고 주어진 질문에 답하는 형태로 출제된다. 강의의 길이는 약 3~5분(500~800단어)이며, 총 4~6개가 출제된다. 실제 강의를 하는 것과 같은 어조 및 말투를 사용한다는 것이 특징이고 들으며 Note-taking을 할 수 있다.

Lecture Questions

각 강의에는 6문항씩의 문제가 출제된다. Lecture에 출제되는 문제 유형은 다음과 같다.

Main Purpose/Topic Questions (목적/주제 문제)
강의의 목적 및 주제를 묻는 문제이다.

Detail Questions (세부 사항 문제)
강의 내용을 통해 직접적으로 알 수 있는 사실에 대해 묻는 문제이다.

Function & Attitude Questions (화자의 의도/태도 파악 문제)
강의의 맥락 속에서 화자가 한 말을 통해 알 수 있는 화자의 의도 및 태도를 파악하는 문제이다.

Connecting Contents Questions (관계 파악 문제)
강의의 일부분이 다른 부분과 구조상, 또는 내용상 어떤 관계를 가지는지를 묻는 문제로 Matching/Ordering/List Question, Purpose Question, Organization Question이 여기에 해당한다.

Inference Questions (추론 문제)
강의에서 유추할 수 있는 사실을 묻는 문제이다.

Lecture Topics

강의의 Topic은 대학 강의에서 주로 다루는 학문 분야로, 크게 세 가지로 나누어 볼 수 있다.

Natural Science (자연 과학)
Biology, Geology, Environmental Science, Astronomy, Paleontology, Physics, Chemistry, Physiology

Human Studies & Art (인문학과 예술)
Anthropology, Archeology, History, Literature, Linguistics, Sociology, Economics, Psychology, Communication, Art, Music, Film, Photography

Applied Science (응용 과학)
Engineering, Architecture

Hackers Strategy

도입부에서 Main Purpose/Topic을 파악하라.

강의의 도입부에서 어떤 주제에 대해 강의할지를 언급하므로, 도입부에서 중심 내용을 파악해야 한다. 때에 따라 지난 수업 내용 언급, 과제물 언급 등 다른 화두로 강의를 시작하는 경우도 있으므로 교수가 오늘 강의 내용을 언급할 때까지 주의해서 들어야 한다.

강의 전개방식을 따라가면서 흐름을 파악하라.

긴 강의의 흐름을 파악하려면 교수가 어떤 전개방식으로 설명하는지를 따라가면서 강의를 들어야 한다. 자주 쓰이는 설명 방식으로는 다음과 같은 예들이 있다.

- 용어 정의, 예시, 분류, 비교/대조, 순차/연대기

Note-taking을 통해 세부 내용들이 어떤 관계를 가지는지 파악하라.

세부 내용을 들을 때는 각 세부 내용과 전체 주제, 혹은 세부 화제와의 관계를 파악하면서 듣는 것이 중요하다. Note-taking을 최대한 활용하여 이러한 세부 사항간의 관계를 파악하는 데 이용하는 연습을 해두어야 한다.

화자의 어조 및 어법을 놓치지 마라.

강의 상황에서 화자의 어조 및 어법을 통해 알 수 있는 화자의 의도 및 태도를 묻는 문제가 출제된다. 그러므로 강의를 들을 때 화자의 어조 및 어법을 파악하며 듣는 연습을 하자.

문제 예측 능력을 길러라.

강의에서는 주로 강의의 주된 흐름과 관련된 문제들이 출제된다. 이때 강의 내용에 따라 출제될 수 있을만한 문제의 패턴이 정해져 있는 편이므로 강의를 들을 때는 문제를 예측하며 듣는 연습을 하도록 한다.

강의 내용에 따른 문제 출제 패턴

강의 내용	문제 패턴
예시 및 인용할 때	- ~의 예는 왜 제시되었나? - ~를 언급한 이유는?
두 대상의 공통점을 설명하다가 내용을 전환하여 차이점을 설명할 때	두 대상의 차이점은?
공통점 또는 분류된 종류를 나열할 때	정답이 2~3개인 문제나 세부 사항의 사실 여부를 확인하는 표 문제
A만이 가지는 특징/독창성 설명	A의 특징으로 알맞은 것은?
A, B, C의 특징 설명	각 항목의 특징을 연결하는 문제
순차적/연대기적 설명	- 과정에 포함되는 것과 그렇지 않은 것을 고르는 문제 - 연대기 순으로 나열하는 문제

Unit 1
Lecture Question Types

Unit 1에서는 Lecture의 문제 유형을 5가지로 구분하여
각 유형의 특징과 질문 형태, 실제 문제 풀이에 적용 가능한 전략들을 소개하고 있다.
또한 단계별 연습 문제와 실전 문제를 통해, 각 문제 유형을 충분히 습득하고 공략할 수 있도록 하였다.

Lecture의 Question Types에는 다음의 5가지가 있다.

1. Main Purpose/Topic Questions
2. Detail Questions
3. Function & Attitude Questions
4. Connecting Contents Questions
5. Inference Questions

1. Main Purpose/Topic Questions

Overview

Main Purpose/Topic 문제는 강의나 토론을 듣고 그 중심 내용을 찾는 문제 유형이다. 매 강의 지문당 반드시 한 문제가 출제된다. 주로 도입부에서 강의의 주제를 알 수 있는 경우가 많으므로 도입부를 특히 집중해서 듣는 것이 중요하다. 강의의 주제는 직접적으로 언급되어 대부분 쉽게 찾을 수 있으며, 이 주제는 전체 강의 내용을 포괄하는 진술이라는 것을 기억해두자.

질문 형태

Main Topic

What is the lecture/talk/discussion mainly about?

What is the class discussing?

What aspect of ~ does the professor mainly discuss?

What is the speaker describing?

What is the topic of the talk/lecture?

Main Purpose

What is the (main) purpose of the talk?

Why are the people discussing ~?

Strategy 01

도입부에서 강의의 주제 및 목적을 파악한다.

강의의 주제 및 목적은 교수가 주로 무엇에 대해 강의할지를 언급하는 도입부에서 알 수 있다. 첫 마디에서 곧바로 언급하는 경우도 있고, 이전 강의 주제나 배경을 소개한 후 주제를 언급하는 경우도 있다.

Example

Script

All right class, today we are going to look more deeply into bird development post-hatching. Specifically, we will talk about the two categories of hatching birds, precocial and altricial hatchlings. As we've already discussed, most birds begin life in an egg and enter the world through a process called hatching. Well, that seems obvious enough to any of us who eat eggs, but what happens to the chicks once they're hatched? It depends on what kind of bird they are. So... first, let's begin with precocial birds.

Q. What is the talk mainly about?

A. Two types of hatchling development

해설

교수는 첫 마디 "All right class, today we are going to ~" 이하에서 어떤 내용에 대한 강의를 할 것인지를 언급한 후, 그 내용에 대한 도입으로 강의를 시작하고 있다. 이와 같이 강의의 주제는 첫 부분에서 파악할 수 있다.

Strategy 02

강의의 주제 및 목적을 언급할 때 자주 쓰는 표현을 기억해둔다.

강의의 주제 및 목적을 언급할 때 화자가 자주 쓰는 표시어들(signal words)이 있는데, 이러한 표시어를 알아두면 강의의 목적 및 주제를 파악하는 데 도움이 된다.

Example

Script

All right, let's start. **Today we'll be talking about** how archaeological evidence helps scientists learn about the customs, cultures, and beliefs of ancient peoples. Now I'd like to focus on a culture known as the mound builders–I'm sure you've come across the Adena in your readings.

Q. What is the talk mainly about?

A. What the burial mounds of the Adena reveal

해설
교수가 "Today we'll be talking about ~"라는 말 뒤에 강의의 주제를 언급하고 있음을 알 수 있다. 이처럼 강의의 목적 및 주제를 드러내는 표시어를 집중해서 들으면, 정답을 찾는 것이 쉬워진다.

강의의 주제 및 목적을 드러내는 표시어

Expressions	Example sentences
OK, let's talk about ~	**OK, let's talk about** the frescos of Michelangelo and how they are different from the ones Giotto made.
So why don't we start with ~	**So why don't we start with** suburban areas... and we'll do this by defining the word "community".
Today, I want to take a look at ~	**Today, I want to take a look at** stem cell research and why it continues to be a topic for discussion in political circles.
Today's talk is on ~	**Today's talk is on** what people perceive to be the responsibilities of the journalist.
OK, let's move on to ~	**OK, let's move on to** how memory processes are affected by head traumas or injuries.

Today's discussion will focus on ~	**Today's discussion will focus on** how music can affect the learning capacity of a child.
Let us continue our study on ~	**Let us continue our study on** igneous rocks, but this time let's focus on granite... its composition, its texture, and its formation.
Another ~ we need to discuss is ~	**Another** thing **we need to discuss is** one similarity that may not be so readily apparent between Saturn and Earth.
Well, today I thought we'd talk about ~	**Well, today I thought we'd talk about** some Civil War treasures that were unearthed in Springfield.
We've talked about ~ but now I want to talk about ~	**We've talked about** how the public showed its concern for environmental issues, **but now I want to talk about** what the American government did to address these issues.
Today, we'll continue talking about ~	**Today, we'll continue talking about** alternative housing for growing populations.
I would like to turn our attention to ~	**I would like to turn our attention to** the difference in size between the neutrino and the atom.
I wanted to discuss a few other terms here ~	**I wanted to discuss a few other terms here**... first, the term "astronomical unit", or AU.

Example

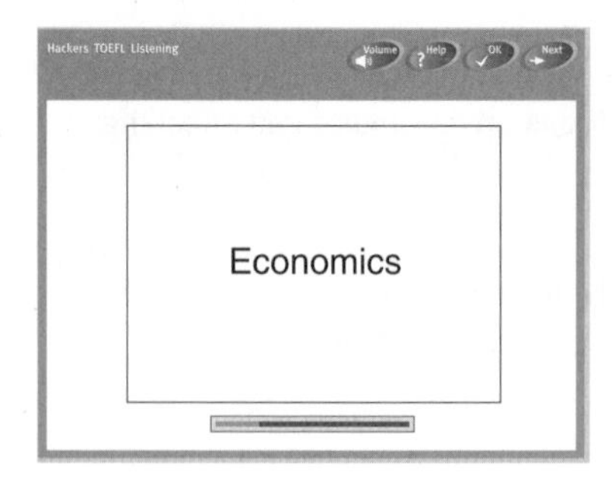

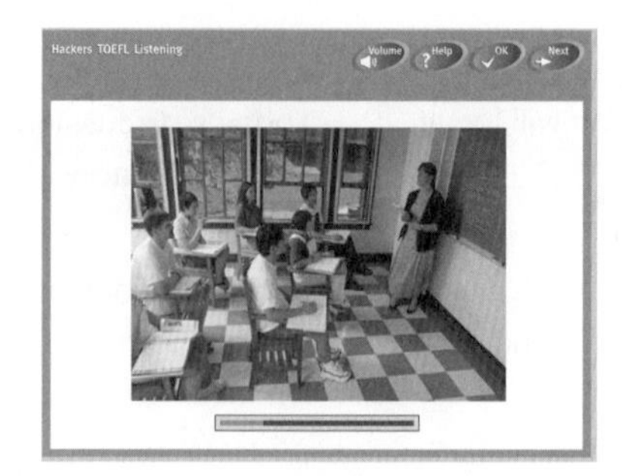

Listen to part of a lecture in an economics class.

P: Now, last week we covered the basics of America's Great Depression in the early 1900s. First of all, do you have any questions remaining from that? **Hmm... well, then I want to get into some of the more, um, specific aspects of that period. So why don't we start by talking about the bank panics of the thirties?**

S: That happened in New York, didn't it? Uh, I think I remember my grandfather talking about it. He was an accountant on Wall Street, so...

P: Yeah, it definitely affected New York, since that is where the nation's financial center was, uh, based... but before we work out the fine details, let's take a step back. We need to know first what the bank panic was. **So, basically, there was a nationwide scare that banks were all going bankrupt. This, uh, well it caused almost everyone to run and withdraw their funds, leaving the banks dry. We now call that time the "run on the banks."**

S: I, I guess I don't understand how people could get so scared that they, uh, would suddenly pull all their money out. It... I don't know... seems a bit drastic.

P: Well, you need to take into consideration the socio-economic climate. In the year 1929, about half of all Americans were living below basic subsistence levels. And, uh, the stock market crashed that year, which really put a damper on the national economy... so it's obvious that the country's overall situation contributed to the problem. And, of course, things didn't get better following the crash. In 1930, unemployment was around twenty-five percent and the GDP fell by about forty-six percent. Obviously this led to some serious contractions in the money supply and a number of smaller banks, especially in the, uh, rural areas, went under.

S: So... when you say "went under" you mean that they completely closed?

P: Correct.

S: I guess what I don't understand is why the banks didn't have any money set aside for emergencies. How could they, you know, not be backed up by anything?

P: Surprisingly, that was just the system at the time. Of course, immediately after they realized that, they said, we'd better do something about this. But... not before the second crash in the spring of 1931. That one was much worse... the famous US Bank of New York went down and you can just imagine how much money the, uh, people of New York pulled out from the other financial institutions.

Hackers TOEFL Listening

What is the discussion mainly about?

Ⓐ The period of high unemployment in America in the 1930s
Ⓑ A time of financial crisis related to widespread anxiety
Ⓒ The dramatic fall in the stock market in New York City
Ⓓ The average household income during the economic disaster

해설 | 강의의 주제를 묻는 문제이다. 강의의 도입부 중 "So why don't we start ~" 이하에서 교수는 경제 공황 시기 중 "bank panic"에 대해 자세히 알아보겠다고 말한 후, "So, basically there was a nationwide scare ~" 이하에서 bank panic이 경제 상황에 대한 불안에서 비롯된 위기였다고 말하므로 정답은 (B)이다. 이처럼 강의의 주제는 도입부에 언급되며, "So why don't we start ~"처럼 주제를 언급할 때 교수가 자주 사용하는 표현이 있다는 것을 기억해두자 (Strategy 1, 2).

정답 | Ⓑ

Hackers Practice

I. **Listen to the following excerpts from lectures and choose the best answer for each question.**

1. What will the rest of this talk mainly be about?

   (A) How enzymes become attached to a substrate
   (B) The sequence involved in enzymatic catalysis
   (C) Chemical changes in a catalytic reaction
   (D) The chemical composition of an enzyme

2. What will the speakers probably discuss?

   (A) Marketing Native American art
   (B) How Native American art changed over the centuries
   (C) What Native American art discloses about its artists
   (D) Utilitarian purposes of Native American art

3. What will the lecture mainly be about?

   (A) Differences between the Earth and the Moon
   (B) How the Earth and the Moon came into existence
   (C) Why there are different theories about the Moon's formation
   (D) Hypotheses on how the Moon developed

4. What aspect of the development of quilts will the professor mainly discuss?

   (A) The origins of quilt making
   (B) Quilting patterns developed in the United States
   (C) The history of quilting in the United States
   (D) How the Industrial Revolution transformed quilt making

II. Listen to the following excerpts from lectures and choose the best answer for each question.

5. What is the main topic of the lecture?

   (A) How technology makes space discoveries possible
   (B) Celestial bodies that are similar in composition to Pluto
   (C) The on-going debate over how to classify Pluto
   (D) Newly discovered space objects in the solar system

6. What is the main purpose of the lecture?

   (A) To compare American and European labor unions
   (B) To explain how government regulations controlled the workers
   (C) To cite major flaws in American labor law
   (D) To describe the struggles and accomplishments of American labor unions

7. What are the speakers mainly discussing?

   (A) Why diamonds are used for a variety of industrial purposes
   (B) Why diamonds surfaced only through ancient volcanic eruptions
   (C) The differences in how diamonds and coal are formed
   (D) Why volcanic activity was more explosive billions of years ago

8. What aspect of African American literature does the professor mainly discuss?

   (A) A span of ten years when black people demonstrated their artistic creativity
   (B) How early 20th century African American literature compares to present-day literature
   (C) The most popular African American writers of the 20th century
   (D) How the influx of African Americans to the north gave birth to the blues

9. What is the main point of the talk?

   (A) The formulation of the food chain
   (B) Saving endangered turtle species
   (C) Consequences of breaking a food chain
   (D) The producers and consumers in an ecosystem

정답 p.541

Hackers Test

 **[1-5] Listen to a talk on sand dunes in a geology class.**

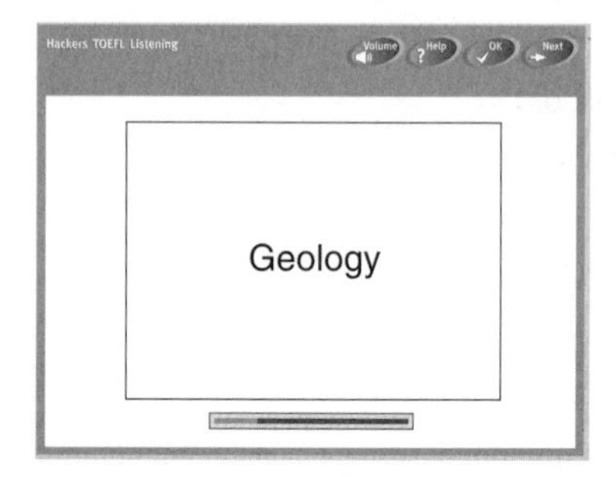

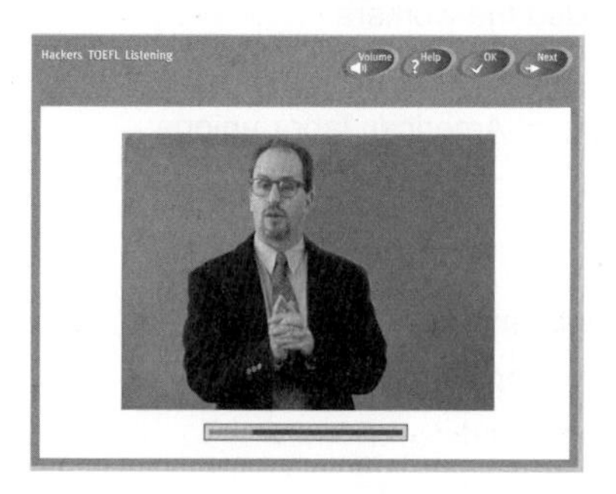

1. What is the main topic of the lecture?

   (A) Requirements for sand dune formation
   (B) Reasons for different types of sand dunes
   (C) The relationship between wind and sand movement
   (D) How saltation contributes to sand accumulation

2. Why does the professor mention dust particles?

   (A) To explain how dust particles contribute to saltation by helping lift sand grains
   (B) To point out that sand grains do not move far because of their weight
   (C) To describe how wind can erode sand particles until they become as light as dust
   (D) To make clear how sand and dust compete for space in the formation of sand dunes

3. What condition is needed for slow wind to move sand?

   (A) The ground surface must be smooth.
   (B) The wind should move in one direction.
   (C) There must be sand on the ground.
   (D) The sand must be of the same size as dust.

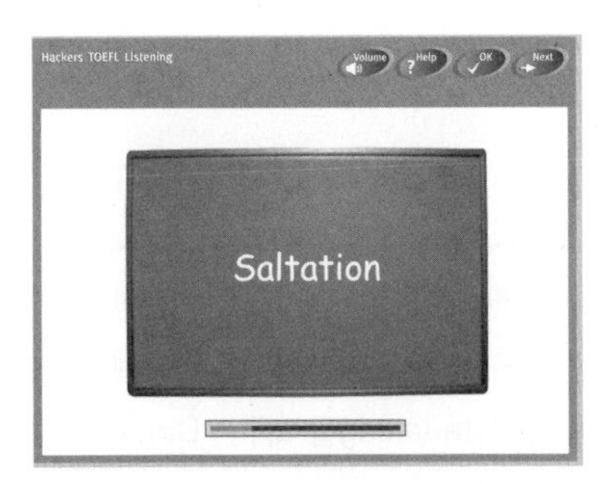

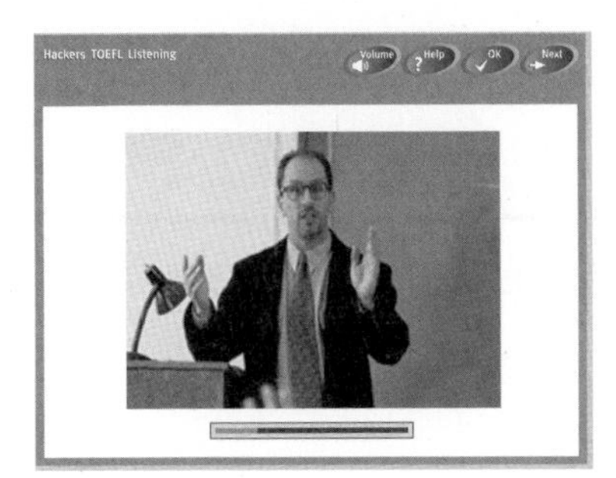

4. According to the professor, how do larger and heavier sand grains move?

   (A) They are pushed forward by winds of great speed.
   (B) They are forced to move little by little by smaller sand grains.
   (C) They are brushed forward by plants with large leaves.
   (D) They are moved along by small pebbles and stones.

5. What is a key requirement for the sand to settle in one place?

   (A) Some of the sand particles must be larger than the others.
   (B) The wind must change direction at regular intervals.
   (C) The ground should be above sea level.
   (D) An impediment must exist to slow down or block the wind.

정답 p.550

2. Detail Questions

Overview

Detail 문제는 강의에서 직접적으로 언급된 세부 사실을 묻는 문제이다. 한 개의 강의 지문당 1~3문항 가량이 출제된다. 강의에 출제되는 Detail 문제는 주로 주제와 관련된 세부 내용을 묻는 문제로, 정답은 강의에서 들은 내용을 바르게 paraphrasing한 문장이 된다. 강의를 들으면서 간략하게 Note-taking을 해두면 Detail 문제를 푸는 데 많은 도움을 얻을 수 있다.

질문 형태

Detail 문제는 다양한 세부 사실에 관해 출제되며 2~3개의 정답을 고르는 문제도 출제된다는 것에 유의한다.

What does the professor say about ~?
According to the professor, what is ~?
What is a key feature of ~?
What are some reasons that ~?
What is an example of ~?
What point does the professor make when he refers to ~?
What does ~ demonstrate?
Why did a person ~?

정답이 2개 이상인 형태

What are two features of ~? Click on 2 answers.
According to the professor, what are some reasons for ~? Click on 3 answers.

Strategy 01

강의 내용을 paraphrasing한 정답에 익숙해진다.

강의에서 출제되는 Detail 문제에 대한 정답은 화자가 한 말을 그대로 옮긴 것이 아니라, 그 내용을 paraphrasing한 것인 경우가 많다. 특히 iBT 토플 리스닝에 출제되는 긴 강의의 경우 몇 문장의 내용을 요약하여 paraphrasing한 문장이 정답으로 출제되기도 한다는 것에 유의해야 한다.

Example

Script

Hmm... what you have here is purple loosestrife. You know, it's actually a very interesting plant. When was it? I think it was in the early, um, 1800s when *Lythrum Salicaria* was brought over to America from Europe. Who knows when it actually got here, but, uh, a couple of researchers identified it in the 1830s as a "native" plant, although now we know that's not true. **In, uh, any case, the Eurasian plant probably got over here accidentally in, um, in ship ballasts,** as it was present in most of the marine estuaries of northern Europe, which, you know, were the export centers to, uh, North America.

Q. According to the lecture, how did purple loosestrife get to America?

A. By attaching itself to the bottom of ships

해설
Purple loosestrife라는 식물이 America 대륙으로 들어오게 된 경로를 묻는 문제이다. 강의에서 교수가 "In, uh, any case, the Eurasian plant probably got over here accidentally in, um, in ship ballasts,"라고 말한 부분이 정답에서는 "attaching itself to the bottom of ships"라고 paraphrasing 되었다.

Paraphrasing의 예

Clue sentences	Restated Answers
Actually, the pollinators aren't always the same. Pollination works with different players, and depending on the participants involved, the process may not be exactly the same.	The actual steps of pollination depend on who is pollinating.
Television programs are designed with the viewer's attention span in mind... so they're short-paced and fast-paced, which pretty much fits in with how people in the world live today.	Television is the form of media that suits today's way of life.
It was around 1620 that Bernini was commissioned by Cardinal Maffeo Barberini to design a palace. Well, this was really his lucky break, as that cardinal was subsequently installed as Pope Urban VIII in 1623.	Bernini's artistic career took a turn when he was hired by a high-ranking religious leader to renovate a cathedral.
Scientists know that the malaria parasite in a mosquito can infect a person only after the mosquito has had between four and twelve blood meals. By the way, when I say blood meal, it means the blood from one person.	A malaria-carrying mosquito can infect a person only if it has bitten between four and twelve individuals.
Anyhow, scientists are experimenting with a vaccine that will kill the mosquito before it can transmit an infectious malaria germ. They are hoping to kill the mosquito by exposing it to lethal blood each time it bites a vaccinated human.	Scientists hope that the blood of vaccinated humans will destroy a mosquito before its malaria germs can be transferred.

Strategy 02

세부적인 사항들은 반드시 Note-taking을 하면서 듣는다.

강의에 출제되는 Detail 문제는 주제를 이해하는 데 필요한 내용일 경우가 많다. 그렇기 때문에 세부 내용이라 할지라도 전체 맥락에서 이해하는 것이 중요하다. 강의를 들을 때 자신이 듣고 이해한 내용을 간략히 필기해두면 이러한 흐름을 파악하는 데 도움이 될 뿐만 아니라, 세부 정보를 기억해내는 데도 도움을 얻을 수 있다.

Example

Script

To begin, hatching birds can be divided into two different categories, precocial and altricial hatchlings. First, um, let's begin with precocial birds. Precocial birds can loosely be defined as those which... and please put this in your notes... are capable of self-preservation once they are hatched. These independent creatures all have some common characteristics from birth that, um, allow them the ability to abstain from parental assistance. **OK, uh, for example, precocial birds are all born with downy feathers.** Well, as some of you may know, this extra layer of feathers allows them to maintain their internal body temperature without, uh, external aid. Yeah, and the feathers act sort of like, well, uh, like a built-in jacket to protect against cold weather. Um... also, precocial hatchlings are born able to walk and eat, but that doesn't necessarily mean they get up and go immediately. There can be circumstances that prevent them from, uh, getting out into the real world right off the bat.

Note-taking

Bird's post-hatching development (2 types)

1. Preco. birds
   - self-preserv.
   - comm. charact.
     1) born w/ downy feath.
        :allow maintain inter. body temp.w/o ex. aid
     2) born able to walk and eat (not right off the bat)
2. Altri, birds

Q. According to the professor, what feature of precocial birds makes it possible to preserve themselves?

A. Having feathers from the time they are born

해설

Hatching birds가 크게 precocial birds와 altricial birds로 나누어진다는 것을 이해한 후, 각각의 특징을 Note-taking 해두는 것이 효과적이다. 본문의 "for example ~"이하에서 "born with downy feather"라는 특징이 precocial birds를 보호해주는 한 가지 특징임을 알 수 있다.

Example

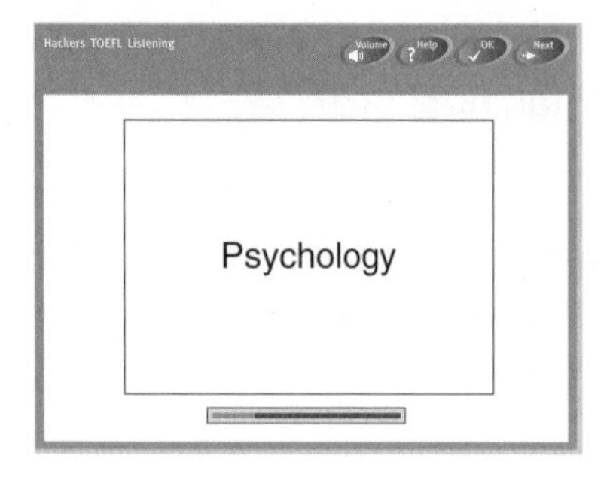

Listen to part of a talk in a psychology class.

So today let's talk about the specific ways that psychologists get their information. OK? **Well, the best place to begin is with the simplest method, observation.** You know, up until about seventy years ago, observation was the sole method of data collection. It's the most natural way to note what is taking place in our environment. Actually, there are two kinds of observation... natural and controlled. **Natural observation is done by us all, in fact.** Anytime we watch a flock of birds flying in a V-pattern through the sky... well, you get the point. Obviously natural observation would've been the first kind of scientific research.
OK... and then there is controlled observation. As you can probably guess, this means observation of subjects that the scientist controls in a laboratory or a greenhouse... something like that. So, which is better? Well, you know, they both have their pros and cons. **Natural observation is great because you can watch something in its natural environment.** Let's say that you are doing a study on people who go to church. Well, what better way to observe their behavior than going to church and watching them! But, as you can guess, this kind of observation is not easy. That person could get up and leave, or... your view could be blocked by someone else's head. That is why it is better to do controlled observation when you need exact results that are, well, delivered on time.
OK, now... let's go on to... case studies. **In a case study, the researcher looks at a unique or specific case... a group, a person, a special situation... and observes only that case. Case studies are performed a lot when, you know, there is someone with a special form of a disease, or when a two-year-old baby is able to read and write. The major drawback to this kind of research, though, is that it only looks at exceptions.** And it's hard to apply results from a unique case to the general whole. So, in short, case studies are so specific that they aren't very useful for drawing conclusions applicable to, well, to anything else.

Hackers TOEFL Listening

HIDE TIME 00 : 10 : 00

What are two basic ways a researcher of psychology can obtain information?

Click on 2 answers.

Ⓐ He can ask people for their own observations.
Ⓑ He can make an examination of people in an ordinary setting.
Ⓒ He can set up a restricted environment in which to view subjects.
Ⓓ He can compare studies that have already been conducted.

해설 | 심리학자들이 자료를 수집하는 가장 기본적인 방법 두 가지를 묻는 문제이다. "Well, the best place to begin is with the simplest method, observation." 이하에서 가장 간단한 심리학 수집 방법으로는 일상 속에서 대상을 관찰하는 natural observation과 제한된 환경 속에서 대상을 관찰하는 controlled observation이 있다는 설명이 등장하므로 이를 바르게 paraphrasing한 정답은 (B), (C)이다. 이와 같은 세부사항들은 Note-taking을 해두는 것이 효과적이다 (Strategy 1, 2).

정답 | Ⓑ, Ⓒ

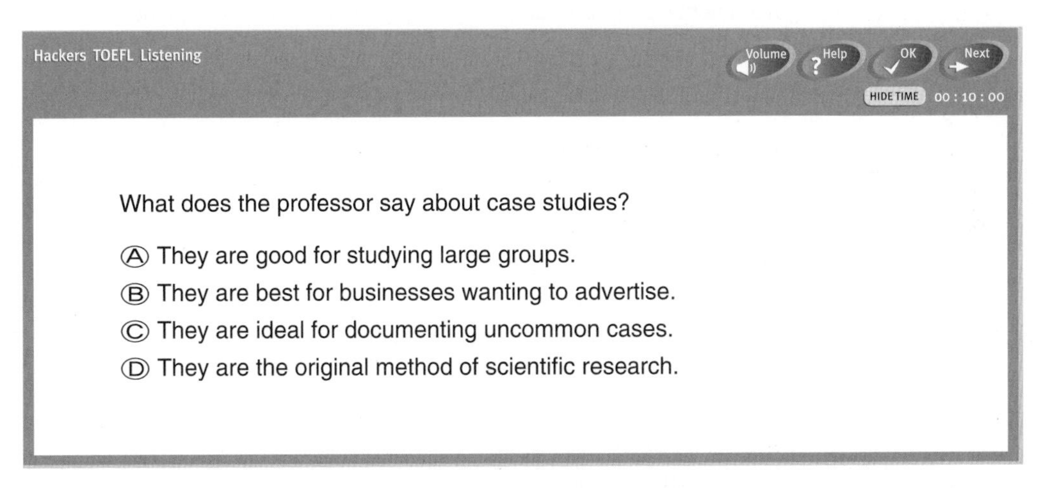

해설 | Case study에 대한 교수의 설명을 바르게 paraphrasing한 정답을 찾아야 하는 Detail 문제이다. "In a case study, ~ at exceptions."에서 case study가 특정 상황만을 관찰하는 방법임을 알 수 있으므로 이 내용을 바르게 paraphrasing한 (C)가 정답이다 (Strategy 1).

정답 | Ⓒ

Hackers Practice

I. **Listen to parts of the lectures and fill in the blanks, and then answer the questions.**

1.

> Main topic: ________ ______ in Great Depression
>
> 1) People thought the ________ of ______ ______ system caused the G-Depression but what is the gov't role?
>
> 2) Gov't interfere market system through its ______
> e.g. If gov't lower ______ ______, economy expands
> → some businessman make bad ______
> → some business collapse
> → bills left unpaid, ________ ↑

Q. What does the professor say about the government's role in causing the Great Depression?

(A) Government policies made it difficult for businessmen to make wise investment decisions.
(B) The government weakened the free market system by increasing interest rates.
(C) The government did not address the growing problem of unemployment in America.

2.

> Main topic: Past and present ______ of charcoal
>
> 1) uses of charcoal
> - used in cave ________, popular for ________
> - used to ________ metal
> - as a fuel, better than wood cause it generates more ________
> - for filtering, as charcoal is very ________
>
> 2) activated charcoal
> - treated with O → increase ______ quality → used in ______ ______, purifying water, keeping ______ gases out

Q. What is an outstanding quality of activated charcoal?

(A) Its texture makes it good for art works.
(B) It yields more heat with less charcoal.
(C) Its porousness allows impurities to be filtered out.

3.

- Main topic: How Washington DC became the ______ ______
- 1) Phil. was in the lead, but land ________ after war ↑
- 2) ______ city was chosen to be capital
  ∵ North's huge ________ and agreement to Hamilton's proposition
- 3) Gov't nearly gave up Washington DC
  ∵ Washington, DC was a ______, ______, had no good ________
  → L' Enfant designs Washington, DC later he was ______ but his design was used

Q. What does the professor say about the choice of the nation's capital?

(A) The North conceded the location of the capital city because of the South's defeat.
(B) The South proposed a much more appropriate location for the nation's capital.
(C) It was based on the North's lack of financial capacity to support a Northern city.

II. Listen to the following excerpts from lectures, and choose the best answer for each question.

4. Choose all the facts that can be learned from the talk.

(A) The sound of a room when no one is conversing is needed to make the sound track realistic.
(B) Sound editors take careful note of the smallest details when they direct the soundtrack of a movie.
(C) A hidden microphone picks up dialogue better than a suspended microphone.
(D) The sound of an actor's dentures cannot be completely removed during sound editing.

5. Choose all the facts that can be learned from the talk.

(A) Ants remove fecal material to prevent contamination of the fungus garden.
(B) Leaf-cutter ants have a mutually beneficial relationship with fungus.
(C) The more the ants trim the fungus, the less staphylae that is produced.
(D) Leaf-cutter ants are unable to consume freshly-cut leaves.

6. Choose all the facts that can be learned from the talk.

(A) Most weathervanes in Greece were ornamental and decorative.
(B) Rooster weathervanes grew out of a rule laid down by the Roman Church.
(C) People of ancient times forecast the weather through the direction of the wind.
(D) Weathervanes are still being used today to predict the weather.

III. Listen to parts of the lectures, and choose the best answer for each question.

[7-9]

7. What does the professor say about acute insomnia?

(A) It is usually caused by a temporary situation.
(B) It can be treated with prescribed medication.
(C) It can be easily prevented with a good diet.
(D) It can become more serious over time.

8. According to the professor, why should a person with chronic insomnia get medical help?

(A) It may cause a serious psychological disorder.
(B) It will become more difficult to treat as time passes.
(C) It may increase the occurrence of alcoholism.
(D) It may lead to health problems that could prove fatal.

9. What should a person do to get a good night's sleep?

Click on 2 answers.

(A) Keep the temperature cooler than usual
(B) Avoid alcoholic beverages
(C) Keep a light on in the bedroom
(D) Read a book right before bed

[10-12]

10. What does the professor say about Adolphe Sax?

(A) He was the most successful musician in Belgium.
(B) He invented the clarinet before designing the saxophone.
(C) He lived his entire life in Paris, France.
(D) He was unpopular when he lived in his own country.

11. What are two features that give the saxophone its special tone?

Click on 2 answers.

(A) The contour of the body
(B) The brass
(C) The fingering system
(D) The mouthpiece

12. What does the professor say about the saxophone's fingering system?

(A) It is more complicated than the original system used to play the flute.
(B) It permits a musician to play intricate pieces.
(C) It was improved upon by the instrument's inventor Adolphe Sax.
(D) It is a 180-year-old system that has survived to the present.

정답 p.553

Hackers Test

 **[1-6] Listen to part of a talk in a literature class.**

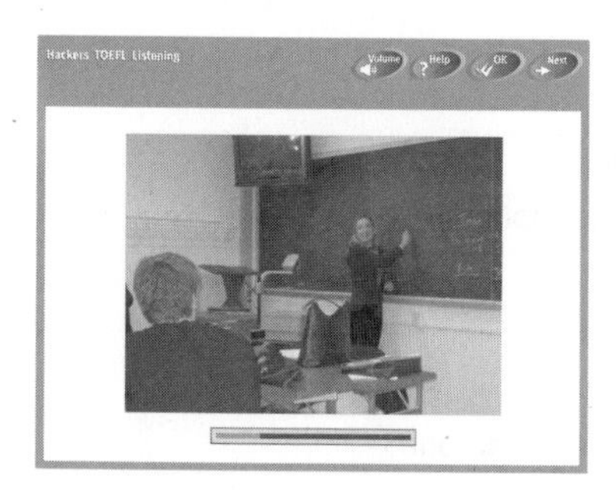

1. What is the lecture mainly about?

   (A) The first illustrated version of the Bible
   (B) The history of Bible copying by hand
   (C) A noteworthy handwritten Bible
   (D) An early Latin translation of the Bible

2. According to the lecture, what are illuminations?

   (A) The styles of calligraphy favored by most monks
   (B) The light sources used by monks when writing
   (C) The notes included by scribes completing a translation
   (D) The graphic embellishments made in a text

Listen again to part of the lecture. Then answer the question.

3. Why does the professor say this: 

   (A) To introduce a more suitable technical term
   (B) To request that the students examine the page carefully
   (C) To explain what type of illustration is being shown
   (D) To emphasize that many examples occur on the page

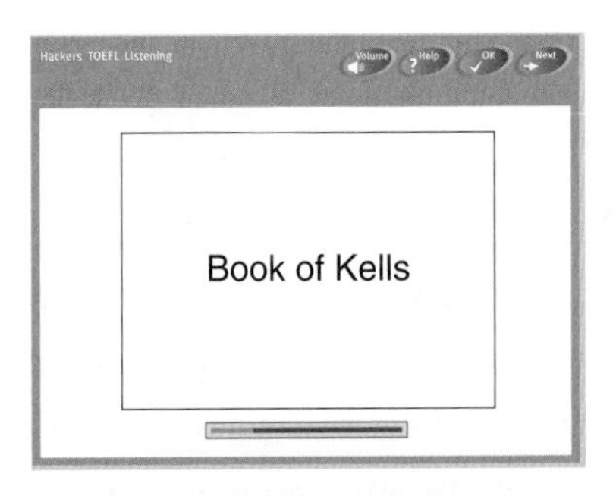

4. What does the professor imply about scribe apprentices?

   (A) They usually did not work inside of monasteries.
   (B) They did not have the illustration skills of the masters.
   (C) They were responsible for errors in the Book of Kells.
   (D) They were illiterate and unable to translate texts.

5. Why does the professor mention the Latin words gaudium and gladium?

   (A) To illustrate an important passage in the Book of Kells
   (B) To give an example of a typical translation error
   (C) To express the difficulties with reading some calligraphy
   (D) To describe how difficult the Latin language was to master

6. According to the professor, what two differences were there between the transcribers of the Book of Kells?

   Click on 2 answers.

   (A) They used different calligraphic writing styles.
   (B) They wrote different numbers of lines per page.
   (C) They employed different degrees of illumination.
   (D) They utilized inks that came from different sources.

정답 p.562

3. Function & Attitude Questions

Overview

Function & Attitude 문제는 강의 중에 화자가 한 말의 기저에 숨어있는 화자의 의도 및 태도를 묻는 문제이다. 화자가 한 말의 일부를 다시 듣고 주어진 문제에 답하는 형태로 출제되며, 논의되고 있는 학문적인 내용보다는 화자가 한 말의 앞뒤 맥락에 대한 이해가 요구되는 문제이다. 화자가 한 말의 Function을 묻는 문제는 그 말을 통해 알 수 있는 화자의 실제 의도를 묻는 문제이며, 화자의 Attitude를 묻는 문제는 화자의 느낌 및 전달하는 내용에 대한 확신의 정도를 묻는 문제이다.

질문 형태

Function

Listen again to part of the lecture. Then answer the question.

Professor: ********************

Q. Why does the professor say this:

Attitude

Why does the professor say/mention this: 

What does the professor mean/imply when he/she says this: 

What is the professor's attitude towards ~?

How does the professor seem to feel about ~?

Strategy 01

강의 내용의 흐름을 따라가면서 화자가 한 말의 의도를 이해한다.

Function & Attitude 문제에서는 강의 중 화자가 말한 한마디의 의미 및 화자가 그 말을 한 목적을 묻는 문제가 출제된다. 이 한마디의 의미를 파악하기 위해서는 그 말의 앞뒤 맥락을 이해해야 한다. 맥락 이해의 중요성은 같은 표현이 서로 다른 두 강의에서 맥락상 각각 다른 의미로 해석되는 다음의 예를 살펴보면 이해할 수 있다.

Example 1

Script

The history of solar activity is of great interest to scientists, especially because out of the past 1,150 years the sun has been extremely active during the past sixty. And with the increase in sunspots, the Earth has been getting warmer. So, this new information seems to suggest that changes in solar activity have an influence on global climate. Now... what I want you to do when you write your reports is examine the basis for this suggestion. **And I'm not talking just about the past.**

Listen again to part of the lecture. Then answer the question.

P: Now... what I want you to do when you write your reports is examine the basis for this suggestion. And I'm not talking just about the past.

Q. What does the professor mean when he says this:

P: And I'm not talking just about the past.

A. He wants the students to look into current evidence as well.

해설

교수는 과거에 태양이 기온 변화에 영향을 미쳤던 사례를 설명한 후, 이 이론의 근거에 초점을 맞추어 보고서를 작성하라고 지시한다. 이때 "과거에 대해서만 말하는 것이 아니다"라는 말은 "현재의 근거나 현상도 살펴보라"는 의미임을 알 수 있다.

Example 2

Script

So... bubonic plague is a disease that's been around for quite a while. And although better hygiene and quarantine measures have helped to control this, this killer, it's still prevalent in large parts of Asia, such as in India, where about 5,000 cases were reported in 1994. Hundreds of thousands of people fled to avoid getting sick. You know, about 50 percent of the population in the Mediterranean died of the plague during the time of the Roman emperor Justinian. It's a swift-acting and deadly disease. **And I'm not talking just about the past.**

Listen again to part of the lecture. Then answer the question.

P: It's a swift-acting and deadly disease. And I'm not talking just about the past.

Q. What does the professor mean when she says this:

P: And I'm not talking just about the past.

A. She wants to emphasize that the disease is as fatal today as it was in the past.

해설

교수는 중세 시대에 전염병으로 인해 많은 사람들이 죽었다며 이 병이 치명적임을 설명한 후 "단지 과거에 대한 것만은 아니다"라는 말을 하고 있으므로, 이는 현재에도 이 전염병이 치명적인 것임을 강조하고자 하는 의도에서 한 말이다.

Strategy

02

화자의 어조(tone)를 통해 화자의 태도를 명확하게 파악할 수 있다.

화자가 강의를 진행해가는 가운데 특정 부분에 강세를 주어 말한다든지, 말의 속도를 조절한다든지, 망설이는 어투로 이야기하는 등의 특정한 음조(special tone)를 사용한다면 이를 통해 화자의 태도를 더 명확하게 파악할 수 있다. 단, 이때에도 강의의 맥락에 대한 이해가 선행되어야만 어조를 통한 정확한 태도 파악이 가능하다. 강의에서 어조를 통해 주로 파악해야 하는 화자의 태도에는 강의 내용에 대해 얼마나 확신하고 있는가, 혹은 강의 주제에 대한 태도가 어떠한가 등이 있다.

Example

Script

So, uh, essentially, absolute dating is a, a method that establishes the age of an object or an event in terms of calendar years. It is different from relative dating. OK, let's say that, uh, geologists have determined... after finding three layers of different types of rock, that the deepest layer is the oldest, the middle layer is the next oldest, and the topmost layer is the least old. It doesn't really seem to take much intelligence to determine that, right? But let's say they find a piece of pottery in the middle layer. And by using absolute dating, they determine that the piece of pottery is 250 years old, or some such age. **See? So obviously**, if you want to know how old something really is, then you heed to know which method will help you.

Listen again to part of the lecture. Then answer the question.

P: And by using absolute dating, they determine that the piece of pottery is 250 years old, or some such age. **See? So obviously**, if you want to know how old something really is, then you need to know which method will help you.

Q. What is the professor's attitude toward absolute dating?

A. It is more accurate than relative dating.

해설

화자는 앞서 절대연대측정법의 장점을 설명한 후, 정확한 연대 측정에서는 어떤 방법이 좋을지를 분명히 알 수 있을 거라고 말한다. 이와 같은 앞뒤 맥락과 화자의 강조하는 어조를 통해 화자가 절대연대측정법이 더 정확하다고 생각함을 알 수 있다.

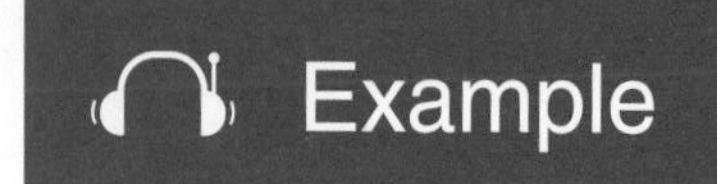

Example

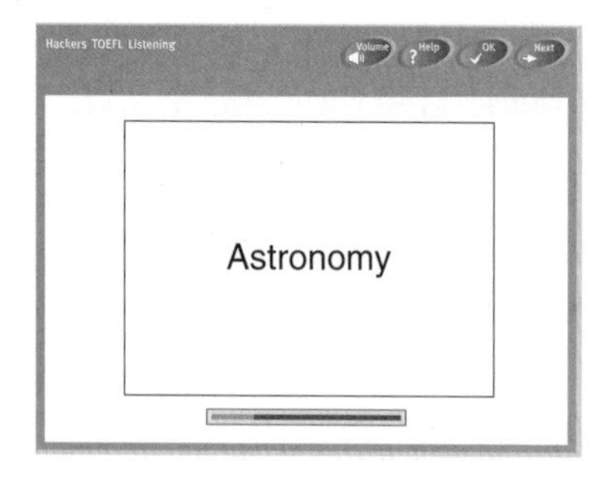

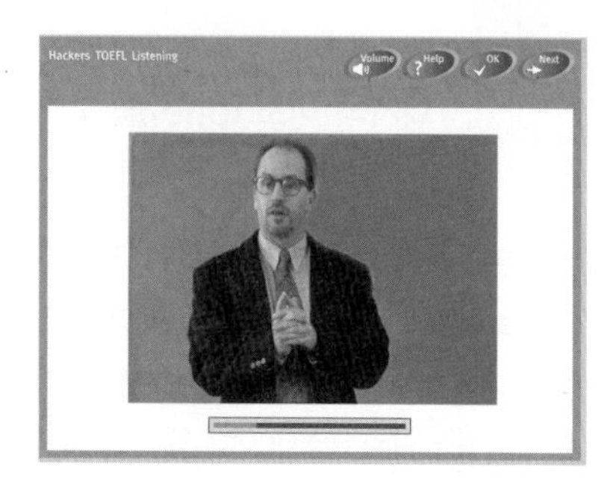

Listen to part of a lecture in an astronomy class.

OK, so where were we last time? Oh, yeah, that's right, we had just started talking about gamma rays. Well, then, let's start off again from the beginning and get an overview of gamma radiation. So, first we need a definition... here, I'll write it on the board... gamma rays are the highest level photons, or electromagnetic waves. And they have the smallest wavelengths, and are definitely the most energetic form of light.

So where do they come from? Well... I can only tell you what we know at this point, since gamma rays are still quite a mystery in the scientific world. But anyway, what we do know is that they come from the hottest areas of the universe, and are caused by radioactive atoms. When they come to Earth they're absorbed into the atmosphere, or at least partly absorbed. Uh, different wavelengths are obviously going to be absorbed at different depths. Anyway, we think, but aren't exactly sure, that they are produced in very distant galaxies by extremely hot matter falling into a huge black hole.

Now, you might be wondering how we study them, especially if they are, you know, so far away and of such high energy frequency. Interestingly enough, we have only one real link to the gamma-ray sky... an instrument placed in a high altitude balloon or satellite. Have you heard of the Compton Observatory? It's basically a telescope. Well, that is one type of instrument, the first to go up went in, I think... 1961... on the Explorer XI satellite.

So, let's move on to why we care so much about gamma rays. There are lots of reasons, of course, but first let me describe more astronomical aspects. If we were able to see with "gamma vision," everything around us and in the entire universe would look different. They kind of light up the universe, allowing us to see all of the energy moving around. **Imagine, the moon as a blur that is brighter than the sun... a constantly moving galaxy... the ability to see directly into the heart of black holes and solar flares... Wouldn't that be incredible?** Well, that is what researchers are trying to do now. Having more ability to utilize gamma-radiation would help us to determine a lot more about the origin of the universe, how fast it's expanding, and about many more questions we will have today.

Hackers TOEFL Listening

What does the professor mean when he says this:

P: So where do they come from? Well... I can only tell you what we know at this point, since gamma rays are still quite a mystery in the scientific world.

Ⓐ He thinks that current scientific research is inaccurate.
Ⓑ He hopes for more evidence about gamma rays.
Ⓒ He wants to hold information back from the students.
Ⓓ He wants the students to be aware of the uncertainty of his information.

해설 | 강의 중 일부를 다시 듣고 화자가 실제로 의미하는 바가 무엇인지를 찾는 Attitude 문제이다. 문제의 단서로 주어진 부분인 "Well... I can only tell you ~"에서 화자는 앞으로 자신이 이야기하게 될 정보가 완전한 것이 아님을 불확실한 어조(special tone)로 설명하고 있으므로 화자가 자신이 전달하는 정보를 불확실하다고 느낀다는 것을 알 수 있다 (Strategy 2). 그러므로 정답은 (D)이다.

정답 | Ⓓ

Hackers TOEFL Listening

Listen again to part of the lecture. Then answer the question.

P: Imagine, the moon as a blur that is brighter than the sun... a constantly moving galaxy... the ability to see directly into the heart of black holes and solar flares... Wouldn't that be incredible?

Why does the professor say this:

P: Wouldn't that be incredible?

Ⓐ To emphasize the importance of what he described
Ⓑ To ask for the students' opinions about black holes
Ⓒ To indicate the impossibility of having gamma vision
Ⓓ To express his personal interest in the future potential

해설 | 특정한 한 마디를 통해 화자의 의도를 찾는 Function 문제이다. "Wouldn't that be incredible?" 이전의 맥락을 살펴보면, 화자는 기술 발전 측면에서의 gamma ray의 중요성을 설명하면서 그 구체적인 예를 들고 있다. 이 내용에 대해 "Wouldn't that be incredible?"이라고 되묻고 있으므로, 화자의 실제 의도는 gamma ray의 중요성을 부각시키는 것임을 알 수 있다 (Strategy 1). 그러므로 정답은 (A)이다.

정답 | Ⓐ

Hackers Practice

I. **Listen to each pair of lectures, and determine how the same expression was used differently in each lecture.**

[1-2]

Listen again to part of the lecture. Then answer the question.

1. Why does the professor say this:

   (A) To recollect what she wanted to say next
   (B) To introduce solutions to the problem
   (C) To introduce a new topic to the class
   (D) To ask the students to make a guess

Listen again to part of the lecture. Then answer the question.

2. Why does the professor say this:

   (A) To recollect what she wanted to say next
   (B) To introduce solutions to the problem
   (C) To introduce a new topic to the class
   (D) To ask the students to make a guess

[3-4]

Listen again to part of the lecture. Then answer the question.

3. Why does the professor say this: 

   (A) To verify if the answer was satisfactory
   (B) To express an opinion about an idea
   (C) To encourage the students to convey their views
   (D) To criticize a decision that was made

Listen again to part of the lecture. Then answer the question.

4. Why does the professor say this: 

   (A) To verify if the answer was satisfactory
   (B) To express an opinion about an idea
   (C) To encourage the students to convey their views
   (D) To criticize a decision that was made

[5-6]

Listen again to part of the lecture. Then answer the question.

5. Why does the professor say this:

(A) To emphasize that the claims she mentioned are wrong
(B) To express confusion over a strange phenomenon
(C) To indicate that she will provide an answer
(D) To encourage the students to give an answer

Listen again to part of the lecture. Then answer the question.

6. Why does the professor say this:

(A) To emphasize that the claims she mentioned are wrong
(B) To express confusion over a strange phenomenon
(C) To indicate that she will provide an answer
(D) To encourage the students to give an answer

[7-8]

Listen again to part of the lecture. Then answer the question.

7. Why does the professor say this:

(A) To pose a challenge for the students to consider
(B) To emphasize the difficulty of conducting psychological research
(C) To indicate disagreement with a previous conclusion
(D) To express uncertainty about an idea he mentioned

Listen again to part of the lecture. Then answer the question.

8. Why does the professor say this: 

(A) To pose a challenge for the students to consider
(B) To emphasize the difficulty of conducting psychological research
(C) To indicate disagreement with a previous conclusion
(D) To express uncertainty about an idea he mentioned

II. Listen to parts of the lectures, and choose the best answer for each question.

Listen again to part of the lecture. Then answer the question.

9. Why does the professor say this:

(A) To encourage the students to take a greater interest in the topic
(B) To point out how difficult the topic is to understand
(C) To make clear that scientists know little about earthworms
(D) To emphasize what earthworms are able to perform

Listen again to part of the lecture. Then answer the question.

10. What does the professor mean when she says this:

(A) She thinks some people may not agree with Darwin.
(B) She wants the students to debate Darwin's opinion.
(C) She is not sure if Darwin really made that statement.
(D) She does not think that earthworms are really important.

Listen again to part of the lecture. Then answer the question.

11. Why does the professor say this: 

(A) To check whether the students are observant about the appearance of twins
(B) To test the students' knowledge of identical and fraternal twins
(C) To add information that he had forgotten to give earlier
(D) To give the students interesting information related to the topic

Listen again to part of the lecture. Then answer the question.

12. Why does the professor say this:

(A) To express uncertainty about the information
(B) To suggest a reason why some want the test conducted
(C) To find out what the students think
(D) To explain how people feel about the test

Listen again to part of the lecture. Then answer the question.

13. Why does the professor say this: 

(A) To express uncertainty about Pythagoras' idea
(B) To criticize an idea that had no scientific basis
(C) To explain that it was difficult for others to accept a round Earth
(D) To check whether the students agree with Pythagoras

Listen again to part of the lecture. Then answer the question.

14. What does the professor imply when she says this: 

(A) The students likely know the location of the Greenwich Meridian.
(B) The students should have checked the location before coming into class.
(C) The students will have an opportunity to check where it is later.
(D) The location of the meridian is not important to the professor.

III. Listen to parts of the lectures, and choose the best answer for each question.

[15-17]

Listen again to part of the lecture. Then answer the question.

15. Why does the professor say this: 

    (A) To show how a story can be exaggerated
    (B) To check if the story is really true
    (C) To verify if the students already know the story
    (D) To express marvel at what a dowser can do

Listen again to part of the lecture. Then answer the question.

16. What does the professor imply when he says this: 

    (A) The experiment was not conducted correctly.
    (B) There may have been an error in the recording of data.
    (C) The result of the experiment was hard to believe.
    (D) The dowsers' capabilities were impressive.

17. What does the professor mean when he says this: 

    (A) He thinks that not enough experiments have been conducted.
    (B) He does not have doubts that dowsing is unscientific.
    (C) He believes people can put faith in dowsing.
    (D) He thinks that scientists should stop experimenting on dowsing.

[18-20]

Listen again to part of the lecture. Then answer the question.

18. What is the student's attitude toward the design of Gothic churches?

(A) He thinks they did not have to be so huge.
(B) He likes the beauty of the Gothic church.
(C) He is awed by what the design represents.
(D) He thinks that Gothic architecture is too ornate.

Listen again to part of the lecture. Then answer the question.

19. Why does the professor say this: 

(A) To make the students laugh
(B) To criticize the Gothic revival style
(C) To poke fun at people's ignorance
(D) To acknowledge how famous the mansion is

Listen again to part of the lecture. Then answer the question.

20. What does the professor imply when she says this: 

(A) Gothic features made the homes of Americans appear attractive.
(B) Ornate Gothic designs livened up the facade of a structure.
(C) Modern Gothic buildings stimulate the appetite of Americans.
(D) Popular Gothic architecture in the United States lacks coherence.

정답 p.566

Hackers Test

 **[1-6] Listen to part of a talk in a philosophy class.**

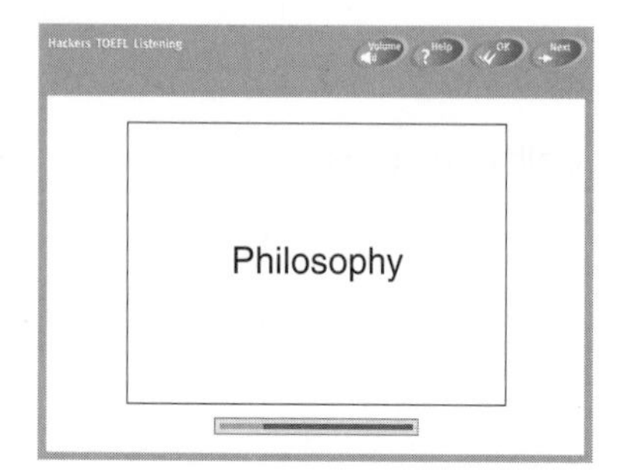

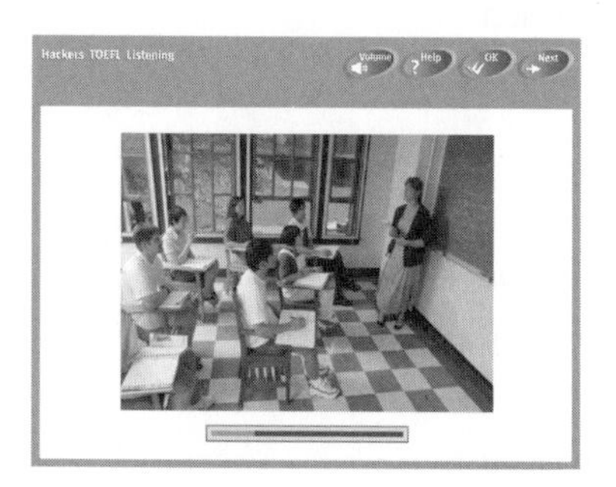

1. What is the main topic of the lecture?

   (A) Thomas Kuhn's life as a philosopher
   (B) The development and testing of theories
   (C) Paradigm shifts in the sciences
   (D) Changes throughout the history of astronomy

2. According to the professor, what is a paradigm?

   (A) A comprehensive worldview based upon our current knowledge
   (B) A means of comparing past theories with those from the present day
   (C) A specific set of information that leads to a more specialized academic field
   (D) A hypothesis created as a result of using the scientific method

Listen again to part of the lecture. Then answer the question.

3. Why does the professor say this: 

   (A) To convince the students that they understand the idea
   (B) To highlight the simplicity of the paradigm shift theory
   (C) To encourage the students to create their own definitions
   (D) To explain that the students likely have an insufficient understanding of it

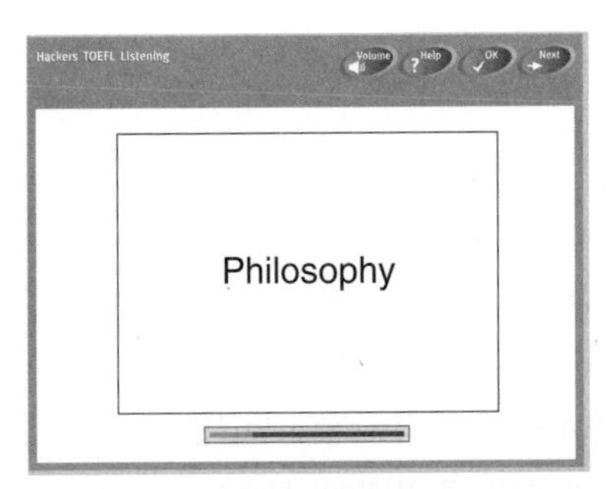

4. Why did Copernicus' work fail to have an immediate impact?

   (A) It was considered less precise than Newton's theory.
   (B) It failed to fully disprove existing ideas.
   (C) It was unable to fit into Kuhn's framework.
   (D) It posited that the Sun revolved around the Earth.

Listen again to part of the lecture. Then answer the question.

5. What does the professor mean when she says this: 🎧

   (A) She thinks the students are already very familiar with theories.
   (B) She believes that students need to know many theories.
   (C) She wants the students to evaluate how theories are developed.
   (D) She realizes that the students have devised many theories on their own.

6. Why does the professor mention Aristotle's work?

   (A) To highlight a period where paradigms didn't exist
   (B) To describe Newton's remarkable achievements
   (C) To explain what a typical university student reads
   (D) To point out the inspiration for Kuhn's idea

정답 p.581

4. Connecting Contents Questions

Overview

Connecting Contents 문제는 강의에서 직접적으로 주어지는 정보들간의 관계를 파악하는 문제로, 특정 부분에 대한 이해보다는 전체 맥락 속에서 각 내용들이 서로 어떻게 연결되어 있는지를 파악해야 하는 유형이다. 강의 내용이 서로 어떤 구조로 연결되어 있는지를 묻는 Organization Question, 특정 내용이 언급된 이유를 묻는 Purpose Question, 표에 나타난 여러 가지 사실들 간의 연관성을 종합적으로 이해해야 하는 List Question, Matching Question, Ordering Question이 여기에 속한다.

질문 형태

Organization

How does the professor introduce ~?

How does the professor emphasize his point about ~?

How does the professor explain ~?

How does the professor make his point about ~?

How does the professor develop his lecture about ~?

Purpose

Why does the professor mention ~?

Why does the professor talk about ~?

List/Matching/Ordering

List: 몇 가지 진술의 사실 여부를 확인하는 유형

In the lecture, the professor describes ~. Indicate whether each of the following is a ~.

Click in the correct box for each phrase.

	Included (or Yes)	Not included (or No)
Statement A		
Statement B		
Statement C		

Matching: 각 범주 별로 알맞은 내용을 연결시키는 유형

Indicate for each example what type of ~.

Click in the correct box.

	Type A	Type B	Type C
Ex 1			
Ex 2			
Ex 3			
Ex 4			

Ordering: 사건 및 절차를 순차적으로 이해해야 하는 유형

The professor explains the steps in the process of ~. Put these steps in order.

Drag each sentence to the space where it belongs.

Step 1	
Step 2	
Step 3	
Step 4	

▪process ex 1

▪process ex 2

▪process ex 3

▪process ex 4

(▪process ex 5)

* 선택지의 개수가 정답에 이용될 항목의 개수보다 하나 더 많은 경우가 있다.

Strategy 01

강의에서 주어지는 정보들 간의 관계를 알려주는 표시어들을 놓치지 않고 듣는다.

강의의 정보들이 구조적으로 혹은 내용상 서로 어떤 관계를 지니는가를 알려주는 표시어들(signal words)이 있다. 이러한 표시어를 통해 파악할 수 있는 정보들 간의 관계에는 비교, 대조, 순차적인 관계, 몇 가지 유형별로 분류된 관계, 예시 및 열거 등이 있다.

Example

Script

Well, wind is actually a pollinator, but plants that depend on wind produce very large amounts of pollen, and they've got these large and feathery stigmas that increase their surface area... so, the chance of windblown pollen landing on these stigmas is increased. **Grass, for example, is wind-pollinated.**

Q. Why does the professor mention grass?

A. To give an example of a plant that is pollinated by wind

해설

교수는 바람에 의해 수분이 이루어지는 식물에 대해 논의하다가, grass를 그 예로 제시하고 있다. 이때 교수가 사용한 표시어, "for example"을 통해 내용들 간의 관계가 예시 관계임을 명확하게 파악할 수 있다.

비교의 방식에서 자주 쓰이는 표시어

Expressions	Example sentences
faster/smaller (비교급)	These newly-found stars were spinning several times **faster than** the sun.
in comparison to	Also, ocean currents are constant and predictable **in comparison to** wind.
likewise	The squid benefit from the vibrio fischeri when these bacteria luminesce. **Likewise**, the vibrio fischeri benefit from the squid by consuming food particles the squid supply.
similar(ly) to	The coelacanth's sensory organ functions **similarly to** those in sharks that use an electro-sensor to find prey buried in the sea floor.

대조의 방식에서 자주 쓰이는 표시어

Expressions	Example sentences
but	So during the experiment, researchers discovered that the toxin from the bacterium was lethal to insects, **but** harmless to human beings.
conversely	Physicians usually recommend that medicines be taken with a meal; **conversely**, if the medication's, uh, absorption is affected by food, then it is taken on an empty stomach.
different from	Mammals are **different from** reptiles in their blood temperature regulation methods.
however	So in the English language, the preposition comes before the noun; **however**, in Asian languages, it comes after the noun.
on the contrary	A fearful situation that does not put a person in danger will usually not traumatize a person; **on the contrary**, if a person is exposed to danger, there is a greater likelihood that he will develop a mental disorder.
on the other hand	So, these birds have evolved a slender beak to most efficiently catch their prey. **On the other hand**, birds of prey, such as the falcons and hawks, have bills that are short and hooked.
whereas	The rural sociologist Ashby conducted research in which she argued that farmers in one locality adopted technological innovations **whereas** similar populations in other areas did not.

유형별로 분류하여 설명하는 방식에 자주 쓰이는 표시어

Expressions	Example sentences
Let me introduce a couple of terms	**Let me introduce a couple of** technical **terms**... metaphor and simile... that will give more meaning to lyric poetry.
There are two types of	**There are two types of** architecture I want to discuss today... Victorian and Elizabethan.
~ can be divided into two groups	All of the literature that came out of France during the revolutionary era **can be divided into two groups**: symbolist literature and Roman realist works.
~ can classify	We **can classify** Ancient Greek sculpture into four distinct periods. The first period is the Archaic period beginning around 600 BC.

순차적인 관계를 설명하는 방식에 자주 쓰이는 표시어

Expressions	Example sentences
and then	Human beings had been killing the elk, **and then** the gray wolf, finding no elk to subsist on, turned to other sources of food such as sheep.
before that	So the government put planks on dirt roads to improve them, but **before that**, people had to put up with a lot of mud and dust when they traveled.
later	People living in suburban communities keep their distance from neighbors, but **later** they form social groups that satisfy their interests and needs.
next	We'll discuss the problems of concrete dams **next** before we go into earth-fill dams.
prior to	**Prior to** the invention of the blowpipe, the making of glass was a tedious, extremely painstaking, and dangerous task.
subsequently	The chemically treated and filtered water is **subsequently** degasified and disinfected.
the first step is	**The first step** in treating a snake-bite victim **is** to wash the wound with plenty of soap and water. Then, it is recommended that the limb be immobilized and the victim be brought to the hospital.

예시 및 열거의 방식에서 자주 쓰이는 표시어

Expressions	Example sentences
among them are	**Among them are** the well-known works of Michelangelo, Giotto, and Leonardo da Vinci.
as in	There are various types of traps used by carnivorous plants, **as in** the closing-type trap of the Venus Flytrap.
for example	**For example**, the fact that thousands of pieces of jewelry were found buried at these gravesites tells us that these tribes engaged in trade.
for instance	**For instance**, on dirt trails made by Native Americans, it would often take three days for a stagecoach to cover a distance of only two hundred miles.

~ could list	Most eagles feed on small rodents that they hunt during the early evening hours. I **could list** four or five ways that eagles hunt for their prey.
in more concrete terms	**In more concrete terms**, spatial dimensions outside of the three dimensions that the layman is familiar with may be no larger than the size of an atom.
in this case	**In this case**, an embankment dam would be more appropriate because the valley is wide.
let's say	**Let's say** an individual lived in a suburban area–what sort of interactions could he expect in this community?
like	Many reptiles sleep during the daylight hours. **Like** a rattlesnake or a Mojave that only comes out in the evening to hunt for food.
such as	Simple designs **such as** triangles, zigzags, and dots are used in Indian pottery to represent sacred beliefs.
take something like this	So **take something like this**, birds dropping out of the sky, and people suddenly have an interest in the environment.
the first one is	**The first one is** the taproot system, which allows plants to search for food deep in the ground.
there are three things	**There are three things** that we need to remember in classifying granite rocks.
things like	**Things like** the intermittency of the wind and wind speed can determine how successful turbine technology will be in a given location.
to illustrate	**To illustrate**, the discovery of the water system beneath the Yucatan Peninsula region would not have been possible if aerial surveys hadn't been conducted.

Strategy 02

강의 내용이 특정한 전개 방식으로 설명될 때는 각 전개 방식에 따른 문제 유형을 예상해보고 그에 맞게 Note-taking을 한다.

강의 내용이 비교, 대조, 순차적인 설명, 유형별 설명, 예시 등의 특정한 전개 방식으로 설명될 때는 각 전개 방식에 따라 어떤 문제가 출제될 것인지를 예상해볼 수 있다. 전개 방식을 파악하고 문제를 예상했다면 강의를 들으면서 각 전개 구조에 맞도록 Note-taking을 해두는 것이 효과적이다.

몇 가지 정보들을 비교/대조/분류의 방식으로 설명하는 경우

출제 예상문제 유형: Organization Question, Purpose Question, Matching Question

Note-taking 방식: 비교/대조/분류 방식으로 강의가 전개될 때는 각각의 대상이 어떻게 비교/대조/분류되는지 정확히 구분되도록 Note-taking 한다.

Category A vs Category B
________ ________
________ ________

A: ________
____
B: ________
____

Example

Script

There are two kinds of muscle tissue–red muscle and white muscle. The red muscle fiber gets its red color from hemoglobin, which brings oxygen to capillaries on the muscle fiber surface. These muscles are slow contracting muscles, which use oxygen to release its energy stores. Red muscle fibers are designed to be resistant to fatigue and are used when endurance is a main requirement, such as when running marathons. White muscle fibers, on the other hand, have a fast contraction speed, but tire quickly. White muscle cells use enzymes that are much more efficient than oxygen in releasing their energy stores, causing them to deplete their energy reserves much more quickly. These muscles are used for fast actions such as sprinting.

Note-taking

R-muscle
1) Use O to release E
2) slow contrac.
3) used for endur.

W-muscle
1) Use enz to release E (+ efficient)
2) fast contrac.
3) used for fast action

Organization Question

Q. How does the professor describe the two types of muscles?

A. By contrasting the speed at which each type of muscle contracts

Purpose Question

Q. Why does the professor mention a sprint race?

A. To give an example of an activity that uses white muscles

Matching Question

Q. The professor describes how red and white muscles are different. Indicate which muscle type the following phrases are a description of.

Click in the correct box for each phrase.

	Red muscle	White muscle
Does not tire easily	√	
Uses enzymes effectively		√
Releases energy quickly		√
Squeezes together slowly	√	

순차적인 과정 및 발생 순서를 설명하는 경우

출제 예상 문제 유형: Organization Question, Ordering Question, List Question

Note-taking 방식: 화자가 절차 및 연대기 순으로 강의를 진행할 때에는 그 내용을 순차적으로 필기하는 것이 좋다. 연도 및 숫자를 써서 표시하거나, 화살표 등을 써서 나타내주어도 좋다.

- Step 1. ________________
- Step 2. ________________
- Step 3. ________________

Example

Script

By 1854, enough support was garnered to create the Republican Party in Jackson, Michigan. Their party platform combined an advocacy for free land in the West and the abolition of slavery in the newly-created Western territories. This combination proved to be popular, and by 1856, their first candidate for President, John C. Fremont, won a third of the popular vote. Shortly afterwards, a Republican Senator, Charles Sumner, suffered a vicious physical attack in the Senate for his anti-slavery stance. This incident elicited a great deal of sympathy for the Republican Party, and in 1860 the Republican Party became a permanent fixture in American politics when their second candidate for Presidential office, Abraham Lincoln, won the election.

Note-taking

- 1854: created Rep. party
  (platf.: free land and slavery x)
- 1856: John C. F., won 1/3 of vote
  Charles S., → attacked
- 1860: Lincoln won the presid. election.

Organization Question

Q. How does the professor clarify what made the Republican Party a strong party?

A. She gives a chronological account of the events that took place in its development.

Ordering Question

Q. The professor explains the sequence of activities that took place in the establishment of the Republican Party. Put the sequence in order.

Drag each answer choice to the space where it belongs.
One of the answer choices will not be used.

1	The members selected two areas for the Republican Party to champion.
2	The Republican Party's first candidate won one-third of the public's votes.
3	A senator of the Rupublican party was beaten for taking an anti-slavery position.
4	The Republican Party's candidate won the election for presidency in 1860.

- Abraham Lincoln advocated freedom for all slaves.
- The Republican Party's candidate won the election for the presidency in 1860.
- A senator of the Rupublican party was beaten for taking an anti-slavery position.
- The Republican Party's first candidate won one-third of the public's votes.
- The members selected two areas for the Republican Party to champion.

List Question

Q. In the lecture, the professor discusses the steps that took place in the development of the Republican Party. Indicate whether the following were steps in the process.

Click in the correct box for each phrase.

	Yes	No
Slavery was abolished in the West		√
Lincoln won the presidential election for the second time		√
Free land and the ending of slavery became the Party's platform	√	
A Party member was attacked for supporting the freedom of black people	√	

주요 내용을 예를 들어 설명하는 경우 예상되는 문제

출제 예상 문제 유형: Purpose Question, Organization Question

Note-taking 방식: 예시 및 열거 방식으로 내용이 전개될 때는 보다 큰 분류 범주를 먼저 쓰고 그 옆이나 아래에 예시 및 열거 사항을 써주는 것이 좋다.

- A: ____________
- eg. ____________

Example

Script

Amartya Sen has been a strong critic of free markets because of the way they contribute to man-made famines. His work empirically showed that famines are due to "maldistribution" of food rather than inadequate supplies, uh... such as when traders hoard food for speculation and profit. As a result, Professor Sen has emphasized the role of entitlement, in the sense of access to the means to acquire food, rather than the availability of food as a means to counter poverty and famine.

Note-taking

Sen = a critic of
free M.
∵ maldis'tion
eg. when traders
hard food for $

So entitlem't is
import't, to get food

Organization Question

Q. How does the professor clarify the "maldistribution" of food?

A. By giving an example of a case of misdistribution

Purpose Question

Q. Why does the professor mention the hoarding of food?

A. To give an example of maldistribution of food

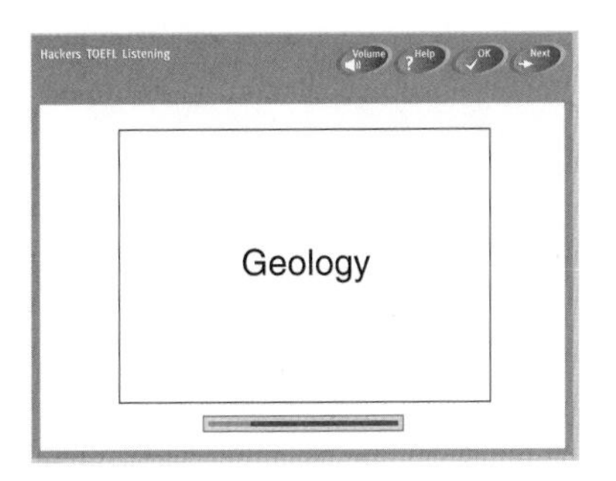

Listen to part of a lecture in a geology class.

So essentially, rocks are formed on the surface of the Earth as well as within the Earth's crust. **Igneous rocks... a sample of which I have here... well, they're formed when hot molten material cools inside the Earth or on its surface. Take note that the ones that form inside the Earth come from magma, whereas the ones formed on the Earth's surface come from volcanic eruptions from lava. Sedimentary rocks, on the other hand, well, they're formed as a product of weathering, or a sort of erosion from exposure to weather.** And the processes involved are called cementation, or precipitation on the Earth's surface.

OK, let me just briefly explain what cementation is. It's a process where a solid mass of rock is surrounded or covered by the powder of other substances. This solid mass is heated, but not so the mass and the powder melt together. Nevertheless, the physical properties of the mass are changed by the chemicals of the powder. One example is iron, which turns into steel when it goes through a process of cementation with charcoal. And another is green glass... which becomes porcelain through cementation with sand.

OK, the third type of rock is metamorphic. This type is formed when it's subjected to pressure and temperature changes inside the Earth. So the three types... igneous, sedimentary, and metamorphic... these make up what is called the Earth's lithosphere, which averages about a hundred kilometers thick in most parts of the Earth. So, now let's discuss the processes in greater detail and the results obtained by these processes.

OK, you already know that igneous rock is made from molten material which cools and crystallizes into minerals. But hot molten material cools at different rates, and this of course affects the crystal size and composition of the resulting rock. If the material cools quickly, it will yield a rock with small minerals. For example, basalt has small minerals that can only be seen under the lens of a microscope. Now, uh... if the material cools slowly, the result will be a rock called granite, which has minerals so large that it can be seen with the naked eye.

Now, before I move on to sedimentary rocks, let me just point out that because igneous rocks cool from a liquid, the resulting rock is smooth and uniform and without layers, and the mineral grains are tightly packed together.

Hackers TOEFL Listening

Why does the professor mention charcoal?

Ⓐ To examine what minerals are necessary to produce sedimentary rock
Ⓑ To determine whether a process will produce an igneous or a sedimentary rock
Ⓒ To give an example of a process that forms sedimentary rocks
Ⓓ To show how a mixture of iron and charcoal will produce steel

해설 | 교수가 charcoal을 언급한 이유를 묻는 Purpose 문제이다. "OK, let me just briefly explain what cementation is." 이하에서 교수는 sedimentary rocks가 형성되는 과정인 cementation을 iron과 charcoal과의 결합을 예로 들어 설명하고 있다. 그러므로 정답은 (C)이다. 이렇듯 특정 내용을 예로 들어서 설명할 경우, 여기에 관련된 Purpose Question이 출제될 수 있음을 예상할 수 있어야 한다 (Strategy 2).

정답 | Ⓒ

Hackers TOEFL Listening

How does the professor clarify the different types of igneous rock produced?

Ⓐ By comparing the dimensions of the grains produced during cooling
Ⓑ By giving an example of a rock that does not have a crystalline structure
Ⓒ By identifying the materials that compose each type of rock
Ⓓ By explaining what processes affect the composition of igneous rocks

해설 | 생성된 화성암의 두 가지 유형을 어떻게 설명하고 있는지를 묻는 Organization 문제이다. 강의의 끝 부분 중 "OK, you already know that igneous rock ~" 이하에서 화성암의 결정체들이 냉각되는 속도에 따라 결정의 크기가 어떻게 다른지를 비교하면서 화성암을 구분하여 설명하고 있다. 그러므로 정답은 (A)이다. 이 때 "material cools at different rates"라는 표시어를 통해 앞으로 이어질 설명이 비교/대조의 형식이라는 것을 예측하고 뒤이어 Matching 혹은 Organization Question 문제가 출제될 수 있음을 예상할 수 있어야 한다 (Strategy 1, 2).

정답 | Ⓐ

Hackers TOEFL Listening

The professor mentions certain locations where different types of rock are likely to form. Indicate for each type of rock listed the location where it will most likely form.

Click in the correct box for each phrase.

	Inside	Surface
Igneous (magma)		
Igneous (lava)		
Sedimentary		
Metamorphic		

해설 | 지구의 내부에서 형성되는 암석과 표면에서 형성되는 암석을 구분하는 Matching 문제이다. 첫 부분의 "Igneous rocks ~"이하에서 화성암(igneous rock) 중 마그마로부터 형성되는 것은 지구 내부에서, 용암(lava)으로부터 형성되는 것은 지구 표면에서 만들어지며, 뒤이어 퇴적암(sedimentary rock)은 지표에서 일어나는 풍화작용(weathering)에 의해 형성된다는 설명이 나온다. 마지막으로 변성암(metamorphic rock)은 지구 내부의 온도와 압력 변화에 의해 형성된다는 설명에 의해 아래의 정답과 같이 표를 완성할 수 있다. 이 때 화성암의 생성 과정을 구분하기 위해 쓰인 "whereas", 퇴적암의 특징을 설명하기 위해 쓰인 "on the other hand", 변성암을 도입하기 위해 쓰인 "The third type of rock ~" 등의 표시어를 주의해서 듣는다 (Strategy 1). 또한 각 암석에 대한 특징을 내용에 맞게 분류하여 간단히 Note-taking 해두는 것이 도움이 된다 (Strategy 2).

정답

	Inside	Surface
Igneous (magma)	√	
Igneous (lava)		√
Sedimentary		√
Metamorphic	√	

Hackers Practice

I. **Listen to parts of the lectures, and choose the best answer for each question.**

1. How does the professor introduce Clarence White's ideas about picture-taking?

(A) By contrasting them with those of a former supporter of pictorialism
(B) By providing examples of famous pictures taken by White
(C) By giving details of White's life as a photographer and artist
(D) By explaining how and why photo-secession was established

2. Why does the professor mention a garden hose?

(A) To describe the dimensions of the universe that are presently known to man
(B) To compare the similarities and differences between visible and invisible dimensions
(C) To clarify how an object can have two dimensions
(D) To give an example of an extra dimension that cannot be seen

3. How does the professor describe the two types of celestial bodies?

(A) By contrasting them with other celestial bodies
(B) By explaining how they were discovered
(C) By comparing them according to a set of criteria
(D) By presenting theories on their formation

4. How does the professor proceed with her description of the East Room?

(A) She provides details on the accessories that decorate the walls of the room.
(B) She explains why only a few presidents made alterations to the room.
(C) She compares it to the Blue, Red and Green Rooms of the White House.
(D) She gives a chronological account of what changes were made to the East Room.

5. Why does the professor mention surrealism?

(A) To demonstrate a new method of painting
(B) To explain why one art form was more popular
(C) To contrast it with cubism as an art form
(D) To compare the art techniques used

6. Why does the professor mention the American settlers?

(A) To explain why the barred owl could no longer live in eastern North America
(B) To provide the background on how the two woodland owls became competitors
(C) To compare theories on how the barred owl moved to the Pacific Northwest
(D) To give an example of what the settlers did to survive the long trek to the west

II. **Listen to parts of the lectures, and then complete the following table questions.**

7. The professor describes how individuals speak to babies. Indicate for each individual the characteristic manner in which they converse with babies.

Click in the correct box for each phrase.

	Mother	Father	Neighbors/visitors
Bigger words			
Special language			
Different voice			

8. The professor explains the sequence of steps that took place in the Big Bang. Put the steps in the correct order.

Drag each answer choice to the space where it belongs.
One of the answer choices will not be used.

Step 1	
Step 2	
Step 3	
Step 4	

- Energy was produced
- Particles were formed
- Less anti-matter was made
- Universe suddenly expanded
- Universe began to cool

9. In the discussion, the speakers mention some steps they took to solve the problem. Indicate whether each of the following is a step in the process.

Click in the correct box for each phrase.

	Yes	No
Take a brief recess from the problem		
Compare ideas with other groups		
Come up with a sudden idea to solve the problem		
Put forward ideas on possible solutions		
Conduct experiments to find an answer to the problem		

10. In the lecture, the professor describes some features of marsupials. Indicate which of the following are features mentioned in the lecture.

Click in the correct box for each phrase.

	Yes	No
Fastens itself to the mother's nipple after birth		
Develops fully in the uterus		
Has a placenta that is long-lasting		
Spends a short period in its mother's womb		
Uses the pouch for food and heat		

11. The professor describes the differences between earth art and site-specific art. Indicate the features of each type.

Click in the correct box for each phrase.

	Earth art	Site-specific art
Located in a far-off place		
Background serves as setting for artwork		
Connection between setting and artwork is made		
Components from nature are used		

III. **Listen to parts of the lectures, and choose the best answer for each question.**

[12-13]

12. In the lecture, the professor describes some activities that Jack London took part in as a supporter of socialism. Indicate whether the following is an activity mentioned in the lecture.

Click in the correct box for each phrase.

	Yes	No
Joined a protestors' march to Washington, DC		
Wrote "To Build a Fire" as a form of protest		
Became part of a socialist group in the US		
Helped unemployed men look for temporary jobs		
Supported socialist ideas in some of his literary works		

13. Why does the professor mention Jack London's stepfather?

(A) To provide background for a discussion on Jack London's family
(B) To show that many of Jack London's works were about his stepfather
(C) To explain what influence he had on Jack London's writing career
(D) To explain why Jack London began his writing career

[14-15]

14. How does the professor introduce his description of complete metamorphosis?

(A) He explains how the caterpillar metamorphoses into a butterfly.
(B) He describes how the caterpillar cocoons itself.
(C) He contrasts the appearance of a caterpillar with that of a butterfly.
(D) He reminds the students of a metamorphic process they are already familiar with.

15. The professor describes the features that characterize complete and incomplete metamorphosis. Indicate what type of metamorphosis the following features characterize.

Click in the correct box for each phrase.

	Complete	Incomplete
The baby insects look like miniature adults		
The larvae keep discarding their outer dermis as they grow		
The worm produces a covering from which it later emerges an adult		
The insect stops shedding its covering when it has wings		

[16-17]

16. Why does the professor mention the movement of settlers to the west?

(A) To provide background for a discussion on how the Pony Express developed
(B) To explain why the delivery of mail across the expanse of the Plains was so slow
(C) To emphasize the need for more wagons to facilitate travel
(D) To give an example of the routes that were established for the pioneers

17. The professor discusses the sequence of events that put the Pony Express into action. Put the steps in the correct order.

Drag each answer choice to the space where it belongs.
One of the answer choices will not be used.

1	
2	
3	
4	

- Public call for highly qualified riders
- Establishment of Pony Express stations at intervals
- Influx of pioneers from the east to the west
- Hiring of station hands
- Petition for funding

정답 p.585

Hackers Test

 [1-5] Listen to part of a talk in a biology class.

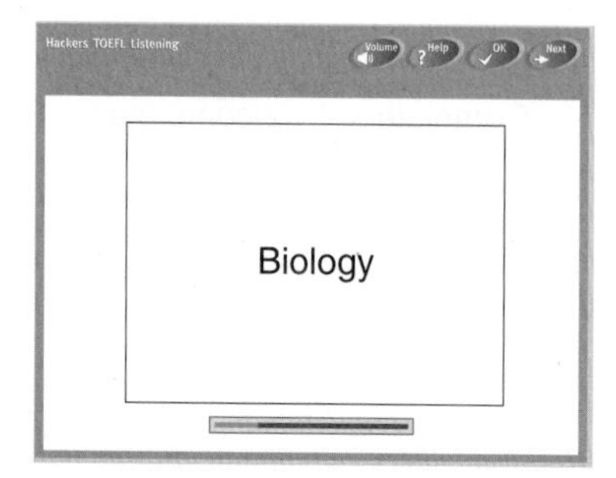

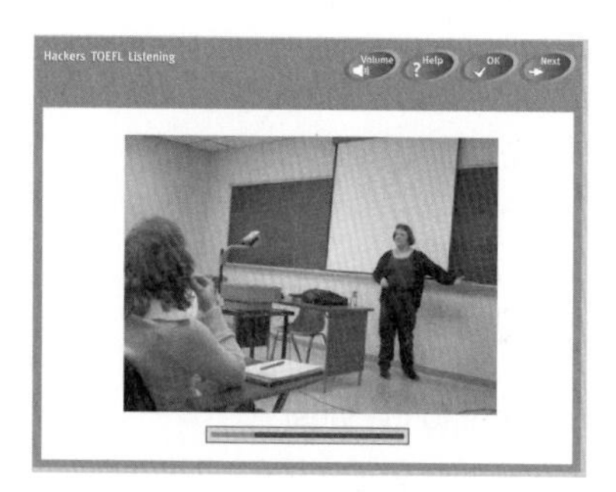

1. What is the main topic of the lecture?

   (A) Reproduction methods in butterflies
   (B) The various stages of life in butterflies
   (C) The behavior of different butterfly species
   (D) Factors affecting butterfly egg-laying

2. Why do butterflies lay their eggs on leaves?

   (A) Leaves have an adhesive on the surface.
   (B) Leaves provide eggs with protection from the elements.
   (C) Leaves are larvae's main source of nutrition.
   (D) Leaves can accommodate large amounts of eggs.

3. In the lecture, the professor describes the stages of a butterfly's life cycle. Is each feature associated with an egg, a larva, or a pupa?

   Click in the correct box for each phrase.

	Egg	Larva	Pupa
Last stage of transformation into a butterfly			
Glue attaches it to plant leaves			
Growth done in periods called instars			
Organism eats continuously in this stage			
Body typically appears soft and ill-formed			

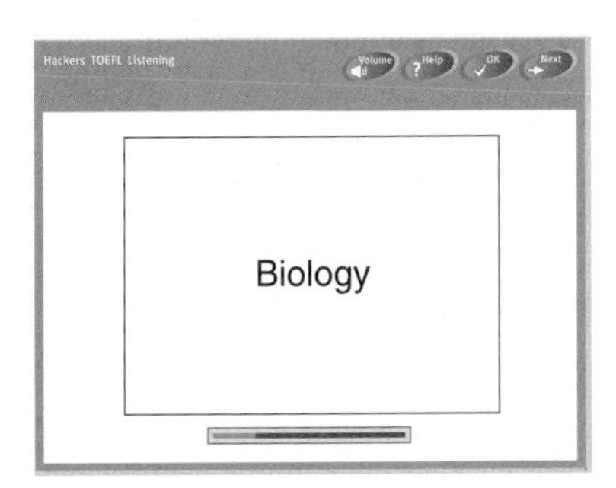

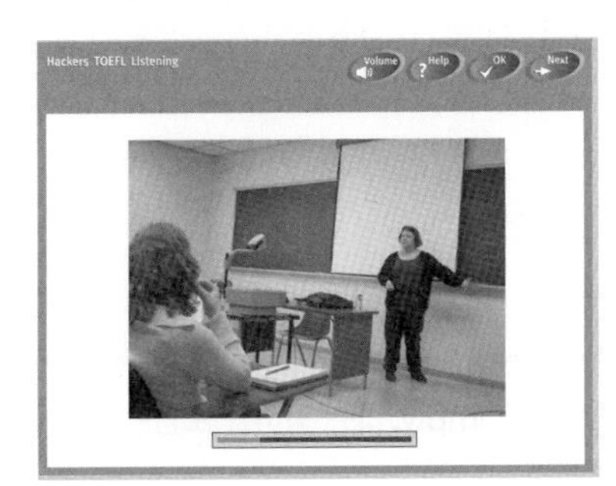

4. What does the professor imply about the chrysalis?

   (A) It provides the butterfly with most of its nutrition.
   (B) It is too solid to be broken from within.
   (C) It can only be attached to specific plant species.
   (D) It is camouflaged to protect it from danger.

5. What does the professor say about the size of butterflies?

   (A) It is larger in warmer climates.
   (B) It is dependent on the size of the mother.
   (C) It does not change after the pupa stage.
   (D) It does not affect life expectancy.

Listen again to part of the lecture. Then answer the question.

6. What does the professor mean when she says this: 🎧

   (A) She does not think students find the discussion fascinating.
   (B) She wants to provide further information about the topic.
   (C) She wants to discuss something unrelated to the matter.
   (D) She does not know if students understood what she said.

정답 p.598

5. Inference Questions

Overview

Inference 문제는 강의의 맥락 속에서 간접적으로 알 수 있는 사실을 유추하는 문제이다. 한 개의 강의당 0~1 문항 가량 출제된다. 주로 화자의 생각이나 주요하게 논의되고 있는 대상에 대한 추론 문제로 출제된다. Inference 문제는 특정한 한 문장에서 알 수 있는 사실이 아닌, 강의의 일부 혹은 전체 맥락을 통해 논리적으로 추론할 수 있는 사실을 묻는 문제이다. 크게 화자가 한 말의 일부를 통해 추론할 수 있는 문제 유형과, 강의 전반에 걸쳐 화자가 한 말을 종합하여 올바른 결론을 도출하는 일반화(Generalization) 문제로 나누어진다.

질문 형태

Inference 문제는 다양한 질문 형태로 출제될 수 있는데, 주로 "infer"나 "imply"라는 용어를 포함한 형태로 출제되며, 드물게 이런 용어를 포함하지 않은 형태로 출제되기도 한다.

일부를 통해 추론하는 문제

What can be inferred about ~?

What does the professor imply about ~?

What is probably true about ~?

* 강의의 일부를 다시 듣고 푸는 Inference 문제도 출제된다.

일반화 문제

According to the professor, what does ~ demonstrate?

What is the professor's point of view concerning ~?

What is the professor's opinion ~?

What can be concluded about ~?

Strategy 01

화자가 한 말에서 간접적으로 알 수 있는 사실을 바르게 paraphrasing한 것이 정답이 된다.

화자가 한 말의 일부에 근거해 유추할 수 있는 사실을 찾는 Inference 문제의 경우, 화자가 한 말이 내포하고 있는 의미를 바르게 paraphrasing한 보기가 정답이 된다. 이때의 paraphrasing은 직접적으로 주어진 정보를 다른 표현으로 바꾸어 쓰는 것이 아니라, 화자가 한 말을 통해 간접적으로 유추할 수 있는 사실을 paraphrasing한 것임에 유의하자.

Example

Script

What most people don't realize is that deflation... the opposite of inflation, uh... **deflation is simply a persistent decrease in the level of consumer prices**. See, when prices go down, producers have no choice but to produce more in order to make the same amount of money. **Then the market becomes flooded with commodities that no one is buying. So the market's flooded, the prices go down even more, the producer makes even less money...**

Q. What does the professor imply about deflation?

A. It causes commodities to generate less value than they're worth.

해설
"deflation is ~ consumer prices"라는 부분과, "Then the market ~ no one is buying."이라는 부분, 그리고 마지막 교수의 설명을 통하여 deflation이 일어나면 상품의 가격이 하락하는 상태에서 상품의 생산량은 계속 증가하여 결국 상품 가치가 떨어진다는 것을 유추할 수 있다. 그러므로 "It causes commodities to generate less value than they're worth."가 이 내용을 바르게 paraphrasing한 정답이 된다.

Strategy 02

반복되는 화자의 말을 통해 화자가 도출하고자 하는 결론을 유추한다.

화자가 설명한 내용들을 통해 도출할 수 있는 바른 결론이 무엇인지를 묻는 일반화 문제의 경우, 화자가 전달하고자 하는 바를 명확하게 하기 위해 반복적으로 언급하는 내용들이 중요한 단서가 된다.

Example

Script

Uh... today we're going to discuss a really interesting phenomenon that took place between 1645 and 1715. During this period, astronomers used early telescopes and, uh, and reported very little, or even zero, sunspot activity. If you can recall, sunspots are these cool, darkish spots that appear in groups on the sun's surface. So, anyhow, scientists say that sunspots normally occur at intervals of eleven years, but between those, those, uh, years in question, they seemed to have disappeared. Then the, um, English astronomer Edward Walter Maunder **noted from his observations that during that period, temperatures dropped so drastically** that the world, particularly Europe, seemed to have undergone a kind of Little Ice Age. **Now it got so cold that lakes and rivers froze over and, and they remained frozen throughout the year instead of melting in spring.** So, uh, scientists began making this connection. **They speculated that there must be some sort of association between the Earth's climate and the lack of sunspots on the sun's surface.**

Q. According to the professor, what can be concluded about sunspots and the Earth's climate?

A. The lack of sunspot activity may result in lower temperatures around the world.

해설
화자는 흑점이 사라졌던 시기에 대해 언급하면서 이 시기에 관찰된 현상으로 "noted from his observation ~ dropped so drastically", "Now it got so cold ~" 등에서 지구의 기온이 떨어졌다는 사실을 반복적으로 언급하고 있다.
또한 마지막 부분 "They speculated ~ sunspots on the sun's surface."에서 흑점이 없어진 것과 기온 변화의 상호 연관성에 대해 언급하고 있으므로, 이 설명에서 결론 내릴 수 있는 사실은 "The lack of sunspot activity may result in lower temperatures around the world."가 된다.

Example

Listen to part of a talk on environmental science.

P: So today we're going to talk about the causes of global warming. Let's begin, then, by discussing what you already know. Any ideas?

S1: I think the biggest cause is pollution, isn't it? Well, pollution from cars, planes, factories, power plants...

P: OK, you're close, but it isn't pollution in general that brings about global warming. **Actually, it's the release of excess carbon dioxide and other greenhouse gases into the atmosphere, and these gases are emitted in our daily activities.** But I do want to clarify that the burning of fossil fuels, not pollution in general, causes global warming... And there is one more causal factor... You know, the rainforests supply us with more than twenty percent of the world's oxygen. So when they're deforested, carbon dioxide levels rise since trees normally absorb CO_2... and release oxygen, of course. And, sadly enough, about fifty percent of the world's rainforests have been destroyed in the past forty years. OK, now so far we've been talking about causes related to human activities, but global warming is also caused by natural phenomena.

S2: How can nature cause global warming? I thought it was the result of environmental damage...

P: Well, think of global warming this way. I mean, basically it's an overall warming trend, right? Has this ever happened to the Earth before that we know of? Of course it has! **How did the Ice Age end? The Earth has a very regular history of warming and cooling trends, and perhaps this global warming we're currently experiencing is just, well, one of them.**

S1: Yeah, but professor, what causes the trends?

P: Hmm. Some scientists point to the fact that the oceans are heating exponentially faster than the atmosphere, meaning heat is being projected from the Earth's core rather than from what's happening in the atmosphere of the Earth. Well, then the ocean's temperature rises due to the heat and, as you can guess, the ocean then emits tons of carbon dioxide into the air. Uh, you know that cool oceans hold CO_2 and warm ones release it, right? And they do have some pretty convincing evidence. It's true that air has a much lower heat capacity than water, so in reality, air can't heat water, but water can heat air.

But, it's still being debated by a number of researchers what the real cause of the current warming weather is. **Scientists who believe that global warming is caused by our actions think that the heating oceans are the result of atmospheric pollution. But on the other side of it you have those who insist that the ocean could only be heated from activity in the core. Well, but you know, to be honest, I think that this current global warming is really the result of both human intervention and natural phenomena.**

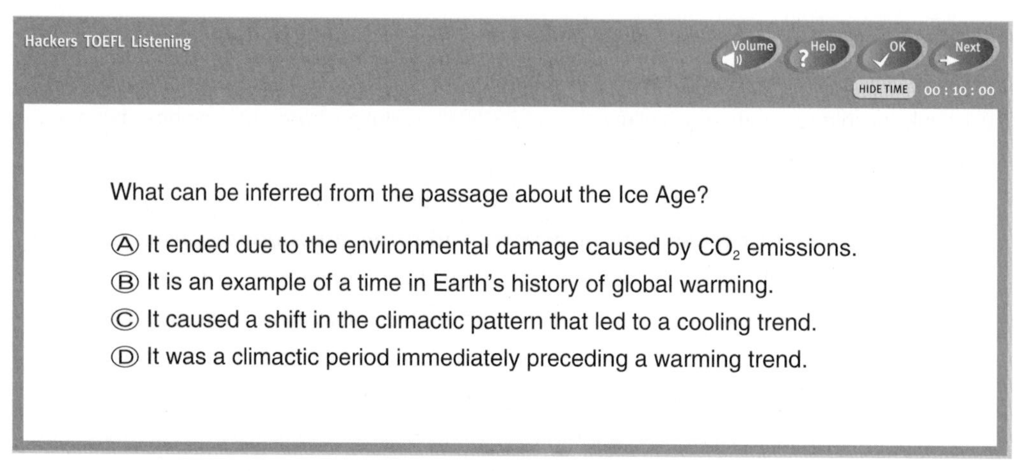

What can be inferred from the passage about the Ice Age?

Ⓐ It ended due to the environmental damage caused by CO_2 emissions.
Ⓑ It is an example of a time in Earth's history of global warming.
Ⓒ It caused a shift in the climactic pattern that led to a cooling trend.
Ⓓ It was a climactic period immediately preceding a warming trend.

해설 | 강의에서 Ice Age에 대해 유추할 수 있는 사실이 무엇인지를 묻는 문제이다. "How did the Ice Age end?" 이하에서 간접적으로 유추할 수 있는 사실은 온난화 현상이 시작되면서 Ice Age가 끝났다는 것이므로 정답은 (D)이다. 이와 같이 화자가 한 말의 일부에서 추론할 수 있는 사실을 묻는 문제의 경우, 그 말에서 간접적으로 알 수 있는 사실을 paraphrasing한 것이 정답이 됨을 기억해두자 (Strategy 1).

정답 | Ⓓ

Hackers TOEFL Listening

What is the professor's point of view concerning the present warming trend?

Ⓐ It is a direct cause of changes in seasons around the world.
Ⓑ It is aggravated by two causal factors coming into play at the same time.
Ⓒ It is expected to end as soon as the oceans undergo a cooling down.
Ⓓ It will last longer than all the global warming trends that preceded it.

해설 | 오늘날의 온난화 현상에 대한 화자의 견해를 묻는 문제이다. 교수는 온난화 현상의 첫 번째 이유로 사람의 활동에 의해 배출되는 이산화탄소를 언급하고 있으며, 두 번째 이유로는 자연적인 현상을 들면서 그것이 일리가 있다고 말한다. 그리고 마지막 부분에서 "I think that this current global warming is really the result of both human intervention and natural phenomena."라고 말하여 두 가지 요인 모두 오늘날의 온난화 현상을 유발했다고 결론짓고 있으므로 정답은 (B)가 된다 (Strategy 2).

정답 | Ⓑ

Hackers Practice

I. Listen to parts of the lectures, and choose the best answer for each question.

1. What does the professor imply about the artwork Gravel Mirror with Cracks and Dust?

(A) It was a smaller version of Smithson's The Spiral Jetty.
(B) It did not achieve as much fame as Smithson's larger earthworks did.
(C) It was the first of the art works Smithson did as a minimalist.
(D) It features characteristics typical of minimalism.

2. What does the professor imply about comedy shows in Greece?

(A) They were different from comedies produced in other countries.
(B) They were more popular than the dramas presented in Greek theaters.
(C) They mirrored the political and social conditions in Greece.
(D) They tended to depict life in Greece in a negative way.

3. What does the professor imply about reproduced images?

(A) They have the same value as the original.
(B) They are expensive to make.
(C) They can look better than the original.
(D) They are less appreciated by people.

4. What does the professor imply about the tear film?

(A) An insufficient tear film can cause dryness of the eyes.
(B) Eye drops are necessary to restore the eyes' tear film.
(C) The tear film is produced only when the eyes are irritated.
(D) The tear film cannot be replenished if the eyes are sensitive to light.

II. **Listen to parts of the lectures, and choose the best answer for each question.**

5. What is the professor's opinion of journalistic reporting?

(A) It is impossible for a journalist to remain objective when he reports.
(B) It is beneficial to the public for journalists not to remain objective.
(C) Journalists who shape public opinion have betrayed the profession of journalism.
(D) It is up to the publication whether it should be partisan or neutral.

6. According to the professor, what can be inferred about James Frazer?

(A) He did not have a broad sample base for his questionnaires.
(B) His work was popular in spite of its unreliability.
(C) He did not like to do first-hand interviews.
(D) His conclusions disregarded what people said.

7. What can be concluded about bats?

(A) The vital organ evolved in bats that migrated to areas with four seasons.
(B) Colder weather makes it more difficult for bats to navigate.
(C) Their capability to predict the weather is directly related to their survival.
(D) The deeper they live inside a cave, the harder it is for them to detect air pressure.

8. What can be concluded about the heat island problem in Los Angeles?

(A) The actions being taken to decrease temperatures are too late.
(B) The amount of energy being used in Los Angeles is the highest in the country.
(C) Trees are the most effective way to make the temperature go down.
(D) Interventions have likely led to a temperature decrease.

III. Listen to parts of the lectures, and choose the best answer for each question.

[9-11]

9. What does the existence of organisms on the ocean floor demonstrate?

(A) Photosynthesis is not a requirement for certain organisms to live.
(B) Sunlight is capable of reaching the depths of the ocean floor.
(C) Microorganisms in the ocean deep can survive on scraps that float down.
(D) Edible plants live at the bottom of the ocean.

10. What does the professor imply about the symbiotic relationship between the archaea and other organisms?

(A) The archaea and other organisms need each other in order to survive.
(B) The archaea survive better in the bodies of other organisms.
(C) Other organisms must initiate a relationship with the archaea.
(D) The archaea do not need other organisms in order to live.

11. What does the professor imply about the archaea?

(A) The archaea cannot subsist without the presence of other organisms.
(B) The archaea are capable of producing food through both chemical elements and the sun.
(C) Scientists can make practical use of the archaea's unique capabilities.
(D) The archaea were first discovered eating wastes and oil spills.

[12-14]

12. What does the professor imply about K-complexes?

    (A) Their presence indicates that the sleeping individual is falling deeper and deeper into sleep.
    (B) Their presence signifies that the sleeping individual is entering full REM sleep.
    (C) Scientists don't think that K-complexes are important subject for research.
    (D) More research must be conducted before anything conclusive can be said about K-complexes.

13. What does the professor imply about a person who is in REM sleep?

    (A) His body is in constant motion.
    (B) He does not dream at any other stage of sleep.
    (C) He can be awakened easily.
    (D) He is unaware of external stimuli.

14. What can be concluded about brain activity when a person is sleeping?

    (A) The brain exhibits theta waves throughout the time a person is asleep.
    (B) The brain is constantly active no matter what stage of sleep a person is in.
    (C) The brain is in a state that is similar to wakefulness when a person sleeps.
    (D) The brain is characterized by little or no activity while a person is sleeping.

정답 p.601

Hackers Test

 **[1-6] Listen to part of a lecture in a biology class.**

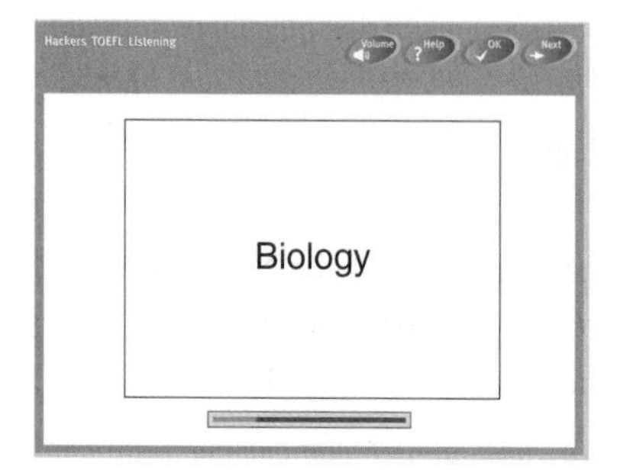

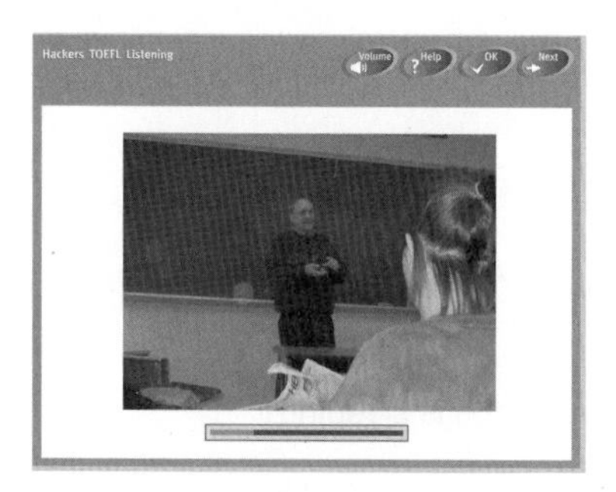

1. What does the professor mainly discuss?

   (A) How living things get their names from scientists
   (B) Why the concept of kingdoms is being reevaluated
   (C) Why Linnaeus' ideas of taxonomy are outdated
   (D) How organisms have been classified over time

2. Why does the professor mention hotels and motels?

   (A) To describe what he teaches to another class
   (B) To explain the importance of recognizing differences
   (C) To make a point about categorization
   (D) To illustrate another field where taxonomy is necessary

Listen again to part of the lecture. Then answer the question.

3. What does the professor mean when he says this:

   (A) He thinks students are unfamiliar with the system.
   (B) He wants to explain the wording of a previous statement.
   (C) He wants to discuss an important subject first.
   (D) He realizes the system is not yet complete.

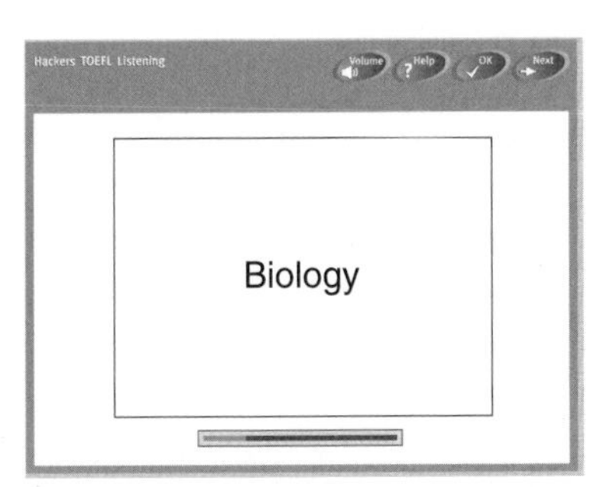

4. According to the professor, what two similarities are there between plants and fungi?

Click on 2 answers.

(A) They both use photosynthesis to create energy.
(B) They both utilize the same methods for growth.
(C) They both possess cells with outer layers.
(D) They both grow in a similar environment.

5. What does the professor say about viruses and extremophiles?

(A) They will both be placed in a newly created kingdom.
(B) They are left unclassified within the current taxonomy.
(C) They represent the debate between lumpers and splitters.
(D) They appear different but are members of the same kingdom.

6. What does the professor imply about taxonomic classification systems?

(A) They are based on scientific understanding from Aristotle's era.
(B) They should be simplified to decrease their current complexity.
(C) They should be expanded so that more kingdoms are added.
(D) They are very likely to change in the future.

정답 p.610

Unit 2
Lecture Topics

Unit 2에서는 토플 Lecture에 자주 출제되는 주제들을 중심으로 각 세부 단원을 구성하였다. 토플 Lecture에는 실제 대학 강의에서 다루어지는 다양한 학문 분야들이 출제되는데, 크게 과학, 인문, 예술에 포함되는 23가지 주제로 나누어 볼 수 있다.

출제되는 Lectures의 주제는 크게 다음의 23가지로 구분된다.

1. Biology
2. Astronomy
3. History
4. Art
5. Music
6. Environmental Science
7. Geology
8. Literature
9. Linguistics
10. Anthropology
11. Archaeology
12. Paleontology
13. Sociology
14. Psychology
15. Economics
16. Physics
17. Chemistry
18. Physiology
19. Communication
20. Architecture
21. Film
22. Photography
23. Engineering

1. Biology

Overview

Biology(생물학)는 생물체 전반의 구조와 기능을 과학적으로 연구하는 학문이다. 연구 대상인 생물체의 유형에 따라 식물학(Botany), 동물학(Zoology), 곤충학(Entomology), 해양생물학(Marine Biology), 미생물학(Microbiology) 등으로 나뉘며 생물체들을 일정한 기준으로 나누는 분류학(Taxonomy)이 있다. Biology의 학문영역이 넓은 만큼 토플에서도 다양한 분야의 강의가 출제된다. 따라서 각 분야의 특성과 주로 다루어지는 주제들을 잘 파악해야 한다.

관련토픽 및 기초지식

1. Botany (식물학)

❶ Plant Organ (식물의 기관)

식물세포는 얇은 막인 세포벽(cell wall)으로 둘러싸여 있다.

물과 무기양분(mineral)의 이동

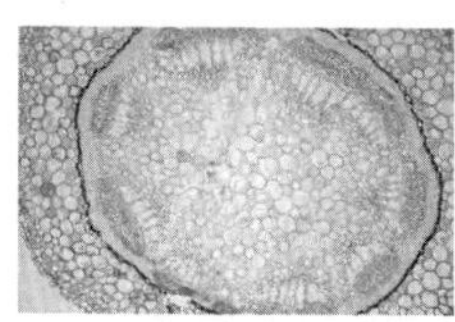
관다발

뿌리(root)로부터 흡수된 물과 무기양분은 줄기(stem)를 따라 식물 곳곳으로 운반된다. 줄기의 관다발(vascular bundle)이 통로 역할을 한다. 관다발이 있는 대부분의 종자식물(seed plant)과는 달리 이끼류(moss)와 해조류(algae)는 뿌리가 없어 세포가 흡수작용을 대신한다.

잎(leaf)의 기능

잎은 에너지를 만드는 작용인 광합성(photosynthesis)을 주기능으로 한다. 식충식물(insectivorous plant) 중에서 Venus Flytrap의 잎은 곤충을 잡는 덫의 역할을 하기도 한다. Venus Flytrap의 잎에는 감각모가 있어서 벌레가 앉으면 순식간에 잎을 닫아 소화액을 내보내 벌레를 죽여 영양분을 흡수한다.

❷ Metabolism (물질대사)

식물이 생명을 유지하기 위해 흡수한 물질을 에너지로 바꾸고 이때 생긴 노폐물을 외부로 배출하는 과정이다.

광합성 (photosynthesis)

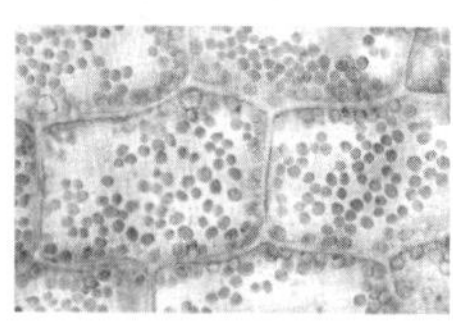
엽록체

광합성이란 태양의 빛 에너지를 CO_2, H_2O를 매개로 하여 유기물인 화학에너지로 바꾸어 저장하는 활동으로, 광합성에 필요한 요소를 포함하고 있는 잎의 엽록체(chloroplast)에서 일어난다. 그 중 엽록소(chlorophyll)는 빛 에너지를 포착하는 기능을 한다.

증산작용 (transpiration)

식물의 수분이 식물체의 표면에서 수증기가 되어 배출되는 현상을 증산작용이라 한다. 빛이 강하거나 이산화탄소의 농도가 높을 때 활발히 일어난다. 이는 뿌리로부터 물이 상승하는 원동력이 되며 잎의 온도를 낮추는 작용을 한다.

❸ Reproduction (생식)

생물이 자신과 같은 새로운 개체를 만들어 종족을 유지하는 현상으로 난자와 정자가 결합하는 수정(fertilization)으로부터 시작된다. 식물은 수분(pollination)이라는 고유의 수정방식을 갖고 있다.

수분 (pollination)

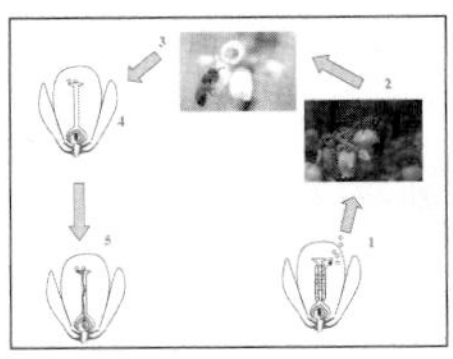
수분의 과정

수분은 종자식물에서 수술의 꽃가루가 암술머리에 옮겨 붙는 현상이다. 벌 · 나비 · 파리 등의 곤충이나 새의 도움을 받기도 하며, 바람 · 물이 매개자(pollinator)가 되기도 한다. 몇몇 큰 식물들은 박쥐에 의해 수분을 하기도 한다. 매개자의 도움 없이 한 송이의 꽃 안에서 수분이 이루어지는 것을 자가수분(self-pollination)이라 한다.

2. Zoology (동물학)

❶ Fish (어류)

물 속에서 아가미(gills)로 호흡하는 척추동물(vertebrate)이다. 비늘(scale)을 가지며 지느러미(fin)로 몸의 평형을 유지한다. 수중생활을 하더라도 폐로 호흡하는 고래나 무척추동물인 오징어 · 조개 등은 어류에 속하지 않는다.

번식(breeding) 방법

난생인 대부분의 어류는 체외수정을 하지만 상어처럼 성어(full-grown fish)를 낳는 어류는 체내수정을 한다. 일반적으로 알이 부화하면 치어(young fish)가 되고 이어서 성어로 성장하는 변태과정을 거친다.

연어 (salmon)

연어는 산란을 위해 바다에서 다시 강을 거슬러 올라오는 귀소본능(homing instinct)이 있다. 연어가 태어난 강을 기억하고 찾아가는 방법에 대해 후각을 이용하여 태어난 강을 기억한다는 이론과 태양의 위치변화를 지표로 삼아 이동한다는 이론이 있다.

❷ Amphibian (양서류)

개구리처럼 어릴 때는 아가미로 호흡하며 수중생활을 하고, 성장한 후에는 폐로 호흡하며 육지 생활을 하는 동물이다. 축축한 피부를 가지고 있어 못이나 개울 주변의 습한 곳에서 서식한다.

동면 (hibernation)

양서류는 변온동물이기 때문에 겨울이 되면 생활작용이 매우 느려져 동면을 한다. 이 기간에는 피부로만 호흡하며, 먹이를 전혀 먹지 않고 동면하기 전에 섭취한 영양분을 서서히 소비한다. 동면(hibernation)과 휴면(dormancy)은 겨울 수면을 뜻하는 것으로 비슷하다고 생각할 수 있지만, 동면은 동물들이 겨울철 추위와 식량 부족을 이겨내기 위해 하는 수면이고 휴면은 생물체가 자라고 발달하기 위해 잠시 육체적인 활동을 멈추는 것을 뜻한다. 깊은 동면을 하는 동물로는 뱀과 다람쥐가 있고, 두꺼비(toad)는 산란 후 다시 땅속에 들어가 춘면(sleep in spring)을 하기도 한다.

❸ Bird (조류)

깃털과 날개가 있으며 알을 낳는 척추동물이다.

부리(beak)의 모양

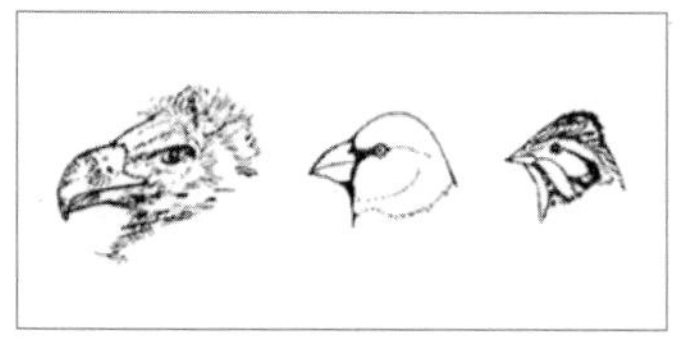

부리의 모양

조류는 먹이의 종류와 먹이를 섭취하는 방식에 따라 각각 다른 모양의 부리를 가진다. 단단하고 두꺼운 부리(strong and thick beak)는 곡물이나 씨를 먹는 데 알맞으며, 가늘고 뾰족한 부리(thin and pointed beak)는 곤충을 잡기에 적합하다. 또한 작은 동물들을 잡는 데는 휘어진 부리(hooked beak)가 유용하다.

철새 (migratory bird)

기후변화나 먹이를 따라 이동하는 조류를 철새라고 한다. 이동 시기에 따라 낮에 이동하는 주행성(diurnal), 밤에 이동하는 야행성(nocturnal)으로 나뉜다. 주행성 철새는 생체시계에 의하여 시각을 알고 태양의 방위를 관찰하여 이동 방향을 결정한다. 야행성 철새는 특정 별자리의 위치를 이용하여 이동한다는 학설이 있다.

Wandering 알바트로스 (Wandering Albatross)

귀소본능(homing instinct)이란 동물이 원래의 서식 장소로 다시 돌아오고자 하는 본능을 말한다. 이러한 귀소본능을 가지고 있는 동물은 연어, 송어, 꿀벌, 비둘기, 알바트로스의 한 종류인 Wandering 알바트로스 등이 있다. Wandering 알바트로스는 날 수 있는 가장 큰 종류의 새 중 하나이며, 이 새들의 날개 폭은 현재 생존하고 있는 어느 새의 것보다 크다. 바다새인 Wandering 알바트로스는 먹이를 찾기 위해 공중에서 몇 달씩 보내기도 하고, Wandering 알바트로스는 먹이를 찾은 후 몇 일을 걸려 다시 서식 장소로 먹이를 가지고 돌아온다고 한다.

바우어새 (Bowerbird)

바우어새는 호주와 뉴기니에 서식하는 종류의 새로, 수컷이 암컷을 유인하기 위해 여러 종류의 정자(bower)를 짓고 특이한 구애행동을 하는 것이 특징이다. 이 새가 짓는 정자에는 세 가지 종류가 있는데 이것은 매트(mat), 메이폴(maypole), 그리고 대로(avenue) 정자이다. 매트 정자는 높은 판 같은 모양의 둥지로 주위가 화려하게 장식되어있다. 메이폴 정자는 묘목을 중심으로 세워진 타워 형태의 둥지이다. 작은 메이폴 정자는 오두막처럼 생겼고 큰 메이폴 정자는 9피트의 높이까지 지어진다. 마지막으로 대로 정자는 아치모양을 이루는 가장 정교한 형태의 정자이다. 대로 정자의 주변은 자갈과 깃털로 꾸며져 있다. 수컷은 정자를 지어 암컷을 유인하고 노래와 "buzz-wing flap"이라고 불리는 춤으로 암컷을 즐겁게 해준다.

❹ Mammal (포유류)

젖으로 새끼를 양육하는 척추동물이다.

유대류 (marsupial)

유대류는 발육이 불완전한 상태로 태어난 새끼를 어미의 배에 넣고 키우는 습성을 가진 포유류이다. 캥거루나 코알라가 대표적인 예이며 오스트레일리아와 아메리카에 주로 서식한다.

박쥐 (bat)

날아다니는 유일한 포유류인 박쥐는 주로 동굴에서 서식한다. 야행성이며 동면을 하는 특성이 있다. 초음파를 발사하여 반향되는 신호를 분석하여 물체의 존재를 측정하는 능력인 반향정위(echolocation)를 지니고 있다. 또한 초음파를 통해 동굴 바깥의 기후를 예측하여 곤충이 활동하기 좋은 따뜻한 온도일 때 먹이를 잡으러 나간다.

비버 (beaver)

겉모습이 다람쥐와 비슷한 비버는 수중생활에 적응되어 있으며, 튼튼한 앞니로 나무를 갉아 댐을 만드는 것으로 유명하다. 육지에서 비버는 느린 동물이지만, 물에서는 수영을 잘하고 길게는 15분까지 물 속에 있을 수 있다. 비버는 동면을 하지 않고, 겨울 동안 먹을 나뭇가지와 통나무를 물 아래 비축해둔다. 비버가 댐을 짓는 이유는 코요테, 늑대나 곰과 같은 동물에게서 자신을 보호하고, 겨울철에 식량을 쉽게 구하기 위한 것이다. 비버는 항상 밤에 댐을 짓고 끊임없이 일을 한다. 그래서 비버를 다른 장소로 옮기지 않고 댐을 부수는 것은 불가능하다. 비버가 하룻밤 사이에 댐을 다시 완성할 수 있기 때문이다.

북극곰 (polar bear)

북극곰은 북극의 극한 환경에서 살아남기 위해 진화해온 동물이다. 북극곰은 하얗게 보이지만 사실 북극곰의 피부는 검고, 털은 투명하다. 투명한 털은 빛이 곰의 피부까지 닿을 수 있도록 하고 검은 피부는 최대한 많은 빛과 열을 흡수하여 북극곰이 체온을 유지할 수 있도록 한다. 또한 북극곰의 두꺼운 지방층이 열 손실을 막는다.

❺ Arthropoda (절지동물)

갑각류, 거미류 등으로 이루어진 큰 동물군으로 이 군에 해당되는 동물들은 환경 적응력과 번식력이 강하다.

거미 (spider)

절지동물의 가장 대표적인 생물은 거미이다. 거미의 몸은 좌우대칭으로 몸과 머리가 합쳐진 머리가슴과 배 두 부분으로 나뉘어져 있고, 네 쌍의 다리가 있다. 모든 종류의 거미가 다른 종류의 거미줄을 만드는데, 거미줄의 종류로는 spiral-orb web, tangle web 또는 cobweb, funnel web, tubular web, sheet web, 그리고 dome 또는 tent web이 있다. 이 여러 종류의 거미줄은 제각기 다른 실로 만들어지고, 거미 종류에 따라 이 실은 끈적할 수도 솜털 같을 수도 있다.

3. Marine Biology (해양생물학)

❶ Marine Organism (해양생물)

유생(larva), 어류(fish), 파충류(reptile), 포유류(mammal) 등 바다에 서식하는 모든 생물을 포괄적으로 가리킨다.

공생 (symbiosis)

bobtail squid

서로 다른 두 생물이 접촉하여 서로에게 영향을 주며 살아가는 관계를 공생이라고 하며 그 범위는 광범위하다. 서로에게 이득을 주며 더불어 살아가는 것을 상리공생(mutualism), 상대에게 손해를 끼치고 자신만 이득을 얻는 것을 기생(parasitism), 그리고 상대에게는 이득이나 손해도 끼치지 않고 자신만 이득을 얻는 것을 편리공생(commensalism)이라 부른다. 상리공생은 특히 해양생물과 박테리아(bacteria) 사이에서 종종 발견되는 관계이다. Bobtail squid와 vibrio fisheri가 그 대표적인 예인데 bobtail squid는 vibrio fisheri라는 박테리아의 도움으로 발광(luminescence)을 하며 vibrio fisheri는 bobtail squid의 체내에서 거주한다. Vibro fisheri는 어느 정도 이상의 수가 모여 있을 때만 발광을 한다고 알려져 있다.

❷ Peculiar Marine Animal (특이한 해양 동물)

다양한 종의 생물로 구성된 해양 동물들은 각각 독특한 성질을 지니고 있다.

문어 (octopus)

문어는 자신의 색, 크기, 그리고 피부의 질감을 바꿀 수 있는 해양 동물이다. 문어의 각 색소체의 세포에는 3개의 유연한 구획이 있는데, 문어는 이 구획을 늘리거나 압축하여 순식간에 몸 색을 바꿀 수 있다. 또한 문어의 몸에는 내부 골격이 없고, 유연한 조직들로 이루어져 있기 때문에 몸의 크기와 모양을 자유자재로 바꿀 수 있다. 마지막으로, 문어는 피부의 부분 부분을 팽창시켜 색에 명암을 줌으로써 피부의 질감을 거의 모든 표면과 유사하게 보이도록 만들 수 있다.

돌고래 (dolphin)

포유류인 돌고래는 수중생활을 하면서도 아가미가 아닌 폐로 호흡(respiration)한다. 음향을 이용하여 의사소통을 하며 뇌의 주름이 발달되어 있어 가장 지능이 높은 해양생물에 속한다.

❸ Seawater Agriculture (해양농업)

해양생물을 인공적으로 키우는 방법으로 기원전 2000년 고대 이집트에서 그 기원을 찾을 수 있다.

양식 (fish culture)

굴 양식장

양식 대상으로는 굴(oyster)이나 홍합(mussel)처럼 한곳에 정착하여 사는 생물이 적합하며, 이동성이 있는 연어 같은 생물은 부적절하다. 중국에서 양식이 최초로 시작되었고 기원전 1세기에 나폴리에서도 굴을 양식했다는 기록이 있다.

양식과 같은 해양농업과 육지농업을 결합하여 상호보완적인 결과를 얻기도 한다. 그 예로 캐나다에서는 메기(catfish)와 콩을 함께 기르고 있다. 메기를 키운 양식장의 물을 비운 후 남는 흙은 콩 재배에 사용되는 양질의 비료가 되며 콩을 재배한 후 남는 찌꺼기는 메기의 좋은 먹이가 된다.

4. Entomology (곤충학)

❶ Insect (곤충)

머리(head), 가슴(thorax), 배(abdomen) 세 부분으로 구성된 몸과 다리, 더듬이(antennae)를 가진 무척추동물이다.

보호색 (protective coloration)

곤충이 주위환경과 비슷한 색을 가져 천적에게 발견되기 어렵도록 하거나 색깔로 다른 종류의 생명체인 것처럼 위장하는 것을 보호색이라 한다. 곤충이 적으로부터 자신을 보호하는 가장 일반적인 방어(defense) 방법이다. 그 예로 나방(moth)은 독이 있는 것처럼 위장하기 위해 화려한 보호색을 지닌다.

❷ Social Insect (사회적 곤충)

개미나 벌처럼 집단 속에서 일을 나누어 분담하는 곤충을 뜻한다.

개미 (ant)

개미의 집단(colony)은 수캐미 · 여왕개미 · 일개미의 세 계급으로 구성된다. 수캐미는 날개가 있으며 여왕개미보다 작다.

여왕개미는 생식기관이 잘 발달되어 있으며 크기가 크다는 특징이 있다. 일개미는 날개가 없는 암컷으로 크기에 따라 역할과 지위가 분화된다.

벌 (bee)

벌집(hive)은 한 마리의 여왕벌과 대부분 일벌로 구성된다. 여왕벌은 다른 벌의 생식기능의 발육을 억제하는 물질인 페로몬(pheromone)을 분비한다. 꿀벌은 식량을 발견했을 때 춤으로 위치를 알리는 독특한 의사소통 방식을 갖고 있다. 100m 이내의 가까운 거리에 있는 먹이를 알리는 둥근 춤(round dance), 먼 거리에 있는 먹이의 근원지까지 안내하기 위한 8자 춤(tail-wagging dance) 등이 있다.

❸ Insects' Metamorphosis (곤충의 변태)

곤충은 배(embryo), 유충(larva or nymph), 번데기(pupa), 성충(adult)의 네 단계의 변태과정을 거친다.

나비 (butterfly)

나비는 기본적으로 알, 애벌레, 번데기, 그리고 나비로 진화하는 과정을 거친다. 어미 나비는 식물의 잎에 알을 낳고, 몇 주 후 그 알에서 애벌레가 나온다. 애벌레는 식물의 잎을 먹으며 지내다가 잎사귀 아래로 내려가 표피를 벗고 딱딱한 껍질을 만든다. 약 2주 후 애벌레는 나비가 되어 껍질을 깨고 나온다.

5. Other Fields (기타 분야들)

❶ Taxonomy (분류학)

생물학에서 다루는 많은 종류의 생물체들을 일정한 기준에 따라 분류하는 학문이다. 각 생물체의 형태, 발생, 구성 등을 비교하여 각 생물 간의 계통을 밝히는 것이 목적이다.

2명법

분류의 기본단위인 종(species)을 나타낼 때 라틴어로 학명(scientific name)을 붙이는 방법이다. 분류학의 대표학자인 스웨덴의 린네(Linnaeus)가 고안하여 분류학의 기초를 다졌다. 전세계의 식물학자가 사용하고 있으므로 통일성을 유지하기 위해 용어나 형식이 엄격히 규제되고 있다.

❷ Bioacoustics (생물 음향학)

생물이 내는 음향과 생물이 의사 소통하는 방법을 다루는 분야를 생물 음향학이라 부른다. 생물 음향학에 의하면 기린, 코끼리, 돌고래 같은 동물들은 초저주파음으로 의사소통을 한다고 한다. 그 이유는 초저주파음을 사용하는 동물들이 공통적으로 몸집이 커서 몸체가 큰 첼로가 작은 바이올린보다 낮은 음을 내는 것처럼 이들 또한 낮은 음을 잘 낼 수 있기 때문이고, 초저주파음이 고주파음보다 더욱 멀리 퍼져나가 장거리 간의 의사소통이 가능하기 때문이다. 초저주파음은 20Hz~40Hz 대역의 음으로 30Hz 주변의 음인 중형 파이프 오르간에서 퍼져나가는 진동 같은 소리이다. 코끼리는 사람에게 들리는 소리뿐만 아니라 들리지 않는 저음의 중형 초저주파음도 내는데 이는 새끼를 부를때나, 먹이를 먹을 때 사용한다. 돌고래 같은 경우, 초저주파음을 내보냈다가 어떠한 물체에 맞고 다시 돌아오는 음을 파악하여 주변에 있는 물체들을 인식한다.

Hackers Test

 [1-6] Listen to a talk on biology.

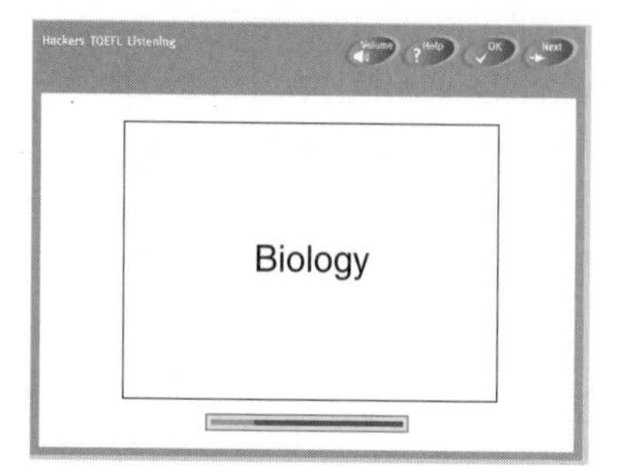

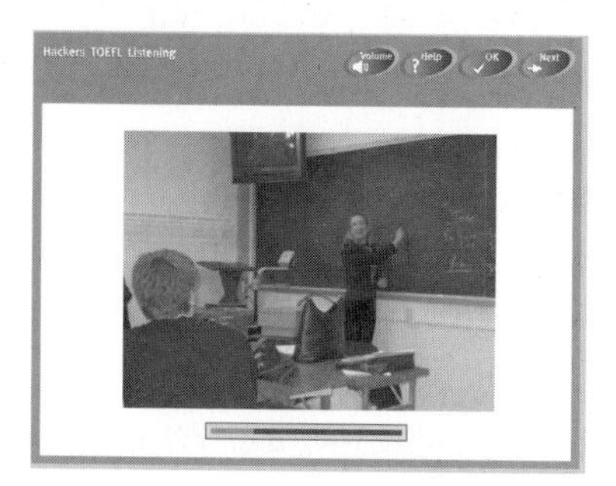

1. What is the lecture mainly about?

   (A) The types and designs of bowerbirds' bowers
   (B) The courtship behavior of the male bowerbird
   (C) Criteria in female bowerbirds' selection of a mate
   (D) A comparison of human and avian courtship rituals

2. In the lecture, the professor describes three types of bowers. Match each phrase with the bower it describes.

   Click in the correct box for each phrase.

	Mat	Maypole	Avenue
Looks like a canopy with an archway			
Has a flat, raised surface			
Is tall and pillar-like			
Is surrounded by rock fragments			

3. Why does the professor talk about the types of bowers?

   (A) To describe what makes a bower an effective structure
   (B) To make a point about the ingenuity of the bowerbird
   (C) To emphasize the extremes to which the bowerbird goes to make a bower
   (D) To explain that bowers are a distinct type of shelter

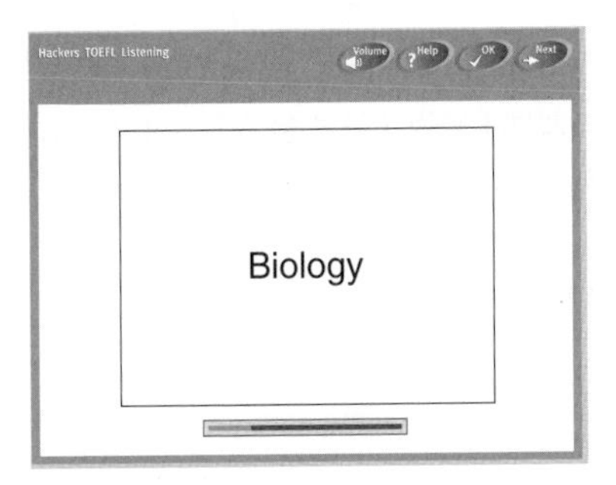

4. According to the professor, what are two aspects the female bowerbird considers before making a choice?

   Click on 2 answers.

   (A) The sensitivity of the male towards the female's feelings
   (B) The outward aspect of the male bowerbird
   (C) The overall design and attractiveness of the bower
   (D) The wildness of the dance performed by the male

5. What is a buzz-wing flip?

   (A) A technique the bowerbird uses for flight
   (B) A mating call by the male bowerbird
   (C) A ritualistic presentation by a male bowerbird
   (D) A manner in which the bowerbird walks

6. What does the professor imply about the hasty retreat of a female bowerbird?

   (A) The female is interested in seeing other performances before deciding.
   (B) The female is insensitive to the efforts of the male bowerbird.
   (C) The female is defending herself from a male bowerbird attack.
   (D) The female is intimidated by an aggressive courtship dance.

정답 p.613

2. Astronomy

Overview

Astronomy(천문학)는 우주 전체와 우주 안에 있는 여러 천체의 기원, 진화, 구조, 거리, 운동 등을 연구하는 학문이다. 토플에서는 태양계와 태양계의 아홉 개의 행성의 탄성과 특징, 소행성과 별들의 구성 등 천문학의 기초에 대한 주제들이 출제된다. 따라서 이에 대한 개괄적인 지식과 생소한 천문학 용어들을 정리해 두면 도움이 된다.

관련토픽 및 기초지식

1. Solar System (태양계)

태양을 중심으로 지구를 비롯한 아홉 개의 대행성과 다수의 소행성 · 혜성 등이 서로간의 인력에 의해 공전하며 하나의 천체계를 이루고 있는 것을 태양계라 한다.

태양계 생성에 관한 학설

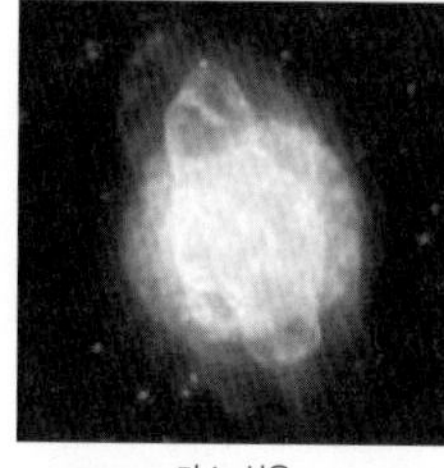

가스 성운

행성이 존재하지 않은 원시 태양계가 현재의 형태로 변화한 과정에 대해서는 다양한 학설이 있다. 성운설(Nebular hypothesis)은 원시 태양계를 구성하던 거대한 가스 성운(nebula)이 점차 냉각 · 수축하면서 회전 속도가 빨라지게 되고 이 과정이 반복되면서 중심부는 태양이 되고, 뭉쳐진 고리 모양의 가스덩어리는 행성이 되었다는 설이다. 조석설(Tidal hypothesis)은 원시 태양 주위에 다른 별이 접근할 때 생긴 인력으로 태양으로부터 끌려 나온 가스가 식은 후 뭉쳐 지금의 행성의 모습을 이루었다는 가설이다.

태양풍 (solar wind)

태양풍

태양으로부터 우주 공간을 향해 쏟아져나가는 전자(electron), 양성자(proton), 헬륨원자핵(α-particle) 등 입자의 흐름을 태양풍이라 한다. 혜성의 꼬리가 항상 태양의 반대쪽으로 향하는 것으로 확인할 수 있다. 지구는 지구를 둘러싸고 있는 자기력선(lines of magnetic force) 때문에 태양풍에 직접적으로 노출되지 않지만 달은 이러한 보호벽이 없어 태양풍의 직접적인 영향을 받는다. 태양계가 탄생할 때 태양풍에 의한 에너지 때문에 밀도(density)가 낮은 목성형 행성(jovian planet)이 바깥쪽에 위치하게 되고, 밀도가 높은 지구형 행성(terrestrial planet)이 안쪽에 자리잡게 되었다.

2. Major Planets (대행성)

❶ Terrestrial Planets (지구형 행성)

크기가 작고 밀도가 높으며 주로 금속(metal)이나 암석(rock)으로 이루어져 있다. 태양계의 안쪽에 위치하는 수성(Mercury), 금성(Venus), 지구(Earth), 화성(Mars)이 이에 속한다.

수성 (Mercury)

수성은 태양과 가장 가까이 위치한 행성으로 표면의 온도가 347℃까지 상승하며 태양 중력(gravity)의 영향을 강하게 받는다. 따라서 우주선이 착륙하기 힘들어 탐사가 어렵다. 수성에는 대기가 없어 풍화작용이 일어나지 않으므로 표면은 유성체(meteoroid)와 충돌한 흔적인 많은 분화구(crater)로 덮여 있다. 수성의 중심은 철(iron)으로 이루어져 있는데, 이는 수성의 밀도(density)와 자기장(magnetic field)의 세기가 크다는 사실을 통해 알 수 있다.

금성 (Venus)

금성은 크기와 구성(composition)이 지구와 가장 비슷하고 지구에서 관측할 때 태양과 달 다음으로 밝은 행성이다. 유성체나 소행성(asteroid)과 충돌하여 오래된 분화구가 많을 것이라고 추정되었으나 마젤란 탐사(Magellan space probe) 결과 분화구 수가 매우 적고 비교적 최근에 생성된 것으로 밝혀졌다. 이런 현상에 대해서는 화산 활동과 같은 지각변동(cataclysm)으로 인해 급격히 소실되었다는 이론과 풍화작용으로 인해 천천히 소실되었다는 이론이 있다.

화성 (Mars)

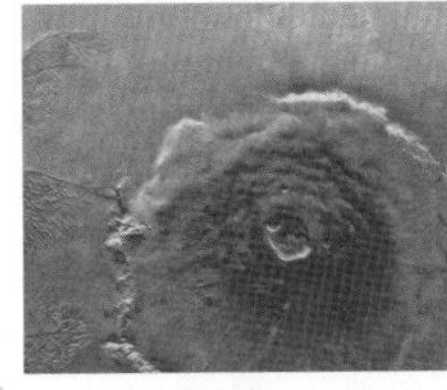
극관

화성은 붉은 빛을 띠고 있어 예로부터 전쟁이나 재앙과 연관되었던 행성이다. 화성의 극지대에는 겨울에는 커지고 여름에는 작아지는 흰 극관(polar cap)이 있다. 이는 물이나 이산화탄소로 구성된 눈이 극지방에 쌓여 형성된 것으로 추정된다. 표면에서 먼지도깨비(dust devil)라 일컬어지는 회오리바람이 활동하기도 하는데 한 때 이 바람이 지나간 자리가 생물체가 지나가면서 남긴 흔적으로 오인되기도 하였다. 또한 지구에 떨어진 운석에서 발견된 성분과 지구에서 관찰할 수 있는 화성 표면의 색 변화에 근거한 오해로 생명체의 존재 가능성이 대두되기도 했다.

❷ Jovian Planets (목성형 행성)

크기가 크고 밀도가 낮으며 가스나 얼음이 주성분이다. 바깥쪽에 위치하는 목성(Jupiter), 토성(Saturn), 천왕성(Uranus), 해왕성(Neptune)이 이에 속한다.

목성 (Jupiter)

목성의 위성 Io

목성은 태양계에서 가장 큰 행성이다. 미국항공우주국(NASA)이 발사한 무인우주탐사선 보이저호(Voyager)의 탐사 결과 목성은 오렌지 빛을 띠는 짙은 대기로 둘러싸여 있음이 밝혀졌다. 또한 토성(Saturn)과 마찬가지로 가는 고리가 있으며 자기장이 매우 강하다는 사실도 확인되었다. 목성의 112개의 위성(moon) 중에서 이오(Io)에 대한 연구가 활발히 진행되고 있다. 이오는 지구형 행성과 비슷한 크기이고, 화산을 가지고 있지만 표면기온이 낮아서 화산은 폭발하자 마자 얼어버린다.

토성 (Saturn)

토성은 태양계에서 목성 다음으로 큰 행성이며 수많은 고체 알갱이로 구성된 여러 개의 고리(belt)가 적도 둘레로 펼쳐져 있다. 각 고리는 목성에 대한 공전속도(orbital velocity)가 동일하지 않다. 토성은 행성들 중에서 밀도가 가장 낮고 자전속도(rotational velocity)가 빨라서 타원형 모양이다.

천왕성과 해왕성 (Uranus & Neptune)

두 행성의 대기에 풍부한 메탄(methane)은 높은 온도와 압력의 영향을 받아서 표면에 보이는 검은 탄소(carbon) 덩어리를 형성한다. 이 탄소 덩어리가 다이아몬드로 변화하여 행성의 중심(core)에서 발견된다. 이들 행성도 목성, 토성과 마찬가지로 고리를 가지고 있다.

3. Minor Celestial Bodies (작은 천체들)

❶ Pluto (명왕성)

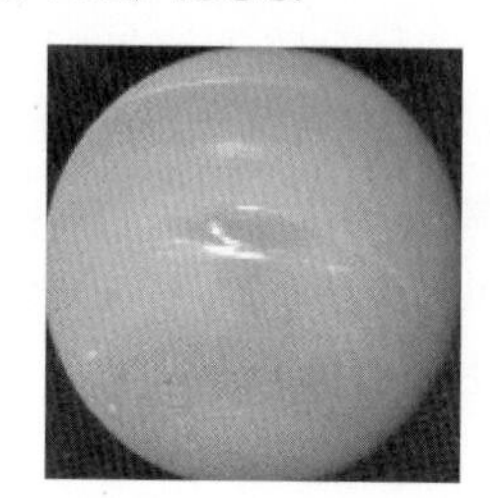

명왕성은 지구에서 멀리 떨어져 있으며 크기도 작아서 관측이 어렵다. 비교적 최근까지 행성으로 분류되었으나 태양계의 다른 행성과 비교해 17도 기울어진 궤도를 공전하고 얼음으로 이루어져 있어 행성(planet)이라기 보다는 혜성(comet)으로 분류해야 한다는 의견과, 위성을 갖고 있고 혜성보다는 훨씬 크기가 커서 행성으로 분류해야 한다는 의견이 대립해왔다. 이후 위성을 가진 큰 혜성과 해왕성 바깥에 명왕성과 비슷한 특성을 가지는 얼음과 운석으로 된 천체들의 집합체인 카이퍼 벨트(Kuiper Belt)가 발견되어 결국 2006년에 대행성 지위를 박탈당하고 왜소행성(dwarf planet)으로 다시 분류되었다.

❷ Moon (달)

지구에서 가장 가까운 천체이고 지구 주위를 공전하며 조수간만의 차 등 지구에 여러 가지 영향을 미치는 자연위성이다.

달의 생성에 관한 학설

달의 생성에 대해서는 다양한 학설이 존재한다. 태양계가 형성되던 초기에 지구가 빠른 속도로 자전하면서 지구의 일부가 떨어져나가 달이 되었다는 설(Fission hypothesis)과 지구의 중력이 지나가는 운석(meteorite)을 끌어당겼다는 설(Capture hypothesis)이 있다. 또한 다른 물체가 지구와 충돌하면서 발생한 파편과 가스가 모여 달이 만들어졌다는 설(Collision hypothesis)도 있다.

알베도 (albedo)

알베도란 빛을 반사하는 정도를 나타내는 수치이며 반사율(reflexibility)이라고도 한다. 태양으로부터 들어온 빛이 반사될 때 반사되는 빛의 총량을 들어온 빛의 세기로 나누어 계산한다. 대기 속에서 빛은 주로 반사되므로 대기가 있는 행성의 알베도는 대기가 없는 천체보다 훨씬 크다. 따라서 달은 지구보다 알베도가 작아 우주 공간에서 볼 때 상대적으로 어둡게 보인다.

❸ Asteroid (소행성)

주로 화성과 목성의 공전궤도 사이에서 태양의 둘레를 돌고 있는 작은 떠돌이 별들을 가리킨다. 이들이 모여 소행성대(asteroid belt)를 이룬다.

소행성 충돌

소행성 중 일부는 외행성(outer planet)의 중력 때문에 궤도를 이탈하게 되어 지구와의 충돌 위험이 있다. 충돌이 일어나면 충격파, 해일(tsunami), 전자기적 변화 등 복합적인 결과가 발생한다. 천문학자들은 직경 1km짜리 소행성이 지구와 충돌할 경우, 그 위력이 히로시마에 투하됐던 원자폭탄 1000만개와 맞먹을 것으로 예상하기도 한다.

❹ Comet & Meteor (혜성과 유성)

혜성과 유성은 지구에서 볼 때 밝게 빛을 내며 이동한다는 점은 같으나 특징에는 큰 차이가 있다.

혜성 (comet)

혜성은 타원이나 포물선 궤도를 따라 태양 둘레를 도는 긴 꼬리를 가진 천체이다. 먼지와 얼음으로 구성된 혜성의 핵이 태양의 열로 조금씩 녹아 코마(coma)라고 하는 대기를 형성하여 밝게 빛난다. 이온상태인 코마 안의 가스와 혜성에서 나온 먼지는 태양풍에 날려 태양의 반대 방향으로 긴 꼬리를 만든다.

유성체(meteoroid), 유성(meteor), 운석(meteorite)

대기에 진입한 유성체

태양계에 존재하는 아주 작은 천체는 지구 대기권에서의 위치에 따라 각각 다른 명칭을 갖는다. 유성체는 우주에서 궤도를 갖지 않고 행성으로 떨어지는 물체이며 대기권에 진입하기 전의 이름이다. 유성체가 행성의 대기권으로 진입할 때 대기권과의 마찰로 타고 있는 상태를 유성이라 하며 대기권을 다 통과한 후 유성이 행성표면에 떨어진 것을 운석이라고 한다.

4. Supernova & Star Formation (초신성과 별의 형성)

❶ Red Giant Star (적색거성)

질량이 큰 항성이 진화하는 과정에서, 부피가 팽창하고 표면온도가 낮아지며 대류층이 깊은 별로 변하는데 이를 적색거성이라고 한다. 질량이 작은 항성의 경우 적색거성의 단계를 거치지 않고 바로 백색왜성으로 진화한다.

❷ White Dwarf (백색왜성)

항성진화의 마지막 단계에서 표면층의 물질을 우주 공간으로 방출하고 남은 물질들이 뭉쳐 형성된 별을 말한다. 평균적으로 지구 정도의 크기에, 태양의 1.4배에 달하는 질량을 가지고 있다. 질량이 큰 거성과 쌍성(binary star)을 이루고 있을 경우, 거성의 물질이 이동해 백색왜성의 표면에 쌓이고 표면의 온도를 높임으로써 폭발이 일어나게 되는데 이때 초신성이 나타난다.

❸ Supernova (초신성)

항성이 수명을 다하고 폭발할 때 거대한 에너지를 우주 공간에 순간적으로 방출하고 그 밝기가 평소의 수억 배에 이르렀다가 다시 어두워지는 현상을 말한다. 별의 일생 가운데 갑작스러운 죽음의 단계를 가리키는 초신성은 별의 형성, 나아가 우주의 형성을 설명할 수 있는 방안으로서 기대 받고 있다.

5. Parallax (시차)

서로 다른 관측지점에서 한 물체를 동시에 보았을 때 겉보기 상 위치의 차이가 발생하는데 이를 시차라고 한다. 이런 위치의 차이를 이용해 관측지점에서부터 관측물체까지의 방향을 계산해 낼 수 있는데 이 원리를 이용해 지구에서 별까지의 거리를 측정할 수 있다. 거리가 너무 먼 곳에 위치한 별의 경우 방향의 차이값이 극히 작아 측정이 불가능하므로 비교적 가까운 별의 거리 측정에 대해서만 쓰인다.

Hackers Test

 [1-6] Listen to part of a talk in an astronomy class.

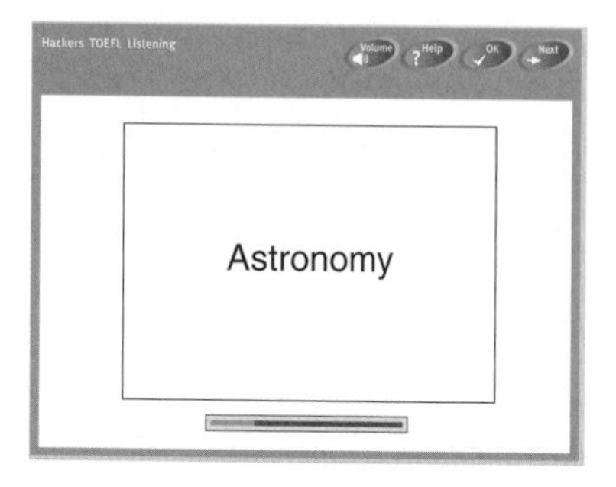

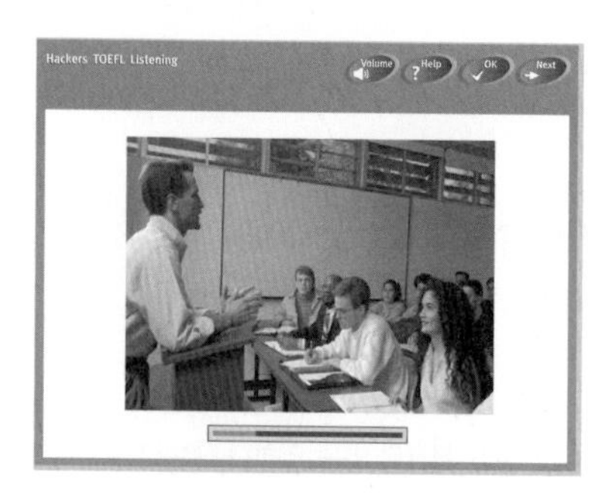

1. What is the main topic of the lecture?

   (A) The physical characteristics of Proxima Centauri
   (B) The effect of planetary orbits on parallax calculations
   (C) Binocular vision and object perception
   (D) A method of computing stellar distance

Listen again to part of the lecture. Then answer the question.

2. What does the professor mean when he says this:

   (A) He wants to provide the students with additional information.
   (B) He thinks he is explaining things too quickly.
   (C) He does not think his previous statement was accurate.
   (D) He does not want to introduce a new topic yet.

3. What does the professor imply about measuring the parallax of stars?

   (A) It relies on the use of technology to provide accurate results.
   (B) It was done with the naked eye until recently.
   (C) It necessitates taking the star's orbit into account.
   (D) It can only occur with stars that are located in isolation.

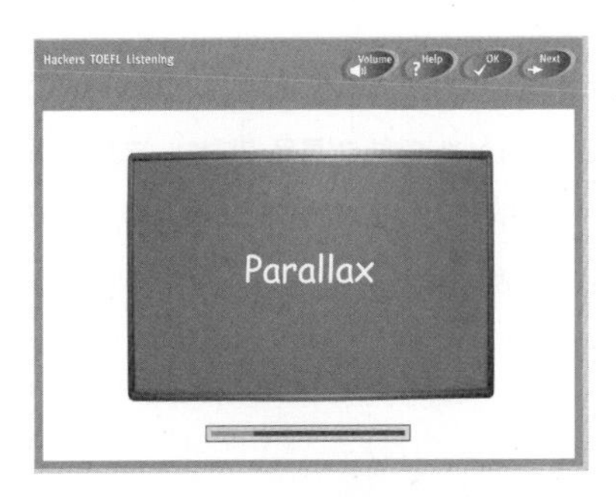

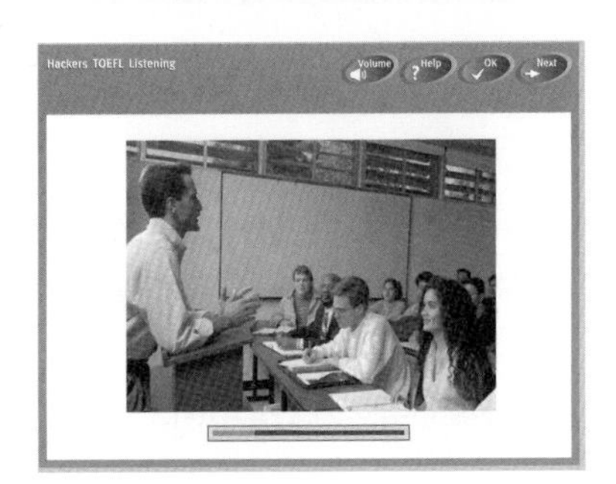

Listen again to part of the lecture. Then answer the question.

4. What does the professor mean when he says this:

 (A) He thinks that he misspoke when making an earlier point.
 (B) He wants to emphasize the first part of the word.
 (C) He understands the term has likely never been heard.
 (D) He wants the students to repeat the phrase back to him.

5. What is the effect of a larger orbital diameter when measuring parallax?

 (A) It compounds the possible measurement error.
 (B) It increases the time necessary between measurements.
 (C) It allows for the measurement of closer stars.
 (D) It provides a more accurate measurement.

6. What is a limitation of using parallax to measure stellar distances?

 (A) It is dependent upon the position of Earth in its orbit.
 (B) It cannot be used to accurately measure the distance of faraway stars.
 (C) It cannot take into account the effects of planetary rotation.
 (D) It requires the application of complex mathematics for its computation.

정답 p.615

3. History

Overview

History(역사)는 인간이 살아온 모습과 인간의 행위로 일어난 사실 및 그 사실에 대한 기록을 말한다. 토플에서는 역사 중에서도 미국, 혹은 미국과 관련된 주변국에 대한 역사가 자주 다루어진다. 따라서 세계의 역사뿐만 아니라 미국의 역사도 시대별 특징과 주요 사건들을 중심으로 정리해두는 것이 필요하다.

관련토픽 및 기초지식

1. US History (미국의 역사)

Colonial America (식민지 미국) 1492 ~ 1763	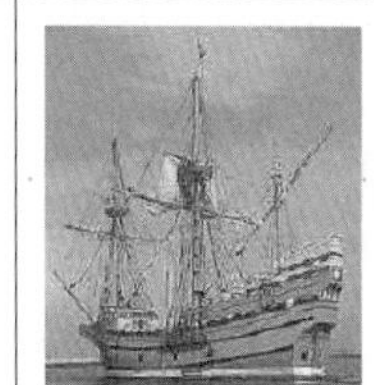 Mayflower호 • 청교도인(Puritan) 이주: 1620년 종교의 자유를 찾아 영국에서 Mayflower호를 타고 Massachusetts에 상륙하여 Plymouth 식민지를 세웠다. • 식민지 확대: 1770년경 13개의 식민지가 건설되었다.
Revolutionary Period (독립전쟁 시기) 1764 ~ 1789	• 독립혁명(America Revolution): 독립과 민주주의 확립을 가능케 한 독립선언(Declaration of Independence)이 1776년에 이루어졌다. • 건국: 1781년 10월 19일 각 식민지는 주(state)로 명명되고 이들이 연합한 미합중국(United States of America)이 설립되었다.
New Nation (새로운 국가) 1790 ~ 1828	 토마스 제퍼슨 • 토마스 제퍼슨(Thomas Jefferson): 미국의 3대 대통령이자 미국 독립선언문의 초안을 작성한 기초 위원이었다. 그는 반연방주의와 독립적인 권한을 가진 주정부를 지향하였다. 그는 대통령으로서의 역할 외에도 건축, 음악, 과학 등 여러 분야에서 탁월한 재능을 발휘했다.

Western Expansion (서부개척) 1829 ~ 1859	사금 채취 • 프런티어(frontier): 서부의 개척지를 의미하며 자립의 기회가 열려 있었기 때문에 많은 사람들이 경제적 열망을 쫓아 서부로 이동했다. 농업발달에 기여했으며 공업제품의 국내시장을 확대해 주었다. • 개척정신: 개인주의(individualism) · 현실주의(realism)로 대표되는 미국의 국가정체성(nationality)의 바탕이 되며 자유와 평등의 의미를 확장시켰다. • 골드러시(gold rush): 금광이 발견된 지역으로 사람들이 몰려든 현상이다. 1848년 캘리포니아에서 발견된 금광이 그 시초이며 그 결과 캘리포니아는 단기간에 인구가 급격히 늘어나서 주(state)로 승격되었다.
Civil War (남북전쟁) 1860 ~ 1865	링컨 • 북부 vs. 남부: 링컨(Abraham Lincoln)의 대통령 당선 후 진보적인 북부와 보수적인 남부 사이에 노예문제를 둘러싼 전쟁이 발발하였다. 북부가 승리하고 흑인 노예들은 법적으로 노예신분에서 해방되었다.
Reconstruction (재건의 시기) 1866 ~ 1889	카네기 • 공업의 발달: 정치적 · 사회적 개혁의 결과로 교통이 발달하고 도시가 성장하면서 공업이 급속히 성장하였다. • 철강산업의 발달: 서부의 풍부한 광물자원 중에서 싸고 쉽게 구할 수 있었던 철을 이용한 산업이 급격히 발전했다. 철강 수요 증대를 예견한 카네기(Carnegie)는 회사경영을 조직화하는 경영방법을 통해 철강산업의 선구자가 되었다.
Progressive Era (진보의 시기) 1890 ~ 1913	• 급속한 성장: 1890년대의 미국은 경제적 · 사회적으로 비약적인 발전을 이루어 세계의 중심 국가가 되었다.

World War & Great Depression (세계대전과 대공황) 1914 ~ 1945	Dust Bowl의 피해 • 제1차 세계대전: 제국주의(imperialism)로 인한 열강들의 세력다툼에서 비롯되었다. 1914년부터 4년간 지속되었으며 독일의 항복으로 끝났다. • 대공황(Great Depression): 자유방임주의 정책 하에 주식투자와 과대투기가 성행하여 1929년 뉴욕 주식시장의 주가폭락을 계기로 일어났다. 1941년 미국이 제2차 세계대전에 참전하면서 대공황은 종결되었다. • 황진 지대(Dust Bowl): 모래 폭풍이 부는 지대를 뜻한다. 대공황 시기에 남부 농업 지역에서 발생했던 가뭄과 열악한 토지관리가 그 원인이었다. 재정적으로 어려웠던 농부들이 농지를 저당 잡히고 돈을 빌렸으나 돈을 갚지 못하여 농지 소유권을 잃게 되었다. 이로 인해 원래 농사를 짓던 땅이 놀게 되고 결국 이 땅들이 황폐화하여 가뭄으로 인한 농업위기를 불러왔다.
Modern Era (냉전시기 이후) 1946 ~ 현재	• 전후 시대: 미국은 세계 대전 이후 전쟁으로 황폐화된 유럽 복구 사업을 통해 지속적으로 성장하였다.

2. World History (세계의 역사)

고대 (인류문명의 시작 ~ 로마제국의 멸망) 500 BC ~ AD 400	 로마 극장 • 고대 로마(Ancient Rome): 기원전 8세기 중엽 티베르강 유역에서 라틴인이 건국한 제국으로 지중해(Mediterranean Sea)의 패권을 장악했다. 왕과 귀족이 함께 통치하는 공화정 제도가 있었으며 토목 · 의학 · 과학 · 법률 등 실용적인 문화가 발달했다. 많은 군인황제가 출현하고 이민족의 침입, 인구감소 등의 사회혼란으로 인해 동 · 서 로마로 분열되었다. 476년 게르만 족(Germanic peoples)의 침입으로 서로마가 멸망하면서 로마제국이 무너지고 게르만족이 유럽을 장악했다.

중세 (로마제국 멸망 ~ 르네상스) AD 400 ~ 16C	• 르네상스(Renaissance): 14세기와 16세기 사이에 이탈리아에서 시작된 문화운동이다. 학문 또는 예술의 재생·부활을 목적으로 고대 그리스·로마의 인간중심 문화를 부흥시키는 것에 중점을 두었다. 사상·문학·미술·건축 등 다방면에 걸친 변화가 일어났으며 신 중심이었던 중세 예술을 인간 중심으로 전환시켜 현실을 바탕으로 한 표현이 발전했다.
근대 (르네상스 ~ 제2차 세계대전) 16C ~ 1945	• 산업혁명(Industrial Revolution): 18세기 중엽 영국에서 시작된 기술혁신과 이에 따라 일어난 사회·경제 구조의 대변화를 의미한다. 제임스 와트(James Watt)가 발명한 증기기관(steam engine)으로 인해 새로운 에너지원이 등장했다. 이는 산업혁명의 직접적인 원동력이라 할 수 있다.

Hackers Test

 [1-7] Listen to a talk on history.

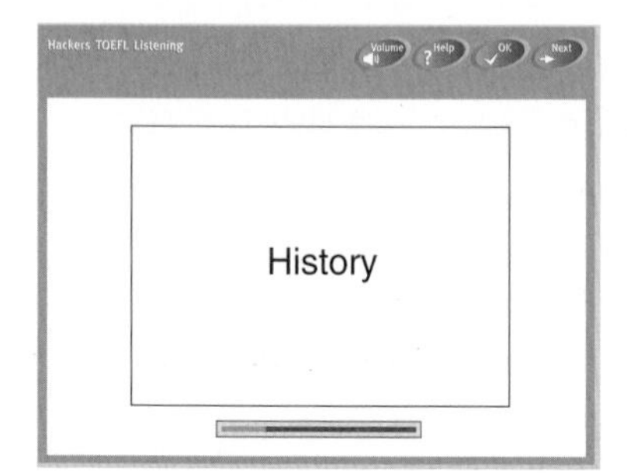

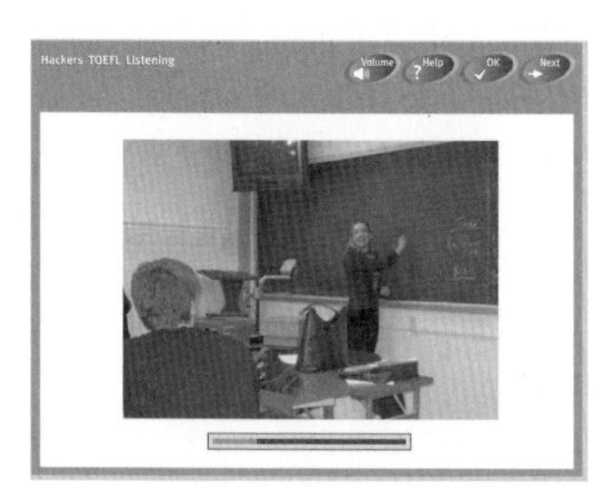

1. What is the lecture mainly about?

   (A) The newly devised methods of mining gold
   (B) The rapid settlement of San Francisco
   (C) The dawn of the Gold Rush in California
   (D) The characteristics of early gold miners

2. Why did people rush to San Francisco rather than the cities in the middle of the country?

   (A) Inland cities were too crowded.
   (B) San Francisco had ample housing.
   (C) Inland cities had too much crime.
   (D) San Francisco was a major port.

3. How did the dramatic increase in population affect San Francisco?

   Click on 2 answers.

   (A) It destroyed the natural environment.
   (B) It became the new capital of California.
   (C) It forced local laws to be updated quickly.
   (D) It brought greater economic development.

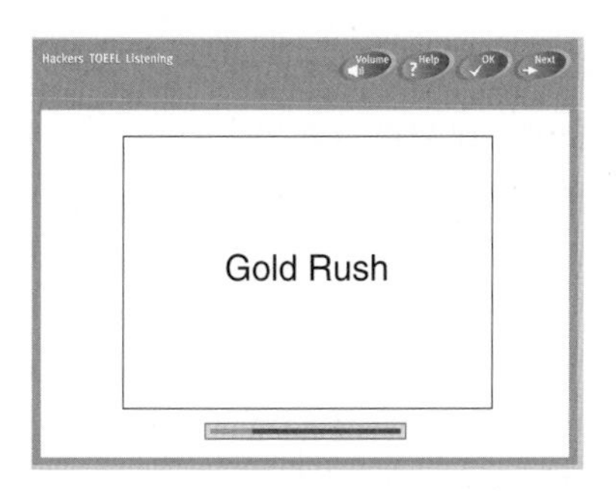

4. What did people do when they could not pan any more gold?

(A) They settled in mining areas.
(B) They developed gold mines.
(C) They found more gold in rivers.
(D) They returned to their previous homes.

5. What was the drawback of hydraulic mining?

(A) It involved more manpower than traditional methods.
(B) It produced sediment that causes flooding.
(C) It made recovering gold flakes difficult.
(D) It created dangers for workers trapped underground.

6. Why did California become a US state?

(A) Due to the non-existence of laws prohibiting slavery
(B) Due to increasing conflict with Native Americans
(C) Due to the negative impact on natural surroundings
(D) Due to the growing amount of lawlessness

정답 p.618

4. Art

Overview

Art(예술)는 인간의 미적 감각을 형상화시키는 창조 활동과 그 결과물인 작품을 다루는 분야이다. 미술 · 조각 · 무용 · 건축양식 등의 다양한 분야가 포함된다. 토플에서는 각 시대를 풍미했던 대표적인 미술 양식과 특징, 세계 미술에 영향을 끼쳤던 예술가들에 대한 주제가 자주 출제된다. 따라서 이를 중심으로 배경지식을 습득하여야 한다.

관련토픽 및 기초지식

1. Styles of Art (미술양식)

❶ Prehistoric Art (선사 시대 미술)

선사 시대에는 주로 실용적인 그림이나 다산을 비는 그림 등 무언가를 바라는 그림이 많았다. 선사 시대 미술 작품은 주로 동굴 벽에서 발견되었다.

❷ Greek Art (그리스 미술)

그리스 미술은 아테네 지역을 중심으로 로마의 지배를 받기 전까지 대표적이었던 미술 양식이다. 이집트 조각의 전면성과 부동성, 그리고 이집트적인 비례가 사용되었던 것으로 미루어 그리스 조각은 고대 이집트의 영향을 받았음을 알 수 있다. 하지만 이집트의 조각들과 달리 이 조각들은 두 팔과 몸통 사이, 다리 사이에 무게를 지탱하는 돌 구조물이 없었다. 그리스 미술은 인체를 정확히 묘사하는 것에 중점을 두었다.

❸ Gothic Art (고딕 미술)

중세 미술의 특징은 일반 시민들에게 성경의 내용을 전달하려 했다는 것이다. 그리하여 중세 시대의 예술과 신과 만나는 장소인 성당(cathedral)은 웅장하고 화려해졌다. 고딕 미술은 중세 미술(Medieval Art)에 속하는 중세 시대의 미술 양식이다. 고딕 미술은 중세 후기 영국, 독일, 프랑스 여러 나라에 전파되어 유럽을 하나의 예술양식으로 통합시켰다. 고딕 미술 시대에는 염료의 발달로 화려한 색을 많이 사용하기 시작했다. 특히 고딕양식으로 건축된 성당은 스테인드 글라스를 이용해 장식한 거대한 창을 특징으로, 첨탑양식과 인물의 자연스러운 표현에 중점을 두었다.

❹ Renaissance Art (르네상스 미술)

르네상스 미술은 14~16세기 서유럽에서 일어난 문화 운동이다. 르네상스 문화는 이탈리아를 중심으로 발전하여 전 유럽으로 퍼져 나갔다. 이 시기에 교회는 신 중심에서 인간을 위한 것으로 변했고, 미술은 인간 중심의 아름다움을 추구하고자 했다. 르네상스 대표 예술가로는 보티첼리, 도나텔로, 미켈란젤로 등이 있다.

르네상스 시대에 예술품을 복원하는 데는 미적 가치에 비중을 두느냐, 원상태를 유지하는 것에 비중을 두느냐에 따라 두 가지 방법이 있었다. 미적 가치를 추구하는 예술가들은 예술품들을 복원하기 위해 새로운 재료나, 심지어 다른 예술품의 조각들을 사용했고, 그 결과 최초 예술품과는 아주 다른, 새로운 예술품들이 만들어졌다. 원상태를 유지하는 것에 비중을 둔 예술가들은 최초 예술품과 거리가 멀어지는 것을 싫어했고, 그들의 복원 방법은 최초 예술품에서 떨어진 조각들을 다시 붙이는 것에 머물렀다.

❺ Baroque Art (바로크 미술)

17세기 초부터 18세기 전반에 걸쳐 이탈리아를 중심으로 유럽의 여러 가톨릭 국가에서 발전한 미술양식이다. 바로크 미술은 가톨릭 국가의 종교미술에 새로운 힘을 불어 넣었으며 회화의 새로운 기법들과 주제를 다루기 시작했다. 명암(shading)의 강한 대비를 이용하여 세속적이고 현세적인 주제를 다루었고 원근법(perspective)이 등장했다. 바로크 미술은 비고전적 · 동적 · 불규칙적 · 과장적인 특징을 지닌다. 바로크 양식의 대표적인 조각가이자 건축가는 베르니니(Bernini)이다.

❻ Naturalism (자연주의)

19세기의 자연주의는 예술, 철학, 과학에서 나타난 사실주의 운동이자 사실적으로 물체를 묘사하는 데 중점을 둔 예술형태이다. 자연주의 작품의 예로는 미국 화가인 윌리엄 블리스 베이커(William Bliss Baker)의 풍경화, 귀스타브 플로베르(Gustave Flaubert)의 〈Madame Bovary〉가 있다.

❼ Impressionism (인상파)

인상파는 19세기 후반 프랑스를 중심으로 발전했다. 자연을 하나의 색채 현상으로 보고 빛과 함께 시시각각 움직이는 색채의 미묘한 변화 속에서 자연을 묘사하는 것에 중점을 두었다. 반 고흐(Van Gogh) · 모네(Monet) · 르노와르(Renoir) 등이 대표적인 인상파 화가이다. 그들은 빛에 의해 변하는 자연의 순간적 모습을 표현하기 위해 다양한 새로운 기법을 연구했다.

2. Fields of Painting (회화의 분야)

❶ Oil Painting & Water Painting (유화와 수채화)

유화는 기름으로 물감을 풀어 캔버스(canvas)에 그린 작품을 말한다. 색조나 색의 농담을 쉽게 얻을 수 있고 광택(luster) · 투명도(transparency) · 질감(texture) 등을 자유롭게 표현할 수 있는 장점이 있다. 반면 수채화는 물감을 물에 풀어 종이에 그린 작품을 뜻한다. 투명한 느낌을 강조하는 수채화는 유화와는 달리 덧칠을 할수록 탁해지므로 한번 그린 것을 수정하기 힘든 단점이 있다. 빛에 의한 음영변화 효과를 얻을 수 있어 풍경화에 적합하다.

❷ Stained Glass (스테인드 글라스)

유리의 발견은 기원전 3000년 경에, 이집트와 메소포타미아의 도공들이 찰흙을 천연 탄산소다로 만들어진 토막 위에 구우면서 발견했다고 여겨진다. 기원전 1350년경으로 짐작되는 이집트 유리 공장의 유적은 현재까지 남아 있다. 기원후 1세기가 되자 로마인들은 유리 불기 제법을 발명했다. 12세기와 13세기 중세시대에는 유리를 제조하면서 색을 넣을 수 있도록 몇 가지 광물을 첨가했다. 이것이 스테인드 글라스의 초기이다.

스테인드 글라스는 모자이크(mosaic)의 영향을 받아 만들어진 채색한 유리판을 뜻한다. 검은 윤곽선 사이에 여러 가지 색유리 조각을 끼워 빛에 의한 아름다운 채색효과를 얻는 방법이다. 역사적으로 스테인드 글라스를 만들기 위해 세 가지 방법으로 유리에 색을 줬다. 첫째, 유리에 광물을 첨가해 주는 방법, "플래시드 글라스(flashed glass)"라는 유리 위에 페인트를 얇게 칠해 불로 융합시키는 방법, 마지막으로 색이 들어간 유리 조각을 납으로 연결하는 대신 한 장의 유리에 여러 가지 다른 색으로 페인트를 칠하는 방법이 있었다. 마지막 기법을 택한 예술가들은 16세기의 프레스코 화법 작품을 모사하고 싶었기 때문에 이 방법을 택했다.

❸ Fresco & Tempera (프레스코와 템페라)

이탈리어로 "신선"이란 뜻의 프레스코는 회반죽 벽이 마르기 전에 그곳에 안료를 물에 개어 그린 벽화 또는 그 기법을 가리킨다. 템페라는 색채가 있는 물질을 빻거나 갈은 후 용매를 첨가하여 만든 불투명한 물감 또는 그것으로 그린 그림을 뜻한다.

❹ Pottery (도예)

토기, 도자기 등을 만드는 작업인 도예는 오래전부터 여러 문화에서 존재했다. 파라카스(Paracas) 문화는 기원전 750년부터 서기 100년까지 페루 남부 해안에 존재한 문명으로 세련된 채색 도자기와 화려한 직물을 남긴 것으로 알려져 있다. 나스카(Nazca)는 파라카스 문화에 이어 서기 100~800년에 페루 남부에 존재했던 문화로, 이 나스카 문화의 사람들은 아도베라 불리는 흙, 풀과 자갈 벽돌로 신전, 피라미드, 광장 등을 만들었다. 나스카의 이름을 세계적으로 널리 알린 것은 고도의 기술로 만들어진 섬세한 토기였다.

❺ Statue (조각상)

조지 워싱턴(George Washington)의 조각상을 만든다는 것은 예술가들에게 이 조각상이 민주주의, 일반인, 그리고 미국을 이끈 대통령을 동시에 상징해야 한다는 문제를 제기했다. 조각상을 의뢰 받은 그리너프(Horatio Greenough)와 우동(Jean-Antoine Houdon)은 각각 다른 접근법을 택했다. 고전적인 스타일에 많은 영향을 받은 그리너프는 워싱턴을 그리스 신 제우스로 묘사했고, 우동은 워싱턴을 독립 전쟁 때의 모습으로 묘사했다. 그리너프의 조각상은 워싱턴을 황제로 표현했다는 심각한 비평을 받았고, 우동의 조각상은 워싱턴의 인간적인 면에 초점을 두어 모든 미국인들이 위대한 일을 할 수 있다는 가능성을 암시한다는 호평을 받았다. 워싱턴의 조각상들로 같은 인물의 조각상도 서로 다른 것을 상징하고, 또 실제 인물과 거리가 먼 상징적인 의미를 부여 받는다는 것을 알 수 있다.

3. 유명한 예술가

❶ Claude Monet (클로드 모네, 1840~1926)

모네는 프랑스의 대표적인 인상파 화가이다. 초기에는 인물화(figure painting)를 그렸으나 점차 밝은 야외에서 풍경화(landscape painting)를 그리기 시작했다. 그는 1872년 세느(Seine) 강변의 밝은 풍경을 그려 인상파 양식을 개척하였다. 1874년 파리에서 열린 전시회에 출품한 그의 작품 〈인상 · 일출〉에서 인상파란 이름이 모네를 중심으로 한 화가집단에 붙여졌다. 이후 그는 인상파 기법의 전형을 만들며 대표적 지도자로서의 위치를 굳혔다. 그의 대표작으로는 〈소풍〉, 〈강〉, 〈루앙대성당〉 등이 있다.

❷ Vincent Van Gogh (빈센트 반 고흐, 1853~1890)

고흐

반 고흐는 서양 미술 사상 가장 위대한 화가로 여겨진다. 그의 작품은 세계에서 가장 널리 알려져 있고 가장 비싼 미술 작품이다. 반 고흐가 그의 여러 작품에서 묘사한 밤 하늘은 너무나도 정확해 천문학자들은 그림의 별들의 위치를 이용해 작품이 완성된 날짜와 시간을 계산할 수 있었다. 그의 대표작으로는 〈별이 빛나는 밤에〉, 〈해바라기〉, 〈아를의 집〉 등이 있다.

❸ Johannes Jan Vermeer (요하네스 얀 베르메르, 1632~1675)

17세기 네덜란드의 화가인 베르메르는 그의 그림에 자연스러운 조명을 담기 위해 여러 기술들을 끊임없이 연습하고 실험했다. 걸작인 〈The Art of Painting〉은 그의 활동 기간 막바지에 제작된 것으로 추정되며, 이 작품에는 여러 가지 해석이 존재한다. 또한 이 작품에 그려진 장면은 실제 장면을 재현한 것인지 알 수 없고, 반이 어둠에 덮혀있어 시간이나 장소를 파악하기도 힘들다.

❹ Rembrandt Harmenszoon van Rijn (렘브란트, 1606~1669)

네덜란드의 예술가 렘브란트는 유화뿐만 아니라 에칭으로도 유명했다. 그가 한 금속판에 왁스를 입혀 그 위에 조각한 후 잉크를 발라 종이에 찍어내는 에칭 작업은 Jaques Callot의 échoppe이란 발명품에 의해 더욱 발전되었다. 렘브란트는 échoppe을 사용해 그의 작품 〈Hundred Guilder Print〉에서 음영과 표현 기술을 마음껏 발휘했다.

❺ Mary Beale (메리 빌, 1633~1699)

영국 최초의 여성 전문화가로서 그녀는 17세기 영국의 가장 유명한 초상화가였다. 그녀의 아버지와 남편 모두 화가였으며, 그녀는 아버지로부터 미술을 배웠고, 결혼 후에는 그녀의 남편이 조수로 일하며 페인트를 섞어주는 등 잡무를 도왔으며 그녀의 꽤 많은 수입을 관리했다.

❻ Amedeo Modigliani (아마데오 모딜리아니, 1884~1920)

이탈리아의 표현주의자 화가 모딜리아니는 인체를 그대로 그리지 않고 그의 감정을 담아 독특하게 표현한 것으로 유명하다. 그의 인물들은 단순화된 형태로, 부드러운 선, 타원형의 얼굴과 몸을 가지고 있고, 이 인물들의 빼놓을 수 없는 특징은 길고 가느다란 목이다.

❼ Frida Kahlo (프리다 칼로, 1907~1954)

멕시코시티 교외에서 태어난 프리다 칼로는 멕시코의 가장 유명한 화가이다. 그녀는 현실주의, 초현실주의, 상징주의, 그리고 멕시코의 토속 문화에 영향을 받아 주로 밝은 색으로 그림을 그렸고, 그녀의 작품 대부분은 자신의 초상화였다. 1925년, 18세의 칼로는 교통사고로 척추, 쇄골, 갈비뼈, 골반, 오른쪽 다리와 오른쪽 발이 부러졌고, 발과 어깨가 빠졌으며, 자궁을 크게 다쳤다. 그녀는 이 사고로 35차례의 수술을 받았지만 평생 동안 사고 후유증에 시달렸다. 사고 후 자신의 침대에서 지내는 시간이 길어지자 본격적으로 그림을 그리기 시작했다. 이 대형 사고의 정신적, 육체적 고통은 그녀의 삶에만 영향을 준 것이 아니라 그녀의 예술 작품들의 주제이기도 했다.

❽ Paul Jackson Pollock (잭슨 폴록, 1912~1956)

일찍부터 예술 공부를 시작한 폴록은 도시와 도시의 빠른 진보를 싫어하는 지방주의자인 토마스 하트 벤튼(Thomas Hart Benton) 밑에서 공부를 했고, 그의 초기 작품은 아주 지방주의적인 느낌을 갖고 있었다. 하지만 1940년대 이후, 폴록의 그림은 점점 추상적으로 변해 갔다. 그는 캔버스를 바닥에 내려놓고 그 위에 페인트를 던지고 뿌리는 등 독특한 화법으로 대중의 주목을 끌었다. 폴록의 작품과 인기는 현대 미술의 중심을 파리에서 뉴욕으로 바꿔 놓았다. 하지만 폴록의 작품은 어떤 아이라도 똑같이 할 수 있다는 의견과 그것은 대단한 추상적 표현주의자만이 할 수 있는 것이라는 엇갈린 평가를 꾸준히 받아왔다. 폴록의 대표작은 〈Lavender Mist〉이다.

❾ Andrew Warhol (앤디 워홀, 1928~1987)

미국 팝아트의 선구자라고 불리는 앤디 워홀은 순수 미술에 대한 고정관념을 깨뜨리고 수프 깡통, 코카콜라 병, 사교계나 정치계 인물의 초상화를 그렸고, 그의 작품들을 조수들과 대량 생산하여 상업 미술가로서도 큰 성공을 거두었다. 그의 초상화들은 실크 스크린 판화기법으로 제작되었고, 한 작품 내에서도 그림이 여러 번 복제됐다는 것이 특징이다.

Hackers Test

 [1-6] Listen to a talk on art.

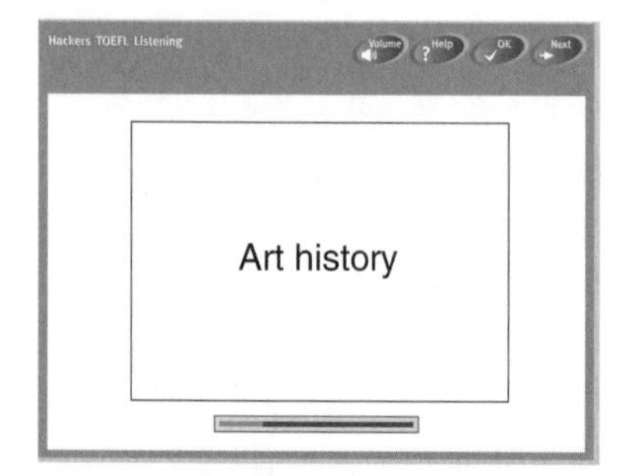

1. What does the professor mainly discuss?

   (A) Effects of factory buildings on workers' health
   (B) The evolution of design in nineteenth century handcrafted products
   (C) The policies industrialists imposed at the work place
   (D) A movement that valued craftsmanship

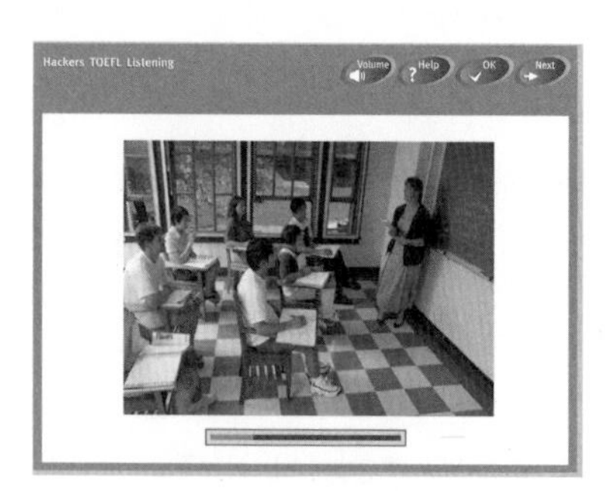

Listen again to part of the lecture. Then answer the question.

2. Why does the professor say this: 

   (A) To correct some information she gave in another lesson
   (B) To explain a topic she just introduced
   (C) To acknowledge a fact she brought out in a previous statement
   (D) To encourage the students to give other examples

3. How does the professor introduce her discussion of the origins of the Arts and Crafts movement?

   (A) She compares making a part of a product with making the whole product.
   (B) She identifies a strategy that has been successful in improving output.
   (C) She describes a policy that was enforced in the manufacture of products.
   (D) She contrasts well-made products with cheap and nasty products.

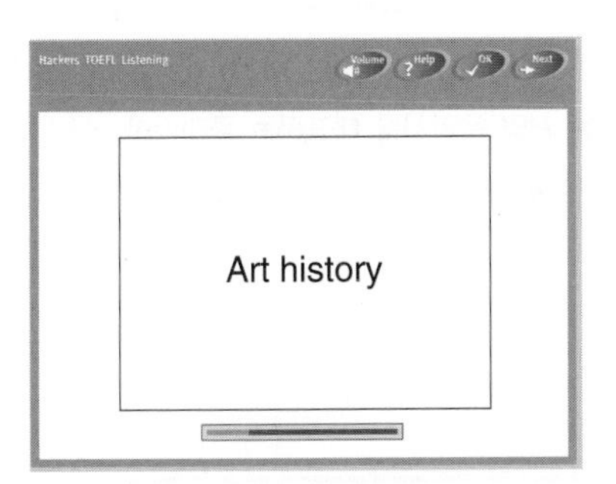

4. What does the professor imply about items of Victorian design?

   (A) They required the skills of craftsmen.
   (B) They were not beautiful in appearance.
   (C) They were too costly to produce.
   (D) They were relatively simple to manufacture.

5. According to the lecture, what were the objectives of the Arts and Crafts movement?

   Click on 2 answers.

   (A) Invent new technologies in the manufacture of objects
   (B) Involve workers in the entire production process
   (C) Imitate the master craftsmen in design making
   (D) Produce fine objects the working class could pay for

6. According to the professor, what was the main reason the movement eventually became successful?

   (A) It paid its craftsmen acceptable wages.
   (B) It sold handcrafted objects at higher prices.
   (C) It made one-of-a-kind items.
   (D) It emphasized aesthetics over the materials used.

정답 p.620

5. Music

Overview

Music(음악)은 소리를 소재로 하여 박자(time) · 선율(melody) · 화성(harmony) · 음색(timbre) 등을 일정한 법칙과 형식으로 조합하여 사상과 감정을 표현하는 예술이다. 토플에서는 서양 음악사를 대표하는 클래식과 미국에서 유래된 재즈 등의 특정 음악 장르에 대한 강의가 출제되고 있다. 그러므로 주요 음악 장르 및 해당 장르에서 주로 사용되는 다양한 악기와 연주법 등에 대한 이해가 필요하다.

관련토픽 및 기초지식

1. Music Genres & Trends (음악의 장르와 경향)

❶ Classical Music (클래식 음악)

로마시민 중 최상류층을 가리키는 "클라시쿠스(Classicus)"라는 말에서 유래되었으며 "잘 정돈된, 품위 있는"의 의미를 갖고 있다. 이 말을 따서 예술상의 최고 걸작을 "고전(classic)"이라 부르게 되었다. 바흐가 사망한 1750년부터 베토벤이 사망한 1827년까지의 기간 동안 활동한 음악가들이 만든 작품들을 클래식이라 할 수 있다. 모차르트(Mozart), 하이든(Haydn), 베토벤(Beethoven) 등이 대표적인 음악가이다.

❷ Romantic Music (낭만주의 음악)

낭만주의 음악은 고전주의 이후, 약 1820년대에서 1900년대 초반까지 창조된 음악 장르이다. 19세기에 유럽과 근대 국가에서 산업혁명이 일어났고, 악기들은 산업 혁명의 기술 발전에 힘입어 더욱 자유로운 성량 및 음정 표현이 가능하도록 개량되었다. 플루트, 트럼펫 등의 금관 악기에는 소리의 질을 높여주는 밸브가 부착되었고, 이러한 발전은 더욱 다양하고 풍부한 색채의 음향을 창출해낼 수 있도록 하였다. 연주 기술에서도 반음과 불협화음을 사용하는 다양한 기법이 등장했다. 낭만주의 음악의 대표적인 음악가는 베토벤, 쇼팽, 슈베르트, 브람스, 차이코프스키 등이다.

❸ Opera (오페라)

중세 이태리에서 시작된 오페라는 인문주의자라고 불리는 예술가들의 집단에 의해 만들어졌다. 인문주의자들은 노래와 이야기가 섞인 고대 그리스의 연극을 상기시키는 예술 형태를 만들어내고자 했다. 오페라는 크게 두 부분으로 구성되어 있는데 이는 recitative(줄거리를 발전시키기 위해 평소 대화할 때와 비슷한 느낌으로 부르는 노래)와 aria(등장 인물의 감정을 표현하기 위해 악기를 포함한 강렬한 노래)이다. 1670년대 프랑스에서는 tragédie en musique이라는 새로운 형태의 오페라가 만들어졌고, 18세기에는 opera serie라는 이태리 스타일의 오페라가 영국에 소개되었다.

❹ Jazz (재즈)

19세기 말 아프리카에서 미국으로 팔려온 흑인 노예들의 민속음악과 미국 본토 백인의 유럽음악의 결합으로 생겨났다.

래그타임 (ragtime)

1910년대에 들어서부터 재즈라는 명칭을 사용하기 시작했으며 그 이전에는 일반적으로 래그타임(ragtime)이라고 불렀다. 이는 "Ragged Time"에서 유래한 것으로 음표를 박자보다 조금 앞이나 뒤에 놓음으로써 멜로디가 박자와 박자 사이에 떠 있는 것처럼 느껴지도록 하는 Ragged 기법과 관련되어 있다. 왼손은 정확한 박자를 짚지만, 오른손은 당김음인 분절법(syncopation)을 사용하여 리듬이 어긋나 있는 것이 래그타임의 특징이다. 스콧 조플린(Scott Joplin)과 젤리 롤 모턴(Jelly Roll Morton) 등이 래그타임의 대표적인 음악가이며, 조플린의 〈Maple Leaf Rag〉는 래그타임 음악 중 가장 잘 알려진 곡일 것이다.

레지나 카터 (Regina Carter, 1966~)

1966년 디트로이트, 미시건 주에서 태어난 레지나 카터는 미국의 가장 창조적인 예술가 중 한 명이다. 그녀는 클래식 바이올리니스트로 시작했지만 프랑스 출신의 재즈 바이올리니스트 스테란 그래펠리의 연주를 듣고 자유로운 재즈 연주에 매료되어 재즈 바이올리니스트로 전환하게 된다. 그 후, 그녀는 여성 재즈 5인조 "Straight Ahead"로 이름을 알렸고, Berklee College of Music을 포함한 여러 기관에서 학생들을 가르쳤다.

아방가르드 음악 (avant-garde music)

예술에서 아방가르드는 이제까지의 예술 개념을 변화시킬 수 있는 혁명적인 예술 경향을 뜻한다. 아방가르드 음악은 '소리'에 자발적이며 자유로운 생동감을 주기 위해 음조(pitch) · 리듬 · 형식 등의 요소를 미리 정하지 않고 연주자의 임의성(voluntariness)에 맡긴다.

존 케이지 (John Cage, 1912~1992)

미국 출신의 우연성 음악(chance operation)의 대표 음악가이다. 그의 〈4분 33초〉라는 작품은 연주 중에 이 시간만큼 일부러 아무런 연주를 하지 않음으로써 청중에게 들리는 우연적 음향을 표현했다. 이는 작곡가나 연주가에 의해 제시된 음악적 재료를 어떤 법칙이나 제약 없이 전달하기 위한 행위 예술이었다.

2. Musical Instruments (악기)

악기 분류 (musical instrument classification)

소리를 내어 음악을 이루는 요소가 되는 기구들은 모두 악기라 할 수 있다. 하나의 분류 기준으로는 다양한 악기의 성격을 제대로 반영하기 힘들기 때문에 악기의 재료 · 모양 · 연주형태 · 연주법 등의 여러 기준으로 분류하고 있다. 일반적으로 연주기법을 기준으로 악기를 구분하고 있다. 현악기(string instruments)는 줄을 활로 켜거나 손으로 뜯어서 소리 내는 악기이며 바이올린 · 첼로 · 기타 등이 있다. 관악기(wind instruments)는 입으로 불어서 소리 내는 관모양의 악기로 재료에 따라 목관악기 · 금관악기로 나뉜다. 타악기(percussion instruments)는 치거나, 흔들거나, 두드려서 소리 내는 모든 악기들을 말하며 가락을 연주할 수 있는 것과 단순히 리듬이나 효과만을 낼 수 있는 악기로 나누어진다. 피아노와 오르간은 건반악기(keyed instruments)에 속한다.

피아노 (piano)

하프시코드(harpsichord)를 제작한 바르톨로메오 크리스토포리(Bartolomeo Cristofori)가 1698년에 새로운 건반 악기를 만들기 시작했다. 당시 하프시코드는 음량 조절이 불가능해 대중적인 인기를 얻지 못했고, 그래서 그는 음량 조절이 가능한 악기를 만들고 싶어했다. 1709년에 새로운 악기가 완성되었고, 이 악기의 이름은 "피아노와 포르테가 되는 챔발로"(gravicembalo col piano e forte)였다. 그 후, 이것의 이름은 피아노포르테(pianoforte)로 바뀌었고 그리고는 piano(피아노)란 이름으로 불리게 되었다.

Hackers Test

 **[1-7] Listen to a talk on opera.**

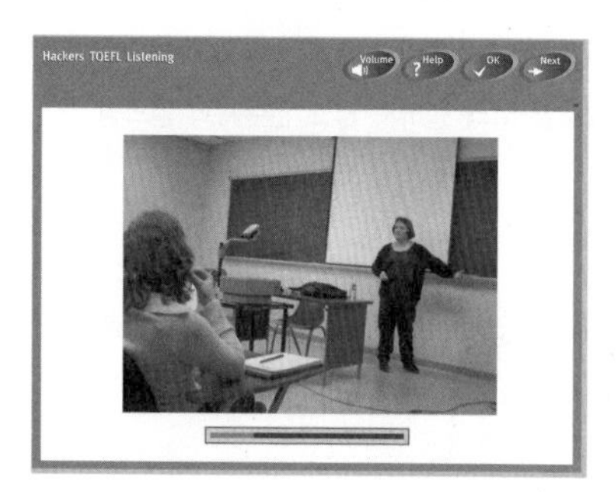

1. What does the professor mainly discuss?

   (A) The varieties of vocal music in Renaissance Italy
   (B) The origins and proliferation of opera in Europe
   (C) The musical forms that influenced the development of opera
   (D) The composition and structure of classical operas

2. Why does the professor mention *Madame Butterfly*, *Carmen*, and *The Marriage of Figaro*?

   (A) To introduce three of the earliest Italian operas
   (B) To give examples of operas from various countries
   (C) To show that students have some familiarity with the topic
   (D) To emphasize the importance of composers

3. According to the lecture, what factor inspired the creation of opera?

   (A) The performances that took place for members of the court
   (B) The political tension between France and Italy
   (C) The success of Broadway musicals in America
   (D) The type of performances that happened in Ancient Greece

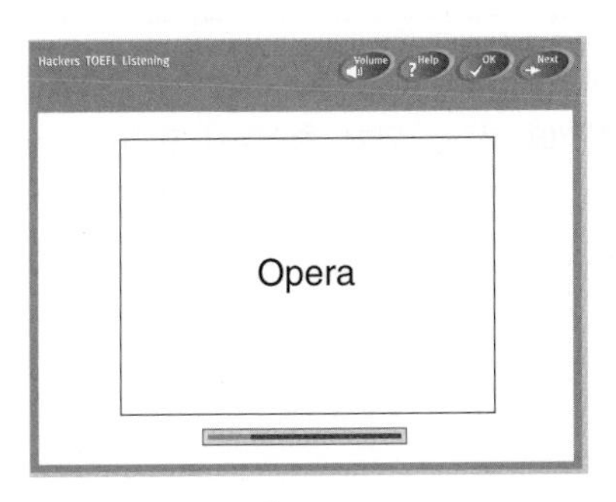

4. Why does the professor mention Broadway?

(A) To explain the influences on early opera
(B) To illustrate the spread of opera to faraway places
(C) To make a point about the change in opera
(D) To show that audience tastes frequently change

Listen again to part of the lecture. Then answer the question.

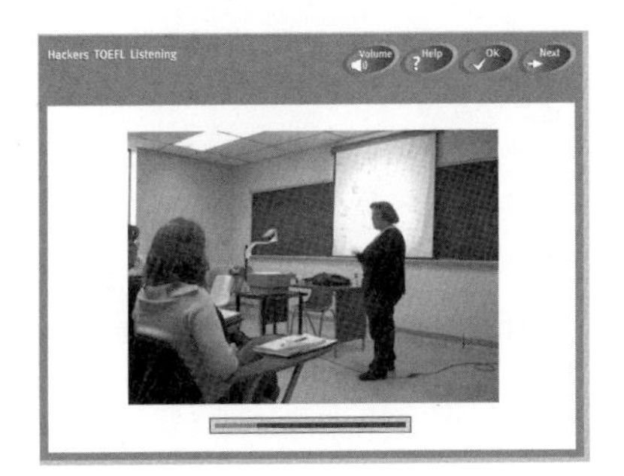

5. What does the professor imply when she says this: 🎧

(A) Opera would never come to be accepted in France.
(B) Dance was not an important part of Italian culture.
(C) War prevented the spread of local opera forms.
(D) Audience tastes can be motivated by political factors.

6. According to the professor, what is true about *tragédie en musique*?

(A) It strived for purity by focusing strictly on the music and lyrics.
(B) It originated in Italy and was later adapted to the tastes of French audiences.
(C) It was the first type of opera permitted in Britain after the Restoration.
(D) It dealt with mythological themes as opposed to historical subjects.

정답 p.622

6. Environmental Science

Overview

Environmental Science(환경학)는 인간의 활동이 야기하는 여러 가지 환경 문제에 과학적으로 접근하여 해결방안을 탐구하는 응용과학의 한 분야이다. 토플에서는 인간이 자연에 미치는 영향, 천연자원 고갈(natural resource shortage)과 토지 활용 문제, 생태계 보호, 야생 동식물 보호(wildlife management), 에너지 정책(energy policy) 등과 관련된 주제가 자주 출제된다. 따라서 이 분야의 주요 이슈에 대해 미리 파악하고 있으면 도움이 된다.

관련토픽 및 기초지식

1. Ecosystem (생태계)

❶ Endangered Species (멸종위기 동물)

먹이사슬(food chain)을 구성하는 종(species) 중 한 종류의 개체수에 급격한 변화가 생기면 사슬 내의 다른 동물들의 생존에도 영향을 미치며, 나아가 생태계 전체에 위기를 불러올 수 있다. 따라서 멸종 위기에 처한 동물을 보호하기 위한 노력이 필요하다.

자연보호주의자(conservationist)들의 자연보호 방법

기존에는 멸종위기 동물을 포획하여 수를 늘린 후 야생으로 되돌려 보내는 방법이 일반적이었다. 하지만 야생 상태에서는 먹이와 활동공간의 부족으로 멸종동물의 개체수가 더 이상 증가하지 못하는 문제점이 있기 때문에 자연보호주의자들은 야생동물이 서식할 수 있는 공간을 따로 마련하고 풍부한 식량자원을 공급하는 방향으로 정책을 바꾸고 있다.

야생 연어(salmon)의 멸종위기

일반적으로 연어를 멸종위기종으로 보지는 않지만 이는 양식 연어의 수를 포함시킬 경우이고, 야생 연어의 개체수만 보면 연어도 멸종위기종으로 분류될 수 있다. 양식장의 연어가 방생되거나 또는 탈출해서 생태계에 문제를 일으키기도 한다. 양식용 연어의 종은 제한되어 있는데 이들이 생태계에 나가 제한된 서식지와 먹이를 두고 야생 연어와 경쟁하여 조화롭던 생태계에 불균형을 초래하게 되는 것이다.

❷ Tropical Rainforest (열대 우림)

적도(equator)를 중심으로 분포하는 밀림으로 다양한 종의 동식물이 존재한다. 연간 강수량(annual precipitation)은 10,000mm로 많고 계절에 따른 강우량의 변동이 적다. 기온의 연교차는 5~6도로 일교차보다 적다.

아마존 수몰림 (Amazon flooded forest)

우기(wet season) 시 강이 범람해 물에 잠기는 아마존의 일부 지역을 아마존 수몰림이라고 한다. 범람하는 강의 수질에 따라 아마존의 수몰림도 두 종류로 나눌 수 있다. 브라질어로 흰 물이라는 뜻을 가지는 varzea형 강에는 광물과 유기물이 풍부해 풍부한 동식물 개체가 존재한다. 부근의 토양도 비옥하기 때문에 농장이 많이 자리잡은 것을 볼 수 있다. 반면 검은 물이라는 뜻의 igapó형 강은 산성을 띄고 있고 광물과 유기물이 부족해 igapó형 강 주변의 수몰림에서는

제한된 일부 생물만이 자랄 수 있다. 무지개 빛의 관상용 물고기(aquarium fish)나 맹그로브(mangroves) 등이 이 지역에 적응하여 살아가는 대표적인 생물이다.

레퓨지 이론 (refuge theory)

아마존 열대 우림

아마존 열대 우림에 다양한 종(species)의 동식물이 존재하는 이유를 설명하는 이론 중에 레퓨지 이론이 있다. 빙하기에 살 곳이 없어진 동식물들이 아마존 우림(Amazon rainforest)을 피난처(refuge)로 삼아 그곳에서 다양하게 진화했다는 이론이다. 학자들이 이를 증명하기 위해 아마존 강 바닥의 퇴적층을 조사했다. 기후가 건조해졌다면 아마존 밀림이 풀밭으로 변해서 퇴적층이 풀로 구성되어 있을 것이고 건조하지 않은 시기의 퇴적층은 나무로 구성되어 있어야 한다. 그러나 조사 결과 모든 퇴적층이 나무로 이루어져 있어서 이 이론은 사실이 아닌 것으로 판명났다.

지구의 허파 (earth's lung)

열대 우림은 지구의 허파 또는 공기청정기(purifier)라고도 불린다. 대기 중에 산소를 공급하고 이산화탄소를 제거해주기 때문이다. 이는 온실효과를 줄여 지구의 온도를 유지하는 효과를 가져온다. 또한 열대 우림에 서식하는 다양한 식물은 의약품의 원료로 사용되기도 한다.

❸ Food Chain (먹이사슬)

생태계는 생산자(녹색식물)→1차 소비자(herbivore)→2차 소비자(carnivore)→3차 소비자의 먹이연쇄를 이룬다.

순환 (cycle)

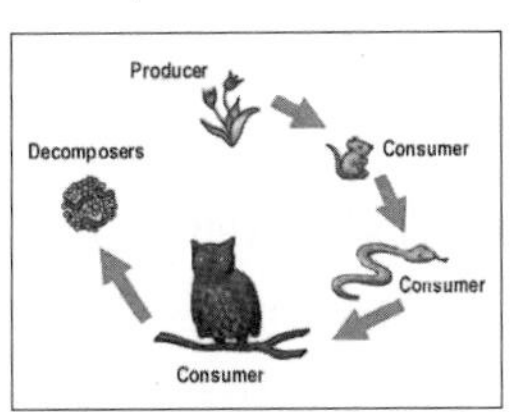

먹이 사슬

먹이연쇄는 단방향으로 진행되는 게 아니라 순환의 과정을 거친다. 동식물의 죽은 몸체는 세균 즉, 분해자(decomposer)에 의해 분해되고, 그 결과물인 무기물(mineral)이 다시 1차 소비자인 식물로 흡수되는 과정을 통해 순환되는 것이다. 실제 자연계의 먹이연쇄는 먹이그물(food web)의 형태로 여러 개의 먹이사슬이 서로 얽혀 있는 구조이다.

생물농축 (biological concentration)

생물농축은 1차 소비자가 흡수한 오염물질이 먹이그물을 따라 2차, 3차 소비자로 농축되어가는 현상을 말한다. 수은(mercury), 납(lead)과 같은 중금속이나 살충제(pesticide) 등의 일부 독성물질은 체내에서 분해되지 않고 농축되어 생물이나 사람에게 심각한 질병을 일으킨다.

2. Pollution & Climate Change (환경오염과 기후변화)

❶ Marine Pollution (해양오염)

바닷물이 오염되는 현상으로 서서히 일어나며, 한 번 발생하면 회복이 어렵다.

부영양화 (eutrophication)

강이나 바다에 유기물이 유입되면 물 속의 미생물이 이를 분해하면서 생태계에서 순환이 이루어진다. 유입된 유기물이 순

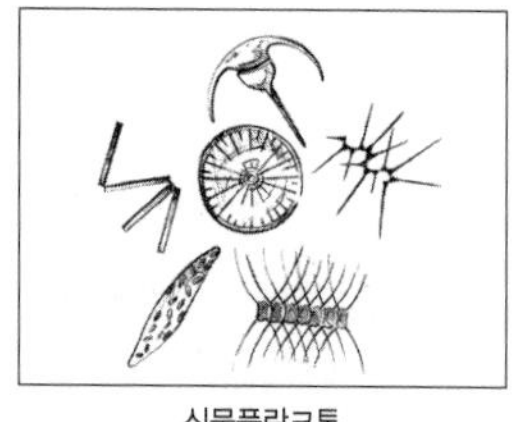
식물플랑크톤

조롭게 순환이 되는 것을 자정작용(self-purification)이라고 하고, 유기물이 자정능력을 넘어 대량으로 유입되면 순환이 제대로 이루어지지 않아 영양염류(nutritive salts)가 풍부해지고 식물성 플랑크톤(phytoplankton)이 과도하게 증식하게 되는데 이 현상을 부영양화라고 한다. 생활 하수, 농지의 비료(fertilizer)에서 배출되는 질소(nitrogen), 인(phosphorus)으로 인해 인위적부영양화가 발생하기도 한다.

적조현상 (red tide)

부영양화로 식물성 플랑크톤이 대량 증식하여 해수가 붉게 변하는 것을 말한다. 그 결과 산소가 부족해져 물고기가 질식사하게 되고 죽은 물고기가 박테리아에 의해 분해되면서 악취가 발생한다. 또한 호수를 늪지(swamp)로 변화시키기도 한다.

❷ Climate Change (기후변화)

기후가 오랜 기간에 걸쳐 점차 변화하는 것을 말하는데 특히 20세기 이후 지구의 평균기온이 점차 상승하고 있는 것을 가리킨다.

열섬 현상 (urban heat island)

도시의 기온이 인공적인 열이나 대기오염의 영향으로 교외보다 높아지는 현상이다. 공장 등에서 뿜어내는 인공열에 의한 대기오염과 빛을 흡수한 후 적외선의 형태로 다시 외부로 내보내는 아스팔트 · 콘크리트 등의 각종 인공 시설물의 증가, 그리고 태양열을 흡수하고 그늘을 만드는 각종 식물의 감소가 주원인이다. 기온이 높아지면 압력이 낮아져 주변의 찬 공기가 모이고 아래의 더운 공기는 상승하게 되는데, 이때 찬 공기와 더운 공기가 만난 후 응축되면 비구름이 생성된다. 이 때문에 도시에서 상대적으로 소나기가 자주 내리게 된다.

온실효과 (greenhouse effect)

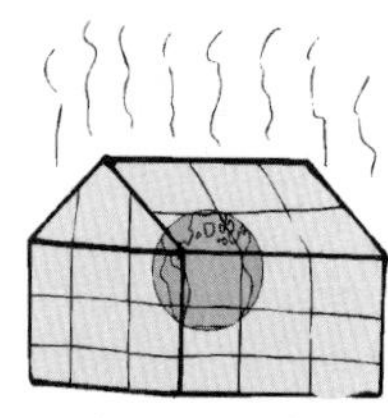
지구 기온 상승

대기 중의 수증기나 이산화탄소(carbon dioxide)가 온실역할을 하여 지구표면의 온도를 높게 유지하는 현상이다. 예방하기 위해서는 온실효과의 주원인인 대기 중의 이산화탄소 양을 줄이는 것이 중요하다. 석탄 · 석유 등 화석연료(fossil fuel)의 사용을 줄이거나 이산화탄소는 흡수하고 산소를 방출하는 녹지를 늘리는 지구공학적 작용(geo-engineering)을 이용하는 방법이 있다. 바다에 철분(iron)을 투입하여 이산화탄소를 흡수하는 식물성 플랑크톤을 대량으로 증식시키는 방법도 있지만 부영양화를 일으킬 위험이 있다.

3. Alternative Energy (대체 에너지)

❶ Renewable Energy (재생 에너지)

자연현상을 이용하여 전기 에너지를 얻는 방법으로 화석연료와 달리 에너지원(source)이 고갈될 염려가 없으며 무공해 재생이 가능하다. 반면 기후의 영향을 많이 받으며 초기 설치 비용이 크다는 단점이 있다.

지열발전 (geothermal power generation)

지열발전은 수천 미터 깊이의 우물을 파서 고온의 증기나 뜨거운 물을 얻어 이를 이용해 발전하는 방식이다. 비교적 열을 얻기 쉬운 화산대 주위 지역에 많이 발전했다.

조력발전 (tidal power generation)

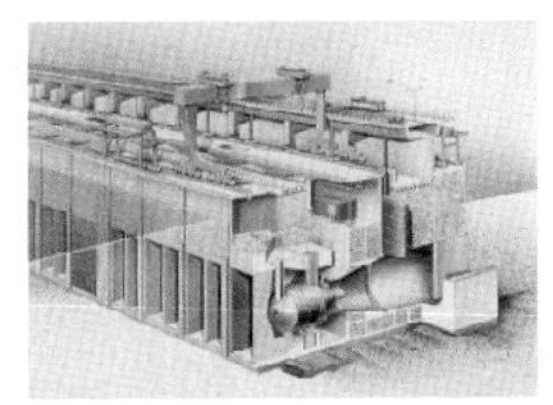
조력 발전 터빈

조력발전은 밀물(flow)과 썰물(ebb)의 수위 차이를 이용한 수력발전방식 중 하나이다. 조수 간만의 차가 커야 하므로 적용할 수 있는 지역이 제한되어 있다. 조력발전의 장점은 발전할 지역의 조석시간을 예측할 수 있다는 것이다. 그러나 수위의 변화가 균일하지 않으며 수위 변화가 없는 일정 시간대에는 발전을 할 수 없다는 단점이 있다.

❷ 기타 에너지원

일상 생활에서 쉽게 구할 수 있는 재료들을 에너지원으로 이용할 수 있는 방법들이 개발되고 있다.

쓰레기 에너지 (garbage energy)

바나나 껍질, 닭 뼈 등의 음식 쓰레기를 에너지원으로 이용하는 방법이다. 박테리아가 음식 쓰레기를 분해할 때 발생하는 부산물에서 메탄(methane)을 얻어 발전소(power plant)의 연료나 가정의 난방 에너지원으로 사용한다.

식물성 연료 (vegetable fuel)

식물성 기름으로 석유를 대신하는 방법이다. 대체 에너지의 일종인 천연가스(natural gas)는 자동차의 기존 엔진과 연료탱크를 바꾸어야만 사용이 가능하지만 식물성 연료는 기존의 장치를 교체하지 않고도 그대로 사용할 수 있는 장점이 있다.

Hackers Test

 **[1-6] Listen to a talk on environmental science.**

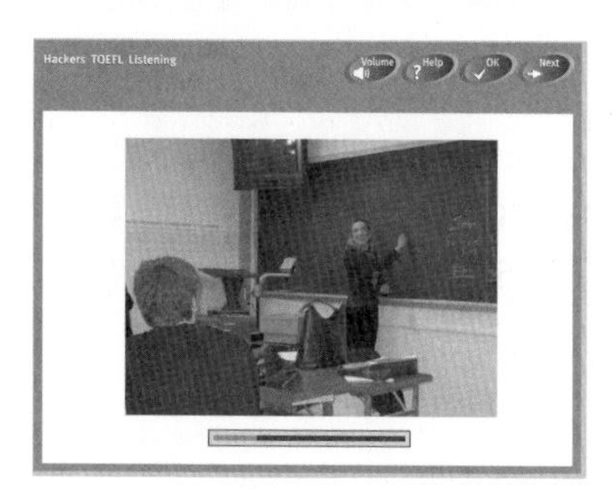

1. What is the main topic of the lecture?

   (A) Efficiency of energy production across the food chain
   (B) How food webs are created from food chains
   (C) Energy transferred between trophic levels via photosynthesis
   (D) Producers and consumers in food chains

2. How does the professor explain the concept of a "food web" to students?

   (A) She makes an analogy using spider webs.
   (B) She compares it with a more familiar concept.
   (C) She gives an example using simple terms.
   (D) She describes photosynthesis in plants.

3. What does the professor imply about food chains?

   (A) They are only used to describe producers and not consumers.
   (B) They do not account for an organism's genetic makeup.
   (C) They are too limited to act as appropriate models.
   (D) They adequately describe energy relationships.

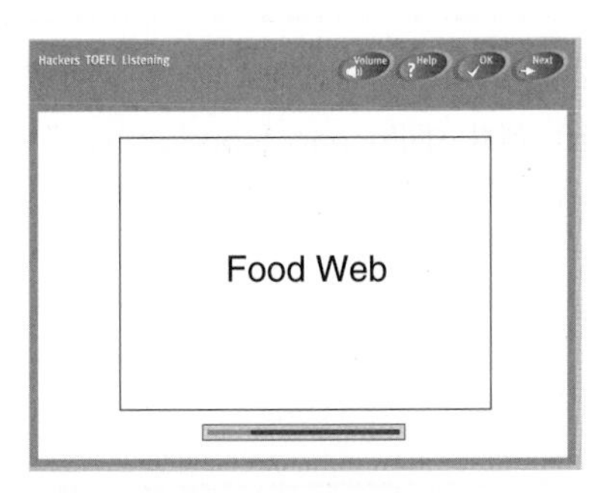

4. In the lecture, the professor describes certain organisms and their ability to consume and produce energy. Is each one an autotroph or a heterotroph?

Click in the correct box.

	Autotrophs	Heterotrophs
Animals		
Grass		
Cyanobacteria		
Fungi		

5. According to the professor, what are two reasons that a small amount of energy is passed to the next trophic level?

Click on 2 answers.

(A) It is consumed by same-level organisms.
(B) It is wasted in the process of photosynthesis.
(C) It is lost as heat via biological processes.
(D) It is excreted as waste by predators.

Listen again to part of the lecture. Then answer the question.

6. Why does the professor say this: 

(A) To explain why scientific estimates are necessary
(B) To demonstrate that a better calculation is needed
(C) To emphasize the need for energy waste laws
(D) To clarify that the figure provided is not always exact

정답 p.625

7. Geology

Overview

Geology(지질학)는 지각의 조성 · 성질 · 구조 · 역사 등을 연구하는 학문이다. 토플에서 주로 다루는 지질학의 연구 대상은 암석의 형성(rock formation)과 지각(earth's crust), 해저 지형(ocean topography)의 구조, 광물(mineral) · 귀금속(gem) · 원유(petroleum)의 매장, 지진(earthquake) 등이다. 따라서 지질학 지문에서 종종 등장하는 전문 용어들을 미리 익혀두면 도움이 될 수 있다.

관련토픽 및 기초지식

1. Geological Features (지질)

❶ Earth's Interior (지구의 내부구조)

지진파(earthquake wave)가 투과 · 분산되는 활동을 분석하여 각 층의 특성을 연구한다.

내부구조

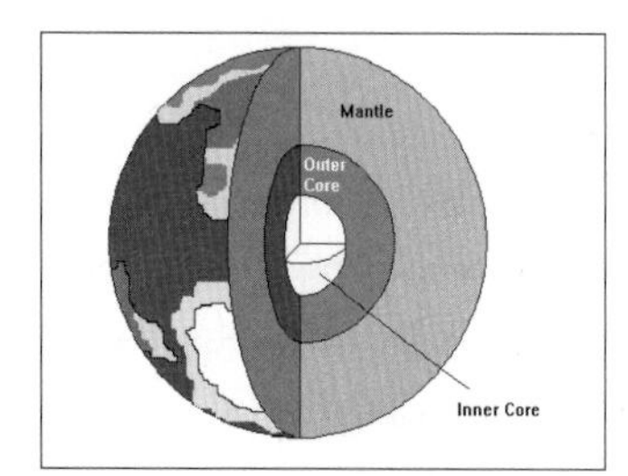

지구의 단면

지구 내부는 성질이 다른 여러 개의 층으로 이루어져 있다. 표면에서부터 핵 방향으로 지각(crust: 대륙 지각은 화강암, 해양 지각은 현무암으로 구성), 맨틀(mantle: 지각을 제외한 고체부분), 외핵(outer core: 액체 상태), 내핵(inner core: 철로 구성, 지구의 자전속도보다 빠르게 회전) 순서로 위치한다.

❷ Plate Tectonics (판 구조론)

지각이 여러 개의 판으로 구성되어 있는 것으로 보는 학설로, 대륙 이동설과 초대륙 이론의 근거가 된다.

대륙 이동설 (continental drift theory)

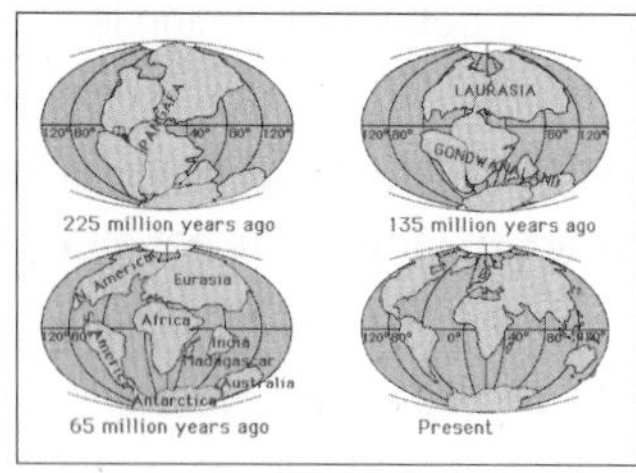

대륙 이동

대륙 이동설은 여러 개의 지각판이 지구 내부에서 작용하는 힘에 의하여 연간 수 센티미터 정도의 속도로 움직인다는 학설이다. 이런 지각변동(diastrophism)으로 인해 화산폭발 · 지진 · 습곡산맥 등이 발생한다고 주장한다.

초대륙 (Pangaea)

대륙이 현재의 모습으로 분산되기 전, 고생대 말기까지 이루고 있었을 거라 추정되는 거대한 가상의 단일 대륙을 초대륙(Pangaea)이라고 한다. 독일의 Wagner가 대륙 이동설을 바탕으로 주장했는데, 남아메리카 대륙과 아프리카 대륙의 해안선 굴곡이 비슷한 점, 두 대륙에서 발견되는 화석의 유사성, 극점의 이동 등이 그 근거가 된다.

❸ Glacier (빙하)

축적된 눈이 재결정화(recrystallization)되어 형성된 큰 얼음 덩어리이다.

빙하지형 (glacial landform)

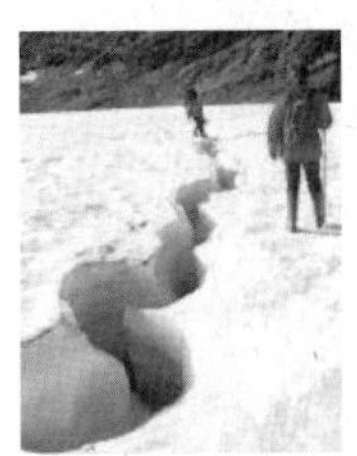
크레바스

빙하의 침식이나 퇴적작용에 의해 형성된 지형을 빙하지형이라 한다. 경사를 이루고 있는 지역에 있는 빙하는 상층부와 하층부의 얼음의 압력 차이에 의해 천천히 이동한다. 이때 이동방향을 따라 갈라진 틈이 생성되는데 이를 크레바스(crevasse)라고 한다. 에스커(esker)는 빙하 밑으로 흐르는 빙수를 따라 모래와 자갈 등의 퇴적물로 구성된 제방 모형의 지형이다.

빙하기 (ice age)

빙하시대 동물

빙하기에는 지구의 기온이 화씨 6도 이하로 현저히 내려간 시기를 말한다. 약 200만년 전에 시작되어 약 1만년 전에 끝난 홍적세(Pleistocene epoch) 동안 4~6회의 빙하기와 각 빙하기 사이에 간빙기(interglacial epoch)가 있었다.

융해호소 (thaw lake)

영구동토대(permafrost)의 얼음이 녹아 지면이 함몰되면서 형성되는 지형을 열카르스트(thermokarst)라고 하는데, 이 열카르스트 지형의 함몰된 부분에 물이 고여 이루어진 곳을 융해호소라고 한다. 여름에 기온이 올라가면 이 호소는 주변의 영구동토층을 녹이는 열침식(thermal erosion)을 일으키기 때문에 한 번 생성된 융해호소는 점점 자라게 된다.

❹ Submarine Topography (해저 지형)

해저(sea floor)는 육지에 비해 고도의 기복이 적고 경사가 완만한 특성이 있다.

해저지형의 구분

해저지형은 깊이에 따라 네 부분으로 나뉜다. 깊이 200m까지의 경사가 완만한 대륙붕(continental floor)은 태양빛이 해저 가까이 도달하고 영양분이 충분해 광합성이 왕성하게 이루어진다. 따라서 어장이 형성되기에 좋은 조건을 가진 곳이다. 대륙붕을 지나 갑자기 기울기가 급해지는 부분을 대륙사면(continental slope)이라 한다. 심해저(deep-sea floor)는 퇴적물들(sediments)이 넓게 펴져 형성된 심해저 평원(abyssal plain)과 기반암(bed rock)으로 구성된 심해저 구릉(abyssal hill)으로 나뉜다. 심해저에서 움푹 들어간 좁고 긴 곳은 해구(trench)라고 한다.

원격탐사 (remote prospecting)

멀리 떨어져 있는 물체가 반사하는 신호를 이용해 대상의 성질에 대한 정보를 얻어내는 기술로 해저지형 탐사에 응용된다. 해저 탐사에는 주로 음향측심기(echo-sounder)가 사용된다. 음향측심기는 초음파(super-sound)를 바다 밑으로 쏘아 보낸 뒤 그것이 반사되어 오기까지의 시간으로 바다의 깊이를 재는 기계이다. 초음파의 운동 속도는 바닷물의 온도나

염분, 수압 등에 따라 달라지므로 이런 조건을 고려해야 한다. 물의 깊이를 재거나 물고기 떼의 위치를 파악할 때, 바다 지형을 측량할 때 유용하다.

❺ Volcano (화산)

지구 내부에서 생성된 마그마(magma, 같은 물질이 지구 표면으로 분출된 후에는 용암(lava)이라고 불림)가 먼지(ash)·증기(steam)와 함께 지구 표면으로 분출된 후 굳어져 형성된다. 화산은 현재 분화를 계속하는 활화산(active volcano), 분화가 정지된 휴화산(dormant volcano), 화산활동이 완전히 끝난 사화산(extinct volcano)으로 구분된다.

화산 분화 예측 (prediction of volcanic eruption)

지각 아래의 마그마의 이동으로 인한 지진현상, 분화구의 가스 분출량 증가 등을 통해 화산 분화를 예측할 수 있다.

성층화산 (stratovolcano)

비교적 격렬하게 폭발하고 분출된 용암과 분화 부스러기가 교대로 쌓여 형성되는 화산이다. 꼭대기로 올라갈수록 경사가 급하다. 지구 상에 있는 화산의 60%를 차지하며, 미국의 세인트헬렌스산(Mt. Saint Helens), 일본의 후지산 등이 성층화산의 예이다.

순상화산 (aspite)

용암이 느릿하게 분출되어 분화 부스러기가 거의 없어 완만한 경사를 가진다. 거대한 방패를 엎어놓은 모양을 닮았다고 해서 순상화산이라는 이름이 붙었고, 대표적인 순상화산으로는 하와이의 마우나로아산(Mt. Mauna Loa)이 있다.

❻ Limestone Cave (석회동굴)

지하의 석회암층을 탄산을 함유한 빗물이 용해시켜 생겨난 동굴이다. 석회동굴은 가장 흔한 종류의 동굴인데 그 이유는 석회암으로 이루어진 지형이 비교적 흔하고 석회는 빗물에 용해되는 데 오랜 시간이 걸려 아직까지 많이 남아있기 때문이다. 석회동굴은 일반적으로 물에 의해 형성되지만 일부 동굴은 황산에 의해 형성되기도 하는데, 이런 종류는 일반적인 석회동굴보다 훨씬 더 빠른 속도로 형성되고 다채로운 색과 모양을 보인다. 황산에 의해 형성된 동굴의 대표적인 예로 미국 뉴멕시코 주에 위치한 레추길라(Lechuguilla) 동굴을 들 수 있다.

2. Diastrophism (지각변동)

❶ Earthquake (지진)

지각의 일부에 지속적으로 힘이 가해지면 이 지역의 암석들이 힘을 견디지 못하고 쪼개지는데, 이때 축적된 에너지가 한꺼번에 방출되어 생긴 지진파가 지면에 도달하면서 지진이 발생한다.

지진파 (seismic wave)

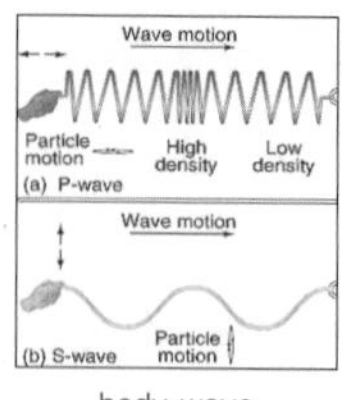

body wave

지진파는 지구 표면에서 발생하는 길고 느린 파동인 표면파(surface wave)와 지구 내부를 이동해 오는 파동인 실체파(body wave) 두 종류가 있다. 실체파는 P파(P-wave)와 S파(S-wave)로 나뉘는데 P파는 고체와 액체를 모두 통과하며 S파는 고체만 통과하는 특성이 있다.

지진 예측 (prevision of earthquake)

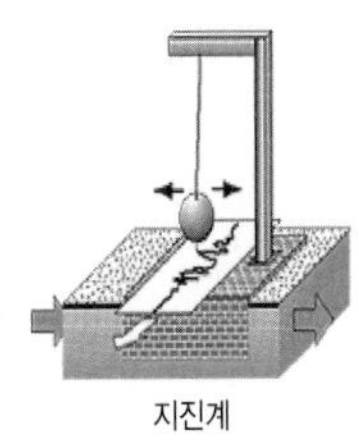
지진계

지진 피해를 줄이기 위해서는 지진의 발생 장소와 규모를 예측하는 일이 중요하다. 지각 중에 지진이 발생할 곳을 예측하고 그 곳에서 일어나는 현상을 관측하면 지진의 발생 여부를 사전에 알 수 있다. 지진 발생에 대한 정보를 제공하는 현상으로는 예진(foreshock), 땅의 경사(tilt), 동물의 행동 변화, 지구로부터 방출되는 방사선 변화 등이 있다.

3. Rocks (암석)

❶ Types of Rocks (암석의 종류)

현무암

암석은 지각(crust)과 상부맨틀(mantle)을 구성하는 물질이며 광물의 집합체이다. 암석은 생성되는 조건에 따라 퇴적암(sedimentary rock), 화성암(igneous rock), 변성암(metamorphic rock)으로 나누어진다. 퇴적암은 물질이 퇴적해 형성되므로 주로 해저에서 생성된다. 화성암은 지구 내부의 마그마가 굳어서 형성된다. 마그마가 땅속 깊은 곳에서 서서히 식으면 큰 입자를 가지게 되는데 이를 화강암(granite)이라고 한다. 반면, 지표 근처에서 급속히 냉각되어 작은 입자를 가지는 암석을 현무암(basalt)이라고 한다. 퇴적암과 화성암이 온도와 압력의 영향을 받아 광물의 조성과 조직이 변화한 것을 변성암이라 한다.

❷ Hoodoo (후두)

후두는 침식작용으로 기둥처럼 생긴 바위를 말한다. 성분이 일정하지 않은 퇴적암이 침식되어 만들어지기 때문에 암석 부분부분의 침식속도가 일정하지 않아 울퉁불퉁 기괴한 모양을 하고 있으며 건조한 지역에 주로 형성된다.

❸ Zircon (지르콘)

무색 · 회색 · 황갈색 · 적색 · 청색 등 여러 가지 색깔을 띠는 광택이 있는 결정체이다. 40여억 년 전의 지르콘에서 생명체와 관련된 탄소와 미네랄이 발견되면서 태고의 지구가 과학자들이 예상했던 것보다 훨씬 빠른 속도로 식었거나, 혹은 아예 화염이 아니라 얼음으로 뒤덮여 있었을 가능성이 제기되었다.

❹ Petroleum (석유)

석유는 논란의 여지는 있으나 일반적으로 플랑크톤 류의 바다생물이 오랜 기간 높은 압력과 열을 받아 생성되었다고 설명된다. 석유는 중동지역에서 주로 발견되는데, "oil pool"은 웅덩이의 모습이 아니라 암석 사이사이의 틈에 끼어있는 형태인 석유층을 비유적으로 가리키는 말이다.

Hackers Test

 **[1-6] Listen to a talk on geology.**

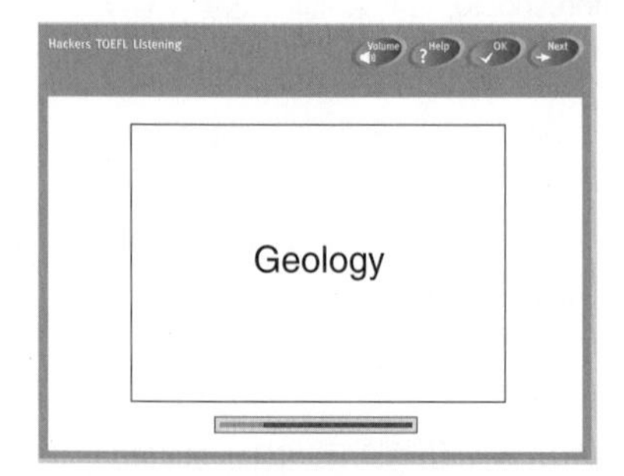

1. What is the lecture mainly about?

   (A) An age-old geologic formation
   (B) A trip to a national park
   (C) Types of sedimentary rock
   (D) The process of erosion

Listen again to part of the lecture. Then answer the question.

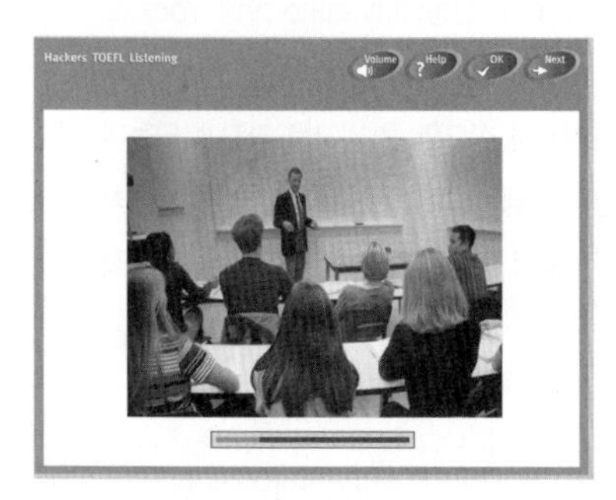

2. What does the professor mean when he says this: 🎧

   (A) He does not expect the students to come on time.
   (B) He does not think it is necessary for him to remind the students.
   (C) He does not understand why the students are late in the morning.
   (D) He does not want the students to blame him if they miss the bus.

3. In the lecture, the professor describes aspects of frost wedging. Indicate whether each of the following is an aspect.

   Click in the correct box for each phrase.

	Yes	No
Transpires hundreds of times each year		
Causes rock to split and break		
Takes place when it is raining		
Prevents rock from absorbing water		
Makes use of water and ice		

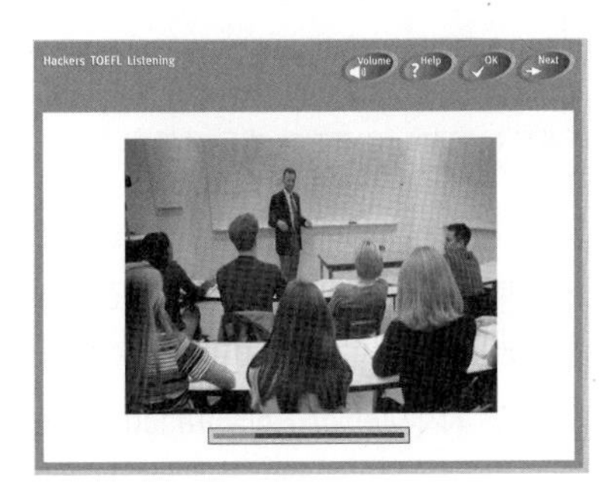

4. According to the professor, what is the final step in hoodoo formation?
   (A) The formation of corridors in the rock
   (B) The collapse of the holes due to erosion
   (C) The forming of narrow walls of rock
   (D) The extending of holes on the rock's sides

5. Why does the professor show the students a picture of a hoodoo?
   (A) To show them a hoodoo they will see the next day
   (B) To provide background for a discussion on Australian hoodoos
   (C) To show them that hoodoos can form anywhere in the world
   (D) To illustrate the similarities between hoodoos

6. What is a cause of the hoodoos' lumpy appearance?
   (A) The roundness of their edges
   (B) Variances in erosion rates
   (C) Large amounts of rain
   (D) Exposure to snow and ice

정답 p.628

8. Literature

Overview

Literature(문학)는 언어에 기반을 둔 예술 작품을 다루는 학문을 말한다. 토플에서는 시대별 문예 사조의 흐름과 특징, 구체적인 문학장르나 특정 작가와 작품에 대해 주로 다루어진다. 따라서 영미 주요 작가들의 특징 및 주요 작품 대한 사전 지식을 쌓아두면 도움이 될 수 있다.

관련토픽 및 기초지식

1. Literary Thoughts (문예사조)

❶ Classicism & Romanticism (고전주의와 낭만주의)

고전주의는 객관적 · 보편적 · 전체적인 것을 중시했던 반면 낭만주의는 주관적 · 개체적 · 민족적인 것을 추구했다.

고전주의 (classicism)

고전주의는 르네상스(Renaissance) 시대의 고대 그리스 · 로마 고전 연구에서 시작되었으며 17세기 당시 인간의 이성을 존중하는 경향에 부합하였다. 문학은 이성에 입각해야 하며 문학에서 묘사하는 세계는 도덕적이야 한다는 이념을 바탕으로 한다. 프랑스의 희곡(drama)문학에서 전형적인 형태로 발전하였고 장편 서사시(epic)와 비극(tragedy) 작품들이 많이 등장했다.

낭만주의 (romanticism)

낭만주의는 18세기 말에서 19세기 중엽 사이에 유럽에서 민족정신의 각성과 함께 발생했다. 그리스 · 로마의 고전으로부터 눈을 돌려 각 나라의 과거에서 새로운 문화의 원천을 찾고 인간성을 회복하려는 기운이 일어난 것이다. 1789년 발발한 프랑스혁명 또한 인간 이성의 불합리함을 발견해 낭만주의 사조를 촉발하는 계기가 되었다.

❷ Realism & Naturalism (사실주의와 자연주의)

19세기 후반부터 주류를 이루었으며 자연주의는 사실주의를 계승하여 발전했다.

사실주의 (realism)

사실주의는 객관적 사물을 있는 그대로 정확하게 재현하는 것을 목표로 하며, 19세기의 과학존중 사상 및 실증주의와 결합하여 발달하였다. 시민사회(civil society)가 일찍 발달한 영국에서는 사실주의 문학의 발달도 빨랐으며 이후 디킨스(Dickens)와 엘리엇(Eliot)에 의해 계승되었다.

자연주의 (naturalism)

자연주의는 유럽의 사실주의를 계승하여 자연의 틀 속에서 인간을 보는 관점에 바탕을 두고 있다. 작가의 태도는 자연과학자의 연장선 상에 있으며 인간을 자연의 일부로서 본능과 생리에 의해 지배되는 나약하고 단순한 존재로 여긴다.

❸ Harlem Renaissance (할렘 르네상스)

노예제 폐지 이후 할렘지역에 흑인 인구가 집중되면서 생겨난 미국의 문예 사조이다. 중산층계급의 교육을 받은 흑인들이 늘어나면서 음악, 연극 등 다양한 분야에서 예술적 진보가 이루어졌는데 그 중 특히 문학 분야에서의 진보가 두드러졌다. 흑인들의 경험을 흑인 스스로의 시각으로 예술로 표현해 냈다는 데 그 의의가 있다. 작품은 주로 흑인종의 긍지를 표현하거나 백인과의 정치적 평등을 요구하는 내용을 담고 있었으며 순수 문학 작품으로서도 큰 가치가 있었다.

2. Literary Genres & Literary Artists (문학장르와 문학가)

❶ Poetry (시)

산문(prose)과 구별되어 리듬(rhythm)과 운율(meter)을 가진 간결한 언어로 표현된 글을 말한다.

시의 종류

시는 주제와 형식에 따라 세 종류로 구분할 수 있다. 서사시(epic poem)는 영웅의 업적을 찬양하고 국가적으로 중요한 의미가 있는 주제를 다루는 시이며, 서정시(lyric poem)는 개인의 감정을 주제로 삼고, 마지막으로 극시(dramatic poem)는 운문으로 이루어진 희곡을 뜻한다.

❷ Drama (희곡)

연극의 구성요소인 동시에 작가의 개성적인 사상과 언어로 만들어진 독립된 문학작품이기도 하다.

희극(comedy)과 비극(tragedy)

희곡은 고대 그리스 시대에 50명의 합창단에 의해 디오니소스(Dionysus) 제단 주위에서 불러진 찬가에서 유래되었으며 희극과 비극으로 나누어진다. 비극에 비해 희극은 더 늦게 발달하였는데 희극의 주제는 주로 정치와 전쟁이었다. 이 시대의 주요한 극작가로는 아에스킬로스(Aeschylus), 소포클래스(Sophocles), 유리피데스(Euripides) 등이 있다.

❸ Memoir & Autobiography (자서전)

둘 다 자서전이라는 뜻으로 한 사람의 일생에 대해 기술한다는 측면에서 비슷하지만 memoir는 일생에 있었던 특정한 사건이 중심이 되고 autobiography는 일생을 모두 기술한다는 측면에서 차이가 있다. Memoir의 경우 전통적인 형식에는 정치사회적 내용이 주로 주제가 되었던 데 반해 최근에는 좀더 개인적인 이야기가 주제가 되는 추세이다. Memoir는 전적으로 작가 자신의 관점으로 사건을 해석하기 때문에 소설과 구분하기가 어렵다.

❹ Literary Artists (문학가)

문학가의 사상과 감정은 물론 성장배경이나 환경까지도 문학작품에 그대로 반영되는 경우가 많다.

윌리엄 셰익스피어 (William Shakespeare, 1564~1616)

16세기 영국 최고의 극작가(playwright)로서 희·비극을 포함한 37편의 희곡, 여러 편의 시와 소네트(sonnet)를 발표했다. 현재까지도 그의 작품은 학문적·비평적 연구의 대상이 되고 있으며 다양한 해석이 전개되고 있다. 한편, 셰익스피어의 낮은 교육수준과 출신성분에 비해 월등히 높은 작품 수준으로 인해 논란이 되기도 한다.

셔우드 앤더슨 (Sherwood Anderson, 1876~1941)

단편 소설을 선형 줄거리 중심의 방식에서 해방시키고 명백한 결말이 없는 원형 줄거리 방식을 채택하고 인물의 과장된 묘사를 통해 주제를 드러낸 미국 소설가이다. 금욕주의에 반대하여 인간을 육체적 존재로 바라보았으며, 미국식 구어체로 일반 노동자 계층을 대상으로 소설을 써 이후 헤밍웨이 세대에 큰 영향을 주었다.

Hackers Test

 **[1-6] Listen to a lecture on literature.**

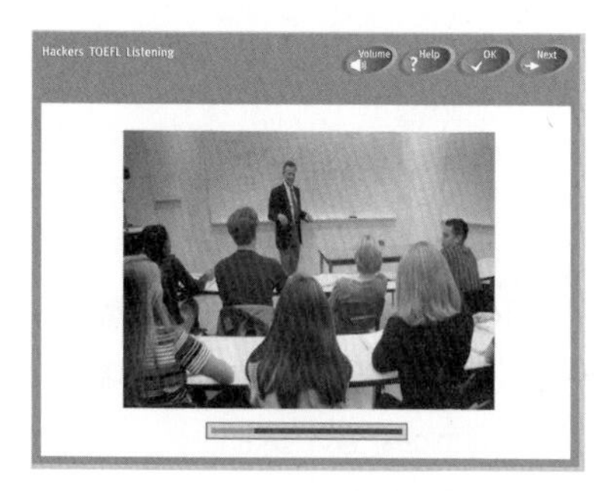

1. What does the professor mainly discuss?

   (A) A comparison of the Renaissance in Europe and in Harlem
   (B) Two important writers of the Harlem Renaissance
   (C) The growth of an African-American middle class in northern America
   (D) The origins and works of a black cultural awakening in America

2. According to the lecture, what was a distinguishing characteristic of middle-class African-Americans?

   (A) Their refusal to live in southern America
   (B) Their preoccupation with better-paying jobs
   (C) Their interest in equality for a minority group
   (D) Their recognition of Harlem as a cultural community

3. In the lecture, the professor discusses the reasons people bought books written by black people during the Harlem Renaissance. Indicate whether each of the following is a reason.

   Click in the correct box for each phrase.

	Yes	No
Evinced new writing styles		
Advocated political creeds		
Demonstrated exceptional writing talent		
Cost less than other books		
Articulated a true black perspective		

Listen again to part of the lecture. Then answer the question.

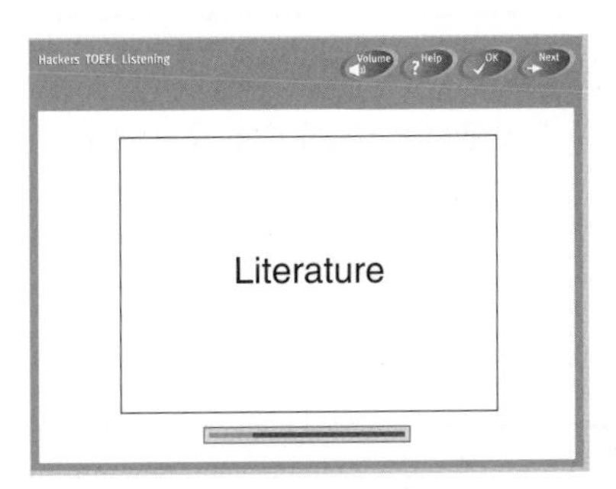

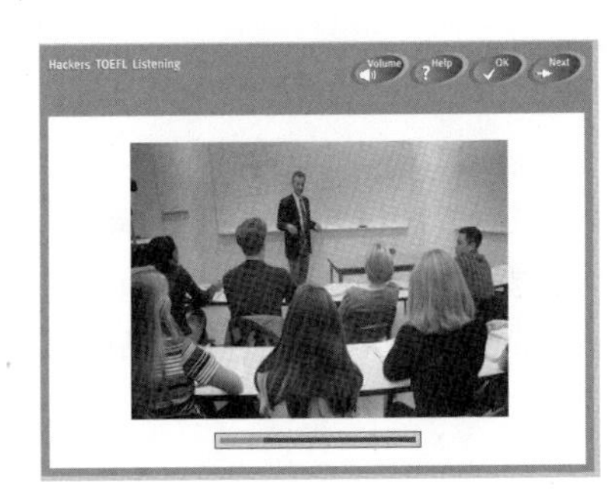

4. What does the professor mean when he says this: 🎧

   (A) He realizes that the students do not have time to read the books.
   (B) He thinks the students have not read the writers' works.
   (C) He does not think the students are interested in the books.
   (D) He forgot to give the students the reading assignment.

5. What does the professor say about education and employment opportunities for black people after slavery ended?

   (A) They were available only to middle-class African-Americans.
   (B) They were not offered to black people until the twentieth century.
   (C) They were most accessible in the district of Harlem.
   (D) They still did not match what white people had access to.

6. According to the professor, what are two reasons black writers wrote poetry and fiction in the 1920s and 1930s?

   Click on 2 answers.

   (A) They wanted to prove that African-Americans could write as well as white people.
   (B) They wanted to give expression to pride in their race through written works.
   (C) They wanted to obtain the same social and political justice the white people had.
   (D) They wanted to aspire for jobs that made use of the education they had access to.

정답 p.630

9. Linguistics

Overview

Linguistics(언어학)는 인간의 언어를 연구하는 학문이다. 토플에서는 언어학의 기본 이론, 환경 · 성별 · 지역 등 다양한 요인으로 인한 언어의 변화, 언어와 의사소통의 차이, 언어 습득 등과 관련된 강의가 주로 출제 된다. 문법 용어 등 언어학에 대한 기본 용어를 정리해 두면 도움이 될 수 있다.

관련토픽 및 기초지식

1. Fields of Linguistics (언어학의 분야)

언어의 구조적 특징을 파악하려는 연구활동은 관점에 따라 다양한 세부분야로 나뉜다.

❶ Phonetics (음성학)

음성학은 언어의 음성적 특성인 발음과 억양을 연구한다. 언어음성은 크게 세 단계를 거쳐 전달된다. 1단계는 화자가 여러 발음기관(speech organs)을 움직여서 소리를 내는 과정이며, 그 단계를 통해 나온 소리가 음파(sound wave)로서 듣는 사람의 귀에 도달하는 과정이 2단계이다. 3단계는 음파가 고막(eardrum)을 진동시켜 소리를 인식하게 되는 과정이다. 이 각각의 단계에 따라 음성학의 연구주제와 연구방법이 달라진다.

❷ Phonology (음운론)

음운론은 일련의 언어음성이 특정 언어에서 수행하는 기능에 초점을 둔다. 한 언어에서 서로 다른 소리가 서로 다른 의미를 가질 수 있게 하는 요소나 음색(tone color)이나 발음의 차이 등에 따라 물리적으로 서로 다른 소리가 동일한 의미를 가질 수 있게 해주는 요소에 대해 연구한다.

❸ Morphology (형태론)

형태론은 단어를 형태소(morpheme) 단위로 나누어 그 구조를 분석한다. 형태소는 의미를 가지는 언어의 최소 단위를 뜻한다. 'singers'라는 단어를 형태론적으로 분석해보면, 먼저 어근(root)으로서 행위를 나타내는 'sing', 행위의 수행자를 나타내는 접미어(suffix) '-er', 복수형을 나타내는 접미어 '-s'로 나눌 수 있다.

2. Language & Communication (언어와 의사소통)

❶ 동물의 의사소통과 구분되는 언어의 특징

인간의 언어(language)는 동물의 의사소통(communication)과 몇 가지 면에서 분명히 구별된다. 우선 동물의 의사소통은 본능적(instinct)인 데 반해 언어는 배워야만 구사할 수 있는 것이다. 또한 언어에는 문법(grammar)이 있다. 프레리도그(prairie dog)와 같은 일부 동물도 음의 높낮이(pitch)에 따라 다른 품사를 나타내는 등 일부 문법적인 의사소통 수단을 가지는 것으로 알려져 있다. 하지만 인간의 언어는 단순히 단어의 품사를 구분하는 것에서 나아가 문장을 절로, 단어로, 음절로, 그리고 음소로 나누는 등 훨씬 세부적인 구분이 가능하다. 이런 분리성(discreteness)이 동물의 의사소통과 구분되는 언어의 또 다른 특성이다. 이런 개별 구성요소(individual unit)로 나누어지는 언어의 특성에서 오는 또 다른 특성이 생산성(productivity), 즉 나누어진 개별 구성요소를 이용해 새로운 문장을 창조적으로 만들어낼 수 있다는 것이다. 마지막으로 동물의 의사소통은 현재 그 자리에서 발생하는 일을 전달하는 기능밖에 없는 데 반해 인간의 언어는 미래나 상상 속의 일도 전달할 수 있다.

❷ Gricean Maxims (그라이스의 대화격률)

언어철학자인 폴 그라이스(Paul Grice)가 효율적인 대화에 필요한 네 가지 원칙을 정리한 것이다. 그라이스의 대화격률은 '진실만을 말하라'는 질의 격률(maxim of quality), 쓸데없는 정보를 제외하고 '필요한 만큼만 말하라'는 양의 격률(maxim of quantity), '대화의 주제와 관련 있는 말만 하라'는 관련성의 격률(maxim of relevance), 그리고 '분명하고 조리 있게 말하라'는 태도의 격률(maxim of manner)로 이루어져 있다.

❸ Language & Gender (언어의 성별차이)

남자와 여자는 선천적 · 사회적인 요인으로 다른 언어적 행동(linguistic behavior)을 보인다. 계급사회(hierarchical community)에서 언어는 사회적 지위나 권력을 반영하므로 가부장적 사회에서 남성을 가리키는 말과 여성을 가리키는 말은 서로 다르다. 또한, 남성은 남성스럽고 거친 이미지를 드러내기 위해 은어(jargon)를 더 자주 사용한다. 반대로 여성은 사회적 기대와 자신의 이미지에 남성보다 민감하게 반응하므로 표준어를 더 사용하는 경향이 있다.

3. Language Acquisition (언어습득)

❶ Critical Period Hypothesis (결정적 시기론)

유아기의 언어습득에서 가장 중요한 시기(critical period)를 놓치면 이후의 언어능력이 발달하기 힘들다.

언어습득의 다양한 이론

아이가 언어를 습득하는 방법과 원리에 대한 세 가지 이론이 있다. 첫째, 행동주의 이론(behaviorism)은 아기가 주변 어른들의 말투를 흉내 내면서 언어를 습득한다는 이론이다. 둘째, 생득주의 이론(innatism)은 인간은 태어나면서 이미 언어 획득장치(Language Acquisition Device)를 가지고 있으므로 특별한 훈련 없이 외부의 언어자극을 스스로 분석하여 학습한다는 이론이다. 마지막으로 인지적 상호작용 이론(cognitive theory)이 있다. 이를 주장한 Piaget은 언어발달이 인지발달과 밀접하게 연관되어 있다고 설명했다. 언어는 유아의 사고를 표현하는 수단으로 발달한다는 것이다.

❷ Language Acquisition vs. Learning (언어 습득과 학습)

인위적으로 배우게 되는 학습과 달리 자연스럽게 언어를 습득하기 위해서는 언어를 접하게 되는 시기와 동기가 중요하다.

모국어와 외국어 (mother tongue vs. foreign language)

모국어 습득과 외국어 학습에는 여러 차이가 있다. 모국어는 생활과 직결되어 상대방과의 자연스러운 만남을 통해 무의식적으로 익히게 되지만 외국어는 인위적으로 정해진 대상과 이야기함으로써 의식적으로 학습한다. 또한 외국어는 인위적인 환경에서 언어자체가 아닌 언어구조를 학습해야 한다.

Hackers Test

 **[1-6] Listen to part of a lecture on linguistics.**

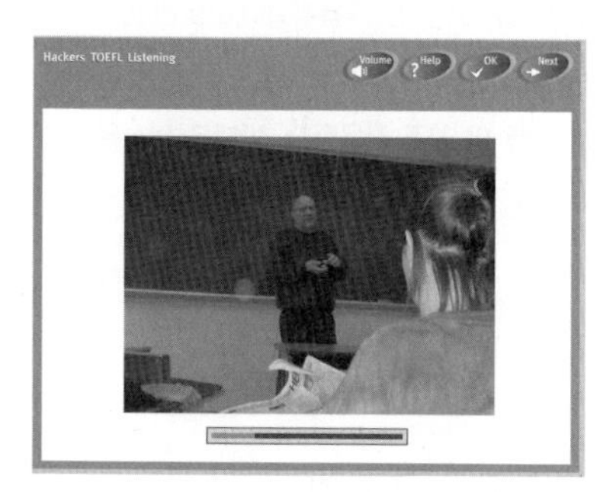

1. What is the discussion mainly about?

   (A) Similarities of the major ideas on language acquisition
   (B) The conditions needed for language acquisition in children
   (C) The reasons linguists reject the theory of universal grammar
   (D) Two converse theories on how children learn a language

2. Why does the professor mention a blank slate?

   (A) To explain the first step necessary for children to acquire the use of a language
   (B) To emphasize how difficult it is for children to acquire language
   (C) To identify the premise from which Skinner based his ideas on language acquisition
   (D) To show why children cannot utter intelligible sounds during their first several months of life

3. According to the professor, how did Noam Chomsky explain the Language Acquisition Device?

   (A) He listed the ways in which universal grammar is different from the empirical model.
   (B) He made a conclusion based on observations of children learning a language.
   (C) He compared his theoretical built-in language device to a switch box.
   (D) He explained that all languages fall under the same rules.

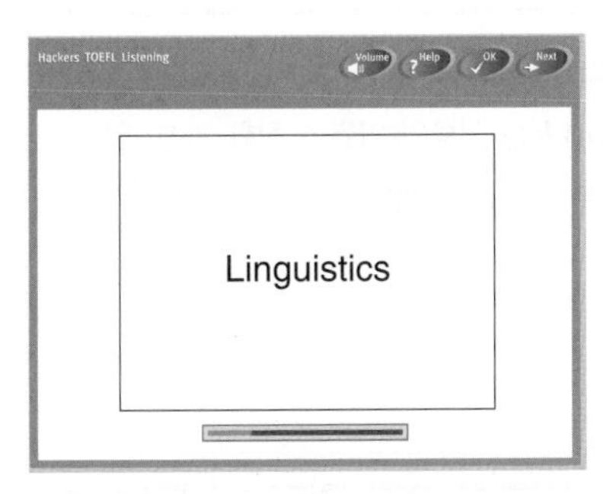

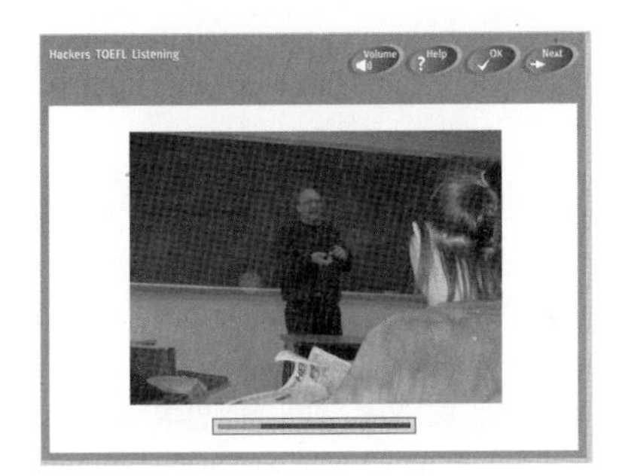

4. What is the evidence for human beings having a Language Acquisition Device?

   (A) Children who are deaf can learn languages.
   (B) Children develop a large and intricate knowledge base, even with little stimuli.
   (C) Children are capable of acquiring an understanding of two or more languages.
   (D) Children who have virtually no verbal contact with people are able to learn a language.

Listen again to part of the lecture. Then answer the question.

5. What does the professor imply when he says this:

   (A) It is not easy for linguists to choose which theory is more plausible.
   (B) It is difficult for individuals to stay neutral to both theories.
   (C) The dispute regarding the theories has prevailed for some time.
   (D) Only one of the theories being debated on is logical.

Listen again to part of the lecture. Then answer the question.

6. Why does the professor say this: 

   (A) To indicate that he intended to explain the issue
   (B) To express agreement with the student
   (C) To point out that the question cannot be answered
   (D) To check whether the students know the answer

정답 p.633

10. Anthropology

Overview

Anthropology(인류학)는 생물학적인 인류의 특징 및 의식주 · 사회구조 · 종교 · 예술 등 다른 동물에게서 찾아볼 수 없는 인류 특유의 생활방식인 문화를 연구하는 학문이다. 토플에서는 인류의 기원과 진화 과정, 인류 문명의 발전과 특징 및 다양한 종족들의 생활방식 등의 내용을 주로 다룬다. 따라서 이와 관련된 개괄적인 기초지식을 다져놓는 것이 도움이 된다.

관련토픽 및 기초지식

1. Evolution of Humans (인류의 진화)

❶ The Origin of Modern Humans (현생인류의 시초)

화석을 통해 인류의 발생을 연구하는 화석인류학자들은 인류(mankind)와 유인원(anthropoid)은 공통 조상에서 갈라져 나왔다는 결과를 얻었다.

인류의 진화 과정 (process of human evolution)

오스트랄로피테쿠스

인류는 유인원과 사람의 중간형태를 거쳐 사람에 더 가까운 초기인류, 이어 현생인류(neo-man)로 진화해 왔다. 최초의 인류는 오스트랄로피테쿠스(Australopithecus)이며 유인원과 달리 직립보행이 가능했다. 그리고 언어를 사용하기 시작한 초기인류(primitive man)인 호모 에렉투스(Homo erectus)를 거쳐 현생인류인 호모 사피엔스(Homo sapiens)가 등장했다.

네안데르탈인과 크로마뇽인 (Neanderthal man & Cromagnon man)

네안데르탈인

네안데르탈인은 약 10만년 전에 등장했으며 호모 사피엔스에 속한다. 이들은 인류 최초로 시체를 매장(burial)하기 시작했는데 이는 사후세계를 생각하는 발전된 사고체계를 보여준다. 그리고 약 3, 4만년 전에 등장한 크로마뇽인은 호모 사피엔스 사피엔스(Homo sapiens sapiens)에 속한다. 이들은 사냥의 번성을 비는 동굴벽화(graffito)를 그리는 등 구석기 문화를 창조하였다.

❷ Features of Humans (인류의 특징)

인류가 유인원과 구별되는 특징은 직립보행을 할 수 있다는 점과 창조적이고 추상적인 사고능력(creative and abstract thinking)을 통해 도구와 불, 언어를 사용한다는 것이다.

인류의 직립보행

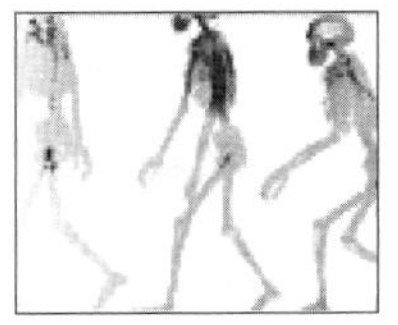
직립보행 단계

인류는 약 250만년 전에 등장한 오스트랄로피테쿠스 때부터 직립보행을 시작했다. 두발로 서서 걷게 되면서 인류의 뇌의 크기가 커졌고 손이 자유로워져 도구사용이 가능해졌다. 또한 시야가 넓어져 전반적인 생활 능력이 향상되었다.

인류의 불과 언어 사용

뇌의 크기 변화

약 50만년 전 인류가 처음으로 불을 사용하게 되면서 조리가 가능해지고 토기(earth vessel)가 발명되어 생활 능력이 향상되었다. 언어가 발생하면서 인간의 창조적이고 추상적인 사고능력이 시작되었다. 인류학자들은 원시인들(primitives)의 두개골(skull)과 턱뼈에 붙어있는 뇌와 혀를 잇는 신경근육을 연구한 결과, 인류가 처음으로 언어를 사용하기 시작한 때를 약 40만년 전으로 추측하고 있다. 이는 원시인의 뇌가 현생인류의 뇌의 크기와 비슷해지는 시기와 일치한다.

2. Human Cultures (인류의 문화)

❶ Development of Culture (문화의 발전)

인류의 문화는 선사시대의 단조로운 원시사회를 넘어 점차 복잡하고 체계적인 사회로 발전했다.

원시사회 (primitive society)

원시시대 생활 모습

원시사회는 선사시대의 인류 사회를 의미하지만, 현대 지구 곳곳에 존재하는 선사시대와 비슷한 수준의 문화를 가진 부족민들을 가리키는 말로도 쓰인다. 원시사회는 소수가 집단을 이루고 있고 지역적으로도 활동범위가 제한되어 있어서 서로 문자를 통해 의사소통을 할 필요가 없었다. 따라서 언어는 사용하고 있으나 문자를 가지고 있지 않는 특징이 있다.

오리엔트 (Orient)

메소포타미아 문명의 유적지

오리엔트 지역은 원시사회를 넘어서서 복잡하고 발달된 문화를 보여주는 문명사회가 시작된 지역이다. 인도의 인더스강 서쪽에서 지중해 연안까지 펼쳐진 지역을 뜻하며 어원은 라틴어의 오리엔스(Oriens)로 '해가 뜨는 방향'을 의미한다. 오리엔트 지방은 대부분이 사막 또는 산악지대이기 때문에 오늘날에는 발전이 더딘 지역이지만 일찍이 메소포타미아(Mesopotamia) 문명과 이집트 문명 등 세계 최고의 문명이 탄생했다. 또한 동서 문명의 징검다리 역할을 해왔으며 이슬람 문화의 근원지이다.

❷ Civilization (문명)

인류가 이룩한 물질적 · 사회적인 발전을 문명이라고 하며 도시적 요소, 사회계층분화, 고도의 기술 등을 특징으로 하는 문화 복합체를 의미한다.

마야문명 (Mayan civilization)

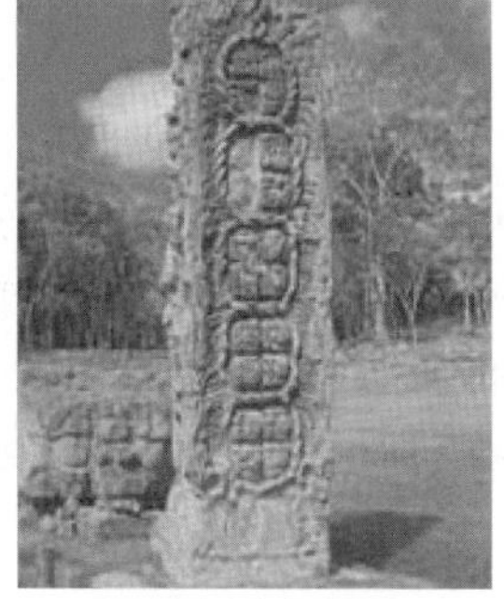

코판유적의 신성문자 석비

마야문명은 기원전 2500년경 지금의 멕시코 및 과테말라 지역을 중심으로 번성한 고대문명(ancient civilization)이다. 다른 문명들과는 달리 인간이 살기에 부적합한 열대 밀림에 위치하였으며 수많은 부족으로 구성된 도시국가(city-state) 형태였다. 사회적 지위가 엄격하게 구분되는 계급사회였으며 통화(currency)를 사용하여 교역을 하기도 했다. 점성술(astrology) · 역법(the calendar) · 수학 · 미술 · 공예 등이 발달하였으며 상형문자의 일종인 신성문자와 숫자를 사용하여 그들만의 독특한 문화를 이룩하였다. 마야문명은 고전기와 신마야기로 나뉘는데 고전기 마야문명이 갑자기 멸망한 이유에 대해서는 노예의 반란, 다른 민족의 침입, 천재지변, 화전농업(fire agriculture), 문화에 따른 이동 등 다양한 의견으로 논란이 많다.

크레타문명 (Cretan civilization)

미노스왕 무덤의 벽화

크레타문명은 기원전 2500년경 지중해 동부 에게해(Aegean sea)의 크레타(Crete) 섬을 중심으로 번영한 고대문명이다. 수도 크노소스(Cnossos)를 중심으로 최초로 섬 전체를 지배한 미노스(Minos) 왕의 이름에서 유래되어 미노아문명(Minoan civilization)이라고도 한다. 크레타 섬은 다른 섬들보다 면적이 넓고 평야가 많아서 문명 성립에 좋은 환경이었으며 오리엔트(Orient) 세계, 특히 이집트로부터 많은 영향을 받았다. 미노스 왕 이후 정치 · 군사 · 예술 등이 급속도로 발전하였으며 동부 지중해 지역의 교역을 독점했다. 크레타 인의 개방적이고 현대적인 감각을 바탕으로 사실적이며 화려한 문화가 발전했다.

안데스문명 (Andean civilization)

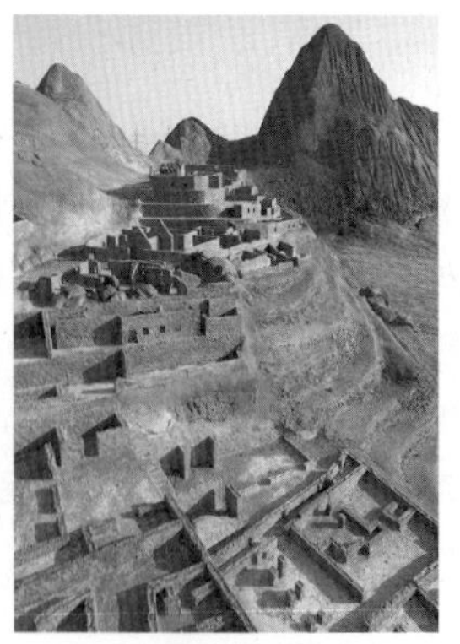

페루의 마추피추

안데스문명은 기원전 1000년경 남아메리카 안데스 지역에 번영한 고대문명이다. 도시문화가 형성된 이후 도시의 규모가 커지면서 군사적 힘이 강해졌다. 대표적인 부족으로는 잉카(Inca)족이 있는데, 지금의 페루지역인 남부 산악지대에 본거지를 뒀으며 15세기 중엽 잉카제국을 건설했다. 잉카제국의 사회에서는 절대군주인 잉카를 받들고, 지배층과 평민으로 나뉘는 계층사회를 형성하여 중앙집권적 전제정치를 시행하였다. 그러나 평민을 위한 사회보장이 완비되어 있었다는 특징이 있다.

❸ Tribe (부족)

스키타이족 (Scythian)

철기시대(Iron Age)에 출현한 이란계 기마 민족으로 문자가 없었기 때문에 그들과 활발한 교역활동을 했던 그리스의 역사가 헤로도토스(Herodotus)의 저서를 통해 그들에 대한 연구가 이루어지고 있다. 스키타이족은 황금공예와 잔학성의 두 특징으로 알려져 있다. 단검 · 청동솥 · 화살촉 등의 유물과 함께 찬란한 황금공예품을 많이 남겼는데 이러한 그들의 예술적 감각은 적의 살 가죽까지 벗겼다는 그들의 잔학성을 의심스럽게 한다. 또한 이들은 알렉산더가 이끄는 마케도니아(Macedonia) 군대를 물리칠 정도로 군사력이 강력했다.

이러쿼이족 (Iroquoi)

이러쿼이족의 가면

북아메리카 오대호(Great Lakes) 지방의 이러쿼이족은 악령을 퇴치하기 위해 살아 있는 나무에 무서운 표정의 가면을 새긴 후 나무의 신령에게 축복을 기원하고 가면을 새긴 것에 대한 사과를 표하는 의식을 치렀다. 이 의식에는 오일을 바르고 담배 연기를 쐬는 등의 행위가 포함된다. 가면은 의술사에 의해 환자를 치료하는 주술적 의료행위에 사용되었다. 의술사는 환자가 있는 공동주택(longhouse)으로 가는 동안 마을을 한 바퀴 돌면서 악령을 퇴치하기 위해 소리를 지르고 주문을 외우는 행위를 하기도 했다.

Hackers Test

 **[1-6] Listen to part of a lecture in an anthropology class.**

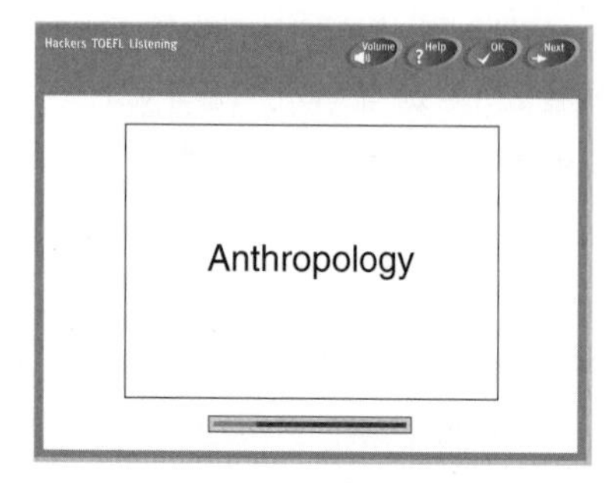

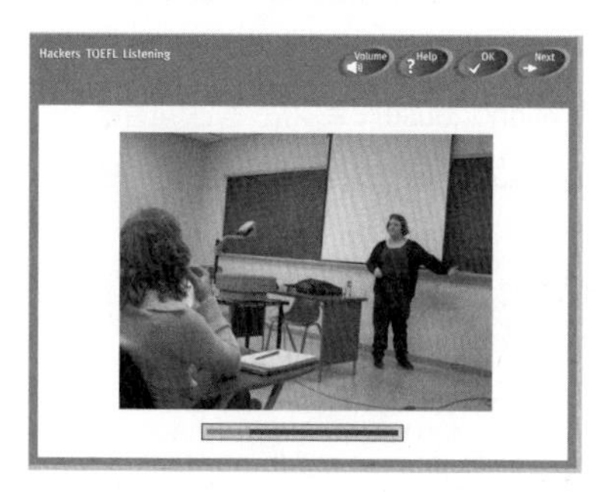

1. What is the main topic of the lecture?

   (A) Crop failure and its consequences
   (B) The annual seasons of the Yucatan peninsula
   (C) A new theory on the collapse of a strong civilization
   (D) The effects of droughts on food production

2. How does the professor introduce sediment layers?

   (A) She describes the titanium in the sediment layers.
   (B) She compares the sediment layers to tree rings.
   (C) She explains the relationship between the layers and the droughts.
   (D) She draws attention to the yearly annual rainfall averages.

3. According to the lecture, how does the research on the sediment layers support the drought theory?

   (A) Arid conditions caused the dispersal of minerals in the ocean's sediment layers.
   (B) Layers with low titanium content coincided with the time during which the Maya deserted the area.
   (C) Larger amounts of minerals in the soil indicated that rain had not washed them away.
   (D) The presence of rocks and pebbles in the sediment indicated a drought had taken place.

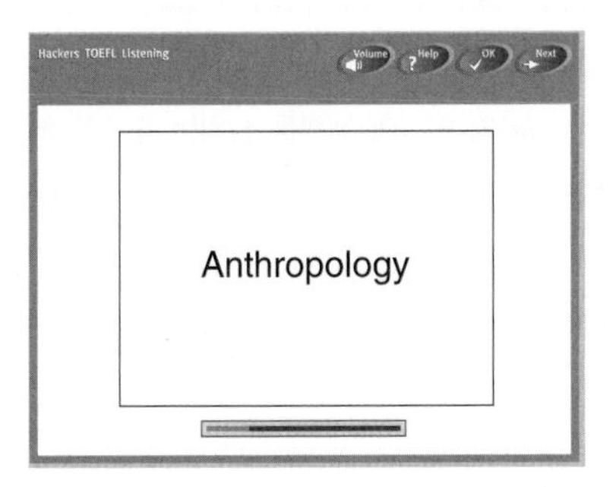

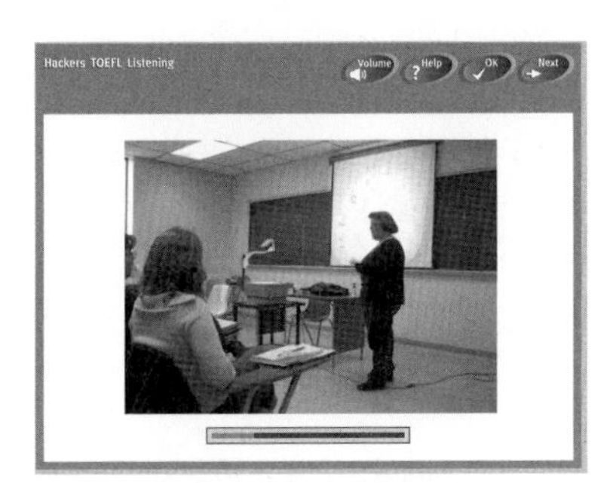

4. In the lecture, the professor cites a number of events that were a result of the drought. Indicate whether each of the following is an event that occurred.

   Click in the correct box for each phrase.

	Yes	No
People clear land for planting		
Wars ensue regarding distribution of food		
Mayans begin trading goods for food		
Region becomes warmer and less moist		
People resort to hunting and gathering		

5. What does the professor imply about slash-and-burn farming?

   (A) It delayed the planting season.
   (B) It stunted the growth of trees.
   (C) It deteriorated the quality of the topsoil.
   (D) It polluted the air and the land.

Listen again to part of the lecture. Then answer the question.

6. How does the professor seem to feel about the Mayan kings and nobles?

   (A) They had more important things to do.
   (B) They acted only out of self-preservation.
   (C) They were ignorant.
   (D) They were corrupt and selfish.

정답 p.636

11. Archaeology

Overview

Archaeology(고고학)는 인간이 남긴 유적 · 유물의 특징과 관계를 밝혀 과거의 문화 · 역사 및 생활방법을 연구하는 학문이다. 문자가 없어 기록되어 있지 않은 선사시대(prehistoric age)의 인간의 생활을 밝히는 중요한 학문으로서 고고학의 발달과 더불어 인류의 기원, 세계 각지의 다양한 문화가 어떠한 변화 과정을 겪어 왔는지를 탐구한다. 토플에서는 고고학의 연구 결과물 중 하나인 선사시대의 특성, 물질적 증거인 유적이나 유물을 통해 알 수 있는 것들과 이를 분석하는 방법 등에 대한 주제가 자주 다루어진다. 따라서 이러한 주제들에 대한 배경지식을 쌓아 두는 것이 좋다.

관련토픽 및 기초지식

1. Prehistoric Age (선사시대)

인류의 발달과정은 인류가 사용한 도구를 만드는 방법을 기준으로 구분할 수 있다. 석기, 청동기, 철기를 사용하던 시대로 나누어지며 도구의 특성에 따라 생활방식과 사회상이 다르게 나타난다.

❶ Old Stone Age (구석기 시대)

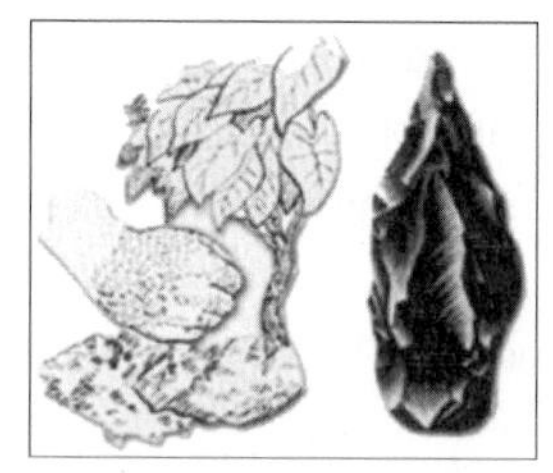

주먹도끼

구석기 시대는 돌을 깨뜨려 도구를 만들어 쓰던 시대이며 기원전 10,000년경에 신석기가 시작되기 전까지 이어진 가장 오래된 문화 발달시기이다. 대표적인 유물로는 주먹도끼(hand ax), 동물의 뼈를 이용한 조각품, 사냥 장면이나 동물을 그린 동굴벽화 등이 있다. 이들을 통해 구석기인들의 수렵(hunting), 채취(gathering), 생활방식과 주술이 가미된 예술 표현 방식 등을 알 수 있다.

❷ New Stone Age (신석기 시대)

신석기인의 토테미즘

신석기 시대는 돌을 갈아서 도구를 만들던 시대이다. 혈연을 중심으로 마을을 형성하여 정착생활을 하면서 문명형성의 기틀이 마련되었다. 기술이 진보하여 식량 생산이 가능졌으며 식량을 저장하거나 익혀 먹기 위한 토기가 발명되었다. 신석기 인들의 신앙으로는 어떤 특정한 동물을 자기 씨족(clan)의 수호신으로 생각하여 숭배하는 토테미즘(totemism)과 우주 만물에 영혼이 있다고 믿는 애니미즘(animism)이 있다. 또한 시체를 매장할 때 죽은 사람이 생전에 아끼던 물건을 함께 묻는 풍습을 통해 사후세계에 대한 믿음을 알 수 있다.

❸ Bronze Age (청동기 시대)

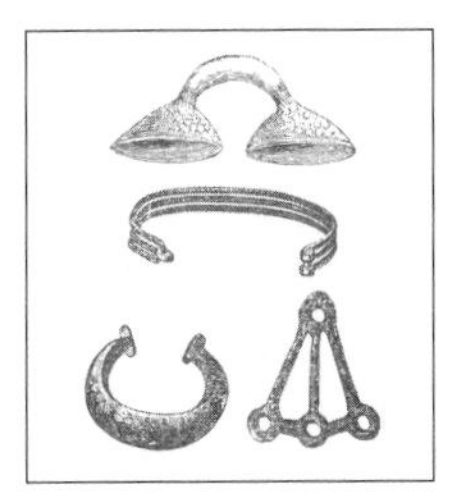
청동기 시대의 장신구

청동기 시대에는 청동을 도구로 사용하기 시작하여 사회와 경제가 급격히 발전하였다. 농사가 발달하면서 평등했던 부족사회(tribal society)가 무너지고 사유재산(private property)이 축적되면서 계급이 발생했다. 예술에서 비약적인 진보가 나타났는데 이는 당시의 종교와 정치를 반영하고 있다. 바위에 동물이나 기하학적 무늬를 그린 그림, 흙으로 빚은 동물이나 사람 모양의 토우 등을 통해 사냥의 번성과 농사의 풍요를 빌었다. 당시 제사장이나 군장들이 사용했던 칼 · 거울 · 방패 등에서 발견되는 화려한 장식과 무늬는 청동기인들의 미의식을 보여준다.

❹ Iron Age (철기시대)

철기 시대의 도끼

철기 시대는 무기나 생산도구의 재료로 철을 사용하게 된 시대를 가리킨다. 청동은 원료를 채취하는 곳이 한정되어 값이 비싸기 때문에 주로 왕이나 귀족들만이 소유했다. 그러나 철은 비교적 얻기 쉬워서 무기나 농기구 등을 대량으로 만들 수 있었다. 철로 만든 무기와 전쟁도구는 전투력 강화에 유용했으며 쇠도끼 · 괭이 · 쟁기 등은 농업 생산력을 증대시켰다. 철 생산지가 늘어나면서 지역 간 물자 교류가 활발해졌다.

2. Fields of Study (연구 분야)

❶ Building Technique (건축기법)

인간이 자연에서 얻는 돌 · 흙 · 나무 등의 재료를 이용하여 주거공간을 비롯한 여러 건물을 짓는 방식은 그 시대의 문화를 반영한다.

그리스의 신전 (Greek temple)

올림푸스 신전

그리스 지역에 풍부한 대리석은 일반적인 건축재료였던 흙벽돌과는 달리 정확하고 정교한 선을 표현하는 데 알맞은 재료였다. 따라서 그리스 건축은 세련된 형태를 보여주는데 이러한 특성은 그리스 신전에 반영되었다. 신전은 종교적 목적으로 세워진 건물을 의미하며 올림푸스(Olympus) 신전, 파르테논(Parthenon) 신전 등이 대표적이다.

❷ Burial (매장)

인류가 사후세계에 대한 인식을 갖게 된 이후로 시대와 장소마다 변화하는 시체 매장 방식은 당시 사회의 문화와 관습을 반영한다. 그 중 무덤은 고고학의 귀중한 유형 연구자료인 유물과 유적(remains)을 제공한다.

고분 (old tomb)

고고학적 자료가 될 수 있는 무덤을 고분이라고 한다. 고분에는 땅속에 파묻는 토장(inhumation), 물속에 넣는 수장, 지

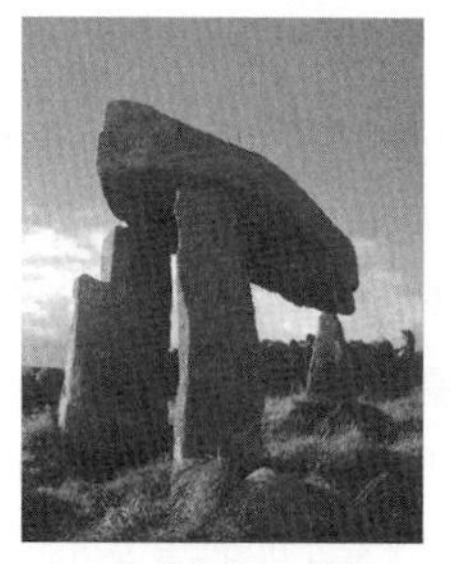
아일랜드의 고인돌

상에 시체를 노출시켜 썩게 하거나 짐승에게 먹이는 풍장(aerial burial), 불에 태우는 화장(cremation) 등의 방식이 있다. 현재 흔적이 남아 있는 가장 오래된 고분은 약 7, 8만년 전 구석기 시대의 것이다. 구석기 시대에는 땅을 약간 파서 시체를 묻었으며 신석기 시대에는 고인돌(dolmen)과 같은 거대한 석조 건조물이 등장한다. 청동기 시대에는 피라미드 같은 거대한 무덤이 건설 되었다.

❸ Literature (문헌)

특정 시대나 사건에 관련된 기록, 서적, 비문(inscription) 등은 고고학의 중요한 연구자료가 된다.

역사 고고학 (historical archaeology)

트라키아인의 비석

역사 고고학은 역사를 문헌의 유무에 의해 선사시대(prehistoric age)와 역사시대로 나누었을 때 역사시대를 연구대상으로 하는 고고학의 분야이다. 또한 역사시대를 고대 · 중세 · 산업혁명시대로 세분하여 연구한다. 특히 고대 그리스 · 로마 문화, 중국 · 오리엔트 문화 분야에서 눈부신 성과를 거두었다. 그러나 역사를 문헌의 유무로 나눌 수 있는가에 대한 논란이 제기되기도 한다.

켈스의 복음서 (Book of Kells)

켈스의 복음서의 680페이지 중 2페이지를 제외한 나머지는 'illumination'이라 불리는 정교한 문양과 그림들로 장식되어 있다. 각 페이지 마다 등장하는 다양한 장식들은 굉장히 섬세하고 아름다워 진정한 예술 작품이라 불리기도 한다. 켈스의 복음서의 출처와 정확한 제작 날짜는 아직까지 논의되고 있다. 이 복음서에는 짧고 둥그런 인슐러 스타일이 사용되었는데, 이 스타일은 6세기 말부터 9세기 초반까지 쓰인 것으로 알려져 있고, 켈스의 복음서와 비슷한 필사본과 비교하여 거론된 제작 시기는 8세기 말 또는 9세기 초반이다. 켈스의 복음서를 복제한 인물들에 대한 정보도 아직까지 불확실하다. 학자들은 각 페이지 당 사용된 줄의 수와 잉크 종류를 근거로 적어도 3명의 사자생이 있었다는 결론을 내렸다.

3. Method of Study (연구 방법)

❶ Radiocarbon Dating (방사성 탄소 연대 측정법)

화석의 연대를 측정하는데 많이 쓰이는 방법으로 모든 살아있는 생물체가 방사성 동위 원소(radioisotope)인 탄소(C14)를 일정하게 유지하다가 죽은 후부터는 C14가 보충되지 않아 감소한다는 원리에 바탕을 두고 있다. 남아있는 C14의 양을 측정하여 그 생물체가 죽은 연대를 알아내는 방법이다.

방사성 동위 원소 (radioisotope)

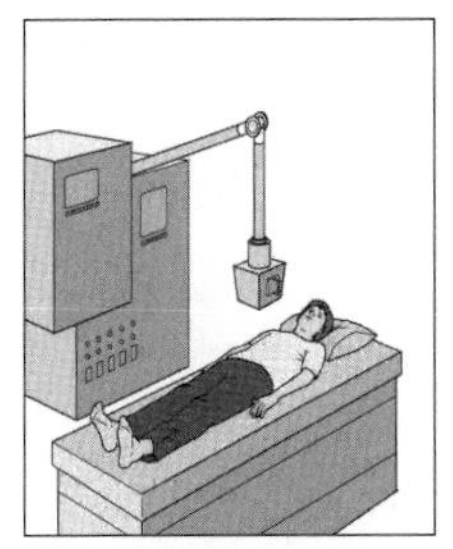
의학 부분의 응용

동위 원소(isotope)는 화학적으로는 같은 성질을 지니고 있으나 질량이 다른 원소를 일컫는 말이다. 그 중 방사능을 지니는 것을 방사성 동위 원소라 한다. 방사성 동위 원소는 생체 내의 원소를 추적하거나 방사능을 이용하여 물질을 분석할 수 있어 화학 · 생물학 뿐만 아니라 농업 · 의학에도 널리 이용된다.

클로비스 이론 (Clovis first theory)

1980년대까지 과학자들은 클로비스인들이 신세계에 정착한 최초의 인류라고 믿었다. 클로비스인이란 시베리아와 알래스카를 연결한 베링육교를 통해 알래스카로 넘어온 아시안을 뜻한다. 클로비스인들이 사용한 다량의 도구들과 다른 인공 유물들이 뉴멕시코주의 클로비스 지방 근처에서 발견되었기 때문에 그들은 클로비스란 이름으로 불리게 되었고, 이것들은 발견된 가장 오래된 도구와 유물들이었기에 클로비스인들은 신세계의 첫 인류라는 이론이 세워졌다. 하지만 그로부터 더 많은 유물과 도구들이 발견되었고, 방사성 탄소 연대 측정으로 이 도구들은 클로비스인들이 약 11,000년 전 베링육교를 건너 오기 전부터 존재한 것으로 판정됐다. 또한 클로비스인들은 143개의 완벽히 다른 언어를 가지고 있었다고 최초에 결론이 내려졌지만, 언어학자들에 의해 한 개의 모어가 143개의 언어로 확장되는 것은 11,000년 전 신세계에 도착한 크로비스인들에게는 기간이 너무 짧아 불가능하다는 결과가 나왔다.

❷ Ground Penetrating Radar (GPR)

고주파의 신호를 토양에 방사시켜 목표물에 반사하여 되돌아온 신호를 분석함으로써 목표물에 대한 정보를 알아내는 방법이다. 땅을 파서 유적을 발굴하는 기존의 방법은 유물을 많이 손상시키는 문제점이 있으나 GPR은 물리적 충격을 가하지 않고도 유적을 탐사할 수 있는 장점이 있다.

Hackers Test

 [1-6] Listen to part of a lecture in an archaeology class.

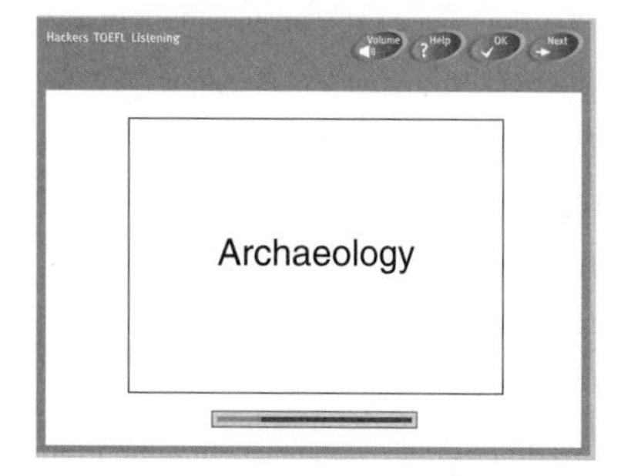

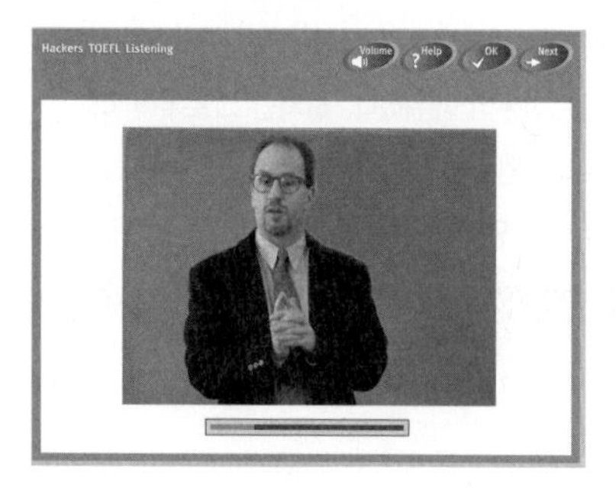

1. What is the talk mainly about?

   (A) The archaeologists' efforts to preserve ancient artifacts
   (B) The historical development of GPR in archaeology
   (C) The benefits and drawbacks of employing GPR in archaeology
   (D) Methods of archaeology that may be destructive to a site

2. What does the professor say about the shorter energy waves of GPR?

   (A) They are less damaging than long waves.
   (B) They are capable of producing three-dimensional details.
   (C) They indicate the existence of something different.
   (D) They are not dangerous to human beings.

3. Why does the professor mention the Notre Dame Cathedral?

   (A) To show how it is possible to excavate beneath an important site
   (B) To explain how GPR was able to locate an archaeological site
   (C) To provide background for a discussion on a special excavation
   (D) To emphasize the necessity of GPR in archaeological research

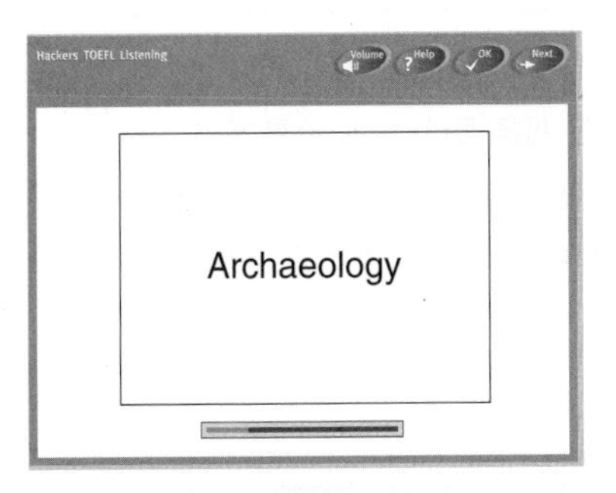

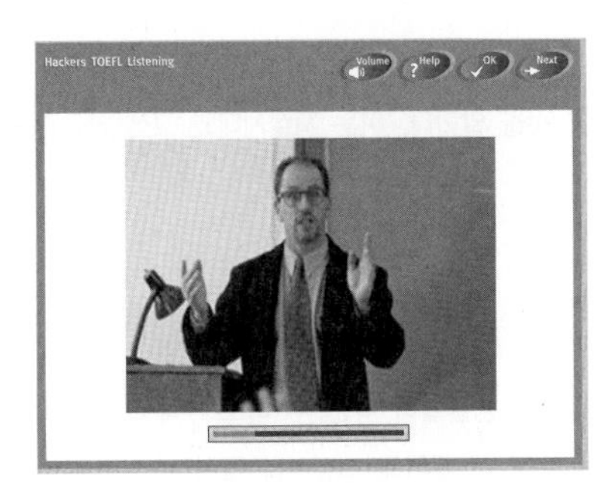

4. In the lecture, the professor describes the advantages of the GPR. Indicate whether each of the following will allow the GPR to be used effectively in archaeology.

Click in the correct box for each phrase.

	Yes	No
GPR is easily absorbed by areas with salt		
GPR is sensitive to power lines and buildings		
GPR can pass through moist or wet ground		
GPR is non-invasive and preserves what may exist		
GPR produces fine details in the images it generates		

5. What does the professor say about the disadvantages of GPR?

(A) It cannot penetrate certain types of soil.
(B) It is adversely affected by other types of waves and signals.
(C) It is unable to go through thick objects.
(D) It is unable to bounce off of plant roots.

6. Why does the professor say this: 

(A) To remind the students of something they already know
(B) To explain a term he just introduced
(C) To describe an idea he mentioned earlier
(D) To correct a misconception that people have about the term

정답 p.639

12. Paleontology

Overview

Paleontology(고생물학)는 지질시대에 쌓인 퇴적물 중에 보존되어 있는 화석들을 근거로 하여 지질시대에 지구에 살았던 생물들을 연구하는 역사과학이다. 지질학, 동 · 식물학, 생태학은 물론 물리, 화학, 수학 등과 같은 기초과학 지식이 필요한 분야이다. 토플에서는 고생물학의 중요한 연구 요소인 화석의 특징과 지질시대를 대표하는 고생물들에 대해 다룬다. 이 배경지식을 통해 고생물학의 생소한 내용에 좀더 친숙하게 다가갈 수 있을 것이다.

관련토픽 및 기초지식

1. Fossil (화석)

화석은 고생물(fossil organism)의 흔적이 퇴적물에 매몰되어 남아 있는 것을 말한다. 이는 지질시대와 고생물을 연구하는 중요한 자료가 된다.

❶ Formation of Fossil (화석의 생성)

식물 화석

화석이 생성되기 위해서는 몇 가지 조건이 충족 되어야 한다. 화석이 만들어진 지질시대(geologic age)에 생물이 번식하고 있어야 하며 생물들이 죽은 후 바로 부패되지 않아야 한다. 또한 생물의 연약한 조직은 쉽게 부패해버리기 때문에 껍질이나 골격같이 딱딱한 부분이 있어야 한다.

❷ Geologic Age (지질시대)

암모나이트

지구 표면에 지각(earth's crust)이 형성된 이후부터 현재까지의 기간을 지질시대라 한다. 지질시대는 지층(stratum)에서 산출되는 화석 종류의 급격한 변화나 지각변동(diastrophism) 등을 기준으로 나누어지며 특히 많은 생물이 갑자기 전멸하거나 출현한 시기를 경계로 구분한다. 선캄브리아대에는 급격한 지각변동으로 화석이 거의 발견되지 않으며 원시적인 생물이 살았다. 고생대에 대표적인 화석으로는 삼엽충, 양치식물이 있으며 중생대에는 공룡(dinosaur), 파충류(reptile), 암모나이트(ammonite)가 번성했다. 포유류, 조류는 신생대에 전성기를 맞이하였다.

2. Fossil Organism (고생물)

지질시대에 살던 생물로서 화석에서 발견되는 흔적을 통해 파악할 수 있다. 고생물 중에는 지질시대에 이미 멸종한 생물과 현재까지 생존하는 현생생물이 있다.

❶ Dinosaur (공룡)

초식공룡

2억 2000만년 전에 등장하여 약 2억년에 걸쳐 지구상에 존재하던 공룡은 6500만년 전에 멸종하였다. 갑작스러운 공룡의 멸종의 이유에 대한 다양한 가설들이 등장하였다. 지름 10km 이상의 운석(meteorite)과 지구의 충돌이 원인이라는 충돌설이 가장 지지를 받고 있다. 충돌 결과 엄청난 폭발이 일어났고 먼지가 햇빛을 차단하여 지구의 온도가 낮아졌으며 식물이 광합성을 할 수 없게 되어 죽어버렸다. 기후 변동설은 지구의 온도가 급격히 낮아져서 공룡이 얼어 죽었다는 가설이다. 대륙의 이동(continental drift)이나 바다의 수면이 낮아져 얕은 바다가 육지가 되어 기후변동이 발생했기 때문에 공룡이 멸종했다는 주장이다.

❷ Archaeopteryx (시조새)

시조새는 중생대에 살았던 조류의 시조로 알려져 있다. 하지만 시조새는 조류와 파충류의 특징을 둘 다 가지고 있어서 시조새가 조류로 판단되어야 하는지 파충류로 판단되어야 하는지에 대한 논쟁은 여전히 뜨겁다. 시조새가 공룡에 가깝다는 주장의 근거로는 새에게는 없지만 공룡에게는 있는 강한 턱, 날카로운 이발, 긴 뼈 같은 앙상한 꼬리와 날개 끝에 3개의 오므릴 수 있는 발가락을 시조새가 가지고 있었다는 것이다. 시조새가 새에 가깝다는 주장의 근거로는 오늘날 새와 비슷한 구조의 날 때 사용하는 깃털이 있었다는 것과 새처럼 등의 윤곽을 따라 깃털이 나있었다는 것, 그리고 시조새의 뇌가 보통 공룡의 뇌보다 오늘날 새가 가진 뇌의 크기와 비슷했다는 것이다. 이 뇌 크기는 시조새가 고된 비행에 필요한 시력과 균형 감각을 잘 갖추고 있었다는 것을 암시한다.

❸ Mammoth (매머드)

흔히 맘모스로 알려져 있는 매머드는 홍적세(Pleistocene epoch) 중기부터 후기에 걸친 빙하기(glacial age)에 생존하였다. 현재까지 얼음 속에서 죽은 매머드가 시베리아와 알래스카 등지에서 많이 발견되어 화석코끼리로 잘 알려져 있다. 크기는 중형 코끼리 정도로 3m가 넘으며 온 몸이 긴 털로 덮여 있다. 매머드는 구석기 시대(old stone age) 대표적인 대형동물로서 사냥의 주요 대상물이었으며 당시 동굴벽화에 매머드 사냥 그림이 자주 등장한다.

Hackers Test

 **[1-6] Listen to part of a talk on paleontology.**

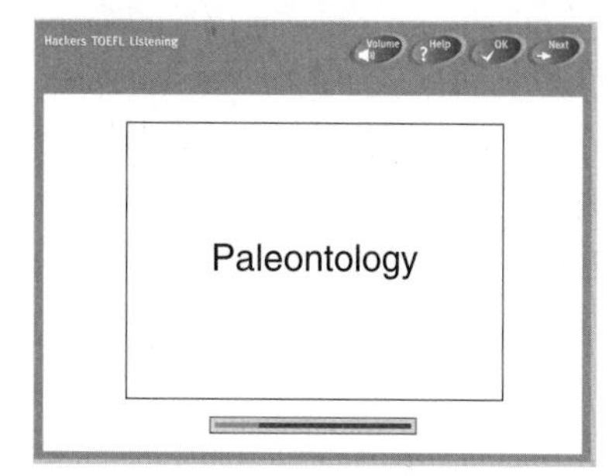

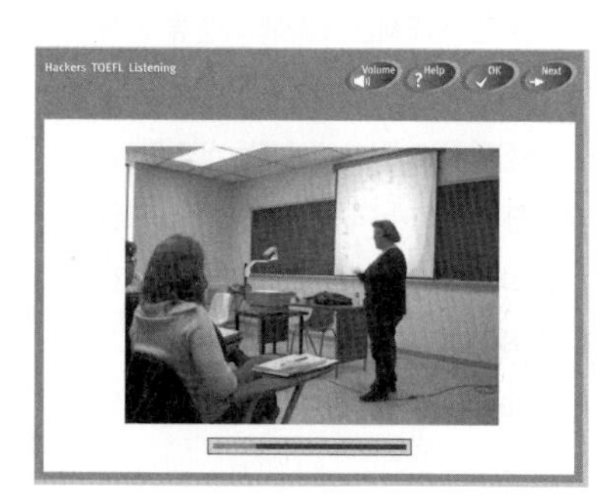

1. What does the professor mainly discuss?

   (A) Discoveries of ancient fish fossils in South Africa
   (B) Theories on how some ancient fish learned to walk
   (C) The distinctive features of a modern-day ancient fish
   (D) The evolutionary history of the coelacanth

2. What made the 1938 discovery of the coelacanth surprising?

   (A) The species had changed significantly from its predecessor.
   (B) The fish had developed legs similar to the eusthenopteron.
   (C) The coelacanth was believed to have died out.
   (D) The species is known to live only on the ocean floor.

3. Why does the professor mention the term "living fossil"?

   (A) To cite a common name that the coelacanth goes by
   (B) To explain how the coelacanth has evolved over time
   (C) To give an example of a fossil discovery of the coelacanth
   (D) To emphasize that the coelacanth has remained unchanged over the years

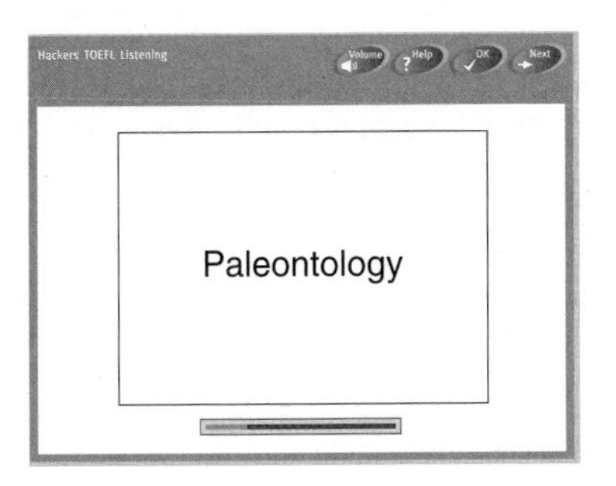

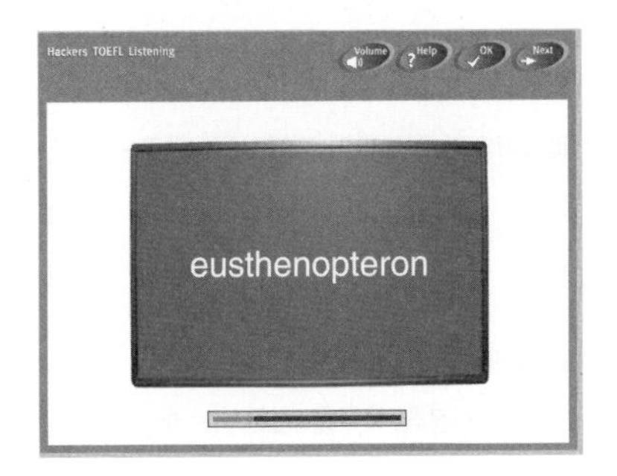

4. The professor mentions several body parts of the coelacanth and the characteristics of each. Indicate the characteristics of each body part.

   Click in the correct box for each phrase.

	Tail	Spine	Snout
Contains oil and supports the fish's body			
Is able to determine the existence of an energy charge			
Helps the fish maintain equilibrium			
Has three sides that can twist			

5. What can be inferred about eusthenopteron?

   (A) Its fins are similar to those of the coelacanth.
   (B) It began walking on land before the coelacanth.
   (C) It is unable to walk with as much flexibility as the coelacanth.
   (D) Its fins appear more like a land animal's limbs.

Listen again to part of the lecture. Then answer the question.

6. Why does the professor say this: 

   (A) To remind the students that they should read the story themselves
   (B) To explain that the real story regarding the discovery is unknown
   (C) To indicate that she does not consider the story important
   (D) To explain that she will not be focusing on the discovery

정답 p.642

13. Sociology

Overview

Sociology(사회학)는 인간 집단과 인간의 행동 양식을 연구하는 학문이다. 토플에서는 사회의 의미와 특성 등에 대한 기본적인 개념뿐만 아니라 일상 생활에서 발생하는 구체적인 사회 문제가 출제되기도 한다. 따라서 사회학에 대한 기초지식을 쌓고 이를 실생활에 연계해보는 연습을 하면 도움이 될 수 있다.

관련토픽 및 기초지식

1. Human Society (인간 사회)

❶ Types of Human Societies (사회의 유형)

식량자원을 얻는 방법에 따라 그 사회의 발전 단계를 구분할 수 있으며, 과학기술이 진보함에 따라 사회 구조는 점차 체계화되고 분화되는 양상을 보인다.

수렵 · 채집사회 (hunting & gathering society)

최초의 인간 사회는 수렵 · 채집의 방식으로 식량을 취득하였다. 정착생활(settlement)을 하지 않았기 때문에 사유재산이 없어 지위와 권력의 차이는 연령과 성별에 의한 것으로 한정되었다. 인간의 기본적 욕구를 넘어서는 물질적인 부에 대한 관심보다는 종교적 가치와 의식을 중시했으며 경쟁보다는 협조가 강조되는 사회였다.

목축 · 농경사회 (pastoral & agrarian society)

약 2만년 전 인간 사회는 수렵사회를 벗어나 가축을 사육하고 작물을 재배하여 식량을 얻는 형태로 발전하였다. 목축사회는 초원이 밀집되어 있는 지역에 형성되었으며 계절의 변화에 따라 이동하였다. 농경사회는 곡식을 재배하는 원예농업을 통해 생계를 유지하며 정착생활을 하였다. 따라서 많은 식량과 재화를 축적할 수 있었으며 인구가 증가하고 보다 안정된 생활이 시작되었다.

산업사회 (industrial society)

공업이 경제의 주축을 이루며 제도가 조직화된 사회이다. 19세기 말 영국에서 시작된 산업혁명 이후 산업화가 시작되고 생산이 기계화 · 대량화되었다. 그 결과 관료제(bureaucracy)가 등장하고 과학기술을 중시하는 경향이 시작되었으며, 도시화가 진행되면서 소비문화가 확산되기 시작했다. 또한 빈부격차, 범죄, 인구집중 등의 문제가 심화되었다.

후기산업사회 (postindustrial society)

산업사회 이후에 인간 사회는 점차 정보화 사회(information society)로 변화하고 있다. 다니엘 벨(Daniel Bell)이 이 유형의 사회를 연구한 최초의 사상가였으며 앨빈 토플러(Alvin Tofler)가 정보 혁명에 관해 저술한 〈제3의 물결 The Third Wave〉이 출간된 이후 보편화 되었다. 재화보다는 서비스가, 자본보다는 정보와 기술에 대한 지식이나 경험이 중시된다.

❷ Formation of Society (사회 구성)

사회는 문화 · 제도 · 조직을 공유하는 인간 집단의 구성 단위이다.

사회 집단 (social group)

두 명 이상의 개인이 모여 집단을 이루고 이 집단들이 모여 사회를 형성한다. 사회집단은 구성원들의 공통된 목적과 관심, 상호작용, 소속감 등을 바탕으로 구성된다. 회사나 학교와 같은 조직(organization)뿐만 아니라 가족, 동료 집단(peer group) 또한 일종의 사회 집단이라 할 수 있다.

개인과 사회 집단 (individual & social group)

개인은 사회 집단 속에서 관계를 형성하며 사회생활을 하는데 이때 한 개인이 형성한 '친밀한' 집단(intimate group)은 7명 정도로 구성된다. 친밀한 집단의 구성원 수가 7명 정도인 이유는 7이 사람의 기억력과 관계가 있는 숫자로, 사람은 한 번에 보통 7명 정도되는 인물의 세부 인적 사항을 생각해낼 수 있기 때문이다. 뇌의 용량에 따라 다르기는 하지만 단편적인 인물 정보만을 가지고 있는 좀더 '먼' 집단(social group)의 경우 150명에서 200명 정도로 구성되는데, 이 숫자 또한 한 사람이 잊지 않고 기억해낼 수 있는 인물 정보에서 비롯된다.

❸ Social Institution (사회 제도)

사회 구성원의 기본적인 요구와 사회적 기능을 충족시키기 위한 규범 체계를 사회 제도라 한다. 정치 · 경제 · 문화 등 사회 전반에 걸쳐 다양한 제도들이 있으며 이들이 서로 조화를 이루어 전체 사회를 유지하는 기능을 한다.

봉건제도 (feudalism)

봉건제도에 대한 개념은 아직 학문적으로 확립되지 않아 논란의 여지가 있지만, 학자들의 다양한 관점은 크게 두 가지로 나눌 수 있다. 첫째로는 봉건제도를 통치 제도로서 보는 관점인데, 영주(lord)와 봉신(vassal)의 신분관계와 각 계층의 역할에 초점을 맞춘 견해이다. 두 번째 견해는 봉건제도를 경제적 체제로 보는 관점으로, 노예제 붕괴 후 자본주의 사회에 진입하기 전 성립된 봉건제의 사회적 역할은 지역의 통치가 아니라 부의 창출에 있다고 본다.

관료제도 (bureaucratic system)

전문적인 능력을 지닌 관료가 국민에 대해 정치적 영향력을 행사하는 제도이다. 관료제는 절대군주제 하에서 군주의 지배력을 뒷받침하기 위한 제도로서 발전했다. 이에 따라 위계(hierarchy)를 강조하거나, 보수성, 형식주의, 선례답습 등의 행정적 특성을 지니게 되었다. 민주주의와 대립되는 것처럼 보이지만, 역설적으로 한 국가의 관료화는 민주주의의 발전과도 깊이 관련되어 있다. 관료주의에서는 위계서열에 따라 명확한 각자의 역할을 가지고 있는데, 결국 이 위계서열의 꼭대기에 있는 사람도 규칙(법)이라는 더 큰 가치에 따라 행동해야 할 제도의 구성요소 중 한 명일뿐이기 때문이다. 이렇게 규칙을 강조하는 제도의 특성 때문에 관료조직은 보수적이고 경직되어있지만 결국 관료를 구성하는 것도 사람이기 때문에 예외가 발생하기도 한다.

2. Sociological Theories (사회학 이론)

지프의 법칙 (Zipf's law)

미국의 문헌학자 조지 킹슬리 지프(George Kingsley Zipf)가 발견한 법칙으로 어떤 그룹에서 1위 집합이 있다면, 2위 집합의 분량은 1위 집합의 1/2이 되고 3위 집합의 분량은 1위 집합의 1/3이 되는 등, 순위에 따라 그 분량이 1위 집합의 1/n(n=순위)이 된다는 법칙이다. 지프의 법칙은 원래 문헌학에서 등장하는 단어의 집합 사이의 관계를 결정하는 법칙으로 알려졌지만 더 나아가 대도시 지역의 인구, 지진의 강도, 기업의 우량 정도 등 다른 사회적 현상에도 적용할 수 있다.

Hackers Test

 **[1-6] Listen to a talk on sociology.**

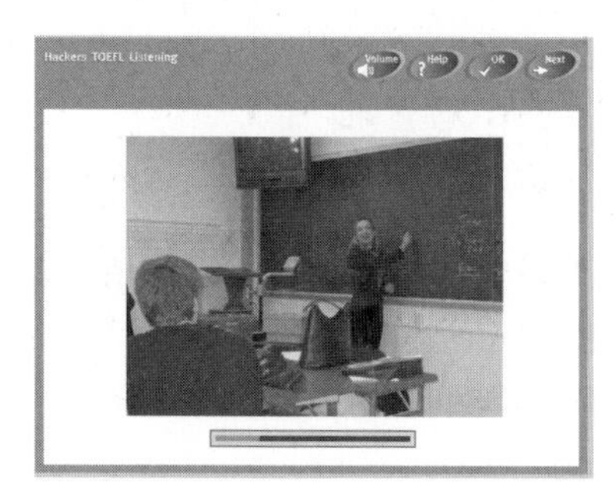

1. What does the professor mainly discuss?

   (A) How the neo-cortex influences group size
   (B) How psychological theory is applied to sociology
   (C) The reason human beings build societies
   (D) The influence short-term memory has on human relationships

2. What does the professor say about short-term memory?

   (A) It uses the cortex of the brain for storage.
   (B) It is retained by the brain for only a few days.
   (C) It cannot be used to recall telephone numbers.
   (D) It has the ability to hold only a few items.

3. According to the professor, what is a characteristic of an intimate group?

   (A) It is based on the limits of short-term memory.
   (B) It affects the individuality of the members.
   (C) It consists of different people that form a social map.
   (D) It is difficult to keep track of.

4. What can be inferred about an individual's social map?

   (A) It is approximately as large as the individual's intimate group.
   (B) It is composed of people the individual meets at work.
   (C) It is more useful than the individual's intimate group.
   (D) It may consist of people the individual is not close to.

5. According to the professor, what are two features of Dunbar's number?

   Click on 2 answers.

   (A) It is related to the dimensions of a brain part.
   (B) It measures how sociable an individual is.
   (C) It stresses the similarity between humans and primates.
   (D) It was derived from information on primates.

6. Why does the professor talk about a tribe in a rainforest?

   (A) To provide background for a discussion on groups in tribal societies
   (B) To emphasize how disconnected tribes are from developed cities
   (C) To make a point about the number of connections the brain can make
   (D) To illustrate the reason companies aim for a size of 150 to 200 employees

정답 p.644

14. Psychology

Overview

Psychology(심리학)는 인간 혹은 동물의 행동과 정신 활동을 연구하는 학문으로 "영혼"이라는 의미를 가진 그리스어 "psyche"에서 유래되었다. 토플에서는 인간 심리에 영향을 주는 주관적 · 환경적 요인들, 응용 심리학 등에 대한 지문이 자주 출제된다. 일상적으로 쓰이는 용어가 종종 심리학 분야에서 좀더 학술적인 의미로 쓰이기 때문에 이런 용어에 대해 파악해두면 도움이 된다.

관련토픽 및 기초지식

1. Psychological Elements (심리학적 요소)

❶ Memory (기억)

인간은 기억 능력 덕분에 경험하거나 생각한 것을 일정 시간이 지난 후에도 재구성할 수 있다.

단기기억과 장기기억 (short-term memory & long-term memory)

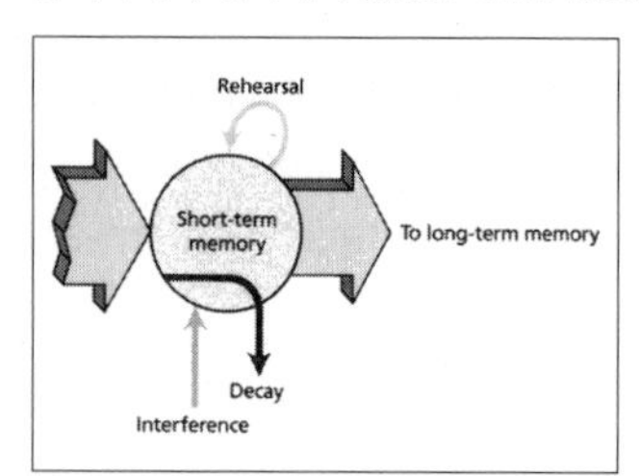

기억은 단기기억과 장기기억 두 종류로 구분할 수 있다. 단기기억은 몇 십 초의 짧은 시간 동안 뇌에 저장되었다가 소멸하며, 장기기억은 매우 오랜 기간 동안 뇌의 기억장치에 저장된다. 단기기억 용량은 사람의 경우 평균 7개의 숫자나 문자 정도이고, 단기 기억장치가 가득 차 있는 상태에서 새로운 정보가 유입되면 원래의 정보가 새로운 정보로 치환된다. 단기기억이 반복되어 형성되는 장기기억의 경우 정보는 비교적 오랫동안 유지되며 용량에도 제한이 없다.

❷ Needs (욕구)

생명을 유지하고 생활을 영위하기 위해 신체적 · 정신적 부족상태를 채우려는 심리를 의미한다.

욕구계층이론 (hierarchy of needs)

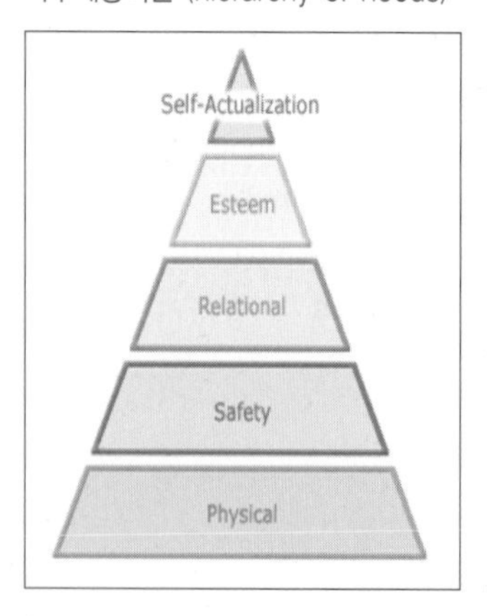

미국의 심리학자 매슬로우(Maslow)는 욕구계층이론을 통해 인간의 욕구는 타고난 것이며 행동의 동기라고 정의했다. 인간의 욕구는 강도와 중요성에 따라 5단계로 구분되며 하위 단계의 욕구가 충족되어야 그 다음 단계의 욕구가 발생한다. 1단계는 생리적 욕구(physiological needs)로 의식주, 종족보존 등과 관련된다. 2단계는 안전에 대한 욕구(safety needs)로 추위 · 질병 · 위험으로부터 자신을 보호하려는 욕구이다. 3단계는 애정과 소속에 대한 욕구(love and belongingness needs)로 가정을 이루거나 친구를 사귀는 등 단체에 소속되어 애정을 주거나 받고자 하는 욕구이다. 4단계는 자기존중의 욕구(self-esteem needs)로 명예나 권력을 누리려는 것이다. 5단계인 자아실현의 욕구(self-actualization needs)는 자신의 재능과 잠재력을 발휘하려는 최고수준의 욕구이다.

❸ Personality (성격)

지능과 함께 개인을 특징짓는 요소로서, 한 개인의 지속적이며 일관된 행동 양식을 말한다.

성격형성 (character formation)

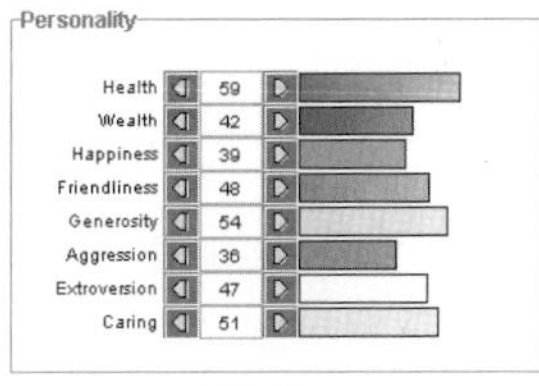

성격 테스트

성격형성에 영향을 미치는 요소는 다양하다. 기본적으로 선천적 · 유전적 요인을 토대로 나이, 문화적 환경, 성별, 교육과 경험의 정도, 사회적 위치 등 여러 변수들이 작용하여 개개인의 고유한 성격이 형성된다. 이러한 요인들에 의해 형성되는 성격은 감정(emotion)의 강약, 외향성(extroversion), 개방성(openness), 친밀성(agreeableness), 성실성(conscientiousness)등의 요소들이 결합해 표출된다.

낯선 상황(strange situation) 실험

미국의 발달심리학자인 매리 에인스워스(Mary Ainsworth)는 일련의 낯선 상황을 조성하는 실험을 고안했다. 실험의 요지는 보호자의 참석여부에 따라 낯선 이에게 보이는 반응 차이와 보호자가 떠났다가 다시 돌아올 때의 반응을 관찰, 분류하여 유아들의 애착형성 유형을 구분하는 것이다. 심리학자들은 이 실험에 근거해 유아의 애착유형을 긍정적인 것과 부정적인 것으로 나누고, 또 부정적인 유형을 회피형과 양면형으로 나눴다. 우선 긍정적인 애착유형인 안정애착(secure attachment)을 가지는 유아는 보호자 참석 시 거리낌없이 방안을 돌아다니고 낯선 사람과도 무리 없이 교류한다. 하지만 보호자가 자리를 뜨면 눈에 띄게 동요하는 모습을 보이며, 보호자가 돌아 왔을 때 매우 행복한 듯한 반응을 보인다. 부정적인 애착유형 중, 회피애착(avoidant attachment)을 가지는 유아는 실험이 진행되는 동안 감정의 변화를 거의 보이지 않는다. 보호자의 참석여부에 상관없이 장난감 등 자기의 관심사에만 집중하며 보호자와 낯선 사람 모두에게 일정한 감정적 거리를 유지한다. 다른 하나의 부정적 애착유형인 양면애착(ambivalent attachment)은 실험 내내 보호자의 곁에 머무는 행동을 보인다. 보호자가 자리를 뜨면 굉장한 스트레스를 표출하다가 보호자가 다시 돌아오면 물리적으로 가까운 거리에 머문다. 특이한 점은 비록 물리적으로 근접한 곳에 머물긴 하지만 보호자와 감정적인 교류를 거부하고 보호자가 달래주려고 해도 이에 대해 반응을 보이지 않는다는 것이다.

❹ Feelings (감정)

어떤 행동을 할 때 생리적, 심리적 원인으로 인해 발생하는 주관적 동요를 감정이라 한다.

감정의 종류

프로이드

희로애락의 감정은 비교적 격렬하고 폭발적으로 표출되지만 오래 지속되지 않는다. 이에 비해서 걱정, 불안은 표현이 억제되지만 비교적 오래 지속되는 경향이 있다. 이 밖에도 유머, 행복, 존경 등과 같이 가치의식(value consciousness)이 가해진 안정적이고 지속적인 감정도 있다. 한편, 프로이드(Freud)는 사랑과 미움, 복종과 반항, 쾌락과 고통 등 상반된 감정이 동시에 존재하는 것을 양향성(ambivalence)이라고 하였다. 양향성은 복잡한 감정의 심리적 특성을 잘 반영하고 있다.

2. Psychological Change (심리변화)

❶ Factors of Psychological Change (심리변화의 요인)

인간의 심리는 환경적 요인에 의해 크게 영향을 받으며 개인의 성향이나 특성에 따라 심리적 변화의 정도가 다르게 나타난다.

스트레스 (stress)

스트레스는 부담이나 자극에 의한 심리적 긴장상태를 의미한다. 스트레스를 받게 되면 자극 호르몬인 아드레날린(adrenalin)이 분비되어 우리 몸을 보호하려는 여러 반응이 일어난다. 맥박 · 혈압 · 호흡의 상승, 피로, 두통, 불면증 등의 신체적인 반응과 불안감, 우울증, 분노, 좌절 등의 심리적인 반응 등이다. 적당한 스트레스는 신체와 정신에 활력을 주기도 하지만 자극에 대해 한 개인이 감당할 능력이 약화되거나 이러한 상태가 장기간으로 지속되면 노이로제(neurosis) 등의 병적인 증상이 나타난다.

색 (color)

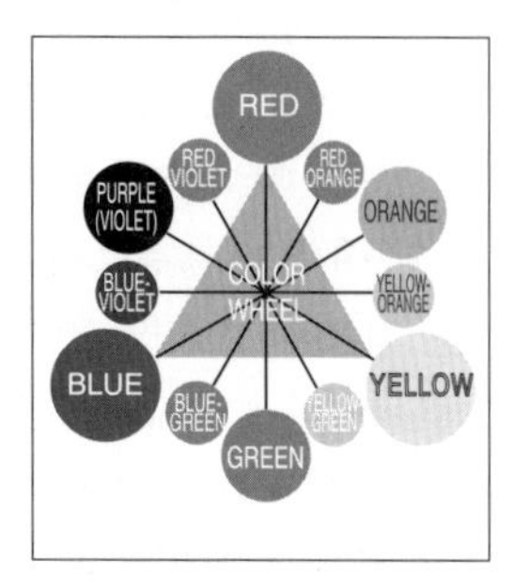

각각의 색의 상징과 그 색을 선호하는 사람의 심리 상태와는 관련이 있다고 알려져 있다. 적색은 흥분(excitement)과 욕망(passion)을 상징하며 녹색은 차분함(calmness), 절제(control)를, 보라색의 경우 신비스러움(occult), 예술성(artiness)을 상징한다. 색이 주는 느낌에 따라 분류해보면 적색, 황색 등은 따뜻한 색이며 차가운 느낌의 색인 청색, 청록색 등은 마음을 진정시키는 역할을 함과 동시에 쓸쓸함을 느끼게 한다. 적색, 녹색, 황색 등의 원색은 강함을 표현하며 백색, 회색, 파스텔 톤의 색조는 약함을 상징한다.

❷ Cognitive Development (인지발달)

대부분의 인간의 행동 양상은 개인의 인지능력과 연관된다. 인지란 나 이외의 인간과 그들의 행동에 대한 인식을 뜻하며 타인에 대한 존재감, 자신과 타인과의 관계에 대한 지각 · 사고를 포함한다.

피아제의 이론 (Piaget's theory)

스위스의 심리학자인 피아제(Piaget)는 인간의 인지과정은 외부와의 상호작용을 통해 이루어지는 적응과정이라고 설명한다. 인지발달과정은 4단계로 구성되며 개인의 지능이나 환경에 따라 각 단계에 도달하는 개인간 연령의 차이는 있을 수 있으나 발달 순서는 바뀌지 않는다고 가정하고 있다. 1단계는 출생 후 2세까지로 생후 초기 아동의 인지활동은 감각적이며 빨기, 쥐기 등의 동작성을 보인다. 2단계는 3세에서 6세까지로 차츰 언어를 습득하게 되며 언어 이외의 다양한 상징적 능력이 발달한다. 3단계는 7세에서 11세까지이며 이 시기에 아동의 사고는 급격히 발달한다. 12세 이후인 4단계에는 추상적 · 논리적인 사고가 가능해지며 성인 수준의 사고를 할 수 있게 된다.

3. Application of Psychology (심리학의 적용)

❶ Psychotherapy (심리요법)

심리적 · 신체적인 장애를 위약요법이나 최면요법과 같은 심리적인 방법으로 치료하는 것을 의미한다.

위약 효과 (placebo effect)

실제 의학적인 효과가 없는 녹말 · 우유 · 증류수 등을 약으로 속여 환자에게 투여하는 것만으로도 유익한 작용을 나타내는 심리효과를 위약 효과라고 한다. 구체적인 과학적 근거가 확실히 증명되지는 않았지만 약 30%의 경우 효과를 보인다고 알려져 있다. 예를 들어 불면증(insomnia)에 시달리는 환자들에게 소화제를 수면제로 위장하여 주면 그 약을 먹은 환자는 이내 편안하게 잠들며 열이 나는 환자에게 증류수(distilled water)를 해열제로 위장하여 주사하면 많은 경우 실제로 열이 내린다. "이것은 무슨 약이다. 이것을 투여하면 나아질 것이다."라는 의사의 말을 환자가 듣고 신뢰하고 안심하는 과정에서 발생하는 심리적인 현상이다.

최면 (hypnosis)

최면은 의도적으로 야기되는 인간의 특수한 상태 및 심리적 현상이다. 최면 상태를 수면(slumber)과 각성(awakening)의 중간상태라고 말하는데, 신체적으로 수면에 가까운 상태이면서도 의식 · 운동 · 지각 · 사고 등의 심리적 활동의 변화를 일으킨다. 종류로는 타인에 의해 의도되는 타인 최면과 스스로가 유도하는 자기 최면(self-hypnotism)이 있다. 흔히 알고 있는 것과는 달리 최면상태에 있는 사람은 의식과 판단력을 모두 갖추고 있어서 최면자가 지시하는 것을 무조건적으로 따르는 것이 아니라 거부할 수 있는 의식을 지니고 있다. 또한 최면에서 깨어나면 최면상태에서 일어난 일을 거의 기억할 수 있다. 실제로 최면요법(hypnotic cure)은 공포증(phobia), 성격장애(psychopathy), 불안장애(anxiety disorder) 등의 많은 심리 치료 분야에 이용되고 있다.

❷ Physiological Psychology (생리학적 심리학)

생리학적인 방법으로 심리현상을 연구하기도 한다. 즉, 인간의 신체적 변화와 반응으로 심리현상을 설명하고 이를 응용하는 것이다.

거짓말 탐지기 (lie-detector)

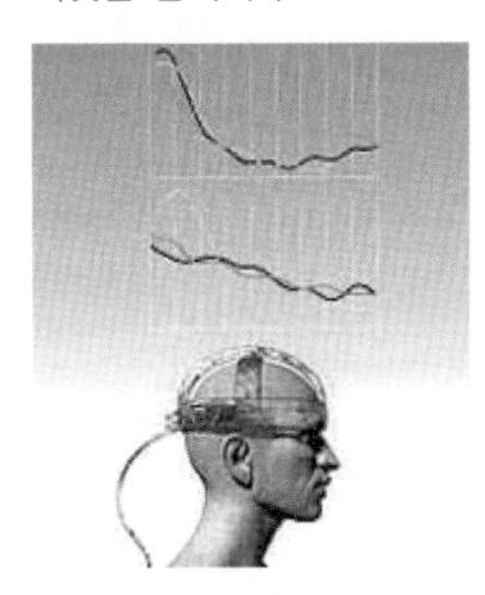

거짓말 탐지기는 심리적 변화에 따른 자율신경계(autonomic nervous system)의 각종 반응을 이용하여 용의자(suspect)가 하는 진술의 참 · 거짓을 판별한다. 고의로 거짓말을 하려고 할 때 발각될지도 모른다는 염려 때문에 일어나는 호흡 · 혈압 · 맥박 등의 신체적 변화를 기록하여 분석한다. 거짓말 탐지기의 검사결과는 보통 90% 이상 적중한다고 인정된다. 최근에는 많은 과학자들의 연구를 통해 거짓말을 할 때 변화하는 뇌의 이미지를 응용하는 방법이 시도되고 있다.

Hackers Test

 **[1-6] Listen to part of a lecture on psychology.**

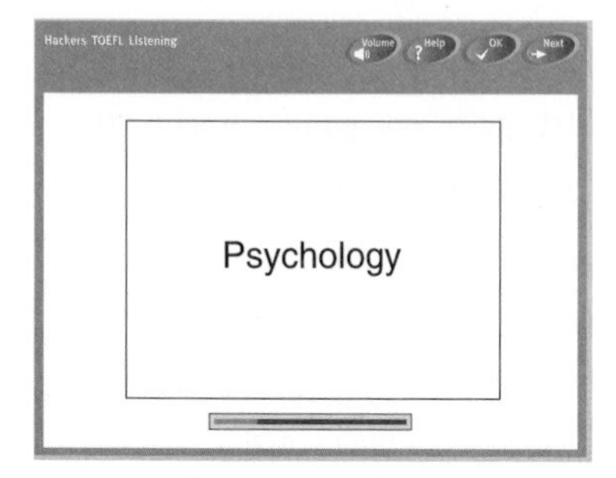

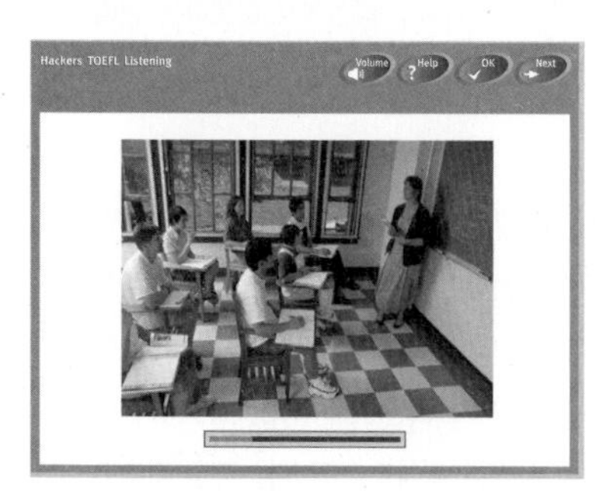

1. What is the main idea of the lecture?

   (A) The effects of a relative's death on toddlers
   (B) Mental disorders resulting from broken routines
   (C) A childhood affliction characterized by anxiety
   (D) Causes of division between parents and children

2. Why does the professor mention the symptoms of her pet?

   (A) To give an example of the destructive effects of anxiety
   (B) To compare anxiety disorders in children and in animals
   (C) To provide background for a discussion on anxiety in animals
   (D) To indicate that the disorder is related to separation

3. What does the professor say about the onset of separation anxiety disorder?

   (A) It is gradual and not immediately noticeable.
   (B) It is most often rooted in the occurrence of something traumatic.
   (C) It almost always takes place before the child reaches the age of twelve months.
   (D) It is often accompanied by problems that occur in the child's school.

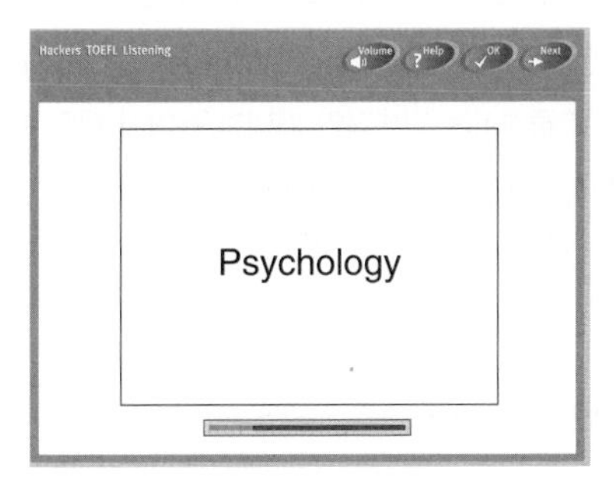

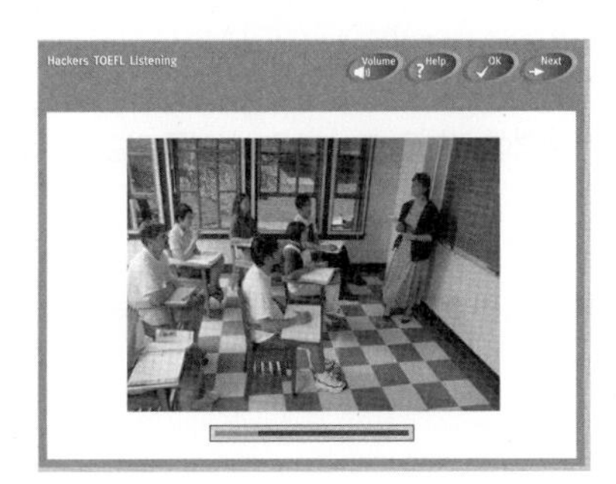

4. What are two key features of cognitive therapy?

Click on 2 answers.

(A) The manner in which the child thinks is examined.
(B) The child is encouraged to feel and experience the anxiety.
(C) The child is assisted in thinking in a different way.
(D) The externals that affect the child's way of thinking are removed.

5. What does the professor imply about medicinal treatments for separation anxiety disorders?

(A) The effectiveness of a medicinal approach to anxiety is debatable.
(B) The medicinal approach is more costly than the other approaches.
(C) There is no medicine available to cure separate anxiety disorder.
(D) The medicinal approach helps in the physical development of children.

Listen again to part of the lecture. Then answer the question.

6. Why does the professor say this: 

(A) To check the students' understanding of the disorder
(B) To let the students make a diagnosis
(C) To explain how to make a proper diagnostic analysis
(D) To express uncertainty about the case

정답 p.647

15. Economics

Overview

Economics(경제학)란 인간이 자신의 욕구를 가장 효율적으로 충족시키기 위해 제한된 유 · 무형의 재화를 가지고 어떤 선택을 하는지에 대해 주로 연구하는 사회과학 분야의 학문이다. 토플에서는 기본적인 개념과 용어에 대한 지식만으로도 쉽게 이해할 수 있는 수준의 강의가 출제된다. 따라서 경제학관련 기본지식을 쌓아두는 것이 좋다.

관련토픽 및 기초지식

1. 경제학 기초 지식

❶ Perfect Competition (완전경쟁)

경제이론에서 말하는 이상적인 상태의 시장모형으로 개개의 시장참가자가 가격에 영향을 줄 수 없는 상태를 말한다.

❷ Monopolistic Competition (독점적경쟁)

완전경쟁과 완전독점의 중간 형태인 현실에서 흔히 발견되는 시장모형이다. 이 모형에서 기업들은 차별화된 제품을 출시해 독점적인 지위를 강화하기 위해 경쟁을 벌인다.

❸ National Economy (국민경제)

가계 · 기업 · 지방자치단체 · 국가 등 다양한 경제 주체들이 국가를 단위로 벌이는 경제활동의 총체를 말한다. 국민경제의 규모를 측정할 수 있는 개념으로 국내총생산(Gross Domestic Product, GDP)과 국민총생산(Gross National Product, GNP)이 있다. GDP는 한 나라의 국경 내에 있는 모든 생산 주체들이 생산한 재화의 가치를 도합한 총액을 말하고, GNP는 국내외를 막론하고 그 나라의 국적을 갖는 국민이 생산 · 취득한 가치의 총액을 말한다.

❹ Market Economy (시장경제)

자유경쟁의 원칙에 의해 시장에서 가격이 형성되는 국민경제를 뜻하며, 자본주의경제(Capitalist economy)와 유사한 의미로 쓰인다.

❺ Planned Economy (계획경제)

중앙 정부가 재화의 생산 · 분배 · 소비를 계획 · 관리하는 경제를 뜻하며, 사회주의경제(Socialist economy)와 유사한 의미로 쓰인다.

2. International Trade (국제무역)

❶ Absolute Advantage (절대우위)

어떤 재화에 대해 이를 생산하는 데 필요한 비용이 한 나라가 다른 나라보다 낮을 때, 그 나라는 이 재화의 생산에 있어 절대우위에 있다고 한다. 예를 들어, 밀을 생산하는 데 있어 A국이 B국보다 같은 단위를 생산하는 데 들어가는 비용이 낮다면 A국은 밀 생산에서 절대우위에 있게 된다. 두 국가 사이에 절대우위를 가지는 재화의 종류가 다를 경우 각 국가가 절대우위에 있는 재화의 생산에 집중하여 서로 교환함으로써 그렇지 않은 경우보다 더 많은 재화를 얻을 수 있다.

❷ Comparative Advantage (비교우위)

어떤 재화에 대해 이를 생산하는 데 필요한 비용이 한 나라가 다른 나라보다 '상대적으로' 낮을 때, 즉 그 재화의 생산에 대한 기회비용이 다른 나라보다 낮을 때 그 나라는 이 재화의 생산에 있어 비교우위에 있다고 한다. 예를 들어, A국이 밀과 커피 두 재화 모두에 대해 절대우위에 있다고 하더라도, A국의 밀 생산에 대한 기회비용이 B국보다 작고, B국의 커피 생산에 대한 기회비용이 A국보다 작다면, A국과 B국은 각각 밀과 커피의 생산에 있어 비교우위에 있게 된다. 이 경우에도 각 국가가 비교우위를 가지는 재화의 생산에 집중하여 서로 교환함으로써 그렇지 않은 경우보다 더 많은 재화를 얻을 수 있다.

❸ Opportunity Cost (기회비용)

제한된 자원을 가지고 한 재화를 생산하기 위해서는 다른 재화의 생산을 포기해야 하는데, 이 때 생산하지 않은 재화를 생산했을 경우 얻을 수 있었을 이익을 기회비용이라고 한다. 예를 들어, A국이 정해진 단위의 자원을 투입했을 때 밀 2톤 또는 커피 1톤을 생산할 수 있다고 한다면, A국의 밀 1톤을 생산하기 위한 기회비용은 커피 0.5톤이고 커피 1톤을 생산하기 위한 기회비용은 밀 2톤이다.

3. Economic Theory (경제학 이론)

❶ Classical Economics (고전 경제학)

아담 스미스가 1776년 국부론을 출간함으로써 시작돼 19세기 중반까지 경제 이론에 큰 영향력을 행사한 경제학의 한 분류이다. 개인의 이윤 추구가 가져오는 사회 구조의 변화에 대해 고찰하였으며, 자유경쟁을 전제로 하고 시장을 중심으로 생산과 분배를 입체적으로 분석하여 경제학을 과학의 영역으로 올려놓는 데 성공하였다.

❷ Keynesian Economics (케인스 경제학)

1930년대의 대공황 이후 등장한 경제학자 케인스의 경제 분석 방법 및 경제정책적 수단을 기본 내용으로 하는 경제학의 한 분류이다. 자본주의의 실패로 부의 불균등한 분배와 불완전한 고용이 발생했다고 보고 이를 바로 잡기 위해서는 시장에 대한 정부 개입의 필요성을 주창했다. 특히 자본주의 사회에서 완전고용을 실현하는 것을 이상으로 보고 이를 위해 정부가 개입해 유효수요를 창출해야 한다고 주장했다.

❸ Marxian Economics (마르크스 경제학)

독일의 경제학자인 칼 마르크스가 1867년 저서 〈자본론〉을 통해 전개한 이론이다. 자본주의(capitalism)의 모순을 과학적으로 증명하고 그것의 필연적인 붕괴과정을 변증법적으로 설명하고자 했다. 이러한 혁명적 경제학의 특성을 체계화하기 위해 마르크스는 상품의 가치와 가치의 크기는 그 상품을 생산하는 데 필요한 노동에 의해 결정된다는 노동가치설(labor theory of value)을 기본원리로 삼았다.

Hackers Test

 [1-6] Listen to a talk on economics.

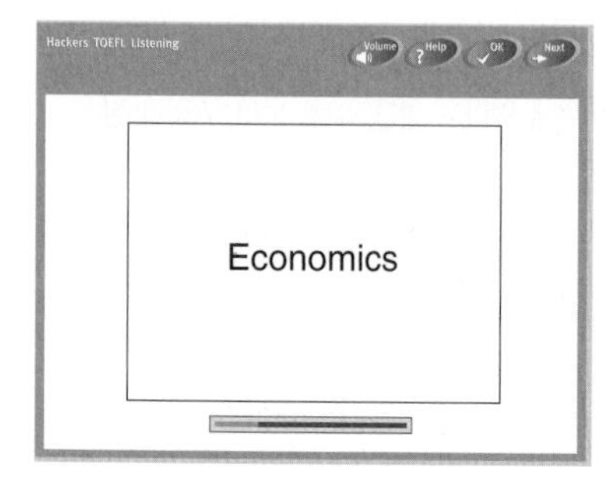

1. What is the professor mainly discussing?

   (A) The relationship between production levels and labor costs
   (B) The development of rules for international trade
   (C) The reason for the occurrence of international trade
   (D) The impact of the Silk Road on regional commerce

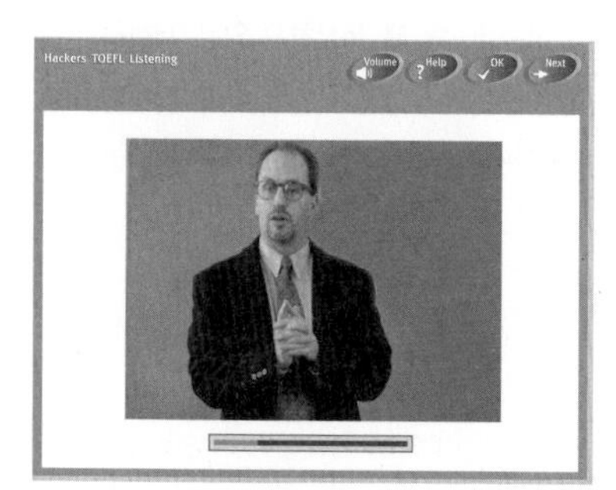

Listen again to part of the lecture. Then answer the question.

2. What does the professor mean when he says this:

   (A) The student isn't completely correct.
   (B) The topic will soon be changed.
   (C) The students should expect another question.
   (D) The students are expected to follow along.

3. What two reasons give South America an absolute advantage in banana growing?

   Click on 2 answers.

   (A) They have lower opportunity costs.
   (B) They have better weather conditions.
   (C) They have employees who earn less.
   (D) They have more farmland available.

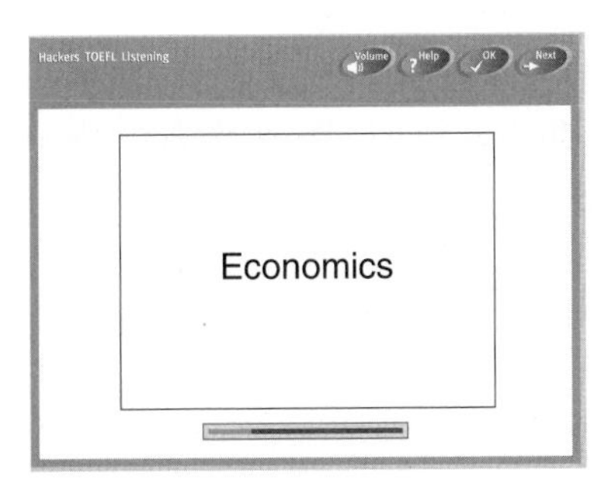

4. According to the professor, what allows countries without absolute advantage to have comparative advantage?

(A) More resources than a competing country
(B) Fewer expenses needed to make a product
(C) Lower opportunity costs of producing a product
(D) Additional resources that can be used in manufacturing

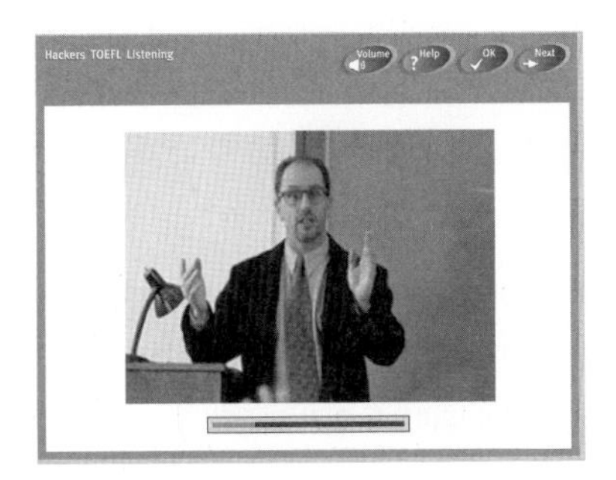

5. Why does the professor talk about going on a date?

(A) To show that comparative advantage exists outside economics
(B) To give a specific example of opportunity costs
(C) To provide an analogy for the trade negotiation process
(D) To make a point about the importance of exam study

6. According to the professor, what is true about opportunity costs?

(A) Developed countries have lower opportunity costs than developing countries in manufacturing their products.
(B) Expensive products incur larger opportunity costs to manufacture than less costly products.
(C) The opportunity costs of producing a product are equal for all of the countries that manufacture it.
(D) A country with an absolute advantage in a product can have greater opportunity costs in producing it.

정답 p.650

16. Physics

Overview

Physics(물리학)는 자연현상을 지배하는 기본법칙을 규명하는 학문으로서 물체의 운동이나 구조 · 열 · 빛 · 전기 · 신소재 등 다양한 분야를 연구한다. 토플에서는 물리학의 기초가 되는 법칙들의 원리나 이를 실생활에 적용하는 내용이 주로 출제 된다. 따라서 이에 대한 기초지식을 갖춘다면 강의를 훨씬 쉽게 이해할 수 있을 것이다.

관련토픽 및 기초지식

1. Force & Motion (힘과 운동)

❶ Force (힘)

힘은 정지하고 있는 물체를 움직이고, 움직이는 물체의 속도나 방향을 바꾼다.

중력 (gravity)

우주상의 모든 물체 사이에는 서로 끌어당기는 힘인 만유인력(universal gravitation)이 작용한다. 물체와 지구 사이에 작용하는 중력이 그 예이다. 무중력(weightless) 상태에서 인간은 다양한 신체적 변화를 겪게 된다. 균형감각을 유지하는 반고리관이 제대로 기능하지 못하여 위치감각을 잃게 되고 관절 사이의 간격이 넓어져서 키가 커진다.

훅의 법칙 (Hooke's law)

훅의 법칙은 탄성력과 관련이 있다. 작용하는 힘의 크기에 비례하여 물체의 모양이 변화하는 데 비례 관계가 성립하지 않는 지점인 비례한계(elastic limit)가 있다는 법칙이다. 예를 들어, 용수철에 추를 달아 놓으면 일정한 무게까지 추의 무게에 비례하여 용수철이 늘어난다. 이를 그래프로 그리면 직선 모양이 나타나는데 일정 한도 이상의 힘, 즉 비례한계를 넘어서는 힘이 가해지면 그래프는 더 이상 직선모양을 보이지 않는다.

❷ Motion (운동)

운동은 일정한 기준점(control point)에 대해 물체의 위치가 변화하는 현상을 뜻한다.

뉴턴의 운동법칙 (Newton's law of motion)

운동을 지배하는 자연법칙은 수없이 많으나 그 기본이 되는 것은 뉴턴의 운동법칙이다. 제1법칙(Newton's first law)은 관성의 법칙(law of inertia)으로 외부로부터 힘의 작용이 없으면 물체는 정지한 채로 있거나 등속도 운동(uniform motion)을 계속한다는 것이다. 제2법칙은 물체에 힘이 작용했을 때 물체는 그 힘에 비례하는 가속도(acceleration)를 가진다는 법칙이다. 제3법칙은 작용-반작용(action-reaction)의 법칙이라고도 하며 두 물체의 상호작용(interaction) 즉, 한쪽 물체가 받는 힘과 다른 쪽 물체가 받는 힘은 크기가 같고 방향이 반대임을 나타낸다.

운동량 보존의 법칙 (conservation of momentum)

전체의 운동량은 에너지와 마찬가지로 외부작용이 없는 한 언제까지나 보존된다는 것이 운동량 보존의 법칙이다. 물체의 운동량(momentum)은 물체에 작용하는 힘인 질량(mass)과 속도(velocity)에 비례한다. 힘이 물체의 운동량을 변화시키는 원인이므로 외부에서 힘이 작용하지 않는 한 물체의 운동량은 변하지 않는다는 원리이다.

2. Light & Heat (빛과 열)

❶ Light (빛)

일반적으로 전자기파 중에서 사람의 눈에 보이는 범위의 파장을 가진 가시광선(visible rays)을 빛이라고 하며 넓은 의미로는 자외선(ultraviolet rays)과 적외선(infrared rays)을 포함한다.

광섬유 (fiber optics)

광섬유는 빛을 전송하기 위해 유리나 합성섬유(synthetic fiber)로 만든 섬유 모양의 관이다. 광섬유를 여러 가닥 묶어서 케이블로 만든 것을 광케이블(optical cable)이라고 한다. 광섬유는 외부의 전자파(electron wave)에 의한 간섭(interference)이나 혼선(jamming)이 없고 에너지 손실도 없기 때문에 장거리 전화망이나 초고속 정보통신망(information superhighway) 구축에 이용된다.

❷ Heat (열)

열은 물체의 온도를 높이고 액체, 고체, 기체의 상태를 변화 시키는 에너지이다.

열 전달 (heat transfer)

물체의 온도나 형태를 변화시키는 열 에너지(heat energy)는 세 가지 방법으로 이동된다. 전도(conduction)는 금속과 같은 고체에서 고온 부분에서 저온 부분으로 열이 전달되는 현상이며 대류(convection)는 온도가 높고 밀도가 낮은 부분은 올라가고 온도가 낮고 밀도가 큰 부분은 내려오며 열이 전달되는 것이다. 열복사(thermal radiation)는 열을 중개(intermediation)하는 물질 없이, 고온인 물체 부근의 열을 저온인 물체가 흡수하는 현상을 말한다.

3. Electric Forces & Magnetism (전기와 자기)

전기는 전자(electron)의 이동으로 생기는 에너지이며 자기는 자석이 철을 끌어당기는 작용이나 전류에 작용을 미치는 성질을 말한다. 직진하는 전기력과는 달리 자기력은 N극을 출발해서 S극으로 돌아오는 특성이 있다.

반도체 (semiconductor)

전기나 열을 잘 전달 하는 물질을 도체(conductor), 전기를 전달하기 어려운 물체는 부도체(insulator)라고 한다. 반도체(semiconductor)는 도체와 부도체의 중간 값을 취하는 것으로 전자(electron)와 전자가 비어있는 정공(hole)을 이용해 전기를 전달한다. 게르마늄(germanium), 실리콘(silicone)이 소재로 쓰이며 전자기기에 반도체를 이용한 다이오드(diode)나 트랜지스터(transistor)를 사용하여 크기, 무게 감소, 전력소모 절감, 수명 증진 등의 이익을 얻고 있다.

초전도체 (superconductor)

초전도체는 아주 낮은 온도에서 전기저항(electric resistance)이 완전히 없어지는 물질을 말한다. 전기저항이 '0'이 되면 많은 전류(electric current)가 흐를 수 있게 되므로 전선을 초전도체로 만들 경우 에너지 손실이 없는 송전(power transmission)이 가능해진다. 또한 초전도체는 자석 위에서 떠오르는 특성을 가지므로 자기부상열차(magnetic levitation train)나 의료기기인 MRI 등에 응용할 수 있다.

Hackers Test

 **[1-6] Listen to part of a talk in a physics class.**

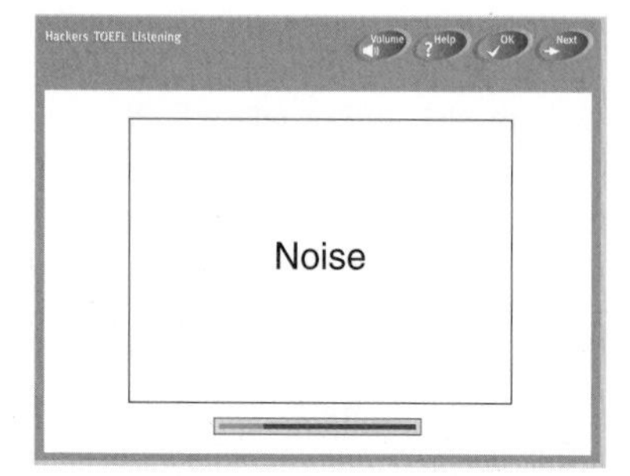

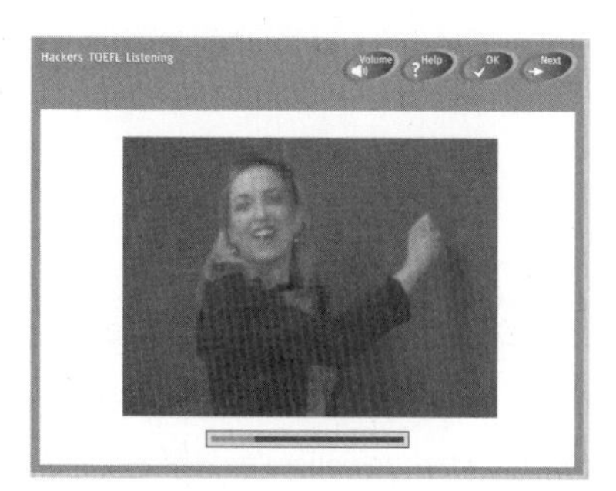

1. What is the lecture mainly about?

   (A) The effects of environmental noise on people
   (B) Randomness and interference in noise
   (C) The types and characteristics of random noise
   (D) Contradictory definitions of noise

2. Why does the professor mention music?

   (A) To give an example of a type of noise that is pleasant
   (B) To provide background for a discussion on how loudness is measured
   (C) To illustrate how people can improve their quality of life
   (D) To show that noise can include something people consider pleasant

3. How does the professor introduce the effects of environmental noise?

   (A) By comparing the sound of an alarm and the sounds on a busy street
   (B) By identifying the sounds that people hear everyday
   (C) By describing a level of noise that is damaging
   (D) By drawing attention to a particular type of sound

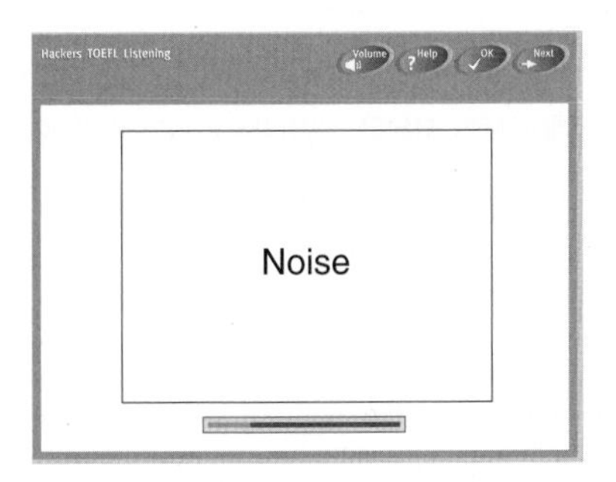

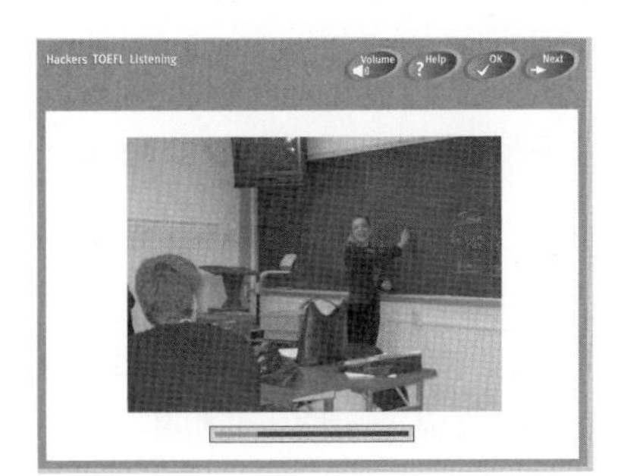

Listen again to part of the lecture. Then answer the question.

4. Why does the student say this:

   (A) To express an opinion about a type of noise
   (B) To indicate that he is not completely familiar with white noise
   (C) To disagree an explanation that the professor gave
   (D) To remind the professor that she missed some information

5. According to the lecture, what are two features common to beach wave sounds and white noise?

   Click on 2 answers.

   (A) They mask disagreeable sounds.
   (B) They produce a sound that is comforting to people.
   (C) They can easily be altered.
   (D) They are common background noises.

6. Why does the professor mention the "color white"?

   (A) To explain the composition of pink and white noise
   (B) To emphasize the differences between colors
   (C) To make a point about the visible spectrum
   (D) To explain why white objects reflect light waves

정답 p.652

17. Chemistry

Overview

Chemistry(화학)는 물질의 성질 · 조성 · 구조 및 그 변화를 주요 연구 분야로 하는 다른 과학분야의 기술 발전에 큰 영향을 끼치고 있는 학문이다. 토플에서는 여러 화학반응이나 일상생활에서의 적용을 설명하는 강의가 주로 출제된다. 따라서 화학에서 다루는 물질들의 기본 특성과 화학적 반응 원리의 개념을 파악하는 기초 학습이 필요하다.

관련토픽 및 기초지식

1. Matter (물질)

❶ Solid (고체)

금속이나 광물과 같이 일정한 형태와 부피를 가지고 있는 물체를 말한다. 고체는 원자(atom) 또는 분자(molecule) 사이의 인력(attraction) 때문에 유동성(liquidity)이 없다.

석탄 (coal)

석탄은 지질시대의 식물이 퇴적되고 매몰된 후 높은 온도와 압력을 받아 변질된 암석이다. 주로 탄소로 구성되어 있고 수소와 산소를 포함하고 있다. 산업혁명 이후 에너지원으로 석탄의 이용이 비약적으로 증대하였다. 또한 석탄을 가공하여 얻는 여러 물질은 많은 화학공업의 원료로 사용되고 있다.

❷ Liquid (액체)

물 · 기름과 같이 일정한 형태와 부피를 가지지 않는 상태이며 기온 · 압력의 조건에 따라 기체나 고체로 변할 수 있다.

❸ Gas (기체)

일정한 형태나 부피를 가지지 않으며 입자(particle)들의 운동이 가장 활발한 상태이다. 액체가 기체로 변하는 것을 기화(evaporation), 고체가 기체로 변하는 것을 승화(sublimation)라고 한다.

❹ Molecular Arrangement (분자 배열)

원자나 분자의 배열 방식에 따라 물질은 다른 성질을 가진다. 흑연과 다이아몬드의 경우 둘 다 탄소 원자로만 이루어져 있지만 어떻게 배열되느냐에 따라 흑연이 되기도 다이아몬드가 되기도 한다. 또한 또 다른 특정한 모양으로 탄소 원자가 배열되면 C60(buckyball)이라는 물질이 되는데, C60은 탄소 원자 60개가 축구공 모양으로 배열된 지름 1나노미터의 물질로 의학적 용도 등 다양한 곳에 쓰일 수 있다. C60와 비슷하게 역시 탄소만으로 이루어진 다른 물질로는 나노튜브(nanotube)가 있다.

2. Energy (에너지)

❶ Fossil Fuel Energy (화석에너지)

석탄 · 석유 · 천연가스와 같이 지하에 묻힌 동식물의 유해가 오랜 세월에 걸쳐 화석화되어 형성된 연료를 화석연료라 한다. 이것에 의해 얻어진 에너지를 화석에너지라고 한다.

원유 정제법 (crude oil refining process)

원유를 정제하여 석유(petroleum)를 얻는 방법에는 두 가지가 있다. 증류(distillation)는 혼합물인 액체를 가열하여 얻은 기체를 액화(condensation)시켜 각각의 순수한 성분으로 분리시키는 것으로 고대 때부터 사용하던 방법이다. 열을 가하여 분리하는 열분해(cracking)는 증류보다 많은 양의 가솔린(gasoline)과 플라스틱(plastic) 등의 부산물을 얻을 수 있다.

❷ Nuclear Energy (핵에너지)

원자핵(atomic nucleus) 변환(conversion)을 통해 방출되는 방사선(radioactive ray) 에너지를 이용하는 것을 말한다. 화석에너지의 대체에너지(alternative energy)로 사용되며 의료, 공업, 식품 등 다양한 분야에 이용할 수 있다.

3. Water (물)

물은 상온에서 색 · 냄새 · 맛이 없는 액체이며 2개의 수소와 1개의 산소로 구성되어 있다.

수소결합 (hydrogen bond)

수소결합은 2개의 분자 사이에 수소원자가 들어감으로써 생기는 약한 화학 결합을 말한다. 물은 1개의 분자(H_2O) 안의 산소원자를 중심으로 하여 4개의 물 분자가 둘러싸고 있는 구조인데 이 때 결성된 '산소-수소-산소(O-H-O)'와 같은 결합을 수소결합이라 한다. 액체인 물은 고체인 얼음보다 수소결합이 느슨한 상태이므로 1개의 분자를 둘러싸는 다른 분자 수가 증가하여 분자 사이의 틈이 작아진다. 이는 얼음보다 물의 밀도(density)가 큰 이유이다.

공유결합 (covalent bond)

한 쌍의 전자를 두 원자가 공유하면서 결합을 유지하는 상태를 말한다. 물 분자의 경우, 산소 분자와 수소 분자가 각각 전자를 내놓고 이 전자들을 서로 공유하면서 결합되어 있다.

삼투현상 (osmosis)

삼투현상은 농도가 낮은 곳에서 농도가 높은 곳으로 물이 이동하는 현상이다. 용매(solvent)는 통과시키지만 용질(solute)은 통과시키지 않는 반투막을 고정시키고 양쪽에 농도(concentration)가 다른 용액을 따로 넣으면 일정량의 용매가 용액 속으로 스며들어 양쪽의 농도가 같아진다. 이 원리로 인해 식물의 뿌리가 흙 속의 수분을 흡수하고 인체에서는 신장(kidney)의 수분 재흡수 현상이 일어난다.

얼음 (ice)

물은 액체 상태일 때보다 고체인 얼음 상태일 때 부피가 더 크다. 얼음의 분자 결합 구조가 가운데가 비어있는 육각형(hexagon)이기 때문이다. 또한 분자 결합 구조의 특성 상 얼음의 표면에서는 잉여 수소 원자들이 다른 원자와 결합을 이루지 못한 채 남아 있으면서 운동하게 되는데 이는 얼음의 표면이 미끄러운 이유가 된다. 다시 말해, 얼음의 표면은 화학적으로는 고체인 얼음 상태로 남아있으면서 유동적인 물의 성질을 가지게 되는 것이다.

라이덴프로스트 효과 (Leidenfrost effect)

끓는점(boiling point)보다 훨씬 높은 온도를 가지는 고체의 표면과 액체 사이에 증기층이 형성돼 절연효과를 가져오는 것을 말한다. 물방울을 아주 뜨거운 냄비 위에 떨어뜨렸을 때, 냄비 바닥과 물방울 사이에 순간적으로 증기막이 형성돼 한동안 증발하지 않고 냄비바닥을 가로질러 미끄러지는 현상이 라이덴프로스트 효과의 예가 될 수 있다.

Hackers Test

 **[1-5] Listen to part of a talk in a chemistry class.**

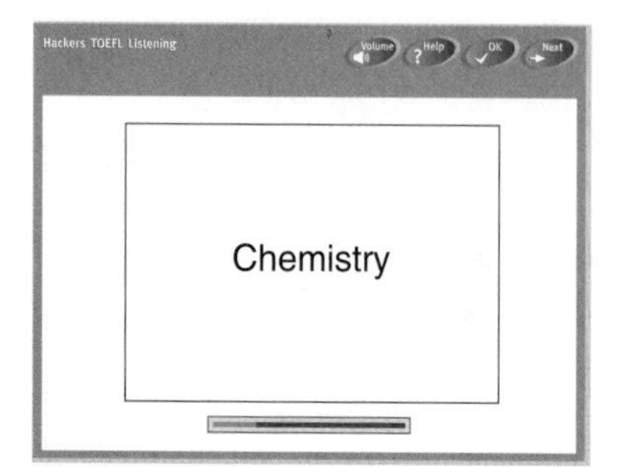

1. What is the main topic of the lecture?

 (A) The properties of carbon allotropes
 (B) The discovery of new carbon molecules
 (C) The applications of carbon-based structures
 (D) The formation of carbon atoms

Listen again to part of the lecture. Then answer the question.

2. Why does the professor say this: 

 (A) To confirm whether or not he needs to clarify a term
 (B) To express that his information might be incorrect
 (C) To indicate that what he said was unexpected
 (D) To suggest that the concept is beyond his understanding

3. In the lecture, the professor describes the properties of various carbon allotropes. Is each one a property of graphite or diamonds?

 Click in the correct box for each phrase.

	Graphite	Diamonds
Acts as an insulator		
Atoms form hexagonal cells		
Three-dimensional lattice structure		
Carbon atoms bond with four neighbors		
Conducts electricity		

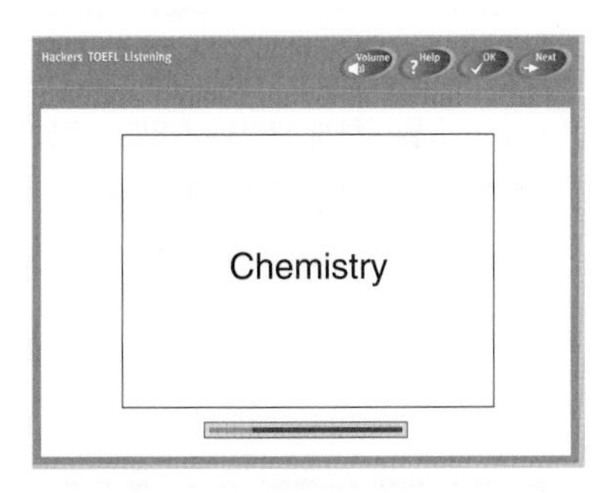

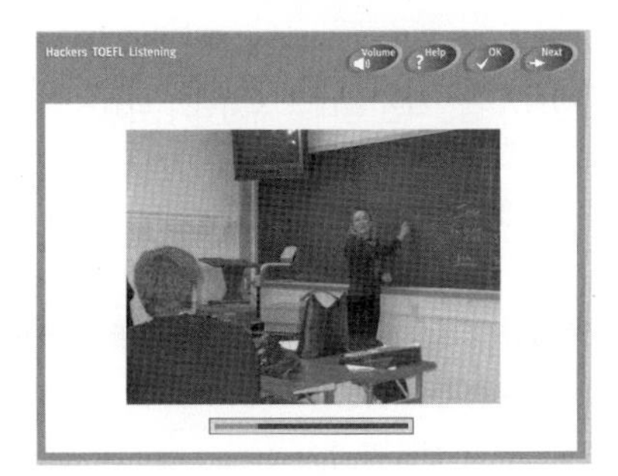

4. Why does the professor mention a soccer ball?

    (A) To demonstrate a real-life application of carbon nanotubes
    (B) To explain why buckyballs received their name
    (C) To describe the shape of carbon atoms in their pure form
    (D) To illustrate the structure of a carbon allotrope

5. What does the professor imply about buckyballs?

    (A) They will not find uses outside of science.
    (B) They were an unanticipated discovery.
    (C) They are the strongest form of carbon.
    (D) They have been found to prevent human illness.

6. What is an advantage of adding carbon nanotubes to latex paint?

    (A) The inclusion of nanotubes lowers production costs.
    (B) Paint can be applied in extremely thin layers.
    (C) Nanotubes change the electric properties of the paint.
    (D) Metal and paint can be mixed before a product is made.

정답 p.655

18. Physiology

Overview

Physiology(생리학)는 동 · 식물의 기능을 중심으로 그 기능이 나타나는 과정과 원인을 과학적으로 분석하는 학문이다. 생물학(Biology)의 한 분야이며 해부학(Anatomy) · 세포학(Cytology)과 밀접하게 관련되어 있다. 토플에서는 특히 의학(Medical Science)과 연관되어 인체를 구성하는 기관의 특징과 역할, 작용 등을 연구하는 인체생리학(Human Physiology)과 관련된 주제들이 출제될 가능성이 높다. 따라서 이러한 주제들을 알면 도움이 된다.

관련토픽 및 기초지식

1. Human Body (인체)

인체는 매우 복잡한 구조로 이루어져 있으며 다양한 기능을 갖고 있다. 인체가 정상적인 상태로 유지되기 위해서는 인체를 구성하는 수많은 요소들이 원활하게 기능하여야 한다.

❶ Blood (혈액)

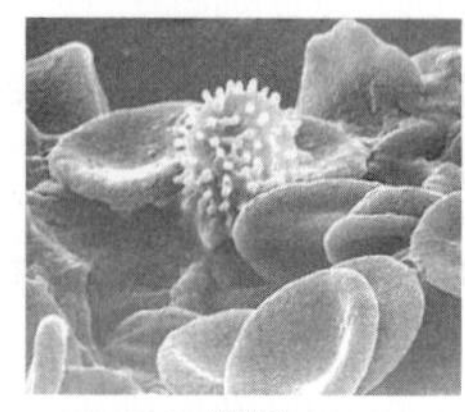
백혈구

혈액은 동맥(artery), 정맥(vein), 모세혈관(capillary vessel)을 따라 온몸을 순환(circulation)한다. 물질대사(metabolism)에 필요한 산소와 영양소(nutrition)를 공급하며 노폐물을 운반하는 역할을 한다. 혈액의 구성요소 중 백혈구(white blood cell)는 미생물(microorganism)을 소화시켜 분해하는 효소(enzyme)를 가지고 있어서 인체 내에 침입한 세균(germ) 같은 미생물을 잡아먹는 식균작용을 한다.

❷ Hormone (호르몬)

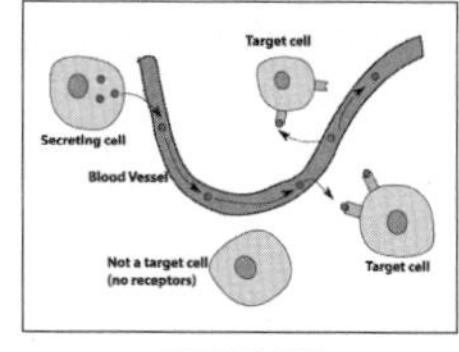

호르몬의 작용

땀(sweat), 침(saliva), 소화액(digestive fluid)처럼 몸 밖으로 분비되는 물질과는 달리 호르몬은 내분비선(gland)에서 형성되어 혈액을 따라 이동한다. 인체가 변화하는 환경에 적응하도록 신체 각 부분의 기능을 적절히 조절하기 위한 명령을 전달한다. 소량으로 생리작용(physiological function)을 조절하며 분비(secretion)량에 이상이 생기면 결핍증(deficiency disease)이나 과다증을 유발한다.

❸ DNA

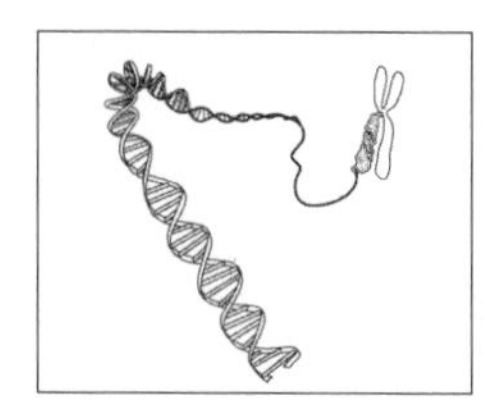

DNA는 생명체의 유전 형질(genetic character)을 기록한 일종의 기록 저장소라고 할 수 있다. 단백질(protein)을 합성할 수 있는 의미 있는 DNA 서열이 유전자(gene)이며 게놈(genome)은 어떤 생물체의 전체 DNA를 의미한다. 염색체(chromosome)는 세포의 핵(nucleus) 속에서 DNA가 존재하는 형태를 말한다. 최근 유전자 진단 방법인 PCR(Polymerase Chain Reaction)이 개발되어 정확하고 쉬운 DNA복제(reproduction)가 가능해져서 다양한 분야에 응용되고 있다.

❹ Brain (뇌)

신경계를 조절하여 인체를 관리하는 기능을 한다. 뇌의 작용은 매우 활발하고 정교하며 뇌의 각 부분들이 인체 기관을 분담하여 조절한다.

MRI (Magnetic Resonance Imaging)

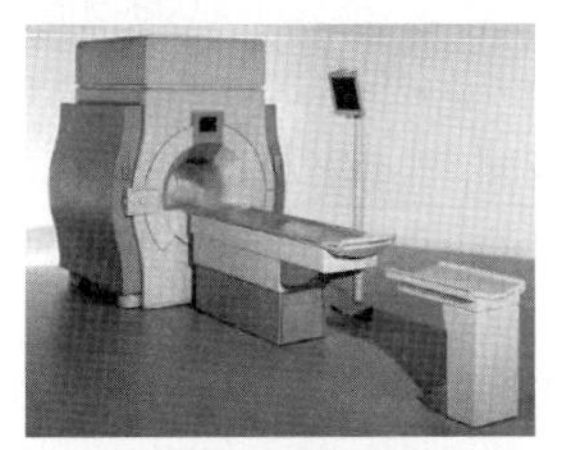

MRI 장치

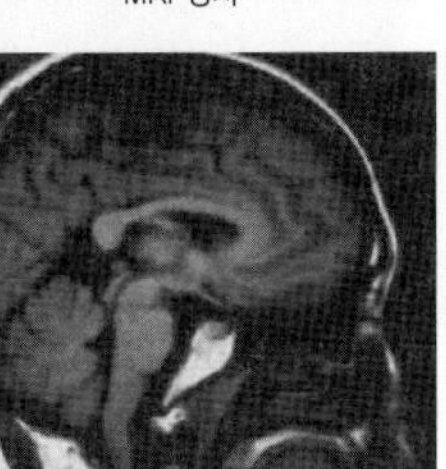

뇌의 MRI 사진

MRI는 인체를 구성하는 물질의 자기적 성질을 측정하여 컴퓨터를 통해 재구성하고 영상화(visualization)하는 기술이다. 뇌의 구성과 작용을 연구할 때 유용하게 쓰인다. 뇌의 기능을 알아보기 위한 일반적인 방법은 뇌 혈관(blood vessel)의 혈액 흐름을 조사하는 것이다. 예를 들어 언어활동을 할 때 뇌의 특정부분에 혈류가 형성되는 것을 알 수 있다. 이를 통해 두 언어를 구사하는 사람(bilingual)이 두 언어를 사용할 때 활동하는 뇌의 부위가 같음이 밝혀졌다. 자극이 주어질 때 활성화(activation)되는 뇌 혈류를 추적하기 위해 기존에는 방사성 동위원소(radioisotope)를 이용하였으나 인체에 해를 끼치는 단점이 있었다. MRI는 인체에 무해하며 3차원 영상을 얻을 수 있다는 장점이 있으나 비용이 비싸고 검사시간이 오래 걸리는 단점이 있다.

뇌파 (brain wave)

Brain Waves	Frequency	Mental Condition
Delta wave	0.5 - 3 Hz	깊은 수면
Theta wave	4 - 7 Hz	얕은 수면
Alpha wave	8 - 13 Hz	휴식 상태
Beta wave	14 Hz	활동 각성상태

수면과 뇌파

뇌파를 통해 뇌 기능과 활동상태를 알 수 있는데 전기적으로 측정한 뇌파를 EEG(Electroencephalogram) 또는 뇌파도라고 한다. 뇌파의 진폭(amplitude)과 주파수(frequency)를 분석하여 수면을 총 4단계로 구분한다. 졸리기 시작하는 1단계에서는 세타 활동(theta activity)이 나타나며 2단계는 진폭이 급격이 커지는 K 복합(K-complex)이 나타난다. 깊은 수면 상태인 3단계에는 느리게 움직이는 델타 활동(delta activity)이 일어나고 4단계는 REM수면이라고도 하는 꿈을 꾸게 되는 단계이다.

❺ Eyes (눈)

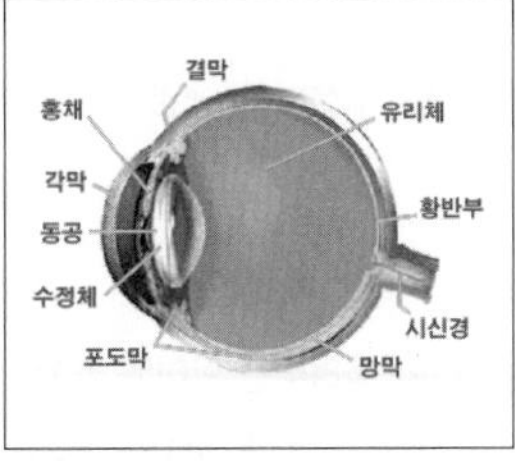

눈의 구조

눈의 가장 바깥쪽에 있는 각막(cornea)은 안구(eye ball)를 보호하고 빛을 굴절(refraction)시켜 망막에 도달시키는 역할을 한다. 홍채(iris)는 색소(pigment) 차이에 따라 인종별 눈동자의 색이 달라지는데 카메라의 조리개처럼 빛의 양을 조절하는 기능을 한다. 홍채의 중심부위에 위치한 검은 부위가 동공(pupil)이며 빛을 통과시키는 홍채의 열린 부분이다.

수정체 (lens)

수정체는 인간의 몸 중 유일하게 투명한 곳이다. 태아가 발달하면서 수정체는 세포들을 파괴시켜 크리스탈린이라 불리는 두터운 담백질 용액만 남긴다. 이리하여 세포들은 빛을 굴절할 수 있는 투명성을 얻게 되는 것이다. 하지만 핵이 없는 수정체는 새로운 세포를 합성해낼 수 있는 유전적인 물질이 없어 인체의 다른 곳과는 달리 스스로 회복할 수 없다. 수정체의 세포가 부스러져 서로 엉킨 세포 덩어리들을 형성하는 것을 백내장(cataracts)이라고 부른다. 백내장은 빛의 굴절에 영향을 미쳐 빨강, 주황과 같은 온색만 보이도록 한다. 프랑스의 인상주의화가 Claude Monet가 백내장을 앓았고, 이 사실은 그가 죽기 전에 그린 노란색과 갈색의 흐릿한 혼란을 보여주는 그림들에서 알 수 있다. 원근조절(accommodation)을 담당하며 수정체의 탄력성이 떨어지는 것이 노안(far-sightedness)의 원인이 된다. 망막(retina)은 눈으로 들어온 빛이 최종적으로 도달하고 시세포들이 시신경(optic nerve)을 통해 뇌로 신호를 보내는 곳으로 카메라의 필름의 기능을 한다.

❻ Ears (귀)

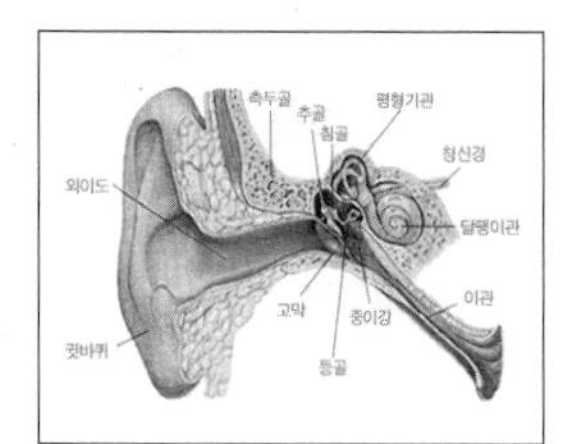

귀의 구조

귀는 외이 · 중이 · 내이 세 부분으로 나누어진다. 외이(external ear)는 귓바퀴와 외이도로 구성된다. 중이(middle ear)는 외이도 안 깊숙한 곳에 위치하며 고막(ear drum)의 안쪽에 있는 작은 공간으로 이루어져 있다. 내이(inner ear)는 복잡하여 미로라고도 불리는데 전정기관 · 반고리관 · 달팽이관이 있는 곳이다. 달팽이관 속의 림프와 섬모가 움직여 청각세포를 자극하여 소리를 감지하게 된다. 전정기관은 운동감각이나 위치감각을 담당하며 반고리관(semicircular canal)은 평형감각과 관련된다.

2. Workings of the System (생체 활동)

❶ Biorhythm (바이오리듬)

인간의 신체(physical), 감성(sensitivity), 지성(intellectual) 리듬의 주기를 말한다.

생체시계 (biological clock)

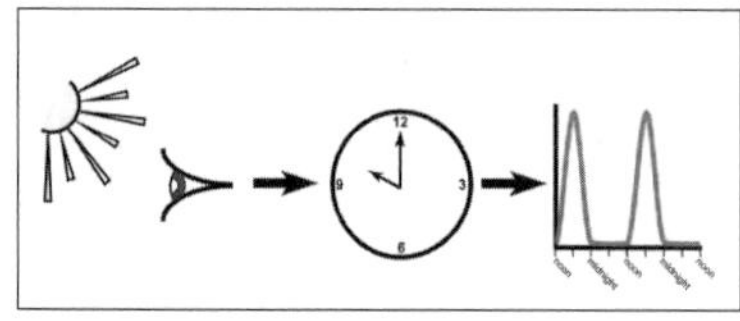
circadian rhythm

인체 내에는 시간에 따른 인체의 생체리듬을 주관하는 시계와 같은 기능이 있다. 생체시계는 심장 박동(pulsation) · 체온 변화 · 호흡(respiration) · 눈 깜빡임(blink) 등의 짧은 주기와 밤과 낮에 따른 수면 패턴과 같은 24시간 주기(circadian rhythm)가 있다.

❷ Reflex (반사)

자극(stimulus)에 대해 기계적으로 일어나는 신체 각 부분의 반응(reaction)을 말한다. 신경정보가 전달 · 처리되는 중추신경계(center nervous system)는 반사를 통해 인체의 복잡한 현상을 자동적으로 조정하여 생명을 유지하고 있다.

파블로프(Pavlov)의 개 실험

개에게 종소리를 들려준 다음 곧 먹이를 주는 일을 여러 번 되풀이한 결과 나중에는 종소리만 들려주면 먹이를 주지 않더라도 침을 흘리게 된다는 것을 알았다. 먹이가 입 속에 들어감으로써 침이 분비되는 것을 무조건 반사(autonomic reflex)라고 하고 원래 먹이와는 전혀 관계가 없는 자극, 예를 들어 종소리만 들어도 침을 흘리게 되는 반사를 조건 반사(conditioned reflex)라고 하였다. 이렇듯 무조건 반사는 자극에 무의식적으로 반응하는 것으로 음식물을 씹으면 침이 나오거나 어떤 물체가 갑자기 나타나면 눈을 무의식적으로 감는 것 등이 그 예이다. 조건 반사는 환경에 적응하기 위하여 후천적으로 얻게 되는 반사이다.

❸ Sense (감각)

자극이 신체에 전달되어 체내의 중추신경에 전해졌을 때 일어나는 반응을 감각이라고 한다.

미각 (sense of taste)

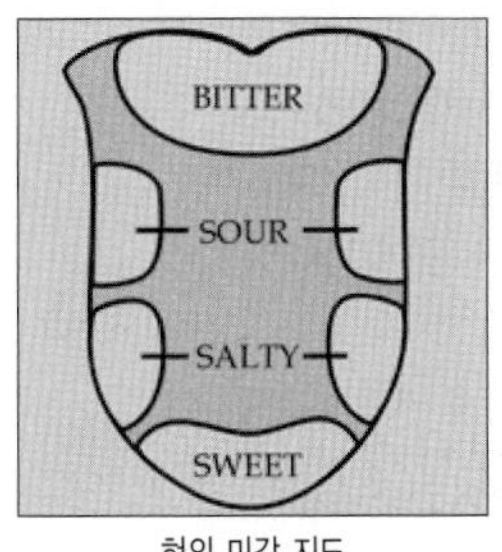

혀의 미각 지도

미각은 화학적 감각의 하나로 단맛 · 쓴맛 · 신맛 · 짠맛을 구별하는 것이다. 미각의 수용기(receptor)는 미뢰(taste bud)이며 혀의 점막의 유두 속에 존재한다. 혀의 각 부위별로 느끼는 맛이 다르지만 미각의 신경섬유는 동시에 두 가지 이상의 자극에 반응한다. 따라서 실제로 느끼는 음식의 맛은 여러 자극과 온도, 혀의 촉각, 후각의 복합적인 결과이다. 또한 미각은 동물의 종류에 따라, 사람의 개인차에 따라 달라진다. 그 예로, 설탕에 반응하는 것은 사람과 원숭이뿐이라고 한다.

후각 (sense of smell)

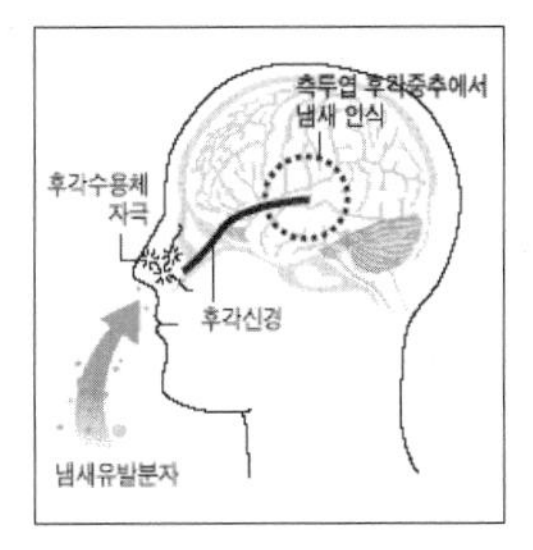

후각은 냄새가 있는 화학물질의 분자에 의해 후각세포가 자극되어 일어나는 감각이다. 후각의 세기는 냄새를 방출하는 물질의 농도와 냄새를 포함한 공기가 후각세포 위를 흐르는 속도에 비례한다. 후각은 동일한 자극이 계속되면 쉽게 순응하여 곧 냄새를 느끼지 못하지만 서로 다른 종류의 자극에 대해서는 바로 다시 반응한다. 냄새가 있는 물질을 혼합하면 냄새가 완화되지만 완전히 없어지지는 않는다. 그러나 혼합함으로써 전혀 별개의 후각이 생기므로 악취를 제거하는 데 이용된다.

Hackers Test

 [1-6] Listen to a lecture on physiology.

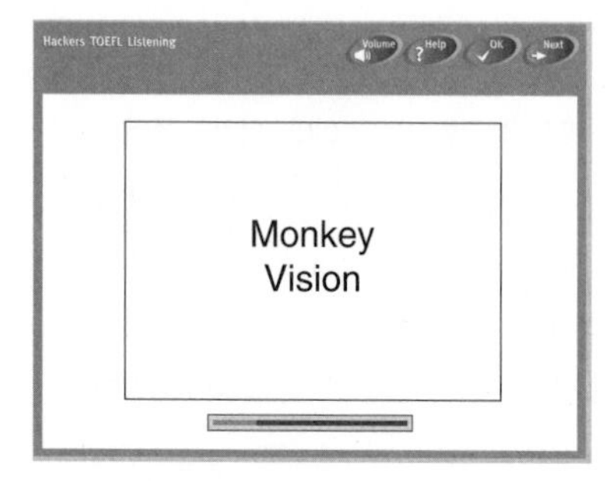

1. What is the lecture mainly about?

   (A) Factors contributing to color blindness
   (B) Types of vision in New World monkeys
   (C) The reason male monkeys are dichromatic
   (D) How tamarins survive in the wilderness

2. What is implied about the tamarins in the lecture?

   (A) Trichromatic vision helps them find fruit.
   (B) Tamarins are generally not good at locating food.
   (C) Tamarins prefer fudge squares to ripe fruit.
   (D) They dislike artificial environments.

3. What did researchers use in the experiment conducted at the zoo?

   (A) Pieces of the tamarins' favorite fruit
   (B) Orange and red fruit
   (C) Boxes with different colored lids
   (D) Scattered green leaves

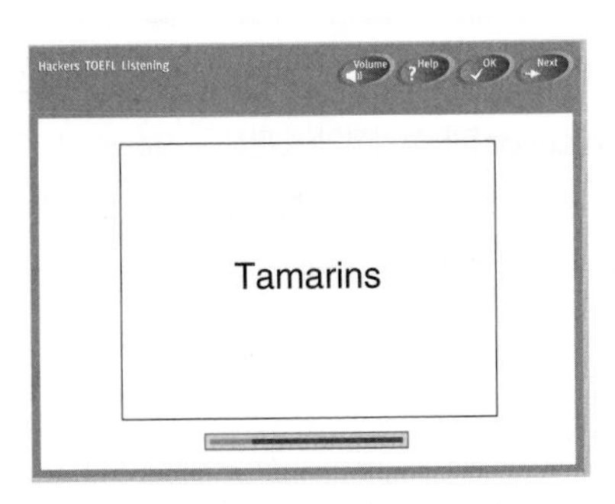

4. What can be inferred about the diet of adult tamarins?

   (A) It is confined to animal organisms.
   (B) It is more restricted than that of other monkeys.
   (C) It is not as colorful as other diets.
   (D) It may vary according to gender.

5. What are two advantages of dichromatic vision over trichromatic vision?

   Click on 2 answers.

   (A) Greater sensitivity to movement
   (B) Less light needed for colors to be seen
   (C) Not as confusing because of fewer colors
   (D) Textures distinguished more easily

Listen again to part of the lecture. Then answer the question.

6. What does the professor imply when he says this:

   (A) Not very many clues can be picked up from observations of the wild.
   (B) Previous theories of tamarin monkey vision have made no sense.
   (C) More evidence on how adults and young share food has to be collected.
   (D) Some evidence supports it, but future evidence could contradict it.

정답 p.657

19. Communication

Overview

Communication(커뮤니케이션)은 인간의 지식 · 감정 등의 정보를 주고받는 과정을 의미한다. 일반대중을 대상으로 하는 대량의 정보 전달 과정인 매스 커뮤니케이션(mass communication)과 정기적인 출판물을 통하여 시사정보를 전달하는 활동인 저널리즘(journalism)까지 포함하는 개념이다. 토플에서는 통신기술의 종류와 발전, 다양한 매체의 특성과 함께 시대에 따른 미국의 언론 변화에 대해 출제된다. 따라서 이것들에 대한 지식을 쌓아두는 것이 좋다.

관련토픽 및 기초지식

1. Communication Technology (통신기술)

❶ Telecommunication (전기통신)

두 지점 사이 이상에서 부호 · 음향 · 영상 등 모든 정보를 전류나 전자기파(electromagnetic wave)를 이용해 주고 받는 통신 방법이다.

유선통신과 무선통신 (wire communication & radio communication)

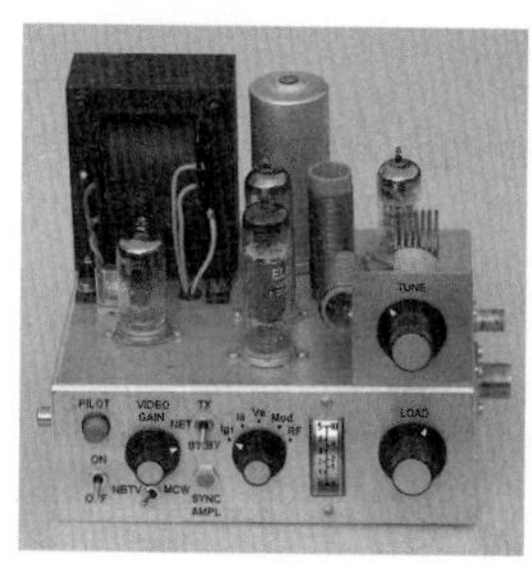
전자관 송신기

송신자와 수신자의 연결방법에 따라 유선통신과 무선통신으로 구분할 수 있다. 유선통신은 전선이나 케이블(cable)을 따라 이동하는 전류를 사용하는 방법이며 전신, 전화가 대표적인 예이다. 반면 무선통신(radio communication)은 전자기파를 매개로 하는 방법으로 1895년 이탈리아의 발명가 마르코니(Marconi)가 첫 실험에 성공한 이후 전자관(electron tube) · 반도체(semiconductor)의 발명에 힘입어 획기적인 발전을 이룩하고 있다. 전파는 소리나 빛에 비해 멀리까지 도달할 수 있고 안정되어 있기 때문에 원거리 통신이나 불특정 다수의 수신자를 대상으로 하는 방송에 적합하다.

전신 서비스 (telegraph service)

모스의 전신기

전신은 모스부호(Morse code)를 사용하여 전선을 통해 신호를 보내고 음향기에 의해 신호를 되돌려 받는 통신장치를 가리킨다. 모스부호는 1838년 미국의 화가였던 모스(Morse)에 의해 발명된 전신부호이며 짧은 전류와 긴 전류를 배합하여 알파벳과 숫자를 표시한 것으로 세계적으로 기본적인 구조가 통일되어 있다. 1844년 모스에 의해 워싱턴과 볼티모어 사이의 전신 연락에 최초로 사용되었다.

통신망 (communication network)

통신의 목적을 달성하기 위해 연결한 통신설비들을 통신망이라 한다. 정보화시대에는 어떠한 정보라도 신속하게 전달되

해저 케이블

어야 하므로 국내뿐 아니라 국제간 통신망이 확립되어야 한다. 통신망을 연결하는 역할을 하는 것이 교환기이다. 교환기는 처음 교환원(operator)에 의해 조작되었으나 점차 자동식으로 전환되고 있다. 1920년 최초의 자동교환기(automated exchange)는 다이얼을 돌리는 방식이었다. 오늘날에는 소형이며 다양한 서비스가 가능한 전자교환기가 실용화 되었다. 1849년 도버 해협(Strait of Dover)에 최초로 전신해저케이블을 성공적으로 설치한 이후 세계 각지는 해저 케이블망(submarine cable)으로 연결되고 있다.

❷ Optical Communication (광통신)

빛을 이용하여 정보를 주고 받는 통신방식으로 광섬유가 개발되면서 실용화 되었다.

전기통신과 광통신 (telecommunication & optical communication)

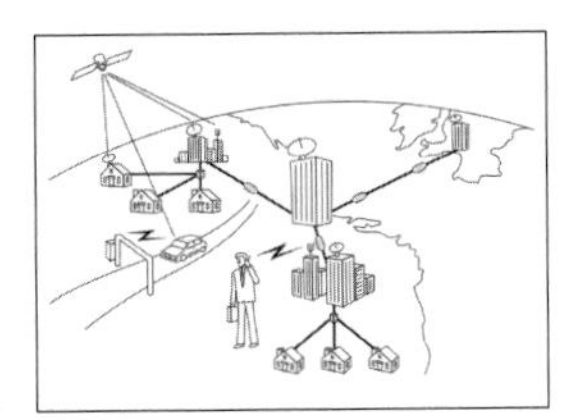
광통신의 원리

광통신의 여러 이점으로 인해 통신망 확대가 빠르게 진행되고 있다. 광통신은 구리선을 이용하는 전기통신보다 훨씬 양호한 상태의 정보를 대량으로 전달할 수 있다. 또한 전기적 장애가 전혀 발생하지 않으며 기후의 영향을 받지 않는다. 외부에서 도청이 불가능하여 보안성이 우수하며 구리선보다 가볍고 부피가 적어 경제적이다.

2. Mass Media (매스 미디어)

❶ Printed Media (인쇄매체)

광고나 홍보를 목적으로 사용하는 인쇄물을 의미한다. 매체 자체가 보존되므로 되풀이하여 노출되는 이점이 있고 기억효과와 설득력이 큰 특색이 있다.

잡지와 신문 (magazine & newspaper)

잡지와 신문은 여러 공통점과 차이점을 갖고 있다. 잡지와 신문은 정기적인 시간 간격을 두고 연속적으로 발행(publication)된다는 점에서 다른 인쇄매체(printed media)와 구분되며 정보의 신속성과 다양성이 요구된다. 그러나 잡지는 정기적인 발행 간격이 긴 반면에 신문은 간격이 아주 짧다. 따라서 발행간격이 짧은 신문의 경우 정보의 신속성이 더 중시된다. 신문은 시사적인 문제(current issues)가 중심인 반면 잡지는 성격이나 대상독자의 취향에 따라 내용이 달라진다. 잡지는 신문보다 시간이나 지면에서 여유가 있기 때문에 신문보다 다양하고 심층적인 해설(commentary)이 가능하다는 장점이 있다. 반면 선정적인 내용이나 오락기능에 치중하기 쉬우며 독자의 시선을 끌기 위한 화려한 색채와 편집을 강조하기도 한다.

❷ Audiovisual Media (시청각 매체)

TV · 라디오 · 영화 등의 듣고 볼 수 있는 매체를 의미한다. 19세기 말부터 20세기에 걸쳐 무선전신의 송수신기술과 영화기술 등의 발명으로 발전하기 시작했다.

라디오와 텔레비전 (radio & television)

라디오 마이크로폰

방송국에서 발신하는 전파를 잡아서 음성으로 복원하는 라디오는 소리를 전기신호로 바꾸는 마이크로폰(microphone)이 개발되면서 시작되었다. 사용주파수(frequency)대에 따라 분류되는 라디오 방송은 1920년 시작되었으며 기술의 발전에 따라 라디오가 소형화되어 생활 모든 영역으로 확장되었다. 1937년 소리뿐만 아니라 영상까지도 전송하는 텔레비전 방송이 영국에서 시작되면서 라디오의 중요성이 줄어들긴 했으나 독자적인 특성으로 인해 고유한 위치를 차지하고 있다. 텔레비전은 고정적이고 집중력을 요구하는 데 비해 라디오는 움직이거나 다른 일을 하면서도 들을 수 있다는 장점이 있다.

3. Press (언론)

언론은 말이나 글로 자신의 사상을 발표하는 일이나 또는 그러한 사상이 담겨있는 글을 의미한다. 한 시대나 사회의 특징을 반영하며 사회 구성원들의 사고와 행동에 큰 영향을 줄 수 있다.

언론의 역할 (roles of the press)

한 시대의 언론이 수행하는 기능과 역할은 정부와의 관계와 시민의 참여도에 의해 특징 지어진다. 권위주의(Authoritarian) 언론은 정부가 정책을 수행하고 정권을 유지할 수 있도록 도와야 하는 반면 자유주의(Libertarian) 언론은 정부의 간섭에서 벗어나 무엇이든지 원하는 정보를 공표할 수 있다. 때로는 객관적인 사실을 있는 그대로 보도하며 심층적 분석까지 제시하는 사회적 책임(social response)이 강조되기도 한다. 소비에트 공산주의(Soviet communist) 언론은 엄격한 통제하에 국가에 소속되어 집단적 선동가 · 선전가의 기능을 한다.

피처 신디케이트 (feature syndicate)

TWO SOX CONFESS
ZEP BLOWS UP; KILLS 35
'GIANT LEAP FOR MANKIND'
ASSASSIN KILLS KENNEDY
LYNDON JOHNSON SWORN IN

시카고 트리뷴

저명한 저널리스트나 특정 분야의 권위자에 의해 쓰여진 기사(article), 만화(cartoon), 광고(ad) 등을 언론에 제공하는 기업체를 말하며 press syndicate 혹은 newspaper syndicate라고도 한다. 신디케이트(syndicate)는 오프라인(off-line)에서 쓰여진 기사를 동시에 많은 신문이나 잡지에 배급한다는 뜻이며 그 중 뉴스 신디케이트는 해설 및 분석 기사를 중소 신문사나 방송국에 공급하는 일종의 통신사(news agency)를 의미한다. 이는 주로 대규모 신문사에 의해 이용되는 경우가 많은데, 뉴욕 타임즈(New York Times)의 뉴욕 서비스(New York Service), 시카고 트리뷴(Chicago Tribune)의 뉴욕 뉴스 신디케이트(New York News Syndicate)등이 있다.

페니 프레스 (penny press)

벤자민 데이

페니 프레스는 19세기 중반 등장한 값싼 신문으로, 이를 계기로 신문구독에서의 계층관계가 없어지면서 노동자 계층을 포함한 일반 대중이 신문을 구독(subscription)하게 되었다. 신문 가격이 저렴해 질 수 있었던 것은 산업의 발전으로 인한 광고 단가의 상승과 인쇄속도가 빨라짐에 따라 대량인쇄가 가능해진 결과였다. 또한 편파적인 정치적 성격이 점차 감소했다. 페니 프레스는 정부 후원이나 상인, 정치인 같은 특수계층에 의존하지 않고 계층을 초월한 일반 독자에 의존했기 때문이다. 페니 프레스의 시작은 1833년 벤자민 데이(Benjamin Day)가 창간

한 더 선(The Sun)지이다. 이 신문의 가격은 1센트였는데 여기에서 페니 프레스라는 용어가 나왔다. 보통 사람들이 읽을 수 있도록 재판이나 범죄 등의 기사를 실었으며 신문 파는 소년이나 배달원을 이용해 판매하는 방법을 처음으로 사용하기도 했다.

Hearst

Yellow Kid

황색 저널리즘 (yellow journalism)

황색 저널리즘은 19세기 말 미국에서 유행하였으며 대중의 본능을 자극하여 센세이션(sensation)을 불러일으키는 흥미 위주의 저널리즘을 말한다. 1898년 허스트(Hearst)의 〈Morning Journal〉이 당시 선풍적인 인기를 끌었던 퓰리처(Pulitzer)의 〈New York World〉에 연재되던 만화 'Yellow Kid'의 스텝을 그대로 데리고 와, 또 다른 'Yellow Kids'을 연재함에 따라 신문사 간의 경쟁이 격해지면서 시작되었다. 이후 선정적 기사를 게재하는 신문들은 'Yellow Press'라고 불렸다. 이러한 기사들은 반체제 명목 아래 대중의 지지를 노리며 범죄 · 성적 추문 등 불건전한 정서를 자극하는 소재를 다룬다. 또한 커다란 머리기사(head line), 사진 남용 등도 이러한 기사들의 특징이다. 이러한 선정주의는 미풍양속을 해치고 사생활을 침해하며 언론의 질을 격하시킨다는 비난을 받고 있지만 상업성에 치우친 많은 언론들은 여전히 선정주의를 벗어나지 못하고 있다.

Hackers Test

 **[1-6] Listen to part of a lecture on newspaper circulation.**

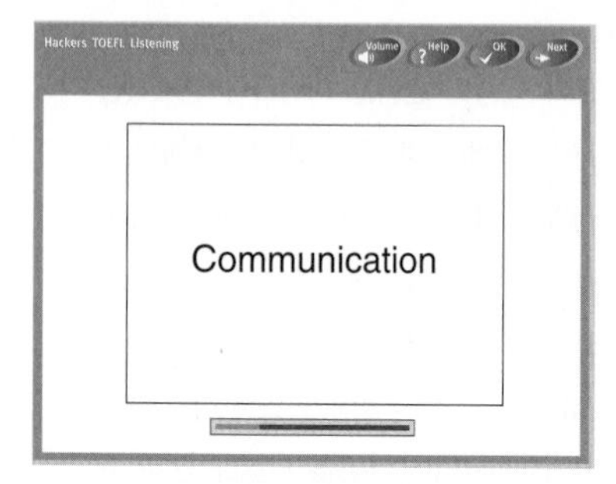

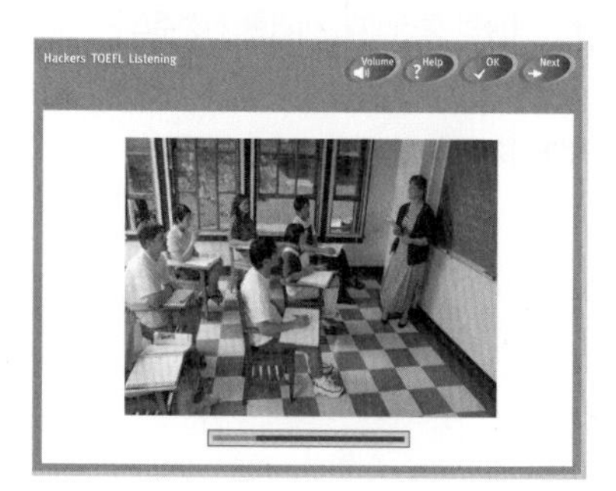

1. What is the main topic of this lecture?

(A) Demographics of newspaper readers
(B) Reasons for declining newspaper circulation
(C) Strategies to increase newspaper circulation
(D) Comparison of the most popular types of news stories

2. What are the ways in which newspapers provide more local news coverage?

Click on 2 answers.

(A) Increase the amount of sports news
(B) Publish a separate magazine for the community
(C) Use comments from people in everyday life
(D) Include a section in the paper devoted to local news

3. What does the professor imply is the reason sports news can boost a newspaper circulation?

(A) Most people engage in sports activities.
(B) People tend to prefer reading uplifting stories.
(C) Many people do not have the time to watch sports.
(D) Newspapers rarely print sports news.

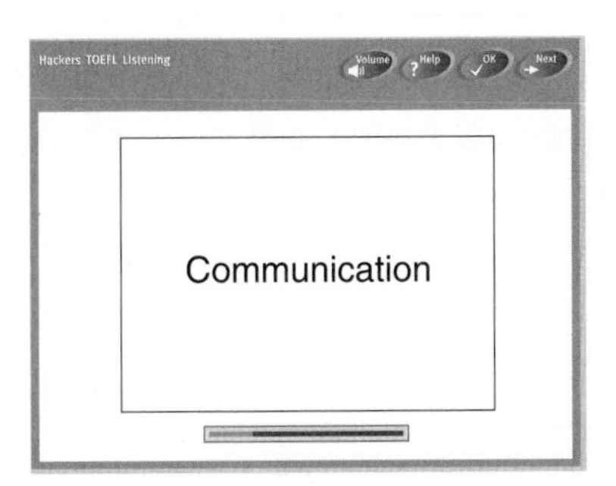

4. Why does the professor mention younger readers?

   (A) To give an example of audience targeting
   (B) To emphasize the need to increase sales every year
   (C) To explain the importance of newspaper formatting
   (D) To suggest that newspapers ignore young readers

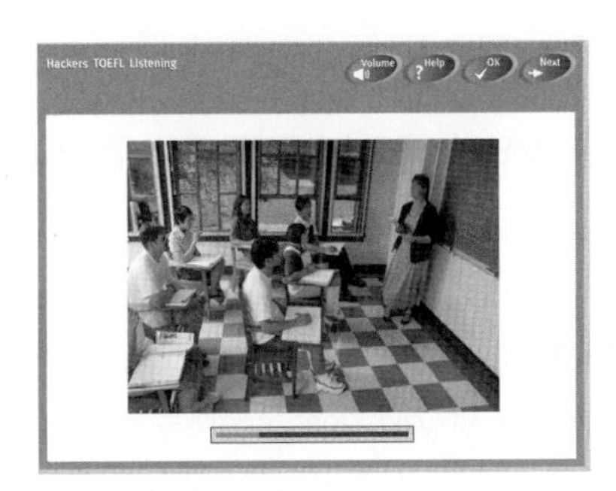

Listen again to part of the lecture. Then answer the question.

5. What does the professor mean when she says this:

   (A) It is the best plan for the short term.
   (B) The students should think about the answer a little longer.
   (C) Most newspapers have already tried that approach.
   (D) Other strategies may be more effective.

Listen again to part of the lecture. Then answer the question.

6. Why does the professor say this: 

   (A) To give an example of poor service
   (B) To indicate that she will cancel her subscription
   (C) To complain to the students about her newspaper
   (D) To express unhappiness with the timeliness of the delivery

정답 p.660

20. Architecture

Overview

Architecture(건축)란 인간의 생활을 보조하기 위해 여러 가지 용도의 구축물을 세우는 공간 예술이다. 토플에서는 미국 건축뿐만 아니라 주변 국가의 건축, 그리고 고대의 건축에 대해서도 출제된다. 또한 현대 건축의 상징인 도시 빌딩과 관련된 새로운 현상들에 대한 지문이 출제되기도 한다.

관련토픽 및 기초지식

1. Housing (주택)

❶ History of Housing (주택의 역사)

주택은 인간에게 외부로부터 안전한 공간을 보장해주는 건축의 한 형태이다. 인류는 태초부터 주택을 짓기 시작하였으며 점차 쾌적하고 튼튼한 주택을 짓기 위해 노력하고 있다.

선사시대의 주택 (prehistoric housing)

신석기 시대의 움집

인류의 역사가 시작되면서부터 인간은 자연적인 환경인 온도 · 습도 · 비 · 눈 · 바람으로부터 자신을 보호하기 위한 방법을 찾기 시작했다. 구석기 시대(Old Stone Age)에는 유랑생활의 영향으로 동굴에서 살았으며 농경으로 인해 정착생활을 시작한 신석기 시대(New Stone Age)에는 물가에 움집(dugout hut)을 짓고 마을을 형성하였다.

고대의 주택 (ancient housing)

로마의 귀족 주택

가장 오래된 주택은 이집트의 유적에서 발견된다. 흙벽돌을 쌓고 그 위에 마른 풀을 엮어 얹어 천장을 만들었다. 로마시대의 주택은 석재와 벽돌을 재료로 사용했다. 귀족의 주택은 거실 · 식당 · 욕실 · 침실 · 객실 등으로 호화스럽게 구성되었으며 실외에 화려한 정원 또한 조성되어 있었다. 그러나 지방에서는 여전히 나뭇가지와 흙을 재료로 한 주택이 일반적이었다.

중세시대의 주택 (medieval housing)

중세 서양의 빈번했던 전쟁과 절도행위는 주거형식에도 영향을 미쳤다. 귀족계급들은 침입에 대비하여 돌 등의 재료로 두꺼운 외벽을 만들고, 창문을 작게 만들었다. 도시의 주위에는 성벽을 쌓았으며, 성벽 안의 한정된 공간에서 주택들은 성 중심에 위치한 시장 주변으로 둥글게 배치되어 있었다.

❷ Forms of Housing (주거형태)

주거형태는 한 지역의 기후, 건축재료, 생활방식 등 다양한 요인을 반영한다. 이는 그 지역 주민들의 전반적인 생활방식과도 밀접한 관련이 있다.

기후(climate)의 영향

수상 가옥

한 지역의 주거형태는 그 지역의 특징적인 기후를 반영한다. 알래스카 같은 추운 지역의 에스키모(Eskimo)인들이 눈으로 만든 집인 이글루(igloo)가 대표적인 예이다. 반면 고온 다습한 열대기후(tropical climate)인 밀림에서는 수상가옥이 일반적이며 사막이 많은 건조한 지역에서는 흙으로 벽을 쌓는 토벽집을 짓고 산다. 4계절의 변화가 뚜렷한 온대기후(temperate climate)에서는 초가집이나 기와집이 발달했다. 추운 겨울과 서늘한 여름이 특징인 한대기후(frigid climate) 지역인 네덜란드에서는 풍차(windmill)가 유명하며 핀란드에는 습기조절능력이 있는 통나무집이 발달했다.

건축재료(building material)와 주택

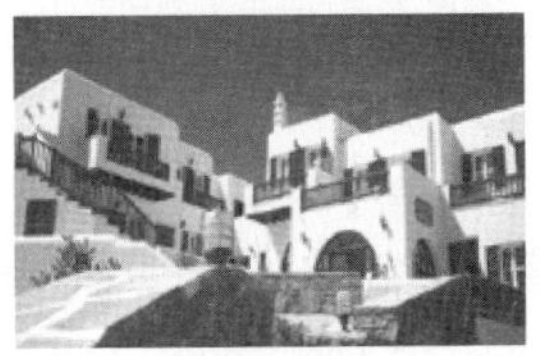
지중해의 주택

각 지역별로 어떤 건축 재료가 풍부한가에 따라 그 지역 고유의 주거형태가 형성되기도 한다. 지중해 연안지역은 대리석이 풍부하여 비교적 규모가 큰 주택이 발달했으며 중앙아시아 지역은 풀잎을 엮어 점토를 바르거나 흙벽돌을 이용하여 집을 지었다. 동아시아 지역은 건축재료 자체가 풍부하지 못하여 목재를 기본으로 풀, 흙, 기와 등 다양한 재료를 사용하여 주택을 지었다.

2. America's Architecture (미국의 건축)

❶ Historical Feature (역사적 특징)

일정 시기별로 그 시대에 유행하는 건축양식이나 건축방법이 존재하며 이는 그 시기의 특징을 반영한다.

미국 고딕 양식 (carpenter gothic structure)

전통적인 고딕 건축과는 특성을 달리하는 미국에서 발전한 고딕 건축양식을 Carpenter Gothic Structure라고 한다. 전통적인 고딕 건축은 프랑스를 중심으로 한 기독교 미술 절정기의 양식이다. 높은 건물과 첨탑 · 아치로 수직적 상승을 나타내는 건물 양식과 스테인드 글라스로 창문을 장식하는 방법이 특징이다. 미국의 고딕 건축양식은 유럽, 그 중에서도 영국의 양식이 전파되면서 시작되었다. 유럽에 비해서 건물의 크기가 작으며 주로 목재를 건축재료로 사용한 점이 전통적인 유럽의 고딕 건축양식과 다르다. 가파른 박공벽(steep gables), 뾰족한 창문(pointed window)을 특징으로 한다.

개척지의 통나무집 (log cabins of the frontier)

미국 건국 초기의 개척시대에 서부로 건너간 이주민들은 통나무를 이용하여 집을 지었다. 개척자들이 농지를 개간하기 위해 울창한 숲을 벌목하였기 때문에 통나무는 흔하고 쉽게 얻을 수 있는 재료였다. 당시 대도시에서 유행하던 건축방식과 달리 통나무집은 다른 재료로 만든 집에 비해 도구나 기술이 없던 개척자들도 손쉽게 지을 수 있고 경제적인 건축양식이었다. 당시에는 철이 비싸 못을 구하기가 힘들었기 때문에 개척자들은 못을 이용하지 않고 통나무들을 얹어 자체 무게로 무너지지 않게 벽을 쌓았다. 또한 통나무는 자체가 두꺼울 뿐만 아니라 바람을 막기 위해 통나무 사이에 진흙을 채워 넣는 방법을 이용하여 서부변경의 추운 겨울을 지낼 수 있었다. 이러한 통나무 집은 100년 이상 이어질 정도로 지속적인 인기를 누렸다.

건축과 정치 (architecture & politics)

미국의 3대 대통령 토마스 제퍼슨은 로마 고전과 건축에 관심이 많았다. 특히 그는 팔라디오식 건축(Palladian style of Architecture)을 선호했는데 그 이유는 팔라디오식 건축이 고대 로마의 건축 방식이었기 때문이다. 제퍼슨은 민주주의 개념이 처음 등장한 곳인 고대 로마가 강한 정치적 의미를 지니고 있다고 생각했고, 로마를 연상시키는 건축물을 설계함으로써 민주주의적인 사회적 분위기를 형성할 수 있을 것이라고 판단했다. 그는 로마의 판테온(Pantheon)의 영향을 받은 팔라디오(Palladio)의 Villa Rotonda의 방식으로 그의 개인주택인 Monticello를 지었고, 프랑스 남부지역의 Nîmes에 위치한 코린트양식(Corinthian)의 로마 신전인 Maison Carrée를 토대로 Virginia주 Richmond의 State Capitol을 설계했다.

❷ Development of Modern Architecture (현대 건축의 발전)

20세기에 접어들면서 도시의 급격한 발달과 인구집중으로 인해 도시의 건물과 경관 · 기능을 효율적으로 만들려는 건축법과 도시계획이 시작되었고 그 방법과 기술이 빠르게 발전하고 있다.

마천루 (skyscraper)

엠파이어 스테이트 빌딩

수 십 층의 초고층 빌딩을 마천루라고 한다. 강철 골격을 사용해 지은 최초의 고층 건물은 1885년 시카고에 세워진 60m 높이의 10층짜리 빌딩이었으며 skyscraper라는 단어도 시카고에서 처음 사용되었다. 세계 최고층 건물의 대명사인 뉴욕의 엠파이어 스테이트 빌딩(Empire State Building)은 1931년 준공식을 가졌다.

Confederation Bridge

캐나다 Confederation Bridge는 대서양의 해협을 가로질러 동부의 Prince Edward Island와 New Brunswick을 연결시켜주는 13km 길이의 교량이다. 대규모 건축물인 Confederation Bridge는 영하의 기온, 많은 양의 얼음과 눈 등 여러 가지 환경적 난제를 극복할 수 있도록 미리 제작된 후 설치되었고 기둥에는 얼음 방어물도 제작되었다.

Central Park

도시계획(city planning)은 각종 도시활동들을 계획을 통해 능률적 · 효율적으로 배치하는 과정을 말한다. 미국의 대대적인 도시계획에 의해 건설된 대표적 예는 New York의 Central Park이다. Manhattan 중심부에 있는 이 공원은 디자이너 프레드릭 로 옴스테드와 건축가 칼베르트 바우스가 디자인했고, 이곳에는 인공 호수와 연못, 산책로, 아이스링크, 동물원, 정원 등이 있다.

❸ Effect of Buildings (건물의 영향)

도시에 빌딩의 밀집도가 높아지고 녹지대가 줄어들면서 도시 환경은 점차 인간이 살기에 쾌적한 공간과는 거리가 멀어지고 있다. 환경오염이 가속화되고 공해가 발생하면서 인간도 직접적으로 부정적인 영향을 받고 있다.

도시 공해 (city pollution)

빌딩의 밀집도가 높아지면서 대도시에는 여러 공해가 발생한다. 빌딩이 모여 있는 도시에는 에어컨이나 난방으로 인한 공기오염을 비롯해 차량증가에 따른 세차폐수와 기름 유출이 많아져서 하천이 오염된다. 높은 빌딩 때문에 햇빛을 받지 못하여 습기가 차는 도시에서는 식물이 잘 자라지 못하고 죽기도 한다. 따라서 식물이 무성해지지 못해서 공기정화가 잘 되지 않으며 빌딩 지하의 하수도폐수처리시설에서 생기는 악취, 쓰레기에서 생기는 악취 등 빌딩 때문에 다양한 공해가 발생한다.

Hackers Test

 [1-6] Listen to a talk on architecture.

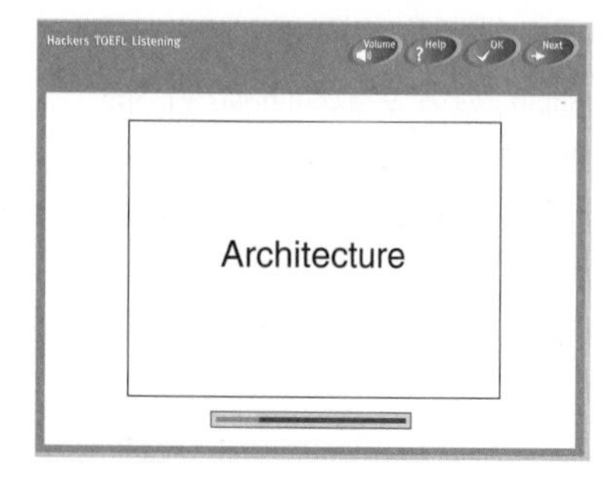

1. What is the professor mainly discussing?

    (A) The appropriate environments for straw bale homes
    (B) An environmentally friendly building material
    (C) The uses of excess straw on farms
    (D) A method for building cheap temporary housing

Listen again to part of the lecture. Then answer the question.

2. Why does the professor say this: 

    (A) To illustrate the difference between urban and rural diets
    (B) To remind students that he grew up in the country
    (C) To emphasize that some students might be unfamiliar with straw
    (D) To make a point about the lack of recycling in the city

3. What three reasons make compact straw bales more effective for building?

    Click on 3 answers.

    (A) They can be stacked to greater heights.
    (B) They are capable of bearing more weight.
    (C) They prevent pests from burrowing into the walls.
    (D) They provide higher volumes of air exchange.
    (E) They have superior insulation properties.

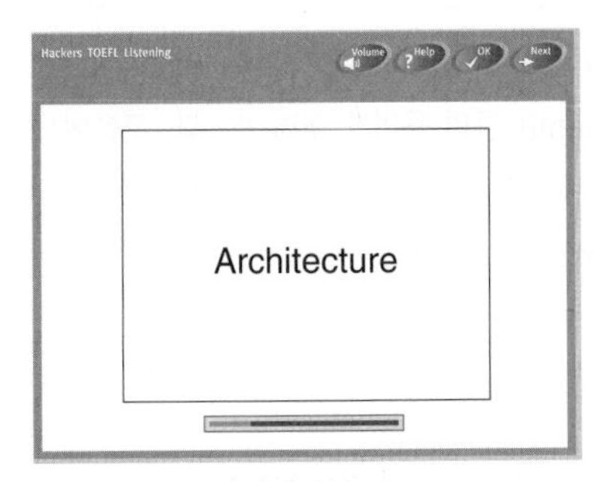

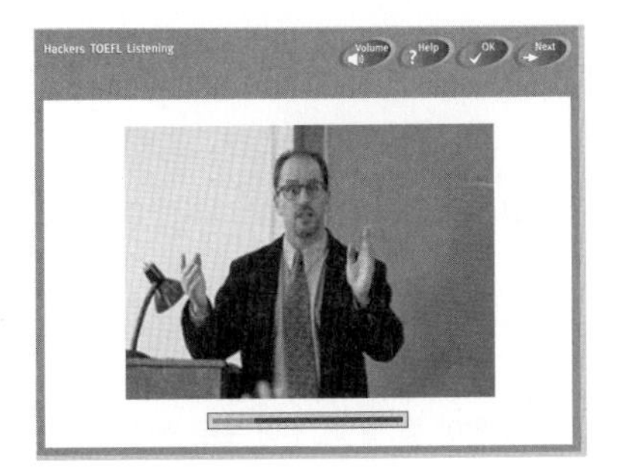

4. Why does the professor mention a library?

(A) To remind students of a straw bale building they are familiar with
(B) To explain a common application of straw bale architecture
(C) To make a point about the durability of straw bale construction
(D) To show that stacking straw bales is similar to stacking books

5. What does the professor imply about straw bale houses?

(A) They are not as strong as timber homes.
(B) They are not appropriate for extreme temperatures.
(C) They are cheaper to build because of government subsidies.
(D) They are able to resist fires.

6. What can be inferred about the professor?

(A) He has personal experience building a straw bale home.
(B) He is not very familiar with straw as a building material.
(C) He wants to design a straw bale house in the future.
(D) He thinks that straw bale homes are susceptible to various climates.

정답 p.663

21. Film

Overview

Film(영화)은 연속 촬영으로 필름에 기록한 화상을 스크린에 투영하여 움직이는 영상을 보여주는 장치, 또는 그것으로 만들어지는 작품을 말한다. Motion picture, movie, cinema 등의 용어가 함께 쓰인다. 토플에서는 주로 영화의 역사 및 사운드를 비롯한 영화 기술에 관련된 주제가 다루어지며, 특정 영화 감독이나 배우 등에 대한 강의가 출제되기도 한다. 따라서 이것들에 대한 배경지식을 쌓아놓는 것이 좋다.

관련토픽 및 기초지식

1. History of Film (영화의 역사)

❶ Invention of Film (영화의 발명)

물체의 움직임을 포착하여 재현하고자 하는 인간의 시도는 고대부터 시작되었다. 약 2~3만년 전에 그려진 다리가 8개인 황소 동굴벽화가 에스파냐에서 발견되었다.

이드위어드 머이브릿지 (Eadweard Muybridge, 1830~1904)

영국의 사진작가 이드위어드 머이브릿지(Eadweard Muybridge)는 1878년에 말이 뛸 때 네 발이 모두 땅에서 떨어지는 순간이 있는지에 관한 논쟁을 결론지어 달라는 부탁을 리랜드 스탠포드(Leland Stanford)에게 받았다. 그 후, 머이브릿지는 스탠포드의 후원 아래 말의 움직임을 촬영하게 되었고, 끝내 그는 말이 달리는 사진 12장을 1/1000초 간격으로 찍어내는 데 성공했다. 이 사진 중 한 사진에 말이 공중에서 네 다리를 모두 웅크리고 있는 것이 포착되었고, 그렇게 스탠포드의 논쟁은 끝이 났다. 그 후 머이브릿지는 움직임을 재현하고 싶어했고, 1849년에 그는 유리 원반에 사진을 그려 넣어 이 판을 회전시키는 방법으로 연속적인 동작을 재생했다. 주프락시스코프(zoopraxiscope)라 불리는 이 기계는 활동사진 영사기의 시초이다. 주프락시스코프는 에디슨(Edison)이 사물의 움직임을 볼 수 있는 영사기인 키네토스코프(kinetoscope)를 발명하기 15년 전에 발명된 것이다. 이러한 기술들을 이용하여 르미에르 형제가 시네마토그라프(cinematography)라는 촬영기를 발명하여 여러 사람이 볼 수 있는 영화를 만들었다.

❷ 1920s~30s Film (1920~1930년대의 영화)

세계 영화사에서 1920년대와 1930년대는 영화가 예술적 매체로 인정 받을 수 있는 작품들이 나타나고 영화의 수용이 대폭 증가된 시기였다. 1920년대 후반에 사운드를 가진 영화가 미국에서 등장한 것이 영화발전의 원동력이 되었다.

오즈의 마법사 (The Wizard of Oz, 1939)

1930년대 대공황 시기에는 사람들이 어려움을 잊고 즐길 수 있는 밝은 내용과 교훈적인 메시지를 가진 뮤지컬 영화가 많이 만들어졌다. 그 대표적인 영화가 1939년에 개봉한 〈오즈의 마법사〉이다. 고난을 이겨내면서 집으로 돌아가는 주인공 오즈와 주인공을 돕는 주변 등장인물들의 모습을 통해 미국의 전통적인 가치를 살리려는 노력이 깃든 작품이다.

2. Technology of Film (영화 기술)

❶ Silent Film & Sound Pictures (무성영화와 유성영화)

무성영화는 음향을 수반하지 않는 영화이며 1927년 미국에서 최초의 유성 영화 〈Jazz Singer〉가 만들어졌다.

무성영화의 특징 (features of silent films)

초기 무성영화는 부자연스러운 특징이 있었으나 피아노나 다른 악기들의 반주를 배경음악으로 사용하게 되면서 점차 자연스러워졌다. 행동과 몸짓, 표정만으로 영화의 내용을 전달해야 했기 때문에 배우들은 다소 과장하여 연기하는 경향이 있었다. 따라서 무성영화시대의 배우가 연극을 하거나 유성영화에 출연할 때에는 과장된 연기 때문에 문제가 발생했다.

음향효과 (sound effect)

유성 영화 시대가 시작되면서 음향 기술은 점차적으로 발달하여 현재에는 digital sound를 이용하고 있다. 음향 편집 과정에서 이미지와 사운드를 동시에 일어난 것처럼 하는 것을 synchronous sound라고 하며 시간적 차이를 염두에 두고 음향이 삽입되는 것을 non-synchronous sound라고 한다. 이는 대사뿐만 아니라 배경음악까지도 포함하는 개념이다.

❷ Computer Graphics (컴퓨터 그래픽)

모양과 색을 수치로 변환하여 디지털로 나타내는 표현방법으로, 손으로는 할 수 없는 섬세한 묘사와 자유로운 색의 변경, 공간이동 등이 가능하다는 장점을 지니고 있다.

3D 애니메이션 (3D animation)

컴퓨터 그래픽을 통해 캐릭터를 만들고, 이 가상의 캐릭터가 콘티에 따라 움직이도록 하는 것을 3D 애니메이션이라고 한다. 이전에 손으로 제작했을 때는 작업이 까다로웠던 것에 비해, 컴퓨터를 이용하면 색깔 지정이 용이하고 다양한 색을 시험해 볼 수 있으며 특별한 촬영 없이 컴퓨터 상에서 편집까지 마무리할 수 있다는 장점이 있다. 애니메이션에 이용되는 주요 컴퓨터 그래픽 기법에는 key frame과 motion capture가 있다. Key frame은 몇 장면만을 촬영하면 컴퓨터가 이를 자연스럽게 연결해주는 기법이며 motion capture는 사람의 동작을 컴퓨터 상에서 3차원으로 재현하는 기법이다.

3. Film Director (영화감독)

❶ Charles Chaplin (찰리 채플린, 1889~1977)

영국의 희극배우이자 영화감독이며 20세기 전반의 영화계를 대표하는 인물로 평가된다. 독특한 분장과 팬터마임(pantomime)으로 가난한 대중의 비애와 정의에 입각한 풍자희극을 보여주었다. 기계화된 산업사회에서 인간이 도구가 되어버리는 현실을 풍자한 〈모던 타임즈 Modern Times〉에서는 인간을 이익창출의 수단으로 몰아가는 자본주의 체제에 대한 저항을 시도하였다. 1940년에 나온 유성영화 〈위대한 독재자 The Great Dictator〉에서는 히틀러와 나치를 통렬하게 조롱했다.

❷ Orson Welles (오손 웰스, 1915~1985)

초기에는 연극에 몰입했으나 라디오 방송에 입문한 후 외계인의 침입을 실제처럼 보도해 큰 혼란을 유발시키기도 했다. 이후 영화계에 입문한 그는 현란한 카메라 기술과 다채로운 소도구를 이용하는 등 뛰어난 재능을 보여주었다. 그가 26세의 젊은 나이에 발표한 대표작 〈시민 케인 Citizen Kane〉은 'deep focus'라는 새로운 영화 기법을 사용하여 공간의 깊이를 추구하고 독특한 스토리 진행방법을 보여주어 영화사의 큰 획을 그은 영화로 평가 받고 있다. 그러나 그 당시에 이 영화는 흥행에 실패했으며 주목을 받지 못했다.

Hackers Test

 **[1-6] Listen to part of a lecture in a film history class.**

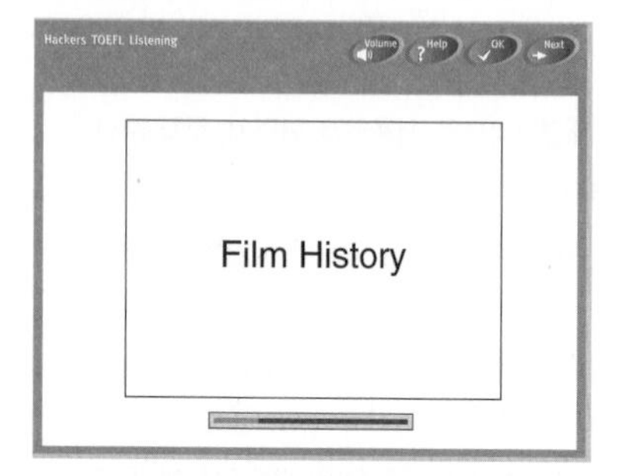

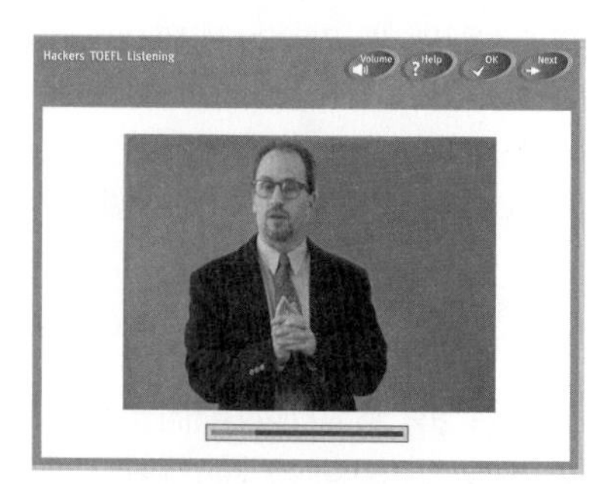

1. What is the main topic of this lecture?

   (A) The most important developments in film in the twentieth century
   (B) Popular social venues for the lower classes in the early 1900s
   (C) The emergence of narrative film as a popular genre
   (D) The development of an early form of movie theaters

2. Why does the professor mention *The Great Train Robbery*?

   (A) To give an example of a type of film that became popular in the early 1900s
   (B) To provide background for a discussion on competitive films
   (C) To explain the reasons Edwin Port produced narrative films in 1900
   (D) To show why earlier films attracted lower-income audiences

3. What can be inferred about narrative films?

   (A) They were first shown in ancient Greek theaters.
   (B) They were only preferred by the lower classes.
   (C) They fueled the development of nickelodeons.
   (D) They were not as popular as other genres.

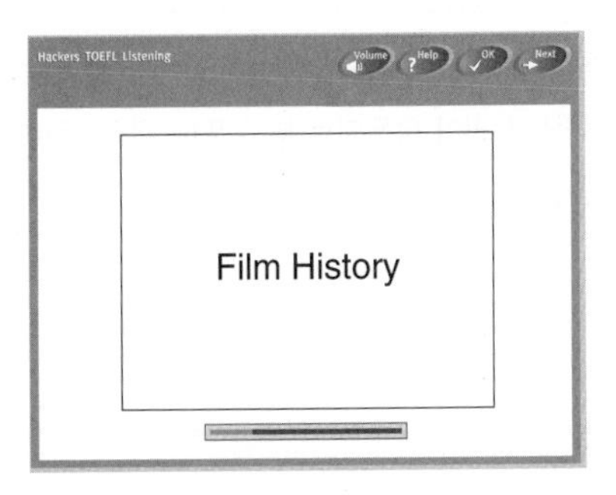

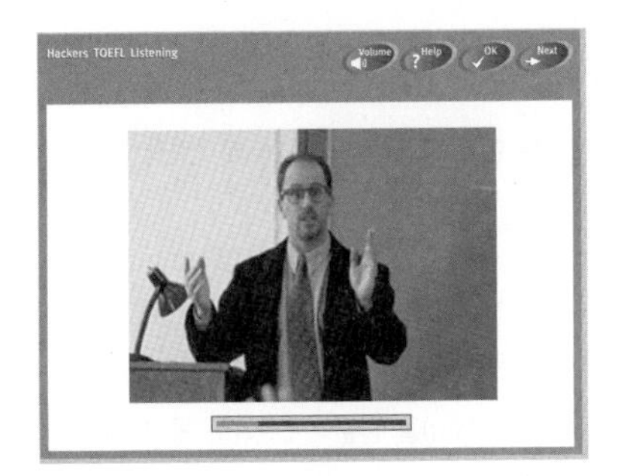

4. What are two reasons for the demise of the nickelodeons?

   Click on 2 answers.

   (A) It resulted from the nickelodeon's inability to meet a growing need.
   (B) It was an effect of the declining interest in short films.
   (C) It was a result of competition between owners of nickelodeon theaters.
   (D) It was an aftermath of the requirement to meet new building regulations.

Listen again to part of the lecture. Then answer the question.

5. Why does the professor say this:

   (A) To indicate that nickelodeon owners should have charged more
   (B) To explain that nickelodeons could not be considered theaters
   (C) To correct the idea that nickelodeons were inexpensive places
   (D) To indicate that conditions in nickelodeons were reasonable

6. Why does the professor say this: 

   (A) To correct an idea that the students have about nickelodeons
   (B) To explain why nickelodeons are more important than big movie theaters
   (C) To remind the students of an earlier statement he made about nickelodeons
   (D) To emphasize nickelodeons' contribution to the film industry

정답 p.665

22. Photography

Overview

Photography(사진)는 태양광 · 전자선 등이 필름 위에 피사체의 영상을 찍어내는 것을 말하는데 과학기술과 예술의 특성을 모두 가지고 있다. 토플에서는 사진술의 발달과 카메라의 기원, 사진이 응용되는 분야 등에 관한 주제가 다루어진다. 따라서 이 분야에 대한 배경지식을 쌓아두면 도움이 될 수 있다.

관련토픽 및 기초지식

1. History of Photography (사진의 역사)

❶ Invention of Photography (사진술의 발명)

다게르가 발명한 은판사진이 1839년 프랑스의 과학아카데미에서 정식 발명품으로 인정받은 후 맨 처음으로 찍은 풍경이 최초의 사진이 되었다.

다게레오타입 (daguerreotype)

다게레오타입은 1837년 프랑스 화가 다게르(Daguerre)가 발명한 사진술로 은판사진법이라고도 한다. 연마한 은판 표면에 요오드화은의 빛에 의해 변하기 쉬운 성질을 지닌 감광막(photosensitive film)을 만들어 30여분 동안 노출한 후 수은 증기로 현상하는 방법으로 최초의 성공적인 사진술이다.

❷ Camera (카메라)

카메라는 물체의 상을 렌즈를 통해 감광재료(필름)에 맺히게 하여 사진을 찍는 도구이다. 카메라 옵스큐라에서 시작된 이후 기술이 발전해 점점 더 좋은 화질의 사진을 얻을 수 있게 되었다.

카메라 옵스큐라 (camera obscura)

카메라 옵스큐라는 사진기의 기원으로, 라틴어로 '어두운 방'이라는 뜻이다. 이것은 카메라 박스 안쪽에 광선의 초점을 맞추기 위한 렌즈나 핀홀을 갖춘 셔터가 없는 초기 형태의 카메라이다. 1589년에는 이탈리아의 포르타(Porta)가 큰 상자에 반사경과 볼록렌즈(convex lens)를 붙여 상을 비추는 장치를 만들어 냈으며, 1685년 독일 수도승 J. 찬이 그림을 그리는 도구로 만든 휴대용 카메라 옵스큐라가 훗날 박스 카메라의 원형이라 할 수 있다.

핀홀 카메라 (pinhole camera)

핀홀 카메라는 렌즈 대신 바늘구멍(pinhole)을 이용해 사진을 찍는 카메라이다. 내부를 검게 칠한 통의 한쪽 면에 작은 구멍을 내고 반대쪽 면에 필름을 장치하도록 되어 있다. 렌즈를 사용하는 카메라와 달리 근거리에서 원거리까지 모두 초점이 맞는다는 특징이 있다. 그러나 구멍을 통해 들어오는 빛의 양이 적기 때문에 장시간 노출(exposure)이 필요하며 움직이는 물체의 촬영에는 적합하지 않다. 구멍을 크게 하면 노출시간은 줄어드나 영상이 선명하지 않고 흐려진다.

2. Types of Photography (사진의 종류)

❶ Trends in Photography (사진의 사조)

다른 모든 예술 분야처럼 사진도 각 시대에 유행하던 흐름이 있다. 그러한 경향에 따라 사진술, 사진의 주제, 사진기법, 사진의 목적 등이 달라진다.

자연주의적 사진 (naturalistic photography)

자연주의적 사진은 19세기 말과 20세기 초에 유럽 전반에서 유행하던 아카데믹한 회화양식을 모방한 사진술에 반대하는 운동이다. 1889년 영국의 피터 헨리 에머슨(Peter Henry Emerson)에 의해 시작되었으며 눈에 보이는, 있는 그대로의 영상을 얻는 것을 목적으로 한다. 망막(retina)에 비치는 대상의 둘레가 실제로는 희미해지는 것처럼 대상을 충실하게 기록하기 위해서는 렌즈의 주변을 아웃 포커스(out of focus)시켜야 한다고 주장했다. 아웃 포커스란 초점을 정확하게 맞추지 않고 흐려 보이도록 하는 사진기법이다.

❷ Application of Photography (사진의 응용)

근래에 사진은 대중의 흥미를 끄는 동시에 사회 생활 깊숙이 파고들어 그 응용범위가 훨씬 넓어졌다. 예술적인 표현에 비중을 두는 것 이외에도 자료로서의 가치를 지니고 있는 사진도 있다.

보도사진 (news photograph)

정확한 보도를 목적으로 하는 신문사진을 보도사진이라 한다. 보도사진은 사진이 발명된 직후부터 신문사진으로 등장하여 1930년대 이후 사회적 영향력이 높아지기 시작했다. 기사를 보조하는 역할과 함께 전쟁이나 오지 · 빈민가의 실생활을 있는 그대로 전달하는 등의 기능을 수행한다. 미국의 가장 권위 있는 언론상인 퓰리처상(Pulitzer Prize)은 매년 대중적으로 큰 영향력을 가진 보도사진을 선정하여 수상한다.

기록사진 (documentary photograph)

사회 · 자연 등 후세에 가치 있는 자료로 남을 수 있는 객관적인 사진을 기록사진이라 한다. 넓은 의미로는 뉴스사진도 포함되지만 좁은 의미로 볼 때에는 상업적 의도에 의한 흥미위주의 사진은 제외된다. 보도사진은 일반적으로 신문잡지 등 각종 출판물을 보조하는 것을 주된 목적으로 하고 있으나 기록사진은 사진 자체를 통해 주제의식을 담으려는 예술성이 부각된다.

상업사진 (industrial photograph)

광고를 목적으로 하는 사진으로 광고사진이라고도 한다. 현대의 광고표현에는 사진이 일러스트레이션(illustration)으로 쓰이고 있는데, 구체적이며 직접적인 사진의 표현적 특징으로 인해 대중이 이해하기 쉽고 친숙하다는 장점이 있어 발전되었다. 상업사진은 광고(advertisement)의 목적에 맞게 무엇보다도 소비자의 주목을 끄는 것에 목적이 있다. 결과적으로 소비자들로 하여금 제품을 많이 사게 해야 하는 광고의 목적과 일치하는 것이다.

Hackers Test

 [1-6] Listen to part of a lecture on photography.

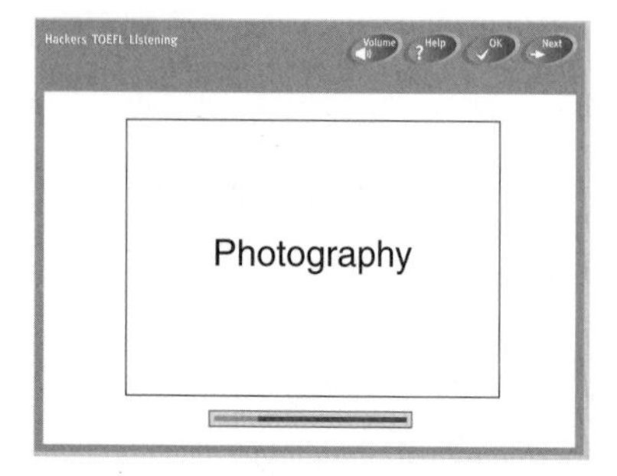

1. What is the main purpose of the lecture?

   (A) To review different photographic technologies
   (B) To explain how pinhole optics is utilized in photography
   (C) To compare the recent Wallach exhibit with another exhibit the class viewed
   (D) To clarify the reasons pinhole photography is not commonly practiced

2. According to the professor, what opinion do people generally hold about the pinhole camera?

   (A) They consider it a peculiar gadget.
   (B) They don't like the blurry pictures it takes.
   (C) They think that only children will enjoy it.
   (D) They believe that it is an excellent scientific tool.

3. Why does the professor mention impressionism?

   (A) To emphasize the role the impressionists played in the creation of the technology for pinhole cameras
   (B) To differentiate the features of pictures taken with pinhole cameras from those of impressionist paintings
   (C) To give an example of an artistic form that is entirely different from pinhole photography
   (D) To compare impressionist techniques to those adopted by pinhole camera artists

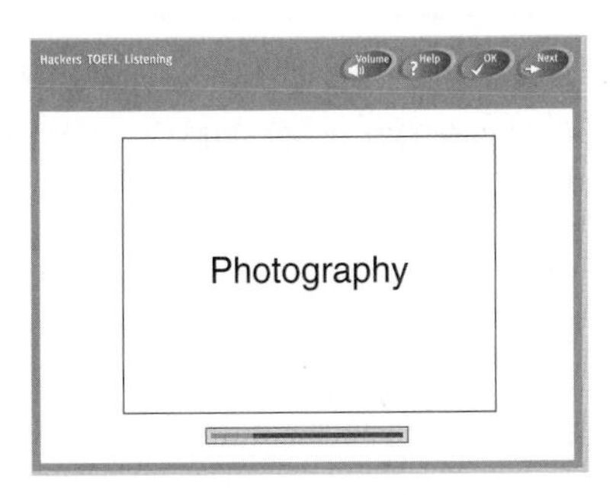

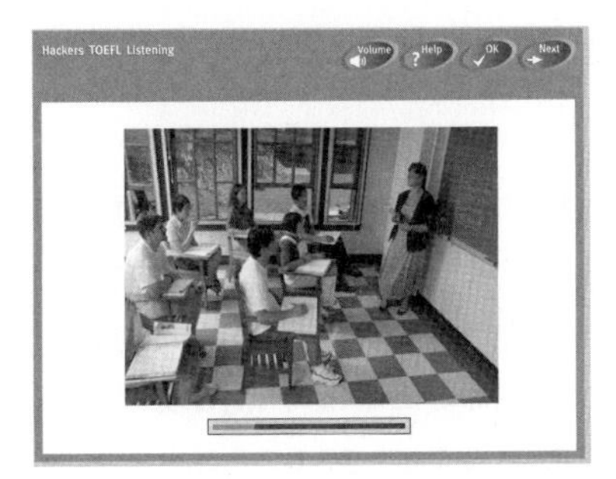

4. According to the professor, what role does the pinhole play in making a photograph?

   (A) It sharpens the image that is produced.
   (B) It regulates how much light enters the camera.
   (C) It allows light to enter to form an image.
   (D) It changes the size of the image.

5. What can be inferred about the construction of pinhole cameras?

   (A) Pinhole cameras are not commercially produced.
   (B) The cheapest materials make the best pinhole cameras.
   (C) There are specific steps that must be strictly followed.
   (D) The only source of light should be the pinhole.

Listen again to part of the lecture. Then answer the question.

6. What does the professor imply when she says this: 🎧

   (A) The subject matter is not suitable for the breakfast table.
   (B) The topic is too complex to be discussed over a meal.
   (C) People are generally unfamiliar with photographic technology.
   (D) There are more important things to discuss with family members.

정답 p.668

23. Engineering

Overview

Engineering(공학)은 주로 인간 생활에 필요한 물품을 생산 · 가공하는 활동을 연구하는 응용과학이다. 토플에서는 오늘날 대부분의 산업과 관련되어 있는 세분화된 공학의 특성과 그 응용기술에 대한 내용이 출제된다. 공학에서 분야별로 자주 사용되는 전문용어를 익혀둘 필요가 있다.

관련토픽 및 기초지식

1. Fields of Engineering (공학의 분류)

공학은 여러 하위 분야로 세분화될 수 있으며, 세분화된 각 분야는 서로 밀접하게 연관되어 있다.

❶ Mechanical Engineering (기계 공학)

기계공학은 기계 및 관련 설비의 설계 · 제작 · 이용 · 운전 등에 관한 기초적 · 응용적 분야를 연구한다. 기계를 어떻게 제작하는 것이 좋은가를 연구하는 기계설계, 설계한 기계의 제작법을 다루는 기계공작법, 에너지를 이용하여 동력을 얻는 데 필요한 동력발전기계(power-producing machines)에 대한 연구, 냉각기 · 난방기 · 운반기 등 동력소모기계(power-using machines)에 대한 연구 등 기계공학의 범위와 대상은 광범위하다. 소비자들의 취향에 맞도록 상품을 디자인하는 일을 하는 산업디자인(industrial design)은 기계공학의 설계부분과 밀접하게 연관되어 있다.

❷ Chemical Engineering (화학 공학)

석유 화학 공장

화학공학은 화학제품의 제조공정을 효율화하기 위한 공정에 대해 연구한다. 화학공업은 여러 원료물질을 혼합하여 가열하거나, 촉매(catalyst)와 접촉시키는 방법 등으로 화학반응(chemical reaction)을 일으켜 제품을 생산한다. 이러한 공정은 제철공업, 식품공업, 의학 분야 등에서 응용되고 있다. 특히 석유나 천연가스를 원료로 하여 연료 이외의 용도로 사용되는 석유화학제품을 만드는 석유화학산업(petrochemical industry)이 가장 발달되어 있다.

❸ Computer Engineering (컴퓨터 공학)

컴퓨터공학은 컴퓨터 시스템과 관련된 여러 기술을 개발하여 각 분야에 응용하는 공학이다. 컴퓨터 시스템의 구조와 운영 및 네트워크 등을 다루는 시스템 분야와 프로그래밍 언어와 소프트웨어 개발을 다루는 소프트웨어 분야, 데이터베이스 등 컴퓨터의 다양한 응용을 다루는 응용 분야로 나누어 진다. 정보화 시대를 주도하는 첨단 학문으로서 현대의 거의 모든 산업이 컴퓨터와 관련되어 있기 때문에 수요가 많고 앞으로 비약적인 발전이 기대되는 분야이기도 하다.

❹ Genetic Engineering (유전 공학)

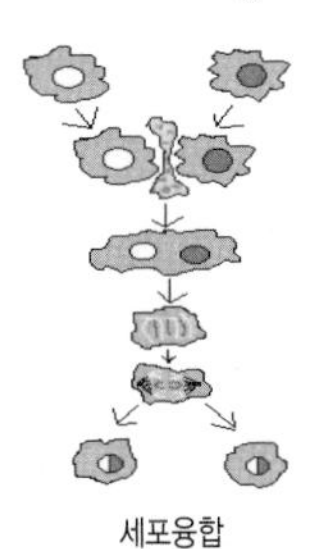
세포융합

유전공학은 생물의 유전자(gene)를 인공적으로 가공하여 인간에게 필요한 물질을 대량으로 얻는 기술을 연구한다. 이 분야에서는 DNA 재조합 기술(DNA recombinant technology), 세포융합기술(cell fusion technology)에 대한 연구가 활발히 진행되고 있다. 이러한 기술의 발전은 인간이 직면한 에너지 · 식량 · 의료 문제 등에 대한 해결책이 될 것으로 기대되고 있다.

❺ Aero-engineering (항공학)

하늘을 나는 기구 또는 기계에 대해 연구하는 학문이다. 비행기는 3개의 축을 중심으로(three-axis control) 조종된다. Pitch는 비행기의 기수의 상하 운동을 조종하는 것이고 roll은 비행기의 동체를 축으로 양 날개를 좌우로 기울이는 것을 말한다. 마지막으로 yaw는 비행기 동체를 수평으로 유지한 채 기수를 좌우로 움직이는 것을 말한다. 이 조종원리를 처음으로 실제 비행에 적용시켜 성공한 인물은 라이트형제(Wright bothers)인데, 라이트형제는 이 외에도 가벼운 알루미늄 엔진, 비행기용 프로펠러 등을 장착하여 사상 처음으로 동력비행을 성공시키기도 했다.

2. Applications of Engineering (공학의 응용)

컴퓨터의 발달과 신소재의 발명으로 인해 공학의 응용범위가 넓어지고 있으며 공학기술의 발전은 인공지능, 인공심장 등 과거에는 생각할 수 없던 일들을 실현해 나가고 있다.

❶ Shape Memory Alloy (형상기억합금)

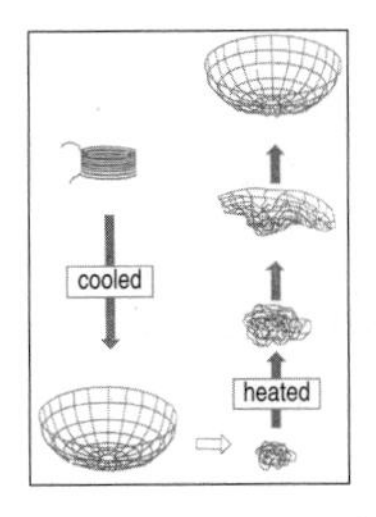

금속에 다른 원소를 하나 이상 첨가하여 얻은 물질을 합금(alloy)이라 한다. 이 중에서도 형상기억합금은 가공된 어떤 물체가 망가지거나 변형되어도 열을 가하면 원래의 형상으로 되돌아 가는 것을 말한다. 니켈(nickel)과 티타늄(titanium)을 섞어 만든 니티놀(nitinol)과 구리(copper)와 아연(zinc)을 이용한 알루미늄 합금(aluminum alloy)이 대표적인 예이다. 이는 인공위성의 안테나, 온실창문, 인공관절, 치열교정, 인공심장펌프 등 다양한 분야에 응용되고 있다.

❷ Bionics (바이오닉스)

바이오닉스는 생체(living body)의 구조와 기능을 공학적으로 연구하고 그것을 모방하여 생체와 같이 동작하는 기계 생산에 목적을 둔 분야이다. 새가 나는 모습을 연구한 후 모방하여 제작한 것이 비행기인 것처럼 일상 생활에 사용하는 도구들 중 생체의 동작을 모방하여 제작한 것이 많다. 또한 인간이 하던 복잡하고 힘든 일 등을 기계나 산업로봇이 대신하고 있는 것도 한 예가 된다. 전자공학의 진보에 힘입어 동물의 뇌와 같은 기능을 가진 기계도 어느 정도 가능하게 되었다. 인공장기(artificial organ), 인공심장(artificial heart)의 제작뿐만 아니라 혈액순환, 신경회로(nerve circuit)에 대한 연구 등 바이오닉스의 연구범위는 점차 넓어지고 있다.

Hackers Test

 **[1-6] Listen to part of a lecture in an engineering class.**

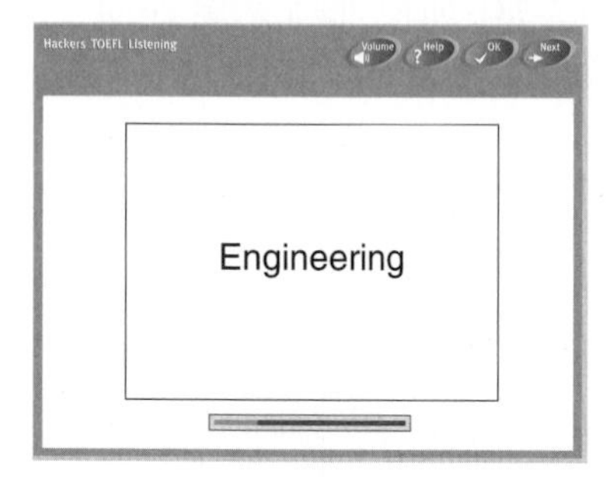

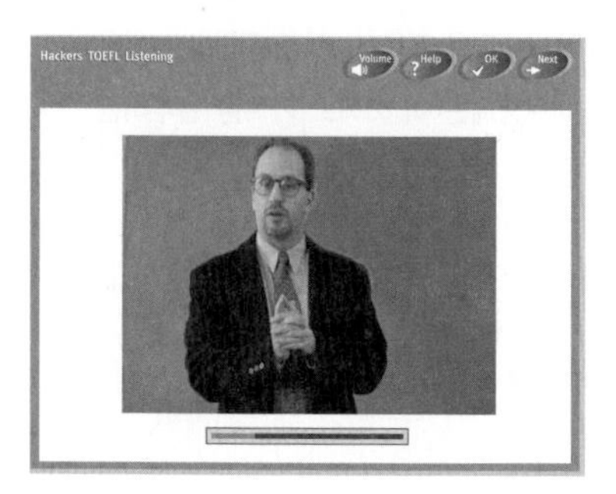

1. What is the main topic of this lecture?

   (A) The impact of bicycles on Western society
   (B) The importance of wheel size in methods of transportation
   (C) The evolution of the efficiency of the bicycle
   (D) The advantages of bicycles compared to cars

2. Why does the professor mention a "trendy toy"?

   (A) To emphasize the marketing tactics for early bicycles
   (B) To indicate the status of the first type of bicycle
   (C) To explain why some bicycles were available to wealthy people only
   (D) To argue that early bicycles were both practical and entertaining

3. What does the professor imply about the velocipede?

   (A) Its name contradicts its actual speed capability.
   (B) It should have been the first to receive the name "bicycle".
   (C) It was much faster than the "running machine".
   (D) It was named the velocipede because riders had to pedal very fast.

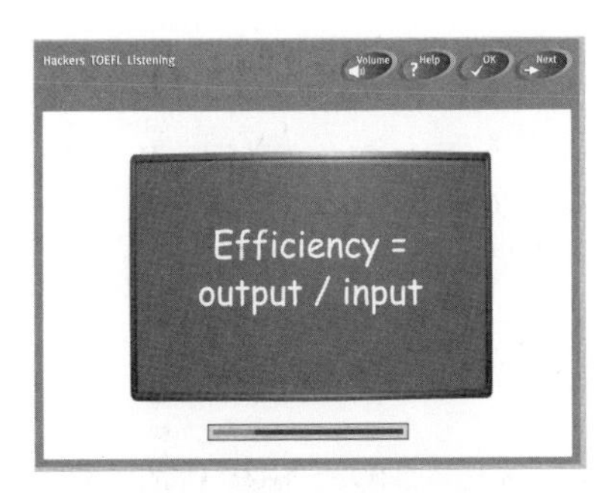

4. What made the "penny-farthing" the first efficient bicycle?

Click on 2 answers.

(A) It had equal-sized wheels.
(B) It featured a chain.
(C) It had one large wheel.
(D) It weighed relatively little.

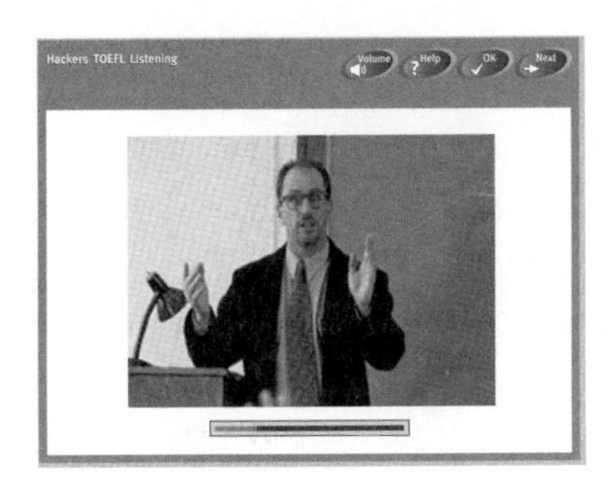

5. What is the chain's role in creating efficiency in a bicycle?

(A) It allows riders to balance on top of the bicycle.
(B) It balances the size of both of the wheels.
(C) It lets both wheels move using the same energy.
(D) It lets riders pedal once to make the wheels turn once.

Listen again to part of the lecture. Then answer the question.

6. Why does the professor say this: 

(A) To criticize students for not reading the class material
(B) To encourage the student to concentrate more on the reading
(C) To lead the students' attention to the textbook
(D) To indicate that the student's answer was correct

정답 p.670

ACTUAL TEST

Actual Test I

 **[1-5] Listen to part of a conversation between a student and her professor.**

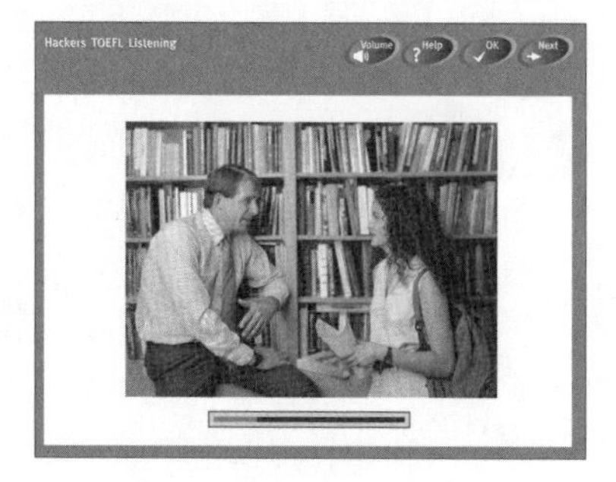

1. Why does the woman go to see her professor?

   (A) To inform the professor that she will drop the class
   (B) To ask a question about a difficult topic in class
   (C) To complain about a low grade she received
   (D) To ask for help with a problem in class

2. Why does the professor check the student's test score?

   (A) To explain why she got a low score
   (B) To verify that she did well on the test
   (C) To show the woman that he scored the test correctly
   (D) To encourage the woman to do better

3. What does the professor want the woman to do to improve her lab grade?

   (A) Join a study club
   (B) Hire a tutor
   (C) Read the handouts
   (D) Attend a make-up class

Listen again to part of the conversation. Then answer the question.

4. What does the professor imply when he says this: 🎧

(A) He thinks the woman can still make up her grade.
(B) He is asking the woman to avoid making mistakes.
(C) He wants the woman to repeat the experiment.
(D) He is reminding the woman to attend lab classes.

Listen again to part of the conversation. Then answer the question.

5. What does the professor mean when he says this: 🎧

(A) He did not hear what the woman said.
(B) He does not see why the woman thinks the class is difficult.
(C) He forgot something in the classroom.
(D) He lost something on his way to his office.

 [6-11] Listen to part of a lecture in a biology class.

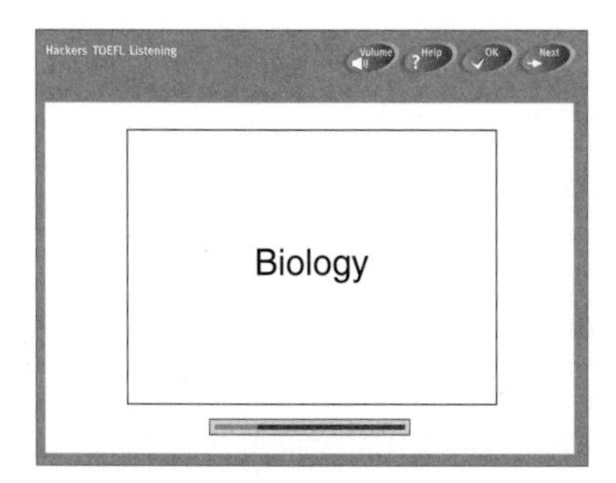

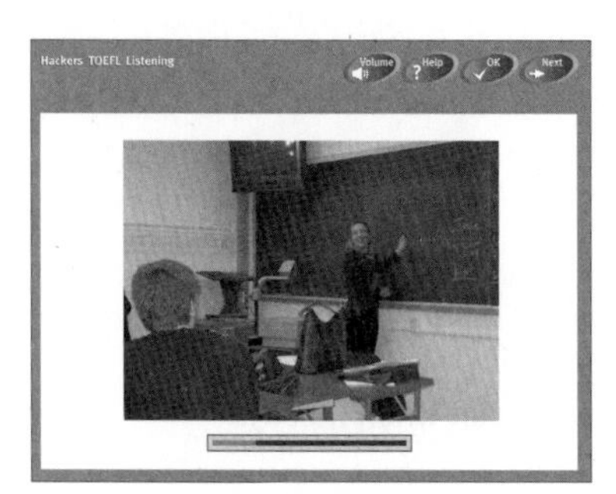

6. What is the talk mainly about?

(A) Differences between baleen and toothed whales
(B) Migration behavior of baleen whales
(C) Breeding habits of the gray whale
(D) Competing theories on how whales navigate

7. What can be inferred about the behavior of whales traveling to warmer waters?

(A) They do not feed much.
(B) They travel with their mate.
(C) They swim as fast as possible.
(D) They sometimes get lost.

8. Why does the professor mention the Northern Pacific gray whale?

(A) To show how much energy is conserved during migration
(B) To give an example of the effort involved in migration
(C) To explain why whales travel such long distances
(D) To describe the common migration route of baleen whales

9. Why do baleen whales migrate to subtropical regions?

(A) To reduce amounts of excess blubber
(B) To follow the migration of their prey
(C) To avoid cold water predators
(D) To give birth in warm water

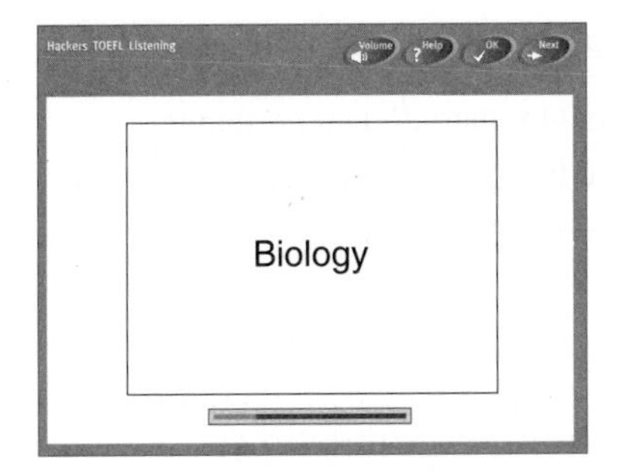

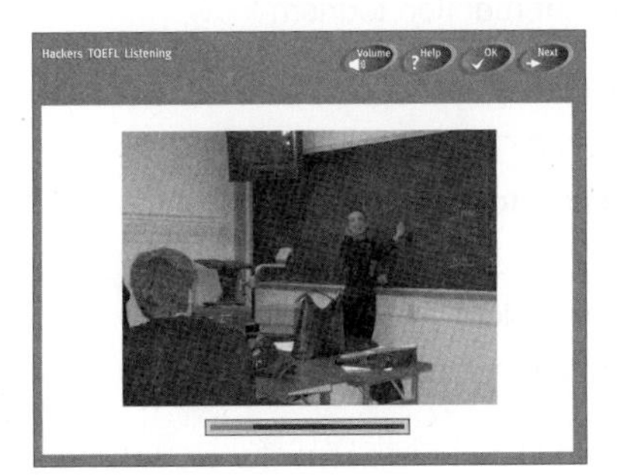

10. In the lecture, the professor describes several theories that explain how baleen whales migrate to the same places each year. Indicate whether each of the following is a theory.

    Click in the correct box for each phrase.

	Yes	No
Seeing small islands		
Sensing magnetic fields		
Remembering a landmark		
Hearing an echo of sounds they project		
Communicating with each other		

Listen again to part of the lecture. Then answer the question.

11. What does the professor mean when she says this: 🎧

    (A) She believes that whales are highly intelligent animals.
    (B) She wants the class to imagine the migration path.
    (C) She speculates that whales find their way instinctually.
    (D) She wants to point out the feeding grounds on a map.

 **[12-17] Listen to part of a lecture in an American history class.**

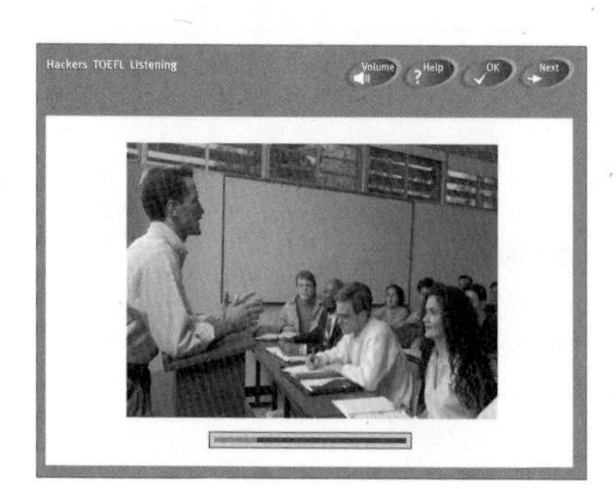

12. What is the main topic of the lecture?

    (A) The superiority of the railroad over carriages
    (B) The history of the transcontinental railway
    (C) Effects of railroad development in the United States
    (D) Reasons for the popularity of train travel in America

13. Why does the professor mention tourism?

    (A) To explain how tourists explored western America
    (B) To demonstrate how tourism is valuable for the economy
    (C) To indicate an example of the multiplier effect
    (D) To show how tourism affected railroad construction

14. What does the professor say about the gold rush?

    (A) It took money away from businesses and factories in the East.
    (B) It was a big reason for the building of railroads in the West.
    (C) It caused government interference in the private railroad sector.
    (D) It resulted in the migration of many people to the East.

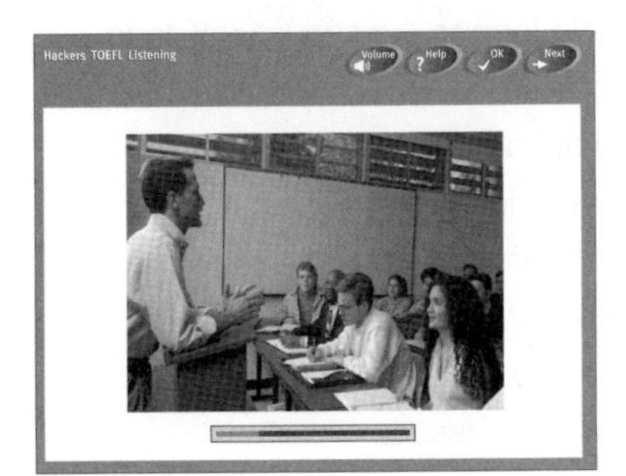

15. The professor mentioned several effects that the railroads' development had on the United States. Indicate whether each of the following is an effect.

Click in the correct box for each phrase.

	Yes	No
A backlash against the role of government occurred		
People and products were transported nationally		
The eastern part of the US became less prosperous		
The West and East became more united		
Cities developed in the western part of the U.S.		

Listen again to part of the lecture. Then answer the question.

16. Why does the professor say this: 

(A) To show the importance of thunderstorms in early America
(B) To inspire his students' creative thinking abilities
(C) To allow the students to contemplate traveling by carriage
(D) To draw the correct answer from the students

Listen again to part of the lecture. Then answer the question.

17. What does the professor mean when he says this: 

(A) He is emphasizing the increasing importance of railroads as a way to transport goods.
(B) He is stressing how fast trains could carry goods from one place to another.
(C) He is pointing out the kinds of valuable goods that railroads were able to move.
(D) He is praising railroads as a superior invention to wagons in terms of overall cost.

 [18-22] Listen to part of a conversation between an administration staff person and a student.

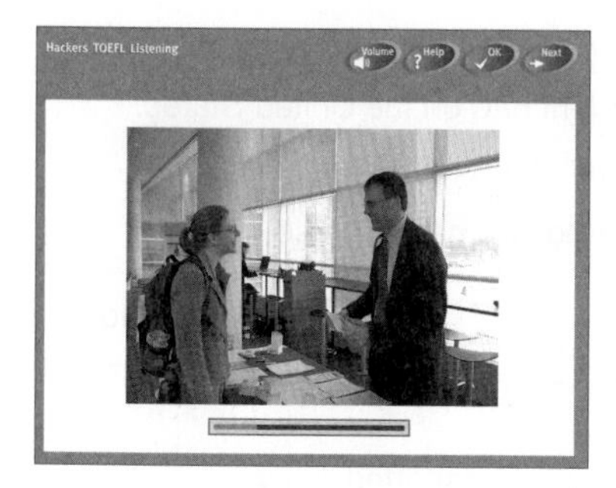

18. Why does the student visit the dorm security booth?

    (A) To pick up her mail
    (B) To replace her lost room key
    (C) To get directions to the registrar's office
    (D) To report her student ID as lost

19. According to the security officer, what must the student do to resolve her problem?

    (A) She must submit a form to the security office to change her combination.
    (B) She needs to fill out a form at the registrar's office confirming her identity.
    (C) She has to report her problem to the registrar and pay a small fee.
    (D) She must wait for the security office to contact her about resolving the issue.

20. Why did the officer change his mind about the student's mailbox?

    (A) The student has produced the proper identification.
    (B) The student is a new student who is having trouble adjusting.
    (C) The student has concert tickets that will be wasted otherwise.
    (D) The student is celebrating her birthday the next day.

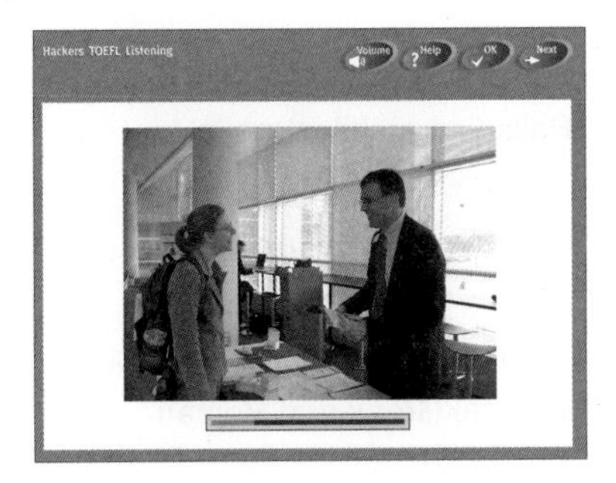

21. What does the officer say he'll do for the student?

(A) He will issue her a new mailbox combination.
(B) He will give her the proper forms to fill out.
(C) He will let her know her combination.
(D) He will open the box so she can get her tickets.

Listen again to part of the conversation. Then answer the question.

22. What does the man mean when he says this: 

(A) He is not sure how to answer the student's question.
(B) He cannot give the student access to her mailbox.
(C) He does not have the expertise to deal with the student's problem.
(D) He is going to call the registrar's office first.

[23-28] Listen to part of a talk in an architecture class.

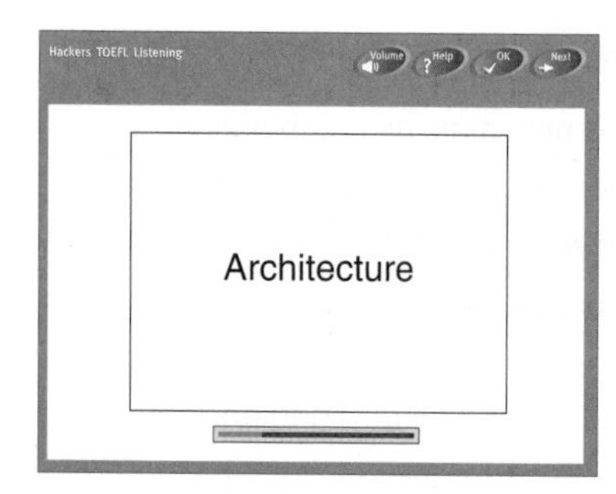

23. What is the lecture mainly about?

(A) The influence of Palladian architecture in America
(B) The characteristics of Thomas Jefferson's buildings
(C) Thomas Jefferson's life as an American politician
(D) The features of classical Greek and Roman architecture

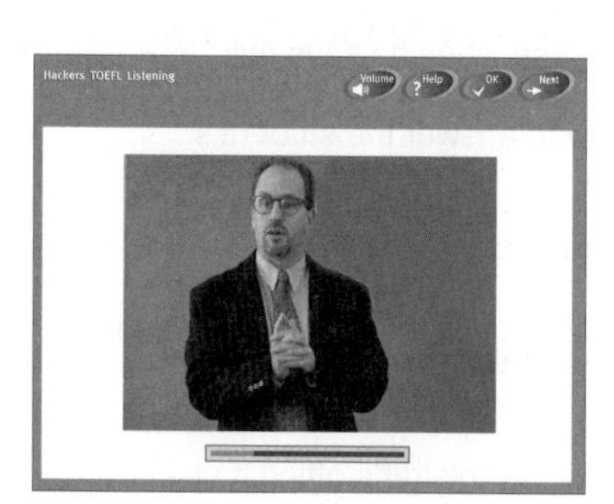

24. Why does the professor talk about Jefferson's library?

(A) To make a point that Jefferson educated himself about architecture
(B) To emphasize the need for organization and order in buildings
(C) To describe one of the first buildings that Jefferson designed
(D) To remind students to check out Palladio's book for an assignment

25. According to the lecture, what are two characteristics of Thomas Jefferson's interest in architecture?

Click on 2 answers.

(A) It developed in spite of Jefferson's lack of formal instruction.
(B) It was nurtured by colleagues who were similarly interested.
(C) It went no further than his reading of architectural books in his library.
(D) It was centered on the architectural style of Andrea Palladio.

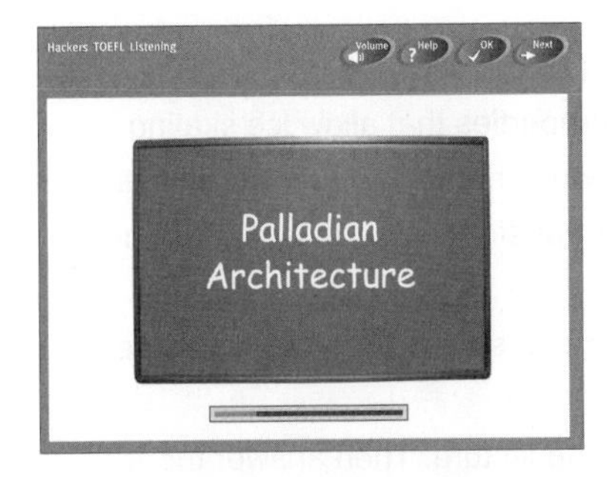

26. Why did Thomas Jefferson like classical Roman style?

(A) It was used in other early American buildings.
(B) It makes use of unsymmetrical shapes.
(C) It embodies the spirit of democracy.
(D) It represents a tradition of supreme power.

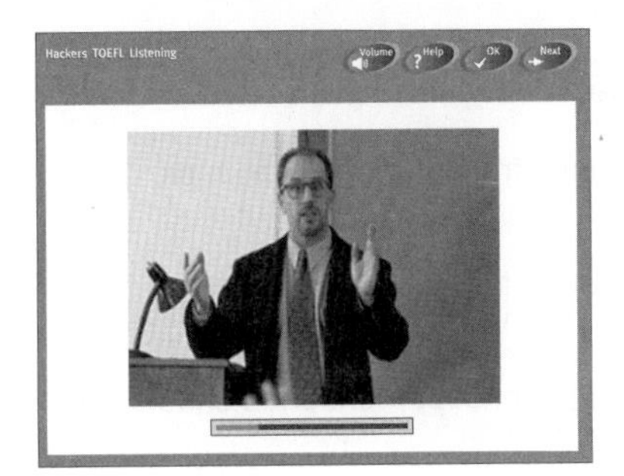

27. In the lecture, the professor describes the features of two buildings Jefferson designed. Is each feature associated with Monticello, the Virginia Capitol, or both?

Click in the correct box for each phrase.

	Monticello	Virginia Capitol	Common
Named a UNESCO World Heritage site			
Redesigned after a trip to France			
Lacked an external dome			
Design based upon the Maison Carrée			
Patterned on an ancient temple			

28. Why did Thomas Jefferson dislike the previous Virginia Capitol building?

(A) It was not built in the neoclassical style.
(B) It looked too much like a building that existed in France.
(C) It was built with materials that were designed to last.
(D) It reminded him of the British colonial period.

 [29-34] Listen to a talk on chemistry.

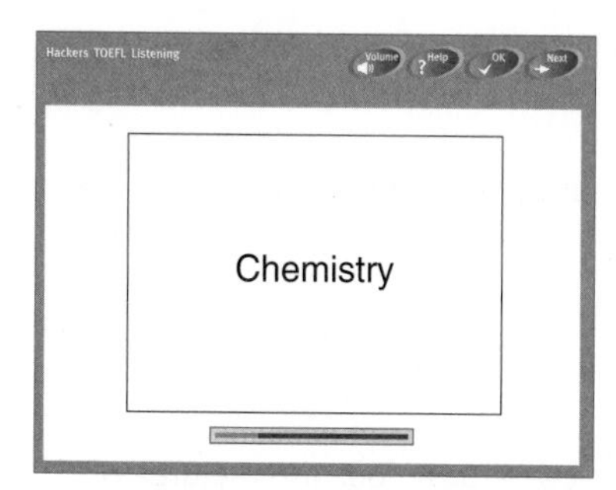

29. What is the lecture mainly about?

(A) The chemical properties that allow ice skating
(B) The chemical bonds made by water molecules
(C) The process of transformation between ice and water
(D) The role of high pressure in turning ice to water

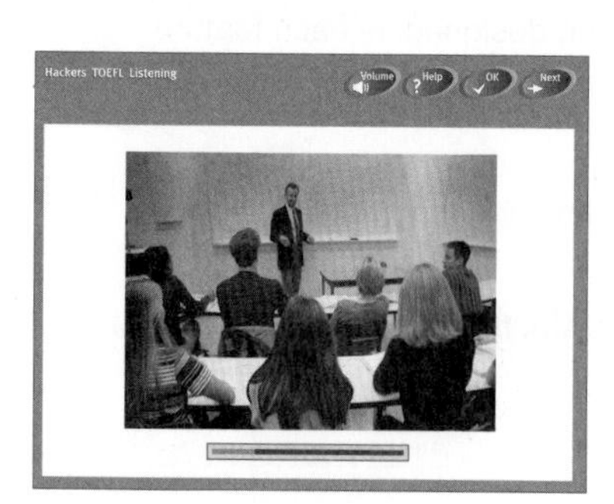

Listen again to part of the lecture. Then answer the question.

30. Why does the professor say this: 

(A) To elicit a response from students who have the answer
(B) To express his uncertainty of the students' knowledge
(C) To specify that the concept mentioned should be familiar
(D) To indicate that the following content will be difficult

31. According to the student, what enables skates to glide on ice?

(A) The layer of water on the surface generated by warm air
(B) The pressure generated by the skater's weight
(C) The lower temperature found on the ice's top layer
(D) The lattice-like structure of ice molecules

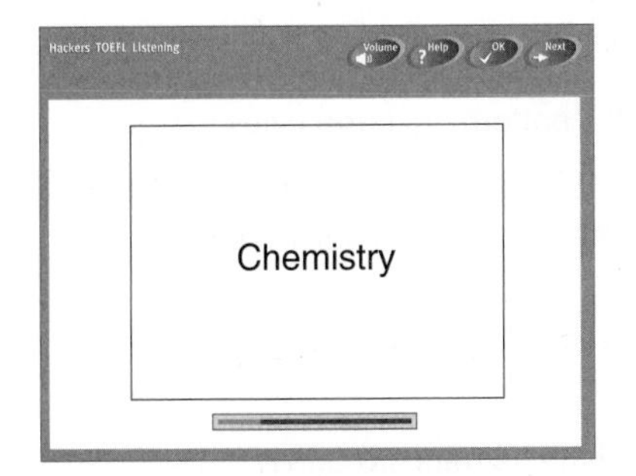

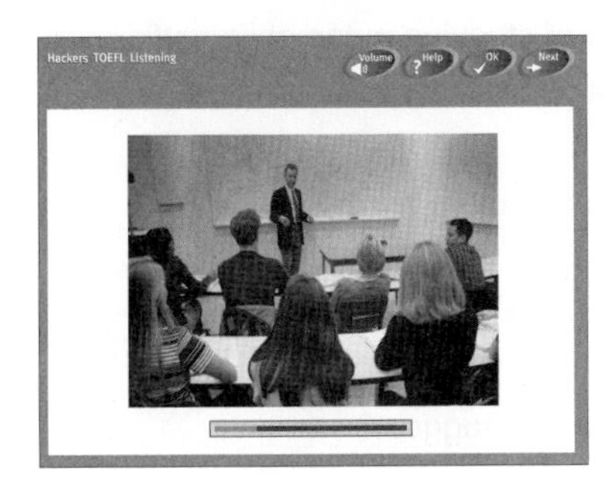

Listen again to part of the lecture. Then answer the question.

32. What does the professor mean when he says this: 🎧

(A) He wants to add something to his explanation before continuing.
(B) He wants the students to hold their questions until later.
(C) He thinks the students should consider what he said earlier.
(D) He thinks the vocabulary he used needs to be clarified.

33. According to the professor, what are two differences between the bonds of water and ice molecules?

Click on 2 answers.

(A) Water molecules make shorter-lived bonds.
(B) Ice molecules only contain covalent bonds.
(C) Ice molecules form more hydrogen bonds.
(D) Water molecules bond in a hexagonal shape.

34. Why does the professor mention a child on a rainy day?

(A) To describe the procedure by which bonds are formed
(B) To explain the transition between ice and water
(C) To provide an anecdote about a past experience
(D) To give an analogy regarding molecular energy

정답 p.674

Actual Test II

 **[1-5] Listen to part of a conversation between a student and a professor.**

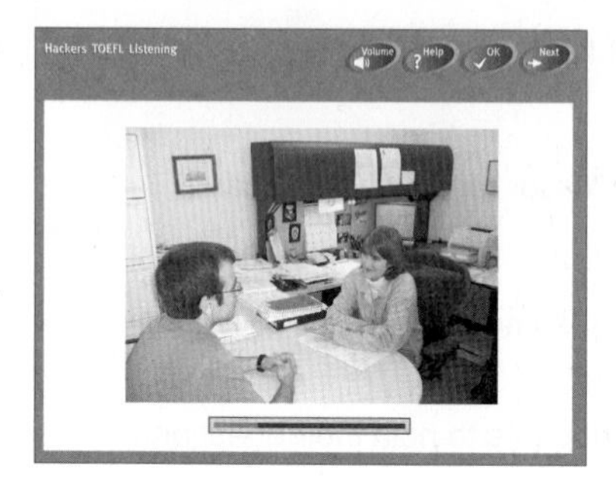

1. What are they mainly discussing?

   (A) Rush-hour traffic patterns in large cities
   (B) Applying for a grant to finance a research project
   (C) A required essay for a graduate school application
   (D) Topics for a course-related essay assignment

2. What is the topic of the student's report?

   (A) Innovative ways of studying automobile traffic
   (B) The shortage of public transportation in large urban areas
   (C) The transfer of computers from defense to geographic uses
   (D) The reasons why the student needs a grant

3. What does the professor suggest?

   (A) The student should consider choosing another essay topic.
   (B) The student should state all his background information first.
   (C) The student should first complete the course essay assignment.
   (D) The student should reorganize the contents of the application.

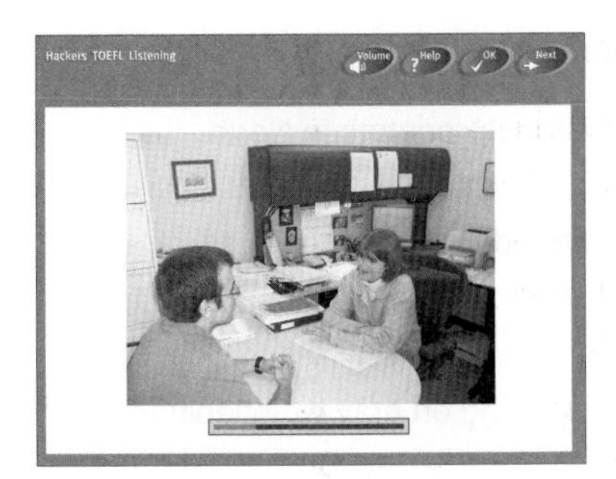

Listen again to part of the conversation. Then answer the question.

4. What does the professor imply when she says this:

(A) She feels the student has a favorable chance of being awarded the grant.

(B) She believes the student did a better job of filling out the application form than he thinks.

(C) She is glad the student showed her the application form before it was completed.

(D) She thinks the grant that the student is applying for is a particularly special one.

Listen again to part of the conversation. Then answer the question.

5. Why does the professor say this:

(A) To suggest she is too busy to provide much assistance

(B) To warn that the grant committee is highly unorganized

(C) To emphasize that the student's application must stand out

(D) To express doubt that the student's application will be successful

 [6-11] Listen to part of a talk in an environmental science class.

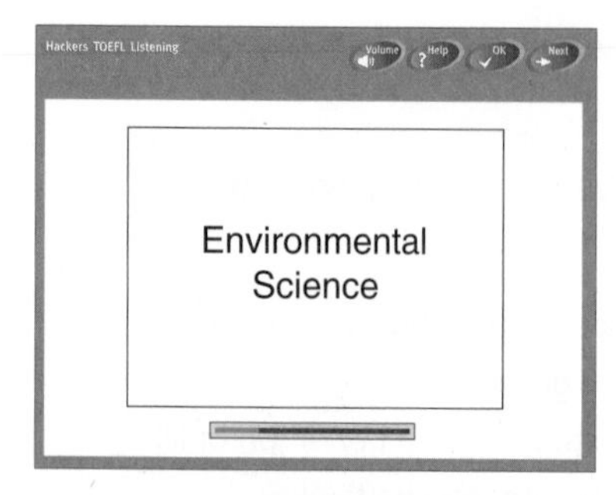

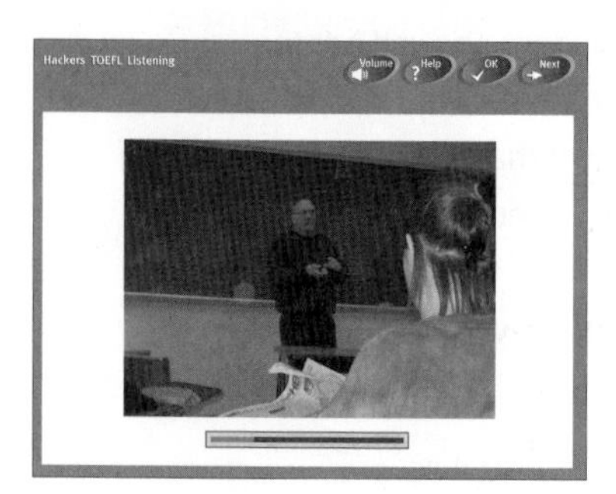

6. What is the main topic of the lecture?

(A) Various types of large predators in North America
(B) A program for reintroducing the gray wolf
(C) Requirements for the successful breeding of the gray wolf
(D) The impacts of ranching on gray wolf habitats

7. The professor explains the sequence of events that resulted in the near extinction of the wolf. Put the following events in the correct order.

Drag each answer choice to the space where it belongs.

1	
2	
3	
4	

(A) Wolves encroach on farms and ranches.
(B) Human activity results in a decline in the numbers of elk, bison, and deer.
(C) Humans occupy land for farming and building ranches.
(D) The Government establishes a program to decimate the wolf population.

8. According to the professor, what are two effects of wolf reintroduction for the elk?

Click on 2 answers.

(A) Only the strongest and healthiest elk can breed.
(B) The elk no longer impact ranch lands by grazing there freely.
(C) Wolves have forced out the competition that prey on elk.
(D) The elk do not die in large numbers in the winter.

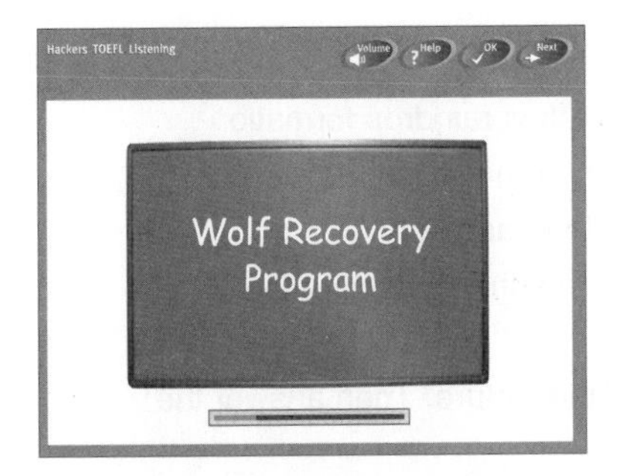

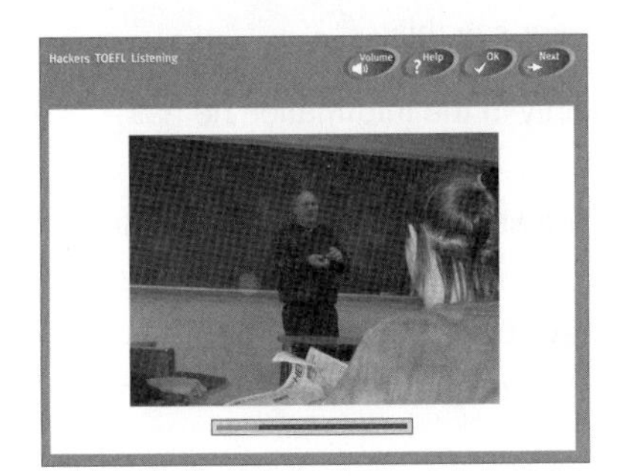

9. Why does the professor mention the feeding habits of the grizzly bear?

(A) To give an example of the type of competition faced by the gray wolf
(B) To make a point about the need for ecological diversity
(C) To contrast its feeding habits with those of the gray wolf
(D) To describe situations where gray wolves are killed by other animals

10. What can be concluded about the program to reintroduce gray wolves?

(A) It reduced the populations of other animals.
(B) It helped large predators obtain food.
(C) It helped restore balance in the ecosystem.
(D) It prevented animals from consuming plants for food.

Listen again to part of the lecture. Then answer the question.

11. Why did the professor say this: 

(A) He wanted to gauge how much information to include in his lecture.
(B) He was asking for volunteers to set up the overhead projector.
(C) He had to check attendance before continuing with the lecture.
(D) He was making sure that students in the back could hear him.

 [12-17] Listen to a lecture on meteorology.

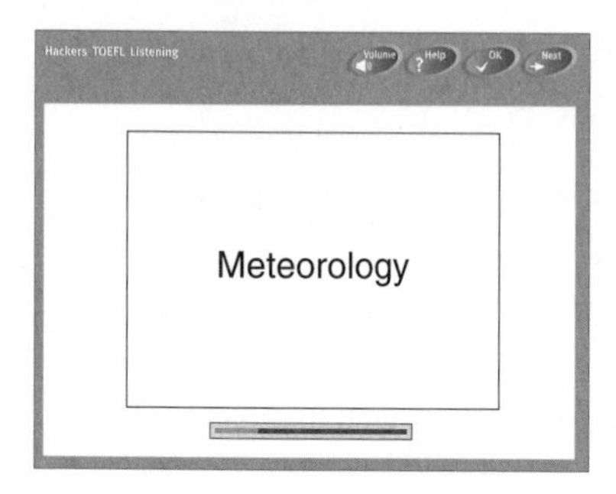

12. What does the professor mainly discuss?

(A) The forces that affect raindrop formation
(B) The composition of raindrops
(C) How raindrops form and fall
(D) Two processes in raindrop generation

Listen again to part of the lecture. Then answer the question.

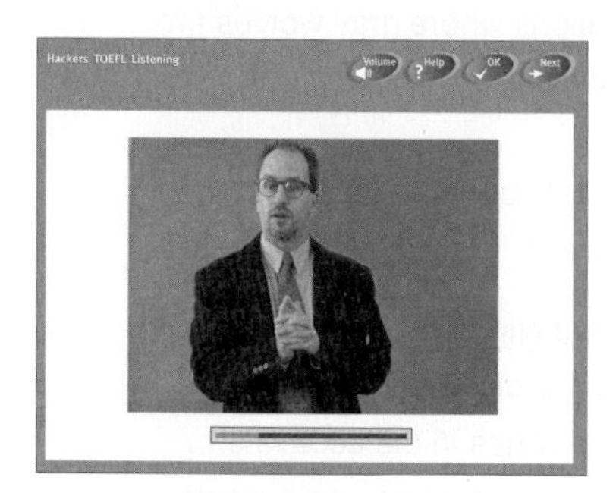

13. Why does the professor say this: 

(A) To express certainty in the information he has given
(B) To indicate that the students are familiar with the information
(C) To introduce a new topic for discussion
(D) To check if the students understood what he has just said

14. Why does the professor mention a burning log?

(A) To illustrate a flying technique that birds use
(B) To make a point about the ashes that form
(C) To show that raindrops move in different directions
(D) To explain why clouds remain suspended in the air

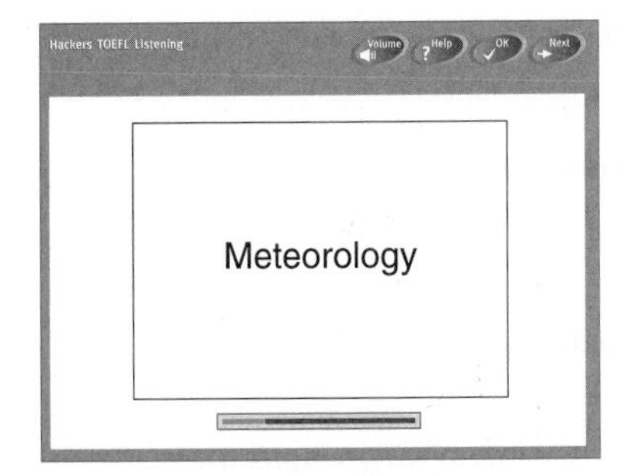

15. According to the lecture, what are two influences on how a raindrop descends?

Click on 2 answers.

(A) The location of the rainfall
(B) The pull of gravity
(C) The resistance the air provides
(D) The number of drops

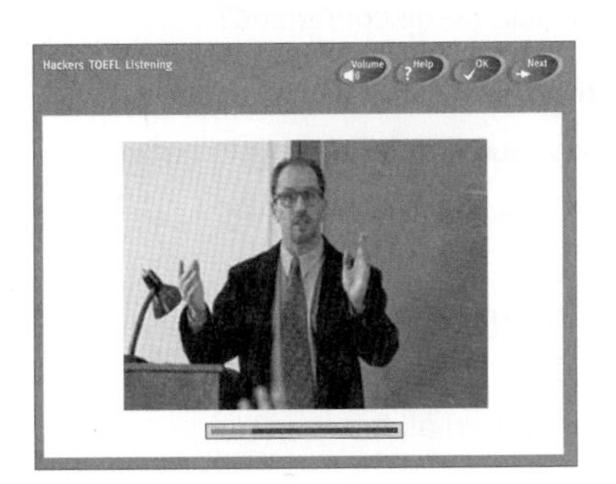

16. What is terminal velocity?

(A) The approximate velocity at which all raindrops fall
(B) A rate of motion characteristic of bigger and heavier raindrops
(C) The slowest speed at which a raindrop can move
(D) A constant speed where drag and gravity reach equilibrium

17. What can be inferred about water droplets in a cloud that contains ice crystals?

(A) They are smaller than ice crystals.
(B) They liquefy the ice crystals.
(C) They will become frozen.
(D) They do not fall to the ground.

 [18-22] Listen to part of a conversation at a university housing office.

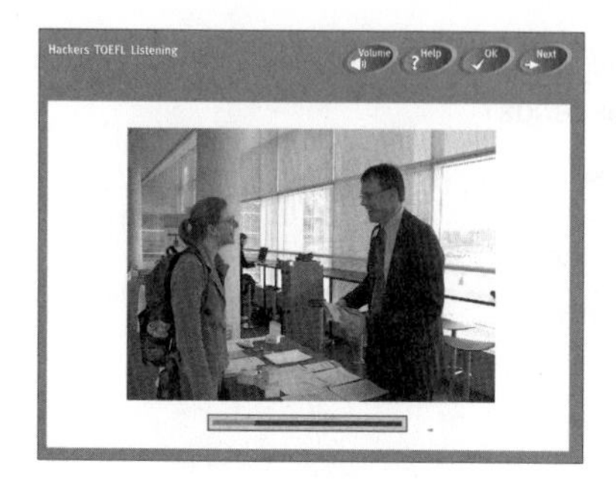

18. Why does the student talk to the housing office attendant?

(A) To ask for Internet service to be installed
(B) To complain about her overcharged phone bill
(C) To inquire about her telephone service
(D) To request an extension on a bill payment

19. According to the conversation, why wasn't the student aware she would be disconnected?

(A) She has recently changed her e-mail address.
(B) She was too busy studying for exams to notice.
(C) She had forgotten the notice shortly after reading it.
(D) Her computer was suffering from a virus.

20. Why can't the student afford all the fees?

(A) She has purchased a new car.
(B) She had to repair her car recently.
(C) She recently had to quit her part-time job.
(D) She had to make other bill payments.

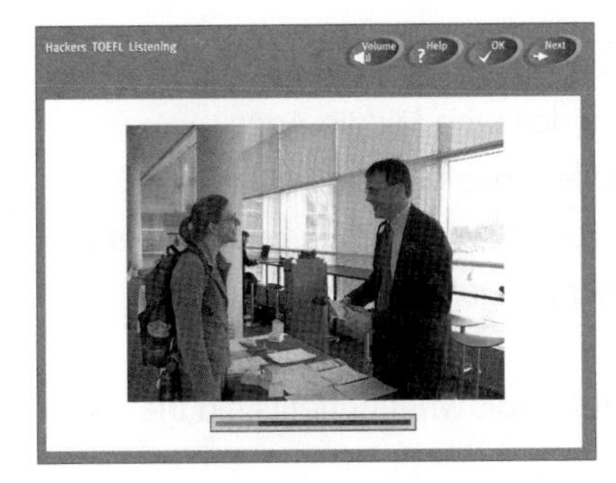

21. What does the attendant ask the student to do in order to have the reconnection fee waived?

(A) The student must update her e-mail address.
(B) The student must provide some identification.
(C) The student must pay the balance and late fee immediately.
(D) The student must visit another office first.

Listen again to part of the conversation. Then answer the question.

22. Why does the student say this: 

(A) To indicate that she is a good student
(B) To declare that she usually pays his bill on time
(C) To agree with the attendant's suggestion
(D) To emphasize that she has been busy

 [23-28] Listen to a talk on medieval urban development.

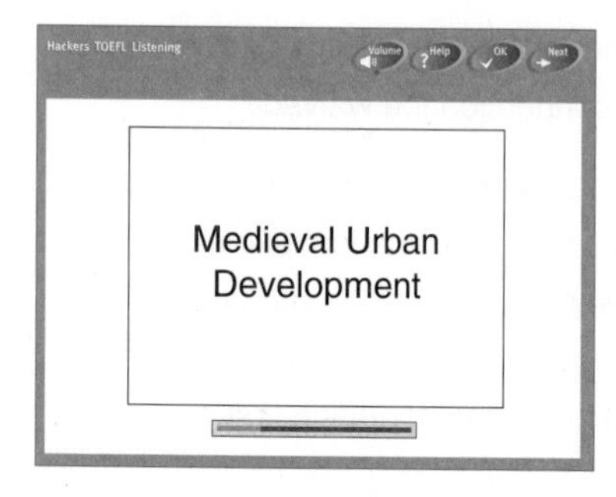

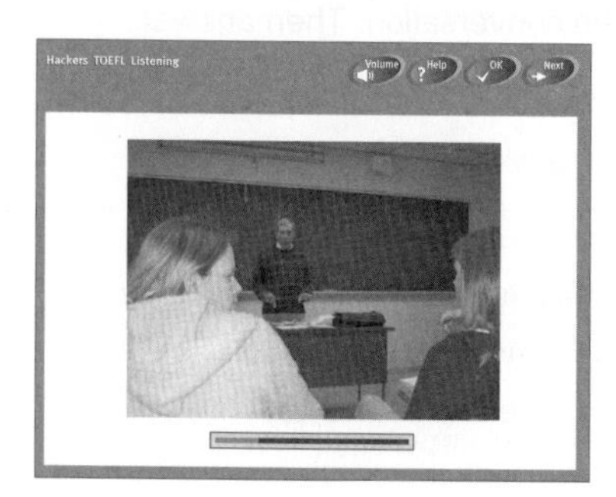

23. What is the lecture mainly about?

(A) The growth of trade in the Middle Ages
(B) The design and features of walled cities
(C) The impact of war on medieval European cities
(D) The establishment of guilds in Europe

24. According to the professor, what benefits did the walls provide?

Click on 2 answers.

(A) Kept the size of the city to a minimum
(B) Earned income for the city's treasury
(C) Prevented invaders from entering the city
(D) Reduced the cost of protecting the city

25. Why does the professor mention a bicycle wheel?

(A) To make a point about the exchange of goods in the city
(B) To give an example of a commodity being sold in the central square
(C) To explain a type of vehicle used in transporting goods into the city
(D) To compare the design of medieval cities to something familiar

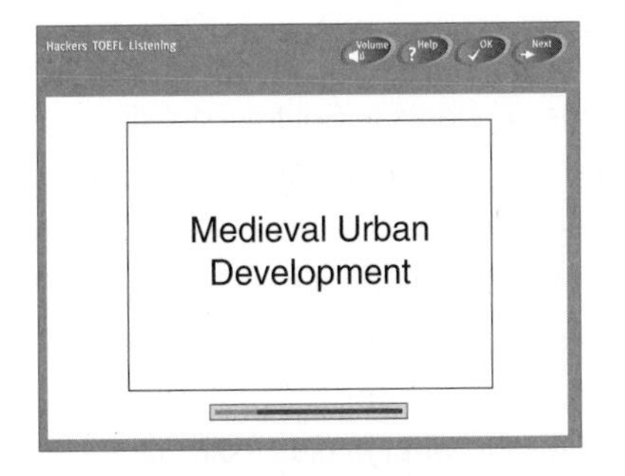

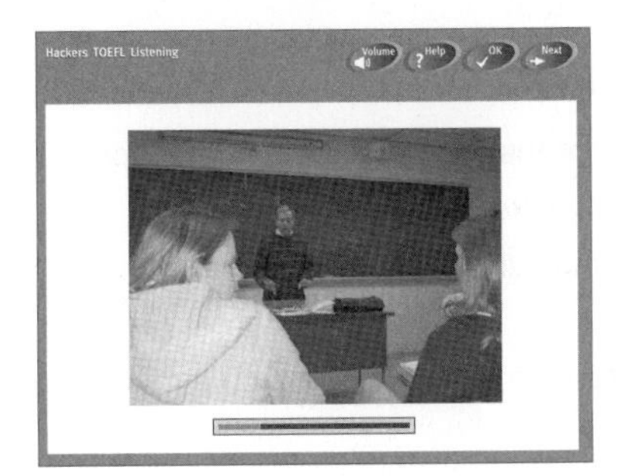

26. Why does the professor mention the "cloth hall"?

(A) To explain the organization of guilds in medieval times
(B) To provide information about the location of the most powerful guild
(C) To provide background for a discussion on medieval city buildings
(D) To explain why textiles became the most valuable merchandise

27. What often happened to the faubourgs?

(A) The residents in them were taxed for constructing walls illegally.
(B) They were targeted for attack by enemies of the city.
(C) They were eventually destroyed to make way for expanding walls.
(D) They became enclosed within the walled area as the city grew larger.

28. What is the professor's attitude toward the streets of the walled cities in the latter part of the Middle Ages?

(A) He realizes that modern cities and suburbs are better designed.
(B) He does not think the streets should have radiated from the center.
(C) He wishes they were more organized and less crowded.
(D) He thinks city officials should have made more streets.

[29-34] Listen to part of a talk on botany.

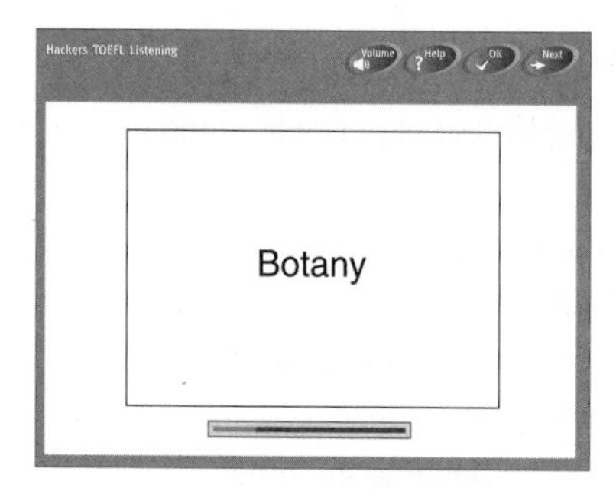

29. What does the professor mainly discuss?

(A) Studying endangered plants in Southeast Asia
(B) Determining the lineage of dissimilar-looking plants
(C) The difficulty of studying the Rafflesia
(D) The reproductive capacity of the Rafflesia

30. According to the professor, what makes it difficult for the Rafflesia to pollinate?

Click on 2 answers.

(A) The habitat where the Rafflesia plants grow does not have enough water.
(B) The Rafflesia plants that currently exist are scattered.
(C) The Rafflesia flowers have either only the male or female sex organs.
(D) The grape vine that serves as host prevents the Rafflesia from pollinating.

31. What can be inferred about the Rafflesia plant when it blooms?

(A) Its threads can be examined closely.
(B) It is no longer parasitical.
(C) It can carry out photosynthesis.
(D) It competes with the host plant.

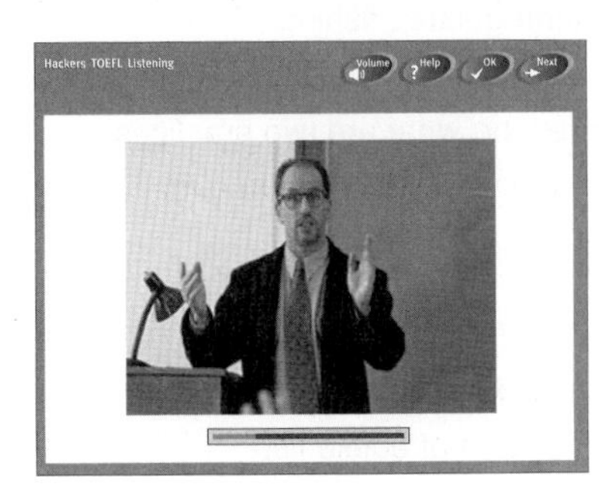

43. Why does the professor mention a brass valve?

(A) To describe the mechanism used in steam engines

(B) To provide background for a discussion on horn instruments

(C) To explain how the quality of brass instruments improved

(D) To illustrate how musicians cooperated with one another

44. In the lecture, the professor describes the effects of mass manufacturing of instruments. Indicate whether each of the following is an effect.

Click in the correct box for each phrase.

	Yes	No
Variations of classical music were created		
Outstanding middle-class pianists and composers emerged		
Use of voice in compositions evolved		
Broader middle-class audience developed		
New music forms and structures developed		

45. What does the professor imply about the music written by Romantic composers?

(A) It acknowledged the beauty of the human voice.

(B) Its style could not properly be analyzed by the audience.

(C) Its quality improved only when composers became technical masters.

(D) It was less sophisticated than classical music.

 [46-51] Listen to a lecture on fishing.

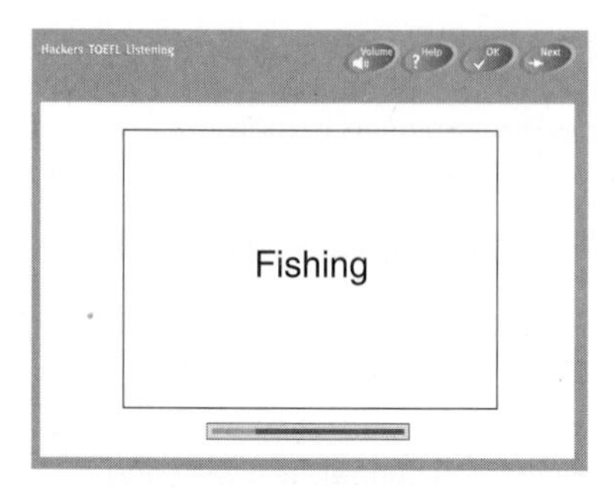

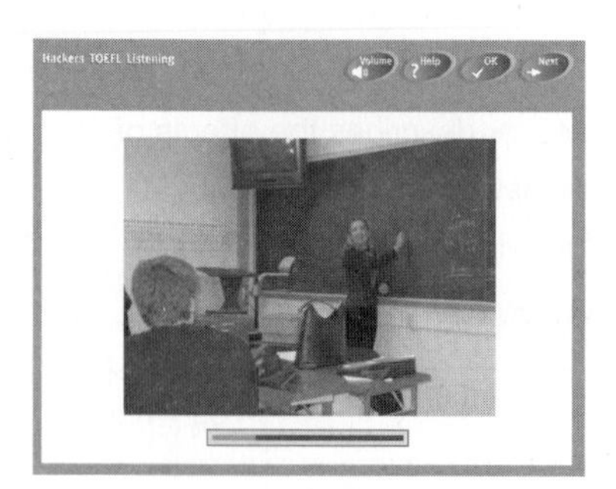

46. What is the main topic of the lecture?

(A) The extraordinary expansion of the fishing industry into the live food fish trade
(B) How a fishing regulation can worsen exploitation of fish resources
(C) The development of legislation to systematize large-scale global fishing pursuits
(D) The failure of the FAO's plan to eliminate illegal, unreported, and unregulated fishing

47. According to the professor, what are two practices fishermen follow to meet worldwide demand for live food fish?

Click on 2 answers.

(A) Taking advantage of existing resources
(B) Looking for new species of edible fish
(C) Going into uncharted waters to look for new supplies
(D) Cultivating popular species in fish farms

48. What can be inferred about the fishing laws and regulations that have been implemented since the 1980s?

(A) They were in conflict with each other in several aspects.
(B) They favored one segment of the fishing trade over another.
(C) They were applied only in certain fishing spots around the world.
(D) They have failed in their objective to control fishing activities.

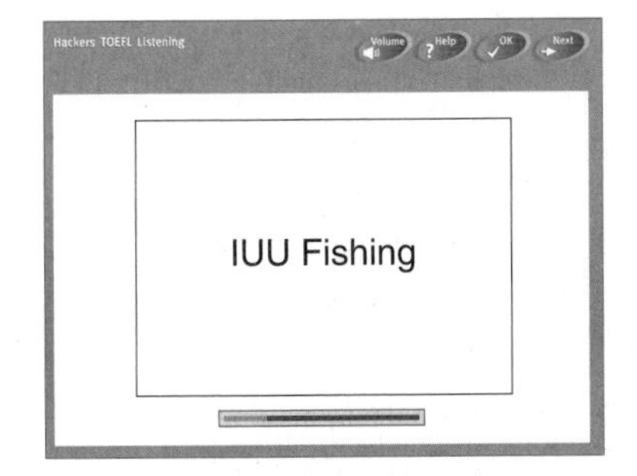

Listen again to part of the lecture. Then answer the question.

49. Why does the professor say this: 

(A) To express uncertainty about which law is involved
(B) To correct an error he made earlier
(C) To explain that fishing codes have different jurisdictions
(D) To indicate the scope of the problem

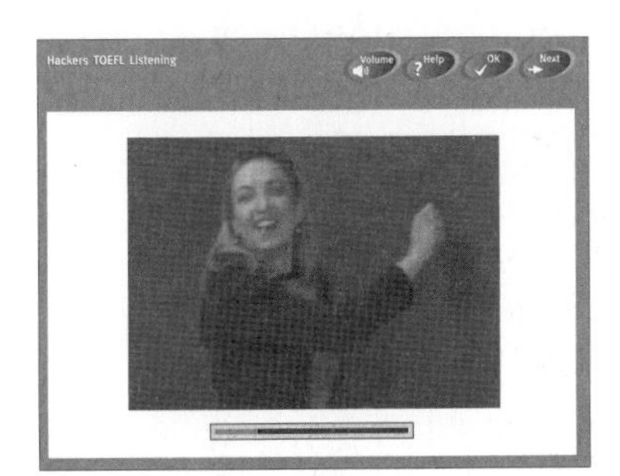

50. Why does the professor talk about a sale at a department store?

(A) To explain how a fishing regulation can waste money and resources
(B) To explain why it is necessary for fishermen to overfish
(C) To emphasize how wasteful people are with their money
(D) To show that fishing expeditions can be costly

51. According to the professor, why is fishing in large quantities unprofitable?

(A) There may not be enough buyers to purchase the entire catch.
(B) The fishermen cannot verify the quality of the fish in a large catch.
(C) The fishermen are forced to freeze their catch and sell it at discounted prices.
(D) The fishermen have to pay a big fine for catching more than is legally permitted.

정답 p.689

APPENDIX

Conversation 실전 필수 어휘
Lecture 실전 필수 어휘
Conversation 토픽별 대학 관련 어휘
Lecture 토픽별 관련 어휘
미국 영어와 영국 영어의 차이

Day 1

a stack of	많은
a ton of	매우 많은
abreast [əbrést]	나란히, ~와 병행하여
absent [ǽbsənt]	결석한
absentminded [æ̀bsəntmáindid]	방심 상태의
absolutely [ǽbsəlù:tli]	절대적으로
absorbed in	~에 몰두한
back and forth	앞뒤로, 반복하여
back on one's feet	회복하여
backstage [bǽkstéidʒ]	무대 뒤
bank account	은행 예금 계좌
barely [bέərli]	거의 ~않다
calculate [kǽlkjəlèit]	평가하다; 계산하다
call off	취소하다
call on	방문하다
calm down	진정시키다
candidate [kǽndidèit]	후보자, 지원자
capture [kǽptʃər]	(마음, 관심을) 사로잡다
casual [kǽʒjuəl]	우연의; 격식을 차리지 않은
data entry	자료입력
dean [di:n]	학장
debate [dibéit]	토론하다
decade [dékeid]	10년
eager [í:gər]	열정적인
earlyriser [ə́:rliràizər]	일찍 일어나는 사람
earn [ə:rn]	획득하다, 얻다
facilitate [fəsílitèit]	촉진하다
facility [fəsíləti]	설비, 시설
faculty [fǽkəlti]	교직원
fail [feil]	낙제하다
fake [feik]	가짜의, 위조의; 속이다
garage [gərá:dʒ]	차고, 수리공장
general course	일반 과목, 기초 이수 과목
generalization [dʒènərəlizéiʃən]	일반화, 보편화
habitat [hǽbitæ̀t]	서식지
hand in	제출하다
hand out	나눠주다
handicap [hǽndikæ̀p]	신체장애
ID	신분증 (=identification)
identity theft	신분 위장 절도
illegible [ilédʒəbl]	읽기 어려운
illustration [ìləstréiʃən]	삽화
lab [læb]	실습실, 연구실 (=laboratory); 실습, 실험
laptop [lǽptɑ̀p]	노트북 컴퓨터
lame [leim]	불충분한, 서투른
large doses of	많은 양의
magnificent [mægnífisənt]	굉장히 좋은, 멋진
mailbox [méilbɑ̀ks]	우편함
maintenance [méintənəns]	유지, 관리; 생활비
major disadvantage	주된 단점
make a breakthrough	돌파하다, (어려움을) 해결하다
make a habit of	습관처럼 ~하다
narrow down	(범위를) 좁히다, 요약하다
national [nǽʃənəl]	국립의
object [ɑ́bdʒikt]	물건; 목적
observation [ɑ̀bzə:rvéiʃən]	관찰
observe [əbzə́:rv]	관찰하다
obvious [ɑ́bviəs]	명백한, 분명한
packed [pækt]	꽉 찬, 만원의
pair up	짝이 되다, 짝짓게 하다
panicky [pǽniki]	공황의, 전전긍긍하는
paper [péipər]	리포트
paperback [péipərbæ̀k]	종이 표지의
paperwork [péipərwə̀:rk]	문서업무
paralyzed [pǽrəlàizd]	마비된
parking permit	주차 허가(증)
participate [pɑ:rtísəpèit]	참가하다
qualification [kwɑ̀ləfəkéiʃən]	자격
racket [rǽkit]	소음
radically [rǽdikəli]	철저히, 근본적으로
raid [reid]	침입하다, 급습하다
rally [rǽli]	집회
rare [rεər]	드문, 진기한, 희귀한
sabbatical leave	안식 휴가
salvage [sǽlvidʒ]	구출하다
sane [sein]	제정신의, 건전한
scholarship [skɑ́lərʃìp]	장학회, 장학금
scientific [sàiəntífik]	과학적인

scrap [skræp]	스크랩, 발췌
scratch [skrætʃ]	긁어모으다; 출발, 출발선
table of contents	목차 내용
table [téibl]	(심의를) 보류하다
tactics [tǽktiks]	책략, 책술
take a chance	모험을 하다
take a day off	하루 쉬다
unauthorized [ʌnɔ́:θəràizd]	권한이 없는; 자기식의
vacancy [véikənsi]	공석, 결원
waft [wæft]	날아들다
waiting list	대기자 명단
wag [wǽg]	흔들다, 흔들리다

Day 2

accept [əksépt]	받아들이다
acclimate [əkláimət]	순응하다
accommodation [əkɑ̀mədéiʃən]	숙소, 숙박 시설
accounting technique	회계법
ace [eis]	완벽하게 하다; 최고로
batter [bǽtər]	강타하다, 부수다
battlefield [bǽtlfì:ld]	전쟁터, 전장
be acquainted with	~을 알고 있다
central heating	중앙 난방
centralize [séntrəlàiz]	집중하다
challenging [tʃǽlindʒiŋ]	도전적인, 힘드는
chaos [kéiɑs]	무질서, 혼돈
check in	등록하다
check out	대출하다, 확인하다
check over	자세히 조사하다
check with	~와 대조하다
checkbook [tʃékbùk]	수표장
decent [dí:sənt]	상당한
decipher [disáifər]	해독하다, 풀다
declare [diklέər]	선언하다, 단언하다
decline [dikláin]	감소하다, 쇠퇴하다
decompose [dì:kəmpóuz]	부패하다
dedication [dèdəkéiʃən]	헌신
ecosystem [ékousìstəm]	생태계
editor [éditər]	편집자, 교정자
effect [ifékt]	영향
effectively [iféktivli]	효과적으로
fall apart	부서지다
fall behind	뒤처지다, 늦어지다
fall through	실패로 끝나다, 수포로 돌아가다
familiarity [fəmìliǽrəti]	정통, 잘 알고 있음
family value	(전통적) 가족의 가치
fancy [fǽnsi]	화려한, 고급의
generate [dʒénərèit]	발생시키다, 생기게 하다
generosity [dʒènərɑ́səti]	관대, 관용
generous [dʒénərəs]	관대한, 풍부한, (토지가) 비옥한
handicapped [hǽndikæ̀pt]	장애가 있는
handle [hǽndl]	다루다, 하다
handwriting [hǽndràitiŋ]	필기
handy [hǽndi]	손재주가 있는, 솜씨 좋은
imitation [ìmitéiʃən]	모방
immediately [imí:diətli]	곧
immunization [ìmjənizéiʃən]	면역, 예방주사
impact [ímpækt]	충돌, 충격
imprecise [ìmprisáis]	부정확한, 불명확한
keep on	계속하다
late fee	연체료
later on	나중에
make a mess	어지럽히다
make a profit	돈을 벌다
make a quick stop at	~에 잠깐 들르다
nauseous [nɔ́:ʃəs]	속이 메스꺼운, 진저리나는
occupation [ɑ̀kjupéiʃən]	직업, 업무
off-campus	교외의, 캠퍼스 밖의
offer [ɔ́(:)fər]	제안, 제의; 제의하다
particle [pɑ́:rtikl]	매우 작은 조각, 극소량
particular [pərtíkjələr]	까다로운, 꼼꼼한; 특별한
part-time job	시간제 일, 아르바이트
pass on to	~에게 전달하다
pass up	선택하지 않다
pass/fail option	합격/낙제 여부만 평가하는 제도
patron [péitrən]	고객, 손님
pave [peiv]	(길을) 포장하다
qualify [kwɑ́ləfài]	자격을 갖추다
rave [reiv]	격찬하다
rave about	~에 대해 열심히 이야기하다
react [rì:ǽkt]	반응하다
read up	(어떤 학과를) 연구하다, 복습하다
reasonable [rí:zənəbl]	값이 합당한, 논리적인, 정당한
reassert [rì:əsə́:rt]	거듭 주장하다

recipe [résəpì:]	요리법
screen [skri:n]	심사하다, 선발하다
sec [sek]	잠시, 1초 (=second)
second draft	두 번째 수정본
second thoughts	재고
security guard	경비
security [sikjú(:)ərəti]	안전
see to	돌보다
selective [siléktiv]	선택적인
self-fulfilling	자기 달성의, 자기 충족의
semester [siméstər]	학기
senior [sí:njər]	4학년의 학생, 최고 학년의
serial number	일련번호
take a raincheck	약속을 후일로 미루다
take a seat	앉다
take care of	~을 처리하다
take down	적어놓다
take initiative	모범을 보이다, 솔선하다
take it easy	편하게 여기다
unbearable [ʌ̀nbέ(:)ərəbl]	견딜 수 없는, 참기 어려운
uncertainty [ʌ̀nsə́:rtənti]	불확실성
vacant [véikənt]	텅빈, 생각이 없는
waiver [wéivər]	기권, 포기
zeal [zí:l]	열정

Day 3

ad [æd]	광고 (=advertisement)
adequately [ǽdikwətli]	충분히
administration [ədmìnistréiʃən]	본부
administrator [ədmínistrèitər]	행정관, 관리자
admirer [ədmáiərər]	팬, 찬양자
admissions fee	입장료
be comprised of	~로 구성되다
be conscious of	~을 의식하다
be familiar with	~에 대해 잘 알다, 익숙하다
be in over one's head	능력이 미치지 못하다
cheer up	기운을 내다
chilly [tʃíli]	추운, 으스스한
circuit [sə́:rkit]	전기 회로
clear up	날씨가 맑아지다, 처리하다
cliché [kli:ʃéi]	진부한 말
deduct [didʌ́kt]	빼다, 공제하다
definitely [défənitli]	분명히
degree requirement	요구 학점
deliberately [dilíbəritli]	신중히, 고의로
deliberation [dilìbəréiʃən]	심사 숙고
deliver [dilívər]	배달하다
demanding [dimǽndiŋ]	큰 노력을 요하는, 벅찬
ego [í:gou]	자존심, 자아
elective [iléktiv]	선택 과목
electrician [ilektríʃən]	전기 기술자
elicit [ilísit]	(대답, 웃음 등을) 이끌어 내다
eligible [élidʒəbl]	자격이 있는, 적격의
far from	~에서 멀리 떨어진
fare [fεər]	요금
far-fetched	부자연스러운, 억지의
fascinating [fǽsənèitiŋ]	매혹적인, 멋진
fatigue [fətí:g]	피로
genius [dʒí:njəs]	천재
genuinely [dʒénjuinli]	정말로, 참으로
hang in the scale	어느 쪽으로도 결정되지 않다
hang on	기다리다
hang out	놀만한 곳, 어울릴 수 있는 장소
haphazardly [hæphǽzərdli]	우연히, 계획성 없이
impressive [imprésiv]	인상적인, 감명을 주는, 감동적인
impromptu [imprɑ́mptju:]	즉석의, 즉흥적인
improving [imprú:viŋ]	나아지고 있는
in advance	미리, 앞서서
law firm	법률 사무소
lax [læks]	느슨한, 여유로운
make it on time	제 시간에 맞추다
make much noise	상당한 소음을 내다
make one's own hours	근무 시간을 스스로 조정하다
make progress	전진을 보이다
make sure	확인하다
make the effort	노력하다, 애쓰다
nearby [níərbài]	가까운
need a hand	도움을 필요로 하다
office hours	근무시간
on a budget	예산을 세워
on account of	~때문에
pay a fine	벌금을 물다
payment [péimənt]	납입
peculiarity [pikjù:liǽrəti]	특색, 특성

peer [piər]	동료
peg [peg]	인정하다, 어림잡다
penalize [píːnəlàiz]	징계를 하다, 벌하다
penalty [pénəlti]	벌금, 과태료
penetrate [pénitrèit]	뚫다, 침투하다
perform [pərfɔ́ːrm]	공연하다
period [pí(ː)əriəd]	기간
periodical [pìəriɑ́dikəl]	정기 간행물
permission [pərmíʃən]	허가
quantity [kwɑ́ntəti]	양, 열량, 질량
reclusive [riklúːsiv]	은둔한
recognition [rèkəgníʃən]	표창, 공로
recognize [rékəgnàiz]	인식하다
recommend [rèkəménd]	추천하다
reconnection [rìːkənékʃən]	재연결
redistribute [rìːdistríbju(ː)t]	재분배하다
serve one right	마땅한 벌을 받다
session [séʃən]	회의
set up	설비하다, 설정하다
setting [sétiŋ]	환경
severity [sivérəti]	혹독
shame [ʃeim]	유감, 부끄러움
sheer [ʃiər]	절대적인
shift [ʃift]	바꾸다; 교대 근무 조
short on cash	돈이 부족한
short on time	시간이 모자라는
take out	꺼내다
take part in	~에 참가하다
take seriously	진지하게 받아들이다
take time off	방학 · 휴가를 가지다
unconscious [ʌnkɑ́nʃəs]	무의식적인
under the weather	몸이 좋지 않은
vague [veig]	막연한, 모호한
VIP [víːáipíː]	중요 인물
warning [wɔ́ːrniŋ]	경고, 훈계
warp [wɔːrp]	휘게 하다, 뒤틀다

Day 4

admit [ədmít]	인정하다
advanced degree	고급 학위
adventure [ədvéntʃər]	대담한 계획, 모험
advertise [ǽdvərtàiz]	광고하다
afford [əfɔ́ːrd]	감당하다, ~을 살 여유가 있다
affordable [əfɔ́ːrdəbl]	가격이 알맞은
afterward [ǽftərwərd]	후에, 나중에
be obligated to	~할 의무가 있다
close down	폐쇄하다
closing time	폐점 시간, 폐관 시간
clue [kluː]	단서, 실마리
clumsy [klʌ́mzi]	서투른, 어색한
coat [kout]	(페인트 등의) 칠
co-host	(라디오, TV) 공동 사회자
coincidence [kouínsidəns]	우연의 일치
cold medicine	감기약
cold pack	냉찜질
collection [kəlékʃən]	수집, 기부금 모집
demonstrate [démənstrèit]	(모형, 실험 등으로) 설명하다
depart from	출발하다
department [dipɑ́ːrtmənt]	학부, 학과, 과
depend on	~에 달려 있다
depict [dipíkt]	묘사하다, 서술하다
depot [díːpou]	정류소
eliminate [ilímənèit]	제거하다, 삭제하다
emergency leave	긴급 휴가
emergency [imə́ːrdʒənsi]	비상사태
emit [imít]	(의견을) 토로하다
emphasize [émfəsàiz]	강조하다
feature [fíːtʃər]	연재 기사, 특집 기사
fee [fiː]	요금
feedback [fíːdbæ̀k]	의견, 감상
fever [fíːvər]	열, 발열
field trip	견학
get along	사이 좋게 지내다
get an up-close look at	자세히 들여다 보다
get by	살아가다, 잘 해 나가다
get in touch with	연락하다
happen to	우연히 ~하게 되다
hard to come by	찾기 어려운
hardly [hɑ́ːrdli]	거의 ~않다
harm [hɑːrm]	해치다, 상하게 하다
in charge of	~을 담당하는, ~을 맡고 있는
in honor of	~를 기리기 위해
in large quantities	많이, 다량으로
in no time	곧, 빨리

in one's own style	자신의 방식으로
knack [næk]	재능, 재주
leading cause	주된 원인
make up	보충하다, 만회하다
make up one's mind	결심하다
make-believe	거짓의, 위장한
make-up test	재시험, 추가시험
need to	~하는 것이 필요하다
neglect [niglékt]	무시하다, 소홀히 하다
on and off	때때로, 불규칙하게
on and on	계속해서, 쉬지 않고
on average	평균적으로, 대략
on behalf of	~을 대신하여, 대표하여
persistent [pərsístənt]	완고한, 끈덕진
personal [pə́rsənəl]	개인적인
personnel [pə̀:rsənél]	직원
perspective [pərspéktiv]	관점
persuasive [pərswéisiv]	설득력 있는
petition [pətíʃən]	청원서, 탄원서
pharmacy [fá:rməsi]	약국
phase [feiz]	단계, 시기
photocopy [fóutəkɑ̀pi]	복사하다
refer [rifə́:r]	참고하다, 참조하다, 인용하다
reference [réfərəns]	참조, 참고
reflect [riflékt]	반영하다, 나타내다; 곰곰히 생각하다
refrain [rifréin]	그만두다, 삼가다
refresh [rifréʃ]	새롭게 하다
refund [rifʌ́nd]	환불하다
shortcut [ʃɔ́:rtkʌ̀t]	지름길
shorten [ʃɔ́:rtən]	줄이다
show around	안내를 하다
show off	자랑하다, 과시하다
show up	나타나다, 도착하다
shut out	차단하다, 내쫓다
shuttle [ʃʌ́tl]	셔틀버스
sick and tired	싫증나다
sickening [síkəniŋ]	넌더리 나는
side entrance	옆문
sign up	등록하다, 계약하다, 서명하다, 신청하다
tag [tæg]	꼬리표
take up	(차에) 태우다; (연구, 일을) 시작하다
taken with	매혹되어, 마음이 사로잡혀
talented [tǽləntid]	재능 있는, 유능한
tardy [tá:rdi]	지각한, 늦은
target market	표적 시장
undercut [ʌ́ndərkʌ̀t]	가격을 내리다
understatement [ʌ̀ndərstéitmənt]	(실제의 정도보다) 약한 표현
valid [vǽlid]	유효한

Day 5

ahead of time	일찍, 먼저
aid [eid]	지원
ailment [éilmənt]	질병, 질환
aisle [ail]	복도, 통로
alert [ələ́:rt]	민첩한, 경계하는
allergic [ələ́:rdʒik]	알레르기의
alongside [əlɔ́(:)ŋsàid]	~옆으로, ~쪽의
alternate [ɔ́:ltərnət]	대체의, 대안의
be through with	끝내다, 마치다
behind schedule	예정보다 늦은
belong to	~의 소유이다
belongings [bilɔ́:ŋiŋz]	소지품
beyond repair	수리를 할 수 없을 정도로
come across	우연히 발견하다
come along	따라가다, 함께 가다
come around	뒤늦게 시작하다
come down with	~의 병에 걸리다
come in	도착하다, 들어오다
come out	나오다
come up	(일이) 일어나다
come up with	구상하다
comfort [kʌ́mfərt]	위로, 위안
command respect	존중을 받다, 존경을 받다
describe [diskráib]	기술하다
description [diskrípʃən]	서술적 묘사, 설명
deserve [dizə́:rv]	~할 자격이 있다
despair [dispέər]	좌절하다, 절망하다
desperate [déspərit]	필사적인
destination [dèstənéiʃən]	목적지
employee [implɔií:]	고용인, 피고용자
enclosure [inklóuʒər]	동봉물
encounter [inkáuntər]	(위험, 곤란 등에) 부닥치다
engage in	참가하다
feedback [fí:dbæ̀k]	반응, 의견

field [fiːld]	영역, 분야; (질문에) 대답하다
fierce [fiərs]	거센, 사나운
fifty-fifty	50대 50의
fill out	작성하다
harsh [hɑːrʃ]	가혹한, 엄격한
hassle [hǽsl]	골치 아픈 일
hasten [héisən]	재촉하다
have a terrible cold	심한 감기를 앓다
in particular	특별히
in person	자기 스스로, 직접
in regard to	~에 관하여
in some way	어떤 식으로든
in store	다가오는, 곧 닥쳐올
in that case	이런 경우에는
know one's way around	주위 환경 · 부대 상황에 능통하다
leak [liːk]	(물 · 공기 등이) 새는 구멍(곳)
leave behind	남겨두다, 놓고 오다
leave out	제외시키다, 제거하다
leave to chance	운수에 맡기다
malfunction [mælfʌ́ŋkʃən]	오작동하다
mandatory [mǽndətɔ̀ːri]	의무적인
maneuver [mənúːvər]	책략, 책동
nevertheless [nèvərðəlés]	그럼에도 불구하고
on hand	사용하기 용이한, 접근하기 쉬운
on horseback	말 타고
on one's own	스스로
physical [fízikəl]	신체적인
physician [fizíʃən]	내과의사
physicist [fízisist]	물리학자
pick on	괴롭히다, 비난하다
pick up on	알다, 이해하다
pick up the tab	값을 지불하다
picky [píki]	까다로운
pigsty [pígstài]	돼지우리, 더러운 장소
pin down	분명히 설명하다, 밝히다
pinpoint [pínpɔ̀int]	정확하게 지적하다
quit [kwit]	그만두다
regarding [rigɑ́ːrdiŋ]	~에 관해서는, ~의 점에서는
regardless of	~와 관계없이
region [ríːdʒən]	지방, 지역
register [rédʒistər]	등록하다, 신청하다
registrar's office	학적과
registrar [rédʒistrɑ̀ːr]	학적계
registration fee	등록비
registration [rèdʒistréiʃən]	등록, 신청
similar [símələr]	유사한
simultaneously [sàiməltéiniəsli]	동시에, 일제히
sing another tune	의견을 바꾸다
site [sait]	유적지
size up	측정하다
skills building	기술 습득
skyscraper [skáiskrèipər]	초고층 빌딩
slap together	함께 놓다, 붙여 놓다
slip [slip]	용지, 쪽지; 미끄러지다, 넘어지다
sloppy [slɑ́pi]	부주의한
slow down	속도를 늦추다
slowly but surely	천천히 그러나 틀림없이, 더디지만 확실하게
smear [smiər]	(잉크 등이) 번지다, 희미하게 되다
taste [teist]	취향, 기호
teaching assistance	조교 (=TA)
team up	팀이 되다
tech job	기술직
unemployed [ʌ̀nimplɔ́id]	실직자; 실직한
unforgettable [ʌ̀nfərgétəbl]	용서할 수 없는
valuable [vǽljuəbl]	소중한, 귀한
wear out	닳아 못쓰게 되다

Day 6

ambitious [æmbíʃəs]	패기만만한, 야심적인
analysis [ənǽlisis]	분석
annex [ǽneks]	별관; 부가물
announcement [ənáunsmənt]	발표
annual [ǽnjuəl]	연간의
anthology [ænθɑ́lədʒi]	선집
apologize [əpɑ́lədʒàiz]	사과하다
appease [əpíːz]	충족시키다
big deal	대단한 것, 큰일
big-name	유명한
binding [báindiŋ]	책의 제본, 장정
biography [baiɑ́grəfi]	전기, 일대기
biological [bàiəlɑ́dʒikəl]	생물학적인
comment [kɑ́ment]	의견, 논평
committee [kəmíti]	위원회
commons [kɑ́mənz]	(대학 등의) 식당

commotion [kəmóuʃən]	동요, 소동
community [kəmjú:nəti]	지역 사회, 집단
commuter lane	통근 거리, 통학로
competition [kàmpitíʃən]	경기, 시합, 경쟁
compilation [kàmpəléiʃən]	편집물
dashboard [dǽʃbɔ̀:rd]	진흙받이; 계기판
determine [ditə́:rmin]	결심하다
dig [dig]	발굴
dignity [dígnəti]	위엄
dim [dim]	어둑한, 흐릿한
dip into one's savings	저금에 손을 대다
directly [diréktli]	직접적으로
engineering [èndʒəní(:)əriŋ]	공학
enrollment [inróulmənt]	등록
ensconce [inskáns]	안치하다, 자리잡다
entail [intéil]	수반하다
filthy [fílθi]	불결한
final exam	기말고사 (=finals)
finalize [fáinəlàiz]	결말을 짓다, 최종적으로 승인하다
financial aid	학비 지원
financial [finǽnʃəl]	재정의, 재정적인
get time off	휴가를 갖다
have what it takes	필요한 자질을 갖추고 있다
hazard [hǽzərd]	위험
head librarian	도서관장
in the dark	혼동된, 혼란스러운
in the world	도대체
Inca [íŋkə]	잉카
incessantly [insésntli]	끊임없이
include [inklú:d]	포함하다
income [ínkʌm]	수입, 소득
incoming [ínkʌ̀miŋ]	들어오는
jam [dʒæm]	쑤셔 넣다, 채워 넣다
leftover [léftòuvər]	나머지의, 남은
legacy [légəsi]	유산
legitimate [lidʒítəmit]	합법적인
lend [lend]	빌려 주다
manual [mǽnjuəl]	소책자, 안내서; 손으로 하는
margin [má:rdʒin]	여백, 가장자리
marvelous [má:rvələs]	멋진
massive [mǽsiv]	상당한, 거대한
not to mention	~은 말할 것도 없이
on second thought	재고한 후에
on the go	항상 바쁜
on the side	부업으로, 아르바이트로
on the verge of	~하기 직전의, ~에 직면하여
on the wane	쇠퇴하기 시작하여, 기울기 시작하여
pique [pi:k]	(호기심, 흥미를) 돋우다, 흥분시키다
pitch [pitʃ]	이야기하다
place [pleis]	배치하다
placement [pléismənt]	배치
pledge [pledʒ]	입회 서약자
plentiful [pléntifəl]	풍부한
plot [plɑt]	줄거리, 각색
plow out	파내다
point the finger at	~을 비난하다
regret [rigrét]	후회하다
reign [rein]	널리 성행하다, 널리 퍼지다
reinforce [rì:infɔ́:rs]	강화하다, 보충하다
reissue [ri:íʃu:]	재발행하다
reject [ridʒékt]	탈락시키다, 거절하다
related [riléitid]	관련된
release [rilí:s]	(레코드 등의) 발매
relevant [réləvənt]	관련된, 적절한
smitten [smítən]	깊이 감동된, 홀딱 반한
sneeze [sni:z]	재채기하다; 재채기
snowed under	수량으로 압도당하다
soak up	(지식 등을) 흡수하다, 이해하다
social commentary	시사 논평
socialization [sòuʃəlizéiʃən]	사회화, 사회주의화
socioeconomic [sòusiouèkənámik]	사회경제적인
solitary [sáliteri]	혼자만의, 외로운
solve [sɑlv]	해결하다
somewhat [sʌ́mhwʌ̀t]	다소
sophisticated [səfístəkèitid]	정교한, 세련된
tell apart	구분하다, 구별하다
tell you what	그럼 이렇게 하자, 그렇다면
temporarily [tèmpərɛ́(:)rəli]	잠시 동안, 일시적으로
tempt to	~하는 경향이 있다
term paper	학기말 리포트
unimaginative [ʌ̀nimǽdʒinətiv]	창조력이 모자라는, 상상력이 부족한
vanity [vǽnəti]	허영심
weary [wí(:)əri]	피곤한
weird [wiərd]	이상한

Day 7

application form	신청서
apply [əplái]	신청하다, 적용되다
appointed [əpɔ́intid]	지정된
appointment [əpɔ́intmənt]	약속
apprise [əpráiz]	통지하다
birth certificate	출생 증명서
bland [blænd]	온화한, 자극성이 적은, 냉담한
blare [blɛər]	쾅쾅 울리다
blur out	지우다
blurt [bləːrt]	불쑥 말하다
blush [blʌʃ]	얼굴을 붉히다
complain [kəmpléin]	불평하다
complete [kəmplíːt]	마치다
compliment [kámpləmənt]	칭찬, 찬사
comprehend [kàmprihénd]	이해하다
compulsory [kəmpʌ́lsəri]	필수의
concentrate [kánsəntrèit]	집중하다
concern [kənsə́ːrn]	관계, 관심
conclude [kənklúːd]	완료하다, 끝나다
director [diréktər]	감독관
disadvantage [dìsədvǽntidʒ]	손실, 불리한 처지
disappear [dìsəpíər]	사라지다
disappointing [dìsəpɔ́intiŋ]	실망시키는, 시시한
discard [diskáːrd]	버리다
disconnected [dìskənéktid]	(공공 서비스의) 공급이 끊긴
discount [dískaunt]	할인하다
enthusiastic [inθjùːziǽstik]	열중한
entire [intáiər]	전체의
entrance [éntrəns]	입구, 현관
finding [fáindiŋ]	연구결과
fine [fain]	벌금; 훌륭한
finely [fáinli]	아름답게, 정교하게
finish with	~으로 끝내다, ~와 관계를 끝내다
fireproof [fáiərprùːf]	내화성의, 불연성의
first draft	초안
get under way	시작하다
get used to	~에 익숙해지다
gifted [gíftid]	뛰어난 지능을 가진
gist [dʒist]	요점
head [hed]	소장; 나아가다, 향하다
health center	의료센터
health insurance	의료보험
hear from	~와 연락하다, ~로부터 소식이 있다
inconvenient [ìnkənvíːnjənt]	불편한
incur [inkə́ːr]	초래하다; 빚을 지다
indent [indént]	들여 쓰다
in-depth	상세한
indifferent [indífərənt]	무관심한, 냉담한
indulge [indʌ́ldʒ]	마음껏 하다, 만족시키다, 탐닉하다
jeopardize [dʒépərdàiz]	위태롭게 하다, 위험에 빠뜨리다
length [leŋkθ]	길이
let alone	~은 말할 것도 없이
let down	실망시키다
letter of recommendation	추천서
master's	석사 (=master's degree)
material [mətí(ː)əriəl]	재료, 소재
matriculation [mətrìkjəléiʃən]	(대학) 입학 허가
mature [mətjúər]	성숙한
note [nout]	적어 두다, 주의하다
on the whole	일반적으로, 대체로
on time	제시간에, 정각에
ongoing [ángòuiŋ]	(기간이) 남아 있는, 진행중인
on-site	현장의, 현지의
ooze [uːz]	스며 나오다, 새어 나오다
poison [pɔ́izən]	독, 폐해
policy [pálisi]	정책, 규정
polish [páliʃ]	(문장 등을) 다듬다, 퇴고하다
political [pəlítikəl]	정치의
politician [pàlitíʃən]	정치가
pollute [pəlúːt]	오염시키다
ponder [pándər]	심사 숙고하다, 깊이 생각하다
pore over	(열심히) 읽다
reliable [riláiəbl]	믿을 수 있는, 확실한
relief [rilíːf]	안심, 경감
relive [riːlív]	다시 체험하다, 다시 살리다
remind [rimáind]	일깨우다
renovate [rénəvèit]	보수공사를 하다, 새롭게 하다, 수리하다
renowned [rináund]	잘 알려진, 저명한
repel [ripél]	쫓아내다, 떨쳐 버리다
repetitive [ripétitiv]	반복적인
sore throat	인후염
sorority [sərɔ́(ː)rəti]	여학생클럽
sort of	얼마간, 다소
spacious [spéiʃəs]	널찍한, 넓은
span [spæn]	기간
spare [spɛər]	떼어두다, (시간을) 할애하다, 내주다, 절약하다

speak up	크게 말하다
speak up for	지지하다
specialization [spèʃəlizéiʃən]	세부 전공
specifically [spisífikəli]	명확하게, 구체적으로 말해서
specifics [spisífik]	명세, 세부, 명세서
specify [spésəfài]	구체화하다
specimen [spésəmən]	견본, 표본
terminology [tə̀:rmənálədʒi]	전문 용어
terrific [tərífik]	멋진
terrify [térəfài]	무섭게 하다, 위협하다
unique [ju:ní:k]	굉장한, 독특한, 유일한
variability [vɛ̀(:)əriəbíləti]	변하기 쉬움
well-rounded	다재다능한, 만능의
what is called	소위

Day 8

adjust [ədʒʌ́st]	적응하다
appropriate [əpróuprièit]	적당한
approval [əprú:vəl]	승인, 허락
approve [əprú:v]	찬성하다, 승인하다
aquarium [əkwɛ́(:)əriəm]	수족관
arena [ərí:nə]	투기장, 활동 무대
aspiration [æ̀spəréiʃən]	꿈, 열망
be far off the mark	동떨어진 얘기를 하다, 딴소리를 하다
boisterous [bɔ́istərəs]	거친, 난폭한
booked up	예약이 꽉 찬
booth [bu:θ]	부스
borrow [bárou]	모방하다
boss around	이래라저래라 하다
bother [báðər]	귀찮음, 성가신 일
bottom line	요지, 핵심
cellist [tʃélist]	첼리스트
change of heart	심경 변화
charming [tʃá:rmiŋ]	멋진
cinematography [sìnəmətágrəfi]	영화 촬영법
closing [klóuziŋ]	후반의, 끝나는
common [kámən]	공통의
condone [kəndóun]	용서하다, 묵과하다
conference [kánfərəns]	회의
confident [kánfidənt]	자신감 있는
confirmation [kànfərméiʃən]	확인서, 확인
conflict [kánflikt]	마찰, 충돌
confusion [kənfjú:ʒən]	뒤죽박죽, 혼란
congestion [kəndʒéstʃən]	체증
congratulate [kəngrǽtʃəlèit]	축하하다
connect [kənékt]	잇다, 연결하다
constraint [kənstréint]	제약
discourage [diskə́:ridʒ]	실망시키다
discover [diskʌ́vər]	발견하다
dismiss [dismís]	해산시키다
disorder [disɔ́:rdər]	무질서, 혼란
disorderly [disɔ́:rdərli]	무질서한, 난잡한
dispenser [dispénsər]	자동 판매기
disruptive [disrʌ́ptiv]	파괴적인
equivalent to	~과 동등한, ~에 대응하는
errand [érənd]	심부름
essentially [əsénʃəli]	본질적으로, 본래
estimate [éstəmèit]	평가하다, 판단하다
fit [fit]	맞게 하다, 일치시키다
fix [fiks]	수리하다
fixed [fikst]	고정된
flabbergast [flǽbərgæ̀st]	놀라게 하다
flair [flɛər]	재능, 능력
flatter [flǽtər]	(칭찬 등으로) ~을 기쁘게 하다
give a hand	박수를 보내다; 돕다
give a hoot	관심을 가지다
give an idea	대략적으로 설명하다, 개념을 잡아주다
give out	기부하다, 발표하다
hear of	~에 대해 알다, 친숙하다
hear out	(이야기를) 끝까지 듣다
heavy [hévi]	힘겨운, 어려운
hectic [héktik]	바쁜
infamous [ínfəməs]	악명 높은
infant [ínfənt]	유아, 유아의
influential [ìnfluénʃəl]	영향력이 있는
infuriated [infjúərieitid]	격분한
ingenious [indʒí:njəs]	재치 있는, 영리한
job fair	직업 박람회
lifesaver [láifsèivər]	구원자
lift off	들어 올리다
like-minded	같은 생각의
measurable [méʒərəbl]	측정할 수 있는
measurement [méʒərmənt]	양, 치수
mechanical [məkǽnikəl]	습관적인; 기계적인

medicine [médisin] 약
meet the requirement 필수 요건을 갖추다
notice [nóutis] 알아채다, 인지하다
open mindedness 개방성
opinionated [əpínjənèitid] 자기 주장이 강한
opt [ɑpt] 선택하다
optimistic [ɑ̀ptəmístik] 낙관적인
option [ɑ́pʃən] 선택권
position [pəzíʃən] 처지, 입장
positive [pɑ́zitiv] 확신하는, 자신 있는, 긍정적인
possibility [pɑ̀səbíləti] 가능성
post [poust] 게시하다, (기둥, 벽에) 붙이다
postpone [poustpóun] 연기하다
potential [pəténʃəl] 가능성
poverty [pɑ́vərti] 가난, 빈곤
practically [prǽktikəli] 실질적으로
precede [prisíːd] 우월하다, 앞서다
precisely [prisáisli] 바로 그렇다; 정확하게
prefer [prifə́ːr] 선호하다
replace [ripléis] 교체하다
representation [rèprizentéiʃən] 대표, 대리
reputation [rèpjə(ː)téiʃən] 명성, 평판
request [rikwést] 원하다
requirement [rikwáiərmənt] 필수 요건, 필수 사항
spell out 상세히 설명하다
spend a fortune 거금을 쓰다, 비싸게 사다
spending money 용돈
split [split] 나누다, 쪼개다
spotlight [spɑ́tlàit] 주시, 주목
spotted [spɑ́tid] 때 묻은, 얼룩덜룩한
sprain [sprein] (발목, 손목 등을) 삐다
squeeze [skwiːz] 헤치고 나아가다, 밀고 들어가다; 짜내다
thesis paper 논문
tie up 통하지 않게 하다, 방해하다
time consuming 시간을 요구하는
unit [júːnit] 단위
various [vɛ́(ː)əriəs] 다양한
whim [hwim] 변덕

Day 9

art exhibition 미술 전시회
article [ɑ́ːrtikl] 기사
as a matter of fact 실은, 사실상
assign [əsáin] 할당하다, (과제 등을) 내주다, 지정하다
assignment [əsáinmənt] 과제
bound to ~하게 마련이다
branch [bræntʃ] 지점, 지국
brand-new 신품의, 새로운
break a promise 약속을 지키지 않다
break in 길들이다
breakup [bréikʌ̀p] 해체하다, 끝내다
conquest [kɑ́nkwest] 정복, 극복
conscientious [kɑ̀nʃiénʃəs] 양심적인, 성실한
consent [kənsént] 동의하다, 찬성하다
conservative [kənsə́ːrvətiv] 보수적인
considerable [kənsídərəbl] 많은, 상당한
consolation [kɑ̀nsəléiʃən] 위로, 위안
consult [kənsʌ́lt] 상담하다
contact information 연락처
depressed [diprést] 우울한, 의기소침한
distinctive [distíŋktiv] 독특한
distinguish [distíŋgwiʃ] 구별하다
distracting [distrǽktiŋ] 정신 산만하게 하는
divide [diváid] 나누다
doctor's note 진단서
dog-eared 책 모서리가 접힌
drop by 잠깐 들르다
editing [éditiŋ] 편집
enthrall [inθrɔ́ːl] 매료하다, 사로잡다
environment [inváiərənmənt] 환경
examine [igzǽmin] 검토하다, 조사하다
excavation [èkskəvéiʃən] 발굴
excel [iksél] 뛰어나다, 탁월하다
exception [iksépʃən] 예외
exceptional child 특수 아동
flexible [fléksəbl] 융통성 있는, 유연한
flicker [flíkər] 깜박거리다
flu [fluː] 유행성 감기, 독감 (=influenza)
focus on ~에 초점을 맞추다, 집중하다
fold back 접어 올리다
give thought to ~에 대해 잘 생각하다
gloomy [glúːmi] 우울한
glorify [glɔ́ːrəfài] 미화하다
go out of one's way 굳이 ~하다

grasp [græsp]	이해하다
guise [gaiz]	모습, 외관
hedge [hedʒ]	울타리, 장벽
hesitate [hézitèit]	주저하다, 머뭇거리다
higher-paid	급여가 더 많은
hire [haiər]	고용하다
initiative [iníʃiətiv]	솔선, 독창력
input [ínpùt]	입력하다; 투입
inquire [inkwáiər]	조회하다, 문의하다
inspect [inspékt]	조사하다
inspire [inspáiər]	격려하다
job opening	취직자리, 결원
limitation [lìmətéiʃən]	한정, 제한
limited [límitid]	한정된, 제한된
link [liŋk]	연결하다
melt [melt]	(감정 등이) 누그러지다, (용기가) 약해지다
mention [ménʃən]	언급하다
mess [mes]	혼란, 뒤죽박죽
mess up	걱정을 끼치다
method [méθəd]	방법
notion [nóuʃən]	관념, 개념
preliminary [prilímənèri]	예비의, 준비의
preparation [prèpəréiʃən]	준비 (=prep)
preregister	사전 등록하다
prerequisite [prì(:)rékwizit]	필수 과목
prerogative [prirágətiv]	특권
prescribe [priskráib]	처방하다
presentation [prì:zəntéiʃən]	발표, 설명, 강연
pressing [présiŋ]	긴급한
pretend [priténd]	~인 체하다
prevailing [privéiliŋ]	우세한, 유행하는
reserve [rizə́:rv]	예약하다
reservoir [rézərvwà:r]	저장, 축적
respected [rispéktid]	훌륭한, 높이 평가되는
respiratory [réspərətɔ̀:ri]	호흡기의
restoration [rèstəréiʃən]	원형 복원
stand out	눈에 띄다
stand up for	지지하다
standard procedure	규정 절차
standardize [stǽndərdàiz]	표준화하다
standing [stǽndiŋ]	입지, 입장
standpoint [stǽndpɔ̀int]	관점
starve [stɑ:rv]	몹시 배고프다, 굶주리다
state [steit]	밝히다
to be honest	솔직히
to tell the truth	솔직히 말하자면
to the bone	최대한으로, 철저히
tough out	참고 견디다
tough [tʌf]	(시험이) 어려운, 힘든
tract [trækt]	지대
unnerve [ʌnnə́:rv]	용기를 빼앗다
unsightly [ʌnsáitli]	(보기에) 안 좋은, 추한
varsity [vɑ́:rsəti]	대학 대표팀
wind power	풍력

Day 10

assistantship [əsístəntʃìp]	조교
astonishing [əstániʃiŋ]	놀라운, 눈부신
at a loss	당황하여, 어찌할 바를 몰라
at first	처음에는
at least	적어도
at one's fingertip	당장 이용할 수 있는
at the expense of	~의 비용으로, ~를 희생하여
attention grabbing	관심을 끄는
break [breik]	휴식 시간
breeding [brí:diŋ]	번식
brilliant [bríljənt]	밝은, 영리한
bring along	가지고 가다
broad [brɔ:d]	넓은
buckle down	전력을 기울이다
bug [bʌg]	병원균, 세균; 벌레
contradiction [kɑ̀ntrədíkʃən]	상충, 모순
controversy [kántrəvə̀:rsi]	논쟁, 논의
convey [kənvéi]	운반하다
convince [kənvíns]	납득시키다
donation [dounéiʃən]	기부, 헌금
doomed [dù:md]	망한, 불운한
dorm [dɔ:rm]	기숙사 (=dormitory)
double [dʌ́bl]	대역을 하다
down pat	완전히 이해하다
down payment	계약금, (할부의) 첫 불입금
exceptional [iksépʃənəl]	예외적인, 특별한
excessive [iksésiv]	지나친, 과도한
exchange student	교환 학생

excursion [ikskə́:rʒən]	소풍, 짧은 여행, 유람
face [feis]	마주치다, 마주하다
filmmaking [fílmmèikiŋ]	영화제작
food poisoning	식중독
foolish [fú:liʃ]	바보 같은
for starters	우선, 시작하자면
force to	억지로 시키다, 강요하다
forecast [fɔ́:rkæ̀st]	예보하다, 예측하다
get someone right	~의 말을 제대로 이해하다
give it a try	한번 해보다, 시도하다
go off	악화되다, 약해지다
go over	주의 깊게 살펴보다, 복습하다
historical [histɔ́(:)rikəl]	역사 상의, 역사의
hold off	피하다, 미루다
impersonal [impə́:rsənəl]	비인간적인
in cement	확실한, 확실히 결정된
instinct [ínstiŋkt]	본능
instructions [instrʌ́kʃəns]	지시사항
instructor [instrʌ́ktər]	전임강사
insurance plan	보험제도
interact [ìntərǽkt]	교류하다, 상호작용하다
introductory [ìntrədʌ́ktəri]	입문적인
job description	직무 내용 설명서
jot down	적어 두다, 메모하다
limbo [límbou]	불확실한 상태
lit [lit]	빛나는, 불 밝힌
literally [lítərəli]	글자 그대로; 문학의, 문학적인
live off-campus	캠퍼스 밖에서 거주하다
midterm [mídtə̀:rm]	중간고사
milieu [mi(:)ljə́:]	환경
minimum wage	최소임금
motivation [mòutəvéiʃən]	동기
now that	~이니까, ~인 이상
otherwise [ʌ́ðərwàiz]	그렇지 않다면
out of commission	사용 불능의, 일하지 못하는
out of order	고장난
out of the question	불가능한
primitive [prímitiv]	원시의, 구식의
principal [prínsəpəl]	(단체의) 장
priority [praiɔ́(:)rəti]	우선권
pristine [prísti:n]	소박한, 자연 그대로의
privileged [prívəlidʒd]	특권이 있는
probe into	돌진하다, 조사하다
proctor [prάktər]	시험 감독관
professional [prəféʃənəl]	전문의
proficient [prəfíʃənt]	능숙한, 숙달된
profit [prάfit]	이윤, 이득
progress [prάgres]	전진, 진행, 진척, 진보
restore [ristɔ́:r]	복구하다, 회복하다
restriction [ristríkʃən]	제한, 한정
result [rizʌ́lt]	시험 성적, 결과
resume [rézumèi]	이력서
retirement [ritáiərmənt]	은퇴
return [ritə́:rn]	반납하다
reveal [riví:l]	드러내다, 폭로하다, 보여주다, 드러내다
static [stǽtik]	정적인, 고정된
steep [sti:p]	(세금, 요구 등이) 터무니없는, 엄청난
stem from	유래하다, 시작하다
step by step	차근차근히, 한 단계 한 단계
step out	~을 나오다
stick to	~에 집착하다, 충실하다
stick with	머물다, 변경하지 않다
still life painting	정물화
stimulating [stímjulèitiŋ]	고무적인
stock up on	많은 공급을 받다
string quartet	현악 4중주단
tenor [ténər]	경향, 방향
thorough [θə́:rou]	완전한
to tell you the truth	솔직히 말해서
traditional [trədíʃənəl]	전통적인
traffic jam	교통 체증
transcript [trǽnskript]	성적 증명서
transfer to	전학하다
transfer [trænsfə́:r]	이전, 송금; 옮기다, 편입하다
transferee [træ̀nsfərí:]	편입생, 전학생
transitional stage	과도기 단계
unusual [ʌnjú:ʒuəl]	독특한
variety [vəráiəti]	다양성
vary [vέ(:)əri]	바꾸다, 변경하다
wing [wiŋ]	(건물의) 별관, 부속건물
wonder [wʌ́ndər]	궁금해 하다, 이상하게 여기다
wreck [rek]	파멸, 좌절

Day 11

at ease	여유 있게, 안심하고
bulk [bʌlk]	굵직한 부분, 큰 덩어리
bulky [bʌ́lki]	부피가 큰
bulletin board	게시판
bulletin [búlitən]	공지, 게시
bump into	우연히 만나다
cooperate [kouápərèit]	협력하다
cooperative [kouápərèitiv]	공동의, 협력의
coordinator [kouɔ́ːrdənèitər]	진행자
cost of living	생계비
cough [kɔ(ː)f]	기침
counselor [káunsələr]	상담자
court [kɔːrt]	마당, 뜰, (테니스 등의) 경기장, 법원
courtyard [kɔ́ːrtjàːrd]	마당, 뜰
doze off	깜빡 졸다
dragged out	기진맥진하여
drawback [drɔ́ːbæ̀k]	단점, 결점
dream up	발명하다, 생각해내다
drill [dril]	훈련, 연습
exhausted [igzɔ́ːstid]	지친
exorbitant [igzɔ́ːrbitənt]	터무니없는, 엄청난
expectation [èkspektéiʃən]	기대, 가능성
formal [fɔ́ːrməl]	공식적인
formality [fɔːrmǽləti]	관습
fortune [fɔ́ːrtʃən]	많은 돈
fragile [frǽdʒəl]	부서지기 쉬운, 약한
framework [fréimwə̀ːrk]	뼈대, 골자
grade [greid]	성적을 매기다, 채점하다; 성적; 학년
gradient [gréidiənt]	변화, 기울기
hands are tied	마음대로 못하다
hold on	기다리다
hold still	움직이지 않다
hopeful [hóupfəl]	유망한 사람
impression [impréʃən]	인상
in a heartbeat	곧장, 두 말 없이
interest rate	이율
interior [intí(ː)əriər]	내부
interpersonal [ìntərpə́ːrsənəl]	대인 관계의
interpret [intə́ːrprit]	해석하다, 통역하다
interrupt [ìntərʌ́pt]	방해하다, 끊다
load [loud]	작업량, 부담
loan [loun]	대부금
local [lóukəl]	지역의, 지방의
major [méidʒər]	전공
make an arrangement	~을 결정하다
meet an objective	목적을 달성하다
minor [máinər]	사소한
misbehave [mìsbihéiv]	품행이 좋지 못하다
miserable [mízərəbl]	비참한, 불행한
misplace [mispléis]	잘못 두다
non-synchronous	동시에 일어나지 않는
opportunity [àpərtjúːnəti]	기회
outline [áutlàin]	개요
outstanding [àutstǽndiŋ]	눈에 띄는, 걸출한
outward [áutwərd]	외부의, 표면의
over one's head	이해할 수 없는, 모호한
overall grade	총점
palpitation [pæ̀lpitéiʃən]	심장이 막 뜀, 가슴이 두근거림
passing mark	낙제하지는 않을 점수
preproduction [prìːprədʌ́kʃən]	제작 준비 작업
production [prədʌ́kʃən]	연출한 것(작품)
projection [prədʒékʃən]	투영(도), 투사
prominent [prámənənt]	현저한, 두드러진
promising [prámisiŋ]	전망이 좋은, 기대되는
prompt [prɑmpt]	신속한
propagate [prápəgèit]	보급시키다, 선전하다
prospective [prəspéktiv]	미래의
prosperity [prɑspérəti]	번영, 번창
proverb [právəːrb]	속담, 격언
reading list	(추천) 도서목록
recommendation [rèkəmendéiʃən]	추천
revise [riváiz]	수정하다
reward [riwɔ́ːrd]	보상하다, 보답하다
ridiculous [ridíkjuləs]	우스꽝스러운
rigorous [rígərəs]	엄격한, 혹독한, 정확한
rip [rip]	찢다
ritual [rítʃuəl]	의식, 행사
schedule [skédʒuːl]	시간을 내주다, 예정에 넣다
script [skript]	대본
see one's point	~의 말뜻을 알다, 이해하다
short notice	급한 연락
sociology [sòusiálədʒi]	사회학
spoon-feed	일일이 일러주다
squeeze in	짜내다
straight out	솔직히, 단도직입적으로
straighten out	곤란한 상황이나 문제를 바로 잡다

straighten [stréitən]	해결하다
strategy [strǽtidʒi]	전략
streak [stri:k]	잠시, 단시간
stressful [strésfəl]	스트레스가 많은
strict [strikt]	엄격한
strong suit	장점, 장기
strong-minded	완고한
struggle [strʌ́gl]	고심하다, 분투하다
studious [stjú:diəs]	면학에 힘쓰는, 학문적인
transitional [trænzíʃənəl]	과도적인, 변화하는
transparent [trænspέ(:)ərənt]	투명한, 명쾌한
violent [váiələnt]	폭력적인, 격렬한
virtually [və́:rtʃuəli]	거의, 사실상
wireless [wáiərlis]	무선의
work experience	직업 경력
worthwhile [wə́:rθhwàil]	~할 보람이 있는, 훌륭한

Day 12

audit [ɔ́:dit]	청강하다
auditorium [ɔ̀:ditɔ́:riəm]	강당, 대강의실
author [ɔ́:θər]	작가
authority [əθɔ́:rəti]	권한
authorization [ɔ̀:θərizéiʃən]	허가, 인정
be at odds with	~와 사이가 좋지 않다
bumper-to-bumper traffic	교통 체증
bunch [bʌntʃ]	무리, 떼
bungle [bʌ́ŋgl]	실수하다, 서투르게 하다
burn up	약 올리다, 꾸짖다
bury [béri]	파묻다
bushy [búʃi]	텁수룩한
business trip	출장
colleague [káli:g]	동료
coverage [kʌ́vəridʒ]	적용 범위
craftsperson [kǽftspə̀:rsn]	(숙련된) 장인
credit load	학점량
credit [krédit]	학점
crew [kru:]	사람들, (노동자의) 한 집단
crisis [kráisis]	위기
criterion [kraití(:)əriən]	기준 (pl. criteria)
critical [krítikəl]	중요한, 비판적인, 중대한
diploma [diplóumə]	졸업증서
drowsy [dráuzi]	졸리는, 졸리게 하는
due date	마감일
expedition [èkspidíʃən]	원정(대), 여행
expense [ikspéns]	비용, 경비
experiment [ikspérəmənt]	실험
expert [ékspə:rt]	전문가
explode [iksplóud]	(감정이) 격발하다, 폭발하다
failure [féiljər]	실패
fieldwork [fí:ldwə̀:rk]	현지조사, 형장답사
finance [finǽns]	재무
frankly [frǽŋkli]	솔직히 말해서
frantic [frǽntik]	극도로 흥분한
freak [fri:k]	변덕을 부리다
frugality [fru:gǽləti]	절약, 검소
frustrated [frʌ́streitid]	실망한, 좌절한
gather [gǽðər]	생각하다, 추측하다
get hold of	얻다, 입수하다
get one's hopes up	기대하다
give license to	자유롭게 ~할 수 있도록 하다, 면허를 주다
glitch [glitʃ]	오류
graduate school	대학원
graduation [grǽdʒuéiʃən]	졸업
grave [greiv]	중대한, 심각한
holler [hálər]	고함치다, 불평하다
hone [houn]	(감각, 기술 등을) 연마하다
honors department	장학부서
interviewer [íntərvjù:ər]	면접관
intricate [íntrikət]	복잡한
intriguing [intrí:giŋ]	흥미를 자아내는, 호기심을 자극하는
introduce [ìntrədjú:s]	소개하다
intrude [intrú:d]	방해하다
invaluable [invǽljuəbl]	매우 귀중한
invention [invénʃən]	발명
inventory [ínvəntɔ̀:ri]	재고품, 재고목록
janitor [dʒǽnətər]	수위
job opening	취직자리, 결원
journey [dʒə́:rni]	여정
location [loukéiʃən]	위치, 주소
logical [ládʒikəl]	논리적인
loneliness [lóunlinis]	외로움, 고독
miss the lecture	강의에 빠지다
mission [míʃən]	임무
mixed up	혼란스러운

mobile [móubəl]	이동할 수 있는
modify [mádəfài]	변경하다, 수정하다
mold [mould]	모양을 만들다, 주조하다
nuisance [njú:səns]	성가심, 귀찮음
overcommit [òuvərkəmít]	지나치게 일을 맡다
overdo [òuvərdú:]	과장하다, 도를 넘다
overdue [òuvərdjú:]	기한이 지난, 늦은
overflow [òuvərflóu]	넘치다, 충만하다
periodically [pìəriádikəli]	때때로
provide [prəváid]	제공하다
public service	공공 서비스
public speaking	화술, 강연
public [pʌ́blik]	공립의, 공공의
publish [pʌ́bliʃ]	출판하다, 발행하다
pull off	훌륭히 해내다
punctuality [pʌ̀ŋktʃuǽləti]	시간 엄수
purchase [pə́:rtʃəs]	구매하다
purpose [pə́:rpəs]	목적
remarkable [rimá:rkəbl]	현저한, 눈에 띄는
robust [roubʌ́st]	건장한, 감칠맛이 있는
root [ru(:)t]	응원하다, 성원하다; 뿌리, 근원
rough it	불편을 참다, 원시적인 생활을 하다
roughly [rʌ́fli]	대충, 대략적으로, 거칠게
rude [ru:d]	무례한
sneak [sni:k]	살금살금 걸어가다
stand up to	~에 용감히 대항하다, 견디다
stimulate [stímjulèit]	격려하다, 자극하다
stubborn [stʌ́bərn]	완고한, 고집 센
sturdy [stə́:rdi]	억센, 기운찬
stumped [stʌ́mpt]	난관에 봉착한
submit [səbmít]	제출하다
subscribe [səbskráib]	(신문, 잡지 등을) 구독하다, 서명하여 동의하다
subside [səbsáid]	가라앉다
subsidize [sʌ́bsidàiz]	보조금을 지급하다
substance [sʌ́bstəns]	물질, 재질, 재료
substitute [sʌ́bstitjù:t]	대체하다
sub-topic	소주제
successive [səksésiv]	연속적인
suffer [sʌ́fər]	고통을 겪다, 견디다
syllabus [síləbəs]	강의 계획표
touching [tʌ́tʃiŋ]	감동시키는
track [træk]	지나간 자취, 흔적
tremendous [triméndəs]	굉장한, 기막힌
trivial [tríviəl]	사소한
truly [trú:li]	진실로
trustworthy [trʌ́stwə̀:rði]	믿을 수 있는
tuition [tju:íʃən]	수업료 (=tuition fee)
tune in	주파수를 맞추다
turn down	거절하다; 소리를 줄이다
unforgettable [ʌ̀nfərgétəbl]	잊을 수 없는
unlikely [ʌ́nlaikli]	~할 것 같지 않은
union [jú:njən]	결합, 조합, 연맹
up-to-date	최신의
up to now	지금까지
upset [ʌ̀psét]	속상한, 근심되는
used book	헌 책
vision [víʒən]	통찰력, 광경
visualization [vìʒuəlizéiʃən]	구상화
wear out	닳아 못쓰게 되다
weary [wíəri]	피곤한
weird [wiərd]	이상한
well-rounded	다재다능한, 만능의
wireless [wáiərlis]	무선의
withstand [wiθstǽnd]	저항하다, 견디어 내다
work out	운동하다; 일을 해결해내다
work study	근로 장학 제도

Day 13

add up	계산이 맞다, 이해가 가다
administrative [ədmínistrèitiv]	행정상의
adviser [ədváizər]	지도 교수
along the lines of	~와 같은 종류의, ~와 같은 선상의
antic [ǽntik]	재주, 익살
available [əvéiləbl]	이용 가능한
average [ǽvəridʒ]	평균
awake [əwéik]	깨어있는
award [əwɔ́:rd]	상; 수여하다
awfully [ɔ́:fəli]	대단히, 지독하게, 몹시
be all set to	~할 준비가 모두 끝나다
benefit from	~에서 혜택을 보다
by accident	무심코, 우연히
by coincidence	우연히
by heart	외워서, 암기하여
check against	~에 대조해보다

cinch [sintʃ]	누워 떡 먹기
coming and going	도피할 곳이 없는, 도저히 면할 길이 없는
criticize [krítisàiz]	비평하다, 흠잡다
critique [kritíːk]	평가하다, 비평하다
crowded [kráudid]	붐비는, 혼잡한
currency [kə́ːrənsi]	통화, 화폐
current events	시사
current [kə́ːrənt]	현재의
cut out to be	~에 적임이다, 어울리다
die out	죽어 없어지다, 차차 소멸되다
diploma [diplóumə]	학위
disallow [dìsəláu]	~을 못하게 하다, 허가하지 않다
due [djuː]	지불 기일이 된
dumb [dʌm]	어리석은
duplicate [djúːpləkət]	복사본의
durable [djú(ː)ərəbl]	튼튼한, 잘 견디는
dusty [dʌ́sti]	먼지가 많은
dwell on	곰곰이 생각하다
earned credit	취득학점, 이수학점
educational [èdʒukéiʃənəl]	교육적인
entry [éntri]	입장
extension [iksténʃən]	기한 연장; 확장
extenuating [iksténju(ː)èitiŋ]	참작할 만한
extra [ékstrə]	추가의
extract [ikstrǽkt]	인용하다, 발췌하다
extracurricular [èkstrəkəríkjələr]	과외의
extremely [ikstríːmli]	매우, 몹시
frustrating [frʌ́streitiŋ]	절망적인
fulfill [fulfíl]	이수하다, 충족시키다
function [fʌ́ŋkʃən]	기능, 목적
fund [fʌnd]	자금, 기금
fund-raiser	기금 조달자, 기금 모금 행사
gridlock [grídlɑ̀k]	교통 정체
guarantee [gæ̀rəntíː]	보장
gym [dʒim]	체육관
host [houst]	주최의; 사회를 보다, 진행을 하다
housing office	기숙사 사무실
huge [hjuːdʒ]	거대한
humiliating [hjuːmílièitiŋ]	굴욕적인, 면목 없는
investigative [invéstəgèitiv]	조사의, 연구의
involve [invɑ́lv]	수반하다, 관련시키다
iron out	문제를 해결하다
irritate [írìtèit]	초조하게 하다
issue [íʃuː]	발행하다; 판, 호
item [áitəm]	항목, 품목
just about everything	거의 모두 다
long distance call	장거리 전화
lounge [laundʒ]	휴게실
lug [lʌg]	힘겹게 질질 끌다
mountainous [máuntənəs]	산지의, 산더미 같은
multiply [mʌ́ltəplài]	증가시키다
must-see	볼만한 것
mysterious [mistí(ː)əriəs]	이해할 수 없는, 이상한
overlook [òuvərlúk]	간과하다
nation's top	국내 최고의
on the tip of one's tongue	입 끝에서 나올 듯 말 듯 하는
opening [óupəniŋ]	빈 자리
original [ərídʒənəl]	독창적인
oversleep [òuvərslíːp]	늦잠 자다
overtime [óuvərtàim]	초과 근무
overuse [òuvərjúːz]	과도하게 쓰다, 혹사시키다
overwhelm [òuvərhwélm]	압도하다
peak [piːk]	절정, 최고점
per [pər]	~에 의하여
pick one's brain	~의 생각을 도용하다, 지혜를 빌리다
preferably [préfərəbli]	되도록이면
pull up	(정보를) 조회하다
push aside	밀어 제치다
pushover [púʃòuvər]	손쉬운 일
record [rékərd]	기록
rub it in	(실수에 대해 짓궂게) 몰아세우다, 되풀이하여 상기시키다
ruin [rú(ː)in]	파멸시키다, 못쓰게 하다
rule out	가능성을 배제하다
run over	대충 훑어보다
run-down	지친, 병든
rush hour	(출 · 퇴근 시의) 혼잡한 시간, 러시아워
serendipity [sèrəndípəti]	우연히 발견하는 능력
serenity [sərénəti]	고요함, 평온
snap up	(일자리를) 채우다, 낚아채다
snuff out	소멸시키다, 멸망시키다
so-and-so	누구누구, 아무개
specific [spisífik]	명확한, 구체적인
spoil the fun	감흥을 깨뜨리다
stark [stɑ́ːrk]	꾸밈이 없는
suppress [səprés]	가라앉히다, 멈추게 하다
survivor [sərváivər]	생존자
swamp [swɑmp]	밀어닥치다, 쇄도하다
swap [swɑp]	바꾸다, 교환하다
swear [swɛər]	맹세하다
swell [swél]	부풀다, 부어오르다

symbolize [símbəlàiz]	상징하다
sympathize [símpəθàiz]	동감하다, 동정하다
symposium [simpóuziəm]	토론회
symptom [símptəm]	증상, 징후
take one's time	천천히 하다, 시간을 충분히 쓰다
temerarious [tèmərɛ́(:)əriəs]	무모한, 무분별한
trampoline [trǽmpəlì:n]	트램펄린
trapeze [træpí:z]	(체조, 곡예용) 그네
turnover [tə́:rnòuvər]	전복; (자금 등의) 회전율
turf [tə:rf]	(전문) 분야
turn down	거절하다; 소리를 줄이다
turn in	제출하다
turn up	증가하다, 도착하다
typically [típikəli]	일반적으로, 대체로
unearthly [ʌnə́:rθli]	이 세상 것같지 않은, 비현실적인
unequivocal [ʌ̀nikwívəkəl]	모호하지 않은, 명백한
unerring [ʌnə́:riŋ]	틀리지 않은, 잘못이 없는, 정확한
urgent [ə́:rdʒənt]	긴급한
vale [veil]	계곡; 현세
valedictorian [vӕ̀lidiktɔ́:riən]	졸업생 대표
valedictory speech	고별사; 졸업생 대표의 고별 연설
valet [vǽlit]	시종, 종사; 시종으로 섬기다
vanish [vǽniʃ]	사라지다, 없어지다
varlet [vá:rlit]	악한
varnish [vá:rniʃ]	니스를 칠하다; (사람을 속이려고) 겉꾸밈하다
vocational school	직업 학교
vocative [vákətiv]	부르는; 유창한
vociferant [vousífərənt]	큰소리로 고함치는 (사람)
voluntary [váləntèri]	자발적인
weave [wi:v]	엮다; (이야기를) 꾸미다, 만들어 내다
weedicide [wí:dəsàid]	제초제
weekly [wí:kli]	매주의, 주 1회의
wet-blanket	흥을 깨다, 찬물을 끼얹다
worrisome [wə́:risəm]	꺼림칙한, 걱정되는
worth a try	시도할만한 가치가 있는
yesteryear [jéstərjìər]	지난 세월, 왕년

Day 14

a flock of	한 떼
a wide range of	다양한 범위의
a wide variety of	다양한
background [bǽkgràund]	바탕, 배경
backward [bǽkwərd]	뒤로, 거꾸로
bacteria [bæktíəriə]	박테리아
cacophony [kəkáfəni]	소음, 불협화음
calligraphy [kəlígrəfi]	서법
calve [kæv]	(소, 사슴, 고래 등의) 새끼
dabble [dǽbl]	취미 삼아 해보다
darken [dá:rkən]	희미하게 하다, 어둡게 하다
dart [dɑ:rt]	돌진하다, 날아가다
deal with	다루다, 처리하다, 대처하다
debatable [dibéitəbl]	논쟁의 여지가 있는
earthenware [ə́:rθənwɛ̀ər]	질그릇, 점토
earthiness [ə́:rθinis]	토질; 세속적임
earthworm [ə́:rθwə̀:rm]	지렁이
eccentric [ikséntrik]	별난, 괴벽스러운
façade [fæsá:d]	건물의 외관
fabric [fǽbrik]	직물
fabricate [fǽbrəkèit]	꾸며내다, 위조하다
face-to-face	직면의
facilitate [fəsílitèit]	촉진하다
galaxy [gǽləksi]	은하계
galvanize [gǽlvənàiz]	(근육, 신경 등을) 직류 전기로 자극하다
garner [gá:rnər]	모으다, 저축하다, 획득하다
halitosis [hæ̀litóusis]	구취, 입냄새
hallmark [hɔ́:lmɑ̀:rk]	특징
hammer out	두드리다
ice age	빙하시대
ideal [aidí(:)əl]	이상
identical [aidéntikəl]	일란성의, 똑같은
identical twin	일란성 쌍둥이
ideology [àidiálədʒi]	이데올로기, 공리
jell [dʒel]	굳히다, 분명한 형태로 만들다
jet lag	시차로 인한 피로
jog [dʒɑg]	기억을 되살리다
jolt [dʒoult]	놀라게 하다
journalist [dʒə́:rnəlist]	기자
keen [ki:n]	날카로운, 신랄한
keep track of	(사태, 상황을) 추적하다, 계속 알고 있다
kelp forest	다시마 숲
keystone species	핵심 종
keystone [kí:stòun]	요지, 근본 원리
laborer [léibərər]	노동자
landlord [lǽndlɔ̀:rd]	지주
landmark [lǽndmɑ̀:rk]	지표
largely [lá:rdʒli]	주로
maceration [mæ̀səréiʃən]	물에 담가서 부드럽게 함
machinery [məʃí:nəri]	기계류
maggot [mǽgət]	구더기
magnetic field	자기장
naked eye	육안
needless to say	당연히, 말할 필요도 없이
negative reinforcement	부정적 강화
negotiate [nigóuʃièit]	협상하다
neoclassical [nì:ouklǽsikəl]	신고전주의의
object [əbdʒékt]	이의를 제기하다, 반대하다
objective [əbdʒéktiv]	객관적인; 목표
obscene [əbsí:n]	저속한
obscenity [əbsénəti]	음담패설
observable [əbzə́:rvəbl]	눈에 띄는
pack [pæk]	한 떼, 무리; 채우다
painstaking [péinstèikiŋ]	고생스러운, 힘드는
panel [pǽnəl]	패널을 끼워 넣다, 장식하다
paradigm shift	패러다임의 전환
racial [réiʃəl]	인종의, 민족의
racism [réisizəm]	인종 차별(주의)
radiate [réidièit]	뻗다, 퍼지다
radiation heat	방사열
radiation [rèidiéiʃən]	방사능, 방사
sac [sæk]	낭
salient [séiliənt]	현저한, 두드러진, 돌출의
saltation [sæltéiʃən]	도약
surface [sə́:rfis]	표면; 표면화하다
surmise [sə:rmáiz]	짐작하다, 추측하다
surrealism [sərí(:)əlìzəm]	초현실주의
surround [səràund]	둘러싸다

surrounding [səráundiŋ]	환경
survivability [sərvàivəbíləti]	생존 가능성
suspect [sʌ́spekt]	용의자, 수상쩍은 사람
suspend [səspénd]	(공중에) 뜨다, 정지하다, 뜬 채로 있다
take a position	입장을 취하다
take a step back	한 발짝 물러나다
take action	조치를 취하다
take advantage of	(~의 이점을) 이용하다
take into account	~을 고려하다, 참작하다
thread [θred]	실
threadlike [θrédlàik]	실 같은
threatened [θrétənd]	멸종할 위기에 직면한; 위협받는
thrive [θraiv]	활발하다, 번창하다, 성장하다
through [θrú]	~을 통하여
thunderstorm [θʌ́ndərstɔ̀ːrm]	뇌우
tidal wave	대변동, 해일
tidbit [tídbìt]	재미있는 이야기
tighten up	(규칙을) 보강하다, 강화하다
tightly [táitli]	조밀하게
tilt [tilt]	기울다
tissue [tíʃuː]	조직
to speak of	내세울만한, 이렇다 할만한
tonality [tounǽləti]	음색
ultimate [ʌ́ltəmit]	궁극적인, 최종적인
ultimately [ʌ́ltimitli]	결국, 마침내
unaware [ʌ̀nəwέər]	알지 못하는
underdeveloped [ʌ̀ndərdivéləpt]	저개발의, 후진의
undergo [ʌ̀ndərgóu]	겪다, 경험하다, 거치다
vagrancy [véigrənsi]	부랑자, 방랑자
valuable [vǽljuəbl]	값비싼, 귀중한
value [vǽljuː]	가치
vane [vein]	풍신기, 바람개비
vapor [véipər]	증기, 수증기
wage [weidʒ]	임금
wakeful [wéikfəl]	깨어 있는
wand [wɑnd]	지팡이, 막대
wander [wɑ́ndər]	어슬렁거리다, 방황하다
yeast [jiːst]	효모(균), 이스트, 누룩

Day 15

abolition of slavery	노예제 폐지
abolitionism [æ̀bəlíʃənìzəm]	노예 제도 폐지론
absolute [ǽbsəlùːt]	절대적인
absorb [əbsɔ́ːrb]	흡수하다
absorbent [əbsɔ́ːrbənt]	흡수성의
baleen whale	수염고래
band [bænd]	모이다; 무리, 떼
banner [bǽnər]	기, 배너
barb [bɑːrb]	가시
cannery [kǽnəri]	통조림 공장
capillary [kǽpəlèri]	모세관
capitalize [kǽpitəlàiz]	자본화 하다, 이용하다
carbohydrate [kɑ̀ːrbouháidreit]	탄수화물
carbon dating	방사성 탄소 연대 측정법
debris [dəbríː]	파편, 잔해, 암석 부스러기
debunk [diːbʌ́ŋk]	오류를 밝히다
decision making	결정하는
declare [diklέər]	선언하다
decomposer [dìːkəmpóuzər]	분해자
ecological [èkəlɑ́dʒikəl]	생태학적인, 생태의
ecologist [ikɑ́lədʒist]	생태학자
ecosystem [ékousìstəm]	생태계
edge [edʒ]	끝, 가장자리
edible [édəbl]	먹을 수 있는
factor in	~을 하나의 요인으로 포함하다
fade [feid]	(빛깔이) 바래다
Fahrenheit [fǽrənhàit]	화씨의
faithful [féiθfəl]	완전한, 충실한
fake [feik]	가짜의
gas mask	방독면
gaseous [gǽsiəs]	가스의
gastrointestinal [gæ̀strouintéstənəl]	위장의
general [dʒénərəl]	일반적인
harbor [hɑ́ːrbər]	(계획, 생각 등을) 품다
hatch [hætʃ]	부화하다
hatchling [hǽtʃliŋ]	(알에서 갓 부화한) 유생
haul [hɔːl]	운반하다
hazard [hǽzərd]	위험, 모험
igneous rock	화성암
ignore [ignɔ́ːr]	승인하지 않다, 무시하다
illegally [ilíːgəli]	불법적으로
ill-natured	짓궂은, 심술궂은
illumination [iljùːmənéiʃən]	장식; 계시, 깨달음; 조명
illustrate [íləstrèit]	설명하다; 삽화를 넣다

jury [dʒúəri]	배심원
larva [láːrvə]	유충, 애벌레 (pl. larvae)
latitude [lǽtətjùːd]	위도
lattice [lǽtis]	격자
launch [lɔːntʃ]	개시하다, 시작하게 하다
laxness [lǽksnis]	해이
mainstay [méinstèi]	가장 중요한 의지물
make it a point to	반드시 ~하려고 하다
make up of	~으로 만들다
nerve center	중심부, 중추부
neutrino [njuːtríːnou]	중성 미자
newsboy [njúːzbɔ̀i]	신문 배달원
observatory [əbzə́ːrvətɔ̀ːri]	관측기구
obsession [əbséʃən]	집념
obstacle [ábstəkl]	장애물
parasite [pǽrəsàit]	기생충, 기생 식물
partial [páːrʃəl]	몹시 좋아하는; 일부분의
participant [pɑːrtísəpənt]	참가자
particle [páːrtikl]	입자
precisely [prisáisli]	정확하게
precursor [prikə́ːrsər]	전신
predator [prédətər]	육식동물, 약탈자, 포식자
predecessor [prédisèsər]	조상
predisposition [prìːdispəzíʃən]	경향, 성질
pregnancy [prégnənsi]	임신 (기간)
prelude [préljuːd]	전주곡
preserve [prizə́ːrv]	보호하다, 보존하다
radiation [rèidiéiʃən]	방사선
radical [rǽdikəl]	혁신적인, 급진적인, 과격한
radioactive [rèidiouǽktiv]	방사성의
rafter [rǽftər]	서까래; 뗏목을 타는(만드는) 사람
revolution [rèvəljúːʃən]	혁명
sample [sǽmpl]	~에 견본을 만들다, 시식하다, 표본 추출을 하다

satire [sǽtaiər]	풍자
sustain [səstéin]	(생명을) 유지하다, 부양하다
sustenance [sʌ́stənəns]	양분, 음식; 생계
swarm [swɔːrm]	무리, 떼
swirl [swəːrl]	소용돌이치다, 빙빙 돌다, 어찔어찔하다
switch [switʃ]	바꾸다, 교체하다
symbiosis [sìmbaióusis]	공생 관계
symbolic [simbálik]	상징적인, 표상하는
symmetry [símətri]	균형, 대칭
take into consideration	고려하다
take off	제거하다, 상승하기 시작하다
take over	넘겨받다
take place	일어나다
take the floor	발표하다, 발언하다
undergo [ʌ̀ndərgóu]	겪다, 경험하다
underlying [ʌ́ndərlàiiŋ]	근원적인, 밑에 있는
undertake [ʌ̀ndərtéik]	시작하다
underway [ʌ̀ndərwéi]	진행중인
undo [ʌndúː]	원상태로 되돌리다
variable [vέ(ː)əriəbl]	변수; 변하기 쉬운
variation [vὲəriéiʃən]	변화
varying [vέəriŋ]	변화하는, 다양한
vascular plant	유관속 식물
volcanic activity	화산 활동
volume [válјuːm]	책, 권; 부피, 양
voracious [vɔːréiʃəs]	열성적인
vulgar [vʌ́lgər]	통속적인
vulnerability [vʌ̀lnərəbíləti]	취약성, 나약함
wartime [wɔ́ːrtàim]	전쟁 기간의
wavelength [wéivlèŋθ]	파장
weaken [wíːkən]	약화시키다
weather [wéðər]	풍화시키다
zenith [zíːniθ]	절정, 정점

Day 16

account for	~의 원인이 되다, ~를 설명하다
accountant [əkáuntənt]	회계사
accumulate [əkjúːmjulèit]	축적하다, 모으다
barometric [bæ̀rəmétrik]	기압의
basalt [bǽsɔːlt]	현무암
basin [béisən]	유역, 분지
carbon [káːrbən]	탄소
carcass [káːrkəs]	시체

carefree [kέərfrìː]	근심이 없는, 태평스러운, 즐거운
carnivorous [kɑːrnívərəs]	육식성의, 육식 동물의
carrying capacity	수송 능력
cartographer [kɑːrtágrəfər]	지도 제작자
carve out	새기다, 조각하다
casing [kéisiŋ]	껍질
casting [kǽstiŋ]	주조
decomposition [diːkàmpəzíʃən]	부패

decoration [dèkəréiʃən]	장식
decorative [dékərətiv]	장식적인, 화사한
decrease [dikríːs]	감소시키다
edifice [édəfis]	건축물, 건물
edit out	삭제하다
efficiency [ifíʃənsi]	효율성
efficient [ifíʃənt]	뛰어난, 능률적인
eject [i(ː)dʒékt]	방출하다
fame [feim]	명성
fantasy [fǽntəsi]	환상
fashion [fǽʃən]	만들다, 형성하다
favor [féivər]	지지하다, 찬성하다
generalization [dʒènərəlizéiʃən]	일반화
generate [dʒénərèit]	생기다, 만들다, 발생시키다, 생성시키다
genetic [dʒənétik]	유전자의
hazardous [hǽzərdəs]	위험한
head-on	정면
hearing loss	청력 손실
heartburn [háːrtbə̀ːrn]	가슴앓이
heat island	열섬
illustrative [ilʌ́strətiv]	설명하는, 예증적인
imaginary [imǽdʒənèri]	상상의, 가공의
imbalance [imbǽləns]	불균형
imitate [ímitèit]	모방하다
immature [imətjúər]	미성숙한
justice [dʒʌ́stis]	정의
kinematics [kìnəmǽtiks]	운동학
lay off	해고하다
lay out	배치하다, 설계하다
lay [lei]	(알을) 낳다; 놓다
leak [liːk]	새다
legal [líːgəl]	합법적인
malfunction [mælfʌ́ŋkʃən]	고장, 기능 불량
manage [mǽnidʒ]	다루다, 관리하다
mane [mein]	갈기, 털
manifestation [mæ̀nəfestéiʃən]	표상화, 표명, 명시
manipulate [mənípjəlèit]	솜씨 있게 처리하다, 조정하다, 조작하다
nipple [nípl]	젖꼭지
nitrogen [náitrədʒən]	질소
no longer	더 이상 ~않다
nod [nɑd]	인정, 끄덕임
non-government	민간의, 비정부
obvious [ɑ́bviəs]	명백한, 분명한, 확연한
occurrence [əkə́ːrəns]	발생
oceanic island	양도(대륙에서 멀리 떨어져 대양에 있는 섬)
oceanographer [òuʃiənɑ́grəfər]	해양학자
oddball [ɑ́dbɔ̀ːl]	특이함, 별남
particular [pərtíkjələr]	특정한
parting [pɑ́ːrtiŋ]	이별, 작별
partly [pɑ́ːrtli]	부분적으로
partner [pɑ́ːrtnər]	협력하다, 제휴하다; 파트너
pass through	지나가다
passage [pǽsidʒ]	악절; 한 구절
passerby [pæ̀sərbái]	지나가는 사람
passionflower [pǽʃənflàuər]	시계풀
passionless [pǽʃənlis]	열정 없는
patch [pætʃ]	(경작한) 땅 한 뙈기
raindrop [réindrɑ̀p]	빗방울
rainforest [réinfɔ̀ːrist]	열대 우림
ranch [ræntʃ]	목장을 경영하다
rancher [rǽntʃər]	농장주, 목장주
range [reindʒ]	범위
ratio [réiʃjou]	비율
reaction [riǽkʃən]	반응
readership [ríːdərʃìp]	독자 수
realm [relm]	영역, 범위
reasonable [ríːzənəbl]	합당한, 적당한
schooling [skúːliŋ]	학교 교육
scientific [sàiəntífik]	과학의, 과학적인
scope [skoup]	범위, 여지
scrap [skræp]	남은 것, 조각
scribe [skraib]	사자생
seabed [síːbèd]	해저 (=seafloor)
significance [signífikəns]	중요, 중요성
similarity [sìməlǽrəti]	유사점
simplicity [simplísəti]	단순, 간단
simplistic [simplístik]	단순화한
simulate [símjəlèit]	흉내 내다, 가장하다; 모의 실험을 하다
simulated [símjəlèitid]	가상의, 진짜가 아닌
sincere [sinsíər]	성실한, 참된
sinful [sínfəl]	죄가 있는
site art	현장 예술
skeletal [skélitəl]	골격의, 해골의
skeleton [skélətn]	두개골, 해골, 골격
stadium [stéidiəm]	경기장
underrate [ʌ̀ndərréit]	낮게 평가하다, 깔보다

Day 17

accumulation [əkjù:mjəléiʃən]	축적, 누적
accuracy [ǽkjərəsi]	정확성
accurately [ǽkjuritli]	정확히
accuse of	고소하다, 비난하다
acid [ǽsid]	산, 산성
be about to	막 ~하려 하다
be subjected to	~을 받다, ~을 겪다, ~을 당하다
be willing to	기꺼이 ~하다
behavioral [bihéivjərəl]	행동의
catalyst [kǽtəlist]	촉매
catch-all	광범위한, 포괄적인 것
categorize [kǽtəgəràiz]	분류하다
caterpillar [kǽtərpìlər]	애벌레
deduce [didjú:s]	추론하다
defense [diféns]	방어, 수비
deficient [difíʃənt]	부족한, 불충분한
definition [dèfəníʃən]	정의
deforest [di:fɔ́(:)rist]	벌채하다
electromagnetic wave	전자파
electromagnetic [ilèktroumægnétik]	전자기의
electron [iléktrɑn]	전자
electroplating [iléktrəplèitiŋ]	전기도금
feature [fí:tʃər]	특색, 특성; 특색을 이루다
feces [fí:si:z]	배설물
federation [fèdəréiʃən]	연맹, 동맹
feeding ground	(동물의) 먹이를 구하는 곳, 먹는 곳
geocentric theory	천동설
geographical [dʒì:əgrǽfikəl]	지리적인
geometric [dʒì:əmétrik]	기하학적인
geometry [dʒiɑ́mitri]	기하학
heavenly [hévənli]	천국의, 하늘의
heliocentric theory	지동설
helpless [hélplis]	무기력한
hemoglobin [hí:məglòubin]	혈색소, 헤모글로빈
hence [hens]	따라서
immigrant [ímәgrənt]	이민자
immobilize [imóubəlàiz]	움직이지 않게 하다
immorality [imərǽləti]	부도덕
impact [ímpækt]	충돌, 충격; 효과, 영향
impassable [impǽsəbl]	지나갈 수 없는
justify [dʒʌ́stəfài]	정당화하다
juvenile [dʒú:vənàil]	어린; 청소년
knock [nɑk]	부딪히다

legislation [lèdʒisléiʃən]	법률, 법령
linear [líniər]	일직선의, 직선상의
liner [láinər]	덧입힘쇠, 깔판
linguist [líŋgwist]	언어학자
lining [láiniŋ]	안(감) 대기, 안 받치기
manipulation [mənìpjəléiʃən]	연주 기술, 조종
mannerism [mǽnərìzəm]	독특한 버릇, 매너리즘(틀에 박혀 신선미가 없음)
manufacturer [mæ̀njəfǽktʃərər]	제조업자
manufacturing [mæ̀njəfǽktʃəriŋ]	제조의
nonsense [nɑ́nsens]	어리석은 생각
nonsensical [nɑnsénsikəl]	터무니 없는, 무의미한
nontraditional [nɑ̀ntrədíʃənl]	종래와는 다른, 비전통적인
nonverbal [nɑnvə́:rbəl]	말을 사용하지 않은, 비언어적인
norm [nɔ:rm]	표준, 기준
odor [óudər]	악취
olfactory [ɑlfǽktəri]	후각의; 후각기, 후각 신경
on time	(정해진) 시간 내에
ongoing [ɑ́ngòuiŋ]	지속적인, 계속되는
otter [ɑ́tər]	수달
patent [pǽtənt]	특허를 얻다
paternal [pətə́:rnəl]	아버지의, 부계의
pattern [pǽtərn]	무늬, 양식
pavement [péivmənt]	포장도로
pebble [pébl]	자갈
press down	누르다
pressure [préʃər]	압력
presume [prizjú:m]	~라고 여기다, 생각하다
pretty [príti]	꽤
prevailing [privéiliŋ]	우세한, 널리 퍼진
prevalent [prévələnt]	유행하는
previously [prí:viəsli]	이전에
prey [prei]	먹이
priest [pri:st]	목사, 성직자
primarily [práimerəli]	본래
primary [práimeri]	주된, 주요한
prime meridian	본초 자오선
principle [prínsəpl]	원칙
rebellion [ribéljən]	모반, 반란, 폭동
recall [rikɔ́:l]	생각해내다
recession [riséʃən]	경기 후퇴, 불경기
recognition [rèkəgníʃən]	인정
recognizable [rékəgnàizəbl]	인식할 수 있는
satisfy [sǽtisfài]	만족시키다, 충족시키다

saturate [sǽtʃərèit]	포화시키다
saving [séiviŋ]	저축, 저금
scare [skεər]	불안감, 공포
tame [teim]	유순한, 온순한
taxing [tǽksiŋ]	힘든
taxonomy [tæksɑ́nəmi]	분류학
uneducated [ʌnédʒukèitid]	교육을 받지 않은 듯한
unemotional [ʌ̀nimóuʃənəl]	감정에 좌우되지 않는
unemployment [ʌ̀nimplɔ́imənt]	실업(률), 실직
vegetation [vèdʒitéiʃən]	식물
velocity [vəlɑ́səti]	속도, 속력
vent [vent]	분출구
venture [véntʃər]	모험적 사업; 과감히 ~하다
verbal [və́:rbəl]	언어의, 말로 나타낸
weathervane [wéðərvèin]	풍향계
weight [weit]	무게
westward [wéstwərd]	서쪽으로
width [widθ]	폭, 너비
wilderness [wíldərnis]	황야, 황무지, 미개지
yield [ji:ld]	산출하다, 낳다

Day 18

activated [ǽktəvèitid]	활성화된
acute [əkjú:t]	급성의; 날카로운, 예리한
adapt [ədǽpt]	적응하다
adaptability [ədæ̀ptəbíləti]	적용 가능성
beneath [biní:θ]	~밑에, ~의 아래에
beneficial [bènəfíʃəl]	이로운, 유익한
benefit [bénəfit]	이점, 이익
beyond [bijɑ́nd]	범위를 넘어서
bibliography [bìbliɑ́grəfi]	출판 목록, 관계 서적 목록
cathedral [kəθí:drəl]	성당
cattle [kǽtl]	소, 가축
causal [kɔ́:zəl]	원인이 되는
cave painting	동굴 벽화
cavity [kǽvəti]	구멍, 공동
degrade [digréid]	(지위를) 낮추다, (에너지를) 변쇠시키다, 퇴화시키다
deity [dí:iti]	신
delegate [déləgèit]	대표
deliberate [delíbərit]	신중한, 계획적인
delist [di:líst]	목록에서 삭제하다
elegant [éləgənt]	우아한
element [éləmənt]	요소, 성분
elevation [èləvéiʃən]	높이, 고도, 해발
elicit [ilísit]	도출하다, 이끌어 내다, 유도해 내다
eliminate [ilímənèit]	제거하다
fellow [félou]	남자
fence [fens]	울타리를 치다; 울타리
fertilize [fə́:rtəlàiz]	수정시키다, 수태시키다; 비옥하게 하다
fertilizer [fə́:rtəlàizər]	비료
fetal [fí:təl]	태아의, 태아 단계의
gestation [dʒestéiʃən]	임태, 회태 기간
give birth	~을 낳다
give voice to	토로하다, 표명하다
glaciologist [glèiʃiɑ́lədʒist]	빙하학자
hesitant [hézitənt]	주저하는, 머뭇거리는, 망설이는
hexagonal [heksǽgənəl]	육각형의
hibernation [hàibərnéiʃən]	동면, 겨울잠
implication [ìmpləkéiʃən]	함축, 암시
implicit [implísit]	암묵적인, 암시적인
impose [impóuz]	부과하다
imposing [impóuziŋ]	거대한; 인상적인
imprint [imprínt]	(가슴, 기억 등에) 새기다
knob [nɑb]	손잡이, 쥐는 곳
liquid [líkwid]	액체, 액체의
literate [lítərit]	글을 읽을 수 있는
lithosphere [líθəsfìər]	암석권
live birth	정상 출산
manuscript [mǽnjəskrìpt]	원고
map out	정밀하게 나타내다
map [mæp]	~의 지형도를 만들다, 측량하다
mapmaker [mǽpmèikər]	지도 제작자
march [mɑ:rtʃ]	행진하다
noticeable [nóutisəbl]	눈에 띄는, 현저한
nourish [nə́:riʃ]	양분을 주다
nourishment [nə́:riʃmənt]	자양분, 양식
now that	~이니까
nuclear fission	핵분열
optical [ɑ́ptikəl]	눈의
orbit [ɔ́:rbit]	궤도를 그리며 돌다, 선회하다
organ [ɔ́:rgən]	기관
peculiarity [pikjù:liǽrəti]	특성
penetrate [pénitrèit]	뚫다
penetrating [pénitrèitiŋ]	강한; 침투하는

pennant [pénənt]	작은 기
perception [pərsépʃən]	인식, 지각
printing press	인쇄기
printing [príntiŋ]	날염
prioritize [praiɔ́:rətàiz]	우선순위를 매기다
probability [pràbəbíləti]	가능성
productive [prədʌ́ktiv]	생산적인
professional [prəféʃənəl]	직업의, 본업으로 하는
profit [práfit]	이익
progress [prágres]	발달하다, 진보하다
project [prədʒékt]	내뿜다
prokaryote [proukǽriòut]	원핵생물
proliferation [proulìfəréiʃən]	증식, 급증, 확산
prolific [proulífik]	다작의
prolonged [prəlɔ́:ŋd]	장기간의
prompt [prampt]	~하게 만들다, 자극하다
propagation [pràpəgéiʃən]	번식
properly [prápərli]	제대로, 적절하게
property [prápərti]	속성, 성질
reconcile [rékənsàil]	융화시키다
reconstruct [rì:kənstrʌ́kt]	재건하다
recovery [rikʌ́vəri]	복구
rectangle [réktæ̀ŋgl]	직사각형
reduction [ridʌ́kʃən]	감소, 하락
scathing [skéiðiŋ]	통렬한, 냉혹한
scatter [skǽtər]	흩뜨리다
scavenger [skǽvindʒər]	(썩은 고기를 먹는) 청소 동물
scenic [sí:nik]	장면을 묘사한
schematic [skimǽtik]	개요의, 도식의
technical [téknikəl]	기술적인
technician [tekníʃən]	기술자
technology [teknálədʒi]	과학 기술
tectonics [tektániks]	구조학, 구축학, 구조 지질학
telecommute [tèlikəmjú:t]	자택 근무하다
unfortunately [ʌnfɔ́:rtʃənitli]	안타깝게도, 불행히도
uniform [jú:nəfɔ̀:rm]	균일한
uninformed [ʌ̀ninfɔ́:rmd]	잘 알지 못하는
uninvolved [ʌ̀ninválvd]	중립적인, 무관심한
unique [ju:ní:k]	독특한
verification [vèrəfəkéiʃən]	확인, 증명
versus [və́:rsəs]	~에 대한, ~와 비교하여
viability [vàiəbíləti]	실행 가능성
viable [váiəbl]	생존 가능한, 실행 가능한
vibrate [váibreit]	진동하다
visible [vízəbl]	시각적인, 가시적인, 드러나는, 뚜렷한
visualize [víʒuəlàiz]	마음속에 떠올리다, 구체화하다
vital [váitəl]	생명의
vocalization [vòukəlizéiʃən]	소리, 발성
volatile [válətil]	휘발성이 강한, 변덕스러운, 일시적인
willing [wíliŋ]	기꺼이 ~하는
willow [wílou]	버드나무
wind down	긴장을 풀다
wind up	끝을 맺다, 해산하다, 그만두다
worldview [wə́:rldvjù:]	세계관
wormy [wə́:rmi]	벌레가 많은
wrap up	마무리 짓다
zygote [záigout]	접합자

Day 19

aerodynamic [ɛ̀əroudainǽmik]	공기역학
affix [əfíks]	부착시키다
agency [éidʒənsi]	기관
agglomerate [əglámərèit]	덩어리로 되다, 덩어리로 만들다
agricultural [æ̀grəkʌ́ltʃərəl]	농업의
agrochemical [æ̀groukémikəl]	농약
bill [bil]	요금; 계산서
biodiversity [bàioudaivə́:rsəti]	생물의 다양성
biofeedback [bàioufí:dbæ̀k]	생체 자기 제어
bio-magnetism	생체자기
ceiling [sí:liŋ]	천장
celebrated [séləbrèitid]	유명한
celestial body	천체
cement [simént]	시멘트; 시멘트를 바르다, 접합하다
cementation [sì:mentéiʃən]	접합, 교착
centigrade [séntəgrèid]	섭씨
ceramic [sərǽmik]	질그릇의, 요업의, 도예의
chairperson [tʃɛ́ərpə̀:rsən]	회장, 의장
chandelier [ʃæ̀ndəlíər]	샹들리에
delivery [dilívəri]	방출; 배달
demand [dimǽnd]	수요
demarcation [dì:ma:rkéiʃən]	구획
democratic [dèməkrǽtik]	민주적인
Democratic-Republican party	민주공화당

dense [dens] 밀도가 높은, 빽빽한
elliptical [ilíptikəl] 타원의
embed [imbéd] 묻다, 끼워 넣다, 자리잡다
embryonic [èmbriánik] 태아의, 배의
extent [ikstént] 정도, 범위
extermination [ikstə̀:rmənéiʃən] 근절, 몰살, 멸종
external [ikstə́:rnəl] 외부의
external fertilization 체외 수정
externally [ikstə́:rnəli] 외부적으로, 대외적으로
extinct [ikstíŋkt] 멸종하다
extinction [ikstíŋkʃən] 멸종
extract [ikstrǽkt] 추출하다
fiber optics 광섬유, 섬유 광학
fiction [fíkʃən] 소설
fictional [fíkʃənəl] 허구의
fidget [fídʒit] 안절부절 못하다
glare [glɛər] 눈부시게 빛나다, 번쩍이다
glassy [glǽsi] 유리 모양의, 유리 성질의
global climate change 세계적 기후 변화
global warming 지구 온난화
glut [glʌt] 과잉 공급하다
hierarchy [háiərɑ̀:rki] 체계, 계급(제), 계층
high-pitched 고음의
high-voltage 고압
hindrance [híndrəns] 방해, 장애물
improvisation [imprɑ̀vizéiʃən] 즉석 연주
impurity [impjú(:)ərəti] 불순물
in a nutshell 간단히 말해서
in broad daylight 대낮에 공공연히
in point 적절한, 당면한 문제의
in print 출판하여
in terms of ~에 있어서
inaccessible [ìnəksésəbl] 도달하기 어려운
inalienable [inéiljənəbl] 양도할 수 없는
lo and behold 자 보시라 (놀랄만한 사실을 말할 때)
locale [loukǽl] 배경, 장소, 지역
locality [loukǽləti] 지방, 장소
locate [lóukeit] (위치를) 밝혀내다, 알아내다
marine [məríːn] 해양의
marketer [mɑ́:rkitər] 시장 경영자, 마케팅 담당자
marshland [mɑ́:rʃlæ̀nd] 늪지대
marsupial [mɑ:rsjú:piəl] 유대류
marvelous [mɑ́:rvələs] 놀라운, 훌륭한
mass [mæs] 질량; 모임
massive [mǽsiv] 대규모의
nuclear [njú:kliər] 원자력의, 핵의
nucleus [njú:kliəs] 핵
organic [ɔ:rgǽnik] 유기체의, 생물의
organism [ɔ́:rgənìzəm] 유기체, 유기적 조직체
oriented [ɔ́:rientid] ~중심의, ~지향의
originate [ərídʒənèit] 생기다, 유래하다
ornamentation [ɔ̀:rnəmentéiʃən] 장식
ornate [ɔ:rnéit] 화려하게 장식한
seaman [sí:mən] 선원
seasonal [sí:zənəl] 계절의
sufficient [səfíʃənt] 알맞은, 충분한
sufficiently [səfíʃəntli] 충분히
suggestion [səgdʒéstʃən] 제안
suit [sju:t] 맞다
suitable [sjú:təbl] 적당한, 알맞은
sulfide [sʌ́lfaid] 황화물
sum total 모두 통합한 것, 총계
sum [sʌm] 금액
superheat [sjù:pərhí:t] 액체를 끓이지 않고 비등점 이상으로 과열하다
superior [sju(:)pí(:)əriər] 뛰어난, 보다 나은
supernatural being 초자연적 존재
supervision [sjù:pərvíʒən] 감독
supplement [sʌ́pləmənt] 보충하다, 추가하다
support [səpɔ́:rt] 부양하다, 지탱하다
supposedly [səpóuzidli] 아마도
suppress [səprés] 진압하다
trap [træp] 거르다, 증류하다
traumatic [trɔ:mǽtik] 정신적 충격이 큰
treatise [trí:tis] 보고서, 논문
treaty [trí:ti] 협정, 협약
trigger [trigər] 계기가 되다, 유발하다
Triton [tráitən] (그리스 신화) 반인 반어의 바다의 신
tropical [trɑ́pikəl] 열대의
trustee [trʌstí:] 피신탁인, 보관인
tubeworm [tjú:bwə̀:rm] 서관충
unisexual [jù:nisékʃuəl] 자웅 이화의
universally [jù:nəvə́:rsəli] 보편적으로
unprecedented [ʌ̀nprésidèntid] 전례가 없는
unrealistic [ʌ̀nri:əlístik] 비현실적인
unregulated [ʌ̀nrégjulèitid] 비규제인
unrestricted [ʌ̀nristríktid] 제한이 없는
unsuccessful [ʌ̀nsəksésfəl] 성공하지 못한
updraft [ʌ́pdræ̀ft] 상승기류
upheaval [ʌ̀phí:vəl] 대변동, 격변
upholster [ʌ̀phóulstər] 커버를 씌우다, 속을 채우다

Day 20

allot [əlát]	할당하다
all-time	전무후무한, 불변의, 시대를 초월한
alter [ɔ́:ltər]	수정하다, 바꾸다
alternate with	~와 교대하다
alternative [ɔ:ltə́:rnətiv]	대안, 다른 방도
altitude [ǽltitjù:d]	고도, 높이
amass [əmǽs]	쌓다, 모으다
biomedical [bàioumédikəl]	생물 의학의
birth canal	산도
bison [báisən]	들소
bit by bit	점차
bizarre [bizá:r]	별난
blade [bleid]	1잎, 잎사귀; 칼날
charcoal [tʃá:rkòul]	숯, 목탄
charter [tʃá:rtər]	특허장, 헌장, 면허장
check [tʃek]	억제, 제재; 수표, 전표
checkpoint [tʃékpɔ̀int]	검문소
chemical make-up	화학적 구성
chemosynthesis [kì:mousínθəsis]	화학 합성
cherish [tʃériʃ]	아끼다, 소중히 하다
chest [tʃest]	가슴
chin [tʃin]	턱
chitin [káitin]	키틴질
denture [déntʃər]	틀니, 의치
depict [dipíkt]	그리다, 묘사하다
deplete [diplí:t]	고갈시키다, 다 써버리다
deposit [dipázit]	퇴적물, 쌓다; 알을 낳다
depression [dipréʃən]	불경기; 우울증
derive [diràiv]	추출하다
embellish [imbéliʃ]	미화하다, 장식하다, 꾸미다
emerge [imə́:rdʒ]	생기다, 나타나다, 나오다
emergency [imə́:rdʒənsi]	비상사태
emit [imít]	내뿜다, 방사하다, 방출하다
empirical [empírikəl]	경험적인
filament [fíləmənt]	가는 섬유
film [film]	영화; 촬영하다
filter [fíltər]	여과기; 여과하다
go bankrupt	파산하다
go through	겪다, 거치다
go under	파산하다, 망하다
historian [histɔ́:riən]	역사가
historical [histɔ́(:)rikəl]	역사적인
hold up	살아남다, 유효하다
homeland [hóumlæ̀nd]	고국
homemaker [hóummèikər]	가정주부
inanimate [inǽnəmit]	생명이 없는, 무생물의
incomplete [ìnkəmplí:t]	어렴풋한, 불충분한
incompressible [ìnkəmprésəbl]	압축할 수 없는
incorporate [inkɔ́:rpərèit]	녹아들다, 섞다
incredible [inkrédəbl]	놀라운
incubate [ínkjubèit]	(인공) 부화하다
incubation [ìŋkjubéiʃən]	잠복
indicative [indíkətiv]	지시하는, 표시하는
indicator [índəkèitər]	척도, 지표, 기준, 지시
indisputable [ìndispjú:təbl]	이의를 제기할 수 없는, 확실한
individual [ìndəvídʒuəl]	개인, 개인의
location [loukéiʃən]	야외 촬영지; 위치
loftiness [lɔ́(:)ftinis]	높이 솟음
masterpiece [mǽstərpì:s]	걸작, 명작
mastery [mǽstəri]	숙달
maternal [mətə́:rnəl]	어머니의, 모계의
measurement [méʒərmənt]	측정
mechanistic [mèkənístik]	기계적인
medication [mèdəkéiʃən]	약물
mislead [mislí:d]	잘못된 것, 오해
misrepresentation [mìsreprizentéiʃən]	잘못된 표현, 와전
missionary [míʃənèri]	선교사
mitochondrial [màitəkándriəl]	미토콘드리아의
modify [mádəfài]	조절하다
moist [mɔist]	축축한
molecule [máləkjù:l]	분자
molt [moult]	껍질, 껍질을 벗다
molten [móultən]	녹은, 주조한, 용해된
numerous [njú:mərəs]	수많은
nutrient [njú:triənt]	영양분
nutrition [nju:tríʃən]	영양 (공급)
nymph [nimf]	(불완전 변태를 하는 곤충의) 애벌레
orphan [ɔ́:rfən]	고아
outburst [áutbə̀:rst]	분출, 폭발
secrete [sikrí:t]	분비하다

amazingly [əméiziŋli] 놀랍게도
ambivalence [æmbívələns] 상반되는 감정
amoeba [əmí:bə] 아메바
amplitude [ǽmplitjù:d] 진폭
an array of 죽 늘어선
analogy [ənǽlədʒi] 비유
analytic [ӕnəlítik] 분석적인
analyze [ǽnəlàiz] 분석하다
ancestor [ǽnsestər] 조상
anchovy [ǽntʃouvi] 멸치, 안초비
blending [bléndiŋ] 조합
block [blɑk] 방해하다, 막다
blubber [blʌ́bər] 고래 지방
blur [blə:r] 흐려 보이는 것
boast [boust] 자랑거리를 가지다, 자랑하다
bomber [bámər] 폭탄범
bonded [bándid] 결합된
boom operator 녹음기사
chloroplast [klɔ́:rəplæ̀st] 엽록체
choreography [kɔ̀(:)riágrəfi] 안무, 무용술
chorion [kɔ́:riàn] 장막
chronic [kránik] 만성의
chrysalis [krísəlis] 번데기
cicada [sikéidə] 매미
cinematic [sìnəmǽtik] 영화의, 영화에 관한
circular [sə́:rkjələr] 원형의, 순환성의
circulate [sə́:rkjəlèit] 순환하다
circumstance [sə́:rkəmstæ̀ns] 상황
cite [sait] 말하다, 언급하다
citrus [sítrəs] 감귤류의
civic [sívik] 시민의
civilized [sívəlàizd] 문명화된
clad [klæd] 다른 금속을 입히다, 클래딩 하다
claim [kleim] 주장하다; 토지를 점유하다
clang [klæŋ] (종이) 땡하고 울리다
descriptive [diskríptiv] 설명적인, 묘사적인; 설명이 적절한
designate [dézignèit] 지정하다, 명시하다
designation [dèzignéiʃən] 명칭; 지시
desperation [dèspəréiʃən] 절망
despite [dispáit] ~에도 불구하고
financial [finǽnʃəl] 금융의, 재정의
fingering [fíŋgəriŋ] 운지법
first-hand 직접적인, 1차적인
fissure [fíʃər] 갈라진 틈
fixture [fíkstʃər] 부착물, 고정물, 설치물, 설비
flammable [flǽməbl] 가연성의, 타기 쉬운
flatten [flǽtən] 평평하게 하다
fledgling [flédʒliŋ] 젊은, 미숙한; 풋내기, 애송이
float [flout] 떠돌다, 떠다니다, 유통하다
flock [flɑk] 떼, 무리
grain [grein] 알갱이, 낟알; 곡물, 곡식
grant [grænt] 승인하다, 수여하다
grasshopper [grǽshɑ̀pər] 메뚜기
grassland [grǽslæ̀nd] 목초지
gravitational pull 인력의 작용
gravitational [grӕvitéiʃənəl] 중력적인, 중력의
horizontal [hɔ̀(:)rəzántəl] 수평의, 가로의
indivisible [ìndəvízəbl] 나눌 수 없는
induce [indjú:s] 유도하다
industrial revolution 산업 혁명
industrialization [indʌ̀striəlizéiʃən] 산업화
inequality [ìni(:)kwáləti] 불평등
inevitable [inévitəbl] 피할 수 없는
infallible [infǽləbl] 오류가 없는
infect [infékt] 병균을 퍼뜨리다, 오염시키다
infected [inféktid] 감염된
infinite [ínfənit] 무한한
inflate [infléit] (공기, 가스 등으로) 부풀게 하다
log [lɔ(:)g] 통나무
logical [ládʒikəl] 논리적인
longitude [lándʒətjù:d] 경도
medieval times 중세
meditate [méditèit] 명상하다
Mediterranean [mèditəréiniən] 지중해의
medium [mí:diəm] 매개체
melodious [məlóudiəs] 선율적인
melting point 녹는점
perforated [pə́:rfərèitid] 구멍이 난, 관통된
performance [pərfɔ́:rməns] 공연
permanent [pə́:rmənənt] 변함없는, 지속적인, 영원한
permanently [pə́:rmənəntli] 영구적으로
personality [pə̀rsənǽləti] 성격
pest [pest] 해충, 기생충
pesticide [péstisàid] 살충제
petrochemical [pètroukémikəl] 석유 화학 제품; 석유 화학의
pharmacist [fá:rməsist] 약사

reef [ri:f]	암초, 모래톱
refashion [ri:fǽʃən]	개조하다
refer [rifə́:r]	가리키다
reference [réfərəns]	(계측의) 기준, 참고문헌
refine [rifáin]	제련하다, 정제하다
reflection [riflékʃən]	반영
refractive index	굴절률
regard [rigɑ́:rd]	여기다, 간주하다
register [rédʒistər]	음역
regulate [régjəlèit]	규제하다, 통제하다
reintegrate [rì:íntəgreit]	재통합시키다
reinterpret [rì:intə́:rprit]	재해석하다
reintroduce [rì:intrədjú:s]	재도입하다
relate [riléit]	부합, 합치하다; 관련시키다
related [riléitid]	동족의, 유사한
relationship [riléiʃənʃip]	관계
relative [rélətiv]	상대적인
relatively [rélətivli]	상대적으로
relativity [rèlətívəti]	상대성
scientific [sàiəntífik]	과학의, 과학적인
scope [skoup]	범위, 여지
scrap [skræp]	남은 것, 조각
scribe [skraib]	사자생, 사본 필경자
seabed [sí:bèd]	해저
seaman [sí:mən]	선원
seasonal [sí:zənəl]	계절의

Day 22

apparently [əpǽrəntli]	명백하게
appearance [əpí(:)ərəns]	외모
applicable [ǽpləkəbl]	적용할 수 있는
applicant [ǽpləkənt]	지원자
application [æ̀pləkéiʃən]	적용
apply to	~에 적용하다
boost [bu:st]	후원하다; 경기를 부양하다
bounce [bauns]	튀어 오르다
boundary [báundəri]	경계
bounty [báunti]	하사품, 상여금, 보상금
braid [breid]	땋다, 짜다
brass [bræs]	황동
brass instrument	금관 악기
break down into pieces	자세히 분석하다, 분해하다
clarify [klǽrəfài]	명백하게 설명하다
class [klæs]	강
classical [klǽsikəl]	고전주의의, 전통적인
classification [klæ̀səfəkéiʃən]	분류
classify [klǽsəfài]	분류하다
climate [kláimit]	분위기; 기후
climatic [klaimǽtik]	기후의
climatologist [klàimətɑ́lədʒist]	기후학자, 풍토학자
clueless [klú:lis]	모르는, 단서가 없는
coalesce [kòuəlés]	유착하다, 합체하다
coalescence [kòuəlésəns]	합체
coarse [kɔ:rs]	천한, 상스러운
coastline [kóustlàin]	해안(선)
destroy [distrɔ́i]	파괴하다
destructive [distrʌ́ktiv]	파괴적인, 해를 끼치는
deteriorate [dití(:)əriərèit]	악화시키다, 저하시키다
determine [ditə́:rmin]	결론짓다
devastation [dèvəstéiʃən]	대참사, 파괴
devise [diváiz]	고안하다
devoid [divɔ́id]	~이 없는, 결여된
devote [divóut]	헌신하다, 바치다
devour [diváuər]	탐독하다
flood [flʌd]	범람하다
flourish [flə́:riʃ]	번성하다, 번창하다
fluid [flú(:)id]	액체
flux [flʌks]	유동, 유량, 유동률, 유속
folio [fóuliòu]	한 장
folk [fouk]	사람들
folk culture	토착문화
food chain	먹이 사슬
gravity [grǽvəti]	중력
gray wolf	얼룩 늑대
Green Revolution	녹색 혁명
greenhouse [grí:nhàus]	온실
greenhouse gas	온실효과를 일으키는 가스
horse-drawn	말이 끄는
horticulture [hɔ́:rtəkʌ̀ltʃər]	원예
hospitality [hɑ̀spitǽləti]	숙박업; 환대
host plant	숙주 식물
household name	친숙한 이름, 흔히 쓰이는 말
houseplant [háusplæ̀nt]	실내 화분용 화초
hue [hju:]	색조, 색

influential [ìnfluénʃəl]	영향력 있는
influx [ínflʌ̀ks]	유입
infrequent [infríːkwənt]	드문
ingest [indʒést]	섭취하다
ingredient [ingríːdiənt]	구성 요소
inhabit [inhǽbit]	~에 서식하다, 거주하다, 살다
inhabitant [inhǽbitənt]	거주자
inherent [inhí(ː)ərənt]	타고난, 본래의
long-standing	오랜
loose [luːs]	푸석푸석한
meridian [mərídiən]	자오선, 경선
metal processing industry	금속 가공 산업
metallic [mətǽlik]	금속의
metamorphic [mètəmɔ́ːrfik]	변성의
metamorphosis [mètəmɔ́ːrfəsis]	변태
meteorologist [mìːtiərálədʒist]	기상학자
microcyst [màikrəsíst]	미크로시스트 (내구세포)
phase [feiz]	단계
phenomenal [finámənəl]	경이적인, 굉장한
phenomenon [finámənàn]	현상
philosopher [filásəfər]	철학자
philosophy [filásəfi]	철학
phosphorus [fásfərəs]	인
photographic [fòutəgrǽfik]	사진술의, 사진의
photon [fóutɑn]	광자
photo-secession	사진 분리파
photosynthesis [fòutəsínθisis]	광합성
photosynthetic [fòutəsinθétik]	광합성의
release [rilíːs]	드러내다; 방출하다
reliable [riláiəbl]	신뢰할 만한
religious [rilídʒəs]	신앙심이 깊은
relocate [rìloukéit]	재배치하다, 이동시키다
remain [riméin]	유해, 유물
remark [rimáːrk]	비평, 의견
remarkable [rimáːrkəbl]	놀라운
remind [rimáind]	(생각이) 떠오르게 하다
remote [rimóut]	먼, 외딴, 멀리 떨어진
render [réndər]	~이 되게 하다; 표현하다
rendition [rendíʃən]	연출, 표현물
renovation [rènəvéiʃən]	수리, 개조, 개혁, 변화
rephrase [riːfréiz]	고쳐 말하다
replace [ripléis]	바꾸다
sediment [sédəmənt]	침전물, 앙금, 퇴적물
sedimentary rock	퇴적암
self-explanatory	추가 설명이 필요 없는
self-sufficient	자급 자족할 수 있는
sympathy [símpəθi]	공감
symptom [símptəm]	증상
synthesize [sínθisàiz]	합성하다
systematically [sìstəmǽtikəli]	체계적으로

Day 23

absorption [əbsɔ́ːrpʃən]	흡수
abundant [əbʌ́ndənt]	풍족한, 많은
abuse [əbjúːz]	욕설
accompany [əkʌ́mpəni]	수반하다, 동시에 일어나다
accomplish [əkámpliʃ]	결과를 낳다, 성취하다
briefly [bríːfli]	간단히
bring down	잡다
briquette [brikét]	연탄, 조개탄
bronze [brɑnz]	청동, 청동 제품
cocoon [kəkúːn]	고치, 고치로 싸다
coerce [kouə́ːrs]	강제하다, 강요하다; 지배하다
cognition [kɑgníʃən]	인식
cognitive [kágnitiv]	인식의, 지적작용의
collapse [kəlǽps]	폭락하다, 무너지다
collide [kəláid]	충돌하다
collision [kəlíʒən]	충돌
colonialism [kəlóuniəlìzəm]	식민지주의
diagnose [dáiəgnòus]	원인을 밝혀내다, 진단하다
diagonal [daiǽgənəl]	대각선의, 비스듬한, 사선의, 사선형의
diagram [dáiəgræ̀m]	그림, 도표, 도형
dialogue [dáiəlɔ̀(ː)g]	대사, 대화
diameter [daiǽmitər]	직경, 지름
die off	소멸하다, 죽다
differentiate [dìfərénʃièit]	구별하다, 식별하다
dig up	발견하다, 밝혀내다
enact [inǽkt]	제정하다
encase [inkéis]	싸다
encounter [inkáuntər]	마주치다
encroach [inkróutʃ]	잠식하다, 침범하다
endangered [indéindʒərd]	멸종할 위기에 처한
endeavor [endévər]	노력
energetic [ènərdʒétik]	강력한, 원기 왕성한

engage in	종사하다, 참가하다, 관련되다, 관여하다
enhance [inhǽns]	높이다, 강화하다
enlarge [inlɑ́ːrdʒ]	넓히다
enlargement [inlɑ́ːrdʒmənt]	확대
hydrogen bond	수소결합
hydrogen [háidrədʒən]	수소
hydrothermal [hàidrəθə́ːrməl]	열수의
hydrothermal vent	열수 분출구
hygiene [háidʒi(ː)n]	건강, 위생
inherit [inhérit]	상속하다, 물려받다
initial [iníʃəl]	초기, 처음의
initially [iníʃəli]	처음에
injustice [indʒʌ́stis]	불공평
inland [ínlənd]	내륙의, 오지의; 국내의; 국내에서 발행되는
innovation [ìnəvéiʃən]	개혁, 혁신(기술), 기술 쇄신
innovative [ínəvèitiv]	혁신적인
insecticide [inséktisàid]	살충제
insignificant [ìnsignífikənt]	하찮은
insist [insíst]	주장하다
insomnia [insɑ́mniə]	불면증
inspiration [ìnspəréiʃən]	영감
instar [instɑ́ːr]	영 (곤충의 탈피와 탈피 사이의 기간)
instinctual [instíŋktʃuəl]	본능의
institution [ìnstitjúːʃən]	기관
lottery [lɑ́təri]	제비뽑기, 추첨
lumper [lʌ́mpər]	병합파
lunar [lúːnər]	달의
lysozyme [láisəzàim]	리소자임 (박테리아 용해 효소의 일종)
microorganism [màikrouɔ́ːrgənìzəm]	미생물
migration [maigréiʃən]	이동
migratory [máigrətɔ̀ːri]	이주하는
military [mílitèri]	군의, 군대의
mine [main]	채굴하다
mineral [mínərəl]	무기물, 광물
miniature [míniətʃər]	소규모의, 소형의; 축소물, 모형
minimalism [mínəməlìzm]	미니멀리즘 (최소한의 요소로 최대 효과를 올리려는 최소한 표현주의)
minimize [mínəmàiz]	줄이다
minimum [mínəməm]	최소의
misleading [mislíːdiŋ]	오도하는, 현혹하는
missionary [míʃənèri]	선교사
modify [mɑ́dəfài]	조절하다; 변경하다
moisturize [mɔ́istʃəràiz]	습기를 공급하다
molecular structure	분자의 구조
outgrow [àutgróu]	벗어나다
outlive [àutlív]	~보다 오래 살다(남다)
outside the sphere of	~의 영역 밖에서
overall [òuvərɔ́ːl]	전반적인
overburden [òuvərbə́ːrdən]	과중한 부담을 지우다
overgraze [òuvərgréiz]	지나치게 방목되다
wane [wéin]	작아지다; 약해지다

Day 24

appreciate [əpríːʃièit]	감상하다
apprentice [əpréntis]	조수, 견습생
approach [əpróutʃ]	접근하다
approximate [əprɑ́ksəmèit]	대략의
arbitrarily [ɑ́ːrbətrèrəli]	제멋대로, 독단적으로
arbitrate [ɑ́ːrbitrèit]	중재하다
arc [ɑːrk]	호, 호광, 아크
arctic [ɑ́ːrktik]	북극의
arid [ǽrid]	건조한
arise [əráiz]	발생하다
arrange [əréindʒ]	관장하다, 조정하다
arrangement [əréindʒmənt]	배치
arrow [ǽrou]	화살
arthritis [ɑːrθráitis]	관절염
articulate [ɑːrtíkjulət]	명료한, 분명한
artificial [ɑ̀ːrtəfíʃəl]	인위적인
as to	~에 관하여, ~에 대하여
aspect [ǽspekt]	양상, 측면, 관점
aspen [ǽspən]	포플러, 미루나무
aspiring [əspáiəriŋ]	상승하는, 높이 솟은
assemble [əsémbl]	부품을 조립하다
associate [əsóuʃièit]	관련시키다
association [əsòusiéiʃən]	조합
assume [əsjúːm]	(책임을) 맡다, 지다; 추측하다
assumption [əsʌ́mpʃən]	가설, 추측
brutish [brúːtiʃ]	야비한, 짐승 같은
buckshot [bʌ́kʃɑ̀t]	총알 (알이 굵은 산탄)
buffalo [bʌ́fəlòu]	물소
built-in	내장된
bump [bʌmp]	부딪히다
bundle together	한 데 묶다, 얽히게 하다
column [kɑ́ləm]	기둥

combination [kàmbənéiʃən] 결합, 배합
combine [kəmbáin] 모이다
comedy [kámidi] 희극
comet [kámit] 혜성
commemorate [kəmémərèit] ~을 기념하여 축하하다
commerce [kámə(:)rs] 상업
commercial [kəmə́:rʃəl] 상업의, 영리적인
commission [kəmíʃən] 의뢰하다, 주문하다
commit [kəmít] 자행하다, 범하다
compact [kəmpǽkt] 압축하다
compensate [kámpənsèit] 보수를 치르다, 보상하다; 보정하다
complement [kámpləmənt] 보완하다, 보충하다
complex [kámpleks] 복잡한, 복합의
complicated [kámpləkèitid] 복잡한, 뒤얽힌
digest [daidʒést] 소화하다
digress [daigrés] 빗나가다, 딴 얘기를 하다
dilation [dìléiʃən] 팽창, 확장
dimension [diménʃən] 차원
dimensional [diménʃənəl] 차원의
dip [dip] 움푹한 곳
direction [dirékʃən] 방향
disadvantage [dìsədvǽntidʒ] 단점
disagreement [dìsəgrí:mənt] 논쟁
disappearance [dìsəpí(:)ərəns] 사라짐
enormous [inɔ́:rməs] 거대한, 막대한, 엄청난
enslave [insléiv] 노예로 만들다
enterprise [éntərpràiz] 기업
enthusiast [inθjú:ziæ̀st] 열성적인 사람, 열광자
enzyme [énzaim] 효소
epithelium [èpəθí:liəm] 상피
equator [ikwéitər] 적도
equatorial [i:kwətɔ́:riəl] 적도의, 적도 부근의
equity [ékwəti] 평등, 공평
equivalent [ikwívələnt] 같은, 동등한
erase [iréis] 지우다
erode [iróud] 침식하다
erosion [iróuʒən] 침식작용
erupt [irʌ́pt] 화산이 분출하다
for that matter 이상하게도, 드물게
forecaster [fɔ́:rkæ̀stər] 예측자
forefoot [fɔ́:rfùt] (네 발 짐승의) 앞발
forefront [fɔ́:rfrʌ̀nt] 맨 앞, 선두
forerunner [fɔ́:rrʌ̀nər] 전신
foresee [fɔ:rsí:] 예견하다, 예측하다
fork [fɔ:rk] 갈래가 지다, 분기하다
formal [fɔ́:rməl] 정규의
formation [fɔ:rméiʃən] 형성, 생성
formative [fɔ́:rmətiv] 형성의
formulate [fɔ́:rmjulèit] 만들다, 공식화하다
minor axis 단축
minute [mainjú:t] 미세한
proposal [prəpóuzəl] 제안
propose [prəpóuz] 제안하다
pros and cons 장점과 단점
prospector [práspektər] 채광자
protect [prətékt] 보호하다
protein [próuti:n] 단백질
protest [próutest] 항의하다
protista [próutistə] 원생생물계
proto human 원인, 원시인
prove [pru:v] 입증하다
prune [pru:n] (불필요한 부분을) 제거하다
psychological [sàikəládʒikəl] 심리적인
public schooling 공공 교육
publication [pʌ̀bləkéiʃən] 출판물
pull away 움직이기 시작하다
upwards [ʌ́pwərdz] 이상의
urban [ə́:rbən] 도시의
urbanization [ə̀:rbənizéiʃən] 도시화
urge [ə:rdʒ] 촉구하다, 주장하다
uterus [jú:tərəs] 자궁
utilize [jú:təlàiz] 이용하다
womb [wu:m] 자궁
woodland [wúdlæ̀nd] 삼림지, 숲
woodwind instrument 목관 악기
workable [wə́:rkəbl] 성취 될 수 있는, 효과적인

Day 25

asteroid [ǽstərɔ̀id] 소행성
asteroid belt 소행성 대
asthma [ǽzmə] 천식
astronomer [əstránəmər] 천문학자
asymmetrical [èisəmétrikəl] 비대칭의
at most 많아야

at times 때때로
atmospheric [ætməsférik] 대기의
atom [ǽtəm] 원자
attach [ətǽtʃ] 부착하다, 귀착시키다
attempt [ətémpt] 시도하다
attraction [ətrǽkʃən] 결합
attractive [ətrǽktiv] 매력적인
audience [ɔ́:diəns] 관객
auditory [ɔ́:ditɔ̀:ri] 청각의
authentic [ɔ:θéntik] 진짜의
authenticity [ɔ̀:θentísəti] 신빙성, 확실성
availability [əvèiləbíləti] 이용할 수 있음, 유효성
avalanche [ǽvəlæ̀ntʃ] 눈사태
avant-garde 전위적인; 아방가르드, 전위
avid [ǽvid] 욕심 많은, 탐욕스러운, 열심인
awaken [əwéikən] 깨우다
axis [ǽksis] 지축, 축
burgeon [bə́:rdʒən] 싹트다, 갑자기 출현하다
burrow [bə́:rou] 구멍, 굴
burst [bə:rst] 돌발, 폭발
burst into flames 화염에 휩싸이다
burst out 갑자기 나타나다
buttress [bʌ́tris] 버팀대
component [kəmpóunənt] 구성 요소, 성분
compose [kəmpóuz] 작곡하다
composition [kɑ̀mpəzíʃən] 구성
compound [kɑ́mpaund] 합성의, 복합적인; 화합물
comprise [kəmpráiz] 구성하다, 이루다
concept [kɑ́nsept] 개념
conception [kənsépʃən] 임신, 수태
conclusion [kənklú:ʒən] 결론
condensation [kɑ̀ndenséiʃən] 액화, 응결, 농축
condense [kəndéns] 농축하다; 요약하다
condition [kəndíʃən] 조건
conducive [kəndjú:siv] 도움이 되는, 이바지하는
conduct [kəndʌ́kt] 수행하다
confine [kənfáin] 제한하다
confirm [kənfə́:rm] 확인하다
confront [kənfrʌ́nt] 직면하다, 맞서다
conical [kɑ́nikəl] 원뿔의
discard [diskɑ́:rd] 버리다, 폐기하다
discern [disə́:rn] 분간하다, 구분하다
disciplined [dísəplind] 훈련 받은, 훈련된
discontent [dìskəntént] 불만, 불평
discrepancy [diskrépənsi] 모순, 불일치
disfranchise [disfrǽntʃaiz] (개인의) 선거권을 빼앗다, (단체의) 특권을 빼앗다
disillusioned [dìsilú:ʒənd] 환멸을 느낀
disintegrate into ~으로 분해 되다
dismiss [dismís] 해산하다
disorder [disɔ́:rdər] 장애
disorient [disɔ́:riènt] 혼란에 빠진, 방향감각을 잃은
disperse [dispə́:rs] 분산하다, 흩뜨리다
disprove [disprú:v] 반증을 들다, 그릇됨을 증명하다
disrupt [dìsrʌ́pt] 파괴하다
escalate [éskəlèit] 확대하다
essential [əsénʃəl] 필수적인, 중요한
estate [istéit] 사유지, 소유지
estimate [éstəmèit] 추산하다
evaporate [ivǽpərèit] 증발하다
eventually [ivéntʃuəli] 결과적으로
evidence [évidəns] 증거
evident [évidənt] 명백한
evolve [ivɑ́lv] 진화시키다
instrumental [ìnstrəméntəl] 수단이 되는, 도움이 되는
instrumental music 기악
insulate [ínsjulèit] 단열하다
insulation [ìnsjuléiʃən] 절연체, 단열재
insult [insʌ́lt] 모욕하다
intact [intǽkt] 그대로인, 본래대로의, 손상되지 않은
integrate [íntəgrèit] 통합시키다, 통합하다
intelligent [intélidʒənt] 지적인
intent [intént] 목적, 의지
migratory [máigrətɔ̀:ri] 이주하는
mine [main] 채굴하다
mineral [mínərəl] 무기물, 광물
mirror [mírər] 비추다, 반영하다
misclassify [mìsklǽsəfài] 잘못 분류하다
sincere [sinsíər] 성실한, 참된
sinful [sínfəl] 죄가 있는
skeptical [sképtikəl] 의심 많은, 회의적인
skepticism [sképtisìzəm] 회의론
skillfully [skílfəli] 교묘하게, 솜씨 있게
skyrocket [skáirɑ̀kit] 급등하다, 높아지다
slippery [slípəri] 미끄러운
sluggish [slʌ́giʃ] 느린, 둔한
snatch [snætʃ] 빼앗아 달아나다, 강탈하다
snippet [snípit] 단편, 조금
snowmobile [snóuməbì:l] 설상차
so-called 소위
socialist party 사회당

sole [soul]	유일한
solid [sálid]	고체
solidify [səlídəfài]	응고시키다, 굳히다
sometimes [sʌ́mtàimz]	때로는
somewhere [sʌ́mhwὲər]	어디론가, 어딘가에
sonar [sóunaːr]	수중 음파 탐지기
sought-after	인기 있는, 수요가 많은
tug [tʌg]	당기다, 끌다
tundra [tʌ́ndrə]	툰드라 (동토대)
tunnel [tʌ́nəl]	굴을 파다
turmoil [tə́ːrmɔil]	소동, 소란, 혼란
turn away from	~를 꺼려하다
twig [twig]	가는 가지
typify [típəfài]	상징하다, 대표하다
typographical [tàipəgrǽfikəl]	인쇄상의
watchful [wátʃfəl]	주의깊은

Day 26

adhesive [ædhíːsiv]	접착제, 점착성이 있는 물건
adopt [ədápt]	채택하다, 입양하다
connection [kənékʃən]	연결
consequence [kánsəkwèns]	결과, 파급 효과, 영향
conservatory [kənsə́ːrvətɔ̀ːri]	음악 학원
conserve [kənsə́ːrv]	보존하다
consistent [kənsístənt]	일관된
constituent [kənstítʃuənt]	성분, 구성 요소
contain [kəntéin]	포함하다, 담다
contamination [kəntæ̀mənéiʃən]	오염
context [kántekst]	환경, 정황
continental island	육도 (대륙에 딸린 섬)
continental [kὰntənéntəl]	대륙의
contour [kántuər]	윤곽을 그리다, 등고선을 긋다
contract [kəntrǽkt]	수축하다
contraction [kəntrǽkʃən]	축소
contribute [kəntríbjuːt]	기부하다, 공헌하다
controlled [kəntróuld]	통제된
controversial [kὰntrəvə́ːrʃəl]	논란이 되는, 논쟁의 여지가 있는
dissection [disékʃən]	절개, 해부, 해체
disseminate [disémənèit]	널리 퍼지게 하다
dissimilar [dissímələr]	다른
distillation [dìstəléiʃən]	증류법, 증류수, 정수
distinction [distíŋkʃən]	구별, 특별함
distracted [distrǽktid]	빗나간, 마음이 산란한
distribute [distríbju(ː)t]	배포하다, 분배하다, 퍼뜨리다
divergent [divə́ːrdʒənt]	다른
diversity [divə́ːrsəti]	다양성, 변화
divination [dìvənéiʃən]	점, 예측
divine [diváin]	알아 맞추다, 예측하다; 신의, 신성한
division [divíʒən]	부분, 구분
dizygotic [dàizaigátik]	두 개의 수정란에서 자란
doable [dúːəbl]	가능한
domain [douméin]	영역, 범위
domestic [dəméstik]	국내의
dominant [dámənənt]	지배적인, 우세한
exaggeration [igzæ̀dʒəréiʃən]	과장
examine [igzǽmin]	살펴보다, 분석하다
excavate [ékskəvèit]	발굴하다
exception [iksépʃən]	예외
exclusively [iksklúːsivli]	오로지
excrement [ékskrəmənt]	배설물
exert [igzə́ːrt]	가하다
exhibit [igzíbit]	보여주다, 보이다, 나타나다
exhibition [èksəbíʃən]	구경거리
exoskeleton [èksouskélitən]	외골격
exotic [igzátik]	색다른, 이국적인
expand [ikspǽnd]	확장시키다, 팽창하다
expanse [ikspǽns]	광활한 공간; 확장하다
fossil fuel	화석연료
found [faund]	설립하다
foundation [faundéiʃən]	토대, 기초
fragmentary [frǽgməntèri]	파편의
fragmented [frǽgməntid]	분해된, 조각난
frame [freim]	틀, 뼈대; 틀을 잡다, 만들다
framework [fréimwə̀ːrk]	틀, 뼈대
fraternal twins	이란성 쌍둥이
physiological change	생리적 변화
pick up	포착하다, 발견하다
pictorial design	그림 도안
pictorialism [piktɔ́ːriəlìzm]	회화주의, 영상 중심주의
picture [píktʃər]	상상하다; 묘사하다
pidgin [pídʒən]	혼성어
pig iron	선철, 무쇠
pile up	쌓다
pioneer [pàiəníər]	개척하다

placenta [pləséntə]	태반
planetary [plǽnitèri]	행성의
plankton [plǽŋktən]	플랑크톤
plantation [plæntéiʃən]	대규모 농원
plaster [plǽstər]	회반죽, 석고
plate tectonics	판 구조론
plausibility [plɔ:zəbíləti]	그럴듯함, 그럴듯한 일
playwright [pléiràit]	극작가
plentiful [pléntifəl]	많은
plight [plait]	곤경
plow [plau]	갈다, 경작하다
plywood [pláiwùd]	베니어판, 합판
poacher [póutʃər]	밀렵자
point out	지적하다
self-taught	독학한
space-time continuum	시공 연속체, 4차원
spark [spɑ:rk]	번득임, 불꽃
spatial [spéiʃəl]	공간의
spear [spiər]	작살, 창
specialize [spéʃəlaiz]	전공하다; 전문화하다
species [spí:ʃi:z]	종
spectacular [spektǽkjulər]	호화스러운
spectator [spékteitər]	구경꾼
speculate [spékjulèit]	추측하다, 사색하다
speedy [spí:di]	빠른
spell [spel]	시기
spending [spéndiŋ]	지출, 소비
sperm [spə:rm]	정액, 정자
sphere [sfiər]	구
spherical [sférikəl]	구형의, 둥근
spill [spil]	유출; 엎지르다
spin [spin]	빙빙 돌다
spindle [spíndl]	축
splendor [spléndər]	화려함, 당당함, 훌륭함

Day 27

aim [eim]	목표삼다
algae [ǽldʒi:]	조류
alignment [əláinmənt]	일직선, 정렬, 정돈
alleviate [əlí:vièit]	완화하다, 경감시키다
convection [kənvékʃən]	열이나 공기의 대류
convention [kənvénʃən]	회의
conventional wisdom	(헛된) 통념
convert [kənvə́:rt]	전환하다, 화학변화를 일으키다
convincing [kənvínsiŋ]	설득력 있는
cooling [kú:liŋ]	냉각
copyright [kάpiràit]	저작권으로 보호하다, ~의 판권을 얻다
core [kɔ:r]	중심, 핵
cornea [kɔ́:rniə]	각막
cornerstone [kɔ́:rnərstòun]	초석, 기초
correlation [kɔ̀(:)rəléiʃən]	상관성, 상호 관계
corrugated [kɔ́:rəgèitid]	물결 모양의, 주름 잡힌
cotton wood	미루나무
counterfeit [káuntərfit]	모조의
countryside [kʌ́ntrisàid]	시골
covalent bond	공유결합
craft [kræft]	기술, 재주
cramped [kræmpt]	비좁은, 갑갑한
domino [dάmənòu]	도미노
donation [dounéiʃən]	기부금
downdraft [dáundræ̀ft]	하강 기류
downgrade [dáungrèid]	내리다, 강등시키다
downside [dáunsàid]	단점
downstream [dáunstrì:m]	하류
dowser [dáuzər]	수맥 점술가
dowsing rod	(수맥을 찾는) 점지팡이
drag [dræg]	저항
dramatic [drəmǽtik]	극적인, 극도의, 드라마틱한
drastic [drǽstik]	급격한
drawback [drɔ́:bæ̀k]	결점
dread [dred]	공포
expansion [ikspǽnʃən]	팽창
expedition [èkspidíʃən]	항해, 탐험
expend [ikspénd]	소비하다
experiment [ikspérəmənt]	실험 (=experimentation)
expert [ikspə́:rt]	숙련된, 노련한
expertise [èkspə:rtí:z]	전문적 지식
explicit [iksplísit]	명백한
exploit [iksplɔ́it]	지나치게 이용하다, 착취하다
exploration [èkspləréiʃən]	탐구, 조사, 답사
explosive [iksplóusiv]	폭발적인
exponentially [èkspənénʃəli]	급격하게
expose [ikspóuz]	(작용, 영향을) 접하게 하다, 노출하다
expose to	(햇빛, 비바람 등에) 쐬다, 드러내다

extensive [iksténsiv]	광대한, 광범위의, 대규모의
fraud [frɔ:d]	사기, 속임수
free market	자유시장
freeze [fri:z]	얼다
freight [freit]	화물
freighting [fréitiŋ]	화물 운송
frequency [frí:kwənsi]	주파수
friction [fríkʃən]	마찰
frill [fril]	장식
frontier [frʌntíər]	국경, 영역
pollinate [pάlənèit]	수분하다
pollutant [pəlú:tənt]	오염 물질, 오염원
populate [pάpjulèit]	~에 살다
porcelain [pɔ́:rsəlin]	자기
pore [pɔ:r]	작은 구멍
porous [pɔ́:rəs]	작은 구멍이 많은, 다공성의
portico [pɔ́:rtəkòu]	포르티코, 주랑 현관
portion [pɔ́:rʃən]	부분
portray [pɔ:rtréi]	그리다, 표현하다
pose [pouz]	(위험성을) 내포하다, 지니다
possess [pəzés]	소유하다
postal [póustəl]	우편의
postmodern [pòustmάdərn]	포스트모더니즘의
potential [pəténʃəl]	가능한, 잠재적인
pottery [pάtəri]	도기
pouched [pautʃt]	주머니가 있는
practically [prǽktikəli]	거의, 사실상
preach [prí:tʃ]	설파하다
precipitation [prisìpitéiʃən]	침전; 강우량
precise [prisáis]	정확한
sentence to death	사형을 선고하다
sentence [séntəns]	판결, 선고, 형벌
sequence [sí:kwəns]	연속, 순서
serious [sí(:)əriəs]	진지한, 신중한; 중대한
splitter [splítər]	분열파
spoil [spɔil]	썩게 하다, 손상하다
spoke [spouk]	(바퀴) 살
spore [spɔ:r]	포자
spot [spɑt]	점, 얼룩; 분간하다; 지점
sprawl [sprɔ:l]	다리를 펴다, 기어 다니다
spring up	생겨나다
sprout [spraut]	싹이 나다
square unit	한 단위 제곱
squeak [skwi:k]	삐걱거리다
squirt [skwə:rt]	분출하다, 내뿜다
stable [stéibl]	안정된
stage [steidʒ]	단계; 상연하다
suborder [sʌ́bɔ̀:rdər]	아목 (생물 분류학상의 한 단계)
subpolar [sʌbpóulər]	극지에 가까운
subsequent [sʌ́bsəkwənt]	다음의, 이어서 일어나는
subsistence agriculture	자급 농업
substrate [sʌ́bstreit]	기질 (효소의 작용으로 화학 반응을 일으키는 물질)
subtle [sʌ́tl]	미묘한
subtly [sʌ́tli]	미묘하게
subtropic [sʌbtrάpik]	아열대의
suburb [sʌ́bə:rb]	교외, 근교
suburban [səbə́:rbən]	교외의
successive [səksésiv]	연속적인

Day 28

animator [ǽnəmèitər]	만화 제작자
anticipate [æntísəpèit]	예상하다
anus [éinəs]	항문
aphid [éifid]	진딧물
crash [kræʃ]	충돌하다, 붕괴하다; 붕괴
creation [kriéiʃən]	창조, 창작
creativity [krì:eitívəti]	창의성
credit [krédit]	(공적 등을) ~로 여기다, ~에게 돌리다
crime [kraim]	죄, 범죄
criminal [krímənəl]	범인
criteria [kraitíəriə]	기준, 표준
critic [krítik]	비평가
cruciform [krú:səfɔ̀:rm]	십자형의
crude [kru:d]	노골적인, 조잡한
crusade [kru:séid]	십자군
evolution [èvəlú:ʃən]	진화
frosting [frɔ́(:)stiŋ]	(케이크에) 설탕을 입힘
frozen [fróuzən]	냉동한, 동결된
fuel [fjú(:)əl]	자극하다, 연료
function [fʌ́ŋkʃən]	기능
functional [fʌ́ŋkʃənəl]	기능적인
fund [fʌnd]	(수표, 어음 결제용의) 예금
fungal [fʌ́ŋgəl]	곰팡이의
furnace [fə́:rnis]	용광로

furnish [fə́ːrniʃ]	가구를 갖추다
fuse [fjuːz]	융합되다
mass-produce	대량 생산하다
organism [ɔ́ːrgənìzəm]	생물
porous [pɔ́ːrəs]	흡수성의, 투과성의
prehistoric [prìːhistɔ́(ː)rik]	선사 시대의
replenish [ripléniʃ]	다시 채우다
report [ripɔ́ːrt]	보고서
represent [rèprizént]	나타내다, 표현하다
reproduce [rìːprədjúːs]	복제하다
reproduction [rìːprədʌ́kʃən]	번식
reproductive [rìːprədʌ́ktiv]	생식의, 생식 기능을 하는
republic [ripʌ́blik]	공화국의
repulsive [ripʌ́lsiv]	고약한
requirement [rikwáiərmənt]	필요(물)
residence [rézidəns]	주거지
resident [rézidənt]	거주자
resistance [rizístəns]	방해, 저항
resistant to	~에 저항하는
resolution [rèzəlúːʃən]	결의문
responsibility [rispɑ̀nsəbíləti]	책임, 의무
restoration [rèstəréiʃən]	회복, 복원
retail store	소매상
revelry [révəlri]	흥청거림, 환락
revenue [révənjùː]	세입, 수익
set aside	비축하다, 따로 떼어두다
set the stage for	~의 원인이 되다
settle [sétl]	정착하다; 쌓이다; 가라앉다
settler [sétlər]	이주민, 이민자
sever [sévər]	분리하다, 끊어지다
sewage [sjúːidʒ]	하수 오물, 오수, 하수
shade tree	그늘을 만드는 나무
shallow [ʃǽlou]	얕은
shareholder [ʃέərhòuldər]	주주
sharpen [ʃɑ́ːrpən]	예리하게 하다, 빈틈없이 하다
shed [ʃed]	(표피를) 벗다
sheet music	낱장 악보
shield [ʃiːld]	가리다; 보호하다
shoot [ʃuːt]	돌진하다, 지나가다
shortage [ʃɔ́ːrtidʒ]	부족, 결핍
short-lived	수명이 짧은
shout [ʃaut]	소리지르다
showy [ʃóui]	화려한
shrink [ʃriŋk]	줄어들다, 감소하다
sibling [síbliŋ]	형제 자매
temperament [témpərəmənt]	체질, 기질, 성미
temperate [témpərət]	온대의, 온화한
temperature [témpərətʃər]	온도
tempest [témpist]	대소동, 격동
temple [témpl]	신전
temporary [témpərèri]	일시적인
tension [ténʃən]	긴장
terminal velocity	종단 속도
terrain [təréin]	땅, 지역
terrestrial planet	지구형 행성
territory [téritɔ̀ːri]	영토
textile [tékstil]	직물의
theologically [θìːəlɑ́dʒikəli]	신학적으로
theorist [θí(ː)ərist]	이론가
theorize [θí(ː)əràiz]	이론을 세우다, 공론을 일삼다
theory [θí(ː)əri]	이론
thickness [θíknis]	두께

Day 29

adorn [ədɔ́ːrn]	꾸미다, 장식하다
adultery [ədʌ́ltəri]	간음
advance [ədvǽns]	진보
advocate [ǽdvəkèit]	옹호하다, 지지하다
aerial photograph	항공 사진
crust [krʌst]	지각
crystal [krístəl]	결정, 결정체
crystallize [krístəlàiz]	결정을 이루다, 결정시키다, 구체화하다
cube [kjuːb]	정육면체
cubism [kjúːbizəm]	입체파
culprit [kʌ́lprit]	주원인, 죄인
cult [kʌlt]	컬트 (소수의 조직화된 신앙 집단)
cultivate [kʌ́ltəvèit]	배양하다, 경작하다, 농사를 짓다
cut across	~에 널리 미치다
cycle [sáikl]	주기, 순환
cyclical [sáiklikəl]	순환기의, 주기적인
ecotone [ékətòun]	추이대 (두 동식물 군락 사이의 이행부)
feasibility study	타당성 조사
ocean current	해류
ocean energy	해양 에너지

quantum mechanics 양자 역학
reverse [rivə́:rs] 전환시키다, 번복하다, 파기하다
revision [rivíʒən] 수정
revival [riváivəl] 부흥, 부활
revolve [rivɑ́lv] 선회하다, 회전하다
ridicule [rídəkjù:l] 조롱
rigid [rídʒid] 단단한
risk [risk] 위험
rite [rait] 의식
rivalry [ráivəlri] 경쟁, 대항
roam [roum] 돌아다니다, 배회하다
roast beef 쇠고기 구이
rocky [rɑ́ki] 암석으로 된
rod [rɑd] 봉, 막대
roof [ru(:)f] 지붕
room tone 밀폐된 공간에 존재하는 주위의 소리
rooster [rú:stər] 수탉
rotate [róuteit] 회전하여 순환하다; 교대하다
rotation [routéiʃən] 회전, 선회
rouse [rauz] 깨우다
route [ru:t] 경로
run on (은행에) 채권액의 반환을 청구하다
rural [rú(:)ərəl] 시골의
stainless [stéinlis] 흠 없는, 깨끗한, 결백한
stampede [stæmpí:d] 쇄도
stance [stæns] 입장, 자세
starvation [stɑ:rvéiʃən] 기아, 아사
statue [stǽtʃu:] 조각상
status quo 그대로의 상태, 현상유지
status [stéitəs] 지위
staunch [stɔ:ntʃ] 충실한
stay away from ~을 멀리하다, ~에서 떨어져 있다
stay put 그대로 있다, 제자리에 머무르다
stay up 밤늦게까지 자지 않고 있다
steadily [stédili] 착실하게, 정차
steam engine 증기 기관
stem [stem] 대, 자루
stencil [sténsəl] 등사하다
stick out 돌출하다
stinging [stiŋiŋ] 찌르는 듯이 아픈
stock [stɑk] 재고
strain [strein] 종족, 혈통
strait [streit] 해협
strand [strænd] 가닥, 요소, 성분
stray [strei] 갑작스러운
stretch [stretʃ] 뻗다
strike [straik] 동맹 파업
striking [stráikiŋ] 인상적인
string tension 줄의 장력
structure [strʌ́ktʃər] 구조, 구조물
study [stʌ́di] 연구
sturdy [stə́:rdi] 튼튼한
sub-contract 하청 계약
subcriteria [sʌ̀bkraitíəriə] 하위기준
subculture [sʌbkʌ́ltʃər] 하위문화, 신문화
subject [sʌ́bdʒikt] 실험 대상, 피실험자
toothed [tu:θt] 이가 있는
topography [təpɑ́grəfi] 지형
torso [tɔ́:rsou] 상반신
tow [tou] 끌어당기다
trace [treis] 거슬러 올라가다, 따라가다
track down 찾아내다, 탐지하다
traction [trǽkʃən] 주목, 영향력
trade [treid] 거래하다
tradition [trədíʃən] 전통
tragedy [trǽdʒidi] 비극
tranquilizer [trǽŋkwəlàizər] 정신 안정제, 진정제
transcontinental [trӕnskɑntənéntəl] 대륙횡단의
transcriber [trænskráibər] 사자생, 필경사
transformation [trӕnsfərméiʃən] 변태
transmit [trænsmít] 전송하다
transport [trænspɔ́:rt] 운송하다, 옮기다; 이동하다
telescopic [tèləskɑ́pik] 멀리까지 잘 보는, 통찰력 있는
vilify [víləfài] 비방하다
violence [váiələns] 폭력
wave energy 파동 에너지

Day 30

abbey [ǽbi] 대성당, 대저택
abbreviated [əbrí:vièitid] 단축된, 간결하게 한
aborted [əbɔ́:rtid] 유산된; 발육 부전의
accelerated motion 가속 운동
accusative [əkjú:zətiv] 직접 목적격의
acetic acid 아세트산

acquit [əkwít] 무죄로 하다
adjacent [ədʒéisənt] 이웃의, 인접한
affirm [əfə́ːrm] 단언하다, 확언하다
agamic [əgǽmik] 무성 생식의
agnosticism [ægnástisìzəm] 불가지론
alien [éiljən] 귀화 식물
allomorph [ǽləmɔ̀ːrf] 동질 이형
allusion [əljúːʒən] 인유; 암시, 언급
amplitude [ǽmplitjùːd] 진폭
autogenesis [ɔ̀ːtoudʒénisis] 자연 발생(설)
auxiliary [ɔːgzíljəri] 조동사
backer [bǽkər] 후원자
case method 사례 연구법
central angle 중심각
centroid [séntrɔid] 중심
currently [kə́ːrəntli] 현재
cut across ~에 널리 미치다; ~을 질러가다
cuticle [kjúːtikl] 표피
cycle [sáikl] 주기, 순환
cyclical [sáiklikəl] 순환기의, 주기적인
discharger [distʃáːrdʒər] 탈색제, 표백제
drift [drift] 표류하다, 떠돌다
drive at 의도하다, 의미하다
droplet [dráplit] 물방울
drown [draun] 익사하다
dry eye 건조성 각막염
duplicate [djúːpləkèit] 복제하다
durable [djú(ː)ərəbl] 영속성 있는
dwindle [dwíndl] 점차 감소하다
dye [dai] 염료, 물감
extraneous [ikstréiniəs] 외래의, 외부에 발생한
extravagant [ikstrǽvəgənt] 터무니없는, 기발한, 엄청난
extreme [ikstríːm] 극도의, 극한
extremophile [ikstríməfàil] 극한 미생물
eye drops 인공눈물, 안약
grid [grid] 격자, 바둑판 눈금
groundbreaking [gráundbrèikiŋ] 획기적인
grub [grʌb] 땅벌레
guidance [gáidəns] 안내, 지도
guild [gild] 길드, 동업 조합
guilty of charge 유죄 혐의
gut [gʌt] 내부를 파괴하다
hyperbolize [haipə́ːrbəlàiz] 과장법을 쓰다
hypoglycemia [hàipouglaisíːmiə] 저혈당
hypothesis [haipáθisis] 가설, 가정
hypothesize [haipáθisàiz] 가정하다
hypothetical [hàipəθétikəl] 가설의, 가상의
impetus [ímpitəs] 힘, 기동력
intentionally [inténʃənəli] 고의적으로, 의도적으로
interaction [ìntərǽkʃən] 상호작용
interface [íntərfèis] 경계면, 접점
interfere [ìntərfíər] 간섭하다, 참견하다
intermediate [ìntərmíːdiət] 중간의
internal [intə́ːrnəl] 내부의, 체내의
interrogate [intérəgèit] 심문하다, 질문하다
intervene [ìntərvíːn] 끼어들다, 개입하다
intervention [ìntərvénʃən] 개입, 간섭
interweave [ìntərwíːv] 짜 넣다, 섞어 짜다
intestine [intéstin] 장, 창자
invasion [invéiʒən] 침해, 침입
investigator [invéstəgèitər] 조사관, 심문관
investment [invéstmənt] 투자
invisible [invízəbl] 눈에 보이지 않는
invoke [invóuk] 기원하다, 호소하다
irregular [irégjulər] 울퉁불퉁한, 고르지 못한
irrigation [ìrəgéiʃən] 관개 사업
irritating [írітèitiŋ] 자극하는, 아리게 하는
itchy [ítʃi] 가려운
monastery [mánəstèri] 수도원
monera [məníərə] 원핵생물계
monk [mʌŋk] 수도사
monozygotic [mànouzaigátik] 하나의 수정란에서 자란
monumental [mànjuméntəl] 기념비적인
morality [mərǽləti] 도덕
motivate [móutəvèit] 동기를 주다, 자극하다
movement [múːvmənt] 운동
muddy [mʌ́di] 진흙 투성이의
multiplier effect 상승효과
mural [mjú(ː)ərəl] 벽의, 벽에 붙인
muscle fiber 근섬유
mushy [mʌ́ʃi] 걸쭉한
mutual [mjúːtʃuəl] 상호보완적인
nihilism [náiəlìzəm] 허무주의, 니힐리즘
overlap [òuvərlǽp] 중복되다, 일치하다
overpopulation [òuvərpàpjuléiʃən] 인구 과잉
ovum [óuvəm] 난자
oxide [áksaid] 산화물
personification [pəːrsànəfəkéiʃən] 의인화
pupa [pjúːpə] 번데기
pure [pjuər] 순수한, 순전한

purification [pjùərəfikéiʃən]	정화
pursue [pərsjúː]	진행하다, 계속하다
pursuit [pərsjúːt]	추구
put a damper on	~의 기를 꺾다
put up with	견디다
putrefy [pjúːtrəfài]	썩다, 곪게 하다
quackery [kwǽkəri]	엉터리 치료
quality [kwáləti]	특성
quantity [kwántəti]	양
questionable [kwéstʃənəbl]	의심 나는, 미심쩍은
questionnaire [kwèstʃənέər]	설문서
quilt [kwilt]	퀼트 누비 (옷감에 솜을 넣어 누비는 것)
scoop [skuːp]	특종 기사
simile [síməli]	직유
tassel [tǽsl]	(옥수수의) 수염
undercool [ʌ̀ndərkúːl]	불충분하게 냉각하다
virtual [vəːrtʃuəl]	가상의
windblown [wíndblòun]	바람에 날린
wipe out	죽이다, 없애다
wiry [wáiəri]	마르지만 강인한
withdraw [wiðdrɔ́ː]	인출하다
withstand [wiðstǽnd]	견디다

Instructor's Office Hours

1. A class and assignments

abstract [ǽbstrækt] 논문 요약
academic calendar 학사 일정
academic conference 학술회의
assignment [əsáinmənt] 숙제, 과제
course catalogue 수강 신청 안내서/강의계획서
course syllabus 수업요강
curriculum [kəríkjələm] 교과과정 : 한 과목에 대한 체계적인 수업표
field trip 현장학습
laboratory [lǽbərətɔ̀ːri] 실험실
lab report 실험 보고서
proposal [prəpóuzəl] 논문 기획안
semester [siméstər] 학기
spring break 봄방학
student rank 학년
submit [səbmít] 제출하다
summer session 여름방학 중의 계절 학기
syllabus [síləbəs] 강의 계획표
term [təːrm] 학기
term paper 학기말 보고서
thesis [θíːsis] 학위논문

2. The grade and tests

academic warning/probation/dismissal 학사경고/유급/퇴학
attendance [əténdəns] 출석
blue book (청색 표지의) 시험 답안지
composition marks 작문점수
credit [krédit] 학점
extracurricular [èkstrəkəríkjələr] 과외의
final exam 기말고사
grade point average 평점
passing grade 통과 성적
proctor [práktər] 시험감독관
quiz [kwiz] 간단한 구두시험 또는 필기시험
report card 학기말 성적표
take-home exam 집에 문제를 가져갔다 마감일에 제출하는 시험 형태
transcript [trǽnskript] 성적증명서 : 수강 과목과 학점, 교내 지위, 수상 기록이 함께 기록되어 있음.
true-false exam T, F로 답하는 유형의 시험

3. Academic plan and jobs

bachelor's degree 학사학위 : 학부 학생이 대학 4년 전 과정을 마치면 받는 학위
commencement ceremony 학위 수여식
concentration in major 전공 중의 중점분야
degree [digríː] 학위
double major 복수전공
drop out 학교를 중퇴하다
exchange visitor program 교환 연수 프로그램
internship program 인턴 제도
job fair 취업 박람회
job opportunity 취업 자리
major [méidʒər] 전공
master program 석사과정
senior [síːnjər] 대학 4학년생
sophomore [sáfəmɔ̀ːr] 대학 2학년생
specialization [spèʃəlizéiʃən] 주특기인 분야, 전문분야
student abroad program 해외 연수 프로그램
transfer [trænsfə́ːr] 학과변경, 편입; 편입하다
undergraduate [ʌ̀ndərgrǽdʒuit] 학부
university/college/department 대학/단대/학과

Service Encounters

1. Registrar's Office (학적과)

academic advising divisions 학업 상담 분과

academic advisor 학과 선택과 학업 과정에 있어서 학생들에게 조언을 하는 상담 교수 또는 상담 전문 직원

add a course 과목을 추가 신청하다

advance registration 조기 수강 신청

audit [ɔ́:dit] 청강 : 특정 과목을 강사의 허락을 받고 강의를 듣는 것. 학점을 이수할 수 없음.

course number 학과목 번호 : 보통 3~4자리의 숫자를 통해 식별됨.

deadline [dédlàin] 마감일

elective [iléktiv] 선택과목

enroll [inróul] 등록하다

non-credit course 학점 인정이 되지 않는 과목

non-major 비전공자

pass/fail class(= pass/no pass class) 통과/낙제 과목 : 학점을 A, B 등으로 주지 않고 다만 pass, fail로만 표시하는 과목이다. 학점(credit)을 이수한 것으로는 인정되지만, 점수(grade)를 받을 수는 없게 된다.

prerequisite [prì(:)rékwizit] 선수과목 : 특정 과목을 듣기 전에 미리 들어야 하는 과목

registration period(session) 등록기간

requirement [rikwáiərmənt] 필수 과목

2. Administrative Office (행정실)

administrative office 행정실

application/acceptance/admission 응시/입학 허가/입학 : application은 응시자의 서류와 성적, 인터뷰, 상벌 기록 등의 요건들을 기준으로 입학에 적격한가를 심사하는 과정이다. 여기에서 통과하면 acceptance을 발부하며, 그 과정을 거쳐 공식 입학된 상태를 admission이라고 한다.

dean [di:n] 학장, 학생처장

dean's list(=honor roll) 우등생 명단 : 평점이 일정 기준을 넘는 학생들의 명단

diploma [diplóumə] 졸업증서

financial aid 재정 보조, 학자금 융자

financial aid application 재정 보조 신청

grant [grænt] 보조금, 지원금

honors department 장학 부서

loan application 대출 신청

proof of student registration 재학증명서

scholarship [skálərʃìp] 장학금

tuition [tju:íʃən] 수업료

3. Housing Office (숙소 사무처)

amenities [əménəti] 편의시설

closet [klázit] 옷장

contract [kántrækt] 계약

custodian [kʌstóudiən] 건물 관리인, 경비

dorm manager 기숙사 관리인

dormitory dean 사감

faucet [fɔ́:sit] 수도꼭지

fitness center 운동시설

fraternity [frətə́:rnəti] 대학 내 남학생들의 친목 클럽이며 주로 그리스 문자로 이름을 정함

host family 집주인 가족

housing department(=housing office) 대학 내의 숙소관련 사무처

janitor [dʒǽnitər] 수위

laundry room 세탁실

leaky [lí:ki] 물이 새는

lease [li:s] 임대

lounge [laundʒ] 휴게실

move-out notice 이사 가기 전 미리 주인에게 알리는 것

off-campus housing 교외 거주

on-campus living 교내 거주

repair [ripέər] 수리하다

residence hall (dormitory) 기숙사

roommate [rú(:)mmèit] 방을 함께 쓰는 짝

security deposit 보증금

sorority [sərɔ́(:)rəti] 대학 내 여학생들의 친목 클럽이며 주로 그리스 문자로 이름을 정함

studio apartment 원룸형 아파트

residence dining 기숙사 식당

4. Library (도서관)

abstract [ǽbstrækt] 기사나 책의 요약문, 발췌문

article [ɑ́:rtikl] 기사, 논문

bibliography [bìbliɑ́grəfi] 도서 목록, 저자 목록

bound [baund] 제본된

bound periodicals 정기 간행물을 합본한 것

bulletin board 게시판

call number 도서 정리 번호 : 문자와 숫자로 도서 목록을 체계적으로 분류한 도서 주소

campus map 학교지도

check out 대출하다

circulation [sə̀:rkjəléiʃən] 대출

copy card 복사카드 : 복사기를 사용하거나, 마이크로 필름을 열람 또는 프린트 할 때 사용하는 카드

dissertation [dìsərtéiʃən] 학위 논문, 박사 논문

due date 도서 반납 일자

fine [fain] 도서 반납 연체료

ID card (identification card) 학생증

information desk 안내 창구

inter-library loan 대학 간의 교환 도서 대출 시스템

late fee 연체료

librarian [laibrɛ́(:)əriən] 사서

library pass 도서관 출입증

loan period 대출기간

online catalogue 도서관이 보유한 도서와 자료들이 전산화된 목록

overdue [òuvərdjú:] 연체

periodical [pìəriɑ́dikəl] 정기 간행물

policy [pɑ́lisi] 규율, 정책

recall notice 반납 요청서

reference [réfərəns] 참고 서적

return a book 책을 반납하다

serial [sí(:)əriəl] 연재물

short term loan 단기 대출

stacks [stæks] 책의 진열대, 서가

used book 헌책

5. Other Facilities (기타 시설)

banking needs 은행업무

cafeteria [kæ̀fití(:)əriə] 간단한 음식을 파는 식당, 구내식당

campus area bus service 교내 순환버스 제도

campus job 교내 일자리

campus restaurant 교내 식당

dining hall (대학에서 정찬 때 쓰는) 큰 식당

disability service 장애인을 위한 제도

extended dinner hours 저녁 시간 연장

extra curricular activities 과외 활동

faculty only 교직원 전용

gymnasium [dʒimnéiziəm] 체육관

health center 보건소, 의료센터

lab assistant 실험 조교

meal plan 식사 계획 : 주로 일주일에 몇 번 먹을 지가 입력됨

medical insurance 의료보험

parking sticker 주차 허용 스티커

parking ticket 주차 위반 딱지

postal service 우편제도

RA(=research assistant) 연구 조교

shelter [ʃéltər] 보호시설

sports facilities 운동시설

student center 학생 회관

student club 대학동아리

student conference 학생회의

student council 학생자치회

student health center 학교 보건소

TA(=teaching assistant) 교수 조교

work study 근로 장학 제도

Biology (생물학)

aggressive [əgrésiv]	격렬한
aside from	~외에도, ~에 더해
bower [báuər]	은둔처
bowerbird [báuərbə̀:rd]	바우어새
conjugal [kándʒəgəl]	부부의
courtship [kɔ́:rtʃip]	짝짓기
deck [dek]	치장하다
decoration [dèkəréiʃən]	장식
determine [ditə́:rmin]	결정하다
dull [dʌl]	지루한, 따분한
elevated [éləvèitid]	높은, 끌어올려진
erect [irékt]	세우다
feather [féðər]	깃털
frenetic [frənétik]	열광적인
gravel [grǽvəl]	자갈
impress [imprés]	감동을 주다
intricate [íntrəkit]	정교한
maniacal [mənáiəkəl]	광적인
mating [méitiŋ]	짝짓기
meticulous [mətíkjuləs]	꼼꼼한
nest [nest]	둥지
parallel [pǽrəlèl]	평행의
plain [plein]	평범한, 지루한
plumage [plú:midʒ]	깃털
sapling [sǽpliŋ]	묘목
shelter [ʃéltər]	은신처
sneaky [sní:ki]	교활한, 남을 속이는
strut [strʌt]	뽐내다, 과시하다
taste [teist]	취향

Astronomy (천문학)

accuracy [ǽkjərəsi]	정확성
advanced [ədvǽnst]	첨단의, 진보한
application [æ̀pləkéiʃən]	용도, 적용
arcsecond [a:rksékənd]	초각, 1도의 1/3600
average-sized	평균 사이즈의
back and forth	반복적으로, 앞뒤로
compute [kəmpjú:t]	계산하다
concept [kánsept]	개념
demonstrate [démənstrèit]	보여주다
depending [dipéndiŋ]	~에 따르면
diameter [daiǽmitər]	지름
distant [dístənt]	먼
field of vision	시야
in reverse	반대로
infinitesimal [ìnfinitésəməl]	극미한
key method	주요 방식
moment [móumənt]	순간
observer [əbzə́:rvər]	관찰자
orbit [ɔ́:rbit]	궤도
parallax [pǽrəlæ̀ks]	시차
principle [prínsəpl]	원리
reference [réfərəns]	기준, 참고
relatively [rélətivli]	상대적으로
second-closest	두 번째로 가까운
sufficient [səfíʃənt]	적당한, 충분한
thumb [θʌm]	엄지
trigonometry [trìgənámitri]	삼각법
with respect to	~에 대한

History (역사학)

buildup [bíldʌ̀p]	증가, 증대
conflict [kánflikt]	갈등
current [kə́:rənt]	물결
descent [disént]	출신

devise [diváiz] 궁리하다, 고안하다
dip [dip] 담그다
dislodge [dislɑ́dʒ] 제거하다, 몰아내다
dispute [dispjúːt] 다툼
downstream [dàunstríːm] 하류로
enormous [inɔ́ːrməs] 거대한
exacerbate [igzǽsərbèit] 악화시키다
exhaust [igzɔ́ːst] 없애다, 고갈시키다
firewood [fáiərwùd] 장작
flake [fleik] 조각
habitat [hǽbitæ̀t] 서식지
hospitable [hɑ́spitəbl] 쾌적한
hydraulic [haidrɔ́ːlik] 수력의
immigrant [íməgrənt] 이주자
inflame [infléim] 자극하다, ~에 불을 붙이다
influx [ínflʌ̀ks] 유입
inland [ínlənd] 내륙의
kick off 시작하다
lumber mill 목재소
obsolete [ɑ̀bsəlíːt] 진부한, 시대에 뒤진
officially [əfíʃəli] 공식적으로
oftentimes [ɔ́(ː)fəntàimz] 대개, 자주
open pit mine 노천광산
overflow [òuvərflóu] 넘치게 하다
overland [óuvərlæ̀nd] 육로의
pan [pɑːn] 냄비로 (사금을) 가려내다
peak [piːk] 최고조
prospector [prɑ́spektər] 탐광자
rampant [rǽmpənt] 만연한, 보통 있는
river bed 강바닥
sediment [sédəmənt] 퇴적물
swell [swel] 불어나다
vigilantism [vídʒələntìzəm] 자경단 정신
wholesale [hóulsèil] 대대적인

Art (미술)

aesthetics [esθétiks] 미학
affordable [əfɔ́ːrdəbl] (구입하기에) 알맞은, 감당할 수 있는
emphasize [émfəsàiz] 강조하다
essentially [əsénʃəli] 본질적으로
handcraft [hǽndkræ̀ft] 수제품의
Industrial Revolution 산업혁명
one-of-a-kind 고유한
ordinary [ɔ́ːrdənèri] 보통의
ornamental [ɔ̀ːrnəméntəl] 장식적인
repetitive [ripétitiv] 반복적인
revolt [rivóult] 운동을 일으키다, 반항하다
shoddy [ʃɑ́di] 조잡한, 싸구려의
tedious [tíːdiəs] 지루한
ventilate [véntəlèit] 통풍시키다

Music (음악)

analogous [ənǽləgəs] 유사한
arena [əríːnə] 분야
aristocratic [ərìstəkrǽtik] 귀족적인, 귀족의
artistic [ɑːrtístik] 예술적인
common people 평민
commonwealth [kɑ́mənwèlθ] 영연방
component [kəmpóunənt] 구성 요소
cue [kjuː] 힌트
curtail [kə(ː)rtéil] 제한하다, 줄이다
derive [diráiv] 파생된
diminish [dimíniʃ] 줄이는
domestic [dəméstik] 국내
enamor [inǽmər] 매혹하다
endeavor [endévər] 시도, 노력
farcical [fɑ́ːrsikəl] 익살맞은
for starters 시작하자면, 우선
forefront [fɔ́ːrfrʌ̀nt] 전면
gap [gæp] 틈
indigenous [indídʒənəs] 고유한
influential [ìnfluénʃəl] 영향력 있는
instrumentation [ìnstrəmentéiʃən] 악기의 사용
knowledge [nɑ́lidʒ] 지식
Latin [lǽtən] 라틴어
lingua franca 통상어, 공용어
mythological [mìθəlɑ́dʒikəl] 신화의
narrative [nǽrətiv] 줄거리, 이야기

opus [óupəs] 작품
root [ru(:)t] 뿌리
royal court 궁중
spectacle [spéktəkl] 구경거리
sponsor [spánsər] 지원하다
standard [stǽndərd] 기준
stark [stɑ:rk] 적나라한
tragedy [trǽdʒidi] 비극
underlying [ʌ́ndərlàiiŋ] 기본의
vibrant [váibrənt] 울려 퍼지는, 진동하는

Environmental Science (환경학)

autotroph [ɔ́:tətrɑ̀f] 독립 영양생물
carbohydrate [kɑ̀:rbouháidreit] 탄수화물
carnivore [kɑ́:rnəvɔ̀:r] 육식동물
chloroplast [klɔ́:rəplæ̀st] 엽록체
constitute [kánstitjù:t] 차지하다, 구성하다
consumer [kənsjú:mər] 소비자
cyanobacteria [sáiənoubæktiəriə] 시아노 박테리아
efficient [ifíʃənt] 효율적인
elegant [éləgənt] 우아한
excrete [ikskrí:t] 배설하다
food chain 먹이사슬
food web 먹이그물
fungi [fʌ́ndʒai] 버섯, 균규
glucose [glú:kous] 포도당
graze [greiz] 풀을 뜯어 먹다
herbivore [hə́:rbəvɔ̀:r] 초식동물
heterotroph [hétərətrɑ̀f] 종속 영양생물
onwards [ánwərdz] 나아가서, 계속해서
organism [ɔ́:rgənìzəm] 유기체
photosynthesis [fòutəsínθisis] 광합성
predator [prédətər] 포식자
prevalent [prévələnt] 흔한
producer [prədjú:sər] 생산자
shelve [ʃelv] 버리다, (선박에) 처박아 두다
sucrose [sú:krous] 자당
trophic [trɑ́fik] 영양의
via [váiə] ~으로, ~을 통해
wastage [wéistidʒ] 소실, 소모

Geology (지질학)

calcite [kǽlsait] 방해석
carbonic acid 탄산
collapse [kəlǽps] 무너지다
compact [kəmpǽkt] 누르다, 압축하다
consist of ~을 가지고 있다, ~로 구성되다
corridor [kɔ́(:)ridər] 회랑, 복도
decay [dikéi] 썩다
decompose [dì:kəmpóuz] 분해시키다
dissolve [dizálv] 녹다
erode [iróud] 침식하다
formation [fɔ:rméiʃən] 생성, 형성
frost wedging 서리발 쐐기작용
grain [grein] 조각, 낟알
gully [gʌ́li] 협곡, 골짜기
hoodoo [hú:du:] 바위 기둥, 후두
lumpy [lʌ́mpi] 울퉁불퉁한
organic [ɔ:rgǽnik] 유기체의
plateau [plætóu] 고원
precaution [prikɔ́:ʃən] 조심, 경계
quartz [kwɔ:rts] 석영
runoff [rʌ́nɔ̀(:)f] 유거수
sedimentary rock 퇴적암
seep [si:p] 스며들다
smooth [smu:ð] 매끈한
susceptible [səséptəbl] 약한, 민감한
weathering [wéðəriŋ] 풍화(작용)
wedge [wedʒ] 쐐기, V자형
withstand [wiðstǽnd] 견디다, 버티다

Literature (문학)

agenda [ədʒéndə]	의제
artistic [ɑːrtístik]	예술적인
circumstance [sə́ːrkəmstæ̀ns]	조건, 주위의 사정
concentration [kɑ̀nsəntréiʃən]	집중
distinctive [distíŋktiv]	특별한
espouse [ispáuz]	(주의, 사상 등을) 지지하다
essentially [əsénʃəli]	본질적으로
fairly [fέərli]	꽤
farfetched [fάːrfétʃt]	부자연스러운
ghetto [gétou]	빈민가
groundwork [gráundwə̀ːrk]	기초, 토대
ideology [àidiάlədʒi]	이데올로기
imbue [imbjúː]	불어넣다, 물들이다
incline [inkláin]	경향이 있다
inflict [inflíkt]	(타격을) 주다, 가하다
insight [ínsàit]	통찰력
intensely [inténsli]	지극히, 강렬하게
migrate [máigreit]	이주하다
racial equality	인종 평등
rapacious [rəpéiʃəs]	탐욕적인
rebirth [riːbə́ːrθ]	부활
recall [rikɔ́ːl]	기억해 내다
remarkable [rimάːrkəbl]	놀라운, 현저한
Renaissance [rènəsάːns]	르네상스
reputation [rèpju(ː)téiʃən]	명성
revival [riváivəl]	재생, 부활
settle [sétl]	정착하다
slavery [sléivəri]	노예제
standout [stǽndàut]	뛰어난 것(사람)
take place	일어나다
transformation [træ̀nsfərméiʃən]	변화
volume [vάljuːm]	권, 서적

Linguistics (언어학)

acquisition [æ̀kwizíʃən]	습득
blank [blæŋk]	비어있는
built-in	내재된
conditioned [kəndíʃənd]	몸에 익은, 조건반사가 된
empirical [empírikəl]	경험적인
genetically [dʒənétikəli]	유전적으로
incredible [inkrédəbl]	굉장한
innate [inéit]	선천적인, 타고난
interrupt [ìntərʌ́pt]	방해하다
lean toward	~으로 기울어지다
liken [láikən]	비유하다
literature [lítərətʃùər]	논문, 문헌
poverty [pάvərti]	결핍, 궁핍
reinforce [rìːinfɔ́ːrs]	강화하다, 보강하다
reinforcement [rìːinfɔ́ːrsmənt]	강화
relatively [rélətivli]	상대적으로
renowned [rináund]	저명한, 유명한
selectively [siléktivli]	선택적으로
sharpen [ʃάːrpən]	강화하다
slate [sleit]	서판, 석판
stimulus [stímjuləs]	자극 (pl. stimuli)
systematically [sìstəmǽtikəli]	체계적으로
template [témplit]	원형, 모형
theorize [θí(ː)əràiz]	이론화하다
universal [jùːnəvə́ːrsəl]	보편적인
versus [və́ːrsəs]	~대
vocabulary [voukǽbjuèri]	어휘

Anthropology (인류학)

arid [ǽrid]	건조한
boost [buːst]	올리다
content [kάntent]	함유량
convincing [kənvínsiŋ]	설득력 있는
defender [diféndər]	옹호자
deforestation [diːfɔ̀(ː)ristéiʃən]	삼림벌채
demise [dimáiz]	소멸, 멸망
deplete [diplíːt]	고갈시키다
desert [dézərt]	버리다, 유기하다
disturbance [distə́ːrbəns]	불안

downfall [dáunfɔ̀:l]	몰락
erosion [iróuʒən]	침식
groundcover [gráundkʌ̀vər]	지표
immense [iméns]	거대한
jargon [dʒɑ́:rgən]	전문 용어
monument [mɑ́njumənt]	기념비
noble [nóubl]	귀족
overpopulation [òuvərpɑ̀pjəléiʃən]	인구 과잉
peasant [pézənt]	농민, 소작농
pollen [pɑ́lən]	꽃가루
precious [préʃəs]	소중한
ruin [rú(:)in]	폐허, 유적지
seemingly [sí:miŋli]	~듯한, 겉보기에
severe [sivíər]	극심한
slash-and-burn farming	화전농업
spark [spɑ:rk]	유발하다
stunning [stʌ́niŋ]	놀라운
take action	조치를 취하다
topsoil [tɑ́psɔ̀il]	표토
tree ring	나이테
infertile [infə́:rtl]	불모의
vanish [vǽniʃ]	사라지다
vulnerable [vʌ́lnərəbl]	영향 받기 쉬운, 약한
wage [weidʒ]	(전쟁을) 일으키다
warfare [wɔ́:rfὲər]	전쟁

Archaeology (고고학)

anomaly [ənɑ́məli]	차이, 변칙
artifact [ɑ́:rtəfæ̀kt]	유물
boomerang [bú:məræ̀ŋ]	되돌아오다
boulder [bóuldər]	큰 바위
compile [kəmpáil]	모으다, 쌓다
conductivity [kɑ̀ndʌktívəti]	전도성
conductor [kəndʌ́ktər]	전도체
definitely [défənitli]	분명히
electromagnetic [ilèktroumægnétik]	전자기의
geophysical [dʒì:oufízikəl]	지구물리학적인
grid [grid]	그리드, 격자
in light of	~의 관점에서
induction [indʌ́kʃən]	유도
interfere with	~을 방해하다
investigate [invéstəgèit]	조사하다
monument [mɑ́njumənt]	기념 건축물
mount [maunt]	올려놓다, 두다
non-destructive	손상을 주기 않은
penetrating [pénətrèitiŋ]	관통하는
pixel [píksəl]	화소 (화상의 최소 구성 단위)
preserve [prizə́:rv]	보존하다
reflected [rifléktid]	반사된
resistivity [rì:zistívəti]	저항력
resolution [rèzəljú:ʃən]	해상도
rumble [rʌ́mbl]	덜커덕거림
saturated [sǽtʃərèitid]	젖은
so to speak	이를테면
systematically [sìstəmǽtikəli]	조직적으로
three-dimensional	3차원의
transaction [trænsǽkʃən]	처리
transmit [trænsmít]	전송하다
ultimately [ʌ́ltimitli]	궁극적으로
virtually [və́:rtʃuəli]	사실상
wheeled [hwi:ld]	바퀴 달린
yield [ji:ld]	산출하다

Paleontology (고생물학)

ashore [əʃɔ́:r]	육상으로, 물가의
backbone [bǽkbòun]	척추
balance [bǽləns]	균형을 잡다
brisk [brisk]	빠른, 활발한
cavity [kǽvəti]	구멍
chest fin	폐 지느러미
coelacanth [sí:ləkæ̀nθ]	실러캔스
Devonian Period	데본기
Cretaceous Period	백악기
distinctive [distíŋktiv]	특이한, 독특한
elastic [ilǽstik]	탄력 있는
evolution [èvəlú:ʃən]	진화론

extinct [ikstíŋkt]	멸종된
fibrous [fáibrəs]	섬유질의
fin [fin]	지느러미
firmly [fə́ːrmli]	강하게, 확고히
flex [fleks]	구부리다
give off	방출하다
hollow [hálou]	속이 빈
impulse [ímpʌls]	자극
in conjunction with	~와 함께
incline [inkláin]	(마음이) 기울다
initial [iníʃəl]	처음의
limb [lim]	다리
pelvic fin	배 지느러미
prehistoric [prìːhistɔ́(ː)rik]	선사 시대의
prey [prei]	먹이
protrude [proutrúːd]	돌출하다
quote unquote	말하자면
reappear [rìːəpíər]	다시 나타나다
rostral [rástrəl]	주둥이의
rotate [róuteit]	회전하다
snout [snaut]	주둥이
spine [spain]	등뼈
stick out	돌출하다
subsequent [sʌ́bsəkwənt]	연이은
tetrapod [tétrəpàd]	4족류(네발 짐승)
three-lobed	세 개의 엽이 있는
trawler [trɔ́ːlər]	트롤 어선
trunk [trʌŋk]	물고기의 구간부, 몸통
vertebrae [vəítəbrìː]	척추

Sociology (사회학)

acquaintance [əkwéintəns]	아는 사람, 지인
active [ǽktiv]	활동적인
capacity [kəpǽsəti]	용량
co-worker	동료
cortex [kɔ́ːrteks]	대뇌피질
decade [dékeid]	10년
duration [djuəréiʃən]	지속 기간
expose [ikspóuz]	노출하다
field of study	연구 분야
glean [gliːn]	수집하다
hippocampus [hìpəkǽmpəs]	해마상 융기
intimate [íntəmit]	친밀한
long-term	장기
nature [néitʃər]	습성
predict [pridíkt]	예상하다
process [práses]	과정
purview [pə́ːrvjuː]	범위
recall [rikɔ́ːl]	기억해내다
reclassify [rìːklǽsəfài]	재분류하다
regression [rigréʃən]	회귀
settlement [sétlmənt]	마을, 거류지
shared behavior	공통적인 태도
shopping list	쇼핑 리스트
short-term	단기
sociological [sòusiəládʒikəl]	사회학적인
stable [stéibl]	안정적인
student ID	학생증
subject [sʌ́bdʒikt]	주제
third world	제3세계
tribal [tráibəl]	부족의

Psychology (심리학)

acute [əkjúːt]	심한, 강한
anxiety [æŋzáiəti]	불안
chew [tʃuː]	물어뜯다
cognitive [kágnitiv]	인식의
confront [kənfrʌ́nt]	직면하다
diarrhea [dàiəríː(ː)ə]	설사
disorder [disɔ́ːrdər]	장애
dissect [disékt]	해부하다, 분석하다
effective [iféktiv]	효과적인
head-on	정면으로
in conjunction with	~와 병행하여
medicament [mədíkəmənt]	약물
nausea [nɔ́ːziə]	구역질
occurrence [əkɔ́ːrəns]	발생

panic [pǽnik]	공포
physical [fízikəl]	육체적
rational [rǽʃənəl]	이성적인
reassure [rìːəʃúər]	안심시키다
relaxation [rìːlækséiʃən]	완화
relieve [rilíːv]	누그러뜨리다
routine [ruːtíːn]	일상
side effect	부작용
somatic [soumǽtik]	신체적
toddler [tάdlər]	유아
traumatize [trɔ́ːmətàiz]	정신적으로 충격을 주다
unwillingness [ʌnwíliŋnis]	꺼림
vary [vɛ́(ː)əri]	차이가 있다, 가지각색이다
vomiting [vάmitiŋ]	구토

Economics (경제학)

absolute advantage	절대 우위
after all	결국
aware [əwɛ́ər]	아는, 깨닫는
bring up	얘기하다, 얘기를 꺼내다
comparative advantage	상대 우위
concentrate [kάnsəntrèit]	집중하다
electronics [ilèktrάniks]	전자제품
exploit [éksplɔit]	활용하다
import [impɔ́ːrt]	수입하다
mathematical [mæ̀θəmǽtikəl]	수학적인
maximize [mǽksəmàiz]	극대화하다
on the right track	거의 맞아, 맞는 방향으로 향하여
opportunity cost	기회비용
point out	지적하다
productivity [pròudəktívəti]	생산력
profitable [prάfitəbl]	유익한, 이익이 되는
recall [rikɔ́ːl]	기억하다
scale [skeil]	규모
significance [signífikəns]	의의, 중요성
Silk Road	비단길
suited [sjúːtid]	적합한, 적당한
trading route	교역로
traverse [trǽvəːrs]	지나다, 가로지르다
valuable [vǽljuəbl]	귀중한
what have you	등등
whereas [hwɛərǽz]	~에 반하여

Physics (물리학)

acoustic [əkúːstik]	청각의
analogous [ənǽləgəs]	유사한
audible [ɔ́ːdəbl]	들리는
auditory [ɔ́ːditɔ̀ːri]	청각
avoid [əvɔ́id]	피하다
chatter [tʃǽtər]	수다 떨다
commercially [kəmə́ːrʃəli]	상업적으로
density [dénsəti]	밀도
detection [ditékʃən]	감지
disagreeable [dìsəgríː(ː)əbl]	불쾌한
electronic [ilektrάnik]	전자의
environmental [invàiərənméntəl]	환경의
exaggeration [igzæ̀dʒəréiʃən]	과장
experience [ikspí(ː)əriəns]	경험
frequency [fríːkwənsi]	주파수
implication [ìmpləkéiʃən]	영향
interference [ìntərfí(ː)ərəns]	방해
mow [móu]	(풀을) 깎다, 베다
neighbor [néibər]	이웃
octave [άktiv]	옥타브
overlap [òuvərlǽp]	겹치다
pollutant [pəlúːtənt]	오염 (물질)
psychological [sàikəlάdʒikəl]	심리상의
quality of life	삶의 질
randomness [rǽndəmnis]	임의
skewed [skjúːd]	~쪽인, 치우친
social [sóuʃəl]	사회적인
soothing [súːðiŋ]	안심시키는
synthesizer [sínθisàizər]	음성 합성 장치
teenage [tíːnèidʒ]	10대의
toned-down	(소리가) 줄여진
visual spectrum	보이는 스펙트럼

Chemistry (화학)

abundant [əbʌ́ndənt]	흔한, 풍부한
adhere [ædhíər]	붙다
advocate [ǽdvəkèit]	지지하다
allotrope [ǽlətròup]	동소체
carbon-based	탄소로 이루어진
carbon dioxide	이산화탄소
conductor [kəndʌ́ktər]	도체
cylinder [sílindər]	원기둥
electrical [iléktrikəl]	전기의
electron [iléktrɑn]	전자
element [éləmənt]	원소
envision [invíʒən]	상상하다
geodesic [dʒì:ədésik]	측지의
helium [hí:liəm]	헬륨
hexagonal [heksǽgənəl]	6각형의
homage [hάmidʒ]	경의
insulator [ínsjəlèitər]	절연체
lattice [lǽtis]	격자
minute [mɑinjú:t]	아주 적은, 미세한
molecule [mάləkjù:l]	분자
petroleum [pətróuliəm]	석유
physical [fízikəl]	물리적인
property [prάpərti]	특징
purely [pjúərli]	순수하게
spherical [sférikəl]	구형의
structure [strʌ́ktʃər]	구조
unrelated [ʌ̀nriléitid]	다른, 상관없는
vaporize [véipəràiz]	기화시키다

Physiology (생리학)

basically [béisikəli]	기본적으로
chromosome [króuməsòum]	염색체
coexist [kòuigzíst]	공존하다
color blindness	색맹
conduct [kəndʌ́kt]	처리하다
corresponding [kɔ̀(:)rispάndiŋ]	일치하는, 대응하는
differentiate [dìfərénʃièit]	구별하다
duplicate [djú:pləkit]	중복된, 복제의
fudge [fʌdʒ]	퍼지
function [fʌ́ŋkʃən]	작용하다, 기능하다
gene [dʒi:n]	유전자
handicap [hǽndikæ̀p]	장애
independent [ìndipéndənt]	독립적인
inherit [inhérit]	유전받다
lid [lid]	뚜껑
mimic [mímik]	모방하다
mutation [mju(:)téiʃən]	변화, 변형
opsin [άpsin]	옵신
presence [prézəns]	존재
primate [praiméiti:]	영장류
rare [rɛər]	드문
receptor [riséptər]	감각기관
retina [rétənə]	망막
simultaneously [sàiməltéiniəsli]	동시에
species [spí:ʃi:z]	종
squirrel [skwə́:rəl]	다람쥐
trichromatic [tràikroumǽtik]	3색의
vision [víʒən]	시력
wavelength [wéivlèŋθ]	파장

Communication (커뮤니케이션)

adopt [ədάpt]	채택하다
at best	기껏해야
chew [tʃu:]	토론하다
circulation [sə̀:rkjəléiʃən]	발행, 판매부수
contemporary [kəntémpərèri]	현대적인
content [kάntent]	내용
court [kɔ:rt]	(남을) 꾀다
cover to cover	처음부터 끝까지
deciding factor	결정적인 요인
deliver [dilívər]	보도하다
effectively [iféktivli]	효과적으로
fundamental [fʌ̀ndəméntəl]	근본적인

newsstand [njú:zstæ̀nd]	신문 가판대
on time	정각에
overcome [òuvərkʌ́m]	극복하다
peak [pi:k]	정점에 이르다
quote [kwout]	인용
readership [rí:dərʃìp]	독자
relevant [réləvənt]	연관된
reverse [rivə́:rs]	반등시키다
scheme [ski:m]	기획
section [sékʃən]	섹션
significantly [signífikəntli]	상당히
skim [skim]	대충 훑어보다
spice [spais]	장식하다, 흥취를 더하다
subscribe [səbskráib]	구독하다
target audience	대상 독자
temporary [témpərèri]	일시적인
tempt [témpt]	마음이 들게 하다
urgent [ə́:rdʒənt]	절박한
whatever [hwʌtévər]	무엇이든

Architecture (건축)

account for	차지하다
achievement [ətʃí:vmənt]	성과, 업적
approach [əpróutʃ]	접근
architect [á:rkitèkt]	건축가
bedding [bédiŋ]	잠자리 짚
by-product	부산물
chicken wire	철망
common [kámən]	흔한
compost [kámpoust]	썩히다
constitute [kánstitjù:t]	이루다, 구성하다
conventional [kənvénʃənəl]	전통적인
cost-prohibitive	비용이 과하게 드는
decay [dikéi]	부패하다
decompose [dì:kəmpóuz]	분해되다
fertilize [fə́:rtəlàiz]	비료를 주다
fire-resistant	불에 강한
fire prone	불에 약한
insulation [ìnsjuléiʃən]	절연체
mesh [meʃ]	그물
modest [mádist]	작은, 간소한
nutrient [njú:triənt]	영양분
pest [pest]	해충
promising [prámisiŋ]	장래성 있는
rectangular prism	직사각형 모양(각기둥)
reliability [rilàiəbíləti]	신뢰성
rundown [rʌ́ndàun]	요약, 개요
sentimental [sèntəméntəl]	감정적인
substantial [səbstǽnʃəl]	상당한
tax break	세금 우대 조치
tensile [ténsəl]	장력의
termite [tə́:rmait]	흰개미
typical [típikəl]	일반적인
yield [ji:ld]	수확량

Film (영화)

accompaniment [əkʌ́mpənimənt]	부속물
basement [béismənt]	지하실
cartoon [ka:rtú:n]	만화
cockroach [kákròutʃ]	바퀴 벌레
combination [kàmbənéiʃən]	합성, 결합
come into one's own	인정 받다
competitive [kəmpétitiv]	경쟁적인
consequently [kánsəkwèntli]	따라서
convert [kənvə́:rt]	개조하다
documentary [dàkjuméntəri]	다큐멘터리
filmmaker [fílmmèikər]	영화제작사
flick [flik]	영화
genre [ʒá:ŋrə]	장르
lower class	노동자 계층
luxurious [lʌgʒú(:)riəs]	호화로운
middle-class	중산층
movie-going public	영화 관람객
narrative [nǽrətiv]	서술형의, 이야기 식의
nickel [níkəl]	5센트
nickelodeon [nìkəlóudiən]	니켈로디언(5센트짜리 영화극장)

plot [plɑt]	줄거리	storeroom [stɔ́ːrrù(ː)m]	광
short film	단편 영화	suitable [sjúːtəbl]	적당한, 적절한
sophisticated [səfístəkèitid]	세련된	uncommon [ʌnkámən]	드문
storefront [stɔ́ːrfrʌ̀nt]	상점 정면의	venue [vénjuː]	회합 장소

Photography (사진)

a mass of	다량의	kit [kit]	도구 세트
arrange [əréindʒ]	세우다, 정렬하다	light-free	빛이 없는
blurry [blə́ːri]	흐릿한	masterpiece [mǽstərpìːs]	대표작
by means of	~을 통해, ~에 의하여	mathematician [mæ̀θəmətíʃən]	수학자
cardboard [káːrdbɔ̀ːrd]	마분지	novelty [návəlti]	발명품, 색다른 물건
cone [koun]	원뿔체, 추상체	optic nerve	시신경
container [kəntéinər]	용기, 상자	optics [áptiks]	광학
discard [diskáːrd]	버리다	photo paper	감광지
disperse [dispə́ːrs]	분산시키다	physicist [fízisist]	물리학자
eyeball [áibɔ̀ːl]	안구	pinhole [pínhòul]	핀홀 (바늘구멍)
image [ímidʒ]	이미지	pupil [pjúːpəl]	동공
impressionism [impréʃənìzəm]	인상주의	refract [rifrǽkt]	굴절시키다
improvised [ímprəvàizd]	즉석에서 만든	refrigerator [rifrídʒərèitər]	냉장고
in a row	일렬로	retina [rétənə]	망막
instruction [instrʌ́kʃən]	설명서	reversed [rivə́ːrst]	뒤집어진
iris [áiəris]	홍채	spread out	퍼뜨리다

Engineering (공학)

astride [əstráid]	걸터앉아	inefficient [ìnifíʃənt]	비효율적인
atop [ətáp]	~의 위에, ~의 정상에	loop around	고리 모양으로 감겨 있다
chain [tʃein]	체인	noticeably [nóutisəbli]	눈에 띄게
combination [kàmbənéiʃən]	조합	pitch [pitʃ]	내동댕이 쳐지다
efficiency [ifíʃənsi]	효율성	potential [pəténʃəl]	잠재력
frighteningly [fráitəniŋli]	두렵게도, 놀랍게도	promising [prámisiŋ]	기대되는
gear ratio	기어 비율	relatively [rélətivli]	비교적으로
in-line	일렬로	steer [stiər]	조종하다

미국 영어와 영국 영어의 차이

iBT TOEFL 리스닝에서는 간혹 영국 또는 호주식 발음이 등장하는 경우가 있다. 그 동안 미국식 영어에 많이 노출되어 있던 한국 학습자들에게 타 영어권 국가의 발음은 낯설고 어렵게 느껴질 수 있으므로, 기본적인 차이점을 숙지하고 각 영어권 국가의 발음을 비교하며 듣는 연습을 하는 것이 좋다. 호주식 영어는 영국식 영어와 유사하기 때문에 크게 미국 영어와 영국 영어를 비교해서 알아두면 된다.

발음의 차이

미국 영어는 영국 본토 영어에서 파생된 것인데, 미국의 세계적 지위가 향상됨에 따라 오히려 미국 영어가 더 일반적으로 사용되고 있다. 현재 미국 영어는 독자적인 특성을 갖추게 되었으며 오히려 영국 영어에 영향을 미치고 있다. 전반적으로 미국 영어는 영국 영어에 비해 목소리 톤이 높고 부드럽게 들린다. 영국 영어는 철자에 가까운 발음(spelling pronunciation)을 하며, 억양 변화가 많고 모음을 짧게 발음하기 때문에 상대적으로 빠르게 들린다.

1. 자음

① 끝소리 /r/

미국 영어에서는 모음 뒤의 [r]음을 항상 발음한다. 반면 영국 영어에서는 첫소리 [r]을 제외한 끝소리 [r]은 탈락되는 경우가 대부분이다.

	together	weather	turn	burn
미국	[təgéðə**r**]	[wéðə**r**]	[tə:**r**n]	[bə:**r**n]
영국	[təgéðə]	[wéðə]	[tə:n]	[bə:n]

② 모음 사이에 오는 /t/

미국 영어에서는 모음과 모음 사이에 오는 /t/는 부드럽게 굴려서 [d]와 [r]의 중간 소리로 발음하지만 영국 영어에서는 [t]소리 그대로 발음한다.

	total	item	later	automatic
미국	[tóu**d***l]	[ɑ̀i**d***əm]	[léi**d***ər]	[ɔ̀:**d***əmǽ**d***ik]
영국	[tóutl]	[ɑ̀itəm]	[léitə]	[ɔ̀:təmǽtik]

* 변화된 [t]를 편의상 [d*]로 표기하였으나, 정확한 [d]발음과는 다른 [d]와 [r]의 중간 소리입니다.

2. 모음

① /a/

미국 영어에서는 [æ]로 발음되지만 영국 영어에서는 [a]로 발음된다.

	half	calf	class	bath
미국	[hæ:f]	[kæf]	[klæs]	[bæθ]
영국	[h**a**:f]	[k**a**:f]	[kl**a**:s]	[b**a**:θ]

② /i/

특정 단어의 경우 미국 영어에서는 [i]로 발음되지만 영국 영어에서는 [ai]로 발음된다.

	either	neither	direction	organization
미국	[íːðər]	[níːðər]	[dirékʃən]	[ɔ̀ːrgənizéiʃən]
영국	[áiðə]	[náiðə]	[dairékʃən]	[ɔ̀ːrgənaizéiʃən]

③ /o/

not, top, crop 등에서 미국 영어에서는 [a]로 발음되지만 영국 영어에서는 [ɔ]로 발음된다.

	not	shop	crop	bottle
미국	[naːt]	[ʃaːp]	[kraːp]	[bátl]
영국	[nɔːt]	[ʃɔːp]	[krɔp]	[bɔ́tl]

④ /u/

미국 영어에서는 주로 [u] '우'로 발음되는 반면 영국 영어에서는 [ju] '유'로 발음된다.

	tune	news	tulip	dubious
미국	[tuːn]	[nuːz]	[túːlip]	[dúːbiəs]
영국	[tjuːn]	[njuːz]	[tjúːlip]	[djúːbiəs]

3. 중요한 음운 현상

① 모음 사이에 /nt/가 오는 경우

/nt/가 두 모음 사이에 오면, 미국 영어에서는 [t]소리가 생략되는 반면 영국 영어에서는 [t]발음이 살아 있다.

	twenty	interview	entertainment	interchange
미국	[twéni]	[ínərvjùː]	[ènərtéinmənt]	[ìnərtʃéindʒ]
영국	[twénti]	[íntərvjùː]	[èntərtéinmənt]	[ìntərtʃéindʒ]

② [tn], [tli] 발음으로 끝나는 경우

[tn]으로 끝나는 경우, 미국 영어에서는 [t]소리를 발음하지 않고 한번 숨을 멈추었다가 [n]의 끝소리를 거의 '응' 혹은 '은'으로 발음한다. [tli]로 끝나는 경우에도 미국 영어에서는 [t]를 발음하지 않고 한번 숨을 멈추었다가 [li]만 발음한다. 반면 영국에서는 [t]를 그대로 살려 강하게 발음한다.

	cotton	fountain	absolutely	diligently
미국	카ㅌ은	파운(ㅌ)은	앱솔루ㅌ리	딜리전(ㅌ)리
영국	[kɔ́tn]	[fáuntən]	[ǽbsəlúːtli]	[dílədʒəntli]

③ /rt/

미국 영어에서는 [t]발음을 생략하지만 영국 영어에서는 [t]를 그대로 발음한다.

	artist	quarter	portable	reporter
미국	아리스트	쿼어러	포어러벌	뤼포어러
영국	[áːtist]	[kwɔ́ːtə]	[pɔ́ːtəbl]	[ripɔ́ːtə]

4. 강세

미국 영어에서는 뒤에 오는 반면 영국 영어에서는 앞에 오는 경우가 있다.

	garage	baton	debris
미국	[gərɑ́:ʒ]	[bətɑ́n]	[dəbríː]
영국	[gǽra:ʒ]	[bǽtɔn]	[débriː]

5. 마지막 음절의 모음

미국 영어는 발음 하는 반면 영국 영어는 생략하는 경우가 있다.

	secretary	territory	conservatory	preparatory
미국	[sékrətèri]	[térətɔ̀:ri]	[kənsə́:rvətɔ̀:ri]	[pripǽrətɔ̀:ri]
영국	[sékrətəri]	[térətə:ri]	[kənsə́:rvətə:ri]	[pripǽrətə:ri]

어휘의 차이

발음에 비해 미국 영어와 영국 영어에서 사용하는 어휘의 의미가 다른 경우는 많지 않으나 꼭 구분해야 할 몇 가지 단어들이 있으므로 알아두도록 한다.

1. 동일한 개념, 다른 어휘

	미국	영국
수도꼭지	faucet	tap
지폐	bill	note
화장실	wash room	toilet
변호사	attorney, lawyer	solicitor
옥수수	corn	maize
승강기	elevator	lift
1층, 2층	first floor, second floor	ground floor, first floor
짐(화물)	baggage	luggage
자동차	automobile	motorcar
매표소	ticket office	booking office
영화	movies	films
아파트	apartment	flat

2. 동일한 어휘, 다른 개념

	미국	영국
football	미식 축구	축구
vast	조끼	속옷
student	초, 중, 고, 대학생 모두를 지칭	대학생만을 지칭 (초, 중, 고 학생은 pupil)
public school	공립학교	사립중등학교
merchant	소매 상인	도매상, 무역상
continent	북미대륙	유럽대륙
faculty	교수진	학부
pocketbook	핸드백	수첩
subway	지하철	지하도
holiday	공휴일	휴가
billion	10억	1조

철자의 차이

미국과 영국 영어에서 같은 개념, 같은 어휘로 쓰이나 철자가 조금씩 다른 경우가 있으므로 이를 알아두도록 한다.

미국	영국
color	colour
center	centre
theater	theatre
gray	grey
organize	organise
disk	disc
check	cheque
defense	defence
jewelry	jewellery

ANSWER

Answer Key

Scripts

Translation

Diagnostic Test

p.30

1. C 2. A 3. B 4. D 5. D 6. C 7. D 8. B

9.

Step 1	The surface of the lava ejected from volcanoes hardens into rock when it meets the cold water on the ocean floor.
Step 2	The minerals in hydrothermal vent water turn into crystals on lava rocks and form sulfide structures.
Step 3	Hot water pushes upward through the sulfide framework and meets with the cold ocean water.
Step 4	The minerals in the hot vent water break up into particles and make the water appear black.

10. D 11. C 12. C 13. C

14.

	Yes	No
Farmers badly managed agricultural land.	√	
There was a lack of rain in Texas for several years.	√	
Not enough crops were planted to prevent soil erosion.		√
The soil did not have sufficient nutrients to begin with.		√
The topsoil holding the soil together had been stripped off.	√	

15. B 16. B 17. C

[1-5]
Listen to part of a conversation between a student and a professor.

M: Hello, professor. I just got your message and I wanted to reply to you in person.

W: Hello Martin... come on in. Thanks for dropping by. I know my e-mail was a little vague, so let me just clarify my request. I heard about some of the work you did last year for Professor Connelly on comparative legal systems, and I was wondering if you'd consider taking part in a research project I'm organizing.

M: Um... I heard some people talking about this in the grad student lounge... something related to Latin America... It sounds interesting...

W: Now, it's no simple task I'm talking about here... you will have to write an honors thesis to prepare for the project...

M: Really... a thesis? I, uh... I don't know if I can participate, ma'am. I'm actually pretty busy right now... I'm preparing to enter law school.

W: I understand... but before you say no, I want you to give it some thought. It'll be a really engaging project... covering topics in economics and international law. In your case, it might be of even more help... After all, this kind of experience is really valued by law schools because it involves analytic projects.

M: Hmm... It does sound like a great opportunity. I hadn't really looked at it that way... If I had known about the project earlier, I might've had time to prepare for it better... Also, I'm not sure I'd be a good addition to the project team...

W: I wouldn't have asked you if I thought otherwise. Your work for Professor Connelly proves you to be intelligent, resourceful, and a quick thinker... And even though this project focuses on material that's unfamiliar to you, I think it would really help your analytical skills... which are a must if you want to enter and do well in law school.

M: Well, when you put it that way, professor... I guess I can't really say no... OK, I guess you can count me in. What do I have to do first?

W: Well, I'd suggest you get some advice from professors who can help you find a topic for a thesis paper... they can give you recommendations about narrowing down your thesis, as well as how to research it.

M: Well, I did write a paper about the economic success stories of Central America for my Latin American History class... the professor who was leading that class gave me an A! I think he could probably help me.

W: He's definitely a good place to start. Why don't you make an appointment to consult with him?

M: I think I will... Thanks, professor.

Now get ready to answer the question. You may use your notes to help you answer.

1. Why does the student visit the professor?
2. What relationship do the student and Professor Connelly have?
3. What will the student do next?

Listen again to part of the conversation. Then answer the question.

W: It'll be a really engaging project... covering topics in economics and international law. In your case, it might be of even more help... After all, this kind of experience is really valued by law schools because it involves analytic projects.

4. What does the professor mean when she says this:
   W: In your case, it might be of even more help...

Listen again to part of the conversation. Then answer the question.

M: Hmm... It does sound like a great opportunity. I hadn't really looked at it that way...

5. Why does the student say this:
   M: I hadn't really looked at it that way...

M: 안녕하세요, 교수님. 방금 교수님의 메시지를 받았는데, 직접 교수님께 답변을 드리러 왔습니다.

W: 안녕, Martin... 어서 들어오렴. 와줘서 고맙다. 내 이메일이 조금 모호했을 거야, 그래서 내가 무엇을 부탁하려는지 좀더 명확히 설명해주마. 네가 Connelly 교수님과 작년에 비교법 제도에 대해 작업한 것을 들었단다, 그래서 내가 기획하고 있는 학술 연구 프로젝트에 네가 참가할 생각이 있는지 궁금했어.

M: 음... 저는 대학원생 휴게실에서 몇몇 사람들이 이것에 대해 대화를 나누는 것을 들었어요... 라틴 아메리카에 관련된 것이라고... 흥미롭게 들리는데요...

W: 자, 내가 말하는 이것은 쉬운 일은 아니야... 이 프로젝트를 준비하기 위해서 너는 명예 학위 논문을 작성해야 해...

M: 정말이요... 논문이라고요? 제가, 어... 제가 참여할 수 있을지 잘 모르겠어요, 교수님. 저는 사실 지금 꽤 바쁘거든요... 법과대학원에 입학하려고 준비하는 중이에요.

W: 그래 이해해... 그렇지만 거절하기 전에, 네가 한번 고려해 보았으면 해. 이것은 정말 매력적인 프로젝트란다... 경제학과 국제법에 관련된 주제를 다룰 거야. 네 경우엔, 이것이 더 도움이 될 수도 있을 거야... 결국, 이런 경험은 분석적인 프로젝트를 포함하기 때문에 법과대학원에서 매우 높이 평가한단다.

M: 음... 정말 대단한 기회인 것 같아요. 그런 방향으로는 생각해 보지 못했어요... 만약 제가 이 프로젝트에 대해 더 일찍 알았더라면, 준비할 시간이 더 많이 있었을텐데... 게다가 제가 프로젝트 팀에 도움이 될 수 있을지도 잘 모르겠어요...

W: 네가 도움이 되리라고 생각하지 않았다면 네게 제안을 하지도 않았을 거란다. 네가 Connelly 교수님을 위해 한 작업이 네가 총명하고, 기량이 풍부하며, 두뇌 회전이 빠르다는 것을 증명한다... 그리고 비록 이 프로젝트가 너에게는 생소한 주제에 초점을 맞추고 있더라도, 나는 이것이 네 분석력을 상당히 향상시켜 줄 수 있으리라고 믿어... 뛰어난 분석력은 네가 법과대학원에 입학하고 좋은 성적을 받으려면 필수적인 것이지.

W: 글쎄요, 교수님이 그렇게까지 말씀하신다면... 정말 거절하기는 힘들 것 같군요... 좋아요, 저도 참여 하겠습니다. 제가 가장 먼저 해야 할 일은 무엇이죠?

W: 음, 논문의 주제를 찾도록 도와줄 수 있는 교수님들에게 조언을 얻는 것이 좋을거야... 그들은 너의 논문의 요점을 잡고, 또한 그 논문 소재에 대한 조사를 어떻게 해야 할지 조언을 주실 수 있을 거야.

M: 음, 전 라틴 아메리카 역사 수업을 위해 중미의 경제적 성공 사례에 대한 보고서를 작성했었어요... 그리고 그 수업을 담당하신 교수님께서는 제게 A학점을 주셨어요! 제 생각엔 그 교수님이 아마 저를 도와주실 수 있을 것 같아요.

W: 그를 찾아가는 것이 좋은 시작이겠구나. 그 교수님과 상의할 수 있도록 상담 시간을 잡는 것이 어떻겠니?

M: 그렇게 하겠습니다... 감사합니다, 교수님.

in person 직접, 대면하여　　drop by 들르다　　vague[veig] 모호한, 애매한　　organize[ɔ́ːrgənàiz] 조직하다, 편제하다
engaging[ingéidʒiŋ] 마음을 끄는, 매력 있는　　international law 국제법　　analytic[æ̀nəlítik] 분석적인, 분해적인

[6-11]

Listen to a talk on geology.

P: For today, we're going to discuss a very interesting phenomenon. It's known as "black clouds", and, well, it has something to do with volcanic eruptions. Can anyone tell me first where lava is ejected?

S1: Uh, into the air and onto the land, I suppose.

P: Right... but... that's it?

S2: Well, there are underwater volcanoes... so I'd have to say that lava is also ejected onto the bottom of the oceans.

P: Absolutely. So... what do you think? Is there any way that volcanic eruptions and other underwater phenomena can be probed? Well, actually, we do have maps of the bottom of the ocean, so scientists have a pretty good idea where the mid-ocean ridge volcanoes are located. And, you know, sonar was used to map out the ocean floors. By the way, do you all know what sonar is?

S2: It's, uh, it uses sound to give us a picture of the ocean depths.

P: That's right. Sonar stands for Sound Navigation Ranging. If you've ever watched those submarine movies, they always have this ping... ping sound... a kind of transmission thing... Well, the length of time between those pings can tell the navigator just how far the ocean floor is. So using sonar alone, you can come up with a pretty good image of the hills and valleys that make up the ocean's bottom. But, see, if you want to make a careful study of underwater phenomena... well... you're going to need a submarine.

S1: Well, professor, I don't mean to interrupt, but... well, I think when a submarine goes too deep, it begins to crack and break up because of the pressure being exerted on it by the ocean depth. So... how could a submarine possibly go deep enough to... allow scientists to observe these underwater phenomena?

P: Well, yeah, actually, that did happen in the old days. You know, the pressure on the sea floor is about six times higher than on the surface of the sea... Fortunately, new and special materials and equipment are available for today's submarines. So... modern submarines can observe some pretty fantastic phenomena, such as black clouds. Let me describe for you how they form. OK, so... scientists have been sending down exploratory missions and on one of these missions, they saw what appeared to be black clouds rising from the ocean floor. Now, the environment for this interesting phenomenon is the hydrothermal vent, which, as you all know, is simply a geyser on the ocean floor. These vents continually emit super hot, mineral-rich water... Well, it's this water that provides sustenance for organisms that live near the ocean floor, you know, like tubeworms and giant clams that ingest minerals. Um... just to give you an idea how rich this water is, tests indicate the presence of sulfur, copper... gold and iron. Actually the water coming from these hydrothermal vents is the source of the world's richest ore deposits. So, anyhow... this vent water helps form black clouds. How?

Well, when a volcano erupts, it starts spewing out lava onto the ocean floor. Now, this stuff is really hot... about 350 degrees Celsius. But you know the ocean water is pretty cold... relatively speaking, something like zero or one degree Celsius. So when hot lava touches this icy-cold sea water, the surface of the lava quickly forms a crust of rock. Now, here's where the mineral-rich water spewing from the hydrothermal vents comes in. The sulfide minerals from the hot water kind of grow, or rather, crystallize right there on the volcanic rocks. And as they continue to crystallize, they form this hollow, chimney-like structure. It's through this structure that the hot water keeps spewing out. Then this vent water mixes with the cold ocean water, and the minerals contained in the hot water begin to precipitate, you know, separate into particles. Well, this makes the vent water appear black, that is, the mineral particles make the water appear black... They kind of look like black clouds. So scientists saw these black clouds when they first observed the phenomenon... And that's basically why these sulfide chimney structures are called "black smokers".

Now get ready to answer the questions. You may use your notes to help you answer.

6. What is the main topic of the lecture?
7. According to the professor, what function does sonar have in relation to the ocean?
8. What does the professor say about hydrothermal vents?
9. In the lecture, the professor explains the sequence of steps that takes place in black cloud formation. Put the steps listed below in the correct order.

Listen again to part of the lecture. Then answer the question.

P: Can anyone tell me first where lava is ejected?
S1: Uh, into the air and onto the land, I suppose.
P: Right... but... that's it?

10. Why does the professor say this?
    P: Right... but... that's it?

Listen again to part of the lecture. Then answer the question.

S1: So... how could a submarine possibly go deep enough to... allow scientists to observe these underwater phenomena?
P: Well, yeah, actually, that did happen in the old days. You know, the pressure on the sea floor is

about six times higher than on the surface of the sea... Fortunately, new and special materials and equipment are available for today's submarines.

11. Why does the professor say this?
    P: Well, yeah, actually, that did happen in the old days.

P: 오늘, 우리는 아주 흥미로운 현상에 대해 토론할 것입니다. 그것은 "검은 구름" 현상으로 알려져 있는데, 음, 화산 분출과도 관계가 있습니다. 먼저, 용암이 어디로 분출되는지 누가 말해볼래요?

S1: 어, 대기 중이나 땅 위로 분출한다고 생각합니다.

P: 맞아요... 하지만... 그게 다인가요?

S2: 음, 수중 화산도 있습니다... 따라서, 용암이 해저에서도 분출된다고 말할 수 있겠네요.

P: 맞아요. 자... 어떻게 생각하나요? 화산 분출과 수중에서 일어나는 여타 현상들을 정확히 탐사할 수 있는 방법이 있을까요? 음, 실제로, 우리에게는 해저 지도가 있기 때문에, 과학자들은 중앙 해령 화산이 어디에 위치해 있는지 잘 알 수 있어요. 그리고, 해저 지형을 알아내기 위해 수중 음파 탐지기가 사용되었습니다. 그런데 여러분은 수중 음파 탐지기가 무엇인지 아나요?

S2: 그건, 음, 소리를 이용하여 해양의 깊이에 대해 알려주는 것입니다.

P: 맞아요. Sonar는 Sound Navigation Ranging의 약자입니다. 만약 여러분이 해저 영화를 본 적이 있다면, 여러분은 항상 영화 속에서 핑... 핑 소리가 나는 것을 들어봤을 겁니다... 일종의 전파 소리이지요... 그러니까, 핑 소리 사이의 시간 간격은 탐험가에게 해저가 얼마나 멀리 떨어져 있는지 알려 줄 수 있어요. 따라서 수중 음파 탐지기만 사용해도, 여러분은 해저를 구성하는 언덕과 골짜기가 어떤 모습인지를 그려볼 수 있을 것입니다. 하지만, 보세요, 여러분이 수중 현상에 대해 자세한 연구를 하고 싶다면... 음... 잠수함을 이용해야 해요.

S1: 그게, 교수님, 방해하고 싶지는 않지만... 음, 제 생각에는 잠수함이 너무 깊게 들어가면, 바다의 깊이가 가하는 압력으로 인해 금이 가고 부숴질 것 같아요. 그런데... 어떻게 잠수함은 수중 현상을 관찰할 수 있을 정도로 깊이... 들어갈 수 있나요?

P: 음, 네, 사실, 그러한 일이 예전에는 일어났어요. 그러니까, 해저의 압력은 해수면의 압력보다 6배나 더 높아요... 다행히도, 오늘날의 잠수함에는 새롭고도 특수한 재료와 장비가 이용됩니다. 따라서... 현대 잠수함들은 검은 구름 현상과 같은 아주 매혹적인 현상들을 관찰할 수 있는 것이죠. 이 검은 구름이 어떻게 형성되는지 설명하도록 하죠. 네, 그래서... 과학자들은 탐험대를 파견해왔고 한 탐험 임무 중, 그들은 해저에서 분출되는 검은 구름 같은 것을 보았어요. 자, 이런 흥미로운 현상에 대한 배경은 열수구인데, 여러분 모두가 알다시피, 그것은 간단히 말해 해저의 간헐천입니다. 이러한 열수구들은 아주 뜨겁고, 무기물이 풍부한 물을 계속 내뿜습니다... 음, 이것은 해저 근처에 살면서, 그러니까, 무기물을 섭취하는 서관충이나 커다란 대합 조개와 같은 유기체에게 영양분을 제공해 주는 물입니다. 음... 이 물이 얼마나 많은 무기물을 가지고 있는지 이해를 돕기 위해 하는 말인데요, 실험에서 밝혀진 바로는 그 물 속에 황, 구리... 금과 철이 존재한다고 합니다. 사실, 이러한 열수공에서 나오는 물은 세계에서 가장 풍부한 광석 매장물의 원천입니다. 자, 어쨌든... 이러한 열수구는 검은 구름 형성에 기여합니다. 어떻게 기여 할까요?

음, 화산은 분출하면서, 해저상에 용암을 내뿜기 시작합니다. 자, 이 용암은... 섭씨 350도 정도로 아주 뜨거워요. 하지만 상대적으로 해수는... 약 섭씨 0도나 1도 가량으로 아주 차갑죠. 그래서 이 뜨거운 용암이 매우 차가운 해수를 만나면, 용암의 표면은 빠르게 암석 지각으로 변하게 됩니다. 자, 여기에서 열수구에서 내뿜는 풍부한 무기질을 함유한 물이 제 역할을 하게 돼요. 열수에서 나오는 황화물은 화산암 바로 위에서 크기가 커집니다, 아니, 그보다는 결정을 형성한다고 봐야겠죠. 그리고 그것들이 계속해서 결정을 이루면서, 이 물질은 속이 비어있고, 굴뚝처럼 생긴 구조를 형성합니다. 바로 이 구조를 통해 열수가 계속 뿜어져 나오는 것이죠. 그런 다음, 이러한 열수는 차가운 해수와 섞이고, 열수에 있는 무기물은 침전하게 됩니다, 그러니까, 입자가 되는 것이죠. 그래서, 이것이 열수를 검게 보이게 하는데, 즉, 미네랄 입자가 물을 검게 보이게 하는 것이에요... 그것들은 먹구름처럼 보여요. 그래서 과학자들이 이 현상을 처음 발견했을 때 이러한 검은 구름을 보았던 것이죠... 그리고 이것이 바로 굴뚝 모양을 한 이러한 황화물 구조가 "검은 굴뚝"이라 불리는 근본적인 이유인 것입니다.

have something to do with ~과 관계가 있다 volcanic eruption 화산 분출 eject[i(:)dʒékt] 분출하다
underwater volcano 수중 화산 probe[proub] 탐험하다 mid-ocean ridge 중앙 해령 sonar[sóunɑːr] 수중 음파 탐지기
navigator[nǽvəgèitər] 탐험가 exert (압력 등을) 가하다 hydrothermal vent 열수 geyser[gáizər] 간헐천
emit[imít] 방출하다, 내뿜다 sustenance[sʌ́stənəns] 영양분 clam[klæm] 대합 조개 ingest[indʒést] 섭취하다
ore[ɔːr] 광석, 금석 deposit[dipɑ́zit] 매장, 퇴적물 erupt[irʌ́pt] 분출하다 spew out 분출하다, 쏟아져 나오다
crust[krʌst] 지각 sulfide[sʌ́lfaid] 황화물 crystallize[krístəlàiz] 결정화하다 hollow[hɑ́lou] 속이 빈
chimney-like 굴뚝 같은 precipitate[prisípitèit] 침전하다, 가라앉다 particle[pɑ́ːrtikl] 입자

[12-17]
Listen to part of a discussion in an American history class.

P: OK. Hi, class. So today I want to continue our discussion on 1930s America. Well, first, I'd like you to kind of picture yourself standing in a field, not an ordinary field of grass and flowers, but a barren field of dust. Now fix your eyes toward the horizon. You can see a cloud of dust coming your way. Now, just imagine your house being enveloped by that dust and... having to shovel your way out... Finally... imagine dust in everything you eat, everything you wear, and on every part of your body. It's a horrific picture, isn't it?
Well, I'm not talking about a new action movie that takes place in the desert... but an actual weather phenomenon that occurred in the United States in the 1930s. It happened in a region that was appropriately named the "Dust Bowl". Today, I'd like to talk about this weather phenomenon, and what consequences it produced in the United States.
To begin with, how did this happen? Well, the Dust Bowl originated from a combination of drought and poor land management. You see, the price of wheat skyrocketed because of the war, and not surprisingly, every farmer in the area planted wheat on every square inch of his land. Now, if we plant the same crops every season, year after year, the land will eventually be robbed of its nutrients. So you had this nutrient-depleted land, and... on top of that... there was a serious drought that had been plaguing Texas since the early 1930s. So, when the winds came, they blew away all the topsoil and caused these huge dust storms... In the years between 1933 and 1936, there were 187 separate storms in the Midwest from Texas to the Oklahoma Panhandle. One storm lasted 83 hours! Unbelievable, isn't it?
Well, as dramatic as it may sound, surviving the dust storms was a daily and tedious battle. Housewives used dampened towels, rags, and tape to try to seal the windows and other openings against the dust that just seeped in anyway. And, you know, people found that if they sealed the house too thoroughly, the lanterns would soon flicker out. And what do you think happens when people are exposed to stale air for extended periods of time? Well, soon people started to get sick and die of dust-related diseases... like dust pneumonia.
And it's not only people that suffered. You know, animals, unlike people, had no protection from the dust. So cattle became blinded during dust storms and ran around in circles, inhaling dust, and slowly suffocated until they fell and died. All these dead animals littered the roadside by the hundreds after a dust storm.
Now, do you know anyone that could live through this day after day... even year after year? No? Well, then, what do you think the people of the Great Plains did to survive?

S: I read a book about the Dust Bowl... and I remember one family moved to California or something. They lost their land in Oklahoma and didn't have any choice, so they started picking grapes or oranges in California.

P: Excellent! The book that you're talking about is Steinbeck's The Grapes of Wrath. This is the ultimate book on the Dust Bowl experience and subsequent migration. And I'm sure you all know how the story goes from your literature classes... So how does the story end?

S: Like... They arrive in California and have a difficult time finding work, and I guess the West wasn't all that great, but they all still survived, somehow.

P: Good... good... Well, the struggle of the Joads-the family in the novel-actually mirrored the hardships of the entire nation at the time. In fact, thousands of tenant farmers like the Joads were evicted from their land because they couldn't make their loan payments. People were beginning to give up hope

and... so the largest migration in American history-almost 2.5 million people-began.
OK, so many families sold all their belongings to buy used cars, you know, to journey west. But, when they got there, the streets weren't exactly paved with gold. After a while, government services became overburdened and couldn't support the migrants... I mean, the minimum wage started decreasing... so these migrants found themselves planting and harvesting crops for mere pennies a day. Even when whole families worked, they couldn't sustain themselves.

Now get ready to answer the questions. You may use your notes to help you answer.

12. What is the lecture mainly about?
13. What does the professor imply about the overplanting of wheat?
14. In the lecture, the professor cites the reasons the dust storms occurred. Indicate whether each of the following is a cause.
15. How did the people of the Great Plains endure the dust storms?
16. According to the professor, what purpose did the book *The Grapes of Wrath* serve?

Listen again to part of the lecture. Then answer the question.

P: Excellent! The book that you're talking about is Steinbeck's *The Grapes of Wrath*. This is the ultimate book on the Dust Bowl experience and subsequent migration. And I'm sure you all know how the story goes from your literature classes... So how does the story end?

17. Why does the professor say this?
P: So how does the story end?

P: 자. 안녕하세요, 여러분. 그래서 오늘은 1930년대 미국에 대해 더 이야기해 보겠습니다. 음, 우선 잔디와 꽃이 피어있는 일반적인 들판이 아니라, 불모의 흙먼지 들판에 서 있는 자신의 모습을 상상해 보세요. 이제 시선을 지평선으로 돌리세요. 그러면 자신을 향해 오는 먼지 구름이 보입니다. 자, 그 흙먼지로 뒤덮인 여러분의 집과... 삽으로 길을 내야 하는 자신의 모습을 떠올려보세요... 마지막으로... 자신이 먹고, 입는 모든 것, 그리고 자신의 온몸에 흙먼지가 있다는 것을 상상해 보세요. 끔찍한 광경이죠, 그렇죠?
음, 이것은 사막을 배경으로 한 새로운 액션 영화에 대한 이야기가 아니라... 1930년대 미국에서 발생했던 실제 기상 현상이에요. 이 현상은 "Dust Bowl"이라고 매우 적절하게 이름 붙여진 지역에서 일어났습니다. 오늘은, 이 기상 현상과, 그것이 미국에 어떤 결과를 낳았는지 이야기해 보겠습니다.
우선, 어떻게 이 현상이 발생했을까요? 음, Dust Bowl은 가뭄과 서투른 토지관리의 결합에서 비롯되었습니다. 그러니까, 밀 가격이 전쟁으로 인해 치솟았고, 당연히 그 지역의 모든 농부들은 모든 평방 인치의 땅에서 밀을 재배했어요. 자, 사계절 내내, 해마다, 같은 작물을 재배하면 땅은 영양분을 빼앗기게 됩니다. 그래서 땅의 영양분이 고갈되었을 뿐만 아니라... 1930년대 초 이래로 텍사스를 괴롭혔던 심각한 가뭄이 있었어요. 그래서, 바람이 불면, 모든 표토를 날려가면서 이러한 거대한 흙먼지 폭풍을 일으켰어요... 1933년과 1936년 사이에, 텍사스에서 오클라호마 팬핸들에 이르는 중서부 지방에는 187차례의 폭풍이 있었죠. 어떤 폭풍은 83시간 동안 지속되었답니다! 믿기 힘들어요, 그렇죠?
음, 극적으로 들리는 것만큼, 흙먼지 폭풍을 견디고 살아남는 것은 매일의 지루한 싸움이었습니다. 주부들은 들어오는 먼지를 막기 위해 젖은 수건, 천 조각, 그리고 테이프로 창문과 다른 틈을 막으려고 노력했지만 어쨌든 흙먼지는 안으로 새어 들어 왔습니다. 또한, 그러니까, 사람들은 만약 집을 너무 완전히 막아 버리면, 랜턴이 금방 꺼져 버리는 것을 알게 되었습니다. 그리고 사람들이 퀴퀴한 공기에 장기간 노출되었을 때 어떤 일이 발생할까요? 음, 사람들은 곧 아프기 시작했고 흙먼지로부터 유발된... 폐렴 같은 질병으로 인해 죽어 갔습니다.
더군다나 사람들만 고통받은 것이 아니었습니다. 그러니까, 동물들은, 사람들과는 달리, 먼지를 막을 수 있는 방법이 없었습니다. 그래서 소는 먼지 폭풍으로 인해 눈이 멀어 제자리를 빙빙 돌고, 먼지를 마시고는 천천히 질식하여 쓰러져 죽어갔어요. 먼지 폭풍 후에 이러한 모든 죽은 동물들이 길가에 널려 있었죠.
자, 매일... 심지어 매년 이렇다면 살아 남을 사람이 있을까요? 없다구요? 음, 그렇다면 대평원 지대의 사람들은 살아남기 위해 어떻게 했을까요?

S: Dust Bowl에 관한 책을 읽었는데... 캘리포니아인가 어딘가로 이동한 한 가족이 생각납니다. 그들은 오클라호마에 있는 땅을 잃고 어쩔 수 없이 캘리포니아에서 포도와 오렌지를 따는 일을 시작했어요.

P: 좋아요! 학생이 말한 책은 Steinbeck의 "분노의 포도"에요. 그것은 Dust Bowl에서의 경험과 그 이후의 이주에 관한 내용을 가장 잘 묘사한 책이죠. 그리고 여러분 모두 문학 수업을 통해서 이야기가 어떻게 전개되는지 알고 있으리라 생각해요... 그래서 이 이야기의 결말은 어떤가요?

S: 그러니까... 그들은 캘리포니아에 도착해서 일을 찾는데 많은 어려움을 겪게 됩니다, 그리고 서부가 아주 좋은 환경은 아니었지만, 그들은 어떻게든 서부에서 살아남았어요.

P: 네... 좋아요... 음, Joads 일가, 소설에 등장하는 가족이죠, 그들의 노력은 실제로 당시 전 국가의 고난을 반영합니다. 사실상, Joads 일가와 같은 수천 명의 소작농들은 대부금을 갚을 수 없었기 때문에 그들의 땅에서 쫓겨났습니다. 사람들은 희망을 포기하기 시작했고... 거의 2백 5십만 명의 인구가 이동하는 미국 역사상 가장 큰 이주가 시작되었어요.

자, 그래서 많은 가구들이 중고차를 사기 위해 그들의 소지품을 모두 팔았습니다, 그러니까, 서부로 떠나기 위해서 말이죠. 그러나 그들이 서부에 도착했을 때, 그곳이라고 모든 게 해결되지는 않는다는 것을 알았죠. 얼마 후, 정부 기관은 부담이 가중해져서 이주자들을 지원해 줄 수 없었습니다... 제 말은, 최저 임금이 감소하기 시작했어요... 그래서 이 이주자들은 하루에 단 몇 푼을 벌기 위해 씨를 뿌리고 수확을 해야 함을 깨달았습니다. 전 가족이 일을 한다 해도, 스스로를 부양할 수 없었습니다.

picture[píktʃər] 상상하다 barren[bǽrən] 불모의 horizon[həráizən] 지평선 envelop[invéləp] 싸다
shovel[ʃʌ́vəl] 삽으로 파다 combination[kàmbənéiʃən] 결합 skyrocket[skáiràkit] 치솟다 square inch 평방 인치
rob[rɑb] 빼앗다 nutrient[njú:triənt] 영양분 deplete[diplí:t] 고갈시키다, 다 써버리다 plague[pleig] 괴롭히다
blow away 날려버리다 topsoil[tάpsɔ̀il] 표토 tedious[tí:diəs] 지루한 dampened[dǽmpənd] 젖은
rag[ræg] 천 조각 seal[si:l] 봉하다 opening 틈 seep in 침투하다, 스며들다
thoroughly[θə́:rouli] 완전히 flicker[flíkər] 꺼져가다 expose[ikspóuz] ~을 노출시키다
stale[steil] (공기가) 퀴퀴한 extended[iksténdid] 장기간에 걸친 pneumonia[nju(:)móunjə] 폐렴
inhale[inhéil] 들이마시다 suffocate[sʌ́fəkèit] 질식하다 litter[lítər] 널리다 wrath[ræθ] 분노
ultimate[ʌ́ltəmit] 최고의 subsequent[sʌ́bsəkwənt] 그 이후의 migration[maigréiʃən] 이주
somehow[sʌ́mhàu] 아무튼 mirror[mírər] 반영하다 tenant[ténənt] 소작인 evict[i(:)víkt] 쫓아내다
loan payment 대부금 pave[péiv] 포장하다 overburden[òuvərbə́:rdən] 과중한 부담을 지우다
support[səpɔ́:rt] 지탱하다 migrant[máigrənt] 이주자 harvest[hά:rvist] 수확하다
mere[miər] 단지 sustain[səstéin] 부양하다

Conversations

Unit 1. Conversation Question Types

1. Main Purpose/Topic Questions

Example

p.46

Listen to a conversation between a professor and a student.

W: Hi, Professor Rubenstein... can I talk to you for just a minute?
M: Sure, Rochelle, come on in. What can I do for you?
W: I happened to visit the art museum on the east side of the campus yesterday, and I noticed that nearly half of the paintings on display were yours. I'm interested in knowing more about your paintings because I'm planning to write a report on that set of pieces.
M: Yes, those paintings are mine, Rochelle. So, did you like them?
W: I must say, professor, it gave me great pleasure to look at your paintings, and...
M: Thank you.
W: ...and I, I was thinking about your paintings as I looked at them, and, maybe I'm wrong, but some of them seem to... kind of... belong together. I guess you know which ones I'm talking about...
M: Yes, I do, Rochelle.
W: Right... so they, they seemed to have one theme, and I started wondering if you did them during a special time in your life, or if you had really intended to use a particular approach with that group of paintings.
M: You know, there's a long story behind the paintings you're talking about... By the way, I call them "The Blue Paintings"... Well, to answer your question, when I did them, it had really been my intent to use a certain approach... and also... you guessed correctly, they were done during an episode in my life that was, shall we say... extraordinary. Now, I'd love to sit down with you and tell you the whole story... but, um, I have a class in, uh, ten minutes, so why don't we... Um, do you have time tomorrow afternoon?
W: Tomorrow afternoon's fine, sir.

Q. Why does the woman go to see her professor?

W: 안녕하세요, Rubenstein 교수님... 잠시 말씀 좀 드려도 될까요?
M: 당연하지, Rochelle, 들어오너라. 뭘 도와줄까?
W: 어제 캠퍼스 동편에 있는 미술관을 우연히 방문하게 되었는데, 전시 중인 그림의 거의 반 정도가 교수님의 작품이란 걸 알았어요. 교수님의 그림에 대해서 좀 더 알고 싶습니다. 교수님 그림들에 대한 보고서를 쓸 계획이거든요.
M: 그래, 그 그림들은 내 작품이란다, Rochelle. 그래서, 작품들이 맘에 들었니?
W: 교수님, 교수님의 그림들을 감상하는 것은 큰 기쁨이었다고 분명히 말씀 드릴 수 있어요, 그리고...
M: 고맙구나.
W: ...그리고 교수님의 작품들을 감상하면서 생각했던 것이 있습니다, 아마 제 생각이 틀릴 수도 있지만... 몇몇의 그림들은 서로... 연관성이 있는 것 같아요. 제가 어떤 그림들을 말하는지 교수님께서 아실 것 같은데...
M: 그래, 알겠구나, Rochelle.
W: 네... 그 그림들에는 하나의 주제가 있는 것 같아요, 그래서 교수님께서 그 그림들을 인생의 특별한 시기에 그리셨거나, 그 작품들에 특별한 접근방법을 사용하셨는지 궁금합니다.
M: 그러니까, 네가 말하는 그림들에는 긴 뒷이야기가 있단다... 그리고, 나는 그 그림들을 "The Blue Paintings"라고 부른단다... 음, 네 질문

에 대한 대답은, 그 그림들을 그릴 때, 특정한 접근방법을 사용하려고 한 것이 분명 나의 의도였지... 그리고 또 한가지... 네가 정확히 추측한대로, 그림들은 내 삶에서 특정 사건이 있던, 음... 특별하다고 할 수 있는 시기에 그려졌지. 자, 자리에 앉아서 그림에 얽힌 전반적인 이야기를 하고 싶지만... 음, 내가, 어, 10분 후에 수업이 있단다, 그러니까 우리 차라리... 내일 오후에 시간 괜찮니?

W: 내일 오후 괜찮습니다, 교수님.

happen to 우연히 ~하게 되다　approach [əpróutʃ] 접근, 접근 방법　episode [épəsòud] 에피소드, 삽화적인 사건
extraordinary [ikstrɔ́ːrdənèri] 특별한

Hackers Practice

p.48

1. B　2. D　3. B　4. A　5. D　6. C　7. A　8. B　9. D

I. Listen to the introduction part of the conversations and choose the best answer for each question.

1.

M: So you're thinking about studying for a semester in Japan next year?

W: Yes, I'm really interested in the Management Strategies course offered by Tokyo University, which is offered in the fall semester. The problem is, I don't know if I can take it in Japan, because I'm supposed to take a course in Accounting Techniques here in the fall.

M: I see. You know, the summer school course catalogue is out now. You should find out if Accounting Techniques is also offered in summer school. If it is, then you can register starting right after final exams.

W: I didn't know that... That's definitely something to think about!

Q. What is the main subject of the conversation?

M: 그래서 넌 내년에 일본에서 한 학기를 공부하는 것에 대해 고려해 보고 있니?

W: 네, 전 도쿄 대학이 가을 학기에 제공하는 경영 전략 과목에 정말 관심이 있어요. 문제는, 제가 그 과목을 일본에서 들을 수 있을지 모르겠다는 거예요, 왜냐하면 전 가을에 이곳에서 회계법 수업을 들을 예정이거든요.

M: 그렇구나. 너도 알다시피, 여름 계절학기 수강편람에 지금 나와 있단다. 넌 회계법 과목이 여름 계절학기에도 개설되는지 알아보는 게 좋겠구나. 만약 그렇다면, 기말 고사가 끝나고 바로 등록을 할 수 있어.

W: 그건 몰랐어요... 분명 고려해볼 만한데요!

semester [siméstər] 한 학기　management strategy 경영 전략　offer [ɔ́ːfər] (수업을) 개설하다
be supposed to ~하기로 되어 있다　accounting technique 회계법　register [rédʒistər] 등록하다
final exam 학기말 시험　definitely [défənitli] 확실히

2.

W: Hello, what can I help you with?

M: Hi, uh... I have a bit of a problem. I know registration is next week, but I'm going to be out of the country to attend a family reunion, so...

W: If you wish, you can have a proxy sign up for your classes.

M: No, I'd rather... I mean, I was wondering if you would allow me to register for my classes now.

W: Actually, we don't have early registration, so if you want to register for your classes in person, you'll have no choice but to do that next week.

M: I don't think that's possible.

W: Well, another suggestion I can make is that you reserve your classes online.

Q. What is the man's problem?

W: 안녕하세요, 무엇을 도와 드릴까요?
M: 안녕하세요, 어... 문제가 좀 있어서요. 수강 신청이 다음 주라는 걸 알지만, 가족 모임에 참석해야 해서 해외로 나갈 것 같습니다, 그래서...
W: 원한다면, 다른 사람이 수업 등록을 대신 할 수도 있어요.
M: 아닙니다, 저는 그 대신... 그러니까, 혹시 제가 지금 수강 신청을 할 수 있는지 궁금합니다.
W: 사실, 예정보다 빨리 수강 신청을 할 수는 없습니다, 그러니까 직접 수강 신청을 하고 싶다면, 다음 주에 하는 방법밖에 없어요.
M: 그건 불가능해요.
W: 음, 제가 해 줄 수 있는 다른 제안은 온라인으로 수강 신청을 하는 것입니다.

registration [rèdʒistréiʃən] 등록 proxy [prάksi] 대리, 대리인 sign up 등록하다, 계약하다 in person 직접
reserve [rizə́ːrv] 예약하다

3.

M: Professor Beardsley, I'd like to speak with you about the test I missed yesterday.
W: Fred, why were you absent yesterday?
M: Actually, I came down with food poisoning. I didn't bring it with me now, but I have a doctor's note.
W: I'm sorry to hear that. Are you feeling OK now?
M: Much better than yesterday, thank you. Anyhow, would it be possible for me to take a make-up test today?
W: Well... that's a little hard because I've already finished grading the tests and I'm planning to give them back to the students today.
M: Please, professor, I really want to take a make-up test.
W: Tell you what, Fred. I'll give you a different test. Are you free to take it now?
M: Yes, ma'am!

Q. Why does the man go to see his professor?

M: Beardsley 교수님, 어제 제가 못본 시험에 관해 말씀 드리고 싶습니다.
W: Fred, 어제 왜 결석 했니?
M: 실은, 식중독에 걸렸었어요. 지금 가져오지 않았지만, 진단서를 받아 왔습니다.
W: 안됐구나. 지금은 괜찮니?
M: 어제보다는 훨씬 나아졌습니다, 감사해요. 그런데, 오늘 제가 보충시험을 보는 것이 가능할까요?
W: 음... 이미 시험 채점을 끝내서 오늘 학생들에게 다시 나눠주려고 했기 때문에 그건 좀 힘들 것 같구나.
M: 제발요, 교수님, 꼭 보충시험을 보고 싶어요.
W: 그럼 이렇게 하자, Fred. 다른 시험을 치르도록 해 줄게. 지금 시험 볼 수 있겠니?
M: 네, 교수님.

come down with ~의 병에 걸리다 food poisoning 식중독 doctor's note 진단서 tell you what 그럼 이렇게 하자, 그렇다면

4.

M: Hello, Professor Moore, can I talk to you for a second?
W: Oh, of course, Carl. What's up?
M: I couldn't get the material you gave us in today's class because there weren't enough copies. So, can I get that now?
W: Oh, of course. I'll give you the material right away, but before you go I'd like to talk to you about the paper you turned in, if you have a few minutes to spare.

M: My paper? Oh, sure, Professor Moore.

Q. What will the rest of the conversation be about?

M: 안녕하세요, Moore 교수님, 잠시 시간 좀 내주실래요?
W: 오, 물론이지, Carl. 무슨 일이니?
M: 오늘 수업 시간에서 나누어 주신 자료가 모자라서 저는 받지 못했습니다. 그래서, 지금 그 자료를 받을 수 있을까요?
W: 오, 그럼. 지금 자료를 줄게, 그런데 잠깐 시간을 낼 수 있다면, 가기 전에 네가 제출했던 리포트에 대해서 얘기하고 싶구나.
M: 제 리포트에 관해서요? 오, 물론이죠, Moore 교수님.

paper[péipər] 리포트 turn in 제출하다 spare[spεər] ~을 떼어두다

5.
M: Hi... I'm here to offer my used books for sale.
W: OK, let me take a look at them.
M: I've got four books here. They're almost brand-new. I barely even opened them, in fact. See? None of the pages are dog-eared or anything, and the covers are clean. So how much can I get for these?
W: It's... it doesn't really matter what condition they're in, although it's nice you kept them looking brand new. You see, we buy back books at twenty percent of their original price.
M: Twenty percent? That's much too low! I spent a fortune on these books.

Q. Why does the man talk to the woman?

M: 안녕하세요... 헌 책을 팔려고 왔습니다.
W: 좋아요, 책들을 좀 보여주세요.
M: 여기 네 권을 가져 왔어요. 거의 새것과 다름없어요. 사실, 거의 펴보지도 않았거든요. 그렇죠? 한 페이지도 귀퉁이가 접혀 있거나, 손상되지 않았고 책 표지도 깨끗해요. 그러니까 이 책들을 팔면 얼마나 받을 수 있을까요?
W: 그... 그게 새것처럼 잘 보관하셨지만 책이 어떤 상태인지는 중요하지 않아요. 보시다시피, 우리는 원래 가격의 20퍼센트 가격으로 다시 책을 삽니다.
M: 20퍼센트라고요? 너무 싸요! 이 책들을 비싸게 주고 샀다구요.

used book 헌 책 take a look 보다 brand-new 새로운, 신품의 barely[bέərli] 거의 ~않다
dog-eared 책 모서리가 접힌 cover[kʌ́vər] 책 표지 spend a fortune 비싸게 사다, 거금을 쓰다

II. Listen to part of the conversations and choose the best answer for each question.

6.
W: Excuse me, professor... I heard that you wanted to see me.
M: Yes I did, Natalie. Come on in.
W: Is this about my paper? Is there something wrong with it?
M: Oh, no, it's nothing like that. You mentioned that you were interested in studying abroad for the summer, near the ocean, right?
W: Yes, I was thinking about getting away for a while, maybe earning a credit or two...
M: Well, the department is posting its summer abroad openings on the bulletin board on Monday. I just heard about the announcements today, and wanted to give you the heads up.
W: Really? That's news to me. Can you tell me more about them?
M: Well, our department, along with the Department of Natural Sciences, is offering summer courses in

several different countries, and one of them is Management of Tropical Reef and Island Ecosystems. It's being held in Australia.

W: Wow, that sounds like something I would love to attend... though it looks like I won't be able to, for financial reasons...

M: If money is a problem, you should apply for one of the department grants. They're awarded especially to summer abroad students who have proven records of academic excellence.

Q. What are the professor and student mainly discussing?

W: 실례합니다, 교수님... 절 보고싶어 하신다고 들었는데요.

M: 그래, Natalie. 들어오렴.

W: 제 리포트에 관한 문제인가요? 거기에 무슨 문제라도 있는 건가요?

M: 오, 아니야, 그런 건 아니야. 넌 여름에 유학을 하는 것에 관심이 있다고 했지, 대양 가까이 있는 나라에서 말이야, 그렇지 않니?

W: 네, 전 잠시 떠나볼까 생각하고 있었어요, 한두 학점을 따면서 말이에요.

M: 음, 월요일에 학부에서 게시판에 여름 유학생 모집에 대해 게재할거야. 난 오늘 막 공지에 대해 들어서, 네게 알려주고 싶었단다.

W: 정말이에요? 저는 전혀 몰랐어요. 그것들에 대해 좀더 자세히 얘기해 주시겠어요?

M: 음, 우리 학부는, 자연과학부와 더불어, 몇 개국에서 여름 계절학기를 개설하고 있는데, 그 중 한 과목은 열대 산호초와 섬 생태계 관리란 과목이야. 그 수업은 호주에서 열릴 예정이지.

W: 와, 제가 듣고 싶을 것 같은 과목인데요... 하지만 전, 재정상의 이유로 들을 수가 없을 거 같아요...

M: 돈이 문제라면, 학부에서 지급하는 장학금 중 하나에 지원해보렴. 장학금은 학업 성적이 우수하다고 판단되는 여름 학기 유학생들에게 특별히 지급되고 있거든.

paper[péipər] 리포트 earn[əːrn] 획득하다, 얻다 department[dipáːrtmənt] 학부, 과 bulletin board 게시판
heads up 주의 natural science 자연 과학 tropical[trápikəl] 열대(지방)의 reef[riːf] 암초
ecosystem[ékousìstəm] 생태계 financial[finǽnʃəl] 재정의 apply[əplái] 신청하다 grant[grænt] 보조금, 장학금
award[əwɔ́ːrd] 수여하다

7.

W: Hello, Greg. Thanks for coming in. I know you've got a really tight schedule.

M: No problem, Professor Stevens. I'm just a bit worried, though. Does this have to do with the term paper I'm working on?

W: Actually, it does...

M: Oh, no.

W: But I don't want you to be worried. You seem to be doing fine. I just have a question about the topic of your paper. When I saw your term paper proposal, I thought the topic you were considering writing on was perfect for you. That topic was... archaeological digs in Iran.

M: Right.

W: Well, the fact that you're an archaeology major... I didn't think you'd have any problem doing the paper. That's why I quickly approved your choice of topic.

M: Yes, ma'am, I know.

W: So I guess you know what my question is... why did you decide to change your term paper topic to tsunamis in Southeast Asia?

M: I guess it's... it does seem strange that I would change topics. Maybe I was trying to make things easier for myself. There was sort of a lack of information on excavations in Iran... so I wasn't sure I'd be able to complete the paper. Uh, this may sound kind of dumb, but I've always been interested in earthquakes and tsunamis... maybe it's from studying geology... it's a required course for archaeology majors... and since there's a lot of material on that topic, I made the switch.

W: I see... well, you know, Greg, I think I can actually help you with your original topic. I came across some excellent web sites that provide an enormous amount of material on excavations in Iran.

M: You did?

W: Yes, and I believe there's a bibliography... so you might even use that list of reference materials and check what the library has to offer.

M: That's great!

Q. What are the professor and the student mainly discussing?

W: 안녕, Greg. 찾아와 줘서 고맙구나. 네 일정이 꽉 짜여져 있다는 걸 알고 있단다.

M: 괜찮아요, Stevens 교수님. 그런데, 전 그냥 약간 걱정이 됩니다. 제가 쓰고 있는 학기말 리포트 때문인가요?

W: 실은 그렇단다...

M: 오, 이런.

W: 하지만 걱정하지 않아도 돼. 넌 잘하고 있는 것 같아. 단지 네 리포트 주제에 대한 질문이 있어서 말이야. 리포트 계획안을 보고 네가 쓰고자 하는 주제가 너에게 아주 적합하다고 생각했어. 주제가... 이란의 고고학 발굴이었지.

M: 맞습니다.

W: 음, 네 전공이 고고학이라서... 리포트를 작성하는 데 전혀 문제가 없을 거라고 생각했어. 그래서 네가 선택한 주제에 바로 찬성했었지.

M: 예, 교수님, 알고 있습니다.

W: 그렇다면 내 질문이 뭔지 알고 있겠구나... 왜 학기말 리포트 주제를 동남아시아의 해일로 바꾸기로 결정했니?

M: 아마... 제가 주제를 바꾼 것이 이상하다고 생각하실 거예요. 제가 쓰기에 좀더 쉽게 하려고 그랬어요. 이란의 발굴에 대한 정보가 부족해서... 리포트를 마무리할 수 있을지 불안했었어요. 어, 다소 어리석게 들릴지 모르지만, 저는 항상 지진과 해일에 대해 관심이 있었어요... 아마도 지질학을 공부해서일 거예요... 고고학 전공의 필수과목이거든요... 그리고 그 주제에 대한 자료가 많기 때문에, 바꾼 거예요.

W: 그렇구나... 음, 그런데, Greg, 네 처음의 주제에 대해 내가 도움을 줄 수 있을 것 같구나. 우연히 이란의 발굴에 관련된 많은 정보가 있는 웹사이트 몇 개를 발견했거든.

M: 그러셨어요?

W: 그래, 그리고 거기엔 참고 서적 목록도 있을 거야... 그러니까 참고자료 목록을 사용해 도서관에 어떤 자료가 있는지 찾아 볼 수도 있어.

M: 잘 됐네요!

term paper 학기말 리포트 proposal [prəpóuzəl] 계획, 계획안 archaeological [àːrkiəládʒikəl] 고고학의
approve [əprúːv] 찬성하다, 승인하다 tsunami [tsunáːmi] 해일 excavation [èkskəvéiʃən] 발굴 dumb [dʌm] 어리석은
required course 필수 과목 come across 우연히 발견하다 bibliography [bìbliágrəfi] 참고 서적 목록
reference [réfərəns] 참조, 참고

8.

M: Hi, I just started working part-time at the main library... yesterday was supposed to be my first payday, but I checked my bank account and noticed I haven't gotten paid yet. I'm a little worried because... I was hoping to use that money to make a tuition payment that's due tomorrow.

W: OK, let me check your record... hmm, looks like the computer file is missing some information about you.

M: What, really? But... why didn't someone let me know earlier?

W: I'm not sure... let me see... um, I'm really sorry, but it looks like the computer system wasn't designed to pick up minor errors like this. Let's see what we can do for you... Now, did you fill out the application for automatic payment into your account?

M: Yes, my manager gave me that form to complete on my very first day of work... and I submitted it right away.

W: Hmm... well it looks like you forgot to fill out the blank for providing your bank's transfer number. Without it, the school can't pay you!

M: OK, so... what can I do?

W: If you have a check or bank statement with you, I can update your record right now... then we can call the library and ask them to try sending your pay again.

M: I don't have either right now. I have to go back to my dorm to pick them up.

W: OK, why don't you do this then? Here's the phone number of our office. When you get home and find the documents, call me... I'll update your record and call the library for you... then you don't have to come all the way back here.

M: If you could do that for me, that would be so great! Thank you!

Q. What is the man's main problem?

M: 안녕하세요, 저는 중앙 도서관에서 이제 막 파트타임 일을 시작했는데요... 어제가 제 첫번째 급여일이어서 은행 계좌를 확인해봤는데 아직 급여를 받지 못했어요. 전 약간 걱정이 돼요, 왜냐하면... 그 돈으로 내일이 마감일인 등록금을 납부하려 했거든요.

W: 알겠어요, 학생의 기록을 확인해볼게요... 음, 컴퓨터 파일에 학생에 관한 정보가 일부 빠져 있는 것 같군요.

M: 네, 정말이요? 그렇다면... 왜 아무도 제게 좀더 일찍 알려주지 않았나요?

W: 잘 모르겠네요... 어디 봅시다... 음, 정말 죄송하지만, 컴퓨터 시스템이 이런 작은 오류까지 찾아내도록 설계되지 않은 것 같아요. 저희가 학생을 위해 할 수 있는 게 뭔지 살펴보지요... 자, 학생의 계좌로 돈이 자동 이체되는 신청서를 작성했나요?

M: 네, 관리인이 제가 처음 일하는 날 작성하라고 그 신청서를 줬거든요... 그래서 즉시 그걸 제출했어요.

W: 음... 그게 아마도 학생이 은행 송금 번호 적는 란을 기입하는 걸 깜박 잊은 것 같네요. 그거 없이는 학교에서 학생에게 돈을 지불할 수 없어요!

M: 네, 그러면... 제가 어떻게 해야 하나요?

W: 만일 학생이 수표나 은행 예금 내역서를 가지고 있다면, 제가 지금 학생의 기록을 업데이트할 수 있어요... 그런 다음 저희가 도서관에 전화해서 급여를 다시 송금하도록 요구해 볼게요.

M: 지금은 두 개 다 갖고 있지 않아요. 그것들을 가지러 기숙사로 돌아가야 해요.

W: 알았어요, 그러면 이렇게 하는 게 어때요? 여기 저희 사무실 전화 번호가 있어요. 학생이 기숙사에 가서 서류를 찾으면, 제게 전화 주세요... 제가 학생의 기록을 업데이트하고 도서관에 전화할게요... 그러면 다시 이곳까지 되돌아올 필요가 없잖아요.

M: 절 위해 그렇게 해 주신다면 정말 좋지요! 감사합니다!

be supposed to ~하기로 되어 있다　bank account 은행 예금 계좌　tuition [tjuːíʃən] 수업료 (=tuition fee)
payment [péimənt] 납입　due [djuː] 지불 기일이 된　application [æpləkéiʃən] 신청, 지원　submit [səbmít] 제출하다
fill out the blank (용지에) 기입하다　transfer [trænsfə́ːr] 이전, 송금　bank statement 은행 계좌 통지서
dorm [dɔːrm] 기숙사 (=dormitory)

9.

M: Professor Anderson? Could I come in for a second?

W: Of course, Daryl, come on in. Is there something I can help you with?

M: Actually, yes. I just picked up my grade at the English Department, and I, uh, noticed that the final grade you gave me is lower than I had expected. I'm kind of disappointed because I thought I did well overall... maybe you made a mistake calculating my grade.

W: Well, let me take a look at my records. Give me just a moment, Daryl... OK, I see the problem.

M: Yes, ma'am?

W: Uh, as you know, the criteria I use for calculating the final grade of my students include the midterm and finals, quizzes, class participation, and book reports. I can see from here that you did pretty well on both of the exams...

M: That's why I can't figure out why my final grade is what it is.

W: But the two exams carry only sixty percent of the weight of your final grade. Ten percent is based on quizzes, and your book reports and class participation make up thirty percent. The problem is you were absent a third of the time...

M: Did that really affect my overall grade?

W: Yes, Daryl. You know that I would normally drop a student who has at least five absences. You've had six. Now, the reason I didn't drop you is that you did so well on the midterms.

M: Oh... can't I make it up, Professor Anderson? I mean, couldn't you give me some other way to earn extra credit?

W: Um, I don't know, Daryl... OK, this is what I'll do. I'll think about it this evening. Drop by my office first thing in the morning.

M: Thank you so much, Professor Anderson.

Q. Why does the student go to see his professor?

M: Anderson 교수님? 잠시 들어가도 될까요?

W: 물론이지, Daryl, 들어오너라. 내가 도와줄 일이 있니?

M: 사실, 네. 방금 영어 학부에서 성적 확인을 했는데, 어, 제가 기대했던 것보다 학기말 성적을 낮게 주셨더라구요. 전반적으로 제가 잘했다고 생각했었기 때문에 다소 실망했습니다... 혹시 성적 평가에서 오류가 있지는 않았나 해서요.

W: 음, 기록을 한번 봐야겠구나. 잠시 시간을 주렴, Daryl... 그래, 문제를 발견했다.

M: 어떤 문제인가요, 교수님?

W: 어, 알다시피, 학생들의 학기말 성적을 평가 할 때 나의 기준은 중간고사와 기말고사, 퀴즈, 수업 참여, 그리고 보고서를 포함한단다. 여기 나와있는 걸 보니 넌 두 시험을 다 잘 보았구나...

M: 그 점이 바로 제가 왜 학기말 성적이 낮은지 이해할 수 없는 이유입니다.

W: 그런데 두 시험은 학기말 성적의 60퍼센트만 차지할 뿐이야. 퀴즈는 10퍼센트, 그리고 보고서와 수업 참여는 30퍼센트를 차지한단다. 문제는 네가 전체 수업의 3분의 1을 결석한 것이란다.

M: 그것이 정말 전체 성적에 영향을 미쳤나요?

W: 그럼, Daryl. 내가 보통 최소 다섯 번 결석한 학생은 낙제시키는 것 알고 있잖니. 넌 여섯 번이나 결석했어. 자, 너를 낙제시키지 않은 이유는 네가 중간고사에서 좋은 성적을 받았기 때문이야.

M: 이런... 만회할 수 있는 방법이 없을까요, Anderson 교수님? 그러니까, 추가 점수를 얻을 수 있는 다른 방법을 주실 수 없나요?

W: 글쎄, 잘 모르겠구나, Daryl... 좋아, 이렇게 하자. 오늘 저녁에 한번 생각해 볼게. 내일 아침에 곧장 내 교수실로 오렴.

M: 감사합니다, Anderson 교수님.

final grade 학기말 성적　calculate [kǽlkjəlèit] 평가하다　criteria [kraitíəriə] 기준　midterm [mídtə̀ːrm] 중간고사
finals [fáinlz] 기말고사　figure out 이해하다　make up 만회하다, 벌충하다　drop [drɑp] 제명하다, 낙제시키다
drop by 들르다

Hackers Test

p.50

1. A 2. C 3. B 4. C 5. B 6. B 7. C, D 8. A

[1-4]

Listen to a conversation between a student and a residence manager.

W: Excuse me. I stay at the Laurel Dormitory for Women. I'd like to make a service request for room maintenance.

M: I'm the residence manager. What seems to be the problem?

W: Um... The light bulb in my room keeps flickering. It's impossible for me to study in my room, and I've got a paper that's due tomorrow. I've had this light bulb problem since yesterday. I called up this office several times, but no one answered the phone. Is there a reason why nobody ever picks up?

M: Well, this is not the area of the campus that I service. I'm in charge of the north campus, and I come here only on weekends for a few hours. It's just for emergencies. There's a maintenance personnel who services this part of the campus on weekdays. Maybe when you called up, he was out taking care of a request.

W: I see. So... could you please fix my light?

M: Uh... why don't you just change the bulb? That's probably all that needs to be done. Do you know how to change a bulb?

W: Of course I know how to change a bulb. It doesn't take a genius to replace a light bulb. In fact, I did change it. But I had the same problem—the light was flickering. So I'm pretty sure it's not the bulb, but the circuit itself. Now that's something I can't fix because I'm not an electrician. So can you come and fix it or could you send someone over to fix it?

M: Well... it's a Saturday and I can't just call maintenance because he's off duty on weekends... unless it's an emergency, and I'm sorry to say that this doesn't qualify as an emergency. I can't call the fix-it guy for just any problem on a Saturday.

W: A damaged circuit is not an emergency?

M: You seem to be the only one who has a light problem, so it's not dormitory-wide, which, if it were, would have qualified it as an emergency. And anything involving the students' safety is considered an emergency.

W: You can't come and fix it yourself?

M: You know, I'm fully aware that you're having problems studying because of your light, and I do want to help, but I'm required by the university to stay at the office so that in case a real emergency occurs... and I'm not saying yours isn't an emergency... I'm referring to, to safety problems... and plus, it might take some time to fix the circuit, and I'd be away from the office too long.

W: But I need to work on my paper.

M: Couldn't you do your paper at the dormitory student lounge?

W: The student lounge closes early on Saturdays.

M: Oh, yeah, that's right.

W: Could you fill just this one request? I'm worried about not being able to finish my paper on time. And my dorm isn't very far. It would probably take you no more than 30, 45 minutes at the most, to fix the circuit so I can do my assignment.

M: Well, I can call maintenance, but I can't promise that he'll come over. He's not required to do overtime, so he'll have the prerogative to say no if he doesn't want to fix it. Can you tell me what your room number is?

W: That's room 27. That's on the second floor.

M: Hey... did you know that the room next to yours... room 28... That room is empty.

W: It is?

M: Yeah. Why don't you do your paper there?

W: You mean it's OK for me to work in that room?

M: It's just a temporary arrangement. I can give you the key and on Monday morning, you can drop it off here before you go to class.

W: Can the maintenance guy fix my light problem on Monday?

M: Absolutely. I'll make sure he does that.

W: Great. Thanks so much for offering the room.

M: No problem. Here's the key. Don't forget to bring it back.

Now get ready to answer the questions. You may use your notes to help you answer.

1. What is the woman's problem?
2. Why does the man mention the north campus?
3. Why does the student think the bulb is not defective?
4. What will the student probably do next?

W: 실례합니다. 전 Laurel 여자 기숙사에 살고 있어요. 방 관리 서비스를 요청하고 싶어요.

M: 제가 기숙사 책임자인데요. 뭐가 문제죠?

W: 음... 제 방의 전구가 계속 깜박거려요. 제 방에서 공부하는 게 불가능한데, 내일까지 내야 하는 과제가 있어요. 이 전구 문제는 어제부터 있었어요. 제가 이 사무실로 여러 번 전화했지만, 아무도 전화를 받지 않더라고요. 아무도 전화를 받지 않는 이유가 있나요?

M: 음, 이 곳은 제가 근무하는 캠퍼스의 지역이 아니에요. 전 북쪽 캠퍼스를 담당하고 있죠, 그리고 전 주말에 몇 시간만 이곳에 와있어요. 단지 긴급상황만을 위해서죠. 주중에는 캠퍼스 이쪽 부분에서 근무하는 관리 직원이 있어요. 아마도 학생이 전화했을 때, 요청을 해결하려고 나갔었나 보죠.

W: 그렇군요. 그래서... 제 조명등을 고쳐주실 수 있나요?

M: 어... 그냥 전구를 바꾸는 게 어때요? 아마 그거면 될 거예요. 전구를 어떻게 바꾸는지 아나요?

W: 전구를 어떻게 바꾸는지 당연히 알죠. 전구를 교체하는데 천재가 필요하지는 않아요. 사실, 바꿔봤어요. 그래도 같은 문제였어요, 조명등이 깜박거리더라고요. 그래서 이게 전구가 아니라, 전기 회로 자체의 문제라는 게 확실해요. 제가 전기 기술자가 아니니 이제 그건 제가 고칠 수 없는 거잖아요. 와서 고쳐주시거나 그걸 고칠 사람을 불러주실 수 없나요?

M: 음... 오늘이 토요일이라서 관리자가 주말에는 쉬기 때문에 그를 그냥 부를 순 없어요... 긴급상황이 아닌 이상이요, 그리고 이렇게 말해서 미안하지만 이건 긴급상황이라고 할 수 없어요. 수리하는 사람을 그냥 별거 아닌 문제로 토요일에 부를 순 없어요.

W: 고장 난 회로가 긴급상황이 아니라고요?

M: 조명등에 관한 문제를 가진 사람은 학생뿐인 것 같으니, 이건 기숙사 전체의 문제가 아니죠, 만약 그런 경우였다면, 그건 긴급상황이라고 할 수 있겠죠. 그리고 학생의 안전과 관련된 그 어떤 것도 긴급상황이라고 여겨지죠.

W: 직접 오셔서 고쳐 주시지는 못하나요?

M: 알다시피, 전 학생이 조명등 때문에 공부하는 데 지장이 있다는 것을 충분히 알고, 저도 도와주고는 싶지만, 혹시 있을 실제 긴급상황에 대비해 대학 측은 제가 이 사무실을 지키고 있을 것을 요구해요... 그리고 제가 학생의 문제가 긴급상황이 아니라는 것은 아니지만... 제가 말하는 것은 안전에 관한 문제들이에요... 그리고 또, 회로를 고치는 데 꽤 시간이 걸릴 수도 있고, 그렇게 되면 너무 오랫동안 사무실을 비우게 돼요.

W: 하지만 전 과제를 해야 돼요.

M: 그냥 기숙사 학생 휴게실에서 하면 안되나요?

W: 학생 휴게실은 토요일에 일찍 닫아요.

M: 오, 맞아요, 그렇네요.

W: 이 요청 하나만 들어주시면 안되나요? 제 과제를 제때 못 끝낼까봐 걱정돼요. 그리고 제 기숙사는 별로 멀지 않아요. 제가 과제를 할 수 있도록 회로를 고쳐주시는 데 기껏해야 30, 45분밖에 걸리지 않을 거예요.

M: 음, 관리자에게 전화할 수 있지만, 그가 올 거라고는 약속할 순 없네요. 그는 초과 근무를 할 필요가 없어서, 만약 그가 고치기 싫으면 싫다고 할 특권이 있어요. 학생의 방 호수가 어떻게 되죠?

W: 27호에요. 2층이에요.

M: 아... 학생 옆 방이... 28호요... 그 방은 비어 있어요.

W: 그래요?

M: 네. 거기서 과제를 하는 게 어때요?

W: 그 방에서 공부해도 된다는 말씀이세요?

M: 그냥 임시로요. 열쇠를 줄게요, 그리고 월요일 아침에 수업에 가기 전에 여기 와서 돌려주고 가세요.

W: 관리자 분이 조명등 문제를 월요일에 고쳐 주실 수 있나요?

M: 물론이죠. 제가 확실히 그렇게 하도록 하죠.

W: 좋아요. 방을 내주셔서 감사합니다.

M: 천만에요. 여기 열쇠요. 돌려주는 거 잊지 마세요.

flicker[flíkər] 깜박거리다　pick up 받다　in charge of ~을 담당하는, ~을 맡고 있는　personnel[pə̀ːrsənél] 직원

genius[dʒíːnjəs] 천재 circuit[sə́ːrkit] 전기 회로 electrician[ilektríʃən] 전기 기술자 fix[fíks] 수리하다
lounge[laundʒ] 휴게실 overtime[óuvərtàim] 초과 근무 prerogative[prirágətiv] 특권
temporary[témpərèri] 임시의

[5-8]

Listen to a conversation between a student and his professor.

M: Good morning, Professor Dotson.

W: Good morning, Rafael! I'm glad you're here because I meant to get in touch with you. I didn't get your essay on the Aztec Indians yesterday, and I'm wondering if you forgot about the deadline.

M: Oh, no, ma'am, I didn't forget. I tried to print my essay out yesterday, but I think there was something wrong with the connection between my computer and the printer. I couldn't figure out what the problem was, so I finally sent you the essay via e-mail. I hope you don't mind... But if you're asking where my essay is, I guess that means you haven't received it.

W: Well, I've got my e-mail program open, and I don't see your e-mail... maybe it got lost on its way to my inbox.

M: Just to make sure, I'll send it to you again. By the way, Professor Dotson, I know you're preparing for your retirement party, and I was, um, I'd like to offer my assistance, if I may?

W: That's really very nice of you to offer a helping hand, Rafael, but the bulk of the preparation is finished, and there are a couple of university employees who are at work on it, so... it's OK. I'd like to thank you, anyway, just for offering.

M: You're welcome, ma'am. If ever you need help for any last-minute preparations, just let me know and I'll be right on it.

W: Thanks so much, Rafael. You're such a dear.

M: So, um, I, I learned from someone that you've been a professor at this university for the past 37 years. You must know a lot about the university's history... and I'm sure you've seen many changes that have taken place.

W: I sure have. Some of the changes have been welcome, some not so welcome... It's a pretty complex process that has a lot to do with the people, the changing times, and the socio-economic and political milieu we're living in... Well, let me not go into all that. I'm talking from an anthropological standpoint. I'll just say that it's been an absolutely marvelous 37 years.

M: I hope I'm not being too forward, but may I ask how you feel about retiring?

W: No, you're not being forward at all. I hope this doesn't sound like a cliché, but I have mixed feelings. On the one hand, I'm going to miss my students... even the students I would have had in the future had I continued teaching. It has always been about the students... getting to know them, interacting with them, and having a hand in shaping and molding them. There's the academic growth as well... the constant learning that comes with the turf. On the other hand, I'm looking forward to... indulging in a bit of gardening. I've always had a thing for plants. It's sort of a secret love.

M: How very interesting, professor! I'm a plant lover myself even though I'm a, an anthropology major.

W: Well, there's never a contradiction about those things. If anything, I feel that opposites complement each other. Oh, I just remembered! There is something you can help me with if you have the time. You know I've written quite a number of articles and essays on anthropology... and I was thinking of putting them all in a book. It's one of the things I wanted to do for my retirement. And in the near future, I could even have the book published if a publishing company shows any interest in my anthology. So I've been trying to collect all my written works from the department's database... and I

need a little help gathering them together.
M: I would be most happy to do the work, professor!
W: Oh, good! Um, we have a student named Annsy who has done about half of the work, but she sure could use some help.
M: I can start helping out this very afternoon.
W: Wonderful! What would I do without you? Just talk to Annsy and she'll tell you what to do. All right... Let me get her phone number for you.

Now get ready to answer the questions. You may use your notes to help you answer.

5. What do the speakers mainly discuss?
6. What does the student say about his essay?
7. Why does the professor decline to accept the student's offer to help with the retirement party?
8. What does the professor say about retiring?

M: 안녕하세요, Dotson 교수님.
W: 안녕, Rafael! 그렇지 않아도 너에게 연락하려고 했었는데 마침 잘 왔구나. 어제 아즈텍 인디언들에 대한 네 에세이를 어제 받지 못해서 말이야, 그래서 혹시 네가 제출기한을 잊은 것은 아닌가 생각하고 있었지.
M: 아, 아니에요, 교수님, 잊지 않았어요. 제가 어제 제 에세이를 프린트하려고 했는데, 제 생각에 컴퓨터랑 프린터 사이에 연결이 잘못되었던 것 같아요. 뭐가 문제였는지 알 수가 없어서, 결국 이메일로 에세이를 제출했어요. 그래도 되는 거였으면 좋겠네요... 그런데 교수님께서 제 에세이가 어디 있냐고 물으시는 걸 보니, 받지 못하셨나 보네요.
W: 음, 내 이메일 프로그램을 열었는데, 네 이메일은 보이지 않는구나... 아마 내 메일함으로 오는 도중에 사라져버린 걸지도 모르겠어.
M: 그냥 확실히 하기 위해서, 다시 한 번 보낼게요. 그런데, Dotson 교수님, 교수님께서 은퇴파티를 준비하고 계신다고 알고 있는데요, 제가, 음, 제가 도움을 드리고 싶어서요, 허락해주신다면요?
W: 도움을 주겠다니 참 자상하구나, Rafael, 하지만 굵직한 준비는 이미 끝났어, 그리고 교직원 두 명도 일을 하고 있단다, 그러니까... 괜찮아. 어쨌든, 고맙다고 말하고 싶구나, 제안해준 것만이라도 말이야.
M: 천만에요, 교수님. 혹시 준비하시다가 마지막에라도 도움이 필요하시면, 그냥 제게 말해주시면 바로 도와드릴게요.
W: 정말 고마워, Rafael. 넌 참 다정하구나.
M: 그래서, 음, 저는 교수님께서 이 대학에 지난 37년 동안 재임하셨다고 들었어요. 분명히 이 대학의 역사에 대해 많이 알고 계시겠죠... 그리고 그동안 일어났던 많은 변화들도 봐오셨을 게 분명하구요.
W: 물론 그랬지. 어떤 변화들은 환영할 만했고, 어떤 것들은 그렇지 않았지... 그건 사람들과, 흐르는 세월, 그리고 우리가 살아가는 사회경제적, 정치적 환경과 깊이 관련이 있는 꽤 복잡한 과정이란다... 음, 이쪽으로 너무 깊숙이 들어가지는 말아야겠구나. 난 인류학적 관점에서 얘기를 하고 있는 거야. 그냥 정말 굉장한 37년이었다고 말해둘게.
M: 제가 너무 앞서가는 건 아니었으면 좋겠지만, 은퇴하시는 느낌이 어떤지 여쭤봐도 될까요?
W: 아냐, 전혀 앞서나가는 게 아니란다. 진부한 말처럼 들리지 않았으면 좋겠지만, 희비가 교차한단다. 한편으로는, 내 학생들이 그리워질 것 같구나... 내가 계속 가르친다면 미래에 만나게 되었을 학생들까지도 말이야. 모든 건 늘 학생에 관한 것이었어... 그들을 알아가고, 그들과 교감하고, 그들을 다듬고 모양을 만들어가는 데 관여하는 것과 같은 것 말야. 학문적인 발전도 있었지... 내 분야에 대한 지속적인 배움도 있었으니까. 다른 한편으로는, 정원 손질을 좀 마음껏 하게 될 일을... 기대하고 있단다. 난 늘 식물들에 대해 관심이 있었거든. 비밀스런 사랑이라고 할 수 있지.
M: 무척 흥미롭네요, 교수님! 저도 식물을 좋아하거든요, 비록 전 인류학 전공이지만요.
W: 글쎄, 그 두 가지가 상충하는 것은 절대 아니란다. 만약 뭐가 있다면, 난 그 각각이 서로를 보완하는 것처럼 느껴져. 아, 방금 생각났어! 만약 네가 시간이 있다면 도와줬으면 하는 일이 있단다. 내가 인류학에 대해 꽤 많은 양의 기사나 에세이를 써온 걸 너도 알 거야... 그리고 난 그 모든 글을 하나의 책으로 엮을까 생각하고 있었거든. 내 은퇴를 위해 하고 싶었던 일 중 하나야. 그리고 가까운 미래에라도, 만약 출판사가 내 선집에 흥미를 보인다면 심지어 출판할 수도 있을 거야. 그래서 난 학과 데이터베이스에서 내가 저작한 것들을 모으려고 하고 있었단다... 그리고 그것들을 다 모으는 데 도움이 약간 필요할 것 같아.
M: 제가 그 일을 정말 해드리고 싶어요, 교수님!
W: 아, 잘됐구나! 음, Annsy라는 학생이 있는데 그 일의 반 정도를 끝냈어, 하지만 분명 도움이 조금 필요할 거야.
M: 전 바로 오늘 오후부터 돕기 시작할 수 있어요.

W: 잘됐구나! 네가 없음 어쩔 뻔 했니? Annsy와 이야기해보면 뭘 해야 할지 말해줄 거야. 좋아... 그 학생의 전화번호를 찾아줄게.

get in touch with 연락하다 deadline[dédlàin] 제출기한, 마감일 connection[kənékʃən] 연결
retirement[ritáiərmənt] 은퇴 bulk[bʌlk] 굵직한 부분, 큰 덩어리 last-minute 마지막 (순간)
socio-economic 사회경제적인 milieu[miljə́ː] 환경 standpoint[stǽndpɔ̀int] 관점
marvelous[mάːrvələs] 굉장한, 멋진 cliché[kliːʃéi] 진부한 말 mold[mould] 모양을 만들다, 주조하다 turf[təːrf] (전문) 분야
indulge[indʌ́ldʒ] 마음껏 하다 contradiction[kɑ̀ntrədíkʃən] 상충, 모순 anthology[ænθάlədʒi] 선집

2. Detail Questions

Example

p.58

Listen to part of a conversation between a university housing official and a student.

W: Excuse me... I filed a request here two weeks ago to, um, have my place repainted.
M: I see... is there a problem with the new paint job?
W: Actually, no one's come to repaint yet so, um, I was just wondering how much longer I have to wait...
M: Hmm, that's strange... usually our department is very prompt about student problems like this... Um, just let me pull up your file and see what's going on. What's your student ID number?
W: Um, just a second... it's, um, 3325598.
M: Amy Guttenberg?
W: Yes, that's me.
M: OK... now it says here the painter went to your house twice, once the day after you filed the request, and, uh, again last Tuesday... both times you weren't there. He's not allowed to enter the premises when no one is home unless he's given permission... I see you didn't check the box which gives him access to your place when no one's around...
W: Oh... I guess I didn't read the form that carefully... um, what should I do?
M: Uh... well, it says here the painter's scheduled to visit your place tomorrow afternoon. Is that convenient for you?
W: Uh, let me think... oh no, I've got a study group at 2:00 that I can't miss... um, can he come in the morning?
M: Oh, I'm afraid not. He's got another service call. Um, you could just check the box allowing him to enter... I mean, that's what most people do.
W: I guess so... but I'm a little concerned for some reasons, like... I'm worried about my belongings... and what if he makes a mess of my room with his paint and stuff?
M: I understand, but honestly you don't need to worry. All of our employees are trustworthy individuals and we've never had a problem before... And if you want to get your room painted as soon as possible, you don't really have any choice.
W: OK... then I'll check the box. I just hope that everything will be fine.
M: I'm sure it will! So your place should be looking like new later tomorrow.

Q. What mistake did the student make?
Q. Why is the woman worried about letting the painter in when she's not around?

W: 실례합니다... 제가 2주 전에, 음, 제 기숙사 방을 다시 페인트칠 해달라고 요청했는데요.

M: 네... 새 페인트 작업에 무슨 문제라도 있나요?
W: 그게 아니라, 아직 아무도 페인트칠을 하러 오지 않아서, 음, 그냥 얼마나 더 오래 기다려야 하는지 알고 싶어요...
M: 음, 이상하군요... 보통 저희 부서는 이러한 학생들의 문제는 매우 신속하게 처리하는데요... 음, 학생의 파일을 좀 찾아보고 어떻게 된 건지 알아봅시다. 학생 번호가 어떻게 됩니까?
W: 음, 잠깐만요... 제 학생 번호는, 음, 33255980이예요.
M: Amy Guttenberg로군요?
W: 네, 저에요.
M: 알았어요... 여기 파일을 보니 페인트공이 학생의 집에 두 번이나 찾아갔네요, 학생이 요청을 한 바로 그 다음 날, 그리고, 어, 지난 화요일에요... 두 번 다, 학생이 집에 없었네요. 페인트공은 허락을 받지 않는 한 아무도 없을 때 집에 들어갈 수가 없어요... 학생은 집에 아무도 없을 경우 페인트공이 학생의 집에 출입할 수 있도록 한다는 칸에 체크를 하지 않았네요...
W: 아... 제가 그 양식을 주의깊게 읽지 않은 것 같네요... 음, 어떻게 해야 되지요?
M: 아... 음, 여기 보니 페인트공이 내일 오후 학생의 집을 방문하기로 계획되어 있네요. 그 시간이 학생에게 괜찮은가요?
W: 어, 잠시만요... 오 안돼요. 전 2시에 스터디 그룹 모임이 있는데 빠져선 안돼요... 음, 페인트공이 오전에 저희 집에 올 수는 없나요?
M: 오, 안 될 것 같네요. 그는 다른 서비스 호출이 있어요. 음, 페인트공의 출입을 허용한다는 칸에 그냥 체크해도 되는데요... 그러니까, 대부분 그렇게들 해요.
W: 그렇겠죠... 하지만 전 몇 가지 걱정되는 점이 있어요, 예를 들면... 제 소지품에 대해서 걱정되고... 만약 페인트 공이 페인트와 그의 물건들로 제 방을 어지럽혀 놓으면 어떡하죠?
M: 이해해요, 하지만 솔직히 말하자면 걱정할 필요 없어요. 저희 직원들은 모두 신뢰할 만한 사람들이어서 그러한 문제가 일어난 적은 한 번도 없습니다... 그리고 만약 학생이 최대한 빨리 방에 페인트칠을 하고 싶다면, 다른 방법이 없어요.
W: 네... 그럼 그 칸에 체크를 하도록 할게요. 그냥 모든 게 괜찮기를 바래요.
M: 물론 그럴 거예요! 그러니까 내일 오후쯤이면 학생의 집은 완전히 새것처럼 보일 거예요.

prompt[prɑmpt] 신속한 file the request 요청하다 permission[pərmíʃən] 허가 belongings[bilɔ́:ŋiŋz] 소지품
make a mess 어지럽히다 employee[implɔií:] 고용인 trustworthy[trʌ́stwə̀:rði] 믿을 수 있는

Hackers Practice

p.60

1. list of topics, divide, collect, actual report / C 2. divorce trends, poverty, African American, declining, family values / C 3. application form, transcript, reference letter, essay / B 4. Southeast Asia, computer classes, security system / A 5. B, D 6. A, C 7. C, E 8. B, C 9. A, B, D 10. B, C, E 11. B 12. B 13. D 14. A, D 15. C 16. C

I. Listen to parts of the conversations and fill in the blanks. Then answer the questions.

1.
W: The class you missed... at the end I told everyone to pair up and do the investigative report with a partner. You'll have to ask around, since a lot of people are teamed up by now.
M: OK... what exactly do we have to do?
W: The first thing you need to do is go over the list of topics I gave out, then choose a topic and submit your choice to me. Then you need to divide the work... you have to decide who will collect the data and who will write the actual report.

Q. What will the speakers initially do?

W: 학생이 빠졌던 수업 말인데... 그 수업이 끝나갈 무렵 나는 모든 학생들에게 짝을 지어 파트너와 함께 조사 보고서를 작성하라고 했단다. 많은 학생들이 이미 짝을 이루었을 테니, 학생은 짝을 찾기 위해 여기저기 물어봐야 할 거야.
M: 알겠어요... 저희가 정확히 무엇을 해야 하나요?

W: 학생이 첫 번째로 할 일은 내가 나누어줬던 주제 목록을 검토하는 거야, 그리고 한 가지 주제를 선정해 나에게 그 주제를 알려주는 거지. 그 다음엔 일을 분담해야 해... 누가 자료를 수집할 것이고 누가 실제 보고서를 쓸 것인가에 대해 결정해야 한다는 거지.

pair up 짝이 되다, 짝짓게 하다 investigative[invéstəgèitiv] 조사의, 연구의 team up 팀이 되다 by now 지금쯤은
go over 주의 깊게 살펴보다 divide[diváid] 나누다

2.

W: So, you're going to have to narrow down the topic you chose for your presentation. Instead of a topic as broad as social problems, you might want to do something a little more specific; for instance, divorce trends in a particular region of the United States or... or families living in poverty, maybe with a special focus on African American families.

M: I think I'd be really interested in doing a presentation on whether the family in America is declining... or, um, whether family values are on the wane.

W: Those are good, really good.

Q. What will the man do a paper on?

W: 그러니까, 학생은 발표 주제로 결정한 주제의 범위를 좁혀야 할거야. 사회 문제와 같은 넓은 범위의 주제 대신에, 좀더 구체적인 주제가 좋아, 예를 들어, 미국 특정 지역의 이혼 추세나... 빈곤에 처한 가구들, 미국 흑인 가족들에 특별히 초점을 맞출 수는 있겠지.
M: 전 미국의 가족이 쇠퇴하고 있는지... 또는, 음, 전통적 가족의 가치가 약화되고 있는지에 대해 정말 발표해보고 싶습니다.
W: 그것들도 좋아, 아주 좋은걸.

narrow down (범위를) 좁히다, 요약하다 trend[trend] 경향, 추세 poverty[pávərti] 가난, 빈곤
decline[dikláin] 감소하다, 쇠퇴하다 family value (전통적) 가족의 가치 on the wane 쇠퇴하기 시작하여, 기울기 시작하여

3.

M: Louise, I just wanted to remind you about the requirements for your application at the Work Immersion Program in Germany.

W: Uh... aren't my papers complete?

M: Well, there are three things you've given me so far... the application form, your resume, and your transcript, but you lack a reference letter from your professor regarding your professional field, a letter of recommendation related to your German language skills, and a one-page essay in German.

Q. What does the woman need to submit?

M: Louise, 독일의 Work Immersion Program에 지원하기 위한 필수 사항들을 너에게 상기시켜 주고 싶구나.
W: 음... 제 서류들이 부족한가요?
M: 음, 지금까지 네가 내게 준 것은 세 가지 있단다... 지원서, 너의 이력서, 그리고 성적 증명서, 하지만 너의 전문 분야에 관한 교수의 추천서, 독일어 능력에 대한 추천서와 한 페이지 분량의 독일어로 쓴 에세이는 제출하지 않았더구나.

requirement[rikwáiərmənt] 필수 사항 application[æ̀pləkéiʃən] 지원, 신청 so far 지금까지 resume[rézumèi] 이력서
transcript[trǽnskript] 성적 증명서 reference letter 추천서 professional[prəféʃənəl] 전문의
letter of recommendation 추천서

4.

W: Well, Jeff, it's likely that your job interviewer will ask you some very broad questions like, "What would you like to say about yourself" or "tell me about yourself", so you need to think about what information would be useful to give... I mean, it's not necessary to tell your interviewer everything good about yourself. You need to focus.

M: Well, what might be good for me to talk about?

W: In your case, I'd say your travels to Southeast Asia, the volunteer work you've been doing for the past couple of years, especially the free computer classes you gave to the orphans at the Belair Foundation, and the recognition you received for showing your college how to set up a security system for the university's network of computers.

Q. What does the woman suggest the man talk about?

W: 음, Jeff, 면접관이 아마, "네 자신에 대해 뭐라고 말하겠는가" 또는 "너 자신에 대해 말해보라"와 같은 매우 일반적인 질문들을 할 것 같아, 그러니까 넌 어떤 정보들을 말하는 것이 유용한지 생각해 놓을 필요가 있어... 내 말은, 면접관에게 너의 모든 장점을 말할 필요는 없다는 거야. 무언가에 초점을 맞춰야 해.

M: 그럼, 어떤 것에 대해 얘기하는 것이 좋을까요?

W: 네 경우라면, 동남아시아에 여행 갔던 것, 지난 몇 년 동안 하고 있는 봉사 활동, 특히 Belair 재단 고아들에게 무료 컴퓨터 수업을 해준 것과 네가 대학교 컴퓨터 네트워크의 보안 시스템을 어떻게 설정하는지를 보여줘서 받게 된 표창을 얘기할 수 있지.

interviewer[íntərvjùːər] 면접관　orphan[ɔ́ːrfən] 고아　recognition[rèkəgníʃən] 표창, 공로　set up 설비하다, 설정하다

II. Listen to parts of the conversations and then answer the questions.

5.

M: Excuse me, professor, can I talk to you for a minute?

W: Oh, sure... By the way, have you been to the conference at the National Institute of Economics? I would have thought you'd have visited it by now... you know, I recommended it in class the other day.

M: Yes, I was going to, but, uh... that's kind of what I wanted to talk to you about, professor. I'm having second thoughts about... I'm not really sure if I'm going to go through with my plan to pursue a master's in economics.

W: Really... well this is kind of sudden.

M: I know... I've given it a lot of thought, and, uh... my mind is pretty much made up.

W: Look, maybe you should think about it a bit more before you actually make that decision. I, uh... I think it would be a good idea for you to attend the conference. I'm sure that, um, being there will help you decide whether or not to go for your master's degree.

M: Uh, yeah, it might give me second thoughts, but the bottom line is I need to start working immediately after graduation. I won't be in a position to go for my master's... especially since I have a huge college loan to pay back.

W: In that case, you should definitely go to the conference. There are probably going to be some speakers there who went through the same thing you're going through now... well, they could give you advice about how to handle your loan.

M: That's a... possibility.

W: They might even be able to give you information about educational loans for college economics graduates who are interested in getting their master's but don't have the money to pay for tuition.

M: Hmm... you're right. I might be able to get some information from them. Thank you for your advice.

Q. Choose all the facts that can be learned from the conversation.

M: 실례합니다 교수님, 저와 잠깐 대화하실 수 있나요?

W: 오, 물론이지... 그런데, 너 국립 경제연구소에서의 회의에 참석했니? 난 네가 지금쯤 그곳을 방문했을 거라고 생각했는데... 알다시피, 내가 엊그제 수업 시간에 그곳을 추천해 주었잖니.

M: 네, 저도 가보려고 했지만, 어... 사실 그것에 대해 드릴 말씀이 있습니다, 교수님. 전 다시 생각해보고 있어요... 경제학 석사를 하겠다는 제 계획을 실행해야 할지 정말 확신이 서지 않아요.

W: 정말... 참 갑작스런 일이구나.

M: 저도 알아요... 전 그것에 대해 많은 생각을 했고, 어... 제 마음은 거의 굳어졌어요.

W: 잘 봐, 넌 실제로 결정을 내리기 전에 그것에 대해 좀더 생각해 봐야 해. 난, 어... 네가 그 회의에 참석하는 것이 좋은 생각이라고 봐. 회의에 참석하는 것이 네가 석사 과정을 밟아야 할지 말아야 할지를 결정하는 데, 음, 도움을 줄 거라 확신해.

M: 어, 네, 그곳에 가서 제 결정을 재고해 볼 수도 있겠지요, 하지만 결국 저는 졸업 후에 바로 일을 시작해야 해요. 전 석사 학위를 딸 입장이 못 돼요... 특히 전 갚아야 할 학자금이 엄청나거든요.

W: 그런 경우라면, 넌 더더욱 회의에 참석해야만 해. 네가 지금 겪고 있는 것과 같은 문제를 겪었던 연설자들이 일부 있을 거야... 음, 그들이 네 융자금을 처리하는 법에 대한 충고를 해줄 수도 있어.

M: 그럴 수도... 있겠군요.

W: 더군다나 그들이 석사 학위 취득에 관심이 있지만 등록금을 낼 돈이 없는 경제학과 졸업생들을 위한 교육 대출에 관한 정보를 줄 수 있을지도 몰라.

M: 음... 교수님 말씀이 옳아요. 그들에게서 정보를 얻을 수 있을 것 같아요. 조언해 주셔서 감사합니다.

conference [kánfərəns] 회의 national [nǽʃənəl] 국립의 institute [ínstitjù:t] 협회 economics [ì:kənámiks] 경제학
the other day 일전에 second thoughts 재고 pursue [pərsjú:] 수행하다, 종사하다
master's [mǽstərs] 석사 (=master's degree) give thought to ~에 대해 잘 생각하다 make up one's mind 결심하다
bottom line 요지, 핵심 immediately [imí:diətli] 곧 graduation [grǽdʒuéiʃən] 졸업 position [pəzíʃən] 처지, 입장
loan [loun] 대부금 in that case 이런 경우에는 handle [hǽndl] 다루다 possibility [pàsəbíləti] 가능성

6.

W: Hi, Professor Burns... I hope I'm not disturbing you.

M: Hey, Laura... no, you're not disturbing me. Come on in. Oh, that's right... you weren't in class yesterday. What happened to you?

W: I meant to come to class, but I've been having these really bad headaches.

M: Have you been taking anything for them?

W: Well, yes, aspirin, but it wasn't strong enough so I saw a doctor, and he prescribed something that's really worked for me. I'm feeling better now than I did yesterday.

M: Well, it's nice to know you're feeling better, Laura. Now, is there something I can do for you?

W: Um, yeah. I got an e-mail from a classmate and he said that you gave a quiz yesterday...

M: That's right.

W: Yeah, and I heard that it was just a short quiz, but I need to raise my grade point average so that I can continue receiving student financial aid from my college. Every point counts for me, so... so I was wondering if you'd let me write a paper to make up the grade.

M: Well, Laura, I can't do that because it wouldn't really be fair to your classmates, now would it? You see, that was an impromptu quiz... I hadn't announced it... I just gave it right there and then to see if the students understood the lecture.

W: Yes... I understand, professor, but, but... is there any other way I can make it up?

M: Well... I'll tell you what. I can give you a quiz now, and I'll take the material from the readings I assigned the other day. Think you'd be up to it?

W: Yes, sir, I would! Thank you!

Q. Choose all the facts that can be learned from the conversation.

W: 안녕하세요, Burns 교수님... 제가 방해가 된 건 아니길 바랍니다.
M: 안녕, Laura... 아니야, 방해되지 않았어. 들어오너라. 오, 맞아... 어제 네가 수업에 오지 않았었구나. 무슨 일이 있었니?
W: 수업에 오려고 했는데, 요즘 두통이 너무 심해서요.
M: 약은 먹었니?
W: 음, 네, 아스피린이요, 그런데 효과가 없어서 병원에 갔어요, 그리고 의사가 저에게 잘 맞는 것을 처방해줬어요. 지금은 어제보다 훨씬 나아졌습니다.
M: 그래, 나아졌다니 다행이구나, Laura. 자, 내가 도와 줄 일이 있니?
W: 음, 네. 같은 수업을 듣는 친구에게 이메일을 받았는데 교수님께서 어제 퀴즈를 내주셨다고 했어요...
M: 그렇단다.
W: 네, 그리고 간단한 퀴즈라고 들었지만, 제가 대학에서 학비 보조를 계속 받으려면 제 성적 평점을 올려야만 합니다. 모든 점수가 제게는 중요해요, 그래서... 그래서 성적을 보충하기 위해 리포트를 쓰도록 해주실 수 있는지 궁금합니다.
M: 음, Laura, 급우들에게 공평하지 않기 때문에 그렇게 할 수는 없단다, 그렇지 않니? 그러니까, 그건 즉석 퀴즈였단다... 미리 공지하지 않았어... 그냥 학생들이 강의를 이해하고 있는지 알아보려고 즉석에서 낸 거야.
W: 네... 이해해요, 교수님, 하지만, 하지만... 제가 만회할 수 있는 다른 방법이 없을까요?
M: 음... 그럼 이렇게 하자. 지금 퀴즈를 내줄게, 전에 내가 과제로 내주었던 읽기 자료에서 문제를 낼게. 할 수 있겠니?
W: 그럼요, 교수님, 할 수 있습니다! 감사합니다!

prescribe[priskráib] 처방하다 financial aid 학비 지원 impromptu[imprámptjuː] 즉석의, 즉흥적인
make up 보충하다, 만회하다 assign[əsáin] 지정하다, 할당하다 the other day 일전에 up to (일 등을) 감당하여 할 수 있는

7.
W: Hello, Steven. I'm glad you could make it on time.
M: Hi, Mrs. Osborne. Actually, I would've been late had Mr. Perkins not dismissed us fifteen minutes early.
W: Well, that should give us a little more time to discuss what we need to go over. I'd like to get your thoughts on this. I thought it might be better if you based your presentation on thermal gradients in ocean energy production instead of wave energy.
M: Thermal gradients? Mrs. Osborne... uh... why the change in topic?
W: Well, it's just a suggestion, but hear me out. Now, we both know that at this time, wave energy appears to be the most promising of all the types of ocean energy. It's just for that reason, though, that I would prefer it if you focused your presentation on thermal gradients.
M: You mean... because... there's less information on it?
W: No, of course not, Steven. It's just that the technology used to convert energy from ocean currents is, in some ways, similar to the turbines used in wind power projects. And since we discussed wind power last week and, uh, even went a bit into how ocean waves are produced by wind, I'm afraid a discussion of the technology for wave energy would sound... pretty much like last week's discussions.
M: I see what you're getting at. But isn't the technology for thermal gradients merely in the research stage? I believe it hasn't been applied.
W: You're right, Steven, but that's what should make your presentation even more interesting. You can present material on how the research phase is coming along and what tests on the technology have been concluded. I have a list of really good resources here that you can start with...
M: Oh, good. I was worried that I'd have to start from scratch to find something.

Q. Choose all the facts that can be learned from the conversation.

W: 안녕, Steven. 제 시간에 와 주어서 기쁘구나.

M: 안녕하세요, Osborne 교수님. 사실, Perkins 교수님이 15분 일찍 수업을 끝내지 않으셨다면 늦을 뻔했어요.

W: 음, 우리가 검토해야 할 것에 대해 논의할 시간이 좀 늘었구나. 이것에 대한 너의 생각을 알고 싶구나. 네가 파동 에너지보다는 해양 에너지 생산의 온도변화에 기초해서 발표하는 게 더 낫다는 생각이 들었어.

M: 온도 변화에 대해서요? Osborne 교수님... 어... 왜 주제를 바꿔야 하죠?

W: 음, 단지 제안일 뿐이지만 끝까지 잘 들어보렴. 자, 우리가 알다시피 현재로서는 파동 에너지가 모든 종류의 해양 에너지 중에서 가장 전망이 좋지. 그렇지만, 바로 그 이유 때문에 네 발표의 초점을 온도변화에 맞추었으면 하는 거란다.

M: 교수님 말씀은... 그러니까... 온도변화에 대한 정보가 적기 때문이라는 말씀인가요?

W: 아니, 물론 아니야, Steven. 그냥 해류를 에너지로 변환시키는 기술은 풍력 발전사업에 쓰이는 원동기와 여러 모로 비슷하니까. 그리고 우리가 지난 주에 풍력 발전에 대한 토론을 했고, 어, 바람에 의해 어떻게 해양 파도가 일어나는지도 논의했기 때문에, 파동 에너지 기술에 대한 논의는... 다소 지난 주 토론과 비슷할 것 같아 염려가 되는구나.

M: 무슨 말씀인지는 알겠어요. 하지만 온도변화에 관한 기술은 아직 연구 단계이지 않나요? 아직 응용되지는 않는 것으로 알고 있습니다.

W: 네 말이 맞아, Steven, 하지만 그 점이 바로 네 발표를 더 흥미롭게 해줄 부분이야. 너는 연구 단계가 어떻게 진행되고 있는지와 그 기술과 관련된 어떤 실험들이 완료되었는지에 대한 자료들을 발표할 수 있단다. 네가 준비를 시작하기에 좋은 자료들의 목록이 여기 있어...

M: 오, 다행이네요. 정보를 찾는 작업을 처음부터 다시 시작해야 할까봐 걱정했었거든요.

make it on time 제 시간에 맞추다 dismiss[dismís] 해산시키다 thermal[θə́ːrməl] 열의, 온도의 gradient[gréidiənt] 변화
ocean energy 해양 에너지 wave energy 파동 에너지 hear out (이야기를) 끝까지 듣다
promising[prámisiŋ] 전망이 좋은, 기대되는 convert[kənvə́ːrt] 변환하다 ocean current 해류 turbine[tə́ːrbin] 터빈, 원동기
wind power 풍력 project[prádʒekt] (대규모) 사업 go into 논의하다 phase[feiz] 단계, 시기
conclude[kənklúːd] 완료하다, 끝나다 scratch[skrætʃ] 출발, 출발선

8.

M: Hello. Can I help you?

W: Hi, is there any way I can move into another dorm room?

M: Well... is there a problem with the one you're in now?

W: It's just that... I am really sick and tired of coming back to the dorm from the library and finding it as filthy and noisy as I left it. It seems that the resident advisor doesn't really give a hoot if the dorm residents make a pigsty of the place.

M: It sounds bad...

W: And that's not all. I can never have a moment's peace. Either a radio or television is blaring, or a group of students are having some boisterous party.

M: Hmm... you really seem to have good reasons for wanting to move out.

W: Yeah, so do you have any other dorms that I can move into? Somewhere better than this?

M: I'm really sorry, but... all the dorms are full, even for the next semester. Why don't you move into one of the apartments around the campus?

W: Well, actually I have looked at some of the apartments... but I can't really sign up for a place until I can find two other students to share the place with me.

M: Two others? You mean...

W: Yes, I have one who's willing to move in with me. She's actually staying in the same dorm... not my roommate, though. My roommate said she wants to live near her college.

M: Well, listen, the term ends in a few weeks. Why don't you get the place anyway, and when the new term starts, I'm pretty sure there'll be a whole bunch of students who'll be looking for an apartment to share.

W: Oh, you're right. Why didn't I think of that? Thank you very much for helping me.

M: No problem. If you have another problem with your dormitory, just come and see me.

Q. Choose all the facts that can be learned from the conversation.

M: 안녕하세요. 무엇을 도와 드릴까요?
W: 안녕하세요. 제가 기숙사 방을 옮길 수 있는 방법이 있을까요?
M: 글쎄요... 학생이 지금 쓰고 있는 방에 무슨 문제라도 있나요?
W: 다름이 아니라... 전 도서관에서 기숙사로 돌아왔을 때 제가 나갈 때와 마찬가지로 기숙사가 지저분하고 시끄러운 것에 넌덜머리가 나요. 주거 관리자는 정말 기숙사 거주자들이 방을 돼지우리로 만들어도 상관하지 않는 것 같아요.
M: 안됐군요...
W: 그것뿐만이 아니에요. 전 한 순간도 조용한 때를 가져본 적이 없어요. 라디오나 텔레비전이 쾅쾅 울려대거나, 한 무리의 학생들이 떠들썩한 파티를 열어요.
M: 음... 이사하고 싶어할만한 이유가 충분한 것 같네요.
W: 네, 제가 이사할 수 있는 다른 기숙사가 있나요? 이곳보다 좋은 곳으로요?
M: 정말 미안하지만... 모든 기숙사가 꽉 찼어요, 심지어 다음 학기까지 말이에요. 캠퍼스 주위의 아파트로 옮기는 건 어때요?
W: 음, 사실 전 몇몇 아파트를 살펴봤어요... 하지만 사실 저와 같이 아파트를 쓸 다른 두 명의 학생을 구하기 전까진 방 계약을 할 수가 없어요.
M: 다른 두 사람이요? 그러니까...
W: 네, 기꺼이 저와 같이 이사하고 싶어하는 학생이 한 명 있어요. 그녀는 사실 같은 기숙사에 살고 있어요... 제 룸메이트는 아니지만요. 제 룸메이트는 그녀의 단과대학 근처에 살고 싶다고 했어요.
M: 음, 들어봐요, 학기가 몇 주 후면 끝나게 되요. 일단 집을 얻고, 새 학기가 시작될 때쯤이면, 분명히 아파트를 공동으로 쓰려고 찾는 학생들이 많이 있을 거에요.
W: 오, 그렇군요. 제가 왜 그 생각을 못했을까요? 도와주셔서 대단히 감사합니다.
M: 별말씀을요. 만약 기숙사와 관련해서 다른 문제가 생기면, 절 찾아 오세요.

sick and tired of 싫증나다 filthy [fílθi] 불결한 resident [rézidənt] 거주자 give a hoot 관심을 가지다
pigsty [pígstài] 돼지우리, 더러운 장소 blare [blɛər] 쾅쾅 울리다 boisterous [bɔ́istərəs] 거친, 난폭한 sign up 등록하다
bunch [bʌntʃ] 무리, 떼

9.

W: Hi, professor, can I ask you something?
M: Of course. What can I do for you?
W: I'm going on a research tour of a new Inca site that was discovered a couple of years ago by an expedition. It's an eight-week adventure trip.
M: Well, that sounds like a great way to spend your summer vacation.
W: Yes, I'm really lucky... my parents are paying for the entire thing... I just have to come up with the spending money from my part-time job. But I was wondering... is there any way I can use my time there to earn some kind of extra credit?
M: Yes, you could earn credit... to do that, you'd have to write a report.
W: Oh, that's great. I was hoping you would say something like that... uh, but can you help me specify a topic?
M: Hmm, let's see. Well, I guess that depends on what you're planning to do while you're there.
W: Well, we're going to spend a lot of time at the site itself! We'll travel there on horseback and camp around the site for the eight weeks... something like that.
M: So you'll actually be living on the site...
W: Yes... the expedition that made the initial discovery has been there for the past two years, so they pretty much know their way around. It should be fascinating to observe.
M: OK, in that case... you might consider writing a paper on the progress of the archaeological dig that's taking place on the Inca site...
W: Uh... can you recommend what I should focus on?

M: Well... you could focus on excavation techniques, restoration methods, the tools used, the hazards involved in dealing with fragile materials, that kind of thing.

W: That's a wonderful idea! It's perfect... since I was planning on interviewing some of the researchers!

M: Excellent! Well, I'm sure you are going to enjoy every minute. Send me an outline for your paper by e-mail, and we'll confirm the final topic.

W: I will, professor. Thank you for all your help!

Q. Choose all the facts that can be learned from the conversation.

W: 안녕하세요, 교수님, 질문을 좀 드려도 될까요?

M: 물론이지. 무엇을 도와줄까?

W: 전 탐험대가 몇 년 전에 발굴한 새로운 잉카 유적지로 조사 여행을 떠나려고 해요. 그것은 8주 동안의 탐험이에요.

M: 음, 여름 방학을 보내기에 매우 좋은 방법인 것 같구나.

W: 네, 전 정말 운이 좋아요... 제 부모님이 모든 경비를 대 주세요... 전 단지 파트타임 일로 용돈만 벌면 돼요. 하지만 제가 알고 싶은 것은... 제가 그곳에서 시간을 보내는 동안 추가 학점을 딸 수 있는 방법이 있을까요?

M: 그래, 학점을 딸 수 있단다... 그러기 위해서는, 보고서를 작성해야만 해.

W: 오, 참 잘 됐네요. 전 교수님이 그렇게 말씀해주시기를 바랐거든요... 어, 그런데 제가 주제를 구체적으로 정하도록 도와주실 수 있으세요?

M: 음, 어디 보자. 음, 그건 네가 그곳에 있는 동안 무엇을 할 것인가에 달려 있어.

W: 음, 저희는 유적지에서 상당한 시간을 보낼 거예요! 저희는 그곳으로 말을 타고 가서 유적지 주위에서 야영을 하기도 하고... 그럴 거예요.

M: 그렇다면 넌 거의 유적지에서 살게 될 거라는 이야기구나...

W: 네... 최초로 그곳을 발견한 한 탐험대가 지난 2년간 그곳에 거주해 왔기 때문에, 그 지역을 잘 알거든요. 그곳을 돌아보는 건 참 재미있을 거예요.

M: 알았다, 그런 경우라면... 잉카 유적지에서 일어나고 있는 고고학적 발굴 과정에 대한 보고서를 써 볼 수도 있겠구나...

W: 어... 제가 어디에 중점을 둬야 하는지 조언해 주실 수 있으세요?

M: 음... 발굴 기법, 복구 방법, 사용된 도구, 깨지기 쉬운 유물들을 다루는 데 따르는 위험, 등에 중점을 둘 수 있겠지.

W: 훌륭한 생각이에요! 정말 잘 됐어요... 제가 몇몇 조사원들을 인터뷰하려던 참이었거든요.

M: 잘됐구나! 음, 난 네가 매 순간을 즐기리라 확신해. 이메일로 네 보고서의 개요를 보내도록 하렴, 그리고 나서 최종 주제에 대해 결정하자.

W: 그럴게요, 교수님. 도와주셔서 감사합니다!

Inca [íŋkə] 잉카　site [sait] 유적지　discover [diskʌ́vər] 발견하다　expedition [èkspidíʃən] 원정대
adventure [ədvéntʃər] 대담한 계획　spending money 용돈　credit [krédit] 학점　specify [spésəfài] 구체화하다
depends on ~에 달려 있다　on horseback 말 타고　initial [iníʃəl] 처음의
know one's way around 주위 환경/부대 상황에 능통하다　fascinating [fǽsənèitiŋ] 매혹적인　observe [əbzə́:rv] 관찰하다
progress [prágres] 전진, 진행, 진척　archaeological [à:rkiəládʒikəl] 고고학의　dig [dig] 발굴　take place 일어나다
focus [fóukəs] 집중하다　excavation [èkskəvéiʃən] 발굴　restoration [rèstəréiʃən] 원형 복원　hazard [hǽzərd] 위험
fragile [frǽdʒəl] 부서지기 쉬운　confirm [kənfə́:rm] 확인하다

10.

M: Hello, Kate... what can I do for you?

W: Well, I've been working on my assignment about educational theories, but I'm finding it really hard to decide what I have to focus on.

M: I'm sorry, Kate, you'll have to refresh my memory. What's your report about?

W: I'm writing about different educational methods of teaching gifted students. But there are so many different techniques that are so fascinating... I'm not sure which ones to focus on.

M: I understand. It's hard to make a topic more specific... but it's necessary in order to write a pretty strong paper. Now, uh... let's see. If I'm not mistaken, you've been interning at a local high school, haven't you?

W: Yes, I was really lucky and got a placement at Glenview's Institute for Exceptional Children... As you know, it's a really popular school among students in our department... there's so much competition to get accepted there! Anyway, I've been going there twice a week for about three months.

M: Oh yes... OK. What I was thinking was... you could research the difficulties that gifted children have interacting with each other, since they all have different strengths, and write specifically about theories that target that particular problem. You could also describe your first-hand observations of gifted children who don't get along well with others.

W: Oh! Actually, I've already written a few paragraphs about that!

M: So you're off to a good start. Also, you've met Mr. Parker, the principal of Glenview?

W: Yes, once or twice.

M: Well, uh... recently he, um... he wrote an essay about handling smart but misbehaving students... it was published in the Monthly Educational Review. How about asking him for some advice on this topic?

W: Oh, that would really help me out, too. Thank you very much, professor.

Q. Choose all the facts that can be learned from the conversation.

M: 안녕, Kate... 무엇을 도와줄까?

W: 음, 전 교육 이론에 관한 과제를 하고 있는데, 제가 무엇에 중점을 둬야 하는지 결정하기가 참 어렵네요.

M: 미안하구나, Kate, 내 기억을 상기시켜 줘야겠는걸. 네 보고서가 무엇에 관한 것이었더라?

W: 전 영재 학생들을 가르치는 다양한 교육 방법에 대해 글을 쓰고 있어요. 하지만 너무나도 흥미진진한 여러 교육 기법들이 많아서... 어떤 것에 중점을 둬야 할지 모르겠어요.

M: 이해한단다. 주제를 좀더 명확히 잡는 것은 어렵지만... 꽤 설득력 있는 리포트를 쓰기 위해선 필요하단다. 자, 음... 어디 보자. 내가 잘못 알고 있지 않다면, 넌 한 지역 고등학교에서 인턴을 하고 있지, 그렇지?

W: 네, 전 정말 운이 좋아서 Glenview의 영재 학교에 인턴 자리를 얻게 되었어요... 교수님도 알다시피, 그곳은 저희 과 학생들 사이에서 정말 인기 있어요... 거기에 들어가려는 경쟁이 꽤 치열하거든요! 어쨌든, 전 약 세 달 동안 일주일에 두 번씩 그곳에 가고 있어요.

M: 오 그래... 맞아. 내가 생각하고 있었던 것은... 네가 영재들이 서로 상호 작용하는 데 있어서 겪는 어려움에 대해 조사할 수 있다는 거야, 그들은 모두 다른 강점을 가지고 있기 때문이지, 그리고 특수한 문제를 해결하려는 이론에 대해 구체적으로 쓸 수도 있지. 또한 다른 이들과 잘 어울리지 못하는 영재들에 대해 네가 직접 관찰한 바를 설명할 수도 있어.

W: 오! 사실, 저는 거기에 대해 이미 몇 단락을 썼거든요!

M: 그러면 시작을 잘했구나. 그리고, Glenview의 학장인, Parker 박사님을 만나본 적이 있니?

W: 네, 한두 번이요.

M: 음, 어... 최근에 그가, 음... 그가 똑똑하지만 버릇 없는 학생들을 다루는 것에 관한 에세이를 썼어... 그 에세이는 Monthly Educational Review지에 실렸어. 그에게 이 주제에 관한 조언을 좀 구해 보는건 어떠니?

W: 오, 그것도 제게 많은 도움이 되겠는걸요. 정말 감사합니다, 교수님.

refresh [rifréʃ] 새롭게 하다 **gifted** [gíftid] 뛰어난 지능을 가진 **fascinating** [fǽsənèitiŋ] 매혹적인
strong [strɔ(:)ŋ] 설득력 있는 **local** [lóukəl] 지방의 **placement** [pléismənt] 배치 **exceptional child** 특수 아동
interact [ìntərǽkt] 상호작용하다 **specifically** [spisífikəli] 명확하게 **target** [tá:rgit] 목표로 삼다
particular [pərtíkjələr] 특별한 **describe** [diskráib] 기술하다 **observation** [àbzə:rvéiʃən] 관찰
get along 사이 좋게 지내다 **principal** [prínsəpəl] (단체의) 장 **handle** [hǽndl] 다루다
misbehave [mìsbihéiv] 품행이 좋지 못하다 **publish** [pʌ́bliʃ] 출판하다, 발행하다

III. Listen to parts of the conversations and then answer the questions.

[11-13]

Listen to part of a conversation between a professor and a student.

M: Excuse me, professor. Am I interrupting you?
W: Brian, no, it's OK. Come on in. Why were you late for class today?
M: Professor, I'm really sorry. My alarm clock's battery was dead, and my roommate left without bothering to wake me up! Well, did I miss anything important?
W: Yes, you did. I made an announcement about a presentation I'm making on quantum mechanics at a symposium this Saturday morning, in the smaller auditorium of the library's south wing...
M: Um... do you think we are ready to attend a symposium on quantum mechanics?
W: Actually, it's symposium on the basics of quantum mechanics, and it's going to include topics you've covered in your assigned reading... like the photoelectric effect, the hydrogen atom, uncertainty, and tunneling...
M: Uncertainty?
W: Yeah, that's a measure of the inherent variability of repeated measurements of a quantity.
M: What?
W: It's simply another way of saying error. You see, when physicists collect data, there are always variables, that is, quantities that aren't fixed... These quantities keep changing. So... to reflect these changing quantities, physicists have to sort of make a prediction of the range of results based on these unfixed quantities. Physicists call it error, or uncertainty.
M: Yeah, I remember I read that in the reading material... but it's still confusing for me.
W: Well, you can learn more about it by attending the seminar.
M: OK... I think I should... but professor, my soccer practice is on Saturday morning. What will happen if I don't show up for the symposium?
W: That's what my announcement was about. Attending the presentation is equivalent to attending two classes, so if you don't show up, you'll have two absences on your record, not to mention the several times you've already been tardy.
M: I see... what time does it start?

11. What does the professor say about her presentation at the symposium?
12. According to the conversation, why is uncertainty also called error?
13. What penalty will be imposed on students who do not attend the symposium?

M: 실례합니다, 교수님. 제가 방해가 되나요?
W: Brian, 아니야, 괜찮아. 들어오거라. 오늘 왜 수업에 늦었니?
M: 교수님, 정말 죄송해요. 제 알람 시계의 건전지가 다 닳았어요, 그리고 제 룸메이트도 절 깨우지 않고 나가 버렸지 뭐예요! 음, 제가 중요한 내용을 놓쳤나요?
W: 그래, 그렇단다. 난 이번 토요일 아침에, 도서관 남쪽 부분의 작은 강당에서 열리는 심포지엄에서 내가 양자 역학에 대해 발표를 할 것이라고 공지했단다...
M: 음... 교수님은 저희가 양자 역학에 관한 심포지엄에 참석할 준비가 됐다고 생각하시나요?
W: 사실, 그것은 양자 역학의 기초에 관한 심포지엄이어서, 네가 읽기 과제에서 이미 접했던 주제들이 다룰 거야... 광전 효과, 수소 원자, 불확실성, 그리고 터널링 같은 것 말이다.
M: 불확실성이요?
W: 그래, 그것은 정량적인 측정을 반복했을 때 필연적으로 나타나는 가변성을 측정하는 것이지.
M: 뭐라고요?
W: 쉽게 말해서 오차를 다르게 표현한 것일 뿐이야. 그러니까, 물리학자가 자료를 수집할 땐, 언제나 변수가 존재해, 즉, 고정되지 않은 양이 있어... 이러한 양은 계속해서 변해. 그래서... 이렇게 변하는 양을 반영하기 위해, 물리학자들은 이러한 고정되지 않은 양에 근거해 결과의 범위를 예측해야만 하지. 물리학자들은 그것을 오차, 또는 불확실성이라 부른단다.
M: 네, 읽기 과제에서 읽은 기억이 나네요... 하지만 여전히 좀 헷갈리는데요.
W: 음, 세미나에 참석하면 그것에 대해 더 많이 배울 수 있을 거야.

M: 네... 그래야 할 것 같습니다... 하지만 교수님, 전 토요일 오전에 축구 연습이 있어요. 제가 심포지엄에 참석하지 않으면 어떻게 되나요?
W: 바로 그것에 대해 공지했단다. 발표회 참석은 두 번의 수업에 출석하는 것과 같아, 그래서 만약 나오지 않는다면, 넌 두 번의 결석 기록을 갖게 될 거야, 네가 이미 몇 번 지각했다는 건 재차 말할 필요도 없겠지.
M: 알겠어요... 몇 시에 시작하나요?

interrupt[ìntərʌ́pt] 방해하다 announcement[ənáunsmənt] 발표 presentation[prì:zəntéiʃən] 설명, 강연
quantum mechanics 양자 역학 symposium[simpóuziəm] 토론회 auditorium[ɔ̀:ditɔ́:riəm] 강당
wing[wiŋ] (건물의) 별관, 부속 건물 cover[kʌ́vər] 다루다 assign[əsáin] 할당하다 photoelectric effect 광전 효과
hydrogen[háidrədʒən] 수소 atom[ǽtəm] 원자 uncertainty[ʌnsə́:rtənti] 불확실성 inherent[inhí(:)ərənt] 고유의
variability[vɛ̀(:)əriəbíləti] 변하기 쉬움 measurement[méʒərmənt] 양, 치수 quantity[kwántəti] 열량, 질량
physicist[fízisist] 물리학자 fixed[fikst] 고정된 reflect[riflékt] 반영하다, 나타내다
equivalent to ~과 동등한, ~에 대응하는 not to mention ~은 말할 것도 없이 tardy[tá:rdi] 더딘, 늦은

[14-16]
Listen to part of a conversation between two people.

M: Hi, I'm Mario Vasquez. I, uh, saw your advertisement in the local paper.
W: Oh, yeah. We put out an ad for one waiter and one waitress.
M: So the waiter position hasn't been filled?
W: No, it hasn't.
M: Oh, good. Then I'd like to apply for that position. What do I need to do?
W: There's an application form that you'll need to fill out. Hold on, let me look for the forms... OK, here they are.
M: Thanks... it's a good thing I brought some ID pictures.
W: Yeah. Could I just, uh, ask if you've had any experience in this type of job... or if you've had any experience in the kitchen that might be useful?
M: Uh, yes. Actually, I worked at the Northern Lights Café just around the corner from here.
W: Yes, I know the place.
M: I did your basic waitering for one year and, uh, doubled as a kitchen assistant whenever one of the food prep boys was absent.
W: Oh, really? That's good. That should help a lot. May I ask why you left Northern Lights?
M: Um... I was working on my thesis paper and there was a lot I had to do, so I didn't really have any choice.
W: Are you free to work now? We need someone who can do the evening shift.
M: Yes, I have more free time this term than I did in the last. I'm doing mostly electives for my final year at San Diego University.
W: Well, it looks like you're just the person we need for the job, but, um, I'll have to ask you to fill out the application form anyway because I'm not going to make the final decision. That will be made by the manager.
M: Sure, no problem. I just have a question here. It says here to list any training I've had related to the job. I haven't had any. Will that be a problem?
W: No, don't worry about that. Experience is more important.

14. What kind of job experience does the man have?
15. Why did the man stop working at the previous workplace?
16. What qualification does the man lack?

M: 안녕하세요, 저는 Mario Vasquez라고 합니다. 제가, 어, 지역 신문에 나온 광고를 보고 왔어요.
W: 아, 네. 우리는 남 · 여 종업원 한 명씩 구인광고를 냈습니다.
M: 그래서 남자 종업원 자리가 아직 비어 있죠?
W: 네, 아직 비어 있어요.
M: 아, 다행이네요. 그럼 그 자리에 지원하고 싶어요. 어떻게 해야 하죠?
W: 작성해야 할 지원서가 있어요. 잠시만요, 지원서를 찾아 볼게요... 네, 여기 있습니다.
M: 감사합니다... 제가 신분증 사진을 가져오길 잘했군요.
W: 네. 어, 비슷한 일을 했던 경험이나... 도움이 될만한 주방 일을 해본 경험이 있나요?
M: 어, 네. 사실, 여기서 모퉁이를 돌면 있는 Northern Lights 카페에서 일했습니다.
W: 네, 그곳을 알아요.
M: 초보 웨이터 일을 일년간 했고, 어, 주방 심부름꾼들이 결근할 때마다 주방보조를 겸하기도 했습니다.
W: 오, 정말이요? 좋습니다. 큰 도움이 되겠군요. Northern Lights를 왜 그만 뒀는지 물어봐도 될까요?
M: 음... 논문을 쓰는 중이었는데 할 일이 너무 많아서 그만 둘 수밖에 없었습니다.
W: 지금은 일할 시간이 있나요? 우린 저녁 근무 조에서 일할 사람이 필요합니다.
M: 네, 이번 학기는 지난 학기보다 여유시간이 많습니다. 전 San Diego 대학을 다니는데 4학년이라 대부분 선택과목만 듣고 있어요.
W: 음, 학생은 우리가 찾고 있던 바로 그 사람인 것 같군요, 하지만, 음, 제가 최종 결정을 내리지 않기 때문에 어쨌든 지원서를 작성하셔야 합니다. 최종결정은 지배인이 내릴 거예요.
M: 물론이죠, 알겠습니다. 다만 질문이 있는데요. 여기에 이 분야와 관련된 교육을 받은 것이 있으면 기입하라고 적혀 있네요. 저는 교육을 받은 적은 없어요. 그게 문제가 될까요?
W: 아닙니다, 그건 걱정 마세요. 경험이 더 중요합니다.

application form 지원서 ID 신분증 double[dʌ́bl] 대역을 하다 prep[prep] 준비 (=preparation) thesis paper 논문
shift[ʃift] 교대 근무 조 elective[iléktiv] 선택과목 list[list] 기입하다

Hackers Test

p.66

1. D 2. A, B 3. B 4. D 5. A 6. D 7. C 8. B

[1-4]
Listen to a conversation between a student and the head of building maintenance.

M: Excuse me. I'm looking for the head of building maintenance.
W: I'm the head. Can I help you?
M: Yes, I'm hoping you can. I'm sure you know there's a library that's being renovated on the north side of the campus...
W: Right...
M: And right beside the library is a dorm, the Robert Johnson Dormitory, which is where I stay. So... I guess you know there's a serious noise problem for the students living in that dorm. It's an understatement to say that the noise is truly disruptive. And what makes it worse is that I'm taking summer classes, and the noise makes it hard for me to concentrate.
W: Yes, yes, I understand.
M: Hold on. I'm not finished. It's impossible to do anything with that racket. The construction crew starts work at 6:00 in the morning. I'm awakened by the noise, and then I get to eat breakfast to that cacophony. I guess I don't have to tell you that it's impossible for me to study or rest in my dorm room...
W: OK, OK...

M: And what's even worse than the noise is the dust that keeps wafting through the window. Surely, this dust is dangerous? It could cause respiratory problems and other ailments, yes? Is the university aware of this problem?

W: Of course we're aware of the problem.

M: Oh, and have you seen what the construction site looks like from a dorm window? Well, from my dorm window, which is only ten feet away from the site, it isn't a pretty picture. And there's five more weeks of summer class left. I'm sure the other students are complaining.

W: Er... yes, as a matter of fact, they are.

M: Why not stop the construction at least until summer class is over?

W: Well... if the crew stops work and continues when the semester starts, wouldn't that be the same thing?

M: Then... let the construction workers do the opposite side of the library at least until the end of the summer. I mean, think about how the noise and dust and visual pollution affect the students' studies. The university is supposed to provide a setting that's conducive to studying, not make it harder for the students to study.

W: We do want to make it easier for the students to study. That's why we're expanding the library. The students will have a nice, big new library, and it will be so much more spacious... So... as much as I'd like to, well, give you what you're requesting, it's impossible. You see, the construction was scheduled by a special committee several months ago, and it can't be changed. If they start working on the opposite side, that would mean transferring the equipment–which would take time and resources–just imagine what dangers the unfinished side would pose! I guess I don't have to mention that an unfinished wall would look unsightly.

M: Oh, yeah, right.

W: And if the crew leaves it alone till the end of summer... which doesn't accomplish anything, anyway, because more students will be affected by the noise and dust come the first semester... Think about how much more unsightly it would be to just leave all the equipment and construction materials on the site.

M: There's got to be another way. Can I move to another dorm? At least temporarily?

W: Um... I think Manchester Hall is available. It's a smaller dorm with smaller rooms. Maybe this should have been announced before the construction started. Some of the students affected by the construction have already moved into that dormitory, and they're allowed to stay there until the work is finished. Let me just make sure there's an empty room available. Well, I'm pretty sure there are a few more left. I'll call the dorm manager and let you know right away. Can you give me your e-mail address?

M: Sure! Thanks! I appreciate the help.

Now get ready to answer the questions. You may use your notes to help you answer.

1. Why does the student go to see the head of building maintenance?
2. What are instances of the ongoing renovation the student cites as having an effect on him?
3. According to the conversation, what is true about the library renovation?
4. What will the student do next?

M: 실례합니다. 빌딩 관리소장님을 찾는데요.
W: 제가 소장인데요. 도와 드릴까요?

M: 네, 도와 주실 수 있으면 좋겠네요. 캠퍼스 북쪽에 보수공사 중인 도서관이 있다는 거 분명히 알고 계시죠...
W: 네...
M: 그리고 그 도서관의 바로 옆이 기숙사가 있어요, 제가 머무는 Robert Johnson 기숙사에요. 그래서... 아마 그 기숙사에 사는 학생들에게 심각한 소음문제가 있다는 것을 알고 계실 거예요. 그 소음이 정말 파괴적이라고 말하는 것도 약하게 표현하는 거예요. 그리고 더 심각한 건 제가 여름 계절학기를 수강하고 있고, 그 소음 때문에 집중하기 어렵다는 거예요.
W: 네, 네, 이해해요.
M: 잠시만요. 아직 안 끝났어요. 그런 소음에선 무엇을 한다는 게 불가능해요. 공사 하시는 분들은 아침 6시에 일을 시작한다구요. 전 그 소음 때문에 깨고, 그리고 나서 그 불쾌한 소리를 들으면서 아침을 먹어야 해요. 아마 제가 기숙사 방에서 공부를 하거나 쉬는 것도 불가능하다는 사실은 말씀드릴 필요조차 없겠죠...
W: 네, 네...
M: 그리고 소음보다 더 심각한 건 창문으로 계속해서 날아들어오는 먼지에요. 당연히, 이 먼지는 위험하겠죠? 이건 호흡기 질환이나 다른 질병을 일으킬 수 있잖아요, 맞죠? 학교가 이 문제를 인식하고 있는 건가요?
W: 물론 우리는 그 문제를 알고 있어요.
M: 참, 그리고 기숙사 창문에서 공사 현장이 어떤지 본 적은 있으세요? 그게, 제 기숙사 창문에서 보면, 공사 현장에서 10피트밖에 안 떨어져 있어서, 예쁜 그림이 아니에요. 그리고 여름 계절학기는 5주가 더 남았구요. 제 생각에 분명 다른 학생들도 불평하고 있을 거예요.
W: 어... 네, 사실, 그래요.
M: 왜 최소한 계절학기가 끝날 때까지만이라도 공사를 중단하지 않는거죠?
W: 음... 만약 인부들이 일을 멈추고 새 학기가 시작할 때 계속 한다면, 결국 똑같은 게 아닌가요?
M: 그럼... 최소한 여름이 끝날 때까지만이라도 인부들이 도서관 반대쪽을 보수하도록 해주세요. 그러니까, 소음과 먼지와 시각 공해가 학생들의 학업에 어떻게 영향을 줄지 생각해보세요. 대학교는 학업에 도움이 되는 환경을 제공해야 하는 거지, 학생들이 공부하는 걸 더 힘들게 해야 하는 게 아니잖아요.
W: 우리도 학생들이 공부하기 더 편하게 해주고 싶어요. 그래서 우리가 도서관을 확장하고 있는 것이구요. 학생들은 멋있고, 커다란 새 도서관을 가지게 될 거에요, 그리고 그건 훨씬 더 널찍할 거예요... 그래서... 제가, 음, 학생이 요구하고 있는 것을 최대한 들어주고 싶지만, 그건 불가능해요. 그러니까, 공사는 수개월 전에 특별 위원회에서 일정이 짜여진 것이고, 그 일정은 변경될 수 없어요. 만약 그들이 반대편을 먼저 보수하기 시작한다면, 그건 장비들을 옮겨야 한다는 것을 의미하고, 시간과 자원이 들죠, 마무리되지 않은 쪽이 줄 수 있는 위험도 한 번 생각해봐요! 아마 마무리되지 않은 벽이 보기 안 좋을 것이라는 건 언급할 필요도 없겠죠.
M: 아, 네, 그렇겠네요.
W: 그리고 만약 인부들이 여름이 끝날 때까지 그것을 그냥 놔둔다고 하면... 어쨌든, 결국 아무것도 이루지 못한 게 돼요, 왜냐하면 더 많은 학생들이 첫 학기에 소음과 먼지에 영향을 받게 될 테니까요... 모든 장비와 건축용 자재를 현장에 내버려 두는 게 얼마나 보기 안 좋을지 생각해봐요.
M: 분명 다른 방법이 있을 거예요. 제가 다른 기숙사로 옮길 수 있나요? 잠시 동안만이라도요?
W: 음... 제 생각엔 Manchester Hall이 사용 가능할 것 같네요. 좀더 작은 방이 있는 작은 기숙사에요. 착공되기 전에 공지가 되었어야 했는데요. 공사에 영향을 받은 학생들 중 일부는 이미 그 기숙사로 옮겼어요, 그리고 그들은 공사가 끝날 때까지 그곳에서 머물 수 있어요. 사용 가능한 빈 방이 있는지 확인해볼게요. 음, 방이 좀더 남아있는 게 거의 확실해요. 기숙사 관리인에게 전화해보고 바로 학생에게 알려줄게요. 이메일 주소 좀 가르쳐줄래요?
M: 물론이죠! 고맙습니다! 도와주셔서 감사해요.

head [hed] 소장 renovate [rénəvèit] 보수공사를 하다 understatement [ʌ̀ndərstéitmənt] (실제의 정도보다) 약한 표현
disruptive [disrʌ́ptiv] 파괴적인 racket [rǽkit] 소음 crew [kru:] 사람들, (노동자의) 한 집단
cacophony [kəkɑ́fəni] 불쾌한 소리, 소음 waft [wæft] 날아들다 respiratory [réspərətɔ̀:ri] 호흡기의
ailment [éilmənt] 질병, 질환 setting [sétiŋ] 환경 conducive [kəndjú:siv] 도움이 되는 spacious [spéiʃəs] 널찍한, 넓은
transfer [trænsfə́:r] 옮기다 unsightly [ʌnsáitli] (보기에) 안 좋은, 추한 accomplish [əkɑ́mpliʃ] 이루다
temporarily [tèmpərérəli] 잠시 동안, 일시적으로

[5-8]
Listen to a conversation between a student and her professor.

W: Hi... I'm sorry. I must be in the wrong office. Um... isn't this Professor Kempton's office?
M: Yes, it is. Professor Kempton is on emergency leave. I'm Professor Chan, and I'll be using the office

while the professor is away. You came to the right room... I'm only staying here because my own office has a heating problem... and until they get it fixed, I'll be ensconced behind Professor Kempton's desk.

W: Oh.

M: Can I help you? Well... I'm not sure if I can, but I'll do my best... if I can be of assistance.

W: Thanks so much for offering, but I don't know if you can help me. I came here to get special permission from Professor Kempton. I guess... he's the only one who can approve what I'm asking for.

M: If I may ask, why do you need special permission?

W: Uh... I'm majoring in linguistics, and I want to take the sports journalism class that Professor Kempton is offering this term. I understand that the course is open to English and media communications majors, but not to linguistics majors. It appears that the linguistics program is considered separate from the English program, and the university has this weird rule that linguistics students need special permission to take sports journalism while English majors don't. I can't figure that out at all! It just makes no sense to me, and no one has been able to explain the reason for the rule! I find it really ridiculous!

M: I, I don't really understand the rule. It is a bit strange... but there must be some reason for it. I'm not really familiar with all the rules on enrollment.

W: Yeah, well, I guess I'll just have to wait till Professor Kempton gets back.

M: Uh... I hope you don't mind my asking... Have you always wanted to study linguistics?

W: I love language... studying the nature and structure of language and how they vary from language to language. And I'm a big fan of Noam Chomsky. I absolutely love his work on native speakers' unconscious knowledge of their language. It's called "transformational generative grammar"...

M: Wow... Those are big words. I'm a little curious as to why a linguistics major would be interested in sports journalism. There isn't very much... linguistics in sports journalism, is there?

W: Uh... I'm sure you could find some aspect of linguistics in sports journalism, but my interest in the subject lies more along the lines of... work. I'm thinking of doing part-time work to help support myself while I'm at university, and I would really love to do sports journalism. I mean, I'm not trained in journalism... but the work I'm interested in doesn't really require a degree in the field. You just need to know something about sports journalism and have a love for sports.

M: So you love sports as well? Very, very interesting... Well... I can't give you special permission to enroll in the class, but I have Professor Kempton's e-mail address...

W: Actually, I have it as well. Why didn't I think of that? I'll write to Professor Kempton on Monday.

M: Great. Um... could you let me know what your name is? I'd like to write to Professor Kempton myself and let him know what an eager student you are. You know, all teachers appreciate having students like you.

W: Would you really write to him? I'm flabbergasted. Thanks so much! My name is Brooke Williams.

M: OK, Brooke Williams. I'll let Professor Kempton know that I met you, and I'll make a recommendation.

W: I really appreciate this, professor... I'm sorry, I didn't catch your name.

M: Chan. Joseph Chan. It was very nice meeting you, Brooke.

W: Likewise, Professor Chan. Well... see you again, professor.

Now get ready to answer the questions. You may use your notes to help you answer.

5. Why does the woman visit the office of a professor?
6. What does the professor consider unusual about the student's interest in sports journalism?
7. Why does the professor ask the student what her name is?
8. What is the professor's impression of the student?

W: 안녕하세요... 죄송해요. 사무실을 잘못 찾아온 것 같네요. 음... 이곳이 Kempton 교수님의 사무실 아닌가요?
M: 네, 맞아요. Kempton 교수님께서는 지금 긴급 휴가 중이세요. 전 Chan 교수이고, 교수님이 안 계시는 동안 이 사무실을 사용할 겁니다. 방을 맞게 찾아왔어요... 저는 제 방에 난방 문제가 있어서 여기 있는 거예요... 그리고 그게 해결될 때까지, 전 Kempton 교수님 책상을 사용할 거고요.
W: 아.
M: 무엇을 도와줄까요? 음... 제가 도와줄 수 있을지는 모르지만, 최선을 다해보죠... 제가 도움이 될 수 있을 것 같으면 말이에요.
W: 제안은 정말 감사해요, 하지만 저를 도와주실 수 있을지 모르겠네요. 전 Kempton 교수님께 특별 허가를 받기 위해 여기 왔어요. 제 생각엔... 제가 원하는 걸 허가해 주실 수 있는 분은 그분 뿐일 거 같아요.
M: 물어봐도 될지 모르겠는데, 왜 특별 허가가 필요하죠?
W: 어... 전 언어학을 전공하고 있어요, 그런데 Kempton 교수님이 이번 학기에 제공하시는 스포츠 언론 수업을 듣고 싶어요. 제가 알기론 그 코스가 언어학 전공을 제외한, 영문학 그리고 언론학 전공 학생들에게만 열려 있어요. 보니까 언어학과는 영문학과와 분리되어 있고, 스포츠 언론을 들으려면 영문학을 전공하는 학생들은 특별 허가를 안 받아도 되지만 언어학과 학생들은 받아야 한다는 이상한 규칙이 학교에 있어요. 이해할 수가 없어요! 제게는 말이 안돼요, 그리고 그 누구도 이 규칙에 대한 이유를 설명해주지 못했어요! 정말 터무니 없다고 생각해요!
M: 저, 저는 그 규칙이 이해가 잘 안되네요. 조금 이상하긴 하지만... 그래도 그에 대한 이유는 있겠죠. 제가 등록에 관한 모든 규칙들에 대해 잘 아는 것은 아니라서요.
W: 네, 그럼, Kempton 교수님이 돌아오실 때까지 그냥 기다리는 수밖에 없겠군요.
M: 어... 물어봐도 될지 모르겠는데... 원래 언어학을 공부하고 싶었나요?
W: 전 언어가 너무 좋아요... 언어의 특징과 구조 그리고 이것이 어떻게 언어마다 다양하게 변화하는지를 공부하는 것이요. 그리고 전 Noam Chromsky의 엄청난 팬이에요. 모국어 사용자들의 자신의 언어에 대한 무의식적인 지식에 관한 그의 글은 정말 좋았어요. 그걸 변형생성문법이라고 부르죠...
M: 와... 어려운 것이네요. 저는 왜 언어학 전공 학생이 스포츠 언론에 관심이 있을지 조금 궁금하네요. 스포츠 언론은 언어학과... 별로 관련이 없지 않나요, 그렇죠?
W: 음... 스포츠 언론학에서도 언어학의 몇몇 부분을 찾으실 수 있으실 거예요, 하지만 제 관심은 그 주제라기보다... 일과 관련되어 있어요. 저는 학생일 때 돈을 벌기 위해 파트타임으로 일을 하려고 생각 중이에요, 그리고 전 스포츠 언론과 관련된 일을 했으면 정말 좋겠어요. 그러니까, 제가 언론계에서 일할 수 있도록 훈련을 받은 건 아니지만... 제가 관심 있는 일은 그 분야의 학위를 그다지 요구하지 않아요. 그냥 스포츠 언론에 대해서 뭔가를 알고 스포츠를 사랑하면 돼요.
M: 그러니까 스포츠도 좋아하는군요? 아주, 아주 흥미로운데요... 음... 제가 수업을 들을 수 있도록 특별 허가를 줄 수는 없지만, Kempton 교수님의 이메일 주소는 가지고 있어요...
W: 사실, 저도 있어요. 왜 그걸 생각하지 못했을까요? 월요일에 Kempton 교수님께 써야겠어요.
M: 좋아요. 음... 학생의 이름을 알려 줄 수 있나요? 저도 Kempton 교수님에게 직접 메일을 보내서 학생이 얼마나 열정적인 학생인지 알려주고 싶군요. 알다시피, 모든 선생님들은 학생과 같은 학생들을 가르칠 수 있는 것에 감사해요.
W: 정말 교수님에게 메일을 써주실 건가요? 놀랐어요. 정말 감사합니다! 제 이름은 Brooke Williams이에요.
M: 알았어요, Brooke Williams. Kempton 교수님에게 학생을 만났다고 알려주고, 추천해줄게요.
W: 정말 감사합니다, 교수님... 죄송하지만, 교수님의 성함을 못 들었어요.
M: Chan. Joseph Chan이에요. 만나서 반가웠어요, Brooke.
W: 저도요, Chan 교수님. 그럼... 다음에 또 뵐게요, 교수님.

emergency leave 긴급 휴가 ensconce[inskɑ́ns] 안치하다, 자리잡다 offering[ɔ́:fəriŋ] 제안
linguistics[liŋgwístiks] 언어학 media communications 언론학 unconscious[ʌnkɑ́nʃəs] 무의식적인
eager[í:gər] 열정적인 flabbergast[flǽbərgæ̀st] 놀라게 하다 recommendation[rèkəmendéiʃən] 추천

3. Function & Attitude Questions

Example

p.72

Listen to part of a conversation between a student and a librarian.

W: Hello, uh... One of my assignments is, um, to write a report about a unique old book. So do you think you have a good one for me to use?
M: A unique old book... let me see... Oh, I have one. Please wait, I'll bring the book. It's in the reference section... Here. Take a look at this book.
W: Boy, that book really looks old.
M: It is old. Take a look at the date on the cover of this book. It's 1541!
W: Wow... that book must be worth a fortune! What's it about?
M: Would you believe it's a cookbook?
W: You're kidding! You mean... recipes?
M: Yes. They have some very interesting recipes here that would probably be very popular today given the renewed interest in health.
W: But, um... What can I do with this book? I mean, it's just recipes.
M: You know what, this isn't just an old cookbook. The recipes in this book and how the author presents them reveal a lot about the culture of the olden days.
W: Oh, the author says something about the recipes... Well, that should provide enough material, then. Maybe I should borrow that book for a couple of days.
M: Sorry, that's not how it works. The policy in this library... or, for that matter, other libraries... is to allow patrons to look at these old, rare books only in the library.
W: Oh... really? Then I have no other way to do research than to read the book here in the library. Anyway, thanks for helping me.

Listen again to part of the conversation. Then answer the question.

M: Yes. They have some very interesting recipes here that would probably be very popular today given the renewed interest in health.
W: But, um... What can I do with this book? I mean, it's just recipes.

Q. What does the woman mean when she says this:
W: I mean, it's just recipes.

Listen again to part of the conversation. Then answer the question.

W: Maybe I should borrow that book for a couple of days.
M: Sorry, that's not how it works. The policy in this library... or, for that matter, other libraries... is to allow patrons to look at these old, rare books only in the library.

Q. Why does the man say this:
M: Sorry, that's not how it works.

W: 안녕하세요, 어... 제 과제 중 하나가 음, 독특한 오래된 책에 대한 보고서를 쓰는 것입니다. 그래서 제가 참고할 만한 좋은 책이 있을까요?
M: 독특한 오래된 책이라... 잠깐만요... 오, 하나 있어요. 잠시만 기다리세요, 책을 가져올게요. 참고 서적 구역에 있어요... 여기 있습니다. 이 책을 한번 보세요.
W: 와, 이 책은 정말 오래되어 보이는군요.
M: 오래된 책이죠. 책 표지의 날짜 좀 보세요. 1541년이라고 써 있어요!
W: 와... 이 책은 분명 상당한 값어치가 있겠군요! 무엇에 관한 책인가요?
M: 요리책이라면 믿겠나요?
W: 농담 마세요! 요리법이란... 말씀이세요?
M: 네. 최근에 건강에 대한 새로운 관심이 일고 있는 점을 볼 때 오늘날에도 아주 인기 있을법한 흥미로운 요리법들이 많이 있어요.
W: 그런데, 음... 이 책으로 제가 무엇을 할 수 있을까요? 제 말은, 이 책은 단지 요리법이잖아요.
M: 이봐요, 이 책은 단지 오래된 요리책이 아니에요. 이 책에 있는 요리법들과 작가가 요리법을 설명한 방법은 옛날의 문화에 대해 많은 것들을 보여주고 있어요.
W: 오, 작가가 요리법에 대해 설명을 했군요... 음, 그렇다면, 이 책은 충분한 자료가 될 수 있겠어요. 이 책을 며칠간 대출해야 할 것 같아요.
M: 미안하지만 그렇게는 안 됩니다. 이 도서관의 규칙... 이 문제에 관해서는 다른 도서관도 마찬가지지만, 이용자들이 이러한 오래된, 희귀본은 오직 도서관에서만 보도록 하는 것이 규정입니다.
W: 오... 정말요? 그렇다면 도서관에서 이 책을 보는 방법 밖에는 조사할 방법이 없겠네요. 아무튼, 도와주셔서 감사합니다.

unique [ju:ní:k] 독특한 cover [kʌ́vər] 책 표지 worth [wə:rθ] ~의 가치가 있는 fortune [fɔ́:rtʃən] 많은 돈
cookbook [kúkbùk] 요리책 recipe [résəpì] 요리법 author [ɔ́:θər] 작가 reveal [riví:l] 보여주다, 드러내다
olden days 옛날의 provide [prəváid] 제공하다 material [mətí(:)əriəl] 자료 policy [pálisi] 규정
patron [péitrən] 고객, 손님 rare [rɛər] 희귀한, 드문

Hackers Practice

p.74

1. D	2. B	3. A	4. C	5. B	6. D	7. B	8. C	9. C	10. B	11. C	12. B	13. C	14. A	15. A	16. C

I. Listen to each pair of conversations, and determine how the same expression was used differently in each conversation.

1.

W: Excuse me. I want to change my elective to Humor in American Literature from Political Anthropology.
M: You'll need to submit a change of matriculation form and a consent letter from the professor teaching the course you want to transfer to.
W: I have the letter from the professor. Where do I get a change of matriculation form?
M: You can get one from your College Secretary. After you fill out the form, go to the registrar and submit the signed form along with any payment due by 5:00 tomorrow afternoon.
W: Sorry, what... did you say today? Or... was that tomorrow?

Q. What does the speaker mean when she says this:
W: Did you say today?

W: 실례합니다. 제 선택 과목을 정치 인류학에서 미국 문학의 해학으로 바꾸고 싶습니다.
M: 변경 허가서와 학생이 옮기고 싶은 과목의 담당 교수님에게서 받은 동의서를 제출해야 합니다.
W: 교수님의 동의서는 있어요. 변경 허가서는 어디서 얻을 수 있나요?
M: 학부장에게서 얻을 수 있어요. 서류를 작성한 후, 내일 오후 5시까지 학적계에 가서 모든 납부금과 함께 서명된 서류를 제출해야 합니다.
W: 죄송하지만, 뭐라고요... 오늘이라고 하셨나요? 아니면... 내일이라고 하셨나요?

elective [iléktiv] 선택 과목　political [pəlítikəl] 정치의　submit [səbmít] 제출하다　matriculation [mətrìkjəléiʃən] 허가
consent [kənsént] 동의　transfer [trænsfə́:r] 옮기다　College Secretary 학부장　registrar [rédʒistrɑ̀:r] 학적계
payment [péimənt] 납부금

2.

W: Hi, Professor Perkins. Can I talk to you about the paper I'm doing on language learning theories?

M: Oh, hi, Lizzie. Are you having any problems with your paper?

W: Actually, yes. I'm not absolutely certain what to include in my paper. The sub-points I could discuss seem so closely related to each other that I don't know what to keep and what to leave out.

M: Why don't you just give me an outline of your paper today and I'll give you some advice.

W: Did you say today?

Q. What does the speaker mean when she says this:
W: Did you say today?

W: 안녕하세요, Perkins 교수님. 제가 쓰고 있는 언어 학습이론에 대한 보고서에 대해 얘기할 수 있을까요?

M: 오, 안녕, Lizzie. 보고서에 무슨 문제라도 있니?

W: 사실, 네. 보고서에 무엇을 포함시켜야 할지 확실하지 않아요. 제가 다룰 수 있는 세부 주제들은 서로 너무 밀접하게 연관되어 있어서 어떤 것을 그대로 두고 어떤 것을 빼야 할지 모르겠어요.

M: 오늘 네 보고서의 개요를 나에게 보여주는 게 어떠니, 그리고 내가 조언을 해 줄게.

W: 오늘이라고 하셨어요?

theory [θí(:)əri] 이론　sub-point 하위 요점　leave out 빼다, 생략하다　outline [áutlàin] 개요

3.

M: Hi, professor. I have a question about what you were discussing in class today.

W: You mean the stuff on sand dunes?

M: Yes. I didn't understand your explanation about how sand dunes form. I mean, I don't really have the saltation process down pat.

W: Here, let me show you from the book... OK, it says here that in the saltation process, the wind lifts individual sand grains into the air...

M: Just a moment, professor, where are you?

Q. What does the speaker mean when he says this:
M: Where are you?

M: 안녕하세요, 교수님. 오늘 수업 시간에 설명하신 내용에 대해 질문이 있습니다.

W: 사구에 대한 내용을 말하는 거니?

M: 네. 사구가 어떻게 형성이 되는지에 대한 설명을 이해 못했어요. 제 말은, 도약 과정을 완전히 이해할 수 없었어요.

W: 여기, 책을 보며 설명해 줄게... 그래, 여기에 도약 과정에서 바람은 각각의 모래 알갱이를 공중으로 들어 올린다고 나와 있어...

M: 잠시만요, 교수님, 어디인가요?

sand dune 사구　saltation [sæltéiʃən] 도약　down pat 완전히 이해하다　grain [grein] 알갱이

4.

M: I finished correcting your test paper, and I'm sorry to say that you failed the test. I'm not really sure what you found so difficult. Was it the topic or were you under the weather, Marilyn?

W: Actually, sir, it was the topic. I had trouble understanding some of it.
M: There's one question on the test which I believe you completely misunderstood. Why don't you take out your textbook and let's discuss it. That's page 245... number fourteen.
W: Uh, OK... when two bacteria exchange genetic information, what is the process called? Uh... I believe the answer is...
M: Marilyn... where are you?

Q. What does the speaker mean when he says this:
M: Where are you?

M: 네 시험지 채점을 끝냈는데, 안타깝게도 시험에서 낙제했구나. 네게 어떤 부분이 어려웠는지 잘 모르겠다. 주제가 어려웠니 아니면 몸이 좋지 않았니, Marilyn?
W: 실은, 교수님, 주제가 어려웠어요. 몇몇 부분을 이해하는 게 어려웠어요.
M: 네가 완전히 잘못 이해한 문제가 하나 있어. 네 교과서를 꺼내서 논의해 보자꾸나. 245페이지란다... 14번이야.
W: 아, 네... 두 박테리아가 유전자 정보를 주고 받을 때, 이 과정을 뭐라고 하는가? 어... 제 생각에 정답은...
M: Marilyn... 어딜 보고 있니?

under the weather 몸이 좋지 않은 take out 꺼내다 genetic[dʒənétik] 유전자의, 유전학적인

5.
W: Hello, I'm here to return the books I borrowed... here they are.
M: OK, let's see... you owe the library five dollars for your overdue book.
W: But it's overdue only one day, and I remember I paid less than that the last time.
M: I know, but the library recently changed its policy on overdue books. The fine was too low, so students weren't returning books on time. So the head librarian raised the fine from three dollars to five dollars.
W: Well, prices are going up. So... what else is new?

Q. What does the speaker mean when she says this:
W: What else is new?

W: 안녕하세요, 대출한 책을 반납하러 왔습니다... 여기 있어요.
M: 네, 어디 볼까요... 연체 도서에 대해 5달러를 내야 합니다.
W: 하지만 이 책은 하루밖에 연체되지 않았는데요, 그리고 지난번에는 돈을 더 적게 냈던 걸로 기억해요.
M: 알아요, 하지만 최근에 도서관에서 연체 도서에 대한 규정을 바꾸었어요. 연체료가 너무 낮아서 학생들이 제 시간에 책을 반납하지 않았어요. 그래서 도서관장이 연체료를 3달러에서 5달러로 인상했답니다.
W: 음, 물가가 오르고 있죠. 뭐 새로울 게 있겠어요?

return[ritə́ːrn] 반납하다 borrow[bárou] 대출하다 overdue[òuvərdjúː] 기한이 지난 head librarian 도서관장
raise[reiz] 올리다 fine[fàin] 벌금

6.
W: University officials recently changed the rules regarding changing your major.
M: Really? I hope it won't affect my plans to switch to engineering.
W: Well, that depends. The university discovered that a lot of students change majors without thinking about what they really want. So the new rule is, the student must have completed sixty percent of his general courses before he can consider switching.

M: That's about three semesters with a normal credit load, right?
W: Right. But also, the student must have taken three units of a course related to his present major.
M: Hmm. What else is new?

Q. What does the speaker mean when he says this:
M: What else is new?

W: 최근 대학 관계자들이 전공을 바꾸는 것에 관한 규정을 바꾸었어.
M: 정말이요? 공학으로 전공을 바꾸려는 제 계획에 영향을 미치지 않았으면 좋겠어요.
W: 음, 장담할 수 없단다. 학교에서 많은 학생들이 진정으로 무엇을 하고 싶은지 생각하지 않고 전공을 바꾸고 있다는 걸 알게 되었어. 그래서 새로운 규정에 의하면, 학생들은 전공을 바꾸는 것을 고려하기 전에 일반 과목의 60퍼센트를 들어야만 해.
M: 일반적인 학점량으로는 3학기 정도네요, 그렇죠?
W: 그렇지. 게다가, 학생들은 현재 전공 과목에서도 3학점을 이수했어야 해.
M: 음. 또 새로운 것이 있나요?

official[əfíʃəl] 관계자 regarding[rigáːrdiŋ] ~에 관해 affect[əfékt] 영향을 미치다 switch[switʃ] 바꾸다
engineering[èndʒəní(ː)əriŋ] 공학 complete[kəmplíːt] 마치다 general course 일반 과목, 기초이수과목
semester[siméstər] 학기 credit load 학점량 unit[júːnit] 단위

7.
M: Professor, I heard that the exam will cover three chapters instead of two.
W: Well, the faculty members who are in charge of preparing the exam this semester did say that three chapters will be covered.
M: That's a lot of material that the students will have to review.
W: That's true, but I'm planning to schedule extra classes to help them review the material.
M: Well, that's a relief.
W: You don't have to worry, Pete. The exam probably won't be that difficult.
M: Is that right?

Q. What does the speaker mean when he says this:
M: Is that right?

M: 교수님, 시험 범위가 두 단원이 아니라 세 단원이라고 들었어요.
W: 음, 이번 학기 시험 준비를 담당하는 교직원들이 범위가 세 단원이라고 말했단다.
M: 학생들이 복습해야 할 내용이 많겠네요.
M: 맞아, 그렇지만 학생들이 내용을 검토하는 데 도움을 주기 위해 보충 수업을 할 계획이야.
M: 음, 다행이에요.
W: 걱정할 필요 없단다, Pete. 시험은 아마 많이 어렵지 않을 거야.
M: 정말이요?

cover[kʌ́vər] 포함하다 faculty[fǽkəlti] 교직원 extra[ékstrə] 추가의

8.
M: So as I said in class yesterday, both the Greeks and the Romans were excellent at drama. They were very talented actors and they knew how to elicit tears or laughter from the audience. The big, big difference is that the Romans copied the Greeks. The Romans were known more for their superior skills on the battlefield... well, not just the battlefield. They also excelled in matters of law. But when it came to drama, they were largely unimaginative. This is an important part of the report

you're writing. So if you've done your research, Claudia, do you think you'd be able to tell me what the Romans did to the ideas they borrowed from the Greeks?

W: I believed they adjusted those ideas to satisfy Roman audiences. Is that right?

Q. What does the speaker mean when she says this:
W: Is that right?

M: 그래서 어제 수업시간에 말했듯이, 그리스인과 로마인 모두 연극에 뛰어났어. 그들은 아주 재능 있는 배우였고 어떻게 관객들의 눈물과 웃음을 끌어내는지 알고 있었지. 아주 큰 차이점이라면 로마인들이 그리스인들을 모방했다는 점이야. 로마인들은 전쟁터에서의 우수한 기술로 더 잘 알려져 있어... 음, 단지 전쟁터에서만은 아니지. 그들은 법 문제에 있어서도 탁월했지. 그러나 연극에서는 창조력이 지극히 부족했어. 이 점이 네가 쓸 보고서의 중요한 부분이란다. 그러니까 만약 조사를 해보았다면, 로마인들이 그리스인들로부터 모방한 아이디어에 무엇을 했는지 말해 줄 수 있겠니, Claudia?

W: 로마 관객들을 만족시키기 위해 그리스인의 아이디어를 변형했다고 생각합니다. 제가 바로 이해했나요?

Greek [gri:k] 그리스인 Roman [róumən] 로마인 drama [drá:mə] 연극 talented [tǽləntid] 재능 있는
elicit [ilísit] (대답, 웃음을) 이끌어 내다 audience [ɔ́:diəns] 관객, 청중 copy [kápi] 모방하다
superior [sjú(:)pí(:)əriər] 우위의, 우세한 battlefield [bǽtlfì:ld] 전쟁터, 전장 excel [iksél] 뛰어나다, 탁월하다
largely [lá:rdʒli] 충분히, 크게 unimaginative [ʌ̀nimǽdʒinətiv] 창조력이 모자라는, 상상력이 부족한
borrow [bárou] 모방하다 adjust [ədʒʌ́st] 조절하다, 맞추다

II. Listen to parts of the conversations and then answer the questions.

9.

W: Professor, I'm having problems researching my report... about how bird migration patterns change as a result of human activity.

M: Actually, the most important thing about the report isn't the research, it's your analysis and understanding of the topic. Were you absent when I assigned this report in class?

Q. Why does the professor say this:
M: Were you absent when I assigned this report in class?

W: 교수님, 인간 활동의 결과로 인해 새의 이동 패턴이 어떻게 변화하는지에 대한... 보고서 자료를 조사하는 데 문제가 있어요.

M: 사실, 보고서에서 가장 중요한 점은 자료 조사가 아니라 주제에 대한 너의 분석과 이해란다. 수업에서 이 보고서를 과제로 내주었을 때 결석했었니?

migration [maigréiʃən] 이동 pattern [pǽtərn] 패턴, 양식 analysis [ənǽlisis] 분석 absent [ǽbsənt] 결석한
assign [əsáin] 할당하다

10.

W: If you're through with these books, I'd like to put them back on the shelves.

M: There's some information I haven't looked at yet.

Q. Why does the man say this:
M: There's some information I haven't looked at yet.

W: 이 책들을 다 읽었으면 제가 선반에 다시 갖다 놓을게요.

M: 아직 읽지 못한 내용이 있어요.

be through with 끝내다, 마치다

11.

W: Young man, you should have brought this permission for enrollment to your adviser for his signature before coming to this office.

M: Sorry... this is my first semester here.

Q. What does the man mean when he says this:
M: Sorry... this is my first semester here.

W: 젊은이, 이 사무실에 오기 전에 담당 교수님에게 가서 등록을 허가하는 서명을 받아 왔어야 해요.
M: 죄송합니다... 이번이 첫 학기라서요.

enrollment[inróulmənt] 등록 signature[sígnətʃər] 서명, 사인

12.

M: Hello, how can I help you?

W: Hi, I'm a senior, and I thought that we were allowed to keep library books longer than other students... but I've gotten several calls asking me to return books that I borrowed. The thing is... well, I still need them!

M: Is that so? OK, let me check... what's your name?

W: Amy Johnson.

M: Um... oh, I see. Turns out you're only half right. Seniors can borrow books and keep them for as long as they like, until they're requested by another student.

W: I see... I guess I'll return them then...

M: Why don't you photocopy the pages you need first?

Q. Why does the librarian say this:
M: Turns out you're only half right.

M: 안녕하세요, 무엇을 도와 드릴까요?
W: 안녕하세요, 저는 4학년인데요, 4학년은 도서관 책을 다른 학생들보다 오래 대출할 수 있다고 생각했었어요... 그런데 제가 대출한 책을 반납하라는 전화를 여러 번 받았습니다. 문제는... 음, 제가 아직 그 책들이 필요하다는 거예요!
M: 그래요? 네, 알아볼게요... 이름이 뭔가요?
W: Amy Johnson입니다.
M: 음... 오, 왜 그런지 알겠어요. 알고 보니 학생은 오직 절반만 바로 알고 있군요. 4학년생은 원하는 기간만큼 도서를 대출할 수 있지만, 그건 다른 학생이 그 책을 요청하기 전까지만 그렇습니다.
W: 그렇군요... 그렇다면 책을 반납해야겠군요...
M: 우선 필요한 페이지를 복사하는 건 어때요?

senior[síːnjər] 4학년의 학생, 최고 학년의 request[rikwést] 원하다 photocopy[fóutəkὰpi] 복사하다

III. Listen to parts of the conversations and then answer the questions.

[13-14]

Listen to part of a conversation between a student and a professor.

M: Professor Gomez? I hope you're not too busy right now.

W: Hi, Nathan. No, I'm not doing anything pressing... Was there something you wanted to discuss?

M: Actually, I'm now working on a show that's going to be shown here at the university... It's the Alvin Bailey Dance Troupe.

W: Oh, that's marvelous! They're excellent dancers.

M: Right... so I was wondering if the department would put the show in the student events calendar. It would really help advertise the show.

W: And what's your role in this, Nathan?

M: I'm selling tickets, and I want to sell them out before the show starts.

W: I see. Hmm... let me think... I could put it on the calendar, but you're going to have to give me all the information this week before the calendar is finalized and posted. And... it might be a good idea if you can give me a promotional picture.

M: Well, I did ask them to send me one, so I should be getting it pretty soon.

W: Maybe it's not a good idea to leave it to chance. A phone call would certainly help. I wouldn't want the calendar to be delayed, you know what I mean?

M: I could check, sure.

W: Is there anything else you've been doing to let the students know about the show?

M: Well, I got in touch with this local company... the Lythgoe Paper Products Company... it's on the east side of town... and they agreed to give me funds to advertise the show. I actually have a bit of money left over, and I thought about thanking the sponsor in the ad.

W: Definitely, you could do that. The company would expect it, I'm sure. By the way, how did you convince them to sponsor what you're doing?

M: Oh, that was easy. I promised them I'd introduce them as a sponsor and give them a few backstage passes so they could spend a bit of time with the dancers.

W: Terrific. That was very smart.

M: Thanks, professor. Well, I better see about that picture.

Listen again to part of the conversation. Then answer the question.

13. What does the professor mean when she says this:

W: Maybe it's not a good idea to leave it to chance. A phone call would certainly help. I wouldn't want the calendar to be delayed, you know what I mean?

Listen again to part of the conversation. Then asnwer the question.

M: Well, I got in touch with this local company... the Lythgoe Paper Products Company... it's on the east side of town... and they agreed to give me funds to advertise the show. I actually have a bit of money left over, and I thought about thanking the sponsor in the ad.

W: Definitely, you could do that. The company would expect it, I'm sure.

14. Why does the professor say this:

W: Definitely, you could do that.

M: Gomez 교수님? 지금 많이 바쁘신 건 아니었으면 하는데요.

W: 안녕, Nathan. 아니야, 급한 일은 없단다... 하고 싶은 이야기라도 있니?

M: 사실은, 제가 지금 대학에서 상연될 공연에 관한 일을 하고 있어요. Alvin Bailey Dance Troupe이란 공연이에요.

W: 오, 멋지구나! 그들은 훌륭한 무용수들이지.

M: 맞아요... 그래서 학부에서 공연을 학생 행사 일정표에 넣어 줄 수 있는지 궁금합니다. 공연을 광고하는 데 큰 도움이 될 거예요.

W: 그럼 너는 어떤 일을 맡고 있니, Nathan?

M: 전 티켓을 팔고 있는데, 공연이 시작하기 전에 다 팔고 싶어요.

W: 그렇구나. 음... 생각해 보자... 공연을 일정표에 넣을 수는 있는데, 달력이 확정되어 게시되기 전에 이번주 내로 모든 정보를 나에게 주어야 해. 그리고... 내게 홍보 사진을 주는 것도 좋은 방법일 것 같구나.

M: 그게, 제가 그들에게 한 장 보내달라고 요청했으니 곧 받을 수 있을 거예요.

W: 가능성에만 맡겨두는 것은 좋지 않을 것 같아. 전화를 해보는 것이 도움이 될 거야. 난 달력이 지연되는 것을 원하지 않아, 무슨 말인지 알지?

M: 물론, 확인할 수 있어요.

W: 학생들에게 공연을 알리기 위해 어떤 다른 일을 하고 있니?

M: 음, 도시 동편에 있는 지역 회사인... Lythgoe Paper Products 회사와... 접촉을 했는데... 그들이 공연을 광고하기 위한 자금을 제공하는 것에 동의했어요. 사실은 돈이 약간 남았답니다, 그래서 광고에서 후원자에게 감사를 표시할 생각이에요.

W: 물론, 그렇게 할 수 있지. 분명, 회사도 그것을 원할 거야. 그런데, 네가 하는 것을 후원해달라고 어떻게 그들을 설득했니?

M: 오, 그건 쉬웠어요. 그들을 후원자로 소개하고 무용가들과 잠시 시간을 보낼 수 있도록 그들에게 무대 뒤 출입 허가증 몇 개를 주겠다고 약속했어요.

W: 훌륭하구나. 아주 현명한 방법이야.

M: 감사합니다, 교수님. 그럼, 사진을 알아보러 가야겠어요.

pressing [présiŋ] 긴급한　marvelous [má:rvələs] 멋진　advertise [ǽdvərtàiz] 광고하다　finalize [fáinəlàiz] 완성하다
promotional [prəmóuʃənəl] 홍보의, 판촉의　leave to chance 운수에 맡기다　local [lóukəl] 지역의　fund [fʌnd] 자금
sponsor [spánsər] 후원자, 후원하다　ad [æd] 광고　convince [kənvíns] 설득하다　introduce [ìntrədjú:s] 소개하다
backstage [bǽkstèidʒ] 무대 뒤　pass [pæs] 출입 허가증　terrific [tərífik] 멋진

[15-16]

Listen to part of a conversation between a student and a professor.

M: Professor Maroulis? May I... speak with you for just a second?

W: Of course you may. Is this an enrollment problem?

M: Well, yes, it is. Actually, I'm trying to enroll for my electives and my, my adviser seems to think that I should enroll in courses related to my major, aquatic biology.

W: So, you mean you want to take my class as an elective?

M: Yes, professor.

W: Well, what you're majoring in does seem pretty far from the literature courses I'm teaching at present. What interest does a biology major have in English?

M: A... a lot, Professor Maroulis. I may have majored in biology, but I've always had a love for literature. I'm especially interested in taking your class Crime and Punishment in Literature or... or European Literary Legacies.

W: I think I understand what your problem is. These are courses that have prerequisites and you probably don't have the credits for the required courses, so... you need my approval to be able to enroll in a higher English course so you can meet your elective requirements, right?

M: Yes, ma'am.

W: Hmm... I'm not trying to discourage you, but I want you to understand that you have to have a familiarity with European literature, particularly the genre of crime and punishment novels...

M: I am an avid reader of these novels, Professor Maroulis, and probably one of Fyodor Dostoyevsky's greatest fans.

W: Oh? Well, good, good... but there's one other thing. Although it isn't listed as a prerequisite, you must have a background in literary criticism. Without it, well, you might be in over your head, and I'd hate for you to have to drop the class.

M: Well, last semester I took Literature 117.

W: Critical Theory? Really? You certainly have an interest in English literature, and what's more, you appear to be very determined. Well, what can I say? So this is what I'll do... I'll sign the approval form, but remember, I expect you not to miss any of my classes.

M: I won't. Thanks very much, Professor Maroulis!

15. Why does the student mention Fyodor Dostoyevsky?

Listen again to part of the conversation. Then answer the question.

W: Critical Theory? Really? You certainly have an interest in English literature, and what's more, you appear to be very determined. Well, what can I say?

16. What does the professor mean when she says this:
W: Well, what can I say?

M: Maroulis 교수님, 잠시... 말씀 좀 드려도 될까요?

W: 당연하지. 등록 문제 때문이니?

M: 음, 네. 실은, 선택 과목을 등록하려고 하는데 저의 상담 교수님은 제 전공 과목인 수상 생물학에 관련된 과목을 등록해야 한다고 생각하시는 것 같아요.

W: 그러니까, 학생은 내 수업을 선택 과목으로 등록하고 싶다는 말이지?

M: 네, 교수님.

W: 음, 네 전공은 내가 지금 가르치고 있는 문학 수업과는 거리가 먼 것 같구나. 생물 전공 학생이 영어에 무슨 관심이 있을까?

M: 많은 관심을 갖고 있어요, Maroulis 교수님. 저는 생물을 전공일지 모르지만, 항상 문학을 좋아했습니다. 특히 교수님의 수업 중에 '문학에서의 죄와 벌'이나 '유럽 문학의 유산'에 관심이 많습니다.

W: 네 문제가 뭔지 알 것 같구나. 이 수업들은 선수 과목을 이수해야만 하는 수업인데 넌 그 필수 과목의 학점을 이수하지 않았구나, 그러니까... 선택 과목 요구 학점을 충족시키기 위해서 수준 높은 영어 과목을 등록하려면 내 승인이 필요한 거지, 그렇지?

M: 네, 교수님.

W: 음... 너를 실망시키려는 것은 아니지만, 유럽 문학에 대해 잘 알고 있어야 한다는 것을 알았으면 해, 특히 죄와 벌과 같은 소설 장르에 대해서 말이야...

M: 전 그런 소설들의 열렬한 독자예요, Maroulis 교수님, 그리고 Fyodor Dostoyevsky의 열성적인 팬 중 한 명인걸요.

W: 그래? 그럼, 좋아, 좋아. 그런데 한 가지가 더 있어. 선수 과목으로 지정되진 않았지만, 문학 비평에 대한 배경지식이 있어야 해. 그것 없이는, 음, 네가 감당하기 힘들텐데, 그리고 난 네가 수강을 취소하지 않길 바래.

M: 음, 지난 학기에 문학 117 수업을 수강했습니다.

W: 비평 이론? 정말이니? 정말 영문학에 흥미가 있긴 하구나, 게다가, 의지도 단호한 것 같다. 음, 내가 더 무슨 말을 하겠니? 그럼 이렇게 하자... 승인서에 서명해주마, 하지만, 내 수업을 한 번도 빠져서는 안 된다는 것을 기억하렴.

M: 알겠습니다. 정말 감사합니다, Maroulis 교수님.

elective [iléktiv] 선택 과목 **aquatic biology** 수상생물학 **legacy** [légəsi] 유산 **prerequisite** [prì(:)rékwizit] 필수 과목
required course 필수 과목 **approval** [əprúːvəl] 승인, 허락 **requirement** [rikwáiərmənt] 필수 요건
familiarity [fəmìliǽrəti] 정통, 잘 알고 있음 **genre** [ʒáːŋrə] 장르, 부문 **avid** [ǽvid] 열심히 하는, 열광적인
background [bǽkgràund] 배경지식, 기초지식 **literary** [lítərèri] 문학의, 문학적인 **criticism** [krítisìzəm] 비평, 비판
be in over one's head 능력이 미치지 못하다 **determined** [dit ə́ːrmind] 굳게 결심한, 단호한

Hackers Test

p.78

1. D 2. A 3. B 4. C 5. B, D 6. B 7. C 8. B, C 9. C 10. B

[1-5]
Listen to a conversation between a student and a proctor.

M: Hi. I'm Martin Nakasone. I'm sure my name is on the list of students permitted to take the exam today.
W: Yes, I do see your name on the list, but you're late for the exam.
M: Yes, I know. My alarm clock didn't ring! I swear I set it the evening before. It has never caused me problems. I'm sure it just malfunctioned... So... could you please let me in and let me take the exam even though there's only 45 minutes left? Please.
W: Well... I don't know about that. I mean, I want to let you in, but as a proctor, I have to follow the rules. And if you're more than five minutes late, I'm not supposed to let you come into the classroom.
M: Please! This is the first time this has ever happened to me. I tell you, I don't make it a habit to be late for tests.
W: I'm sure you don't... but I'm just a proctor, and I can't give you permission to take the test. I don't have the authority.
M: I know, but can't you make an exception? If I get a failing grade because I missed the test, I'm going to lose my scholarship.
W: Uh... I don't want you to lose your scholarship, but the fact is... I could get penalized for letting a late student in. That would affect my standing at the university. So between your scholarship and my status at the university... well, you do understand, don't you?
M: I see. Uh, perhaps I could speak to the professor during the lunch hour and ask him to reschedule the exam for me.
W: I'm pretty sure the professor has time during the lunch break. I think he has an hour around noon, but it might not matter if you speak to him because it's actually up to the dean to decide whether or not a student can have a missed exam rescheduled. You know that, right?
M: The dean?
W: Right. And I don't want to stress you out or anything like that, but... the dean is very strict, and from what I understand, he's very particular about not extending the exam period. And, uh... in case you don't know what the rules are, students aren't allowed to get a test rescheduled after the exam period unless they were sick... or their exams overlapped.
M: Let me get this straight. I can get my test rescheduled as long as it's within the exam period, but I won't be allowed to take the test after the exam period because I wasn't sick and I didn't have overlapping exams.
W: That's right. Your reason is that you overslept. You might be able to get a reschedule if you have it scheduled within the week.
M: I'm not sure if I can do that. I have so many exams the rest of the week and I need to finish a paper as well.
W: Well...
M: Oh, no... I'm sunk. I'll fail the class. Um, look, I didn't really oversleep. My alarm just didn't ring.
W: Hey. Stop despairing. You're making me feel guilty.
M: No, I'm not trying to lay a guilt trip on you. It's just that I know I'm doomed.
W: OK... um, you know, you really don't have to worry. If you can make time this week, you'll still be able to take the test. The exam period is still ongoing. And one more thing... Just in case you can't take the exam this week, you could ask your professor to give you an oral test... I mean, just as a

make-up exam, not the actual test, you know what I mean?

M: Yes... Uh, no, I don't know what you mean.

W: Um, I know that a make-up test might not be relevant to the final exam grade... but I'm certain that it will be applied to your overall grade, so you don't have to be overly concerned that it's just an oral test. It will count to your grade in some way. But yeah check with your professor.

M: OK, thanks for the information. I'll go and see him at lunch.

Now get ready to answer the questions. You may use your notes to help you answer.

1. What is the man's problem?

Listen again to a part of the conversation. Then answer the question.

M: Yes, I know. My alarm clock didn't ring! I swear I set it the evening before. It has never caused me problems. I'm sure it just malfunctioned... So... could you please let me in and let me take the exam even though there's only 45 minutes left? Please.

W: Well... I don't know about that. I mean, I want to let you in, but as a proctor, I have to follow the rules.

2. Why does the woman say this:
   W: Well... I don't know about that.

3. What does the student say about the exam?

Listen again to a part of the conversation. Then answer the question.

W: Uh... I don't want you to lose your scholarship, but the fact is... I could get penalized for letting a late student in. That would affect my standing at the university. So between your scholarship and my status at the university... well, you do understand, don't you?

4. What does the proctor mean when she says this:
   W: ...well, you do understand, don't you?

5. Why does the woman tell the student not to worry about the exam?

M: 안녕하세요. 전 Martin Nakasone인데요. 제 이름이 오늘 시험을 치도록 된 학생들의 목록에 올라 있을 거예요.

W: 네, 리스트에 이름이 있네요, 하지만 학생은 시험에 늦었어요.

M: 네, 알아요. 제 알람시계가 울리지 않았어요! 맹세코 전날 저녁에 시간을 맞춰놨어요. 시계가 문제를 일으킨 적은 한번도 없었어요. 분명히 그냥 오작동한 것이겠지만... 그래서... 비록 45분밖에 남지 않았지만 제가 들어가서 시험을 칠 수 있도록 해주실 수 있나요? 부탁이에요.

W: 음... 그건 잘 모르겠어요. 제 말은, 들어오게 해주고는 싶지만, 시험 감독관으로서, 규정을 따라야 해서요. 그리고 만약 5분 이상 지각하면, 전 학생을 교실에 들여보내주면 안되거든요.

M: 제발요! 제게 이런 일이 일어난 건 처음이에요. 정말로, 제가 시험에 습관처럼 늦거나 하지는 않아요.

W: 물론 그러지 않을 거예요... 하지만 전 그저 시험 감독관일 뿐인걸요, 그래서 시험을 칠 수 있도록 허락할 수는 없어요. 제겐 그런 권한이 없어요.

M: 알아요, 그래도 한 번 예외를 두시면 안돼요? 시험을 놓쳐서 낙제점을 받는다면, 전 장학금을 놓치게 될 거예요.

W: 어... 학생이 장학금을 놓치게 하고 싶지는 않지만, 사실... 지각한 학생을 들여보내주는 걸로 제가 징계를 받을 수 있어요. 그건 이 대학에서의 제 입지에 영향을 끼치게 될 거예요. 결국 학생의 장학금과 대학에서의 제 위치 사이에서... 음, 이해하죠, 그렇죠?

M: 알겠어요. 음, 어쩌면 제가 점심 시간에 교수님께 말씀 드려서 제 시험시간을 재조정하도록 부탁드릴 수도 있을 것 같네요.

W: 아마 분명 교수님께서 점심 시간 중에 시간이 있으실 거예요. 정오쯤 한 시간 정도인 것 같은데, 그런데 학생이 놓친 시험을 재조정할 수 있는지의 여부는 사실 학장님께 달려 있기 때문에 교수님께 말씀 드리는 것은 아무 상관없을지도 몰라요... 학생도 알죠, 그렇죠?

M: 학장님이요?

W: 네. 그리고 제가 학생을 스트레스 받게 하거나 그러고 싶지는 않지만... 학장님은 정말 엄격한 분이시고, 제가 아는 바로는, 시험 기간을 연장하는 것에 대해선 정말 까다로우세요. 그리고, 음... 학생이 규정을 모를까봐 얘기해주는데, 학생들은 아프거나... 또는 시험이 겹치지 않는 이상 시험 기간 이후로 시험 일정을 다시 잡는 것은 허용되지 않아요.

M: 확실하게 이해 좀 해볼게요. 제가 시험 기간 내에 한해서는 시험 일정을 재조정할 수 있지만, 저는 아프거나 시험이 겹친 게 아니기 때문에 시험 기간 후에는 이 시험을 칠 수 없다는 거군요.

W: 맞아요. 학생은 늦잠을 잔 게 이유니까요. 만약 이번 주 내로만 일정을 잡는다면 재시험 일정을 잡을 수 있을지도 몰라요.

M: 제가 그럴 수 있을지는 잘 모르겠어요. 이번 주엔 시험이 너무 많고 보고서도 끝내야 하거든요.

W: 음...

M: 아, 안돼요... 전 끝이에요. 전 이 수업에 낙제할 거예요. 음, 저기요, 전 정말 늦잠을 잔게 아니거든요. 제 알람이 울리지 않았을 뿐이에요.

W: 저기. 좌절하지 마요. 제가 죄책감이 들려고 하잖아요.

M: 아니에요, 감독관님이 죄책감이 들게 하려는 건 아니에요. 그냥 제가 망했다는 걸 알 뿐이에요.

W: 네... 음, 그러니까, 사실 학생이 걱정할 필요는 없어요. 학생이 이번 주에 시간을 낼 수만 있다면, 여전히 시험을 칠 수 있잖아요. 시험 기간은 여전히 남아 있다구요. 그리고 한 가지 더... 혹시 이번 주에 이 시험을 못 치게 된다면, 교수님에게 구두 시험을 부탁드릴 수도 있어요... 그러니까, 추가 시험으로서 말이에요, 실제 시험이 아니라, 무슨 뜻인지 알겠어요?

M: 네... 음, 아뇨, 무슨 뜻인지 모르겠어요.

W: 음, 추가 시험이 기말 고사 성적에 영향이 없을지도 모르겠지만... 총점에는 적용될 것이 분명해요, 그래서 그게 그냥 구두 시험이라고 해서 너무 걱정할 필요도 없구요. 어떤 식으로든 성적에 포함이 될 거니까요. 하지만 교수님께 확인해 봐요.

M: 네, 정보 감사해요. 점심 때 가서 교수님을 뵈어야겠어요.

malfunction[mælfʌ́ŋkʃən] 오작동하다　proctor[prάktər] 시험 감독관　I tell you 정말로, 실제로
make a habit of 습관처럼 ~하다　authority[əθɔ́:rəti] 권한　failing grade 낙제점　penalize[pí:nəlàiz] 징계를 하다, 벌하다
standing[stǽndiŋ] 입지, 입장　dean[di:n] 학장　particular[pərtíkjələr] 까다로운, 꼼꼼한　sunk[sʌŋk] 끝난, 침몰한
despair[dispέər] 좌절하다, 절망하다　doomed[dú:md] 망한, 불운한　ongoing[άngòuiŋ] (기간이) 남아 있는, 진행중인
be relevant to ~에 영향이 있다, 상관이 있다　overall grade 총점　in some way 어떤 식으로든

[6-10]

Listen to a conversation between a student and her professor.

W: Professor Barth? I know your office hours don't start for another half hour, but I have a class in fifteen minutes, and there's something I need to talk to you about.

M: Sure, Kathy. What would you like to talk about?

W: You know the marketing project you assigned?

M: Yeah, the group marketing project. How's the work coming along?

W: Uh... that's the problem. It isn't really moving at the pace I expected it to.

M: Oh? Well, have you talked to your group leader? Who's your group leader, by the way?

W: Um... we don't have one.

M: You don't have one? Hmm... And why is that?

W: We didn't think we needed one because... we're all, you know, competent, able researchers and writers... and I guess another reason is that we all have such big egos. None of the members like the idea of someone bossing them around. I mean, that was my feeling the first time the group met... that no one wanted a leader.

M: Uh-huh. That's interesting. And what has your group accomplished since that first meeting?

W: Er... we have an idea for our project. We thought of doing an Internet marketing project... um, like, start with a feasibility study on what products would be most appropriate to market over the Internet, and then choose a product and target our market... and then work out what combination of advertising strategies would work best for the product and target market.

M: Good, good. So... you said the work isn't moving along at the pace you expected it to. What seems to be the problem?

W: Um... we, you know, divided the work amongst ourselves, but... the thing is, every time we hold a meeting to discuss what we accomplished, we don't really discuss. We're not centralized.

M: Not centralized?

W: Yes. Like, one member is sending text messages, and two members are... chatting, and someone else is doing homework for another class. So... we aren't actually making very much progress.

M: And do you understand why the group isn't moving forward? You did say the group isn't centralized.

W: I suppose it's because we don't have a leader.

M: Well... Kathy, why don't you be the leader?

W: Me? I wouldn't know the first thing about leading a group.

M: The fact that you came into my office to discuss the problem shows that you have it in you to take the first step to get your group headed in the right direction.

W: Um... I don't know. Isn't there a lot of hard work involved?

M: Sure there is! But even if the work is demanding... and it really isn't an easy task to get a group of strong-minded, opinionated people thinking along the same lines and working with the same purpose and vision... still... believe me, the experience will pay off. You'll command greater respect and you'll learn how to get people to work together. It'll be a big help now... and an even bigger advantage when you start working.

W: So... how do I start? Should I ask the group members what they've finished doing?

M: Just so no one feels like their feet are being stepped on, you can say something like, "Guys, why don't we report on what we've done?" and then make a record while they do the reporting... and then it'll become clear to you what else needs to be done... Just keep making suggestions... like, "How about if we do this?" or "Why don't we do that?" You know what I mean?

W: OK, that sounds good. The group meets today. I'll try it. Thanks, professor!

Now get ready to answer the questions. You may use your notes to help you answer.

6. Why does the woman go to see her professor?

Listen again to a part of the conversation. Then answer the question.

M: Oh? Well, have you talked to your group leader? Who's your group leader, by the way?

W: Um... we don't have one.

M: You don't have one? Hmm... And why is that?

7. What does the professor mean when he says this:

M: You don't have one? Hmm...

8. What are two reasons the woman gives for not having a group leader?

Listen again to a part of the conversation. Then answer the question.

W: I mean, that was my feeling the first time the group met... that no one wanted a leader.
M: Uh-huh. That's interesting. And what has your group accomplished since that first meeting?
W: Er... we have an idea for our project.

9. Why does the professor say this:
M: Uh-huh. That's interesting.

10. What can be inferred about the student?

W: Barth 교수님? 면담 가능 시간이 30분 후에 시작되는 걸 알고 있지만, 제가 15분 후에 수업이 있고, 교수님께 드릴 말씀이 있어서요.
M: 물론이지, Kathy. 뭐에 대해 얘기하고 싶니?
W: 교수님께서 내주신 마케팅 프로젝트 있잖아요?
M: 그래, 그룹 마케팅 프로젝트 말이구나. 일은 어떻게 진행되고 있니?
W: 음... 그게 문제에요. 그게 사실 제가 예상했던 속도로 진행되고 있지 않아요.
M: 그래? 음, 그룹 리더와 얘기해 봤니? 그나저나, 너희 그룹의 리더가 누구지?
W: 음... 저희는 리더가 없는데요.
M: 리더가 없다고? 음... 이유가 뭐지?
W: 리더가 필요하다고 생각하지 않았어요, 왜냐하면... 우리는 모두, 그러니까, 유능하고, 재능 있는 연구자이자 저작자이고... 또 다른 이유는 우리가 모두 자존심이 무척 강하기 때문일 거예요. 멤버 중 누구도 누군가가 이래라저래라 한다는 생각을 좋아하지 않구요. 그러니까, 그게 그룹이 처음 모였을 때의 제 느낌이었어요... 아무도 리더를 원하지 않는다는 것이요.
M: 아하. 그거 흥미롭구나. 그럼 첫 모임 이후에 너희 그룹이 얻은 것은 무엇이니?
W: 어... 저희 프로젝트에 대한 구상을 했어요. 저희는 인터넷 마케팅 프로젝트를 하려고 생각했는데... 음, 그러니까, 인터넷 상의 시장에서 가장 적합한 상품은 무엇일까에 대해 타당성 조사를 시작하고, 그리고 나서 상품을 선택하고 우리의 시장을 정하구요... 그 후에 어떤 조합의 광고 전략이 우리 상품과 표적 시장에 가장 효과가 있을지에 대해 생각했죠.
M: 좋구나, 좋아. 그래서... 네가 예상했던 속도로 진행되지 않는다고 했지. 뭐가 문제인 것 같니?
W: 음... 저희는, 그러니까, 저희끼리 일을 나눴어요, 그런데... 문제는, 우리가 달성한 일을 토의하기 위해 회의를 할 때마다, 우리는 사실상 토의를 하지 않아요. 저희는 집중하지 않아요.
M: 집중하지 않는다고?
W: 네. 그러니까, 한 멤버는 문자 메시지를 보내고 있고, 두 멤버는... 잡담을 하구요, 그리고 다른 누구는 다른 수업의 숙제를 하고 있어요. 그래서... 우리는 사실 큰 진전을 보이고 있지 않아요.
M: 그래서 넌 왜 그룹이 진전을 못하는지 알겠니? 그룹이 집중하지 않는다고 말했잖니.
W: 아마 우리에게 리더가 없기 때문이겠죠.
M: 음... Kathy, 네가 리더가 되는 건 어떻니?
W: 저요? 전 그룹을 이끄는 것에 대해 아무것도 모르는 걸요.
M: 네가 이 문제를 논의하기 위해 내 사무실에 온 사실 자체가 너희 그룹을 올바른 방향으로 나아가도록 하기 위한 첫 단계를 내딛을 자질이 네게 있다는 걸 보여주는 거야.
W: 음... 모르겠어요. 힘든 일이 많이 있지 않나요?
M: 물론 있지! 하지만 비록 일이 벅차더라도... 그리고 완고하고, 자기 주장이 강한 사람들의 모임을 같은 선상에서 생각하도록 하고 같은 목표와 비전을 가지고 일하도록 하는 것이 정말 쉬운 일은 아니야... 그래도 여전히... 믿어보렴, 그런 경험은 보상을 받을 거야. 넌 더 많은 존중을 받을 거고 사람들이 함께 일하도록 하는 방법을 배우게 될 거야. 그건 지금도 큰 도움이 될 테지만... 네가 일을 시작하게 되면 훨씬 더 큰 이점이 되겠지.
W: 그럼... 어떻게 시작해야 할까요? 그룹 멤버들에게 그들이 뭘 끝냈는지 물어봐야 할까요?
M: 그냥 아무도 마치 발을 밟힌 것처럼 느끼지 않도록, 이런 식으로 말할 수 있을 거야, "얘들아, 우리가 끝낸 거 얘기해보는 게 어때?" 그리고 나서 그들이 얘기를 할 때 그걸 기록하고... 그 후엔 다른 어떤 걸 해야 할지 너도 분명히 알게 될 거야... 그냥 계속해서 제안

을 하렴... 그러니까, "우리 이렇게 해보는 건 어때?" 아니면 "저렇게 해볼까?"처럼 말이야. 무슨 말인지 알겠니?
W: 네, 좋은 것 같아요. 그룹이 오늘 만나요. 한 번 해볼게요. 고맙습니다, 교수님!

assign [əsáin] (과제 등을) 내주다　pace [peis] (일의 진행) 속도, 페이스　ego [í:gou] 자존심, 자아
boss around 이래라저래라 하다　feasibility study 타당성 조사　target market 표적 시장　centralize [séntrəlàiz] 집중하다
make progress 진전을 보이다　have it in ~에게 자질이 있다　head [hed] 나아가다, 향하다　demanding [dimǽndiŋ] 벅찬
strong-minded 완고한　opinionated [əpínjənèitid] 자기 주장이 강한　command respect 존중을 받다, 존경을 받다

4. Connecting Contents Questions

Example

p.86

Listen to part of a conversation between a student and a professor.

W: Excuse me, Professor Stevenson. I think I need your help for the assignment you gave me for the presentation.
M: Oh, come on in. Do you want to change your topic or something?
W: No, Emily Dickinson is not an easy topic, but it sure is an interesting one. What I'm worrying about is there probably won't be very much information available. She was a reclusive woman, so...
M: Surely, there must be some information. I think there's something you can refer to... Did you check her biography in the library?
W: Of course I did. But I'm afraid if that's the only thing that I can use...
M: I think you can also include a description of her hometown at the start of the presentation to give the audience a feel of what Dickinson's life may have been like...
W: Oh, guess what? I'm going to Amherst next weekend, and Dickinson's old home was in Amherst. I'll go check it out.
M: That's perfect! And if you're allowed to take pictures, that would be even better. OK, great... and, and... letters! Letters she wrote to friends, family members, people she knew... Maybe you can check if someone has done any research on those letters.
W: Great... her letters...
M: You know what, I remember I received an impressive paper on Emily Dickinson several years ago. It was on her poems, especially what made her poetry different... There wasn't much background information included, but it was focused, which is why I liked that paper very much.
W: Thank you, professor. Now I think I have some idea what I'd like to do for my paper.

Q. What does the professor advise the woman to include in her report? Indicate whether each of the following will be included or not.

W: 실례합니다. Stevenson 교수님. 교수님께서 내주신 발표 과제와 관련하여 도움이 필요합니다.
M: 오, 들어오렴. 주제를 바꾸고 싶은 거니?
W: 아니요, Emily Dickinson이 쉬운 주제는 아니지만, 분명히 재미있는 주제이기는 하거든요. 제가 걱정하는 것은 이용 가능한 정보가 많지 않을지도 모른다는 거예요. 그녀는 은둔자였으니까요, 그래서...
M: 분명히 정보가 있을 거야. 네가 참고할 만한 것이 있는 듯한데... 도서관에서 그녀의 전기를 살펴보았니?
W: 물론 살펴보았습니다. 하지만 그것이 제가 사용할 수 있는 유일한 정보일지도 몰라서 걱정돼요...
M: 내 생각에는 네가 발표를 시작할 때 그녀의 고향에 대한 묘사를 할 수도 있을 것 같아, 청중들에게 Dickinson의 삶이 어떠했을 지를 느끼게 해주기 위해서 말이지...

W: 오, 그거 아세요? 제가 다음 주말에 Amherst에 가거든요. 그런데 Dickinson의 고향집이 Amherst에 있었잖아요. 그곳에 가봐야겠어요.

M: 정말 잘됐구나! 그리고 만약 사진 찍는 것이 허용된다면, 그건 훨씬 더 좋을 거야. 그래, 좋아... 그리고... 편지들! 그녀가 자신의 친구들, 가족들, 지인들에게 쓴 편지 말이야... 누군가가 그 편지들에 대한 조사를 했는지 찾아볼 수도 있겠구나.

W: 좋은데요... 그녀의 편지들이라...

M: 그리고 말이야, 몇 년 전에 내가 받은 Emily Dickinson에 대한 인상 깊은 보고서를 받은 기억이 나는구나. 그녀의 시에 대한 것이었어, 특히 그녀의 시를 차별화시킨 것이 무엇인지에 대한 내용이었지... 그녀의 배경에 관한 정보는 별로 없었지만, 한 가지에 초점이 맞추어진 보고서여서 마음에 들었었지.

W: 감사합니다, 교수님. 이제 제 보고서를 어떻게 쓰면 좋을지에 대한 아이디어가 떠오르는 것 같아요.

reclusive [riklúːsiv] 은둔한　biography [baiágrəfi] 전기, 일대기　description [diskrípʃən] 서술적 묘사, 설명
impressive [imprésiv] 인상적인　focus [fóukəs] 초점을 맞추다, 집중하다

Hackers Practice

p.88

1. DSL, university, major, city, Free, coverage, 2,000

	Advantage	Not an advantage
Can be accessed at a university or major city	√	
Can cover distances of about two kilometers	√	
Is free for registered students at universities	√	
Has a faster speed than a broadband cable		√

2. events, American writing, approach, writing

	Topic	Not a Topic
American writing in the latter part of the 20th century		√
How male and female writers write about current events	√	
What influence recent events have had on American writing	√	
Subject matter of literature in the 20th and 21st centuries		√

3.

	Yes	No
Verify what organisms presently exist in each habitat		√
Make a count of organisms in each habitat	√	
Pinpoint how certain organisms came to reside in the transition area	√	
Determine what relationship the organisms have in the transition area		√
Verify why the certain organisms relocated to the transition area	√	

4.

	Yes	No
Boasts the country's best program in an engineering course	√	
Professors and students characterized by broadmindedness		√
More personalized attention given to the students	√	
Easier to form lifelong relationships with students		√
Ideal for students who want to prepare for a career	√	

I. Listen to parts of conversations and fill in the blanks, and answer the questions.

1.

W: Is there something I can help you with?

M: I'm just looking at this, um, brochure on Internet service plans.

W: Maybe I can make a suggestion.

M: Well, I finally got myself a laptop, so, you know, I need an Internet connection.

W: Is there any particular service you have in mind?

M: Well, I'm interested in getting a DSL connection.

W: Wait a minute... so you want a static connection.

M: I guess. I don't really know much about computers.

W: Well, let me give you a bit of advice. With a laptop, I think you'd be better off looking into the university's wireless service for students. If you had purchased a desktop, I would've recommended a broadband connection, such as cable, but wireless service has a speed of something like, oh, 11 Mbps, which is definitely faster than DSL.

M: I know it's faster than DSL, but where would I be able to access it?

W: You can access it not only on campus, but in any major city where your laptop can tap into the network.

M: But do I have to pay for access?

W: No, you wouldn't have to. And I'm pretty sure your university has WiMAX.

M: Sorry... WiMAX?

W: Well, it's a wireless technology that has a very broad coverage, something like 2,000 meters.

M: But I need to use my laptop at home, too.

W: You don't live on campus?

M: Uh, no, I have a place off-campus.

W: OK, then, maybe I can recommend a broadband cable connection. I don't think you'd want a DSL connection because that'll tie up your phone line.

M: Uh, I might not be able to afford cable.

W: Well, we offer discounted services to students.

M: Oh, good!

Q. In the conversation, the service personnel mentions several advantages of wireless service. Indicate in the table below whether each of the following is an advantage.

W: 제가 도와 드릴 일이 있나요?

M: 전 그냥, 음, 인터넷 서비스 상품에 대한 팸플릿을 보고 있었어요.

W: 제가 제안을 해드릴 수 있을 것 같은데요.

M: 음, 제가 드디어 노트북 컴퓨터를 구입했거든요, 그래서, 아시다시피 인터넷 연결이 필요해요.

W: 특별히 생각해 놓은 서비스라도 있나요?

M: 음, 저는 DSL 연결에 관심이 있어요.

W: 잠깐만요... 그러니까 정적 연결을 원하는 거군요.

M: 그런 거죠. 전 사실 컴퓨터에 대해 잘 몰라요.

W: 그럼, 제가 조언을 해 드릴게요. 노트북이 있다면, 학생들을 위한 대학의 무선 서비스를 알아보는 것이 나을 것 같아요. 만약 데스크탑을 구입했다면, 케이블 같은 광역 연결을 추천했겠지만, 하지만 무선 서비스의 속도는, 어, 11 Mbps정도죠, DSL보다 확실히 빨라요.

M: 그것이 DSL보다 빠른 건 알겠어요, 그런데 제가 어디로 가야 그 서비스에 접속할 수 있나요?

W: 교내뿐만 아니라, 노트북이 네트워크에 접속할 수 있는 어떤 주요 도시에서도 이용할 수 있어요.
M: 하지만 사용료를 내야 하나요?
W: 아니요, 그럴 필요 없어요. 그리고 학생의 대학 내에 분명히 WiMAX가 있을 거예요.
M: 죄송하지만... WiMAX라구요?
W: 음, 적용범위가 2,000미터 정도되는 아주 넓은 무선 기술입니다.
M: 그런데 저는 집에서도 노트북을 사용해야 해요.
W: 교내에 살지 않나요?
M: 아, 아니요, 학교 밖에서 살아요.
W: 네, 그렇다면, 광역 케이블 연결을 추천할게요. DSL연결을 사용하면 전화선이 불통이 되기 때문에 학생이 원하지 않을 거예요.
M: 음, 저는 케이블 비용을 감당하지 못할 것 같아요.
W: 음, 우리는 학생들에게는 할인된 서비스를 제공합니다.
M: 오, 다행이군요!

brochure [bróuʃuər] 팸플릿　laptop [lǽptap] 노트북 컴퓨터　static [stǽtik] 정적인, 고정된　wireless [wáiərlis] 무선의
purchase [pə́:rtʃəs] 구매하다　desktop [désktɑ̀p] 데스크탑 컴퓨터　recommend [rèkəménd] 추천하다
broadband [brɔ́:dbæ̀nd] 광역의　definitely [défənitli] 분명히　broad [brɔ:d] 넓은　coverage [kʌ́vəridʒ] 적용범위
off-campus 교외의, 캠퍼스 밖의　tie up 통하지 않게 하다, 방해하다　offer [ɔ́(:)fər] 제공하다
discount [dískaunt] 할인하다

2.

M: Did you want to see me, Professor Blake?
W: Yes, Simon, I did. I just wanted to remind you that the upcoming seminar on modern American literature would be really useful for the paper you're writing on American writers... especially that we have some big-name writers speaking at the seminar.
M: Professor Blake, this is the first time I've ever heard about it. Who's coming?
W: Well, there's... Scott Robinson, Constantine Savol, and, uh... let me see... Patricia Fedorov.
M: Patricia Fedorov! She's coming here?
W: Well, this was all word of mouth because we weren't one hundred percent certain that any of them would be able to come. But the English Department recently got confirmations, so, yes, they'll all be here.
M: Would it be possible for me to personally interview them? I sure would like to ask them about what they think of American writing in the late twentieth century.
W: Well, that might be a little difficult because they've got such busy schedules, but what you should be doing is preparing your questions for when they open the floor to questions.
M: What will they be discussing?
W: Well, the seminar will be divided into two parts—morning and afternoon. In the morning, they'll be discussing the effects of significant current events on American literature in the twentieth and twenty-first centuries...
M: That's great! I want to say something about that in my paper.
W: Not so fast, Simon. The afternoon session should be just as interesting. They'll be discussing how men and women in literature look at these critical events when they write.
M: Male and female perspectives?
W: Well, yes, you could call it that. But it has more to do with how they approach these events in their writing. If I were you, Simon, I'd be at the library reading up on the works of these writers.
M: I'm going there right now.

Q. In the conversation, the professor mentions some topics that will be discussed in the seminar.

Indicate in the table below whether each of the following is a topic or not.

M: 저를 보고 싶어 하셨나요, Blake 교수님?

W: 그래, Simon, 그랬다. 다가오는 현대 미국 문학에 대한 세미나가 네가 쓰고 있는 미국 작가에 대한 보고서에 도움이 될 거라는 것을 그냥 알려주고 싶었단다... 특히 세미나에서 몇몇 유명한 작가들이 연설할 거라는 점이 말이야.

M: Blake 교수님, 저는 그것에 대해 처음 들었어요. 누가 오나요?

W: 음... Scott Robinson, Constantine Savol, 그리고, 어... 어디 보자... Patricia Fedorov가 올 거야.

M: Patricia Fedorov! 그녀가 여기에 온다구요?

W: 음, 그들 중 누가 올 수 있을지 100퍼센트 확실하지는 않아서 이건 다 소문으로만 알려져 있었지. 그러나 영어학부가 최근에 확답을 받았다고 하니, 그래, 그들이 모두 여기 올 거야.

M: 개인적으로 그들과 면담하는 것이 가능할까요? 저는 그들에게 20세기 말의 미국 작품에 대해 어떻게 생각하는지 물어보고 싶어요.

W: 음, 그들의 일정이 바쁘기 때문에 아마 그건 힘들 거야, 하지만 그들이 질문을 받을 때를 위해 질문을 준비하는 게 좋을 거야.

M: 그들이 무엇에 대해 토론하나요?

W: 음, 세미나는 오전과 오후, 두 부분으로 나눠 질 거야. 오전에는 20세기와 21세기의 중요한 현대적 사건들이 미국 문학에 미친 영향에 대해 토론할 예정이야...

M: 좋아요! 그 부분에 관해 제 보고서에서 다뤄보고 싶어요.

W: 더 들어보렴, Simon. 오후 시간도 마찬가지로 흥미로울 거야. 그들은 글을 쓸 때 남성 문학가와 여성 문학가가 이 중요한 사건들을 어떻게 바라보는지 토론할 예정이란다.

M: 남성과 여성의 관점에 대해서요?

W: 음, 그래, 그렇게도 말할 수 있겠지. 하지만 그 작가들이 작품에서 이 사건들을 어떻게 접근하고 있는가와 더 연관이 있단다. 만약 내가 너라면, Simon, 이 작가들의 작품을 도서관에서 찾아 읽어 볼 거야.

M: 지금 곧 도서관으로 가보겠습니다.

remind [rimáind] 일깨우다 upcoming [ʌ́pkʌ̀miŋ] 다가오는 big-name 유명한 confirmation [kɑ̀nfərméiʃən] 확인
divide [diváid] 나누다 effect [ifékt] 영향 significant [signífikənt] 중요한 current [kə́:rənt] 현재의
session [séʃən] 회의 critical [krítikəl] 중요한 perspective [pərspéktiv] 관점 approach [əpróutʃ] 접근하다

II. Listen to parts of the conversations and then answer the questions.

3.

W: Hi, Professor Meeks. I hope I'm not intruding.

M: Not at all! Come on in, Heather.

W: Well, um, could you just tell me what activities will be included during the field trip for our class next week?

M: Of course, I'd be glad to explain it to you. Well, this month, we'll go on a field trip to New Jersey... There's a tract of land, about seventy acres to be exact, that is now an environmental field station for the university. This area is perfect for biological research.

W: A what... environmental field station?

M: That's right. It's actually an ecotone, a sort of transitional zone between two different habitats. Now, each of these habitats will have their own range of organisms. And the transition zone...

W: Oh, I get it! The transition zone is the place where the organism populations from the two habitats meet.

M: You're right, but that's not all. It's also got organisms that are unique to the transition zone.

W: So I take it we will be checking the type and population of organisms in each of the habitats?

M: Actually, research on this area has been done in the past, so it's pretty clear what organisms exist in the different habitats and what organisms are unique to the transition zone. The population thing, well, we always do that.

W: What else could possibly be done if all we have to do is check the population?

M: Well, this is where it gets interesting. In the transition zone, there's a depression which has turned into something like a pond with a lot of partly decomposed vegetation. So, anyhow, the pond is now a breeding place for various species of waterfowl such as black skimmers and ospreys.

W: Aren't those endangered species?

M: Precisely. So what the class needs to do is determine a couple of things.

W: How the black skimmers and ospreys got there...

M: Right. And why they chose to make the transition zone their habitat.

Q. In the conversation, the professor mentions what activities will be conducted by the biology club during the field trip. Indicate in the table below whether each of the following is an activity or not.

W: 안녕하세요, Meeks 교수님. 제가 방해가 되지 않았으면 좋겠네요.

M: 전혀 아니야! 들어오렴, Heather.

W: 그게, 음, 다음 주 견학 수업에 어떤 활동들이 포함되는지 말씀해주실 수 있나요?

M: 물론이지, 기꺼이 설명해 주마. 음, 이번 달에 우리는 뉴저지로 견학을 갈 예정이야. 정확히 70에이커 정도의 지대가 있는데 대학의 환경 현장 학습지란다. 생물학 연구를 하기에 적합한 곳이야.

W: 뭐... 환경 현장 학습지라구요?

M: 맞아. 그곳은 사실 서로 다른 두 서식지 사이의 중간 지대라고 볼 수 있는 추이대란다. 자, 이 각각의 서식지에는 고유의 생물 영역이 존재하지. 그리고 중간 지대에는...

W: 오, 알겠어요! 중간 지대는 두 서식지 생물의 개체군이 만나게 되는 지점이군요.

M: 맞아, 하지만 그것이 전부는 아니야. 그곳에는 중간 지대에만 존재하는 생물도 있단다.

W: 그렇다면 우리가 각 서식지의 생물의 종류와 개체수를 조사해야 한다는 말씀이군요?

M: 사실, 이 지역에 대한 조사는 예전에 마무리되었기 때문에, 서로 다른 서식지에 어떤 생물이 존재하며 중간 지대에 어떤 독특한 생물이 있는지는 꽤 명확히 밝혀졌어. 개체수는, 음, 늘 그런 조사를 하잖니...

W: 만약 조사해야 할 것이 개체수뿐이라면 그것 말고 또 어떤 조사를 할 수 있을까요?

M: 음, 그게 흥미로운 부분이야. 중간 지대에는 푹 패인 곳이 있는데, 부분적으로 부패된 식물이 많은 연못 같은 곳으로 변했지. 그래서, 어쨌든, 현재 그 연못은 검은 제비갈매기와 물수리 같은 다양한 물새 종들의 번식지란다.

W: 그건 멸종 위기에 놓인 종들이 아닌가요?

M: 정확해. 그래서 우리 반이 해야 할 것은 두 가지를 알아보는 것이지.

W: 어떻게 검은 제비갈매기와 물수리가 그곳에 갔는지...

M: 맞아. 그리고 왜 그들이 중간 지대를 서식지로 선택했는지 말이야.

intrude [intrú:d] 방해하다 **include** [inklú:d] 포함하다 **field trip** 견학 **tract** [trækt] 지대
environmental field station 환경 현장 학습지 **biological** [bàiəládʒikəl] 생물학적인
ecotone [ékətòun] 추이대 (두 동식물 군락 사이의 이행부) **transitional** [trænzíʃənəl] 과도적인, 변화하는
habitat [hǽbitæ̀t] 서식지 **range** [reindʒ] 영역 **organism** [ɔ́:rgənìzəm] 생물 **unique** [ju:ní:k] 독특한
depression [dipréʃən] 함몰된 지역 **partly** [pá:rtli] 어느 정도, 다소 **decompose** [dì:kəmpoúz] 부패하다
vegetation [vèdʒitéiʃən] 식물 **breeding** [brí:diŋ] 번식 **waterfowl** [wɔ́:tərfàul] 물새 **black skimmer** 검은 제비갈매기
osprey [aspri] 물수리 **endangered** [indéindʒərd] 멸종 위기에 처한
precisely [prisáisli] (동의의 응답으로) 바로 그렇다

4.

M: Well, hello, Jeannette. So how are you coming along with your graduate school application?

W: Well, that's what I came here to talk to you about, Professor Jordan. I'm sort of at a loss, you know, trying to decide which one to go to.

M: Hmm... well, maybe you can tell me what your options are.

W: OK. Um... The first is Duke College and the second is St. Mary's University. And I'm somewhat leaning toward Duke College, because it is a liberal arts college, which, um, means more interaction between the college's departments, more open-mindedness, and definitely, more interesting professors. You know what I'm talking about, right, professor?

M: Yes, of course, but, uh, I have to point out to you that a liberal arts education isn't all that it's cut out to be. Students at Duke don't really get very much attention from the professors and teaching assistants. I suppose it has something to do with the sheer number of students. Well, what is it that you don't like about St. Mary's?

W: Um, it's true St. Mary's does offer personal attention because its classes are smaller... and of course, it has one of the country's top programs in biochemical engineering, which is my field, but... you know, when I visited the university, I found the students and teachers so conservative...

M: I hear what you're saying, but I just want you to think about this... If you do decide to go to St. Mary's, how long would you be there for? Just two years, right?

W: Right. Just two years.

M: You know, your career is for the rest of your life. And if you choose Duke over St. Mary's, well, what is your purpose for going to grad school? Is it to make friends and engage in interesting conversations? Isn't it to prepare for your career? I mean, your undergrad years were fun, but you've got to take career preparation seriously. And St. Mary's offers the best where your course is concerned.

W: You know what, professor? You're absolutely right. I guess I just sort of, uh, wanted to relive my undergrad years. But that shouldn't be the focus of my life.

Q. In the conversation, the speakers mention some advantages of studying at St. Mary's University. Indicate in the table below whether each of the following is an advantage.

M: 그래, 안녕, Jeannette. 대학원 지원은 어떻게 되어 가고 있니?

W: 음, 그것 때문에 이야기를 하러 왔어요, Jordan 교수님. 그러니까, 어느 학교로 가야 할지 결정을 못 내리겠어요.

M: 음... 그럼, 너에게 어떤 선택권이 있는지 말해주렴.

W: 네. 음... 첫째는 Duke 대학이고 둘째는 St. Mary's 대학이에요. 그리고 저는 Duke 대학에 진학하는 쪽으로 마음이 기우는데, 그곳은 인문 대학이기 때문이에요, 음, 학과 사이의 교류가 많고, 좀더 개방적이며, 확실히, 더 재미있는 교수님들이 많다는 뜻이겠죠. 제가 무슨 말을 하는지 아시겠죠, 교수님?

M: 응, 물론이지, 그렇지만, 어, 인문 교육이 꼭 최상은 아니라는 것을 지적하고 싶구나. Duke 대학의 학생들은 교수님이나 조교들에게 많은 관심을 받지 못해. 아마도 학생 수가 많기 때문이겠지. 음, St. Mary's 대학의 어떤 점이 맘에 들지 않니?

W: 음, St. Mary's의 반들은 사이즈가 작기 때문에 학생들이 개인적인 관심을 많이 받을 수 있는 것은 사실이에요... 그리고 물론, 그 대학은 제 전공인 생화학 공학에서 우리 나라 최고의 프로그램을 가진 대학 중 하나에요, 그러나... 그러니까, 제가 그 대학을 방문했을 때, 학생들과 교수님들이 너무 보수적이었어요...

M: 네 말이 무슨 뜻인지 알겠지만, 네가 이 부분을 생각해 봤으면 좋겠구나... 네가 St. Mary's 대학에 가기로 결정한다면, 그곳에서 얼마 동안 지내겠니? 딱 2년이야, 그렇지?

W: 네. 단지 2년이에요.

M: 그러니까, 너의 진로는 앞으로 남은 인생 동안 지속되는 거야. 그리고 네가 St. Mary's 대학 대신 Duke 대학을 선택한다면, 음, 대학원에 진학하는 목표는 무엇이니? 친구를 사귀고 흥미로운 대화를 나누는 것이니? 네 진로를 준비하는 것이 아니고? 내 말은, 네 대학 생활은 재미있었지만, 직업 준비는 진지하게 받아들여야 해. 그리고 St. Mary's 대학은 네 학업과 관련해서는 최고의 수업을 제공한단다.

W: 그거 아세요, 교수님? 교수님 말씀이 맞아요. 저는 그냥, 어, 대학 생활을 되풀이하고 싶어했던 것 같아요. 하지만 그것이 제 인생의 중점이 되어서는 안되겠죠.

graduate school 대학원　application [æ̀pləkéiʃən] 지원　at a loss 어찌할 바를 몰라　option [ápʃən] 선택권
somewhat [sʌ́mhwʌ̀t] 다소　liberal arts 인문, 교양과목의　interaction [ìntərǽkʃən] 교류
department [dipá:rtmənt] 학과, 학부　open mindedness 개방성　definitely [défənitli] 분명히
cut out to be ~에 적임이다, 어울리다　teaching assistant 조교(=TA)　sheer [ʃiər] 절대적인
personal [pə́rsənəl] 개인적인　biochemical engineering 생화학 공학　conservative [kənsə́:rvətiv] 보수적인

purpose [pə́:rpəs] 목적　engage in 참가하다　preparation [prèpəréiʃən] 준비　take seriously 진지하게 받아들이다
absolutely [ǽbsəlù:tli] 절대적으로　relive [ri:lív] 다시 체험하다, 다시 살리다

Hackers Test

p.90

1. C　2. A　3. D　4. B

5.

Step 1	(B) Arrange for a time when the video can be watched.
Step 2	(C) Pick the video title or titles.
Step 3	(A) Watch the videos at the designated time.

6. A　7. B

8.

	Include	Not Include
Course information	√	
Dates for registration		√
A short film about the city	√	
Non-scholastic activities	√	

9. D　10. B

[1-5]

Listen to a conversation between a student and a librarian.

M: Hi. I was wondering if you could help me. I'm looking for a couple of videos I need to watch for my science class...

W: Sure... Do you know the titles?

M: OK, hold on a sec. I have them written down here in my... Where is it? Oh, dear. I forgot my notebook. Sorry. I don't know what the titles are. I mean, not the exact titles.

W: Can you remember any word or phrase in any of the titles?

M: Well... I think one of them had scientific imagination in the title... something like that.

W: We have a *Scientific Imagination* series, and there are, I believe, seventy-five titles... Were both videos science imagination videos?

M: No, it was just... the one video. The other video, I don't know if it's part of a series, but I do remember that the topic was about chaos.

W: If you mean the science of chaos, we have... hold on... seventeen titles for science of chaos.

M: I remember now. It has to do with the law of disorder.

W: You're in luck! We do have that title. *Law of Disorder...*

M: OK, can I borrow that one?

W: We don't lend out videos. You need to watch them at the library. There are video labs, six of them, right over there behind you and to your left. Do you see them?

M: Yeah, I do. Isn't it easier for students to just borrow the videos? I have a VCR at home...

W: The library did lend out videos in the past, but we had to change the policy because a lot of the videos were coming back to us damaged. It costs money to replace the videos...

M: I guess. Then... how do I go about?

W: OK, so what you'll need to do is... um, first, reserve a video lab time, then when you have a slot, just pick up the video you need, here at the counter, and go watch your video.

M: How much time do I get in the video lab if I have a slot?

W: The limit is one hour. That's two or three videos, depending on the length of the video. Some students reserve the lab for only half an hour, so you'll just need to make sure what times are available.

M: Is there a room free now?

W: Yes, there is. That's room six.

M: So could I watch that *Law of Disorder* video?

W: Someone's already watching that video. He's got the room for an hour, so you're not going to be able to get hold of the video till 3:00.

M: Too bad. I have a class at 3:00, and I won't be able to come back till 5:00. Is there a slot at that time?

W: Uh... yes, for half an hour.

M: OK, I'll reserve *Law of Disorder* for the 5:00 slot.

W: You know, if you can remember the title of the other video, you can watch it now if no one else has it.

M: Could I look at the list of titles? Maybe it'll help jog my memory.

W: Here you go.

M: Thanks... uh... *Visualization... The Law of Attraction, The Inner Internet, Continuous Imagination...* Aha! I think this is it... *The Law of Reversed Effort.* Yes, I think that's the one.

W: OK. Then I'll give you room 6. And here's *The Law of Reversed Effort...* Wait. Don't go yet.

M: Did I forget something?

W: Did you want to reserve the 5:00 slot?

M: Definitely. Do I need to do something?

W: Um... I have a form here. Just some basic stuff, like your name, time, and the video title... Here, you can use this pen.

M: Oh, thanks.

Now get ready to answer the questions. You may use your notes to help you answer.

1. Why does the student go to see the librarian?

Listen again to a part of the conversation. Then answer the question.

M: OK, hold on a sec. I have them written down here in my... Where is it? Oh, dear. I forgot my notebook. Sorry. I don't know what the titles are. I mean, not the exact titles.

2. Why does the man say this:
   M: I mean, not the exact titles.

3. What does the woman say about reserving video lab time?
4. What will the student do next?
5. In the conversation, the woman explains the sequence of steps the student must take to watch a video at a video lab room. Put the steps listed below in the correct order.

M: 안녕하세요. 저를 도와주실 수 있으실지 모르겠네요. 과학 수업을 위해 봐야 하는 몇몇 비디오를 찾고 있어요...

W: 물론이죠... 제목을 아세요?

M: 네, 잠시만요. 여기에 적어놨어요... 어디 있지? 오, 이런. 제 노트를 깜박하고 안 가져 왔네요. 죄송해요. 제목이 뭔지 모르겠어요. 그러니까, 정확한 제목이요.

W: 제목에서 어떤 단어나 어구 같은 게 기억나요?

M: 음... 하나는 제목에 과학적 상상이라고 있었던 것 같아요... 뭐 비슷하게요.

W: 저희에게는 과학적 상상 시리즈가 있어요, 그리고, 제가 알기로는, 75개의 비디오가 있고요... 두 비디오 다 과학적 상상에 관한 것이었나요?

M: 아니요, 그냥... 한 비디오만요. 다른 비디오는, 그것도 한 시리즈의 일부인지는 모르겠지만, 주제가 무질서에 관한 것이었다는 건 기억나요.

W: 만약 학생이 무질서의 과학을 뜻한 거라면, 저희에게는... 잠깐만요... 무질서의 과학에 대한 비디오가 17개 있어요.

M: 이제 기억나요. 무질서의 원리에 대한 것이었어요.

W: 학생 운이 좋네요! 그 제목을 가진 비디오가 있어요. 무질서의 원리...

M: 네, 그거 빌릴 수 있을까요?

W: 저희는 비디오를 빌려 드리지 않아요. 도서관에서 봐야 돼요. 학생 뒤 왼쪽으로 저기 보이는 6개의 영상실이 있어요. 보이나요?

M: 네, 보여요. 학생들이 그냥 비디오를 빌려가게 하는 게 더 쉬운 거 아닌가요? 집에 VCR이 있어요...

W: 예전에는 도서관에서 빌려갈 수 있도록 했지만, 많은 비디오가 고장난 채 반납돼 규정을 바꿔야 했죠. 비디오를 교체하려면 돈이 들어요...

M: 그렇겠네요. 그럼... 어떻게 하면 되죠?

W: 네, 그럼 학생이 해야 하는 것은... 음, 먼저, 영상실을 사용할 시간을 예약하고, 자리가 있으면, 여기 카운터에서 그냥 필요한 비디오를 가져다가, 가서 비디오를 보면 돼요.

M: 만약 제가 자리를 예약하면 영상실에서 시간은 얼마나 쓸 수 있죠?

W: 시간 제한은 한 시간이에요. 비디오의 길이에 따라 다르겠지만, 2개 또는 3개의 비디오를 볼 수 있죠. 몇몇 학생들은 방을 30분 동안만 예약해요, 그러니까 학생은 그냥 어느 시간대에 사용할 수 있는지 확인만 하면 돼요.

M: 지금도 빈방이 있나요?

W: 네, 있어요. 6번 방이요.

M: 그럼 무질서의 원리 비디오를 볼 수 있을까요?

W: 누군가 벌써 그 비디오를 보고 있네요. 방을 한 시간 동안 예약했으니까, 학생은 3시까지 그 비디오를 볼 수 없어요.

M: 안타깝네요. 제가 3시에 수업이 있어요, 그리고 돌아온다고 해도 5시일 거예요. 그 시간에 빈자리가 있나요?

W: 어... 네, 30분동안이요.

M: 네, 제가 5시 자리에 무질서의 원리 비디오를 예약할게요.

W: 있잖아요, 만약 다른 비디오의 제목을 기억할 수 있고, 아무도 안 가지고 있다면 지금 볼 수 있어요.

M: 제가 제목 목록을 볼 수 있을까요? 제 기억을 되살아나게 하는 데 도움이 될지도 몰라요.

W: 여기요.

M: 고맙습니다... 어... 시각화... 유인력의 법칙, 인터넷의 내부, 연속적인 상상... 아하! 이거 같아요... 반대의 힘에 관한 법칙. 네, 이거 맞는 거 같아요.

W: 네. 그럼 6번 방을 줄게요. 그리고 여기 반대의 힘에 관한 법칙이요... 잠깐만요. 아직 가지 말아요.

M: 제가 뭘 잊었나요?

W: 5시 자리를 예약하길 원했죠?

M: 물론이죠. 제가 뭘 해야 하나요?

W: 음... 여기 용지가 있어요. 그냥 간단한 거에요, 학생의 이름, 시간, 그리고 비디오 제목 같은 거요... 여기, 이 펜을 쓰세요.

M: 오, 고맙습니다.

sec [sek] 잠시, 1초(=second) **phrase** [freiz] 어구 **scientific** [sàiəntífik] 과학적
imagination [imæ̀dʒənéiʃən] 상상 **chaos** [kéiɑs] 무질서, 혼돈, 혼란 **law** [lɔː] 법칙, 법
disorder [disɔ́ːrdər] 무질서, 혼란 **video lab** 영상실 **policy** [pɑ́lisi] 규정 **length** [leŋkθ] 길이
visualization [vìʒuəlizéiʃən] 구상화 **attraction** [ətrǽkʃən] 유인력

[6-10]

Listen to a conversation between a student and an administrative officer.

W: Hi... I was hoping you could help me. I'm transferring to this university, and I happened to see a notice on the bulletin board. It's about the orientation that's scheduled for this coming Monday for new students and transferees... I was wondering if I could just, um, skip the orientation.

M: Skip the orientation? I don't know that you'd want to do that.

W: I know the orientation would probably be a big help, but... it's just that I have a trip planned for this weekend... and I've wanted to go on this trip for the longest time...

M: Hmm... A trip, huh? So... when do you plan on getting back from your trip?

W: Something like Monday morning... Well, more like noon... which is about the time that the session will end... I guess. Is that right?

M: You're correct. The orientation isn't mandatory, but it's highly recommended for new students and transferees like you. I'm sure you'd find the information very useful... Just to give you an idea... they'll be giving information on the layout of the school campus. In general, incoming students want to know where the library and other important places are, and things like extracurricular activities you might want to get into. There are lots of student clubs and organizations, and they're all very active... Oh, and one more thing. There'll be a short video of practical things to learn about the city.

W: The city?

M: Yes, that's something new that they've added to the orientation session... Many of the new students want to learn about the city... like where the subway station and bus depot are... the museums, cheap places to eat, medical services... and cool hang-outs. By the way, what city are you from?

W: Actually, I've lived here all my life. My brother even studies here... and I visited him a couple of times at his dorm the past year... I took my freshman year at Salt Lake University... That's in another state... but I thought this university might have a better program for my major... Well, they do have a nice program at Salt Lake, but this university offers the courses I need for my specialization... so I decided to come back.

M: Well, welcome back! I think you made a very wise decision. Not that I'm saying Salt Lake isn't any good, I'm sure they're terrific, but I'm a graduate of this university...

W: You work here now?

M: Well... I'm taking my master's... and I'm just doing this for extra cash. So, um, I'm sure you won't get lost on campus, then... and since you've spent a year at a university, you're probably familiar with how a university system generally works. But still, you might want to know things that could be useful to you as a student of this university, like... scholarship programs and stuff. Oh, right... Monday's orientation will also include information on the courses that the students are planning to take...

W: It will?

M: Yes, and many of the professors will be there to field questions about the different degree offerings and what the required classes are.

W: Ah... Well, I certainly wouldn't want to miss that.

M: Right... So... how about postponing your trip?

W: I don't know... It's actually a farewell get-together with friends I made in Salt Lake City... and everything's set–the tickets, the reservations... I don't think my friends would ever forgive me if I cancelled.

M: Hmm... well...

W: Could I get someone else to go in my place?

M: No, the university won't allow that.

W: Oh... Well, I guess I won't be able to get the information I need...

M: Well, maybe there's a way. If you'll leave a list of the subjects you're interested in... when you get back, I'll give you the phone numbers of the professors who can answer your questions about those courses... You'll be able to make an appointment with them if they have time.

W: That is so nice of you! I'll make the list now.

Now get ready to answer the questions. You may use your notes to help you answer.

6. Why does the student go to see the university officer?

Listen again to a part of the conversation. Then answer the question.

M: Skip the orientation? I don't know that you'd want to do that.

W: I know the orientation would probably be a big help, but... it's just that I have a trip planned for this weekend... and I've wanted to go on this trip for the longest time...

M: Hmm... A trip, huh? So... when do you plan on getting back from your trip?

7. What does the man mean when he says this:
M: So... when do you plan on getting back from your trip?

8. What information will be given at the orientation? For each phrase below, place a checkmark in the "Include" column or the "Not include" column.

9. Why does the student want to transfer to her hometown university?

Listen again to a part of the conversation. Then answer the question.

M: Yes, and many of the professors will be there to field questions about the different degree offerings and what the required classes are.

W: Ah... Well, I certainly wouldn't want to miss that.

M: Right... So... how about postponing your trip?

W: I don't know... It's actually a farewell get-together with friends I made in Salt Lake City... and everything's set–the tickets, the reservations... I don't think my friends would ever forgive me if I cancelled.

10. Why does the woman say this:
W: Well, I certainly wouldn't want to miss that.

W: 안녕하세요... 절 좀 도와주셨으면 좋겠는데요. 제가 이 대학으로 편입을 하는데, 게시판에 붙어있는 공지를 보게 됐어요. 신입생과 편입생을 위해 다음 주 월요일에 예정된 오리엔테이션에 관한 거였는데... 제가 그냥, 음, 오리엔테이션에 안가도 될까 해서요.

M: 오리엔테이션에 빠진다구요? 학생이 왜 그렇게 하고 싶은지 알 수가 없군요.

W: 저도 오리엔테이션이 분명 큰 도움이 될 것이라는 건 알아요, 하지만... 제가 이번 주에 가기로 계획된 여행이 있어서요... 그리고 전 이 여행을 정말 오랫동안 가고 싶었거든요...

M: 음... 여행이란 말이죠, 네? 그럼... 여행에서 언제 돌아올 계획인데요?
W: 월요일 오전 쯤일 것 같아요... 아, 정오 쯤이 더 맞겠네요... 모임이 끝날 때 쯤이겠네요... 아마도. 맞죠?
M: 맞아요. 오리엔테이션이 의무는 아니지만, 신입생들이나 학생과 같은 편입생들에겐 강력히 권유되죠. 제 생각에 분명 학생도 굉장히 유용한 정보를 많이 얻을 수 있을 거예요... 대략 설명하자면... 학교 캠퍼스의 건물 배치에 대한 정보를 제공할 거예요. 대개, 새로 오는 학생들은 도서관과 다른 중요한 건물들이 어디에 있는지 알고 싶어하거든요, 그리고 학생이 참가하고 싶어할지도 모르는 과외 활동 같은 것들도요. 학생 동아리나 단체가 많이 있거든요, 그리고 모두 굉장히 활발히 활동 중이구요... 아, 그리고 한 가지 더요. 이 도시에 대해 알 수 있는 실용적인 것들에 대한 짧은 비디오도 보게 될 거예요.
W: 이 도시요?
M: 네, 오리엔테이션 일정에 새롭게 추가된 건데요... 많은 입학생들이 이 도시에 대해 알고 싶어해요... 그러니까 지하철역이나 버스 정류장의 위치 같은 거나... 박물관, 싼 음식점, 의료서비스나... 놀만한 괜찮은 곳들이요. 그나저나, 학생은 어느 도시에서 왔어요?
W: 사실, 전 평생을 여기에서 살았어요. 제 오빠는 이 학교 학생이기도 하구요... 그리고 저는 작년에 오빠 기숙사에 몇 번 왔었어요... 전 Salt Lake 대학에서 1학년을 보냈는데요... 다른 주에 있죠... 그런데 이 대학이 제 전공에 더 좋은 과정을 가지고 있을 거라고 생각했어요... 그게, Salt Lake에도 훌륭한 과정이 개설되어 있지만, 이 대학은 제 세부전공에 필요한 강의들을 제공하거든요... 그래서 돌아오기로 결정한 거죠.
M: 그럼, 잘 돌아왔어요! 굉장히 현명한 결정을 내렸다고 생각되네요. Salt Lake가 좋지 않다는 얘기는 아니고, 분명 훌륭하겠지만, 제가 이 대학 졸업생이라서요...
W: 이젠 여기에서 일하세요?
M: 그게... 전 석사과정을 밟고 있어요... 이 일은 그냥 돈을 좀더 벌기 위해서 하는 거예요. 그럼, 음, 학생은 캠퍼스에서 길을 잃는 일은 분명 없겠군요... 그리고 대학에서 1년을 보내기도 했으니까, 대학교가 대체로 어떻게 돌아가는지도 분명 알 테구요. 하지만 그래도, 이 학교 학생으로서 유용한 정보를 알고 싶을 수도 있잖아요, 예를 들어... 장학제도 같은 것들이요. 아, 맞다... 월요일 오리엔테이션에는 학생들이 수강하려고 계획하고 있는 강의에 대한 정보도 포함될 거예요...
W: 그래요?
M: 네, 그리고 교수님들도 많이 참석하셔서 여러 전공에서 제공하는 것들과 필수과목이 무엇인지에 대한 질문에 답해 주실 거예요.
W: 아... 음, 그건 정말 놓치고 싶지 않네요.
M: 네... 그러니까... 여행을 연기하는 게 어때요?
W: 모르겠어요... 이건 사실 Salt Lake City에서 만난 친구들과의 작별 모임이거든요... 그리고 모든 게 준비되어 있어요, 티켓이나 예약 같은 거요... 만약 제가 취소한다면 친구들이 절 영원히 용서하지 않을 거 같아요.
M: 음... 그럼...
W: 저 대신 다른 사람을 보내도 될까요?
M: 아뇨, 학교에서 그런 건 허용하지 않을 거예요.
W: 아... 그럼, 제가 필요한 정보를 얻을 수 없게 될 것 같네요...
M: 음, 방법이 있을지도 몰라요. 관심 있는 과목의 리스트를 남겨 놓으면... 학생이 돌아왔을 때, 제가 그 과목들에 대한 질문에 답해주실 수 있는 교수님들의 전화번호를 가르쳐줄게요... 교수님들께서 시간이 있으면 약속을 잡을 수 있을 거에요.
W: 정말 친절하시네요! 지금 리스트를 써 드릴게요.

transferee [trӕnsfərí:] 편입생, 전학생　skip [skip] 빠지다, 결석하다　mandatory [mǽndətɔ̀:ri] 의무적인
give an idea 대략적으로 설명하다, 개념을 잡아주다　depot [dí:pou] 정류소　hang out 놀만한 곳, 어울릴 수 있는 장소
specialization [spèʃəlizéiʃən] 세부 전공　field [fi:ld] (질문에) 대답하다　offering [ɔ́:fəriŋ] 제공되는 강의

5. Inference Questions

Example

p.98

Listen to a conversation between an officer and a student.

M: Hi, can I ask you a few questions?
W: Yes, of course.
M: This might be a bit odd... I'm actually a student at another university, but I want to take a summer

course at this school.

W: Interesting... may I ask why?

M: Well, I, uh... I just found out I have to take this summer course to meet my degree requirements... but during summer vacation, I'll be staying with my parents who live near this university... and I'll be working part-time at a bakery near here.

W: I see. Actually, there are quite a few students who study here during the summer only, like you want to do.

M: Really? Do you know if any of them get financial assistance?

W: It depends... if you submit all the necessary documents, you might be able to get financial aid here. But there are no guarantees because you're not one of our students... anyway, we need those documents to admit you as a summer school student.

M: OK, what do you need?

W: First, we need a copy of your student ID card. We also require an e-mail from your college administrator stating that you are a student of that school... once we've received and approved those things, we can talk about what classes you can take here...

M: OK, I'll call my school right now and request the e-mail. When can I come back?

W: Why don't you come back tomorrow? I'm afraid I won't be here then... but don't worry, I'll talk to another officer to help you.

M: OK... while I'm here, can I pick up a copy of your summer school course catalog?

W: Yes, here's one. If you have any questions, please call or e-mail this office... the contact information is on the back.

Q. What can be inferred about financial aid?

Q. What will the student services officer do for the student?

M: 안녕하세요, 질문 좀 드려도 될까요?

W: 네, 물론이죠.

M: 다소 이상할 수도 있겠지만... 사실 저는 다른 대학을 다니고 있는 학생인데요, 이 학교에서 여름 강좌를 수강하고 싶습니다.

W: 흥미롭군요... 이유를 물어봐도 될까요?

M: 그게, 제가, 음... 요구 학점을 채우기 위해서는 하계 강좌를 들어야 한다는 것을 방금 알았어요... 그런데 여름 방학 동안 저는 이 대학 부근에 사시는 부모님과 함께 지낼 거예요... 그리고 이 근처 제과점에서 아르바이트도 하기로 했어요.

W: 그렇군요. 사실, 학생이 원하는 것처럼, 여름에만 이곳에서 공부하는 학생들이 꽤 있어요.

M: 정말이요? 혹시 그들 중에서 재정 지원을 받는 학생이 있는지 알고 계신가요?

W: 상황에 따라 달라요... 학생이 모든 필요 서류를 제출한다면, 아마 여기서도 재정 지원을 받을 수 있을 거예요. 그렇지만 학생은 우리 학교 학생이 아니기 때문에 장담할 수 없어요... 어쨌든, 학생이 여름 강좌를 수강하기 위해서는 이 서류들이 필요해요.

M: 네, 어떤 서류들이 필요한가요?

W: 우선, 학생증 사본이 필요해요. 학생이 다니는 학교의 행정 관계자가 그 학교 학생임을 명시하는 이메일도 보내줘야 하구요... 일단 이 서류들을 우리가 받아서 승인하고 나면, 학생이 여기서 어떤 수업을 들을 수 있는지 논의할 수 있어요.

M: 알겠어요, 학교에 바로 전화를 해서 이메일을 보내달라고 할게요. 언제 다시 오면 되나요?

W: 내일 다시 오는 게 어때요? 안타깝게도 전 내일 여기 없겠지만... 걱정 말아요, 다른 직원에게 학생을 도와주라고 얘기할게요.

M: 네... 여기 온김에, 이 학교의 여름 계절학기 수강편람 한 부를 가져가도 될까요?

W: 네, 여기 있어요. 질문이 있으면, 사무실로 전화를 하거나 이메일을 보내세요... 연락처는 뒷면에 있어요.

summer course 여름 강좌 　 degree requirement 요구 학점 　 financial [finǽnʃəl] 재정적인
assistance [əsístəns] 지원 　 submit [səbmít] 제출하다 　 aid [eid] 지원
guarantee [gæ̀rəntíː] 보장 　 admit [ədmít] 인정하다 　 administrator [ədmínistrèitər] 행정관, 관리자
state [steit] 밝히다 　 catalog [kǽtəlɔ̀(ː)g] 목록 　 contact information 연락처

Hackers Practice

p.100

1. D 2. A 3. D 4. A, C 5. B, C 6. A, D 7. A, C 8. A 9. C 10. B 11. D 12. C 13. D

I. Listen to parts of the conversations and then answer the questions.

1.

W: Well, James, you've had two years of engineering-specific courses. And you're doing so well! Can you tell me why you want to shift to architecture?

M: I think I'm more oriented toward designing buildings... I'm not really the math and science kind of person.

W: I'm not telling you not to shift... but... let me see if I can sort of guide you into making the best decision. Um... I had a student who went from engineering to architecture because he wanted to see if he had a flair for architectural design... but after earning architectural credits for a year, he realized that he was more interested in the science behind designing.

M: But, professor, that student and I have different ideas.

W: I know, James. As I said, I'm not trying to influence your decision. If you are firm in your mind about shifting, there's no problem with that. I just want you to think it over carefully. If you want to sit with me again, just give me a call. Have I given you my number at the office?

M: No, ma'am.

Q. What can be inferred about the professor?

W: 자, James, 너는 2년 동안 공학 세부 전공 과정을 이수해 왔어. 그리고 넌 매우 잘하고 있어! 왜 건축학으로 전공을 바꾸려는지 말해 주겠니?

M: 저는 건축 디자인에 더 맞는 것 같아요... 전 사실 수학이나 과학에 재능이 있는 사람이 아니예요.

W: 전공을 바꾸지 말라고 하는 것이 아니라... 그래도... 난 네가 최선의 결정을 내릴 수 있도록 조언을 약간 해주고 싶구나. 음... 내가 아는 한 학생이 건축 디자인에 재능이 있는지 보려고 공학에서 건축학으로 전공을 바꾸었단다... 일 년간 건축학 학점을 얻은 난 후 그 학생은 자신이 디자인 이면에 놓인 과학에 더 많은 관심이 있다는 것을 깨달았어.

M: 하지만, 교수님, 그 학생과 저는 다른 생각을 갖고 있습니다.

W: 알고 있다, James. 내가 말했듯이, 너의 결정에 영향을 주려고 하는 것이 아니야. 전공을 바꾸는 것에 대한 너의 마음이 확고하다면 문제 될 것은 없어. 난 단지 네가 심사숙고하길 바란다. 나와 다시 이야기를 하고 싶다면 그냥 전화를 주렴. 내 교수실 번호를 너에게 알려 주었니?

M: 아니요, 교수님.

engineering[èndʒəníːəriŋ] 공학 shift[ʃift] 바꾸다 architecture[áːrkitèktʃər] 건축(학)
oriented[ɔ́ːriὲntid] 방향 지어진, ~지향의 sort of 얼마간, 다소 flair[flεər] 재능, 능력

2.

M: The problem is... I don't know how to take down notes in class.

W: OK, well, I have a notebook here I'd like to show you. It belongs to one of my students. Anyhow, do you see how she jotted down all the main points at the top of each section and then indented the sub-points and details? Then... here in the margins, she summarized the ideas with a key word so that she knew right off what a block of notes was about. I'd like to lend you this notebook so you can examine it, but the student it belongs to might come and claim it at any time.

Listen again to part of the conversation. Then answer the question.

W: I'd like to lend you this notebook so you can examine it, but the student it belongs to might come and claim it at any time.

Q. What can be inferred about the professor?

M: 문제는... 수업시간에 어떻게 노트 필기를 해야 할지 모르겠어요.
W: 그래, 음, 여기 너에게 보여주고 싶은 노트가 있어. 내 학생들 중 한명의 노트야. 어쨌든, 각 섹션 위에 주요 점들을 모두 적고 소주제와 세부사항은 들여 쓴 것 보이지? 그리고는... 여기 여백에, 노트의 각 부분이 무엇에 관한 내용인지 바로 알 수 있도록 주요단어로 요점을 요약해봤어. 네가 노트를 살펴볼 수 있도록 빌려주고 싶지만, 노트 주인인 학생이 와서 돌려 달라고 할지도 모르겠구나.

take down 적어 놓다　jot down 적어 두다, 메모하다　indent[indént] 들여 쓰다
sub-topic 소주제　margin[mɑ́ːrdʒin] 여백　summarize[sʌ́məràiz] 요약하다
key word 주요 단어　right off 즉시　examine[igzǽmin] 검토하다
claim[kleim] 요구하다

3.
M: Hi, how can I help you?
W: Hi, I've been trying to register for a course online, and the system is telling me I can't! Can you tell me why?
M: OK. Let me check. Oh, you have some overdue library books.
W: Really? That's impossible. I've brought all my library books back.
M: Um, it says here you still have books out... until they're returned, you can't register for any courses online... today is the last day of the registration period and all classes will start tomorrow...
W: What? I didn't know about this deadline!
M: You should have checked the schedule in the bulletin that the school gave out... they sent it to all the dorms.
W: Well, I didn't have time to read the bulletin... I have to go to the library really quick to straighten this out.
M: OK, but registration is going to end at 6 p.m., so you need to hurry.
W: OK. I'm sure that I returned all the books I borrowed...
M: I can't do anything about that.
W: Yes, I know... wait... I just remembered! I lent my library card to a friend about a month ago... anyway, I'd better ask at the library.

Listen again to part of the conversation. Then answer the question.

W: Yes, I know... wait... I just remembered! I lent my library card to a friend about a month ago... anyway, I'd better ask at the library.

Q. What can be inferred about the woman?

M: 안녕하세요, 무엇을 도와 드릴까요?
W: 안녕하세요, 온라인으로 수업을 등록하려고 했는데, 시스템이 저는 등록할 수 없다고 하네요! 왜 그런지 아세요?
M: 네. 확인해 볼게요. 오, 학생은 연체된 도서가 몇 권 있어요.
W: 정말이요? 말도 안돼요. 도서관 책을 모두 반납했어요.
M: 음, 여기에는 학생이 여전히 책을 대출한 상태라고 나와 있어요... 책을 반납하기 전까진, 어떤 수업도 온라인으로 등록할 수 없어요... 오늘이 수강 신청 기간 마지막 날이고 모든 수업은 내일부터 시작해요...

W: 네? 이 마감일은 모르고 있었어요!
M: 학교에서 발표한 공지에 있는 일정을 확인했었어야죠... 모든 기숙사로 공지를 보냈어요.
W: 음, 공지를 읽을 시간이 없었어요... 얼른 도서관에 가서 이 문제를 해결해야겠어요.
M: 좋아요, 그런데 등록은 오후 6시에 끝나니까 서둘러야 해요.
W: 네. 전 분명 대출한 책을 모두 반납했어요.
M: 그 부분에 대해서는 저도 어쩔 수 없어요.
W: 네, 알고 있어요... 잠깐만요... 지금 생각났어요! 도서관 카드를 한달 전에 친구에게 빌려줬어요... 어쨌든, 도서관에서 알아봐야겠어요.

register[rédʒistər] 등록하다, 신청하다　overdue[òuvərdjúː] 기한이 지난　registration[rèdʒistréiʃən] 등록, 신청
period[pí(ː)əriəd] 기간　bulletin[búlitən] 공지, 게시　give out 발표하다　dorm[dɔːrm] 기숙사(=dormitory)
straighten[stréitən] 해결하다

II. Listen to parts of the conversations and then answer the questions.

4.

W: Hi, I'm a freshman, and I'm thinking of moving out of my dorm and getting an apartment off-campus next semester.
M: OK... How can I help you?
W: I probably won't be able to get a place close enough to campus, so I expect I'll be using my car.
M: I know what you're about to ask. You want to get a parking permit. Well, can I suggest that you consider using the university shuttle? You'll be able to save on gas, and you won't have to go through the hassle of getting a permit.
W: Well, the shuttle doesn't pass by any of the bus stops near the place I'm planning to get, so I don't think I really have much choice but to get a permit... Could you please tell me how?
M: Um... I know it sounds like I'm discouraging you, but it's a bit complicated.
W: What do you mean? Like... are there a lot of forms to fill out?
M: Not exactly. It's more like they have all these rules regarding who's privileged to get a permit for this parking space or for that parking space.
W: So if I applied for a permit, do you think I'd get one?
M: Well... you're not in your final year of university. You're in good physical condition...
W: What?
M: You're not handicapped.
W: Oh.
M: You're not a teacher... what else?
W: OK, OK, I get the picture. It's that bad, huh? OK. Anyhow, how much would it cost me to get a permit?
M: Um... if you need to park your car Mondays to Fridays, it'll cost about 45 dollars a month.
W: What? That's pretty steep!
M: But if you don't have a permit and you bring your car every day, you'll probably be spending 120 dollars a month on parking fees.
W: Well, I think I don't have any other option but to try my luck. Thanks for your help.

Q. Choose all the statements that can be inferred from the conversation.

W: 안녕하세요, 저는 1학년인데, 다음 학기에는 기숙사를 나와서 교외의 아파트를 구하려고 해요.
M: 그렇군요... 무엇을 도와줄까요?
W: 학교에서 가까운 아파트는 얻지 못할 것 같아서 제 차를 타고 다녀야 할 것 같아요.

M: 학생이 무엇을 물어보려는지 알겠어요. 주차 허가를 받으려는 것이죠. 음, 대학 셔틀버스를 이용하는 것은 어때요? 기름값을 절약할 수도 있고, 허가를 받기 위해서 애쓸 필요도 없잖아요.

W: 음, 셔틀버스는 제가 살려고 하는 지역 근처의 버스 정류장들을 지나가지 않아요, 그래서 주차 허가를 받는 것 말고는 다른 방법이 없는 것 같아요... 어떻게 해야 하는지 말씀해주시겠어요?

M: 음... 내가 학생을 실망시키는 것 같지만, 다소 복잡합니다.

W: 무슨 말씀이세요? 예를 들자면... 작성해야 할 서류가 많나요?

M: 그건 아니에요. 그보다는 정해진 주차 공간 이용에 대한 허가를 받는 데 누가 우선권이 있느냐에 대한 규정들이 많기 때문이라고 할 수 있죠.

W: 그럼 제가 허가를 신청한다면, 받을 수 있을까요?

M: 음... 학생은 대학 4학년이 아니잖아요. 몸 상태도 좋구요...

W: 네?

M: 신체적 장애가 없잖아요.

W: 아.

M: 교수도 아니고... 또 뭐가 있죠?

W: 네, 네, 알겠어요. 그렇게 힘들군요, 그렇죠? 알겠어요. 어쨌든, 허가증을 받으려면 얼마를 내야 하나요?

M: 음... 월요일부터 금요일까지 주차한다면, 한 달에 약 45달러 정도입니다.

W: 뭐라구요? 너무 비싸요!

M: 그렇지만 허가증이 없이 매일 차를 가져온다면, 주차비로 한 달에 120달러는 내야할 거예요.

W: 그럼, 운에 맡겨 보는 수밖에는 없겠네요. 도와주셔서 감사합니다.

off-campus 교외의 parking permit 주차 허가증 hassle [hǽsl] 골치 아픈 일 shuttle [ʃʌ́tl] 셔틀버스
discourage [diskə́:ridʒ] 실망시키다 complicated [kámpləkèitid] 복잡한 form [fɔ:rm] 서류 fill out 작성하다
regarding [rigá:rdiŋ] ~에 관해서 privileged [prívəlidʒd] 특권이 있는 physical [fízikəl] 신체적인
handicapped [hǽndikæ̀pt] 장애가 있는 option [ápʃən] 선택권

5.

M: Hi, Professor Caldwell.

W: Oh, hello Tommy. So... have you finished the requirements for all your subjects?

M: What? Oh, sorry. Yes, I have, professor. I completed them all last Saturday. Actually, I came to ask you if there are any assistantships open for students this summer.

W: Oh, that's right. You told me you were interested... I believe you said you were more interested in research than in teaching...

M: Yes, I did say that, but now that I think about it, I believe I'd be capable of doing either...

W: Well, I know that you have experience in research, but I'm just wondering if you'd be able to teach a class, Tommy.

M: Um... when I was in my sophomore year, I taught computer skills. This was a voluntary thing for members of the community who were interested in developing new skills. The community association I volunteered with held special classes for the unemployed.

W: Oh, that's very good, Tommy. So these were adults... these students of yours. And you taught computer... well, how about... algebra... how about teaching algebra to students who failed the course this semester and need to take it a second time?

M: I aced all the math subjects I took over the past three years. And algebra's easy for me!

W: Well, that sounds great. OK, I'll write up a recommendation letter for you to bring to the Math Department head... but would you mind coming to my office a little later in the afternoon, say 5:00, to pick it up?

M: Sure, I'll be able to drop by at that time.

W: Well, I'll see you then.

Q. Choose all the statements that can be inferred from the conversation.

M: 안녕하세요, Caldwell 교수님.
W: 오, 안녕, Tommy. 그럼... 모든 과목의 필수요건들을 마무리했니?
M: 네? 아, 죄송해요. 네, 끝냈습니다, 교수님. 지난 토요일에 모두 마무리했어요. 실은, 이번 여름에 학생이 지원할 수 있는 조교 자리가 있는지 여쭤보러 왔습니다.
W: 아, 맞아. 네가 관심이 있다고 얘기했었지... 네가 가르치는 것보다는 연구에 더 관심이 있다고 했던 것 같은데...
M: 네, 그렇게 얘기했었습니다, 그런데 생각해보니 둘 다 잘할 수 있을 것 같아요...
W: 음, 네가 연구 경험이 있다는 것은 알지만, 수업을 가르치는 일은 잘 할 수 있을지 의문이다, Tommy.
M: 음... 2학년 때 컴퓨터 기술을 가르친 적이 있습니다. 새로운 기술을 배우는 데 관심 있는 지역 사회의 일원들을 위해 자발적으로 한 일이었어요. 제가 봉사활동을 한 지역 사회 단체에서 실직자들을 위한 특별 강좌를 개설했었거든요.
W: 오, 아주 좋은 경험을 했구나, Tommy. 그래서 성인이었단 말이지... 네 학생들이. 그리고 컴퓨터를 가르쳤고... 음, 그럼... 대수학은... 이번 학기에 낙제해서 다시 수업을 들어야 하는 학생들에게 대수학을 가르치는 것은 어떠니?
M: 저는 지난 3년간 수강했던 모든 수학과목에서 A학점을 받았어요. 그러니까 대수학쯤은 쉽게 할 수 있어요!
W: 그래, 좋아. 그럼, 수학과 학과장에게 제출할 추천서를 써주마... 그런데 추천서를 가지러 오후 5시쯤 교수실로 올 수 있겠니?
M: 그럼요, 그 시간에 들리겠습니다.
W: 그래, 그때 보자.

requirement[rikwáiərmənt] 필수 요건 assistantship[əsístəntʃip] 조교 be capable of ~할 능력이 있는
voluntary[válәntèri] 자발적인 community[kəmjú:nəti] 지역 사회, 집단 association[əsòusiéiʃən] 단체, 협회
unemployed[ʌ̀nimplɔ́id] 실직자 ace[éis] A학점을 받다

6.

W: Excuse me, Professor Burke. I'd like to ask you about the paper you assigned. Can you spare me a few minutes?
M: Well, of course, Marianne! Wow, you've got a lot of books! It looks like you've been spending a lot of time at the library.
W: Actually, these books are for my presentation on global warming. It's the topic that you assigned me. I didn't realize there was so much material on it, and I'm not sure if I have the right books, so, um... I'd like to ask what you think about these books.
M: Hmm... nice references you've got here... but...
W: But what?
M: These were all published over five or ten years ago. I think you should look for more recent information.
W: But I don't know where to find the latest information. And I'm not very good at looking for information on the Internet.
M: OK. Uh, well, I think you'll find a lot of new information in science magazines like, uh, *National Science* or... uh, *Journal of Environmental Issues*, which, in fact, has an in-depth article on global warming in a recent issue.
W: It does? I've got to get hold of that issue. Professor, can you tell me which issue that is?
M: Uh, it's this month's issue, I believe. And I recently read in *Climate Science* magazine that there will be a seminar in the third week of May at the UN, and environmental experts will be discussing climate changes in the past decade. I believe they intend to come up with some sort of framework for dealing with those changes.
W: Wow, there'll probably be dozens of lead-up articles about the UN seminar in the major dailies...
M: That's right, Marianne...
W: Thank you so much, Professor Burke. I think I have to go back to the library to look at the

periodicals section.

Q. Choose all the statements that can be inferred from the conversation.

W: 실례합니다, Burke 교수님. 교수님이 내주신 보고서에 대해 여쭤볼 게 있습니다. 몇 분만 좀 내주실 수 있으세요?
M: 그럼, 물론이지, Marianne! 와, 책을 많이 갖고 있구나! 도서관에서 많은 시간을 보내고 있는 것 같아.
W: 실은, 지구 온난화에 관한 발표를 위한 책들이에요. 교수님이 제게 내주신 주제죠. 이 주제에 관한 자료가 이렇게 많을 줄 몰랐어요, 그리고 제가 적당한 책들을 가져왔는지도 잘 모르겠어요, 그래서, 음... 이 책들에 대해 어떻게 생각하시는지 여쭤보고 싶어요.
M: 음... 여기 좋은 참고도서들을 가져왔구나... 하지만...
W: 하지만이라니요?
M: 모두 5년이나 10년 전에 출판된 것들이야. 좀 더 최신 정보를 찾아봐야 할 것 같구나.
W: 하지만 어디서 최신 정보를 찾아야 할지 모르겠어요. 게다가 저는 인터넷에서 정보를 잘 검색하지 못해요.
M: 그렇구나. 어, 그럼, 어, National Science나... 어, Journal of Environmental Issues 같은 과학 잡지에서 많은 새로운 정보를 찾을 수 있을 거야. 실제로 그 잡지의 최신호에 지구 온난화와 관련된 심층적인 기사가 있지.
W: 그래요? 그 잡지를 찾아 봐야겠어요. 교수님, 몇 월 호인지 알려 주실래요?
M: 어, 이번 달 호인 것 같아. 그리고 최근에 Climate Science지에서 읽었는데 5월 셋째 주에 UN에서 세미나가 열린다고 하는구나, 그리고 환경 전문가들이 지난 십 년간의 기후 변화에 대해 토론할 예정이라고 해. 그들은 이 변화에 대한 대처방안의 골자를 구상하려고 하는 것 같아.
W: 와, 아마 주요 일간지에 UN 세미나에 대한 여러 최신 기사가 있겠네요...
M: 그래, Marianne...
W: 정말 감사합니다, Burke 교수님. 정기 간행물 섹션을 찾아보러 도서관에 다시 가 봐야겠어요.

spare [spεər] (시간을) 할애하다, 내주다 global warming 지구 온난화 issue [íʃu:] 판, 호 in-depth 상세한
article [á:rtikl] 기사 expert [ékspə:rt] 전문가 decade [dékeid] 10년 come up with 구상하다
framework [fréimwə̀:rk] 뼈대, 골자 deal with 대처하다, 처리하다 lead-up 최신의 periodical [pìəriádikəl] 정기 간행물

7.

W: Martin, what a surprise! What brings you to my office?
M: Hi, Professor Brent. Actually, I just need your advice about the upcoming fair that you asked the class to go to. I was just wondering if there's any point in going to the job fair.
W: By all means you should go to the fair!
M: But I'm not a senior yet.
W: You won't regret going, Martin. Maybe you think you don't have to check out what's available in the job market because you're not graduating yet, but knowing what's out there can help you make plans.
M: Well, is there anything at the fair that you think I'd be interested in?
W: Definitely the tech jobs. Last year they had seventeen booths for tech-related jobs, and students were able to get a lot of tips and useful information from the people they met there. This year, there will be twenty-five booths. You can start building up your own information base of companies you might want to apply to after graduation.
M: Won't all the booths provide the same kind of information?
W: Well, not every company is the same, and you'll want to check out what each of them can offer in terms of opportunities, potential for personal growth, and skills building, and other benefits...
M: You know, Professor Brent, I didn't really think about those things. Thanks for the advice. I'm glad I dropped in.
W: Anytime, Martin...

Q. Choose all the statements that can be inferred from the conversation.

W: Martin, 깜짝 놀랐어! 어쩐 일로 내 사무실에 왔니?
M: 안녕하세요, Brent 교수님. 실은, 교수님께서 수업에서 가보라고 하신 다가오는 직업 박람회에 대한 조언이 좀 필요합니다. 직업 박람회를 갈 필요가 있나 해서요.
W: 당연히 박람회에 가는 것이 좋지!
M: 그렇지만 저는 아직 4학년이 아니에요.
W: 가보면 후회하지 않을 거야, Martin. 네가 아직 졸업하지 않으니까 취업 시장에 어떤 일자리가 있는지 알아볼 필요가 없다고 생각하겠지만, 어떤 직업이 있는지 알고 있다면 계획을 세우는 데 도움이 될 거야.
M: 그럼, 박람회에 제가 관심 있을 만한 것이 있나요?
W: 당연히 기술직이지. 작년에는 기술 관련 직업 부스가 17개나 있었고, 학생들은 그곳에서 만난 사람들에게 많은 조언과 유용한 정보를 얻었단다. 올해는 25개가 있을 거야. 졸업 후에 지원할 회사에 대한 정보를 쌓아나가기 시작할 수 있어.
M: 모든 부스들이 같은 정보를 제공하는 것이 아닌가요?
W: 음, 모든 회사들이 다 똑같지는 않지, 그리고 넌 각 회사가 기회, 개인의 성장 가능성, 그리고 기술 습득, 그리고 이외의 혜택과 관련해서 어떤 것들을 제공할 수 있는지 알아 보는 것이 좋을 거야...
M: 그러니까, Brent 교수님, 제가 그런 것들은 생각하지 못했네요. 조언해주셔서 감사합니다. 교수님을 뵈러 오길 잘했어요.
W: 언제든지 환영이란다, Martin...

upcoming [ʌ́pkʌ̀miŋ] 다가오는 job fair 직업 박람회 senior [síːnjər] 4학년 regret [rigrét] 후회하다
available [əvéiləbl] 이용 가능한 tech job 기술직 tip [tip] 조언 booth [buːθ] 부스 in terms of ~에 관해
potential [pətén∫əl] 가능성 skills building 기술 습득 benefit [bénəfit] 이익

III. Listen to parts of the conversations and then answer the questions.

[8-10]
Listen to a conversation between an officer and a student.

M: Can I help you?
W: Yes, I hope you can. I'm having a problem with a subject I enrolled in. The course is a lot harder than I expected it to be. Frankly, I'm afraid I'm going to fail the subject. I know it's late in the semester, but if it's possible, I really would like to drop the subject because it's taking up all my time.
M: What is the title of the course?
W: It's an anthropology class. Human Evolution and Survival. Actually, it's an elective. I just didn't realize that there'd be so much work to do... so I really want to drop the class. Otherwise, my overall grade point average will be affected.
M: Hmm... Wait a minute. So anthropology isn't your major? What are you majoring in?
W: I'm majoring in journalism. This anthropology class is just one of the required electives. I already have six credits for electives, and this class, Human Evolution, was supposed to be my last required elective. But I've really gotten in over my head, and I think the only way to solve the problem is to drop the class. So could I just get a drop slip?
M: Well, actually, there's another way you can solve your problem. It really is too late for you to drop the class, but that doesn't mean you can't do something about it.
W: What do you mean?
M: Just go for the pass/fail option.
W: I think it's too late for me to do that.
M: No, it's not. It would be too late if the subject were a required class, but since it isn't, you can still opt for taking the class pass/fail. Just make sure to hand in your request before the end of the

week.

W: Well, I had better fill out the form, then. Do I get it here at the registrar's office?

M: Yes, I have the form right here. Submit it to me after you fill it out. I hope that solves your problem with the class.

W: Actually, it doesn't really solve my problem the way I wanted because even if I change to pass/fail, I still have to pass the subject. But I guess that's the best I can do now. Thanks for your help.

8. What does the man imply about electives?
9. What will the woman probably do next?

Listen again to part of the conversation. Then answer the question.

M: I hope that solves your problem with the class.

W: Actually, it doesn't really solve my problem the way I wanted because even if I change to pass/fail, I still have to pass the subject.

10. What can be inferred about the woman?

M: 도와 드릴까요?

W: 네, 그렇게 해주시면 좋겠어요. 제가 등록한 과목에 문제가 있어요. 제가 생각했던 것보다 수업이 훨씬 어려워요. 솔직히, 그 과목에서 낙제할까봐 걱정돼요. 학기가 많이 지났다는 것은 알고 있지만, 그 과목이 제 시간을 너무 많이 빼앗아서, 가능하다면, 그 과목 수강을 취소하고 싶습니다.

M: 수업 이름이 뭔가요?

W: 인류학 수업이에요. 인류의 진화와 생존이라는 수업이죠. 실은, 선택 과목이에요. 그냥 그 수업에 그렇게 할 일이 많을 줄 몰랐어요... 그래서 저는 정말 수강을 취소하고 싶어요. 아니면, 제 평점에 영향을 줄 거예요.

M: 음... 잠시만요. 그러면 학생 전공이 인류학이 아닌가요? 학생의 전공은 무엇인가요?

W: 저널리즘을 전공하고 있습니다. 이 인류학 수업은 필수 선택 과목 중 하나에요. 선택 과목을 벌써 6학점 들어서, 이 인류의 진화 수업은 마지막으로 듣는 필수 선택 과목이 되는 거였죠. 그렇지만 너무 힘들어서 이 수업 수강을 취소하는 것밖에는 다른 방법이 없는 것 같아요. 그러니까 포강 신청서를 받아갈 수 있나요?

M: 음, 사실, 학생의 문제를 해결할 수 있는 다른 방법이 있어요. 실은 수업 등록을 취소하기에는 너무 늦었지만, 그렇다고 다른 방법이 없는 것은 아니에요.

W: 무슨 말씀이죠?

M: 통과/낙제 제도를 선택하면 돼요.

W: 그 제도를 선택하기에는 너무 늦은 것 같아요.

M: 아니요, 아니에요. 그 수업이 필수 과목이었다면 너무 늦었지만, 필수 과목이 아니니까, 아직 통과/낙제 제도로 바꿀 수 있어요. 단 이번 주말 전까지는 꼭 신청서를 제출해야 해요.

W: 음, 그러면, 신청서를 작성하는 게 낫겠어요. 이곳 학적과에서 신청서를 받을 수 있나요?

M: 네, 여기 있어요. 작성한 후에 저에게 제출하세요. 이것으로 수업에 관한 문제가 해결되면 좋겠어요.

W: 사실, 통과/낙제 제도로 바꾼다고 해도 여전히 그 수업에 통과해야 하기 때문에, 제가 원했던 것처럼 문제가 해결되지는 않아요. 그렇지만 이것이 지금 할 수 있는 최선의 방법인 것 같아요. 도와주셔서 감사합니다.

enroll [inróul] 등록하다　frankly [frǽŋkli] 솔직히 말해서　fail [feil] 낙제하다　anthropology [æ̀nθrəpɑ́lədʒi] 인류학
evolution [èvəlúːʃən] 진화　survival [sərváivəl] 생존　elective [iléktiv] 선택 과목　overall [òuvərɔ́ːl] 전체적인
affect [əfékt] 영향을 미치다　credit [krédit] 학점　required [rikwáiərd] 필수의　solve [sɑlv] 해결하다
slip [slip] 용지　pass/fail option 합격/낙제 여부만 평가하는 제도　opt [ɑpt] 선택하다　registrar's office 학적과
submit [səbmít] 제출하다

[11-13]
Listen to a conversation between a professor and a student.

W: Well, I suppose you know why I've called you into the office, Mark.
M: Actually, no, but I sure hope it's good news.
W: It definitely is. I'd like to congratulate you on behalf of the university. You're one of the five students selected to take part in the university's graduating student arts training program.
M: That's wonderful! Thank you so much!
W: The, uh, special committee on art training scholarships decided it would be best for you to go to New York City's Artist Career Training School. The school provides a three-week training program in art business opportunities... Is there something you'd like to say, Mark?
M: Uh, well... I was actually hoping to do the three weeks at the Art Students League where Norman Rockwell studied.
W: Are you an admirer of Rockwell? I wouldn't have pegged you as an illustrator. I see you more as a painter.
M: Well, I've always liked the way he was able to convey a strong message in a painting. But my real interest, professor, is in the school. The Art Students League has a reputation for inspiring its students. I've never personally met any of the teachers at the school, but the things I've read and heard... well, it's made me wish to be a part of that scene.
W: I know exactly how you feel. I studied at the Art Students League...
M: You did?
W: Yes, and I understand perfectly what it is you want. But, you know, the committee chose the Artist Career Training School for you because we believe that what's important for you now is... not more training in artistic skills, but more know-how in marketing your talent. Your talent, Mark, is truly wonderful... And we wouldn't want your career to... not take off simply because you lacked knowledge in the commercial aspects of the art world.
M: I see what you mean, professor. I didn't really give it much thought, but now that you mention it, the career training school might be just what I need. Thank you for the advice.

Listen again to part of the conversation. Then answer the question.

W: The school provides a three-week training program in art business opportunities... Is there something you'd like to say, Mark?
M: Uh, well... I was actually hoping to do the three weeks at the Art Students League where Norman Rockwell studied.

11. What can be inferred about the man's response to the news the professor gave?
12. What does the professor imply about Norman Rockwell?
13. What does the professor imply about the man's skill as an artist?

W: 음, 내가 왜 너를 교수실로 불렀는지 알고 있으리라 생각해, Mark.
M: 실은, 아뇨, 하지만 좋은 소식이길 바랍니다.
W: 당연히 좋은 소식이야. 우리 대학을 대신하여 널 축하해주고 싶구나. 네가 학부 졸업생 예술 교육 프로그램에 참가할 5명 중 한 명으로 선발되었단다.
M: 너무 좋아요! 정말 감사합니다!
W: 어, 미술 교육 장학회의 특별 위원회는 네가 뉴욕의 예술 직업교육학교로 가는 것이 제일 좋겠다고 결정했어. 그 학교는 예술 산업 기회

에 대한 3주간의 교육 프로그램을 제공하지... 뭔가 하고 싶은 말이 있니, Mark?

M: 음, 그게... 저는 사실 Norman Rockwell이 공부했던 예술학생단체에서 3주 교육을 받고 싶었어요.

W: 넌 Rockwell의 팬이니? 난 네가 삽화를 그린다고 생각하지 않았었어. 회화를 그릴 것처럼 보이지.

M: 음, 저는 항상 그가 그림을 통해서 강한 메시지를 전달할 수 있었던 방식이 좋았어요. 그러나 저는, 교수님, 그 학교에 더욱 관심이 있습니다. 예술학생단체는 학생들에게 영감을 불어 넣어준다는 명성이 있어요. 그 학교의 선생님들을 개인적으로 만난 적은 없지만, 읽고 들은 것들로부터... 음, 그 학교의 일원이 되고 싶게 됐어요.

W: 네가 어떤 기분인지 정확히 알겠다. 내가 예술학생단체에서 공부했지...

M: 그러셨어요?

W: 그래, 그리고 네가 원하는 것이 무엇인지 충분히 이해한다. 그러나, 알다시피, 위원회에서는 지금 네게 필요한 것이... 예술적 기교에 대한 교육이 아닌, 네 재능을 홍보하는 노하우에 대한 교육이라고 믿었기 때문에 예술 직업교육학교를 선택한 거야. Mark, 네 재능은 정말 대단해... 그리고 우리는 네가 단지 예술계의 상업적 측면에 대한 지식이 부족해서 너의 일이... 성공하지 못하는 것을 원하지 않아.

M: 무슨 말씀인지 알겠습니다, 교수님. 충분히 생각해보지 않았었는데, 교수님께서 말씀하시니, 제게 필요한 것은 직업교육학교일 것 같아요. 조언해 주셔서 감사합니다.

congratulate [kəngrǽtʃəlèit] 축하하다　on behalf of ~을 대신하여, 대표하여　take part in ~에 참가하다
committee [kəmíti] 위원회　scholarship [skálərʃip] 장학금　league [li:g] 연맹, 단체　admirer [ədmáiərər] 팬, 찬양자
peg [peg] ~라고 인정하다, 어림잡다　illustrator [íləstrèitər] 삽화가　reputation [rèpjə(:)téiʃən] 명성
scene [si:n] 장면, 현장　know-how 노하우　truly [trú:li] 정말로, 진실로　take off 상승하다
commercial [kəmə́:rʃəl] 상업적인　aspect [ǽspekt] 국면, 양상　now that ~이니까, ~인 이상

Hackers Test

p.104

1. C　2. B　3. C　4. A　5. D　6. D　7. A, C, D　8. C　9. A　10. C

[1-5]
Listen to a conversation between a student and a housing office employee.

W: Hi. I was wondering if you could explain something to me.

M: Tell me what it's about, and I'll see if I can help you.

W: The housing office... I'm assuming it's this office. Unless I'm in the wrong room... Well, I'm moving out of the dormitory this week, and after having my room inspected, I received two room fines. I just want to know if I have to pay them.

M: Can you give me a little more information... like your name for starters, and what dorm you stay at.

W: I'm Susie Banks, and I share a room with Beth Coulter at the Lincoln Dormitory for Girls.

M: OK... hold on a sec. Oops... I don't think the information is in the database yet... So these fines... uh...

W: Yeah. The first one has to do with my room being dirty. But I swear this isn't my fault. My roommate is the messy one.

M: Well... you know the dorm rules state that it doesn't matter if it was you or your roommate who made the mess. In the past, whenever we had problems involving messy rooms, roommates always pointed the finger at the other roommate. There was no way for the inspectors to verify who was making the mess, so the new policy is both roommates have to pay the fine. They pay fifty-fifty.

W: Ah, I see. I don't have a 24-hour video camera in my room so there's no way for me to prove it's my roommate making the mess. Well, what choice do I have?

M: Problem solved?

W: Uh... problem almost solved. There's still the matter of the other fine.

M: OK...

W: This one says that when the inspector came to check my room, he noted that there was a missing chair. Maybe if he had checked his records, he would have gotten his facts straight. The chair is not missing. You see, I never had a chair. I've been in that room for six months, and I never got a chair. I made a request for a chair...

M: You made a request?

W: Right. But I never got the chair. That's why I don't study in my room. I have no chair. I study in the library. And, hold on, I have a friend who stays at another dorm. He doesn't have a chair either, but my point is he was never fined. So I'm pretty sure the inspector overlooked the fact that I had no chair from the start, not to mention that the housing office never filled my request for a chair.

M: Hmm... When you first moved in, did you let the floor manager know that you didn't have a chair?

W: Yes, I did.

M: Did the manager give you a form to fill out to say that you didn't have one?

W: No. I did not fill out a form. She never gave me one to fill out.

M: Uh-huh. OK, I guess it's... it's the floor manager's fault, then. She should have given you a form straightaway. Um... I can't say that you're responsible for this because you did inform the manager, and you even made a request for a chair... So uh, I'm not absolutely sure, but I think you won't need to pay this fine.

W: Well, that's a relief. Thanks very much.

M: You're welcome.

W: OK, while I'm here, I might as well take care of that messy room fine.

M: Sure.

Now get ready to answer the questions. You may use your notes to help you answer.

1. Why does the student go to see the housing office employee?

Listen again to a part of the conversation. Then answer the question.

W: ...I received two room fines. I just want to know if I have to pay them.

M: Can you give me a little more information... like your name for starters, and what dorm you stay at.

W: I'm Susie Banks, and I share a room with Beth Coulter at the Lincoln Dormitory for Girls.

M: OK... hold on a sec. Oops... I don't think the information is in the database yet... So these fines... uh...

2. Why does the man say this:
M: So these fines... uh...

Listen again to a part of the conversation. Then answer the question.

M: ...so the new policy is both roommates have to pay the fine. They pay fifty-fifty.

W: Ah, I see. I don't have a 24-hour video camera in my room so there's no way for me to prove it's my roommate making the mess. Well, what choice do I have?

3. What can be inferred about the woman?
4. What does the woman imply about the dorm inspector?
5. Why does the woman mention her friend?

W: 안녕하세요. 제게 무엇 좀 설명해 주실 수 있을까 해서요.
M: 무엇에 관한 것인지 알려 주세요, 그러면 도와 드릴 수 있는지 볼게요.
W: 기숙사 사무실이요... 제 생각으론 이 사무실인 것 같은데. 제가 방을 잘못 찾아오지 않았다면... 음, 전 이번 주에 기숙사에서 나가는데, 제 방을 검사 받은 후에, 두 개의 벌금을 받았어요. 그냥 이걸 제가 내야 하는지 알고 싶어서요.
M: 정보를 조금 더 줄 수 있나요... 예를 들면, 우선 학생 이름하고, 어느 기숙사에서 생활하는지요.
W: 제 이름은 Susie Banks이고, 링컨 여자 기숙사에서 Beth Coulter와 방을 함께 쓰고 있어요.
M: 네... 잠시만요. 이런... 아직 정보가 컴퓨터에 입력되지 않은 것 같네요... 그래서 이 벌금들은... 어...
W: 네. 첫 번째 것은 방이 지저분한 것과 관련된 거였어요. 하지만 맹세코 이건 제 잘못이 아니에요. 지저분한 건 제 룸메이트이거든요.
M: 음... 알다시피 기숙사 규칙에 어지른 게 학생이던 룸메이트던 그건 상관없다고 나와 있어요. 과거에, 지저분한 방과 같은 문제가 생길 때마다, 모두들 룸메이트를 비난했었죠. 조사관은 누가 어질렀는지 확인할 방법이 없었어요, 그래서 새로운 규정은 룸메이트 둘 다 벌금을 내야 한다는 거예요. 둘이 똑같이 50대 50으로요.
W: 아, 네. 제 방에 24시간 비디오 카메라가 없으니까 제 룸메이트가 어지른 거라고 증명할 방법이 없네요. 뭐, 어쩔 수 없는 거잖아요?
M: 문제가 해결된 건가요?
W: 어... 거의 해결됐어요. 다른 벌금의 문제가 아직 남았어요.
M: 네...
W: 이건 조사관이 제 방을 확인하러 왔을 때, 없어진 의자가 있다고 나와 있어요. 그가 그의 기록을 확인했다면, 이런 실수는 하지 않았을 거예요. 의자는 없어진 게 아니에요. 그게요, 전 의자가 원래 없었어요. 전 그 방에서 6개월 동안 있었는데, 한번도 의자를 받은 적이 없어요. 의자를 달라고 요청했는데...
M: 요청했다구요?
W: 네. 하지만 의자를 받지 못했어요. 그래서 제 방에서는 공부를 하지 않아요. 의자가 없어요. 전 도서관에서 공부하죠. 그리고, 잠깐만요, 다른 기숙사에 사는 친구가 있어요. 걔도 의자가 없었는데, 제 요지는 걔는 벌금을 안 받았다는 거예요. 그러니까 저는 조사관이 제가 처음부터 의자가 없었다는 사실을 간과한 것이 확실하다고 봐요, 기숙사 사무실이 의자를 달라는 제 요청을 받아주지 않은 건 말할 필요도 없구요.
M: 음... 처음 이사 왔을 때, 해당 층 책임자에게 의자가 없다고 알려줬나요?
W: 네, 그랬어요.
M: 책임자가 의자가 없으니 작성하라는 서류를 줬나요?
W: 아니요. 아무것도 작성한 적 없는데요. 작성하라고 뭘 주시지 않았어요.
M: 아하. 네, 제가 판단하기로는 그게... 그럼, 책임자의 잘못인 것 같네요. 서류를 바로 줬어야 했어요. 음... 학생은 책임자에게 알리고, 의자를 달라고 요청까지 했으니, 학생의 책임이라고는 할 수 없겠네요... 그래서 어, 아주 확실하진 않지만, 이 벌금은 내지 않아도 될 것 같아요.
W: 음, 다행이네요. 정말 감사합니다.
M: 천만에요.
W: 그럼, 여기 온 김에, 지저분한 방에 대한 벌금은 해결하고 갈게요.
M: 그러세요.

housing office 기숙사 사무실 dormitory[dɔ́ːrmitɔ̀ːri] 기숙사 inspect[inspékt] 조사하다 fine[fain] 벌금
for starters 우선, 시작하자면 point the finger at ~을 비난하다 make a mess 어지럽히다 fifty-fifty 50대 50의
overlook[òuvərlúk] 간과하다 request[rikwést] 요청 form[fɔːrm] 서류, 용지

[6-10]
Listen to a conversation between a student and a professor.

W: Professor Wheeler? I'm Patricia Wright. I sent you an e-mail this morning about that host job.
M: Right, I got your e-mail. Come in... You can sit over here.
W: Thank you... So I'm... really interested in knowing what the work is all about.

M: OK, let me give you some background information first. Um, a couple of weeks from now, we're going to have about two-hundred students visiting the university. You see, every year, the university hosts visiting students who want to apply to study here. We get their applications sometime in April, process them, and finalize a list of visitors. Then we assign them to student hosts depending on... well, schedules, and areas of interest, and other criteria.

W: OK, I see. What can I... expect as a student host? I mean, what should I do?

M: Your responsibilities as a host would include taking the prospective student or students, as the case may be, take them to your classes, and maybe bring them around the campus so they can get an idea of the layout of the university, and just let them experience the everyday things that happen at a university... maybe even interact with your teachers and other students. And you don't have to worry about where they'll stay. The university will provide them with accommodations... so at the end of your day, you're free.

W: That's it? It doesn't sound very hard.

M: No, it's not hard at all. But uh... the student or students appointed to you will be with you the whole day for three days. So that means you'll need to take them along with you to the cafeteria at lunch time, your classes, your club activities, whatever sports stuff you've got happening...

W: Hold on... Is that like... all my classes?

M: No, no. It isn't mandatory. Well, it depends. Their preferred majors might be different from yours. For instance, you're majoring in mathematics, right?

W: No, my major is physics...

M: OK, so you're in physics, and if you get some prospective architecture students, they probably won't want to go to your physics classes. You can maybe let them attend a class they're interested in, but you might have some who'll want to attend all your classes.

W: Yeah, OK... So my teachers will allow them to sit in?

M: Sure! The faculty will be apprised of the visiting students and the role of the student hosts, so you won't have to worry about a thing. By the way, do you have any extracurricular stuff, you know, like club activities?

W: I'm in the orchestra and we're having rehearsals the week the students will be visiting the university.

M: I think it would be a good idea to take your assigned students to the rehearsals with you.

W: Er... if it's a good day.

M: OK. Oh, and before I forget, you'll need to attend a host orientation. Now I know you're probably very busy, but the orientation is compulsory. The orientation will be held on Sunday afternoon and Thursday night, so you have a choice of which day you'd like to attend.

W: Well... I have a physics exam next week and I need to study during the weekend, so Sunday is out. And as for Thursday, well, I have orchestra practice on that night.

M: Oh, dear. As a student host, the orientation is mandatory and you need to be there. You might want to... check your weekend schedule and see how you can fit it in. Anyhow, I'll put your name on the list for the orientation, and I do hope that you'll be able to attend.

Now get ready to answer the questions. You may use your notes to help you answer.

6. Why does the student go to see the professor?
7. According to the conversation, what are the duties of the woman if she becomes a student host?
8. Why does the professor mention prospective architecture students?

Listen again to a part of the conversation. Then answer the question.

M: By the way, do you have any extracurricular stuff, you know, like club activities?
W: I'm in the orchestra and we're having rehearsals the week the students will be visiting the university.
M: I think it would be a good idea to take your assigned students to the rehearsals with you.
W: Er... if it's a good day.
M: OK.

9. Why does the student say this:
W: Er... if it's a good day.

Listen again to a part of the conversation. Then answer the question.

M: Oh, dear. As a student host, the orientation is mandatory and you need to be there. You might want to... check your weekend schedule and see how you can fit it in. Anyhow, I'll put your name on the list for the orientation, and I do hope that you'll be able to attend.

10. What can be inferred about the professor?

W: Wheeler 교수님? 전 Patricia Wright에요. 오늘 아침에 주최자 일에 대해서 메일을 보내 드렸는데요.
M: 네, 학생의 메일을 받았어요. 들어와요... 이쪽에 앉아요.
W: 감사합니다... 그래서 전... 이 일이 어떤 건지 정말 알고 싶어요.
M: 알았어요, 일단 배경 정보부터 좀 줄게요. 음, 이제부터 몇 주 후에, 한 200명의 학생들이 대학을 방문할 거예요. 그게, 매해, 대학은 이곳에서 공부하고 싶어서 지원하는 방문 학생들을 맞이해요. 그들의 지원서를 4월쯤 받아, 접수하고, 최종적으로 방문자들의 명단을 완성해요. 그리고 나서 우리는 그들을... 음, 스케줄, 그리고 관심 분야, 그리고 다른 기준들에 따라 학생 주최자들에게 배정하죠.
W: 네, 알겠어요. 학생 주최자로서... 제가 어떤 것을 예상하면 되나요? 그러니까, 제가 무엇을 해야 하나요?
M: 주최자로서의 책임은 미래의 학생이나 학생들, 각자 다르겠지만, 그들을 수업에 데리고 가고, 캠퍼스를 구경시켜줘서 그들이 대학의 배치를 알게 해주고, 그냥 대학에서 일어나는 모든 일들을 경험할 수 있게 해주면 돼요... 어쩌면 교수님들이나 다른 학생들과 교류할 수도 있고요. 그리고 그들이 어디서 묵을지는 걱정하지 않아도 돼요. 대학이 그들에게 숙소를 제공해줄 거예요... 그래서 하루가 끝나면, 자유죠.
W: 그게 다에요? 별로 어렵게 들리진 않네요.
M: 그럼요, 전혀 어렵지 않아요. 하지만 어... 학생에게 지정된 학생이나 학생들은 3일 동안 하루 종일 학생과 같이 있을 거예요. 그러니까 이건 그들을 점심 시간에는 카페테리아에, 수업에, 동아리 활동에, 하고 있는 스포츠가 무엇이든 그곳에 데리고 가야 한다는 뜻이죠...
W: 잠깐만요... 그러니까... 제 모든 수업에요?
M: 아뇨, 아뇨. 의무적인 것은 아니에요. 음, 사정에 따라 다르겠지요. 그들이 원하는 전공이 학생과 다를 수 있죠. 예를 들면, 학생은 수학을 전공하고 있어요, 맞죠?
W: 아니요, 제 전공은 물리학이에요...
M: 네, 그럼 물리학을 전공하고 있어요, 그런데 만약 학생이 미래의 건축학 학생들을 받는다면, 그들은 아마 학생의 물리학 수업에 가고 싶어 하지 않을 거예요. 학생은 그들이 관심 있어 하는 수업을 듣도록 해줄 수도 있겠어요, 하지만 학생의 모든 수업을 듣고 싶어하는 사람도 있을 수 있을 거예요.
W: 네, 알겠어요... 그러니까 교수님들께서는 그들이 와서 듣는 것을 허용하신다는 것이죠?
M: 물론이죠! 교수진은 방문 학생들과 학생 주최자의 역할에 대해서 통지를 받을 거예요, 그러니까 하나도 걱정할 것 없어요. 그런데 말이죠, 과외 활동을 하는 게 있나요, 그러니까, 동아리 활동이라던지?
W: 오케스트라에 속해 있고 학생들이 대학을 방문하는 주에 리허설이 있어요.
M: 제 생각엔 배정된 학생들을 리허설에 데리고 가는 것이 좋겠네요.
W: 어... 좋은 날이면요.

M: 그래요. 아, 그리고 잊기 전에, 주최자 오리엔테이션에 참석해야 돼요. 지금 학생이 아마도 매우 바쁠 거라는 걸 알지만, 오리엔테이션은 필수에요. 오리엔테이션은 일요일 오후와 목요일 저녁에 열릴 거니까, 참석하고 싶은 날을 고를 수 있어요.
W: 음... 다음 주에 물리학 시험이 있어서 이번 주말에는 공부를 해야 하니까, 일요일은 안되겠네요. 그리고 목요일은, 음, 그날 저녁에는 오케스트라 연습이 있어요.
M: 오, 저런. 학생 주최자로서, 오리엔테이션은 필수이고 꼭 와야 해요. 학생은 주말 스케줄을 확인해서... 어떻게든 맞출 수 있는 방법을 찾아야 할 것 같네요. 어찌됐던, 오리엔테이션 명단에 이름을 넣어 놓을게요, 그리고 참석할 수 있었으면 좋겠네요.

host [houst] 주최의　application [æ̀pləkéiʃən] 신청, 지원　criterion [kraitíəriən] 기준
prospective [prəspéktiv] 미래의　interact [ìntərǽkt] 교류하다　accommodation [əkɑ̀mədéiʃən] 숙소, 숙박 시설
appointed [əpɔ́intid] 지정된　mandatory [mǽndətɔ̀:ri] 의무적인　physics [fíziks] 물리학
architecture [ɑ́:rkitèktʃər] 건축(학)　apprise [əpráiz] 통지하다　extracurricular [èkstrəkəríkjulər] 과외의
compulsory [kəmpʌ́lsəri] 필수의

Unit 2. Conversation Topics

1. Instructor's Office Hours

Hackers Test

p.114

1\. B　2. B, C　3. D　4. B　5. B　6. C　7. D　8. B　9. B　10. D　11. A　12. C　13. C　14. B, D, E　15. B
16\. C　17. D　18. A　19. C　20. A　21. C　22. A　23. D　24. B　25. B, C, E　26. A　27. B, C　28. D
29\. B　30. A

[1-5]
Listen to a conversation between a student and his professor.

M: Good morning, professor. I know you don't hold office hours till the afternoon, but I was hoping you could give me just a few minutes of your time now because I can't come in at any other time.
W: I have a class myself in about half an hour, but I think I can spare five minutes or so.
M: Thank you. It's about the paper you assigned us to do last week. I'm doing mine on one of Shakespeare's plays... *A Midsummer Night's Dream*. I chose it because I really appreciate the humor in the story... but after doing research on the play... and reading about Peter Brook's interpretation of it, I realize... well, I'm not having an easy time of it. I don't quite understand his interpretation. And I hope you don't mind me asking... why is Brook's interpretation considered so important? What's so special about it?
W: Good question. OK... I'm sure you're aware that there are quite a number of productions of *A Midsummer Night's Dream*. As a matter of fact, there's an ongoing Shakespeare festival in New York's Central Park, and in that festival alone, there are several productions of *A Midsummer Night's Dream*...
M: I didn't know that. Maybe I should go over and take a look.
W: Well... I'm not requiring it. So, let me explain my point. I believe... almost all of the productions in the past were pretty... innocent. At least up until 1934. There was no indication of, of sexual activity taking place, except perhaps for Max Reinhardt's production, which only hinted at it. Brook's interpretation, on the other hand, explored the sexuality of the characters.

M: And is that what made Brook's interpretation stand out?

W: It wasn't just the sexual aspect although that was a big part of it. Brook was very original and imaginative. He staged his play in a giant white box. And his fairies were on trapezes, trampolines and stilts.

M: Uh... Professor, I realize I'm picking your brain, but... why a white box?

W: Well, you know, we expect... not that we expect, but we know, fairies live in the woods, right? So, most performances at the time used forest-like settings. I guess you could say it's consistent with what we would imagine the setting to be although it does kind of distract us from focusing on the actors. But that white box was a stark setting for the antics and movements of the actors... and it seemed to play up what they were doing.

M: Oh.

W: So... Brook's interpretation influenced virtually every other interpretation of *Dream*. I am fairly certain that the versions being staged at the festival reflect what Brook did. I don't mean that they're copies of Brook's work. Rather, Brook's interpretation sort of gave directors greater license to be as imaginative as Brook was. The directors started to want to decide for themselves what the story's meaning was; they wanted to tell the story their way. So Brook's play was very important, right?

M: OK, I get it... But going back to my first question, I don't really understand Brook's interpretation because... well, it seems to me that Brook focused on the physical... and the humor of the play–at least in terms of how Shakespeare meant for it to be understood–is lost because the audience is too busy watching rather than listening to the play.

W: That's a very interesting point. Maybe you can best understand Brook's intent if you try to explain it yourself. So, in your paper you might want to analyze why Brook focused on the visual.

M: But that's another problem I have, professor. I find it hard to write the paper because there aren't any films or video footage of what Brook staged.

W: Unfortunately, it really is impossible to find a video recording of the past versions because video cameras didn't exist back then. But, you know, even with the invention of the video camera, the play is seldom performed... maybe only during festivals, in fact. Maybe you might find consolation in the fact that most of the other students are writing papers on plays where even less information is available. And look, you're doing a pretty good job of understanding things so far.

M: Do you think so?

W: I know so. Maybe one suggestion I can make is... you might want to refer to graduate theses on the play... or journal articles, if they're available.

M: OK, professor. I will do that.

Now get ready to answer the questions. You may use your notes to help you answer.

1. What is the main topic of the conversation?
2. According to the conversation, what two aspects of Brook's interpretation made it stand out?

Listen again to a part of the conversation. Then answer the question.

W: Brook's interpretation sort of gave directors greater license to be as imaginative as Brook was. The directors started to want to decide for themselves what the story's meaning was; they wanted to tell the story their way. So Brook's play was very important, right?

3. What does the professor mean when she says this:
   W:So Brook's play was very important, right?

4. What does the professor imply about the student's choice of play?
5. What does the professor suggest the man do?

M: 안녕하세요, 교수님. 면담 가능 시간이 오후가 되어야 시작되는 거 알고 있지만, 제가 다른 시간에는 올 수가 없어서 지금 몇 분만 시간을 내어 주셨으면 좋겠는데요.

W: 나도 30분 후에 수업이 있긴 한데, 5분 정도 시간을 낼 수 있을 것 같아.

M: 감사합니다. 지난주에 내주신 보고서에 관한 건데요. 전 셰익스피어의 희곡 중 하나인... A Midsummer Night's Dream에 대해 쓰고 있거든요. 이야기 속의 유머가 무척 마음에 들어서 선택했어요... 그런데 이 희곡에 대해 조사하고... Peter Brook이 해석한 것에 대해 읽은 후에는, 제가... 음, 이해하는 데 어려움을 겪고 있다는 걸 깨달았어요. 그의 해석이 명확히 이해되지 않아요. 그리고 이런 질문 드려도 괜찮을지 모르겠지만... Brook의 해석이 왜 그렇게 중요한 건가요? 뭐가 그렇게 특별한 거죠?

W: 좋은 질문이야. 그래... A Midsummer Night's Dream은 꽤 많은 연출작이 있다는 걸 분명 알고 있을 거야. 사실, 뉴욕의 Central Park에서 셰익스피어 페스티벌이 열리고 있는데, 그 페스티벌 하나에만도, A Midsummer Night's Dream의 여러 연출작이 있거든...

M: 몰랐어요. 가서 한 번 봐야 할지도 모르겠네요.

W: 음... 그럴 필요는 없단다. 그러니까, 내 말의 요지를 설명할게. 내 생각에... 과거의 연출작들은 거의 모두가 꽤... 단순했단다. 적어도 1934년까지는 말이야. 오직 암시만 있었던 Max Reinhardt가 연출한 작품을 제외하곤, 성적인 표현이 없었지. 반면, Brook이 해석한 작품은 등장인물의 성에 대해 탐구했단다.

M: 그럼 그게 Brook의 해석이 탁월한 이유인가요?

W: 비록 그게 큰 부분을 차지하긴 했지만 단지 성적인 측면 때문만은 아니었어. Brook은 굉장히 독창적이고 상상력이 풍부했지. 그는 거대한 하얀 박스에 연극을 올렸어. 요정들은 그네와 트램펄린, 봉을 탔지.

M: 음... 교수님, 제가 교수님의 생각을 도용하는 것 같지만... 왜 흰 사각무대인가요?

W: 음, 그게, 우리의 예상으로는, 예상이라기보다, 우리가 아는 바대로라면, 요정은 숲 속에 살지, 그렇지? 그래서, 당시 대부분의 연극은 숲처럼 생긴 배경을 사용했단다. 비록 우리가 배우들의 동작에 대해 집중하는 것을 흩트리긴 해도 이건 우리가 생각할 법한 배경과 일치한다고 말할 수 있을 거야. 하지만 하얀 무대는 배우들이 부리는 재주나 움직임을 위한 꾸밈이 없는 배경이었지... 그리고 이는 배우들이 하는 것을 생생하게 보여주는 것 같았어.

M: 아.

W: 그래서... Brook의 해석은 사실상 이 작품의 모든 다른 해석에 영향을 주게 되었지. 분명 페스티벌에 오르는 버전들도 Brook이 한 것을 반영하고 있을 거야. 이것들이 Brook의 작품을 모방한 것에 불과하다는 뜻은 아니야. 오히려, Brook의 해석은 Brook이 그랬던 것만큼 연출자들이 더 자유롭게 풍부한 상상력을 발휘할 수 있도록 해주었지. 연출자들은 이 이야기의 의미가 무엇인지 스스로 결정하고 싶어하기 시작했어, 그들의 방식으로 이야기하고 싶게 된 거지. 그러니까 Brook의 연극이 무척 중요했지, 그렇지?

M: 네, 알겠어요... 하지만 제 첫 번째 질문으로 돌아가서, 전 정말 Brook의 해석을 이해하지 못하겠어요... 왜냐하면 음, 제겐 Brook이 물리적인 것에 초점을 둔 것처럼 보이는데요... 그래서 희곡의 유머가, 최소한 셰익스피어가 이해되어지리라 의도했던 방식에 관해서는요, 관객들이 연극의 내용을 듣기 보다는 보는 데 너무 바빠서 희석된 것 같아요.

W: 그거 흥미로운 관점이네. 그걸 네가 스스로 설명해보려고 한다면 Brook의 의도를 가장 잘 이해할 수 있을 것 같아. 그러니까, 네 보고서에서 Brook이 왜 시각적인 요소에 초점을 뒀는지 분석해 보렴.

M: 하지만 그게 또 다른 문제예요, 교수님. Brook이 연출한 극에 대한 필름이나 동영상이 없어서 보고서를 쓰기가 어려워요.

W: 불행히도, 그땐 비디오 카메라가 존재하지 않아서 옛날 버전의 녹화 영상을 찾는 건 정말 불가능하단다. 하지만, 그러니까, 비디오 카메라의 발명에도 불구하고, 이 극은 잘 상연되지 않아서... 사실, 오직 페스티벌 기간 중에나 상연되었을 거야. 대부분의 다른 학생들이 정보가 훨씬 더 적은 연극에 대해 보고서를 쓰고 있다는 사실이 좀 위로가 될지도 모르겠구나. 그리고 말이야, 넌 지금까지 꽤 잘 이해하고 있단다.

M: 그렇게 생각하세요?

W: 그렇단다. 내가 할 수 있는 한 가지 제안은... 아마 이 연극에 대한 졸업 논문이나... 가능하다면, 학회간행물에 실린 글을 참고해 볼 수도 있다는 거지.

M: 네, 교수님. 그럴게요.

spare [spεər] 시간을 내다 **appreciate** [əpríːʃièit] 마음에 들다, 음미하다 **interpretation** [intə̀ːrpritéiʃən] (작품에 대한) 해석, 연출
ongoing [ángòuiŋ] 열리고 있는, 진행 중인 **stand out** 탁월하다, 두드러지다 **original** [ərídʒənəl] 독창적인
trapeze [træpíːz] (체조, 곡예용) 그네 **trampoline** [trǽmpəlìːn] 트램펄린 **pick one's brain** ~의 생각을 도용하다, 지혜를 빌리다

stark[stɑːrk] 꾸밈이 없는 antic[ǽntik] 재주, 익살 give license to 자유롭게 ~할 수 있도록 하다, 면허를 주다
in terms of ~에 관해서 consolation[kɑ̀nsəléiʃən] 위로, 위안

[6-10]
Listen to a conversation between a student and her professor.

W: Hi, Professor Platt. Did you want to see me?

M: Yes, I did. I wasn't sure if you had seen my e-mail, so... thanks for coming in on such short notice.

W: No problem. My next class is at 3:00, so I have lots of free time. Is this about the writing assignment?

M: Yes, it is.

W: Now I'm feeling nervous. I hope it wasn't that bad.

M: I just want to give you a bit of feedback, nothing heavy. Maybe I can start by saying that the format of your report is really good. Everything's very nicely laid out and arranged. The reader won't have a hard time understanding how you've organized the different parts of the report... I would recommend this format to the class. I think it's excellent for this type of report.

W: I'm so glad to hear that... I'll take any praise you have to give me. But... I'm waiting for the other shoe to drop.

M: Yeah. I was about to go into that. Um... it's the content I'm worried about.

W: I knew it! I knew you'd say something about the content. I have to admit... I was pretty confused about the plot of the novel.

M: All right. Well, let's start from there. Can you tell me what you found confusing?

W: Well, this is my impression, OK? Initially, the main character seems happy and excited about transferring overseas because she's never experienced anything like it before. So... she's making plans about the transfer... and she's talking to people about her plans... Then all of a sudden, she's depressed and she doesn't want to go. I couldn't understand... well, why the change? It seems to me the book gave no explanation, and the reader is left in limbo... I, I read that chapter twice, but I still have no idea what happened to the character.

M: Yes, but that's it exactly. That's the motive of the author. He doesn't want to spoon-feed his readers. It's not his thing to, to say it directly. He wants his readers to think. I guess you're aware that people make choices all the time without... without having a clear or direct motivation. But that motivation exists, right? I mean, someone in your family, or a friend of yours, or even you yourself might have experienced something like that. You make a decision that surprises a lot of people.

W: Oh, I understand now. Like, sometimes people who aren't that close to me wonder why I did something or why I didn't do something, but I do have my reasons.

M: There you go! The author, through what he has written, gives you the opportunity to figure out what is happening to a character. So this is what I think you should do. Um... write about how the author portrays this change in emotion. Like, what techniques does he use... how does he help you, the reader, to grasp the nature of the main character... what she's like, what her personality is like. You get what I'm saying?

W: Sure, I see your point. You want me to say something more about how the writer told the story, how he explained the situation the main character was going through and how it may have affected her change of heart. I'm pretty excited about this.

M: Great! And that's why I enjoy reading this author's works. I love thinking about the characters and analyzing what they're all about through the techniques the author uses.

W: Thanks for your feedback!

Now get ready to answer the questions. You may use your notes to help you answer.

6. Why did the professor ask to see the student?

Listen again to a part of the conversation. Then answer the question.

M: I would recommend this format to the class. I think it's excellent for this type of report.
W: I'm so glad to hear that... I'll take any praise you have to give me. But... I'm waiting for the other shoe to drop.
M: Yeah. I was about to go into that. Um... it's the content I'm worried about.

7. What can be inferred about the woman?
8. What does the woman say about the plot of the novel?
9. Why does the woman read one chapter two times?
10. What is the professor's opinion about the author's work?

W: 안녕하세요, Platt 교수님. 저를 보고 싶어 하셨나요?
M: 응, 그랬단다. 내 메일을 봤나 알 수 없어서, 그래서... 급한 연락에도 와줘서 고맙구나.
W: 아니에요. 다음 수업은 3시여서, 빈 시간이 많아요. 작문 과제에 대한 건가요?
M: 그래, 맞아.
W: 이제 좀 걱정이 되네요. 그렇게 나쁘진 않았기를 바래요.
M: 피드백을 좀 주고 싶었을 뿐이야, 심각한 건 없단다. 네 리포트의 형식이 참 좋았다고 먼저 얘기해주고 싶구나. 모든 게 아주 잘 전개되어 있었고 정리되어 있었어. 독자는 네가 리포트의 여러 다른 부분들을 어떻게 정리했는지를 이해하는 데 어려움이 없을 거야... 이러한 형식을 수업에서도 추천하고 싶구나. 이러한 종류의 리포트에는 아주 적합하다고 생각한단다.
W: 그런 말을 들으니 너무 좋네요... 칭찬은 어떠한 것도 좋아요. 하지만... 다음에 하실 얘기가 무엇일지 기다리게 되네요.
M: 그래. 그 얘기로 넘어가려고 하던 참이야. 음... 내가 마음에 걸리는 건 내용이야.
W: 그럴 줄 알았어요! 내용에 대해 뭐라고 말씀하실 줄 알고 있었어요. 사실... 소설의 줄거리가 좀 혼란스러웠거든요.
M: 그렇구나. 음, 거기서부터 시작해보자. 뭐가 혼란스러웠는지 말해줄 수 있겠니?
W: 글쎄요, 이건 제가 받은 인상이에요, 아셨죠? 처음에는, 주인공이 해외로 이주하는 것에 대해 그전에는 그런 것을 경험한 적이 없었기 때문에 행복하고 들떠 보였거든요. 그래서... 그녀는 이주하는 것을 계획하고... 자신의 계획에 대해 다른 사람들과 얘기를 하는데... 그리고는 갑자기, 그녀는 우울해지고 가고 싶어 하지 않아요. 이해가 안됐어요... 음, 왜 바뀐 거죠? 책에서는 전혀 설명을 해주지 않았어요, 그리고 독자를 불확실한 상태로 놔두죠... 저, 저는 그 장을 두 번이나 읽었는데도 그 인물에게 무슨 일이 일어난 건지 모르겠어요.
M: 그래, 하지만 바로 그거야. 그게 작가의 의도지. 그는 독자들에게 일일이 일러주고 싶어하지 않아. 모든 걸 직접적으로 얘기하는 건, 그런 건 그의 방식이 아니지. 그는 자신의 독자들이 생각하길 바래. 내 생각엔 너도 사람들이 항상 결정을 내린다는 것을 알고 있을 거야... 확실하거나 직접적인 동기 없이도 말이지. 하지만 그 동기는 존재하잖니, 그렇지? 그러니까, 가족의 한 사람이나, 친구, 또는 자기 자신 또한 그런 걸 겪어봤을 수 있어. 많은 사람들을 놀라게 하는 결정을 내리는 거 말이야.
W: 아, 이제 이해가 되네요. 그러니까, 간혹 저랑 가깝지 않은 사람들이 제가 무언가를 왜 했는지 또는 왜 하지 않았는지를 궁금해하는 것처럼요, 하지만 저만의 이유는 있죠.
M: 바로 그거야! 작가는 자신이 쓴 것을 통해 인물에게 무슨 일이 일어나는지 이해할 기회를 주는 거란다. 그래서 내 생각엔 네가 이렇게 하는 것이 좋겠구나. 음... 작가가 이 감정 변화를 어떻게 묘사하는지 쓰거라. 그러니까, 어떠한 기법을 사용하고... 어떻게 그가 네가, 독자가 주인공의 본성을 이해하도록 도와주는지... 그녀가 어떤지, 그녀의 성격은 어떤지. 무슨 말인지 알겠니?
W: 네, 무슨 뜻인지 알겠어요. 작가가 어떻게 이야기를 설명했는지, 그가 주인공이 겪고 있는 상황을 어떻게 설명했는지, 그리고 이것이 그녀의 심경 변화에 어떠한 영향을 끼쳤는지에 대해 더 말하라는 거죠. 꽤 흥미로운데요.
M: 좋아! 그래서 내가 이 작가의 작품들을 읽는 것을 좋아한단다. 인물들에 대해 생각하고 그들이 어떤지 작가의 기법을 통해 분석하는 것이 너무 좋단다.

W: 피드백 감사합니다!

heavy [hévi] 심한　impression [impréʃən] 인상　initially [iníʃəli] 처음에　depressed [diprést] 우울한, 의기소침한
limbo [límbou] 불확실한 상태　spoon-feed 일일이 일러주다　motivation [mòutəvéiʃən] 동기
wonder [wʌ́ndər] 궁금해 하다, 이상하게 여기다　opportunity [àpərtjú:nəti] 기회　grasp [græsp] 이해하다
personality [pə̀rsənǽləti] 성격　change of heart 심경 변화

[11-15]
Listen to a conversation between a student and her professor.

W: Professor Miller? Could I have a few minutes of your time? I'm in your Film 540 class.
M: I think I can give you... maybe ten minutes. Sorry, I'd like to give you more time, but I have a class at 2:30 and need to get my... my things together for the class.
W: Thanks. I think ten minutes is fine. Sir, I really enjoy your class, but I'm... kind of having a hard time following what we've been discussing the past week.
M: You mean script visualization? Well, if you've taken the prerequisites for my class, then you shouldn't be having any problem. I assume you have, Miss...
W: Bateman.
M: Miss Bateman. Introduction to Cinematography and Lighting may sound like an introductory course, but you should have taken Film 240 and Film 250. That's, uh, that's Basic Film Production and Narrative Filmmaking. Background knowledge in these two subjects should help you to understand the preproduction activities for script visualization. I take it you have completed those two courses?
W: Uh... not exactly.
M: What do you mean by not exactly? Have you taken any film classes at all?
W: I did take a film class in high school.
M: And what film class was that? Let me guess. Introduction to Film.
W: That's right.
M: OK, um, Introduction to Film just gives you the basics in industry terminology, equipment and techniques... and the kind of films the students are asked to produce are... short projects. The prerequisites I'm talking about... Film 240... that covers super 8mm film and digital production, and that includes not only the concept, principles, and basic editing, but also the use of non-synchronous sound. And Film 250 covers basic motion picture editing, and there's a lot of discussion on narrative and non-narrative editing techniques and aesthetics. And the formats include not just 8mm but 16mm and video as well. Do you know what I'm talking about?
W: Uh... sort of.
M: So you haven't taken these subjects? Well, how were you able to enroll in my class?
W: I told the registration staff that I had taken film in high school and they gave me the approval slip to enroll in your class.
M: Ah... Unbelievable, those people. I keep telling them not to do that. What am I going to do with them?
W: Sir, don't be angry, please. I begged them because I really wanted to take your class.
M: Well, look. Now I understand why you can't keep up. Without those prerequisites, you're like a fish out of water. I think it's best that you drop my class.
W: But professor, I've already taken four weeks of your class, and I find it so interesting! I realize that the film class I took in high school is very basic compared to the prerequisite classes you described,

but I don't want to drop the class. I would just like to bring myself up to date.

M: Um... Are you majoring in film?

W: No... I'm a marketing major.

M: Well... I'm concerned that you're having difficulty in my class.

W: I meant only for the topic that we're discussing now. I think I've been following everything pretty well up until this point. I was hoping you could just give me some extra readings.

M: Hmm... OK, since you aren't a film major, but you find the class interesting and you have understood the lessons up to this topic... I guess I could allow you to stay. But... um... instead of readings, I've taped all my previous lectures, and my recommendation is that you watch those tapes. You can borrow them from me, and we can make an arrangement about when you should get them back to me.

W: Thank you so much. I think the tapes would really help.

M: OK, good. Look, I've got just a few minutes to go. Is there anything else you wanted to discuss?

W: I have just one question about the homework you assigned in the last class. I wanted to be clear on the instructions you gave.

M: Sure, what's the question?

Now get ready to answer the questions. You may use your notes to help you answer.

11. Why does the student go to see her professor?
12. What does the professor imply about Introduction to Cinematography and Lighting?

Listen again to a part of the conversation. Then answer the question.

M: I take it you have completed those two courses?

W: Uh... not exactly.

M: What do you mean by not exactly? Have you taken any film classes at all?

W: I did take a film class in high school.

M: And what film class was that? Let me guess. Introduction to Film.

W: That's right.

13. Why does the professor say this:
    M: Let me guess. Introduction to Film.

14. According to the conversation, what are three reasons the professor allows the student to continue taking the class?
15. What will the student probably do next?

W: Miller 교수님? 몇 분만 시간 내주실 수 있으세요? 전 교수님의 영화학 540 수업을 듣고 있어요.

M: 제 생각엔... 한 10분 줄 수 있겠군요. 미안해요, 시간을 더 주고 싶지만, 2시 반에 수업이 있고 제 수업을 위해... 준비를 해야 돼요.

W: 고맙습니다. 제 생각엔 10분도 괜찮을 것 같아요. 교수님, 전 교수님의 수업을 정말 즐기고 있어요, 하지만 전... 지난 일주일 동안 논의했던 것을 따라가는 게 약간 힘들어요.

M: 대본 구상화 말인가요? 음, 제 수업을 위한 필수 과목들을 들었다면, 아무런 문제가 없어야 할 텐데요. 그것들을 들었겠죠, 이름이...

W: Bateman이요.

M: Bateman양. 영화 촬영법과 조명의 입문이 입문 수업처럼 들릴진 몰라도, 영화학 240과 영화학 250을 들었어야 해요. 그것들은 어, 기본적인 영화 제작과 문학 영화제작이죠. 이 두 과목에서 나오는 배경 지식이 대본 구상화에 필요한 제작 준비 작업을 이해하는 데 도움을

주죠. 이 두 과목을 이수했다고 생각해도 되죠?

W: 어... 정확히는 아니에요.

M: 정확히는 아니라는 게 무슨 말인가요? 영화 수업을 들어본 적은 있나요?

W: 고등학교 때 영화 수업을 들었어요.

M: 그럼 그게 어떤 영화 수업이었죠? 제가 맞춰볼게요. 영화 입문.

W: 맞아요.

M: 그래요, 음, 영화 입문은 그냥 영화 산업의 전문 용어, 장비와 기술에 대한 기초를 좀 가르쳐주는 것밖에는 없어요... 그리고 학생들에게 만들라고 주는 영화의 종류도... 짧은 것밖에 없죠. 제가 말하는 필수 과목인... 영화학 240은 슈퍼 8mm와 디지털 제작을 다루고, 개념, 원리와 기본적인 편집만이 아니라, 동시에 일어나지 않는 소리의 사용 방법 또한 포함하고 있죠. 그리고 영화학 250은 기본적인 영화 편집, 그리고 이야기와 관련된 그리고 이야기와 관련되지 않은 편집 기술과 미학에 대해 많은 논의를 하죠. 그리고 형식은 8mm뿐만 아니라 16mm와 비디오도 포함하고 있죠. 제가 무슨 얘기를 하고 있는지 알겠나요?

W: 어... 약간은요.

M: 그래서 학생은 이 과목들을 듣지 않았다는 거군요? 그럼, 제 수업에는 어떻게 등록할 수 있었나요?

W: 등록하는 직원들께 고등학교에서 영화 수업을 들었다고 말씀 드리니까 교수님의 수업을 들을 수 있는 승인서를 줬어요.

M: 아... 그 사람들, 믿을 수가 없군요. 그렇게 하지 말라고 계속 얘기했건만. 그 사람들을 어떻게 해야 하지?

W: 교수님, 제발 화내지 마세요. 제가 교수님 수업을 너무 듣고 싶어서 그분들께 부탁했어요.

M: 음, 봐요. 이제 왜 학생이 수업을 못 따라오는지 알겠네요. 그 필수 과목들 없이는, 물 밖의 물고기나 다름없잖아요. 그냥 수업을 포기하는 게 최선일 것 같네요.

W: 하지만 교수님, 전 벌써 교수님의 수업을 4주나 들었어요, 그리고 정말 흥미롭다고 느끼고 있어요! 제가 고등학교에서 받은 영화 수업이 교수님께서 말씀하신 필수 과목들과 비교했을 때는 아주 기본적이란 걸 알겠어요, 하지만 수업을 포기하고 싶지 않아요. 전 그냥 스스로 따라가고 싶을 뿐이에요.

M: 음... 영화를 전공하고 있나요?

W: 아뇨... 전 마케팅 전공이에요.

M: 음... 제 수업에서 어려움을 겪는다니 걱정되네요.

W: 제 말은 지금 논의하고 있는 주제만을 뜻한 거였어요. 이때까지 그 외의 것들은 꽤 잘 따라오고 있었다고 생각해요. 전 그냥 교수님께서 읽을 거리를 더 주셨으면 했어요.

M: 흠... 그러니까, 영화 전공이 아니면서도, 수업이 흥미롭고 지금 주제까지 모든 수업을 이해했다니... 계속 있게 해줘도 될 것 같네요. 하지만... 음... 읽을거리보다는, 제가 전 강의들을 다 녹화했어요, 그래서 추천하고 싶은 것은 그 테이프들을 보라는 거예요. 저한테서 빌려 가도록 해요, 그리고 언제 돌려줄지를 결정해보도록 하죠.

W: 정말 감사합니다. 그 테이프들이 정말 도움이 될 것 같아요.

M: 네, 좋아요. 보니까, 아직 몇 분 남았네요. 또 다른 논의할 것이 있나요?

W: 저번 시간에 내주신 숙제에 대해 딱 한 가지 질문이 있어요. 교수님께서 하신 설명에 대해 확인하고 싶은 게 있어서요.

M: 물론이죠, 질문이 뭔가요?

script [skript] 대본 visualization [vìʒuəlizéiʃən] 구상화 prerequisite [prìrékwizit] 필수 과목
cinematography [sìnəmətágrəfi] 영화 촬영법 introductory [ìntrədʌ́ktəri] 입문적인 filmmaking [fílmmèikiŋ] 영화제작
preproduction [prì:prədʌ́kʃən] 제작 준비 작업 terminology [tə̀:rmənálədʒi] 전문 용어 non-synchronous 동시에 일어나지 않는
editing [éditiŋ] 편집 aesthetics [esθétiks] 미학 approval [əprú:vəl] 승인 major [méidʒər] 전공
recommendation [rèkəmendéiʃən] 추천 make an arrangement ~을 결정하다

[16-20]

Listen to a conversation between a student and her professor.

W: Hi, Professor Abernathy. Am I late?

M: No, you're right on time. So what was it you wanted to talk to me about?

W: It's about the class, sir. I don't want to sound like I'm... complaining, but the plays we've been discussing aren't what I anticipated... we would take up in class.

M: Uh, you lost me there, Kaitlyn. What exactly do you mean?

W: Well, the course title is "Modern Drama"... so I expected to study just that... contemporary drama.

But I looked at the titles on the reading list... and I noticed that all the dramas are about fifty years old or older. I really enjoyed discussing Mordaunt Shairp's *The Green Bay Tree* last week, but I have to admit, I did want something more recent. Like, say, plays of the 1980s and 90s.

M: I'm glad you enjoyed Shairp's work... You know, modern drama is considered to have begun with the realists in the 1870s, in particular, Ibsen. So the dramas the class will deal with are all actually pretty "modern". But I guess you did have some idea that the plays on the list would all be works written in the twentieth century, right?

W: I guess it was just my perception that twentieth century meant the closing half of that century. Let me explain. I've been watching university productions of dramas that were recently written... like John Guare's *Six Degrees of Separation*, Brian Friel's *Dancing at Lughnasa*... and I was completely enthralled with the wit and irony... the satire in these dramas.

M: Sure, I understand what you're saying, but allow me to point out that modern drama is all about realism, and it comes in many different guises... political, social, psychological... but what's interesting is that the plays of the latter part of the twentieth century have the same tenor as the ones written in the earlier part of the century. If you're looking for that same sort of quality, I think you'll find it even in the earlier modern dramas.

W: You think so?

M: I know so. Kaitlyn, why don't we do this? Choose one of your favorite recent modern dramas and an older drama, something written and produced say in the 1920s or 1930s... They should deal with a similar topic...

W: And?

M: And compare them. Write me a paper. Make a comparison. Tell me what the similarities and differences are.

W: Huh? Is that... is that extra homework?

M: Sure. Look. You have a real interest in modern drama. You've even taken an extra step. You've gone out of your way to watch productions of these dramas. I think that... with the attention you've been giving the genre, you'd want to be familiar with more than just the works of the 80s and 90s.

W: Yeah, I see where you're coming from... but I have an 18-unit course load and I'm not sure I have the time to do the paper. We have so many assigned readings. I don't think I can squeeze in a paper like that.

M: Well, let's do it this way, then. Pick one of the titles on the list–you're going to have to read it, anyway–and a recent drama that you've read... and compare them. I'd be very interested in looking at your paper.

W: But writing it would take time. A few hours at least.

M: I know that, but you would accomplish two things by writing that paper. You'll learn something about the early and recent modern dramas. And, like any student who does extra work in class, you'll earn points to up your grade. I'm sure you want more than just a passing mark. You're on scholarship, aren't you?

W: Yes, sir, I am. OK, well... I guess I'll do the paper. But can you give me a week?

M: Next Monday?

W: All right, next Monday.

Now get ready to answer the questions. You may use your notes to help you answer.

16. Why does the woman go to see her professor?
17. What does the professor say about modern dramas?
18. What can be inferred about the woman's preference for modern dramas?

Listen again to a part of the conversation. Then answer the question.

M: ...why don't we do this? Choose one of your favorite recent modern dramas and an older drama, something written and produced say in the 1920s or 1930s... They should deal with a similar topic...
W: And?
M: And compare them. Write me a paper. Make a comparison. Tell me what the similarities and differences are.

19. Why does the woman say this:
 W: And?

20. What does the professor suggest the woman do?

W: 안녕하세요, Abernathy 교수님. 제가 늦었나요?
M: 아냐, 딱 제시간에 왔구나. 그래서 내게 얘기하고 싶다는 게 뭐니?
W: 수업에 관한 거예요, 교수님. 제가... 불평하는 것처럼 보이고 싶지는 않지만, 우리가 논의하고 있는 희곡들이 제가... 수업에서 다뤄질 거라고 예상했던 게 아니라서요.
M: 어, 무슨 말인지 모르겠구나, Kaitlyn. 정확히 무슨 뜻이지?
W: 음, 과목명이 "현대희곡"이잖아요... 그래서 전 그냥... 현시대의 극들을 공부하게 될 거라고 예상했거든요. 하지만, 제가 도서목록에 있는 제목들을 봤는데... 모든 희곡들이 50년 또는 그보다 더 오래 됐더라구요. 지난주의 Mordaunt Shairp의 The Green Bay Tree에 대한 논의는 참 재미있었지만, 솔직히 말하면, 좀더 최근의 작품을 원했어요. 그러니까, 이를테면, 1980년대나 90년대의 극들이요.
M: Shairp의 작품이 재미있었다니 다행이구나... 그런데 말이야, 현대극은 1870년대에 사실주의자들, 특히, Ibsen과 함께 시작된다고 여겨지거든. 그러니까 수업에서 다룰 극들도 모두 꽤 "현대적"이라고 할 수 있지. 하지만 아마 넌 목록에 있는 극들이 모두 20세기에 쓰여졌을 거라고 생각했나 보구나, 그렇지?
W: 20세기가 20세기 후반의 50년을 의미했다는 것이 그냥 제 인식일지도 몰라요. 설명해 드릴게요. 전 John Guare의 Six Degrees of Separation이나 Brian Friel의 Dancing at Lughnasa 같은... 최근에 쓰여진 극 작품들이 대학에서 연출된 것을 봐왔어요... 그리고 이 극들 속의 재치와 역설... 풍자에 완전히 매료되었거든요.
M: 그래, 무슨 말인지 알겠다, 하지만 현대극은 분명 사실주의에 관한 것이라는 걸 지적해야겠구나, 그리고 이건 많은 다른 모습으로 나타나지... 정치적, 사회적, 심리적인... 하지만 흥미로운 건 20세기 후반의 극들은 전반에 쓰여진 것들과 같은 경향을 가지고 있다는 거야. 네가 말한 것과 같은 특성을 찾는다면, 내 생각에 더 이전의 현대극에서도 발견하게 될 거야.
W: 그렇게 생각하세요?
M: 그렇단다. Kaitlyn, 이렇게 하는 건 어떨까? 네가 가장 좋아하는 최근의 현대극 한 편과 이전의 극, 그러니까 1920년대나 1930년대에 쓰인 것을 한 편 골라보렴... 그 작품들은 비슷한 주제를 다루고 있어야겠지...
W: 그리고요?
M: 그리고 그것들을 비교해 보거라. 보고서를 작성해보렴. 대조도 해보고. 유사점과 차이점을 내게 알려주렴.
W: 네? 그거... 추가 숙제인가요?
M: 물론이지. 봐라. 넌 현대극에 진지한 관심을 가지고 있잖니. 심지어 추가적인 단계를 밟기도 했고 말이야. 넌 굳이 연출된 극들을 보기도 했어. 내 생각에... 이 장르에 대해 네가 주는 관심이면, 그저 80년대나 90년대에 국한된 작품보다 더 많은 것을 알고 싶어 할 것 같은데 말이야.
W: 네, 왜 그러시는지 알겠어요... 하지만 전 18학점이나 듣고 있어서 보고서를 쓸 시간이 있을지 확실치 않아요. 내주신 읽을거리도 정말 많구요. 그렇게 보고서를 짜낼 수 있을 것 같지 않아요.
M: 음, 그럼 이렇게 하자꾸나. 어차피 읽어야 할 것이니까 목록에서 작품 하나를 고르고 또 네가 읽은 최근의 극 작품을 하나 고르거라... 그리고 비교해봐. 네 보고서를 읽어보는 게 무척 흥미 있을 것 같구나.
W: 그래도 쓰는 데 시간이 걸릴 거예요. 최소 몇 시간은요.

M: 알고 있단다, 하지만 넌 그 보고서를 쓰면서 두 가지를 이루게 될 거야. 넌 이전의 그리고 최근의 현대극에 대한 무엇인가를 배우게 될 테지. 게다가, 수업에서 추가 과제를 한 여느 학생과 마찬가지로, 너도 성적을 올릴 수 있는 점수를 얻게 될 거야. 분명 겨우 낙제하진 않을 점수보다 더 많은 걸 원하잖니. 장학금을 받고 있잖아, 그렇지?

W: 네, 교수님, 그래요. 네, 음... 보고서를 써야 할 것 같네요. 그런데 시간을 일주일 주실 수 있으세요?

M: 다음 주 월요일?

W: 좋아요, 다음 주 월요일이요.

take up 다루다, 소재로 삼다　reading list (추천) 도서목록　admit[ǽdmit] 인정하다　perception[pərsépʃən] 인식
closing[klóuziŋ] 후반의, 끝나는　production[prədʌ́kʃən] 연출한 것(작품)　enthrall[inθrɔ́ːl] 매료하다, 사로잡다
satire[sǽtaiər] 풍자　guise[gaiz] 모습, 외관　tenor[ténər] 경향, 방향　go out of one's way 굳이 ~하다
squeeze in 짜내다　passing mark 낙제하지는 않을 점수

[21-25]

Listen to a conversation between a student and her professor.

W: Excuse me, professor. I'm sorry, but I don't have an appointment.

M: That's all right, Kathy. I have about twenty minutes to go before my first class. What did you come to talk to me about?

W: It's about the film that you assigned us to make...

M: Ah, yes... So how is it coming along?

W: Actually, I haven't started yet. I thought I'd get your advice before beginning the project. I'm guessing that you wanted us to limit the location of the filming to the campus because the place has such great variety, I mean, the buildings and the environment are so varied.

M: Yes...

W: I don't know if some other students have made this request or if I'm the first... and I don't know how you would feel about this... but is it possible for me to make the film in my parents' neighborhood? Maybe I'm asking too much, but before you say anything, could I just explain why?

M: Go right ahead.

W: My parents live in Greenwich Village, and it's got the most charming nineteenth century townhouses that I think would look great on film. Anyhow, seeing that one of the objectives of the project is to shoot something distinctive about the scenery, I thought the neighborhood where my parents live would be just perfect!

M: Yes, I see your point, but... I think you missed the purpose I have for restricting it to the campus. We're all familiar with the sights on campus, so... if the students are able to give the viewer a new perspective of something that's already familiar to them, then they will have met the objective of the project. If you film an area the class has never seen, they wouldn't really be able to see any new perspective because they aren't familiar with the place. Do you see what I mean?

W: Oh, I get it now. OK, then, I guess I'll stick to the campus.

M: Good, good. Is there anything else?

W: Yeah... um, something else you asked us to do was to limit the length of the film to just twelve minutes. Did I get you right?

M: That's right. The whole film should be limited to twelve minutes.

W: But, professor, that's too short. What if I find something that's worth shooting and I want to go over the twelve minutes?

M: Well, that's the whole point. Professional filmmakers are very professional people... and I want you to be able to think like a professional... What do I mean by this? Well, filmmakers usually face all sorts of constraints–budget, location, subject matter, time... If a filmmaker is able to produce a film in spite of these limits, then he is truly a professional. I'd like to see what the students can do if they are given certain limits. Do you remember that I discussed that in the last class–the constraints of limited area and film length? In fact, not many movies are longer than about 100 minutes.

W: Right. I didn't really think about that. I was just excited about making the film.

M: Yes, I understand. Especially if it's your first film, I know that. Still, directors in the filmmaking world always have to work with these limits, especially budget constraints and time limitations... and the students need to be ready for these things if they want to make a career out of filmmaking. So you have to plan first before you start filming. Look at your surroundings carefully.

W: I understand... but I guess my concern is... since I'm not yet a professional filmmaker, I don't see what I can do with a twelve-minute restriction.

M: But all the students will have that same time limit... So why don't we just see what we're able to accomplish in spite of the limits that we have?

W: OK, professor. I'll give it a try. On campus and twelve minutes...

M: Good! Well, I'll see you in class tomorrow, then.

Now get ready to answer the questions. You may use your notes to help you answer.

21. What is the conversation mainly about?

Listen again to a part of the conversation. Then answer the question.

W: I don't know if some other students have made this request or if I'm the first... and I don't know how you would feel about this... but is it possible for me to make the film in my parents' neighborhood? Maybe I'm asking too much, but before you say anything, could I just explain why?

M: Go right ahead.

22. What does the student mean when she says this:
    W: I don't know if some other students have made this request or if I'm the first...

23. What does the professor say about restricting the location to the campus?
24. What can be inferred about the woman?
25. According to the professor, what are some limitations that professional filmmakers face?

W: 실례합니다, 교수님. 죄송하지만, 약속을 잡은 건 아닌데요.

M: 괜찮다, Kathy. 첫 수업 전에 20분 정도 있어. 무엇에 대해 얘기하려고 찾아왔니?

W: 교수님께서 저희에게 제작하라고 하신 영화에 대한 건데요...

M: 아, 그래... 그럼 어떻게 돼가고 있니?

W: 사실, 아직 시작하지 않았어요. 이 프로젝트를 시작하기 전에 교수님의 조언을 얻고 싶다고 생각했거든요. 제 추측으론 교수님께서 영화 촬영 장소를 캠퍼스 내로 제한하길 원하신 게 이 장소가 큰 다양성을 보이기 때문인 것 같아요, 그러니까, 건물과 환경이 무척 다양하잖아요.

M: 그렇단다...

W: 다른 학생들도 이런 요청을 했는지 아님 제가 처음인지 모르겠지만... 그리고 교수님께서 어떻게 생각하실지 모르겠지만... 제가 부모님 동네에서 영화를 만들어도 괜찮을까요? 제가 너무 많은 걸 요구하는 건지 모르겠지만, 말씀하시기 전에, 제가 이유를 설명 드려도 될까요?

M: 그러렴.

W: 저희 부모님께서는 Greenwich Village에 사시는데요, 거기에는 영화에 무척 잘 어울릴 거라고 생각되는 멋진 19세기 풍의 연립주택이 있거든요. 여하튼, 이 프로젝트의 목표 중 하나가 풍경에 대한 독특한 어떤 것을 찍는 것이라는 걸 고려하면, 부모님께서 사시는 동네가 정말 완벽하다는 생각이 들었어요!

M: 그래, 무슨 말인지 알겠다, 하지만... 내 생각엔 네가 캠퍼스 내로 장소를 제한한 의도를 놓친 것 같구나. 우리는 모두 캠퍼스의 경치에 익숙해져 있지, 그래서... 만약 학생들이 관람자들에게 그들이 이미 익숙한 어떤 것에 대해 새로운 관점을 보여줄 수 있다면, 학생들은 이 프로젝트의 목적을 달성하게 되는 거란다. 만약 네가 강의 수강생들이 전혀 본 적이 없는 장소를 찍는다면, 그들은 그 장소에 익숙하지 않기 때문에 어떤 새로운 관점도 발견할 수 없게 될 거야. 무슨 말인지 알겠니?

W: 아, 이제 알겠어요. 네, 그렇다면, 캠퍼스를 벗어나지 말아야 할 것 같네요.

M: 그래, 그래. 다른 건 없니?

W: 네... 음, 교수님께서 저희에게 요구한 다른 것은 영화의 길이를 12분으로 제한하라는 거였는데요. 제가 제대로 이해한 거 맞나요?

M: 맞단다. 영화의 총 길이는 12분으로 제한되어야 해.

W: 하지만, 교수님, 그건 너무 짧아요. 만약 제가 찍을 가치가 있는 것을 찾게 돼서 12분을 넘기고 싶으면 어떻게 해요?

M: 음, 그게 바로 요지란다. 프로 영화제작자들은 굉장히 직업정신이 강한 사람들이야... 그리고 난 너희들이 프로들처럼 생각할 수 있기를 원하고... 이게 무슨 의미냐면? 음, 영화제작자들은 보통 온갖 종류의 제약에 마주친단다, 예산, 촬영장소, 주제 선정, 시간... 만약 어떤 제작자가 이런 제약에도 불구하고 영화를 연출해낼 수 있다면, 그는 진정한 프로이지. 난 학생들이 특정한 제약을 가지게 되었을 때 무엇을 할 수 있는지가 보고 싶거든. 지난 수업에서 내가 그것을 논의했던 것 기억하고 있니, 장소와 상영시간 제약에 대한 것 말이야? 사실, 100분보다 더 긴 영화는 많지 않아.

W: 그렇군요. 사실 거기에 대해선 생각 못했어요. 전 그냥 영화를 만들 수 있다는 것에 신이 났거든요.

M: 그래, 이해한단다. 특히 이게 네 첫 번째 영화라면, 그렇다는 거 알고 있어. 그래도, 영화계의 감독들은 늘 이런 제약을 안고 일을 하고 있지, 특히 예산제약과 시간제한 말이야... 그리고 학생들도 만약 영화 제작을 직업으로 삼고 싶다면 이런 것들에 준비가 되어 있을 필요가 있어. 그래서 너희들은 촬영을 시작하기 전에 계획을 먼저 세워야 하는 거야. 주위환경을 신중하게 살펴보렴.

W: 알겠어요... 하지만 제가 걱정하는 건... 전 아직 프로 영화제작자가 아니기 때문에, 12분 한도를 가지고 뭘 해야 할지 모르겠다는 거에요.

M: 하지만 모든 학생들이 같은 시간 제약을 가지게 될 거야... 그러니까 그냥 우리가 갖고 있는 제약에도 불구하고 우리가 뭘 달성할 수 있는지 한 번 보는 게 어떨까?

W: 네, 교수님. 한 번 해볼게요. 캠퍼스에서, 그리고 12분이요...

M: 옳지! 음, 그럼 내일 수업시간에 보자.

variety [vəráiəti] 다양성 charming [tʃá:rmiŋ] 멋진 anyhow [énihàu] 결국, 어쨌든 distinctive [distíŋktiv] 독특한
see one's point ~의 말뜻을 알다, 이해하다 perspective [pərspéktiv] 관점 meet an objective 목적을 달성하다
stick to ~을 벗어나지 않다 get someone right ~의 말을 제대로 이해하다 go over (시간 등을) 넘기다, 초과하다
professional [prəféʃənəl] 직업정신이 강한 face [feis] 마주치다, 마주하다 constraint [kənstréint] 제약
give it a try 한 번 해보다, 시도하다

[26-30]

Listen to a conversation between a student and his professor.

M: Hello Professor Sanders. Thanks for seeing me on such short notice.

W: It's my pleasure, Philip. Uh... you sounded a little worried in your e-mail. Is anything the matter?

M: Um, actually, that teaching assistant job I got last week... it's going to begin soon, and to tell you the truth, I'm a bit terrified. I guess it's my fault, I didn't really look at the job description, and I thought that all I needed to do was proctor exams and give handouts... maybe answer students' questions on occasion... if I knew the answer. Well, I just found out that there's a lot more work than I thought there would be... and it's stuff that'll not only take up my time, but will also involve activities that I didn't expect I'd be doing.

W: OK, slow down... Uh, didn't you apply for the job because you thought it would help you in some way, if not now, then... maybe in the future?

M: Uh... not really. I applied because I needed money. You know, I've been thinking about what I want to do in the future, and I... well, it isn't in cement, but I was considering working for a local perfume company after graduation. Thought I'd use my degree in chemistry... And I've been doing a lot of research, trying to prepare myself for the job. I don't think the TA job will help me... at least not where my aspirations lie.

W: Well, let me make sure that I understand what you're saying. You think the TA job will interfere with the research you're doing, I mean, time-wise.

M: No, that's not what I'm saying at all. Here's the thing. I've never been a teaching assistant. I don't have any experience. Having high marks in my chemistry classes won't make me a good teaching assistant. Teaching assistant means assisting the teacher. I didn't realize it included substituting for the teacher. Just the thought of teaching a class gives me palpitations.

W: Hey, everyone worries at first, but later, they do pretty well.

M: I guess that depends on the person. Maybe most of the TAs did OK after a while, but I don't think I would be far off the mark if I said some of them probably didn't do that well, and I think I would fall into that category.

W: You're being a little harsh on yourself, and you haven't even started. Look. Even if you think being a TA won't help your objective to be a perfumer, let me just say that I think experience of that kind always helps. Maybe you don't see it now, but you will in a few years. Uh... I'd like to make a suggestion. I really don't want you to quit before you've even begun, so... would you consider talking to a student who was a TA for the same class last semester? I think he could give you a lot of advice and let you know just what's involved. He can tell you what it's like teaching a class.

M: Well...

W: I truly hope you haven't made up your mind.

M: Um... I would hate to give up just like that...

W: Absolutely!

M: OK, I'll talk to him.

W: Great! Let me write down his name and e-mail address. Just tell him I recommended that you speak to him. It would be really good to just try out the job... And listen, drop by again at the end of the month and let me know what you think about the TA job then. Would that be all right?

M: Sure, I can do that. See you next week in class, then.

Now get ready to answer the questions. You may use your notes to help you answer.

26. Why does the student go to see his professor?
27. Why does the student hesitate to take on the job?

Listen again to a part of the conversation. Then answer the question.

M: I didn't realize it included substituting for the teacher. Just the thought of teaching a class gives me palpitations.

W: Hey, everyone worries at first, but later, they do pretty well.

28. Why does the professor say this:
    W: Hey, everyone worries at first, but later, they do pretty well.

29. What is the student's opinion about the teaching assistant job?

30. What will the student probably do next?

M: 안녕하세요, Sanders 교수님. 급한 연락에도 만나주셔서 감사합니다.

W: 물론이지, Philip. 음... 네 이메일에서 좀 걱정하는 것처럼 들리던데. 무슨 문제라도 있니?

M: 음, 사실, 제가 지난주에 맡게 된 강의조교 일 말인데요... 그게 곧 시작하는데, 솔직히 말해서, 좀 겁이 나요. 제 잘못인 것 같아요, 직무내용을 제대로 보지 않고서, 제가 해야 할 일이 시험을 감독하고 유인물을 나눠주는 것과... 만약 제가 답을 알고 있다면... 학생들의 질문에 가끔 대답하는 것뿐이라고 생각했거든요. 근데, 제가 생각했던 것보다 훨씬 많은 일이 있다는 걸 이제 알게 됐어요... 그리고 이 업무들은 제 시간을 빼앗을 뿐만 아니라 제가 하게 될 거라고 예상 못한 활동도 포함돼 있구요.

W: 알았어, 차근차근 얘기해보렴... 음, 그 일이 만약 지금이 아니라면, 그럼 나중에라도, 네게 어떤 식으로든 도움이 될 거라고 생각해서 지원한 거 아니었니?

M: 음... 꼭 그렇지는 않아요. 전 돈이 필요해서 지원했어요. 사실, 전 미래에 하고 싶은 일에 대해 생각해왔는데요, 저는... 음, 확실하진 않지만, 졸업 후에 지역 향수 회사에서 일할까 생각하고 있었거든요. 화학전공을 살릴 수 있을 거라고 생각했어요... 그래서 이 일에 대비하기 위해, 많은 연구조사를 해왔구요. 조교일이 도움이 될 것 같진 않아요... 최소한 제 꿈에는요.

W: 음, 내가 네 말을 제대로 이해하고 있는지 보자. 넌 조교일이 네가 하고 있는 연구에 방해가 될 거라고 생각하는 거지, 그러니까, 시간적으로 말이야.

M: 아뇨, 제 말은 그런 게 전혀 아니에요. 그러니까요. 전 강의조교가 되어본 적이 한번도 없어요. 아무 경험이 없죠. 화학 수업에서 높은 성적을 받았다고 해서 제가 좋은 강의조교가 되는 것도 아니구요. 강의조교라는 말은 교수님을 보조한다는 뜻이잖아요. 전 그게 교수님을 대신하기도 한다는 걸 포함하고 있는지 몰랐어요. 수업을 하게 될 거라고 생각하는 것만으로도 심장이 막 뛰어요.

W: 얘야, 모두들 처음에는 걱정을 한단다, 하지만 나중에는, 꽤 잘하게 되지.

M: 그건 사람에 따라 다른 것 같아요. 조교들 대부분이 얼마 후에는 괜찮게 할지도 모르죠, 하지만 만약 제가 그들 중 일부는 분명 일을 제대로 못했을 것이라고 말하더라도 동떨어진 얘기는 아닐 것이라고 생각해요, 그리고 전 제가 그 부류에 포함될 것 같거든요.

W: 넌 자신에 대해 좀 호되구나, 넌 시작해보지도 않았잖니. 보렴. 비록 네가 조교일이 향수 제조자라는 너의 목표에 도움이 되지 않을 거라고 생각하고 있지만, 난 이런 류의 일은 언제든 도움이 된다고 생각한다는 걸 말해주고 싶구나. 아마 지금은 그렇지 않아 보일 수도 있겠지만, 몇 년 후에는 알게 될 거야. 음... 제안을 하나 해주고 싶네. 난 정말 네가 시작하기도 전에 그만두는 걸 원하지 않거든, 그러니까... 지난 학기에 같은 수업의 조교였던 학생과 얘기해보는 건 어떠니? 내 생각에 그 학생이 많은 조언을 해주고 무슨 일이 포함되어 있는지 가르쳐 줄 수 있을 거야. 수업을 가르치는 게 어떤지도 말해줄 수 있어.

M: 그게...

W: 난 정말 네가 마음을 굳힌 게 아니었으면 좋겠어.

M: 음... 그냥 이렇게 포기하고 싶지는 않아요...

W: 당연히 그렇지!

M: 네, 얘기해볼게요.

W: 잘됐다! 그 학생 이름과 이메일 주소를 써줄게. 그냥 너에게 그와 얘기해보도록 내가 권유했다고 말하렴. 그냥 그 일을 시도해보는 것만으로도 정말 좋을 거야... 그리고 말이야, 이번 달 말에 다시 잠깐 들러서 이 조교일에 대해 어떻게 생각하는지 가르쳐주렴. 괜찮겠지?

M: 물론이죠, 그럴 수 있어요. 그럼, 다음 주 수업시간에 뵐게요.

short notice 급한 연락 teaching assistant 조교 to tell you the truth 솔직히 말해서 job description 직무 내용 설명서
slow down 차근차근 이야기하다 in cement 확실한, 확실히 결정된 aspiration[æ̀spəréiʃən] 꿈, 열망
palpitation[pæ̀lpitéiʃən] 심장이 막 뜀, 가슴이 두근거림 depend on ~에 따라 다르다, ~에 달려 있다
be far off the mark 동떨어진 얘기를 하다, 딴소리를 하다 make up one's mind 마음을 굳히다, 결심하다 drop by 잠깐 들르다

2. Service Encounters

Hackers Test

p.132

1. A	2. D	3. B	4. C	5. B	6. C	7. A	8. B, C	9. A	10. B	11. B	12. C	13. B	14. C	15. C	16. B
17. A	18. A	19. A, C	20. C	21. C	22. A	23. B	24. B	25. D	26. D	27. C	28. D	29. B, C	30. D		

[1-5]
Listen to a conversation between a student and a clerk.

M: Hi. I came here to ask about the job fair.

W: Sure. Do you want to sign up?

M: Well, I'd like to, but as per the rules of the fair, it seems I'm not allowed to.

W: I guess you aren't graduating this year, then.

M: Right. But... if I may say so, it seems a bit unfair to disallow non-graduating students entry into the fair. Just because a student is in his second or third year doesn't mean that he won't benefit from being at the fair, or that he isn't interested in what job prospects are out there.

W: Yes, I see your point, but my hands are pretty much tied. I help students register and I let them know what the rules and procedures are. If I make an exception and let you sign up... well, other students might hear about it, and they're going to want to know why you're the exception. That's one reason.

M: OK...

W: The employers at the job fair represent the nation's top industries, and they're looking to recruit job hopefuls. Some of them will be interviewing on the spot. This is why we're requiring students who are interested in being interviewed to wear a suit. Now... I don't really understand why you would want to attend the fair... You'll be a full-time student next semester, and the job prospects that will be presented at the fair are for students who can start working immediately after they graduate.

M: Yes, I understand. I don't mean to sound rude, but please let me explain why I would like to attend.

W: Sure. I'm willing to listen.

M: OK. Um... the thing is, I know a lot of students don't usually start thinking about their careers... or getting a job until they're seniors. That's my impression. But I've always taken a keen interest in what I'm going to be doing after I graduate, so much so that even the part-time jobs I've taken on in the past couple years have been related to what I'd like to do when I finish university.

W: OK...

M: And basically, that's why I think that... if a student has a real concern about the work he'll be doing in the future, attending an event like a job fair could give him the information he needs to make the right decision.

W: All right. I do know where you're coming from... Um... this is what I'll do... Why don't you get a note from your professor, preferably an adviser if you already have one, and ask him or her to write up a note recommending that you'll be allowed to participate in the fair. If you bring me that note, I'll allow you to sign up.

M: That's great! I really appreciate this.

W: What line of work are you interested in doing, by the way?

M: I'd like to be an accountant.

W: Maybe I can give you a bit of advice about the job fair. I'm pretty sure you'll be able to get the note from your professor, so... it might be a good idea to make a list of questions that you'd like answered. That way, you won't regret not having asked something because you forgot to ask.

M: I will definitely do that. Uh... what time does your office close?

W: I'll be here till 5:00. That gives you about an hour and a half to get the note.

M: Fine, I'll make sure to be back before you leave. Thanks so much!

W: No problem.

Now get ready to answer the questions. You may use your notes to help you answer.

1. Why does the student go to see the woman?
2. What does the student say about the job fair's rule on participation?

Listen again to a part of the conversation. Then answer the question.

W: Yes, I see your point, but my hands are pretty much tied. I help students register and I let them know what the rules and procedures are. If I make an exception and let you sign up... well, other students might hear about it, and they're going to want to know why you're the exception. That's one reason.
M: OK...

3. What does the woman mean when she says this:
 W: That's one reason.

4. Why does the man mention his part-time jobs?
5. What does the woman suggest the man do?

M: 안녕하세요. 취업박람회에 대해 여쭤보려고 여기 왔어요.
W: 물론이죠. 참여하고 싶으신가요?
M: 음, 그러고는 싶은데, 박람회 규칙에 의하면, 전 허용되지 않는 거 같던데요.
W: 그럼, 학생은 올해 졸업하는 게 아닌가 보네요.
M: 맞아요. 하지만... 이렇게 말해도 된다면, 졸업하지 않는 학생들을 박람회에 입장하지 못하게 하는 것은 좀 불공평한 것 같아요. 학생이 2학년이나 3학년이라고 해서 박람회에서 혜택을 보지 못한다거나, 취업 전망에 대해서 관심이 없는 건 아닐 테니까요.
W: 네, 무슨 말인지 알겠어요, 하지만 전 제 마음대로 할 수 없어요. 전 학생들이 등록하는 것을 도와주고 규칙과 절차를 알려줘요. 만약 제가 예외로 학생이 등록할 수 있게 한다면... 음, 다른 학생들이 들을지도 모르고, 왜 학생만 예외인지 알고 싶어 할 거예요. 그게 하나의 이유죠.
M: 네...
W: 취업박람회의 사무원들은 국내 최고 업계들을 대표해요, 그래서 유망한 학생들을 모집하려고 하고 있죠. 몇 명은 그 자리에서 면접을 볼 거예요. 그래서 우린 면접을 보고 싶은 학생들은 정장을 입으라고 하고 있어요. 자... 전 왜 학생이 박람회에 참여하고 싶은지 잘 이해가 안돼요... 학생은 다음 학기에도 정규 학생일 거잖아요, 그리고 박람회 때 생길 취업 전망은 졸업한 후 바로 일을 시작할 수 있는 학생들을 위한 것이에요.
M: 네, 이해해요. 무례하게 들리지 않았으면 좋겠어요, 하지만 제발 제가 왜 참여하고 싶은지 설명하게 해주세요.
W: 네. 듣고 싶어요.
M: 네. 음... 그 이유는, 보통 많은 학생들이 자신의 직업이나... 일을 구하는 것에 대해 4학년이 되어서야 비로소 생각하기 시작한다는 것을 알고 있어요. 그게 제가 받은 인상이죠. 하지만 전 항상 대학을 졸업한 후 하게 될 것에 대해 큰 관심을 갖고 있어서, 지난 몇 년간 했던 파트타임 일조차도 대학을 마치고 하고 싶은 것과 연관되어 있었어요.
W: 네...
M: 그래서 근본적으로, 제 생각엔... 만약 한 학생이 자신이 미래에 할 일에 대해 정말 고민을 하고 있다면, 이러한 취업박람회 같은 행사에 참여하는 것이 학생이 옳은 결정을 내리는 데 필요한 정보를 줄 수 있을 것 같아요.
W: 알았어요. 어떻게 생각하고 있는지 알겠네요... 음... 이렇게 하죠... 교수님께 편지를 받아오는 게 어때요, 지도 교수님이 이미 계시다면 되도록 그분에게서요, 그리고 그분께 학생이 박람회에 참여해도 된다고 허용하는 추천 편지를 써달라고 부탁하세요. 그 편지를 가지고 오면, 참여하도록 허락해 줄게요.
M: 좋아요! 정말 감사합니다.
W: 그런데, 어떤 종류의 일에 관심이 있나요?
M: 전 회계사가 되고 싶어요.
W: 제가 취업박람회에 대해서 조금 조언을 해줄 수 있을 것 같네요. 학생은 분명 교수님에게서 편지를 받아올 것 같으니까, 그래서... 답을 원

하는 질문 리스트를 만드는 게 좋은 생각일 것 같아요. 그렇게 함으로써, 뭔가 물어볼 것을 잊어서 물어보지 못했다는 것에 후회하지 않을 수 있을 거예요.

M: 꼭 그렇게 할게요. 어... 사무실은 몇 시에 닫죠?

W: 전 5시까지 여기에 있을 거예요. 그러니까 편지를 받아오기까지 1시간 반이 남았네요.

M: 알겠어요, 나가시기 전에 꼭 돌아올게요. 정말 감사합니다.

W: 천만에요.

per[pər] ~에 의하여 disallow[dìsəláu] ~을 못하게 하다, ~을 허가하지 않다 entry[éntri] 입장
benefit from ~에서 혜택을 보다 hands are tied 마음대로 못하다 register[rédʒistər] 등록하다 nation's top 국내 최고의
hopeful[hóupfəl] 유망한 사람 senior[síːnjər] 4학년생의 학생, 최고 학년의 impression[impréʃən] 인상
adviser[ədváizər] 지도 교수

[6-10]

Listen to a conversation between a student and a school officer.

M: Hello? Can I help you with anything?

W: I hope I'm at the right place. I'm the president of the choir club, and yesterday, I put up some notices about a concert the club is holding next week... I posted five of the notices on the main academic and administrative buildings of the campus.

M: Right, I saw them.

W: You did? Then I guess you know that the announcements are all gone. They've been taken down. Is there a reason for that? I didn't break any rule, did I?

M: Well... actually, you did. Your posters were taken off the bulletin boards because they didn't have a notice stamp. Hold on, let me show you what it looks like...

W: Oh, those. I've seen them on some of the posters...

M: They should be on all of the posters. Let me explain why. Students put up notices everywhere, and some of the stuff they post are for... uh, personal things... things not having to do with university activities... You know, someone trying to sell his old computer... or has anyone seen a red notebook that was left on the steps of the library, could they please return it to so-and-so... And when all these notices go up on the boards, the university's notices don't get seen by the students. There're just too many personal notices and requests.

W: Yeah, I get it, but...

M: So... the university's new policy is that all notices need to be stamped before they go up on the bulletin boards. And that's why yours were taken down. In fact, I took them off. Sorry about that, but it's my responsibility to clear the announcement boards of... notices that don't have a notice stamp.

W: To be honest, I had no idea about the notice stamp. And of course, I don't blame you for taking them down. Well, come to think of it, I should have made the connection... seeing the stamps on the posters, but maybe I was in a hurry, and I didn't think about it. So um... can I get a stamp for my posters?

M: Sure, you can. But you need to get approval for your posters first. That shouldn't take long... Oh, right! OK, the problem is the, um, the guy who's in charge of approving notices isn't here today. Since today is Friday, he should be back on Monday. You'll just have to come back on Monday. Sorry...

W: Oh, no... Don't you have the authority to make approvals?

M: Well, yes, in certain... urgent situations... you know, some important educational seminar or the visit of some important person.

W: We've had this thing planned for months and it's just four days away. The club spent half of its funds to put this concert together, and it's going to be a big failure if not enough people show up to watch. And I think it's something the students would enjoy... The performers we have are really talented. Isn't there something that you could do? Please help me.

M: Well... You know what? I do personally enjoy musical events and I think there should be more musical performances at the university... Plus, the university wants us to support performances like yours. So, I'll make an exception this time and sign the form... We could say that your concert is an educational activity. Just fill out this form and I'll stamp your notices.

W: That's really nice of you. I'm very grateful!

M: No problem.

W: Um... do you by any chance still have the club's posters with you?

M: They're in the back room. Hold on a second. I'll get them.

W: Thank you!

Now get ready to answer the questions. You may use your notes to help you answer.

6. Why does the student visit the school officer?
7. Why does the man mention an old computer?
8. According to the conversation, what are two situations in which the man would approve a notice?
9. Why does the student worry about getting a notice stamp?
10. What is the man's attitude toward the student's situation?

M: 안녕하세요? 무엇을 도와 드릴까요?

W: 제가 맞게 찾아왔는지 모르겠네요. 전 합창단 동아리의 회장인데요, 어제, 제가 다음 주에 동아리가 여는 콘서트에 대한 벽보를 몇 개 붙였거든요... 캠퍼스 내에 주요 학과와 행정 빌딩들에 5개의 벽보를 붙였어요.

M: 맞아요, 그것들을 봤어요.

W: 그러셨어요? 그럼 공고들이 모두 없어졌다는 것도 아시겠군요. 다 없어졌어요. 그 이유가 있나요? 제가 어떤 규칙을 어기진 않았죠, 그렇죠?

M: 음... 사실, 어겼어요. 학생의 포스터들이 게시판에서 내려진 이유는 그것들에 공고 도장이 없었기 때문이에요. 잠깐만요, 그게 어떻게 생겼는지 보여줄게요...

W: 아, 저거요. 몇몇 포스터에서 저걸 봤어요...

M: 이건 모든 포스터에 있어야 해요. 왜 그런지 설명해줄게요. 학생들은 공고를 아무 곳에나 붙여요, 그리고 그들이 올리는 것들 중 일부는... 어, 개인적인 것들이죠... 대학 내의 활동과 상관없는 것들이요... 그러니까, 자신의 오래된 컴퓨터를 팔려는 사람이나... 누가 도서관 계단에 놔둔 빨간 공책을 봤는지, 봤다면 누구누구에게 돌려달라는 것이나... 그리고 이런 공고들이 다 게시판에 올라가면, 대학의 공고들은 학생들에게 보이지 않게 되죠. 그냥 개인적인 공고와 요청이 너무 많아요.

W: 네, 이해해요, 하지만...

M: 그래서... 대학의 새로운 규정은 모든 공고들이 게시판에 올라가기 전에 도장을 받아야 한다는 거예요. 그래서 학생의 것이 내려진 것이죠. 사실, 제가 떼었어요. 미안해요, 하지만 게시판에서... 공고 도장이 없는 공고들을 처리하는 것이 제 책임이에요.

W: 솔직히, 전 공고 도장에 대해서 전혀 몰랐어요. 그리고 당연히, 제 공고를 내리신 것에 대해 탓하지 않아요. 음, 생각해보니, 제가 그걸 알아차렸어야 했네요... 포스터에 도장이 찍힌 걸 보고 말이죠, 하지만 제가 급했었나 봐요, 생각을 못했네요. 그럼 음... 포스터에 도장을 받을 수 있을까요?

M: 물론 그렇게 할 수 있죠. 하지만 먼저 포스터를 승인 받아야 해요. 오래 걸리진 않을 거예요... 오, 맞아요! 네, 문제는, 음, 공고를 승인하는 일을 맡은 남자분이 오늘 안 계시다는 거예요. 오늘이 금요일이니까, 월요일에 다시 나오실 거예요. 학생이 월요일에 다시 와야 할 것 같네요. 미안해요...

W: 오, 안돼요... 승인을 해주실 수 있는 권한이 없나요?

M: 음, 있죠, 특정... 긴급한 상황에서는요... 그러니까, 몇몇 중요한 교육 세미나나 중요한 인물의 방문이요.

W: 저희는 이걸 몇 달 동안 계획했고 콘서트는 이제 겨우 4일 후예요. 동아리는 자금의 반을 이 콘서트를 여는 데 투자했고, 사람들이 충분

히 보러 오지 않으면 정말 큰 실패가 될 거예요. 그리고 제 생각엔 학생들이 많이 좋아할 것 같아요... 공연자들이 정말 재능 있어요. 어떻게 해주실 수 없나요? 제발 도와주세요.

M: 음... 그거 알아요? 저도 개인적으로 음악 행사들을 좋아하고 더 많은 음악 공연이 대학에서 열려야 한다고 생각해요... 게다가, 대학은 우리가 이런 공연들을 지원해 주길 원해요. 그래서, 제가 이번을 예외로 하고 서류를 승인해드리죠... 학생의 콘서트가 교육 활동에 해당된다고 할 수 있을 것 같아요. 그냥 이 서류를 작성하면 제가 공고에 도장을 찍어 드릴게요.

W: 정말 친절하시네요. 너무 감사합니다.

M: 아니에요.

W: 음... 혹시 동아리 포스터들을 아직 갖고 계신가요?

M: 뒷방에 있어요. 잠시만요. 가지고 올게요.

W: 감사합니다!

administrative [ədmínistrèitiv] 행정상의　bulletin board 게시판　so-and-so 누구누구, 아무개
policy [pálisi] 규정　approval [əprúːvəl] 승인　in charge of ~을 맡은, 담당인　urgent [ə́ːrdʒənt] 긴급한
fund [fʌnd] 자금　failure [féiljər] 실패　musical event 음악 행사　exception [iksépʃən] 예외
educational [èdʒukéiʃənəl] 교육적인

[11-15]

Listen to a conversation between a student and an employee.

M: Excuse me. I was hoping you could help me. I'd like to reserve a tennis court for Sunday morning, if one is available. A friend of mine is coming over this weekend, and we thought we'd play a few games.

W: Um... I'm not the one in charge of tennis court reservations. It's just go down one flight. It's the second door to your left.

M: Did they transfer the office? I seem to recall it was on this floor.

W: As a matter of fact, they did. I know it used to be in this room, but yeah, I don't know why it is now on the second floor. Hey, you probably didn't notice that it's noon, and the office is closed now. It'll open at 1:00.

M: OK. Um... I suppose it'll be hard to get a reservation.

W: I think... not. The peak season for tennis is over. It should be a cinch to get a reservation. Half the courts aren't being used on most days.

M: Oh. That's good for me and my friend. Speaking of which... well, you may not know the answer to this question, but let me ask anyway. My roommate tried to reserve a court, but he couldn't because... I don't know... there was something wrong with his student ID card? It wasn't explained to him, what was wrong, I mean, and he's still trying to figure out what happened, and what the problem with his ID.

W: Huh. No idea at all. I'd like to help your roommate, but sorry, I'm not...

M: It's OK.

W: Wait. Well, maybe your roommate could go over to the finance office. They take care of payments, and if your roommate hasn't paid a fee, like a library fee or something, well that could cause problems... especially if, in the finance office's records, the fee is way overdue. That could very well limit what services the student could get with his ID. Anyhow, they could tell him what the problem is.

M: OK, thanks. I'll let him know. Oh, there's one other thing.

W: Yes?

M: This friend of mine, the one I'm playing tennis with, he's not actually a student at this university. He's a student, but just... you know, visiting. Would I have to get a pass for him?

W: Most definitely.

M: He's just a student visiting this university. Is the pass really necessary?

W: Everyone who's not a student here must get a pass. University rules...

M: Aren't there exceptions? My friend's coming over just to spend time with me. I don't see why that would need a pass.

W: Still, it's a rule.

M: Yes, yes. I realize that. I'm just a bit surprised because... students should be able to visit other universities without having to be issued a pass.

W: Yeah, I know what you mean, and I think that should be the case, that students should be free to visit other universities without a pass, but it's a rule at this university, and my hands are tied.

M: OK, OK. Well, could I get a pass for my friend, then?

W: Sorry, I can't do that. If you've ever had an out-of-town student visit you, then I guess you know what the rules are. Your friend is supposed to pick up the pass. Let your friend come to this office when he visits here this weekend. That's the rule. Someone will be here in the office.

M: Please! My dorm is really far away, so we'll have to walk about a mile just to come here and get the pass.

W: Aren't there any shuttle buses?

M: Not on weekends.

W: Oh, yeah, right.

M: It's just for this one visitor, and you could save us a lot of time if you would just make an exception. I promise I'll give him the pass right away when he arrives.

W: All right. But this is the first and last time I'm going to do this for you.

M: Thanks so much!

Now get ready to answer the questions. You may use your notes to help you answer.

11. Why does the student go to see the woman?

Listen again to a part of the conversation. Then answer the question.

W: Huh. No idea at all. I'd like to help your roommate, but sorry, I'm not...

M: It's OK.

W: Wait. Well, maybe your roommate could go over to the finance office.

12. What does the woman mean when she says this:
W: Wait.

13. According to the conversation, what is one way the ID card problem can be settled?
14. Which of the ideas that the man expressed does the employee agree with?
15. What will the employee do for the student?

M: 실례합니다. 저를 도와주셨으면 해서요. 일요일 아침에 사용할 테니스 코트를 예약하고 싶어요, 하나가 비어 있으면 말이죠. 제 친구가 이번 주말에 놀러 오는데, 몇 게임 하려고요.

W: 음... 전 테니스 코트 예약을 담당하는 사람이 아니에요. 한 층만 내려가시면 돼요. 왼쪽에서 두 번째 문이에요.

M: 사무실을 옮겼나요? 제 기억으로는 이 층에 있었던 거 같은데.

W: 사실 맞아요, 옮겼어요. 이 방에 있었던 걸로 알고 있는데, 하지만 네, 이제 왜 2층에 있는지 모르겠네요. 저기, 아마도 12시라는 걸 모르

는 것 같은데, 그 사무실은 지금 닫혔어요. 1시에 다시 열 거예요.

M: 네. 음... 예약을 하는 게 어려울 것 같네요.

W: 제 생각엔... 그렇지 않을 것 같은데요. 절정이었던 테니스 시즌은 지났어요. 예약하는 건 누워 떡 먹기일 거예요. 거의 매일 코트의 반은 사용되고 있지 않아요.

M: 오. 저와 제 친구에게 좋은 소식이군요. 말하다 보니 말인데요... 음, 이 질문에 답을 모르실 수도 있는데, 어찌됐던 그래도 여쭤볼게요. 제 룸메이트가 코트를 예약하려고 했는데, 못했어요, 왜냐하면... 잘 모르겠는데... 학생증에 문제가 있었다나봐요? 걔한테 설명을 해주지 않았대요, 그러니까, 문제가 뭔지요, 그래서 아직도 그게 무슨 일이었는지 알아보려고 하고 있어요, 그리고 학생증에 무슨 문제가 있는지요.

W: 아. 저도 모르겠네요. 학생의 룸메이트를 도와주고 싶은데, 미안해요, 전...

M: 괜찮아요.

W: 잠깐만요. 음, 룸메이트가 재무과에 가보는 것이 좋겠네요. 그쪽에서 모든 지불 금액을 해결하거든요, 그런데 만약 룸메이트가 납입금을 안 냈다면, 예를 들면 도서관 벌금이나 그런 거요, 뭐 그것이 문제를 일으킬 수 있죠... 특히, 만약 재무과 기록에 벌금이 연체되었다고 나오면 말이에요. 그거야 말로 충분히 학생이 학생증으로 받을 수 있는 서비스를 정말로 제한할 수 있죠. 어찌됐던, 그쪽에서 그에게 문제가 뭔지 알려줄 수 있을 거예요.

M: 네, 감사합니다. 전해줄게요. 오, 또 한가지가 있어요.

W: 네?

M: 제 친구요, 같이 테니스를 치기로 한, 그 친구가 사실 이 학교 학생이 아니에요. 학생인데, 그냥... 그러니까, 방문하는 거예요. 그에게 방문자 카드를 받아줘야 할까요?

W: 당연하죠.

M: 그는 그냥 학교를 방문하는 학생일 뿐인데요. 정말 방문자 카드가 필요한가요?

W: 이 학교의 학생이 아닌 사람들은 모두 방문자 카드를 받아야 해요. 대학 규칙이죠...

M: 예외는 없나요? 제 친구는 그냥 저와 시간을 보내려고 오는 건데요. 그것 때문에 왜 방문자 카드가 필요한지 모르겠어요.

W: 그래도, 그게 규칙이에요.

M: 네, 네. 알겠어요. 그냥 전 좀 놀랐어요... 왜냐하면 학생들은 방문자 카드를 발급받지 않고서도 다른 대학에 갈 수 있어야 한다고 생각하거든요.

W: 네, 무슨 말인지 알아요, 그리고 저도 그렇게 생각해요, 학생들은 다른 대학들을 방문자 카드 없이 자유롭게 방문할 수 있어야 한다고요, 하지만 이게 이 대학의 규칙이고, 전 어떻게 할 수가 없네요.

M: 네, 네. 그럼, 제가 제 친구를 위해 방문자 카드를 받아도 될까요?

W: 미안해요, 그렇게는 할 수 없어요. 만약 이 지역에 살지 않는 학생이 방문한 적이 있다면, 규칙이 어떤지 알 거예요. 친구가 직접 방문자 카드를 받으러 와야 해요. 친구가 이번 주말에 방문하러 오면 이 사무실로 오라고 하세요. 그게 규칙이에요. 누군가 여기 사무실에 있을 거예요.

M: 부탁해요! 제 기숙사는 정말 멀어서 단지 방문자 카드를 받으려고 여기까지 오려면 저희는 한 1마일을 걸어야 해요.

W: 셔틀버스가 없나요?

M: 주말에는 없어요.

W: 아, 그렇군요, 맞아요.

M: 그냥 이 한 방문자만을 위해서예요, 그리고 이번만 예외로 해주신다면 정말 저희의 시간을 많이 절약해주실 수 있을 거예요. 전 친구가 도착했을 때 바로 방문자 카드를 전해 주겠다고 맹세해요.

W: 알았어요. 하지만 이번이 학생을 위해 이렇게 해주는 처음이자 마지막이에요.

M: 정말 감사합니다!

reserve [rizə́:rv] 예약하다 available [əvéiləbl] 비어있는, 쓸모 있는 transfer [trænsfə́:r] 옮기다 peak [pi:k] 절정, 최고점
cinch [sintʃ] 누워 떡 먹기 finance [finǽns] 재무 payment [péimənt] 지불 금액 library fee 도서관 벌금
record [rékəːrd] 기록 overdue [òuvərdjú:] 연체한, 연착한

[16-20]

Listen to a conversation between a student and a university employee.

M: Hi. I'm graduating this summer, and I'm wondering if this is where I should submit my graduation application form?

W: Yes, you've come to the right place.

M: Here you go.

W: Just a second! Sorry... I didn't mean to raise my voice. Don't leave yet. I need to check if you filled out the form correctly. It's just procedure. It shouldn't take me more than a few minutes.

M: Sure, no problem, but... just to let you know, I've gone through the form a dozen times.

W: Yes, but I can't stamp your form until after I verify that the information is complete. OK, so you're Christopher Holman?

M: That's me.

W: Mr. Holman... there's a bit of a problem here.

M: What? What do you mean?

W: I've checked your document against our computer database, and from what I gather... you haven't earned enough credits to graduate this summer.

M: That's not possible! I'm sure I have all the credits I need. I checked it myself!

W: The records say you lack two credits. Come and see for yourself, if you wish.

M: Look, Miss... Miss...

W: Wentworth.

M: Miss Wentworth, I made a list of all the subjects I took from my freshman to my senior year based on my grade reports, and I'm a hundred percent certain that everything adds up. For my major, I need 120 credits, and I've earned all the required credits to get my diploma. I think you're the one who's mistaken. Maybe you didn't add the credits for my summer courses.

W: I didn't miss those, Mr. Holman. If you could just take a look at the screen, you'll see that the courses you took for all the summer sessions are listed in our database.

M: Please... please check again. I'm all set to graduate, and it would be such bad luck to not graduate just because of some typo or a technical error. Please compare my list with what's in the database, and I'm pretty sure you'll find what's missing in the university's records. Please take a look at it one more time.

W: Sure, wait a minute. I'll need a minute or two.

M: That's fine. Take your time, please.

W: OK, I see where the error is. It's on our side.

M: I thought so! You see?

W: No need to rub it in.

M: I'm sorry. I didn't mean to... suggest anything.

W: All right, let me explain what the problem is. It appears that the fieldwork you did a semester ago was not counted as earned credits in the student information base. That's ninety hours of fieldwork, so you should have gotten two credits for that. I have no idea why your ninety hours didn't get recorded. It might have been a computer glitch... but I'm guessing it's probably human error.

M: A friend of mine did fieldwork with me, and his ninety hours got recognized as credits. I'm not going to have any problem, am I? There is a way to get this fixed, right?

W: Uh... Please don't be upset. There's actually nothing that I can do. However, you should be able to go and see someone who has the authority to have the data corrected. And you're going to have to be quick about this or you might not be able to graduate.

M: Please tell me what to do.

W: Um... You'll need to go over to the chairman of your department. I think he's the only one in a position to solve the problem. I'll print out what's on the screen. Take your grade report with you, the one that lists the two credits for the fieldwork. Don't forget that the graduation application period ends next week, so you really do need to hurry.

M: OK, thanks, I appreciate your help.

Now get ready to answer the questions. You may use your notes to help you answer.

16. Why does the student go to see the university employee?

Listen again to a part of the conversation. Then answer the question.

M: Sure, no problem, but... just to let you know, I've gone through the form a dozen times.

W: Yes, but I can't stamp your form until after I verify that the information is complete. OK, so you're Christopher Holman?

17. What does the man mean when he says this:
    M:...just to let you know, I've gone through the form a dozen times.

18. What does the man say about his credits?
19. According to the conversation, what are two possible reasons the woman gives for the error?
20. Why does the student have to see the chairperson immediately?

M: 안녕하세요. 제가 올해 여름에 졸업하는데, 여기가 졸업신청서를 제출하는 곳이 맞나요?

W: 네, 제대로 찾아오셨어요.

M: 여기 있어요.

W: 잠깐만요! 죄송해요... 목소리를 높일 생각은 아니었어요. 아직 가지 마세요. 양식을 제대로 기입했는지 확인해야 되거든요. 그냥 절차일 뿐이에요. 몇 분 이상 걸리지는 않을 거예요.

M: 물론이죠, 상관없어요, 그런데... 그냥 말씀 드리자면, 그 양식은 제가 12번 정도나 확인했어요.

W: 네, 그렇지만 이 정보가 확실한지 제가 확인하지도 않고 그냥 소인을 찍을 수는 없거든요. 좋아요, 그러니까 학생 이름이 Christopher Holman이죠?

M: 맞아요.

W: Holman군... 여기 문제가 조금 있네요.

M: 네? 무슨 말이에요?

W: 학생의 서류를 우리 컴퓨터 데이터베이스에 대조해봤는데, 모아본 것에 의하면... 학생이 올해 여름에 졸업할 만큼 충분한 학점을 따지 못한 것 같아요.

M: 그럴 리가 없어요! 전 분명히 필요한 모든 학점을 땄다구요. 제가 직접 확인했는걸요!

W: 기록에는 학생이 2학점 모자란다고 나와요. 원한다면 직접 와서 보세요.

M: 저기요, 저... 성함이...

W: Wentworth예요.

M: Wentworth씨, 전 제 성적표에 근거해서 1학년부터 4학년까지 제가 수강했던 과목들을 모두 리스트로 작성했어요, 그리고 모든 계산이 맞다는 걸 100% 확신해요. 제 전공에서는, 120학점이 필요한데, 전 학위를 따기 위해 필요한 이 모든 학점을 이수했단 말이에요. 제 생각에 실수를 한 건 그쪽이신 것 같아요. 여름 계절학기에 딴 학점을 포함시키지 않았을 수도 있구요.

W: 그것들을 누락시키지 않았어요, Holman군. 여기 스크린을 한 번 보면, 학생이 수강한 모든 여름 계절학기 수업이 데이터베이스에 올라와 있다는 걸 알 수 있을 거예요.

M: 부탁이에요... 제발 한 번만 더 확인해주세요. 졸업할 준비가 모두 끝났는데, 단지 무슨 오타나 기계적인 오류 때문에 졸업을 못하게 되면 정말 불행할 거예요. 제 리스트와 데이터베이스에 있는 걸 비교해주세요, 그럼 분명 학교의 기록에서 뭐가 누락되었는지 발견하게 될 거예요. 제발 한 번만 더 봐주세요.

W: 물론이죠, 잠시만요. 1~2분 정도 걸릴 거예요.

M: 괜찮아요. 천천히 해주세요.

W: 그렇구나, 어디에 문제가 있는지 알았어요. 우리 쪽이었네요.
M: 그럴 줄 알았어요! 보셨죠?
W: 몰아 세울 필요는 없잖아요.
M: 죄송해요. 다른 뜻이 있었던 건... 아니었어요.
W: 괜찮아요, 뭐가 문제였는지 설명해줄게요. 보니까 한 학기 전에 학생이 수행했던 현지조사가 학사정보 데이터베이스에서 취득학점으로 인정되지 않았어요. 90시간의 현지조사니까, 이것에 대해서는 2학점을 받았어야 했겠네요. 왜 이 90시간이 기록되지 않았는지 모르겠군요. 컴퓨터상의 오류일수도 있지만... 그보단 아마 담당자의 실수일 거예요.
M: 제 친구도 저랑 같이 현지조사에 참여했는데, 그 친구는 90시간을 학점으로 인정받았어요. 아무 문제가 되지는 않겠죠, 그렇죠? 바로잡을 방법이 있는 거죠, 맞죠?
W: 아... 흥분하지 마세요. 사실 제가 할 수 있는 일은 없어요. 하지만, 데이터를 바로잡는 권한을 가진 사람에게 가볼 수는 있을 거예요. 그런데 빨리 가보지 않으면 졸업을 못할지도 몰라요.
M: 뭘 해야 하는지 가르쳐주세요.
W: 음... 학생은 학장님께 가야 해요. 제 생각엔 학장님만이 이 문제를 해결할 수 있는 위치에 있는 유일한 분일 거예요. 제가 화면에 뜬 걸 출력해줄게요. 학생이 현지조사에서 얻은 2학점이 포함된 성적표를 함께 가지고 가세요. 졸업신청 기간이 다음 주에 끝난다는 걸 잊지 마요, 그러니까 정말 서둘러야 할 거예요.
M: 네, 고맙습니다, 도와주셔서 감사해요.

mean to ~할 생각이다, ~할 의도가 있다 check against ~에 대조해보다 gather[gǽðər] 생각하다, 추측하다
add up 계산이 맞다, 이해가 가다 diploma[diplóumə] 학위 be all set to ~할 준비가 모두 끝나다
take one's time 천천히 하다, 시간을 충분히 쓰다 rub it in (실수에 대해 짓궂게) 몰아세우다, 되풀이하여 상기시키다
fieldwork[fíːldwə̀ːrk] 현지조사, 현장답사 earned credit 취득학점, 이수학점 glitch[glitʃ] 오류

[21-25]

Listen to a conversation between a student and a career center official.

W: Hi. I was hoping you could help me.
M: Sure, what can I do for you?
W: I'm looking for a job that I can do preferably in the evening, like, after 6:00 p.m., and on weekends.
M: I guess you're interested in a job on campus.
W: Um... not necessarily, but if there's one that matches my skills and pays better than minimum wage, then I'm willing to take the job.
M: Well, let me pull up your record first. What's your name? And your student ID number.
W: That's Cynthia Lancaster. And my ID number is 9-5-8-8-2-3-1-1-0.
M: Here we are... Lancaster. Hey... you worked at the library last year. And it says in our records that the chief librarian thought you did a really great job. So... um... they have an opening. Why don't you take the job? I'm pretty sure they'd give it to you in a heartbeat.
W: Yeah, I guess... But I'm looking for a job that's more... worth my while. Something like a server at a restaurant... any kind of wait staff job. I don't mind having a lot of work to do and having to work harder as long as I'm compensated well for it. You know what... I think it's best if I work off-campus because I need the money. If you have any openings for a restaurant job outside of the campus, I'd be very interested.
M: Well, if you're thinking along the lines of a high pay rate, a job like that would require some experience... Have you ever worked in a restaurant?
W: Yes, I have. It paid pretty good wages and the tips were excellent. I was able to put something aside the months I was doing part-time waitressing at that restaurant. But they don't have an opening now, and I have been checking at other places. Unfortunately, I couldn't find anything on my own. That's the reason

I came to the Career Center.

M: You know, to be honest, I'm... amazed that you're asking me if there are any wait staff jobs available. Students don't usually ask for wait staff jobs at this time of the year because openings of that type get snapped up pretty quick. I think they're usually filled around the first or second week the term starts... and I guess you're aware of this, that it's difficult, if not impossible, to get a wait staff position around this time.

W: Yes, I see what you're saying, but the fact is my friend did say that there is one opening, and she told me I'd better hurry if I wanted to get the job...

M: Does your friend know the name of the restaurant?

W: It was on the tip of her tongue, but she couldn't remember.

M: But how would she know about this opening? Um, is your friend majoring in career development? Or does she work at a career center or something?

W: No, she's a photography major.

M: A photography major? How could a photography major get hold of this kind of information? Well, let me check the database for wait staff jobs, but don't get your hopes up. I doubt I'll find any.

W: That's all right. Please just make sure.

M: Well, well, well... There is, in fact, a job opening at a restaurant off-campus. It's called Trellis. They need someone with at least three months experience. How many months experience have you had?

W: I've had six at the Pompadour on 3rd and East.

M: That's perfect. OK, just bring your resume and a letter of reference from your supervisor at your previous job.

W: You mean... the librarian job?

M: No, the restaurant job.

W: OK, I'll do that. Thanks so much.

Now get ready to answer the questions. You may use your notes to help you answer.

21. What are the speakers mainly discussing?
22. What can be inferred about working at the library?
23. What does the woman say about the wait staff work she did in the past?

Listen again to a part of the conversation. Then answer the question.

M: Um, is your friend majoring in career development? Or does she work at a career center or something?

W: No, she's a photography major.

M: A photography major? How could a photography major get hold of this kind of information? Well, let me check the database for wait staff jobs, but don't get your hopes up. I doubt I'll find any.

24. What does the man imply when he says this:
    M: A photography major? How could a photography major get hold of this kind of information?

25. What will the woman probably do next?

W: 안녕하세요. 절 좀 도와주셨으면 하는데요.
M: 물론이죠, 무엇을 도와 드릴까요?
W: 제가 되도록이면, 그러니까, 저녁 6시 이후쯤이나, 주말에 할 수 있는 일자리를 찾고 있거든요.
M: 아마 캠퍼스 내에 있는 일에 관심이 있나 보네요.
W: 음... 꼭 그런 건 아니지만, 제 능력에 맞고 최저임금보다 돈을 더 많이 주는 곳이라면, 기꺼이 그 일을 할 거예요.
M: 음, 우선 학생 기록을 조회해 볼게요. 이름이 뭐죠? 그리고 학번도요.
W: Cynthia Lancaster구요. 학번은 9588231100이에요.
M: 여기 있군요... Lancaster양. 저기... 작년에 도서관에서 일했네요. 우리 기록에 의하면 도서관장이 학생이 일을 참 잘했다고 하셨다는 군요. 그래서... 음... 여기 빈 자리가 하나 있어요. 이 일을 하는 건 어때요? 학생에게 곧장 일을 맡길 거라는 확신이 드는데요.
W: 네, 아마 그렇겠죠... 하지만 전 좀더... 제 시간에 높은 가치를 두는 일을 찾고 있어요. 레스토랑 종업원이나... 어느 업종이든 웨이터 같은 일이요. 전 제가 충분한 보상을 받기만 한다면 일이 많거나 어려운 건 상관없어요. 있잖아요... 전 돈이 필요하기 때문에 캠퍼스 밖에서 일하는 게 최선일 것 같아요. 캠퍼스 밖에 있는 레스토랑에 자리가 있다면, 정말 좋을 것 같아요.
M: 음, 학생이 높은 급료를 받는 종류의 일을 생각하고 있다면, 그런 일은 어느 정도의 경력을 요구해요... 레스토랑에서 일해본 적 있나요?
W: 네, 있어요. 시급도 꽤 좋았고 팁도 굉장했죠. 그 레스토랑에서 아르바이트로 웨이트리스를 하는 달엔 돈을 좀 모을 수도 있었어요. 하지만 지금은 빈 자리가 없더라구요, 그래서 다른 곳을 알아보고 있었어요. 불행히도, 혼자서는 아무것도 찾을 수가 없더라구요. 그래서 제가 경력 센터에 찾아온 거구요.
M: 그게, 솔직히 말해서, 전... 학생이 웨이터 자리가 없냐고 물어볼 때 놀랐어요. 이런 종류의 일자리는 꽤 빨리 차버려서 요즘 같은 시기에는 보통 웨이터 일에 대해 문의하지 않거든요. 제 생각에 학기가 시작하고 보통 1~2주 사이에 모두 차는 것 같아요... 그리고 학생도 알고 있겠지만, 이 시기에 웨이터 일을 구하는 건, 불가능하지는 않다고 해도, 어렵잖아요.
W: 네, 무슨 말인지 알겠어요, 하지만 사실 제 친구가 자리가 하나 있다고 말했거든요, 그래서 제가 그 일을 구하기를 원하면 서두르는 게 좋을 거라고 말해줘서요...
M: 친구가 레스토랑의 이름을 알고 있나요?
W: 입 끝에서 나올 듯 말 듯 했는데, 끝내 기억을 못해냈어요.
M: 그런데 친구가 어떻게 빈 자리가 있다는 걸 알았어요? 음, 친구가 경력개발 전공인가요? 아님 경력 센터나 그런 데서 일해요?
W: 아뇨, 사진 전공이에요.
M: 사진 전공이요? 사진을 전공하는 학생이 어떻게 이런 정보를 얻을 수 있었죠? 음, 데이터에서 웨이터 일을 찾아볼게요, 하지만 너무 기대하지는 마세요. 어떤 것이라도 찾을 수 있을지는 모르겠네요.
W: 괜찮아요. 그냥 확인만 해주세요.
M: 흠... 실제로, 캠퍼스 밖의 한 레스토랑에 빈 자리가 있네요. Trellis라는 곳이에요. 최소 3개월의 경력이 있는 사람을 필요로 한다는군요. 학생이 갖고 있는 경력은 몇 개월이에요?
W: 3번가와 East에 있는 Pompadour에서 6개월 일했어요.
M: 완벽하네요. 좋아요, 이력서랑 이전 일자리의 담당자에게서 추천서를 받아오세요.
W: 도서관 일... 말하시는 거예요?
M: 아뇨, 레스토랑 일이요.
W: 네, 그럴게요. 감사합니다.

preferably [préfərəbli] 되도록이면　pull up (정보를) 조회하다　opening [óupəniŋ] 빈 자리　in a heartbeat 곧장, 두 말 없이
compensate [kάmpənsèit] 보상하다　along the lines of ~와 같은 종류의, ~와 같은 선상의　snap up (일자리를) 채우다, 낚아채다
on the tip of one's tongue 입 끝에서 나올 듯 말듯 하는　get hold of 얻다, 입수하다　get one's hopes up 기대하다
reference [réfərəns] 추천서

[26-30]

Listen to a conversation between a student and her adviser.

W: Hi. Thanks for scheduling me in.
M: Oh, not at all. That's what I'm here for. So, how's it going, Stacey?
W: OK, I guess. It could be better. Well, there are a couple of things I'd like to talk about. Maybe I'm just having a hard time adjusting to university life... you know, this is such a big university and I come from a small town.

M: Sure, I see where you're coming from! Hey, city people need to adjust as well even though they're used to city life. But let me know what's going on with you.

W: Um... I don't know if you'll think this is silly... but I was in my sociology class yesterday, and the professor asked a question... Well, I knew what the answer was because I had done the readings, so I raised my hand. But... I don't know why the professor just ignored me... and answered the question himself. I felt a bit foolish for raising my hand... It was like my professor wasn't really paying attention to my needs... like the class was too big for him to be interested in whatever it was I had to say.

M: Yes, I know what you mean...

W: I'm just not used to that kind of treatment. It's a bit impersonal... or maybe I just don't fit in large classrooms full of people... learning from teachers who don't even look at you or answer your questions if you have one. Where I come from, the teachers always called on you, and if you had a question, they'd give thorough answers. Is it because that was high school and this is university?

M: Well... it could have something to do with teaching style, or it's entirely possible that the professor had a lot to cover for that session and decided to answer the question himself. Uh... could I make a suggestion?

W: Yes, please. Any advice you have to give would really be appreciated.

M: Would you consider meeting with the professor during his office hours... and before you start speaking to him, it might be a good idea to introduce yourself. Since the class is so big, he might not know who you are. It's not because he isn't interested in you... but if it's a big class, he probably won't remember every name and face.

W: OK...

M: And after you introduce yourself, use the time to ask questions about his lectures. And if it really bothers you that he didn't call on you, you might ask him about that... and just very nicely tell him about your feelings... that you think the class is a little bit impersonal, and is there anything that can be done to... make it less... well, make the environment more open. Something like that.

W: What if he's too busy? I might be wasting the time he could be using to help the other students.

M: I'm sure he'd be very willing to listen to you.

W: OK, if you say so.

M: So, you said you had a couple of things to discuss?

W: Yeah... The other thing is my roommate and I haven't really... hit it off. Maybe it's because our hobbies are different... like, I love classical music and I've played the cello since I was ten, but my roommate and... the friends I've made on campus are into sports... which I don't really enjoy. So... I really like playing the cello, but I just haven't had the chance to play it or to share the things I like with someone who has similar likes.

M: Did you know that there's a string quartet on campus, and that they're looking for a new member because their cellist graduated? Why don't you try out for the quartet? I'm pretty sure you'll find you have a lot of things in common with the members of the quartet. And hopefully, you can make more friends who have similar interests.

W: That's great news. I will definitely go over and see them.

Now get ready to answer the questions. You may use your notes to help you answer.

26. Why does the student go to see her student adviser?

enzyme[énzaim] 효소　substance[sʌ́bstəns] 물질　protein[próuti:n] 단백질　catalyst[kǽtəlist] 촉매
complex[kámpleks] 복잡한, 복합의　essentially[əsénʃəli] 본질적으로
substrate[sʌ́bstreit] 기질 (효소의 작용으로 화학 반응을 일으키는 물질)　molecule[máləkjù:l] 분자

2.

All right, we'll be having group presentations in just a little while, so I hope that you're all ready to present your research on North American Native art. But before I ask the groups to take the floor, let me just start things off with a very brief introduction. A lot of the traditional arts by Native North Americans have been collected and marketed over the centuries by European travelers. And, uh, these art works were sort of, shall we say, refashioned to suit the public's taste in art. This is the reason I've asked you to focus on what the art reveals about the native tribes of America.
Originally, these objects were produced in a completely different cultural context. In some cases, native people gave a blanket or piece of pottery qualities that weren't related to its primary function. And some groups produced articles that revealed the status of their owners... So... let's see what information your research has produced. Is the first group ready?

Q. What will the speakers probably discuss?

좋아요, 잠시 후에 그룹 발표를 할 것이므로, 모두들 북아메리카 토착 예술에 대한 조사를 발표할 준비가 되어 있길 바랍니다. 하지만 그룹들이 발표를 시작하기 전에, 우선 제가 아주 간략한 소개로 시작을 하겠습니다. 북아메리카 원주민들의 전통 예술품 중 다수가 몇 백 년 동안 유럽 여행자들에 의해 수집되고 유통되어 왔어요. 그리고, 어, 이러한 예술 작품들은 대중들의 예술 취향에 맞도록, 말하자면, 개조되었습니다. 내가 이 예술 작품들이 아메리카 원주민 부족의 어떤 점을 드러내는가에 초점을 맞추라고 한 것은 바로 이 때문입니다.
원래, 이러한 작품들은 완전히 다른 문화적 환경에서 만들어졌습니다. 어떤 경우에는, 원주민들은 담요나 도기에 그것의 주기능과는 관련이 없는 특성을 부여하기도 했습니다. 그리고 어떤 집단은 소유주의 지위를 나타내는 물건을 만들기도 했구요... 그러면... 학생들이 어떤 정보를 조사했는지 봅시다. 첫 번째 그룹은 준비되었나요?

take the floor 발표하려고 하다　refashion[ri:fǽʃən] 개조하다　suit[sju:t] 맞다　reveal[riví:l] 드러내다, 보이다
context[kántekst] 환경, 정황　pottery[pátəri] 도기　quality[kwáləti] 특성　primary[práimeri] 주된, 주요한

3.

OK, I'm fairly certain that all of you, or maybe most of you, have asked yourselves how the Moon was formed. Well... today I'm going to focus on that question. Of course, no one can say for certain how the Moon actually did form, but there are a number of theories. Now, let me just say that for a theory to be considered serious, that is, for it to be accepted as a theory... it has to take into account everything that is known about the Moon. Actually, uh, scientists don't even agree which of the... Moon formation theories can be considered truly serious. So... when I finish talking, perhaps you can sort of give your own ideas as to how serious you consider them to be.
Now, let's look at the first theory... that the Moon came out of the Earth. Basically, what this theory is saying is that the Moon was once part of the Earth and that it seems to, well, it seems to have somehow separated from the Earth.

Q. What will the lecture mainly be about?

네, 여러분 모두, 혹은 아마 대부분의 학생들이 달이 어떻게 생성되었는지에 대해 궁금했던 적이 있을 거라고 확신합니다. 음... 오늘은 그 질문에 대해 자세히 다루고자 합니다. 물론, 어느 누구도 달이 어떻게 생성되었는지에 대해 확실히 말할 수 없지만, 이에 대한 많은 이론들이 있어요. 자, 한 이론이 진지하게 받아들여지기 위해서는, 다시 말해, 하나의 이론으로 받아들여지려면... 그 이론은 달에 관해 알려진 모든 것들을 고려한 것이어야 해요. 사실, 과학자들은 달 생성이론 중... 어느 것이 정말 중요한지에 대한 합의도 이루지 못했습니다. 그래서... 내가

강의을 끝내고 나면, 학생들은 그 이론들이 얼마나 중요한지에 대한 자신의 생각들을 이야기할 수 있을 거예요.
자, 이제 달은 지구로부터 나왔다고 보는... 첫 번째 이론을 살펴봅시다. 기본적으로, 이 이론은 달이 한때 지구의 일부분이었으며, 음, 어떤 이유로 지구로부터 분리되었다고 설명합니다.

take into account ~을 고려하다, 참작하다 formation [fɔːrméiʃən] 생성 as to ~에 대하여, ~에 관하여

4.

I'll, um, start off our discussion on the development of quilts in the United States by giving you a sort of chronicle on how it became an American tradition. OK... although quilting is a very old craft that began in Egypt and Mongolia, it was the European settlers who brought quilt making to America. Now... unfortunately, there are no quilts that survive from seventeenth century America, but there are many references to them, so we know that Americans did engage in quilt making as early as the 1600s.
So... quilting flourished in the United States in the nineteenth century, and one reason it did was... you had all these American textile manufacturers making a wide variety of quality fabrics for the homemaker to use. Also... coming out at the same time were new printing techniques and synthetic dyes, too! And this, this wealth of fabric and colors resulted in the creation of new designs and variations on old patterns.

Q. What aspect of the development of quilts will the professor mainly discuss?

음, 퀼트가 어떻게 미국의 전통이 되었는지를 시대 순으로 설명하면서 미국 내 퀼트의 발전에 대한 논의를 시작하겠습니다. 자... 퀼트는 이집트와 몽골에서 시작된 오래된 기술이지만, 퀼트 제작법을 미국에 도입한 것은 유럽 이주민들이었습니다. 자... 안타깝게도, 17세기에 미국에서 만들어진 퀼트가 현존하지는 않지만, 많은 참고문헌들을 통해서, 이미 1600년대 초기에 미국인들이 퀼트작업에 종사했음을 알 수 있습니다.
그래서... 퀼트 제작법은 미국에서 19세기에 번성했는데, 그 한 가지 이유는... 미국의 많은 직물 제조업자들이 가정주부들이 사용할 수 있는 다양한 직물을 생산했다는 점을 들 수 있습니다. 또한... 같은 시기에 새로운 날염기술과 합성염료도 발명되었습니다! 그리고 이, 이러한 풍부한 직물과 안료는 새로운 디자인이 생겨나고 기존의 무늬가 다양화되는 결과를 불러 왔습니다.

quilt [kwilt] 퀼트, 누비 (옷감에 솜을 넣어 누비는 것) craft [kræft] 기술, 재주 settler [sétlər] 이주민
reference [réfərəns] 참고문헌 engage in 종사하다, 참가하다 flourish [flə́ːriʃ] 번성하다, 번창하다 textile [tékstil] 직물의
manufacturer [mæ̀njəfǽktʃərər] 제조업자 a wide variety of 다양한 fabric [fǽbrik] 직물
homemaker [hóummèikər] 가정주부 printing [príntiŋ] 날염 synthetic [sinθétik] 합성의 dye [dai] 염료, 물감
pattern [pǽtərn] 무늬

II. Listen to the following excerpts from lectures and choose the best answer for each question.

5.

Uh, OK, let's start. Today, we're going to discuss what the public and the scientific community consider a truly controversial topic: the question of what Pluto really is. I was about to say the planet Pluto, but actually, that's what the controversy is all about. When Pluto was first discovered sometime in 1930 by an amateur astronomer... uh, Clyde Tombaugh was his name... it was given planet status. To the astronomers of that time, it had the characteristics that gave it the distinction of being called a planet. For one, it orbited around the Sun... as did the other eight planets. Um, it was also large enough. And this means that its own gravity had the strength to make its shape round, you know, like a sphere. And finally... it had some sort of atmosphere and... enough mass to produce its own energy and shine... pretty much the same way the other planets in the solar system shine.
But for many years, astronomers kept saying the Pluto should never have been called a planet. And when Clyde Tombaugh died in 1997, you had all these astronomers urging the International

Astronomical Union or IAU to downgrade Pluto's status. They must've had a reason for doing this. In fact, they had four reasons. First, they said Pluto was much too small compared to the other planets. It was, in fact, smaller than four of the planetary moons in our solar system. Second, it was an oddball in terms of composition. Mercury, Venus, Earth, and Mars, as you know, are terrestrial planets and the next four are gas giants. But Pluto is made of ice and bits of rock. Then, third, Pluto has a tilted orbit. It's tilted about, about... seventeen degrees from the orbits of the other planets. And finally... well... in 1992, scientists discovered the Kuiper Belt. Hold on, let me write that down on the board. This belt is located beyond the orbit of Neptune, and it consists of small, icy bodies much like that of Pluto. They were given the designation Kuiper Belt Objects or KBOs. When scientists discovered more of these objects farther in space, they began to wonder if the icy Pluto was a planet... or simply the largest known KBO.

Q. What is the main topic of the lecture?

자, 네, 수업을 시작합시다. 오늘은 대중과 과학 단체들 사이에서 매우 논란이 되고 있는 주제에 대해 토론할 것입니다, 명왕성의 진짜 정체는 무엇인가라는 문제입니다. 저는 방금 명왕성을 행성이라고 지칭하려 했는데, 바로 그 점이 논쟁이 되고 있죠. 명왕성이 1930년에 아마추어 천문학자... 어, Clyde Tombaugh에 의해 처음으로 발견되었을 때... 그것은 행성 지위를 얻었습니다. 당시 천문학자들이 보기에 명왕성은 행성으로 구분하여 부를 수 있을만한 특징을 지니고 있었습니다. 우선, 명왕성은 다른 여덟 행성들처럼... 태양 주위를 공전합니다. 음, 또한 그것은 충분히 컸어요. 그리고 이것은 명왕성이 자체적인 중력으로 둥근 형태, 즉 구의 형태를 형성할 수 있는 힘이 있다는 것을 뜻합니다. 그리고 마지막으로... 명왕성은 대기와 비슷한 것을 지니고 있었으며... 자체적인 에너지를 생산하고 빛을 발할 만큼의 질량을 지니고 있었습니다... 태양계의 다른 행성들이 빛나는 것과 비슷한 방식으로요.
그러나 수 년 동안, 천문학자들은 명왕성을 행성이라 지칭해서는 안 된다는 주장을 해왔습니다. 그리고 Clyde Tombaugh가 1997년에 죽고 난 후, 많은 천문학자들은 국제천문학협회 또는 IAU에게 명왕성의 지위를 강등시키도록 촉구했습니다. 그들의 주장에는 분명 이유가 있었겠죠. 사실, 그들은 네 가지 이유를 들었습니다. 첫째, 명왕성은 다른 행성들에 비해 크기가 너무 작았습니다. 명왕성은, 사실, 태양계의 네 개 행성의 위성들보다 크기가 작아요. 둘째, 명왕성은 구성 요소에 있어서 특이했습니다. 모두 알고 있듯이 수성, 금성, 지구, 그리고 화성은 지구형 행성이며 다음 네 개의 행성들은 거대한 가스 덩어리입니다. 그러나 명왕성은 얼음과 약간의 암석으로 이루어져 있어요. 그리고, 셋째, 명왕성은 기울어진 궤도를 갖고 있습니다. 다른 행성의 궤도에서 약... 17도 가량 기울어져 있죠. 그리고 마지막으로... 음... 1992년에 과학자들은 카이퍼 벨트를 발견했어요. 잠깐만요, 칠판에 적어 줄게요. 이 벨트는 해왕성의 궤도 너머에 있고, 명왕성의 몸체와 비슷한 작은 얼음 덩어리로 구성되어 있습니다. 그 얼음 덩어리들은 카이퍼 벨트 물체 또는 KBO라는 명칭을 얻었죠. 과학자들이 우주상에서 이 물체들을 더 많이 발견하게 되자, 그들은 얼음으로 이루어진 명왕성이 행성인지... 혹은 단지 알려진 것 중 가장 큰 KBO인지 의문을 갖기 시작했습니다.

controversial [kàntrəvə́:rʃəl] 논란이 되는, 논쟁의 여지가 있는 Pluto [plú:tou] 명왕성 be about to 막 ~하려 하다
planet [plǽnit] 행성 astronomer [əstránəmər] 천문학자 status [stéitəs] 지위 orbit [ɔ́:rbit] 공전하다
gravity [grǽvəti] 중력 sphere [sfíər] 구 mass [mæs] 질량 urge [ə:rdʒ] 촉구하다, 주장하다
downgrade [dáungrèid] 내리다, 강등시키다 planetary [plǽnitèri] 행성의 moon [mu:n] 위성 Solar System 태양계
oddball [ádbɔ̀:l] 특이함, 별남 in terms of ~에 있어서 composition [kàmpəzíʃən] 구성 terrestrial planet 지구형 행성
gas giant 가스 덩어리 (목성형 행성의 다른 명칭) tilt [tilt] 기울다 Neptune [néptju:n] 해왕성
designation [dèzignéiʃən] 명칭

6.

OK, let's continue our discussion on the American labor union. OK, I'll quickly review the stuff we covered yesterday before moving on. So, the labor movement arose basically because of the inequality between employer and employees. And it was a movement of workers. You see, workers wanted more control over how many hours they worked and... of course, how much they got paid for the work they did. The first workers to go on strike were the printers. Then cabinetmakers came next, and then the carpenters... and pretty soon, there were all sorts of labor unions.
So... basically, American labor unions did not think government should regulate how much workers should be compensated. On the other hand, in many western European countries, wages and benefits

were largely set by governmental regulation. What a big difference! It's interesting that Americans were willing to fight and even die to get their eight-hour workday and minimum wage.
Let's go a bit more into what the workers' struggle involved. OK, many of the early efforts of these small unions were unsuccessful. But, that didn't stop their numbers from increasing. So by the mid-nineteenth century, the Federation of Organized Trade and Labor Unions passed a resolution declaring that eight hours constitutes a full and legal work day. About 350,000 workers went on strike for shorter hours. And that's what eventually won their eight-hour workday.
Of course, business and government leaders didn't like this one bit because it meant they could no longer control the lives of workers. So... on May 3, 1886, the employers arranged for policemen to shoot into a crowd of workers just outside the McCormick Reaper Works Factory. On that day, four workers died and many were wounded. This is how it happened. As the workers began to leave, someone threw a bomb at the police... and they started shooting into the crowd. They never found out the identity of the bomber, but the leaders of the labor movement were arrested. Actually, most of them were not at the meeting at the time the bomb was thrown. And although the courts had no evidence, the eight leaders were sentenced to death. So you see... the benefits we all enjoy today were obtained at great cost: the lives of workers.

Q. What is the main purpose of the lecture?

네, 미국 노동조합에 대한 논의를 계속합시다. 자, 진도를 나가기 전에 어제 강의를 간단히 복습해보죠. 그러니까, 노동 운동은 근본적으로 피고용인과 고용주 사이의 불평등에서 발생했습니다. 그리고 이 운동은 노동자들의 운동이었죠. 그러니까, 노동자들은 그들이 몇 시간 동안 일해야 하며... 당연히, 그 대가로 얼마의 보수를 받는지에 대해 더 큰 결정권을 갖기를 원했습니다. 동맹 파업에 들어간 첫 번째 노동자들은 인쇄업자들이었습니다. 그 다음은 장식장 제조자들이었고, 그 후는 목수들이었고... 곧, 온갖 종류의 노동조합이 생겨났습니다.
자, 기본적으로, 미국 노동조합은 노동자들이 받는 보수의 액수를 정부가 규제해서는 안 된다고 생각했어요. 한편, 많은 서부유럽 국가에서는 임금과 수익이 대개 정부의 통제에 의해 결정되었습니다. 정말 다르죠! 흥미로운 점은 미국인들은 하루 8시간의 노동시간과 최소임금을 얻기 위하여 기꺼이 싸우고 심지어 죽음까지도 불사했다는 점이었습니다.
노동자들이 어떤 투쟁을 벌였는지 좀 더 자세히 알아봅시다. 자, 이러한 초기의 소규모 조합들의 시도는 대부분 성공하지 못했어요. 그러나, 이는 그들의 수가 증가하는 것을 막지 못했습니다. 그래서 19세기 중반에, 조직적 거래 연맹과 노동조합은 8시간이 완전한 법적 근무시간이라고 선언한 결의문을 통과시켰습니다. 약 350,000명의 노동자들은 더 짧은 노동 시간을 위해 동맹 파업에 들어갔고, 그 결과 그들은 노동시간을 8시간으로 줄일 수 있었던 것입니다.
물론, 기업과 정부 지도자들은 이것을 싫어했는데, 이는 그들이 더 이상 노동자들의 삶을 통제할 수 없다는 것을 의미하기 때문이었죠. 그래서... 1886년 5월 3일, 고용주들은 경찰들에게 McCormick Reaper 공장 밖의 많은 노동자들을 향해 총을 쏘도록 했습니다. 그날, 노동자 4명이 죽었고 많은 사람들이 다쳤습니다. 사건의 전말은 이렇습니다. 노동자들이 떠나기 시작했을 때, 누군가가 경찰들에게 폭탄을 던졌습니다... 그리고 경찰들은 노동자들에게 총을 쏘기 시작했습니다. 그들은 폭탄범의 정체를 밝히지 못했으나, 노동 운동의 지도자들이 체포되었습니다. 사실, 그들 대부분은 폭탄이 투하된 그때 그 집회에 있지 않았어요. 또한 법정에서는 증거가 없었는데도, 8명의 지도자들에게 사형을 선고했습니다. 그러니까 이렇듯... 현재 우리가 누리고 있는 혜택들은... 노동자들의 생명이라는 큰 희생의 대가로 이루어진 것입니다.

arise [əráiz] 발생하다 inequality [ìni(:)kwáləti] 불평등 strike [straik] 동맹 파업
regulate [régjəlèit] 규제하다, 통제하다 compensate [kámpənsèit] 보수를 치르다, 보상하다 wage [weidʒ] 임금
minimum [mínəməm] 최소의 struggle [strʌ́gl] 투쟁 unsuccessful [ʌ̀nsəksésfəl] 성공하지 못한
federation [fèdəréiʃən] 연맹, 동맹 resolution [rèzəljú:ʃən] 결의문 declare [dikléər] 선언하다 bomber [bámər] 폭탄범
sentence to death 사형을 선고하다

7.

P: OK, um, before I continue our discussion on diamonds, are there any questions from yesterday?

S1: Yes, um, yesterday you said diamonds are something like 1 to 3.3 billion years old, and that, I mean, these diamonds surfaced through magma eruptions billions of years ago. Isn't it possible for volcanic activity today to raise diamonds to the earth's surface?

P: Well, that's a very good question actually. The answer's a bit complicated... but it's a great way for us to review what we already took up. All right, diamonds are formed about 75 to 120 miles below the earth's surface. We all know that, right? And they're made of carbon, the same material that coal is made of. Obviously, there's a difference in the way the two are... you know, processed. Well... for carbon-bearing material to turn into diamonds, the material would have to be subjected to very high pressure... specifically five gigapascals... and a temperature of around 2,200 degrees Fahrenheit. Pressure like this and prolonged high temperatures are needed for crystals to form and grow. Well, these are characteristic of regions deep within the earth. So it's only in these regions that diamonds can form. Did you get that?

S1: Yes, professor.

P: Good... See, crystals take millions of years to surface. Geologists believe that the first delivery of diamonds occurred some 2.5 billion years ago. The most recent one was about 45 million years ago. So... how do diamonds rise to the surface? Who can answer this?

S2: They're forced to the surface through deep-origin volcanic eruptions.

P: Right. Those that happened billions of years ago were pretty explosive, but today's eruptions are fairly tame by comparison. Also, the eruptions of long ago were from deep within where the diamond crystals were formed, whereas today's, of course, are not of deep origin. So, we can see the difference between deep-origin eruptions and eruptions that occur today.

S2: I have another question.

P: Go ahead.

S2: Well... if the volcanoes of long ago pushed the diamonds to the surface, why do diamonds have to be mined? Aren't they close enough to the surface to be collected easily?

P: OK. Well, when magma came up to the surface, it cooled into igneous rock known as kimberlite. Kimberlite is commonly located in the, you know, the oldest regions of the continental crust. And it takes many years before the elements like wind, rain, snow, and ice could erode the kimberlites to release the diamonds. So diamond producers speed things up a bit by mining for diamonds. And the largest producers of diamonds are South Africa and Canada, where thousands of kimberlites have been found. OK, so let's proceed with how diamonds are mined and produced.

Q. What are the speakers mainly discussing?

P: 네, 음, 다이아몬드에 대한 논의를 계속하기 전에, 어제 강의에 대한 질문이 있나요?

S1: 네, 음, 어제 교수님께서 다이아몬드는 약 10억년에서 33억년 전에 생겨났으며, 그리고 그것, 그러니까, 이 다이아몬드가 수십억 년 전의 마그마 분출로 인해 지표면에 드러났다고 말씀하셨잖아요. 오늘날의 화산 활동이 다이아몬드를 지구 표면으로 끌어올리는 것은 불가능한가요?

P: 음, 아주 좋은 질문이군요. 질문에 대한 답이 꽤 어렵지만... 우리가 이미 논의했던 내용을 복습하기에 매우 좋은 방법입니다. 네, 다이아몬드는 지구 표면으로부터 75마일에서 120마일 아래에서 생성됩니다. 모두 알고 있죠, 그렇죠? 그리고 다이아몬드는 석탄과 마찬가지로 탄소로 구성되어 있어요. 명백히, 둘의... 그러니까, 생성 과정에는 차이가 있습니다. 음... 탄소를 함유한 물질이 다이아몬드로 변하기 위해서는, 높은 압력을 받아야만 해요... 구체적으로 말하자면 5억 파스칼의 압력과... 화씨 2,200도 정도의 온도가 되어야 하죠. 결정이 형성되고 커지게 하려면 이러한 압력과 장기간의 높은 온도가 필요합니다. 음, 이는 지구의 깊은 내부의 특징이죠. 그래서 오직 이런 지역에서만 다이아몬드가 생성될 수 있어요. 이해했나요?

S1: 네, 교수님.

P: 좋아요... 그러니까, 결정이 지표면에 드러나기까지는 수백만 년이 걸립니다. 지질학자들은 약 25억 년 전에 다이아몬드의 첫 방출이 발생했다고 믿습니다. 가장 최근의 방출은 4천5백만 년 전이구요. 그렇다면... 다이아몬드는 어떻게 지표로 올라올까요? 누가 대답해 볼래요?

S2: 다이아몬드는 깊은 곳에서 시작된 화산 분출로 인해 지표로 밀려 나옵니다.

P: 맞아요. 수십억 년 전에 발생한 화산 분출은 폭발적이었지만, 비교하자면 요즘의 분출은 상당히 유순합니다. 또한, 오래 전의 분출은 다

이아몬드 결정이 생성되는 깊은 곳에서 시작되었죠. 물론, 그 반면 오늘날의 분출은 깊은 곳에서 비롯된 것이 아니지요. 그래서, 이제 깊은 곳에서 시작된 분출과 오늘날 발생하는 분출의 차이점을 알겠죠?

S2: 한 가지 질문이 더 있습니다.

P: 말해보세요.

S2: 음... 오래 전의 화산이 다이아몬드를 표면으로 밀어냈다면, 왜 다이아몬드를 채굴해야 하죠? 쉽게 채집할 수 있을 정도로 표면에 가까이 있지 않나요?

P: 네. 음, 마그마는 표면으로 나오면, 킴벌라이트라고 알려진 화성암으로 냉각됩니다. 킴벌라이트는 일반적으로, 그러니까, 대륙 지각 중 가장 오래된 부분에 위치해 있어요. 그리고 바람과 비, 눈, 얼음 등의 요소들이 킴벌라이트가 다이아몬드를 드러내도록 침식시키려면 오랜 시간이 걸립니다. 그래서 다이아몬드 가공자들은 다이아몬드를 채굴함으로써 그 시간을 단축하죠. 그리고 다이아몬드의 최대 생산국은 남아프리카와 캐나다인데, 이곳에서는 수천 개의 킴벌라이트가 발견되었습니다. 좋아요, 계속해서 어떻게 다이아몬드가 채굴되고 가공되는지 살펴봅시다.

volcanic activity 화산 활동 carbon[káːrbən] 탄소 be subjected to ~을 받다, ~을 겪다, ~을 당하다
Fahrenheit[fǽrənhàit] 화씨의 prolonged[prəlɔ́ːŋd] 장기간의 crystal[krístəl] 결정
delivery[dilívəri] 방출 explosive[iksplóusiv] 폭발적인 tame[teim] 유순한, 온순한
mine[main] 채굴하다 igneous rock 화성암 kimberlite[kímbəriɑit] 킴벌라이트 (다이아몬드를 함유하는 운모 감람암)
continental[kɑ̀ntənéntəl] 대륙의 crust[krʌst] 지각 erode[iróud] 침식하다
release[riːlíːs] 드러내다, 방출하다

8.

P: OK, let's look at a period in American literature known as the Harlem Renaissance. I'm sure you all know that "renaissance" means a revival of learning and culture. Well... this revival took place in Harlem in the 1920s and 30s. Harlem is a community in upper Manhattan. It's been referred to as "black city" because there was a massive influx of blacks from the South to three major cities: New York, Chicago, and Washington, DC. So can anyone tell me why... Harlem Renaissance... why would it be called Harlem Renaissance?

S: Was it because the, um, blacks were given greater access to education?

P: Well, yes, that's true, but no, that's not the reason. Actually, there was an unprecedented outburst of creativity among black people. Harlem became known as the center of US black culture. The renaissance cut across almost all genres of art, from literature to painting to acting. Now... one thing you need to take note of is: the blacks who participated in the revival were united in giving artistic expression to the African American experience. So the literature that came out during that time had common themes. There was an interest in the roots of the African American experience... And these roots go way back to the fifteehth century, by the way. And there was also racial pride and... a strong desire for social and political equity with white people. So for ten years, sixteen black writers published more than fifty volumes of poetry and fiction. Can anyone here name any of the black authors during this period?

S: Well, I hope I'm correct in saying that two of them were Langston Hughes and Robert Hayden.

P: Right you are. Let's talk about these writers in greater detail. There were two common themes in the poetry of both Hughes and Hayden. Hayden's poetry focused on the social and political plight of African Americans. And being a voracious reader... as well as having done extensive research on black history and folk culture... Hayden was able to give voice to the black people's struggle for freedom. Hayden used historical records to tell the story of racism and injustice committed by a society founded on the principles of freedom and justice. It really is a striking piece of work because it uses a sort of blending of narrative voices from the past.

As for Langston Hughes, well, his poetry had, you know, themes similar to Hayden's, but his work reflected the experiences and influences in his life. For example, some of Hughes' ancestors were white, so in his poetry, you see Langston as an insider... a part of the black world... and as an outsider... viewing the black world from the eyes of a white person. Another influence was music... You know, the music of the day was the blues... and in Hughes' works, particularly in the poem *The Weary Blues*, the troubles of black people have the element of African American blues incorporated in them.

Q. What aspect of African American literature does the professor mainly discuss?

P: 자, 할렘 르네상스로 알려진 미국 문학의 한 시기에 대해 살펴보겠습니다. 모두들 "르네상스"가 학문과 문화의 부흥 운동을 뜻하는 것을 알고 있으리라 확신합니다. 음... 이 부흥은 1920년대와 1930년대에 할렘에서 일어났습니다. 할렘은 맨하튼 북쪽의 지역 사회를 말하죠. 그곳은 "검은 도시"로 지칭되었는데, 이는 남부로부터 세 주요 도시인 뉴욕, 시카고, 그리고 워싱턴 DC로 흑인들의 대규모 유입이 있었기 때문입니다. 그렇다면 할렘 르네상스가 왜 그렇게 불리는지 설명할 수 있는 학생 있나요?

S: 흑인들이, 음, 교육에 참가할 권리가 커졌기 때문인가요?

P: 음, 네, 그건 사실이지만, 아뇨, 할렘 르네상스의 이유는 아닙니다. 사실, 전례 없이 흑인들의 창의성이 발산되었죠. 할렘은 미국흑인 문화의 중심지로 알려지기 시작했어요. 르네상스는 문학에서부터 회화, 연극에 이르기까지 거의 모든 예술 장르에 영향을 끼쳤습니다. 자... 여기서 한 가지 주목해야 할 점이 있습니다. 그 부흥 운동에 참여한 흑인들은 미국 흑인들의 경험을 예술적인 표현으로 승화시켰다는 점에서 일치했습니다. 그래서 당시에 쓰여진 문학 작품에는 공통의 주제가 있었습니다. 미국 흑인들의 경험의 근원에 대한 관심이 담겨 있었어요... 그리고 이 근원은 15세기로 거슬러 올라가죠. 어쨌든, 또한 인종적 자긍심과... 백인들과의 사회적, 정치적 평등에 대한 강한 열망도 담겨 있었습니다. 그래서 10년 동안, 16명의 흑인 작가들이 50권이 넘는 시와 소설을 출간했습니다. 이 기간에 활동한 흑인 작가들에 대해 아는 사람 있나요?

S: 음, 그들 중 Langston Hughes와 Robert Hayden이라는 두 명의 작가가 있었다는 게 맞았으면 좋겠어요.

P: 맞아요. 이 작가들에 대해 더 자세히 이야기 해 봅시다. Hughes와 Hayden의 시에는 공통된 두 가지 주제가 있어요. Hayden의 시는 미국 흑인들의 사회적 그리고 정치적 곤경에 초점을 두었습니다. 흑인 역사와 토착 문화에 대한 광범위한 조사를 했을 뿐만 아니라... 열성적인 독서가였던 Hayden은... 흑인들의 자유를 위한 투쟁에 대해 토로할 수 있었습니다. Hayden은 자유와 정의의 원칙 위에 세워졌다는 사회에서 자행된 인종차별과 불공평을 이야기하기 위해 역사적인 기록을 사용했습니다. 이것은 과거에서 이어져 내려오는 이야기들을 조합하여 사용했기 때문에 인상적인 작품입니다.

Langston Hughes의 경우, 음, 그의 시의 주제는, 그러니까, Hayden과 비슷했지만, 그의 작품은 그의 삶의 경험과 그가 받은 영향을 반영하고 있습니다. 예를 들어, Hughes의 몇몇 조상은 백인이었기 때문에, 그의 시에서 Langston은 내부자로서... 흑인 사회의 일원이었고... 외부자로서는... 백인의 시각에서 흑인 세계를 바라보는 입장이었죠. 다른 한 가지 영향은 음악이었습니다... 그러니까, 그 당시에 유행하던 음악은 블루스였는데... Hughes의 작품에서, 특히 The Weary Blues라는 시에서 흑인들의 고뇌에는 흑인 블루스 음악이라는 요소가 녹아들어 있습니다.

revival [riváivəl] 부흥, 부활 **massive** [mǽsiv] 대규모의 **influx** [ínflʌ̀ks] 유입
unprecedented [ʌnprésidèntid] 전례가 없는 **outburst** [áutbə̀ːrst] 분출, 폭발 **creativity** [krìːeitívəti] 창의성
cut across ~에 널리 미치다 **genre** [ʒáːŋrə] 장르 **racial** [réiʃəl] 인종의 **equity** [ékwəti] 평등, 공평
volume [válјuːm] 책 **fiction** [fíkʃən] 소설 **plight** [plait] 곤경 **voracious** [vɔːréiʃəs] 열성적인
extensive [iksténsiv] 광범위한 **folk culture** 토착 문화 **give voice to** 토로하다, 표명하다
racism [réisizəm] 인종차별 **injustice** [indʒʌ́stis] 불공평 **commit** [kəmít] 자행하다, 범하다 **principle** [prínsəpl] 원칙
justice [dʒʌ́stis] 정의 **striking** [stráikiŋ] 인상적인 **blending** [bléndiŋ] 조합 **ancestor** [ǽnsestər] 조상
incorporate [inkɔ́ːrpərèit] 녹아들다, 섞다

9.

Today, we're going to take a look at... food chains. It was Charles Eton who came up with the concept of food chains in 1927. He described how plants convert energy from the sun into carbohydrates and how plant-eating animals obtain energy by eating these plants. In turn, these plant-eating animals are eaten by carnivorous animals. It's a chain of links that describes feeding relationships... But what I want to focus on today is not what a food chain is, but rather... what happens when this chain is broken. OK. How does a food chain break? Well, all it takes is a decrease in the population of... or the disappearance of just one link, and like dominoes falling, all the other links in the chain fall. For

example, let's take a simple chain consisting of grass, rabbits, and foxes. Let's say human activity results in the dying off of the grass. The rabbits, finding nothing else to eat, begin to die off. The foxes, having no rabbits to consume, also begin to die off. That sounds a bit unrealistic, but the point is, the foxes die off because the original producer isn't there to support the other links in the chain. Do you see what I mean?
Now, let's take an actual case. In this case, the last link in the chain, a large predator, turned out to be a very significant player in its environment. I'm talking about the sea turtle. This turtle is found in temperate and tropical waters throughout the world. It's primarily a carnivorous creature and feeds mostly on shellfish near the coastline. So... what researchers discovered is that the sea turtle provides sustenance to vegetation in the waters of the coastal areas. How does it do this? Well, every two or three years, sea turtles establish four to seven nests in shallow, near shore environments. There's something like 100 to 126 eggs in each nest. Now... when, when an egg hatches and the hatchling emerges, the fluid inside the egg leaks to the ground and it's this fluid that nourishes the dune ecosystem. Anyhow, to make a long story short, sea turtles were dwindling partly because of egg poachers and partly because of human activity. So several non-government agencies moved the eggs to what they considered a safer place for them to incubate. Naturally, when they moved the eggs, the dune ecosystem lost their source of nourishment. The marine plants began to die off. With no vegetation to prevent the coastline from being eroded by water, the coastal areas became damaged. And a natural consequence of this is the marine animals that depended on this vegetation began to die off.

Q. What is the main point of the talk?

오늘은... 먹이사슬에 대해서 살펴보겠습니다. 이것은 1927년 Charles Eton이 제안한 개념입니다. 그는 식물이 어떻게 태양 에너지를 탄수화물로 전환하며 초식 동물이 이러한 식물을 섭취함으로써 어떻게 에너지를 얻는지 설명합니다. 그 다음으로, 이러한 초식 동물은 육식 동물의 먹이가 됩니다. 이는 먹이 관계를 설명하는 연결 고리이죠... 하지만 오늘 내가 중점을 두고 싶은 것은 먹이사슬의 정의가 아니라... 사슬이 깨어진 경우에 발생하는 현상입니다.
네, 먹이사슬은 어떻게 깨질까요? 음, 단지 한 연결 고리의 수가 감소하거나... 사라지기만 해도 그럴 수 있습니다... 그리고 마치 도미노가 무너지는 것처럼 사슬의 다른 고리들도 무너지게 됩니다. 풀, 토끼와 여우로 구성된 단순한 사슬을 예로 들어 봅시다. 인간 활동으로 인해 풀이 급격히 소멸했다고 가정해 봅시다. 먹을 것이 없는 토끼는 죽기 시작합니다. 또한 잡아먹을 토끼가 없는 여우도 죽게 되죠. 비현실적으로 들릴지 모르지만, 요지는 사슬에서 다른 연결 고리를 부양할 기초 생산자가 없기 때문에 여우가 소멸한 것입니다. 이해했나요?
이제, 실제 예를 살펴봅시다. 이 경우, 사슬에서 마지막 단계에 있는 대형 육식동물이 환경에서 아주 중요한 역할을 하는 것으로 밝혀졌습니다. 바다거북에 대한 이야기를 해 봅시다. 바다거북은 전 세계의 온대와 열대 바다에서 발견됩니다. 본래 육식동물이며 대개 해안 근처에서 조개를 먹고 살아요. 자... 연구가들은 바다거북이 해안지역의 수중식물들에게 양분을 제공하는 사실을 발견했습니다. 어떻게 하는 걸까요? 음, 바다거북은 2, 3년마다 해안가 근처 얕은 수역에 4개에서 7개 정도의 둥지를 짓습니다. 각 둥지마다 100개에서 126개의 알을 낳구요. 자... 알이 부화하고 유생이 나오면, 알 내부의 액체가 땅으로 새어 나오는데 이 액체는 해변의 모래언덕의 생태계에 양분을 줍니다. 아무튼, 간단히 말하자면, 바다거북은 알 밀렵자와 약간의 인간 활동으로 인해 감소했습니다. 그래서 몇몇의 민간단체는 부화하기에 안전하다고 생각되는 장소로 알들을 옮겼습니다. 당연히, 그들이 알을 옮기자, 모래 언덕 생태계는 영양분의 원천을 잃게 되었죠. 해양식물들은 소멸하기 시작했습니다. 물에 의해 해안선이 침식되는 것을 막아주는 식물이 없어지자, 해안 지역은 손상되었어요. 그리고 자연스러운 결과로 이 식물들에 의존하던 해양동물들도 소멸하기 시작했습니다.

food chain 먹이사슬　convert [kənvə́ːrt] 전환하다　carbohydrate [kàːrbouháidreit] 탄수화물
carnivorous [kaːrnívərəs] 육식성의　disappearance [dìsəpí(ː)ərəns] 사라짐　domino [dámənòu] 도미노
die off 소멸하다, 죽다　unrealistic [ʌ̀nriːəlístik] 비현실적인　predator [prédətər] 육식동물　turn out ~으로 밝혀지다
significant [signífikənt] 중요한　temperate [témpərit] 온대의, 온화한　tropical [trápikəl] 열대의
primarily [práimerəli] 본래　shellfish [ʃélfìʃ] 조개　coastline [kóustlàin] 해안(선)　sustenance [sʌ́stənəns] 양분, 음식
vegetation [vèdʒitéiʃən] 식물　shallow [ʃǽlou] 얕은　hatch [hætʃ] 부화하다　hatchling [hǽtʃliŋ] (알에서 갓 부화한) 유생
emerge [iməːrdʒ] 나오다　fluid [flú(ː)id] 액체　leak [liːk] 새다　nourish [nə́ːriʃ] 양분을 주다

ecosystem[ékousìstəm] 생태계 dwindle[dwíndl] 감소하다 poacher[póutʃər] 밀렵자 non-government 민간의
incubate[inkjəbèit] (인공) 부화하다 marine[məríːn] 해양의 erode[iróud] 침식하다

Hackers Test

p.156

1. A 2. B 3. C 4. B 5. D

Listen to a talk on sand dunes in a geology class.

OK, let's start our discussion on sand dunes. I'm pretty sure that you all know what a sand dune looks like, but I bet you didn't know that sand dunes can occur virtually anywhere there's... sand. It might help you to know that a sand dune is simply an accumulation of windblown sand. That's all it really is. So... you can find them along an ocean coast or in arid regions where you aren't likely to see very much vegetation. OK, take this down... the occurrence of sand dunes depends on three conditions... These conditions need to be there for a sand dune to happen, and this is what I want to talk about today. Well, first, there has to be a lot of loose sand. Then there must be a strong wind, you know, strong enough to move the sand grains. And finally, the topography of the place must be such that the sand particles carried by the wind are forced to settle in one place.
Now, I think the first condition is more or less self-explanatory. You've got to have sand, right? So let's look at the second condition–the wind source. Well, strong wind can carry dust particles thousands of miles, but, sand grains are larger and heavier, so, the wind can only move them much shorter distances. Now, there's a process involved in the way sand moves. It's known as saltation, make a note of this word... it accounts for much of the sand that is moved on the planet. So... saltation happens when wind moving over the sand lifts individual sand grains into the air. Obviously, the sand can't stay suspended in the air. You all know that it'll eventually fall back down. And when it does, depending on the type of ground surface, one of two things can happen. First, let's say the ground is hard and covered with heavy pebbles and rocks... what's going to happen is the falling sand grain will bounce back into the air and then simply continue to move with the wind stream. But... are you all following me? But if the ground is covered with similar-sized sand particles, then the falling sand grains will collide with the ones on the ground. This'll cause them to jump into the air and be carried off by the wind, see? And then the whole process will repeat itself. Can you see it in your mind, you know, the way it happens? It's like a chain reaction. And, as the number of colliding, sorry, collisions increases, more grains are lifted into the air, and the sand moves little by little in the direction of the wind.
I'm going to talk a bit more about the wind. OK, the wind has to be a certain speed before it can actually pick up sand grains. And this speed would depend on the general size of the sand. Now, when the sand begins moving, the grains will continue moving even when the wind has slowed down somewhat. Does anyone know why? You're all thinking it's saltation, right? Well, you're right. The sand grains are, you know, they're being knocked into the air by other sand grains. Not as much wind force is needed to lift the grains off the ground. Now one interesting thing I want to mention is that heavier sand grains are not affected by the wind's speed. What happens is they move because, when smaller grains hit bigger ones, they get pushed along the ground bit by bit.
So... let's talk about the last condition. For a sand dune to actually form, something has to force the sand to settle in one place. This settling down happens when the wind speed slows down. I'm not talking about a drastic reduction... it just becomes slightly slower. Now, can you imagine what things could cause the wind to slow down? Well, obstacles blocking the wind could do that... vegetation

growth, rocks sticking out, even some sort of dip along smooth ground. These obstacles appear small and weak, but they can lower wind velocity. But it's not just obstacles that can cause sand to pile up. Even saltating sand grains can lower wind velocity. Near the ground surface, there's friction because of all of these sand grains bumping into each other. That can slow down the wind. And once the sand begins to gather, then your sand dunes begin to form.

Now get ready to answer the questions. You may use your notes to help you answer.

1. What is the main topic of the lecture?
2. Why does the professor mention dust particles?
3. What condition is needed for slow wind to move sand?
4. According to the professor, how do larger and heavier sand grains move?
5. What is a key requirement for the sand to settle in one place?

자, 사구에 대한 논의를 시작해봅시다. 여러분 모두 사구가 어떤 모양인지는 다 알겠지만, 실제로 사구는... 모래가 있는 곳이면 어디에서나 생성될 수 있다는 건 아마 몰랐을 거예요. 사구란 단순히 바람에 날린 모래가 축적된 것임을 알아둔다면 도움이 될 거예요. 사실 그것이 사구에 대한 전부입니다. 그러니까... 사구는 해안가나 식물이 많지 않은 건조한 지역에서 발견할 수 있습니다. 자, 이것을 받아 적으세요... 사구의 발생은 세 가지 조건에 따라 결정됩니다... 이 조건들은 사구가 생성되기 위해 갖추어져야 하는 것들인데요, 저는 오늘 이 부분에 대해 이야기를 나눠보고 싶습니다. 음, 첫째, 푸석푸석한 모래가 충분히 있어야 합니다. 그리고는, 알다시피, 모래알을 이동시킬 수 있을 정도의 강한 바람이 필요해요. 그리고 마지막으로, 바람에 의해 옮겨진 모래 알갱이들이 한 지점에 쌓이도록 하는 지형이 갖추어져야 합니다.
자, 제 생각엔 첫째 조건은 추가 설명이 필요 없을 것 같군요. 어쨌든 모래는 있어야 하니까요, 그렇죠? 그럼 두 번째 조건인 바람에 대해 논의해 봅시다. 사실, 강한 바람은 먼지 입자를 수천 마일 이동시킬 수 있지만, 모래 알갱이는 더 크고 무겁기 때문에 바람이 이동시킬 수 있는 거리가 훨씬 더 짧습니다. 자, 모래가 이동하는 방식과 관련된 과정이 있어요. 이 과정은 도약이라고 알려져 있는데요, 이 단어를 적어두세요... 이는 지구상의 모래들이 이동하는 대체적인 원인이 됩니다. 그래서... 도약은 모래 위로 부는 바람이 각각의 모래 알갱이를 공기 중으로 들어올릴 때 발생합니다. 물론, 모래는 공중에 계속 떠 있지 못하죠. 결국 모래 알갱이가 다시 떨어질 거라는 건 모두 잘 알고 있을 거예요. 그리고 다시 떨어지게 되면, 지표면의 종류에 따라 두 가지 중 한 가지 결과가 나타납니다. 먼저, 땅이 단단하고 무거운 자갈이나 암석으로 덮여 있다면... 떨어지는 모래알은 다시 공기 중으로 튀어 올라 바람의 흐름을 따라 계속 이동하게 됩니다. 그러나... 지금까지는 모두 이해했죠? 그러나 땅이 비슷한 크기의 모래알로 덮여 있다면, 떨어지는 모래알은 땅의 모래알과 충돌하게 됩니다. 이는 땅의 모래알이 공중으로 떠올라 바람에 실려 가도록 하죠, 알겠죠? 그리고는 이 전체 과정은 반복됩니다. 이 과정이 머릿속에 그려지나요. 그러니까, 일어나는 방식이요? 연쇄 반응이라고도 할 수 있겠네요. 그리고, 충돌하는 횟수가 증가할수록, 더 많은 모래알이 공중에 떠올라, 모래는 조금씩 바람이 부는 방향에 따라 이동합니다.
바람에 대해서 좀 더 이야기를 해보죠. 자, 바람이 모래알을 들어 올리려면 일정 속도로 이상으로 불어야 합니다. 그리고 이 속도는 모래알의 전반적인 크기에 따라 다릅니다. 자, 일단 모래가 이동하기 시작하면, 바람의 속도가 다소 느려져도 계속 움직입니다. 왜 그런지 아는 학생 있나요? 아마 모두 도약을 떠올리고 있을 거예요, 그렇죠? 음, 그렇다면 맞아요. 모래알이 다른 모래알과 부딪혀 공중으로 떠오르기 때문에, 모래알을 땅에서 들어올리는 바람의 힘은 덜 필요하죠. 근데 한 가지 흥미로운 점은 모래알이 무거울수록 풍속의 영향을 받지 않는다는 점입니다. 대신, 큰 모래알들은 작은 모래알이 더 큰 모래알과 충돌했을 때, 땅 위를 따라 조금씩 밀려나는 방식으로 이동하는 것이죠.
그럼... 마지막 조건에 대해 논의해봅시다. 사구가 형성되기 위해서는 모래가 한 지점에 쌓이도록 무언가가 작용을 해야 합니다. 이렇게 쌓이는 것은 풍속이 느려질 때 발생합니다. 급격한 감소가 아니라... 서서히 느려지는 것을 말합니다. 자, 풍속을 늦추는 것이 무엇일지 짐작할 수 있나요? 응, 바람을 방해하는 장애물들이 그것을 가능하게 합니다... 식물이 자라고 있는 곳이나 암석이 돌출되어 있는 곳, 심지어 평평한 지대의 움푹 패인 곳도 포함됩니다. 이러한 장애물들은 작고 미약한 것 같지만, 이들은 바람의 속도를 줄일 수 있습니다. 그러나 장애물만이 모래가 쌓이도록 하는 것은 아닙니다. 도약하는 모래알도 바람의 속도를 늦출 수 있습니다. 지표면 근처에서는 이렇게 서로 부딪히는 모래 알갱이들로 인해서 마찰이 일어납니다. 이것이 바람의 속도를 늦출 수 있습니다. 그리고 일단 모래가 쌓이기 시작하면, 사구가 형성되기 시작하는 것입니다.

sand dune 사구 accumulation [əkjù:mjuléiʃən] 축적 windblown [wíndblòun] 바람에 날린
arid [ǽrid] 건조한 vegetation [vèdʒitéiʃən] 식물 occurrence [əkə́:rəns] 발생 condition [kəndíʃən] 조건
loose [lu:s] 푸석푸석한 grain [grein] 알갱이, 낟알 topography [təpágrəfi] 지형 particle [pá:rtikl] 입자
settle [sétl] 쌓이다, 가라앉다 self-explanatory 추가 설명이 필요 없는 saltation [sæltéiʃən] 도약
account for ~의 원인이 되다, ~를 설명하다 suspend [səspénd] (공중에) 뜨다, 정지하다 pebble [pébl] 자갈
bounce [bauns] 튀어 오르다 stream [stri:m] 흐름 direction [dirékʃən] 방향 collide [kəláid] 충돌하다

knock[nɑk] 부딪히다 drastic[drǽstik] 급격한 reduction[ridʌ́kʃən] 감소, 하락 slightly[sláitli] 약간, 조금
obstacle[ɑ́bstəkl] 장애물 block[blɑk] 방해하다, 막다 stick out 돌출하다 dip[dip] 움푹한 곳
smooth[smu:ð] 평평한 velocity[vəlɑ́səti] 속도 pile up 쌓다 friction[fríkʃən] 마찰

2. Detail Questions

Example

p.162

Listen to part of a talk in a psychology class.

So today let's talk about the specific ways that psychologists get their information. OK? Well, the best place to begin is with the simplest method, observation. You know, up until about seventy years ago, observation was the sole method of data collection. It's the most natural way to note what is taking place in our environment. Actually, there are two kinds of observation... natural and controlled. Natural observation is done by us all, in fact. Anytime we watch a flock of birds flying in a V-pattern through the sky... well, you get the point. Obviously natural observation would've been the first kind of scientific research.
OK... and then there is controlled observation. As you can probably guess, this means observation of subjects that the scientist controls in a laboratory or a greenhouse... something like that. So, which is better? Well, you know, they both have their pros and cons. Natural observation is great because you can watch something in its natural environment. Let's say that you are doing a study on people who go to church. Well, what better way to observe their behavior than going to church and watching them! But, as you can guess, this kind of observation is not easy. That person could get up and leave, or... your view could be blocked by someone else's head. That is why it is better to do controlled observation when you need exact results that are, well, delivered on time.
OK, now... let's go on to... case studies. In a case study, the researcher looks at a unique or specific case... a group, a person, a special situation... and observes only that case. Case studies are performed a lot when, you know, there is someone with a special form of a disease, or when a two-year-old baby is able to read and write. The major drawback to this kind of research, though, is that it only looks at exceptions. And it's hard to apply results from a unique case to the general whole. So, in short, case studies are so specific that they aren't very useful for drawing conclusions applicable to, well, to anything else.

Q. What are two basic ways a researcher of psychology can obtain information?
Q. What does the professor say about case studies?

그럼 오늘은 심리학자들이 정보를 수집하는 특정 방법들에 대해 이야기해 보겠습니다. 네? 음, 가장 간단한 방법인 관찰부터 시작하는 것이 좋겠군요. 그러니까, 70년 전까지만 해도, 관찰은 자료 수집의 유일한 방법이었습니다. 그것은 우리 주변에서 어떤 일이 발생하는지 알아볼 수 있는 가장 자연스러운 방법이죠. 사실 관찰에는 두 종류가 있어요... 자연적 관찰과 통제적 관찰이요. 사실, 자연적 관찰은 우리 모두가 하고 있어요. V자 모양으로 하늘을 나는 한 떼의 새를 보는 경우라던지... 음, 무슨 말인지 알 거예요. 분명 자연적인 관찰은 과학적인 연구의 시초였을 거예요.
자... 다음으로는 통제적 관찰이 있습니다. 모두 추측하고 있겠지만, 통제적 관찰은 과학자가 실험실이나 온실 같은 곳에서 통제하고 있는 실험 대상을 관찰하는 것을 의미합니다. 그렇다면 어느 것이 더 나은 방법일까요? 음, 그러니까, 두 방법 모두 장점과 단점이 있어요. 자연적 관찰은 자연스러운 환경에서 대상을 볼 수 있기 때문에 좋은 방법입니다. 예를 들어 여러분이 교회에 다니는 사람들을 관찰한다고 가정해 봅시다. 그럼, 교회에 가서 그들의 행동을 관찰하는 것보다 더 좋은 방법은 없겠죠! 하지만, 모두 생각하는 것처럼, 이런 관찰은 쉽지 않습니다. 그 사람이 일어나서 나갈 수도 있고... 다른 사람의 머리에 시야가 가려질 수도 있죠. 따라서, 음, 정해진 시간 내에 정확한 결과가 필요할 경

우에는 통제적 관찰이 더 좋은 방법입니다.
자 이제... 사례 연구를... 살펴봅시다. 사례 연구에서, 연구자는 독특하거나 특정한 사례... 즉 하나의 집단, 개인이나 특별한 상황만을 조사합니다... 그리고 단지 그 사례만 관찰하죠. 사례 연구는, 그러니까, 어떤 사람이 특이한 질병을 가졌거나, 2살짜리 아기가 글을 읽고 쓸 수 있는 것과 같은 상황에서 많이 수행됩니다. 그러나, 이 연구의 큰 결점은 예외만을 조사한다는 것입니다. 그리고 독특한 사례의 연구 결과를 일반적인 전체에 적용하기는 힘들죠. 그래서, 간단히 말하자면, 사례 연구는 너무 특수적이라서, 음, 다른 모든 것에 적용할 수 있는 결론을 도출하기에는 유용한 방법이 아닙니다.

psychologist[saikálədʒist] 심리학자 observation[àbzəːrvéiʃən] 관찰 sole[soul] 유일한 controlled[kəntróuld] 통제된
a flock of 한 떼 subject[sʌ́bdʒikt] 실험 대상, 피실험자 pros and cons 장점과 단점 study[stʌ́di] 연구
on time (정해진) 시간 내에 unique[juːníːk] 독특한 perform[pərfɔ́ːrm] 수행하다 drawback[drɔ́ːbæ̀k] 결점
exception[iksépʃən] 예외 general[dʒénərəl] 일반적인 conclusion[kənklúːʒən] 결론
applicable[ǽpləkəbl] 적용할 수 있는

Hackers Practice

p.164

1. Government role, failure, free market, policies, interest rate, investment, unemployment / A
2. uses, painting, artists, refine, heats, porous, absorptive, trapping impurities, poisonous / C
3. nation's capital, price, Southern, debts, wilderness, filthy, service, fired / C
4. A, B 5. B, D 6. B, C 7. A 8. D 9. A, B 10. D 11. A, D 12. B

I. Listen to parts of the lectures and fill in the blanks, and then answer the questions.

1.

Right, so... today, I'd like for us to take a look at what really caused the Great Depression in the United States. A lot of people might think the answer is evident... it was a failure of free market economics. And most people think this way because the 1920s was a time of unrestricted free enterprise, so when the stock market collapsed in 1929, everyone was saying the free market system was the culprit. But, well, today I'd like to explain what the government's role was in the collapse of the American economy...
Now, in a real free market system, the government isn't supposed to interfere, but the reality is... the government often does. How? Well, basically, through its policies. And these policies are essentially interventions in the country's money supply. Let me give you an example. The government can make it easy to borrow money by lowering interest rates and printing more money to increase the money supply. When it does this, economic expansion is often the initial result. Well, this is expected because there's a lot of money available for businessmen to use.
But... not all businessmen are smart... what I mean is, some of them will make bad investment decisions. In other words, if everything looks like roses, businessmen will tend to invest when it isn't actually a good time to do so. Well... in time, because these businesses aren't established on very stable ground to begin with, they will collapse. And when that happens, people lose jobs... or get laid off, bills are left unpaid, savings are spent, unemployment increases. And in the 1920s and 1930s, a lot of businesses collapsed. So... the government shouldn't have tampered with the money supply. Actually, the government had been steadily increasing the nation's money supply for sixteen years. And with all the money floating around, people thought the economy was doing OK and that any business they established would succeed. Do you see the point? The government should have allowed businessmen to make decisions based on the real state of the economy. So... when the stock market crashed in 1929, it was simply a reflection of what the government had done to the economy.

Q. What does the professor say about the government's role in causing the Great Depression?

자, 그래서... 오늘은 미국에서 대공황이 발생한 진짜 원인에 대해서 살펴보겠습니다. 많은 사람들이 아마도 정답은 명백하다고 생각할 거예요... 바로 자유 시장 경제의 실패이죠. 그리고 1920년대는 제한이 없는 자유로운 기업의 시대였기 때문에 대부분의 사람들이 그렇게 생각하죠, 그래서 1929년에 주가가 폭락했을 때, 모두 자유 시장 체제가 주원인이라고 말했죠. 하지만, 음, 오늘 저는 미국 경제 붕괴에서 정부가 어떤 역할을 했는지에 대해 설명하고자 합니다.
자, 진정한 자유 시장 체제에서 정부가 간섭해서는 안되지만, 현실에서... 정부는 종종 간섭을 합니다. 어떤 방법으로 간섭을 할까요? 음, 기본적으로, 정부의 정책을 통해서죠. 그리고 이러한 정책들은 본질적으로 국가의 화폐공급에 대한 개입입니다. 예를 들어 볼게요. 정부는 이자율을 낮추고 화폐를 더 많이 발행하여 통화 공급량을 늘림으로써 대출을 용이하게 할 수 있습니다. 이렇게 하면, 종종 경제적 팽창이 초기 결과로 나타납니다. 음, 사업자들이 사용할 수 있는 돈이 늘어나기 때문에 이러한 결과를 예상할 수 있어요.
그러나... 모든 사업자들이 영리하지는 않아요... 내 말은, 몇몇 사업자들은 잘못된 투자 결정을 내린다는 것입니다. 다시 말해서, 실제로 투자하기에 안정된 시기가 아닌데도 주변의 모든 상황이 호황을 누리고 있는 것으로 보이면, 사업자들은 투자하는 경향이 있다는 거죠. 음... 시간이 지나면서, 이 사업들은 처음부터 안정된 기반 위에 세워진 것이 아니기 때문에 파산하게 됩니다. 그리고 이러한 현상이 발생하면, 사람들은 직장을 잃거나... 해고되고, 요금을 내지 못하게 되며, 저축도 소비되고, 실직도 증가합니다. 그리고 1920년대와 1930년대에 많은 사업들이 파산했어요. 그러니까... 정부는 화폐공급에 간섭하지 말았어야 했죠. 사실, 정부는 16년간 꾸준히 화폐 공급량을 증가시켰습니다. 그리고 이렇게 많은 양의 화폐가 유통되자 사람들은 경제가 좋은 상태이며 그들이 설립한 어떤 기업들도 성공할거라고 생각했죠. 핵심을 파악했나요? 정부는 사업자들이 경제의 실제 상태를 바탕으로 결정을 내리도록 해야 했습니다. 그러므로... 1929년에 주가가 폭락했을 때, 이것은 정부가 경제에 어떤 영향을 끼쳤는가를 반영하는 것이었습니다.

Great Depression 대공황 **evident**[évidənt] 명백한 **free market** 자유 시장 **unrestricted**[ʌ̀nristríktid] 제한이 없는
enterprise[éntərpràiz] 기업 **stock market** 주가 **collapse**[kəlǽps] 폭락하다, 무너지다 **culprit**[kʌ́lprit] 주원인, 죄인
interfere[ìntərfíər] 간섭하다, 참견하다 **intervention**[ìntərvénʃən] 개입, 간섭 **expansion**[ikspǽnʃən] 팽창
initial[iníʃəl] 초기, 처음의 **investment**[invéstmənt] 투자 **stable**[stéibl] 안정된 **lay off** 해고하다
bill[bil] 요금 **saving**[seíviŋ] 저축, 저금 **unemployment**[ʌ̀nimplɔ́imənt] 실직 **tamper**[tǽmpər] 간섭하다
reflection[riflékʃən] 반영

2.

Um... yesterday, we talked about how charcoal is made... basically, the past and present methods of producing charcoal... and I hope the lecture is still fresh in your minds... Today we're going to discuss the past and present uses of charcoal. OK, the use of charcoal is not recent. As far back as 30,000 years ago, charcoal was used in cave paintings... Of course, it continues to be a popular medium for artists. Also, the burning of charcoal is basically the oldest chemical process known to man. People have used this process for more than seven centuries to refine metal. Charcoal is... what we could say, the foundation on which the Bronze and the Iron Ages were based.
So... it was only in 5,500 BC that people began using charcoal as fuel. But today... the biggest use of charcoal is as fuel. It's definitely better than wood because it yields a larger amount of heat, that is, in proportion to the amount of charcoal being used than if the same quantity of wood were used. And, because it's so porous, it's very efficient in filtering. This makes it ideal for sugar refining, water purification, factory air purification, and gas masks. In fact, charcoal is so absorbent that even back in Egypt in 1,500 BC, it was being used to absorb bad odors and vapors coming from infected wounds.
Now... let me talk about a special type of charcoal known as activated charcoal. Activated charcoal has been treated with oxygen through special heating or chemical processes. This treatment produces millions of pores or holes in between the carbon atoms. And the tremendous number of pores greatly increases its absorptive quality. So this expands on the charcoal's uses in filtering and absorption. As you already know, when a material absorbs something, what is being absorbed attaches to the material by chemical attraction. And because activated charcoal has a large surface area, there are many sites where chemicals can bond. This means that certain chemicals that pass through the surface will be trapped.

Uh... this is what makes activated charcoal very good for trapping impurities while allowing other chemicals to pass through. And this is why activated charcoal is very useful in purifying water and in keeping poisonous gases out, especially on the battlefield.

Q. What is an outstanding quality of activated charcoal?

음... 어제 우리는 숯이 어떻게 생성되는지에 대해 이야기했어요... 기본적으로, 과거와 현재의 숯 생산 방법에 대해서요... 그리고 모두들 어제 강의를 기억하고 있기를 바래요... 오늘은 과거와 현재의 숯 이용에 대해 논의하겠습니다. 네, 숯 이용은 최근의 일이 아닙니다. 무려 30,000년 전에도, 숯은 동굴 벽화에 사용되었어요... 물론, 그 이후로도 계속 예술가들에게 인기 있는 재료였죠. 또한, 숯의 연소는 근본적으로 인간에게 알려진 가장 오래된 화학적 과정입니다. 사람들은 7세기가 넘도록 금속을 제련하기 위해 숯 연소를 이용해 왔습니다. 숯은... 말하자면, 청동기 시대와 철기 시대의 토대라고 할 수 있어요.
그래서, 사람들은 기원전 5,500년이 되어서야 숯을 연료로 사용하기 시작했습니다. 그러나 오늘날... 숯은 연료로 가장 많이 사용되고 있어요. 숯은 사용되는 양에 있어서 같은 양의 나무보다 많은 열을 산출해 내기 때문에, 나무보다 확실히 좋은 연료입니다. 그리고 숯은 작은 구멍이 많아 여과기능이 뛰어납니다. 이 특성 때문에 숯은 설탕 정제, 정수, 공장 공기 정화, 그리고 방독면에 사용되기에 이상적입니다. 사실상, 숯은 흡수성이 뛰어나서 이미 기원전 1,500년경 이집트에서도 감염된 상처에서 발생하는 악취와 증기를 흡수하는 데 사용되었어요.
자... 활성 숯으로 알려진 특별한 종류의 숯에 대해 얘기해 봅시다. 활성 숯은 산소와 함께 특수 가열 또는 화학 공정을 거쳐 처리됩니다. 이 과정을 통해 탄소원자들 사이에 수백만 개의 작은 구멍이 생기게 됩니다. 그리고 이러한 수 많은 구멍들은 숯의 흡수성을 훨씬 증가시키죠. 이 때문에 숯은 여과와 흡수에 널리 사용됩니다. 이미 모두 알고 있듯이, 어떤 물질이 무언가를 흡수할 때, 흡수된 것은 화학적 결합에 의해 그 물질에 흡착하게 되죠. 그리고 활성 숯은 넓은 표면적을 지니고 있기 때문에, 화학 물질들이 결합될 수 있는 공간이 많습니다. 즉, 표면을 지나는 일부 화학물질들이 그 곳에서 걸러진다는 뜻입니다. 어... 이 때문에 활성 숯이 다른 화학 물질들은 통과시키고 불순물은 걸러내는 데 매우 유용한 것입니다. 또한 바로 이 점 때문에 활성 숯이 물을 정화하는 데 유용하며, 특히 전쟁터 같은 곳에서 유독 가스를 차단하는 데도 유용합니다.

charcoal [tʃɑ́ːrkòul] 숯　cave painting 동굴 벽화　refine [rifáin] 제련하다, 정제하다　foundation [faundéiʃən] 토대, 기초
Bronze Age 청동기 시대　Iron Age 철기 시대　fuel [fjú(ː)əl] 연료　yield [jiːld] 산출하다　quantity [kwɑ́ntəti] 양
porous [pɔ́ːrəs] 작은 구멍이 많은, 다공성의　efficient [ifíʃənt] 뛰어난, 능률적인　filter [fíltər] 여과하다
ideal [aidí(ː)əl] 이상적인　purification [pjùərəfikéiʃən] 정화　gas mask 방독면　absorbent [æbsɔ́ːrbənt] 흡수성의
odor [óudər] 악취　vapor [véipər] 증기　infected [inféktid] 감염된　activated [ǽktəvèitid] 활성화된
pore [pɔːr] 작은 구멍　absorption [æbsɔ́ːrpʃən] 흡수　attraction [ətrǽkʃən] 결합　bond [bɑnd] 결합하다
trap [træp] 거르다, 증류하다　impurity [impjú(ː)ərəti] 불순물　poisonous [pɔ́izənəs] 유독한

3.
OK, so, if you have no further questions on the lecture I gave yesterday, I'd like for us to look at one important decision that the Federal Government had to make... And that was where the nation's capital would be located. Actually, Washington, DC almost did not become the US capital. I'll briefly explain why. Well, in the 1780s, there was a sort of contest among the... then existing American cities as to which city would become the nation's capital. Philadelphia was in the lead because it was the wartime capital. But land prices after the war had skyrocketed, so the new Federal Government was saddled with these huge wartime debts. That meant that there just wasn't enough money to make Philadelphia the capital. And this forced the Government to give up on Philadelphia.
Then... Alexander Hamilton came up with a brilliant solution. You see, the North had larger debts than the South after the war. What Hamilton proposed was for the Southern states to assume the North's debts if the Northern states would agree to a national capital in the South. Everyone liked the idea. So they decided on a location on the Potomac in Virginia. Uh... the city was named Washington. Its location was the Federal District of Columbia. And at the time, it was just a 10-mile square tract of land. Well, Washington, DC was really just a swamp, so you can just imagine what the early residents had to put up with. It was a wilderness with muddy streets and swarms of mosquitoes. Quite hard for us to even picture in our minds that the nation's capital was once a swamp, isn't it? Visitors

complained that the capital was filthy and had no services to speak of. So... after a while, government officials wanted to give up on Washington, DC and go for a more civilized place like New York or Philadelphia.
Then, the Government hired a French architect named Pierre L'Enfant. L'Enfant used this grid system to lay out diagonal streets that met like the spokes of a bicycle at the center of the city. L'Enfant kept trying to make the roads wider. He tried to get donations from landlords and even destroyed people's homes without permission. So George Washington fired him for doing this, but the city was ultimately built as L'Enfant had designed it.

Q. What does the professor say about the choice of the nation's capital?

자, 그럼, 어제 강의에 대해 더 이상 질문이 없으면, 미국 연방 정부가 내려야만 했던 중요한 결정에 대해 알아봅시다... 그 결정은 바로 수도의 위치를 정하는 것이었습니다. 사실, 워싱턴 DC는 미국 수도가 되지 않을 뻔 했어요. 그 이유에 대해 간단히 설명할게요. 음, 1780년대 당시 미국 도시들 사이에는... 어느 도시가 수도가 될지에 관한 경쟁이 있었습니다. 필라델피아는 전쟁 기간의 수도였기 때문에 경쟁에서 선두에 있었어요. 그러나 전후에 땅값이 급등하여 새 연방정부는 엄청난 전쟁 빚더미에 앉게 되었습니다, 그러므로 필라델피아를 수도로 만들 수 있는 충분한 자금이 없었죠. 이 때문에 정부는 필라델피아를 포기할 수밖에 없었습니다.
그 후... Alexander Hamilton이 좋은 해결책을 제시했어요. 알다시피, 전쟁 후에 남부보다 북부가 더 많은 빚을 지고 있었습니다. Hamilton이 제안한 것은 북부의 주들이 나라의 수도를 남부에 지정하는 것에 동의하면 남부의 주들이 북부의 빚을 맡아주는 것이었습니다. 그리하여 모두 그 제안에 동의했기 때문에 버지니아의 포토맥 강 근처로 수도의 위치를 정했어요. 어... 그 도시의 이름은 워싱턴으로 정해졌고, 콜롬비아 연방지구에 위치해 있었습니다. 그리고 그 당시, 워싱턴은 10평방 마일 넓이의 땅이었어요. 음, 워싱턴 DC는 늪지대에 불과했었기 때문에, 초기 거주자들이 참고 견뎌야 했던 것이 무엇인지 짐작할 수 있겠죠. 그것은 진흙투성이의 길과 모기떼가 있는 황무지였어요. 나라의 수도가 한 때 늪지대였다는 것은 우리로서는 상상조차 하기 힘들죠, 그렇죠? 방문객들은 수도가 더럽고 내세울만한 공공시설도 없다며 불평했습니다. 그래서... 얼마 후, 정부 관리들은 워싱턴 DC를 포기하고 뉴욕이나 필라델피아처럼 좀더 문명화된 도시로 수도를 옮기고 싶어 했습니다.
그 후, 정부는 프랑스 건축가 Pierre L'Enfant를 고용했어요. L'Enfant는 격자 무늬의 구획 체계를 이용해서 자전거 바퀴살처럼 도시 중심부에서 만나는 사선형 거리를 설계했습니다. L'Enfant는 계속해서 길을 넓히기 위해 노력했죠. 지주들로부터 기부금을 모았고, 심지어 허가 없이 사람들의 집을 허물기도 했습니다. 이 때문에 George Washington은 그를 해고했으나, 결국 도시는 L'Enfant가 설계했던 대로 건설되었습니다.

wartime [wɔ́ːrtàim] 전쟁 기간의　skyrocket [skáiràkit] 급등하다　saddle [sǽdl] ~을 과하다, 책임을 지우다
assume [əsjúːm] (책임을) 맡다, 지다　Federal District 연방 지구 (연방 정부가 있는 특별 행정 지구)　tract [trækt] 넓이, 면적
put up with 견디다　wilderness [wíldərnis] 황무지　muddy [mʌ́di] 진흙투성이의　swarm [swɔːrm] 떼, 무리
filthy [fílθi] 더러운　to speak of 내세울만한, 이렇다 할만한　civilized [sívəlàizd] 문명화된　grid [grid] 격자
lay out 배치하다, 설계하다　diagonal [daiǽgənəl] 사선형의　spoke [spouk] (바퀴) 살　donation [dounéiʃən] 기부금
landlord [lǽndlɔ̀ːrd] 지주　ultimately [ʌ́ltimitli] 결국

II. Listen to the following excerpts from lectures, and choose the best answer for each question.

4.
I'll start talking about sound recording in movies today if you don't have any more questions on the production phase of moviemaking... None? OK... There are three essential ingredients that comprise the complete sound track of a movie. These are the dialogue, the sound effects, and the music. Let's focus on the first one for today, the dialogue, and leave sound effects and music for tomorrow.
OK, generally, the dialogue is recorded during the production phase, or the time the principal filming is taking place. Recording dialogue is not easy. It's difficult to get a clean and clear dialogue with little or no background noise. A boom operator... you know, the sound technician who holds up a microphone attached to a sort of fishing pole... well, he'll usually suspend the microphone as close as possible to the actor... without its shadow being visible in the frame of the screen. Sometimes, a hidden mic is attached to the chest of the actor, but the problem with this method is that the sound quality is not as

good. And it tends to pick up stray sounds, such as a passing taxi. Also... to make the sound of a room or location as realistic as possible, the sound recordist must record the room tone. Does a room have a tone? Well, this is the sound of the room or location when there is silence or when no one's talking. The room tone is added to the actors' dialogue so that it matches what has been filmed on the set.

After production, the sound editors carefully go over every second of the film. They take note of what sounds need to be removed, replaced... or altered. Sounds that need editing out would include the clicking of an actor's dentures, or the squeak, squeaking of a camera as it's being rolled forward or backward... Sound editors are painstaking when they edit because, you see, sounds can be manipulated in order to have the greatest emotional impact on an audience... And interestingly, the audience may be completely unaware that they're being subtly worked over by these skillfully managed sounds. The final product after sound editing is dialogue and other sounds that perfectly suit the images on the screen.

Q. Choose all the facts that can be learned from the talk.

영화 제작 단계에 대한 질문이 더 이상 없다면 오늘은 영화에서의 음향 녹음에 대해 이야기하겠습니다... 질문 없나요? 좋아요... 영화의 완성된 사운드 트랙을 구성하는 필수적인 요소는 세 가지 있습니다. 대사, 음향효과, 음악입니다. 음향효과, 그리고 음악은 내일 강의에서 다루고, 오늘은 첫 번째인 대사에 초점을 맞춰봅시다.

자, 일반적으로, 대사는 제작 단계나, 본 영화촬영을 할 때 녹음됩니다. 대사 녹음은 쉽지 않아요. 잡음이 거의 없던가 아주 없는 깨끗하고 선명한 대사를 녹음하는 것은 어렵죠. 녹음기사... 그러니까, 마이크를 낚싯대 같은 막대기에 달아서 들고 있는 음향 기술자요... 음, 녹음기사는 보통 마이크를 최대한 배우 가까이에 들고 있습니다... 마이크의 그림자가 영화 화면에 보이지 않도록 하면서요. 때때로, 숨겨진 마이크가 배우의 가슴에 부착되기도 하는데, 이 방법의 문제는 음질이 좋지 않다는 점입니다. 그리고 지나가는 택시 소리와 같은 갑작스런 잡음이 들리기도 합니다. 또한... 가능한 한 실제 같은 실내나 야외의 음향을 만들기 위해, 음향 녹음 기사들은 룸 톤으로 녹음해야 합니다. 방이 톤을 가지고 있을까요? 음, 이것은 정적이 흐르거나 아무도 말하지 않을 때 실내나 촬영지에서 나는 소리를 뜻합니다. 이 룸 톤은 배우의 대사와 더해져, 세트장에서 촬영된 화면과 조합을 이루게 됩니다.

제작 이후에, 음향 편집자들은 영화의 모든 장면을 주의 깊게 검토합니다. 그들은 어떤 소리가 제거되어야 하는지, 교체되어야 하는지... 혹은 수정되어야 하는지를 주의해서 듣습니다. 삭제되어야 하는 소리들은 배우의 딱딱거리는 틀니 소리나, 카메라가 앞뒤로 굴러가면서 내는 삐걱거리는 소리 등입니다... 음향 편집자들이 소리를 편집하는 것은 매우 고생스러운 과정인데, 왜냐하면, 이는 음향 조정을 통해 관객들에게 가장 큰 감정적 영향을 미칠 수 있기 때문이죠. 그리고 흥미롭게도, 관객들은 기술적으로 조작된 음향에 의해 미묘하게 영향을 받는다는 것을 알지 못하죠. 음향 편집이 끝난 뒤의 최종 작업물로 화면 영상에 꼭 맞는 대사와 소리들이 탄생합니다.

phase [feiz] 단계 essential [əsénʃəl] 필수적인, 중요한 ingredient [ingríːdiənt] 구성 요소
comprise [kəmpráiz] 구성하다, 이루다 dialogue [dáiəlɔ̀(:)g] 대사, 대화 boom operator 녹음기사
technician [tekníʃən] 기술자 pole [poul] 막대기 suspend [səspénd] 든 채로 있다 chest [tʃest] 가슴
stray [strei] 갑작스러운 location [loukéiʃən] 야외(촬영지) room tone 밀폐된 공간에 존재하는 주위의 소리
alter [ɔ́ːltər] 수정하다, 바꾸다 edit out 삭제하다 click [klík] 딱딱하는 소리가 나다 denture [déntʃər] 틀니, 의치
squeak [skwiːk] 삐걱거리다 painstaking [péinstèikiŋ] 고생스러운, 힘드는 manipulate [mənípjəlèit] 조정하다
impact [ímpækt] 영향 unaware [ʌ̀nəwɛ́ər] 알지 못하는 subtly [sʌ́tli] 미묘하게
skillfully [skílfəli] 교묘하게, 솜씨 있게

5.

Today, we'll be discussing a species of ant that can be found in Central and South America, and also in the southern region of the United States, particularly in Texas. It's a species of ant that, I would say, is one of the most interesting in terms of research. It's known as the leaf-cutter. The leaf-cutter appears to be your average ant, but it's probably one of the hardest working and most disciplined of all insects. Now, you're all probably thinking that leaf-cutters cut leaves because they eat them. Yes, they do, but they can't eat the leaves immediately after cutting them because they don't produce the enzyme

needed to digest the cellulose in the leaves.
So what the ants do is, they transport these leaves to gardens of fungus that, surprisingly, they themselves cultivate. So... think about this... the leaf-cutter is not just a food gatherer. It's also a farmer! The gardens are located beneath the nests of these ants. Now, a single leaf-cutter ant nest can be as large as 200 square meters in length and six meters deep. Just one ant nest can, in fact, house as many as five to eight million ants. The nests have underground pathways that lead to cavities which contain the fungus gardens. So what's the relationship between the fungus and the leaf-cutter? Well, it's a mutual one. They feed each other. Let's see how this works.
OK... uh... there are several steps involved. After the ants bring the leaves to the nest, they cut them into this, this soft and sticky material that they then lick clean. They clean it to remove any fungus spores that may affect the growth of the fungus garden. Next, the plant matter is laid out and covered with... fecal material. Why fecal material? Well, it serves as fertilizer and it also breaks down any proteins that the fungus cannot. The fungus eats this plant material, and then it produces a threadlike filament known as staphylae. It is this staphylae that serves as food for the ants and their larvae. As the ants eat the staphylae, they prune the fungus. It's interesting to note that when the ants prune the fungus, more staphylae is produced. But if the fungal growths are not pruned, there is a smaller number of staphylae. If this happens, the population of ants decreases. So what does all of this mean? Well, leaf-cutter ants and fungal growths have evolved together in such a way that... they simply cannot live without each other.

Q. Choose all the facts that can be learned from the talk.

오늘은 중앙아메리카와 남아메리카, 그리고 미국의 남부 지역 중에서도 특히 텍사스에서 많이 발견되는 개미의 한 종에 대해 논의하겠습니다. 연구 대상으로서는 가장 흥미롭다고 말할 수 있는 개미 종입니다. 그 개미는 가위개미로 알려져 있습니다. 가위개미는 보통의 개미처럼 보이지만, 아마 모든 개미들 중에서 가장 열심히 일하며 가장 잘 훈련된 개미일 것입니다. 자, 아마 여러분 모두 가위개미가 잎을 먹기 위해서 잎을 자른다고 생각할 거예요. 네, 그들이 잎을 먹기는 하지만, 잎을 자른 직후에는 아닙니다. 그 이유는 그들이 잎에 있는 섬유소를 소화시킬 수 있는 효소를 분비하지 못하기 때문입니다.
그래서 개미들이 하는 일은, 놀랍게도, 그들이 직접 배양하는 곰팡이 재배지로 이 잎을 옮겨가는 것입니다. 그러니까... 생각해 보세요... 가위개미는 단지 식량을 모으기만 하는 것이 아닙니다. 농부이기도 한 것입니다! 재배지는 이 개미들의 둥지 아래에 있습니다. 자, 가위개미의 둥지 하나의 크기는 넓이 200평방미터에 깊이가 6미터입니다. 사실, 하나의 가위개미 둥지는 5백만에서 8백만 마리의 개미를 수용할 수 있어요. 개미 둥지 아래에는 곰팡이 재배지가 있는 구멍으로 연결되는 지하통로가 있습니다. 그렇다면 곰팡이와 가위개미는 어떠한 관계일까요? 음, 둘은 상호 보완적인 관계입니다. 서로에게 먹이를 공급하죠. 이것이 어떻게 가능한지 좀더 자세히 알아봅시다.
네... 어... 여기에는 몇 단계가 있습니다. 개미들은 잎을 둥지로 가져온 후, 그 잎을 잘라 부드럽고 끈적한 물질로 만들고는 핥아서 깨끗하게 만듭니다. 이것을 깨끗하게 하는 이유는 곰팡이 재배지의 성장에 영향을 줄 수 있는 곰팡이 포자를 제거하기 위해서이죠. 그 다음, 자른 식물을 펼쳐 놓고... 그것을 배설물로 덮습니다. 왜 배설물로 덮을까요? 음, 그것은 배설물이 비료 역할을 하며, 곰팡이는 자르지 못하는 단백질을 분해하는 기능을 하기 때문이기도 합니다. 곰팡이는 식물 물질을 먹으며 staphylae라고 알려진 실 같이 가늘고 긴 섬유를 만들어냅니다. 바로 이 staphylae가 개미와 개미 유충의 먹이가 되죠. 개미는 staphylae를 먹으면서, 불필요한 곰팡이들을 제거합니다. 흥미로운 점은 개미가 불필요한 곰팡이를 제거할수록 더 많은 staphylae가 생산된다는 것입니다. 곰팡이의 성장이 제어 받지 않으면, 더 적은 양의 staphylae가 만들어집니다. 이런 현상이 발생하면 개미의 개체수도 감소해요. 그렇다면 이 모든 것은 무엇을 의미할까요? 음, 가위개미와 곰팡이의 성장은... 서로가 없으면 살 수 없는 방법으로 진화해 왔음을 의미합니다.

disciplined [dísəplind] 훈련된 **enzyme** [énzaim] 효소 **digest** [didʒést] 소화하다 **transport** [trænspɔ́:rt] 옮기다
fungus [fʌ́ŋgəs] 곰팡이 **cultivate** [kʌ́ltəvèit] 배양하다 **beneath** [biní:θ] ~의 아래에 **cavity** [kǽvəti] 구멍, 공동
mutual [mjú:tʃuəl] 상호보완적인 **spore** [spɔ:r] 포자 **fecal** [fí:kəl] 배설물의 **fertilizer** [fə́:rtəlàizər] 비료
threadlike [θrédlàik] 실 같은 **filament** [fíləmənt] 가는 섬유 **larvae** [lá:rvi] (pl.) 유충
prune [pru:n] (불필요한 부분을) 제거하다 **fungal** [fʌ́ŋgəl] 곰팡이의

6.

Uh... our discussion for today is about a very old way of predicting weather–the weathervane. I don't think there's a single person in this room who doesn't know what a weathervane is. So, before the present methods of forecasting were developed, people around the world relied on the weathervane to tell them what type of weather to expect. Naturally, people wanted to know what the weather would be like because its influence on planting, growing, and harvesting of crops was, enormous. The very direction of the wind could tell a farmer whether the wind would be heavy or light, and whether it would produce a shower good for the crops...

Weathervanes aren't as recent as some of you may believe. Uh... Archaeological research shows that they were being made even before the first century BC because the earliest recorded one, the Tower of Winds built by Andronicus in, you know, Athens, was erected that very year. And this weathervane wasn't a simple wooden arrow such as the ones rural folk in the United States would put on their rooftops. The Tower of Winds is actually a spectacular bronze rendition... sorry, representation of the sea god Triton, a deity with the head and torso of a man and the tail of a fish. It, the statue, of course, held a pointed wand in its hand that told any observer the direction from which the wind was blowing. Of course, this was a very showy weathervane for that period of time. Likely, there were smaller, simpler vanes that were, shall we say, completely serviceable and that satisfied the needs of the people of Athens.

Now, some other very decorative weathervanes included sailing ships, angels, Indians, and horses. The simpler ones include arrows, banners, and pennants. And likely, the most popular design was the rooster. Now... just how rooster weathervanes came to be so popular is a topic of interest in itself. Um, supposedly, about a thousand years ago, a pope ruled that a symbol of a rooster be placed on top of every church. The rooster's message was something like, like "the faithful should go to church regularly".

Q. Choose all the facts that can be learned from the talk.

어... 오늘의 강의에서는 아주 오래된 기상예측 도구인 풍향계에 대해 알아보겠습니다. 풍향계가 무엇인지 모르는 학생은 여기서 아무도 없을 거라고 생각해요. 그러니까, 오늘날의 기상 관측법이 발달하기 전에, 전 세계 사람들은 날씨가 어떠한지를 예상하기 위해 풍향계에 의존했어요. 날씨가 곡식의 씨 뿌리기, 재배, 추수 등에 미치는 영향이 엄청났기 때문에, 사람들은 당연히 날씨가 어떤지 알고 싶어했습니다. 바로, 바람의 방향을 통해 농부들은 바람이 강할지 약할지, 곡식에 이로운 비가 내릴지를 알 수 있었죠...

풍향계는 학생들이 생각하는 것처럼 그렇게 근래의 것은 아닙니다. 어... 고고학 연구를 통해 풍향계가 기원전 1세기 이전에 만들어졌음이 밝혀졌습니다. 그러니까, 기록된 최초의 풍향계인 바람의 탑이 Andronicus에 의해 아테네에 바로 그 해에 세워졌기 때문이죠. 그리고 이 풍향계는 미국의 시골 사람들이 지붕에 달아 놓았던 것처럼 단순한 나무 화살이 아닙니다. 바람의 탑은 호화스러운 청동 표현물... 미안해요, 바다의 신 트리탄의 형상이었어요, 머리와 상반신은 인간이면서 물고기의 꼬리를 가진 신상이었죠. 그것은, 물론, 그 조각상 말이에요, 그 조각상은 그것을 보는 사람 누구에게든지 바람이 불어오는 방향을 알려주는 뾰족한 지팡이를 손에 들고 있었어요. 물론, 이것은 당시로서는 매우 화려한 풍향계였어요. 아마, 목적을 충실히 수행하고, 아테네의 사람들의 필요를 충족시켜준 더 작고, 단순한 풍향계들도 있었을 겁니다.

자, 다른 장식적인 풍향계로는 범선, 천사, 인디언과 말 모양이 있어요. 보다 더 단순한 디자인으로는 화살, 배너, 작은 기 등이 있습니다. 가장 인기 있던 모양은 수탉이었어요. 자... 수탉 풍향계가 어떻게 유명해졌는가는 그 자체로 흥미로운 주제에요. 음, 추측하기로는, 약 천년 전쯤에, 로마 교황이 모든 교회 꼭대기에 수탉 형상을 세우라는 명을 내렸습니다. 수탉 형상은 "충실한 신도들은 정기적으로 교회에 가야 한다"는 것과 비슷한 메시지를 담고 있었습니다.

weathervane [wéðərvèin] 풍향계 enormous [inɔ́ːrməs] 엄청난, 거대한 arrow [ǽrou] 화살 rural [rú(:)ərəl] 시골의
folk [fouk] 사람들 spectacular [spektǽkjulər] 호화스러운 rendition [rendíʃən] 표현물
representation [rèprizentéiʃən] 형상, 초상 Triton [tráitɑn] (그리스 신화) 반인 반어의 바다의 신 deity [díːiti] 신
torso [tɔ́ːrsou] 상반신 statue [stǽtʃuː] 조각상 wand [wɑnd] 지팡이, 막대 showy [ʃóui] 화려한
vane [vein] 풍신기, 바람개비 decorative [dékərətiv] 장식적인 banner [bǽnər] 배너, 기 pennant [pénənt] 작은 기
rooster [rúːstər] 수탉 supposedly [səpóuzdli] 추측하기로, 아마도 pope [poup] 로마 교황 faithful [féiθfəl] 충실한

III. Listen to parts of the lectures, and choose the best answer for each question.

[7-9]
Listen to a talk on health science.

OK, today I'll be talking about a medical condition that affects about sixty million Americans each year. It's known as insomnia. I guess you all know what it is... but I'll give you a definition anyhow. Well, insomnia is simply an inability to sleep, but its variations run the range of having difficulty falling asleep at night to waking up during the night and... not being able to go back to sleep again.
Let me point out that insomnia can be short-term or long-term. Now, the causes behind each of these types may overlap, but usually, when we speak of short-term or acute insomnia, which lasts only a few days, we see causes such as jet lag or some temporary circumstance that forces the person to stay up at night. You know, like studying for an important exam. Sometimes, ingested substances can cause temporary insomnia... Substances such as medications, coffee, and alcohol can also affect how much sleep you get at night. Acute insomnia usually does not require treatment, but the other type, chronic insomnia, is much more serious. It can even result in conditions that may be life-threatening. Chronic insomnia is defined as a person's being unable to sleep at least three nights a week over a period of one or more months. There are many causes of chronic insomnia. Some of these may be physical and some psychological. Physical reasons can include health conditions such as heartburn... asthma, or arthritis. Mental conditions can trigger insomnia... a traumatic event, for example, or an ongoing mental disorder such as depression, stress, or anxiety. Well, whatever the reason is, it's important for a person with chronic insomnia to see a health care provider.
So how can insomnia be treated? Well, let me say something about sleep hygiene habits, or our actions before we go to bed. You see, by paying attention to how we behave at bedtime, we can help ourselves sleep better. OK. This will sound like a list of rules, but these behaviors, when taken together, can help a person wind down. So here are the rules. Most important, a person should try to go to bed at the same time each night and get up at the same time each morning. This will help the body clock to maintain its normal rhythm. And second, if you want to sleep at night you should avoid taking naps during the day. Um, third, what you eat or drink during the day can have an impact on how much sleep you get at night. So stay away from coffee, cigarettes, and alcohol. And... make sure your sleeping environment is conducive to sleeping. What does this mean? Well, the lights should be turned off... and you need to keep the room temperature cool. Don't have a radio playing in the background. And it's really best to avoid reading in bed because you may come to associate the bed with reading, not sleeping.

7. What does the professor say about acute insomnia?
8. According to the professor, why should a person with chronic insomnia get medical help?
9. What should a person do to get a good night's sleep?

자, 오늘은 매년 6천만 명 정도의 미국인에게 영향을 주고 있는 의학적인 증상에 대해 이야기하겠습니다. 불면증이라고 알려져 있죠. 모두 불면증이 무엇인지 알고 있겠지만... 아무튼 정의를 내려 볼게요. 음, 불면증은 간단히 말하자면 잠을 잘 수 없는 것인데, 증상의 범위는 밤에 잠이 드는 것이 어려운 경우에서부터... 한밤중에 잠에서 깨서 다시 잠들 수 없는 증상에 이르기까지 다양합니다.
불면증은 일시적일 수도 있고 장기간 이어질 수도 있습니다. 자, 두 종류의 원인은 중복될 수도 있습니다, 그러나 며칠 동안만 지속되는 단기 혹은 급성 불면증의 경우에는, 주로 시차로 인한 피로나 밤늦게까지 깨어있어야 하는, 일시적인 상황을 원인으로 볼 수 있습니다. 그러니까, 중요한 시험 공부가 그 예가 될 수 있죠. 때때로, 섭취한 물질이 일시적인 불면증을 유발하기도 합니다... 약물, 커피, 술과 같은 물질들은 사람들이 밤에 얼마나 잘 수 있는가에 영향을 줍니다. 급성 불면증은 치료가 필요 없지만, 다른 종류인 만성 불면증은 훨씬 더 심각합니다. 이 증상은 심지어 생명을 위협하는 상태로까지 이어질 수도 있어요. 만성 불면증은 일주일에 최소 세 번씩 한달 혹은 몇 달간 불면증이 지속되는 경우로 정의할 수 있습니다. 만성 불면증에는 여러 원인이 있습니다. 신체적인 이유와 심리적인 원인이 있죠. 신체적인 원인으로는 가슴앓이... 천식, 관절염과 같은 건강 상태를 포함합니다. 심리적인 증상도 불면증을 유발할 수 있습니다... 예를 들어, 정신적 충격이 큰 사건이나 우울증, 스트레스, 염려 등의 지속적인 정신적 불안정 상태가 있어요. 음, 원인이 무엇이든지, 만성 불면증이 있는 사람은 의사를 찾아가보는 것이 중요해요.
그렇다면 불면증은 어떻게 치료할까요? 먼저, 수면건강습관, 혹은 우리가 잠자리에 들기 전에 하는 행동에 대해 이야기해보죠. 그러니까, 우리가 잠자리에 들 때 어떤 행동을 하는가에 관심을 기울임으로써 수면을 도울 수 있습니다. 좋아요. 다음은 수칙 목록처럼 들리겠지만, 이런 행동들이 하나로 합쳐지면 긴장을 푸는 데 도움이 됩니다. 그럼 수칙을 말해 볼게요. 매일 밤 같은 시간에 잠자리에 들어서 매일 아침 같은 시간에 일어나려고 노력하는 것이 가장 중요합니다. 이는 생체시계가 정상 리듬을 유지하도록 도와주죠. 그리고 둘째, 만약 밤에 자고 싶다면 낮잠을 자는 것을 피해야 해요. 음, 셋째, 낮 동안에 무엇을 먹고 마시는가가 밤에 얼마나 자는지에 영향을 줍니다. 따라서 커피, 담배, 술을 멀리해야 해요. 그리고... 수면환경이 잠을 잘 유도할 수 있도록 해야 합니다. 무슨 의미 일까요? 음, 전등은 끄고... 방 온도를 시원하게 유지하세요. 라디오를 켜 놓지 말구요. 그리고 잠자리에서 책을 읽지 않도록 해야 합니다, 침대에서 수면이 아닌 독서를 연상하게 되기 때문이죠.

insomnia[insámniə] 불면증 definition[dèfəníʃən] 정의 range[reindʒ] 범위 overlap[òuvərlǽp] 중복되다, 일치하다
acute[əkjúːt] 급성의 jet lag 시차로 인한 피로 temporary[témpərèri] 일시적인 circumstance[sə́ːrkəmstæ̀ns] 상황
stay up 밤늦게까지 자지 않고 있다 ingest[indʒést] 섭취하다 substance[sʌ́bstəns] 물질 medication[mèdəkéiʃən] 약물
chronic[kránik] 만성의 psychological[sàikəládʒikəl] 심리적인 heartburn[háːrtbə̀ːrn] 가슴앓이 asthma[ǽzmə] 천식
arthritis[ɑːrθráitis] 관절염 trigger[trigər] 유발하다 traumatic[trɔːmǽtik] 정신적 충격이 큰
ongoing[ángòuiŋ] 지속적인 depression[dipréʃən] 우울증 hygiene[háidʒi(ː)n] 건강, 위생 wind down 긴장을 풀다
stay away from ~을 멀리하다, ~에서 떨어져 있다 conducive[kəndjúːsiv] 도움이 되는, 이바지하는

[10-12]
Listen to a lecture in a music class.

OK, everybody, I'll continue our discussion of woodwind instruments today... and this time, I'll focus on the saxophone. This instrument was invented by a Belgian named Adolphe Sax in 1846. Uh, Sax began as an instrument maker, and... by the time he was twenty, he had already patented several innovations on existing traditional wind instruments. Well, after he invented the saxophone, he left Belgium for France because... he wasn't really successful in his homeland. Actually, it was only after he left that the Belgians gave him any recognition, and I'd have to say this is a real pity for a man whose instrument would continue to be played down to our time.
Anyhow... let's take a closer look at the saxophone. Let me give you a general description before we discuss the different parts in turn. OK, saxophones are made of brass, but this doesn't put it in the brass family of instruments. It's a woodwind instrument, in fact. I want to point out that it's not the brass that gives the saxophone its distinct sound. It's more the part of the instrument that goes into the mouth, and which is very unique, by the way, and also the shape of saxophone's body. See, when Sax began designing the saxophone, he may have fitted a clarinet mouthpiece to a large brass wind instrument called the ophicleide. This instrument was sort of a forerunner of the tuba. What was his purpose? Well, he may have been aiming for an instrument with a different tonality. See, although the saxophone has a clarinet mouthpiece, the shape of its body is somewhat conical, which tends to make its tone much more similar to that of the oboe than that of the clarinet. Of course, you might be thinking that with a clarinet mouthpiece, the sound produced would be similar to that of a clarinet, right? If you've ever heard a clarinet being played, well, it has this very liquid tone and its range runs from a very deep low to a high register. On the other hand, the oboe has a rather high and reedy sound... and with expert manipulation an oboe player can express a really wide range of emotions and moods.
So... the saxophone is supposed to be easier to learn to play than other woodwind instruments because of its simple fingering system, but actually it requires a great deal of practice to produce the beautiful

tone that the instrument is capable of making. Let me say something more about this fingering system. It's actually based on a 180-year-old system developed for the flute. Have you heard of it, the, the Boehm System? Well, Boehm was frustrated by the fingering system of flutes of that time, so, in 1829, he designed a completely new system that allowed the musician to produce these incredibly complex and elaborate passages. This superior system was adopted for, I believe, every woodwind instrument, including the saxophone invented by Adolphe Sax.

10. What does the professor say about Adolphe Sax?
11. What are two features that give the saxophone its special tone?
12. What does the professor say about the saxophone's fingering system?

자, 여러분, 그럼 목관악기에 대한 강의를 계속하도록 하죠... 그리고 이번 시간에는 색소폰을 중심으로 논의하겠습니다. 이 악기는 1846년 벨기에인 Adolphe Sax에 의해 발명되었습니다. 어, 악기 제조업자로 시작한 Sax는... 이미 20세 때, 기존의 전통 목관 악기들을 개조한 기술로 특허를 얻었습니다. 음, 색소폰을 발명한 후, 그는 벨기에를 떠나 프랑스로 갔어요... 고국에서 성공하지 못했기 때문입니다. 사실, 그가 떠난 후에야 벨기에인들은 그를 인정하게 되었어요. 오늘날까지 계속해서 연주되고 있는 악기를 발명한 그에게는 무척 안타까운 일이라고 할 수 있죠.
어쨌든... 색소폰에 대해 좀더 자세히 살펴 봅시다. 차례대로 각각의 부분들을 살펴보기 전에 전반적인 설명을 하겠습니다. 자, 색소폰은 황동으로 만들어졌지만, 금관악기에 속하지는 않습니다. 사실, 색소폰은 목관악기예요. 색소폰의 독특한 소리는 황동 때문이 아니라는 것을 지적하고 싶군요. 이건 입에 무는 부분과, 그리고 이 부분은 아주 독특해요, 이것과 색소폰의 모양 때문이에요. 그러니까, Sax가 색소폰을 고안할 때, 그는 클라리넷의 주둥이 부분을 오피클라이드라고 하는 큰 황동 악기에 맞추어 달았습니다. 이 악기는 튜바의 전신이라고 할 수 있죠. 그의 목적은 무엇이었을까요? 음, 그는 다른 음색을 가진 악기를 원했습니다. 그러니까, 색소폰은 클라리넷의 주둥이를 가졌지만, 몸체는 클라리넷보다 오보에와 비슷한 음색을 내도록 하는 원뿔 모양입니다. 물론, 모두들 색소폰이 클라리넷의 주둥이를 가지고 있으니, 나오는 소리도 물론 클라리넷과 비슷할 거라고 생각했을 거예요, 그렇죠? 만약 학생들이 클라리넷 연주를 들어본 적이 있다면 알겠지만, 음, 클라리넷은 유음의 음색을 내며 그 범위는 아주 깊고 낮은 음역부터 높은 음역까지입니다. 반면, 오보에는 상당히 높고 가는 소리를 내며... 오보에 연주자는 숙련된 연주 기술을 통해 광범위한 감정과 분위기를 표현할 수 있습니다.
그래서... 색소폰은 운지법이 간단해서 다른 목관 악기들보다 배우기 쉽다고 여겨져요, 하지만 사실 악기가 만들어낼 수 있는 아름다운 소리를 내기 위해서는 많은 연습이 필요합니다. 운지법에 대해 더 이야기하겠습니다. 이것은 사실 플루트를 위해 개발된 180년의 역사가 있는 주법에 바탕을 두고 있어요. Boehm 주법에 대해 들어본 적 있나요? 음, Boehm은 그 당시 플루트의 운지법에 만족하지 못했어요, 그래서 1829년에 그는 음악가들이 굉장히 복잡한 악절을 연주할 수 있도록 하는 완전히 새로운 주법을 고안했습니다. 이 뛰어난 주법은, 제가 알기론, Adolphe Sax가 고안한 색소폰을 비롯한 모든 목관 악기에 이용되었습니다.

woodwind instrument 목관 악기　patent [pǽtənt] 특허를 얻다　innovation [ìnəvéiʃən] (혁신) 기술
homeland [hóumlæ̀nd] 고국　recognition [rèkəgníʃən] 인정　description [diskrípʃən] 설명　brass [bræs] 황동
ophicleide [áfəklàid] 오피클라이드 (저음의 금관 악기)　forerunner [fɔ́ːrrʌ̀nər] 전신　aim [eim] 목표삼다
tonality [tounǽləti] 음색　conical [kánikəl] 원뿔의　liquid [líkwid] 유음의　register [rédʒistər] 음역
reedy [ríːdi] 가는 소리의, 갈대피리 소리 같은　expert [ékspəːrt] 숙련된, 노련한　manipulation [mənìpjəléiʃən] 연주 기술, 조종
fingering [fíŋgəriŋ] 운지법　passage [pǽsidʒ] 악절　superior [sjuː(ː)pí(ː)əriər] 뛰어난, 보다 나은

Hackers Test

p.168

1. C 2. D 3. A 4. D 5. B 6. B, D

Listen to part of a talk in a literature class.

Hello, class. You know, I often wonder about how tedious it must've been in medieval times to copy a book. Without the availability of technologies like the printing press or word processors, the entire contents of a book needed to be written by hand when making a new copy of the work. Needless to say, this prevented written works from being widely disseminated, merely because there was no effective way for books to be mass produced. That means, in the Middle Ages, books and learning were only accessible to members of the Catholic Church–the general public was never a part of the educational sphere, mainly because the Church wanted to keep control over the information and educational resources they possessed. It was a means to solidifying their power. To this end, there was no such thing as public schooling, which is part of the reason why the Middle Ages are also known as the Dark Ages. As you can imagine, then, the scribes, who copied the books, tended to be monks living in monasteries... It's not like they could just hire a random person from a nearby town, because few, if any, people could write. And since the monks were part of the Church, one can safely assume that much of their time was also spent copying religious works... mainly the Bible.

One of the most celebrated Bible copies is the Book of Kells. Its origins are disputed, but most scholars assume it was done around the year 800. They can induce this from its style–the Book of Kells is done in what's called the "insular style," which means it uses very short, round calligraphy. The term "insular" comes from the Latin word for "island," which specifically refers to the type of art prevalent in the British Isles between the seventh and tenth centuries. When ascribing a date of circa 800 to the book, some authorities cite specific similarities between its style and that of several other discovered manuscripts for which production dates are known. An important hallmark of insular style manuscripts is the inclusion of illumination, meaning decorations and miniature drawings were integrated into the text, even at the level of individual characters. I'd like to talk a bit more about this.

Some of the book's illustrations really are quite beautiful. Take a look at this... it's an example of a sheet from the book. A folio, if you will. This folio shows the beauty of the insular calligraphy style and the extensive use of illumination... Some folios even consist entirely of stylized artwork... In fact, only 2 of the 340 folios... that means 680 pages... a folio is just a double-sided manuscript page... only 2 of them don't contain illumination. And just to give you an idea of what kind of designs we're talking about, there's a part of the book... in one square inch of a full-page interwoven design, 150 crisscrosses occurred. No kidding. In one square inch! It's amazing to consider the time investment these artists–these monks–made in embellishing the manuscript... especially since so few people were expected to see it. It truly is a work of art.

The monks who did this work... well, let's just say that not all monks were created equal. Some monks were literate and others not... When it came to transcribing, however, the monks doing that part of the work had to be literate. They wouldn't know what they were writing otherwise. This left the scribe apprentices, who were mainly novice monks, to do much of the design work. Since oral tradition formed the basis of so much religious learning, several mistakes have been found in the Book of Kells when comparing it to earlier Bible versions. For instance, in Matthew, the phrase "I came not to send peace, but the sword" was misprinted as "I came not only to send peace but joy." In Latin, the words for sword and joy are quite close... gladium versus gaudium... and both phrases sort of make sense... so you can see why such mistakes were often made. Most other books of the era had the exact same mistakes, so it's difficult to tell what the original source was. That's one of the reasons why academics have so much trouble giving an exact date for the creation of the book–simply because the typographical errors don't offer any clues as to where the book fits in chronologically with other Bible manuscripts.

There's a final mystery related to the book–nobody knows who wrote it. Scholars analyzing the text have come to the conclusion that there are at least three transcribers. One of the writers always wrote 17 lines per page, while another alternated between 18 or 19 lines, and the third completely varied the number of lines. With the ink, two of the writers were found to use a brown ink derived from trees, while the third writer was surmised to be from the Mediterranean region because the ink he used was made from imported dyes.

Now get ready to answer the questions. You may use your notes to help you answer.

1. What is the lecture mainly about?
2. According to the lecture, what are illuminations?

Listen again to part of the lecture. Then answer the question.

P: Some of the book's illustrations really are quite beautiful. Take a look at this... it's an example of a sheet from the book. A folio, if you will.

3. Why does the professor say this:
   P: A folio, if you will.

4. What does the professor imply about scribe apprentices?
5. Why does the professor mention the Latin words gaudium and gladium?
6. According to the professor, what two differences were there between the transcribers of the Book of Kells?

얘들아, 안녕. 있지, 나는 종종 중세에는 책을 복사하는 것이 얼마나 지겨운 일이었을까 생각한단다. 인쇄기나 워드 프로세서와 같은 기술을 이용할 수 없는 상태에서, 작품의 새로운 복사본을 만들 때 책의 모든 내용은 손으로 써야 했어. 당연히, 이것은 글로 쓰인 작품들이 널리 퍼지는 것을 막았지, 단지 책들이 대량생산될 수 있는 효과적인 방법이 없었기 때문에 말이야. 이것은, 중세에, 책과 학습이 카톨릭 교회의 일원들에게만 이용될 수 있었다는 뜻이야, 주로 교회가 그들이 소유한 정보와 교육 자료들을 지배하고 싶어했기 때문에 일반적인 대중은 한번도 교육의 세계의 일부가 아니었지. 이것이 그들의 힘을 굳히는 방법이었어. 이 때문에 공공 교육이라는 것이 없었어, 그리고 이것은 중세가 암흑시대로 알려져 있는 이유의 일부지. 너희들이 예상할 수 있듯이, 그때, 책들을 베끼는 사자생들은 수도원에 사는 수도사인 경향이 있었어... 그들이 주변 마을에서 아무나 고용할 수 있는 것이 아니었을테니까, 설사 있다고 하더라도 소수의 사람들만이 글을 쓸 수 있었으니까 말이야. 그리고 수도사들은 교회의 일부였기 때문에, 그들의 시간은 대부분 종교적인 작품들을 베끼는 데 사용되었을 거라고 틀림없이 추측할 수 있을거야... 주로 성경을 말이야.

가장 유명한 성경 사본은 켈스 복음서야. 출처는 아직 논의되고 있지만, 대부분의 학자들은 800년 정도에 만들어졌다고 추측해. 이 날짜는 스타일에서 이끌어낼 수 있어, 켈스 복음서는 인슐러 스타일이라는 걸로 되어 있는데, 이것은 매우 짧고 둥그런 서법을 사용했다는 뜻이거든. 인슐러라는 용어는 "섬"을 뜻하는 라틴 단어에서 비롯되지, 구체적으로 7세기와 10세기 사이에 영국 제도에서 유행했던 예술의 종류를 뜻해. 책에 약 800년이라는 날짜를 예속시킬 때, 어떤 권위자들은 이것의 스타일과 생산 날짜가 알려져 있는 다른 몇 개의 발견된 원고들과의 구체적인 공통점들을 말하지. 인슐러 스타일 원고들의 중요한 특징들은 장식의 포함이야, 장식과 작은 그림들이 글에 통합되었다는 뜻이지, 하나하나의 글자 단위에서도 말이야. 이것에 대해서는 조금 더 얘기하고 싶구나.

책의 그림들 중 어떤 것들은 정말 꽤 아름다워. 이걸 봐... 책 한 면의 예야. 말하자면 한 장이지. 이 한 장은 인슐러 서법 스타일의 아름다움과 많은 장식의 사용을 보여주고 있어... 어떤 장들은 완전히 양식화된 예술작품을 포함하고 있기도 해... 사실, 340장 중... 한 장이란 그냥 양쪽으로 된 원고 페이지니까... 680페이지란 뜻이지... 이 중 2장만 장식을 포함하고 있지 않아. 그리고 우리가 얘기하는 게 어떤 디자인들인지 보여주기 위해, 이게 책의 일부야... 전체 페이지의 조화를 이룬 디자인 중 1제곱인치에서 150개의 십자가 그려져 있어. 농담이 아니지. 1제곱인치에서 말이야! 이 예술가들, 이 수도사들이 원고를 장식하는 데 투자한 시간을 생각하면 엄청나... 특히 그것을 볼 사람들이 너무나 적었는데 말이야. 진정 예술품이라고 할 수 있지.

이 일을 한 수도사들... 음, 모든 수도사들이 평등하게 태어나지는 않았다고 해야겠구나. 어떤 수도사들은 글을 읽을 수 있었지만 다른 이들은 못 읽었어... 하지만, 베끼는 일에서는, 그것을 하는 수도사들이 글을 읽을 줄 알아야 했어. 그러지 않으면 자신이 무엇을 쓰는지 알 수 없었지. 그래서 주로 풋내기 수도사들인 사자생 조수들이 장식하는 일의 대부분을 하게 되었지. 구전으로 전해진 것이 종교 학습의 기초를 많이 형성했기 때문에, 더 이른 성경 책들과 비교해보면 켈스 복음서에서 몇 개의 실수들을 찾을 수 있어. 예를 들면, 마태 복음에서 "화평이 아니라 검을 주러 왔노라"라는 구절이 "화평만이 아니라 기쁨도 주러 왔노라"로 잘못 적혔지. 라틴어에서는 검과 기쁨을 뜻하는 단어들은 꽤 비슷해... gladium과 gaudium... 그리고 두 구절 모두 좀 말이 되지... 그러니까 이런 실수들이 자주 일어난 이유를 알 수 있을 거야. 그 시기의 대부분의 다른 책들에도 완전히 같은 실수를 했어, 그래서 최초의 출처가 어느 것인지는 알기 힘들지. 학자들이 책의 정확한 생산 날짜를 정하기 어려워하는 이유들 중 하나야, 단지 인쇄상의 오류들이 시간적으로 다른 성경 원고들 사이 어디에 끼는지에 대한 단서를 주지 않기 때문에 말이지.

책과 관련된 마지막 미스터리가 있어, 누가 썼는지 아무도 모른다는 거야. 원고를 분석하는 학자들은 적어도 세 명의 사자생들이 있었다는 결론을 내렸어. 글쓴이들 중 한 명은 언제나 한 쪽당 17줄을 썼고, 다른 사람은 18줄이나 19줄 사이를 오락가락했고 세 번째 사람은 줄의 수를 완전히 다양하게 했어. 잉크는, 두 명은 나무에서 추출된 갈색 잉크를 사용한 것으로 발견되었고 다른 세 번째 사람이 사용한 잉크가 수입된 염료로 만들어진 것이었기 때문에 지중해 지역에서 온 것으로 짐작 되었지.

medieval times 중세 availability[əvèiləbíləti] 이용할 수 있음, 유효성 printing press 인쇄기
needless to say 당연히, 말할 필요도 없이 disseminate[disémənèit] 널리 퍼지게 하다
accessible[əksésəbl] 이용할 수 있는, 접근 가능한 solidify[səlídəfài] 굳히다 public schooling 공공 교육
scribe[skraib] 사자생 monastery[mánəstèri] 수도원 monk[mʌŋk] 수도사 celebrated[séləbrèitid] 유명한
assume[əsjú:m] 추측하다 calligraphy[kəlígrəfi] 서법 prevalent[prévələnt] 유행하는 cite[sait] 말하다, 언급하다
hallmark[hɔ́:lmà:rk] 특징 illumination[iljù:mənéiʃən] 장식 integrate[íntəgrèit] 통합시키다 folio[fóuliòu] 한 장
extensive[iksténsiv] 많은, 광범위한 embellish[imbéliʃ] 장식하다 manuscript[mǽnjuskrìpt] 원고
literate[lítərit] 글을 읽을 수 있는 apprentice[əpréntis] 조수, 견습생 typographical[tàipəgrǽfikəl] 인쇄상의
chronologically[krànəládʒikəli] 시간적으로, 시대적으로 transcriber[trænskráibər] 사자생, 필경사
derive[diráiv] 추출하다 Mediterranean[mèditəréiniən] 지중해의 dye[dai] 염료

3. Function & Attitude Questions

Example

p.174

Listen to part of a lecture in an astronomy class.

OK, so where were we last time? Oh, yeah, that's right, we had just started talking about gamma rays. Well, then, let's start off again from the beginning and get an overview of gamma radiation. So, first we need a definition... here, I'll write it on the board... gamma rays are the highest level photons, or electromagnetic waves. And they have the smallest wavelengths, and are definitely the most energetic form of light.
So where do they come from? Well... I can only tell you what we know at this point, since gamma rays are still quite a mystery in the scientific world. But anyway, what we do know is that they come from the hottest areas of the universe, and are caused by radioactive atoms. When they come to Earth, they're absorbed into the atmosphere, or at least partly absorbed. Uh, different wavelengths are obviously going to be absorbed at different depths. Anyway, we think, but aren't exactly sure, that they are produced in very distant galaxies by extremely hot matter falling into a huge black hole.
Now, you might be wondering how we study them, especially if they are, you know, so far away and of such high energy frequency. Interestingly enough, we have only one real link to the gamma-ray sky... an instrument placed in a high altitude balloon or satellite. Have you heard of the Compton Observatory? It's basically a telescope. Well, that is one type of instrument, the first to go up went in, I think... 1961... on the Explorer XI satellite.
So, let's move on to why we care so much about gamma rays. There are lots of reasons, of course, but first let me describe more astronomical aspects. If we were able to see with "gamma vision," everything around us and in the entire universe would look different. They kind of light up the universe, allowing us to see all of the energy moving around. Imagine, the moon as a blur that is brighter than the sun... a constantly moving galaxy... the ability to see directly into the heart of black holes and solar flares... Wouldn't that be incredible? Well, that is what researchers are trying to do now. Having more ability to utilize gamma-radiation would help us to determine a lot more about the origin of the universe, how fast it's expanding, and about many more questions we will have today.

Q. What does the professor mean when he says this:

P: So where do they come from? Well... I can only tell you what we know at this point, since gamma rays are still quite a mystery in the scientific world.

Listen again to part of the lecture. Then answer the question.

P: Imagine, the moon as a blur that is brighter than the sun... a constantly moving galaxy... the ability to see directly into the heart of black holes and solar flares... Wouldn't that be incredible?

Q. Why does the professor say this:

P: Wouldn't that be incredible?

자, 지난 시간에 어떤 내용을 다루었죠? 아, 맞아요, 감마선에 대한 이야기를 시작했었군요. 그러면, 다시 처음부터 시작해서 감마선에 대한 개요를 살펴봅시다. 그럼, 우선 정의를 내려야겠군요... 여기, 칠판에 써볼게요... 감마선은 가장 높은 에너지 수준의 광자, 혹은 전자파입니다. 그리고 가장 짧은 파장을 갖고 있으며 빛의 가장 강한 형태입니다.
그럼 감마선은 어디에서 나올까요? 음... 현재 우리가 알고 있는 것 정도만 말할 수 있어요, 감마선은 여전히 과학 분야에서 불가사의한 존재이기 때문입니다. 어쨌든, 우리가 알고 있는 것은 감마선이 우주의 가장 뜨거운 부분에서 발생하며, 방사성 원자에 의해 유발된다는 것입니다. 감마선이 지구에 도달하면 그것은 대기에 흡수됩니다, 적어도 부분적으로는요. 어, 길이가 다른 파장들은 물론 서로 다른 깊이에서 흡수됩니다. 확실하지는 않지만, 우리는 감마선은 아주 먼 은하에서 매우 뜨거운 물질이 거대한 블랙홀에 떨어지면서 생성된다고 생각합니다.
자, 감마선이 그렇게 멀리 떨어져 있고 높은 에너지 주파수를 가지고 있다면, 어떻게 그것을 연구할 수 있는지 궁금할 거예요. 무척 흥미롭게도 우리는 감마선이 도달하는 하늘에 실질적으로 단 한 가지 방법으로만 닿을 수 있습니다... 높은 고도의 기구나 위성에 있는 장비가 그것입니다. Compton 관측기구에 대해 들어본 적이 있나요? 이것은 일종의 망원경이에요. 음, 이러한 장비의 한 종류이며, 처음 하늘에 띄워진 것은... 1961년의... the Explorer XI 위성에 설치된 것이었습니다.
그러면, 우리가 왜 감마선에 많은 관심을 가지는지 알아봅시다. 물론 많은 이유가 있지만 먼저 천문학적 측면에서 얘기할게요. 만약 우리가 "감마계"를 볼 수 있다면, 우리 주위 환경과 우주 전체의 모든 것이 다르게 보일 거예요. 감마선은 우주를 밝게 비추며, 모든 에너지의 움직임을 볼 수 있게 합니다. 상상해 보세요, 흐릿한 달은 태양보다 밝게 보이고, 끊임없이 움직이는 은하계와... 블랙홀의 중심과 태양의 불꽃을 볼 수 있게 되는 것을... 놀랍지 않나요? 음, 이것이 현재 연구자들이 노력하고 있는 것입니다. 감마선을 보다 잘 이용할 수 있게 되면 우주의 기원, 우주의 팽창 속도, 그리고 우리가 오늘날 갖고 있는 많은 질문들에 대해 훨씬 더 많은 것을 알려 줄 것입니다.

gamma ray 감마선 overview[óuvərvjù:] 개요, 개관 radiation[rèidiéiʃən] 방사선 photon[fóutɑn] 광자
electromagnetic wave 전자파 wavelength[wéivlèŋθ] 파장 energetic[ènərdʒétik] 강한, 원기 왕성한
radioactive[rèidiouǽktiv] 방사성의 atom[ǽtəm] 원자 absorb[əbsɔ́:rb] 흡수하다 partly[pɑ́:rtli] 부분적으로
frequency[frí:kwənsi] 주파수 altitude[ǽltitjù:d] 고도, 높이 balloon[bəlú:n] 기구 satellite[sǽtəlàit] 위성
observatory[əbzə́:rvətɔ̀:ri] 관측기구 astronomic[æ̀strənɑ́mik] 천문학적인 aspect[ǽspekt] 측면, 관점
blur[blə:r] 흐려 보이는 것 galaxy[gǽləksi] 은하계 incredible[inkrédəbl] 놀라운 utilize[jú:təlàiz] 이용하다

Hackers Practice

p.176

1. B 2. C 3. C 4. B 5. C 6. A 7. D 8. C 9. D 10. A 11. D 12. B 13. C 14. A 15. D 16. C 17. B 18. A 19. C 20. D

I. Listen to each pair of lectures, and determine how the same expression was used differently in each lecture.

1.

So what I wanted to point out is that there are basically two reasons why the behavior of some coyotes has changed. See, coyotes that live in traditional wilderness habitats don't really encounter human beings a whole lot of the time. But some coyotes have adapted to suburban, and even urban areas... hiding in patches of wooded areas... and they've discovered that humans don't really pose any danger to them. So they've taken advantage of this situation. They come into fenced yards and kill some dogs or cats. And... some people have actually been feeding coyotes or have been friendly in some way or another. But what people don't seem to realize is that coyotes are essentially scavengers and hunters. Um... coyotes have begun attacking in the open and in broad daylight. They've snatched pets out of the arms of small children or attacked the children themselves. One death has been recorded, and for the thirty-five other children that have been attacked over the past three decades. Well, if an adult hadn't intervened, then that would have meant certain death. So what's next? Well, animal control officers have been considering using rubber buckshot, or even killing the coyotes, in order to reintroduce a fear of men in these animals.

Listen again to part of the lecture. Then answer the question.

P: Well, if an adult hadn't intervened, then that would have meant certain death. So what's next? Well, animal control officers have been considering using rubber buckshot, or even killing the coyotes, in order to reintroduce a fear of men in these animals.

Q. Why does the professor say this:
P: So what's next?

그래서 내가 지적하고 싶은 것은 몇몇 코요테들의 행동이 변화한 것에는 근본적으로 두 가지 원인이 있다는 것입니다. 그러니까, 전통적인 황야 서식지에 사는 코요테는 오랫동안 인간과 마주치지 않았습니다. 그러나 몇몇 코요테들은 교외 지역, 심지어는 도시 지역에 적응을 하게 되었습니다... 나무가 많은 곳에 숨어서 말이죠... 그리고 코요테들은 인간이 그들에게 위험하지 않다는 것을 알게 되었습니다. 그래서 그들은 이 상황을 이용했죠. 코요테들은 울타리로 둘러싸인 뜰로 들어가 개들과 고양이들을 죽였어요. 그리고... 사실 어떤 사람들은 코요테에게 먹이를 주거나 여러 가지 방법으로 호의적이기도 했어요. 그러나 이 사람들은 코요테가 본질적으로 부육을 먹는 동물이자 사냥꾼이라는 것을 알지 못했던 것 같습니다. 음... 코요테는 대낮에도 공공연히 습격하기 시작했습니다. 그들은 어린아이들이 안고 있는 애완동물들을 빼앗아 달아나기도 하고 어린이들을 공격하기도 했어요. 지난 30년간 이미 한 명이 사망한 것으로 알려졌고, 다른 35명의 어린이들이 공격을 당했습니다. 음, 만약 어른들이 끼어들지 않았다면, 그 어린이들 역시 사망했을 것입니다. 그렇다면 다음은 무엇일까요? 음, 동물 감독관들은 이 동물들에게 인간에 대한 공포를 다시 심어주기 위해서, 고무 총알을 이용하거나, 심지어 코요테를 죽이는 방법을 고려해 왔습니다.

point out 지적하다　wilderness[wíldərnis] 황야　habitat[hǽbitæ̀t] 서식지　encounter[inkáuntər] 마주치다
adapt[ədǽpt] 적응하다　suburban[səbə́ːrbən] 교외의　urban[ə́ːrbən] 도시의　take advantage of 이용하다
fence[fens] 울타리를 치다　scavenger[skǽvindʒər] 부육(썩은 고기)을 먹는 동물　in broad daylight 대낮에 공공연히
snatch[snætʃ] 빼앗아 달아나다, 강탈하다　intervene[ìntərvíːn] 끼어들다, 개입하다　buckshot[bʌ́kʃɑ̀t] 총알(알이 굵은 산탄)
reintroduce 재도입하다

2.

Uh... let me just wrap up my discussion on the assumptions that the Big Bang Theory is based on. Essentially, Big Bang theorists assume that since the universe is infinite, that is... having no edge, the Big Bang could not have occurred at one point in space. This is the understanding that many people have of the Big Bang. Rather, it occurred throughout space at the same time. And what this means is... it is not the universe itself that is expanding, but rather the space-time continuum that is expanding. Another assumption is that the theory of relativity, Einstein's theory, which holds that space and time are relative rather than absolute, correctly describes the gravitational interaction of all matter in the universe. And that's basically it. So what's next? Well, now that we've finished our discussion of the Big

Bang, I'd like to start talking about the early formation of stars.

Listen again to part of the lecture. Then answer the question.

P: So what's next? Well, now that we've finished our discussion of the Big Bang, I'd like to start talking about the early formation of stars.

Q. Why does the professor say this:
P: So what's next?

어... 빅뱅이론의 근간이 되는 가설에 대한 논의를 마무리 짓겠습니다. 본래, 빅뱅 이론가들은 우주는 무한하기 때문에, 즉... 끝이 없기 때문에 빅뱅은 우주의 한 지점에서 발생했을리가 없다고 생각했습니다. 이것이 많은 사람들의 빅뱅에 대한 생각이었죠. 오히려, 빅뱅은 우주 전 공간에 걸쳐 동시다발적으로 발생했어요. 그리고 이 말은... 우주 그 자체가 팽창하는 것이 아니라, 시공 연속체가 팽창한다는 의미입니다. 다른 가설은 아인슈타인의 상대성 이론입니다, 이 이론은 공간과 시간은 절대적이기보다는 상대적이라고 여기며, 우주 만물의 중력적인 상호 작용에 대해 올바르게 설명합니다. 그래서 기본적인 내용은 그렇습니다. 그렇다면 다음은 무엇일까요? 음, 빅뱅에 대한 논의를 끝냈으니, 항성들이 처음에 어떻게 형성되었는지에 대해 이야기하겠습니다.

wrap up 마무리 짓다　assumption [əsʌ́mpʃən] 가설　theorist [θí(:)ərist] 이론가　universe [jú:nəvə̀:rs] 우주
infinite [ínfənit] 무한한　edge [edʒ] 끝, 가장자리　expand [ikspǽnd] 팽창하다　space-time continuum 시공 연속체, 4차원
relativity [rèlətívəti] 상대성　relative [rélətiv] 상대적인　absolute [ǽbsəlù:t] 절대적인
gravitational [grӕ̀vitéiʃənəl] 중력적인　interaction [ìntərǽkʃən] 상호 작용　now that ~이니까　formation [fɔ:rméiʃən] 형성

3.

So... as you learned from the reading I assigned you yesterday, there were three divisions of comedy in Greek theater, the old, the middle, and the new. So... let's start with the old comedy. The old began around 450 BC and it was basically vulgar and obscene. It was obscene, it was satirical, and it tended to insult specific individuals in political circles... I know this isn't new to you... we hear a lot of obscenities, satire, and insults in today's comedies. Now, middle comedy, which began around the fourth century BC, was less personal. Whole groups of individuals of a certain personality or in a certain line of work were vilified. Also, middle comedy was less political than its predecessor. It treated literary and social peculiarities of the day in a light manner and with less ill-natured ridicule. But... new comedy, which began around the time of the Macedonian rulers, represented striking features of Athenian society, and one of these was the laxness of its morality. In fact, new comedy made immorality appear attractive. Now... I'm hoping you can say something about what the Greeks were doing with comedy. I mean... immorality as something attractive... is that OK?

Listen again to part of the lecture. Then answer the question.

P: In fact, new comedy made immorality appear attractive. Now... I'm hoping you can say something about what the Greeks were doing with comedy. I mean... immorality as something attractive... is that OK?

Q. Why does the professor say this:
P: ...is that OK?

자... 어제 내가 내준 읽기 자료에서 알게 되었듯이, 그리스 연극의 희극은 초기, 중기, 그리고 후기 세 부분으로 나눌 수 있습니다. 그럼... 초기 희극부터 얘기해 봅시다. 초기 희극은 기원전 450년경에 시작되었고 통속적이며 저속했어요. 저속적이고, 풍자적이며, 정치 집단의 특

정 인물들을 모욕하곤 했죠... 여러분들에게 그리 새로운 것은 아닐 거예요... 오늘날의 희극에서도 많은 음담패설, 풍자, 그리고 모욕을 들을 수 있으니까요. 자, 기원전 4세기경 시작 된 중기 희극은 개인적인 성격이 덜 했습니다. 특정 성격을 갖고 있거나 특정한 일을 하는 개인들의 집단이 비방당했습니다. 게다가, 중기 희극은 앞선 희극보다 정치적인 성격이 덜 했어요. 그것은 당대의 문학적, 사회적인 특성들을 가벼우면서도 덜 짓궂은 조롱으로 다루었습니다. 그러나... 마케도니아 군주가 다스리던 시기에 시작된 후기 희극은 아테네 사회의 두드러진 특징을 표현했습니다, 그리고 그것들 중 하나는 도덕성의 해이였어요. 사실, 후반 희극은 부도덕을 매력적인 것처럼 보이도록 표현했어요. 자... 그리스인들이 희극을 통해 무엇을 했는지에 대해 여러분들이 이야기해 보면 좋겠군요. 내 말은, 부도덕함이 매력적인 것이라... 이상하지 않나요?

division[divíʒən] 부분, 구분 vulgar[vʌ́lgər] 통속적인 obscene[əbsíːn] 저속한 satirical[sətírikəl] 풍자적인
insult[insʌ́lt] 모욕하다 individual[ìndəvídʒuəl] 개인 obscenity[əbsénəti] 음담패설 satire[sǽtaiər] 풍자
vilify[víləfài] 비방하다 peculiarity[pikjùːliǽrəti] 특성 ill-natured 짓궂은, 심술궂은 ridicule[rídəkjùːl] 조롱
represent[rèprizént] 표현하다 feature[fíːtʃər] 특징 Athenian[əθíːniən] 아테네의 laxness[lǽksnis] 해이
morality[mərǽləti] 도덕 immorality[imərǽləti] 부도덕 attractive[ətrǽktiv] 매력적인

4.

Yesterday we discussed the different stages of sleep, and we determined that sleep is, well, it's not as simple as it seems. So... today we'll continue our discussion on dealing with sleep disorders and the behavioral changes that take place when a person lacks REM sleep. You all know that quite a number of people don't always get enough REM sleep for one reason or another, right? I recently read an article about some scientists interested in new ways of dealing with sleep disorders... and they seem to think that the behavioral changes associated with a lack of sleep could be reversed through artificial dreaming. Now, I guess we all know what artificial means, at least I hope we all do... It means "simulated, not natural, fake, counterfeit"... I guess you can see what I'm driving at. There are a lot of things that are artificial today, but... artificial dreaming? Is that OK?

Listen again to part of the lecture. Then answer the question.

P: Now, I guess we all know what artificial means, at least I hope we all do... It means "simulated, not natural, fake, counterfeit"... I guess you can see what I'm driving at. There are a lot of things that are artificial today, but... artificial dreaming? Is that OK?

Q. Why does the professor say this:
P: Is that OK?

어제 우리는 수면의 각 단계에 대해 논의하면서, 수면은, 음, 생각했던 것처럼 단순하지 않다고 결론지었습니다. 그래서... 오늘은 수면 장애에 대처하는 법과 사람이 REM 수면이 부족할 때 나타나는 행동변화에 대해 논의해 보겠습니다. 모두들 많은 사람들이 한 두 가지의 이유로 충분한 REM 수면을 취하지 못하고 있다는 것을 알고 있을 거예요, 그렇죠? 최근에 수면 장애를 극복하는 새로운 방법에 관심이 있는 과학자들에 대한 기사를 읽었어요... 그리고 그들은 수면 부족과 관련된 행동 변화는 인위적으로 꿈을 꾸게 해서 치유될 수 있다고 생각해요. 자, 모두 인위적이라는 말이 어떤 의미인지 알고 있으리라 생각해요, 적어도 그렇기를 바래요... 그것은 "가상의, 자연적이지 않은, 가짜의, 모조의"라는 의미입니다... 내가 무슨 말을 하려는지 알 수 있을 거예요. 오늘날 인위적인 것들이 많이 있어요, 그러나... 인위적으로 꿈을 꾸게 한다구요? 괜찮을까요?

stage[steidʒ] 단계 determine[ditə́ːrmin] 결론짓다, 결정하다 deal with 대처하다, 극복하다 disorder[disɔ́ːrdər] 장애
behavioral[bihéivjərəl] 행동의 associate[əsóuʃièit] 관련시키다 lack[læk] 부족 reverse[rivə́ːrs] 전환시키다
artificial[àːrtəfíʃəl] 인위적인 dreaming[dríːmiʒ] 꿈 simulated[símnleìtid] 가상의, 진짜가 아닌 fake[feik] 가짜의
counterfeit[káuntərfit] 모조의

5.

So it was really a big surprise to scientists in 1977 that animals could live at the bottom of the ocean. And we aren't talking about just a few animals. There have actually been more than three hundred species of animals that have been discovered living at deep-sea hydrothermal vents. Now... uh, scientists continue to discover more, but for today, let's focus on the tubeworm, which are the most abundant of the vent animals. The really interesting thing about tubeworms is that while the baby worms or larvae are able to move around, adult worms stay in one place. In fact, scientists have observed that they are attached to the ground beneath them. Strange, huh? Anyhow, the adult tubeworms have no mouth or anus, or intestines, for that matter. This means that they don't eat and they don't remove waste as other animals do. Yet, they survive. How is this possible? You're probably thinking there's some symbiosis involved. And you're absolutely right, there's a special bacteria... and I'll say something more about this bacteria a bit later. But... how do these bacteria get inside the worm if there's no mouth and no anus?

Listen again to part of the lecture. Then answer the question.

P: This means that they don't eat and they don't remove waste as other animals do. Yet, they survive. How is this possible? You're probably thinking there's some symbiosis involved. And you're absolutely right...

Q. Why does the professor say this:
P: How is this possible?

그러니까 동물들이 해저에서도 살 수 있다는 사실은 1977년 과학자들에게는 아주 놀라운 일이었습니다. 그리고 이는 소수의 동물을 말하는 것이 아닙니다. 사실 300종이 넘는 동물들이 심해의 열수 분출구에 서식하고 있는 것으로 밝혀졌습니다. 자... 어, 과학자들은 계속적으로 더 많은 동물들을 발견하고 있지만, 오늘은 분출구에 사는 동물 중에 가장 많은 서관충에 초점을 맞춰 보겠습니다. 서관충의 가장 흥미로운 점은 새끼 벌레나 유충은 돌아다닐 수 있는 반면, 성충은 한 장소에 머무른다는 것입니다. 사실, 과학자들은 성충이 아래의 땅에 붙어 있는 것을 관찰했습니다. 이상하죠, 그렇죠? 어쨌든, 성충 서관충은 이상하게도 입이나 항문, 장이 없어요, 즉, 그들은 다른 동물들처럼 먹거나 배설을 하지 않는다는 것입니다. 그러나, 그들은 생존합니다. 이것이 어떻게 가능할까요? 아마 모두들 공생 관계와 관련이 있을 거라고 생각할 거예요. 그리고 여러분 생각이 맞습니다, 특별한 박테리아가 있는데... 박테리아에 대해서는 나중에 더 이야기할게요. 그런데... 서관충에게 입과 항문이 없다면 박테리아는 어떻게 벌레의 내부로 들어갈까요?

hydrothermal [hàidrəθə́:rməl] 열수의 vent [vent] 분출구 tubeworm [tjú:bwə̀:rm] 서관충 anus [éinəs] 항문
intestine [intéstin] 장 for that matter 이상하게도, 드물게 symbiosis [sìmbaióusis] 공생 관계
bacteria [bæktí(:)əriə] 박테리아

6.

Scientists have made pretty radical claims regarding climatic cycles... that is, variations in weather that occur with some regularity. And based on these so-called cycles, predictions have been made. Uh... to be able to make a prediction, scientists have to accumulate very large historical databases. They then use this data and a good software program to create a computerized model that would simulate the earth's climate in the future. Some have objected to these models. They say there are too many unknown variables. Well... theories on climate change have always been questioned as to their accuracy. Here's one example. A glaciologist studied thousands of ice cores from around the world. He concluded that, that about 5,200 years ago, there was a monumental change in world climate that had a horrible impact on living things then existing. He claims that similar changes in our climate today point to a coming major climate change similar to the one that occurred 5,200 years ago. How is this possible? What could have led him to such a far-fetched conclusion?

Listen again to part of the lecture. Then answer the question.

P: He claims that similar changes in our climate today point to a coming major climate change similar to the one that occurred 5,200 years ago. How is this possible? What could have led him to such a far-fetched conclusion?

Q. Why does the professor say this:
P: How is this possible?

과학자들은 기후의 주기에 관해서 꽤 혁신적인 주장을 했어요... 즉, 날씨 변화가 규칙적으로 발생한다는 주장입니다. 그리고 소위 이러한 주기를 바탕으로, 예보가 이루어집니다. 어... 예보를 하기 위해서 과학자들은 많은 역사적인 자료를 모읍니다. 그리고는, 이 자료와 양질의 소프트웨어를 사용하여 미래의 기후를 가상으로 알 수 있는 전산화된 모델을 만듭니다. 어떤 이들은 이러한 모델에 이의를 제기했습니다. 그들은 알려지지 않은 많은 변수들이 있다고 말합니다. 음... 기후 변화에 대한 이론들은 항상 정확성에 관해 의심을 받아왔어요. 한 가지 예를 살펴봅시다. 한 빙하학자가 전 세계적으로 수천 개의 얼음의 중심을 연구했습니다. 그는 5,200년 전에 그 당시에 살았던 생물들에게 끔찍한 영향을 미쳤던 세계 기후의 기념비적인 변화가 있었다고 결론지었습니다. 그는 오늘날의 기후 변화가 5,200년 전에 발생한 것과 유사한 중요한 기후 변화가 일어날 것을 암시한다고 주장합니다. 이것이 어떻게 가능할까요? 무엇이 그로 하여금 그런 억지스러운 결론을 내리도록 했을까요?

radical [rǽdikəl] 혁신적인　regarding ~에 관해서　climatic [klaimǽtik] 기후의　cycle [sáikl] 주기, 순환
variation [vɛ̀əriéiʃən] 변화　accumulate [əkjú:mjulèit] 모으다　historical [histɔ́(:)rikəl] 역사적인
object [əbdʒékt] 이의를 제기하다, 반대하다　variable [vɛ́(:)əriəbl] 변수　accuracy [ǽkjərəsi] 정확성
glaciologist [glèiʃiálədʒist] 빙하학자　core [kɔ:r] 중심　monumental [mànjuméntəl] 기념비적인
far-fetched 억지스러운, 무리한

7.

Today, we'll be discussing an emotion that's common to all people. That emotion is fear. Basically, we'll be discussing the brain areas involved in fear.
It was sometime in the 1970s when scientists began conducting controlled studies to systematically map out the brain's fear system. They were examining not just the brain parts, but also the chemical reactions involved when a person has a fear reaction. They were also checking out the areas of the brain involved in modifying fear responses, as well as the structures that may be harboring, I mean, storing, memories of fear and dread.
These studies are interesting to researchers because somewhere along the way scientists may learn the answers to questions such as, are some people more naturally fearful than others... It could be that such people possess weaker connections in the brain areas that control the fear response. Another question scientists want answered is... do fearful people possess unique DNA that may make them more likely to learn fear than the rest of the population? Well... that's debatable. But the results of these studies may surprise us.

Listen again to part of the lecture. Then answer the question.

P: Another question scientists want answered is... do fearful people possess unique DNA that may make them more likely to learn fear than the rest of the population? Well... that's debatable. But the results of these studies may surprise us.

Q. Why does the professor say this:
P: Well... that's debatable.

오늘은 모든 인간들에게 공통적인 감정에 대해 이야기해 봅시다. 그 감정은 바로 두려움입니다. 기본적으로, 우리는 두려움과 관련된 뇌의 부위에 대해 논의할 것입니다.
1970년대쯤에 과학자들은 공포와 관련된 뇌 조직을 체계적으로 나타내기 위하여 통제된 연구를 수행하기 시작했습니다. 그들은 사람들이 공포의 반응을 보일 때의 뇌 부위뿐만 아니라, 이와 관련된 화학 반응도 조사했어요. 또한 두려움과 공포의 기억을 품는, 그러니까 저장하는 조직뿐만 아니라 공포 반응의 조절과 연관된 뇌의 부위도 조사했습니다.
이 연구는 연구자들에게 흥미로웠는데, 연구를 하는 과정에서 특정 사람들이 다른 사람들보다 선천적으로 더 두려움을 많이 느끼는가와 같은 질문에 대해 답을 얻을 수 있었기 때문이죠... 그런 사람들은 공포 반응을 제어하는 뇌 부위와의 연결이 약할 수 있습니다. 과학자들이 답을 얻고 싶어 하는 또 다른 질문은 쉽게 공포를 느끼는 사람들은 다른 사람들보다 두려움을 더 느끼게 하는 독특한 DNA를 가졌는가하는 것입니다. 음... 그것에 대해서는 논쟁의 여지가 있죠. 그러나 이러한 연구의 결과는 우리를 놀라게 할지도 모릅니다.

conduct[kəndʌ́kt] 수행하다 controlled[kəntróuld] 통제된 systematically[sìstəmǽtikəli] 체계적인
map out 정밀하게 나타내다 reaction[riǽkʃən] 반응 modify[mádəfài] 조절하다
harbor[hɑ́:rbər] (계획, 생각 등을) 품다 store[stɔ:r] 저장하다 dread[dred] 공포 connection[kənékʃən] 연결
unique[ju:ní:k] 독특한 debatable[dibéitəbl] 논쟁의 여지가 있는

8.

All right, this is a little-studied topic we'll be discussing today. Why do people laugh? Most people would say, well, that's pretty self-evident. People seem to think that laughter occurs only when a person sees something funny, or when he hears a funny joke or story. Well... that's debatable. Actually, that's a simplistic and uninformed way of looking at laughter because we sometimes laugh at things which aren't even funny. For example, a person at the door says "bye" to you and you both break out in laughter. It's like there's an implicit understanding between the two of you that makes the laughter perfectly reasonable and logical. So... laughter, which is a universal language... no matter where you go in this world we live in, and whether it comes out as ha-ha-ha or hee-hee, well... there isn't really very much material on why people laugh, despite the fact that we humans laugh so much.

Listen again to part of the lecture. Then answer the question.

P: People seem to think that laughter occurs only when a person sees something funny, or when he hears a funny joke or story. Well... that's debatable. Actually, that's a simplistic and uninformed way of looking at laughter because we sometimes laugh at things which aren't even funny.

Q. Why does the professor say this:
P: Well... that's debatable.

좋아요, 오늘의 주제는 잘 연구되지 않는 주제입니다. 사람들은 왜 웃을까요? 대부분의 사람들이 이유가, 음, 자명하다고 말할 것입니다. 사람들은 재미있는 것을 보았을 때나, 웃긴 농담이나 이야기를 들었을 때 웃는다고 생각할 거예요. 음... 이건 논쟁의 여지가 있어요. 사실, 그것은 웃음에 대해 잘 알지 못하고 매우 단순하게 생각한 것입니다, 왜냐하면 우리는 때때로 재미없는 것에 웃기도 하기 때문이죠. 예를 들어, 현관에서 누군가 당신에게 "안녕"이라고 말한다면 둘 다 웃음을 짓기 시작할 것입니다. 둘 사이에 웃음이 충분히 합당하고 논리적이라는 암묵적인 이해가 있다고 할 수 있어요. 그래서... 웃음은 보편적인 언어입니다... 전 세계 어디를 가더라도 통하죠, 그리고 그것이 '하하하' 하고 웃는 웃음인지 '히히' 하고 웃는 웃음인지에 관계 없이 말이죠, 음... 사람들이 많이 웃는데도 불구하고, 왜 사람이 웃는지에 대한 자료는 많지 않습니다.

self-evident 자명한 simplistic[simplístik] 단순화한 uninformed[ʌ̀ninfɔ́:rmd] 잘 알지 못하는

break out ~하기 시작하다 implicit[implísit] 암묵적인, 암시적인 reasonable[ríːzənəbl] 합당한, 적당한
logical[ládʒikəl] 논리적인 universal[jùːnəvə́ːrsəl] 보편적인 despite[dispáit] ~에도 불구하고

II. Listen to parts of the lectures, and choose the best answer for each question.

9.

All right, so what is it that the earthworm does to make it such a special creature? Well, one important thing is, it tunnels through soil. And what does this accomplish? Uh, actually much more than most humans understand. You see, soil needs to be plowed because when it remains compacted or pressed down, both air and water can't circulate. And I suppose you know what this means, right? Obviously, plant roots won't be able to penetrate the pressed down soil, much less access air and water in the soil. So, by tunneling through soil, earthworms are actually plowing the soil and making it possible for soil microorganisms and plant roots to obtain air and water.

Listen again to part of the lecture. Then answer the question.

P: All right, so what is it that the earthworm does to make it such a special creature? Well, one important thing is, it tunnels through soil. And what does this accomplish? Uh, actually much more than most humans understand.

Q. Why does the professor say this:
P: Uh, actually much more than most humans understand.

좋아요, 지렁이의 어떤 행동이 지렁이를 그렇게 특별한 생물로 만드는 걸까요? 음, 한 가지 중요한 점은, 지렁이가 흙 속에 굴을 판다는 것입니다. 그럼 이것은 결국 어떠한 결과를 낳을까요? 어, 사실 대부분의 사람들이 생각하는 것 이상입니다. 그러니까, 흙이 압축되거나 눌린 상태일 때는 공기와 물이 순환하지 못하기 때문에, 흙은 갈아져야 해요. 그리고 이것이 무슨 의미인지 알 거예요, 그렇죠? 물론, 식물의 뿌리는 압축된 흙을 뚫지 못할 것이고, 흙 속의 공기와 물에 접근하기는 더 어렵습니다. 그래서, 흙 속에 굴을 파면서, 지렁이는 사실상 흙을 갈고, 흙 속 미생물과 식물의 뿌리가 공기와 물을 얻을 수 있도록 합니다.

earthworm[ə́ːrθwə̀ːrm] 지렁이 tunnel[tʌ́nəl] 굴을 파다 accomplish[əkámpliʃ] 결과를 낳다, 성취하다
plow[plau] 갈다, 경작하다 compact[kəmpǽkt] 압축하다 press down 누르다 circulate[sə́ːrkjəlèit] 순환하다
penetrate[pénitrèit] 뚫다 access[ǽkses] 접근하다 microorganism[màikrouɔ́ːrgənìzəm] 미생물

10.

OK, there was a study conducted on an acre of what you would call your average cultivated land, and the researchers discovered that about 16,000 pounds of worm feces are deposited on top of the soil each year... and if the soil is really wormy, about 30,000 pounds. Well, what does all this excreta do? You know, earthworm feces or castings are rich in nitrogen, calcium, magnesium, and phosphorus... and these are the nutrients necessary for an ecosystem to stay healthy. So, you see, the earthworm is actually a pretty useful animal. Darwin even went so far as to say that the earthworm has played the most important role in history! Well, of course, that's subject to debate.

Listen again to part of the lecture. Then answer the question.

P: So, you see, the earthworm is actually a pretty useful animal. Darwin even went so far as to say that the earthworm has played the most important role in history! Well, of course, that's subject to debate.

Q. What does the professor mean when she says this:
P: Well, of course, that's subject to debate.

자, 일반적인 경작지 1에이커에 대해 연구가 수행되었고, 연구자들은 매년 약 16,000파운드의 지렁이 배설물이 표토에 쌓인다는 것을 발견했습니다... 그리고 만약 벌레가 많은 흙이라면, 약 30,000파운드가 정도가 쌓이죠. 음, 이 배설물들은 어떤 역할을 할까요? 그러니까, 지렁이의 배설물에는 질소, 칼슘, 마그네슘, 인이 풍부한데... 이 영양분들은 생태계가 건강하게 유지되는 데 필수적입니다. 그러니까, 보다시피, 지렁이는 아주 유용한 동물이에요. 다윈은 심지어 지렁이가 역사상 가장 중요한 역할을 했다고 말하기까지 했어요! 음, 물론, 그건 논쟁의 여지가 있어요.

conduct[kəndʌ́kt] 수행하다 acre[éikər] 에이커 cultivate[kʌ́ltəvèit] 경작하다 feces[fí:si:z] 배설물
deposit[dipάzit] 쌓다, 두다 wormy[wə́:rmi] 벌레가 많은 excreta[ikskrí:tə] 배설물 nitrogen[náitrədʒən] 질소
calcium[kǽlsiəm] 칼슘 magnesium[mægní:ziəm] 마그네슘 phosphorus[fάsfərəs] 인 nutrient[njú:triənt] 영양분
ecosystem[ékousìstəm] 생태계

11.

All right, let me define some terms. Monozygotic, or identical twins, originate from one ovum, which means that they come from a single sperm. They divide into two zygotes some time during the first thirteen days. Dizygotic or fraternal twins, on the other hand, form from two separate eggs and two different sperm. They develop side by side in the womb and may actually be as similar or as dissimilar as siblings are. Uh... let me digress a bit. Some of you probably think that identical twins are truly identical in every way because they share the same DNA, but the only similarity they actually share is their sex. Their personalities will likely be different, and if they're exposed to divergent environments, their appearances may even be somewhat dissimilar. Does this surprise you?

Q. Why does the professor say this:
P: Their personalities will likely be different, and if they're exposed to divergent environments, their appearances may even be somewhat dissimilar. Does this surprise you?

좋아요, 몇 가지 용어의 정의를 내려봅시다. 일란성 쌍자, 또는 일란성 쌍둥이는 하나의 난자에서 생겨납니다, 이는 곧 하나의 정자에서 생겨난다는 것을 의미하죠. 일란성 쌍둥이는 첫 13일 동안 두 개의 접합자로 분리됩니다. 반면, 이란성 쌍둥이는 개별적인 두 개의 난자와 두 개의 정자에서 생성됩니다. 그들은 자궁에서 나란히 성장하고 일반적인 형제자매들처럼 비슷하거나 다를 수도 있습니다. 어... 잠시 다른 이야기를 할게요. 일란성 쌍둥이는 같은 DNA를 공유하기 때문에, 모든 면에서 똑같을 거라고 생각하는 학생들이 있을 거예요. 그러나 그들의 유일한 유사점은 성별 뿐입니다. 그들의 성격은 다를 가능성이 높으며, 만약 그들이 다른 환경을 접하게 된다면, 외모조차도 어느 정도 달라지죠. 놀라운가요?

monozygotic[mɔ̀nozaigάtik] 하나의 수정란에서 자란 identical[aidéntikəl] 일란성의, 똑같은
originate[ərídʒənèit] 생기다, 유래하다 ovum[óuvəm] 난자 sperm[spə:rm] 정자 zygote[záigout] 접합자
dizygotic[dàizaigάtik] 두 개의 수정란에서 자란 fraternal[frətə́:rnəl] 이란성의, 형제의 separate[sépərèit] 개별적인
womb[wu:m] 자궁 dissimilar[dissímələr] 다른 sibling[síbliŋ] 형제자매 digress[daigrés] 딴 얘기를 하다
similarity[sìməlǽrəti] 유사점 personality[pə̀rsənǽləti] 성격 expose[ikspóuz] (작용, 영향을) 접하게 하다, 노출하다
divergent[divə́:rdʒənt] 다른 appearance[əpí(:)ərəns] 외모 somewhat[sʌ́mhwʌ̀t] 어느 정도, 다소

12.

So, for same-sex twins, it's harder to determine whether they're identical or fraternal. In some cases, whether twins are one-egg or two-egg twins, cannot even be determined during pregnancy. Why is this so? Well, identical twins form in a single sac and they share a single placenta. But the number of placentas isn't always a clear indicator because the separate placentas of fraternal twins can actually fuse together and appear to be one. And at times, identical twins develop with completely separate placentas. So, actually, the only way to make sure is through genetic testing. DNA is taken from each twin and then compared for similarities. This is a special service, however, that costs a bit of money. But some parents are more than willing to spend money just to find out if their twins are fraternal or identical. You know, identical twins are considered special... so, I guess it has something to do with status.

Listen again to part of the lecture. Then answer the question.

P: But some parents are more than willing to spend money just to find out if their twins are fraternal or identical. You know, identical twins are considered special... so, I guess it has something to do with status.

Q. Why does the professor say this:
P: I guess it has something to do with status.

그래서, 동성 쌍둥이의 경우, 일란성인지 이란성인지 구별하기가 힘들어요. 어떤 경우에는, 심지어 일란성 쌍둥이인지 이란성 쌍둥이인지도 임신 기간 동안 구별하기 힘듭니다. 왜 그럴까요? 음, 일란성 쌍둥이는 하나의 낭에서 형성되고 같은 태반을 공유합니다. 그러나 이란성 쌍둥이의 각각의 태반은 융합되어서 하나로 보이기 때문에, 태반의 수는 명확한 기준이 될 수 없어요. 그리고 가끔, 일란성 쌍둥이가 완전히 다른 태반에서 자라기도 합니다. 따라서, 사실, 확인할 수 있는 방법은 유전자 검사뿐입니다. 쌍둥이들로부터 DNA를 추출해서 유사점을 비교하는 거죠. 하지만 이것은 특별한 서비스이기 때문에 비용이 많이 들죠. 그러나 몇몇 부모들은 그들의 쌍둥이가 이란성인지 일란성인지를 확인하기 위해 기꺼이 돈을 씁니다. 여러분도 알다시피, 일란성 쌍둥이는 특별하다고 여겨지니까요... 그래서, 부모들이 이렇게 하는 것은 아마도 지위와 관련이 있는 듯합니다.

pregnancy[prégnənsi] 임신 (기간) sac[sæk] 낭 placenta[pləséntə] 태반 indicator[índəkèitər] 기준, 지시
fuse[fjuːz] 융합되다 genetic[dʒənétik] 유전자의 be willing to 기꺼이 ~하다 status[stéitəs] 지위

13.

So the Egyptian mapmakers knew only about their locale, and that's all they knew. Well, they did use geometry to help them make measurements of the land. And, these measurements also helped them to sort of reconstruct boundaries whenever the Nile flooded over and destroyed boundaries that previously existed. Uh, the Greeks had what I would call a similar type of knowledge–they knew only about a very limited portion of the earth. But they were one step ahead of the Egyptians. They believed that the shape of the earth was important in making world maps. So, it was in 500 BC that Pythagoras suggested that the earth was spherical. Well, of course there was a lot of disagreement with this idea. It was only in 350 BC when Aristotle argued for the spherical shape of the earth that scholars finally accepted a round earth. Perhaps this is why there weren't very many advances in cartography during that time.

Listen again to part of the lecture. Then answer the question.

P: So, it was in 500 BC that Pythagoras suggested that the earth was spherical. Well, of course there was a lot of disagreement with this idea. It was only in 350 BC when Aristotle argued for the spherical shape of the earth that scholars finally accepted a round earth.

Q. Why does the professor say this:
P: Well, of course there was a lot of disagreement with this idea.

그래서 이집트 지도 제작자들은 단지 그들의 지역에 대해서만 알고 있었고, 그것이 그들이 아는 전부였습니다. 음, 그들은 땅을 측정하는 데 기하학을 이용했습니다. 그리고, 이러한 측정법은 나일강이 범람하여 이전의 경계를 무너뜨릴 때마다 경계를 재건하는 데도 도움을 주었습니다. 어, 그리스인들은 이와 비슷한 종류의 지식을 갖고 있었습니다, 그들도 단지 지구상의 아주 제한된 부분에 대해서만 알고 있었어요. 그러나 그들은 이집트인들보다는 한 발 앞섰죠. 그리스인들은 지구의 형태가 세계 지도를 만드는 데 있어서 중요하다고 생각했습니다. 그래서, 기원전 500년에 피타고라스는 지구가 둥글다는 주장을 펼쳤어요. 음, 물론 이 의견을 둘러싼 많은 논쟁이 있었죠. 아리스토텔레스가 지구는 구체라고 주장한 것이 겨우 기원전 350년경에 이르러서였으니까요. 아마도 이 때문에 그 당시에는 지도 제작법에 많은 발전이 없었던 것 같습니다.

mapmaker[mǽpmèikər] 지도 제작자　locale[loukǽl] 지역, 장소　geometry[dʒiɑ́mitri] 기하학
measurement[méʒərmənt] 측정　reconstruct[rì:kənstrʌ́kt] 재건하다　boundary[báundəri] 경계　flood[flʌd] 범람하다
previously[prí:viəsli] 이전에　portion[pɔ́:rʃən] 부분　spherical[sférikəl] 둥근　disagreement[dìsəgrí:mənt] 논쟁
advance[ədvǽns] 발전, 진보　cartography[kɑ:rtɑ́grəfi] 지도제작(법)

14.

So by the seventeenth and eighteenth centuries, cartography had progressed to the point where mapmakers were always seeking ways to continue improving the accuracy of their maps. The sextant had made it easy for them to calculate latitude... but accurately calculating longitude was another matter. Also... before they could start calculating, those in authority had to arbitrarily designate a specific point on Earth as zero longitude. So a conference was held in Washington, DC in 1884. The delegates chose the Greenwich Meridian, or GMT, as zero longitude. Now, this meridian, also known as the prime meridian, passes right through the Royal Greenwich Observatory in Greenwich, England. Everybody knows England, yes? I don't have to show you where the GMT is, right? It took a while but all countries finally adopted the Greenwich Meridian as the basic reference line. And it is from this zero longitude that all other lines of longitude were measured.

Listen again to part of the lecture. Then answer the question.

P: The delegates chose the Greenwich Meridian, or GMT, as zero longitude. Now, this meridian, also known as the prime meridian, passes right through the Royal Greenwich Observatory in Greenwich, England. Everybody knows England, yes? I don't have to show you where the GMT is, right?

Q. What does the professor imply when she says this:
P: I don't have to show you where the GMT is, right?

그래서 17세기와 18세기에 이르자, 지도 제작법은 지도 제작자들이 항상 그들의 지도의 정확성을 꾸준히 높이는 방법을 모색하는 수준으로 발달했습니다. 6분원은 그들이 쉽게 위도를 측정할 수 있도록 했어요... 그러나 경도를 정확히 측정하는 것은 다른 문제였죠. 또한... 그들이 측정을 시작하기 전에, 권위 있는 학자들은 제멋대로 지구의 특정 지점을 임의적으로 경도 0도로 지정했어요. 그래서 1884년 워싱턴 DC에서 회의가 열렸습니다. 대표자들은 그리니치 자오선을 경도 0도로 지정했습니다. 자, 본초 자오선이라고도 알려진 이 자오선은 영국 왕립 그리니치 천문대를 곧바로 관통합니다. 모두 영국을 알죠, 네? 그리니치 자오선이 어디에 있는지 보여주지 않아도 되겠죠, 그렇죠? 오랜 시간이 걸렸지만 모든 국가들이 결국 그리니치 자오선을 기본 기준선으로 채택했습니다. 그리고 바로 이 경도 0도를 기준점으로 다른 경도선들이 측정됩니다.

cartography[kɑ:rtɑ́grəfi] 지도 제작(법)　progress[prɑ́gres] 발달하다, 진보하다　accuracy[ǽkjərəsi] 정확성
sextant[sékstənt] 6분원　calculate[kǽlkjəlèit] 측정하다, 계산하다　latitude[lǽtətjù:d] 위도　accurately[ǽkjuritli] 정확히
longitude[lɑ́ndʒətjù:d] 경도　arbitrarily[ɑ́:rbətrèrəli] 제멋대로, 독단적으로　designate[dézignèit] 지정하다, 명시하다
delegate[déləgèit] 대표　meridian[mərídiən] 자오선, 경선　prime meridian 본초 자오선
Royal Greenwich Observatory 영국 왕립 그리니치 천문대　adopt[ədɑ́pt] 채택하다　reference[réfərəns] (계측의) 기준

III. Listen to parts of the lectures, and choose the best answer for each question.

[15-17]
Listen to a discussion on paranormal activity.

Today, we're going to discuss a topic that, I'd say, is difficult for most people to remain neutral about. I suppose everyone here knows what a dowsing rod is. There you go... I see amusement on some of your faces. Do you really think it's hard to accept the idea that there may be something to dowsing rods? Well, some say there's a scientific explanation, others claim it's nonsense, and... still others say it has more to do with the spirit world. So why don't we examine it a little more closely and see if there's any truth to what the dowsers claim.
Uh, for those of you who are clueless, a dowsing rod is a stick... sometimes made of wood and sometimes made of metal. And it's generally used to search for underground water, buried treasure or archaeological remains. The operator holds the forked twig close to his body, with the stem pointing forward... As the dowser moves through the terrain and there's a spot where water or some mineral exists, the rod pulls down or leaps up... The movements, so the dowsers say, do not come from the rod itself. They think that these movements are actually taking place in the hands of the person who senses the subtle energies emitted by everything around us.
So... what do scientists think? Well, scientists wouldn't bother doing research on the divining rod if there hadn't been claims of success in its use, right? Dowsers have claimed to diagnose diseases, track down criminals, discover water, and even find dead human bodies. Um, some years back a teenager who was riding a snowmobile went over the Riverside Dam, and the... police couldn't find him, so they presumed he had drowned. It only remained for the teenager's body to be found. Well, they couldn't find it, so they called in a dowser who had been dowsing for fifty years. And sure enough, he located the body downstream from the dam. What can't a dowser find, huh? So, naturally, scientists wanted to see for themselves if a dowsing rod could really locate things, and... they conducted one experiment. There was a row of twelve beakers covered with cloth, and only one of them had water. So, five trials were conducted, and they changed the position of the beaker that held the water after each trial... and lo and behold, the dowser failed to divine which beaker held water in all of the trials. That's one hundred percent failure.
Of course, the failure of one experiment would definitely not render a method that has achieved success many times as mere quackery. But what I'd like to point out is that no matter how many successful experiments have been conducted, dowsing appears to have no actual basis in any known scientific or empirical laws of nature. As such, it's been classified as a type of divination.

Listen again to part of the lecture. Then answer the question.

P: It only remained for the teenager's body to be found. Well, they couldn't find it, so they called in a dowser who had been dowsing for fifty years. And sure enough, he located the body downstream from the dam. What can't a dowser find, huh?

15. Why does the professor say this:
   P: What can't a dowser find, huh?

Listen again to part of the lecture. Then answer the question.

P: So, five trials were conducted, and they changed the position of the beaker that held the water after each trial... and lo and behold, the dowser failed to divine which beaker held water in all of the trials. That's one hundred percent failure.

16. What does the professor imply when he says this:
    P: ...and lo and behold...

17. What does the professor mean when he says this:
    P: But what I'd like to point out is that no matter how many successful experiments have been conducted, dowsing appears to have no actual basis in any known scientific or empirical laws of nature. As such, it's been classified as a type of divination.

오늘, 우리가 논의할 주제는, 말하자면, 많은 사람들이 중립을 지키기 어려운 주제입니다. 모두 점지팡이가 무엇인지 알고 있을 거예요. 보세요... 몇몇 학생들이 흥미있어 하는 표정을 짓고 있네요. 점지팡이에 무언가 있다는 의견을 받아들이기 힘들다고 생각하나요? 음, 어떤 이들은 과학적인 근거가 있다고 하고, 다른 이들은 어리석은 생각이라고 주장합니다, 그리고... 또 어떤 사람들은 그것이 영적인 세계와 보다 더 밀접한 연관성을 가지고 있다고 말하기도 합니다. 그러면 점지팡이에 대해 좀더 자세히 살펴보면서 수맥을 찾는 사람들의 주장이 진실인지 알아봅시다.

어, 잘 모르는 학생들을 위해 설명하자면, 점지팡이는... 나무나 금속으로 만들어진 막대기에요. 그리고 일반적으로 지하의 물이나 묻혀있는 보석, 고고학 유물을 찾을 때 사용됩니다. 수맥 점술가는 끄트머리가 갈라져 있는 막대기를 몸에 가까이 들고, 대는 앞쪽을 향하게 합니다... 수맥 점술가가 땅 위를 지나갈 때, 물이나 광물이 존재하는 지점에서, 막대기는 아래나 위로 기울어집니다... 수맥 점술가들이 말하기를 그 움직임은 막대기 자체에서 시작되는 것이 아니라고 합니다. 그들은 우리 주위의 모든 것에서 방출되는 미세한 에너지를 감지하는 사람의 손에서 움직임이 발생한다고 생각합니다.

그러면... 과학자들의 생각은 어떨까요? 음, 점지팡이의 사용이 성공적이라는 주장이 없었다면, 과학자들은 그것을 일부러 연구할 생각조차 하지 않았을 거예요, 그렇죠? 수맥 점술가들은 병의 원인을 밝혀내고, 범죄자를 찾아내고, 물을 발견하기도 하며, 심지어 시체를 찾아냈다고 주장해 왔습니다. 음, 몇 년 전에 설상차를 타던 십대 한 명이 Riverside 댐에서 사라졌는데... 경찰은 그를 찾을 수 없어서 그가 익사했을 거라고 생각했죠. 십대의 시체를 찾는 일만 남아 있었어요. 음, 경찰들은 시체를 찾지 못해서, 50년 동안 점지팡이를 사용해 온 수맥 점술가를 불렀어요. 그리고 당연하게도, 그는 시체가 댐의 하류에 있음을 알아냈어요. 수맥 점술가가 찾을 수 없는 것이 있을까요, 네? 그래서, 자연스럽게, 과학자들은 점지팡이가 정말 물체의 위치를 알아낼 수 있는지 알아보고 싶었어요, 그래서... 그들은 한 가지 실험을 했습니다. 천으로 덮여 일렬로 놓여있는 비커 12개 중 하나에만 물이 들어 있어요. 그리고, 5번의 실험을 수행했고, 그들은 각 실험이 끝날 때마다 물이 담긴 비커의 위치를 바꾸었습니다... 그리고 자, 보세요, 수맥 점술가는 모든 실험에서 물이 담긴 비커를 찾는데 실패했습니다. 100퍼센트 실패였죠.

물론, 한 실험의 실패로 여러 번 성공했던 방법을 단지 엉터리라고 할 수는 없습니다. 그러나 제가 강조하고 싶은 것은 성공적인 실험이 아무리 많이 수행되었다 하더라도, 수맥 찾기는 어떠한 과학적이거나 경험적인 자연 법칙의 근거를 갖고 있지 않습니다. 따라서 수맥 찾기는 점의 한 종류로 분류되어 있어요.

dowsing rod (수맥을 찾는) 점지팡이 **nonsense**[nɑ́nsens] 어리석은 생각 **examine**[igzǽmin] 살펴보다, 조사하다
dowser[dáuzər] 수맥 점술가 **clueless**[klúːlis] 모르는, 단서가 없는 **remains**[riméinz] 유물 **fork**[fɔːrk] 가르다
stem[stem] 대, 자루 **terrain**[təréin] 땅, 지역 **spot**[spɑt] 지점, 장소 **subtle**[sʌ́tl] 미세한
emit[imít] 방출하다 **diagnose**[dáiəgnòus] 원인을 밝혀내다, 진단하다 **track down** 찾아내다, 탐지하다
snowmobile[snóuməbìːl] 설상차 **presume**[prizjúːm] ~라고 생각하다, 여기다 **drown**[draun] 익사하다
locate[lóukeit] (위치를) 밝혀내다, 알아내다 **downstream**[dàunstríːm] 하류
lo and behold! 자 보시라! (놀랄만한 사실을 말할 때) **divine**[diváin] 알아 맞추다, 예측하다 **render**[réndər] ~이 되게 하다
quackery[kwǽkəri] 엉터리 치료 **empirical**[empírikəl] 경험적인 **classify**[klǽsəfài] 분류하다
divination[dìvənéiʃən] 점, 예측

[18-20]
Listen to a discussion on architecture.

P: OK... for today I'll be focusing on American Gothic architecture. We'll take a look at its features and compare them with those of the European Gothic style when it was at its peak between the 12th and 15th centuries. All right, look closely at the features of the European style as I show the slides. Um, the style originated with the abbey church located in Saint-Denis near Paris. The designer, Abbot Suger, wanted to create a physical representation of the Heavenly Jerusalem of the Bible. Other Gothic churches were similar in size. Can anyone tell the class why they were so enormous?

S: I think the size of the churches back then was supposed to tell the churchgoer or the passerby... that God was very great and humans were small and insignificant... But I suppose a lot of people knew that back then. I mean, even if the churches were small, with priests telling people how sinful they were, who wouldn't feel small and insignificant?

P: You're right about why those churches were so large. Now, there was a Gothic revival in the 1800s. However, this revival didn't bring back the castles and churches of the 12th century. Instead, public buildings and even homes took on a sort of Gothic appearance. What do I mean by this? OK, when New York architect Alexander Jackson Davis was commissioned to design an estate in New York in the 1800s... a place called Lyndhurst... he drew much attention to the Gothic style. Of course, the structure Davis designed was not an imposing church. It was a home... The Lyndhurst mansion does have Gothic features, although it's more of, shall we say, a misrepresentation of the original Gothic style. And here's an interesting tidbit. A movie was made using the Lyndhurst mansion as a setting because it was considered an authentic Gothic structure. Well, it just goes to show that people don't know their Gothic.

All right... this is a picture of the Notre Dame Cathedral located in Paris. Although the Cathedral's façade is broken up into a pattern that looks very much like a grid, the edifice did have the features that identified it as being of the Gothic style... the loftiness, the flying buttresses, enlarged windows, and the ornamentation and sculptures.

Now, compare it to the Lyndhurst mansion designed by Davis. This structure had carefully chosen details that gave the mansion a Gothic flavor. But... here's the Notre Dame Cathedral again... and now, the Lyndhurst mansion. Can you see the differences? Um... actually, what I'm trying to point out to you is that the Gothic revival in the United States featured structures that weren't truly Gothic, that weren't authentically Gothic... As Gothic architecture became more and more popular, the structures began to look less Gothic. These structures only seemed to satisfy the public's desire for the more ornate Gothic frills. Well, I can only call it cake frosting on roast beef. Let's look at examples of these homes.

Listen again to part of the lecture. Then answer the question.

S: I think the size of the churches back then was supposed to tell the churchgoer or the passerby... that God was very great and humans were small and insignificant... But I suppose a lot of people knew that back then. I mean, even if the churches were small, with priests telling people how sinful they were, who wouldn't feel small and insignificant?

18. What is the student's attitude toward the design of Gothic churches?

Listen again to part of the lecture. Then answer the question.

P: And here's an interesting tidbit. A movie was made using the Lyndhurst mansion as a setting because it was considered an authentic Gothic structure. Well, it just goes to show that people don't know their

Gothic.

19. Why does the professor say this:
   P: Well, it just goes to show that people don't know their Gothic.

Listen again to part of the lecture. Then answer the question.

P: As Gothic architecture became more and more popular, the structures began to look less Gothic. These structures only seemed to satisfy the public's desire for the more ornate Gothic frills. Well, I can only call it cake frosting on roast beef. Let's look at examples of these homes.

20. What does the professor imply when she says this:
   P: ...well, I can only call it cake frosting on roast beef.

P: 네, 오늘은 미국 고딕 건축에 초점을 맞춰보죠. 미국 고딕 건축의 특징을 살펴보고 이 양식의 전성기였던 12세기와 15세기 사이의 유럽 고딕 양식과 비교해 보도록 할게요. 좋아요, 슬라이드를 보면서 유럽 양식의 특징을 자세히 알아봅시다. 음, 이 양식은 파리 부근의 세인트데니스에 위치한 대성당에서 시작되었어요. 설계자 Abbot Suger는 성경에 나오는 천국 예루살렘을 실체를 가진 형상으로 표현하고 싶어했습니다. 다른 고딕 교회들도 크기가 비슷했어요. 왜 교회들이 이렇게 거대한지 누가 말해 볼래요?

S: 그 당시 교회의 크기는 신도들이나 지나가는 사람들에게... 신은 아주 위대하며 인간은 작고 하찮은 존재라는 것을 전하려 했던 것 같습니다... 그러나 저는 당시 많은 사람들은 이미 그것을 알고 있었다고 생각해요. 제 말은, 교회가 작았다고 해도 목사들이 인간이 얼마나 죄가 많은지에 대해 이야기하는데, 어느 누가 자신이 작고 하찮음을 느끼지 못하겠어요?

P: 왜 교회들이 그렇게 거대했는지에 대한 학생의 말은 맞아요. 자, 1800년대에 고딕양식이 다시 부흥했습니다. 그러나, 이 부흥이 12세기의 성들과 교회를 다시 짓도록 한 것은 아닙니다. 대신, 공공건물들이나 심지어 가정집까지 고딕양식의 외양을 띄게 되었죠. 이것은 무슨 의미일까요? 네, 뉴욕의 건축가 Alexander Jackson Davis가... Lyndhurst라고 불리는... 뉴욕의 사유지 설계를 의뢰 받았을 때, 그는 고딕 양식으로 많은 주목을 끌었습니다. 물론, Davis가 설계한 건물은 거대한 교회가 아니었어요. 그것은 집이었죠... Lyndhurst 저택은 원래의 고딕양식을 잘못 표현하긴 했지만, 고딕양식의 특징을 갖고 있기는 했습니다. 그리고 재미있는 정보 하나를 알려줄게요. Lyndhurst 저택을 정통 고딕 건축물이라고 여겨, 그 저택을 배경으로 한 영화가 만들어지기도 했어요. 음, 이것은 사람들이 고딕양식에 대해 모르고 있음을 보여주죠.

네... 이 사진은 파리의 노트르담 성당입니다. 성당의 정면은 격자 형태처럼 금이 갔지만, 건축물은 고딕양식으로 인정되는 특징을 갖고 있습니다. 높이 솟은 형태, 비상하는 모양의 버팀대, 넓은 창, 장식과 조각들 등등...

자, 이제 Davis가 설계한 Lyndhurst 저택과 이것을 비교해 봅시다. 이 건물은 고딕풍을 더해주는 세부구성을 신중히 선택했습니다. 그러나... 자, 여기 노트르담 성당 사진과 Lyndhurst 저택 사진을 다시 한번 보세요. 차이점을 알겠어요? 음... 사실, 내가 강조하고 싶은 것은 미국에서 일어난 고딕 양식의 부활이 진짜 고딕양식건물을 특징으로 하는 것은 아니라는 점입니다, 정통고딕양식이 아니었다는 말이죠... 고딕 건축물이 점점 더 유행하면서, 건물들은 점점 더 고딕양식에서 멀어져가기 시작했습니다. 이런 건물들은 단지 더 화려한 고딕 장식에 대한 대중의 욕구를 충족시키고 있는 듯합니다. 음, 저는 그것을 로스트 비프 위에 케이크 아이싱을 얹은 것과 같다고 말하고 싶습니다. 이런 집들의 예를 살펴봅시다.

abbey [ǽbi] 대성당, 대저택　**heavenly** [hévənli] 천국의　**enormous** [inɔ́ːrməs] 거대한
passerby [pǽsərbài] 지나가는 사람　**insignificant** [ìnsignífikənt] 하찮은　**priest** [priːst] 목사, 성직자
sinful [sínfəl] 죄가 있는　**revival** [riváivəl] 부흥, 재생　**castle** [kǽsl] 성　**commission** [kəmíʃən] 의뢰하다, 주문하다
estate [istéit] 사유지, 소유지　**imposing** [impóuziŋ] 거대한　**mansion** [mǽnʃən] 저택
misrepresentation [mìsreprizentéiʃən] 잘못된 표현, 와전　**tidbit** [tídbìt] 재미있는 이야기　**authentic** [ɔːθéntik] 정통의, 진짜의
cathedral [kəθíːdrəl] 성당　**façade** [fæsáːd] (건물의) 정면　**grid** [grid] 격자　**edifice** [édəfis] 건축물, 건물
loftiness [lɔ́(ː)ftinis] 높이 솟음　**buttress** [bʌ́tris] 버팀대　**enlarge** [inláːrdʒ] 넓히다
ornamentation [ɔ̀ːrnəmentéiʃən] 장식　**satisfy** [sǽtisfài] 만족시키다, 충족시키다　**ornate** [ɔːrnéit] 화려하게 장식한
frill [fril] 장식　**frosting** [frɔ́(ː)stiŋ] (케이크에) 설탕을 입힘　**roast beef** 쇠고기 구이

Hackers Test

p.182

1. C 2. A 3. D 4. B 5. A 6. D

Listen to part of a talk in a philosophy class.

Thomas Kuhn is not a household name, but many philosophers think he's just as important to science as people like Einstein were. That's because he's one of the most important philosophers of science in history... certainly the most important since World War II. He came up with the idea of paradigms and paradigm shifts in science... since then the phrase has been co-opted by marketers and people who love "business-speak"... I'm sure each of us has our own incomplete idea of what it means... but it was actually a fairly rigorous philosophical concept before. Let's discuss what he originally meant. A paradigm consists of the thoughts, assumptions, and beliefs... the framework if you will... that is shared by scientists. This framework... the paradigm... well, it doesn't involve believing in something that's absolutely true and indisputable. Paradigms are a way of thinking that is the most believable or most reliable we can come up with based on our observations and sum total of knowledge... It's our version of the truth, or at least as close as we can come to it at this point. Our worldview is always going to be limited, because new technologies, scientific disciplines, and ideas will always come around to change the way we think about things. Imagine somebody who was born in 1700 suddenly being transported into the modern world–everything they thought to be correct and normal would be turned upside down.

To help make more sense of this idea of paradigm shifts, I want to take a step backward and talk about theories for a moment. Theories, as you know, are the basis of science. I'm sure you could each name ten or fifteen theories if you were asked, right? How do scientists get to a theory, though? Well, first they ask a question and make related observations, then they form a hypothesis and do the experiments to test their hypothesis before finally drawing conclusions about the viability of the hypothesis they are testing. This is the scientific method in action. If their findings hold up and their results are repeatable by other scientists, then a theory typically emerges. This theory can then be used to help test the viability of other new assumptions and to expand the overall scientific worldview... the paradigm again... but this begs a question... what happens if our theories start to appear wrong and in need of revision?

That's the thing about theories... hundreds of them can combine together to form a paradigm, but the theories themselves are not infallible. Sometimes we outgrow them, and when that happens to enough of a degree that a substantial change in our worldview occurs, then a paradigm shift occurs. Take Ptolemy and Copernicus, for instance. Ptolemy's geocentric theory... he put the Earth at the center of the universe... it was considered true for almost 1400 years before Copernicus came around and published his own heliocentric–that means Sun-centered–theory in 1543. Even after Copernicus' work was published, it didn't have a major impact. That was because much of Ptolemy's theory was still somewhat correct, or at least accurate, according to what was known at the time. Generally, people aren't willing to just throw away an entire way of thinking overnight because somebody points out a problem with it. Once more and more problems are found and theories begin to collapse under the weight of new findings, however, then the old paradigm comes to be replaced by the new one. In doing so, the new paradigm solves the problems that were found to be inherent in the old one. At least for the time being! In this sense, paradigms can't be the same, or even similar. One paradigm can't be logically deduced from another in a linear fashion... no, the new one has to be a complete and absolute

substitute.
This seems like a pretty groundbreaking theory to formulate... Do you want to know what initially prompted Kuhn to think about the idea of paradigms? Well, when he was a graduate student at Harvard, Kuhn read Aristotle's Physics for the first time. Newton's conception of physics marked the first major, accepted change from Aristotle's ideas... but Kuhn didn't see Aristotle's work as just a bad version of Newton. Instead, he viewed Newton's work as one that was born of a completely different worldview where a very different set of observations and theories was available. This was the spark that led to Kuhn's development of the theory of paradigm shifts.

Now get ready to answer the questions. You may use your notes to help you answer.

1. What is the main topic of the lecture?
2. According to the professor, what is a paradigm?

Listen again to part of the lecture. Then answer the question.

P: He came up with the idea of paradigms and paradigm shifts in science... since then the phrase has been co-opted by marketers and people who love "business-speak"... I'm sure each of us has our own incomplete idea of what it means... but it was actually a fairly rigorous philosophical concept before.

3. Why does the professor say this:
P: I'm sure each of us has our own incomplete idea of what it means...

4. Why did Copernicus' work fail to have an immediate impact?

Listen again to part of the lecture. Then answer the question.

P: ...I want to take a step backward and talk about theories for a moment. Theories, as you know, are the basis of science. I'm sure you could each name ten or fifteen theories if you were asked, right? How do scientists get to a theory, though?

5. What does the professor mean when she says this:
P: I'm sure you could each name ten or fifteen theories if you were asked, right?

6. Why does the professor mention Aristotle's work?

토마스 쿤은 친숙한 이름은 아니지만, 많은 철학자들은 그가 아인슈타인만큼 과학에 중요한 인물이었다고 생각해요. 그는 역사상 가장 중요한 과학 철학자 중 한 명이기 때문이에요... 제2차 세계대전 이후로 가장 중요한 건 확실하죠. 그는 과학에서 패러다임이라는 개념과 패러다임의 전환을 생각해냈어요... 그 때 이후로 이 용어는 시장 경영자들과 "비즈니스 용어"를 사랑하는 사람들에게 공통적으로 사용되기 시작했죠... 그것이 무엇을 뜻하는지는 모두 자신만의 어렴풋한 생각이 있을 겁니다... 하지만 사실 예전에는 꽤 엄밀한 철학적 개념이었습니다. 처음에 그가 무슨 뜻으로 썼는지 얘기해봅시다. 패러다임은 생각, 추측, 그리고 믿음을 포함합니다... 말하자면... 과학자들이 공유하는 틀이에요. 이 틀... 패러다임... 뭐, 그것은 완전히 사실이고 이의를 제기할 수 없는 무엇인가를 믿는 것을 말하는 게 아닙니다. 패러다임은 우리의 관측과 모든 지식을 통합한 것을 기반으로 생각해 낼 수 있는 가장 그럴듯하고 신뢰할 만한 생각의 방식입니다... 우리 입장에서의 진실이에요, 아니면 적어도 이 시점에서 진실에 가장 가까이 갈 수 있는 것이지요. 우리의 세계관은 언제나 한정되어 있을 거예요, 왜냐하면 새로운 기술, 과학 분야, 그리고 생각들은 언제나 나타나 우리가 생각하는 방식을 바꿀 테니까요. 1700년에 태어난 누군가가 갑자기 현대 세상으로 이동

되었다고 상상해보세요, 그들이 옳고 평범하다고 생각했던 모든 것들이 뒤집어질 것입니다.
패러다임의 전환에 대한 이 생각을 좀더 이해하는 것을 돕기 위해, 한 발짝 뒤로 물러서서 잠시 이론에 대해 얘기하고 싶네요. 모두 알듯이, 이론은 과학의 기본입니다. 물어본다면 각자 10개나 15개의 이론을 말할 수 있겠죠, 그렇죠? 그런데, 과학자들은 어떻게 이론을 만드나요? 뭐, 일단 그들은 의문을 품고 관련된 관측을 합니다, 그리고는 가설을 세우고 이 가설의 실행 가능성에 대해 결론을 내리기 전에 실험을 통해 검증합니다. 이것이 과학적 방법의 실행입니다. 만약 그들의 발견이 살아남고 결과들이 다른 과학자들에 의해 반복될 수 있다면, 보통 이론이 생깁니다. 이 이론은 다른 새로운 추측들의 실행 가능성을 시험하고 전반적인 과학적 세계관을 넓히는 데 도움이 되도록 사용될 수 있습니다... 다시 패러다임인거죠... 하지만 이것은 다른 질문을 부르네요... 만약 우리의 이론들이 틀렸고 수정이 필요한 것처럼 보이면 어떻게 될까요?
그게 바로 이론의 특징이에요... 이론 수백 개가 한 데 모여 패러다임을 이룰 수 있지만, 이론 자체가 절대 오류가 없는 것은 아닙니다. 가끔 우리는 그것들을 벗어나게 돼요, 그리고 그게 우리 세계관에 본질적인 변화가 생길 정도로 일어나면, 패러다임의 전환이 일어납니다. 프톨레마이오스와 코페르니쿠스를 예로 봅시다. 프톨레마이오스의 천동설... 그는 우주의 중심에 지구를 놨어요... 그것은 코페르니쿠스가 나타나 그만의 지동설, 태양이 중심에 있다는 뜻이에요, 그것을 발표하기 전까지 거의 1400년 동안 사실로 여겨졌어요. 코페르니쿠스의 연구가 출판된 이후에도 큰 효과가 없었어요. 프톨레마이오스의 가설 대부분이 아직도 어떤 식으로든 맞았기 때문이죠, 아니면 적어도 당시에 알려진 바로는 정확했던 거죠. 일반적으로, 사람들은 누가 오류를 지적했다고 생각했던 방식을 하룻밤에 다 버리고 싶어하지는 않아요. 하지만 점점 더 많은 문제들이 발견되면 새로운 발견의 무게 아래에서 이론들이 무너지기 시작해요, 그러면 전 패러다임은 새로운 것으로 교체된답니다. 이렇게 함으로써, 새로운 패러다임은 옛날 것에서 타고난 문제들을 해결해요. 적어도 당분간은요! 이런 관점에서, 패러다임들은 같으면 안돼요, 비슷해도 안되죠. 한 패러다임이 다른 것에서 논리상 일직선상으로 추론될 수 없어요... 아니요, 새로운 것은 완벽하고 절대적인 대체물이 되어야 해요.
이게 만들어내기에는 꽤 획기적인 이론 같죠... 처음에 쿤이 패러다임이란 개념을 생각하게 만든 것이 무엇인지 알고 싶나요? 음, 그가 하버드의 대학원생이었을 때, 쿤은 아리스토텔레스의 물리학을 처음으로 읽었어요. 뉴턴의 물리학 개념은 아리스토텔레스의 생각들에서 처음으로 받아들여지는 큰 변화들이었어요... 하지만 쿤은 아리스토텔레스의 연구를 뉴턴의 후진 버전으로 생각하지 않았어요. 대신, 그는 뉴턴의 연구를 매우 다른 관측과 이론의 집합이 가능한 완전히 다른 세계관에서 탄생한 것으로 보았어요. 이 번득임이 쿤이 패러다임의 전환 이론을 발전시키는 것으로 이어졌습니다.

household name 친숙한 이름, 흔히 쓰이는 말　philosopher[filásəfər] 철학자　paradigm[pǽrədàim] 패러다임
paradigm shift 패러다임의 전환　co-opt 공통적으로 사용하다, 널리 쓰이다　marketer[mɑ́:rkitər] 시장 경영자, 마케팅 담당자
incomplete[ìnkəmplí:t] 어렴풋한, 불충분한　rigorous[rígərəs] 엄밀한　assumption[əsʌ́mpʃən] 추측, 가정
framework[fréimwə̀:rk] 틀, 뼈대　indisputable[ìndispjú:təbl] 이의를 제기할 수 없는, 확실한　reliable[riláiəbl] 신뢰할만한
sum total 모두 통합한 것, 총계　worldview[wə́:rldvjù:] 세계관　transport[trænspɔ́:rt] 이동하다, 옮기다
backward[bǽkwərd] 뒤로, 거꾸로　hypothesis[haipɑ́θisis] 가설　experiment[ikspérəmənt] 실험
viability[vàiəbíləti] 실행 가능성　hold up 살아남다, 유효하다　emerge[imə́:rdʒ] 생기다, 나타나다
overall[òuvərɔ́:l] 전반적인　revision[rivíʒən] 수정　combine[kəmbáin] 모이다　infallible[infǽləbl] 오류가 없는
outgrow[àutgróu] 벗어나다　geocentric theory 천동설　heliocentric theory 지동설　impact[ímpækt] 효과, 영향력
somewhat[sʌ́mhwʌ̀t] 어떤 식으로는, 다소　collapse[kəlǽps] 무너지다　weight[weit] 무게
inherent[inhí(:)ərənt] 타고난, 본래의　deduce[didjú:s] 추론하다　linear[líniər] 일직선의
substitute[sʌ́bstitjù:t] 대체물　groundbreaking[gráundbrèikiŋ] 획기적인　formulate[fɔ́:rmjəlèit] 만들다, 공식화하다
initially[iníʃəli] 처음에　prompt[prɑmpt] ~하게 만들다, 유발하다　spark[spɑ:rk] 번득임, 불꽃

4. Connecting Contents Questions

Example

p.195

Listen to part of a lecture in a geology class.

So essentially, rocks are formed on the surface of the Earth as well as within the Earth's crust. Igneous rocks... a sample of which I have here... well, they're formed when hot molten material cools inside the Earth or on its surface. Take note that the ones that form inside the Earth come from magma, whereas the ones formed on the Earth's surface come from volcanic eruptions from lava. Sedimentary rocks, on the other hand, well, they're formed as a product of weathering, or a sort of erosion from exposure to weather. And the processes involved are called cementation, or precipitation

on the Earth's surface.
OK, let me just briefly explain what cementation is. It's a process where a solid mass of rock is surrounded or covered by the powder of other substances. This solid mass is heated, but not so the mass and the powder melt together. Nevertheless, the physical properties of the mass are changed by the chemicals of the powder. One example is iron, which turns into steel when it goes through a process of cementation with charcoal. And another is green glass... which becomes porcelain through cementation with sand.
OK, the third type of rock is metamorphic. This type is formed when it's subjected to pressure and temperature changes inside the Earth. So the three types... igneous, sedimentary, and metamorphic... these make up what is called the Earth's lithosphere, which averages about a hundred kilometers thick in most parts of the Earth. So, now let's discuss the processes in greater detail and the results obtained by these processes.
OK, you already know that igneous rock is made from molten material which cools and crystallizes into minerals. But hot molten material cools at different rates, and this of course affects the crystal size and composition of the resulting rock. If the material cools quickly, it will yield a rock with small minerals. For example, basalt has small minerals that can only be seen under the lens of a microscope. Now, uh... if the material cools slowly, the result will be a rock called granite, which has minerals so large that it can be seen with the naked eye.
Now, before I move on to sedimentary rocks, let me just point out that because igneous rocks cool from a liquid, the resulting rock is smooth and uniform and without layers, and the mineral grains are tightly packed together.

Q. Why does the professor mention charcoal?
Q. How does the professor clarify the different types of igneous rock produced?
Q. The professor mentions certain locations where different types of rock are likely to form. Indicate for each type of rock listed the location where it will most likely form.

그러니까 기본적으로, 암석은 지구의 지각 내부에서뿐만 아니라 지구 표면에서도 생성됩니다. 화성암... 내가 지금 갖고 있는 표본이죠... 음, 화성암은 뜨거운 용해된 물질이 지구 내부나 표면에서 냉각될 때 생성됩니다. 지구 내부에서 생성된 것들은 마그마에서 나오는 반면, 지구 표면에서 생성된 것들은 용암 분출에서 비롯된다는 것을 알아두세요. 한편, 퇴적암은, 음, 풍화의 결과로 혹은 풍화 작용에 노출됨으로써 발생한 침식 작용에 의해서 생성됩니다. 그리고 여기에 수반되는 과정은 지표에서의 접합 혹은 침전이라고 불립니다.
자, 접합이 무엇인지 간단히 설명할게요. 이것은 고체 덩어리인 암석이 다른 물질의 가루에 둘러싸이거나 덮이는 과정입니다. 이 고체 덩어리는 가열되기는 하지만, 암석 덩어리와 가루가 함께 녹을 정도로 뜨거워지지는 않아요. 그렇지만, 암석 덩어리의 물리적인 성질은 가루의 화학 성분으로 인해 변화하게 됩니다. 한 예로 철이 숯과 접합 과정을 거치고 나면 강철로 변하죠. 또한 녹색 유리가... 모래와 접합 과정을 거치면 자기로 변하는 것도 또 다른 예이죠.
네. 세 번째 종류는 변성암입니다. 변성암은 지구 내부에서 압력과 기온의 변화를 겪을 때 생성됩니다. 그래서 이... 세 종류... 화성암, 퇴적암, 변성암은... 지구 암석권을 구성하는데, 이 지층은 지구 대부분의 지역에서 100Km 정도의 두께입니다. 자, 이제 이러한 과정을 자세히 살펴보고 그로 인한 결과에 대해 논의해 봅시다.
네, 모두들 화성암은 용해된 물질이 냉각되어 결정을 이룬 광물이라는 것을 알 거예요. 그러나 뜨거운 용해된 물질은 서로 다른 속도로 냉각되며, 이 과정은 생성되는 암석의 결정의 크기와 구성물질에 영향을 줍니다. 물질이 빨리 냉각되면, 작은 광물이 있는 암석이 만들어집니다. 예를 들어, 현무암은 현미경 렌즈로만 볼 수 있는 작은 광물을 갖고 있어요. 자, 어... 물질이 천천히 냉각하면, 육안으로도 볼 수 있을 정도로 아주 큰 광물을 가진 화강암이 만들어집니다.
자, 퇴적암으로 넘어가기 전에, 화성암은 액체에서 냉각되었기 때문에, 결과물은 매끄럽고 균일하며 층이 없고, 광물 입자가 조밀하게 채워져 있죠.

crust[krʌst] 지각　igneous rock 화성암　molten[móultən] 용해된　sedimentary rock 퇴적암
weather[wéðər] 풍화하다　erosion[iróuʒən] 침식 작용　cementation[sìːməntéiʃən] 접합, 교착

precipitation [prisìpitéiʃən] 침전　briefly [bríːfli] 간단히　property [prápərti] 성질　go through 거치다
porcelain [pɔ́ːrsəlin] 자기　metamorphic [mètəmɔ́ːrfik] 변성의　subject [sʌ́bdʒikt] 겪게 하다　pressure [préʃər] 압력
make up 구성하다　lithosphere [líθəsfìər] 암석권　crystallize [krístəlàiz] 결정을 이루다　mineral [mínərəl] 광물
basalt [bǽsɔːlt] 현무암　granite [grǽnit] 화강암　naked eye 육안　liquid [líkwid] 액체
smooth [smuːð] 매끄러운　uniform [júːnəfɔ̀ːrm] 균일한　tightly [táitli] 조밀하게　pack [pæk] 채우다

Hackers Practice

p.198

1. A　2. D　3. C　4. D　5. C　6. B

7.

	Mother	Father	Neighbors/visitors
Bigger words		√	
Special language	√		
Different voice			√

8.

Step	
Step 1	Universe suddenly expanded
Step 2	Universe began to cool
Step 3	Energy was produced
Step 4	Particles were formed

9.

	Yes	No
Take a brief recess from the problem	√	
Compare ideas with other groups		√
Come up with a sudden idea to solve the problem	√	
Put forward ideas on possible solutions	√	
Conduct experiments to find an answer to the problem		√

10.

	Yes	No
Fastens itself to the mother's nipple after birth	√	
Develops fully in the uterus		√
Has a placenta that is long-lasting		√
Spends a short period in its mother's womb	√	
Uses the pouch for food and heat	√	

11.

	Earth art	Site-specific art
Located in far off place	√	
Background serves as setting for artwork itself		√
Connection between setting and artwork is made		√
Components from nature are used	√	

12.

	Yes	No
Joined a protestors' march to Washington, DC	√	
Wrote "To Build a Fire" as a form of protest		√
Became part of a socialist group in the US	√	
Helped unemployed men look for temporary jobs		√
Supported socialist ideas in some of his literary works	√	

13. D　14. D

15.

	Complete	Incomplete
The baby insects look like miniature adults		√
The larvae keep discarding their outer dermis as they grow	√	
The worm produces a covering from which it later emerges an adult	√	
The insect stops shedding its covering when it has wings		√

16. A

17.

1	Influx of pioneers from the east to the west
2	Establishment of Pony Express Stations at intervals
3	Public call for highly qualified riders
4	Hiring of station hands

I. Listen to parts of the lectures, and choose the best answer for each question.

1.

Uh, today we'll be talking about a particular photographer, a bookkeeper from Newark, Ohio named Clarence White. And, what I want you to take note of is what he contributed to the artistic movement known as pictorialism. So, anyhow, we come to the late 1800s, a period of time when painting enjoyed a much higher status than photography, which in many people's eyes was a bit too mechanistic... Well, what the pictorialists did was to form a group known as photo-secession. This group was founded in 1902 by Alfred Steiglitz... and Clarence White, who was also a member, became the movement's leader after Steiglitz rejected pictorialism. Steiglitz seemed to have changed his mind. He came to favor straight photography, which is, you know, the exact opposite of pictorialism. See, straight photography focuses on the subject of the photograph rather than on the methods or the equipment used to obtain a particular effect. On the other hand, pictorialism emphasizes the purely photographic or scenic qualities of a photograph, and this is what Clarence White became a staunch supporter of. So... with pictorialism, the focus was not on the subject... It was on how the photographer presented the subject, on how he manipulated the subject. So, it was a bitter parting for the two men, with White ultimately becoming a teacher of the methods used in the movement. He established the Clarence White School of Photography in New York.

Q. How does the professor introduce Clarence White's ideas about picture-taking?

어, 오늘은 특별한 사진가이자 오하이오주 뉴어크시의 장부계원이었던 Clarence White에 대해 이야기해보겠습니다. 그리고, 회화주의로 알려진 예술운동에 그가 어떤 기여를 했는지 주목하기 바랍니다. 자, 어쨌든, 그림이 사진보다 높은 명성을 누렸던 1800년대 후반으로 가봅시다, 당시 사람들의 눈에 사진은 다소 기계적으로 비춰졌어요... 음, 회화주의자들이 한 일은 사진 분리파로 알려진 단체를 조직한 것이었습니다. 이 단체는 1902년에 Alfred Steiglitz와... Clarence White에 의해 설립되었고, 그 단체의 회원이기도 했던 Clarence White는 Steiglitz가 회화주의를 거부한 후 이 운동의 지도자가 되었습니다. Steiglitz는 그의 생각을 바꾸었던 것 같아요. 그는 회화주의와, 그러니까, 완전히 반대되는 순수 사진술을 지지하게 됩니다. 순수 사진술은 특수한 효과를 얻기 위해 사용되는 장비나 방법보다는 피사체에 초점을 두었습니다. 반면, 회화주의는 사진에서 철저하게 사진 기법적인 혹은 장면묘사적인 특징을 강조합니다, 그래서 이 점을 Clarence White가 열렬히 지지하였죠. 그러니까... 회화주의에서의 초점은 피사체가 아니었습니다... 그것은 작가가 피사체를 어떻게 표현하는지, 혹은 어떻게 조작하는지에 초점을 맞추었습니다. 결국 White가 회화주의 운동에서 사용했던 기법을 가르치게 되면서, 두 사람은 안타까운 결별을 맞게 됩니다. White는 뉴욕에 Clarence White 사진 학교를 설립했습니다.

pictorialism [piktɔ́:riəlìzm] 회화주의, 영상 중심주의 mechanistic [mèkənístik] 기계적인 photo-secession 사진 분리파
favor [féivər] 지지하다, 찬성하다 straight [streit] 순수한, 수정하지 않은 purely [pjúərli] 철저히, 순전히

photographic [fòutəgrǽfik] 사진 기법의, 사진의 scenic [síːnik] 장면을 묘사한 staunch [stɔːntʃ] 열렬한
manipulate [mənípjəlèit] 조작하다 parting [páːrtiŋ] 이별, 작별 ultimately [ʌ́ltimitli] 결국, 마침내

2.

So, picking up where we left off yesterday, the first theory on multiple spatial dimensions, the Kaluza-Klein theory, was developed back in the 1920s. Now, this theory tried to explain how gravity and the electromagnetic forces work together, but it had to assume the existence of a fourth spatial dimension for the theory to work. Like other scientists, Kaluza knew that the four forces of the universe, electromagnetic force, gravity, and the strong and weak nuclear forces, could never be reconciled if only three dimensions existed. It was Kaluza, in fact, who introduced the idea that a dimension can be small and invisible. It's sort of like, well... think of a garden hose. You know, from a distance, the hose appears one-dimensional, yeah? But if we draw closer we can see that the hose has an extra dimension, the circular dimension of the hose. The Kaluza-Klein theory says the same thing about the universe, that there may be other dimensions curled up like the circular dimension of a garden hose and that exist on a very small scale.

Q. Why does the professor mention a garden hose?

그럼, 어제 강의에 이어서 하자면, 복합공간차원에 대한 첫 번째 이론인 Kaluza-Klein 이론은 1920년대에 발전되었습니다. 자, 이 이론은 중력과 전자기력이 어떻게 함께 작용하는지를 설명하고자 했으나, 이론이 성립하려면 4차원의 존재가 전제되어야만 했습니다. 다른 과학자들처럼, Kaluza는 단지 3차원만 존재한다면 우주의 네 가지 힘인 전자기력, 중력, 강한 원자력과 약한 원자력이 융화될 수 없다는 것을 알고 있었습니다. 사실, 차원이 작고 보이지 않을 수도 있다는 의견을 도입한 사람이 Kaluza였죠. 이것과 비슷해요, 음... 정원용 호스를 생각해보세요. 그러니까, 멀리서 보면, 호스는 1차원으로 보입니다, 그렇죠? 그러나 가까이에서 보면 호스에는 별도의 차원이 있어요, 호스의 원형공간입니다. Kaluza-Klein 이론은 우주도 이와 같다고 설명합니다, 우주에도 정원용 호스의 원형공간처럼 얽혀 있는 다른 차원이 있는데 이것이 아주 작은 규모로 존재한다고 말합니다.

spatial [spéiʃəl] 공간의 electromagnetic [ilèktroumægnétik] 전자기의 nuclear [njúːkliər] 원자력의, 핵의
reconcile [rékənsàil] 융화시키다 invisible [invízəbl] 눈에 보이지 않는

3.

Now, we're going to consider two celestial bodies, comets and asteroids, both moving objects that may be hard to differentiate with the naked eye. So how do we distinguish between comets and asteroids? Well, we have to consider the size, composition, and the path that the objects follow. Let's look at comets first. Unless they're very close, only enormous telescopes can spot comets. If one is near enough to the Earth, a bright head and long tail may be obvious. A comet is usually about fifty kilometers across while an asteroid may range in size from the width of a pebble to about one thousand kilometers in diameter. And their compositions? Uh, asteroids are rocky and metallic, but comets are largely ice, dust, carbon dioxide, and methane. As to the path these objects follow, well, comets have a highly elliptical orbit. They pass in and out of the solar system as they draw closer to, or move farther away from, the Sun. Asteroids, on the other hand, are in our solar system, and the vast majority of them are in the asteroid belt located between the orbits of Jupiter and Mars.

Q. How does the professor describe the two types of celestial bodies?

이제, 혜성과 소행성 두 천체에 대해 생각해 봅시다, 이 둘은 움직이는 천체이며 육안으로 구별하기 힘듭니다. 그렇다면 혜성과 소행성을 어떻게 구별할까요? 음, 우리는 천체의 크기, 구성물질, 그리고 천체의 진로를 고려해야 합니다. 혜성부터 먼저 살펴보죠. 혜성이 가깝게 있지

않으면, 거대한 망원경만이 혜성을 관측할 수 있습니다. 만약 혜성이 충분히 지구 가까이에 있다면, 밝게 빛나는 머리와 긴 꼬리가 확연히 보입니다. 혜성의 직경은 일반적으로 50킬로미터 정도인데 반해, 소행성의 직경은 자갈 크기에서부터 직경 1,000킬로미터까지 다양합니다. 그럼 구성성분은 어떨까요? 어, 소행성은 암석과 금속으로 되어 있지만, 혜성은 주로 얼음, 먼지, 이산화탄소, 그리고 메탄으로 구성되어 있습니다. 이 천체들이 진행하는 진로에 대해 이야기하자면, 음, 혜성은 타원형 궤도를 가집니다. 태양과 가까워지거나 멀어짐에 따라, 태양계 안으로 들어오기도 하고, 태양계를 벗어나기도 합니다, 반면, 소행성은 태양계 내에 있으며 소행성의 대부분은 목성과 화성의 궤도 사이에 위치하는 소행성대 안에 있습니다.

celestial body 천체　comet[kάmit] 혜성　asteroid[ǽstərɔ̀id] 소행성　differentiate[dìfərénʃièit] 구별하다, 식별하다
naked eye 육안　composition[kὰmpəzíʃən] 구성(물질)　enormous[inɔ́:rməs] 거대한　spot[spɑt] 관측하다, 발견하다
obvious[άbviəs] 확연한, 분명한　width[widθ] 크기, 너비　pebble[pébl] 자갈　diameter[daiǽmitər] 직경, 지름
rocky[rάki] 암석으로 된　metallic[mətǽlik] 금속의　largely[lά:rdʒli] 주로　elliptical[ilíptikəl] 타원의
orbit[ɔ́:rbit] 궤도　asteroid belt 소행성 대

4.

So, of all the rooms in the White House, the ones that the public is most familiar with, are the East Room and the Blue, Red and Green Rooms. It may surprise you to know that the East Room was once used by Mrs. John Adams as a place to hang up her clothes to dry. After the room was completed and furnished during Jackson's term, people began to be admitted to the room as visitors. Actually, the interior of the East Room has undergone several renovations. The first time was after the War of 1812, when the White House was burned by the British, and the interior was gutted by fire. In 1902, President Theodore Roosevelt renovated the room in the manner of the classical architectural style of the late 18th century. He replaced the Victorian decor with an oak floor, wood-paneled white walls, and bronze light fixtures. He put in upholstered benches, three Bohemian cut-glass chandeliers and a ceiling adorned with elegant plaster decorations. What else? Oh, yeah, a Steinway piano with specially designed supports, and decorated with gold-stenciled eagles, was added in 1938.

Q. How does the professor proceed with her description of the East Room?

그래서, 백악관의 모든 방들 중에서 대중들에게 가장 잘 알려진 방은 East Room과 Blue, Red, Green Room입니다. East Room이 한때 John Adams 부인이 옷을 말리려고 걸어놓던 방으로 쓰였다는 것을 알면 모두들 놀랄 거예요. East Room이 Jackson의 재임기간 동안 완성되고 가구가 갖춰진 후에, 사람들은 방문객으로서 그 방에 들어가볼 수 있게 되었습니다. 사실, East Room의 내부는 여러 번 수리를 거쳤습니다. 첫 번째 개조는 전쟁 후, 백악관이 영국에 의해 전소되고 내부도 화재로 파괴되었던 1812년이었습니다. 1902년에 Theodore Roosevelt 대통령은 18세기 후반의 전통건축양식으로 방을 수리했습니다. 그는 빅토리아 양식의 실내장식을 떡갈나무 마루, 하얀색 목재 벽, 그리고 청동 조명등으로 교체했습니다. 그는 커버를 씌운 벤치, 세 개의 보헤미안 유리세공 샹들리에, 그리고 우아한 석고 장식으로 꾸며진 천장을 들여 놓았습니다. 또 뭐가 있었죠? 아, 그래요, 특별히 디자인된 받침대와 금으로 등사된 독수리로 장식된 Steinway 피아노가 1938년에 추가되었습니다.

furnish[fə́:rniʃ] 가구를 갖추다　undergo[ʌ̀ndərgóu] 거치다, 경험하다　renovation[rènəvéiʃən] 수리
gut[gʌt] (건물의) 내부를 파괴하다, 태워버리다　renovate[rénəvèit] 수리하다　classical[klǽsikəl] 전통적인
panel[pǽnəl] 패널을 끼워 넣다, 장식하다　bronze[brɑnz] 청동　fixture[fíkstʃər] 부착물, 고정물
upholster[ʌphóulstər] 커버를 씌우다　chandelier[ʃæ̀ndəlíər] 샹들리에　ceiling[sí:liŋ] 천장　adorn[ədɔ́:rn] 꾸미다
elegant[éləgənt] 우아한　plaster[plǽstər] 석고, 회반죽　decoration[dèkəréiʃən] 장식　stencil[sténsəl] 등사하다

5.

Well... like almost any other art movement, cubism was met with criticism. One critic, in fact, said that the painter had simply reduced everything to cubes. This, by the way, is how cubism got its name. And yet, in spite of all the critics' scathing remarks, cubism became one of the most influential art movements of the 20th century. So why was it so special? Well, uh, true, it was a form of surrealism, but its intent was different. See, surrealism lies more in the realm of fantasy, but cubism was simply a new way of interpreting things that exist around us. So, the subject of the painting, as we perceive it, appears familiar, but it's expressed in a non-traditional way. How? Well, cubists emphasized form and structure rather than color. The colors were pretty dull, but the way the subjects were rendered was striking. Look at the example I have on the board. The subject appears to be in two dimensions, as though you were looking at it head-on, but at the same time, the sides and back of the subject are visible.

Q. Why does the professor mention surrealism?

음... 다른 예술 운동처럼, 입체파도 비판에 부딪히게 됩니다. 사실, 한 비평가는 화가들이 모든 것을 정육면체로 간소화한다고 말했습니다. 그게, 바로 여기서 입체파라는 이름이 유래되었어요. 모든 비평가들의 통렬한 비평에도 불구하고, 입체파는 20세기의 가장 영향력 있는 예술 운동의 하나가 되었습니다. 그럼 왜 이것이 특별했을까요? 음, 어, 사실 입체파는 초현실주의의 한 형태였지만 목적은 그것과 달랐습니다. 그러니까, 초현실주의는 환상이라는 영역에 속하지만, 입체파는 우리 주위에 존재하는 것들을 해석하는 새로운 방식이었습니다. 우리가 느낄 수 있듯이, 그림의 대상은 친숙하게 보이지만 종래와는 다른 방법으로 표현되어 있어요. 어떻게요? 입체파 화가들은 색채보다 형태와 구조를 강조했습니다. 색은 단조로웠지만 대상이 표현된 방법은 인상적입니다. 칠판에 있는 이 예를 보세요. 우리가 피사체의 정면을 보고 있지만 피사체는 2차원으로 보이며, 동시에 대상의 측면과 뒷면까지도 보입니다.

cubism [kjú:bizm] 입체파 criticism [krítisìzəm] 비판, 비평 critic [krítik] 비평가 cube [kju:b] 정육면체
scathing [skéiðiŋ] 통렬한, 냉혹한 remark [rimá:rk] 비평, 의견 influential [ìnfluénʃəl] 영향력 있는
surrealism [sərí(:)əlìzəm] 초현실주의 intent [intént] 목적, 의지 realm [relm] 영역, 범위 fantasy [fǽntəsi] 환상
interpret [intə́:rprit] 해석하다 nontraditional [nàntrədíʃənl] 종래와는 다른, 비전통적인 render [réndər] 표현하다
striking [stráikiŋ] 인상적인 dimension [diménʃən] 차원 head-on [hédàn] 정면

6.

OK, today I'm going to focus on two related species of woodland owls, the barred owl and the spotted owl. The major difference between the two, well, at least until a few decades ago, was their geographical location. The barred owl inhabited the forests of eastern North America while the spotted owl populated the forests of the Pacific Northwest. The two were divided by the Great Plains, which is a pretty vast expanse. During the past century, the barred owl moved steadily westward and is now a direct competitor with the spotted owl in the Pacific Northwest. How did this happen?
Well, a professor at Humboldt State University in California, Professor Gutierrez, speculates that human activity set the stage for the barred owl invasion of the Pacific Northwest. Back when the American settlers were pushing across the Great Plains, they changed the original landscape by suppressing natural fires and planting trees. And as a result, these small patches of woodlands began to exist where there once was only a single, vast expanse of grassland that was, you know, impassable to the barred owl. So these new forests provided the barred owl with suitable habitats for nesting and breeding, and it used these patches of forest to slowly spread into the Great Plains. From there, the barred owl moved into Canada, the Idaho Rockies, Western Washington, Oregon and California.

Q. Why does the professor mention the American settlers?

자, 오늘은 유사 종에 속하는 두 가지 종의 숲 올빼미인 아메리카 올빼미와 얼룩 올빼미에 초점을 맞추어 보겠습니다. 몇 십 년 전까지만 해도, 음, 두 올빼미의 가장 큰 차이점은 지리적인 분포였습니다. 아메리카 올빼미는 북아메리카 동부 숲에 서식했고, 얼룩 올빼미는 태평양 북서쪽 숲에 살았습니다. 두 올빼미는 아주 광활한 대평원에 의해 나누어졌죠. 지난 100년 동안 아메리카 올빼미는 점차 서쪽으로 이동했고 지금은 태평양 북서쪽에서 얼룩 올빼미의 직접적인 경쟁자가 되었어요. 어떻게 이런 현상이 발생했을까요?

음, 캘리포니아의 Humboldt 주립 대학의 Gutierrez 교수는 인간활동이 아메리카 올빼미의 태평양 북서쪽 침입의 원인이 되었다고 추측했습니다. 전에 미국 정착민들이 대평원을 가로질러 가는 과정에서, 그들은 자연화재를 진압하고 나무를 심으면서 원래의 자연환경을 바꾸었습니다. 그 결과, 한때, 그러니까, 아메리카 올빼미가 지나갈 수 없는 하나의 거대한 목초지였던 곳에 작은 숲이 생겨나기 시작했어요. 그래서 이런 새로운 숲들은 아메리카 올빼미들에게 둥지를 만들고 번식하기에 적당한 서식지를 제공해 주었고, 아메리카 올빼미는 작은 숲을 이용해 점차 대평원으로 퍼져 나갔습니다. 이렇게 아메리카 올빼미는 캐나다, 아이다호 로키산맥, 워싱턴 서부, 오리건, 캘리포니아로 이동했습니다.

related [riléitid] 유사한, 관련된 woodland [wúdlæ̀nd] 삼림지, 숲 barred owl 아메리카올빼미 spotted [spátid] 얼룩무늬의
geographical [dʒìːəgrǽfikəl] 지리적인 inhabit [inhǽbit] ~에 서식하다 populate [pápjəlèit] ~에 살다
expanse [ikspǽns] 광활한 장소 steadily [stédili] 점차, 꾸준히 westward [wéstwərd] 서쪽으로
speculate [spékjəlèit] 추측하다 invasion [invéiʒən] 침입 set the stage for ~의 원인이 되다
suppress [səprés] 진압하다 patch [pætʃ] (경작한) 땅 한 뙈기 grassland [grǽslæ̀nd] 목초지
impassable [impǽsəbl] 지나갈 수 없는 suitable [sjúːtəbl] 적당한, 알맞은

II. Listen to parts of the lectures, and then complete the following table questions.

7.

OK, let's continue our discussion on how babies develop speaking skills... We left off with how people speak to babies. We call this "baby talk". Linguists have observed though that, well, it's true that the way people talk to babies and to young children are not all the same, but they also noted that baby talk is much more structured than people think. Let's look at how mothers, fathers, and people outside the family talk to babies. OK, studies show that mothers don't speak to their babies in pidgin language, you know, fragmented, full of grammar errors... like... "baby bath time". Rather, they speak in short sentences... They speak slowly, they use special words, especially for body parts and bodily functions, such as... poo. Fathers, on the other hand, use more direct language and a larger vocabulary than mothers when they speak to babies. And as for people outside the family, such as neighbors and visitors, well, they generally speak in a baby talk that is simple and a little higher-pitched than their normal voices.

Q. The professor describes how individuals speak to babies. Indicate for each individual the characteristic manner in which they converse with babies.

자, 아기들의 말하는 능력이 어떻게 발전하는지에 대한 논의를 계속합시다... 사람들이 아기에게 어떻게 말하는지 이야기하다 멈추었죠. 그것을 "아기의 말"이라고 부릅니다. 언어학자들은, 음, 사람들이 아기나 어린 아이들에게 말하는 방법이 모두 같지 않다는 사실을 관찰했고, 아기의 말이 사람들의 생각보다 훨씬 더 조직적이라는 것에 주목했습니다. 어머니, 아버지, 가족 이외의 사람들이 어떻게 아기에게 이야기하는지 살펴봅시다. 네, 연구에 의하면 엄마들은 아기에게 조각나고, 문법적 오류가 많은 혼성어로 이야기 하지 않는 것이 밝혀졌습니다... 예를 들면... "아기 목욕 시간"과 같은 말이죠. 그 대신, 엄마들은 짧은 문장으로 말하죠... 특히 신체부위나 신체기능을 지칭할 때는 그들은 특별한 단어들을 사용해, 천천히 말합니다, 예를 들어... 응아와 같은 단어가 있죠. 한편, 아빠들은 엄마들보다 아기에게 말할 때 좀 더 직접적인 언어와 많은 어휘를 사용합니다. 그리고 이웃이나 방문객처럼 가족 이외의 사람들은, 음, 아기에게 일반적으로 보통 목소리보다 약간 고음으로 간단하게 이야기합니다.

linguist [líŋgwist] 언어학자 observe [əbzə́ːrv] 관찰하다 pidgin [pídʒən] 혼성어 fragmented [frǽgmənt] 조각난, 분해된
function [fʌ́ŋkʃən] 기능 poo [puː] 응아, 아이들의 배설물을 지칭하는 말 vocabulary [voukǽbjəlèri] 어휘 high-pitched 고음의

8.

So what events took place during the Big Bang? Well, scientists theorize that after the initial bang... by the way, that bang wasn't actually an explosion from a small point in space but rather a point in time when the universe began to expand from its minute size of a few millimeters... OK, well, as I was saying, after that initial bang, the universe must have been in a pretty hot state because of the matter and anti-matter shooting in all directions. Then, when the universe began to cool, there was a somewhat equal amount of matter and anti-matter, and each time these two materials collided, they destroyed each other and created pure energy. It was pretty fortunate, though, that there was more matter than anti-matter; otherwise, we wouldn't be here. Everything in the universe comes from matter. So, as the universe continued to cool, common particles such as photons, neutrinos, electrons, and quarks began to form from this matter. And these particles became the building blocks of life.

Q. The professor explains the sequence of steps that took place in the Big Bang. Put the steps in the correct order.

그래서 빅뱅 동안 어떤 사건들이 일어났을까요? 음, 과학자들이 이론을 세우기를, 첫 폭발 후에... 그런데, 그 폭발은 사실 우주의 작은 지점에서 발생한 것이 아니라, 우주가 몇 밀리미터의 미세한 크기에서 팽창하기 시작한 시점에 발생한 것입니다... 자, 그럼, 제가 말했듯이, 그 첫 폭발 후에, 우주는 사방으로 돌진하는 물질과 반물질로 인해 틀림없이 아주 뜨거운 상태였을 것입니다. 그 후, 우주가 냉각되기 시작했을 때, 어느 정도 같은 양의 물질과 반물질이 있었고, 이 두 물질이 충돌할 때마다 서로를 파괴하며 순수한 에너지를 만들어 냈습니다. 그나저나, 반물질보다 물질이 더 많았다는 것은 다행이에요, 그렇지 않았다면, 우리는 여기 없었을 겁니다. 우주의 모든 것은 물체로부터 나오니까요. 어쨌든, 우주가 계속 냉각하면서 광자, 중성 미자, 전자, 쿼크와 같은 일반적인 입자들이 물질로부터 형성되기 시작했습니다. 그리고 이러한 입자들이 생명의 구성부분이 되었죠.

take place 일어나다 theorize [θí(:)əràiz] 이론을 세우다 initial [iníʃəl] 처음의 explosion [iksplóuʒən] 폭발
minute [mainjú:t] 미세한 shoot [ʃu:t] 돌진하다, 지나가다 collide [kəláid] 충돌하다 photon [fóutɑn] 광자
neutrino [nju:trí:nou] 중성 미자 electron [iléktrɑn] 전자 quark [kwɔ:rk] 쿼크 (hadron의 구성 요소로 여겨지는 입자)
particle [pá:rtikl] 입자

9.

P: Have you finished working on those problems I gave you? Well, if you haven't finished, don't worry about it. Like I said, we're more interested in the process, the method you used to work out the problem. All right, who'd like to begin? Sally? OK, describe the way you and your partners dealt with the problem.

S: Well, first, we did some brainstorming, like throwing out different ideas and solutions. But you know, it didn't really work too well. There was this one idea we kept coming back to... I'm not really sure why because it didn't even work, but... it seemed the most workable even though it didn't actually work.

P: That's pretty common.

S: I guess what really worked was just taking a break. After we came back from a twenty-minute break, Cindy just suddenly realized how to solve it. And her solution turned out right. Plus, it was so obvious that we couldn't understand why we didn't see it sooner.

P: That's interesting. The way you worked on it, the process... the steps you followed... support a theory developed almost a century ago. The theory says there are essentially four stages to solving complicated problems, the first being preparation. In other words, brainstorming like you did. The next step, incubation, was the twenty-minute break you took... Then illumination, which would be Cindy's sudden realization. And finally, verification, in which you proved Cindy's idea worked. You followed all four stages.

Q. In the discussion, the speakers mention some steps they took to solve the problem. Indicate whether each of the following is a step in the process.

P: 내가 내준 문제는 다 해결했나요? 음, 아직 마무리하지 못했어도 걱정 마세요. 내가 말했듯이, 우리는 여러분들이 문제를 해결하기 위해 사용했던 방법, 과정에 더 관심을 두고 있습니다. 좋아요, 누가 먼저 시작할까요? Sally? 그래요, 학생과 학생의 파트너가 문제를 다룬 방법을 설명해 보세요.

S: 음, 우리는 먼저 다른 생각들과 해결책들을 제안해 보는 브레인스토밍을 했어요. 그렇지만, 좋은 결과를 얻지는 못했어요. 계속 한가지 생각으로 되돌아왔죠... 이것이 문제를 해결해주지 않았는데도 왜 자꾸 돌아갔는지 잘 모르겠어요, 하지만... 실제로 효과가 없다해도 그것이 가장 효과적인 방법인 것만 같았어요.

P: 보통 그렇죠.

S: 정말 효과가 있었던 것은 휴식을 취한 것이라고 생각해요. 20분의 휴식을 마치고 다시 모였을 때, Cindy가 갑자기 문제해결 방법을 생각해냈거든요. 그녀의 해결책이 옳았다는 게 드러났고, 게다가 그것은 너무나 확연한 것이어서 우리가 왜 그것을 좀 더 빨리 발견하지 못했는지 이해가 안됐어요.

P: 흥미롭군요. 학생이 문제를 해결한 방법, 과정... 따라간 단계는 거의 100년 전에 세워진 이론을 지지하고 있어요. 그 이론은 복잡한 문제를 해결하는 필수적인 네 단계가 있다고 말합니다. 첫 단계는 준비입니다. 다시 말해서, 학생이 한 것과 같은 브레인스토밍이죠. 다음 단계인 잠복은 학생처럼 20분간 쉬는 것과 같아요... 그 다음은 Cindy의 갑작스런 깨달음에 해당하는 계시입니다. 그리고 마지막으로, 확인은 학생이 Cindy의 아이디어가 효과적임을 입증하는 것입니다. 학생의 팀은 네 가지 절차를 모두 따랐네요.

deal with 다루다, 처리하다 workable [wə́:rkəbl] 효과적인, 성취될 수 있는 turn out 결국 ~임이 드러나다
complicated [kɑ́mpləkèitid] 복잡한 incubation [ìŋkjəbéiʃən] 잠복 illumination [iljù:mənéiʃən] 계시, 깨달음
verification [vèrəfəkéiʃən] 확인, 증명 prove [pru:v] 입증하다

10.

I'd like to draw your attention to marsupials, which are commonly thought of as pouched animals, and do not have long gestation periods like placental mammals. Marsupials give birth soon after conception, that is, after the baby marsupials have spent about four to five weeks in the uterus... and the young animal, which is actually still in an embryonic stage, climbs from the birth canal onto its mother's nipples. So it's nourished in this manner for weeks or months until it fully develops. When it reaches a certain stage, though, it'll sometimes venture outside of the pouch, but eventually it will return to get food and warmth. Placental animals, however, are nourished by the mother's blood through an embryonic organ known as the placenta, which allows for a longer gestation period and a live birth. It is misleading to use the descriptive term placental to categorize these animals because marsupials also have placentas. It is just that the placentas of marsupials are short-lived and cannot nourish the young as well as those of placental animals.

Q. In the lecture, the professor describes some features of marsupials. Indicate which of the following are features mentioned in the lecture.

유대류에 주목해 봅시다, 유대류는 일반적으로 주머니가 있고, 태반동물처럼 잉태기간이 길지 않는 동물입니다. 유대류는 임신 후에 곧 새끼를 낳습니다, 다시 말해서, 새끼 유대류는 자궁에서 4주에서 5주 정도 있은 후 출산됩니다... 그리고는 여전히 태아 상태인 어린 유대류는 산도에서 어미의 젖꼭지까지 기어올라 가요. 그리고는 어린 유대류는 완전히 성장할 때까지 몇 주 혹은 몇 달간 이런 방법으로 길러집니다. 하지만, 일정 단계에 다다르면 새끼는 때때로 과감히 주머니 밖으로 나가보기도 하지만, 곧 먹이와 온기를 찾아 돌아오죠. 그러나, 태반 동물은 태반으로 알려진 태아기관을 통해 어미의 피로 영양분을 공급 받습니다, 이것이 긴 임신기간과 정상출산을 가능하도록 하죠. 유대류도 태반이 있기 때문에 이 동물들을 분류하기 위해 태반이라는 설명적인 용어를 사용하는 것은 잘못된 것입니다. 단지 유대류의 태반은 수명이 짧으며 새끼에게 영양분을 잘 공급해주지 못하죠.

marsupial [mɑ:rsjú:piəl] 유대류 pouched [pautʃt] 주머니가 있는 gestation [dʒestéiʃən] 잉태
placental [pləséntəl] 태반의 give birth ~을 낳다 conception [kənsépʃən] 임신 uterus [jú:tərəs] 자궁
embryonic [èmbriɑ́nik] 태아의, 배의 birth canal 산도 nipple [nípl] 젖꼭지 nourish [nə́:riʃ] 기르다, 영양분을 공급하다
venture [véntʃər] 과감히 ~하다 warmth [wɔ:rmθ] 온기, 따뜻함 live birth 정상 출산 mislead [mislí:d] 잘못된 것, 오해
descriptive [diskríptiv] 설명적인, 기술적인 categorize [kǽtəgəràiz] 분류하다 short-lived 수명이 짧은

11.

So, postmodern art in the sixties is generally divided into earth art and site art, which share two common characteristics. First, anyone can be an artist because it's the individual that interprets his or her environment. And second, since the 1970s, both earth art and site art, which are now referred to as "site-specific" art, have become common forms of production, with artists working across the two domains. So, what are the differences between these two art forms?
Well, earth art is large-scale and is set in nature... like the desert or forest... and it's usually located in some remote place. The focus of earth art is to make a design out of the land itself, not to use the land as an environment for the artwork. So... earth art artists work with natural materials, you know, like water, snow, grass, leaves, rock, and even wind. On the other hand, site-specific art is designed for a specific location, and what the artist does is... he attempts to integrate the artwork with its surroundings. So the surroundings function as a kind of backdrop for the actual work of art. It's like an exploration of the relationship of the artwork to the features of its locale, whether that locale is urban or rural, indoors or outdoors.

Q. The professor describes the differences between earth art and site-specific art. Indicate the features of each type.

그래서, 60년대 포스트모더니즘 예술은 일반적으로 어스 아트와 현장 예술로 나누어지며, 공통적인 두 가지 특징을 갖습니다. 첫째, 환경을 해석하는 것은 개별적이기 때문에 누구나 예술가가 될 수 있습니다. 그리고 둘째, 1970년대 이후로, 지금은 "특정 현장" 예술로 일컬어지는 어스 아트와 현장 예술은 공통적인 형태의 작품을 갖게 되었고, 예술가들은 두 영역을 넘나들었습니다. 그렇다면, 두 예술형태에는 어떤 차이점이 있을까요?
음, 어스 아트는 대규모이며... 사막이나 숲과 같은... 자연에 설치됩니다... 주로 먼 장소에 위치해요. 어스 아트의 핵심은 땅을 예술작품의 배경으로 이용하는 것이 아니라, 땅 자체를 예술작품으로 만드는 것입니다. 그래서... 어스 아트 예술가들은, 그러니까, 물, 눈, 풀, 나뭇잎, 바위, 심지어 바람과 같은 자연 재료로 작품활동을 합니다. 반면, 현장 예술은 특정 장소를 위해 디자인되며, 예술가는... 예술작품을 환경과 통합하려고 시도합니다. 그러니까 주위 환경이 실제 예술 작품의 배경 역할을 하는 거죠. 장소가 도시이든 시골이든, 실내이든 야외이든지, 현장 예술은 예술작품과 그 예술작품이 있는 장소의 특징을 탐구하는 것과 같다고 볼 수 있습니다.

postmodern [poùstmádən] 포스트모더니즘의 earth art 어스 아트 (자연 · 경관 등을 소재로 한 공간 예술) site art 현장 예술
interpret [intə́:rprit] 해석하다 domain [douméin] 영역, 범위 remote [rimóut] 먼, 외딴 attempt [ətémpt] 시도하다
integrate [íntəgrèit] 통합하다 surrounding [səráundiŋ] 환경 exploration [èkspləréiʃən] 탐구, 답사, 탐험
feature [fí:tʃər] 특징 locale [loukǽl] 배경, 장소

III. Listen to parts of the lectures, and choose the best answer for each question.

[12-13]
Listen to part of a lecture in a literary class.

All right, we'll continue our discussion on America's literary greats, and for today, we'll consider a man who has been called one of the finest authors in the United States. Has anyone here read *The Call of the Wild*... or *White Fang*? Those titles alone might've jogged your memory into recalling the name Jack London. Now, prolific as he was, Mr. London actually had very little formal training. He went as far as the 8th year, sorry, 8th grade, and then dropped out to help support his family. This didn't mean, though, that London stopped studying. He could always be found reading in public libraries... and he did go back to high school and finished that... but he lasted only six months at university before claiming that it was, and I'll quote him, "not alive enough, simply a passionless pursuit of passionless intelligence"... such big words for a man who had had so little schooling. So... after leaving university,

Jack became an adventurer. He tried his hand at every sort of job he could lay his hands on... laborer, factory worker, sailor, and gold prospector. It seems that he wanted to experience everything.
As he learned more about the world, London became something of an activist. Yes, an activist. He marched with a group called Coxey's Army to Washington, DC to protest the lack of jobs generated by the Panic of 1893. This was a time of serious decline in the United States economy which was... brought on by a run in the supply of gold. But London didn't confine his activism to marching. So, later he joined the Socialist Party of America. Actually, his acquaintance with socialism developed from his having covered the Mexican Revolution for Collier's. This was a magazine that was in print between 1888 and 1957. He also wrote about the Russo-Japanese War for the Hearst newspapers in the early part of the 1900s. What he basically did for these publications was to preach socialist theories. It was really strange, though. His interest in socialism surfaced in many of his writings, but intellectually Jack wasn't really a socialist and he developed an ambivalence toward the ideology in his later years.
So, what was it that fueled Jack's desire to write? Well, essentially... it was his adventures around the world. Actually... Jack had been writing since his university days. And by the time he died, he had written thousands of letters and articles, fifty-one books, and numerous short stories. One of his short stories, "To Build a Fire," is considered an all-time classic. It was also desperation that made Jack London write. His stepfather, John London, died when Jack was 22, and this left him the responsibility of caring for his family. This is the period when he started writing for money. The first short story he sold, "To the Man on the Trail," was in December 1898... it was this story that launched his writing career.

12. In the lecture, the professor describes some activities that Jack London took part in as a supporter of socialism. Indicate whether the following is an activity mentioned in the lecture.
13. Why does the professor mention Jack London's stepfather?

네, 미국 문학의 위인들에 대한 논의를 이어 나가겠어요. 그리고 오늘은 미국의 가장 훌륭한 작가 중의 하나로 알려진 한 사람에 대해 알아봅시다. The Call of the Wild나... White Fang을 읽어 본 사람 있나요? 이 제목들이 Jack London이라는 이름이 생각나도록 여러분들의 기억을 되살릴 거예요. 자, 수많은 작품을 썼지만, London은 사실상 정식 교육을 거의 받지 못했습니다. 그는 8년, 미안해요, 8학년까지 다니다가 그의 가족을 부양하기 위해 학교를 중퇴했습니다. 그러나, 이것은 London이 학업을 중단했다는 것을 뜻하진 않습니다. 그는 항상 공공 도서관에서 읽을 거리를 찾았으며... 다시 고등학교에 들어가서 학업을 끝마쳤죠... 그러나 그는 대학 과정을 6개월만 하고서는, 그의 말을 빌리자면, 대학은 "활기가 없고, 열정 없는 지성의 열정 없는 추구"라고 주장하면서 학업을 중단하였습니다... 학교 교육을 거의 받지 않은 사람이 하기에는 대단한 말이죠. 그래서... 대학을 떠난 이후, Jack은 모험가가 되었습니다. 그는 손이 닿는 모든 일을 했어요... 노동자, 공장 일꾼, 선원, 그리고 금 채광자요. 그는 모든 경험을 하고 싶어한 듯 합니다.
그는 세상을 더 알아가면서 사회운동가가 되었습니다. 네, 사회운동가요. 그는 1893년 공황으로 인해 발생한 일자리의 부족에 항의하기 위해 Coxey's Army라고 불리는 단체와 함께 워싱턴 DC로 시가행진을 벌였습니다. 이때는 계속적인 금 공급으로 인해... 미국 경제가 심각하게 하락하던 시기입니다. 그러나 London은 그의 사회운동을 시가행진으로 제한하지 않았어요. 그래서, 그 후에 그는 미국 사회당에 가입하였죠. 사실, 그는 1888년부터 1957년 사이에 출판된 Collier's라는 잡지에 멕시코 혁명에 관해 글을 쓰면서부터 사회주의를 접하게 되었습니다. 또한 그는 1900년대 초반 Hearst지에 러-일 전쟁에 대한 글을 썼습니다. 본질적으로 그는 이런 출판물을 통해 사회주의 이론을 설파하고자 했습니다. 그러나, 정말 이상한 것이 있었습니다. 사회주의에 대한 그의 관심이 그의 글을 통해 표면화되었으나, 지적으로 Jack은 사회주의자가 아니었으며 말년에 그는 사회주의 이데올로기에 대한 상반되는 감정을 나타냈습니다.
그러면, Jack이 글을 쓰고자 하는 의욕을 자극한 것은 무엇이었을까요? 음, 근본적으로... 그가 세계를 돌아다닌 것이었습니다. 사실... Jack은 대학시절부터 글을 쓰기 시작했죠. 그리고 그의 생애 동안, 그는 수 천 통의 편지, 기사 글, 51권의 책과 무수한 단편을 썼습니다. 그의 단편 중 하나인 "To Build a Fire"는 시대를 초월한 고전으로 평가됩니다. 절망 또한 Jack이 글을 쓰도록 했죠. 그의 의붓아버지인 John London은 Jack이 22살에 돌아가셨고, 가족을 돌보는 책임이 그에게 넘겨졌죠. 이 때부터 그는 돈을 벌기 위해 글을 쓰기 시작했어요. 그가 글을 써서 처음으로 돈을 벌게 되었던 첫 단편은 1898년 12월에 쓴 "To the Man on the Trail"입니다... 이 글을 계기로 그의 작가 활동이 시작되었습니다.

greats [gréitz] 위인들 jog [dʒɑg] 기억을 되살리다 recall [rikɔ́:l] 생각해내다 prolific [proulífik] 다작의
formal [fɔ́:rməl] 정규의 support [səpɔ́:rt] 부양하다 claim [kleim] 주장하다 quote [kwout] 인용하다
passionless [pǽʃənlis] 열정 없는 pursuit [pərsjú:t] 추구 schooling [skú:liŋ] 학교 교육 laborer [léibərər] 노동자
prospector [prɑ́spektər] 채광자 march [mɑ:rtʃ] 행진하다 protest [proutést] 항의하다 generate [dʒénərèit] 발생시키다
confine [kənfáin] 제한하다 socialist party 사회당 in print 출판하여 publication [pʌ̀bləkéiʃən] 출판물
preach [pri:tʃ] 설파하다 surface [sə́:rfis] 표면화하다 ambivalence [æmbívələns] 상반되는 감정
ideology [àidiɑ́lədʒi] 이데올로기 fuel [fjú(:)əl] 자극하다 essentially [əsénʃəli] 근본적으로 all-time 시대를 초월한
desperation [dèspəréiʃən] 절망 stepfather [stépfɑ̀:ðər] 의붓아버지 launch [lɔ:ntʃ] 시작하게 하다

[14-15]
Listen to part of a lecture in a biology class.

All right... today we'll be talking about two types of metamorphosis, complete and incomplete. And as I discuss the types, I'll be giving you some details of a particular type of insect that you're all probably familiar with... the cicada. What I'd like you to take note of is whether the cicada goes through complete or incomplete metamorphosis. OK, a lot of you probably think of the butterfly when you hear the word metamorphosis. You may have even seen the cocoon of a caterpillar or even the butterfly breaking out of its cocoon. Well, in a nutshell, that's what complete metamorphosis is all about... And, 88 percent of all insects go through this type. Let me describe it in detail as we look at the slides. Well, there are four stages... the first being the egg... Then in the second stage, the larvae hatch, and these larvae don't look anything like adult insects. Very simply, they look like worms... Some examples we have are caterpillars, maggots, and grubs, which shed their skin, or molt and grow, slightly larger each time. So they keep molting and growing bit by bit, and in the third stage, the larvae become pupae. They cocoon themselves, and inside these cocoons, the larvae develop into adults with wings, legs, and internal organs. This process may run anywhere from just four days to several months. The result of course is a full adult that breaks out of the cocoon.
Now, let's talk about the second type, incomplete metamorphosis. Only about twelve percent of insects go through this process, which covers only three stages. You've got the female insect laying the eggs and then the eggs hatch into nymphs. The nymphs don't look anything like worms... In fact, they're like small adults but without the wings. Now, these nymphs molt their exoskeletons, which are outer casings made of a hard substance called chitin. And as the insects grow, they replace these exoskeletons with larger ones. This molting process actually takes place anywhere from, uh, four to eight times. When the insect reaches adult size, they stop molting, and by that time, they have grown wings.
All right, let's examine one insect, the cicada, and I'll just sort of briefly go into the life cycle of the cicada... because, well, it's such an interesting cycle. OK, baby cicadas, nymphs actually, are hatched from eggs which are laid on a tree branch by the adult female cicada. They drop to the ground and burrow to a depth of something like one foot deep where they stay for the next thirteen to seventeen years! And in the thirteenth or seventeenth year, they start emerging, and then they climb onto some nearby vegetation where they complete their transformation into a, a complete cicada. OK, so I want you to take a look at these slides, and if you'll notice, the immature cicada does not look like a worm, does it? It looks just like the adult insect, only smaller and without wings. It must be pretty obvious to you what type of metamorphosis the cicada undergoes.

14. How does the professor introduce her description of complete metamorphosis?
15. The professor describes the features that characterize complete and incomplete metamorphosis.

Indicate what type of metamorphosis the following features characterize.

네... 오늘은 변태의 두 종류인 완전 변태와 불완전 변태에 대해 이야기해 보겠어요. 그리고 이 변태 종류에 대해 이야기하면서, 특별한 유형의 곤충이자 학생들에게 친숙할 듯한... 매미에 대해 더 자세히 설명하겠어요. 매미가 완전 변태를 거치는지 혹은 불완전 변태를 거치는지에 주목하길 바래요. 자, 아마 많은 학생들이 변태라는 단어를 들었을 때 나비를 연상했을 거예요. 애벌레의 고치나 고치를 뚫고 나오는 나비를 본 적이 있을 겁니다. 음, 간단히 말해서, 그것이 완전 변태라고 할 수 있어요... 그리고, 전체 곤충의 88퍼센트가 이런 유형의 변태를 거칩니다. 슬라이드를 보면서 자세히 설명할게요. 음, 총 네 단계가 있어요... 알이 첫 번째 단계이죠... 그리고는 두 번째 단계에서 유충이 부화하는데, 성충과 전혀 다른 모습입니다. 아주 간단히 말해서, 유충은 지렁이처럼 보입니다... 허물이나 껍질을 벗을 때마다, 조금씩 커가는 애벌레, 구더기, 땅벌레가 그 예이죠. 그래서 계속해서 허물을 벗고 점차 성장하면서, 세 번째 단계에서, 유충은 번데기로 변해요. 유충은 자신을 고치로 감싸서, 고치 안에서 날개, 다리, 그리고 내장기관을 갖춘 성충으로 성장합니다. 이 과정은 경우에 따라 4일에서 몇 달까지 걸려요. 이 과정의 결과로 성충이 고치를 뚫고 나오는 것이죠.
자, 이제 두 번째 유형인 불완전 변태에 대해 알아봅시다. 12퍼센트의 곤충만이 이 과정을 거치죠, 총 세 단계가 있어요. 암컷 곤충이 알을 낳고 알에서 애벌레가 부화해요. 이 애벌레들은 벌레처럼 보이지 않아요... 사실, 애벌레는 날개가 없는 작은 성충과 같아요. 자, 이 애벌레들은 키틴질로 불리는 단단한 물질로 구성된 겉껍질인 외골격을 벗어 버립니다. 그리고 이 곤충들은 성장하면서, 외골격을 점점 더 큰 것으로 바꿔갑니다. 실제로 껍질을 벗는 과정은, 어, 4번에서 8번 정도까지 일어납니다. 곤충이 성충의 크기가 되면, 껍질 벗기를 멈추고, 그때쯤엔, 다 자란 날개를 가지게 됩니다.
좋아요, 한 곤충, 매미에 대해 알아봅시다, 그리고 매미의 생애 주기를 간단히 살펴볼게요... 왜냐하면, 매미는 흥미로운 주기를 보이거든요. 네, 어린 매미, 사실 애벌레는 암컷 매미 성충이 나뭇가지에 낳은 알에서 부화합니다. 애벌레는 땅으로 떨어져서 1피트 정도 깊이의 구멍을 파고 그 안에서 다음 13년에서 17년을 보냅니다. 그리고 13년이나 17년이 되는 해에, 애벌레는 밖으로 나옵니다, 그리고는 가까운 식물로 올라가 그곳에서 완전한 매미로 변태되는 과정을 끝마치지요. 자, 그럼 모두들 슬라이드를 봐주세요. 그러면, 미성숙한 매미는 벌레같이 보이지 않다는 걸 알 수 있을 거예요, 그렇죠? 단지 날개가 없는 작은 성충 같이 보이죠. 모두들 매미가 어떤 종류의 변태를 거치는지 꽤 분명하죠.

metamorphosis [mètəmɔ́:rfəsis] 변태　cicada [sikéidə] 매미　go through 거치다　cocoon [kəkú:n] 고치, 고치로 싸다
caterpillar [kǽtərpìlər] 애벌레　in a nutshell 간단히 말해서　larvae [lá:rvi:] 유충　hatch [hætʃ] 부화하다
maggot [mǽgət] 구더기　grub [grʌb] 땅벌레　shed [ʃed] (표피를) 벗다　molt [moult] 껍질, 껍질을 벗다
bit by bit 점차　pupa [pjú:pə] 번데기　internal [intə́:rnəl] 내부의　organ [ɔ́:rgən] 기관　lay [lei] (알을) 낳다
nymph [nimf] (불완전 변태를 하는 곤충의) 애벌레　exoskeletons [èksouskélətn] 외골격　outer [áutər] 외부의
casing [kéisiŋ] 껍질　substance [sʌ́bstəns] 물질　chitin [káitin] 키틴질　replace [ripléis] 바꾸다　briefly [brí:fli] 간단히
burrow [bə́:rou] 구멍, 굴　emerge [imə́:rdʒ] 나오다, 나타나다　vegetation [vèdʒitéiʃən] 식물
transformation [trænsfərméiʃən] 변태　immature [imətjúər] 미성숙한　obvious [ábviəs] 분명한　undergo [ʌ̀ndərgóu] 거치다

[16-17]

Listen to part of a lecture on American history.

Today I will be talking about one of the most exciting stages of US Postal Service history, and that is the Pony Express. Now, let me just point out that before it was established, there was a very large number of immigrants that were traveling in groups toward the west and the south. They were mostly families... you know, settlers who were looking for land to farm or for some other economic opportunity. You all probably know that it was these settlers that expanded the frontiers of the United States. Well, with these new frontiers, it became mighty difficult to have mail delivered across such a big expanse. See, before 1860, they had a route going by sea and a land route, which the wagons took. The shortest route, the Central Route, was about 2,000 miles long. Well, obviously, mail going through these routes took quite a while. And by 1860, over half a million people lived west of the Rocky Mountains, and they started demanding faster and better mail service.
Well, it was at that time that William H. Russell came in with his business partners William Waddell and Alexander Majors to create this service. They were actually partners for a large freighting company in the West. So, Russell's objective was to have a speedy mail delivery service through relay riders. The plan was to put up these Pony Express Stations where a relay rider in one station would take over after

a rider from another station had arrived with the mail. This was actually a pretty big venture, much bigger than Russell first realized. So, between St. Joseph Missouri and Sacramento, California, a total of 190 Pony Express stations about ten to fifteen miles apart were set up. The founders then purchased some 500 horses, carefully chosen for speed and endurance. And how about the riders? Well, they put up this advertisement, which said, let me quote it, "Wanted. Young, skinny wiry fellows. Not over 18. Must be expert riders. Willing to risk death daily. Orphans preferred." Amazingly, they had hundreds of applicants. And they were paid about a hundred to a hundred-fifty dollars at the time. That was a pretty big sum back then... anyway, to make the enterprise even more daunting, the business partners also had to hire hundreds of staff as station hands, since there were between 150 to 200 stations located every 5 to 20 miles along the route to provide support for riders and groom the horses...
So just how successful was the Pony Express? You know, Russell and his partners charged pretty high rates. Fifteen dollars an ounce to be exact. But this rate just did not cover the costs of running the business. So to keep this venture going, Russell needed money. He was hoping for a one-million dollar government mail contract, but he didn't get that. And although they did receive a sub-contract for 475,000 dollars to continue the Pony Express between Missouri River and Salt Lake City, on the whole the Pony Express was a losing financial venture.

16. Why does the professor mention the movement of settlers to the west?
17. The professor discusses the sequence of events that put the Pony Express into action. Put the steps in the correct order.

오늘은 미국 우편업무 역사상 가장 흥미로운 시기인 Pony Express에 대해 얘기할 거예요. 자, Pony Express가 설립되기 전에, 아주 많은 이민자 무리가 서부와 남부로 이동했다는 것을 지적하고 싶군요. 그들은 대부분 가족 단위였어요... 그러니까, 농사지을 땅이나 다른 경제적 기회를 찾는 이주자들이요. 아마 모두 이런 이주자들이 미국의 국경을 확장시켰다는 것을 알 거예요. 음, 새로운 영역 확장으로 인해, 넓은 공간을 가로질러 우편물을 배달하기가 아주 어려워졌어요. 그러니까, 1860년 전에는, 해로와 마차가 다니는 육로가 있었습니다. 가장 짧은 경로인 Central Route는 2,000마일이었어요. 음, 분명, 이러한 경로를 거치는 우편물은 꽤 오랜 시간이 걸렸을 거예요. 그리고 1860년이 되자, 50만 명이 넘는 사람들이 로키 산맥 서부에 살았으며 그들은 더 빠르고 나은 우편 서비스를 요구하기 시작했습니다.
음, 그 시기에 William H. Russell이 동업자인 William Waddel, Alexander Majors와 이 우편 서비스를 설립하려고 손을 잡았죠. 사실 그들은 서부의 큰 화물운송회사의 동업자였어요. 그래서, Russell의 목표는 릴레이 기수를 통해 빠른 우편 배달 서비스를 세우는 것이었습니다. 그 계획은 한 역에서 기수가 우편물을 가지고 오면 다음 역에서 다른 기수가 우편물을 넘겨 받는 식의 Pony Express역을 세우는 것이었습니다. 사실 이것은 Russell이 처음에 생각했던 것보다도 훨씬 더 큰 모험적 사업이었죠. 그래서, St. Joseph Missouri와 캘리포니아의 새크라멘토 사이에는 총 190개의 Pony Express역이 10에서 15마일 정도의 거리를 두고 세워졌습니다. 설립자들은 그후 신중하게 선별된 500마리의 빠르고 지구력 있는 말을 사들였습니다. 그럼 기수들은 어땠을까요? 음, 그들은 광고를 냈어요, 이것은 이렇게 적혀 있었죠, 인용해 볼게요, "구인. 젊고 마른 강인한 남자. 18세 이하. 말을 잘 탈 수 있어야 함. 매일 사망의 위험을 감수할 수 있어야 함. 고아 우대." 놀랍게도, 지원자는 수 백 명에 달했습니다. 그리고 그들은 한번에 100달러에서 150달러 정도를 받았습니다. 그때 당시로는 꽤 많은 금액이었죠... 어쨌든, 이 기업에게 있어 더욱 난제였던 것은 창업자들이 역에서 일할 일꾼들로 수백 명의 직원을 고용해야 했다는 것이었어요, 이는 행로를 따라 5마일에서 20마일마다 기수들을 지원하고 말을 돌보기 위한 150개에서 200개에 달하는 역이 있었기 때문이에요...
그렇다면 Pony Express는 얼마나 성공적이었을까요? 음, Russell과 그의 동업자는 꽤 많은 요금을 요구했습니다. 정확히는 1온스에 15달러였죠. 그러나 이 요금은 사업 경영의 비용을 감당하지 못했습니다. 그래서 이 모험적 사업을 지속하기 위해, Russell은 돈이 필요했어요. 그는 정부와 백만 달러의 우편계약을 맺고 싶었으나 성공하지 못했습니다. 그리고 그가 미주리 강과 Salt Lake City 사이에서 Pony Express를 유지하도록 475,000달러의 하청 계약을 받았지만, 전체적으로 Pony Express는 재정적으로 실패한 모험적 사업이었죠.

postal [póustəl] 우편의 　 settler [sétlər] 이민자 　 frontier [frʌntíər] 국경, 영역 　 deliver [dilívər] 배달하다
route [ruːt] 경로 　 freighting [fréitiŋ] 화물 운송 　 objective [əbdʒéktiv] 목표 　 speedy [spíːdi] 빠른
take over 넘겨받다 　 venture [véntʃər] 모험적 사업 　 quote [kwout] 인용하다 　 skinny [skíni] 마른
wiry [wáiəri] 마르지만 강인한 　 fellow [félou] 남자 　 willing [wíliŋ] 기꺼이 ~하는 　 risk [risk] 위험
orphan [ɔ́ːrfən] 고아 　 prefer [prifə́ːr] 선호하다 　 amazingly [əméiziŋli] 놀랍게도 　 applicant [ǽplәkənt] 지원자
sum [sʌm] 금액 　 ounce [auns] 온스 (무게의 단위, 28.3495g에 해당) 　 sub-contract 하청 계약

Hackers Test

p.204

1. B 2. C

3.

	Egg	Larva	Pupa
Last stage of transformation into a butterfly			√
Glue attaches it to plant leaves	√		
Growth done in periods called instars		√	
Organism eats continuously in this stage		√	
Body typically appears soft and ill-formed			√

4. D 5. C 6. B

Listen to part of a talk in a biology class.

I want to make sure everyone is prepared for the trip to the butterfly house next week... so we're going to spend some time today talking about the butterfly's life cycle. It's very unique... basically, it can be divided into four stages–egg, larva, pupa, and butterfly.

To begin with, mothers lay their eggs on the leaves of a plant... you see, they secrete a special glue-like substance to make the eggs stick... And the eggs will usually stay intact for a few weeks until the larva, called a caterpillar, breaks through the egg's chorion–it's hard outer shell–and interact with the world. These caterpillars feed on plant leaves, which is why the eggs are deposited on these leafy plants by the mothers. Care must be taken to select the right kind of plant on which to lay eggs... the wrong choice could be deadly, since that's what the larva will be eating... constantly. The larvae go through several periods of growth, called instars, after which they shed their outer layer of skin, which is called... the cuticle. After the final instar, the larvae stop feeding and wander in search of a place to undergo their final transformation, during which it will turn from a pupa into a newly emerged butterfly.

Once a suitable place is found... usually the underside of a leaf... the larva spins some silk threads and affixes its feet to the leaf. The cuticle is shed for one last time... and what remains forms a hard shell inside of which the organism will transform into a butterfly. The pupa–that's what the butterfly is known as at this point, when the larva is enclosed in the hard shell–is sometimes called a chrysalis, and this stage typically lasts for around two weeks. Inside the shell, the larva breaks down and becomes extremely soft and mushy... and all of the energy amassed from constantly eating during the caterpillar stage is put to use helping the butterfly to grow. At this point, the pupa is unable to move until it breaks out of the shell. This is a dangerous state to be in, which is why the chrysalis has evolved to appear only in shades of green, brown, or gray.

Once the butterfly breaks out of the shell, it's as big as it's going to get... It'll remain the same size for the rest of its life. So, when you see a small butterfly, it's not because it's young... Also, when the butterfly emerges, it isn't able to fly yet. That's because the wings have been crushed up inside the shell and need to flatten and dry out. To facilitate this, the butterfly will hang upside down and let gravity do the work of stretching its wings out. After an hour or so, the wings should harden and expand so that they are in a sufficient state for flight.

Let's return to the discussion of butterfly eggs for a moment. You know, butterflies don't always produce the same amount of eggs. It's dependent on lots of variables–the weather, the size of the female, how long she's been mating for... do you know what's interesting? A study I read showed that butterflies in colder climates tend to have smaller broods... they lay fewer, but larger, eggs infrequently,

while butterflies in warmer climates opted for the frequent laying of big clumps of smaller eggs. I imagine it has to do with survivability... it seems that larger, hardier eggs might be better suited to fend off the perils of cold temperatures and frost.
Scientists still don't fully understand what triggers the females to lay their eggs at a given time. Females may have sperm stored up for several weeks before deciding to lay an egg and fertilize it! There are some theories out there that a weather-related trigger causes females to lay their eggs when they sense the weather becoming warmer. And the whole idea of having smaller broods in colder climates supports this, simply because... in the case of a "false spring". I'm talking about those times in January or February when there are a few unseasonably mild days followed by another spell of winter weather. If the mother makes a mistake and thinks that warmer winter is there to stay, the larger, stronger eggs will have a better chance of surviving the inevitable return to colder conditions.

Now get ready to answer the questions. You may use your notes to help you answer.

1. What is the main topic of the lecture?
2. Why do butterflies lay their eggs on leaves?
3. In the lecture, the professor describes the stages of a butterfly's life cycle. Is each feature associated with an egg, a larva, or a pupa?
4. What does the professor imply about the chrysalis?
5. What does the professor say about the size of butterflies?

Listen again to part of the lecture. Then answer the question.

P: ...butterflies don't always produce the same amount of eggs. It's dependent on lots of variables—the weather, the size of the female, how long she's been mating for... do you know what's interesting? A study I read showed that butterflies in colder climates tend to have smaller broods...

6. What does the professor mean when she says this:
P: ...do you know what's interesting?

다음 주에 가는 나비 집으로의 여행에 모두 준비가 되어 있다는 것을 확신하고 싶어요... 그래서 오늘 우리는 나비의 일생에 대한 얘기를 하는 데 시간을 좀 보낼 것입니다. 나비의 일생은 굉장히 독특해요... 기본적으로, 4단계로 나눠질 수 있죠, 알, 애벌레, 번데기, 그리고 나비로요.
시작하자면, 어미들은 식물의 잎에 그들의 알을 낳아요... 그러니까, 특별한 풀과 같은 물질을 분비해서 알들이 붙도록 하죠... 그리고 알은 보통 모충이라고 불리는 애벌레가 딱딱한 외부 껍질인 알의 장막을 뚫고 세상과 상호작용할 때까지 몇 주 동안 그대로 붙어 있어요. 이 애벌레들은 식물 잎을 먹죠, 그래서 어미들이 알을 이런 잎이 무성한 식물들에 낳는 거예요. 알을 낳을 올바른 종류의 식물을 고르는 데 정성이 필요해요... 잘못된 선택은 위험하죠, 그게 계속해서 애벌레의 먹을 것이니까요. 애벌레는 영이라고 불리는 몇 개의 성장 시점들을 거쳐요, 그 후... 표피라고 불리는 바깥 허물을 벗죠. 마지막 영 후, 애벌레들은 먹는 것을 그만두고 마지막 변신을 할 곳을 찾아 어슬렁거려요, 이것으로 번데기에서 새로운 나비로 변하죠.
적당한 장소를 찾으면... 보통 잎의 아래쪽이에요... 애벌레는 실크실들을 만들어 자신의 발을 잎에 부착시켜요. 표피를 마지막으로 벗어내요... 그리고 남는 것은 내부에서 생물체가 나비로 변할 딱딱한 껍데기를 만들어요. 애벌레가 딱딱한 껍데기 안에 들어 있을 때, 이 시점에서 나비는 번데기라고도 알려져 있죠, 그리고 이 단계는 전형적으로 약 두 주 간 계속 돼요. 껍데기 안에서는, 애벌레가 해체되어 굉장히 부드럽고 걸쭉해져요... 그리고 애벌레 단계에서 지속적으로 먹어서 쌓인 모든 에너지가 나비의 성장을 돕는 데 사용돼요. 이 시점에서, 번데기는 껍데기를 깨뜨리고 나올 때까지 움직일 수 없죠. 위험한 단계예요, 그렇기 때문에 번데기는 녹색, 갈색, 또는 회색으로만 나타나도록 진화되었죠.
나비가 껍데기에서 나오면, 커질 수 있는 만큼 커져 있어요... 여생 동안 똑같은 크기로 남아 있을 거예요. 그러니까, 작은 나비를 보면, 그게 어려서 그런 것이 아닌거죠... 또한, 나비가 나올 때, 아직 날지는 못해요. 껍데기 안에서 날개들이 뭉개져 있었기 때문에, 날개들을 평평하게 하고 건조시켜야 해요. 이 일을 촉진시키기 위해, 나비는 거꾸로 매달려 날개를 펴는 일을 중력에 맡겨요. 한 시간 정도 후에, 날개들은 딱딱해지고 확장되어 비행에 알맞은 상태가 됩니다.

나비 알에 대한 얘기를 잠깐 다시 해봐요. 있잖아요, 나비들은 항상 같은 양의 알을 생산하지 않아요. 많은 변수들에 영향을 받아요, 날씨, 암컷의 크기, 짝짓기 기간... 흥미로운 걸 알려 드릴까요? 제가 읽은 연구에서 추운 기후에 있는 나비들이 더 적은 수의 알들을 품는 경향이 있다고 그랬어요... 그들은 더 적지만, 더 큰 알들을 덜 자주 낳죠, 반면 따뜻한 기후의 나비들은 작은 알을 많이씩 더 자주 낳죠. 아마 생존과 관련이 있다고 생각이 되네요... 더 크고 튼튼한 알들이 차가운 온도와 서리의 위험을 이기기에 더 적당할 것으로 보여요.

과학자들은 암컷들이 정해진 시간에 알을 낳는 계기를 아직 완전히 이해하지 못했어요. 암컷들은 알을 낳아서 수정시키기 전까지 몇 주 동안 정액을 저장하고 있을지도 모르죠! 나와있는 어떤 설들은 날씨와 관련된 계기로 암컷들이 날씨가 따뜻해짐을 느낄 때 알을 낳는다고 해요. 그리고 추운 기후에서 더 적은 수의 알을 낳는다는 생각 전체가 이 설을 지지해요, 왜냐하면, 단순하게 말하자면... "가짜 봄"의 경우에요. 1월이나 2월 달에 추운 겨울 날씨로 다시 이어지는 철 아닌 온화한 며칠이 있을 때 말이에요, 만일 어미가 실수를 해서 따뜻한 겨울이 지속될 것이라고 믿는다면, 더 크고 튼튼한 알들이 피할 수 없이 돌아오는 추운 조건들 속에서 생존할 가능성이 더 클 거예요.

unique[ju:ní:k] 독특한　larva[lá:rvə] 애벌레　pupa[pjú:pə] 번데기　secrete[sikrí:t] 분비하다
substance[sʌ́bstəns] 물질　intact[intǽkt] 그대로인, 본래대로의　caterpillar[kǽtərpìlər] 모충　chorion[kɔ́:riàn] 장막
deposit[dipázit] 알을 낳다　instar[ínsta:r] 영　cuticle[kjú:tikl] 표피　wander[wándər] 어슬렁거리다
thread[θred] 실　affix[əfíks] 부착시키다　chrysalis[krísəlis] 번데기　mushy[mʌ́ʃi] 걸쭉한
amass[əmǽs] 쌓다, 모으다　flatten[flǽtən] 평평하게 하다　facilitate[fəsílitèit] 촉진하다
sufficient[səfíʃənt] 알맞은, 충분한　variable[vɛ́(:)əriəbl] 변수　infrequent[infrí:kwənt] 드문
survivability[sərvàivəbíləti] 생존　trigger[trigər] 계기가 되다　sperm[spə:rm] 정액　spell[spel] 시기
inevitable[inévitəbl] 피할 수 없는

5. Inference Questions

Example

p.209

Listen to part of a talk on environmental science.

P: So today we're going to talk about the causes of global warming. Let's begin, then, by discussing what you already know. Any ideas?

S1: I think the biggest cause is pollution, isn't it? Well, pollution from cars, planes, factories, power plants...

P: OK, you're close, but it isn't pollution in general that brings about global warming. Actually, it's the release of excess carbon dioxide and other greenhouse gases into the atmosphere, and these gases are emitted in our daily activities. But I do want to clarify that the burning of fossil fuels, not pollution in general, causes global warming... And there is one more causal factor... You know, the rainforests supply us with more than twenty percent of the world's oxygen. So when they're deforested, carbon dioxide levels rise since trees normally absorb CO_2... and release oxygen, of course. And, sadly enough, about fifty percent of the world's rainforests have been destroyed in the past forty years. OK, now so far we've been talking about causes related to human activities, but global warming is also caused by natural phenomena.

S2: How can nature cause global warming? I thought it was the result of environmental damage...

P: Well, think of global warming this way. I mean, basically it's an overall warming trend, right? Has this ever happened to the Earth before that we know of? Of course it has! How did the Ice Age end? The Earth has a very regular history of warming and cooling trends, and perhaps this global warming we're currently experiencing is just, well, one of them.

S1: Yeah, but professor, what causes the trends?

P: Hmm. Some scientist points to the fact that the oceans are heating exponentially faster than the atmosphere, meaning heat is being projected from the Earth's core rather than from what's happening in the atmosphere of the Earth. Well, then the ocean's temperature rises due to the heat and, as you can guess, the ocean then emits tons of carbon dioxide into the air. Uh, you know that cool oceans hold CO2 and warm ones release it, right? And they do have some pretty convincing evidence. It's true that air has a much lower heat capacity than water, so in reality, air can't heat water, but water can heat air.

But, it's still being debated by a number of researchers what the real cause of the current warming weather is. Scientists who believe that global warming is caused by our actions think that the heating oceans are the result of atmospheric pollution. But on the other side of it you have those who insist that the ocean could only be heated from activity in the core. Well, but you know, to be honest, I think that this current global warming is really the result of both human intervention and natural phenomena.

Q. What can be inferred from the passage about the Ice Age?

Q. What is the professor's point of view concerning the present warming trend?

P: 그래서 오늘은 지구 온난화의 원인에 대해 이야기하겠습니다. 그럼, 여러분이 이미 알고 있는 것들이 무엇인지 얘기하면서 시작합시다. 어떤 것들이 있나요?

S: 가장 큰 원인은 오염이라고 생각합니다, 그렇지 않나요? 음, 차, 비행기, 공장, 발전소에서 비롯되는 오염 말이에요...

P: 네, 거의 맞지만, 일반적으로 오염이 지구 온난화를 유발하지는 않아요. 사실, 이산화탄소와 다른 온실효과를 유발하는 가스가 과도하게 대기로 방출되는 것이 원인입니다, 그리고 이러한 가스들은 우리의 일상적인 활동에서 방출됩니다. 하지만 지구 온난화를 일으키는 것은 일반적인 오염이 아니라 화석연료의 연소라는 점을 분명히 하고 싶어요... 그리고 원인이 되는 다른 요소가 하나 더 있죠... 그러니까, 열대 우림은 전 세계 산소의 20퍼센트 이상을 공급합니다. 그래서 열대 우림이 벌채되면, 나무들이 보통 이산화탄소를 흡수하고... 산소를 방출하기 때문에 이산화탄소 수치가 올라갑니다. 그리고, 안타깝게도, 지난 40년간 열대 우림의 50퍼센트가 훼손되었습니다. 자, 지금까지 우리는 인간활동과 관련된 원인에 대해 이야기했지만, 지구 온난화는 자연 현상에 의해서도 유발됩니다.

S: 자연이 어떻게 지구 온난화를 일으키나요? 제 생각에는 환경 파괴의 결과인 것 같은데...

P: 음, 지구 온난화를 이렇게 생각해 보세요. 제 말은, 지구 온난화는 기본적으로 전체적으로 따뜻해지는 경향이에요, 그렇죠? 우리가 알기 전에도 온난화가 지구에서 일어났을까요? 물론 그랬어요! 빙하시대가 어떻게 끝났겠어요? 지구는 역사상 온난한 기후와 추운 기후가 규칙적으로 이어졌고, 아마도 현재 우리가 겪고 있는 지구 온난화는 단지, 음, 그 중의 하나라는 거죠.

S: 네, 그렇지만 교수님, 그러한 경향의 원인은 무엇인가요?

P: 음. 어떤 과학자들은 바다가 대기보다 급격히 빠르게 따뜻해진 사실을 지적합니다, 이것은 열이 지구의 대기에서 발생하기보다는 지구의 중심 핵에서 내뿜어진 것을 의미해요. 음, 바다의 온도는 열로 인해 상승하고, 그 후 바다는 여러분이 추측하는 것처럼 많은 이산화탄소를 공기 중으로 방출합니다. 어, 모두들 차가운 바다는 이산화탄소를 함유하고 따뜻한 바다는 이산화탄소를 방출한다는 것을 알고 있죠, 그렇죠? 그리고 과학자들은 꽤 설득력 있는 증거를 갖고 있어요. 공기는 물보다 열 함유량이 낮아서, 실제로 공기는 물을 따뜻하게 하지 못하지만, 물이 공기를 따뜻하게는 할 수 있죠. 그러나, 무엇이 현재의 온난한 기후의 진짜 원인인지는 여전히 많은 연구자들 사이에서 논쟁이 되고 있습니다. 인간의 행동이 지구 온난화를 유발한다고 믿는 과학자들은 따뜻한 바다는 대기 오염의 결과라고 생각합니다. 그러나 반대 편에서는 지구 중심 핵의 활동으로 인해 바다가 따뜻해진다고 주장하는 사람들도 있어요. 음, 그러나 솔직히 말해서, 나는 현재 지구 온난화는 인간의 개입과 자연현상 두 가지 모두의 결과라고 생각합니다.

global warming 지구 온난화 **release**[ri:lí:s] 방출 **excess**[iksés] 과도한 **greenhouse gas** 온실효과를 유발하는 가스
emit[imít] 방출하다 **clarify**[klǽrəfài] 분명히 하다 **fossil fuel** 화석연료 **causal**[kɔ́:zəl] 원인이 되는
rainforest[réinfɔ̀:rist] 열대 우림 **deforest**[di:fɔ́(:)rist] 벌채하다 **Ice Age** 빙하시대 **currently**[kə́:rəntli] 현재
exponentially[èkspounénʃəli] 급격하게 **project**[prɑdʒékt] 내뿜다 **core**[kɔ:r] 중심 핵 **convincing**[kənvínsiŋ] 설득력 있는
atmospheric[æ̀tməsférik] 대기의 **insist**[insíst] 주장하다 **intervention**[ìntərvénʃən] 개입, 간섭

Hackers Practice

p.212

1. D	2. C	3. C	4. A	5. B	6. B	7. C	8. D	9. A	10. D	11. C	12. D	13. C	14. B

I. Listen to parts of the lectures, and choose the best answer for each question.

1.

So one of Robert Smithson's representative earthworks, The Spiral Jetty, gained him international fame, but he engaged in, you know, other types of art that weren't as huge. An earthwork, as you know, is made up of geographical materials in its natural setting and... it's usually very large. But Smithson also dabbled in minimalism, which is an art movement in painting and sculpture that... began in the 1950s and, you know, put a lot of emphasis on extreme simplicity and color. One example is Smithson's *Gravel Mirror with Cracks and Dust*, as you can see here in the slide. Well... we see four piles of gravel by the side of a partly mirrored glass wall. The simplicity is in the materials and their arrangement, and if simplicity is what Smithson intended, wouldn't you say that he certainly achieved it? Actually, much of land art is a study in minimalism. It's not surprising that many artists who produced earthworks had sort of previously been involved in minimalism.

Q. What does the professor imply about the artwork Gravel Mirror with Cracks and Dust?

그래서 Robert Smithson의 대표적인 대지 예술 작품 중 하나인 Spiral Jetty는 그에게 국제적인 명성을 가져다 주었지만, 그는 그렇게, 그러니까, 규모가 크지 않은 다른 예술 작업도 했습니다. 모두 알다시피, 대지 예술은 자연적인 배경의 지질 재료로 만들어졌고... 보통 아주 거대해요. 그러나 Smithson은 미니멀리즘에도 관심을 가졌는데, 이는 회화와 조각에서, 그러니까, 극도의 단순함과 색을 강조한 1950년대에 시작된... 예술 사조입니다. 여러분이 슬라이드에서 보고 있는 Smithson의 작품 '갈라진 금과 먼지가 있는 자갈 거울'이 그 예이죠. 음... 부분적으로 비치는 유리 벽 옆에 자갈 네 더미가 보여요. 단순함은 재료와 그 배치에 있어요, 그리고 만약 Smithson이 단순함을 의도했다면, 그가 그것을 확실히 달성했다고 말할 수 있을 것 같죠? 사실, 대부분의 대지 예술은 미니멀리즘의 습작이에요. 대지 예술을 창작하는 많은 예술가들이 이전에 미니멀리즘과 관련이 있었다는 것은 놀랍지 않아요.

Spiral Jetty 나선형 모양의 건물의 돌출부　fame [feim] 명성　make up of ~으로 만들다　dabble [dǽbl] 취미 삼아 해보다
minimalism [mínəmlìzm] 미니멀리즘 (최소한의 요소로 최대 효과를 올리려는 최소한 표현주의)　extreme [ikstríːm] 극도의
simplicity [simplísəti] 단순, 간단　gravel [grǽvəl] 자갈　crack [krǽk] 갈라진 금　mirror [mírər] 비추다, 반사하다
arrangement [əréindʒmənt] 배치

2.

In Greek towns, people had this, well, what we might call a very coarse sense of humor. It was nonsensical, it was... what other adjectives can I use? Yes, obscene and loud. Let me give you some examples. At country festivals, people would pass from village to village, some riding in carts, shouting crude jokes and abuses at town residents and at each other. They sang to evil gods... Phales, the god of adultery, and Bacchus, the god of wine. Young men banded together in the evenings and roamed about the streets making noise. The people loved these exhibitions... And it's really not surprising that comedy became a mainstay in the plays produced in the Greek theaters. Greek people could see a mirror of themselves through these comedy plays. Uh... political leaders especially loved comedies because they could be used as a means to insult and attack their rivals. So comedy in Greek theaters was more than just a show which inspired laughter in Greek citizens.

Q. What does the professor imply about comedy shows in Greece?

그리스 도시에서, 사람들은, 음, 흔히 우리가 말하는 상스러운 유머감각을 가졌습니다. 터무니 없고, 그건... 다른 어떤 형용사를 써야 할까요? 네, 음란하고 야단스러웠어요. 몇 가지 예를 들어보겠습니다. 국가 축제에서, 사람들은 마을과 마을을 돌아다니며, 어떤 이들은 짐수레를 타고 도시 거주자들뿐만 아니라 서로에게도 노골적인 농담과 욕설을 외치고 다녔어요. 그들은 악의 신들에게 노래를 불렀습니다... 간음의 신

Phales, 술의 신 Bacchus 에게요. 젊은이들은 밤에 모여 시끄럽게 거리를 돌아다녔습니다. 사람들은 이러한 구경거리를 보는 것을 좋아했어요... 그리고 희극이 그리스 극장에서 공연되는 연극의 주류가 되었다는 것은 놀랍지 않죠. 그리스 사람들은 이 희극 공연을 통해 자신들의 모습을 비추어 볼 수 있었습니다. 어... 정치지도자들이 특히 희극을 좋아했어요, 그들은 희극을 경쟁자들을 모욕하고 공격하는 수단으로 사용할 수 있었기 때문이죠. 그러므로 그리스 극장에서의 희극은 그리스 시민들에게 단지 웃음을 유발하는 쇼 이상의 의미였습니다.

coarse [kɔːrs] 천한, 상스러운 nónsensical [nɑnsénsikəl] 터무니 없는, 무의미한 obscene [əbsíːn] 음란한, 외설적인
loud [laud] 야단스러운 cart [kɑːrt] 짐수레 shout [ʃaut] 외치다 crude [kruːd] 노골적인, 조잡한 abuse [əbjúːz] 욕설
resident [rézidənt] 거주자 adultery [ədʌ́ltəri] 간음 band [bænd] 모이다 roam [roum] 돌아다니다, 배회하다
exhibition [èksəbíʃən] 구경거리 comedy [kɑ́midi] 희극

3.

So... what happens when a copyrighted image is reproduced and distributed legal, I mean, illegally? Well, when something becomes plentiful, it becomes less valuable. Just to illustrate, if the market is glutted with, say, apples, people will start selling them at a lower price. And, well, the same thing happens when copyrighted images become freely available. Another effect is people no longer care about the benefits of actually seeing the original face-to-face because, you know, when they can obtain a copy of an image, well, would they want to see the original? There would seem to be no point in seeing what it looks like. Also, software allows an individual to improve an image, but look at the problem that this would pose. Let's take, for instance, a famous painting that's cracked, faded in some spots and darkened in other areas. A person can take a picture of the painting, use software to remove the cracks and faded and darkened areas. But you see... many people will stop appreciating the original intent of the artist, and they may even lose respect for what the artist has accomplished. So... while the criminal, well, the one reproducing and distributing the image illegally, makes a profit, the artist or the owner of the copyright suffers.

Q. What does the professor imply about reproduced images?

그럼... 저작권이 있는 이미지를 복제하고 법적으로, 아니, 불법적으로 배포하면 어떤 일이 발생할까요? 음, 무언가가 많아지면, 그것의 가치가 떨어집니다. 예를 들어 설명해보자면, 시장에, 음, 사과가 과잉 공급된다면 사람들은 그것을 낮은 가격에 팔기 시작할 것입니다. 그리고, 음, 저작권이 있는 이미지가 자유롭게 사용될 때도 이와 같은 일이 일어납니다. 다른 영향은 사람들이 더 이상 원본을 직접 보는 것의 이점에 신경쓰지 않게 되는 것입니다, 왜냐하면, 알다시피, 그들이 이미지의 복사본을 얻을 수 있다면, 음, 원본을 보고 싶어할까요? 원본이 어떤지 보는 것은 아무런 의미가 없을 것입니다. 게다가, 소프트웨어는 개인이 이미지를 개선할 수 있도록 합니다, 그러나 이것이 내포하고 있는 문제에 주목합시다. 갈라지고 부분부분 색이 바래고 희미해진 유명한 그림을 예로 들어봅시다. 한 개인이 그림의 사진을 찍어서 소프트웨어를 이용하여 갈라진 부분과 바래고 희미해진 부분을 없앨 수 있습니다. 그러나... 많은 사람들이 예술가의 원래 의도를 중요하기 여기지 않게 되고, 심지어 예술가가 이룩한 것을 존중하지 않게 될 것입니다. 결국... 범죄자, 음, 이미지를 불법적으로 복제하고 배포하는 사람은 돈을 벌지만, 예술가와 저작권의 소유자는 고통을 받습니다.

copyright [kɑ́piràit] 저작권으로 보호하다, ~의 판권을 얻다 reproduce [rìːprədjúːs] 복제하다 distribute [distríbju(ː)t] 배포하다
legal [líːgəl] 합법적인 illegally [ilíːgəli] 불법적으로 plentiful [pléntifəl] 많은 valuable [vǽljuəbl] 가치있는, 귀중한
illustrate [íləstrèit] 설명하다 glut [glʌt] 과잉 공급하다 no longer 더 이상 ~ 않다 benefit [bénəfit] 이점, 이익
face-to-face 직접 pose [pouz] (위험성을) 내포하다, 지니다 crack [kræk] 금 가게 하다 fade [feid] (빛깔이) 바래다
spot [spɑt] 지점 darken [dɑ́ːrkən] 희미하게 하다 intent [intént] 의도 accomplish [əkɑ́mpliʃ] 이룩하다, 성취하다
criminal [krímənəl] 범인도 profit [prɑ́fit] 이익

4.

OK, let's talk about the eye's tear film. When people blink their eyes... and they do this at least every six seconds... the tear film is replenished. This film has three important functions. First of all, it wets or moisturizes the corneal epithelium, and this prevents it from becoming damaged due to dryness.

When not enough tears are being produced to keep the surface of the eye moist, we experience what is known as dry eyes... It's an irritating, burning, stinging, itchy condition that makes the eyes pretty sensitive to light. And how do people suffering from dry eyes relieve this condition? Well, eye drops are a top selling product according to pharmacists. Second, the corneal surface is actually irregular. Of course, you can only see this under a microscope. So what the tear film does is... it creates a smooth optical surface. And finally, the tear film has a special enzyme called lysozyme. This enzyme destroys bacteria and is known to prevent the growth of microcysts on the cornea.

Q. What does the professor imply about the tear film?

자, 눈의 눈물막에 대해 이야기 해봅시다. 사람들이 눈을 깜박일 때... 최소 6초마다 깜박이죠... 눈물막은 다시 채워집니다. 이 막은 세 가지 중요한 기능을 합니다. 우선, 눈물막은 각막상피를 적시거나 습기를 공급하는데, 이것은 각막상피가 건조해서 손상을 입는 것을 막아줍니다. 눈의 표면을 축축하게 유지하는 충분한 눈물이 생성되지 않으면, 건조성 각막염으로 알려진 질환을 겪게 됩니다... 아리고, 뜨겁고, 찌르는 것처럼 아프고, 가려운 증상 때문에 눈이 빛에 민감해지죠. 그리고 건조성 각막염으로 고통받는 사람들이 이 증상을 완화하기 위해 어떻게 할까요? 음, 약사에 따르면 제일 잘 팔리는 제품은 인공눈물이라고 합니다. 둘째, 각막표면은 실제로 울퉁불퉁해요. 물론, 이것은 현미경으로만 볼 수 있죠. 그래서 눈물막은... 매끄러운 눈 표면을 만듭니다. 그리고 마지막으로, 눈물막은 리소자임으로 불리는 특별한 효소를 갖고 있습니다. 이 효소는 박테리아를 파괴하고 각막에 미크로시스트가 자라는 것을 막아줍니다.

replenish [ripléniʃ] 다시 채우다 moisturize [mɔ́istʃəràiz] 습기를 공급하다 epithelium [èpəθí:liəm] 상피
moist [mɔist] 축축한 dry eye 건조성 각막염 irritating [íritèitiŋ] 자극하는, 아리게 하는 stinging [stíŋiŋ] 찌르는 듯이 아픈
itchy [ítʃi] 가려운 sensitive [sénsitiv] 민감한 eye drops 인공눈물, 안약 pharmacist [fá:rməsist] 약사
irregular [irégjələr] 울퉁불퉁한, 고르지 못한 optical [áptikəl] 눈의 lysozyme [láisəzàim] 리소자임 (박테리아 용해 효소의 일종)
microcyst [màikrəsíst] 미크로시스트 (내구세포) cornea [kɔ́:rniə] 각막

II. Listen to parts of the lectures, and choose the best answer for each question.

5.

In Germany, journalism has a purpose. Newspapers distribute news about events, but they also take a position on these events. Some people think that journalists should play a role, but that role shouldn't be political. Uh, but in that area, I'd have to say that journalists can provide guidance that most people need when they form their own political opinions. Now, I'd like to discuss with you a concept called civic journalism... some call it public journalism. Well, civic journalism has many definitions, but I would say that generally it means keeping the democratic process open by seeking out what the citizens are concerned about and then kind of motivating them to get involved in doing something about these concerns. So, a civic journalist is not an uninvolved observer, you know, the type who merely tells you what's happening. But he takes on an active role in the community by writing about positive, solution-oriented stories. At times, a newspaper that is civic-oriented even organizes the community towards reaching a particular end. So, you see, journalists around the world aren't objective at all, but I believe they have good reasons for being this way.

Q. What is the professor's opinion of journalistic reporting?

독일에서 저널리즘은 목적을 갖고 있습니다. 신문은 사건에 대한 뉴스를 보도하지만, 또한 이러한 사건에 대해 입장을 취하기도 합니다. 어떤 사람들은 기자들이 어떠한 역할을 해야 하는데, 그 역할이 정치적이지 않아야 한다고 생각합니다. 어, 하지만 그런 면에서, 기자들은 대부분의 사람들이 자신의 정치적 의견을 형성할 때 필요한 지침을 제공할 수 있다고 저는 말해야겠군요. 이제, 시민 저널리즘이라고 하는 개념에 대해 논의하겠습니다... 어떤 이들은 대중 저널리즘이라고도 해요. 음, 시민 저널리즘은 많은 정의를 갖고 있지만, 일반적으로는 시민들이 무엇에 관심이 있는지를 찾고 시민들이 그러한 관심사에 관여하도록 동기를 부여하면서 민주적 과정을 공개적으로 유지하는 것을 의미

합니다. 그러므로, 시민 저널리즘의 기자는 단지 어떤 일이 발생했는지를 말하는, 그러니까, 객관적 입장의 관찰자가 아닙니다. 그는 긍정적인 해결책 중심의 이야기를 쓰면서 지역사회에서 적극적인 역할을 합니다. 때때로, 시민 중심의 신문은 특별한 목적을 이루기 위해 집단을 조직하기도 합니다. 그러니까, 보다시피, 세계의 기자들은 절대 객관적이지 않지만, 나는 그들이 그것에 대한 합당한 이유를 갖고 있다고 생각합니다.

distribute [distríbju(:)t] 보도하다, 퍼뜨리다 take a position 입장을 취하다 journalist [dʒə́ːrnəlist] 기자
guidance [gáidəns] 지침, 지도 civic [sívik] 시민의 democratic [dèməkrǽtik] 민주적인
motivate [móutəvèit] 동기를 주다, 자극하다 uninvolved [ʌ̀ninválvd] 객관적인, 무관심한 oriented [ɔ́ːrièntid] ~중심의, ~지향의
at times 때때로 end [end] 목적 objective [əbdʒéktiv] 객관적인

6.

OK, so, Frazer was an expert on myths and religions, though he wasn't a religious man. You know, the way he studied religion was kind of unemotional and unprejudiced. You get what I mean? He looked at religion as a cultural phenomenon. So, he wasn't into religion theologically. He just basically wanted to understand the relationship between cults, rites, myths... and human progress. So, he did some readings and research on ancient histories and sent some questionnaires to missionaries around the world. A lot of people would later say that his research methods were questionable... In fact, social scientists complained that Frazer did not use acceptable methods to conduct his research. You know, because he never did any first-hand research. And he never spoke to directly to the people who responded to his questionnaires. But this didn't stop Frazer from having an enormous readership. He made some pretty surprising conclusions that have won him many loyal readers... yes, quite loyal. So what did Frazer conclude? Well, he said that it was man's obsession with magic and religion that led to the scientific thought of the past few centuries.

Q. According to the professor, what can be inferred about James Frazer?

자, 그래서, Frazer는 신앙심이 깊은 사람은 아니었지만, 신화와 종교의 전문가였습니다. 그러니까, 그가 종교를 연구했던 방법은 감정에 좌우되지 않고 편견이 없었습니다. 무슨 말인지 이해했나요? 그는 종교를 문화적 현상으로 보았습니다. 그래서, 그는 신학적으로 종교에 몰두하지 않았어요. 그는 컬트, 종교적 의식, 신화와... 인류의 진보 사이의 관계를 이해하고자 했습니다. 그래서, 그는 고대 역사에 관한 책을 읽고 조사했으며 전 세계의 선교사들에게 설문지를 보냈습니다. 훗날 많은 사람들이 그의 연구 방법은 문제가 있다고 했습니다... 사실, 사회학자들은 Frazer가 연구를 수행할 때 용인될만한 방법을 사용하지 않았다고 불평했습니다. 그러니까, 그는 직접적인 연구를 전혀 수행하지 않았기 때문이죠. 그리고 그는 질문지에 응답한 사람들과 직접적으로 대화하지도 않았습니다. 그러나 이것이 Frazer가 많은 독자 수를 갖는 것을 막을 수는 없었습니다. 그가 많은 독자들의 마음을 얻을만한 놀라운 결론을 내렸기 때문이죠... 네, 독자들은 그의 책을 무척 좋아했죠. Frazer는 어떤 결론을 내렸을까요? 음, 그는 마술과 종교에 대한 인간의 집념이 지난 몇 백 년간 과학적 사고로 이어져왔다고 말했습니다.

religious [rilídʒəs] 신앙심이 깊은 unemotional [ʌ̀nimóuʃənəl] 감정에 좌우되지 않는
unprejudiced [ʌnprédʒədist] 편견이 없는, 공평한 theologically [θìːəládʒikəli] 신학적으로
cult [kʌlt] 컬트 (소수의 조직화된 신앙 집단) rite [rait] 의식 questionnaire [kwèstʃənέər] 설문지
missionary [míʃənèri] 선교사 questionable [kwéstʃənəbl] 문제있는, 미심쩍은 first-hand 직접적인, 1차적인
readership [ríːdərʃìp] 독자 수 obsession [əbséʃən] 집념

7.

P: OK... Let's turn our attention to bats. I wanted to clarify some points about bats. It seems that bats are like weather forecasters. Uh, bats eat insects, and on a warm night, a lot of insects fly around. But insects are pretty sluggish in colder weather, so when it's cold, bats have a harder time finding food. It takes a lot of energy to go hunting for insects, and if a bat goes out for three nights without food, it might die. And since they live deep inside caves, it's impossible for them to feel the changes in the temperature outside. So how do bats forecast the weather? Well, basically they have this built-in barometer that lets them sense what the air pressure is. If the barometric air pressure is high, that means it's probably cold, so the bats stay put. But if the pressure is low, that means it's warm outside and they can go out and hunt for food. This built-in barometer they have is also called the "vital organ".

S: I read about that in an article on migratory birds. Migratory birds can avoid flying into dangerous storms when they're migrating because they can sense air pressure changes.

Q. What can be concluded about bats?

P: 네... 이제 박쥐 이야기를 해봅시다. 박쥐의 몇 가지 특징을 명확히 설명하고자 합니다. 박쥐는 날씨 예보자와 같다고 할 수 있어요. 어, 박쥐는 곤충을 먹는데, 따뜻한 밤에는 많은 곤충들이 날아다녀요. 그런데 곤충들이 추운 날에는 둔해져서, 추우면 박쥐가 먹이를 찾기가 힘들어집니다. 곤충들을 잡으러 가는 데는 많은 에너지가 필요한데, 만약 먹이없이 3일 밤을 밖에서 보내면 박쥐는 죽을 수도 있습니다. 그리고 박쥐는 동굴 깊은 내부에 살기 때문에, 외부의 온도 변화를 감지하는 것은 불가능합니다. 그렇다면 박쥐들은 어떻게 날씨를 예측할까요? 음, 박쥐들은 체내에 기압이 어떤지 감지할 수 있도록 하는 기압계를 지니고 있습니다. 기압이 높으면, 춥다는 의미이므로, 박쥐들은 그대로 동굴 내부에 머무릅니다. 반면 기압이 낮으면, 바깥은 따뜻하기 때문에 박쥐들은 밖으로 나가서 먹이를 사냥할 수 있다는 뜻입니다. 그들이 가진 내부의 기압계를 "필수 기관"이라고도 합니다.

S: 그것에 대해 철새에 관한 기사에서 읽었어요. 철새들은 기압의 변화를 감지할 수 있기 때문에 위험한 폭풍을 피해서 이동할 수 있다고 했어요.

forecaster[fɔ́ːrkæ̀stər] 예보자 sluggish[slʌ́giʃ] 둔한, 느린 built-in 내장된 barometer[bərɑ́mitər] 기압계
barometric[bæ̀rəmétrik] 기압의 stay put 제자리에 머무르다, 그대로 있다 vital[váitəl] 필수인, 생명의
migratory[máigrətɔ̀ːri] 이주하는

8.

All right, let me define what an urban heat island is. It's a city where the temperature can go as much as 20°F, or 11°C, higher than the rural areas surrounding that city. And the reason these areas are hotter than the countryside is that... the buildings, the concrete, and asphalt, and, you know, the manufacturing plants, have made the cities hotter. Of course, this higher temperature is uncomfortable for those living in the city, so a lot of money is being spent on energy for cooling purposes. But this also means more pollution, right? So what is the government doing about this problem? Let's look at an example. Los Angeles has seen its average temperature rise by 1°F every ten years since World War II. So now local government agencies are working hard to decrease this heat and avoid the pollution that comes with spending energy. And how are they doing this? Well, if you've ever been to Los Angeles, you might've seen that the roofs are no longer dark. They've switched to light surfaces on the tops of buildings because these reflect heat. Even the pavements have heat reflectors. And see, this has resulted in a forty percent reduction in energy use. Another way, which is very popular, is the planting of trees... large trees with lots of leaves. Shade trees reduce the amount of heat absorbed by buildings... by shielding them from the sun's rays. And the water that evaporates off the leaves of the trees naturally cools the surrounding air.

Q. What can be concluded about the heat island problem in Los Angeles?

자, 도시 열섬 현상이 무엇인지 정의를 내려볼게요. 이는 주변의 전원지역보다 기온이 화씨 20도 이상 혹은 섭씨 11도 이상 더 높이 올라가는 도시를 말합니다. 그리고 이러한 지역이 시골보다 더운 이유는... 빌딩, 콘크리트, 아스팔트, 그리고, 알다시피, 제조공장들이 도시를 덥게 만들기 때문이에요. 물론, 높은 기온은 도시에 사는 사람들에게 불편함을 끼치기 때문에 냉각에 필요한 에너지를 위해 많은 돈이 소비됩니다. 하지만 이것은 더 많은 공해를 의미해요, 그렇죠? 그렇다면 정부는 이 문제에 대해 무엇을 하고 있나요? 예를 들어 봅시다. 로스앤젤레스는 제2차 세계대전 이후 10년마다 평균기온이 화씨 1도씩 올라간 것을 관찰하였습니다. 그래서 지금 지역정부기관에서는 열을 감소시키고 에너

지 소비에 따르는 공해를 피하기 위해 열심히 노력하고 있습니다. 그럼 어떤 노력을 하고 있을까요? 음, 여러분들이 로스앤젤레스에 가보았다면, 지붕이 더 이상 어둡지 않음을 알 수 있을 거예요. 열을 반사할 수 있도록 건물 꼭대기를 밝은 표면으로 바꾸었습니다. 포장도로도 열 반사재를 내포하고 있죠. 그리고 이러한 노력의 결과로 에너지 사용이 40퍼센트 감소했어요. 인기 있는 다른 방법은 나무를 심는 것입니다... 잎이 많은 큰 나무들이죠. 그늘을 만드는 나무들은 빌딩을 태양광선으로부터 가려주어... 빌딩에 흡수되는 열의 양을 줄입니다. 그리고 나뭇잎에서 증발하는 수분은 자연적으로 주변 공기를 서늘하게 합니다.

heat island 열섬　rural [rú(:)ərəl] 전원의　surround [səráund] 둘러싸다　countryside [kʌ́ntrisàid] 시골
manufacturing [mæ̀njəfǽktʃəriŋ] 제조의　cooling [kú:liŋ] 냉각　agency [éidʒənsi] 기관
decrease [dikrí:s] 감소시키다　roof [ru(:)f] 지붕　switch [switʃ] 바꾸다, 교체하다　pavement [péivmənt] 포장도로
reflector [rifléktər] 반사재　shade tree 그늘을 만드는 나무　shield [ʃi:ld] 가리다　evaporate [ivǽpərèit] 증발하다

III. Listen to parts of the lectures, and choose the best answer for each question.

[9-11]
Listen to part of a talk on chemosynthesis.

Before I start talking about chemosynthesis, I'd just like to say that scientists once believed that there were no life forms at the bottom of the ocean... that the ocean was devoid of life. They thought life couldn't exist without the sun's energy. As you know, food for land-based life forms is produced through photosynthesis. So scientists thought that any life form at the bottom of the ocean could survive only if scraps of food from water closer to the ocean's surface drifted down... Well, just imagine their surprise when they discovered, in 1977, that living organisms are able to thrive on the ocean floor.
OK, let me explain first what a hydrothermal vent is. It's simply an opening in the ocean floor... and geothermally heated water rich in minerals comes out of this fissure. Now, it's this vent fluid that has made the area biologically productive. It supports a community of many varied organisms, such as tubeworms, clams, shrimp, and bacteria. Scientists now know that a process called chemosynthesis allows a special microorganism to use hydrogen sulfide as an energy source to synthesize food.
Well, let's examine how this process works by looking at these special microorganisms. OK, they're known as the archaea, and they are what we may call a keystone species... or the ecological base of the food chain at these vents. Actually, hydrogen sulfide and the other chemicals that come from these vents are poisonous, and yet, the organisms and animals that live on the ocean floor are able to keep living. How do they do this? You see, what the archaea do is they convert toxic chemicals emitted through these vents into food and energy. So organisms and animals must adapt by either eating the archaea or... by allowing the archaea to live in their bodies so that it can produce food for them. However, whether the archaea float freely at the bottom of the ocean or are being harbored by some organism doesn't really seem to matter. They are still able to survive.
So it's not surprising that scientists are especially interested in the archaea as an organism. The archaea are special... they possess enzymes that can withstand high temperatures and pressures. Just, just think of how useful these microorganisms could be! Also, the archaea are capable of changing harmful chemicals into safer and more edible forms. Uh, one application that this capability seems to have is in the cleaning up of oil spills and hazardous wastes. Now, a second reason that scientists are excited is that these organisms happen to be among the oldest creatures on Earth. Well, I think I assigned that as a reading. OK, does anyone have any information on this point that he'd like to share with the rest of the class?

9. What does the existence of organisms on the ocean floor demonstrate?
10. What does the professor imply about the symbiotic relationship between the archaea and other organisms?
11. What does the professor imply about the archaea?

화학합성에 대한 이야기를 시작하기 전에, 한때 과학자들은 해저에는 생명체가 없다고 믿었다는 것을 말하고 싶군요... 바다에는 생명체가 결여되었다고 믿었죠. 그들은 생명은 태양 에너지 없이는 생존할 수 없다고 생각했습니다. 여러분도 알다시피, 육상 생물의 양분은 광합성을 통해 만들어지죠. 그래서 과학자들은 바다표면과 가까운 물에서 음식의 찌꺼기가 떠내려오지 않으면 해저의 어떠한 생명체도 살아남을 수 없다고 생각했어요... 음, 그러니까 1977년에 해저에서도 살아있는 유기체가 성장할 수 있음을 발견했을 때, 그들이 얼마나 놀랐을지 짐작할 수 있을 거예요.
네, 먼저 열수 분출구가 무엇인지 설명하겠습니다. 그것은 간단히 말해서 해저의 구멍이며... 이 틈을 통해 광물질이 풍부하면서도 지열로 인해 따뜻해진 물이 분출됩니다. 자, 구멍에서 나온 물은 그 지역의 생물을 풍부하게 만들어요. 이 물은 서관충, 대합조개, 새우, 박테리아와 같은 많은 다양한 생명체 집단을 부양합니다. 과학자들은 화학합성이라고 하는 과정을 통해 특수한 미생물이 수소 황화물을 에너지원으로 하여 양분을 합성한다는 것을 알게 되었습니다.
음, 이 특수 미생물을 통해 이 과정이 어떻게 이루어지는지 살펴봅시다. 자, 이 미생물은 고세균으로 알려져 있으며, 우리는 이 생물체를 핵심 종으로 부를 수 있어요... 달리 말하자면 이 열수 분출구의 먹이사슬의 생태학적 토대라고 할 수 있죠. 사실, 이 구멍에서 나오는 수소 황화물과 다른 화학물질들은 독성이 있는데도, 해저에 사는 유기체들과 동물들은 계속 살 수 있습니다. 어떻게 그것이 가능할까요? 고세균이 하는 일이 바로 이 구멍에서 분출되는 독성 화학물질을 양분과 에너지로 전환하는 것입니다. 그래서 유기체들과 동물들은 고세균을 먹거나... 고세균이 그들을 위해 양분을 생산할 수 있도록 그들의 몸 속에 살도록 함으로써, 적응해야 합니다. 그러나, 고세균이 해저에서 자유롭게 떠다니거나 어떤 유기체에 정착하는 것은 중요하지 않습니다. 어쨌든 그들은 살아남을 수 있으니까요.
따라서 과학자들이 유기체로서의 고세균에 특별한 관심을 가지는 것은 놀라운 일이 아닙니다. 고세균은 특별해요... 그들은 높은 온도와 압력에서 견딜 수 있는 효소를 갖고 있어요. 이 미생물이 얼마나 유용할지 생각해보세요! 게다가, 고세균은 유해한 화학물질을 안전하고 먹을 수 있는 형태로 바꿀 수 있어요. 어, 이 능력을 응용하여 유출된 석유와 유해 폐기물을 청소할 수 있습니다. 자, 과학자들이 흥미를 가지는 두 번째 이유는 이 유기체들은 지구상에서 가장 오래된 생명체라는 점입니다. 음, 제가 이 부분을 읽기 과제로 내주었던 것 같군요. 이 부분에 대해 나누고자 하는 정보를 가진 사람 있나요?

chemosynthesis [kì:mousínθəsis] 화학합성 devoid of ~이 없는, 결여된 photosynthesis [fòutəsínθisis] 광합성
scrap [skræp] 찌꺼기 drift [drift] 표류하다, 떠돌다 thrive [θraiv] 성장하다 hydrothermal vent 열수 분출구
fissure [fíʃər] 갈라진 틈 fluid [flú(:)id] 액체 productive [prədʌ́ktiv] 풍부한, 비옥한 hydrogen [háidrədʒən] 수소
sulfide [sʌ́lfaid] 황화물 synthesize [sínθisàiz] 합성하다 keystone species 핵심 종 ecological [èkəládʒikəl] 생태학적
convert [kənvə́:rt] 전환하다 emit [imít] 분출하다 float [flout] 떠다니다 harbor [há:rbər] 정착하다, 품다
possess [pəzés] 소유하다 withstand [wiðstǽnd] 견디다 edible [édəbl] 먹을 수 있는 spill [spil] 유출
hazardous [hǽzərdəs] 유해한

[12-14]
Listen to part of a lecture in a physiology class.

Today, we're going to talk about sleep, specifically, the brain activity that occurs during sleep. To be able to record brain activity, an instrument called the electroencephalogram... or EEG for short... is used. It measures the electrical activity of the brain. This instrument has been useful in confirming that the brain isn't passive when a person is sleeping.
First, let me say something about when a person is wide awake. Beta waves are associated with daytime wakefulness. They're not consistent in pattern... and this is because mental activity is varied. When a person relaxes, the brain waves become slower. These waves are known as alpha waves and exhibit themselves when one is meditating, for instance.
So... when a person falls asleep, he enters the first stage of sleep, the lightest, which is characterized by theta waves. Theta waves are slower in frequency and greater in amplitude than alpha waves. A person in this stage drifts in and out of sleep and can be awakened very easily. He may begin to have

snippets of dreams, well, actually nothing more than fragmented images. The muscles also experience certain contractions that can jolt a person awake... I'm sure you've experienced them.
In the second stage of sleep, we still have theta waves, and... the person can still be awakened without too much trouble. But the waves are slower and are sometimes interrupted by sudden bursts of sleep spindles... let me write that down... OK, sleep spindles. These are rapid waves that suddenly increase in wave frequency. Then... just as suddenly... the waves increase in wave amplitude. These are known as K-complexes. There's very little that researchers understand about the K-complex although some think its importance is in allowing the sleeper to perceive certain external stimuli. Others think the opposite, that it prevents a person from being roused to wakefulness. Uh... they can't say for sure. We don't know.
In the third stage, the theta wave gives way to the delta wave, a very slow brain wave with the highest amplitude. Delta sleep is the first stage of deep sleep. There's very little difference between this stage and the fourth stage which are both characterized by a lack of eye movement and muscle activity. A person in the deep sleep stages, however, may walk and talk in his sleep. At this point, it may be difficult to rouse the person to wakefulness, but if you do succeed, he'll probably be pretty disoriented.
The final stage of sleep is known as rapid eye movement or REM sleep. It's during this stage that a person fully dreams. It's accompanied by darting eye movements... hence, REM... and by a sudden and dramatic loss of muscle tone. The brain waves are similar to those of a person who's in the first and second stages of sleep... which means the depth of sleep is also similar to those stages... And if he is roused, he'll usually be able to recall what he was dreaming.

12. What does the professor imply about K-complexes?
13. What does the professor imply about a person who is in REM sleep?
14. What can be concluded about brain activity when a person is sleeping?

오늘은 잠에 대해, 특히, 자는 동안 일어나는 뇌의 활동에 대해 이야기하겠습니다. 뇌의 활동을 기록하기 위해서는 뇌파도... 혹은 짧게 EEG 라고 부르는... 기계가 이용됩니다. 이것은 뇌의 전기적인 활동을 측정하는 데 사용되죠. 이 기계는 사람이 자는 동안 뇌가 쉬지 않는다는 것을 확인하는 데 도움이 되었습니다.
먼저, 사람이 잠이 완전히 깨어 있을 때를 살펴봅시다. 베타파는 낮에 깨어있는 것과 연관이 있어요. 베타파는 패턴이 일정치 않은데... 정신적 활동이 다양하기 때문이죠. 사람이 쉴 때 뇌파는 느려집니다. 이 뇌파는 알파파로 알려져 있으며, 예를 들어, 사람이 명상을 할 때 나타납니다.
자... 사람이 잠들면, 세타파로 특징지어지는 얕은 잠인 수면의 첫 단계로 들어갑니다. 세타파는 알파파보다 느린 주파수와 큰 진폭을 가집니다. 이 단계의 사람은 잠이 들락말락하며 쉽게 깰 수 있어요. 단편적인 꿈을 꾸게 되는데, 사실 이것은 단편적인 시각적 이미지일 뿐입니다. 근육이 특정 방식으로 수축하기도 해 사람이 놀라서 깰 수도 있습니다... 여러분도 분명 경험해 보았으리라고 생각해요.
수면의 두 번째 단계에서는 여전히 세타파가 있고... 쉽게 잠에서 깰 수 있어요. 그러나 뇌파는 좀 더 느리며 때때로 수면 축의 갑작스러운 파열로 인해 방해 받습니다... 이 단어를 써 줄게요... 자, 수면 축 · 수면 축은 주파수가 갑자기 증가하는 빠른 뇌파입니다. 그리고... 마찬가지로... 진폭도 갑자기 커져요. 이것은 K복합체로 알려져 있습니다. 연구가들이 K복합체에 대해 알고 있는 것은 거의 없지만, 어떤 연구자들은 K복합체가 수면자들이 특정한 외부 자극을 느낄 수 있도록 하기 때문에 중요하다고 생각하기도 합니다. 다른 이들은 정반대로 K복합체가 사람이 잘 깨지 않도록 한다고 생각해요. 어... 그들은 확실히 말할 수는 없어요. 우리도 알 수 없죠.
세 번째 단계에서는 세타파는 사라지고 매우 느리고 진폭이 가장 높은 델타파가 등장합니다. 델타 수면은 깊은 잠의 첫 단계이지요. 이 단계와 네 번째 단계 둘 다 눈의 움직임과 근육 활동이 거의 없다는 특징을 가지며, 이 두 단계는 거의 차이점이 없습니다. 그러나, 깊은 수면 단계에 있는 사람은 자면서 걷거나 말할 수 있어요. 이 시점에서, 그 사람을 깨우는 것은 쉽지 않으며, 만약 깨운다고 해도, 아마 그 사람은 혼란에 빠져있을 거예요.
수면의 마지막 단계는 빠른 눈 움직임 혹은 REM 수면으로 알려져 있습니다. 이 단계에서 사람이 완전한 꿈을 꾸게 됩니다. 빠른 눈 움직임이 동시에 일어나요... 그래서 REM이라고 하죠... 그리고 갑자기 근육 긴장이 급격히 풀어집니다. 뇌파는 수면의 첫 번째, 두 번째 단계의 사람의 뇌파와 비슷해요... 이는 잠의 깊이도 그 단계들과 비슷하다는 것을 뜻하죠... 그리고 만약 사람이 깨어난다면, 그는 일반적으로 어떤 꿈을 꾸었는지 기억할 수 있습니다.

electroencephalogram [ilèktrouenséfələgræ̀m] 뇌파도 **confirm** [kənfə́:rm] 확인하다 **wakefulness** [wéikfəlnis] 깨어있음
consistent [kənsístənt] 일정한 **exhibit** [igzíbit] 나타나다, 보이다 **meditate** [méditèit] 명상하다
frequency [frí:kwənsi] 주파수 **amplitude** [ǽmplitjù:d] 진폭 **awaken** [əwéikən] 깨우다 **snippet** [snípit] 단편, 조금
contraction [kəntrǽkʃən] 수축 **jolt** [dʒoult] 놀라게 하다 **interrupt** [ìntərʌ́pt] 방해 받다, 저지하다 **burst** [bə:rst] 폭발
spindle [spíndl] 축 **complex** [kámpleks] 복합, 합성 **rouse** [rauz] 깨우다
disorient [disɔ́:riènt] 혼란에 빠진, 방향감각을 잃은 **accompany** [əkʌ́mpəni] 동시에 일어나다, ~을 수반하다
dart [da:rt] 돌진하다, 날아가다 **hence** [hens] 그래서, 따라서 **dramatic** [drəmǽtik] 급격한 **tone** [toun] (근육의) 긴장(상태)

Hackers Test

p.216

1. D 2. C 3. C 4. C, D 5. B 6. D

Listen to part of a lecture in a biology class.

What's the difference between a hotel and a motel? And yes, this still is Biology 101 and not a hospitality management class. So, if I asked you the difference between them, what would you say? Maybe that hotels tend to be bigger and motels tend to have external access to the individual rooms? However, both places share a lot of similarities as well. Is a distinction really necessary? If you answer yes, you're what's called a splitter–you focus on the differences between things. If you think they are essentially the same thing, you're a lumper–you prefer to focus on commonalities. Both lumpers and splitters are essential to the field of taxonomy... of classifying living things.
Aristotle was the first person to attempt such an exercise with living organisms. He ranked these organisms according to species and genera. For instance, each person was part of the species "man," and "man" was part of the genus "animal"... And the animal genus was placed above the plant and mineral genera because animals were able to move freely. As with most things the Greeks did, Aristotle's taxonomy was universally accepted... until after the Renaissance.
If you take a look at the system we have in place now... Oh! Not just yet. Linnaeus. Carolus Linnaeus. He bears mention, simply because the system we use today is based upon his taxonomy... It's called Linnaean taxonomy, which shouldn't come as a shock. Linnaeus kept with Aristotle's use of genera and species, but added several other classifications. His hierarchy became kingdom, class, order, genus, species. Under the Linnaean classification, there were only two different kingdoms: animals and plants. Previously, he had a third one for minerals, like Aristotle, but that was soon discarded.
A true sea change happened in 1969 with ecologist Robert Whittaker's proposal for a five-kingdom system. This included the kingdoms Plantae and Animalia, plants and animals, which Linnaeus had initially treated, along with Fungi, Monera, and Protista. We talked about splitters and lumpers before... well, at this time the splitters like Whittaker were dominant, so new kingdoms were created to solve classification problems.
Up until then, fungi, mushrooms, they were traditionally considered part of the plant kingdom. This was because both tend to grow in similar locations and they have cell walls surrounding each cell, which animals don't have. However, fungi shouldn't be categorized as plants because they have a different system for growth and they don't undergo photosynthesis to create energy... They use decomposing organic material for energy instead. Whittaker recognized that these differences were too vast for fungi to be lumped together with plants or any other kingdom, so he created a new kingdom for them, appropriately named the kingdom Fungi.
Before Whittaker proposed the 5-kingdom system, none of the classification schemes fully accounted for bacteria. Bacteria are strange, because they are prokaryotes... meaning they don't have a nucleus.

Because of the uniqueness of these single-celled organisms, the kingdom Monera was created specifically for them. A last kingdom was necessary to deal with organisms like amoebas, algae, sponges, and the like... the Protista kingdom. It's pretty much a catch-all group containing both unicellular organisms and some very simple multi-cellular ones.
Classifications constantly change... with tools that can analyze organisms at the molecular level, we're learning more and more about organisms that might have been misclassified. Nowadays, the protists and monera are no longer considered to constitute their own kingdoms because scientists are unable to determine an exact set of features that all organisms in the kingdom share. Some are mobile, while others aren't. Some use photosynthesis for nutrition while others directly absorb nutrients. In the case of protists, some have a cell wall while others don't. As you can see, there's far too much variation for any clear demarcation to be made.
Further, there are some types of organisms that have never been able to be classified—viruses, for instance. They have historically been considered too simple to be placed in a kingdom, seeing as they are one hundred times smaller than bacteria, but that may change. Also extremophiles... the organisms that live in extreme environments, like volcanoes or on the ocean floor, they are very ancient organisms and don't fit cleanly into any of the other kingdoms, so scientists are unsure how to classify them. The idea of a new system that suggests three kingdoms has been proposed which would provide them a place, but it has yet to fully gain traction. You can be sure, however, that the classifications your children study are sure to be different than the ones we've learned...

Now get ready to answer the questions. You may use your notes to help you answer.

1. What does the professor mainly discuss?
2. Why does the professor mention hotels and motels?

Listen again to part of the lecture. Then answer the question.

P: ...Aristotle's taxonomy was universally accepted... until after the Renaissance. If you take a look at the system we have in place now... Oh! Not just yet. Linnaeus. Carolus Linnaeus. He bears mention, simply because the system we use today is based upon his taxonomy...

3. What does the professor mean when he says this:
   P: Oh! Not just yet.

4. According to the professor, what two similarities are there between plants and fungi?
5. What does the professor say about viruses and extremophiles?
6. What does the professor imply about taxonomic classification systems?

호텔과 모텔의 차이점이 뭘까요? 그리고 네, 이 수업은 여전히 생물학 101이지 숙박업경영학 수업이 아닙니다. 그래서, 제가 이 두 곳의 차이점을 물으면, 뭐라고 대답하겠어요? 아마 호텔은 좀더 큰 경향이 있고 모텔은 개별적인 방으로 외부에서 바로 출입할 수 있는 경향이 있다는 것이요? 하지만, 이 두 곳은 많은 공통점 역시 공유하고 있죠. 구별하는 게 정말 필요할까요? 만약 여러분이 그렇다고 대답한다면, 여러분은 분열파라고 불리는 사람들입니다, 여러분은 사물들간의 차이점에 집중하죠. 만약 여러분이 이 둘이 본질적으로 같은 것이라고 생각한다면, 여러분은 병합파입니다, 공통점에 집중하는 것을 더 좋아하죠. 병합파와 분열파 모두 생명체를 분류하는... 분류학에 본질적인 요소입니다.
아리스토텔레스가 생명체를 대상으로 이런 분류법을 적용하려고 시도한 최초의 인물이었습니다. 그는 이 생물들을 종과 속에 따라 계급 지었죠. 예를 들어, 각각의 사람은 "인간"이라는 종의 일부이고, "인간"은 "동물"이라는 속의 일부이죠... 그리고 동물 속은 자유롭게 움직일 수 있기 때문에 식물이나 광물 속보다 상부에 위치해있고요. 그리스인들이 했던 대부분의 것들이 그랬던 것처럼, 아리스토텔레스의 분류법은 보편적으로 받아들여졌습니다... 르네상스 이전까지요.

여러분이 오늘날 쓰이는 체계를 한 번 보면... 오! 아직은 아니고요. Linnaeus요. Carolus Linnaeus. 그는 언급할 가치가 있습니다, 그저 오늘날 우리가 사용하는 것도 그의 분류법에 근거하고 있기 때문이죠... 그것은 Linnaean 분류법이라고 불립니다, 놀랄 일은 아니겠죠. Linnaeus는 아리스토텔레스의 속과 종의 개념을 그대로 유지했지만, 몇몇 다른 분류도 추가했습니다. 그의 분류 체계는 계, 강, 목, 속, 종이 되었죠. Linnaeus의 분류법 하에서, 계는 오직 두 개만 있습니다. 동물계와 식물계요. 이전에, 그는 아리스토텔레스처럼 광물을 위한 세 번째 계를 가졌었지만, 이는 곧 폐기되었습니다.

진정한 변화는 1969년 생태학자인 Robert Whittaker가 5계 체계를 제안하면서 왔습니다. 이 체계는 Linnaeus가 처음 취급했던 동물과 식물을 가리키는 동물계와 식물계, 그리고 균계, 원핵생물계, 원생생물계를 포함합니다. 우리는 아까전에 분열파와 병합파에 대해 얘기했죠... 자, 당시에는 Whittaker와 같은 분열파가 우세했어요, 그래서 분류상의 문제를 해결하기 위해 새로운 계가 탄생된 거죠.

그전까지는, 균계, 그러니까 버섯들이 전통적으로 식물계의 일부라고 생각되었습니다. 이것은 이 둘이 모두 비슷한 곳에서 생장하고 동물들에게는 없는 각 세포를 감싸고 있는 세포벽을 가지고 있기 때문입니다. 그러나 균류는 식물과는 다른 성장체계를 가지고 있고 에너지를 만들기 위해 광합성을 거치지 않기 때문에 식물로 분류되면 안됩니다... 균류는 부패하는 생물체를 에너지원으로 대신 사용합니다. Whittaker는 균류가 식물계나 다른 계들과 함께 엮이기에는 이러한 차이점이 너무 크다고 생각했고, 그래서 그는 이들을 위한 새로운 계를 만들었습니다, 균계라고 적절하게 이름을 붙였고요.

Whittaker가 5계 체계를 제안하기 전에는, 어떤 분류 체계도 박테리아를 완전히 설명하지 못했습니다. 박테리아는 이상하죠, 왜냐하면 이들은 원핵생물이기 때문이죠... 핵을 가지고 있지 않다는 뜻입니다. 이런 단세포 생물들의 특수성 때문에, 원핵생물계가 특별히 이들을 위해 만들어졌습니다. 마지막 계는 아메바, 조류, 해면동물 등과 같은 생물들을 다루기 위해 필요했습니다... 원생생물계이죠. 이건 대충 단세포 생물들과 몇몇의 매우 단순한 다세포 생물들을 포괄하는 광범위한 집단입니다.

분류법은 지속적으로 변해 왔습니다... 분자 수준에서 생명체를 분석할 수 있는 도구가 생기면서, 우리는 잘못 분류될 수도 있었던 생명체들에 대해 조금씩 더 배우고 있죠. 요즘, 원생생물이나 원핵생물은 계 내에서 공유하는 정확한 특성을 확립하기 어려워 더 이상 하나의 계로서 인정받지 못하고 있습니다. 몇몇은 움직일 수 있고, 반면 몇몇은 그렇지 않죠. 몇몇은 영양공급을 위해 광합성을 하는 반면 다른 몇몇은 영양분을 직접적으로 흡수하고요. 원생생물의 경우, 몇몇은 세포벽을 가지고 있는 반면 다른 몇몇은 가지고 있지 않습니다. 알 수 있듯이, 구획을 정하기엔 그 변화가 너무 크죠.

더욱이, 예를 들어, 바이러스처럼 한번도 분류될 수 없었던 종류의 생명체도 있습니다. 바이러스는 박테리아보다도 100배나 작은 것을 보고, 역사적으로 계에 포함시키기에는 너무 단순하다고 여겨졌지만 이는 변할 수도 있습니다. 또한 극한미생물들은... 화산이나 해저와 같이 극한 환경에서 살아가는 생명체들이요, 이들은 고대 생명체로 다른 어떤 계에도 깨끗하게 포함되지 않아요, 그래서 과학자들은 이들을 어떻게 분류해야 할지 확신하지 못하죠. 이들에게 포함될 곳을 제공할 수 있는 3계 체계의 새로운 분류법에 대한 의견이 제안되었지만, 아직 큰 주목을 받지 못했습니다. 하지만, 여러분들의 자녀들이 배울 분류법은 우리가 배운 것과는 다르다는 것은 확신할 수 있습니다...

hospitality [hàspitǽləti] 숙박업, 환대　external [ikstə́:rnəl] 외부의　distinction [distíŋkʃən] 구별
splitter [splítər] 분열파(인 사람)　lumper [lʌ́mpər] 병합파(인 사람)　taxonomy [tæksɑ́nəmi] 분류학
classify [klǽsəfài] 분류하다　attempt [ətémpt] 시도하다　species [spí:ʃi:z] 종　genus [dʒí:nəs] 속 (pl. genera)
universally [jù:nəvə́:rsəli] 보편적으로　mention [ménʃən] 언급　classification [klæ̀səfəkéiʃən] 분류
hierarchy [háiərɑ̀:rki] 체계, 계급제　kingdom [kíŋdəm] 계　class [klæs] 강　order [ɔ́:rdər] 목
discard [diskɑ́:rd] 폐기하다　ecologist [ikɑ́lədʒist] 생태학자　proposal [prəpóuzəl] 제안
Monera [məníərə] 원핵생물계　Protista [próutistə] 원생생물계　dominant [dɑ́mənənt] 우세한
categorize [kǽtəgəràiz] 분류하다　undergo [ʌ̀ndərgóu] 거치다　vast [væst] 큰, 거대한　account for 설명하다
prokaryote [proukǽriòut] 원핵생물　nucleus [njú:kliəs] 핵　amoeba [əmí:bə] 아메바　algae [ǽldʒi:] 조류
sponge [spʌndʒ] 해면동물　catch-all [kǽtʃɔ̀:l] 광범위한　analyze [ǽnəlàiz] 분석하다
misclassify [misklǽsəfai] 잘못 분류하다　feature [fí:tʃər] 특성　nutrition [nju:tríʃən] 영양(공급)
absorb [əbsɔ́:rb] 흡수하다　nutrient [njú:triənt] 영양분　variation [vὲəriéiʃən] 변화　demarcation [dì:mɑ:rkéiʃən] 구획
virus [váiərəs] 바이러스　extremophile [ikstrí:məfàil] 극한미생물　extreme [ikstrí:m] 극한
traction [trǽkʃən] 주목, 영향력

Unit 2. Lecture Topics

1. Biology

Hackers Test

p.226

1. B

2.

	Mat	Maypole	Avenue
Looks like a canopy with an archway			√
Has a flat, raised surface	√		
Is tall and pillar-like		√	
Is surrounded by rock fragments			√

3. D 4. B, C 5. C 6. D

Listen to a talk on biology.

You know, when I think about it, animals are like people... or maybe it's the other way around. Well, that thought popped into my head this morning when I was thinking about bowerbirds. You can find these birds in Australia, New Guinea and on some other nearby islands. Anyway, the bowerbirds–well, the male bowerbirds–are called "gardeners". There's a reason for that. And you might be surprised to know that it has to do with courtship. The way a male bowerbird seduces a female is pretty involved. So what the males do is they build a bower. That's why they're called bowerbirds, right? Now, a bower is a kind of leafy shelter made of sticks and grass. Don't assume they look like a nest. They don't. There are actually three types of bowers. One is the "mat" or "platform" type. As the name suggests, it's a, an elevated pad with some decoration on top of it or around it. It's a nice, simple design, sort of like a conjugal bed, but prettified and decorated. Then you have the "maypole". It's a tower that's erected around a sapling, and some bowerbirds build really tall ones, as high as nine feet tall, in fact. The shorter ones look like a kind of hut. The, um, last type is the "avenue" type, and it consists of two parallel walls that sometimes form an arch. The maypole bower is pretty striking, but this last type is probably the most elaborate type because it's in this shape of a tent. And there's even gravel around it and feathers sticking out to make it look, um, charming.
Awhile back I said that the platform-type bower is decorated. Well, all bowers are decorated, and you can see the work the male bowerbird put into some of them. They're decked out in colored stones, shells, feathers, flowers, even bright and shiny objects. Some of the objects are even stolen from other birds' bowers. Pretty sneaky, huh? So I'm sure you know what the idea is behind these bowers. It's to impress the girl bowerbirds, of course. And if a female is impressed, the bower is used for mating. Now, let me point out that, um, female bowerbirds don't make the bower the sole standard for deciding whether a male bowerbird is worth choosing. The females make an informed choice. They not only inspect the bowers carefully, but they also check out the appearance and behavior of the males. It's really all a matter of taste, and what gets one female interested might leave another cold. Generally speaking, though, plain looking male bowerbirds usually have to erect a really attractive bower to make up for their physical shortcomings. Interestingly enough, it's the dull-looking male bowerbirds that construct the most intricate bowers. And the bowerbird species that have the brightest plumage build the plainest bowers. That could be because they want the females to focus on their looks and not their

material assets. Well, that's just my theory. OK, so... what have we got? Bower, outward appearance of the male, and... well, the male bowerbird entertains the female with a song and dance number.
So just picture it... The female looks at the bower while the male is away so she can conduct an objective and meticulous examination. She'll visit the bower a second time when the male is at his bower, and it is at that time that the male will start strutting his stuff. He does what biologists call the "buzz-wing flip". He fluffs up his feathers and starts vocalizing these buzzing sounds. And then he starts running back and forth. This is the interesting part. It's a frenetic and maniacal dance. So the female coolly watches the male, and then flies off to watch other performances before she makes a decision. I can't help thinking that I would enjoy being a female bowerbird.
Sometimes, a male bowerbird might dance very aggressively, and the female makes a hasty retreat even before she's had a chance to size up the male. So, aside from being artistic and entertaining, the male has to be sensitive. He's got to watch the body language of the female and determine whether he has to tone down his movements. It's really a... may the best man win sort of thing. The more talented and good looking males wind up getting more than one female... and the dull males with the plain bowers don't get any at all. That's life.

Now get ready to answer the questions. You may use your notes to help you answer.

1. What is the lecture mainly about?
2. In the lecture, the professor describes three types of bowers. Match each phrase with the bower it describes.
3. Why does the professor talk about the types of bowers?
4. According to the professor, what are two aspects the female bowerbird considers before making a choice?
5. What is a buzz-wing flip?
6. What does the professor imply about the hasty retreat of a female bowerbird?

있잖아, 생각해보면, 동물들도 사람과 비슷해... 아니면 반대일 수도 있지. 음, 오늘 아침에 바우어새들에 대해서 생각하고 있는데 든 생각이야. 이 새들은 오스트레일리아, 뉴기니, 그리고 그 주위의 다른 섬들에서 찾을 수 있어. 어쨌든, 바우어새들, 그러니까, 수컷 바우어새들은 "정원사들"이라고 불려. 거기엔 이유가 있지. 그리고 그게 짝짓기와 관련이 있다는 것에 너희가 놀랄지도 몰라. 수컷 바우어새가 암컷을 유혹하는 방법은 꽤 복잡하거든.
그러니까 수컷들이 하는 일은 은둔처를 만드는 거야. 그래서 그들이 바우어새라고 불리는 거겠지, 그렇지? 자, 은둔처는 나뭇가지와 풀로 만들어진 잎이 무성한 은신처야. 둥지처럼 생겼을 거라고 추측하지마. 그렇지 않으니까. 사실 세 종류의 은둔처가 있어. 하나는 "매트" 또는 "플랫폼" 종류야. 이름이 암시하듯이, 이건 위 또는 주위에 장식들이 되어있는 높은 판이야. 예쁘고 간단한 디자인이지, 부부의 침대와 비슷하지만, 예쁘게 꾸미고 장식을 했어. 그리고 "메이폴"이라는 것도 있어. 묘목 주위에 세워진 타워야, 그리고 어떤 바우어새들은 정말 높은 것들을 세우지, 9피트 높이까지도 말이야. 키가 작은 것들은 오두막처럼 생겼어. 음, 마지막 종류는 "대로" 종류인데, 이것은 가끔 아치모양을 이루는 평행인 두 벽으로 구성돼. 메이폴 은둔처도 꽤 인상적이지만, 이 마지막 타입이 텐트 모양이기 때문에 아마 가장 정교한 타입일 꺼야. 그리고, 음, 매력적이게 보이기 위해 주위에는 자갈도 있고 깃털들이 튀어 나와 있어.
좀 전에 내가 플랫폼류의 은둔처가 장식되어 있다고 했어. 음, 모든 은둔처는 장식되어 있어, 그리고 어떤 것들에서는 수컷 바우어새가 들인 정성을 볼 수 있어. 색깔 있는 돌, 조개껍질, 깃털, 꽃, 그리고 밝고 빛나는 물건들까지도 동원되어 치장되어 있어. 어떤 물건들은 다른 새들의 은둔처에서 훔쳐온 것들이기도 하지. 꽤 비열하지, 응? 그래서 이 은둔처들에 숨은 목적이 무엇인지 너희들은 알 거라고 확신해. 당연히, 음, 암컷 바우어새들에게 감명을 주기 위해서지. 그리고 만약 암컷이 감동하면, 은둔처는 짝짓기에 사용돼.
자, 암컷 바우어새들에게, 음, 은둔처만이 수컷 바우어새가 고를 만한지 결정하는 유일한 기준은 아니라는 것을 지적할게. 암컷들은 신중한 선택을 한단다. 그들은 운둔처를 면밀하게 살필 뿐만 아니라, 수컷들의 외모와 태도도 확인해. 사실 모든 것은 취향의 문제야, 한 암컷의 관심을 끄는 것이 다른 암컷의 냉담한 반응을 부를 수도 있어. 하지만, 일반적으로 말한다면, 평범하게 생긴 수컷 바우어새들은 평소에 신체적 결함들을 만회하기 위해 정말 매력적인 은둔처를 세워야 해. 흥미롭게도, 지루하게 생긴 수컷 바우어새들이 가장 정교한 은둔처를 건축하지. 그리고 가장 밝은 깃털을 가진 바우어새들이 가장 평범한 은둔처를 지어. 어쩌면 그것은 암컷들이 그들의 물질적인 자산보다는 외모에 집중해주길 바라는 것일 수도 있어. 뭐, 그건 그냥 내 이론이지만. 자, 그럼... 지금까지 뭐가 있었지? 은둔처, 수컷의 외양, 그리고... 음, 수컷 바우어새는 노래와 춤 공연으로 암컷을 즐겁게 해줘.
그러니까 그냥 상상해봐... 암컷은 객관적이고 꼼꼼한 관찰을 하기 위해 수컷이 없는 동안 은둔처를 봐. 그녀는 수컷이 은둔처에 있을 때 두 번째로 은둔처를 방문해, 그리고 이때 수컷은 자신이 할 수 있는 것들을 뽐내기 시작하는 거야. 그는 생물학자들이 말하는 "버즈윙 플립"이라는 것을 해. 그는 깃털들을 보풀리고 윙윙거리는 소리를 내기 시작하는 거야. 그 후 그는 앞뒤로 뛰어다니기 시작한단다. 이 부분이 흥미로운 거야. 열광적이고 광적인 춤이지. 그리고 암컷은 냉정하게 수컷을 바라보다가, 결정을 내리기 전에 다른 공연들도 보러 날아가. 나는 암컷 바우어새가 되는 것이 재미있을 것 같다는 생각을 하지 않을 수가 없구나.
가끔, 수컷 바우어새는 춤을 매우 격렬하게 출 수도 있어, 그러면 암컷은 수컷을 판단해볼 기회도 갖기 전에 급하게 도망가지. 그러니까, 예술적이고 재미있는 것 이외에, 수컷은 민감해야 돼. 암컷의 몸짓을 보고 그의 움직임을 더 부드럽게 해야 할지 결정해야 돼. 사실 정말... 강자가 이긴다는 식의 일이지. 더 능력 있고 잘 생긴 수컷들은 암컷을 한 마리 이상 차지하게 돼... 그리고 평범한 은둔처를 가진 지루한 수컷들은 아무도 못 가지지. 그게 인생이야.

bowerbird[báuərbə̀:rd] 바우어새 **courtship**[kɔ́:rtʃip] 짝짓기 **bower**[báuər] 은둔처 **shelter**[ʃéltər] 은신처 **nest**[nest] 둥지 **elevated**[éləvèitid] 높은, 끌어올려진 **decoration**[dèkəréiʃən] 장식 **conjugal**[kɑ́ndʒəgəl] 부부의 **sapling**[sǽpliŋ] 묘목 **parallel**[pǽrəlèl] 평행의 **gravel**[grǽvəl] 자갈 **deck**[dek] 치장하다 **feather**[féðər] 깃털 **sneaky**[sní:ki] 비열한, 남을 속이는 **impress**[imprés] 감명을 주다 **mating**[méitiŋ] 짝짓기 **taste**[teist] 취향 **plain**[plein] 평범한, 지루한 **erect**[irékt] 세우다 **intricate**[íntrəkit] 정교한 **plumage**[plú:midʒ] 깃털 **meticulous**[mətíkjələs] 꼼꼼한 **strut**[strʌt] 뽐내다, 과시하다 **frenetic**[frənétik] 열광적인 **maniacal**[mənáiəkəl] 광적인 **aggressive**[əgrésiv] 격렬한 **aside from** ~외에도, ~에 더해 **determine**[ditə́:rmin] 결정하다 **dull**[dʌl] 지루한, 따분한

2. Astronomy

Hackers Test

p.232

1. D 2. C 3. A 4. C 5. D 6. B

Listen to part of a talk in an astronomy class.

P: Good afternoon, everyone. You know, when it comes to astronomy, there aren't many concepts that are easy to explain. Today, though, I'll try to fix that. So, here's what I want you to do. Hold your thumb out as far as you can in front of you and put the tip of your thumb so that it looks like it's under the clock in front of the classroom. You'll see why. OK. Now close the weaker of your two eyes. Nothing's changed, right? Your thumb is still under the clock. Now change eyes. Close this one and open the weaker one. Keep switching back and forth. Notice anything different?

S: It looks like my thumb is moving.

P: Right. Of course, your thumb isn't moving... it just appears to be. At one moment, it looks like it's under the clock, and in the next, it looks like it's to the left or right of it. This little experiment demonstrates the concept of parallax. To put it in more scientific terms, parallax is the apparent difference in the location of an object with respect to a reference object. Of course, parallax has more interesting applications than playing tricks with your vision... It's one of the key methods that astronomers use to determine how far away a distant object is... particularly stars.
How about we look at Proxima Centauri? It's the closest star to Earth. Let me catch myself. The Sun. I'm forgetting about the Sun. I meant second-closest. Either way, to figure out the distance to Proxima Centauri, we have to compute how much of an angle is subtended by the earth's orbit. Sub what? That means we have to figure out, if we were standing on Proxima Centauri, how many degrees in our field of vision Earth's orbit would take up. The subtended angle. Let me give you an example to make this term a bit more clear. Think about watching a DVD at home on your TV...

Let's say you've got an average-sized set. Now, where would you rather sit? Two or three meters away from the TV or seven or eight meters away? If you're like me, you want to sit closer. Why? It's not like the TV itself gets bigger or smaller, but it appears bigger the closer you sit... it takes up more of your field of vision. This is what I mean by the subtended angle—how big something appears to an observer, measured in degrees. In the case of most stars, even relatively close ones, we're talking about angles less than arcseconds... 1/3600 of a degree. I dare you to try measuring that without advanced instruments.

Viewed from Proxima Centauri, the angle the Earth's orbit subtends is slightly less than two arcseconds. Nobody's actually standing on Proxima Centauri, though, so how was this measured? We can do it in reverse. Remember how the position of your thumb with respect to the clock appeared to change depending on which eye you used? Well, it's the same principle. It's parallax. One point in Earth's orbit acts as your "left eye," and the point on the exact opposite side is your "right eye." The distance between these two points is about 300 million kilometers... and the bigger the diameter, the bigger the parallax... and the more accurate a measurement. If your eyes were two feet apart instead of two inches, your thumb would look like it moved a ton, right? That's a lot easier to detect.

So, we line up Proxima Centauri with a more distant star... just like we did with the clock... and detect how the location... the angle of Proxima Centauri with respect to the more distant star... appears to change. Once we get that angle figured out... this is the same angle as the Earth's orbit would subtend from Proxima Centauri, by the way, just measured in reverse... then we can use simple trigonometry to estimate the distance to Proxima Centauri. Just in case you're curious, it's just over four light years away. That's like 270,000 times farther than the Sun. And it's the second-closest star!

Like I mentioned, from Proxima Centauri the Earth's orbit subtends an angle of just under two arcseconds. That's still big enough to be measured fairly accurately, but imagine if the star was hundreds or thousands of times farther away. Then we're talking about microarcseconds and other infinitesimal angles that are nearly impossible to measure. That's why parallax is only really useful for measuring the distance to stars that are relatively nearby... otherwise the angles are so close to zero that we don't have sufficient technology to measure them with any sort of accuracy.

Now get ready to answer the questions. You may use your notes to help you answer.

1. What is the main topic of the lecture?

Listen again to part of the lecture. Then answer the question.

P: How about we look at Proxima Centauri? It's the closest star to Earth. Let me catch myself. The Sun. I'm forgetting about the Sun. I meant second-closest.

2. What does the professor mean when he says this:
P: Let me catch myself.

3. What does the professor imply about measuring the parallax of stars?

Listen again to part of the lecture. Then answer the question.

P: Either way, to figure out the distance to Proxima Centauri, we have to compute how much of an angle is subtended by the earth's orbit. Sub what? That means we have to figure out, if we were standing on Proxima Centauri, how many degrees in our field of vision Earth's orbit would take up.

4. What does the professor mean when he says this:
   P: Sub what?

5. What is the effect of a larger orbital diameter when measuring parallax?
6. What is a limitation of using parallax to measure stellar distances?

P: 여러분, 안녕하세요. 있잖아요, 천문학에서는 쉽게 설명할 수 있는 개념이 많지 않아요. 하지만, 오늘, 제가 그걸 바꿔볼게요. 그럼, 이렇게 해보세요. 엄지를 최대한 멀리 앞에 놓고 엄지 끝을 교실 앞에 있는 시계 아래에 있는 것처럼 보이게 두세요. 이유는 알게 될 거예요. 자. 이제 두 눈 중에서 더 약한 눈을 감아보세요. 아무것도 바뀌지 않았죠, 그렇죠? 엄지는 아직도 시계 아래 있어요. 이제 눈을 바꿔보세요. 이쪽을 감고 약한 쪽을 열어보세요. 번갈아 가며 눈을 바꿔보세요. 뭔가 다른 걸 느끼나요?

S: 엄지가 움직이는 것처럼 보여요.

P: 맞아요. 물론, 엄지가 움직이는 것은 아니에요... 그냥 그렇게 보이는 거죠. 한 순간에는 엄지가 시계 아래에 있는 것처럼 보이지만, 다음에는, 시계의 왼쪽 또는 오른쪽에 있는 것처럼 보여요. 이 작은 실험이 시차의 개념을 보여주는 것입니다. 더 과학적인 용어로 말하자면, 시차는 기준으로 삼은 물체에 대한 그것의 시각적인 위치 차이를 말합니다. 물론, 시차는 시각을 이용해 장난치는 것보다 더 흥미로운 용도로도 쓰여요... 천문학자들이 멀리 있는 물체... 특히 별들이 얼마나 멀리 있는지 측정하기 위해 사용하는 주요 방법 중 하나에요.

프록시마성을 다 같이 볼까요? 지구에서 가장 가까운 별이에요. 잠시만요. 태양. 제가 태양을 잊고 있었군요. 그러니까 두 번째로 가깝다는 뜻이었어요. 어쨌든, 프록시마성까지의 거리를 알기 위해서 우리는 지구의 궤도가 얼마나 넓은 각도를 만드는지 계산해야 해요. 무슨 소리냐고요? 만일 우리가 프록시마성에 서있으면, 우리의 시야에서 지구의 궤도가 몇 도를 차지할지를 알아내야 한다는 겁니다. 차지하는 각도요. 이 용어를 더 확실하게 하기 위해 예를 들게요. 집에서 TV로 DVD를 보고 있는 것을 생각하세요... 평균적인 크기의 TV를 가지고 있고요. 자, 여러분은 어디에 앉겠습니까? TV에서 2, 3미터 떨어진 곳, 아니면 7, 8미터 떨어진 곳이요? 만일 저라면, 더 가까이 앉고 싶을 거예요. 왜냐고요? TV가 더 커지거나 작아지는 것은 아니지만, 더 가까이 앉을수록 더 커 보이니까요... 시야를 더 많이 차지하죠. 제가 차지하는 각도라고 하는 게 이거예요, 각으로 쟀을 때 관찰자에게 얼마나 크게 보이느냐는 것이요. 대부분의 별들의 경우, 상대적으로 가까운 것들도, 1도의 1/3600인... 초각보다 작은 각을 가지고 있어요. 첨단 장비 없이 그것을 잴 수 있다면 재보라고 하고 싶네요.

프록시마성에서 보면, 지구의 궤도가 차지하는 각도는 2초각보다 좀 작아요. 하지만 실제로 프록시마성에 서 있는 사람은 없죠, 그러면 이게 어떻게 측정되었을까요? 반대로 하는 거예요. 어느 눈을 사용하느냐에 따라 시계에 대한 엄지의 위치가 바뀐 것이 기억나죠? 뭐, 같은 원리예요. 시차죠. 지구 궤도의 한 점은 "왼쪽 눈"의 역할을 하고, 정확히 반대편에 있는 지점은 "오른쪽 눈"이에요. 이 두 시점 사이의 거리는 3억 킬로미터 정도에요... 그리고 지름이 클수록, 시차도 더 커요... 그리고 측정값도 더 정확해지죠. 만일 눈이 2인치가 아닌 2피트 떨어져 있다면 엄지가 엄청 움직인 것처럼 보이겠죠? 그게 더 알아차리기 쉽잖아요.

그래서, 프록시마성을 다른 더 먼 별과 한 선상에 둬요... 우리가 시계에 한 것처럼요... 그리고 위치가... 더 먼 별에 대해 프록시마성의 각이... 어떻게 변하는 것처럼 보이는지 보는 거죠. 각을 알아냈을 때... 그나저나, 이 각은 프록시마성에서 지구의 궤도가 차지하는 각도와 같아요, 그냥 반대로 잰 거죠... 그리고 우리는 간단한 삼각법으로 프록시마성까지의 거리를 측정할 수 있어요. 혹시 궁금하다면, 4광년 좀 넘는 거리입니다. 거의 태양보다 270,000배 더 멀어요. 그리고 그게 두 번째로 가까운 별인 거예요!

제가 말했듯이, 프록시마성에서 지구의 궤도는 2초각을 조금 덜 차지해요. 그것도 아직 꽤 정확하게 측정될 정도로 충분히 큰 거예요, 하지만 별이 수백 또는 수천 배 더 멀리 있다고 상상해보세요. 그러면 우리는 측정하는 것이 거의 불가능한 미초각이나 다른 극미한 각들을 이야기하는 거예요. 그래서 시차가 상대적으로 가까운 별의 거리를 재기에만 좋은 거예요... 그렇지 않으면 각이 너무 0과 가까워서 정확성 있게 측정할 수 있는 적당한 기술이 없는 거죠.

astronomy[əstrάnəmi] 천문학　concept[kάnsept] 개념　thumb[θʌm] 엄지　back and forth 반복적으로, 앞뒤로
moment[móumənt] 순간　demonstrate[démənstrèit] 보여주다　parallax[pǽrəlæ̀ks] 시차　with respect to ~에 대한
reference[réfərəns] 기준, 참고　application[æ̀pləkéiʃən] 용도, 적용　key method 주요 방법
second-closest 두 번째로 가까운　compute[kəmpjúːt] 계산하다　field of vision 시야　orbit[ɔ́ːrbit] 궤도
average-sized 평균 사이즈의　observer[əbzə́ːrvər] 관찰자　arcsecond[ɑːrksékənd] 초각, 1도의 1/3600
advanced[ədvǽnst] 첨단의, 진보한　depending[dipéndiŋ] ~에 따라　principle[prínsəpl] 원리　diameter[daiǽmitər] 지름
distant[dístənt] 먼　in reverse 반대로　trigonometry[trìgənάmitri] 삼각법　infinitesimal[ìnfinitésəməl] 극미한
sufficient[səfíʃənt] 적당한, 충분한　accuracy[ǽkjurəsi] 정확성

3. History

Hackers Test

p.238

1. C 2. D 3. A, D 4. B 5. B 6. D

Listen to a talk on history.

Today, we'll be talking about the gold rush... in particular, the California gold rush during the mid-1800s. Historians would say that the gold rush officially kicked off on January 24, 1848, at Sutter's Mill. An employee at the mill, James Marshall, discovered gold flakes in the water as he was installing a lumber mill. He tried to keep the find a secret, but word eventually spread throughout California and, within a year, to the rest of the world. Prospectors soon came to California in droves searching for gold... South Americans, Australians, Chinese, and former European immigrants from the American East Coast were quickly filing in. Between 1848 and 1855, over 300,000 people came to California to follow their dreams of personal riches, and the area would be forever changed.
When people first arrived, they simply had to dip a pan into one of many rivers in order to find gold. It was resting at the bottom of the river beds and washed downstream by the current. Once all of the gold that could be panned this way was found, alternative methods needed to be devised. Mines were created... first underground ones and eventually open pit mines as the gold supplies became exhausted. To get at the gold underneath the riverbeds, Californians also employed a form of mining called hydraulic mining that used high-pressure water to dislodge the sediment from river beds. It was very effective, but it also destroyed the land and caused rivers to overflow their banks when dredged up silt accumulated downstream.
One of the most significant cities during the gold rush was San Francisco. You know San Francisco, right? A city on the west coast, in the middle of California. A port city. It's easy to see why San Francisco became a significant city—think about how people were getting to California. Some Americans took the overland route to get to California, but many people chose to travel by ship instead. All of the gold supplies were inland, tens of miles from the Pacific coast... but all of the people coming by ship still had to disembark at the port in San Francisco. Originally, San Francisco was a very small city, but its population swelled from one thousand to 25,000 within two years. Imagine that. Merchants, traders, and other service providers set up shop by the port because it was the one place where tools, food supplies, and fresh-off-the-boat miners were forced to enter California. The economic buildup in the city over a very short period of time was enormous and life in San Francisco became very complex.
San Francisco wasn't very hospitable in those days... no firewood and no fresh water. Everything had to be brought in. People were building thirty houses a day on average, which doesn't seem like many compared to the number of people coming in... but it was enough that people eventually had to build houses way up in the surrounding hills due to the lack of space. This huge influx... the massive increase in population... destroyed San Francisco's natural environment and had quite a negative impact on the habitat of wild animals. Remember that the Native Americans relied upon hunting and agriculture to survive, and the wholesale destruction of these lands inflamed tensions between them and the prospectors.
Anywhere there's money, there's crime. Up until statehood, California was essentially a land without laws. In some communities, a patchwork of obsolete Mexican laws were used to divide up land and settle disputes, while in other places violence and vigilantism ruled. Think about it. In what was once an

area populated only by Hispanics... the californios... and Native Americans, suddenly there was this buildup of people from all over. Not just American pioneers, either, but those from China, Australia, Italy, Ireland–you name it! Oftentimes these groups had very distinct cultures, even languages, and tended to keep to themselves. Problems became exacerbated when laws were passed that favored Americans over all the other groups, too. This was bound to happen, as all but eight of the local mayors by 1850 were of American descent. Race-related crimes were rampant, prejudice was high, and violence was the order of the day. Here's a fact that proves my point–during the peak of the Gold Rush, an average of two murders occurred every day in San Francisco! I'm talking only in the one city, not in California as a whole. Many people think that a conflict between pro- and anti-slavery politicians led to California's admission as a free state in 1850, but that's not the real reason. The absence of any rule of law was what persuaded the federal government to make California a state as quickly as possible.

Now get ready to answer the questions. You may use your notes to help you answer.

1. What is the lecture mainly about?
2. Why did people rush to San Francisco rather than the cities in the middle of the country?
3. How did the dramatic increase in population affect San Francisco?
4. What did people do when they could not pan any more gold?
5. What was the drawback of hydraulic mining?
6. Why did California become a US state?

오늘, 우리는 골드러시에 대해 얘기할 거예요... 특히, 1800년대 중반의 캘리포니아 골드러시에 대해서요. 역사학자들은 골드러시가 1848년 1월 24일 수터스 밀에서 공식적으로 시작되었다고 말하죠. 그 곳에서 일했던 고용인 제임스 마샬이 목재소를 설치하면서 물에서 얇은 금 조각들을 발견했어요. 그는 그 발견을 비밀로 하려고 했지만, 결국 캘리포니아 구석구석까지 소문이 퍼졌고, 1년 내에, 전 세계로 퍼졌죠. 곧 탐광자들은 금을 찾으러 캘리포니아에 떼로 몰려 들었어요... 남아메리카인들, 오스트레일리아인들, 중국인들, 그리고 미국 동해안에서 온 과거 유럽 이주자들이 급속도로 모여 들었어요. 1848년과 1855년 사이에, 300,000명이 넘는 사람들이 개인적인 부의 꿈을 쫓아 캘리포니아로 왔고, 그 지역은 영원히 바뀌었답니다.
사람들이 처음 도착했을 때, 그들은 단순히 많은 강들 중 하나에 냄비를 담그면 금을 찾을 수 있었어요. 금은 강바닥에 앉아 있었고 물결에 의해 하류로 씻겨내려 갔죠. 이런 방식으로 가려낼 수 있는 금이 모두 발견됐을 때, 다른 방법들을 궁리해야 했어요. 광산들이 생겨났죠... 처음에는 지하 광산들이 생겼고 금의 양이 고갈되면서 결국 노천광산들이 생겨났죠. 강바닥 밑에 있는 금을 획득하기 위해, 캘리포니아인들은 높은 압력의 물을 이용해 강바닥에 있는 퇴적물을 제거하는 수력채광이라는 채굴방법을 사용했어요. 매우 효과적이었지만, 땅을 파괴하고 들춰낸 미사들이 하류에 쌓였을 때 강이 강변을 넘쳐 흐르게 만들기도 했어요.
골드러시 기간 동안 가장 중요한 도시들 중 하나는 샌프란시스코였어요. 샌프란시스코를 알죠, 그렇죠? 캘리포니아 중심에 있는 서쪽해안의 도시요. 항구도시죠. 샌프란시스코가 왜 중요한 도시가 되었는지는 알기 쉬워요, 캘리포니아로 사람들이 어떻게 갔는지 생각해보세요. 어떤 미국인들은 육로로 캘리포니아에 갔지만, 많은 사람들이 배로 이동하는 것을 선택했어요. 모든 금 자원들이 태평양 해안에서 몇 십 마일 거리인 내륙에 있긴 했지만... 배로 오는 모든 사람들은 샌프란시스코에 있는 항구에서 내려야 했어요. 원래, 샌프란시스코는 굉장히 작은 도시였지만, 인구가 2년 내에 1,000명에서 25,000명으로 불어났죠. 상상해봐요. 상인, 무역업자들, 그리고 다른 서비스 제공자들이 항구 옆에 가게를 열었어요, 왜냐하면 도구, 음식, 그리고 방금 배에서 내린 광부들이 캘리포니아로 들어가기 위해서 지나야 할 유일한 곳이었으니까요. 아주 짧은 기간 동안 도시의 경제적 발전은 거대했고 샌프란시스코에서의 인생은 매우 복잡해졌어요.
샌프란시스코는 당시에는 그렇게 쾌적한 곳이 아니었어요... 장작도 없고 깨끗한 물도 없었죠. 모든 것을 밖에서 들여와야 했어요. 사람들은 평균적으로 하루에 집을 30채씩 짓고 있었어요, 들어오는 사람의 수에 비해 많아 보이지 않는 숫자예요... 하지만 결국 공간이 없어서 사람들이 서서히 주변의 산 위에 집을 지어야 할 정도가 됐어요. 이런 엄청난 유입... 인구의 대량 증가는... 샌프란시스코의 자연 환경을 파괴했고 야생 동물들의 서식지에 부정적인 영향을 끼쳤어요. 미국 원주민들이 사냥과 농사에 의존해 생존했다는 것을 기억해보세요, 그리고 이 땅들의 대대적인 파괴는 그들과 탐광자들 사이에 갈등을 자극했죠.
돈이 있는 곳이면 어디든 범죄가 있어요. 주로 편입되기 전까지, 캘리포니아는 본질적으로 법이 없는 땅이었어요. 어떤 사회에서는 시대에 뒤진 멕시코 법들을 모아 땅을 나누고 다툼을 해결하는 데 사용했어요, 반면 다른 곳에서는 폭력과 자경단 정신이 지배했죠. 생각해봐요. 스페인인들... 캘리포니오들... 그리고 아메리카 원주민들만 살았던 곳에 갑자기 도처에서 온 사람들이 증가되었어요. 그리고 미국 개척자들만이 아니라, 중국, 오스트레일리아, 이탈리아, 아일랜드, 어디에서든지요! 이 집단들은 대개 매우 다른 문화와 언어를 가지고 있었고, 그들끼리 붙어있는 경향이 있었어요. 다른 집단보다 미국인들에게 호의적인 법이 통과되었을 때 문제들이 더 악화되었어요. 이것은 일어날 수밖에 없었죠, 1850년에는 8명을 제외한 나머지 지방 시장들은 모두 미국 출신이었으니까요. 인종 관련 범죄들이 만연했고, 차별이 심했으며, 폭력은 보통 있는 일이었어요. 여기 제가 말한 것을 증명하는 사실이 있어요, 골드러시가 최고조일 때, 샌프란시스코에서는 매일 살인사건이 평균적으로 두 번 일어났어요! 전 한 도시만을 얘기하고 있는 거예요, 캘리포니아 전체가 아니라요. 많은 사람들은 노예제에 찬성, 반대하는 정치가들 간의 갈등 때문에 1850년에 캘리포니아가 자유로운 주로 승인되었다고 생각하지만, 그게 진짜 이유는 아니에요. 미국 연방 전부에 캘리포니아를 최대한 빨리 주로 만들도록 재촉한 것은 법규의 부재였어요.

officially [əfíʃəli] 공식적으로　kick off 시작하다　flake [fleik] 조각　lumber mill 목재소
prospector [práspektər] 탐광자　immigrant [íməgrənt] 이주자　dip [dip] 담그다　river bed 강바닥
downstream [dáunstrì:m] 하류로　current [kə́:rənt] 물결　pan [pɑ:n] 냄비로 (시금을) 가려내다
devise [diváiz] 궁리하다, 고안하다　open pit mine 노천광산　exhaust [igzɔ́:st] 고갈시키다, 없애다
hydraulic [haidrɔ́:lik] 수력의　dislodge [dislɑ́dʒ] 제거하다, 몰아내다　sediment [sédəmənt] 퇴적물
overflow [òuvərflóu] 넘치게 하다　overland [óuvərlæ̀nd] 육로의　inland [ínlənd] 내륙의　swell [swel] 불어나다
enormous [inɔ́:rməs] 거대한　hospitable [hɑ́spitəbl] 쾌적한　firewood [fáiərwùd] 장작　influx [ínflʌ̀ks] 유입
habitat [hǽbitæ̀t] 서식지　wholesale [hóulsèil] 대대적인　inflame [infléim] 자극하다, ~에 불을 붙이다
obsolete [ɑ̀bsəlí:t] 시대에 뒤진, 진부한　dispute [dispjú:t] 다툼　vigilantism [vídʒələntìzəm] 자경단 정신
buildup [bíldʌ̀p] 증가, 증대　oftentimes [ɔ́(:)fəntàimz] 대개, 자주　exacerbate [igzǽsərbèit] 악화시키다
descent [disént] 출신　rampant [rǽmpənt] 만연한, 보통 있는　peak [pi:k] 최고조　conflict [kɑ́nflikt] 갈등

4. Art

Hackers Test

p.244

1. D 2. C 3. C 4. A 5. B, D 6. D

Listen to a talk on art.

OK... um, for today, I'd like to discuss with you the impact the Industrial Revolution had on the people who worked in factories. I'm not going to talk about the toll on the workers' health... Yes, they were doing seventy-hour weeks in poorly ventilated buildings, and they were making these repetitive arm and hand movements... I bring up the repeated motions because, well, while the advancing technology was good... the division of labor... assigning separate tasks to groups of workers... it may have seemed like a good strategy for increasing productivity, but really, all it did was to make the work tedious. And that's one reason the Arts and Crafts movement began... The followers of this movement revolted because they felt that the products they were making were cheap and nasty. They didn't think workers should make only a part of the product... They believed they should make the whole product, be involved in the entire process of making the product so that they could keep a sense of pride in the work they were doing.
So... how exactly did the movement begin? Well, it had its beginnings in England in the 1860s. John Ruskin was a Victorian writer on the arts, and it was he who built the foundations of the movement. He believed machines were dishonest because they removed the worker from the artistic process. Um, the leader of the movement, though, was William Morris. Ruskin had the ideas, but Morris was great at organizing, at putting things together. He understood how to unify aesthetics and social reform, and essentially, that was the basis of the Arts and Crafts movement.
Now, uh, before I continue, I'm going to say something about design because it also had a lot to do with

why the movement started. Well, the design that was "in" in those times was Victorian. The style was heavily ornamental, and a home that was decorated in the Victorian fashion had many pieces of furniture and objects... There was even Victorian wallpaper of very lush and elaborate designs. So it was a very cluttered and abundant look. And because it was so ornate, items of Victorian design were expensive. Now, going back to what happened during the Industrial Revolution, factories tried to reproduce items of Victorian design with their machines... What's interesting is, the manufacture of Victorian style objects and furniture had no effect on how work was done in the factories because management continued to implement a division of labor policy. I mean, how can you divide up the labor to produce a plate like this? Clearly, you aren't going to be able to make anything remotely similar to this object. Naturally, the machine-made products were shoddy and tasteless compared to the original Victorian styled pieces. They didn't have the intricacy of the hand-made objects, and so, although the Victorian style was popular, it was just too elaborate for factory machines to make.
The other objective of the supporters of the Arts and Crafts movement was... they wanted to produce beautifully handcrafted quality items that the working classes could afford. Now, the original founders of the movement weren't entirely successful in producing handcrafted items at affordable prices because they had to pay the craftsmen decent wages to produce fine goods, and this forced them to sell their objects at prices higher than what the common man could afford... So it kind of defeated the purpose of the movement. But, uh, the discovery of new, cheaper materials such as cast iron, papier maché, rubber, less expensive wood... well, these materials allowed the craftsmen of later generations to make items that were one-of-a-kind and yet so much cheaper... and this is why it became economically possible for ordinary people to indulge in their aesthetic pleasures.
In the end, the movement emphasized that as long as you have a good, solid design, it will sell well. The materials may be cheap, they may be expensive, but the design and the craft are what people look for. And that's why the Arts and Crafts movement swept England.

Now get ready to answer the questions. You may use your notes to help you answer.

1. What does the professor mainly discuss?

Listen again to part of the lecture. Then answer the question.

P: I'm not going to talk about the toll on the workers' health... Yes, they were doing 70-hour weeks in poorly ventilated buildings, and they were making these repetitive arm and hand movements... I bring up the repeated motions because, well, while the advancing technology was good...

2. Why does the professor say this:
   P: Yes, they were doing seventy-hour weeks in poorly ventilated buildings, and they were making these repetitive arm and hand movements...

3. How does the professor introduce her discussion of the origins of the Arts and Crafts movement?
4. What does the professor imply about items of Victorian design?
5. According to the lecture, what were the objectives of the Arts and Crafts movement?
6. According to the professor, what was the main reason the movement eventually became successful?

자... 음, 오늘은 산업혁명이 공장에서 일했던 사람들에게 준 영향에 대해 얘기하고 싶구나. 노동자들 건강의 희생에 대해서 얘기하지는 않겠어... 그래, 그들은 통풍이 잘 되지 않는 건물들에서 일주일에 70시간씩 일하고 있었고, 반복적인 팔과 손 동작을 하고 있었어... 반복적인 동작들을 얘기하는 이유는, 음, 기술의 발달은 좋았지만... 노동의 분업화... 노동자들을 조로 나누어 다른 과제를 지정해주는 것... 이게 생산성을 높이기 위해 좋은 방법처럼 보였을 수도 있지만, 사실 일을 지루하게 만들 뿐이었지. 그리고 그게 미술과 공예 운동이 시작된 이유들 중 하나야... 이 운동의 추종자들은 그들이 만드는 제품들이 싸고 추잡하다고 생각했기 때문에 운동을 일으켰어. 그들은 노동자들이 제품의 일부만을 만들면 안 된다고 생각했어... 노동자들이 전체 제품을 만들어야 한다고 믿었어, 제품을 만드는 전 과정에 참여함으로써 자신이 하는 일에 대한 자부심을 가질 수 있도록 해야 한다고 믿었지.

그럼... 운동이 정확히 어떻게 시작됐냐고? 음, 시작은 1860년대 영국이었지. 존 러스킨은 빅토리아 시대의 미술평론가였고, 운동의 기본 틀을 세운 것이 바로 그였어. 그는 기계가 노동자를 예술적인 과정과 분리시켰기 때문에 부정하다고 믿었지. 음, 하지만, 운동의 리더는 윌리엄 모리스였단다. 러스킨은 아이디어들을 가지고 있었지만, 모리스는 조직하고 구성하는 데 뛰어났어. 그는 미학과 사회 개혁을 통합하는 방법을 알았고, 본질적으로, 그것은 미술과 공예 운동의 기초였어.

이제, 어, 내가 계속 하기 전에, 디자인에 관한 얘기를 할 거야, 운동이 시작된 이유와 많은 관련이 있거든. 음, 당시에 "최신 유행"이었던 스타일은 것은 빅토리안이었어. 굉장히 장식적인 스타일이었지, 그리고 빅토리아 풍으로 장식된 집은 가구와 물건이 많았어... 풍부하고 정교한 디자인의 빅토리안 벽지도 있었지. 그러니 매우 복잡하고 풍요로운 모습이었지. 그리고 너무 장식적이었기 때문에 빅토리아풍의 물건들은 비쌌어. 자, 산업혁명 동안 일어난 일로 돌아가면, 공장들이 빅토리아풍의 물건들을 재생산하려고 했지... 흥미로운 건, 경영진은 노동의 분업화 방침을 계속 이행했기 때문에 빅토리아풍 물건과 가구들의 제조는 공장에서 일하는 방식에 영향을 주지 않았어. 그러니까, 이런 접시를 생산하기 위해 어떻게 일을 나누겠니? 이 물건과 조금이라도 비슷한 것을 만들지 못 할거라는 것은 확실하지. 자연히, 기계로 만들어진 제품들은 원래 빅토리아 풍의 물건들에 비해 조잡하고 품위가 없었어. 수제품들의 정교함이 없었어, 그래서 빅토리아풍이 인기 있긴 했어도 공장 기계들이 만들기에는 너무 정교했어.

미술과 공예 운동의 추종자들의 또 다른 목적은... 노동자 계층이 구입할 수 있는 아름답게 만들어진 품질의 물품들을 생산하고 싶다는 거였어. 자, 운동을 시작한 최초의 사람들은 알맞은 가격에 수제 물품들을 생산하는 데 완전히 성공적이지는 못했어, 그들은 장인들에게 좋은 물건들을 생산하기 위한 상당한 임금을 줘야 했고, 그것은 보통 사람이 살 수 있는 것보다 높은 가격에 물건을 팔 수밖에 없었기 때문이지... 그래서 이게 운동의 목적을 좀 좌절시켰지. 하지만, 어, 무쇠, 페이퍼 마셰, 고무, 덜 비싼 나무와 같은 새롭고 값싼 재료들의 발견으로... 음, 이 재료들은 후대의 장인들이 고유하면서도 훨씬 싼 물건들을 만들 수 있게 해줬지... 그리고 그 덕분에 보통 사람들도 심미적인 기쁨을 누리는 것이 경제적으로 가능해졌어.

결국, 그 운동은 좋고, 견실한 디자인만 있으면, 잘 팔린다는 점을 강조했어. 재료가 싸든 비싸든, 사람들이 원하는 것은 디자인과 공예라는 거지. 그리고 그게 미술과 공예 운동이 영국을 휩쓴 이유야.

Industrial Revolution 산업혁명 ventilate [véntəlèit] 통풍시키다 repetitive [ripétitiv] 반복적인
tedious [tíːdiəs] 지루한 revolt [rivóult] 운동을 일으키다, 반항하다 aesthetics [esθétiks] 미학
ornamental [ɔːrnəméntəl] 장식적인 shoddy [ʃádi] 조잡한, 싸구려의 handcraft [hǽndkræ̀ft] 손으로 만들다
affordable [əfɔ́ːrdəbl] (구입하기에) 알맞은, 감당할 수 있는 one-of-a-kind 고유한 ordinary [ɔ́ːrdənèri] 보통의
emphasize [émfəsàiz] 강조하다

5. Music

Hackers Test

p.248

1. B 2. C 3. D 4. C 5. D 6. D

Listen to a talk on opera.

Madame Butterfly. Carmen. The Marriage of Figaro. You may not know anything about opera, but you certainly have heard of the more famous ones. Today, my goal is to fill the gaps in your knowledge and to inform you about how opera developed in Italy and spread throughout Europe and the world...
For starters, the word "opera" actually means work... it's related to the word "opus," which you are probably familiar with. In medieval Italy, most artistic endeavors were sponsored by the Church and dealt with religious themes—vocal music was no different. In particular, music and song were used in order to spread religious gospel and, since the language of the Church was Latin, most of this music

was sung in Latin as well. This was fine in an earlier era, but by the time 1400 or 1500 rolled around, Latin had been widely replaced by Italian in all but religious and aristocratic endeavors. You see, Italian was derived from Latin... from a form called Vulgar Latin in particular... In poetry, the sciences, academia, religion... Latin was still used. On the street, however, when people were at the market or talking with their friends and family, it was all done in Italian. Same with vocal music–singing; in that arena, Italian held sway. That is, once opera became a mainstream art form and escaped the confines of the Church. That's why operas have historically been performed in Italian and not Latin... I think there have only been two major operas ever produced in Latin, just because it wasn't the lingua franca of the people.

The roots of opera go back to the time when an influential group of artists, the Humanists, were enamored with Ancient Greece and wanted to devise an art form that recalled the blend of song and narrative found in the original performances of Greek tragedy and dramas. Before this, monody, madrigals, and intermezzo were all forms of music that involved either solo or group singing accompanied by orchestral arrangements–very similar to what constitutes an opera. The problem is that these generally took place for members of the royal court and weren't meant for the common people. If I had to give an exact date for the beginning of opera, it'd be 1597, when a composer named Jacopo Peri produced a work called *Dafne*. That was the first musical composition that could be classified as opera by today's standards, and it enjoyed a great public reception. What constitutes an opera, then? Traditionally, opera is said to consist of two vocal components. These are the recitativo, where the performer sings in a manner similar to regular speech... it's used to develop the plot of the underlying narrative; and the aria, which is a full-on musical number incorporating instrumentation and vibrant singing–it expresses the emotions of the characters. Opera in this form developed in Italy until the 1630s or 1640s, and would eventually spread to other countries, like France and England.

The development of opera in other European countries was analogous to the development of Broadway in the United States. At first, nearly every play performed in America was produced by British directors and British actors had all the roles, but Americans soon came to learn the craft and developed their own indigenous style of performance, as they did with the Broadway musical. With opera, at first it was Italian composers and vocalists who were the most sought after in these places, but eventually a unique domestic style evolved and talented writers and singers came to the forefront.

Looking at France, the audiences there weren't fans of Italian opera, well, because it came from a long-time historical rival. In the 1670s, a unique French form of opera was created called *tragédie en musique*, which gave a greater role to dance and visual spectacle–and particularly to the rhythm of the language–while diminishing the importance of the music. The arrangement was also quite different, with the recitativo coming more to the forefront and the subject matter taking on more of a mythological tone. The French were very proud of their own artistic tradition and didn't want to take many stylistic cues from the Italians.

Britain gained an appreciation for opera in the early eighteenth century as a result of the English Restoration. Before that, the Commonwealth government severely curtailed theater productions. Again, it was Italian style that was first introduced to British audiences... which at the time was the *opera serie*, dealing with more serious subject matter than most other operas. This was in stark contrast to the changes taking place in France at the time, where a new form, *opera comique*, emerged. This often dealt with lighter, more farcical storylines. Opera continued to spread to other parts of the world, even outside of Europe, where it still flourishes to this day.

Now get ready to answer the questions. You may use your notes to help you answer.

1. What does the professor mainly discuss?
2. Why does the professor mention *Madame Butterfly*, *Carmen*, and *The Marriage of Figaro*?
3. According to the lecture, what factor inspired the creation of opera?
4. Why does the professor mention Broadway?

Listen again to part of the lecture. Then answer the question.

P: Looking at France, the audiences there weren't fans of Italian opera, well, because it came from a long-time historical rival. In the 1670s, a unique French form of opera was created called *tragedie en musique*...

5. What does the professor imply when she says this:
   P: ...the audiences there weren't fans of Italian opera, well, because it came from a long-time historical rival.

6. According to the professor, what is true about *tragédie en musique*?

나비부인. 카르멘. 피가로의 결혼. 오페라에 대해 아무것도 모를 수 있지만, 더 유명한 것들은 확실히 들어봤을 것입니다. 오늘, 제 목표는 여러분의 지식의 틈을 채워 오페라가 어떻게 이탈리아에서 발달했고 유럽과 전 세계를 퍼져 나갔는지를 알려주는 것입니다...
시작하자면, "오페라"라는 단어는 사실 일이라는 뜻이에요... "opus"이라는 단어와 관련이 있는데, 아마 이 단어는 낯이 익을 거예요. 중세 이탈리아에서, 대부분의 예술적인 시도들은 교회의 지원을 받았고 종교적인 주제를 다루었어요, 성악도 다를 것이 없었죠. 특히, 음악과 노래는 종교적인 복음을 퍼뜨리기 위해 이용되었고, 교회의 언어가 라틴어였기 때문에, 대부분의 노래도 라틴어로 불려졌어요. 초기 시기에는 괜찮았지만, 1400년 또는 1500년대가 오자, 라틴어는 대대적으로 종교적 그리고 귀족적인 분야만을 제외하고 이탈리아어로 대체되었어요. 그게, 이탈리아어는 라틴어에서 파생된 것이거든요... 그 중에서도 통속 라틴어라는 형태에서 온 거예요... 시, 과학, 학계, 종교에서는... 라틴어가 아직 사용되고 있었어요. 그러나, 길거리에서 사람들이 시장에 갈 때나 친구와 가족들과 얘기하는 것은 이탈리아어로 이루어졌습니다. 성악에서도 마찬가지였어요, 노래 부르는 것, 그 분야에서는 이탈리아어가 지배적이었어요. 그러니까, 오페라가 주 예술 형태가 되고 교회의 영역에서 벗어났을 때요. 그래서 오페라들이 역사적으로 라틴어가 아닌 이탈리아어로 공연되었던 것이에요... 제 생각엔 라틴어로 제작된 주요 오페라는 두 개 밖에 없었던 것 같네요, 단지 사람들의 통상어가 아니었기 때문에 말이죠.
오페라의 뿌리는 인문주의자라고 불리는 영향력 있는 예술가 집단이 고대 그리스에 매혹되어 그리스 비극과 드라마의 원작에서 찾을 수 있는 노래와 이야기의 조합을 재현하는 예술 형태를 발명하고 싶었던 시기로 돌아갑니다. 이 전에는, 독창가, 마드리갈, 그리고 간주곡들 모두 오케스트라가 겸비된 독창 또는 합창이었어요, 오페라의 구성과 매우 비슷하죠. 문제는 이것들이 대체적으로 궁중 인원들을 위해 개최되었고 평민들을 위한 것이 아니었다는 거예요. 만일 제가 오페라가 시작한 정확한 날짜를 말해야 한다면, 1597년일 거예요, 야코포 페리라는 작곡가가 "다프네"라는 작품을 만들었을 때요. 이것은 오늘의 기준으로 오페라로 분류할 수 있는 첫 음악 작품이었고, 굉장한 대중의 환영을 받았습니다. 그렇다면, 오페라를 구성하는 것이 무엇일까요? 전통적으로, 오페라는 두 성악 요소로 이루어져 있다고 합니다. 기본 줄거리를 발전시키기 위해 사용 되는... 배우가 평상시 대화와 비슷한 태도로 노래를 부르는 레치타티보, 그리고 인물들의 감정을 표현할 때 쓰이는, 악기와 울려퍼지는 노래가 섞인 완전히 음악적인 부분인 아리아예요. 이 형태의 오페라는 이탈리아에서 1630년대 또는 1640년대까지 발전했고, 결국 프랑스와 영국과 같은 다른 나라들에까지 퍼져 나갔어요.
다른 유럽 나라들에서 오페라의 발전은 미국에서 브로드웨이의 발전과 유사했어요. 처음에, 미국에서 공연된 거의 모든 연극이 영국 감독들에 의해 제작되고 모든 역은 영국 배우들이 맡았지만, 미국인들은 곧 기술을 배워 그들만의 고유한 공연 방식을 만들었어요, 브로드웨이 뮤지컬처럼요. 오페라도, 처음에는 이탈리아 작곡가들과 성악가들이 가장 인기가 많았지만, 서서히 독특한 국내 스타일이 생겨났고 능력 있는 작가들과 가수들이 전면에 나서게 되었어요.
프랑스를 보면, 그곳의 관객들은 이탈리아의 오페라의 팬이 아니었어요, 음, 역사적으로 오랜 기간 동안 라이벌 관계였기 때문이죠. 1670년대에 프랑스 특유의 오페라 형태가 창조되었어요, 'tragédie en musique'이라고 불렸지요, 춤과 시각적인 구경거리에, 그리고 특히 언어의 리듬에 더 많은 역할을 주었어요, 그러면서 음악의 중요성을 줄였죠. 편곡도 꽤 달랐어요, 레치타티보가 더 중심으로 오고 소재는 더 신화적인 색을 띄게 되었어요. 프랑스인들은 그들만의 예술적인 전통을 아주 자랑스러워했고 이탈리아인들에게서 예술양식에 관한 많은 힌트를 받고 싶어 하지 않았어요.
영국은 영국 왕정 복고의 결과로 18세기 초에 오페라를 받아들였습니다. 그 전에는 영연방 정부가 극장 제작을 엄격하게 제한했습니다. 역시, 처음 영국 관객에게 소개된 것은 이탈리안 스타일이었어요... 이것은 그 당시 다른 오페라들보다 더 심각한 소재를 다루는 opera serie였어요. 이건 당시 프랑스에서 opera comique라는 새로운 형태가 나타나 변화가 일어나는 것과 적나라하게 대비되었죠. 이것은 보통 더 가벼고, 익살맞은 줄거리들을 다루었어요. 오페라는 계속해서 세계의 다른 곳으로 퍼져 나갔습니다, 유럽 밖으로도요, 그리고 오늘날까지 성행하고 있어요.

gap[gæp] 틈　knowledge[nálidʒ] 지식　for starters 시작하자면, 우선　opus[óupəs] 작품
artistic[ɑːrtístik] 예술적인　endeavor[endévər] 시도, 노력　sponsor[spánsər] 지원하다　Latin[lǽtən] 라틴어
aristocratic[ərìstəkrǽtik] 귀족적인, 귀족의　derive[diráiv] 파생된　arena[əríːnə] 분야　lingua franca 통상어, 공용어
root[ru(ː)t] 뿌리　influential[ìnfluénʃəl] 영향력 있는　enamor[inǽmər] 매혹하다　tragedy[trǽdʒidi] 비극
royal court 궁중　common people 평민　standard[stǽndərd] 기준　component[kəmpóunənt] 구성 요소
underlying[ʌ́ndərlàiiŋ] 기본의　narrative[nǽrətiv] 줄거리, 이야기　instrumentation[ìnstrəmentéiʃən] 악기의 사용
vibrant[váibrənt] 울려 퍼지는, 진동하는　analogous[ənǽləgəs] 유사한　indigenous[indídʒənəs] 고유한
domestic[dəméstik] 국내　forefront[fɔ́ːrfrʌ̀nt] 전면　spectacle[spéktəkl] 구경거리　diminish[dəmíniʃ] 줄이다
mythological[mìθəládʒikəl] 신화의　cue[kjúː] 힌트　commonwealth[kámənwèlθ] 영연방
curtail[kə(ː)rtéil] 제한하다, 줄이다　stark[stɑːrk] 적나라한　farcical[fáːrsikəl] 익살맞은

6. Environmental Science

Hackers Test

p.254

1. D　2. B　3. C

4.

	Autotrophs	Heterotrophs
Animals		√
Grass	√	
Cyanobacteria	√	
Fungi		√

5. C, D　6. D

Listen to a talk on environmental science.

I'd like to start today's lecture with a question. What is a food web? I know you've heard of a food chain before, right? A line that runs from the sun through the producers and up to the consumers? Oh, I don't want to lose you already! Producers... the organisms that are responsible for taking in sunlight and producing energy... usually through photosynthesis. And consumers, the higher-level organisms that consume, or eat the producers. One example of the food chain is a line that starts with the sun, and goes to grasses... because they take in the sun to produce energy... and then from the grasses to grasshoppers, because the grasshoppers eat grass... and then onwards to frogs, who eat the grasshoppers, and then to snakes who eat the frogs, and lastly to falcons, who eat the snakes. Beginning from the Sun, through grass, grasshoppers, frogs, snakes, and ending at falcons... that's our food chain. Is anything in life ever this elegant and simple? Hardly. That's where the food web comes in. Unlike our food chain example, most organisms don't only consume one thing. Like rats... they like to eat grass, insects, trash... pretty much anything... so we have to link lots of food chains together. Because nearly every organism consumes several other organisms, the diagram describing these relationships looks a lot like a web. A food web.
Food webs are pretty complex sets of relationships to describe, so let's just stick with the individual food chains. I mentioned producers and consumers in food chains earlier. Well, scientists have their own special terms to describe these organisms. Autotrophs and heterotrophs. Autotrophs are the producers of energy... they make glucose, sucrose, and other carbohydrates in the process of doing photosynthesis. It

is in the autotroph group where you'll find grasses and certain types of bacteria like cyanobacteria. Grasses are generally fed upon by grazing animals and constitute over twenty percent of the world's vegetation. Cyanobacteria are also very prevalent... you can find them in oceans, under rocks, in freshwater... So, autotrophs form the base of the food chain. What sets the autotrophs apart from other organisms is the existence of chloroplasts within their cells. Chloroplasts are where photosynthesis takes place—without them, the carbohydrates I mentioned before cannot be produced and energy is not created.
Farther along the food chain we have the consumers... the heterotrophs. These guys get their energy by consuming the organic substances—carbohydrates—the autotrophs produce. Animals all fall into this category, no matter if they're herbivores or carnivores. This is because they all "consume" something—whether it is plants or animals. Another group that is classified as heterotrophs is fungi. Strange, right? Although fungi might seem pretty related to plants, they are in fact quite different. Key is their lack of chloroplasts, which means they can't undergo photosynthesis. Scientists always figured they produced something, even if it was not photosynthetic... but recent research has shelved that idea. It makes sense if you think about it. Mushrooms grow when there's stuff decaying... so they aren't creating their own energy by way of sunlight. They must rely upon other matter for their own growth, which makes them consumers... heterotrophs.
This isn't a very efficient process, however. If we consider the food chain from earlier, it takes thousands or even millions of pieces of grass to grow the grasshopper that's eaten by the frog... that's eaten by the snake... that the falcon eats... The energy from the grass passes through these various organisms, but most of the energy that was produced via photosynthesis in the first place is lost... at any rate, it's certainly not used with one hundred percent efficiency. Ten percent is the amount that most people cite... only ten percent of an organism's energy is passed on to the predator. At each level in a food web... these are called trophic levels, by the way... at each trophic level, some of the energy from the lower-level organism is excreted as waste—it's not digested. Much of it is also lost as heat... all predator's bodies burn energy and release heat because of the internal biological processes going on. So, at the end of the day, only ten percent of the energy that is transferred across a trophic level is actually stored. The ten percent number... it gets the energy wastage point across nicely, but this should only be used as a guideline. The efficiency rate may be slightly more or less, depending.

Now get ready to answer the questions. You may use your notes to help you answer.

1. What is the main topic of the lecture?
2. How does the professor explain the concept of a "food web" to students?
3. What does the professor imply about food chains?
4. In the lecture, the professor describes certain organisms and their ability to consume and produce energy. Is each one an autotroph or a heterotroph?
5. According to the professor, what are two reasons that a small amount of energy is passed to the next trophic level?

Listen again to part of the lecture. Then answer the question.

P: The ten percent number... it gets the energy wastage point across nicely, but this should only be used as a guideline.

6. Why does the professor say this:
   P: ...this should only be used as a guideline.

오늘의 강의는 질문으로 시작하고 싶어. 먹이그물이 뭘까? 먹이사슬은 전에 들어본 적이 있을 거야, 그렇지? 태양에서 생산자들을 거쳐 소비자들로 올라가는 선이라는 것 말이야? 오, 벌써부터 너희들을 잃고 싶지는 않은데! 생산자들... 햇빛을 받아들이고 에너지를 생산하는 역할을 맡은 유기체들... 보통 광합성으로 이 일을 하지. 그리고 소비자들은, 생산자들을 소비하거나 먹는 더 높은 단계의 유기체들이야. 먹이사슬의 한 예는 태양에서 시작해 잔디로 가고... 그들이 햇빛을 흡수해서 에너지를 생산하니까... 그리고 잔디에서 메뚜기로 가고, 메뚜기들이 잔디를 먹으니까... 나아가서 메뚜기들을 먹는 개구리들, 다음엔 개구리를 먹는 뱀들, 그리고 마지막으로 뱀들을 먹는 매들로 선이 이어져. 태양에서 시작해서, 잔디, 메뚜기, 개구리, 뱀을 거쳐, 매에서 끝나는... 그게 우리의 먹이사슬이야. 인생에서 이렇게 우아하고 간단한 것이 있을까? 거의 없지. 그래서 먹이그물이 등장하는 거야. 먹이사슬의 예와 달리, 대부분의 유기체들은 하나만 섭취하지 않아. 쥐처럼... 그들은 잔디, 곤충, 쓰레기... 거의 모든 것을 먹어... 그러니까 우리는 많은 먹이 사슬들을 이어야 해. 거의 모든 유기체들이 여러 개의 다른 유기체들을 섭취하기 때문에 이런 관계들을 설명하는 도형은 그물처럼 보여. 먹이그물인거지.
먹이그물들은 설명하기 꽤 복잡한 관계들의 집합체니까, 그냥 각각의 먹이사슬을 계속 다루자. 내가 아까 먹이사슬의 생산자들과 소비자들을 언급했어. 음, 과학자들은 이 유기체들을 설명하는 데 그들만의 특별한 용어들을 써. 독립 영양생물들과 종속 영양생물들. 독립 영양생물들은 에너지 생산자들이야... 그들은 광합성의 과정에서 포도당, 자당, 그리고 다른 탄수화물들을 만들어. 독립 영양생물 그룹에서 잔디와 시아노 박테리와 같은 특정 종류의 박테리아들을 찾을 수 있어. 잔디는 일반적으로 풀을 뜯어먹는 동물들에게 먹히고 세계의 식물 중 20퍼센트를 차지해. 시아노 박테리아도 매우 흔해... 이것들을 바다, 바위 아래, 민물에서 찾을 수 있지... 그래서, 독립 영양생물들은 먹이사슬의 기반을 형성해. 독립 영양생물들이 다른 유기체들과 다른 이유는 세포 내에 엽록체가 존재하기 때문이야. 엽록체에서 광합성이 일어나, 이것 없이는 내가 아까 언급한 탄수화물들이 생산되지 못하고 에너지도 안 생기지.
먹이사슬을 따라 더 들어가면 소비자들이 있어... 종속 영양생물들이지. 얘네들은 독립 영양생물들이 생산하는 유기 물질인 탄수화물을 섭취해서 에너지를 얻어. 동물들은 초식이든 육식이든 모두 이 종류에 속해. 그들은 모두 식물이든 동물이든 모두 무언가를 "섭취"하기 때문이야. 종속 영양생물로 분류되는 다른 부류는 버섯이야. 이상하지, 그렇지? 버섯이 식물과 꽤 관련이 있어 보일 수도 있지만, 사실 그들은 꽤 달라. 핵심은 엽록체의 결핍이야, 그들은 광합성을 하지 못한다는 뜻이지. 과학자들은 광합성에 의한 것이 아니더라도 그들이 무언가는 생산할 거라고 생각했어... 하지만 최근의 연구 결과가 그 생각을 버렸어. 생각해보면 말이 돼. 버섯들은 부식되는 것이 있을 때 자라잖아... 그러니까 그들이 직접 햇빛으로 에너지를 생산하는 것은 아니지. 성장을 위해서 다른 물질에 의존해야 돼, 그러니까 그들은 소비자들... 종속 영양생물이 되는 거지.
하지만 이건 그렇게 효율적인 과정은 아니야. 전에 말한 먹이사슬을 보면, 수 천 또는 수 백만 가닥의 풀이 있어야 개구리에게 먹힐 메뚜기를 성장시킬 수 있어... 그리고 개구리는 뱀이 먹고... 뱀은 매가 먹고... 잔디의 에너지는 이렇게 다양한 유기체들을 지나지만, 처음에 광합성으로 생산된 에너지는 대부분 없어져... 하여튼, 100퍼센트 효율적으로 사용되지 않는 것은 확실해. 많은 사람들이 10퍼센트 정도라고 주장하지... 유기체 에너지의 10퍼센트만이 포식자에게 전달된다고 말이야. 각 먹이그물의 단계... 참고로, 이것들은 영양 단계라고 불러... 각 영양 단계에서, 하위 단계의 유기체의 에너지의 일부가 폐기물로 배설돼, 소화되지 않고 말이야. 많은 부분이 열로도 빠져 나가지... 모든 포식자들의 몸은 내부에서 일어나는 생물학적 과정들 때문에 에너지를 태우고 열을 방출하거든. 결국, 한 영양단계를 통과한 에너지의 10퍼센트만 실제로 저장돼. 10퍼센트라는 숫자... 에너지의 소실이라는 요점은 잘 전달 하지만, 지침으로만 사용되어야 해. 상황에 따라, 효율의 비율이 좀 적거나 많을 수 있으니까.

food web 먹이그물　food chain 먹이사슬　producer[prədjú:sər] 생산자　consumer[kənsjú:mər] 소비자
organism[ɔ́:rgənìzəm] 유기체　photosynthesis[fòutəsínθisis] 광합성　onwards[ɑ́nwərdz] 나아가서, 계속해서
elegant[éləgənt] 우아한　autotroph[ɔ́:tətrɑ̀f] 독립 영양생물　heterotroph[hétərətrɑ̀f] 종속 영양생물
glucose[glú:kous] 포도당　sucrose[sú:krous] 자당　carbohydrate[kɑ̀:rbouháidreit] 탄수화물
cyanobacteria[sáiənoubæktìəriə] 시아노 박테리아　graze[greiz] 풀을 뜯어 먹다　constitute[kɑ́nstitjù:t] 차지하다, 구성하다
prevalent[prévələnt] 흔한　chloroplast[klɔ́:rəplæ̀st] 엽록체　herbivore[hə́:rbəvɔ̀:r] 초식동물
carnivore[kɑ́:rnəvɔ̀:r] 육식동물　fungi[fʌ́ndʒai] 버섯, 균류　shelve[ʃelv] 버리다, (선반에) 처박아 두다
efficient[ifíʃənt] 효율적인　via[váiə] ~으로, ~을 통해　predator[prédətər] 포식자　trophic[trɑ́fik] 영양의
excrete[ikskrí:t] 배설하다　wastage[wéistidʒ] 소실, 소모

7. Geology

Hackers Test

p.260

1. A 2. D

3.

	Yes	No
Transpires hundreds of times each year	√	
Causes rock to split and break	√	
Takes place when it is raining		√
Prevents rock from absorbing water		√
Makes use of water and ice	√	

4. B 5. C 6. B

Listen to a talk on geology.

P: Um, before we leave for the Bryce Canyon National Park tomorrow, I thought it would be a good idea for us to go over some of the things we'll be seeing there. Oh, and make sure you aren't late tomorrow morning because the buses will leave at 5 a.m. on the dot. Don't say I didn't tell you! OK, so, we're going to be looking at different types of rocks at the National Park, especially sedimentary rock. You know what sedimentary rock is, don't you? It's made of sand, minerals like calcite and quartz, and decaying materials, mostly layers of decaying organic matter that's been compacted over time.

Now, the thing about sedimentary rock is... it goes through continuous weathering. Weathering consists of the processes that cause exposed rock to decompose. Tomorrow, you'll be seeing two different types of weathering these rocks go through. One of these is frost wedging. Here, let me write that down on the board. Frost wedging occurs during the winter season... when the temperature drops at night, and snow falls onto these rocks. The snow sits there until the sun rises, and during the daytime when the temperature rises a bit, the snow melts and seeps into the cracks of the rocks. And remember these are sedimentary rocks, so they have many cracks the water can flow into! The water sits in the cracks of the rocks until the sun sets. Then when night comes and the temperature drops again, the water in the rocks re-freezes... and you know what happens when water freezes, right? It expands! So it acts like a wedge... and it starts shattering and prying the rock apart. The same thing happens again when daytime comes and the snow that has fallen overnight melts, and then nighttime comes and it freezes. This thaw-freeze cycle happens over two hundred times a year, so I'm pretty sure you can imagine what the sedimentary rock will look like after a while.

The other type of weathering is called runoff... and this one takes place during the summer. Now, in summer, the sun gets very hot and it doesn't rain very much, so the ground and the rocks become really dry, so dry that any water that falls on them doesn't get absorbed but just simply washes off. So, when it does happen to rain, the rain not only washes off but also carries away grains of the rock, sometimes even large chunks of it.

So these weathering processes... frost wedging and runoff... continue to erode the sedimentary rocks from one millennium to the next... And as water and ice continue to widen the cracks in the rocks, these cracks become deep, slim corridors or gullies in the plateau. But the erosion doesn't stop there... After a while, it creates a hole right on the side of the plateau, and this hole goes all the way from the front to the back. If it's more than a meter wide, we call this a window... and when the roof of a window fails to withstand the pressure and collapses, you have what is called a hoodoo. Here's a picture of one. This isn't one at the National Park we'll be visiting tomorrow... this one's in Australia, but I wanted to show it to you because a lot of people think hoodoos are found only at Bryce Canyon. Actually... hoodoos can form in any part of the world as long as the conditions that allow for hoodoo formation exist.

So, um, it'll be great to see these tomorrow, but if it happens to rain, that could be a problem. The areas where the hoodoos are located flood really easily because the canyon is so dry... and the rain can pretty much wash away everything. So, unfortunately, that area would be too dangerous to visit. And since we'll need to take precautions, I can't allow personal sightseeing. You'll need to stay with the group.

OK, let's take another look at these... hoodoos. As I said earlier, these hoodoos form when plateaus become so weathered that there's nothing left but these pole-like structures.

S: Um... I have a question... If they were weathered by water, how come they're so lumpy instead of smooth?

P: Ah... That's because they're made of sedimentary rock. In addition to frost wedging, rain also helps sculpt the hoodoos. Rain contains a weak carbonic acid, and some parts of the rock are more susceptible to acid than others. So, they don't all dissolve at the same rate. Plus, the acid tends to round off the edges of the rock... so that... and the different rates of erosion are the reasons why they're lumpy in appearance.

Now get ready to answer the questions. You may use your notes to help you answer.

1. What is the lecture mainly about?

Listen again to part of the lecture. Then answer the question.

P: Um, before we leave for the Bryce Canyon National Park tomorrow, I thought it would be a good idea for us to go over some of the things we'll be seeing there. Oh, and make sure you aren't late tomorrow morning because the buses will leave at 5 a.m. on the dot. Don't say I didn't tell you!

2. What does the professor mean when he says this:
   P: Don't say I didn't tell you!

3. In the lecture, the professor describes aspects of frost wedging. Indicate whether each of the following is an aspect.
4. According to the professor, what is the final step in hoodoo formation?
5. Why does the professor show the students a picture of a hoodoo?
6. What is a cause of the hoodoos' lumpy appearance?

P: 음, 내일 브라이스캐년 국립공원으로 가기 전에, 거기서 우리가 볼 것들에 대해 한 번 얘기해 보는 것이 좋을 것 같다는 생각이 들었어요. 아, 그리고 내일 아침에 늦지 마세요, 버스들이 아침 5시 정각에 떠날 테니까요. 경고 안 했다고 하지 마세요!
자, 그럼, 우리는 국립공원에서 다양한 종류의 바위를 볼 거예요, 특히 퇴적암이요. 퇴적암이 무엇인지는 알죠, 그렇죠? 모래, 방해석과 석영 같은 미네랄, 그리고 썩는 물질들, 특히 오랫동안 눌린 썩어가는 유기물로 이루어져 있어요.
자, 퇴적암의 특징은... 지속적으로 풍화작용을 겪는다는 거예요. 풍화작용은 노출된 바위를 분해시키는 과정들을 가지고 있어요. 내일, 바위들이 겪는 두 가지 다른 종류의 풍화작용을 볼 거예요. 이 중 하나는 동결 쐐기작용이라고 합니다. 자, 제가 칠판에 써줄게요. 동결 쐐기

작용은 겨울철에 일어나요... 밤에 기온이 떨어지고, 바위들 위에 눈이 떨어질 때요. 눈은 해가 뜰 때까지 거기 머무르다가, 낮에 기온이 조금 올라가면, 녹아서 바위 틈들 사이로 스며들어가요. 그리고 이것들이 퇴적암이라는 것을 기억하세요. 그렇기 때문에 물이 흘러 들어갈 수 있는 틈들이 많아요! 해가 질 때까지 물은 바위들 틈에 머물어 있어요. 그리고는 밤이 오면 기온이 다시 떨어지고, 바위에 있는 물들은 다시 얼어요... 그리고 물이 얼면 어떻게 되는지 알죠, 그렇죠? 팽창하잖아요! 그러니까 쐐기와 같은 역할을 하는 거예요... 그리고 바위를 산산조각 내고 파고들어 분해하기 시작하는 거죠. 낮이 되면 똑같은 일이 다시 반복되고 밤새 떨어졌던 눈이 녹고, 밤이 오면 그게 얼어요. 이 결빙-해빙의 반복은 일년에 200번 넘게 일어나요, 그러니까 퇴적암이 조금 지난 후에는 어떻게 보일지 상상할 수 있을 거예요.
다른 풍화작용은 유거수라고 불러요... 이것은 여름에 일어나죠. 자, 여름에는 해가 굉장히 뜨거워지고 비가 거의 내리지 않아요, 그래서 땅과 바위들이 굉장히 건조해져요, 너무 건조해져서 그 위에 떨어지는 물은 흡수되지 않고 그냥 씻겨 내려가죠. 그래서, 어쩌다 비가 오게 되면, 비는 씻어 내릴 뿐만 아니라 돌 조각들을 함께 데려가요, 가끔은 큰 조각들까지도요.
이런 풍화작용들... 동결 쐐기작용과 유거수는... 수천 년에 걸쳐 계속 퇴적암들을 침식하죠... 그리고 물과 얼음이 돌 사이의 틈들을 계속 넓히면서, 이 틈들은 고원의 깊고, 얇은 회랑이나 협곡이 돼요. 하지만 침식은 여기서 멈추지 않습니다... 시간이 지나면, 고원 옆에 구멍을 만드는데, 이 구멍은 앞쪽에서 뒤쪽까지 이어져요. 만약 이 구멍이 1미터보다 넓으면, 이것을 창문이라고 불러요... 창문의 지붕이 압력을 이기지 못하고 무너지면, 바위 기둥이라는 것이 되요. 여기 사진이 있어요. 이것은 내일 우리가 방문할 국립공원에 있는 것은 아니에요... 이건 오스트레일리아에 있는 건데, 많은 사람들이 바위 기둥은 브라이스캐년에만 있다고 생각하기 때문에 보여주고 싶었어요. 사실... 바위 기둥은 세상 어디에서나 만들어질 수 있어요, 바위 기둥 생성에 필요한 조건들이 존재한다면요.
그럼, 음, 이것들을 내일 보면 정말 좋겠지만, 비가 온다면, 문제가 될 수도 있어요. 바위 기둥이 위치한 지역들은 홍수가 잘 나요, 협곡이 워낙 건조해서요... 그리고 비는 거의 모든 것을 씻어 내릴 수 있어요. 그래서, 불행히도, 그 지역은 방문하기에 너무 위험할 거예요. 그리고 조심할 필요가 있으니까, 개인적인 관람은 허락할 수 없어요. 모두와 함께 있어야 해요.
자, 그럼 이제 이... 바위 기둥들을 다시 한번 봅시다. 전에 말했듯이, 이 바위 기둥들은 고원이 너무 침식되서 이 기둥 같은 구조물들만 남아 있을 때 생성됩니다.

S: 음... 질문이 있어요... 만일 그것들이 물에 의해 침식된 것이라면, 왜 매끈하지 않고 울퉁불퉁한가요?

P: 아... 그건 이것들이 퇴적암으로 만들어졌기 때문이에요. 동결 쐐기작용에 더하여, 비도 바위기둥을 조각하는 데 일조합니다. 비에는 약한 탄산 성분이 들어 있어요, 그리고 돌의 어떤 부분들은 다른 부분에 비해 산에 더 약하죠. 그래서, 모두 같은 속도로 녹아 내리지 않아요. 그리고, 산은 돌 끝을 둥글게 만드는 경향이 있어요... 그래서 그것과... 그리고 다른 정도로 침식되는 것이 울퉁불퉁한 외양의 이유입니다.

sedimentary rock 퇴적암 calcite[kǽlsait] 방해석 quartz[kwɔ:rts] 석영 decay[dikéi] 썩다
organic[ɔ:rgǽnik] 유기체의 compact[kəmpǽkt] 누르다, 압축하다 weathering[wéðəriŋ] 풍화(작용)
consist of ~을 가지고 있다, ~로 구성되다 decompose[dì:kəmpóuz] 분해시키다 frost wedging 서리발 쐐기작용
seep[si:p] 스며들다 wedge[wedʒ] 쐐기, V자형 runoff[rʌ́nɔ̀(:)f] 유거수 grain[grein] 조각, 낟알
erode[iróud] 침식하다 corridor[kɔ́(:)ridər] 회랑, 복도 gully[gʌ́li] 협곡, 골짜기 plateau[plætóu] 고원
withstand[wiðstǽnd] 견디다, 버티다 collapse[kəlǽps] 무너지다 hoodoo[hú:du:] 바위 기둥, 후두
formation[fɔ:rméiʃən] 생성, 형성 precaution[prikɔ́:ʃən] 조심, 경계 lumpy[lʌ́mpi] 울퉁불퉁한 smooth[smu:ð] 매끈한
carbonic acid 탄산 susceptible[səséptəbl] 약한, 민감한 dissolve[dizɑ́lv] 녹다

8. Literature

Hackers Test

p.264

1. D 2. C

3.

	Yes	No
Evinced new writing styles	√	
Advocated political creeds	√	
Demonstrated exceptional writing talent		√
Cost less than other books		√
Articulated a true black perspective	√	

4. B 5. D 6. B, C

Listen to a lecture on literature.

P: I'm pretty sure you can recall taking up the Renaissance in your world history class. If you can still remember... well, what exactly is a renaissance? Um, here's a hint: it has to do with revival. Can anyone tell me?

S: Uh, yeah, it was a... cultural movement, and it took place after the Middle Ages in Europe... There was a kind of cultural rebirth... a lot of learning and literature... but mostly I think it was the arts.

P: Yes. From the fourteenth to the seventeenth centuries, there was an intellectual transformation that started in Italy... and it spread to the rest of Europe. And you're right about it being best known for its artistic developments. But... how about the Harlem Renaissance? Have you ever heard of a renaissance taking place in Harlem? Um, Harlem is a district in Manhattan, and it has pretty much had a reputation as a ghetto for black people until fairly recently. So it might sound farfetched to say that a renaissance... a cultural revival... occurred in Harlem. But it did! Let's take a look at how it came about and what it involved.

So... how did it start? Um, right after slavery was abolished, black Americans started migrating from the depressed rural South. Hundreds of thousands of them journeyed to industrial cities in the North, and many of them settled in Harlem. Among those who settled in Harlem, there was a growing interest in racial equality for black people. It was quickly becoming the political agenda of middle class African-Americans. Also... um, there were more education and employment opportunities for black people. I'm not saying these opportunities were equal to what white people had, but the circumstances were favorable enough to produce an educated black middle class by the time the twentieth century rolled in. These things laid the groundwork for the creative force that was evident not only in Harlem—although the community did attract a really remarkable concentration of some of the best writing talent... but also in, uh, Chicago and Washington, DC. So during the 1920s and 1930s there were developments in music, theater, art, and politics, but unlike the Renaissance in Europe, which, as we said, was essentially artistic development, the Harlem Renaissance was mostly a literary movement.

The, um, black people were united in giving artistic expression to the African-American experience... its roots... and they wanted to express pride in their race through their writings. Much of their writing also had a purpose—the call for social and political equity with white people. So for ten years, sixteen black writers published some fifty volumes of poetry and fiction.

All this new literary talent was recognized not just by the African-American middle class but by the white people... white people who liked to buy books and believed these books were worth buying. Part of the interest in this literature had to do with the political ideologies espoused in the writing... and there was also appreciation for the new literary styles... but it appears that the strongest reason was... both blacks and whites supported the expression of the African-American experience by African-Americans.

Now I'd like to focus on two writers. I do hope you get the chance to read their works. The first is Robert Hayden. Hayden was a standout not only because he was a technically gifted writer, but his poetry, particularly *Middle Passage*, revealed the aspects with which he approached his subject matter. He was a thorough researcher and rapacious reader... and he used the historical voices of black people in his poetry to bring to the fore the cruelty inflicted upon the blacks, and he did it with great insight and emotion.

The other writer I have in mind is Langston Hughes. What made Hughes' poetry so distinctive is that he imbued it with the rhythms of African-American music... The Weary Blues is one example. And his writing was intensely personal. Hughes had white ancestors, so he was inclined to look at the circumstances of black people with the eyes of an individual who understood what it was like to be both on the outside and on the inside.

Now get ready to answer the questions. You may use your notes to help you answer.

1. What does the professor mainly discuss?
2. According to the lecture, what was a distinguishing characteristic of middle-class African-Americans?
3. In the lecture, the professor discusses the reasons people bought books written by black people during the Harlem Renaissance. Indicate whether each of the following is a reason.

Listen again to part of the lecture. Then answer the question.

P: Now I'd like to focus on two writers. I do hope you get the chance to read their works. The first is Robert Hayden. Hayden was a standout not only because he was a technically gifted writer, but his poetry, particularly *Middle Passage*, revealed the aspects with which he approached his subject matter.

4. What does the professor mean when he says this:
   P: I do hope you get the chance to read their works.

5. What does the professor say about education and employment opportunities for black people after slavery ended?
6. According to the professor, what are two reasons black writers wrote poetry and fiction in the 1920s and 1930s?

P: 세계사 시간에 르네상스를 다루었던 것을 기억할 거라고 꽤 확신하는데요. 아직도 기억이 난다면... 자, 르네상스가 정확히 뭐죠? 음, 힌트를 하나 줄게요. 재생과 관련이 있어요. 누가 저한테 얘기해 줄 수 있나요?

S: 어, 네, 그것은... 문화적인 운동이었어요, 그리고 유럽에서 중세 이후에 일어났죠... 그리고 문화적인 부활 같은 것이 있었죠... 많은 교육과 문학도요... 하지만 대부분은 예술이었던 것 같아요.

P: 그래요. 14세기에서 17세기까지, 이탈리아에서 시작된 지적인 변화가 있었죠... 그리고 나머지 유럽으로 퍼졌어요. 그리고 예술적인 발달들로 가장 잘 알려져 있는 것도 맞아요. 하지만... 할렘 르네상스는 어떨까요? 할렘에서 르네상스에서 일어났다는 얘기를 들어본 적이 있나요? 음, 할렘은 맨하튼에 있는 지역인데, 꽤 최근까지 흑인 빈민가로 명성이 꽤 있었죠. 그러니까 르네상스... 문화적 재생이... 할렘에서 일어났다고 하는 것이 부자연스럽게 들릴 수도 있어요. 하지만 일어났어요! 그것이 어떻게 생겨나고 무슨 일들과 관련이 있었는지 봅시다.
자... 어떻게 시작됐을까요? 음, 노예제가 없어진 직후, 미국 흑인들은 억압받던 남쪽 시골에서 이주하기 시작했어요. 수 만 명이 북쪽의 산업 도시로 이동했고, 많은 이들이 할렘에 정착했죠. 할렘에 정착한 이들 사이에서 흑인들을 위한 인종 평등에 대한 관심이 확대되고 있었어요. 그것은 급속도로 중산층 미국 흑인들의 정치의제가 되고 있었어요. 또... 음, 흑인들을 위한 교육과 취직 기회가 많아졌어요. 이런 기회들이 백인들이 가지고 있었던 기회들과 동등했다는 말은 아니지만, 20세기가 시작될 때쯤 교육받은 흑인 중산층이 생길 정도로 조건들은 유리했어요. 이런 것들은 창조적인 세력을 위한 기초를 다졌는데, 할렘에 최고의 글 솜씨를 가진 사람들이 매우 놀라울 정도로 집중되어 있긴 했지만... 할렘뿐만 아니라, 어, 시카고와 워싱턴 DC에서도 나타났죠. 그래서 1920년대와 1930년대에는 음악, 극장, 예술과 정치에서 발전이 있었어요, 하지만 유럽의 르네상스가 본질적으로 예술적인 진보이었던 것과 달리, 할렘 르네상스는 대부분 문학적인 운동이었어요.
음, 흑인들은 미국 흑인들의 경험... 자신의 뿌리를... 예술적으로 표현하기 위해 뭉쳤어요... 그리고 그들은 그들의 인종에 대한 긍지를 글을 통해 표현하고 싶어했어요. 대부분 그들의 글들은 목적도 있었어요, 백인들과의 사회적 그리고 정치적 평등을 향한 요구요. 그래서 10년 동안, 16명의 흑인 작가들이 약 50권의 시집과 소설을 출판했어요.
이 모든 새로운 문학적 재능은 미국 흑인 중산층뿐만 아니라 백인들에게도 인정 받았어요... 책 사는 것을 좋아하고 이 책들이 살 가치가 있었다고 생각하는 백인들에게요. 이 문학에 대한 관심의 일부는 글이 지지하는 정치적이 이데올로기들과 관련이 있었어요... 그리고 새로운 문학 스타일에 대한 인정도 있었죠... 하지만 가장 강력한 이유는... 흑인들과 백인들 모두 미국 흑인들의 경험을 미국 흑인들이 표현하는 것을 지지했기 때문인 것 같아요.
이제 저는 두 작가들에게 집중하고 싶어요. 여러분이 그들의 작품들을 읽을 기회를 가질 수 있길 바랍니다. 첫 번째는 Robert Hayden이에요. Hayden이 뛰어났던 이유는 그가 기술적으로 재능 있는 작가였을 뿐만 아니라, 그의 시, 특히 Middle Passage가 그가 주제에 어떤 관점을 가지고 접근했는지 보여주기 때문입니다. 그는 철저한 연구자였고 탐욕적인 독자였어요... 그리고 그는 흑인들에게 가해진 잔혹함을 표면화하기 위해 그의 시에 흑인들의 역사적인 목소리들을 사용했고, 그 일을 굉장한 통찰력과 감정을 가지고 했어요.
제가 염두에 두고 있는 다른 작가는 Langston Hughes예요. Hughes의 시를 특별하게 만든 것은 아프리칸 아메리칸 음악의 리듬을 그 속에 불어 넣었다는 거예요... The Weary Blues가 하나의 예죠. 그리고 그의 글은 지극히 개인적이었어요. Hughes는 백인 조상들이 있었기 때문에 포함되고 포함되지 않을 때 어떤지 둘 다를 이해하는 개인의 눈으로 흑인들의 상황을 보는 경향이 있었죠.

recall [rikɔ́:l] 기억해 내다　Renaissance [rènəsɑ́:ns] 르네상스　revival [riváivəl] 재생, 부활　take place 일어나다
rebirth [ri:bə́:rθ] 부활　transformation [trӕnsfərméiʃən] 변화　artistic [ɑ:rtístik] 예술적인　reputation [rèpjutéiʃən] 명성
ghetto [gétou] 빈민가　fairly [fέərli] 꽤　farfetched [fɑ́:rfètʃt] 부자연스러운　slavery [sléivəri] 노예제
migrate [máigreit] 이주하다　settle [sétl] 정착하다　racial equality 인종 평등　agenda [ədʒéndə] 의제
circumstance [sə́:rkəmstæ̀ns] 조건, 주위의 사정　groundwork [gráundwə̀:rk] 기초, 토대　remarkable [rimɑ́:rkəbl] 놀라운, 현저한
concentration [kɑ̀nsəntréiʃən] 집중　essentially [əsénʃəli] 본질적으로　volume [vɑ́lju:m] 권, 서적
ideology [àidiɑ́lədʒi] 이데올로기　espouse [ispáuz] (주의, 사상 등) 지지하다　standout [stǽndàut] 뛰어난 것(사람)
rapacious [rəpéiʃəs] 탐욕적인　inflict [inflíkt] (타격을) 가하다, 주다　insight [ínsàit] 통찰력　distinctive [distíŋktiv] 특별한
imbue [imbjú:] 불어넣다, 물들이다　intensely [inténsli] 지극히, 강렬하게　incline [inkláin] 경향이 있다

9. Linguistics

Hackers Test

p.268

1. D　2. C　3. C　4. B　5. B　6. A

Listen to part of a lecture on linguistics.

P: OK, so the last time we met, I briefly introduced the topic of language acquisition and the dozen or so theories on how people acquire languages. Well, today, I'll be focusing on, two theories from which a number of other ideas on language acquisition in children have been based. Now, these theories have been the subject of debate among the most renowned linguists today. And if you read the assigned literature, you've probably begun leaning toward one of the two. Just to make sure you know which ones I'm referring to, can someone name what these two theories are?
S: The empirical model and the theory of universal grammar...
P: Right.
S: Or B.F. Skinner versus Noam Chomsky...
P: Well, that's another way of looking at it. Anyway... now, let me explain how each of these theories works. All right, let's start with the empirical model. OK, imagine, a blank slate, and... someone takes a piece of chalk and begins writing on that slate. This slate, as B.F. Skinner puts it, is the child's mind, which is empty and must be filled for the child to begin producing intelligible sounds with... intelligent meanings. And what is it that Skinner says the mind needs to be filled with? Well, he calls these inputs "stimuli". In empirical model, language acquisition in a child requires the stimuli of interaction with the environment. So, there must be a series of external events that elicit a response from the child. And through continued interaction, these events sharpen that response so that it becomes conditioned. In time, these events, some of which are, you know, selectively reinforced, produce in the child a set of habits that allows him to fully interact with his environment.
Let me give you an example. A mother asks her child, "Do you want a cookie?" The child responds,

"Want cookie." In time, the mother corrects him when he says "Want cookie." "I want a cookie," the mother says. So the "I" pronoun has been added to the child's vocabulary, and through reinforcement, the child begins to use "I" as a matter of habit. OK... just to make sure you got the point, I have a question for you. Between the two words nurture and nature, which do you think is associated with the empirical model?

S: Nurture?

P: Why nurture?

S: Because empiricism holds that all knowledge comes from a person's experiences, so these experiences... well, they nurture a person into acquiring knowledge, I guess, and that knowledge includes... language.

P: Precisely. On the other hand, the word nature is associated with the theory of universal grammar... because it presupposes that some of that knowledge already exists in a person, that it's innate. Noam Chomsky theorized that humans have a built-in device at birth. He called it the language acquisition device, or LAD for short. Now, this device, as Chomsky says, is supposed to be wired into the human brain... and its purpose is to prepare a human being to acquire language. So... uh, essentially, LAD is a genetically determined set of rules which Chomsky calls a universal grammar. It doesn't provide the grammar rules for a specific language. Instead, it's sort of a language template that enables a young child to systematically perceive the rules of a language by hearing a few sentences in that language. Chomsky likened it to a switch box, and the switches are set when a child hears a phrase or sentence uttered.

For example, in the English language, prepositions come first. We say "in America." In the Japanese language, however, it's the other way around. They say "Japan in." So, an American child, on hearing a sentence in the English language, would set the switch to preposition-first, and each time he utters a phrase or sentence, he naturally uses the preposition first. Now, if the child had been born in Japan, see, the switch would have been set the other way, and the child would naturally put the preposition last. So, in Chomsky's view, a person's language would consist of three components. First, the universal grammar that's already a part of him. Second, his particular setting of the parameters or switches when he hears his mother tongue being uttered. And third, his lexicon or his vocabulary.

S: I'm sorry for interrupting, but how does Chomsky know that this genetic device exists? Is there any way to test whether humans actually have an LAD?

P: Yes, glad you brought that up. Now we come to Chomsky's argument. You see, Chomsky never denied the importance of environment in language acquisition. However, he believes that the stimuli which Skinner spoke of are... simply not enough. Chomsky used the phrase "the poverty of stimulus". What Chomsky meant was... well, he noted that the very few experiences a child has with his environment are capable of producing an incredible tapestry of very complex and rich knowledge. And the child comes to possess this knowledge in a relatively short period of time. I think you know what Chomsky means.

Now get ready to answer the questions. You may use your notes to help you answer.

1. What is the discussion mainly about?
2. Why does the professor mention a blank slate?
3. According to the professor, how did Noam Chomsky explain the Language Acquisition Device?
4. What is the evidence for human beings having a Language Acquisition Device?

Listen again to part of the lecture. Then answer the question.

P: Now, these theories have been the subject of debate among the most renowned linguists today. And if you read the assigned literature, you've probably begun leaning toward one of the two.

5. What does the professor imply when he says this:
   P: And if you read the assigned literature, you've probably begun leaning toward one of the two.

Listen again to part of the lecture. Then answer the question.

S: I'm sorry for interrupting, but how does Chomsky know that this genetic device exists? Is there any way to test whether humans actually have an LAD?
P: Yes, glad you brought that up. Now we come to Chomsky's argument. You see, Chomsky never denied the importance of environment in language acquisition.

6. Why does the professor say this:
   P: Yes, glad you brought that up.

P: 자, 그럼 지난 강의 시간에 언어습득이라는 주제와 인간이 어떻게 언어를 습득하는지에 관한 여러 이론들을 짧게 소개했었습니다. 음, 오늘은 어린이의 언어습득에 대한 다른 많은 견해들의 근간이 되고 있는 두 이론에 초점을 맞추어 보겠습니다. 자, 이 두 가지 이론은 오늘날 많은 저명한 언어학자들 사이에서 쟁점이 되고 있습니다. 그리고 여러분들이 과제로 내주었던 논문을 읽었다면, 아마 두 이론 중 한 가지로 마음이 기울었을 것입니다. 내가 이야기하고 있는 이론에 대해 여러분이 알고 있는지 확인하기 위해서, 누가 그 두 이론이 무엇인지 이야기해볼까요?
S: 경험주의 모델과 보편문법 이론입니다...
P: 맞아요.
S: 혹은 B.F. 스키너 대 노엄 촘스키라고 할 수도 있어요...
P: 음, 그렇게도 볼 수 있겠군요. 어쨌든... 자, 각각의 이론이 어떻게 성립되는지 설명하도록 하겠습니다. 좋아요, 경험주의 모델부터 시작하죠. 자, 텅 빈 서판을 상상해보세요, 그리고... 누군가 분필을 들고 그 위에 무언가를 쓰기 시작합니다. B.F. 스키너는, 이 빈 서판이 어린아이의 마음이라고 말하면서, 아이가 이해할 수 있는 의미를 지닌 정보를 담은 의미있는 소리를 내려면... 이 서판이 채워져야 한다고 했습니다. 그리고 스키너는 그 마음이 무엇으로 채워져야 한다고 말했을까요? 음, 그는 이렇게 입력되는 것을 "자극"이라고 지칭했습니다. 경험주의 모델에서, 아이의 언어습득은 환경과의 상호작용이라는 자극을 필요로 합니다. 따라서, 아이에게 반응을 이끌어내는 일련의 외부 사건이 있어야만 해요. 그리고 지속적인 상호작용을 통해, 이러한 사건들은 그 반응을 강화시키고 그것이 몸에 익도록 하죠. 시간이 흐르면, 이러한 사건들 중 일부가, 그러니까, 선택적으로 강화되어, 아이가 환경과 완전히 상호작용할 수 있도록 하는 습관을 만듭니다. 예를 들어 볼게요. 어머니가 아이에게 "쿠키 먹을래?"라고 물으면, 아이는 "쿠키 먹어."라고 대답합니다. 시간이 지나면서, 어머니는 아이가 "쿠키 먹어."라고 말하는 것을 바로잡아 줍니다. "나는 쿠키를 먹을래."라고 어머니는 말하는 것이죠. 대명사 "나는"이 아이의 어휘에 추가되었고, 강화를 통해 아이는 습관적으로 "나는"을 사용하기 시작하게 되죠. 자... 여러분이 이해 했는지 알아보기 위해 질문을 하나 할게요. 양육과 천성이라는 두 단어 중 어느 것이 경험주의 모델과 연관되어 있다고 생각하나요?
S: 양육 아닐까요?
P: 왜 양육이죠?
S: 경험주의에서는 모든 지식이 사람의 경험으로부터 나온다고 주장하기 때문입니다, 그러니까 이런 경험들이... 음, 사람을 지식을 획득하도록 양육한다고 생각해요, 그리고 그 지식에는... 언어도 포함되구요.
P: 정확해요. 반면, 천성이라는 단어는 보편문법과 연관되어 있습니다... 보편문법은 그러한 지식의 일부는 이미 사람 안에 존재하고 있다, 즉 선천적인 것이라고 전제하고 있기 때문이에요. 노엄 촘스키는 인간은 태어나면서부터 내재된 장치를 지니고 있다는 것을 이론화했습니다. 그는 이 장치를 언어습득장치, 혹은 간단히 LAD라고 지칭했어요. 자, 이 장치는, 촘스키에 따르면, 뇌 안에 있으며... 인간이 언어를 습득하도록 준비하는 것이 그 기능이에요. 그러니까... 어, 본질적으로, LAD는 유전적으로 결정된 일련의 법칙인데, 촘스키는 이것을 보편문법이라고 지칭하였습니다. 이것은 특정 언어의 문법 규칙을 규정하는 것이 아니에요. 그 대신, 어린 아이가 그 언어로 이루어진 몇 문장을 들으면 언어의 규칙을 체계적으로 이해하도록 하는 언어의 원형이라고 할 수 있어요. 촘스키는 이 장치를 개폐기에 비유하면서, 아이가 구나 문장이 발화되는 것을 들으면 스위치가 가동된다고 했어요.

예를 들어, 영어에서는 전치사가 먼저 와요. 우리는 "in America"라고 말하죠. 그러나 일본어에서는 반대입니다. 일본인들은 "일본에서"이라고 말하죠. 그러므로, 미국 아이가 영어 문장을 들으면 스위치를 '전치사가 선행된다'에 맞추게 되고, 그 아이는 구나 문장을 말할 때마다, 자연스럽게 전치사를 먼저 말하게 되는 것입니다. 자, 만약 그 아이가 일본에서 태어났다면, 그럼, 스위치는 다른 방법으로 맞추어졌겠죠, 그리고 아이는 자연스럽게 전치사를 뒤에 놓게 될 것입니다. 그래서, 촘스키의 관점에서 볼 때, 한 사람의 언어는 세 가지 요소로 구성됩니다. 첫 번째는 이미 그 사람 안에 내재된 보편문법입니다. 두 번째는 그 사람이 발화된 모국어를 들을 때 지정하는 특정 파라미터 혹은 스위치입니다. 세 번째는 개인이 사용하는 어휘나 단어입니다.

S: 방해해서 죄송하지만, 촘스키는 이런 유전적 장치가 존재하는 것을 어떻게 알았죠? 인간이 실제로 LAD를 갖고 있는지 실험할 수 있는 방법이 있나요?

P: 네, 그 질문을 해주어서 기쁘군요. 이제 촘스키의 주장에 대해 얘기해 봅시다. 촘스키는 결코 언어습득에 있어서 환경의 중요성을 부인하지는 않았습니다. 그러나, 그는 스키너가 말한 자극만으로는... 충분하지 않다고 생각했어요. 촘스키는 "자극의 결핍"이라는 구를 사용했어요. 촘스키가 의미한 바는... 음, 그는 아이가 자신의 환경에서 겪는 아주 적은 경험만으로도 매우 복잡하고 풍부한 지식을 굉장히 다양하게 생성해 낼 수 있다는 것에 주목했습니다. 그리고 아이는 상대적으로 짧은 기간 내에 이 지식을 자신의 것으로 만들게 되죠. 모두들 촘스키가 무엇을 의미하는지 알 거라고 생각해요.

acquisition [ӕkwizíʃən] 습득 renowned [rináund] 저명한, 유명한 literature [lítərətʃùər] 논문, 문헌
lean toward ~으로 기울어지다 empirical [empírikəl] 경험적인 universal [jù:nəvə́:rsəl] 보편적인
versus [və́:rsəs] ~대 blank [blæŋk] 비어있는 slate [sleit] 서판, 석판 stimuli [stímuli] 자극 (stimulus의 복수)
sharpen [ʃá:rpən] 강화하다 conditioned [kəndíʃənd] 몸에 익은, 조건반사가 된 selectively [siléktivli] 선택적으로
reinforce [rì:infɔ́:rs] 강화하다, 보강하다 vocabulary [voukǽbjuèri] 어휘 reinforcement [rì:infɔ́:rsmənt] 강화
innate [inéit] 선천적인, 타고난 theorize [θí(:)əràiz] 이론화하다 built-in 내재된 genetically [dʒənétikəli] 유전적으로
template [témplit] 원형, 모형 systematically [sìstəmǽtikəli] 체계적으로 liken [láikən] 비유하다
interrupt [ìntərʌ́pt] 방해하다 poverty [pávərti] 결핍, 궁핍 incredible [inkrédəbl] 굉장한
relatively [rélətivli] 상대적으로

10. Anthropology

Hackers Test

p.274

1. C 2. B 3. B

4.

	Yes	No
People clear land for planting	√	
Wars ensue regarding distribution of food	√	
Mayans begin trading goods for food		√
Region becomes warmer and less moist	√	
People resort to hunting and gathering		√

5. C 6. D

Listen to part of a lecture in an anthropology class.

Um, so we've been discussing the rise of the Mayan civilization for a while, and as you know... civilizations rise and fall... and that's what I'd like to talk about today. It's actually pretty stunning that in a seemingly very short period of time, a society of some 15 million people vanished. They just disappeared, you know... the cities were deserted... and the immense pyramids were left in ruins. The rapid demise has got to be one of the greatest archaeological mysteries of our time. Till now, scientists do not know for sure what led to the collapse... although they do have their theories.
So, what do they believe may have caused the great Mayan civilization to fall? Well, some

archaeologists think that a combination of overpopulation, power struggles, and a weak economy led to its collapse. But lately, other archaeologists have suggested that drought caused the civilization's collapse. At first, no one had any evidence to prove the drought theory, but now scientists are discovering more and more convincing evidence to support this theory.

All right, so, let's go over this evidence. Well, scientists studied the ancient build up of sediment on the sea floor near the Mayan ruins. This is a little confusing, so I'll try to explain this without using any scientific jargon... Uh... annual rainfall is measured by the amount of titanium levels in the sediment layers. Better yet... you know tree rings, right? Well, from tree rings, a scientist can find out how old a tree is and if any kind of weather disturbances occurred... drought, for example. And this can be done by... counting the rings and examining the nature of the tree rings. Now, let's go back to the sediment layers. Well, sediment layers record the year's weather patterns much like tree rings. By counting the distinct bands of a sediment layer and measuring the titanium levels, a scientist can tell approximately how much rain fell and in what year there were droughts.

Well, scientists analyzed the ocean sediment layers and found several groups of layers with low titanium content. This indicates arid conditions. So, anyway, the layers were dated, and scientists concluded that the area had three severe droughts that each lasted about a decade around 810, 860, and, uh, 910 AD. Now, take note that archaeologists studying the ruins have found that these periods closely match the times that Mayans abandoned their cities. This is why scientists believe that droughts were a big reason for the downfall of the Mayan civilization since they severely depleted already limited resources.

So, in effect, defenders of the climate change theory say the droughts sparked a chain of events that eventually led to the demise of the Maya. You can imagine just how this happened... See, drought caused crop failure, which, in turn resulted in famine and disease. Then, the increased competition for food led to warfare between the various Mayan city-states. And of course, the deforestation that occurred resulted in an ever decreasing supply of food.

It was actually a vicious cycle... the citizens weren't getting enough food from the government, so they went out to clear more land for farming... basically, to plant crops for consumption, you know. Now, the ancient Mayans practiced slash-and-burn farming, where they cleared a forest by cutting down and burning all the trees... Well, scientists now know that just before the civilization's collapse, tree pollen almost completely disappeared and was replaced by weed pollen. So, intensive over-cutting of forests, along with population growth, would have surely led to the erosion of the most precious thing in agriculture... topsoil. OK, so this changing groundcover would have boosted the temperature of the region by as much as six degrees. Then, these warmer temperatures would have dried out the land, making it increasingly unfertile...

But you know, what must have been especially frustrating to the Maya was that the kings and nobles didn't take action... Basically, their leaders went ahead with building monuments to themselves, and to make matters worse, they waged wars against the other Mayan city-states for food. If that didn't work, they simply stole food from the peasants... Of course, the population of the Mayan cities began to decline and would continue to do so for the next two hundred years... On the eve of its demise, the population levels were 90 percent lower than they were at the civilization's height in 700 AD. So you see, the drought theory makes sense, don't you think? Well, I believe the fall of the Mayan civilization serves as a valuable lesson for today's society especially because resources are vulnerable to becoming depleted.

Now get ready to answer the questions. You may use your notes to help you answer.

1. What is the main topic of the lecture?
2. How does the professor introduce sediment layers?
3. According to the lecture, how does the research on the sediment layers support the drought theory?
4. In the lecture, the professor cites a number of events that were a result of the drought. Indicate whether each of the following is an event that occurred.
5. What does the professor imply about slash-and-burn farming?

Listen again to part of the lecture. Then answer the question.

P: But you know, what must have been especially frustrating to the Maya was that the kings and nobles didn't take action... Basically, their leaders went ahead with building monuments to themselves, and to make matters worse, they waged wars against the other Mayan city-states for food. If that didn't work, they simply stole food from the peasants...

6. How does the professor seem to feel about the Mayan kings and nobles?

음, 우리는 마야 문명의 번영에 대해 얼마간 논의했었어요, 그리고 모두들 알고 있듯이... 문명은 번영하기도 하고 몰락하기도 합니다... 그리고 그것에 대해 오늘 이야기하려고 해요. 아주 짧은 듯한 기간에 천 5백만 인구의 사회가 사라진 것은 실로 매우 놀라운 일이에요. 그냥 사라졌어요, 그러니까.... 도시는 버려지고... 거대한 피라미드는 폐허로 남게 되었습니다. 이 급격한 소멸은 현재 가장 큰 고고학적 불가사의 중 하나에요. 지금까지도 과학자들은 무엇으로 인해 그들이 몰락했는지 확실히 알지 못합니다... 비록 각자가 자신만의 이론을 갖고 있긴 하지만 말입니다.

그렇다면, 과학자들은 거대한 마야 문명이 어떤 이유로 멸망했다고 생각할까요? 음, 어떤 고고학자들은 인구 과잉, 권력 다툼, 부실한 경제의 결합이 몰락으로 이끌었다고 생각합니다. 그러나 최근에, 다른 고고학자들은 가뭄이 이 문명을 몰락하게 했다는 이론을 제시했습니다. 처음에는 아무도 가뭄 이론을 증명할 수 있는 증거를 갖고 있지 않았으나, 오늘날 과학자들은 이 이론을 지지하는 설득력 있는 증거를 많이 발견하고 있습니다.

좋아요, 그러면, 이 증거에 대해 알아봅시다. 음, 과학자들은 마야 유적 부근의 해저에 쌓여있는 고대 퇴적물을 조사했습니다. 이것은 다소 복잡할 수 있으니까, 과학 전문용어를 쓰지 않고 설명해보도록 할께요... 어... 연 강수량은 퇴적층에 있는 티타늄 양의 정도에 따라 측정됩니다. 좀 더 이해하기 쉽도록 하기 위해... 나무의 나이테를 알고 있죠, 그렇죠? 음, 나이테를 통해서, 과학자들은 나무의 나이와... 예를 들면, 가뭄 같은 불안정한 기후가 있었는지를 알 수 있습니다. 그리고 이것은... 나이테를 세고 나무의 나이테의 성질을 조사함으로써 알 수 있습니다. 자, 이제 퇴적층으로 돌아가보죠. 음, 퇴적층은 한 해의 기후 패턴을 나이테처럼 기록합니다. 뚜렷이 눈에 띄는 퇴적층을 세고 티타늄 양을 측정함으로써, 과학자는 대략적으로 비가 얼마나 내렸는지 가뭄이 어느 해에 있었는지 구별해 낼 수 있습니다.

음, 과학자들은 해양 퇴적층을 분석한 후, 티타늄 함유량이 적은 일부 층을 발견했습니다. 이 층들은 건조한 기후를 나타내죠. 그래서, 어쨌든, 이 층들의 연대를 조사한 후, 과학자들은 810년, 860년, 910년경에 이 지역에서 약 10년간 지속된 극심한 세 번의 가뭄이 있었다고 추정했습니다. 자, 유적지를 조사한 고고학자들이 바로 이 시기가 마야인들이 도시를 버리고 떠난 시기와 거의 일치한다는 것을 발견했다는 것에 주목하세요. 바로 이 때문에 과학자들은 가뭄이 마야 문명 몰락의 큰 이유라고 생각합니다, 가뭄이 이미 부족했던 자원을 심각하게 고갈시켰기 때문이죠.

그래서, 사실상, 기후 변화 이론의 옹호자들은 가뭄이 연속적인 사건들을 유발하여 결국 마야 문명의 몰락을 초래했다고 말합니다. 어떻게 이러한 현상이 발생했는지 상상할 수 있을 거예요... 그러니까, 가뭄은 흉작을 유발했고, 이어서 기근과 질병이 발생했죠. 그리고, 식량 쟁탈이 심해짐에 따라 많은 마야 도시국가들 사이에 전쟁이 일어났습니다. 그리고 물론, 삼림벌채가 발생하면서 식량공급은 그 어느 때보다도 감소하게 되었죠.

실제로 이것은 그야말로 악순환이었죠... 시민들은 정부로부터 충분한 식량을 얻지 못하자, 농사를 짓기 위해 더 많은 땅을 개간했어요... 그러니까, 기본적으로 먹기 위한 작물을 재배하기 위해서였죠. 자, 고대 마야인들은 화전농업을 했어요, 숲의 모든 나무를 베어내고 태워서 숲을 개간하는 방법이죠... 음, 현재 과학자들은 문명이 멸망하기 직전에, 나무 꽃가루가 거의 소멸되고 대신 잡초 꽃가루로 대체된 것을 알게 되었어요. 그래서, 분명 인구 성장에 따른 숲의 과도한 벌목이 농업에서 가장 소중한... 표토를 침식시켰을 것입니다. 네, 이렇게 변화한 지표는 그 지역의 온도를 6도나 오르게 했을 겁니다. 그리고, 이렇게 따뜻해진 기온은 땅을 건조하게 함으로써, 그곳을 한층 더 불모의 땅으로 만들었습니다...

하지만 알다시피, 마야인들은 왕과 귀족들이 어떠한 조치도 취하지 않은 것에 특히 좌절했을 거예요... 지도층 인물들은 자신을 위한 기념비를 세웠고, 설상가상으로 식량을 얻기 위해 다른 마야 도시국가들과 전쟁을 일으켰습니다. 만약 성공을 이루지 못하면, 농민들에게서 식량을 약탈해왔죠. 당연히, 마야 도시의 인구는 감소하기 시작했고 이것은 이후 200년간 지속되었습니다... 멸망 직전에, 인구 수준은 문명의 절정기였던 서기 700년보다 90퍼센트나 낮았어요. 그래서 보다시피, 가뭄 이론은 일리가 있습니다, 그렇지 않나요? 음, 저는 마야 문명의 몰락이 현대 사회에 귀중한 교훈이 된다고 생각해요, 특히 자원이 고갈되기 쉽다는 점에서요.

stunning[stʌ́niŋ] 놀라운 seemingly[síːmiŋli] ~듯한, 겉보기에 vanish[vǽniʃ] 사라지다 desert[dézərt] 버리다, 유기하다
immense[iméns] 거대한 ruin[rú(ː)in] 폐허, 유적지 demise[dimáiz] 소멸, 멸망
overpopulation[òuvərpàpjəléiʃən] 인구 과잉 convincing[kənvínsiŋ] 설득력 있는 jargon[dʒɑ́ːrgən] 전문 용어
tree ring 나이테 disturbance[distə́ːrbəns] 불안 content[kɑ́ntent] 함유량 arid[ǽrid] 건조한
severe[sivíər] 극심한 downfall[dáunfɔ̀ːl] 몰락 deplete[diplíːt] 고갈시키다 defender[diféndər] 옹호자
spark[spɑːrk] 유발하다 warfare[wɔ́ːrfɛ̀ər] 전쟁 deforestation[diːfɔ̀(ː)ristéiʃən]삼림벌채
slash-and-burn farming 화전농업 pollen[pɑ́lən] 꽃가루 erosion[iróuʒən] 침식 precious[préʃəs] 소중한
topsoil[tɑ́psɔ̀il] 표토 groundcover[graundkʌ́vər] 지표 boost[buːst] 올리다 infertile[infə́ːrtl] 불모의
noble[nóubl] 귀족 take action 조치를 취하다 monument[mɑ́njəmənt] 기념비 wage[weidʒ] (전쟁을) 일으키다
peasant[pézənt] 농민, 소작농 vulnerable[vʌ́lnərəbl] 영향 받기 쉬운, 약한

11. Archaeology

Hackers Test

p.280

1. C 2. C 3. D

4.

	Yes	No
GPR is easily absorbed by areas with salt		√
GPR is sensitive to power lines and buildings		√
GPR can pass through moist or wet ground	√	
GPR is non-invasive and preserves what may exist	√	
GPR produces fine details in the images it generates	√	

5. B 6. B

Listen to part of a lecture in an archaeology class.

OK, uh... so let me point out one of the difficulties inherent in the process of archaeology. See, although the archaeologist's main job is to preserve ancient artifacts, the steps he takes in processing a site ultimately and systematically destroy them. So, obviously, the archaeologist needs techniques that are non-destructive. In light of this, let's discuss a geophysical method that I'm pretty sure you've come across in your readings... uh, GPR, or Ground Penetrating Radar. All right... today, we'll focus on what GPR is and what its advantages and disadvantages are when used for archaeological purposes.

So, how exactly do GPRs work? The explanation might've been confusing in the text I assigned you to read. Let me see if I can simplify it for you. Well, first, GPR radars are mounted on a small-wheeled cart that is hand-towed across the area being investigated. While this is happening, radar waves are transmitted into the ground. Now these radar waves boomerang off any surface they hit and send a return message in the form of reflected energy. If the radar waves "find" something, so to speak, such as, you know, a ground anomaly or a change in soil composition, the waves that are reflected are shorter. These shorter waves tell the archaeologist that there is something below the ground. The wave is captured by the GPR antenna and recorded on a storage device such as a laptop computer for later interpretation. When these many grid transactions are compiled, they yield a digitally mastered, three-

dimensional map of still uncovered surfaces and features. And after analyzing the data, archaeologists can decide whether to excavate or not. They can also figure out where to dig first. Now, that wasn't too difficult, was it?
Now, I want to look at situations when GPR is extremely helpful for archaeologists. Um, first, if an archaeological site is complex and important, well, like the ones in Iraq... you know, sites that are likely to be excavated for many seasons... That's because they're pretty enormous in size, and the excavators aren't always familiar with ancient structures. Um, one example is the dig in the Mesopotamian region, which has spanned six generations... well, this is where geophysical methods like GPR can be most useful. GPRs are non-destructive and rapid, and they allow the archaeologist to set digging priorities based on survey findings. Now, second, in some sites... such as monuments and parks... GPR probably provides the only means of studying the site. You see, if archaeologists wanted to know what was under the Great Pyramids of Gaza or the Cathedral of Notre Dame, they couldn't very well start drilling holes, now, could they? OK, a third feature of the GPR is its high resolution compared to other methods of surface radar. Resolution... that's related to images, well... just bear in mind that resolution has to do with the number of pixels per square inch in a picture or computer-generated display. I hope everybody knows what a pixel is. It's, you know, those little dots that make up a picture. So... the higher the resolution, the more dots or pixels there are, and this simply means the quality of the picture is sharper. Anyhow, GPR provides the highest 3-D resolution of any surface geophysical method. And let me just add some new information. People have always thought that GPR can only be used in completely dry areas, but recent studies show that good resolution can be produced in saturated ground and even in some types of saturated clay. And in materials having good conductivity, the depth of penetration of the GPR can go as deep as thirty meters or more.
All right, but GPR also has its limitations. For instance, GPR can't penetrate metal objects. It doesn't work well in salty water, either, or in areas of high salt concentration. Uh... salt water immediately absorbs the radar because it's such an effective conductor. At most, radar penetration in areas with high salt concentrations might be less than a meter deep. And finally, the GPR method is sensitive to unwanted signals or noise from different sources... you know, moving boulders, growing tree roots, the movement of a fence, the vibration of a building, the rumble of a vehicle... In addition, electromagnetic transmissions from cell phones, television sets, and radio can interfere with GPR waves. But, I'd have to say that... everything considered, GPR has definitely made the archaeologist's job easier.
OK... Tomorrow, we'll discuss two other methods that are just as useful in archaeology... resistivity mapping and electromagnetic induction. Now don't forget to read the assigned pages in your textbook.

Now get ready to answer the questions. You may use your notes to help you answer.

1. What is the talk mainly about?
2. What does the professor say about the shorter energy waves of GPR?
3. Why does the professor mention the Notre Dame Cathedral?
4. In the lecture, the professor describes the advantages of the GPR. Indicate whether each of the following will allow the GPR to be used effectively in archaeology.
5. What does the professor say about the disadvantages of GPR?
6. Why does the professor say this:

P: Resolution... that's related to images, well... just bear in mind that resolution has to do with the number of pixels per square inch in a picture or computer-generated display.

자, 어... 그럼 고고학 연구 과정 특유의 어려움 중 한 가지에 대해 논의하겠어요. 그러니까, 고고학자의 주요 임무가 고대의 유물을 보존하는 것이지만, 고고학자가 유적지를 조사하는 과정들은 궁극적으로 그리고 조직적으로 유적지를 파괴합니다. 그러므로, 당연히, 고고학자는 손상을 주지 않는 기술이 필요합니다. 이러한 관점에서, 아마 여러분이 읽기 자료에서 보았을 지구물리학적 기법에 대해 논의해봅시다... 어, 이것은 GPR, 즉 땅을 관통하는 레이더입니다. 좋아요... 오늘은 GPR이 무엇이며 고고학적인 목적으로 사용될 때 그것이 어떤 장단점을 가지는지에 초점을 맞춰보겠어요.
자, GPR은 정확히 어떻게 작동할까요? 읽기 과제로 내준 교재의 설명은 아마 이해하기 힘들었을 거예요, 제가 한번 간단하게 설명을 해보죠. 음, 우선, GPR 레이더는 작은 바퀴가 달린 수레에 올려지는데, 이 수레는 손에 이끌려 조사 지역을 가로지르게 됩니다. 고고학자들이 수레를 끄는 동안, 레이더 전파는 땅으로 전송됩니다. 이 레이더 전파는 표면에 부딪히면 되돌아오며 반사된 에너지의 형태로 메시지를 보냅니다. 만약 레이더 전파가 무언가를 "발견"하게 되면... 이를테면, 그러니까, 이상 지표나 토양 구성에 차이가 있는 것을 발견할 경우, 반사되는 전파는 짧아집니다. 이 짧은 전파는 지표 아래에 무언가 있음을 고고학자들에게 알려줍니다. 전파는 GPR 안테나에 의해 포착되어 추후의 분석을 위해 노트북 컴퓨터와 같은 저장 장치에 기록됩니다. 이렇게 수많은 그리드로 처리된 것이 쌓이게 되면, 그것은 아직 발굴되지 않은 지표와 지형을 디지털로 처리된 삼차원 지도로 보여줍니다. 그럼 자료를 분석한 후, 고고학자들은 발굴을 할 것인지의 여부를 결정할 수 있습니다. 또한 어디를 먼저 팔 지도 알아낼 수 있죠. 자, 그리 어렵지 않았죠, 그렇죠?
자, 이제 GPR이 고고학자들에게 매우 유용한 상황을 알아 봅시다. 음, 첫째, 이라크에 있는 유적지와 같이, 음, 복잡하고도 중요한 고고학 유적지라서... 그러니까, 오랜 기간 동안 발굴해야 하는 곳이라면 그렇습니다... 이것은 그 유적지가 크기도 하고, 발굴자들이 언제나 고대의 구조물에 익숙한 것은 아니기 때문입니다. 음, 한 예로 메소포타미아 지역의 발굴을 들 수 있습니다, 이 발굴은 무려 6세대에 걸쳐서 이루어졌습니다... 음, 이런 경우 GPR과 같은 지구물리학적 기법이 매우 유용합니다. GPR은 손상을 주지 않고 빠르며, 고고학자들이 조사 결과를 바탕으로 발굴의 우선 순위를 정할 수 있도록 해줍니다. 자, 둘째, 기념 건축물이나 공원 같은... 유적지에서... GPR은 아마도 그 지역을 조사할 수 있는 유일한 수단일 것입니다. 그러니까, 만약 고고학자들이 가자 지역에 있는 대피라미드나 노트르담 성당 아래에 무엇이 있는지 알고 싶다 해도, 그 아래로 구멍을 뚫을 수는 없어요, 그렇죠? 자, GPR의 세 번째 특징은 다른 지표 레이더 기술과 비교했을 때 높은 해상도를 갖는다는 점입니다. 해상도는... 영상과 관련이 있어요, 음... 해상도는 사진이나 컴퓨터에 나타난 화면의 평방 인치 당 화소의 수와 관련이 있음을 기억하세요. 모두들 화소가 무엇인지 알고 있으리라 생각해요. 그것은, 그러니까, 사진을 구성하는 작은 점들이죠. 그래서... 해상도가 높을수록 더 많은 점들 혹은 화소가 있고, 이는 사진의 질이 더 선명함을 의미합니다. 어쨌거나, GPR은 어떠한 지표 지구물리학적 기법보다 더 높은 3차원 해상도를 제공합니다. 그리고 새로운 정보를 덧붙일게요. 사람들은 항상 GPR은 완전히 건조한 지역에만 사용할 수 있다고 생각했지만, 최근 연구 결과에 의하면 젖은 땅과 심지어는 몇몇 종류의 젖은 진흙에서도 좋은 해상도를 얻을 수 있다는 것이 밝혀졌습니다. 그리고 전도성이 좋은 물질에서 GPR의 투과 깊이는 30미터 정도 혹은 그 이상이에요.
좋아요, 그러나 GPR에도 단점이 있어요. 예를 들어, GPR은 금속 물체는 통과하지 못합니다. 염분이 있는 물이나, 염분 농도가 높은 지역에서도 잘 작용하지 못하죠. 어... 소금물은 매우 효과적인 전도체이기 때문에 레이더를 바로 흡수합니다. 염분 농도가 높은 지역의 레이더 투과는 기껏해야 1미터도 되지 않아요. 그리고 마지막으로, GPR 기법은 다른 곳에서 나오는 불필요한 신호나 소음에 민감합니다... 예를 들어, 큰 바위의 움직임, 생장하고 있는 나무뿌리, 울타리의 움직임, 빌딩의 진동, 덜컹거리는 자동차 등이 있죠... 게다가 휴대폰, TV, 라디오 등의 전자기파 방출은 GPR 전파를 방해할 수 있습니다. 그러나... 전반적인 것을 고려했을 때, GPR은 분명 고고학자의 일을 쉽게 만들어 준다고 할 수 있죠.
좋아요... 내일 우리는 고고학에서 유용한 다른 두 가지 방법에 대해 알아보겠습니다... 저항력 지도와 전자기 유도입니다. 교재에서 읽기 과제로 내준 페이지를 잊지 말고 읽어 오세요.

preserve [prizə́:rv] 보존하다 **artifact** [á:rtəfæ̀kt] 유물 **ultimately** [ʌ́ltimitli] 궁극적으로
systematically [sìstəmǽtikəli] 조직적으로 **non-destructive** 손상을 주지 않는 **in light of** ~의 관점에서
geophysical [dʒì:oufízikəl] 지구물리학적인 **penetrating** [pénətrèitiŋ] 관통하는 **mount** [maunt] 올려놓다, 두다
wheeled [hwi:ld] 바퀴 달린 **investigate** [invéstəgèit] 조사하다 **transmit** [trænsmít] 전송하다
boomerang [bú:məræ̀ŋ] 되돌아오다 **reflected** [rifléktid] 반사된 **so to speak** 이를테면 **anomaly** [ənáməli] 차이, 변칙
grid [grid] 그리드, 격자 **transaction** [trænsǽkʃən] 처리 **compile** [kəmpáil] 모으다, 쌓다 **yield** [ji:ld] 산출하다
three-dimensional 3차원의 **monument** [mánjumənt] 기념 건축물 **resolution** [rèzəljú:ʃən] 해상도
pixel [píksəl] 화소 (화상의 최소 구성 단위) **saturated** [sǽtʃərèitid] 젖은 **conductivity** [kàndʌktívəti] 전도성
conductor [kəndʌ́ktər] 전도체 **boulder** [bóuldər] 큰 바위 **rumble** [rʌ́mbl] 덜커덕거림
electromagnetic [ilèktroumægnétik] 전자기의 **interfere with** ~을 방해하다 **definitely** [défənitli] 분명히
resistivity [rì:zistívəti] 저항력 **induction** [indʌ́kʃən] 유도

12. Paleontology

Hackers Test

p.284

1. C 2. C 3. D

4.

	Tail	Spine	Snout
Contains oil and supports the fish's body		√	
Is able to determine the existence of an energy charge			√
Helps the fish maintain equilibrium	√		
Has three sides that can twist	√		

5. A 6. D

Listen to part of a talk on paleontology.

Today, as part of my continuing lecture on fish fossils, I'd like to talk about a species of fish that scientists... um, for many years... believed was extinct. Has anyone here heard of the coelacanth? No? OK... the name coelacanth actually comes from two Greek words for space and spine. And the discoverer of the first coelacanth fossil... Louis Agassiz in the year 1836... observed that the fish had a hollow spine. So... this is why he named the fish coelacanth or hollow spine. Now, this hollow spine serves as a sort of backbone... OK, so... I'm bringing this fish up as part of our discussion because of its unusual features.

All right, first, let me explain why the scientific community believed the coelacanth to be extinct. Well, the entire coelacanth fossil record extends from the Middle Devonian Period, about 380 to 400 million years ago, up to the end of the Cretaceous Period, some 65 to 70 million years ago. Because the fossil record of this ancient fish disappeared with the end of the Cretaceous Period... that's when the great dinosaurs died out... well, scientists concluded that the coelacanth became extinct at about that time. Now, if that's what the fossil record suggests, then a quote-unquote extinct animal that suddenly reappears would certainly be interesting to scientists.

So, you can just imagine how much excitement there was when a coelacanth showed up in the trawler of a local fisherman in South Africa in 1938. I'd like to tell you more about this, but that's another story in itself. At any rate, after that initial discovery made by Marjorie Courtenay-Latimer, subsequent discoveries of a colony of coelacanths in two separate places gave scientists the opportunity to examine the modern-day coelacanth and compare it to the fossils of its prehistoric ancestors. Well, they were greatly surprised when they realized that the modern-day coelacanth was virtually identical to its ancestor. It was, indeed, as some people called it, a "living fossil." You see, changes in the features of the fish are of special interest to scientists who support the theory of evolution. They believe that the fish may have been an ancestor of four-footed land animals or the tetrapods.

So... why don't we go into the more interesting physical features of the coelacanth? And, as we examine its body parts, think about whether or not the coelacanth is important in terms of evolution theory. All right, look at the picture I have on the board.

OK, so here's the most distinctive body part... the three-lobed tail. Here, we have an extra trunk and fin protruding from the middle. The tail can rotate and flex from side-to-side and is believed to help the coelacanth balance itself. Actually, the tail is so distinctive that it helped scientists identify it as something that belonged to an ancient fish.

Now, the coelacanth has no fully formed vertebrae, so you might wonder how it could possibly support itself. Well, earlier on, I mentioned the hollow spine or backbone. It runs almost the entire length of the fish, but you can't really call it a backbone because it's simply a thick-walled tube that's elastic and fibrous, and the space inside is filled with oil. Nevertheless, this hollow spine does provide excellent support for the muscles of the fish and even serves as a sort of device on which to hang the whole fish. OK... now let's look at the snout area... right here in the center of the snout, we have a large jelly-filled cavity called the rostral organ. It's believed that this organ serves as an electrosensory device that, you know, detects weak electrical impulses given off by prey. Uh, later experiments confirmed that the coelacanth can detect and respond to electric fields in the water.
Hmm, so now I'd like to show you something interesting about the paired lobed fins at the bottom of the fish. Rather than being directly attached to the body, these fins stick out from the body on things that kind of look like stems. And they move pretty much the way land animals move their limbs... you know, the right chest fin moves in conjunction with the left pelvic fin... sort of like walking at a brisk pace. You know, what's interesting, some scientists call the coelacanth a cousin of the eusthenopteron... hold on, let me spell it on the board. The eusthenopteron is the fish that's said to have grown legs and come ashore some 360 million years ago. But no researcher has ever seen the coelacanth use its paired lobe fins to walk... not on the ocean floor and not on the beach. So this view is pretty controversial within the scientific community. Now, I'm more inclined to go with Agassiz's view... yes, the same Agassiz who discovered the first coelacanth fossil. He was firmly opposed to Charles Darwin's theory.

Now get ready to answer the questions. You may use your notes to help you answer.

1. What does the professor mainly discuss?
2. What made the 1938 discovery of the coelacanth surprising?
3. Why does the professor mention the term "living fossil?"
4. The professor mentions several body parts of the coelacanth and the characteristics of each. Indicate the characteristics of each body part.
5. What can be inferred about eusthenopteron?

Listen again to part of the lecture. Then answer the question.

P: So, you can just imagine how much excitement there was when a coelacanth showed up in the trawler of a local fisherman in South Africa in 1938. I'd like to tell you more about this, but that's another story in itself.

6. Why does the professor say this:
   P: ...but that's another story in itself.

오늘은, 계속 해오던 물고기 화석에 대한 강의의 일환으로, 과학자들이... 음, 오랫동안... 멸종되었다고 믿었던 물고기 종에 대해 논의하겠습니다. 실러캔스에 대해 들어 본 학생 있나요? 없나요? 네... 실러캔스라는 이름은 그리스어 중, '공간' 과 '등뼈' 를 의미하는 두 단어에서 유래되었어요. 그리고 1836년에 처음으로 실러캔스 화석을 발견한 Louis Agassiz는... 이 물고기가 속이 빈 등뼈를 갖고 있음을 관찰했습니다. 그래서... 그는 이 물고기에게 실러캔스, 혹은 속이 빈 등뼈라는 의미의 이름을 붙여주었죠. 자, 이 속이 빈 등뼈는 일종의 척추 역할을 해요... 네, 그래서... 저는 이 물고기의 독특한 특징 때문에, 이것을 강의의 주제로 제시한 것입니다.
좋아요, 우선 과학계에서 왜 실러캔스가 멸종했다고 믿었는지 설명하겠습니다. 음, 실러캔스의 모든 화석 기록은 약 3억 8천만 년에서 4억만 년 전까지 이르는 데본기 중기에서부터 약 6천 5백만 년에서 7천만 년 전까지에 해당하는 백악기 말까지 걸쳐 있습니다. 이 고대 물고기의 화석 기록은... 거대한 공룡들이 멸종한 백악기 말에 사라졌기 때문에... 음, 과학자들은 실러캔스가 그 시기에 멸종했으리라고 추측한 것이죠. 자, 만약 화석 기록이 암시하는 것이 그러하다면, 갑자기 다시 나타난 이 말하자면 멸종된 동물은 분명 과학자들에게 흥미거리였을 것입니다. 그렇다면, 여러분은 실러캔스가 1938년 남아프리카 한 지방의 어부의 트롤어선에 나타났을 때 얼마나 큰 동요가 있었을지 상상할 수 있을 거예요. 이 부분에 대해 더 이야기하고 싶지만, 그것 자체가 또 다른 주제이군요. 어쨌든, Marjorie Courtenay-Latimer의 최초 발견 이후, 다른 두 지역에서 실러캔스 무리가 연이어 발견되자 과학자들은 현대의 실러캔스를 조사하여 이것을 선사 시대 실러캔스의 화석과 비교할 수 있는 기회를 가질 수 있었습니다. 음, 과학자들은 현대의 실러캔스가 그 조상과 사실상 똑같다는 것을 깨닫고는 아주 놀랐어요. 정말 그것은 어떤 사람들이 부르는 바와 같이 "살아있는 화석"이었죠. 이 물고기의 특징 변화는 진화론을 지지하는 과학자들에게 특별한 관심거리였습니다. 그들은 그 물고기가 육지의 네발 짐승 혹은 4족류의 조상일 것이라고 생각합니다.

자... 보다 더 흥미로운 실러캔스의 신체적 특징에 대해 자세히 알아볼까요? 그리고, 실러캔스의 신체 부위를 살펴보면서, 진화론 관점에서 봤을 때 실러캔스가 중요한지 아닌지 생각해보세요. 좋아요, 칠판에 있는 그림을 보세요.

네, 가장 특이한 부분은... 세 개의 엽이 있는 꼬리예요. 여기서 우리는 아주 큰 구간부와 중간에 돌출한 지느러미를 볼 수 있습니다. 꼬리는 회전할 수 있으며, 양 옆으로 구부려질 수 있고 실러캔스가 균형을 잡을 수 있도록 한다고 여겨집니다. 사실상, 이 꼬리는 아주 독특해서 과학자들은 이것이 고대 물고기의 꼬리임을 확인할 수 있었습니다.

자, 실러캔스는 완전한 형태의 척추를 가지고 있지 않은데, 그 때문에 아마 모두들 어떻게 실러캔스가 몸을 지탱하는지 궁금할 거예요. 음, 앞서, 내가 속이 빈 등뼈 혹은 척추를 언급했었죠. 등뼈는 거의 물고기의 몸 전체 길이 정도이지만, 그것을 척추라고 지칭할 수는 없어요, 왜냐하면 그것은 단지 탄력 있는 두꺼운 층의 섬유질 관이기 때문입니다, 그리고 내부의 공간은 기름으로 채워져 있지요. 그래도, 이 속이 빈 등뼈는 물고기 근육을 잘 지탱해주며 심지어 물고기의 온 몸이 매달릴 수 있는 장치와 같은 역할을 합니다.

자... 주둥이 부위를 살펴 봅시다... 여기 주둥이의 중앙에는, 주둥이 기관으로 불리는 젤리로 차 있는 큰 구멍이 있습니다. 이 기관은 먹이가 방출하는 약한 전기 자극을 감지하는 전기감지 장치의 역할을 한다고 여겨집니다. 어, 이후의 실험에서 실러캔스가 물의 전기장을 감지하고 반응할 수 있다는 것이 확인되었습니다.

음, 이제 물고기 아래 부분의 엽이 있는 한 쌍의 지느러미에 대해 흥미로운 점을 볼게요. 이 지느러미는 몸에 직접적으로 붙어있다기보다는, 줄기처럼 몸에서 돌출되어 있습니다. 그리고 이 지느러미는 육지 동물들이 다리를 움직이는 것처럼 움직입니다... 그러니까, 오른쪽 폐 지느러미는 왼쪽 배 지느러미와 함께 움직이죠... 마치 빠른 보조로 걷는 것처럼요. 그러니까, 흥미로운 점은, 일부 과학자들이 실러캔스를 유스테노프테론의 친족이라고도 한다는 점입니다... 잠시만요, 칠판에 쓸게요. 유스테노프테론은 다리가 자라 약 3억 6천만 년 전에 육상으로 올라왔다고 전해지는 물고기입니다. 그러나 실러캔스가 해저나 해변에서... 엽이 있는 한 쌍의 지느러미로 걷는 것을 본 과학자들은 아무도 없어요. 그래서 과학계 내에서는 이 견해에 대한 논란이 많습니다. 자, 저는 Agassiz의 견해 쪽으로 더 기우네요... 네, 실러캔스 화석을 최초로 발견한 Agassiz 말입니다. 그는 Charles Darwin의 이론에 강하게 반대했어요.

extinct[ikstíŋkt] 멸종된　coelacanth[sí:ləkæ̀nθ] 실러캔스　spine[spain] 등뼈　hollow[hálou] 속이 빈
backbone[bǽkbòun] 척추　Devonian Period 데본기　Cretaceous Period 백악기　quote unquote 말하자면
reappear[rì:əpíər] 다시 나타나다　trawler[trɔ́:lər] 트롤 어선　initial[iníʃəl] 처음의　subsequent[sʌ́bsəkwənt] 연이은
prehistoric[prì:histɔ́(:)rik] 선사 시대의　tetrapod[tétrəpɑ̀d] 4족류(네발 짐승)　evolution[èvəlú:ʃən] 진화
distinctive[distíŋktiv] 특이한, 독특한　three-lobed 세 개의 엽이 있는　trunk[trʌŋk] 물고기의 구간부, 몸통
fin[fin] 지느러미　protrude[proutrú:d] 돌출하다　rotate[róuteit] 회전하다　flex[fleks] 구부리다
balance[bǽləns] 균형을 잡다　vertebrae[və́:rtəbrə] 척추　elastic[ilǽstik] 탄력 있는　fibrous[fáibrəs] 섬유질의
snout[snaut] 주둥이　cavity[kǽvəti] 구멍　rostral[rástrəl] 주둥이의　impulse[ímpʌls] 자극
give off 방출하다　prey[prei] 먹이　stick out 돌출하다　limb[lim] 다리　chest fin 폐 지느러미
in conjunction with ~와 함께　pelvic fin 배 지느러미　brisk[brisk] 빠른, 활발한　ashore[əʃɔ́:r] 육상으로, 물가로
incline[inkláin] (마음이) 기울다　firmly[fə́:rmli] 강하게, 확고히

13. Sociology

Hackers Test

p.288

1. B　2. D　3. A　4. D　5. A, D　6. C

Listen to a talk on sociology.

You know, sociology is not a subject that is usually studied on its own. It's always connected to some other field of study, like economics or anthropology or psychology. Well, let me give you an example of how sociology uses knowledge from another field, psychology. Psychology's purview has always been the individual and his mental processes, and sociology has always examined the shared behavior of humans. So... in order to understand why humans behave a certain way, sociologists take a piece of knowledge that psychologists have gleaned from their research, and they use that knowledge in their own research. For example, psychologists have learned that people have short-term and long-term memory. Let's see how this was used in sociology.

First, let me explain what long-term memory is. A long-term memory can last a few days to... many, many decades. You don't forget how to ride a bike, and you can probably still remember the address of a house you used to live in. Maybe also your student ID number, if you've been exposed to it often enough. So, long-term memories have to do with experiences, skills, events... and these are first processed as short-term memories by the brain's hippocampus. So how does a short-term memory become a long-term memory? Well, with enough repetition, the hippocampus reclassifies a short-term memory, and it is transferred to the cortex where it is stored as a long-term memory.

Short-term memories are... more active because we keep running them through our brain... repeating them until we no longer have any use for them. Like a short shopping list... Milk, sugar, bread... milk, sugar, bread... Short-term memory, like the term says, is of short duration, no more than three to twenty seconds. And its capacity is limited. The psychologist George Miller tested this capacity and discovered from his experiments that people can remember only seven things at a time. Telephone companies caught on to this fact early on, and decided to limit phone numbers to only seven digits because that's what people can remember... well, give or take two digits. So, sociology takes this psychological fact and uses it in its study of human societies.

Now, the number seven is also closely related to the number of people a person is close to. Sociological findings say that we all have this, uh, "intimate" group, made up of members whom we are close to–friends, family. Interestingly, this group is said to be made up of from seven to fifteen people. And apparently, this is because we can recall the details of only seven people at a time.

Now, outside of this intimate group... well, who are the people outside of this group? Um, a British anthropologist, Robin Dunbar, said that individuals all have a social map of the different people they turn to for different reasons. Sometimes we need this person, sometimes that person. It depends on our needs. One person can listen to our problems and give advice, someone else might have information about a job we're interested in, and we need to keep track of who's there and what they can offer. So... just how many people are we actually capable of keeping track of outside of our intimate group? This is where Dunbar's number comes in. All right, so, Dunbar conducted a study, and he discovered that the capacity to maintain stable social relationships is linked closely to the size of the neocortex, that part of the cortex where higher brain functions occur. Dunbar developed a regression equation–I won't explain the math of it. It was based on data on neocortex sizes of primates. Primates have a very social nature, and they maintain relationships with other primates in their group. So Dunbar used the primate data in an equation to predict a group size for human beings. This group is larger, called the "social" group, and it's made up of co-workers, acquaintances, and so on. Well, Dunbar concluded that the larger the neocortex is, the more people a person can keep track of, and that the number of people in a social group can range from 150 to 200 people.

Do you think there might be a difference in the number of connections that can be made by humans in, say, a tribal settlement far away from the rest of civilization? Surprisingly, the average size of a tribe in a rainforest in a third world country–and you know these tribes are disconnected from the more developed world–well, that size is between 150 and 200. This supports the claim that a person's social group is made up of 150 to 200 people.

Now get ready to answer the questions. You may use your notes to help you answer.

1. What does the professor mainly discuss?
2. What does the professor say about short-term memory?
3. According to the professor, what is a characteristic of an intimate group?
4. What can be inferred about an individual's social map?
5. According to the professor, what are two features of Dunbar's number?
6. Why does the professor talk about a tribe in a rainforest?

있잖아요, 사회학은 보통 독립적으로 연구되는 주제가 아니에요. 언제나 경제학, 인류학, 심리학과 같은 다른 연구 분야와 연결되어 있죠. 음, 사회학이 다른 영역인 심리학에서의 지식을 어떻게 사용하는지에 대한 예를 들어볼게요. 심리학의 범위는 언제나 개인과 그의 생각 과정이었어요, 그리고 사회학은 언제나 사람들 사이의 공통적인 태도를 관찰했죠. 그러니까... 인간들이 왜 특정 방식으로 행동하는지 이해하기 위해, 사회학자들은 심리학자들이 연구를 통해 수집한 지식 조각을 가져가서, 그들의 연구에 그 지식을 사용해요. 예를 들어, 심리학자들은 사람들에게 단기와 장기 기억이 있다는 것을 알아냈어요. 이게 사회학에서 어떻게 이용되었는지 봅시다.
일단, 장기 기억이 무엇인지 설명할게요. 장기 기억은 며칠에서... 수 십 년 지속될 수 있어요. 자전거 타는 방법은 잊지 않아요, 그리고 살았던 집의 주소도 아마 아직 기억 할 거예요. 충분히 자주 노출 되었었다면 학생증 번호도 기억할지 몰라요. 그러니까, 장기 기억은 경험, 기술, 사건과 관련이 있어요... 그리고 이것들이 뇌의 해마상 융기에 의해 처음 단기 기억으로 취급됐던 것들이죠. 그러면 단기 기억이 어떻게 장기 기억이 될까요? 음, 충분히 반복하면, 해마상 융기가 단기 기억을 재분류하고, 이것은 대뇌피질로 운송되어 장기 기억으로 저장되요.
단기 기억들은... 더 활동적이에요, 우리가 뇌에서 자꾸 떠올리니까요... 필요 없어질 때까지 반복하죠. 짧은 쇼핑 리스트처럼요... 우유, 설탕, 빵... 우유, 설탕, 빵... 단기 기억은, 이 용어가 말하듯이, 짧게 지속해요, 3초에서 20초 이상 유지되지 않죠. 그리고 이 용량은 한정되어 있어요. 심리학자 조지 밀러가 이 용량을 시험했는데 그의 연구로 사람들이 한번에 7가지만 기억할 수 있다는 것을 발견했어요. 통신 회사들은 이 사실을 빨리 포착하여 전화 번호를 7자리로 한정하기로 했어요, 사람들이 거기까지밖에 기억 못하니까요... 뭐, 한 두 자리의 차이는 있더라도요. 그래서, 사회학은 이 심리학적 사실을 차용하여 인간 사회를 연구하는 데 사용해요.
자, 7이라는 숫자는 한 개인이 가까운 사람들의 수와 많은 관련이 있어요. 사회학적 발견들은 우리 모두에게 우리와 가까운 일원들로 구성된, 어, "친밀한" 집단이 있다고 해요, 친구, 가족이요. 흥미롭게도, 이 집단은 7명에서 15명으로 이루어져 있다고 해요. 그리고 분명히, 이것은 한번에 7명의 구체적인 사실들밖에 기억하지 못하기 때문이죠.
그럼, 이 가까운 집단 밖에서는... 음, 이 집단 밖에 있는 사람들은 누굴까요? 음, 영국 인류학자 로빈 던바는 모든 개인에게 다른 이유로 필요로 하는 서로 다른 사람들의 사회적인 지도가 있다고 했어요. 어떤 때는 이 사람이 필요하고, 어떤 때는 저 사람이 필요하죠. 우리의 필요에 달려 있어요. 한 명은 우리의 고민을 상담해주고 조언을 줄 수 있어요, 다른 사람은 우리가 관심 있는 직업에 대한 정보를 가지고 있을 수도 있어요, 그리고 누가 있고 그들이 무엇을 제공할 수 있는지 기억해야 해요. 그러면... 우리의 가까운 집단 외에 계속 신경을 쓸 수 있는 사람이 몇 명일까요? 여기서 던바의 숫자가 등장합니다. 자, 그러니까, 던바는 연구를 했는데, 안정적인 사회적 관계를 유지하는 데 필요한 기억 용량이 고도의 뇌 활동이 이루어지는 대뇌피질의 한 부분인 신피질의 크기와 밀접한 관련을 가지고 있다는 것을 발견했어요. 던바는 회귀방정식을 만들었어요, 수학은 설명하지 않을게요. 그것은 영장류들의 신피질 크기에 대한 정보를 기반으로 한 것이었어요. 영장류들은 매우 사회적인 습성을 가지고 있어요, 그리고 자신의 집단 내에서 다른 영장류들과 관계를 유지하죠. 그래서 던바는 영장류 정보를 인간의 집단 크기를 예상하기 위한 식에 대입했어요. 이 집단은 더 커요, "사회적" 집단이라고 부르죠, 그리고 동료, 아는 사람 등으로 구성돼요. 뭐, 던바는 신피질이 클수록 한 개인이 더 많은 사람들을 기억할 수 있으며, 사회적 집단의 사람의 수는 150명에서 200명까지 된다는 결론을 내렸어요.
나머지 문명에서 동떨어진 부족 마을에서 사람들이 만들 수 있는 관계의 수는 다를 것 같나요? 놀랍게도, 제3세계 국가의 열대 우림의 평균적인 부족의 크기는, 그리고 이 부족들이 더 발달된 세계에서 분리되어 있다는 것은 알죠, 음, 그 크기도 150명에서 200명이에요. 사람의 사회적 집단이 150명에서 200명으로 이루어져 있다는 주장을 뒷받침하는 거죠.

subject [sʌ́bdʒikt] 주제　field of study 연구 분야　economics [ì:kənάmiks] 경제학　anthropology [æ̀nθrəpάlədʒi] 인류학
psychology [saikάlədʒi] 심리학　purview [pə́:rvju:] 범위　process [prάses] 과정　shared behavior 공통적인 태도
glean [gli:n] 수집하다　short-term 단기　long-term 장기　decade [dékeid] 10년　student ID 학생증
expose [ikspóuz] 노출하다　hippocampus [hìpəkǽmpəs] 해마상 융기　reclassify [riklǽsəfài] 재분류하다
cortex [kɔ́:rteks] 대뇌피질　active [ǽktiv] 활동적인　shopping list 쇼핑 리스트　duration [djuəréiʃən] 지속 기간
capacity [kəpǽsəti] 용량　sociological [sòusiəlάdʒikəl] 사회학적인　intimate [íntəmit] 친밀한　recall [rikɔ́:l] 기억해내다
stable [stéibl] 안정적인　regression [rigréʃən] 회귀　nature [néitʃər] 습성　predict [pridíkt] 예상하다

co-worker 동료 acquaintance[əkwéintəns] 아는 사람, 지인 tribal[tráibəl] 부족의 settlement[sétlmənt] 마을, 거류지
third world 제3세계

14. Psychology

Hackers Test

p.294

1. C 2. D 3. B 4. A, C 5. A 6. B

Listen to part of a lecture on psychology.

P: Let's continue our discussion on psychological disorders. Today, we'll focus on one particular disorder that affects children. I have a case study involving a young boy. Well, Tommy is nine years old. Every night he has to make sure that his mom is all right. About a year before this started happening, his grandfather died in his sleep. It might have made Tommy think his mom isn't that young and she could, maybe, die in her sleep. So he goes in and checks on her. The problem is, even though she's OK, Tommy can't go to sleep because he wants to watch her... you know, just in case. At school he's no better. He uses all his lunch money to call home and check on his mother. OK, now, is this normal for children?

S: No, it's not. It seems like Tommy has some serious problems controlling his worries and his mother is the object of his worries.

P: Well, that may be a possible symptom of this disorder... Hmm. Better yet, let's give it another shot, OK? Uh... you know, pets are also known to suffer from the same disorder when their owners leave. I used to have a pet poodle at home and it would practically destroy the house while I was out. I found out later that some pets have intense panic attacks when their owners leave the house. They wind up chewing the furniture or the curtains to relieve their worries.

S: Oh, now I know. Um... I don't know the exact word for it, but it's an intense feeling of panic a child feels when he's separated from his parents.

P: That's right. The disorder that Tommy was suffering from is called separation anxiety disorder. So... what exactly is separation anxiety disorder? Well, it's an acute feeling of worry about being away from home or from one's parents. Of course it's normal for toddlers and preschool children to show a degree of anxiety, you know, when they separate from people they're attached to. So if a child worries about being away from his mother when he starts going to preschool, that isn't separation anxiety disorder. And generally, it lasts about... a few weeks. However, if a child keeps calling his mother from school, this is most likely a typical case. Some other symptoms might include... a fear of the dark or of unfamiliar places. There's also an unwillingness to sleep alone, and difficulty going to sleep, just like in Tommy's case. And in some extreme instances, children with the disorder have shown somatic, or physical symptoms, such as nausea, vomiting, and diarrhea.

So... just how prevalent is this disorder? Well, about four percent of children under ten years of age in the United States suffer from varying degrees of this disorder. That translates to a little more than two million children. And its causes? Oh, a disturbance in routine, such as changing schools or... maybe an adjustment in a parent's work schedule. However, in most cases, the disorder stems from a traumatic event in the child's life. In our case study, the death of the grandparent was traumatizing. Tommy realized that his mother was, well, she wouldn't live forever.

So how do you treat a child with separation anxiety disorder? In children who experience normal anxiety, doctors have found it effective for parents to simply reassure their children. You know, tell them that they're going to be OK and that they're going to return. But for a child with separation anxiety disorder, this may not be enough. Psychologists generally go for therapies that may be used alone or in conjunction with other approaches.

So, the three commonly used therapies are cognitive, behavioral, and medicinal. I will very briefly discuss each of these. The first, cognitive, well, you know that when we say cognitive, thought processes are involved, right? Along this line, cognitive therapy is a technique which... doctors use to dissect the thought patterns of the individual. That sounds very invasive... dissect. Well, what psychologists are really trying to do when they examine the thought patterns of a child is determine where these thought patterns come from and where they lead. Once a psychologist has that figured out, he's able to help the child change his way of thinking. I won't go into the specifics now. I just want you to be familiar with the general idea at this point.

The second type, behavioral therapy, obviously involves a change in the individual's behavior. What this therapy aims for is... some sort of action on the part of the individual. It's like... dealing head-on with the problem by letting the child engage in certain activities that get him to face his fears. It may include relaxation techniques or... gradual exposure to whatever it is the child fears. In this way, the child learns to think more clearly and make rational decisions when he confronts what he considers a fearful situation.

Finally, there are certain medications available that may be used to treat anxiety. You might've read about some of them, maybe even some... negative stories about them. But that's what I'd like to point out. There are major concerns about side effects as well as occurrences of sudden death with the use of some of these medical treatments. Some children appear not to be able to handle these medications well because... their bodies are still growing.

Now get ready to answer the questions. You may use your notes to help you answer.

1. What is the main idea of the lecture?
2. Why does the professor mention the symptoms of her pet?
3. What does the professor say about the onset of separation anxiety disorder?
4. What are two key features of cognitive therapy?
5. What does the professor imply about medicinal treatments for separation anxiety disorders?

Listen again to part of the lecture. Then answer the question.

P: The problem is, even though she's OK, Tommy can't go to sleep because he wants to watch her... you know, just in case. At school he's no better. He uses all his lunch money to call home and check on his mother. OK, now, is this normal for children?

6. Why does the professor say this:
P: OK, now, is this normal for children?

P: 심리 장애에 대한 논의를 계속합시다. 오늘은, 어린이들에게 영향을 미치는 한 특정 장애에 초점을 맞춰 보겠어요. 한 소년에 대한 사례 연구를 얘기 할게요. 음, Tommy는 9살입니다. 매일 밤 그는 어머니가 잘 있는지 확인해야만 해요. 이런 증상이 나타나기일 년 전쯤에, Tommy의 할아버지가 주무시다가 돌아가셨어요. 이 사건으로 인해 Tommy는 그의 어머니가 그다지 젊지 않기 때문에 자다가 죽을 수도 있다는 생각을 하게 되었을지도 모르죠. 그래서 그는 어머니에게 가서 확인을 합니다. 문제는 어머니가 괜찮은데도, Tommy는... 그러

니까, 혹시나 하는 마음에 그녀를 지켜보고 싶어하기 때문에 잠을 잘 수가 없다는 것이었습니다. 학교에서도 마찬가지였습니다. Tommy는 어머니가 괜찮은지를 확인하려고 집으로 전화하느라 점심값을 다 써버렸습니다. 네, 자, 이것이 어린이들에게 정상적인 현상일까요?

S: 아뇨, 아닙니다. Tommy는 그의 염려를 조절하는 데 아주 심각한 문제를 지니고 있는 것 같고, 염려의 대상이 어머니인 것 같아요.

P: 음, 그것은 이 장애의 한 가지 증상이라고 할 수 있겠네요... 음, 좀더 나은 답을 얻기 위해 다시 한번 이야기해 봅시다, 알겠죠? 음... 그러니까, 애완동물들도 주인이 없을 때 같은 장애를 겪는다고 합니다. 저는 집에서 푸들을 키웠었는데 제가 외출한 동안 실제로 집을 엉망으로 만들곤 했어요. 나중에 알게 되었지만 어떤 애완동물들은 주인이 집에 없을 때 극도의 공포를 느낀다고 해요. 그래서 애완동물들은 걱정을 누그러뜨리기 위해서 가구든 커튼이든 닥치는 대로 물어뜯는 것이죠.

S: 아, 이제 알겠어요. 음... 정확한 단어는 모르겠지만, 그것은 부모와 떨어졌을 때 아이가 느끼는 극도의 공포감이에요.

P: 맞아요. Tommy가 겪는 장애는 분리 불안 장애입니다. 그렇다면... 분리 불안 장애는 정확히 무엇일까요? 음, 그것은 집이나 부모로부터 떨어지는 것을 심하게 걱정하는 것입니다. 물론, 유아나 미취학 아동들이 애착을 느끼던 사람들에게서 떨어질 때, 어느 정도의 불안을 느끼는 것은 정상적인 것입니다. 따라서 아이가 유치원에 가기 시작했을 때 어머니와 떨어지는 것을 걱정하는 것은 분리 불안 장애가 아닙니다. 그리고 일반적으로, 그것은... 몇 주간 지속돼요. 그러나, 아이가 학교에서 어머니에게 계속 전화를 하는 것은 전형적인 증상이라고 할 수 있어요. 또 다른 증상으로는... 어둠이나 낯선 장소를 두려워하는 것이 있습니다. 그리고 혼자 자기 꺼리는 것, Tommy처럼 쉽게 잠들지 못하는 것도 증상에 속하죠. 그리고 극한 경우에는, 이 장애를 겪는 어린이들이 구역질, 구토, 설사와 같은 신체적, 또는 육체적 증상을 보이기도 합니다.

그럼... 이 증상은 얼마나 널리 퍼져 있을까요? 음, 미국의 10살 미만 어린이의 약 4퍼센트가 정도의 차이는 있겠지만 이 장애를 겪고 있습니다. 이는 2백만 이상의 어린이들이 이 장애를 겪는다는 의미입니다. 그럼 원인은 무엇일까요? 아, 전학을 가거나... 부모의 근무 스케줄이 조정되는 것 등으로 인해 일상에 변화가 발생하는 것입니다. 그러나, 대부분의 경우, 이 장애는 아이의 삶에서 일어나는 충격적인 사건에서 비롯됩니다. 우리의 연구 사례에서는, 조부모의 죽음이 충격적인 사건이었죠. Tommy는 그의 어머니도, 음, 영원히 살 수 없음을 깨닫게 된 것입니다.

그렇다면 분리 불안 장애가 있는 아이를 어떻게 치료해야 할까요? 보통의 불안을 느끼는 아이들의 경우, 의사들은 부모들이 단순히 아이들을 안심시키는 것만으로도 효과가 있음을 발견했습니다. 그러니까, 아이들에게 그들은 괜찮을 것이며 다시 돌아올 거라고 말하는 것이죠. 그러나 분리 불안 장애가 있는 아이들은, 이것으로 충분하지 않을 것입니다. 심리학자들은 일반적으로 단독 치료요법이나 복합 치료요법을 병행하는 것을 선호합니다.

그래서, 일반적으로 사용되는 세 가지 치료법은 인식 요법, 행동 요법, 약물 요법입니다. 각 치료법을 간단히 설명할게요. 첫째로, 인식 요법인데요, 음, 인식이라는 말은 다들 알고 있듯이, 사고 과정과 관련이 있어요, 그렇죠? 이와 같은 맥락에서, 인식요법은... 의사들이 개인의 사고 패턴을 해부하는 데 사용하는 요법입니다. 해부란 말이... 신체 내부 치료를 수반하는 것처럼 들리죠. 음, 심리학자들이 아이의 사고 패턴을 조사함으로써 정말 하고자 하는 것은 어디서 이 사고의 패턴이 시작되며 결국 어디로 이어지는지를 파악하는 것입니다. 한 심리학자가 그것을 알아낸다면, 아이가 사고 방식을 전환하는 것을 도와줄 수 있습니다. 구체적으로 설명하지는 않을게요. 지금은 단지 여러분들이 전반적인 개념만 익혀두었으면 합니다.

두 번째 유형인 행동 요법은 분명 개인의 행동 변화를 수반합니다. 이 요법이 초점을 맞추는 것은... 개인 행동의 일부입니다. 이는... 환자가 두려움에 맞서게 하는 특정 활동에 참가하도록 함으로써 문제에 정면으로 대처하는 것이죠. 여기에는 완화 기법... 또는 아이가 두려워하는 것에 대한 점진적인 노출이 포함됩니다. 이러한 방법으로, 아이는 그가 두려운 상황이라고 생각하는 것에 직면할 때 좀더 명확하게 생각하는 법과 이성적인 결정을 내리는 법을 배우게 됩니다.

마지막으로, 불안 치료에 효력이 있는 특정 약물들이 있습니다. 여러분은 이 약물들에 대해 읽어본 적이 있을 거예요, 아마... 부정적인 이야기들도 있었겠죠. 하지만 바로 그 점을 지적하고 싶군요. 이러한 약물치료를 사용하는 것에 대해서, 갑작스런 죽음이나 부작용에 대한 심각한 우려들이 있습니다. 어떤 어린이들은 이러한 약물을 잘 감당하지 못해요... 아이들의 신체는 여전히 자라고 있는 중이기 때문이죠.

disorder [disɔ́:rdər] 장애　panic [pǽnik] 공포　chew [tʃu:] 물어뜯다　relieve [rilí:v] 누그러뜨리다
anxiety [æŋzáiəti] 불안　acute [əkjú:t] 심한, 강한　toddler [tádlər] 유아　unwillingness [ʌnwíliŋnis] 꺼림
somatic [soumǽtik] 신체적　physical [fízikəl] 육체적　nausea [nɔ́:ziə] 구역질　vomiting [vámitiŋ] 구토
diarrhea [dàiərí(:)ə] 설사　vary [vɛ́(:)əri] 차이가 있다, 가지각색이다　routine [ru:tí:n] 일상
traumatize [trɔ́:mətàiz] 정신적으로 충격을 주다　effective [iféktiv] 효과적인　reassure [rì:əʃúər] 안심시키다
in conjunction with ~을 병행하여　cognitive [kágnitiv] 인식의　dissect [disékt] 해부하다, 분석하다
head-on 정면으로　relaxation [rì:lækséiʃən] 완화　rational [rǽʃənəl] 이성적인　confront [kənfrʌ́nt] 직면하다
side effect 부작용　occurrence [əkɔ́:rəns] 발생　medicament [mədíkəmənt] 약물

15. Economics

Hackers Test

p.298

1. C 2. A 3. B, C 4. C 5. B 6. D

Listen to a talk on economics.

P: Hello again, everyone. If you can recall from the last lecture, um, I briefly mentioned the Silk Road trading route stretching from Europe, through the Middle East and into China. What is the significance of that route? Why would I bring it up in an economics class? Yes?

S: Because it was the first time that international trade occurred?

P: You're on the right track. I would like to point out something, though... that inter-regional trade was going on long before the Silk Road was being traveled. So it certainly wasn't the first time that trade happened on such a scale... But in terms of economics, culture, what have you... it brought enhanced development to every region it traversed. That's the argument made these days by those who support expanding international trade.

So, why does international trade occur? There's a mathematical reason for this, as you can imagine–and mathematics is the language of economics, after all–but we'll get to that later. For now, we can examine this by taking a look at something simple, like bananas. You might not know this, but some parts of the US can actually grow them. Few people are aware of that, but we all know of places like Ecuador and Brazil... the primary banana producers... They are the major producers because their climate is more suited to growing bananas than the US. Bananans don't do well with frost or colder temperatures, plus they need a good deal of rainfall, so US yields are much smaller. In addition to this, climate conditions, the cost of labor there, of farmers, is much cheaper. So, these countries have what is called an "absolute advantage" in the banana trade–they can collect more bananas at a lower price than the US, who ends up importing them. As you can see, although two countries produce the same product, trade still occurs.

What about higher-level products like advanced electronics, then? If richer countries have the technology and resources to produce most things more efficiently than developing countries, then why don't they? That's where the concept of comparative advantage comes in. Before we get to that, though, I want to introduce the idea of opportunity cost. This is important to understand comparative advantage. Let me use a fun example to explain this. Pretend it's Sunday evening and you get a call from a date who wants to catch a movie... but you have a test on Monday morning. Tough choice. Let's say you choose the movie over studying–well, the benefit you receive is a hot date, but you are giving up valuable study time, so risking a lower test grade is the opportunity cost of seeing the movie. To put it all together, opportunity costs are the benefits you miss out on by making a certain decision. Make sense?

With this concept in mind, let's get back to comparative advantage. Suppose there are two countries, X and Y, who only make TVs and chairs. Let's say country X can make five TVs or ten chairs in an hour, but country Y can only make two TVs or eight chairs in an hour. Since Country X has higher productivity in both products... they can make more of each in a given amount of time... we can say it has an absolute advantage in making both. However, it's not necessarily better for them to make both... that's because of the opportunity cost we just talked about. Like I said, every hour, country X can produce five TVs or ten chairs, and country Y two TVs or eight chairs. See, for every two chairs they make, country X has to give up making one TV, so we can say that country X has an opportunity cost of one TV for two chairs. For country Y, however, the opportunity cost of making two chairs is only half a TV. So when making chairs, country Y has a lower opportunity cost than country X. As for making TVs, by similar math, we can find that country X has a lower opportunity cost than country Y. In other words, country X has a comparative advantage in making TVs, whereas country Y has it in chairs... Thus, it is more profitable for country X to concentrate on TV production, country Y to concentrate on chair production, and for the countries to trade them. By trading, each country can fully exploit its resources and maximize its wealth.

Now get ready to answer the questions. You may use your notes to help you answer.

1. What is the professor mainly discussing?

Listen again to part of the lecture. Then answer the question.

P: ...stretching from Europe, through the Middle East and into China. What is the significance of that route? Why would I bring it up in an economics class? Yes?
S: Because it was the first time that international trade occurred?
P: You're on the right track. I would like to point out something, though...

2. What does the professor mean when he says this:
P: You're on the right track.

3. What two reasons give South America an absolute advantage in banana growing?
4. According to the professor, what allows countries without absolute advantage to have comparative advantage?
5. Why does the professor talk about going on a date?
6. According to the professor, what is true about opportunity costs?

P: 안녕하세요, 여러분. 지난 강의를 기억한다면, 음, 제가 비단길 교역로가 유럽에서 중앙아시아를 거쳐 중국으로 들어간다는 말을 잠깐 했을 거예요. 그 교역로의 의의가 무엇인가요? 제가 그걸 왜 경제 수업에서 얘기하죠? 네?
S: 국제 교역이 처음으로 일어났을 때니까요?
P: 거의 맞아요. 하지만 제가 지적하고 싶은 게 있어요... 지역 간의 교역은 비단길을 여행하기 한참 전부터 이루어지고 있었어요. 그러니까 그런 규모의 교역이 일어난 것이 처음은 아닌 게 확실하죠... 하지만 경제, 문화, 등등의 측면에서... 그것이 지나는 모든 지역에 발달이 증대되었어요. 요즘 국제 교역 확대를 지지하는 이들이 주장하는 것이죠.
그럼, 국제 교역은 왜 일어날까요? 상상할 수 있듯이, 여기에는 수학적인 이유가 있어요, 그리고 결국 수학은 경제의 언어죠, 하지만 그건 나중에 다루겠어요. 지금으로선, 바나나와 같이 간단한 무언가를 보면서 이걸 검토할 수 있어요. 몰랐던 사실일 수도 있는데, 미국의 어떤 지역들은 실제로 바나나를 재배해요. 이 사실을 아는 사람은 거의 없죠, 하지만 우린 모두 에콰도르나 브라질과 같은 곳은 알아요... 주요 바나나 생산지들이죠... 미국보다 그들의 기후가 바나나를 기르기에 더 적합하기 때문에 이 국가들이 주요 생산지인 거예요. 바나나들은 서리가 내리는 곳이나 추운 기온에서는 잘 안 자라고, 꽤 많은 양의 비가 필요하죠, 그래서 미국의 수확량이 훨씬 적어요. 이런 기후 조건에 덧붙여, 그곳의 농사꾼들의 노동의 가격이 훨씬 싸요. 그러니까, 이 나라들은 바나나 교역에서 "절대 우위"에 있다고 말해요, 그들은 미국보다 더 낮은 가격에 바나나를 얻을 수 있고, 결국 미국은 그것을 수입하게 돼요. 이렇게 두 나라들이 같은 제품을 생산해도 교역은 이루어집니다.
그렇다면, 고급 상품인 최신 전자제품들은요? 만약 부자 나라들이 후진국들보다 대부분의 물건을 더 효율적으로 생산할 수 있는 기술과 자원이 있다면, 왜 그러지 않을까요? 여기서 상대 우위라는 개념이 들어옵니다. 하지만, 이를 다루기 전에, 기회비용이라는 개념을 소개하고 싶어요. 상대 우위를 이해하는 데 중요하거든요. 이걸 설명하기 위해 재미있는 예를 써볼게요. 일요일 오후에 영화를 보자는 데이트가 들어 왔다고 생각해봐요... 하지만 월요일 아침에 시험이 있답니다. 어려운 선택이죠. 공부 대신 영화를 선택한다고 해요, 음, 얻는 이

익은 멋진 데이트지만, 귀중한 공부 시간을 포기하는 것이기 때문에, 낮은 시험 점수를 받을 위험이 영화를 보는 것의 기회비용이죠. 종합해보면, 기회비용은 어떤 선택을 해서 놓치는 이득입니다. 이해가 되나요?
이 개념을 생각하면서, 상대 우위로 돌아가봅시다. TV와 의자만 만드는 X와 Y라는 두 나라가 있다고 해요. X나라가 시간당 TV 5개나 의자 10개를 만들 수 있지만, Y나라는 TV 2개나 의자 8개밖에 못 만든다고 해보죠. X나라가 두 제품 모두에 더 높은 생산력을 가지고 있기 때문에... 그들은 주어진 시간에 각 물건을 더 많이 생산할 수 있어요... 우리는 X나라가 둘 다를 만드는 데 절대 우위가 있다고 할 수 있습니다. 그러나, 꼭 둘 다를 만드는 것이 더 좋지는 않아요... 방금 우리가 얘기한 기회비용 때문이죠. 제가 말했듯이, 시간당 X나라는 TV 5개나 의자 10개를, Y나라는 TV 2개나 의자 8개를 생산할 수 있어요. 자, 의자 2개를 만들 때마다, X나라는 TV 1개를 포기해야 하므로, 우리는 X나라가 의자 2개에 TV 1개라는 기회비용을 가진다고 말할 수 있어요. 그러나 Y나라에게는 의자 2개를 만드는 기회비용이 TV 반 개 밖에 안돼요. 그러니까 의자를 만들 때, Y나라가 X나라보다 더 낮은 기회비용을 가져요. TV를 만드는 것에 대해서는, 비슷한 연산을 하면 X나라가 Y나라보다 기회비용이 낮음을 알 수 있어요. 다른 말로, X나라는 TV를 만드는 데 상대 우위를 가지는 반면 Y나라는 의자를 만드는 데 상대 우위를 가져요... 그러니까, X나라가 TV 생산에 집중하고, Y나라가 의자 생산에 집중하여 교역을 하는 것이 더 이익이에요. 교역을 통해, 각 나라는 자원을 최대한 활용하고 부를 극대화할 수 있어요.

recall [rikɔ́:l] 기억하다 Silk Road 비단길 trading route 교역로 significance [signífikəns] 의의, 중요성
bring up 얘기하다, 얘기를 꺼내다 on the right track 거의 맞아, 맞는 방향으로 향하여 point out 지적하다 scale [skeil] 규모
what have you 등등 traverse [trǽvəːrs] 지나다, 가로지르다 mathematical [mæ̀θəmǽtikəl] 수학적인 after all 결국
aware [əwέər] 아는, 깨닫는 suited [sjúːtid] 적합한, 적당한 absolute advantage 절대 우위 import [impɔ́ːrt] 수입하다
electronics [ilèktrɑ́niks] 전자제품 comparative advantage 상대 우위 opportunity cost 기회비용
valuable [vǽljuəbl] 귀중한 productivity [pròudəktívəti] 생산력 whereas [hwεərǽz] ~에 반하여
profitable [prɑ́fitəbl] 유익한, 이익이 되는 concentrate [kɑ́nsəntrèit] 집중하다 exploit [eksplɔ́it] 활용하다
maximize [mǽksəmàiz] 극대화하다

16. Physics

Hackers Test

p.302

1. C 2. D 3. C 4. B 5. A, B 6. A

Listen to part of a talk in a physics class.

P: If I asked you what noise is, how would you answer? I guess some of you might say... a neighbor mowing his lawn... or uh, some guy drilling a hole in the street. Maybe a group of teenage girls talking at the same time... Of course, these are just examples, not a definition of what noise is, but I think you get the picture. Noise is a disagreeable auditory experience. It's unwanted. We avoid it when we can because it's unpleasant.
Can we say that music is noise? I don't think it's an exaggeration to say most people love it. Well, environmental noise is any noise that comes from motor vehicles, transportation systems, construction work, factory machinery, noisy people and... audio entertainment systems! Noise becomes harmful when it exceeds Eighty dB. Eighty dB, by the way, is the sound of your alarm ringing or the sounds you hear on a busy street. So, noise—even your stereo—becomes harmful when it exceeds that level. That's why environmental noise is classified as a pollutant because it often exceeds it. It can be hazardous to hearing and health. It can even have psychological and social implications because it affects people's quality of life. So that's one definition of noise.
In physics, noise is defined as an acoustic, electric or electronic signal of a random mixture of wavelengths. In engineering, it's a signal that interferes with the detection of, or quality of, another signal. I want you to keep the two concepts in mind, randomness and interference, as we discuss a kind of noise called white noise. White noise is a type of random noise because it contains every

frequency within the range of human hearing. Have you ever heard of such a thing?

S: Um... I think I know what that's about. I believe it's noise that sends out all the, uh, audible wavelengths at once. I heard it's good for covering over unnecessary noise. Am I right?

P: Yes, good, good. Let's explain that a bit more. A sound that contains every frequency, or, as George said, all the audible wavelengths... well, what would that sound like? Um, it's sort of like a hum or a toned-down version of the static on TV, maybe even a vacuum cleaner or an electric fan. All background noise. If it isn't too loud, the sound is actually not too bad. In fact, it can be very soothing. Let's listen to a sample. Sound designers use a synthesizer to create white noise, and, uh, depending on how the sound is processed, it can be altered so that it comes across like the beach, you know, the waves lapping at the shore. It's a very soothing sound, isn't it? And not only that–it kind of blocks out other noises, the unpleasant kind. The sound of waves can muffle the sound of snoring, for example. Or if your neighbors chatter through the night, beach waves do a good job of concealing it. So, the nice thing about white noise is that... since it's a random noise that sends out all frequencies, it can interfere with other types of noise... even noise as loud as a dog barking. And that means it's great for helping someone to fall asleep, and, in fact, white noise compact disks are commercially sold just for that purpose.

OK, um, I'm not trying to repeat myself here or anything, but I'd like to talk about the color white. Um, everyone here knows what white light is, right? It's all the wavelengths and frequencies of light in the visible spectrum. A white object reflects any and all light waves and absorbs none, which is why it looks white. Black is the opposite. It absorbs all light waves, but reflects none, so we see the color black. Now think about white noise. It's analogous to white light. As I said earlier, it contains every frequency that humans can hear. Now listen to this one. It's different from white noise, right? White noise is higher-pitched. Pink noise, on the other hand... Well, we know that white is called white because when all the colors overlap, they produce a white color. With pink, um, pink is the color with the lowest frequency... so you can guess that pink noise is skewed towards lower frequencies. That's why it sounds much lower-pitched when compared to white noise because its signal is stronger among the lower frequencies than it is in the higher frequencies.

So... random noise can be expressed in terms of colors. There's blue noise as well. Its frequency is higher than that of pink noise, that is, its power density goes up 3 dB for every octave. Higher frequency, higher pitch...

Now get ready to answer the questions. You may use your notes to help you answer.

1. What is the lecture mainly about?
2. Why does the professor mention music?
3. How does the professor introduce the effects of environmental noise?

Listen again to part of the lecture. Then answer the question.

P: White noise is a type of random noise because it contains every frequency within the range of human hearing. Have you ever heard of such a thing?

S: Um... I think I know what that's about. I believe it's noise that sends out all the, uh, audible wavelengths at once. I heard it's good for covering over unnecessary noise. Am I right?

4. Why does the student say this:

S: Um... I think I know what that's about.

5. According to the lecture, what are two features common to beach wave sounds and white noise?
6. Why does the professor mention the "color white"?

P: 제가 소음이 무엇이냐고 물어본다면, 어떻게 대답하겠나요? 여러분 중 일부는... 이웃이 잔디를 깎는 것이나... 아니면 어, 어떤 사람이 길에 구멍을 내는 것이라고 하겠죠. 10대 소녀들의 무리가 동시에 얘기하는 것이 될 수 있겠고요... 물론, 이것들은 소음의 정의가 아니라, 그냥 예들이죠, 하지만 대충 이해했겠죠. 소음은 불쾌한 청각 경험이에요. 원치 않는 거죠. 우린 피할 수 있을 때 피하려고 해요, 불쾌하니까요.
음악도 소음이라고 할 수 있을까요? 대부분의 사람들이 음악을 사랑한다고 말해도 과장은 아닌 것 같아요. 음, 환경 소음은 자동차, 교통수단, 공사장, 공장 기계, 시끄러운 사람들 그리고... 오디오 시스템들에서 나는 모든 소리에요! 소리는 80dB을 넘으면 해가 되요. 참고로, 80dB은 알람이 울리는 소리나 바쁜 도로에서 들리는 소리들이죠. 그러니까, 심지어 오디오의 소리도 그 수준을 넘어가면 위험해져요. 그래서 환경 소음이 오염이라고 분류되는 거예요, 그 수준을 자주 넘기기 때문이죠. 청각과 건강에 위험할 수 있어요. 심리적 그리고 사회적인 영향도 있을 수 있어요, 사람들의 삶의 질에 영향을 주니까요. 이게 소음의 한 정의에요.
물리학에서 소음은 청각, 전기, 또는 전자 신호의 파장이 임의적으로 섞인 것이라고 정의돼요. 공학에서는 다른 신호의 감지나, 품질을 방해하는 신호예요. 임의와 방해, 두 개념을 백색 소음이라는 것에 대해 얘기하는 동안 생각하고 있었으면 해요. 백색 소음은 임의적인 소음의 한 종류예요, 인간 청각의 범위의 모든 주파수를 포함하니까요. 이런 것에 대해 들어본 적이 있나요?

S: 음... 무엇에 대한 건지 알 것 같아요. 어, 들리는 모든 파장을 모두 한번에 내보내는 소리일 거예요. 필요 없는 소리를 가리는 데 유용하다고 들었어요. 맞나요?

P: 네, 좋아요, 좋아요. 그걸 좀 더 설명해 봅시다. 모든 주파수, 또는, 조지가 얘기했듯이, 모든 들리는 파장들을 포함하는 소리... 음, 그게 어떻게 들릴까요? 음, 약간 윙윙거리는 것이나 TV 방송이 끝난 후 잡음 소리를 줄여 놓은 것 같아요, 아니면 심지어 청소기나 선풍기요. 모든 배경 소음이죠. 너무 크지 않으면, 이 소리가 그렇게 싫지는 않죠. 사실, 안정적이기도 해요. 샘플을 들어봅시다. 소리 디자이너들은 음향 합성 장치를 이용하여 백색 소음을 만들어요, 그리고, 어, 소리가 어떻게 가공되느냐에 따라 바닷가처럼 들리게 변화될 수 있어요, 파도들이 바닷가에 찰싹거리는 거 있잖아요. 굉장히 안심되는 소리죠, 그렇죠? 그리고 그것만이 아니라, 다른 안 좋은 소리들을 막아내요. 예를 들면, 파도 소리는 코 고는 소리를 누그러뜨릴 수 있어요. 아니면 이웃들이 밤새 수다 떨면, 바다의 파도들은 그것을 잘 덮어주죠. 그러니까, 백색 소음의 좋은 점은... 모든 주파수를 내보내는 임의의 소리이기 때문에, 다른 종류의 소음들을 방해할 수 있다는 거예요... 개가 짖는 소리처럼 큰 소리도요. 그리고 이것은 누군가가 잠들 수 있도록 하는 데 큰 도움이 돼요, 그리고, 사실, 백색 소음 CD가 그 목적을 위해 상업적으로 판매된답니다.
자, 음, 제가 반복을 하거나 하려는 것은 아니지만, 하얀 색에 대해 얘기해보고 싶어요. 음, 여기 있는 모든 사람들이 백색광이 무엇인지 알죠, 그렇죠? 보이는 스펙트럼에 있는 빛의 모든 파장과 주파수에요. 흰색 물체는 모든 그리고 어떤 빛의 파장이든 반사하고 아무것도 흡수하지 않아요, 그래서 하얗게 보이는 거예요. 검정색은 반대에요. 모든 빛 파장을 흡수하지만, 반사를 하지 않죠, 그래서 우리는 검정색을 보는 거예요. 자 이제 백색 소음을 생각해보세요. 백색광과 유사해요. 제가 전에 말했듯이, 인간이 들을 수 있는 모든 주파수를 포함해요. 자 이번에는 이것을 들어보세요. 백색 소음과 다르죠, 그렇죠? 백색 소음이 음이 더 높아요. 반면, 핑크색 소음은... 뭐, 흰색이 흰색으로 불리는 이유가 모든 색들이 겹칠 때, 흰색을 내기 때문이라는 것을 우리 모두 알잖아요. 핑크는, 음, 주파수가 가장 낮은 색이에요... 그러니까 핑크색 소음은 낮은 주파수 쪽이라는 것을 추측할 수 있어요. 그래서 백색 소음에 비해 음이 훨씬 낮게 들리는 거예요, 이것의 신호가 높은 주파수에 있을 때보다 낮은 주파수에 있을 때 훨씬 강하기 때문이죠.
그래서... 임의적인 소음은 색으로 표현할 수 있어요. 파란색 소음도 있어요. 핑크색 소음보다 주파수가 높아요, 그러니까, 옥타브마다 힘의 밀도가 3dB씩 올라가요. 높은 주파수일수록 음도 높아지죠...

neighbor[néibər] 이웃 mow[móu] (풀을) 깎다, 베다 teenage[tí:nèidʒ] 10대의 disagreeable[dìsəgrí(:)əbl] 불쾌한
auditory[ɔ́:ditɔ̀:ri] 청각 experience[ikspí(:)əriəns] 경험 avoid[əvɔ́id] 피하다 exaggeration[igzæ̀dʒəréiʃən] 과장
environmental[invàiərənméntəl] 환경의 pollutant[pəlú:tənt] 오염 (물질) psychological[sàikəlɑ́dʒikəl] 심리적인
social[sóuʃəl] 사회적인 implication[ìmpləkéiʃən] 영향 quality of life 삶의 질 acoustic[əkú:stik] 청각의
electronic[ilektrɑ́nik] 전자의 detection[ditékʃən] 감지 randomness[rǽndəmnis] 임의
interference[ìntərfí(:)ərəns] 방해 frequency[frí:kwənsi] 주파수 audible[ɔ́:dəbl] 들리는
toned-down (소리가) 줄여진 synthesizer[sínθisàizər] 음향 합성 장치 soothing[sú:ðiŋ] 안심시키는
chatter[tʃǽtər] 수다 떨다 commercially[kəmə́:rʃəli] 상업적으로 visual spectrum 보이는 스펙트럼
analogous[ənǽləgəs] 유사한 overlap[òuvərlǽp] 겹치다 skewed[skju:d] ~쪽인, 치우친 density[dénsəti] 밀도
octave[ɑ́ktiv] 옥타브

17. Chemistry

Hackers Test

p.306

1. A 2. C

3.

	Graphite	Diamonds
Acts as an insulator		√
Atoms form hexagonal cells	√	
Three-dimensional lattice structure		√
Carbon atoms bond with four neighbors		√
Conducts electricity	√	

4. D 5. B 6. C

Listen to part of a talk in a chemistry class.

Did you know that carbon is the fourth most abundant element on the planet? Only hydrogen, helium, and oxygen occur in higher quantities. Think about it... Every plant and animal produces carbon dioxide... and all of the fuels we use, like coal and petroleum, are carbon-based. The stuff is everywhere!
At the same time, it's not like carbon atoms are just floating around in our bodies or getting dug out of the earth, though. Carbon is actually extremely rare in its purely atomic form... It typically likes to hang out with other carbon molecules in complex structures to form other substances made of pure carbon called allotropes–like graphite and diamonds. Graphite, for instance, is used to make pencil lead... it's really soft, which is strange because diamonds... you know, the other common form of carbon... they are the hardest substance on earth. Doesn't make sense, does it? Well, it all has to do with their structures. We can see by looking at a diagram which I'm putting up on the screen. See, the carbon atoms in graphite only bond with three of their neighbors... they form flat, two-dimensional sheets with hexagonal cells... and the sheets can slide across one another, which is what makes graphite such a soft material. This kind of molecular structure also has an effect on carbon's electrical properties. Because the carbon atoms in graphite only bond with three other atoms but have four electrons available, that means an extra electron is left over from each atom, which means graphite is an excellent conductor of electricity.
Diamonds have a very different structure than graphite does, however. Take a look at the screen again. Since each carbon atom has bonds with four other atoms, there are no extra electrons left over to conduct electricity. That means diamonds make great insulators because they don't allow electrical charges to pass through. And, instead of having a single plane like two-dimensional sheets of graphite, the carbon atoms in diamonds form a three-dimensional lattice structure. It's still carbon... graphite and diamonds are made of the same physical atoms... but depending on the arrangement of the individual atoms and the type of chemical bonds between them, carbon can become numerous substances with very different physical properties. The lack of outward similarities between graphite and diamonds proves this.
Speaking of different carbon-based substances, scientists found a very interesting form of carbon in the 1980s and gave it a very interesting name: the buckyball. The name is in homage to a scientist and inventor, Buckminster Fuller, who advocated the use of geodesic domes based on a 60-sided structure,

which buckyballs also share. Buckyballs look almost spherical, like a soccer ball... but not so big, of course. To envision the shape of a buckyball molecule, put an atom at each vertex of the ball's panels and pretend the sides of the panels are the bonds that are formed. Just like a soccer ball, a series of alternating pentagonal and hexagonal shapes is formed via the bonds.
The buckyball was discovered while scientists were performing an unrelated experiment that involved trying to vaporize carbon sheets with lasers... and with its discovery, a new set of experiments was begun that eventually led to a Nobel Prize. Some companies are currently exploring the use of buckyballs to deliver medicine... they want to put a minute dose within the "cage" of the ball and program the structure to break apart when it reaches its destination.
There's another carbon allotrope getting a lot of attention from researchers... they're called "carbon nanotubes". They're related to buckyballs... um... both of them are part of a group called fullerenes, but the nanotubes have a hexagonal structure that wraps around to form a long, thin cylinder with walls an atom thick. This isn't that dissimilar from the structure of graphite that I described earlier... just take two ends of the 2D carbon sheet and connect them. These nanotubes are extremely small, so they can be mixed with other materials to form substances with unique physical and chemical properties. Nanotubes are electrical conductors, so if they are mixed with latex in paint, for instance, a new type of paint can be created that adheres better to other conductors... like the metal on a car.

Now get ready to answer the questions. You may use your notes to help you answer.

1. What is the main topic of the lecture?

Listen again to part of the lecture. Then answer the question.

P: Graphite, for instance, is used to make pencil lead... it's really soft, which is strange because diamonds... you know, the other common form of carbon... they are the hardest substance on earth. Doesn't make sense, does it?

2. Why does the professor say this:
   P: Doesn't make sense, does it?

3. In the lecture, the professor describes the properties of various carbon allotropes. Is each one a property of graphite or diamonds?
4. Why does the professor mention a soccer ball?
5. What does the professor imply about buckyballs?
6. What is an advantage of adding carbon nanotubes to latex paint?

탄소가 지구에서 네 번째로 흔한 원소라는 것을 아셨나요? 오직 수소, 헬륨, 그리고 산소만 더 많은 양으로 존재해요. 생각해봐요... 모든 식물과 동물은 이산화탄소를 배출해요... 그리고 우리가 사용하는 석탄과 석유 같은 모든 연료들도 탄소로 이루어져 있어요. 이 물질은 어디에나 있어요!
하지만 동시에, 탄소 원자들이 우리 몸 속에서 둥둥 떠다니거나 땅에서 퍼내는 것도 아니에요. 탄소는 사실 순수 원자 상태로는 굉장히 희소해요... 전형적으로는 복잡한 구조에서 다른 탄소 분자들과 함께 다니며 순수 탄소로 만들어진 동소체라는 물질들을 만들죠, 다이아몬드나 흑연 같은 것들이요. 예를 들면, 흑연은 연필심을 만들 때 사용 돼요... 굉장히 부드럽죠, 신기한 일이죠, 왜냐하면 다이아몬드는... 그러니까, 또 다른 탄소의 흔한 형태요... 이건 지구에서 가장 단단한 물질이에요. 말이 안되죠, 그렇죠? 뭐, 이건 다 그것들의 구조와 관련이 있어요. 제가 화면에 띄울 도표를 보면 알 수 있어요. 보세요, 흑연의 탄소 원자들은 이웃하는 3개의 원자와만 결합해요... 그들은 6각형 모양으로 된 납작한 2차원적인 면을 만들어요... 그리고 이 면들은 서로에게서 미끄러져요, 그래서 흑연이 그렇게 부드러운 물질이 되는 거죠. 이런 식의 분자 구조는 탄소의 전기의 특징들에도 영향을 줘요. 흑연의 탄소 원자들은 오직 3개의 다른 원자들과 결합하지만 결합에 쓸 수 있는 전자는 4개 있기 때문에, 각 원자당 여분의 전자가 남는다는 뜻이고, 이것은 흑연이 훌륭한 전도체라는 뜻이에요.
하지만, 다이아몬드는 흑연과 매우 다른 구조를 가지고 있어요. 화면을 다시 한번 보세요. 각 탄소 원자가 다른 네 개의 원자와 결합했기 때문에, 전기를 전도할 여분의 전자가 남아 있지 않아요. 이것은 다이아몬드들이 전기가 통과하지 못하게 하기 때문에 좋은 절연체가 된다는 뜻입니다. 그리고, 흑연의 2차원적인 면과 같은 평면을 가지는 대신, 다이아몬드의 탄소 원자들은 3차원의 격자 모양의 구조를 이루어요. 이건 여전히 탄소지요... 흑연과 다이아몬드는 같은 물리적인 원자로 이루어졌죠... 하지만 각 원자의 배열과 그들 간의 화학적 결합의 종류에 따라, 탄소는 매우 다른 물리적인 특성을 가진 수많은 물질이 될 수 있어요. 흑연과 다이아몬드 사이의 표면적 공통점의 부재가 이것을 증명하죠.
탄소를 기초로 한 다른 물질들에 대해서 얘기하자면, 과학자들은 1980년대에 매우 흥미로운 형태의 탄소를 발견했고 버키볼이라는 매우 흥미로운 이름을 줬어요. 이 이름은 과학자이자 발명가인 벅민스터 풀러에게 경의를 표한 것인데, 그는 버키볼도 공유하는 60면을 가진 구조물에 근거한 측지선 돔의 사용을 지지했어요. 버키볼들은 거의 구형으로 보여요, 축구공처럼요... 하지만, 당연히 그렇게 크지는 않죠. 버키볼 분자의 모양을 상상하기 위해서는 공의 면의 각 모서리 부분에 원자를 하나씩 놓고 면의 가장자리가 생겨난 결합이라고 생각하면 돼요. 꼭 축구공처럼, 5각형과 6각형의 모양들이 교차하여 결합을 통해 만들어지죠.
버키볼은 과학자들이 레이저로 탄소판을 기화시키는 과정이 포함된 다른 연구를 하다가 발견되었어요... 그리고 이것의 발견으로, 일련의 새로운 실험들이 시작되었고 결국 노벨상을 탔어요. 몇몇 회사들은 현재 약을 전달 하기 위한 버키볼의 사용을 탐구하고 있어요... 그들은 공의 "우리" 속에 아주 적은 양의 복용량을 넣고 목적지에 도착했을 때 그 우리가 부서지도록 프로그램하고 싶어합니다.
연구자들로부터 많은 관심을 받고 있는 탄소의 동소체가 또 있어요... "탄소 나노튜브"라고 불리는 것들이에요. 이것은 버키볼과 연관되어 있어요... 음... 둘 다 풀러린이라는 그룹에 속하죠, 하지만 나노튜브는 6각 구조를 둥글게 만 원자 하나 두께의 벽을 가진 길고, 얇은 원기둥 모양이에요. 아까 제가 설명한 흑연의 구조와 그렇게 다르지 않아요... 그냥 2D 탄소 면의 두 끝을 가지고 연결하면 돼요. 이 나노튜브는 굉장히 작아서 독특한 물리적 그리고 화학적 특성을 가진 물질들을 만들기 위해 다른 재료와 섞을 수 있어요. 나노튜브는 전기 전도체라서, 예를 들어, 만약 페인트의 유액과 섞으면... 차의 금속과 같은 다른 전도체에 잘 붙는 새로운 종류의 페인트를 창조할 수 있어요.

abundant[əbʌ́ndənt] 흔한, 풍부한 element[éləmənt] 원소 helium[hí:liəm] 헬륨 carbon dioxide 이산화탄소
petroleum[pətróuliəm] 석유 carbon-based 탄소로 이루어진 purely[pjúərli] 순수하게 molecule[máləkjù:l] 분자
allotrope[ǽlətròup] 동소체 structure[strʌ́ktʃər] 구조 two-dimensional[tú:dimènʃənəl] 2차원의
hexagonal[heksǽgənəl] 6각형의 electrical[iléktrikəl] 전기의 property[prápərti] 특징 conductor[kəndʌ́ktər] 도체
electron[iléktran] 전자 insulator[ínsjəlèitər] 절연체 lattice[lǽtis] 격자 physical[fízikəl] 물리적인
homage[hámidʒ] 경의 advocate[ǽdvəkèit] 지지하다 geodesic[dʒì:ədésik] 측지의 spherical[sférikəl] 구형의
envision[invíʒən] 상상하다 unrelated[ʌnriléitid] 다른, 상관없는 vaporize[véipəràiz] 기화시키다
minute[mainjú:t] 아주 적은, 미세한 cylinder[sílindər] 원기둥 adhere[ædhíər] 붙다

18. Physiology

Hackers Test

p.312

1. B 2. A 3. C 4. D 5. A, D 6. D

Listen to a lecture on physiology.

Our topic for today has to do with monkey vision. Basically, monkeys in South America see differently than monkeys in Africa. The ones in Africa all have full-color vision, but not all the ones in South America do. Before I go further, I think it would be a good idea to talk a bit about color blindness.
If you can see all colors, it means you're trichromatic... Trichromacy is a type of vision in which all three independent receptors for conducting color information are present in the retina. With three receptors, the eyes can see thousands of colors... In dichromatic vision, one of the color receptors is either missing or not functioning properly. And this means... it's hard to differentiate between red and green, or yellow and blue. We know this as color blindness. Monochromatic vision—one color receptor—means the sight is limited to black, white, and various shades of gray. It seems like such a handicap...

to see only those colors, right? Well, in humans, the condition is pretty rare, something like one in 30,000.
So let's go back to the monkeys in South America. All these types of vision I just described exist in same species monkeys and even within the same family of monkeys. What does this mean? Well, let's look at one species, the tamarin, which is about the size of a squirrel... About sixty percent of female tamarins are trichromatic and forty percent are dichromatic. But... all male tamarins are dichromatic. How did this happen?
Let's see if we can sort this out. Bear with me. Primates have opsins. An opsin is a protein in the retina that recognizes a certain wavelength of light. In tamarins, two opsins originally existed–one that was sensitive to short wavelength light in the "blue" range and another that was sensitive to mid-to-long wavelength light in the "green" range. Now... it seems that a group of primates with an extra mid-to-long wavelength green opsin arose some thirty or forty million years ago. Well, the gene coding for this duplicate opsin mutated over time so that some opsins were receptive to slightly longer wavelengths... still in the green range, but closer to the yellow and red end of the spectrum.
OK, so what effect did the extra opsin have on tamarin vision? For primates such as the tamarin, it so happens that some of the females can perceive the difference between the reds, yellows and greens, but the males can't. Why? It has to do with chromosomes. Males have an X and Y chromosome, right? Females have two X chromosomes. The opsin genes are only on the X chromosome, and because of the mutation mentioned earlier, the genes come in two different forms. Since females have two X chromosomes, they sometimes inherit both forms of the mid-to-long wavelength opsin gene that was originally only for perceiving green–dark green in particular. The mutated gene is different enough to allow the female tamarin to differentiate between colors in the light green-yellow-red range. I say yellow and red because those colors, along with lighter shades of green, correspond to the slightly longer wavelengths that the mutated gene is designed to detect. The presence of both genes makes trichromatic vision possible, which is the case for about sixty percent of female tamarins. But males, with just one X chromosome, have just one version of the opsin gene... and that's why all of them are dichromatic. They can't tell the difference between red and green as easily, because they can't detect a large enough range of light wavelengths. Did I make that clear? I hope so.
So what we want to know is... does dichromacy in tamarins hamper their ability to find food? These monkeys can't see oranges and reds, but the fruit they like to eat changes from green to orange and red. Well, researchers from the University of Stirling in Scotland created a zoo... an artificial environment that mimicked the surroundings of the tamarins... and among the, um, fake leaves, they scattered boxes, some of which had colored lids corresponding to ripe or unripe versions of the animal's favorite fruit. And inside the boxes were fudge squares... and the "riper" the box, the more fudge there was. Some of the lids were uncolored. Boxes with uncolored lids had nothing inside. What was the result? The trichromatic tamarins were able to pick out the "ripe" boxes faster than the dichromatic ones...
So... how do the male tamarins survive? Well, it turns out that these monkeys eat leaves, lizards, and bugs as well... In a more colorful environment, dichromatic and monochromatic monkeys rely less on color and more on texture and movement. They see the textures of leaves more easily than do trichromatic monkeys, and they spot the movement of animals more quickly. So... think about it–a species that has all three types of vision coexisting simultaneously... This means families can forage for food without competing for the same resources. It's a theory that makes sense... at least based upon what we've seen so far in the wild... where we see adults and their young sharing food... though researchers aren't so sure about what happens when male and female adult monkeys search for food

together.

Now get ready to answer the questions. You may use your notes to help you answer.

1. What is the lecture mainly about?
2. What is implied about the tamarins in the lecture?
3. What did researchers use in the experiment conducted at the zoo?
4. What can be inferred about the diet of adult tamarins?
5. What are two advantages of dichromatic vision over trichromatic vision?

Listen again to part of the lecture. Then answer the question.

P: This means families can forage for food without competing for the same resources. It's a theory that makes sense... at least based upon what we've seen so far in the wild... where we see adults and their young sharing food...

6. What does the professor imply when he says this:
   P: It's a theory that makes sense... at least based upon what we've seen so far in the wild...

오늘의 주제는 원숭이의 시력과 상관 있습니다. 기본적으로, 남아메리카의 원숭이들은 아프리카의 원숭이들과 다르게 봅니다. 아프리카에 있는 것들은 모든 색을 볼 수 있지만, 남아메리카에 있는 모든 원숭이들이 그런 것은 아닙니다. 제가 더 말하기 전에, 색맹에 대해 조금 얘기하는 것이 좋을 것 같군요.
모든 색을 볼 수 있다면, 3색 색각입니다... 3색 색각은 색깔 정보를 처리하는 세 개의 독립적인 감각기관들이 모두 망막에 존재하는 종류의 시각이에요. 세 감각기관으로 눈은 수 천 개의 색을 볼 수 있어요... 2색 색각에서는, 색 감각 기관들 중 하나가 없거나 제대로 작용하지 않는 것입니다. 그리고 이것은... 빨강과 초록, 또는 노랑과 파랑을 구별하기가 힘들다는 뜻이에요. 우리는 이것을 색맹으로 알고 있어요. 색 감각 기관이 하나인 단색 색각은 검정색, 흰색, 그리고 다양한 명암의 회색으로 시각이 한정되어 있다는 뜻입니다. 이런 색들만 본다는 것이... 정말 큰 장애 같죠? 음, 인간들에게는 이 상태가 꽤 드물어요, 30,000명 중 하나 꼴이죠.
그럼 다시 남아메리카의 원숭이들로 가봅시다. 제가 방금 설명한 이런 시각들은 같은 종류의 원숭이 그리고 심지어 같은 원숭이 가족 내에서도 존재해요. 이게 무슨 뜻일까요? 음, 한 종을 살펴봅시다, 다람쥐 크기 정도인 타마린이요... 약 60퍼센트의 암컷 타마린은 3색 색각을 40퍼센트가 2색 색각을 가졌어요. 하지만... 모든 수컷 타마린들은 2색 색각이에요. 이런 일이 어떻게 일어났을까요?
우리가 이걸 정리할 수 있을지 봅시다. 좀 참아주세요. 영장류들에게는 옵신이 있어요. 옵신은 망막에 있는 단백질인데 특정 빛의 파장을 인식합니다. 타마린들에겐 원래 옵신이 두 개 존재했어요, 하나는 "파랑" 범위의 짧은 빛 파장에 민감한 것이었고 다른 것은 "초록" 범위에 있는 중간에서 긴 빛 파장에 민감한 것이었어요. 자... 약 3천에서 4천만년 전에 부가적인 중간에서 긴 파장을 가진 영장류 집단이 생겼어요. 이 중복된 옵신의 코드가 시간에 따라 변화하여 어떤 옵신들은 좀더 긴 파장을 받아들일 수 있게 됐어요... 아직도 초록 범위에 있지만, 스펙트럼의 노랑과 빨강 끝에 더 가까워졌죠.
그럼, 부가적인 옵신이 타마린의 시각에 어떤 영향을 주었냐고요? 타마린과 같은 영장류들에게 어떤 암컷들은 빨강, 노랑, 초록 사이의 차이를 인식할 수 있게 되었지만, 수컷들은 그러지 못해요. 왜냐고요? 염색체와 관련이 있어요. 수컷들은 X와 Y 염색체가 있죠, 그렇죠? 암컷들은 X 염색체가 두 개예요. 옵신 유전자들은 X 유전자들에만 있어요, 그리고 전에 언급한 변화 때문에 유전자들이 두 개의 다른 형태로 와요. 암컷들이 두 X 염색체를 가지고 있기 때문에, 가끔 그들은 원래 초록색, 특히 진한 초록색만 감지하기 위한 것이었던 중간에서 긴 파장의 옵신 유전자를 두 형태 모두 유전 받아요. 변화된 유전자는 타마린 암컷이 초록-노랑-빨강 범위의 색들을 구별할 수 있을 정도로 달라요. 제가 노랑과 빨강이라고 하는 이유는 그 색들이, 더 옅은 초록색과 함께, 변종 유전자가 감지할 수 있는 조금 더 긴 파장들이기 때문이에요. 두 유전자의 존재가 3색 색각을 가능케 해요, 그게 암컷 타마린 60퍼센트의 경우죠. 하지만 X 염색체가 하나밖에 없는 수컷은 오직 옵신 유전자의 한 버전만 가지고 있어요... 그리고 그렇기 때문에 이들은 모두 2색 색각이에요. 그들은 빨강과 초록 사이의 차이를 쉽게 알아보지 못해요, 왜냐하면 그들은 충분히 넓은 범위의 빛 파장을 감지하지 못하기 때문이죠. 제가 전달을 잘 했나요? 잘한 거면 좋겠군요.
그럼 우리가 알고 싶은 것은... 타마린들의 2색 색각이 그들의 식량을 찾는 능력에 방해가 될까요? 이 원숭이들은 주황색과 빨강색을 보지 못하지만, 그들이 먹기 좋아하는 과일은 초록에서 주황, 그리고 빨강으로 바뀌죠. 자, 스코틀랜드의 스털링 대학의 연구자들이 동물원을 만들었어요... 타마린들의 환경을 모방한 인공적인 환경을요... 그리고, 음, 가짜 잎들 사이에, 그들은 박스를 흩어 놨어요, 어떤 것들은 이 동물이 가장 좋아하는 과일의 익거나 안 익은 상태와 일치하는 색을 뚜껑에 칠해뒀어요. 그리고 박스 안에는 퍼지 조각들이 있었어요... 박스가 "더

익었을"수록, 퍼지가 더 많이 들어 있었죠. 어떤 뚜껑들은 색이 없었어요. 색이 없는 뚜껑의 박스는 안에 아무것도 없었습니다. 어떻게 됐을까요? 3색 색각의 타마린들은 2색 색각들보다 "익은" 상자들을 더 빨리 골라낼 수 있었어요...
그럼... 수컷 타마린들이 어떻게 생존할까요? 음, 이 원숭이들이 잎, 도마뱀, 그리고 벌레도 먹는 것으로 알려졌어요... 더 색채가 다양한 환경에서는, 2색 색각과 단색 색각의 원숭이들이 색에 덜 의존하고 질감과 움직임에 더 의존합니다. 그들은 잎의 질감을 3색 색각의 원숭이들보다 더 쉽게 봐요, 그리고 그들은 동물들의 움직임도 더 빨리 보죠. 그러니까... 생각해보세요, 세 종류의 시각이 동시에 공존하는 종... 가족이 같은 자원을 두고 경쟁하지 않으면서도 식량을 찾아 다닐 수 있다는 뜻이에요. 말이 되는 설이죠... 적어도 지금까지 우리가 야생에서 확인한 것으로는요... 성인들과 새끼들이 음식을 나눠 먹어요... 연구자들이 수컷과 암컷 성인 원숭이들이 함께 음식을 찾아 다니면 어떻게 될지 확신하지는 못하지만요.

vision [víʒən] 시력　basically [béisikəli] 기본적으로　trichromatic [tràikroumǽtik] 3색의
independent [ìndipéndənt] 독립적인　receptor [riséptər] 감각기관　conduct [kəndʌ́kt] 처리하다　retina [rétənə] 망막
function [fʌ́ŋkʃən] 작용하다, 기능하다　differentiate [dìfərénʃièit] 구별하다　color blindness 색맹
handicap [hǽndikæ̀p] 장애　rare [rεər] 드문　species [spíːʃiːz] 종　squirrel [skwə́ːrəl] 다람쥐
primate [práimeit] 영장류　opsin [ɔ́psin] 옵신　wavelength [wéivlèŋθ] 파장　duplicate [djúːpləkit] 중복된, 복제의
chromosome [króuməsòum] 염색체　gene [dʒiːn] 유전자　mutation [mju(ː)téiʃən] 변화, 변형　inherit [inhérit] 유전받다
presence [prézəns] 존재　mimic [mímik] 모방하다　corresponding [kɔ̀(ː)rispándiŋ] 일치하는, 대응하는
fudge [fʌdʒ] 퍼지　lid [lid] 뚜껑　coexist [kòuigzíst] 공존하다　simultaneously [sàiməltéiniəsli] 동시에

19. Communication

Hackers Test

p.318

1. C　2. C, D　3. B　4. A　5. D　6. A

Listen to part of a lecture on newspaper circulation.

P: Well... here's some interesting information for you to chew on. Some recent studies say that less than forty percent of Americans are reading newspapers on a daily basis. This is down from approximately seventy-five percent in the early 1970s. Surprised? Well, this is probably not as shocking to newspaper companies as it may be to you. Circulation rates have been declining steadily since peaking at the end of World War II. But newspapers are feeling more urgent about the matter now since the pace has quickened in the past few years.
OK... now, here's a question for you... What can newspapers do to stop, or to reverse the decline in circulation? What would you do if you were the head of a newspaper company?

S1: Well... how about adding color to attract people's attention and maybe give the newspaper a more contemporary look?

P: Hmm... OK. If you spice up the front page with color photos, people passing by a newsstand might be more tempted to buy the paper. But... many major newspapers have been using color for the past ten years. Did this improve circulation? I think it had only a temporary effect, at best. So... I can't imagine that the color scheme... or the lack of it... would be the fundamental reason why newspapers are losing readership... Does anyone else have any other suggestions?

S2: I think that content is key. Well, a newspaper has to print stories that are interesting to its readers.

P: Exactly! Newspapers must determine the specific interests of the community they are selling to... what are called interest streams. And many newspapers have adopted this approach. They're even using extensive market research to identify the interest streams of the community. Editors then make certain that each edition of the newspaper contains at least one story for each interest stream. And this ensures that the news that gets printed is relevant to the community.

Some newspapers have taken this commitment-to-community thing a step further by including a set number of local faces in every issue... You know what I mean? Sometimes thirty, sometimes forty, fifty, or whatever the number may be... Every day, there are a certain number of references to local people. So, this moves the newspaper away from institutional reporting... like quotes from government officials. Instead, comments are taken from ordinary people on the street, in cafes, at supermarkets, and such. This strategy isn't just limited to smaller regional newspapers. Even the *Washington Post* includes a local section in its paper twice a week.

Another possible strategy... newspapers might want to print more sports news. This may not seem "newsworthy," but the fact remains that people enjoy reading sports articles. And their goal is to increase readership, not just deliver the hard news. So, what is the appeal of sports news? Well, these stories are about people overcoming challenges. Essentially it's about good news... at least for the winning team, right? And research shows that sports dailies are often read cover to cover, while general newspapers are usually skimmed through by the reader. This fact is pretty useful, if you think about it.

So what this boils down to is, newspapers should be clear about their target audience. And along this line, some newspapers have begun reaching out to younger age groups. I mean, we all know that teens have different interests from their parents. Right? So, some newspapers target this age group... late teens and young adults... by including content that appeals to their interests. There's one innovative newspaper that publishes a separate, smaller daily for this market. The format of this daily is also new. It uses a single-issue front page like a magazine cover. But the paper contains a mixture of politics, business, local news, uh... sports, science, and of course, nightlife. This strategy has succeeded in increasing newspaper subscription rates significantly, and more importantly I think, it, uh... effectively courts future newspaper readers.

Oh... I almost forgot... service is also very important. For example, I expect my morning paper delivered on time every day. The level of service can be a deciding factor in whether readers continue to subscribe to the newspaper, you know. Like just last week... my paper was delivered wet.

Now get ready to answer the questions. You may use your notes to help you answer.

1. What is the main topic of this lecture?
2. What are the ways in which newspapers provide more local news coverage?
3. What does the professor imply is the reason sports news can boost a newspaper circulation?
4. Why does the professor mention younger readers?

Listen again to part of the lecture. Then answer the question.

P: But... many major newspapers have been using color for the past ten years. Did this improve circulation? I think it had only a temporary effect, at best.

5. What does the professor mean when she says this:
P: I think it had only a temporary effect, at best.

Listen again to part of the lecture. Then answer the question.

P: The level of service can be a deciding factor in whether readers continue to subscribe to the newspaper, you know. Like just last week... my paper was delivered wet.

6. Why does the professor say this:
   P: Like just last week... my paper was delivered wet.

P: 음... 토론할 만한 흥미로운 정보가 있어요. 최근 몇몇 연구에 따르면 매일 신문을 읽는 미국인은 40퍼센트 미만이라고 합니다. 이는 1970년대 초 약 75퍼센트였던 것에서 많이 감소한 것입니다. 놀랍죠? 음, 이 정보가 여러분이 느끼는 만큼 신문사에게 충격적인 것은 아닙니다. 신문 발행율은 절정을 이루었던 제2차 세계대전 말을 기점으로 꾸준히 감소했어요. 그러나 지난 몇 년간 감소 속도가 더욱 빨라졌기 때문에 신문사들은 이 문제에 대해 더욱 절박함을 느끼고 있습니다.
네... 자, 질문을 하나 할게요... 신문사들이 판매 부수가 감소되는 것을 중지시키거나, 반등시키려면 어떻게 해야 할까요? 만약 학생들이 신문사의 사장이라면 어떻게 할 것 같나요?

S1: 글쎄요... 사람들의 관심을 끌고 신문이 좀더 현대적인 느낌이 나도록 신문에 컬러를 넣는 것은 어떨까요?

P: 음... 네. 컬러 사진들로 신문 1면을 장식한다면, 신문 가판대를 지나는 사람들은 신문을 사고 싶은 마음이 더 들 수도 있겠네요. 그런데... 많은 주요 신문사들은 지난 10년 동안 컬러를 사용해오고 있죠. 이것이 구독률을 향상시켰을까요? 내 생각에는 기껏해야, 단지 일시적인 영향이었던 것 같군요. 그러니까... 컬러를 삽입하는 기획... 혹은 컬러가 부족한 것이... 신문 독자가 줄어드는 데 대한 근본적인 이유라고 생각하지는 않습니다... 다른 의견을 가진 학생이 있나요?

S2: 저는 내용이 핵심이라고 생각합니다. 음, 신문은 독자들이 관심을 보일만한 기사를 발행해야 합니다.

P: 정확해요! 신문사들은 반드시 그들이 신문을 판매하고 있는 지역 사회의 구체적인 관심사를 알아내야만 해요... 이것이 바로 관심사의 동향이라고 불리는 것이죠. 그리고 많은 신문사들이 이 접근 방법을 채택해 왔어요. 심지어 그들은 지역 사회의 관심사의 흐름을 파악하기 위해 방대한 시장 조사를 하기도 합니다. 편집자들은 신문의 판이 각 관심사의 동향에 관한 기사를 최소 하나씩 포함하는지 확인합니다. 이렇게 함으로써 실린 기사가 지역 사회와 확실히 연관되도록 하는 것이죠.
어떤 신문사들은 지역 사회에 대한 헌신에서 한 걸음 더 나아가, 매 부수마다 정해진 만큼의 지역뉴스 지면을 포함시켰습니다... 무슨 말인지 알겠어요? 어떤 때는 30면, 어떤 때는 40, 50면... 이런 식으로 말입니다. 매일 지역 주민들에 대한 언급이 정해진 수만큼 포함되어 있는 것이죠. 이로 인해, 신문은 정부관리의 말을 인용하는 것처럼... 제도권 관련 보도를 하는 것에서 멀어지게 됩니다. 그 대신, 길거리나, 카페, 수퍼마켓 같은 곳에 있는 평범한 사람들의 의견을 취재합니다. 이러한 전략은 작은 지역 신문에만 국한되어 있는 것이 아니에요. 심지어 워싱턴포스트지도 일주일에 두 번씩 지역 섹션을 포함시키죠.
또 다른 가능한 전략은... 신문에서 스포츠 뉴스를 더 많이 다루는 것입니다. 스포츠 뉴스가 "보도할 가치"가 없는 듯 하지만, 사실 사람들은 여전히 스포츠 뉴스 읽는 것을 좋아해요. 그리고 신문의 목표는 단지 딱딱한 뉴스를 보도하는 것뿐만 아니라, 독자 수를 늘리는 것이에요. 그럼, 스포츠 뉴스는 어떤 면에서 독자들을 끌어들일까요? 음, 이 뉴스는 역경을 극복한 사람들에 관한 이야기입니다. 그래서, 본질적으로 좋은 소식이죠... 적어도 이긴 팀에게는요, 그렇죠? 그리고 조사 결과 독자들은 일반신문은 대충 훑어보는 반면, 스포츠 일간지는 처음부터 끝까지 읽는다고 합니다. 이러한 사실은 잘 생각해보면, 무척 유용한 정보이죠.
그래서 결론은, 신문이 대상 독자를 명확히 해야 한다는 것입니다. 그 일환으로, 어떤 신문들은 젊은 세대에게 접근해 가기 시작했어요. 그러니까, 십대들은 그들의 부모와는 다른 관심사를 갖고 있다는 건 우리 모두 알고 있어요. 그렇죠? 그래서, 어떤 신문들은... 십대 후반과 젊은 청년들에 해당하는 연령층을 겨냥하기 시작했어요... 그들의 관심을 끌 수 있는 내용을 다루면서 말이죠. 이 시장을 목표로 별개의, 작은 일간지를 발행하는 한 혁신적인 신문사가 있어요. 이 일간지의 형식 또한 새로워요. 이 신문은 잡지 표지처럼 1면에 한가지 소식만 다룹니다. 그러나 신문에는 정치, 경제, 지역 뉴스, 어... 스포츠, 과학, 그리고 당연히 밤 문화에 대한 것도 포함되어 있습니다. 이 전략은 성공을 거두어 신문 구독률은 상당히 증가하였습니다, 그리고 제가 생각할 때 더 중요한 점은, 이것이, 어... 효과적으로 미래의 신문 독자들을 확보했다는 것입니다.
오... 깜빡할 뻔했군요... 서비스도 아주 중요합니다. 예를 들어, 저는 아침 신문이 매일 정각에 배달되기를 원해요. 그러니까, 서비스 수준은 독자가 그 신문을 계속 구독할 것인지에 있어서 결정적인 요인입니다. 바로 지난 주에는... 제 신문이 젖은 상태로 배달 되었더군요.

chew [tʃuː] 토론하다 **circulation** [sə̀ːrkjəléiʃən] 발행, 판매부수 **peak** [piːk] 정점에 이르다 **urgent** [ə́ːrdʒənt] 절박한
reverse [rivə́ːrs] 반등시키다 **contemporary** [kəntémpərèri] 현대적인 **spice** [spais] 장식하다, 흥취를 더하다
newsstand [njúːzstæ̀nd] 신문 가판대 **tempt** [témpt] 마음이 들게 하다 **temporary** [témpərèri] 일시적인 **at best** 기껏해야
scheme [skiːm] 기획 **fundamental** [fʌ̀ndəméntəl] 근본적인 **readership** [ríːdərʃìp] 독자 **content** [kɑ́ntent] 내용
adopt [ədɑ́pt] 채택하다 **relevant** [réləvənt] 연관된 **whatever** [hwʌtévər] 무엇이든 **quote** [kwout] 인용
section [sékʃən] 섹션 **deliver** [dilívər] 보도하다 **overcome** [òuvərkʌ́m] 극복하다 **cover to cover** 처음부터 끝까지
skim [skim] 대충 훑어보다 **target andience** 대상 독자 **significantly** [signífikəntli] 상당히 **effectively** [iféktivli] 효과적으로
court [kɔ́ːrt] (남을) 꾀다 **on time** 정각에 **deciding factor** 결정적인 요인 **subscribe** [səbskráib] 구독하다

20. Architecture

Hackers Test

p.324

1. B 2. C 3. B, C, E 4. C 5. D 6. B

Listen to a talk on architecture.

Straw is a common material found on farms. It is a by-product of growing grain–this might be news to those of you from the city–but it accounts for 50 percent of the yield of a typical plant. We can't eat it, so it has to be used somehow... often as bedding for animals. Some farmers even compost it or shred it and use it to fertilize fields, but this is generally cost-prohibitive... plus, it takes forever to decompose, which means the nutrients it is meant to provide are not efficiently extracted. So, the enormous amount of straw on farms causes a problem because it takes a long time to decay and therefore is very hard to recycle. But there is a way that straw can constitute a form of recycling and benefit the environment... and that is in straw bale houses.

I'm an architect by trade, not a farmer... so this idea seemed out of this world to me when I read about it in a journal a couple of months back. But... from what I've read, there are many advantages to using straw bales as the basic building material for houses. I'm no expert, but I can give you a basic rundown of why this is a very promising approach to creating homes with less of a negative impact on the environment.

First, straw is plentiful so there won't be a challenge in finding them... and, at the same time, you'll be helping the environment by reducing the amount of useless straw. This is typically a do-it-yourself project, and many people enjoy building a house themselves since it reduces labor costs and gives the home an added sense of sentimental value. My grandfather built his first house and said it was one of his greatest achievements. Every day he came home from work, he was provided with a visual reminder of completing such a monumental task.

So, to build a straw bale house, the bales need to be formed into very compact, brick-like rectangular prisms and piled on top of one another, just as you would with normal bricks. Compact straw bales are important, because they provide better insulation, increased tensile strength, and they keep pests like termites from living in the interior of the walls. The bales are then joined together using chicken wire... a mesh-like metal screen... and then a stucco mixture is applied to the exterior to make a solid structure.

This isn't a new invention, you know... um, straw bale houses have been built for hundreds, if not thousands, of years. This method was often used where trees were rare. Even in the US, these types of houses have been around since the 1800s. There's a library in Nebraska from the 1890s that is still standing... and that was built without the knowledge and information about building that exists today. That just goes to show you the reliability of the material and its long term suitability.

Usually, when you bring up straw as a building material, people generally think it's unsafe... um, that it's fire prone. But, let's think about it. This is a silly question, but have you ever tried to set a phone book on fire? I'm not suggesting you do this... I'm just trying to prove a point! It's impossible, in case you didn't know, because fire needs oxygen... air. There's no air between the pages, so it won't burn. A tightly packed straw bale wall provides no air spaces, while conventional walls are ninety percent air. What do you think that means? Also, while living in a house made of straw might seem dangerous, straw bale houses are in fact more fire-resistant than say... a house made of timber, because the bales

have thick stucco coating.
The main benefit of straw bale homes is their insulation. The houses stay cool in summer and warm in winter. This is another reason why this technique is considered "green"–it saves energy by decreasing air conditioning and heating needs, which helps save costs in hot and cold climates alike...
Why isn't everybody building straw bale houses then? Mostly because people haven't heard of them. Straw bales as a building material aren't widely known, and thus aren't readily available. Therefore, the cost savings aren't substantial enough to attract interested people. Plus, the walls only account for ten or fifteen percent of building costs... interiors, roofs, wiring, and all that still cost the same as with a conventional home, so the overall savings are rather modest if you take into account the entire cost of building a new home. Maybe the government could come up with a tax break or some other benefit to encourage people to build straw bale homes. It'd certainly gain in popularity, and the more people that built them, the more positive an environmental impact it would make.

Now get ready to answer the questions. You may use your notes to help you answer.

1. What is the professor mainly discussing?

Listen again to part of the lecture. Then answer the question.

P: Straw is a common material found on farms. It is a byproduct of growing grain–this might be news to those of you from the city–but it accounts for fifty percent of the yield of a typical plant. We can't eat it, so it has to be used somehow...

2. Why does the professor say this:
P: ...this might be news to those of you from the city...

3. What three reasons make compact straw bales more effective for building?
4. Why does the professor mention a library?
5. What does the professor imply about straw bale houses?
6. What can be inferred about the professor?

짚은 농장에서 흔히 발견되는 재료입니다. 자라는 곡류의 부산물이죠, 도시에서 온 학생들에게는 이것이 새로운 사실일 수도 있겠지만, 일반적인 식물의 수확량의 50퍼센트나 차지해요. 우리는 그것을 먹을 수가 없기에, 어떻게든 사용되어야 해요... 흔히 동물들을 위해 잠자리 짚으로 쓰이죠. 어떤 농부들은 이것을 썩히거나 갈기갈기 찢어서 들판에 퇴비로 쓰지만, 이것은 일반적으로 비용이 과하게 듭니다... 그리고, 이것은 분해되려면 엄청나게 오래 걸려요, 이것이 제공해야 하는 영양분이 효율적으로 추출되지 않는다는 뜻이죠. 그래서, 농장에 있는 엄청난 양의 짚은 부패하는 데 오랜 시간이 걸리고 그러므로 재활용하기 힘들기 때문에 문제를 일으켜요. 하지만 짚이 재활용의 형태를 이루고 환경에 이익을 주는 방법이 있어요... 그리고 그건 볏짚건축 주택으로죠.
제 직업은 농부가 아닌 건축가에요... 그래서 제가 몇 달 전에 잡지에서 이것에 대해 읽었을 때 이 아이디어는 기상천외하게 들렸죠. 하지만... 제가 읽은 것에 의하면, 볏짚을 주택의 기본적인 건축 재료로 사용하는 것에는 많은 이점들이 있어요. 제가 전문가는 아니지만, 이것이 왜 환경에 안 좋은 영향을 덜 주는 집들을 만드는 데 굉장히 장래성 있는 접근인지 기본적인 요약 정도는 해줄 수 있어요.
일단, 짚이 풍부하기 때문에 찾는데 어려움이 있지는 않을 거예요... 그리고, 동시에, 필요 없는 볏짚의 양을 줄여 환경을 돕게 되는 것이죠. 이것은 전형적으로 손수 하는 과제에요, 그리고 노동비를 줄여주고 집에 감정적 가치를 더할 수 있어서 많은 사람들은 스스로 집을 짓는 것을 좋아하죠. 제 할아버지가 그의 첫 집을 지으셨고, 그것이 그의 가장 큰 성과 중 하나라고 하셨어요. 매일 일터에서 집으로 돌아오면, 그에게는 대단한 과제를 완성했다는 것을 상기시켜주는 시각적인 것이 있었죠.
그래서, 볏짚건축 주택을 지으려면, 볏짚을 아주 단단하고 벽돌 같은 직사각형 모양으로 만들어 하나하나씩 쌓아야 해요, 평범한 벽돌로 하듯이 말이죠. 단단한 볏짚은 절연이 더 잘되고, 장력이 커지고, 흰개미와 같은 해충들이 벽 내부에 사는 것을 막기 때문에 중요해요. 그 후 볏짚은 철망... 그물 같은 금속 면을 이용해 연결돼요... 그리고 외부에 회반죽을 칠해 단단한 구조물을 만들죠.
뭐, 이것은 새로운 발명품이 아니에요... 음, 볏짚건축 주택은 만약 수천 년이 아니라면, 수 백 년 동안은 지어졌어요. 이 방법은 나무가 드문 곳에서 이용되었죠. 미국에서도 이런 집들이 1800년대부터 있었어요. Nebraska 주에는 아직도 서있는 1890년대의 도서관이 있어요... 그리고 이것은 오늘날 존재하는 건축에 대한 지식과 정보 없이 지어졌지요. 이게 재료의 신뢰성과 내구성을 보여줘요.
보통, 건축 재료로 짚을 이야기를 하면, 사람들은 일반적으로 안전하지 않다고 생각해요... 음, 불에 약하다고요. 하지만, 생각해보죠. 바보 같은 질문이지만, 전화번호부를 태우려고 한 적 있나요? 하라고 권유하는 것은 아니에요... 그냥 증명하고 싶은 게 있어서죠! 답을 모를까 봐 말해주자면, 불은 산소... 공기가 필요하기 때문에 그 일은 불가능해요. 종이 사이사이에 공기가 없어서 타지 않아요. 빽빽하게 압축된 볏짚으로 만든 벽에는 공기가 있을 공간이 없어요, 반면 전통적인 벽들은 90퍼센트가 공기예요. 그게 무슨 뜻인 것 같나요? 또한, 짚으로 만든 집에 사는 것이 위험해 보일 수도 있지만, 볏짚건축 주택은 사실... 예를 들면 목재로 만든 집보다 더 불에 강해요, 왜냐하면 두꺼운 회반죽 코팅이 있기 때문에요.
볏짚건축 주택의 주 이점은 단열성이에요. 집들이 여름에는 서늘하고 겨울에는 따뜻하죠. 이 기술이 "녹색"이라고 불리는 또 하나의 이유랍니다, 에어컨과 난방의 필요성을 줄여 에너지를 절약하고, 이것은 덥고 추운 기후 모두에서 비용을 아끼는 데 도움이 되죠...
그렇다면 왜 모두 볏짚건축 주택을 짓고 있지 않은 걸까요? 대부분의 사람들이 그것에 대해 들어본 적이 없어서입니다. 짚은 건축재료로 널리 알려져 있지 않고, 그래서 쉽게 구할 수가 없어요. 그러므로, 비용 절감은 사람들의 흥미를 끌 정도로 상당하지 않아요. 또, 벽들은 건축 비용의 10퍼센트 또는 15퍼센트에만 해당되죠... 인테리어, 지붕, 배선 등은 전통적인 집과 비용이 똑같이 들어요, 그래서 새로운 집을 짓는 데 들어가는 총비용을 고려하면 전체적으로 절약되는 비용은 약간 작죠. 어쩌면 정부에서 사람들이 볏짚건축 주택을 짓도록 장려하는 세금 우대 조치나 다른 이익을 생각해 낼 수도 있겠네요. 확실히 인기가 높아질 거고, 사람들이 더 많이 지을수록, 환경에는 더 긍정적인 영향을 주겠지요.

common[kámən] 흔한　by-product 부산물　account for 차지하다　yield[ji:ld] 수확량　typical[típikəl] 일반적인
bedding[bédiŋ] 잠자리 짚　compost[kampoúst] 썩히다　fertilize[fə́:rtəlàiz] 비료를 주다　cost-prohibitive 비용이 과하게 드는
decompose[dì:kəmpóuz] 분해되다　nutrient[njú:triənt] 영양분　decay[dikéi] 부패하다
constitute[kánstitjù:t] 이루다, 구성하다　architect[á:rkitèkt] 건축가　rundown[rʌ́ndàun] 요약, 개요
promising[prámisiŋ] 장래성 있는　approach[əpróutʃ] 접근　sentimental[sèntəméntəl] 감정적인
achievement[ətʃí:vmənt] 성과, 업적　rectangular prism 직사각형 모양(각기둥)　insulation[ìnsjəléiʃən] 절연체
tensile[ténsəl] 장력의　pest[pest] 해충　termite[tə́:rmait] 흰개미　chicken wire 철망　mesh[meʃ] 그물
reliability[rilàiəbíləti] 신뢰성　fire prone 불에 약한　conventional[kənvénʃənəl] 전통적인　fire-resistant 불에 강한
substantial[səbstǽnʃəl] 상당한　modest[mádist] 작은, 간소한　tax break 세금 우대 조치

21. Film

Hackers Test

p.328

1. D　2. A　3. C　4. A, B　5. D　6. D

Listen to part of a lecture in a film history class.

So, have you heard about the television program Nickelodeon? Well, if you've ever watched it, you know that the program runs continuously and shows a number of short cartoons and documentaries. But I don't want to talk about the modern-day Nickelodeon. Today, I want to talk about the early twentieth century theaters where it got its name from.
OK, now, nickelodeons, which were popular from 1905 to 1907, were these small neighborhood movie theaters that cost a nickel... five cents... to enter. The name itself is a combination of the price and the Ancient Greek word for theater, *Odeon*. So the nickelodeon came into being at the time that the narrative film began to grow in popularity. The lower-income classes watched these short films in dirty converted storerooms and hotel basements. Actually, it was Edwin S. Port who really first pushed the narrative to American audiences around 1900. Do you know the film *The Great Train Robbery*? Well, that was his... and then many people began improving the earlier short films around 1904. As you can

guess, this led to a competitive film market.
So, anyway, where was I? Oh, yeah. The point I wanted to make was that people wanted to see these narrative films and this resulted in a need for suitable places in which to view them. People... even lower-income people... didn't want to watch short films in storerooms with rats and cockroaches. So enterprising people built these small theaters, these nickelodeons, which were mostly storefront places, with something like 150 to 200 seats... They were only one story high... and the walls were painted red, usually. You know, seats were even just plain kitchen chairs! I mean, these were very simple and quickly put-together theaters. Well, for only a nickel a show, what can one expect? And there were some luxurious nickelodeons that had piano or organ accompaniment, but these cost more and were only in the more elite districts.
Not surprisingly, nickelodeons were a huge success. The first one was built in Pittsburgh in June of 1905... I think by a man named Harry Davis. And then there were 8,000 of them in the United States by 1908! You're probably wondering, well, what made them so popular? OK, let's start with convenience. For the first time, people could see a movie, one that lasted about 15 to 20 minutes, any time during the day or night. That was a big attraction! Then, of course, there was a price. As you can guess, a nickel entrance fee made it possible for the lower classes to enjoy cheap entertainment.
All right, so what we want to look at next is why the interest in nickelodeons began to decline around 1907 or so. Can anyone take a guess? No? OK, well, basically the demand for film became so big that more space was needed. People began to construct larger theaters with second and third stories. The screens were much larger and, consequently, the prices went up as well. Oh, and there was a change in the kind of films that were shown. It was not uncommon for a nickelodeon to show many different kinds of films in one day. You know, short narratives, local song and dance acts, comedies, melodramas... problem plays, and sporting events... many different genres. But as more and more people became middle class, they wanted more sophisticated entertainment... So when the larger theaters went up, they began to show just a few flicks–films–a day. These flicks were longer, had a real plot, and so forth. So today we have only two to five movies in a cinema, usually with a variety of genres, but, well, mostly comedies, actions, and romances. Now it's really interesting how film developed at that time, you know... the technology involved, the ideas filmmakers had to make films more real and more exciting to the viewer. But that's outside of what we have in our outline for today, so... I won't be giving you any details about that for now.
Anyway, to get back to my earlier point, nickelodeons fell out of popularity because of bigger venues that, well, satisfied the needs of the movie going public. Even so, you've got to admit that without nickelodeons, the bigger movie theaters would have developed at a later time, especially since short films were just coming into their own.

Now get ready to answer the questions. You may use your notes to help you answer.

1. What is the main topic of this lecture?
2. Why does the professor mention *The Great Train Robbery*?
3. What can be inferred about narrative films?
4. What are two reasons for the demise of the nickelodeons?

Listen again to part of the lecture. Then answer the question.

P: You know, seats were even just plain kitchen chairs! I mean, these were very simple and quickly put-together theaters. Well, for only a nickel a show, what can one expect?

5. Why does the professor say this:
   P: Well, for only a nickel a show, what can one expect?

6. Why does the professor say this:
   P: Even so, you've got to admit that without nickelodeons, the bigger movie theaters would have developed at a later time, especially since short films were just coming into their own.

자, 니켈로디언이라는 TV프로그램에 대해 들어본 적이 있나요? 음, 여러분이 그것을 시청한 적이 있다면, 그 프로그램이 끊임없이 방영되며 짧은 만화와 다큐멘터리를 많이 보여 준다는 것을 알고 있을 거예요. 그렇지만 내가 말하고자 하는 것은 현대의 니켈로디언이 아닙니다. 오늘, 이 TV 프로그램 제목의 유래가 된 20세기 초의 극장들에 대해 얘기하고자 합니다.
네, 자, 1905에서 1907년도까지 유행했던 니켈로디언은 니켈... 그러니까 5센트의 입장료를 받았던... 작은 인근 영화관이었습니다. 그 이름 자체는 이 입장료와 극장을 뜻하는 고대 그리스어, Odeon의 합성어랍니다. 그래서 니켈로디언은 서술형 영화가 인기를 끌기 시작한 때에 등장했어요. 저소득층은 지저분한 개조된 광이나 호텔 지하실에서 이러한 짧은 영화들을 관람하곤 했습니다. 사실, 미국 관중들에게 1900년 즈음에 서술형 영화를 소개한 사람은 Edwin S. Port였습니다. 여러분은 "대열차 강도"라는 영화를 알고 있나요? 그것은 그의 작품이죠... 그리고 그 후 많은 사람들이 1904년경 기존의 단편 영화들을 개작하기 시작했어요. 미뤄 짐작할 수 있겠지만, 이는 영화 시장을 경쟁적으로 만들었죠.
그래서, 아무튼, 내가 어디까지 얘기했죠? 아, 네. 내가 지적하고자 했던 것은 사람들은 이 서술형 영화를 관람하고 싶어했다는 것과, 이 때문에 그 영화들을 관람하기에 적합한 공간의 필요성이 나타나게 되었다는 점입니다. 사람들은... 저소득층일지라도... 쥐떼, 바퀴벌레들과 함께 광에서 단편영화를 관람하고 싶지는 않았습니다. 그래서 기업인들은 이 작은 극장들, 즉 니켈로디언을 건설했습니다, 대부분 상점 정면에 위치하며 150개 내지 200개의 좌석을 갖춘 건물이었죠... 건물의 높이는 1층밖에 안되었고, 벽은 주로 붉은색이었죠. 그래서, 심지어 의자들은 부엌에서 쓰는 평범한 의자들이었답니다! 니켈로디언은 매우 단순하고 급하게 지어진 극장이었어요. 하긴, 관람료가 5센트밖에 되지 않는데, 뭘 바라겠어요? 부속물로 피아노나 오르간을 겸비한 호화로운 니켈로디언도 존재했는데, 이 곳의 관람료가 더 비쌌고 부유한 지역에만 존재했죠.
예상할 수 있겠지만, 니켈로디언은 매우 성공적이었습니다. 최초의 니켈로디언은 1905년 6월에 Pittsburgh에 지어졌어요... Harry Davis란 사람에 의해서였을 거예요. 그리고 1908년에 이르러서는 미국 전역에 8000개의 니켈로디언이 존재했죠! 여러분은 아마도, 음, 그 극장들이 왜 그렇게 각광 받았는지 의아할 것입니다. 네, 일단 편리성에 대해 말해보죠. 처음으로 사람들은 대략 15분에서 20분 정도 상영되는 영화를, 낮과 밤을 불문하고 언제든지 관람할 수 있었답니다. 매우 매력적이었죠! 그리고, 물론, 입장료도 한 몫을 했죠. 짐작할 수 있겠지만, 5센트의 입장료는 노동자 계층도 값싼 오락거리를 즐길 수 있도록 했습니다.
좋아요, 우리가 그 다음으로 살펴볼 것은 왜 니켈로디언에 대한 관심이 약 1907년을 전후로 쇠퇴하기 시작했는가입니다. 짐작 가는 사람 있나요? 없어요? 네, 그게, 근본적으로 영화에 대한 수요가 너무나도 커져서 더 많은 공간이 필요했죠. 사람들은 2층, 3층 되는 더 큰 규모의 극장을 건설하기 시작했어요. 스크린의 크기는 훨씬 더 커졌고, 따라서 관람료 또한 인상되었죠. 아, 그리고 극장에서 상영하는 영화의 종류에 변화가 있었어요. 니켈로디언에서는 드물지 않게 다양한 종류의 여러 영화를 같은 날 상영했습니다. 짧은 서술형 영화, 지역 노래와 춤 공연, 희극, 멜로드라마... 문제극과 스포츠 경기... 다양한 장르가 있었죠. 그러나 점점 더 많은 사람들이 중산층이 되어가면서, 그들은 더 세련된 오락거리를 원했어요... 따라서 더 큰 영화관들이 건설되자, 그들은 점차 하루에 몇 편의 영화만을 상영하기 시작했어요. 이 영화들은 상영시간이 더 길었고, 줄거리가 더 짜임새 있다는 등의 특성이 있었어요. 그러므로 오늘날 우리는 한 극장에서 두 편에서 다섯 편 정도의 영화를 볼 수 있죠. 그 장르가 다양하긴 하지만, 음, 대부분 희극, 액션, 그리고 로맨스 영화이죠. 그 시대에 영화들이 어떻게 발전했는지, 말하자면... 영화 관련 기술과, 영화 제작자들이 영화를 더 실감나게 하고 관객들이 흥미진진해 할 영화를 만들기 위한 생각들은 매우 흥미로워요. 그러나 이것은 오늘 수업 범위에 벗어나는 것이므로... 지금은 그것에 대한 세부적인 내용을 다루지는 않겠어요.
어쨌든, 앞서 말한 주안점으로 돌아가서, 니켈로디언은 영화 관람객들의 욕구를 충족시켜주는, 음, 더 큰 규모의 극장으로 인해 인기가 떨어졌습니다. 비록 그렇다 하더라도, 니켈로디언이 없었다면 큰 규모의 영화관들도 더 늦게 발달했을 것임을 인정해야 해요, 특히 니켈로디언은 단편영화들이 진가를 인정 받는 데 공헌했다는 점도 인정해야 합니다.

cartoon [kɑ:rtú:n] 만화　documentary [dɑ̀kjuméntəri] 다큐멘터리　nickelodeon [nìkəlóudiən] 니켈로디언 (5센트짜리 영화극장)
nickel [níkəl] 5센트　combination [kɑ̀mbənéiʃən] 합성, 결합　narrative [nǽrətiv] 서술형의, 이야기 식의
convert [kənvə́:rt] 개조하다　storeroom [stɔ́:rrù(:)m] 광　basement [béismənt] 지하실　short film 단편 영화
competitive [kəmpétitiv] 경쟁적인　suitable [sjú:təbl] 적당한, 적절한　cockroach [kɑ́kròutʃ] 바퀴 벌레
storefront [stɔ́:rfrʌ̀nt] 상점 정면의　luxurious [lʌgʒú(:)riəs] 호화로운　accompaniment [əkʌ́mpənimənt] 부속물
lower class 노동자 계층　consequently [kɑ́nsəkwèntli] 따라서　uncommon [ʌnkɑ́mən] 드문　genre [ʒɑ́:ŋrə] 장르

middle-class 중산층 sophisticated[səfístəkèitid] 세련된 flick[flik] 영화 plot[plɑt] 줄거리 filmmaker[fílmmèikər] 영화제작사 venue[vénjuː] 장소 movie-going public 영화 관람객 come into one's own 인정 받다

22. Photography

Hackers Test

p.332

1. B 2. A 3. D 4. C 5. D 6. C

Listen to part of a lecture on photography.

P: Well, I hope you all had a chance to see the Harlan Wallach exhibit last week... because we'll be discussing the technology that Wallach used to take pictures. If you were there, you know the technology is called "pinhole optics" and that Wallach's works are part of a body of art known as pinhole photography. OK, before I explain what pinhole optics is, can I just get some feedback from you about the exhibit?

S: It was really cool. Wallach's photographs were a little blurrier than the ones at the last exhibit we went to, but I guess that was his intention... Professor, is this technology in any way related to the pinhole camera?

P: Yes, it's related to the pinhole camera, and well, that's part of what we're going to discuss today. Actually, the technology behind the pinhole camera is thousands of years old, but... most people don't take this camera seriously because they think that it's a novelty.

S: Yeah, come to think of it, I did read something about pinhole cameras, but I always thought children made them for their science projects.

P: Well, that's not the case at all. Pinhole optics was discovered by an Arabian physicist and mathematician named Alhazen. In the tenth century, Alhazen arranged three candles in a row and put a screen with a small hole between the candles and the wall. He noted that images were formed by means of the small hole. He also observed that the candle to the right made an image on the left part of the wall. Well, from what he saw, he concluded that light moves in straight lines. And with this information, people in later centuries were able to invent the camera... So, pinhole photography pretty much makes use of a box with a tiny hole–usually made with a pin... And it doesn't have a lens. That's why the images you saw were not as sharp as the pictures that you're used to seeing. It's almost like impressionism, you know... the school of art that was championed by Van Gogh, Monet, and Renoir. Well, if you ever have the chance to look at their masterpieces, you'll probably notice that they're bright and a little blurry. And they don't focus on any one area of the painting, but rather on the whole. These characteristics are also found in pinhole photography.

S: Cool, so how do pinhole cameras actually work?

P: Well, for those of you who have studied photography and optics, you should be familiar with the theory of image formation... but I guess most of you aren't aware just how a camera lens works. After all, it's not the sort of thing we talk about over breakfast, right? OK, let me try to explain it another way. Well, like I said earlier, light travels in lines. We see things because light rays reflect off of these things and these reflected rays form an image on our retinas. First, I need you guys to imagine a couple of things. Pretend that your pupil... you know, the small, dark circular opening where light passes... it's in the center of your iris... well, just pretend that this is your pinhole, OK?

When light comes through the pupil into the eye, it creates a cone of light into the pupil. As it passes into the pupil, it hits the eye's lens. Then, as the rays pass through the lens, they're bent or refracted as they are made to... to disperse... to spread out... And then, they're formed again into a cone. In effect, let me correct myself... both the pupil and the lens of the eye serve as the pinhole. Finally, think about the retina, or the back of our eyeball, as the photo paper. A reversed image is created on the retina or, uh, photo paper, and our optic nerves sort it out so that it appears right-side up.

S: Wow! And we can make these pinhole cameras at home?

P: Yes. Pinhole cameras can be small or large. They can be improvised or designed according to instructions in a kit. Cameras have been made of sea shells. Many have been made out of oatmeal boxes, coke cans, or cookie containers. I know of at least one that was made out of a discarded refrigerator. You just need to buy a few supplies, like photo paper and glue, and make sure that your camera is light-free... So you start off with a box. I've found that oatmeal containers are very useful here. Then create a hole with a pin. A small piece of cardboard can serve as the shutter, you know, the mechanism that exposes the film to light. And finally attach some photo paper or film at the other end of the box to serve as your retina, OK? And there you go, you've just made your very own pinhole camera.

S: This is all really interesting. I think I'm going to try to make one at home.

P: Good luck.

Now get ready to answer the questions. You may use your notes to help you answer.

1. What is the main purpose of the lecture?
2. According to the professor, what opinion do people generally hold about the pinhole camera?
3. Why does the professor mention impressionism?
4. According to the professor, what role does the pinhole play in making a photograph?
5. What can be inferred about the construction of pinhole cameras?

Listen again to part of the lecture. Then answer the question.

P: ...but I guess most of you aren't aware just how a camera lens works. After all, it's not the sort of thing we talk about over breakfast, right?

6. What does the professor imply when she says this:
   P: After all, it's not the sort of thing we talk about over breakfast, right?

P: 음, 모두들 지난주에 Harlan Wallach의 전시회를 관람할 기회가 있었으면 좋겠군요... 우리는 Wallach가 사진을 찍을 때 사용했던 기술에 대해 논의할 것이기 때문입니다. 전시회에 갔었다면, 그 기술이 "핀홀 광학"이라고 불리며 Wallach의 작품들은 핀홀 사진술로 알려진 예술의 한 부분임을 알고 있을 것입니다. 네, 핀홀 광학이 무엇인지를 설명하기 전에, 전시회에 대한 여러분들의 의견을 들어볼 수 있을까요?

S: 아주 훌륭했어요. Wallach의 사진들은 우리가 지난 번에 갔던 전시회의 사진들보다 약간 흐릿했는데, 바로 그 점을 그가 의도한 것이라고 생각해요... 교수님, 이 기술이 어떤 식으로든 핀홀 카메라와 연관된 것인가요?

P: 네, 핀홀 카메라와 관계가 있어요, 그리고 음, 오늘 그 부분에 대해서 논의할 거예요. 사실, 핀홀 카메라의 기저에 놓여있는 기술은 수 천 년이나 되었지만... 대부분의 사람들이 이 카메라를 발명품 정도로 여기고 진지하게 받아들이지 않습니다.

S: 네, 생각해보니, 핀홀 카메라에 대해 읽은 적이 있는 것 같아요. 하지만 항상 저는 그것이 어린이들이 과학 과제를 위해서 만든 것인 줄 알았어요.

P: 음, 그건 전혀 사실과 달라요. 핀홀 광학은 아라비아의 물리학자이자 수학자인 Alhazen이 발견했습니다. 10세기경, Alhazen은 세 개의 양초를 일렬로 세우고 양초와 벽 사이에 작은 구멍이 뚫린 막을 세웠습니다. 그는 작은 구멍을 통해 이미지가 생긴다는 것을 알게 되었어

요. 또한 그는 오른쪽 양초가 벽의 왼쪽편에 이미지를 만든다는 것을 관찰했어요. 음, 이를 통해, 그는 빛이 직선으로 움직인다고 결론지었습니다. 그리고 이 정보로, 후세의 사람들은 카메라를 발명할 수 있었던 것이죠... 그래서, 핀홀 사진은 대부분 핀으로 뚫은 작은 구멍이 있는 상자를 이용합니다... 그리고 이 상자에는 렌즈가 없어요. 그래서 여러분들이 보던 사진만큼 이미지가 선명하지 않았던 것이지요. 이 점은 반 고흐, 모네, 르누아르로 대표되는... 그러니까, 인상주의와 거의 비슷해요. 음, 이 화가들이 그렸던 대표작들을 볼 기회가 있다면, 작품들이 밝고 약간 흐리다는 것을 알 수 있을 것입니다. 그리고 그림의 어느 한 부분이 아니라, 그림 전체에 초점을 맞춘 것도 발견할 수 있을 거예요. 이러한 특징들은 핀홀 사진술에서도 찾아볼 수 있어요.

S: 멋지네요, 그러면 핀홀 카메라는 실제로 어떤 원리로 작동하나요?

P: 음, 사진술과 광학을 공부했던 학생들에게는 이미지 형성 이론이 친숙할 거예요... 그러나 대부분의 학생들은 카메라 렌즈가 어떻게 작동하는지 잘 모르고 있을 거예요. 결국, 그건 우리가 아침 식탁에서 할 만한 얘기는 아니니까요, 그렇죠? 네, 다른 방법으로 설명해볼게요. 음, 앞서 말한 것처럼, 빛은 직선으로 이동합니다. 우리가 물체를 볼 수 있는 것은 광선이 물체로부터 반사되고, 이 반사된 광선이 우리의 망막에 이미지를 형성하기 때문입니다. 우선, 여러분들이 몇 가지를 떠올려 보길 바래요. 여러분들의 동공... 홍체의 가운데에 있는... 빛이 통과하는 작고 검은 원형의 공간이요... 음, 그 동공이 핀홀이라고 생각해보세요, 알겠죠? 빛이 동공을 통해서 눈으로 들어올 때, 빛은 동공에도 원뿔체를 형성합니다. 빛이 동공을 통과하면서, 눈의 수정체에 부딪힙니다. 그리고 수정체를 통과하면서, 빛은 분산되고... 퍼지면서... 구부려지거나 굴절됩니다. 그리고 나서, 또다시 하나의 원뿔체를 형성해요. 사실상, 내 말을 정정할게요, 실제로 눈의 동공과 수정체 둘 다 핀홀의 역할을 합니다. 마지막으로, 망막 혹은 안구의 뒷면을 감광지라고 생각해봅시다. 뒤집어진 이미지는 망막 혹은 감광지에 맺히는데, 어, 시신경이 이미지를 똑바르게 보이도록 하는 역할을 하죠.

S: 와! 핀홀 카메라를 집에서도 만들 수 있나요?

P: 네. 핀홀 카메라는 작을 수도 있고, 클 수도 있어요. 즉석으로 만들거나 도구 세트의 설명서에 따라 설계해볼 수도 있어요. 핀홀 카메라는 바다 조개로 만들어지기도 했어요. 많은 카메라들이 오트밀 상자, 콜라 캔, 또는 쿠키 상자로 만들어졌죠. 내가 아는 한 카메라 중에 버려진 냉장고로 만들어진 것도 있답니다. 감광지, 풀 같은 몇 가지 재료들을 사기만 하면 되요, 그리고 카메라에 빛이 들어오지 않도록 주의해야 해구요... 그러므로 우선 상자 하나를 준비하세요. 제 경험으로는 오트밀 용기가 여기에 아주 쓸모 있더군요. 그리고 나서 핀으로 구멍을 만드세요. 작은 마분지 조각이 셔터의 역할을 할 수 있죠, 그러니까, 필름이 빛에 노출되도록 하는 장치요. 그리고 마지막으로 망막의 역할을 하도록 감광지나 필름을 상자 반대 면에 붙이세요, 알겠죠? 이렇게 하면, 여러분들이 직접 만든 핀홀 카메라가 완성됩니다.

S: 정말 흥미롭네요. 집에서 만들어 봐야겠어요.

P: 성공하길 바래요.

pinhole [pínhòul] 핀홀 (바늘구멍)   optics [áptiks] 광학   blurry [blə́:ri] 흐릿한   novelty [návəlti] 발명품, 색다른 물건
physicist [fízisist] 물리학자   mathematician [mæ̀θəmətíʃən] 수학자   arrange [əréindʒ] 세우다, 정렬하다   in a row 일렬로
image [ímidʒ] 이미지   by means of ~을 통해, ~에 의하여   impressionism [impréʃənìzəm] 인상주의
masterpiece [mǽstərpì:s] 대표작   retina [rétənə] 망막   pupil [pjú:pəl] 동공   iris [áiəris] 홍채
cone [koun] 원뿔체, 추상체   a mass of 다량의   refract [rifrǽkt] 굴절시키다   disperse [dispə́:rs] 분산시키다
spread out 퍼뜨리다   eyeball [áibɔ̀:l] 안구   photo paper 감광지   reversed [rivə́:rst] 뒤집어진   optic nerve 시신경
improvise [ímprəvàiz] 즉석으로 만든   instruction [instrʌ́kʃən] 설명서   kit [kit] 도구 세트   container [kəntéinər] 용기, 상자
discard [diskɑ́:rd] 버리다   refrigerator [rifrídʒərèitər] 냉장고   light-free 빛이 없는   cardboard [kɑ́:rdbɔ̀:rd] 마분지

23. Engineering

Hackers Test

p.336

1. C 2. B 3. A 4. C, D 5. C 6. D

Listen to part of a lecture in an engineering class.

P: OK, well let's start off by talking a little bit about efficiency... Have a look at the blackboard. As you can see, we can define efficiency as the ratio... between the work done by the machine, or the output, and the amount of energy supplied to get the work done, or the input. Well, can you give me an example from real life?

S1: Uh... driving, I guess... right? I mean, the input is gas and the output is the distance traveled by the car. So if a car travels a long distance on a small amount of gas... that's high efficiency... I guess.

P: Yes, that's right. And actually I want to discuss how efficiency is related to another form of transportation-the bicycle! It's one of those inventions that kind of evolved over time, with many people making small contributions. But let's look at the general developments to help us understand how people made this invention more efficient. Have a look at this slide...
OK, we've got here the "running machine" introduced by a German to Europe in 1818... It had two in-line wheels set in a wooden frame, and you could steer it, but it lacked pedals, springs, and, frighteningly, brakes. Basically, the rider would sit astride it and, you know, sort of push his or her feet against the ground to make it move... Kind of like the same way you ride a skateboard by pushing off with your feet. Anyway, compared to today's bicycles, of course, the "running machine" wasn't very efficient, but it was certainly faster than walking... you can imagine why, right?

S1: Well... when we walk, we have to lift our legs... but with the "running machine"... we only need to push off a little to set it in motion.

P: Exactly... and pushing off is much easier than lifting our legs. But... the "running machine" never enjoyed widespread use. For a short time it was just a trendy toy, mostly for wealthy folks. But the point is... people did see the potential in the "running machine" and tried to make it better. And one result is this machine here... the velocipede. This early model was the first to feature pedals on the front wheel, and... you'll notice the name is a combination of the word 'pedal' and the word 'velocity' which means 'speed'. Sounds promising, doesn't it? But it was inefficient because its gear ratio was too low. Any idea what that means?

S1: Well, is that when the rider is pedaling really fast, but the bicycle doesn't move very far?

P: Sounds like someone has been paying attention to the reading! In fact, to turn the front wheel of the velocipede only once, you had to pedal nine times! Not only that, the bike's frame was made of iron... which made the whole thing very heavy. Sometimes they weighed as much as one hundred pounds!

S2: Hmm... It sounds like the bikes needed to be lighter, but still pretty strong... and it's just a thought... but I guess the size of the wheels really matters... I mean if developers wanted to go farther, they'd have to make the wheels bigger!

P: You're absolutely right... and as you can see, that's exactly what happened. Look at the next slide... This is probably the first efficient bicycle, which came out around 1870... The "Penny Farthing"... as you can see, has a front wheel that's noticeably bigger than the back wheel... These... these bicycle innovators made the front wheel larger and larger because the larger the wheel became, the more distance you could cover by turning the pedals once. In other words, bigger wheels were more efficient... Now... around this time, innovations in metal allowed for building materials that were strong, but light. So some penny farthings weighed as little as twenty pounds, even with the large front wheel! But the thing that made the "penny-farthing" efficient also made it dangerous! Look how the rider sits atop the wheel far off the ground, right? But it takes just a small stone or hole in the road to stop the huge front wheel, and the rider pitches forward onto his face! So you can see why this model didn't exactly win the heart of the masses!
All right... Finally... the modern-day bicycle, which was introduced in the late 1800s. As you can see, they have two relatively small wheels of equal size... and the rider sits between them, rather than on top of the front wheel. However, it's the chain that makes the modern bikes really efficient. See, in early model bikes, a rider's energy was used to power only the front wheel, so that the front wheel just kind of pulled the back wheel along... Now, that same amount of energy can power both wheels, and this lets you go further with the same input! Because a chain that loops around the

back wheel... helps transfer your energy from the front to the back wheel. I'd have to say that from an engineering point of view, chain drives are so efficient that more than 98 percent of the energy you spend pedaling goes directly to the wheels...

Now get ready to answer the questions. You may use your notes to help you answer.

1. What is the main topic of this lecture?
2. Why does the professor mention a "trendy toy"?
3. What does the professor imply about the velocipede?
4. What made the "penny-farthing" the first efficient bicycle?
5. What is the chain's role in creating efficiency in a bicycle?

Listen again to part of the lecture. Then answer the question.

P: But it was inefficient because its gear ratio was too low. Any idea what that means?
S1: Well, is that when the rider is pedaling really fast, but the bicycle doesn't move very far?
P: Sounds like someone has been paying attention to the reading!

6. Why does the professor say this:
P: Sounds like someone has been paying attention to the reading!

P: 자, 먼저, 효율성에 대한 이야기를 시작해 봅시다... 칠판을 봐주세요. 보다시피, 우리는 효율성을 기계가 한 일의 양, 즉 output과 그 일을 처리하기 위해 공급된 에너지의 양인 input의 비율로... 정의할 수 있습니다. 음, 실생활에서 예를 들어 볼래요?

S: 음... 운전이 예가 될 수 있을 것 같아요... 맞나요? 즉, 가스가 input이 되고 자동차로 이동하는 거리가 output이 될 수 있으니까요. 자동차가 적은 양의 가스로 먼 거리를 이동한다면... 효율성이 높은 거라고... 생각합니다.

P: 네, 맞아요. 그리고 사실 저는 다른 교통 수단인 자전거와 효율성의 관계에 대해 논의하려고 해요! 자전거는 많은 사람들의 작은 기여 덕분에, 오랜 시간 동안 발전해온 발명품 중 하나입니다. 하지만 사람들이 어떻게 이 발명품을 더 효율적으로 만들었는지에 대한 이해를 돕기 위해 전반적인 발달사에 대해 살펴 봅시다. 슬라이드를 봐 주세요...
네, 이것은 1818년, 한 독일인이 유럽에 소개한 "달리는 기계"입니다... 두 개의 바퀴가 나무로 된 뼈대에 일렬로 붙어있고 조종할 수 있도록 되어 있습니다. 그런데 이 기계에는 페달, 스프링, 그리고 두렵게도 브레이크가 없습니다. 기본적으로, 타는 사람은 자전거에 걸터앉아서 발로 땅을 밀어내듯이 해야 그것을 움직일 수 있었어요... 여러분이 발로 땅을 구르면서 스케이트보드를 타는 것과 비슷하죠. 어쨌든, 오늘날의 자전거와 비교해보면, 물론 "달리는 기계"는 그리 효율적이지는 않았습니다. 하지만 확실히 걷는 것보다는 빨랐지요. 왜 그런지 알겠죠?

S: 음... 걸을 때는, 다리를 들어야 하지만... "달리는 기계"를 이용하면 조금만 밀어도 움직일 수 있으니까요.

P: 맞아요... 미는 것은 다리를 들어 올리는 것보다 훨씬 수월하죠. 그렇지만... "달리는 기계"는 널리 사용되지 못했어요. 짧은 시간 동안 그것은 대체로 부유한 사람들을 위한 최신 장난감 정도로만 여겨졌습니다. 그러나 중요한 것은... 사람들이 "달리는 기계"에서 가능성을 보았고 그것을 개선하려고 노력했다는 것입니다. 그 결과가 Velocipede라는 이 자전거입니다. 이 초기 모델의 특징은 최초로 앞바퀴에 페달이 달려 있었다는 점입니다, 그리고... 그 이름이 'pedal'과 '속도'를 의미하는 'velocity'의 조합인 것을 알 수 있을 거에요. 기대를 불러 일으키는 이름이죠? 하지만 이 자전거는 기어비율이 낮아서 비효율적이었어요. 이것이 무슨 뜻일까요?

S: 음, 타는 사람이 페달을 빨리 밟아도 자전거가 멀리 나가지 못한다는 뜻인가요?

P: 여기 읽기 과제를 열심히 한 사람이 있군요! 사실, velocipede의 앞바퀴를 한번 회전하려면 페달을 아홉번 밟아야 했습니다. 그뿐만 아니라, 자전거의 뼈대는 철로 만들어져서 아주 무거웠어요. 때때로 무게가 100파운드에 이르기도 했답니다!

S: 자전거가 더 가벼우면서도 동시에 튼튼했어야 한다는 거로군요... 제 생각에는 바퀴의 크기가 중요한 것 같아요. 단지 제 생각이지만, 만약 기술 개발자들이 더 멀리 나가길 원했다면, 바퀴를 더 크게 만들었어야 해요!

P: 학생 말이 전적으로 맞아요... 보다시피, 실제로 그렇게 바퀴를 만들었죠. 다음 슬라이드를 보세요... 이 사진은 1870년경에 등장한 것으로, 아마도 최초의 효율적인 자전거일 것입니다. "Penny Farthing"은... 보다시피, 앞바퀴가 뒷바퀴 보다 눈에 띄게 커요. 자전거 개발자들은 바퀴가 클수록, 페달을 한번 돌릴 때 더 먼 거리를 갈 수 있다는 것을 깨달았기 때문에 앞바퀴를 점점 더 크게 만들었습니다. 다시

말해서, 더 큰 바퀴가 더 효율적이에요... 자... 이 시기에는, 금속 기술의 혁신으로 인해 제작 재료가 튼튼하면서도 가벼워졌습니다. 그래서 어떤 penny farthing은 무게가 20파운드밖에 되지 않았어요. 큰 앞바퀴가 있는데도 말이죠! 그러나 penny farthing을 효율적으로 만든 그 특징은 또한 그 자전거를 위험하게도 만들었습니다. 타는 사람이 지면에서 멀리 떨어진 바퀴 위에 어떻게 앉아 있는지 보세요, 그렇죠? 큰 바퀴는 작은 돌이나 길에 구멍만 있어도 정지되고, 자전거를 탄 사람은 정면으로 내동댕이 쳐져요! 그러니까 왜 이 모델이 대중의 마음을 사로잡지 못했는지 알 수 있을 것입니다!
좋아요... 마지막으로... 1800년대 말에 소개된 현대의 자전거에 대해 얘기해봅시다. 보다시피, 현대 자전거에는 같은 크기의 비교적 작은 바퀴 두 개가 있으며... 타는 사람은 두 바퀴 사이에 앉죠, 큰 앞바퀴 위에 앉는 것이 아닙니다. 그러나, 현대 자전거를 실제로 매우 효율적으로 만든 것은 체인입니다.
보세요, 초기 형태의 자전거는, 타는 사람의 에너지가 앞바퀴를 움직이는 데에만 사용됩니다. 그러면 앞바퀴가 뒷바퀴를 끌고 가는 거죠... 현재는, 같은 양의 에너지가 두 바퀴 모두를 굴리는 데 사용되며, 이는 같은 에너지로 더 멀리 나아갈 수 있도록 합니다! 뒷바퀴에 고리 모양으로 감겨있는 체인이... 앞바퀴의 에너지를 뒷바퀴로 전달하도록 도와주기 때문이죠. 공학의 관점에서, 체인 구동은 매우 효율적이어서 페달을 밟는 에너지의 98퍼센트 이상이 직접적으로 바퀴에 전달될 정도입니다...

efficiency [ifíʃənsi] 효율성　in-line 일렬로　steer [stiər] 조종하다　frighteningly [fráitəniŋli] 두렵게도, 놀랍게도
astride [əstráid] 걸터앉아　potential [pəténʃəl] 가능성, 잠재력　combination [kàmbənéiʃən] 조합
promising [prámisiŋ] 기대되는　inefficient [ìnifíʃənt] 비효율적인　gear ratio 기어 비율　noticeably [nóutisəbli] 눈에 띄게
atop [ətáp] ~의 위에, ~의 정상에　pitch [pitʃ] 내동댕이 쳐지다　relatively [rélətivli] 비교적으로　chain [tʃein] 체인
loop around 고리 모양으로 감겨 있다

Actual Test I

p.340

1. D 2. B 3. C 4. A 5. B 6. B 7. A 8. B 9. D

10.

	Yes	No
Seeing small islands		√
Sensing magnetic fields	√	
Remembering a landmark	√	
Hearing an echo of sounds they project	√	
Communicating with each other		√

11. C 12. C 13. C 14. B

15.

	Yes	No
A backlash against the role of government occurred		√
People and products were transported nationally	√	
The eastern part of the US became less prosperous		√
The West and East became more united	√	
Cities developed in the western part of the U.S.	√	

16. D 17. A 18. A 19. B 20. C 21. D 22. B 23. B 24. A 25. A, D 26. C

27.

	Monticello	Virginia Capitol	Common
Named a UNESCO World Heritage site	√		
Redesigned after a trip to France	√		
Lacked an external dome		√	
Design based upon the Maison Carrée		√	
Patterned on an ancient temple			√

28. D 29. A 30. C 31. B 32. A 33. A, C 34. D

[1-5]

Listen to part of a conversation between a student and her professor.

W: Professor Phillips? Are you... busy?

M: Oh, hi, Susan. No, no, come on in. What can I do for you?

W: I have a problem that I hope you can help me with. It's my chemistry grade.

M: Your chemistry grade? Hmm... I seem to recall that you did pretty well on the first test. Let me check my records... yes, you got a score of 85. Is that what you want to discuss, Susan?

W: Actually, it's not about the test. It wasn't all that hard... It's the lab work that I can't handle. I'm having problems with the experiments we're doing. My last lab grade was really terrible.

M: Oh, I don't think you need to worry about that, Susan. After all, it was just the first experiment and students are bound to make mistakes the first time around. I hardly think you were the only one who bungled the experiment. And... maybe this might be some consolation... We still have six more lab classes to go.

W: I don't know... The stuff we did in the last lab class was just too hard for me to understand.

M: Er... maybe I'm missing something. Can you give me some idea what you found so difficult?

W: Well, I couldn't really see what it was we were trying to accomplish... so, when my partner asked me to do one of the steps, I wasn't really sure what to do.

M: Susan, did you read the material I handed out to the class in advance?

W: Not really... I thought I could sort of pick up on what was happening by watching what the other students were doing.

M: Well, it's not enough to just sort of have some ideas what the experiment is about by observing what the others are doing. You've got to know the reason behind each step. In that way, what you're doing and how you need to do it won't be such a mystery.

W: It's just that we have so much stuff to read that there really isn't much time to look at the lab handouts.

M: Oh, I see... OK... could I just make a suggestion, Susan?

W: Sure, Professor Phillips.

M: It may seem like a lot of bother to have to go through those handouts when you have so much else to pore over, but could you just look over the handouts before the lab class starts? That way, you'll at least have some grasp of what needs to be done and why. Can you manage that, Susan?

W: OK, professor... I'll make sure to go over the handouts beforehand.

M: Good! I'm pretty sure your lab grade will go up once you start doing that. In fact, I'll give you the handouts for the next lab class a little early.

W: You will? That would be great! Thanks, Professor Phillips.

Now get ready to answer the questions. You may use your notes to help you answer.

1. Why does the woman go to see her professor?
2. Why does the professor check the student's test score?
3. What does the professor want the woman to do to improve her lab grade?

Listen again to part of the conversation. Then answer the question.

M: After all, it was just the first experiment and students are bound to make mistakes the first time around. I hardly think you were the only one who bungled the experiment. And... maybe this might be some consolation... We still have six more lab classes to go.

4. What does the professor imply when he says this:
   M: And... maybe this might be some consolation... We still have six more lab classes to go.

Listen again to part of the conversation. Then answer the question.

W: I don't know... The stuff we did in the last lab class was just too hard for me to understand.

M: Er... maybe I'm missing something. Can you give me some idea what you found so difficult?

5. What does the professor mean when he says this:
   M: Er... maybe I'm missing something.

W: Phillips 교수님? 지금... 바쁘세요?

M: 오, 안녕 Susan. 아니, 아니, 어서 들어오렴. 무슨 일이니?

W: 교수님이 도와주셨으면 하는 문제가 있어서요. 제 화학 성적 때문에요.

M: 네 화학 성적? 음... 내 기억으로는 네가 첫 시험을 꽤 잘 봤던 것 같은데. 기록을 한번 확인해보자... 그래, 네 성적은 85점이었구나. 이 성적에 대해 논의하고 싶은 거니, Susan?

W: 실은, 시험에 관한 문제가 아니에요. 그 시험은 그다지 어렵지 않았거든요... 제가 감당하기 어려운 건 실험 실습이에요. 우리가 하고 있는 실험에서 어려움을 겪고 있습니다. 제 마지막 실험 실습 성적은 정말 엉망이었어요.

M: 오, 난 네가 그것에 대해서는 걱정할 필요가 없다고 생각해, Susan. 어쨌든, 이건 첫 번째 실험이었고 학생들은 처음에는 실수를 하게 마련이거든. 실험을 하면서 실수한 학생이 너 하나뿐이라고는 생각하지 않아. 그리고... 위로가 될지 모르겠지만... 우리는 아직 실습 수업을 6번이나 더 할 거란다.

W: 글쎄요... 지난 실습 시간에 한 실험은 이해하기 너무 어려웠어요.

M: 음... 내가 모르고 있는 부분이 있는 것 같구나. 뭐가 그렇게 어려웠는지 말해 줄 수 있겠니?

W: 음, 우리가 실험을 통해 무엇을 달성하려는 건지 이해할 수가 없었어요... 그래서, 제 실험 파트너가 실험의 한 단계를 실행해 달라고 했을 때, 저는 무엇을 해야 할지 잘 몰랐어요.

M: Susan, 내가 학생들에게 미리 나누어 준 자료를 읽어 보았니?

W: 사실 아니요... 다른 학생들이 하는 것을 관찰하면서 어떻게 진행되는지 알 수 있을 거라고 생각했거든요.

M: 글쎄, 단지 다른 학생들이 무엇을 하는지를 관찰하면서 어떤 실험인지 대강 아는 것만으로는 충분하지 않단다. 실험의 각 단계의 의미를 파악해야만 해. 그렇게 한다면, 네가 무엇을 하며 어떻게 해야만 하는지가 그렇게 애매하지는 않을 거야.

W: 읽어야 할 것들이 너무 많아서 실습 자료를 읽어볼 시간이 많지 않았어요.

M: 오, 그렇구나... 좋아... 내가 제안을 하나 해도 될까, Susan?

W: 물론이죠, Phillips 교수님

M: 읽어야 할 다른 자료가 많을 때 이 자료를 검토해야 하는 것이 매우 귀찮겠지만, 실습 시간이 시작되기 전에 자료를 한번 훑어볼 수 있겠니? 그렇게 한다면, 최소한 너는 무엇을 해야 하고 왜 해야 하는지 이해할 수 있을 거야. 할 수 있겠니, Susan?

W: 네, 교수님... 자료를 미리 꼭 읽어 볼게요.

M: 좋아! 네가 그렇게 하기 시작한다면 반드시 실습 성적이 올라갈 거야. 다음 실습 시간에 필요한 자료를 조금 일찍 주마.

W: 정말이요? 정말 좋아요! 감사합니다, Phillips 교수님.

chemistry[kémistri] 화학 grade[greid] 성적 recall[rikɔ́:l] 기억하다, 생각해내다
lab[læb] 실습, 연구 (=laboratory) handle[hǽndl] 하다, 다루다 experiment[ikspérəmənt] 실험
bound to ~하게 마련이다 hardly[há:rdli] 거의 ~않다 bungle[bʌ́ŋgl] 실수하다, 서투르게 하다
consolation[kὰnsəléiʃən] 위로, 위안 accomplish[əkάmpliʃ] 달성하다, 완수하다 in advance 미리, 앞서서
pick up on 알다, 이해하다 mystery[místəri] 애매함 bother[bάðər] 귀찮음, 성가신 일 pore over (열심히) 읽다

[6-11]

Listen to part of a lecture in a biology class.

P: OK, well... why don't we get started? The last time we met, I went over the physical characteristics of baleen whales and noted the distinctions between this suborder and that of toothed whales. What I'd like to do now is sort of focus on some of the behavioral characteristics of baleen whales... starting with their annual migration patterns.

OK, so... as you know, baleen whales inhabit all the oceans... I don't mean that all species live everywhere... just that they adapt pretty easily. Uh... but what's interesting is that even though these different species have adapted to every ocean habitat on the planet, most species still have to undertake an extensive migration each year. And the purpose of this migration is... like many other animal species... for propagation. So... baleen whales travel to warm, tropical waters to mate or to give birth during the winter months. Then they journey to the subpolar regions to feed for the summer season. And the cycle repeats every year. But what is really amazing is that... the whales rely almost exclusively on fat reserves for energy while away from their, you know, feeding grounds in subpolar waters.

S: Well... I don't understand. Don't the whales expend a lot of energy this way, migrating to warmer waters?

P: You're right. The trip can be very taxing. You know, for those species that have a long migration route, such as the Northern Pacific gray whale... well, this species can travel up to about 10,000 kilometers each way... so... for these whales, the round-trip can result in the loss of almost a third of their body weight in blubber... and this means that a typical 30-ton gray whale can burn up to 8 tons of blubber in the six to eight months' time needed to complete the migration. Now, despite this fact, the whales are able to conserve energy while in the subtropics. OK... so... in warmer waters, the whales lose less body heat to the environment, so they burn up less energy. And even if this weren't the case, the whales don't have much of a choice in the whole matter, you see. For one, the feeding grounds are, well, they're inaccessible during the winter because the surface waters, they freeze over. And there isn't enough food in any case because the lack of sunlight during the winter months, well, it ultimately results in less krill and plankton.

But, the main reason... actually, it is the essential reason... baleen whales travel to warmer waters is to give birth. So... when whale calves are born, they have almost no blubber. As you know, the thick blubber of whales insulates them from cold water, right? But since whale calves lack this layer of protection at birth, those that are born in the subtropics have a much higher chance of survival. So, most of the energy in the mother's milk can be put into growing larger and developing blubber, rather than fighting off the cold.

So... Is everyone clear so far about why these whales migrate? OK... good... So... Another point of interest about the migration of baleen whales is that many of them follow the same migratory route each year. So... they travel to the same breeding area and return to the same feeding grounds. It's really curious. Maybe they have a map that is imprinted onto their brains, huh? Well, it's still unclear how the whales can navigate these long distances with such accuracy. But, there are several theories. And one theory hypothesizes that the whales use visual landmarks along the coast to guide them. Some species will often spy-hop, uh... that is, lift their heads out of the water and spin around. Some may also leap out of the water for a better view, which is called breaching.

OK, so let's go on to the next theory. This one proposes that baleen whales use bio-magnetism to find their way. OK, let me try to explain this. There's this compound found in the brain of whales which makes the brain cells sensitive to changes in the earth's magnetic field. Well, we know that other animals, such as... butterflies, birds, sea turtles, and dolphins also use magnetic fields for navigation. So... these magnetic fields change directions depending on latitude, you know, so a whale can determine its position on the Earth with these fields.

And the last theory... well... researchers believe that baleen whales also use sound to navigate. And there are two ways they do this. One is just by listening to their environment. Uh... for instance, the sound of waves crashing onto beaches gives information about coastlines, which, of course, is important for whales trying to navigate around small islands. The other way is by projecting low frequency vocalizations. See, the whales listen to the echoes from these low frequency sounds to obtain an image of features on the seafloor which can aid the whales with navigation.

Now get ready to answer the questions. You may use your notes to help you answer.

6. What is the talk mainly about?
7. What can be inferred about the behavior of whales traveling to warmer waters?
8. Why does the professor mention the Northern Pacific gray whale?

9. Why do baleen whales migrate to subtropical regions?
10. In the lecture, the professor describes several theories that explain how baleen whales migrate to the same places each year. Indicate whether each of the following is a theory.

Listen again to part of the lecture. Then answer the question.

P: Another point of interest about the migration of baleen whales is that many of them follow the same migratory route each year. So... they travel to the same breeding area and return to the same feeding grounds. It's really curious. Maybe they have a map that is imprinted onto their brains, huh?

11. What does the professor mean when she says this:
P: Maybe they have a map that is imprinted onto their brains, huh?

P: 네, 그럼... 시작해 볼까요? 지난 시간에 우리는, 수염고래의 신체적인 특성에 대해 논의했었어요. 그리고 수염고래와 이빨이 있는 고래 아목 사이의 차이점에 주목했었죠. 오늘은 수염고래의 행동 특성에 초점을 맞춰보겠어요... 매년 이들이 이동하는 패턴부터 살펴봅시다.
네, 그래서... 모두들 알고 있듯이, 수염고래는 모든 바다에 살고 있어요... 수염고래의 모든 종들이 어느 바다에서나 살고 있다는 의미가 아니라... 그들은 환경에 아주 잘 적응한다는 의미입니다. 음... 흥미로운 점은 이렇게 다양한 종들이 지구상의 모든 해양 서식지에 적응하였는데도, 대부분의 종들은 여전히 매년 대규모 이동을 한다는 것입니다. 그리고 이동의 목적은... 다른 많은 동물들처럼... 번식을 위한 것입니다. 그러니까... 수염고래는 겨울 동안에 짝짓기를 하거나 새끼를 낳기 위해 온난한 열대 바다로 이동합니다. 그리고 나서 그들은 여름 동안 먹이를 구하기 위해 극지에 가까운 지역으로 이동합니다. 이 주기는 매년 반복되죠. 그러나 놀라운 점은... 고래들은 먹이를 구할 수 있는 극 주변 지역에서 멀리 떨어져 있는 동안, 오직 자신들의 몸에 저장된 지방에만 의존하여 에너지를 얻는다는 것입니다.
S: 음... 전 이해가 되지 않아요. 고래들은 따뜻한 바다로 이동하는 동안 많은 에너지를 소비하는 것 아닌가요?
P: 맞아요. 이동은 매우 힘들죠. 북태평양 회색 고래처럼 이동 경로가 아주 긴 종들은... 음, 이 종은 편도로 10,000km 정도 되는 거리까지 이동할 수 있답니다... 그러니까... 이 고래들은 왕복 이동을 하며 체중의 삼분의 일에 해당하는 지방을 잃게 될 수도 있습니다... 이는 무게가 30톤 정도 되는 전형적인 회색 고래가 이동을 하는 데 소요되는 6개월에서 8개월 동안 고래 지방이 8톤가량 소모될 수 있다는 말이 되죠. 자, 이런 사실에도 불구하고, 고래들은 아열대 지방에 머무는 동안 에너지를 비축할 수 있답니다. 네... 그래서... 온난한 바다에서, 고래들은 주위 환경에 체온을 덜 빼앗기기 때문에 에너지를 덜 소비합니다. 그리고 이러한 이유가 아니더라도, 사실, 고래들에게는 다른 방도가 없어요. 한 예로, 고래의 먹이가 있는 지역이, 음, 지역의 해수면이 얼어버리기 때문에 겨울 동안에는 접근할 수가 없어요. 그리고 겨울에는 햇빛이 부족해서 플랑크톤과 크릴이 줄어들기 때문에, 음, 어쨌든 먹이가 모자란답니다.
하지만, 가장 중요한 이유는... 사실, 본질적인 이유죠... 수염고래들은 새끼를 낳기 위해 온난한 바다로 이동합니다. 그래서... 갓 태어난 새끼 고래에게는 고래 지방이 거의 없어요. 알다시피, 두꺼운 고래 지방은 차가운 물에서 그들을 단열시켜주죠, 그렇죠? 그러나 새끼 고래는 태어날 때 이 보호막이 없기 때문에 아열대에서 태어나는 새끼들이 훨씬 더 생존 확률이 높습니다. 그래서, 모유에서 얻은 에너지는 대부분 새끼 고래들이 추위를 견디는 데 쓰일 필요 없이, 몸집을 키우고 지방층을 형성하는 데 쓰입니다.
자... 모두들 지금까지 이 고래들이 왜 이동하는지 이해했나요? 네... 좋아요... 그래서... 수염고래의 이동에서 또 다른 흥미로운 점은 많은 수염고래들이 매년 동일한 경로로 이동한다는 것입니다. 따라서... 그들은 정해진 번식지로 이동했다가 먹이가 있는 정해진 지역으로 돌아옵니다. 아주 신기해요. 고래들의 두뇌 속에 지도라도 새겨져 있는 게 아닐까요, 네? 음, 고래들이 이런 먼 거리를 어떻게 그토록 정확하게 항해하는지는 아직 명백히 알려지지 않았습니다. 그렇지만 여러 학설들이 있어요. 그리고 한 학설은 고래들이 해안선의 시각적인 지표를 사용하여 길을 안내받는다고 가정합니다. 어떤 종들은 종종 spy-hop, 어... 즉, 물 밖으로 머리를 내밀고 회전하곤 합니다. 또한 어떤 종들은 주변을 더 잘 보기 위해 물 밖으로 튀어 오르기도 하는데, 이를 breaching이라고 합니다.
네, 다른 학설에 대해 알아봅시다. 이 학설은 수염고래들이 생체자기를 사용하여 길을 찾는다고 주장합니다. 네, 이것을 설명해볼게요. 고래의 두뇌에서 발견되는 화합물은 고래의 두뇌 세포들이 지구 자기장의 변화를 예민하게 감지할 수 있게 해주죠. 음, 우리는... 나비, 새, 바다거북, 돌고래와 같은 다른 동물들도 자기장을 사용하여 이동한다는 것을 알고 있죠. 그래서... 이 자기장은 위도에 따라 방향이 바뀌기 때문에, 음, 고래는 지구상에서 자신의 위치를 이 자기장을 이용해 알아낼 수 있습니다.
그리고 마지막 학설은... 음... 연구자들은 수염고래들이 이동을 하기 위해 소리도 사용한다고 생각합니다. 그리고 소리를 사용하는 방법에는 두 가지가 있어요. 하나는 그냥 주위 환경의 소리를 듣는 방법입니다. 어... 예를 들어, 파도가 해변에 부딪히는 소리는 해안선에 대한 정보를 제공하는데, 당연히 작은 섬 주위를 이동하려는 고래들에게 매우 중요하죠. 다른 방법은 저주파 소리를 내는 것입니다. 보면, 고래들은 이 저주파 소리의 반향을 듣고 해저 지형의 형세를 알게 되며 이는 고래의 항해를 도와줍니다.

baleen whale 수염고래 suborder[sʌ́bɔ̀ːrdər] 아목 (생물 분류학상의 한 단계) toothed[tuːθt] 이가 있는
migration[maigréiʃən] 이동 habitat[hǽbitæ̀t] 서식지 undertake[ʌ̀ndərtéik] 하다, 착수하다
extensive[iksténsiv] 대규모의 propagation[prɑ̀pəgéiʃən] 번식 tropical[trɑ́pikəl] 열대의
subpolar[sʌbpóulər] 극지에 가까운 exclusively[iksklúːsivli] 오로지 feeding ground (동물의) 먹이를 구하는 곳, 먹는 곳
expend[ikspénd] 소비하다 taxing[tǽksiŋ] 힘든 blubber[blʌ́bər] 고래 지방 conserve[kənsə́ːrv] 보존하다
subtropic[sʌbtrɑ́pik] 아열대의 inaccessible[ìnəksésəbl] 접근할 수 없는 plankton[plǽŋktən] 플랑크톤
calve[kæv] (소, 사슴, 고래 등의) 새끼 insulate[ínsjulèit] 단열하다 imprint[imprínt] (가슴, 기억 등에) 새기다
hypothesize[haipɑ́θisàiz] 가정하다 visual[víʒuəl] 시각적인 landmark[lǽndmɑ̀ːrk] 지표 spin[spin] 빙빙 돌다
bio-magnetism 생체자기 compound[kɑ́mpaund] 화합물 magnetic field 자기장 latitude[lǽtətjùːd] 위도
coastline[kóustlàin] 해안선 vocalization[vòukəlizéiʃən] 소리, 발성 seafloor[síːflɔːr] 해저

[12-17]

Listen to part of a lecture in an American history class.

P: All right, class, let's continue our discussion on changes in the mid 1800s in the US. OK, today we're going to look at the rising popularity of the railroad 150 years ago. In the US, like England, the first railroads used horse-drawn wagons... and their purpose was to haul minerals. Now, you probably recall that the earliest railroad was built in Massachusetts in 1826... then another one was built in Pennsylvania the next year. So, big cities down on the Atlantic Coast became the first sort of nerve centers of the railroad in the US. So, let me ask you this... does anyone know why the railroad was better than carriages?

S: Because trains can carry things.

P: Hmm... can you think of a different reason? Carriages could carry things too, though not as many as railroads, it's true. Imagine you're in a carriage when there is a thunderstorm...

S: Ah, we can use trains in all kinds of weather.

P: That's right. The railroad developed in part because it's not affected by the weather. Trains were fast... direct, and reliable, rain or shine, so to speak... so it's not surprising that the government later decided to build the first transcontinental railroad... you know from your reading that it was completed on May 10, 1869. This was really a very significant event in American history... after all, it did have a pretty big influence on American industrialization.
OK, then let's consider why the development of railroads was so... significant in America. I want to talk about the effects of that event, so... do you know what the multiplier effect is?

S: It means that one thing has a bigger effect than just the things it directly touches.

P: Exactly right. So... like, tourism creates jobs for travel agents, and encourages growth in the hotel, rental car, restaurant, souvenir, and the travel industries. So one tourist affects many sectors of the economy. And... to tie that all in with the railroad, we can see that there were many effects from its development that had pretty huge consequences.
All right, so one big effect of the railroad was that the market expanded through the whole nation... it could do this because trains... they transported goods all across the country. So basically these transcontinental trains helped create a new, so-called, agricultural empire... They brought farming machinery to the West, and carried crops and livestock to the coasts. It was, as you can guess, an enormous event for the country. A journey that might have taken six months by wagon could now be done in, say, a week or two. So you see how goods became readily available. OK, so by 1880, railroad companies were hauling, let's see, fifty million dollars of freight every year.
Hmm, and another effect of railroads... The western frontier was pioneered by rail. Imagine that nearly 200,000,000 acres of land was plowed by immigrants... those coming west on the railroad. And these people built factories and cities... this obviously caused western urbanization. Yeah... and before that,

there were cities only in the east of America, but, all of a sudden you have several cities appearing along the railroad lines... those over in the middle and west of America. So you can understand that when it was completed, the railroad, it completely transformed America... you know, this tidal wave of growth as immigrants moved west. Then, thousands of towns sprung up along railroad lines. I have a question here. What happened in the mid 1800s in the West that really contributed to the construction of railroads?

S: I think... It's the 1849 Gold Rush, right?

P: Yeah, exactly right. Trains could transport all the people... with their precious goods, who were moving to California to look for gold. Well, I'm sure you are beginning to understand the importance of the development of the railroad in America... it created a new spirit of unity. The transcontinental railroad became this, a strong band of iron that bound America together, making it really and truly "one nation, indivisible." Do you see what I mean? The railroad now allowed ideas, not just goods, to go from the East Coast and the West Coast.

Now get ready to answer the questions. You may use your notes to help you answer.

12. What is the main topic of the lecture?
13. Why does the professor mention tourism?
14. What does the professor say about the gold rush?
15. The professor mentioned several effects that the railroads' development had on the United States. Indicate whether each of the following is an effect.

Listen again to part of the lecture. Then answer the question.

P: So, let me ask you this... does anyone know why the railroad was better than carriages?

S: Because trains can carry things.

P: Hmm... can you think of a different reason? Carriages could carry things too, though not as many as railroads, it's true. Imagine you're in a carriage when there is a thunderstorm...

16. Why does the professor say this:
    P: Imagine you're in a carriage when there is a thunderstorm...

Listen again to part of the lecture. Then answer the question.

P: A journey that might have taken six months by wagon could now be done in, say, a week or two. So you see how goods became readily available. OK, so by 1880, railroad companies were hauling, let's see, fifty million dollars of freight every year.

17. What does the professor mean when he says this:
    P: OK, so by 1880, railroad companies were hauling, let's see, fifty million dollars of freight every year.

P: 좋아요, 여러분, 1800년대 중반 미국에서 일어난 변화에 대한 논의를 계속해 봅시다. 네, 오늘은 150년 전의 철도의 인기 상승에 대해 살펴보겠어요. 영국에서처럼 미국 최초의 철도는 말이 끄는 마차였고... 광물을 운반하는 것이 목적이었어요. 자, 아마 여러분들은 최초의 철도가 1826년 메사추세츠에 건설되었고... 다음 해에 펜실베니아에 하나 더 건설되었다는 것을 기억하고 있을 거예요. 그래서, 대서양의 큰 도시들이 미국 철도의 최초의 중심부가 되었습니다. 자, 질문이 있어요... 철도가 마차보다 나은 이유를 아는 학생 있나요?

S: 기차는 물건을 운반할 수 있기 때문입니다.

P: 음... 다른 이유를 생각해 볼래요? 사실, 기차만큼 많이는 아니지만 마차도 물건을 운반할 수 있잖아요. 뇌우가 내릴 때 마차를 탄다고 상상해 보세요...

S: 아, 기차는 어떤 날씨에도 이용할 수 있어요.

P: 맞아요. 날씨에 영향을 받지 않는 것도 철도가 발달하게 된 이유의 일부분이죠. 기차는 빠르고... 직선으로 연결되어 있으며, 이를테면 비가 오는 날이나 맑은 날에도 믿고 탈 수 있죠... 따라서 나중에 정부가 최초의 대륙횡단 철도를 건설하기로 결정한 것도 놀라운 일은 아닙니다... 여러분들이 책을 읽으면서 알게 되었듯이 철도 건설은 1869년 5월 10일에 완료되었어요. 이것은 미국 역사상 정말 중대한 사건이었어요... 뭐니뭐니 해도, 미국 산업화에 아주 큰 영향을 주었죠.

네, 철도의 발달이 미국에서 왜 그토록... 중요한지 생각해 봅시다. 이 사건의 영향에 대해서 얘기할게요, 음... 여러분들은 상승효과가 무엇인지 아나요?

S: 상승효과는 한 사건이 직접적으로 작용한 것 이상의 영향을 미치는 것을 의미합니다.

P: 정확해요. 음... 예를 들어, 관광은 여행사와 같은 일자리를 창출하며 호텔, 렌트카, 식당, 기념품 등의 관광 산업의 성장을 촉진합니다. 따라서 한 명의 관광객이 경제의 많은 부분에 영향을 주는 것이죠. 그리고... 철도와 연관지어 보면, 철도의 발달에 의한 결과가 상당히 큰 파급 효과를 불러 왔다는 것을 알 수 있습니다.

좋아요, 철도가 미친 한 가지 큰 영향은 시장이 전국으로 확대된 것입니다... 기차가 전국으로 물품을 운송할 수 있었기 때문에 이것이 가능했어요... 기본적으로 대륙횡단 철도는 미국이, 소위, 신흥 농업 대국이 될 수 있게 해주었습니다... 철도는 농업 기계를 서쪽으로, 작물과 가축을 해안 지역으로 운반했어요. 여러분도 추측할 수 있듯이, 이는 국가에 아주 큰 사건이었어요. 마차로 6개월이 걸리던 여행이, 말하자면, 한두 주 내로 가능해졌어요. 물품들을 얼마나 쉽게 구할 수 있게 되었는지 알겠죠. 네, 1880년에 이르자, 철도 회사는, 보자, 매년 5천만 달러 정도의 화물을 운반하게 되었답니다.

음, 철도의 또 다른 영향은... 철도로 인해 서부 국경 지방이 개척되었어요. 거의 2억 에이커 정도의 땅이 이민자들에 의해 경작되었다는 것을 상상해 보세요... 그들은 철로를 따라 서부로 왔어요. 그리고 이 사람들은 공장과 도시를 지었고... 이러한 현상이 서부에 도시화를 일으켰습니다. 네... 그 이전에는, 미국 동부에만 도시가 있었지만, 철도를 따라 미국 중부와 동부에도... 갑자기 여러 도시들이 생겨났어요. 그래서 철도가 완성되었을 때, 철도는 미국을 완전히 바꾸었다는 것을 모두들 이해할 수 있을 거예요... 그러니까, 이민자들이 서부로 이동하면서 이러한 성장의 대 변동이 있었던 것이죠. 그리고, 수 천 개의 도시가 선로를 따라 생겨나기 시작했습니다. 여기서 질문이 있습니다. 1800년대 중반 서부에서는 어떤 일이 일어나서 철도건설의 계기가 되었을까요?

S: 제 생각엔... 1849년의 골드러시입니다, 그렇죠?

P: 네, 정확해요. 기차는 금을 찾아 캘리포니아로 온 모든 사람들과... 그들의 귀중한 물건을 실어 나를 수 있었죠. 그럼, 여러분들은 확실히 미국의 철도 발달의 중요성에 대해 이해하기 시작했군요... 철도는 통일성의 새로운 정신을 창조했어요. 대륙횡단 철도는 미국을 하나로 묶는 단단한 쇠고리가 되었어요, 진정으로 "나눌 수 없는 하나의 국가"로 만들었죠. 무슨 뜻인지 알겠어요? 철도를 통해, 물품만이 아니라, 사상까지도 대서양 연안에서 태평양 연안으로 이동할 수 있었던 것이죠.

horse-drawn 말이 끄는 wagon[wǽgən] 마차 haul[hɔːl] 운반하다 nerve center 중심부, 중추부
thunderstorm[θʌ́ndərstɔ̀ːrm] 뇌우 reliable[riláiəbl] 믿을 수 있는 transcontinental[træ̀nskɑntənéntəl] 대륙횡단의
significant[signífikənt] 중대한 industrialization[indʌ̀striəlizéiʃən] 산업화 multiplier effect 상승효과
souvenir[sù:vəníər] 기념품 consequence[kɑ́nsəkwèns] 파급 효과, 영향 so-called 소위
agricultural[æ̀grəkʌ́ltʃərəl] 농업의 freight[freit] 화물 frontier[frʌntíər] 국경 (지방) pioneer[pàiəníər] 개척하다
plow[plau] 경작하다 immigrant[ímәgrənt] 이민자 urbanization[ə̀ːrbənizéiʃən] 도시화 tidal wave 대 변동
spring up 생겨나다 contribute[kəntríbjuːt] ~의 계기가 되다 Gold Rush 골드러시 indivisible[ìndəvízəbl] 나눌 수 없는

[18-22]

Listen to part of a conversation between an administration staff person and a student.

M: Hi there, what can I do for you?

W: Um, hi... I've got a problem with my mailbox. I forgot my mailbox combination so I haven't been able to grab my mail... and I keep forgetting to stop by here to ask for help... Anyway, something was delivered today that I need to pick up right now... um, is there any way you can open it for me? I have my... uh... my student ID, right here somewhere... Here it is.

M: I see... now, here's the thing... I'm sorry to tell you this, but I can't give you access to your mailbox, even with your student ID...

W: Oh, really? Why is that?

M: We've had a lot of problems with identity theft lately... unauthorized people coming into the dorms, stuff like that... so the school has tightened up the rules. I know that it's a little inconvenient, but I have to follow them. It's nothing personal.

W: So what should I do?

M: Well, if you really need to change your combination, you need to fill out a form that states you are actually a student here... you can get it at the registrar's office... they'll take care of it there.

W: Actually, I tried on my way over here... but it's Saturday so the office is closed. That means I have to wait until Monday to get my documents? Please... I wouldn't normally bring something like this up, but... it's actually my birthday today. Here, it says on my ID... and my parents said they sent me two concert tickets as a present!

M: I'm really sorry, but I don't make the rules... I got to follow them. Uh... what more can I say? You'll have to wait until Monday, I guess. I'm sorry.

W: But the concert is tonight, so I really need to get those tickets now! The thing is, I just transferred here from another university, and I've been going crazy getting used to things... and I guess I had so much stuff to think about that I forgot to write down my combination. Isn't there any way you could consider my situation?

M: OK, tell you what. I'm really not supposed to do this, but I guess this case is very exceptional because you definitely need to open the box today. So here's what I'm going to do. I can't tell you your combination, or give you a new one. But I will let you into your box so that you can get your tickets. Would that be OK for now?

W: Yes, that'd be so great! I really appreciate it... and I promise I'll take care of this first thing on Monday.

Now get ready to answer the questions. You may use your notes to help you answer.

18. Why does the student visit the dorm security booth?
19. According to the security officer, what must the student do to resolve her problem?
20. Why did the officer change his mind about the student's mailbox?
21. What does the officer say he'll do for the student?

Listen again to part of the conversation. Then answer the question.

M: I'm really sorry, but I don't make the rules... I gotta follow them. Uh... what more can I say? You'll have to wait until Monday, I guess. I'm sorry.

22. What does the man mean when he says this:
    M: Uh... what more can I say?

M: 안녕하세요, 무엇을 도와 드릴까요?

W: 음, 안녕하세요... 제 우편함에 문제가 생겨서요. 우편함 비밀번호를 잊어버려서 제 우편물을 가져가지 못했어요... 그리고 여기 들러서 도움을 청한다는 것도 자꾸 잊어 버렸구요... 아무튼, 오늘 제게 배달된 것이 있는데 그것을 당장 가져가야 해요... 음, 우편함을 열어 주실 수 있나요? 제... 음... 학생증을 여기 어딘가에 두었는데... 여기 있어요.

M: 그렇군요... 자, 문제는... 유감스럽게도, 학생증이 있어도, 학생의 우편함을 열어 줄 수가 없어요...

W: 오, 정말이요? 왜 그렇죠?

M: 최근에 우리는 신분 위장 절도 때문에 문제가 많았어요... 출입 권한이 없는 사람들이 기숙사에 들어 온다거나, 그런 것 말이에요... 그래

서 학교 측에서 규율을 보강했죠. 다소 불편한 것은 알지만, 전 그 규칙에 따라야 해요. 저 개인적으로 해결할 수 있는 문제가 아니에요.

W: 그러면 저는 어떻게 해야 하죠?

M: 음, 학생이 꼭 비밀번호를 변경해야 한다면, 이곳의 학생이라는 것을 증명하는 서류를 작성해야 해요... 그 서류는 학적 담당 사무실에서 받을 수 있어요... 서류는 그 부서에서 처리해 줄 거예요.

W: 사실, 여기 오는 길에 학적 담당 사무실에 들렀는데... 오늘은 토요일이라서 사무실이 문을 닫았어요. 그렇다면 서류를 받으려면 월요일까지 기다려야 한다는 거죠? 부탁 드려요... 보통 제가 이런 얘기를 꺼내진 않지만... 사실 오늘은 제 생일이에요. 여기 보세요, 제 학생증에도 그렇게 나와 있어요... 그리고 제 부모님이 생일 선물로 콘서트 티켓 2장을 보냈다고 하셨거든요!

M: 정말 미안하지만, 제가 규정을 만들진 않아요... 전 그 규정에 따라야만 하죠. 음... 더 이상 뭐라고 할 말이 없는 걸요? 학생은 월요일까지 기다려야 할 것 같아요. 미안해요.

W: 그렇지만 콘서트가 오늘이라서, 당장 그 티켓을 받아야 해요! 실은, 다른 대학에서 이곳으로 편입한지 얼마 되지 않았고, 이곳에 익숙해지느라 힘들었어요... 그리고 기억할 것들이 많아서 비밀번호를 기록해 두는 것을 깜빡 잊은 것 같아요. 제 상황을 고려해 주실 수 없나요?

M: 좋아요, 이렇게 해보죠. 이러면 안되지만, 학생은 반드시 오늘 우편함을 열어야 하기 때문에 이번 경우는 예외로 해야겠군요. 그럼 이렇게 합시다. 제가 학생에게 비밀번호를 알려주거나, 새로운 비밀번호를 주지는 못해요. 그렇지만 학생의 우편함을 열어서 티켓을 가져가도록 해줄게요. 우선 그렇게 해도 되겠나요?

W: 네, 그렇게 해 주신다면 너무 좋겠어요! 정말 감사합니다... 그리고 월요일에 우선적으로 이 문제를 해결하도록 할게요.

mailbox[méilbɑ̀ks] 우편함 combination[kɑ̀mbənéiʃən] (컴퓨터, 열쇠의) 비밀번호 deliver[dilívər] 배달하다
access[ǽkses] 접근 방법, 이용할 권리 identity theft 신분 위장 절도 unauthorized[ʌ̀nɔ́:θəràizd] 권한이 없는
tighten up (규칙을) 보강하다 inconvenient[ìnkənví:njənt] 불편한 registrar's office 학적과 take care of ~을 처리하다
transfer[trænsfə́:r] 편입하다 get used to ~에 익숙해지다 exceptional[iksépʃənəl] 예외적인, 특별한

[23-28]

Listen to part of a talk in an architecture class.

So, many historians consider Thomas Jefferson to be the most intelligent man to have ever lived in the White House. Well, most people know that Jefferson was an early president of the US... for eight years. What many don't know, however, is that he founded the Democratic-Republican party, which was the precursor to today's Democratic Party; that he was interested in horticulture; and that he contributed to American architecture... in quite a big way, actually. Uh, Jefferson was never schooled in architecture–he taught himself the subject. If you had a chance to look through his library, you would have seen tons of books on architecture. He was self-taught, so he devoured any architecture books he could find. Andrea Palladio's *I Quattro Libri dell'Architettura*, a four-book treatise on architecture, was his most cherished volume.

Jefferson's favorite architect, Palladio, is credited with the creation of the Palladian style of architecture. Why was Jefferson partial to the Palladian style? Well, Palladian architecture was classically Roman, so... for Jefferson, the style possessed a strong political significance. You know, people see these buildings, and they think of the Roman Empire, of an advanced society. And because Rome was one of the first places where the concept of democracy made its appearances, Jefferson found it easy to identify with the style. He believed that the architectural atmosphere decided the social atmosphere, so he thought America's public buildings should express the ideal of democracy. For Jefferson, well, the choice to adopt Palladian features in his own designs was personal, too–he liked the strong, symmetric appearance of the Palladian style. If you look at one of Palladio's buildings from any angle, there is a... a balance in the façades. The buildings always maintained simple and symmetric geometrical relationships and boasted a series of rectangles, triangles, and circles making up the individual structural elements.

Well, let's look at two of Jefferson's most famous buildings. First, we'll examine Monticello, Jefferson's house outside Charlottesville... It was built at the top of an 850-foot mountain and is now a National Historic Landmark and a UNESCO World Heritage Site. It took about two years to level the top of the mountain before construction could begin. The house was designed in the tradition of Palladio's Villa Rotonda, which took its inspiration from the Pantheon... a famous temple in Rome. The Monticello had a major axis and a minor axis, which corresponds to the Palladian cruciform shape. Such a cross shape was a common feature of the Palladian style. The major axis stretched itself horizontally like two wings sweeping across the expanse of Jefferson's property... It was originally built in 1770, but after Jefferson retired from public life, he remodeled and expanded the house. He kept adding Palladian details... well, reinterpreted neoclassical ones that he had observed during his travels in Europe... France in particular. It didn't have the dome at the core of the house to begin with—that was added last, under the influence of French architecture.

Now the other building... the State Capitol in Richmond, Virginia... uh, Jefferson was the chairperson of the committee that had been given the responsibility to arrange for the new Capitol's construction, and it was a fantastic opportunity for Jefferson to put his knowledge to good use. The old Capitol building in Williamsburg reminded Jefferson of the British era... of colonialism. British troops took over the building during the Revolutionary War, and Jefferson and others thought it would be better to erase those memories and start fresh. He proposed a building similar in style to the Maison Carrée, a Corinthian Roman temple, in Nîmes in southern France. Nîmes was once a territory of the Roman Empire. Well, let me show you a slide of that famous building. Do you see it's about twice as long as it is wide and has a deep portico and columns all around? By basing the design of the Capitol on a Roman temple, Jefferson became the first to reintegrate the rectangular temple-like form into civic building design since Classical Antiquity—in the West, that is. It was completed in 1788, and, true, it was a copy of the Maison Carrée, but not a faithful one. It didn't have an external dome, and columns weren't embedded into the walls... but the influence was clear nonetheless. Jefferson's insistence on using distinctly Roman forms in his design of the Capitol building is an obvious nod to the political influence of the Roman Empire and its distinction as an early republic state with many democratic features.

Now get ready to answer the questions. You may use your notes to help you answer.

23. What is the lecture mainly about?
24. Why does the professor talk about Jefferson's library?
25. According to the lecture, what are two characteristics of Thomas Jefferson's interest in architecture?
26. Why did Thomas Jefferson like classical Roman style?
27. In the lecture, the professor describes the features of two buildings Jefferson designed. Is each feature associated with Monticello, the Virginia Capitol, or both?
28. Why did Thomas Jefferson dislike the previous Virginia Capitol building?

자, 많은 역사가들은 토마스 제퍼슨을 백악관에 거주했던 사람들 중 가장 지적인 사람이었다고 여깁니다. 음, 대부분의 사람들이 제퍼슨이 초기 미국의 대통령이었다는 걸 알고 있죠... 8년 동안이요. 하지만 많은 사람들이 모르는 사실은 그가 현 민주당의 전신인 민주공화당을 창립했다는 것, 원예에 관심이 있었다는 것, 그리고 미국의 건축술에... 사실 꽤 큰 공헌을 했다는 것이죠. 어, 제퍼슨이 학교에서 건축술을 배운 것은 아닙니다, 독학을 했죠. 그의 서재를 볼 기회가 있었다면, 건축학에 대한 엄청난 양의 책을 볼 수 있었을 겁니다. 그는 독학을 해서, 발견할 수 있었던 건축학 서적이라면 어느 것이든 탐독을 했죠. 안드레아 팔라디오의 건축학에 관한 네 권짜리 보고서인 I Quattro Libri dell' Architettura가 제퍼슨이 가장 아끼던 책이었죠.

제퍼슨이 가장 좋아한 건축가 팔라디오는 팔라디안 건축양식의 창시자로 여겨집니다. 왜 제퍼슨은 팔라디안 양식을 좋아했을까요? 음, 팔라디안 건축물은 고대 로마 건축술이었습니다, 그래서... 제퍼슨에게 이 건축양식은 강한 정치적 중요성을 띠고 있었죠. 그러니까, 사람들은 이

양식의 건물들을 보고, 로마제국, 진보된 사회를 떠올리게 되는 겁니다. 그리고 로마는 민주주의 이념이 가장 먼저 싹튼 장소이기 때문에, 제퍼슨도 이 건축양식이 민주주의와 쉽게 동일시될 수 있음을 알았죠. 그는 건축 형식이 사회 분위기를 결정하고, 그래서 미국의 공공건물은 민주주의의 이상을 표현해야 한다고 생각했습니다. 제퍼슨에게는, 음, 팔라디안 양식의 특징을 채택한 것에 개인적인 이유도 있었습니다, 그는 강하고 균형이 잡힌 팔라디안 양식을 좋아했기 때문이죠. 여러분이 팔라디오의 건물을 어느 각도에서든 보면, 어... 외관은 균형이 잡혀 있습니다. 그 건물들은 항상 단순하고 대칭적인 기하학적 관계를 유지하면서, 일련의 번듯한 직사각형, 삼각형, 그리고 원형의 각 구조적 요소를 가지고 있죠.
자, 제퍼슨의 가장 유명한 건물 두 채를 보겠습니다. 먼저, 우리는 Charlottesville 외곽에 위치한 제퍼슨의 자택, 몬티첼로를 살펴볼게요... 이 건물은 850피트 높이의 산 꼭대기에 지어졌으며, 지금은 미국국가유산이자 유네스코 세계문화유산이에요. 건축이 시작되기 전에, 산 위의 건축예정지를 평평하게 하는 데만 2년이 걸렸습니다. 집은 로마의 유명한 신전인... 판테온에서 영감을 받은 팔라디오의 Villa Rotonda의 전통양식을 따라 지어졌죠. 몬티첼로는 장축과 단축을 가지고 있었고, 이는 팔라디안 양식이 가지고 있는 십자형 구조에 해당하죠. 이런 십자형 구조는 팔라디안 양식에 매우 흔한 특징입니다. 장축은 두 날개가 제퍼슨의 소유지를 가로지르듯이 뻗어 있습니다... 이 집은 원래 1770년에 지어졌지만, 제퍼슨이 공직에서 물러난 후, 그가 이곳을 개축하고 확장했죠. 그는 계속해서 팔라디안 양식의 특징을 추가했습니다... 음, 유럽을 여행하는 동안 관찰했던 재해석된 신고전주의적인 것들로요... 특히 프랑스에서 관찰한 것들로요. 처음에는 이 집의 중심부에 돔이 없었습니다, 프랑스 건축의 영향을 받아 나중에 추가된 것이죠.
이제 다른 건축물... Virginia주 Richmond에 있는 주의회의사당은... 어, 제퍼슨은 새 의사당 건축을 관장하는 책임을 부여 받은 위원회의 회장이었습니다, 그리고 이는 제퍼슨이 자신의 지식을 활용할 수 있는 굉장히 좋은 기회였죠. Williamsburg에 있던 이전의 의사당 건물은 제퍼슨에게 영국의... 식민지 시대를 떠올리게 했습니다. 영국군이 독립전쟁 당시 이 건물을 점거했었고, 제퍼슨과 다른 이들은 이 기억들을 지워버리고 새로 시작하는 게 더 좋겠다고 생각했습니다. 그는 프랑스 남부 Nîmes에 있는 로마 코린트의 신전인 Maison Carrée와 비슷한 스타일의 건물을 제안했습니다. Nîmes는 한 때 로마제국의 영토였죠. 자, 이 유명한 건물의 슬라이드를 보여드리죠. 넓이보다 길이가 두 배정도 되고 사방이 거대한 포르티코와 기둥으로 둘러싸여 있는 걸 볼 수 있죠? 의사당 건물을 로마 신전에 기초해 지음으로써, 제퍼슨은 고전고대시대 이후 직사각형의 신전 형식을 공관의 디자인에 재통합시킨 첫 번째 인물이 되었죠, 구미지역에서는요. 이 건물은 1788년에 완성되었고, 사실, Maison Carrée를 모방한 것이 맞습니다, 하지만 완전한 모방은 아니었죠. 이곳에는 외부 돔이 없었고, 기둥이 벽 속에 묻혀 있지도 않았어요... 하지만 그럼에도 이 건물이 받은 영향은 분명합니다. 의사당 건물의 디자인에 있어 뚜렷이 로마 형식을 사용하고자 하는 제퍼슨의 집요함은 로마 제국의 정치적 영향력과 많은 민주적인 특성을 지녔던 초기 공화국으로서의 특별함을 인정하는 것이었죠.

historian [histɔ́:riən] 역사가 intelligent [intélidʒənt] 지적인 Democratic-Republican party 민주공화당
precursor [prikə́:rsər] 전신 horticulture [hɔ́:rtəkʌ̀ltʃər] 원예 contribute [kəntríbju:t] 공헌하다 devour [diváuər] 탐독하다
treatise [trí:tis] 보고서, 논문 cherish [tʃériʃ] 아끼다, 소중히 하다 credit [krédit] (공적 등을) ~로 여기다, ~에게 돌리다
partial [pá:rʃəl] 몹시 좋아하는 significance [signífikəns] 중요성 ideal [aidí(:)əl] 이상 adopt [ədápt] 채택하다
symmetric [simétrik] 균형 잡힌 façade [fəsá:d] 건물의 외관 geometrical [dʒì:əmétrikəl] 기하학적인
boast [boust] (자랑거리를) 가지다, 자랑하다 rectangle [réktæ̀ŋgl] 직사각형 element [éləmənt] 요소
examine [igzǽmin] 살펴보다, 분석하다 UNESCO 유네스코 World Heritage 세계문화유산 inspiration [ìnspəréiʃən] 영감
temple [témpl] 신전 major axis 장축 minor axis 단축 cruciform [krú:səfɔ̀:rm] 십자형의 stretch [stretʃ] 뻗다
expanse [ikspǽns] 광활한 공간 reinterpret [rì:intə́:rprit] 재해석하다 neoclassical [nì:ouklǽsikəl] 신고전주의의
chairperson [tʃέərpə̀:rsən] 회장, 의장 arrange [əréindʒ] 관장하다, 조정하다 colonialism [kəlóuniəlìzəm] 식민지주의
Revolutionary War (미국의) 독립전쟁 erase [iréis] 지우다 propose [prəpóuz] 제안하다 territory [téritɔ̀:ri] 영토
portico [pɔ́:rtəkòu] 포르티코, 주랑 현관 column [káləm] 기둥 reintegrate [rì:íntəgreit] 재통합시키다
faithful [féiθfəl] 완전한, 충실한 embed [imbéd] 묻다, 끼워 넣다 nod [nad] 인정, 끄덕임 distinction [distíŋkʃən] 특별함

[29-34]
Listen to a talk on chemistry.

P: Good afternoon. I'd like to briefly review what we learned yesterday before going into today's topic. Say we have a typical solid... any solid... and we want to change it into a liquid. In scientific terms, how do we get it to reach its melting point? Please tell me you know this! We have to add energy... either by increasing temperature or increasing pressure. Adding pressure to ice causes it to melt more easily at the same temperature... meaning its melting point is lowered.
That gives us some background for a question I have. Does anyone know how ice skating works? What I'm saying is, why do you glide and not just get stuck? Yes?

S: Well, it has to do with pressure. I remember seeing this on a children's television show when I was younger. The skater's weight pushes down on the blades of the ice skates, which are really thin... so the pressure per square unit is pretty high. The more pressure that is exerted upon it, the lower the melting point of the ice becomes... so the ice on the surface starts to melt. Even though its temperature is below zero, a layer of water is still generated. So, technically, the skaters skate on water and not ice.

P: Almost, but not quite. The explanation you gave was the conventional wisdom for a hundred years. It's called the "pressure melting theory"... but it's easy to debunk. Let me put it in terms of something we've all experienced. When you're walking, how come you can slip and fall on the ice when you're walking with your shoes or boots on? The pressure is much less than that exerted by skates! Your whole foot is in contact with the ground and not just a thin sliver of metal. And, another question. How come you can skate on ice that's twenty degrees below zero? It's not like the pressure is enough to cause the melting point to lower that much! The ice's melting point would drop by at most point-one degrees. It doesn't matter how cold it is—ice is always slippery.

The reason for this is a matter of chemistry. If you take a chunk of ice and look at its molecular structure, it's hexagonal. Wait. I'm getting ahead of myself. First of all, what are ice and water in a basic sense? What atoms make up water? Two hydrogen atoms and one oxygen atom, right? The oxygen and hydrogen atoms in a water molecule are bonded with regular covalent bonds... but the molecules themselves, they're bonded to one another too... using hydrogen bonds. These hydrogen bonds are quite a bit weaker than covalent ones, but it's enough to make a fairly rigid structure. To give you a better idea of what I'm talking about, take a look at these diagrams. Each ice molecule is hydrogen bonded to four others—two bonds originate from the oxygen atoms and one each comes from the hydrogen atoms—making a strong, stable hexagonal lattice. There are large spaces in the middle of each hexagon. This sort of bonding structure, with the extra space, means that ice actually ends up being less dense than water... which is pretty much the opposite of the relationship between the solid and liquid forms of most other compounds. Regular water molecules hydrogen bond as well, but less permanently and in smaller numbers. Whereas ice molecules each make four hydrogen bonds, water molecules, on average, make about 3.3 at any given time. This is because... well, since a liquid has more energy, the molecules are more active... which makes the bonds between molecules weaker. This is why water flows like it does...

By the way, what happens on the surface of the ice? There's no more lattice structure... just molecules and air. The atoms can't form all their hydrogen bonds, which means they are unable to stay in place... so they act funny. They vibrate and rotate because they have all this energy they want to use to form bonds, but they can't. The energy has to go somewhere, though. Think about a child locked up inside on a rainy day. Lots of energy, but nowhere to expend it. The surface molecules end up acting quite similarly to a liquid while still chemically being ice. So, to rephrase what was said earlier, the skaters actually skate on ice and not water.

Now get ready to answer the questions. You may use your notes to help you answer.

29. What is the lecture mainly about?

Listen again to part of the lecture. Then answer the question.

P: Say we have a typical solid... any solid... and we want to change it into a liquid. In scientific terms, how do we get it to reach its melting point? Please tell me you know this! We have to add energy...

30. Why does the professor say this:
    P: Please tell me you know this!

31. According to the student, what enables skates to glide on ice?

Listen again to part of the lecture. Then answer the question.

P: The reason for this is a matter of chemistry. If you take a chunk of ice and look at its molecular structure, it's hexagonal. Wait. I'm getting ahead of myself.

32. What does the professor mean when he says this:
    P: Wait.

33. According to the professor, what are two differences between the bonds of water and ice molecules?
34. Why does the professor mention a child on a rainy day?

P: 안녕하세요. 오늘의 주제로 넘어가기 전에 어제 배운 것을 간단히 재검토하고 싶네요. 우리에게 전형적인 고체가 있다고 해요... 아무 고체나요... 그리고 그것을 액체로 바꾸고 싶어요. 과학적으로 볼 때, 녹는점이 되게 하려면 어떻게 하죠? 이건 제발 안다고 해줘요! 온도를 높이거나 압력을 높여서죠... 에너지를 더해야 해요. 얼음에 압력을 가하는 것은 같은 온도에서 더 쉽게 녹도록 해요... 녹는점이 낮아진다는 뜻이죠.
이게 제가 할 질문에 대한 바탕이 좀 되는데요. 아이스스케이팅은 어떻게 할 수 있는 건지 아는 사람 있나요? 제가 말하고 싶은 것은, 왜 그냥 붙어있지 않고 미끄러지죠? 네?

S: 음, 압력과 관련이 있어요. 제가 어렸을 때 어린이 TV 프로그램에서 이걸 본 기억이 나요. 스케이트를 타는 사람의 무게가 굉장히 얇은 아이스스케이트의 날을 누르죠... 그래서 한 단위 제곱의 넓이에 가해지는 압력은 꽤 높아요. 더 많은 압력이 가해질수록 얼음의 녹는 점은 더 낮아져요... 그래서 표면에 있는 얼음이 녹기 시작하는 거예요. 온도가 영하여도, 한 층의 물이 생기는 거예요. 그러니까, 사실상, 스케이트를 타는 사람들은 얼음 위에서 타는 게 아니라 물 위에서 타는 거죠.

P: 거의 맞았지만, 좀 부족하네요. 그 설명은 백 년 동안 지속돼 온 통념이었어요. "압력용융설"이라고 불려요... 하지만 그것의 오류를 밝히기는 쉬워요. 우리 모두가 경험한 것으로 설명해 볼게요. 걸어갈 때, 신발이나 부츠를 신고 있는데 왜 얼음 위를 미끄러져 넘어지죠? 스케이트가 가하는 압력보다 훨씬 적은데 말이에요! 그냥 얇은 금속 조각이 아닌 발 전체가 땅과 접촉해 있잖아요. 그리고, 또 질문이 있어요. 어떻게 영하 20도가 되는 얼음에서도 스케이트를 탈 수 있죠? 압력이 녹는 점을 그렇게까지 내리기에는 충분하지 않을 텐데요! 얼음의 녹는점은 많아야 0.1도 내려가요. 얼마나 추운지는 상관이 없어요, 얼음은 언제나 미끄러워요.
이유는 화학적인 문제에 있어요. 얼음 덩어리를 가져다 분자 구조를 보면, 육각형이에요. 잠깐만요. 제가 너무 앞서가고 있는 것 같네요. 일단, 얼음과 물이 기본적인 상식으로 뭔가요? 어떤 원자들이 물을 구성하죠? 두 개의 수소 원자와 하나의 산소 원자, 맞죠? 물 분자 안의 산소와 수소 원자들은 보통 공유결합으로 결합되어 있어요... 하지만 분자들도, 그것들도 서로 결합되어 있어요... 수소결합을 이용해서요. 이 수소결합들은 공유결합보다는 좀 약하지만, 꽤 단단한 구조물을 만드는 데는 충분하답니다. 제가 하는 얘기를 더 잘 이해할 수 있도록, 이 그림들을 보세요. 각 얼음 분자는 다른 네 개의 분자들과 수소결합 되어 있어요, 두 결합은 산소 원자에서 나오고 하나는 수소 원자에서 각각 나오죠, 그래서 강하고 견실한 육각형의 격자를 만들어요. 각 육각형의 중간에는 넓은 공간이 있어요. 부가적인 공간을 가진 이런 식의 결합 구조는, 사실 얼음이 물보다 밀도가 낮다는 것을 뜻해요... 대부분의 다른 화합물들의 고체와 액체 형태 간의 관계의 거의 반대라고 할 수 있죠. 보통 물 분자도 수소결합 되지만, 덜 영구적이고 더 적은 숫자로 결합 돼요. 얼음 분자들은 각각 4개의 수소 결합을 만드는 반면 물 분자들은, 평균, 주어진 시간에, 3.3개 정도를 만들어요. 왜 이런가 하면... 음, 액체가 더 에너지가 많기 때문에, 원자들이 더 활발해요... 그래서 원자들간의 결합이 약해지죠. 그래서 물이 그런 식으로 흐르는 거예요...
그런데, 얼음의 표면에서는 어떤 일이 일어날까요? 더 이상의 격자 구조가 없어요... 그냥 분자들과 공기뿐이죠. 원자들은 수소 결합을 모두 형성할 수가 없어요, 가만히 있을 수 없다는 뜻이죠... 그래서 이상하게 행동해요. 그들은 결합을 형성하는 데 사용하고 싶은 에너지가 많은데, 그러지 못하기 때문에 진동하고 회전하죠. 하지만, 그 에너지는 어디론가 가야 해요. 비 오는 날에 집안에 갇힌 아이를 생각해 봐요. 에너지는 많고, 그걸 소비할 곳은 없죠. 표면의 분자들은 아직 화학적으로 얼음이면서도 액체와 꽤 비슷하게 행동하게 돼요. 그러면서도 화학적으로는 얼음이죠. 그래서, 전에 언급한 것을 고쳐 말한다면, 스케이트를 타는 사람들은 사실 물이 아니라 얼음 위에서 스케이트를 타요.

solid [sálid] 고체　liquid [líkwid] 액체　melting point 녹는점　temperature [témpərətʃər] 온도
pressure [préʃər] 압력　background [bǽkgràund] 바탕, 배경　square unit 한 단위 제곱　exert [igzə́:rt] 가하다
generate [dʒénərèit] 생기다　conventional wisdom (헛된) 통념　theory [θí(:)əri] 이론　debunk [di:bʌ́ŋk] 오류를 밝히다
at most 많아야　slippery [slípəri] 미끄러운　molecular structure 분자의 구조　hexagonal [heksǽgənəl] 육각형의
molecule [máləkjù:l] 분자　bonded [bándid] 결합된　covalent bond 공유결합　hydrogen bond 수소결합
rigid [rídʒid] 단단한　diagram [dáiəgrǽm] 그림, 도표　lattice [lǽtis] 격자　dense [dens] 밀도가 높은, 빽빽한
compound [kámpaund] 화합물　permanently [pə́:rmənəntli] 영구적으로　surface [sə́:rfis] 표면　vibrate [váibreit] 진동하다
lock [lák] 가두다　rephrase [ri:fréiz] 고쳐 말하다

p.352

1. B 2. A 3. D 4. C 5. C 6. B

7.

1	Humans occupy land for farming and building ranches.
2	Human activity results in a decline in the numbers of elk, bison and deer.
3	Wolves encroach on farms and ranches.
4	The Government establishes a program to decimate the wolf population.

8. A, D 9. C 10. C 11. A 12. C 13. B 14. D 15. B, C 16. D 17. C 18. C 19. B 20. B 21. C 22. D 23. B 24. B, C 25. D 26. B 27. D 28. C 29. C 30. B, C 31. B 32. D 33. D 34. A 35. A 36. D 37. B 38. D 39. D 40. C 41. B 42. A, D 43. C

44.

	Yes	No
Variations of classical music were created		√
Outstanding middle-class pianists and composers emerged	√	
Use of voice in compositions evolved		√
Broader middle-class audience developed	√	
New music forms and structures developed	√	

45. D 46. B 47. A, C 48. D 49. D 50. A 51. C

[1-5]
Listen to part of a conversation between a student and a professor.

M: Is this an OK time to talk, or should I come back?
W: No, I'm just finishing up here. Come on in... what can I help you with?
M: Thank you... I need someone to go over this and give me their opinion on it.
W: All right, uh... is that the paper I assigned in class?
M: Actually it isn't, but it is related to our course. You see, I want to apply for a grant in order to pursue this project I'm working on... and this particular grant requires students to submit an investigative report. I've written a preliminary draft, and I'd really appreciate your comments on it.
W: I see. Well first... why don't you tell me a little bit about your project?
M: Well I want to study traffic patterns in large cities. Of course, this is a very common topic in Geography, but I think I can write about it from a unique angle.
W: Hmm... well, I must say, you've got my attention now. Want to tell me more about it?
M: OK, well... specifically, I want to study new approaches to traffic pattern analysis. When I was doing some preliminary research, I came across several reports about some unusual ways that urban planners and scientists are trying to relieve traffic congestion... so, um... stop me if you think it's a bad idea.
W: No, that sounds promising. Go on...
M: OK, like, for example, uh... did you know that there are nuclear physicists who are now analyzing people's driving habits? They're taking supercomputers that they once used for nuclear weapons-development to predict traffic behavior and simulate rush-hour conditions. And they're using physics theories to provide solutions for easing traffic gridlock.

W: Yes... as a matter of fact, I did read something about this in a scientific review journal recently... definitely a great choice for a topic. But it won't matter how good your topic is, if you haven't completed your grant application properly.
M: Here it is... I haven't finished filling it out yet.
W: That's actually a good thing. Lots of people fill these things out wrong, or leave out important information... that's enough to get your application rejected! See, like look here... you put your background information first, and then added your report's topic in the application form.
M: Mm-hmm, OK, I shouldn't have done that?
W: Well of course you should include your name and student number... maybe your contact info. But you should let the people reading your paper know the gist first. In that way, you can make your report more attention-grabbing. They get so many grant applications, it's very easy for yours to become lost in the pile.
M: I see... so what you're saying is I should state my topic and maybe a brief little introduction first, to catch the reviewer's eye.
W: Exactly. Tell you what... why don't you rewrite your application form and the outline, and show it to me by the end of the week? If you do I'll have time to give you some more feedback.
M: Thanks, professor! I really appreciate it!

Now get ready to answer the question. You may use your notes to help you answer.

1. What are they mainly discussing?
2. What is the topic of the student's report?
3. What does the professor suggest?

Listen again to part of the conversation. Then answer the question.

M: Here it is... I haven't finished filling it out yet.
W: That's actually a good thing. Lots of people fill these things out wrong, or leave out important information... that's enough to get your application rejected!

4. What does the professor imply when she says this:
W: That's actually a good thing.

Listen again to part of the conversation. Then answer the question.

W: In that way, you can make your report more attention-grabbing. They get so many grant applications, it's very easy for yours to become lost in the pile.

5. Why does the professor say this:
W: They get so many grant applications, it's very easy for yours to become lost in the pile.

M: 지금 얘기할 수 있으신가요, 아니면 나중에 다시 올까요?
W: 아니야, 지금 방금 일을 마무리 지었단다. 들어오렴... 내가 도와 줄 일이 있니?
M: 감사합니다... 이것을 검토하고 의견을 말해 줄 사람이 필요해요.
W: 좋아, 음... 내가 수업시간에 내준 보고서를 말하는 거니?
M: 그건 아니에요, 그렇지만 우리 수업과 관련이 있습니다. 저는 제가 준비중인 프로젝트를 계속 진행하기 위해서 보조금을 신청하고 싶습니

다... 이 특별 보조금을 받으려면 학생들은 연구 보고서를 제출해야 해요. 초안을 썼는데 교수님께서 평가해 주시면 감사하겠습니다.

W: 그래. 우선... 네 프로젝트에 대해 좀더 말해줄래?

M: 대도시의 교통 패턴에 대해 조사하고 싶어요. 물론, 지리학에서 아주 흔한 주제이지만, 전 색다른 관점으로 쓸 수 있을 것 같아요.

W: 음... 그래, 관심을 끄는구나. 좀더 자세히 말해 주겠니?

M: 네, 그게... 구체적으로 말해서, 교통 패턴 분석에 대한 새로운 접근법을 연구하고 싶어요. 사전 조사를 하면서, 도시 계획자들과 과학자들이 교통 체증을 완화시키려고 시도한 독특한 방법에 관한 여러 보고서들을 접하게 되었어요... 그래서, 음... 좋은 아이디어가 아니라는 생각이 들면 말씀해주세요.

W: 아니야, 좋은 생각 같구나. 계속해보렴...

M: 네, 예를 들어서, 어... 사람들의 운전 습관을 분석하는 핵물리학자가 있다는 것 알고 계세요? 그들은 교통 패턴을 예측하고 출퇴근 시간의 교통 혼잡을 모의실험 하기 위해 한때 핵무기 개발에 사용되었던 슈퍼컴퓨터를 이용하고 있어요. 그리고 교통 정체를 완화하기 위한 해결책을 만들기 위해 물리학 이론을 이용하고 있구요.

W: 그렇구나... 실은, 최근에 과학 논평 잡지에서 그것에 관해 읽었단다... 분명히 좋은 주제야. 그러나 아무리 좋은 주제라고 해도, 네가 보조금 지원서를 제대로 작성하지 않으면 소용이 없지.

M: 여기 지원서가 있어요... 아직 다 작성하지는 못했어요.

W: 오히려 잘됐구나. 많은 사람들이 지원서를 잘못 작성하거나 중요한 정보를 빠뜨린단다... 그렇게 되면 지원서는 탈락하고도 남겠지! 여기를 보렴... 지원서에 너의 배경 정보를 먼저 쓴 다음 보고서 주제를 썼구나.

M: 음, 네, 그렇게 하면 안 되나요?

W: 당연히 네 이름과 학번... 연락 가능한 번호는 적어야지. 그러나 네 지원서를 읽는 사람들에게 요점을 먼저 알려주어야 해. 이렇게 하면, 네 보고서가 좀더 관심을 끌 수 있단다. 지원서가 너무 많기 때문에, 자칫하면 네 것이 눈에 띄지 않을 수 있어.

M: 알겠어요... 심사원들의 관심을 끌기 위해서는 보고서의 주제와 간단한 소개를 먼저 언급해야 한다는 말씀이군요.

W: 그렇단다. 이렇게 하면 어떨까... 이번 주말까지 지원서와 개요를 다시 쓴 후에 나에게 보여주지 않을래? 그렇게 한다면, 내가 좀 더 많은 의견을 줄 수 있을 거야.

M: 감사합니다, 교수님. 정말 감사해요!

grant[grænt] 보조금 pursue[pərsjúː] 진행하다 particular[pərtíkjələr] 특별한 submit[səbmít] 제출하다
investigative[invéstəgèitiv] 조사의, 연구의 preliminary[prilímənèri] 예비의, 준비의 comment[kάment] 의견
pattern[pǽtərn] 패턴, 양식 unique[juːníːk] 색다른 specifically[spisífikəli] 구체적으로 말해서 approach[əpróutʃ] 접근
analysis[ənǽlisis] 분석 unusual[ʌnjúːʒuəl] 독특한 urban planner 도시 계획자 congestion[kəndʒéstʃən] 체증
promising[prάmisiŋ] 전망이 좋은, 유망한 nuclear[njúːkliər] 핵의 physicist[fízisist] 물리학자
simulate[símjəlèit] 모의 실험을 하다 rush hour (출 · 퇴근 시의) 혼잡한 시간 physics[fíziks] 물리학
gridlock[grídlὰk] 교통 정체 as a matter of fact 실은, 사실상 reject[ridʒékt] 탈락시키다, 거절하다
contact[kάntækt] 연락 gist[dʒist] 요점 attention grabbing 관심을 끄는

[6-11]

Listen to part of a talk in an environmental science class.

P: OK, so we've already looked at how human economic activity has negatively impacted the natural environment and disrupted ecological systems. Now, today I'd like us to take a look at a case where human activity... actually I think the term "human intervention" would be more descriptive... well, how this activity has been beneficial to the environment... I want to talk about one particular attempt at species restoration by the US Fish and Wildlife Service. It's called the Wolf Recovery Program. I think you'll find it very interesting because it's an attempt to reverse a long-standing anti-wolf policy. The program wants to undo the... damage resulting from the wolf extermination campaign by restoring a key species into its original habitat.

So, how many of you are familiar with the reintroduction of the gray wolf into Yellowstone National Park? Raise your hands, please. OK, good, good. Then we should be able to move along quickly with this example. Well, the project was first proposed in 1987, and its goal was to reintroduce gray wolves from Canada into three areas in the northern Rocky Mountains: Yellowstone National Park, central Idaho and northwest Montana. But, before I go into the details of the program, I'd better give you a brief history of the gray wolf in the US. It'll help you understand the ongoing controversy of the program.

The gray wolf's habitat originally spanned from the Arctic tundra to Mexico. But, their numbers in the United States have actually dwindled to the point where they are now considered an endangered species. Now, this happened because of humans. What I mean is, humans started to encroach on their land, and well, wolves simply couldn't compete with them. So, you may be wondering what the wolf did that could justify their extermination. Well, simply, the wolf began eating people's livestock.

But, uh... you should understand that this was a survival response, really. As early American settlers moved west, they claimed lands for farming and ranching, and this obviously decreased the number of deer, elk, moose, and bison. Now, these animals were the mainstays of the gray wolf's diet. And... so... naturally, the wolf began hunting other prey, and there was an abundance of livestock cattle and sheep to choose from. Of course, the farmers and ranchers pushed the US government to take action. So, from the nineteenth century until 1965, the government paid hunters, ranchers, and farmers twenty to fifty dollars for each wolf killed. Well, by the end of the extermination campaign, millions of wolves had been shot, trapped, and poisoned. They nearly became extinct.

In the 1970s and 80s, however, as scientists learned more about the gray wolf, they began to understand its importance to the ecosystem. So, planning for the Wolf Recovery Program began in 1987, as I said earlier. And, the first group of Canadian wolves was relocated into Yellowstone National Park in 1994. Now, originally, wolf relocations from Canada were supposed to occur every year for five years, but the packs... the ones introduced the first two years have been breeding so successfully that additional relocations became unnecessary. So, with such good results, preparations are actually now underway for delisting the gray wolf from the endangered species list in the... northern Rocky Mountain area.

OK, so you may be asking, "Why does it matter now, bringing back the wolf since they've been gone for so long?" This has definitely been the attitude of many opposition groups who fear an imbalance in the new ecosystem. But, the reintroductions have produced a number of immediate positive results; some anticipated, and others not. The most obvious has been a reduction in the elk population. But, this decrease has actually been good for the elk species and... for the entire ecosystem as well.

So, let's look at how wolves actually benefit their prey. All right, so you know that wolves are at the top of the food chain. Because of their size and the fact that they hunt in packs, wolves are able to bring down larger prey like... elk, moose, and bison. Smaller predators like coyotes can't. And since wolves generally kill off the weaker members of the herd—the young, injured, and the old—this keeps the herds healthier, and sort of insures that only the strong survive and reproduce. And, you know, with fewer members, these herds no longer experience mass starvation and die off in the winter.

And another beneficial effect of the wolf reintroduction program is... ecological diversity. Unlike grizzly bears and mountain lions, wolves don't consume all the remains of animals. This leaves enough scraps year round for coyotes, eagles, and other animal scavengers. Hmm... and what else? Oh yeah, wolves have also reversed the decline of aspen, willow, and cottonwood trees. You know these trees started to die off in the 1920s when wolves started to get exterminated by humans... because then all these elk started to overgraze and eat up these trees. But now, these trees are making a comeback, and with the return of the trees, beavers have also returned, and are creating marshlands with their dams. And these marshlands have brought back ducks, otters, mink, and... muskrats.

Now get ready to answer the questions. You may use your notes to help you answer.

6. What is the main topic of the lecture?
7. The professor explains the sequence of events that resulted in the near extinction of the wolf. Put the following events in the correct order.
8. According to the professor, what are two effects of wolf reintroduction for the elk?
9. Why does the professor mention the feeding habits of the grizzly bear?
10. What can be concluded about the program to reintroduce gray wolves?

Listen again to part of the lecture. Then answer the question.

P: So, how many of you are familiar with the reintroduction of the gray wolf into Yellowstone National Park? Raise your hands, please. OK, good, good. Then we should be able to move along quickly with this example.

11. Why did the professor say this:
P: Raise your hands, please. OK, good, good.

P: 네, 인간의 경제활동이 어떻게 자연환경에 부정적인 영향을 미치고 생태계를 파괴해 왔는지 살펴보았습니다. 자, 오늘은 인간활동... 사실 "인간 개입"이라는 용어가 더 적절한 설명일 것 같군요... 인간 개입이 환경에 어떻게 이로웠는지에 대해 살펴보겠어요... 미국 어류 및 야생동물 보호국이 사라져가는 종의 복구를 위해 시도했던 한 특정한 사례에 대해 얘기하려고 해요. 늑대회생프로그램이라고 하죠. 이것은 오래된 늑대멸종 정책을 반대로 뒤집는 시도이기 때문에 모두들 흥미 있어 할 거예요. 이 프로그램은... 중요한 종을 원래의 서식지에 돌려보내면서 늑대를 멸종시키려는 운동으로 인해 발생한 피해를 원상태로 돌리고자 합니다.

자, 옐로우스톤 국립공원에 얼룩 늑대를 복구시키는 것에 대해서 들어 본 학생이 몇 명이나 있나요? 손을 들어 보세요. 네, 좋아요, 좋아요. 그럼 이 사례를 이용하여 수업을 빨리 진행시킬 수 있겠군요. 음, 그 프로젝트는 1987년에 처음 제안되었고, 얼룩 늑대를 캐나다에서 북부 록키 산맥의 세 지역으로 복구시키는 것이 목표였어요, 옐로우스톤 국립공원, 아이다호 중부, 몬타나 북서부로 말이죠. 하지만, 프로그램에 대해 구체적으로 살펴보기 전에, 미국에서 얼룩 늑대의 역사에 대해 간단히 짚고 넘어 가는게 좋겠어요. 이는 그 프로그램에 관한 지속적인 논쟁에 대한 여러분의 이해를 도울 것입니다.

얼룩 늑대의 서식지는 원래 북극 툰드라에서 멕시코에 걸쳐 있었어요. 그러나 미국에서 그들의 수는 점차 감소하여 멸종위기에 처했다고 여겨지는 상황에 이르게 되었습니다. 자, 이러한 현상은 인간 때문에 발생했어요. 무슨 말이냐면 인간들은 늑대들의 서식지를 침범하기 시작하였고, 음, 늑대들은 인간들과 경쟁할 수 없었죠. 아마 모두들 늑대가 어떤 짓을 했길래 이들을 박멸하려고 했던 행위가 정당화 될 수 있는지 궁금할 거예요. 음, 간단히 말해서, 늑대가 인간의 가축을 잡아먹기 시작했죠.

그러나, 어... 이것은 생존을 위한 대응임을 진정 이해해야 합니다. 초기 미국 정착자들이 서부로 이동하면서, 그들은 농사를 짓고 목장을 경영하기 위해 땅을 점유했습니다. 이 때문에 사슴, 엘크, 말코손바닥사슴, 들소의 수가 상당히 감소했죠. 자, 이 동물들은 얼룩 늑대의 주요 먹이였어요. 그래서... 자연히 얼룩 늑대는 다른 먹이를 사냥하기 시작했는데, 가장 풍부한 먹이는 인간이 키우는 소나 양들이었습니다. 당연히, 농부들과 목장 주인들은 미국 정부에게 조치를 취하도록 촉구했습니다. 그래서, 19세기부터 1965년까지, 정부는 사냥꾼, 농부, 목장주인들에게 늑대 한 마리를 죽이면 20달러에서 50달러를 주었습니다. 음, 멸종 운동이 마무리 될 때까지, 수백만 마리의 늑대들이 총에 쏘이고, 덫에 갇히거나 독살되었어요. 늑대는 거의 멸종에 이르렀죠.

그러나, 1970년대와 1980년대에 과학자들은 얼룩 늑대에 대해 더 연구하면서, 생태계에서의 얼룩 늑대의 중요성을 깨닫기 시작했습니다. 앞서 말했듯이, 늑대회생 프로그램의 계획은 1987년에 시작되었어요. 1994년에 최초로 한 무리의 캐나다 늑대가 옐로우스톤 국립공원에 재배치 되었습니다. 자, 원래는 5년동안 매년 캐나다에서 늑대를 데려올 계획이었는데, 무리들... 초기 2년 동안 옮겨진 늑대들이 성공적으로 번식하여 추가적인 재 이동이 필요하지 않았습니다. 결과가 좋아서, 북부 록키 산맥 지역의... 위기에 처한 종 목록에서 얼룩 늑대를 삭제하기 위한 준비가 현재 진행 중입니다.

네, 아마도 여러분들이 "늑대는 오랫동안 사라졌었는데 늑대를 다시 데려오는 것이 왜 중요한가요?"라는 질문을 할 수도 있겠군요. 이는 분명 새로운 생태계의 불균형을 우려하는 반대 단체들의 의견이죠. 그러나, 늑대를 다시 데려오자 즉각적으로 많은 긍정적 결과가 발생했어요. 예상된 결과도 있고 아닌 것들도 있어요. 가장 명확한 결과는 엘크 개체수의 감소입니다. 그러나, 개체수의 감소는 엘크 종뿐만 아니라... 전체 생태계에 긍정적인 영향을 주었습니다.
그럼 늑대들이 실질적으로 먹잇감이 되는 동물들에게 어떻게 도움을 주는지 알아봅시다. 좋아요, 여러분들은 늑대가 먹이사슬의 가장 꼭대기에 있다는 것을 알고 있을 거예요. 늑대의 크기와 떼로 다니며 사냥하는 습성 때문에, 늑대는 엘크, 말코손바닥사슴, 들소처럼... 자신보다 큰 먹이를 잡을 수 있죠. 늑대보다 작은 육식동물인 코요테는 더 큰 먹이를 잡을 수 없어요. 늑대는 일반적으로 무리에서 약한 일원, 즉 어리고 부상당했거나 늙은 일원을 죽이기 때문에 무리는 더 건강해지고 강한 일원들만 살아남아 번식할 수 있게 됩니다. 그리고 수가 적은 무리는 겨울에 집단으로 굶주림을 겪거나 죽는 일이 없습니다.
늑대회생 프로그램의 또 다른 이로운 영향은... 생태적 다양성입니다. 회색곰과 아메리카라이온과는 달리, 늑대는 먹잇감을 완전히 다 먹어 치우지 않습니다. 늑대는 일년 내내 코요테, 독수리, 다른 청소 동물들에게 충분한 먹이를 남겨두죠. 음... 또 뭐가 있을까요? 아 네, 늑대는 포플러, 버드나무, 미루나무가 감소하는 추세를 반대로 돌려 놓았습니다. 늑대가 인간들에 의해 사라지기 시작하자 이 나무들은 1920년대 이후로 사라지기 시작했는데... 이는 엘크가 지나치게 많아져서 이 나무들을 먹어 치웠기 때문입니다. 그러나 현재, 이 나무들은 다시 자라고 있으며, 나무들이 회복되자, 비버도 돌아와서 댐을 만들어 늪지대가 형성되고 있어요. 이러한 늪지대에 오리, 수달, 밍크... 머스크랫이 다시 서식하게 되었습니다.

disrupt[dìsrʌ́pt] 파괴하다 ecological[èkəlɑ́dʒikəl] 생태의, 생태학적인 intervention[ìntərvénʃən] 개입, 간섭
descriptive[diskríptiv] 설명이 적절한, 묘사적인 beneficial[bènəfíʃəl] 이로운, 유익한 restoration[rèstəréiʃən] 복구, 회복
recovery[rikʌ́vəri] 회생, 복구 long-standing 오랜 undo[ʌndúː] 원상태로 되돌리다 extermination[ikstə̀ːrmənéiʃən] 멸종
gray wolf 얼룩 늑대 controversy[kɑ́ntrəvə̀ːrsi] 논쟁 span[spæn] ~에 걸치다 Arctic[ɑ́ːrktik] 북극의
tundra[tʌ́ndrə] 툰드라(동토대) dwindle[dwíndl] 점차 감소하다 encroach[inkróutʃ] 잠식하다, 침범하다
claim[kleim] 토지를 점유하다 ranch[ræntʃ] 목장을 경영하다 elk[elk] 엘크 moose[muːs] 말코손바닥사슴
bison[báisən] 들소 mainstay[méinstèi] 가장 중요한 의지물 rancher[rǽntʃər] 목장주 take action 조치를 취하다
extinction[ikstíŋkʃən] 멸종 ecosystem[ékousìstəm] 생태계 relocate[rilòukéit] 재배치하다, 이동시키다
delist[diːlíst] 목록에서 삭제하다 imbalance[imbǽləns] 불균형 anticipate[æntísəpèit] 예상하다 bring down 잡다
predator[prédətər] 육식동물 coyote[káiout] 코요테 herd[həːrd] 무리 starvation[stɑːrvéiʃən] 굶주림
grizzly bear 회색곰 mountain lion 아메리카라이온 remain[riméin] 유해
scavenger[skǽvindʒər] (썩은 고기를 먹는) 청소 동물 aspen[ǽspən] 포플러 willow[wílou] 버드나무
cotton wood 미루나무 eliminate[ilímənèit] 제거하다 overgraze[òuvərgréiz] 지나치게 방목되다 beaver[bíːvər] 비버
marshland 늪지대 otter[ɑ́tər] 수달 mink[miŋk] 밍크 muskrat[mʌ́skræ̀t] 머스크랫(사향뒤쥐)

[12-17]
Listen to a lecture on meteorology.

P: So... water evaporates from the oceans and other water bodies... and the warm air that's holding this vapor begins to rise, and as it rises, it starts to cool... This makes it harder for the air to hold the vapor... and when the temperature drops below the dew point... um, that's the temperature at which the water vapor becomes saturated, meaning, the most amount of water vapor possible is in the air... and that's the point when condensation begins... that is, some of the water vapor turns into water and forms clouds. So clouds are like massive collections of small water droplets that develop around tiny particles of matter such as, um, dust, ocean spray salt and so on... We know that much.
Now... um, these small water droplets that form the clouds... how do these droplets stay in the air... I mean, how come they don't fall? Anyone? Well, you know how birds use an updraft to stay in the air? Actually, the same principle is involved. The clouds stay up in the air because they're riding an updraft. So... have you ever seen an updraft at work? Uh, think of a burning log. If you've ever had a chance to observe the movement of ashes from a burning log, can you recall in what direction these ashes go?
S: I guess... upwards?

P: Precisely... So, water droplets stay in the air because of the upward current of air. Now... what makes the droplets fall as rain? Well, gravity is involved. Cloud droplets are tiny, but if they attract enough water, obviously they'll get too heavy to float and they'll start falling. But as they're falling, there's a second force that acts upon them. It's called aerodynamic resistance, or drag. So what happens there? Well, when a raindrop starts to fall, it picks up velocity because of the gravity. Of course, the bigger and heavier the raindrop is, the faster it should go. But it starts to slow down instead, and that's because the air provides drag, that is, the air acts as a force that resists the movement of a solid object through the air. So these two forces–gravity and drag–sort of battle it out until a balance is reached. That's when the aerodynamic resistance exerts as much force on the raindrop as the gravitational attraction. We call that terminal velocity, the speed at which the raindrop continues to move until it smashes into the ground. A raindrop can fall at faster than terminal velocity speed if there's a downdraft, a strong downward air current, pushing it down.

OK, I'd like for us to look at two processes in raindrop formation... and the type of process that occurs is dependent on the climate and temperature of a region. For temperate zones, the raindrops form in a cloud that contains ice crystals... If you have crystals and cloud water droplets that are mixed together, the ice crystals will grow at the expense of the water droplets, and when they grow large enough, they're pulled down by gravity. But as they fall, they pass through a layer of warm air. This will cause them to melt into raindrops. This is the ice crystal theory.

But ice particles aren't necessary for raindrops to form, which is why raindrops can form in warmer places... like over oceans and in tropical areas... Now the other process I'm about to explain is a bit complex, so stay with me. I told you earlier that water droplets are tiny, right? And they need to get bigger before they can fall. When the cloud water droplets bump into each other–this is called collision–they sometimes stick together. This is coalescence. As these drops grow in size, they become too heavy and can no longer be supported by the air, so they fall as rain. But sometimes, the raindrops collide and split up into droplets small enough to float in the air. These will rise if there are clouds that are also rising, that is, they rise together with the clouds. And then the whole process just repeats itself.

Now get ready to answer the questions. You may use your notes to help you answer.

12. What does the professor mainly discuss?

Listen again to part of the lecture. Then answer the question.

P: ...and that's the point when condensation begins... that is, some of the water vapor turns into water and forms clouds. So clouds are like massive collections of small water droplets that develop around tiny particles of matter such as, um, dust, ocean spray salt and so on... We know that much.

13. Why does the professor say this:
    P: We know that much.

14. Why does the professor mention a burning log?
15. According to the lecture, what are two influences on how a raindrop descends?
16. What is terminal velocity?
17. What can be inferred about water droplets in a cloud that contains ice crystals?

P: 그래서... 물이 바다와 다른 수역들에서 증발해... 그리고 이 증기들을 담고 있는 따뜻한 공기가 올라가기 시작해, 그리고 올라가면서, 차가워지기 시작하지... 이것은 공기가 증기를 담고 있기 힘들게 만들어... 그리고 이슬점 아래로 기온이 떨어지면... 음, 이슬점은 수증기가 포화된 온도야, 공기에 있을 수 있는 최대의 수증기량이 있다는 뜻이지... 그리고 그게 응결이 시작되는 시점이야... 즉, 수증기의 일부가 물로 변해서 구름을 이루는 거야. 그러니까 구름들은 먼지, 바다에서 튀는 소금결정체 등과 같은 작은 물질 조각 주위에 형성되는 작은 물방울들의 거대한 집합체인 거야... 그 정도는 알고 있지.

자... 음, 구름을 형성하는 이 작은 물방울들... 이 방울들이 어떻게 공기에 떠 있을까... 그러니까, 이들은 왜 떨어지지 않을까? 누구 없어? 음, 새들이 상승 기류를 사용해서 공기에 떠 있는 거 알지? 사실, 똑같은 원리가 이용돼. 구름들은 상승 기류를 타고 있기 때문에 공기에 떠 있을 수 있는 거야. 그럼... 상승 기류가 작용되는 것을 본 적 있니? 어, 타는 통나무를 생각해봐. 타는 통나무의 재의 움직임을 관찰한 적이 있다면, 재들이 어느 방향으로 가는지 기억할 수 있니?

S: 아마도... 위로요?

P: 정확해... 그래서, 물방울들은 공기의 상승 기류 때문에 공기에 있을 수 있어. 자... 무엇이 방울들이 비로 떨어지게 만들까? 음, 중력이 영향을 미친단다. 구름 방울들은 작지만, 물을 충분히 끌어들이면, 당연히 떠다니기에는 너무 무거워지지, 그래서 떨어지기 시작해. 하지만 떨어지면서, 그들에게 작용되는 두 번째 힘이 있어. 공기 역학의 방해 또는 저항이라고 불려. 그러니까 거기서 무슨 일이 일어나냐고? 음, 빗방울이 떨어지기 시작하면, 중력 때문에 속도가 붙어. 물론, 빗방울이 크고 무거울수록 더 빨리 떨어져야 해. 하지만 오히려 이건 느려지지, 왜냐하면 공기가 저항을 제공하기 때문이야, 그러니까, 공기가 공기 사이를 가르는 고체 물질의 움직임을 방해하는 힘으로 작용한다는 것이야. 그러니 이 두 힘, 중력과 저항은 평형이 이뤄질 때까지 다툼 비슷한 것을 하지. 그건 중력의 당기는 힘이 빗방울을 끄는 힘만큼의 공기 역학의 방해가 빗방울에 작용할 때야. 우린 그것을 종단 속도라고 불러, 땅과 충돌할 때까지 빗방울이 움직이는 속도 말이야. 아래로 바람이 불거나 강한 하강 기류가 있어 아래로 내리 누르면 빗방울은 종단 속도보다 빨리 떨어질 수도 있어.

자, 빗방울 형성의 두 가지 과정을 봤으면 좋겠어... 그리고 일어나는 과정의 종류는 지역의 기후와 기온에 달려 있단다. 온대에서 빗방울들은 빙정이 포함된 구름을 구성해... 빙정과 구름 물방울을 섞이면, 빙정은 물방울로 인해 더 커져, 그리고 충분히 커지면, 중력에 이끌려 내려가지. 하지만 그들이 떨어지면서, 그들은 따뜻한 공기층을 지나, 빗방울로 녹게 되지. 이것이 빙정 이론이야.

하지만 빙정이 빗방울 형성에 필수적인 것은 아니야, 그래서... 빗방울이 바다나 열대와 같이... 더 따뜻한 곳에서도 형성될 수 있는 것이지... 지금 내가 설명하려고 하는 다른 과정은 좀 복잡하니까, 잘 따라와. 내가 전에 물방울들은 작다고 했지, 그치? 그리고 떨어지려면 더 커져야 한다고 했지. 구름의 물방울들이 서로 부딪칠 때, 이걸 충돌이라고 하는데, 어떤 때엔 붙어버리지. 이건 합체라고 해. 이 방울들의 크기가 커지면서, 너무 무거워져 더 이상 공기가 지탱할 수 없어져, 그래서 비로 내려오지. 하지만 어떤 때에는, 빗방울들이 충돌해서 공기에 떠 다닐 수 있을 정도의 작은 방울들로 나누어져. 이것들은 떠오르는 구름들이 있으면 올라가, 그러니까, 구름과 함께 올라가는 거야. 그리고는 전체 과정이 반복되지.

evaporate [ivǽpərèit] 증발하다 vapor [véipər] 증기 dew point 이슬점 saturate [sǽtʃərèit] 포화시키다
condensation [kɑ̀ndenséiʃən] 응결, 응축, 액화 droplet [drɑ́plit] 물방울 updraft [ʌ́pdræ̀ft] 상승 기류
principle [prínsəpl] 원리 log [lɔ(:)g] 통나무 precisely [prisáisli] 정확하게 gravity [grǽvəti] 중력
float [flout] 떠다니다 aerodynamic [ɛ̀əroudainǽmik] 공기역학 drag [dræg] 저항 raindrop [réindrɑ̀p] 빗방울
gravitational [græ̀vitéiʃənəl] 중력의 terminal velocity 종단 속도 smash [smæʃ] 충돌하다, 때리다
downdraft [dáundræ̀ft] 하강 기류 formation [fɔːrméiʃən] 형성 pass through 지나가다 tropical [trɑ́pikəl] 열대의
bump [bʌmp] 부딪히다 collision [kəlíʒən] 충돌 coalescence [kòuəlésəns] 합체 collide [kəláid] 충돌하다

[18-22]

Listen to part of a conversation at a university housing office.

W: Hello, I need some help with my phone service... it's been off since yesterday.

M: OK, what's your name and room number?

W: Charlotte Mendez... I'm in the Whitney Building, room 213.

M: OK, just a second here... yes, it says here your phone's been disconnected... apparently the office has sent you several e-mails, and a notice was posted on your door.

W: Really? That's news to me! I haven't had a chance to check my e-mail... I've been too busy studying for exams... and I swear, I never saw a notice on my door!

M: Well it says here a notice was left on the 14th. It was a little yellow slip, it looked like this.

W: The 14th... you know, I was studying for midterms at the time... that whole week, I practically lived at the library! And I was so tired all the time... but now that you mention it, I do remember having a sticky-note attached to my door. I think I pulled it off without looking at it... and I was so busy I forgot all about it!

M: I can imagine most students' lives get pretty hectic around exams...

W: Yes... I can definitely prove that! Anyway, I really need to get my phone service hooked back up. How can I do that?

M: Well, you need to pay your phone bill in full... you were three months behind, and yesterday was the deadline to pay before being disconnected.

W: OK, so the total amount is...?

M: Let me just see here... OK, it says your phone bill is 20 dollars, the late fee is another 20 dollars and the reconnection fee is 50 dollars.

W: Wow... That's way more than I expected. You know, I don't have the money to pay that all right now, I was in a car accident recently, so I just spent all this cash fixing my car... I'm sorry, you probably don't want to hear all this... anyway, is there anything you can do for me?

M: Well, you'll have to pay the phone bill and late fee in any case... as for the reconnection fee... the deadline was only yesterday, so here's what I'll do... I'll waive your reconnection fee, but you need to pay the other amounts now if you want to get hooked back up.

W: Thank you so much! I really appreciate it!

M: You're welcome. But if this ever happens again... well, let's just say that you might not be lucky enough to deal with me next time...

Now get ready to answer the questions. You may use your notes to help you answer.

18. Why does the student talk to the housing office attendant?
19. According to the conversation, why wasn't the student aware she would be disconnected?
20. Why can't the student afford all the fees?
21. What does the attendant ask the student to do in order to have the reconnection fee waived?

Listen again to a part of the conversation. Then answer the question.

W: ...and I was so busy I forgot all about it!

M: I can imagine most students' lives get pretty hectic around exams...

W: Yes... I can definitely prove that! Anyway, I really need to get my phone service hooked back up. How can I do that?

22. Why does the student say this:
W: Yes... I can definitely prove that!

W: 안녕하세요, 제 전화 서비스 때문에 도움이 필요합니다... 어제부터 끊겼거든요.

M: 네, 학생의 이름과 방 번호가 어떻게 되나요?

W: 제 이름은 Miguel Mendez이고... Whitney 빌딩에 213호에 살고 있습니다.

M: 네, 잠시만요... 네, 기록을 보니 학생의 전화가 끊겼다고 나와 있네요... 분명히 사무실에서 학생에게 여러 번 이메일을 보냈을 거고, 학생 방에 통지서를 붙여 놓았을 텐데요.

W: 정말이요? 전 처음 듣는 얘긴데요! 저는 이메일을 확인해 볼 기회가 없었어요... 시험공부를 하느라 정신이 없었거든요... 그리고 맹세코 제 방문에 통지서를 본 적이 없어요!

M: 기록에는 14일에 통지서를 부착했다고 나와 있네요. 통지서는 이것처럼 생긴 작은 노란 쪽지에요.

W: 14일이라... 저는 그 때 중간고사 시험공부를 하고 있었어요... 그 주 내내 저는 거의 도서관에서 살다시피 했었어요! 그리고 항상 지쳐 있었답니다... 하지만 그렇게 말씀하시니, 제 방문에 접착 메모지가 한 장 붙어 있었던 것이 기억나네요. 아마도 제가 그것을 보지 않고 떼어

버렸나 봐요... 그리고 저는 너무 바빠서 그 메모에 대해 잊고 있었어요!

M: 대부분의 학생들이 시험기간에는 무척 바쁘다는 것은 이해할 수 있어요...

W: 네... 저를 보면 분명 아실 거예요! 하여튼, 저는 전화를 꼭 다시 연결해야 해요. 제가 어떻게 해야 하죠?

M: 전화 요금을 완납해야 해요... 학생은 3달이나 요금이 밀려 있었고, 어제가 학생의 전화가 단절되기 전 요금 납부 마감일이었어요.

W: 네, 총 액수가 얼마인가요...?

M: 어디 한 번 봅시다... 여기 학생의 전화 요금이 20달러라고 기록되어 있고, 연체료가 20달러에요, 거기다가 재연결 비용은 50달러네요.

W: 와... 제가 생각했던 것보다 너무 많아요. 지금 그 액수를 전부 낼만한 돈이 없어요, 최근에 교통사고를 당해서, 자동차를 수리하는 데 많은 돈을 썼거든요... 죄송합니다, 이런 이야기를 듣고 싶지 않으시겠지만... 하여튼, 저를 도와줄 수 있는 방법이 없나요?

M: 어쨌건 학생은 전화 요금과 연체료를 내야 합니다... 재연결 비용은... 마감일이 하루밖에 안 지났기 때문에, 이렇게 하도록 하죠... 학생의 재연결 비용은 면제하도록 하죠, 하지만 학생 전화가 다시 연결되길 바란다면 이외의 다른 비용은 지금 납부해야 합니다.

W: 감사합니다! 정말 고마워요!

M: 천만에요. 하지만 이런 일이 또 발생한다면... 다음에는 이번에 나와 문제를 해결한 것처럼 운이 좋지 않을 수도 있어요...

disconnected [dìskənéktid] (공공 서비스의) 공급이 끊긴　notice [nóutis] 통지　post [poust] (기둥, 벽에) 붙이다
slip [slip] 쪽지　attach [ətǽtʃ] 붙이다　hectic [héktik] 바쁜　hook up [húkʌ̀p] 연결하다　late fee 연체료
reconnection [rikənékʃən] 재연결　waive [weiv] 면제하다

[23-28]

Listen to a talk on medieval urban development.

There wasn't very much being traded at the start of the Middle Ages basically because Europe had little of value to exchange with the East... and the risk and cost of transporting goods over long distances was much too high. A lot of the, um, localities that were formerly under Rome were self-sufficient—and that's because they were scattered and had to depend on themselves to survive... So for the most part, the economy of these places was one of subsistence agriculture. The people relied on themselves to produce what was needed. European commerce began to grow when merchants started banding together to form associations. They did this to make long-distance trade safer and more lucrative. But what really got trade going in the Middle Ages were the religious crusades... well, indirectly. The soldiers who returned home brought with them a newly acquired taste for goods and luxuries that were not being produced locally. In particular, textiles, wine, and luxury items were being exchanged, and this is how the medieval walled cities got their start. The growth in commercialism fueled an urban development revolution between the 1300s and 1500s.

I'm sure you know that people build walls around their cities for protection, you know, to keep enemies out, but walls can also provide revenue for the city. Residents were taxed for the security they enjoyed, and outsiders who wanted to engage in some form of trade had to pay a tax to enter the city. Now, even in those times, walls were pretty expensive to build, and one way of reducing the cost was to make the city walls more compact in design. How? By minimizing the borders, meaning, of course, a reduction in the surface area of the walls. Less wall meant less materials, and less materials meant less money spent.

So... these walled cities had a center of trade that was very conveniently located in the middle of the city, a kind of open area used as a market square or a central square. Uh, just imagine a bicycle wheel. You know how the spokes radiate from the center, right? Well, that's how the cities were designed—the center of the bicycle wheel is where the city's central square is located and the spokes are like roads, all leading out from the center. And these roads lead to the city's residential areas. In the medieval walled cities, homes and buildings were arranged in wedges between the roads, all the way to the city walls.

And what could you find in these central squares? Well, of course you had the marketplace, where you could find the bakeries, meat markets, cheese shops. You also had the guilds–business associations of merchants and artisans, you know, the, uh, craftsmen. The location of a guild in the central square let people know just how influential the guild was. During that time, the strongest was the cloth guilds. Being the most powerful, these guilds had the best position in the central square, and put together, they went by the name of "cloth hall".

The competition in these cities grew and grew, and pretty soon, the cities became crowded. Some moved outside of the city walls because they were too poor to pay tax, and some just didn't want to pay taxes for their protection. The merchants avoided paying taxes as well by conducting trading activities outside the city walls. Pretty soon, the people and merchants living outside the walls began holding seasonal fairs, and some of them even started building their own walls, primarily for their protection. And to make it look like the residences they constructed belonged to the city, they attached part of their walls to the city wall.

So, these outer living areas came to be known as faubourgs, which are the equivalent of today's suburbs. But the, um, big difference between these faubourgs and American suburbs is that the poorer population lived in the faubourgs. This, of course, is not the case in American suburbs... In time, these faubourgs were incorporated into the town proper by city officials because they wanted these people to pay taxes. But new faubourgs would eventually be built outside the walls. And like the old faubourgs, these suburbs eventually became part of the city. And it went on and on, with merchants expanding the city by building more and more faubourgs.

Well, the walled cities kept growing that way, and needless to say, this kind of destroyed the basic design of the original cities. They became less organized and the streets became narrower, cramped, and densely packed toward the end of the Middle Ages, which is too bad because the original design worked really well. Anyhow, the medieval walled city and its faubourgs are now considered the predecessors of today's modern city and suburbs.

Now get ready to answer the questions. You may use your notes to help you answer.

23. What is the lecture mainly about?
24. According to the professor, what benefits did the walls provide?
25. Why does the professor mention a bicycle wheel?
26. Why does the professor mention the "cloth hall?"
27. What often happened to the faubourgs?
28. What is the professor's attitude toward the streets of the walled cities in the latter part of the Middle Ages?

중세 초기에는 교환이 많이 이루어지지 않았는데 그 이유는 근본적으로 유럽에 동양과 교환할 만한 가치가 있는 것들이 별로 없었기 때문이었습니다... 그리고 상품들을 장거리로 운송하는 것의 위험과 비용이 너무 컸죠. 원래 로마 아래 있던 많은, 음, 지방들은 자급자족적이었어요, 그리고 이건 그들이 모두 흩어져 있고 살아남기 위해서는 스스로에게 의지해야 했기 때문이에요... 그래서 대부분, 이런 장소들의 경제는 자급 농업이었어요. 사람들은 필요한 것을 생산하기 위해 자신에게 의지했어요. 유럽 교역은 상인들이 조합을 만들기 위해 단결하기 시작하면서 성장했습니다. 그들은 장거리 교역을 안전하게 하고 수익을 더 늘리기 위해 이렇게 했지요. 하지만 실제로 중세 교역을 활성화시킨 것은 종교적인 십자군들이었어요... 뭐, 간접적으로요. 병사들은 자신들의 지방에서 생산되지 않는 상품들과 사치품들에 대한 새로운 취향을 가지고 고향으로 돌아왔어요. 특히, 직물, 와인, 그리고 사치품들이 교환되고 있었는데, 이렇게 해서 중세 성벽 도시들이 시작된 것입니다. 상업주의의 성장은 1300년대에서 1500년대까지의 도시 발달 혁명을 가속화시켰습니다.

사람들이 보호를 위해 도시를 둘러싸는 벽을 만든다는 것을 여러분이 알 거라고 확신해요, 그러니까, 적들이 못 들어오게요, 하지만 벽들은 도시에 수익을 가져다 주기도 해요. 주민들은 그들이 누리는 안전에 대한 세금을 내게 되었고, 어떤 형태의 교역에 참여하고 싶어하는 외부인들은 도시에 들어오기 위해 세금을 내야 했어요. 자, 그 때에도 벽은 세우기 꽤 비쌌어요, 그리고 그 비용을 줄이는 방법의 하나는 도시 성벽을 더 빽빽하게 디자인하는 거였어요. 어떻게요? 경계를 줄이는 거죠, 물론, 성벽 표면 부분을 줄이는 걸 뜻하고요. 성벽이 작은 것은 재료가 적은 것이고, 적은 재료는 쓰는 돈이 줄어든다는 뜻이니까요.
그래서... 이렇게 성벽으로 둘러싸인 도시들은 아주 편리하게도 도시 가운데에 위치한 교역의 중심지가 있었어요, 시장 광장이나 중심 광장으로 쓰이는 열린 공간 같은 거요. 어, 그냥 자전거 바퀴를 상상해봐요. 바퀴살이 중심으로부터 어떻게 뻗어 나오는지 알죠, 그렇죠? 음, 도시들은 이렇게 디자인되었어요, 자전거 바퀴의 중심은 도시의 중심 광장이 위치한 곳이고 바퀴살은 도로 같은 거예요, 모두 가운데에서 밖으로 뻗죠. 그리고 이 길들은 도시의 주거 지역으로 이어져요. 중세의 성벽 동시들에서는 집과 건물들이 도로 사이에 쐐기 모양으로 배열되어 있었어요, 도시 성벽까지요.
그리고 이 중심 광장들에서는 무엇을 찾을 수 있었을까요? 음, 물론 시장이 있었죠, 빵집, 고기 가게들, 치즈 가게들을 발견할 수 있는 곳이죠. 또 길드들도 있었어요, 상인들과 장인들, 그러니까, 어, 장인들의 상업 조합들이요. 중심 광장에 있었던 길드의 위치는 길드의 영향력이 얼마나 컸는지 사람들에게 알려주었죠. 그 시기에는 가장 강했던 조합은 천 길드들이었어요. 가장 강력한 길드로, 이 길드들은 중심 광장에서 가장 좋은 자리를 가지고 있었고, 함께 있을 때, 그들은 "cloth hall"이란 이름을 사용했어요.
이런 도시들에서의 경쟁은 점점 치열해졌고, 도시들은 곧 혼잡해졌어요. 어떤 이들은 세금을 내기엔 너무 가난해서, 그리고 어떤 이들은 단순히 보호를 받는 것 대신 세금을 내기 싫어서 도시 성벽 밖으로 이사했어요. 상인들은 도시 성벽 밖에서 교역 활동을 하여 세금 내는 것을 피했어요. 곧, 벽 밖에서 사는 사람들과 상인들이 계절적인 축제를 주최하기 시작했고, 심지어 어떤 이들은 그들 자신의 벽들을 짓기 시작하기도 했어요, 주로 자신의 안전을 위해서요. 그리고 그들이 지은 주거지들이 도시에 소속되어 있는 것처럼 보이기 위해, 그들 주거지의 벽의 일부를 도시 성벽과 이었어요.
그래서, 이렇게 바깥 주거 지역들은 faubourg라고 알려지게 되었어요, 오늘날의 근교와 같은 것들이죠. 하지만, 음, 이 faubourg들과 미국 근교들 사이의 큰 차이점은 더 가난한 인구가 faubourg에서 살았다는 거예요. 물론 미국 근교의 경우에는 그렇지 않죠... 시간이 지나며, 이 faubourg들은 시 공무원들에 의해 진짜 도시로 편입되었어요, 왜냐하면 그들은 이 사람들이 세금을 내길 원했죠. 하지만 서서히 새로운 faubourg들이 벽 밖에 지어졌어요. 그리고 이전의 faubourg들처럼 이 근교들은 서서히 도시의 일부가 되었지요. 이 일이 계속 되었어요, 상인들이 faubourg를 점점 더 건축하여 도시를 확장시키면서요.
음, 성벽 도시들은 그런 식으로 계속 자라났어요, 그리고 물론, 이것은 원래 도시들의 기본적인 디자인을 약간 파괴했죠. 도시들의 디자인은 중세가 끝나가면서 덜 조직적이게 되었고 길들은 더 좁고, 갑갑하고, 빽빽하게 채워졌어요, 이것은 참 안된 일이죠, 원래의 디자인이 꽤 좋았으니까요. 어쨌든, 중세의 성벽 도시와 faubourg들은 이제 오늘날 현대 도시와 근교의 조상으로 여겨집니다.

trade [tréid] 거래하다 **value** [vǽlju:] 가치 **exchange** [ikstʃéindʒ] 교환하다 **locality** [loukǽləti] 지방, 장소
self-sufficient [sèlfsəfíʃənt] 자급 자족할 수 있는 **subsistence agriculture** 자급 농업 **association** [əsóusiiʃən] 조합
crusade [kru:séid] 십자군 **revenue** [révənjù:] (세금) 수익, 세입 **minimize** [mínəmàiz] 줄이다 **bakery** [béikəri] 빵집
guild [gild] 길드, 동업 조합 **conduct** [kəndʌ́kt] 수행하다 **seasonal** [sí:zənəl] 계절의 **primarily** [práimerəli] 주로
residence [rézədəns] 주거지 **outer** [áutər] 밖의 **equivalent** [ikwívələnt] 같은, 동등한 **suburb** [sʌ́bə:rb] 근교
incorporate [inkɔ́:rpərèit] 편입시키다 **expand** [ikspǽnd] 확장시키다 **destroy** [distrɔ́i] 파괴하다
cramped [kræmpt] 비좁고 갑갑한 **densely** [dénsli] 빽빽하게 **predecessor** [prédisèsər] 조상

[29-34]

Listen to part of a talk on botany.

P: OK... today we're going to talk about a very special plant that's actually pretty hard to do research on. You might be able to guess which plant... Well, let me give you a clue... It's one of the smelliest plants in existence...

S: Oh, yeah... isn't that the Rafflesia?

P: Right! The Rafflesia! So... it's hard to study this plant and today we'll basically be looking at the reasons why. It's not because it's smelly... if any of you were thinking along those lines. OK... I have some slides of the plant... As you can see, the Rafflesia is a huge, bizarre-looking flower. This one's only about one foot in diameter, but the plant can grow up to three meters in diameter and weigh as much as seven kilos.
Now... you might think that a plant as enormous as this must be highly photosynthetic... I mean, it probably produces a great amount of carbohydrates because of its size, right? But look at the plant closely... it's just the flower, right? The Rafflesia has no roots, no observable leaves, and no stems.

I hope you're all asking yourselves the same question... Well, having no plant parts to engage in photosynthesis, how does the Rafflesia sustain itself? The answer is... it doesn't. And that's because the Rafflesia is a parasite! Look at the slide again. It seems to be growing out of a twig, but that's the twig of another plant, a species of the Tetrastigma, which is a member of the common grape family. So... the Rafflesia grows these thread-like strands of tissue that embed themselves within the Tetrastigma, and it steals both nutrients and water. But it obviously doesn't kill the host plant, and since it's hidden inside its host, it's really hard for scientists to examine the Rafflesia.

Well, you guys might be thinking... "Why not study the plant when it blooms?" But, there are problems trying to do this too. One complication is, the plant doesn't really pollinate very well... I told you earlier on that the plant smells really bad, right? An explorer from Sweden even said that the Rafflesia has "a penetrating smell more repulsive than any buffalo carcass in an advanced state of decomposition." Nice, huh? Well, the reason the plant stinks like that is so it can attract carrion flies, which normally go for rotting flesh. The plant needs these flies for pollination. If they didn't attract these flies, it wouldn't be an exaggeration to say that the Rafflesia would probably be extinct by now. What I'm saying is, the pollination of the Rafflesia is actually a pretty rare occurrence because the flowers are unisexual... you know, either male or female plants are produced. So... for reproduction to occur, the male flowers must be sitting close to the female flowers, but the current population distribution of the Rafflesia is fragmented. Unfortunately, human beings have been destroying the habitat where these plants grow... so it's pretty much a struggle for the Rafflesia to survive.

So, what all of this means is if a scientist wants to observe the Rafflesia he has to be right there when they bloom. The Rafflesia bursts out of the host plant in all its splendorous, stinking glory, and this effectively frees the host plant from this parasite. But... the flowers die within five to seven days. That doesn't give the scientist much time to observe the plant, especially that he may be competing with dozens of tourists who want to check out how this unusual plant looks and smells.

All right, since doing research on the Rafflesia has not been easy, it took many years before scientists could even determine what family and order the Rafflesia belongs to. It has no chloroplasts... no photosynthesis, no chloroplasts, right? Well, what the scientists used instead was the mitochondrial DNA. Anyhow, let me just quickly summarize this... Scientists initially believed the Rafflesia was related to the Mitrastema, which is also a parasite... but with this mitochondrial DNA, researchers learned that the Rafflesia is actually a relative of the violet, the passionflower and the willow. These are all plants that fall under the Malpighiales order.

Now get ready to answer the questions. You may use your notes to help you answer.

29. What does the professor mainly discuss?
30. According to the professor, what makes it difficult for the Rafflesia to pollinate?
31. What can be inferred about the Rafflesia plant when it blooms?
32. What does the professor say about the order of the Rafflesia?

Listen again to part of the lecture. Then answer the question.

P: The Rafflesia has no roots, no observable leaves, and no stems. I hope you're all asking yourselves the same question... Well, having no plant parts to engage in photosynthesis, how does the Rafflesia sustain itself?

33. What does the professor mean when he says this:
    P: I hope you're all asking yourselves the same question...

Listen again to part of the lecture. Then answer the question.

P: I told you earlier on that the plant smells really bad, right? An explorer from Sweden even said that the Rafflesia has "a penetrating smell more repulsive than any buffalo carcass in an advanced state of decomposition." Nice, huh?

34. What does the professor mean when he says this?
    P: Nice, huh?

P: 네... 오늘은 사실 연구하기 힘든 아주 특별한 식물에 대해 알아보겠어요. 여러분들은 아마 어떤 식물인지 추측할 수 있을 거예요... 음, 힌트를 줄게요... 현존하는 식물 중에서 가장 냄새가 지독한 식물 중의 하나입니다...

S: 아, 네... 라플레시아 아닌가요?

P: 맞아요! 라플레시아입니다! 그래서... 이 식물에 관해 연구하기가 쉽지 않은데 오늘은 그 이유에 대해서 알아봅시다. 어떤 학생들은 이런 방향으로 생각할지도 모르겠지만... 이 식물의 냄새 때문에 연구가 어려운 것은 아니에요... 네... 이 식물의 슬라이드를 보여 줄게요... 보다시피, 라플레시아는 크고 별나게 생긴 꽃입니다. 이 꽃은 직경 1피트 정도이지만, 3미터까지 자랄 수 있고 7킬로그램 정도까지 무게가 나가기도 합니다.

자... 여러분들은 이 정도로 거대한 식물은 분명 활발한 광합성 작용을 한다고 생각할 거예요... 즉, 라플레시아는 그 크기 때문에 아마도 많은 양의 탄수화물을 생성할거라는 의미에요, 그렇죠? 그러나 이 식물을 주의 깊게 보세요... 이 식물은 단지 꽃일 뿐입니다, 그렇죠? 라플레시아는 뿌리가 없고, 눈에 띄는 잎도, 줄기도 없어요. 여러분들도 나와 같은 궁금증을 가졌기를 바래요... 광합성과 관련된 식물 기관을 갖고 있지 않다면, 라플레시아는 어떻게 스스로 생명을 유지할까요? 정답은... 스스로 생존 하는 것이 아닙니다. 라플레시아는 기생 식물이기 때문이에요! 슬라이드를 다시 보세요. 라플레시아가 가는 가지에서 자라고 있는 것처럼 보이지만, 이것은 크게 봐서 포도과의 일종인 Tetrastigma 과의 한 종인 다른 식물의 가지입니다. 그래서... 라플레시아는 이러한 실처럼 가는 가닥의 조직을 키워 Tetrastigma 속에 자리잡습니다. 그리고 영양분과 수분을 훔쳐 흡수하죠. 그러나 분명히 숙주 식물을 죽이지는 않아요, 그리고 라플레시아는 숙주 식물 내부에 숨어 있기 때문에 과학자들이 관찰하기가 어려운 것입니다.

아마 여러분들은... "왜 이 식물이 꽃을 피웠을 때 연구하지 않을까?"라고 생각할 수도 있을 것입니다. 그러나, 그렇게 하려 해도 문제가 있어요. 그 중 하나는, 라플레시아는 수분을 잘 하지 못한다는 점입니다... 앞서 내가 이 식물은 냄새가 고약하다는 얘기를 했었죠, 그렇죠? 스웨덴의 조사자는 심지어 라플레시아가 "부패 상태가 심한 물소의 시체보다도 고약하고 강한 냄새가 난다"라고 말했어요. 적당한 표현이죠, 그렇죠? 음, 이 식물이 이처럼 악취를 풍기는 이유는 일반적으로 부패한 살에 꼬여드는 carrion 파리를 유인하기 위해서입니다. 이 식물이 수분하려면 carrion 파리가 필요해요. Carrion 파리를 유인하지 못했다면, 라플레시아는 지금쯤 벌써 멸종했다 해도 과장은 아닐 거예요. 내 말은, 라플레시아는 암꽃과 수꽃이 분리되어 있는... 자웅 이화이기 때문에 수분이 잘 일어나지 않아요. 따라서... 번식을 위해서는, 수꽃이 암꽃 근처에 있어야만 하는데 현재 라플레시아의 개체군은 흩어져서 분포되어 있습니다. 안타깝게도, 사람들이 이 식물이 자라는 서식지를 파괴하고 있어요... 따라서 라플레시아가 생존하기 힘들어지죠.

그래서, 이는 만약 과학자가 라플레시아를 관찰하고자 한다면 꽃이 피는 순간을 포착해야 한다는 것을 의미합니다. 라플레시아는 화려하고 악취를 풍기는 광경으로 숙주식물에서 갑자기 나타납니다, 그리고 이는 숙주식물이 기생 식물로부터 사실상 자유로워지도록 하는 것입니다. 그러나... 이 꽃은 5일에서 7일 이내에 시들어버립니다. 따라서 과학자들이 이 식물을 관찰할 시간이 많이 없는 것이죠. 더군다나 과학자가 이 별난 식물이 어떻게 생겼으며 어떤 냄새가 나는지 보려면 수 십 명의 관광객들과 경쟁해야 할 거예요.

좋아요, 라플레시아에 대한 연구가 쉽지 않기 때문에, 심지어 라플레시아가 어떤 과와 목에 속하는지를 결정하기까지도 많은 시간이 걸렸습니다. 라플레시아는 엽록체가 없어요... 광합성을 하지 않으니 엽록체도 없는 것이죠, 그렇죠? 그 대신 과학자들은 미토콘드리아 DNA를 이용했어요. 아무튼, 빨리 요약할게요... 처음에 과학자들은 라플레시아는 기생식물인 Mitrastema와 관련 있다고 생각했어요... 그러나 미토콘드리아 DNA를 통해 과학자들은 라플레시아는 제비꽃, 시계풀, 버드나무와 같은 계통임을 알게 되었어요. 이 식물들은 모두 Malpighiales 목에 속합니다.

bizarre [bizáːr] 별난　**diameter** [daiǽmitər] 직경, 지름　**photosynthetic** [fòutəsinθétik] 광합성의

carbohydrate [kɑ̀:rbouháidreit] 탄수화물　**observable** [əbzə́:rvəbl] 눈에 띄는　**stem** [stem] 줄기
engage in 관련되다, 관여하다　**photosynthesis** [fòutəsínθisis] 광합성　**sustain** [səstéin] (생명을) 유지하다
parasite [pǽrəsàit] 기생 식물　**twig** [twig] 가는 가지　**species** [spí:ʃi:z] 종　**tissue** [tíʃu:] 조직
embed [imbéd] 자리잡다　**host plant** 숙주 식물　**pollinate** [pɑ́lənèit] 수분하다　**penetrating** [pénitrèitiŋ] 강한
repulsive [ripʌ́lsiv] 고약한　**buffalo** [bʌ́fəlòu] 물소　**carcass** [kɑ́:rkəs] 시체　**decomposition** [dì:kɑmpəzíʃən] 부패
exaggeration [igzæ̀dʒəréiʃən] 과장　**extinct** [ikstíŋkt] 멸종하다　**unisexual** [jù:nisékʃuəl] 자웅 이화의
reproduction [rì:prədʌ́kʃən] 번식　**burst out** 갑자기 나타나다　**splendorous** [spléndərəs] 화려한
stinking [stíŋkiŋ] 악취가 나는　**family** [fǽməli] 과　**order** [ɔ́:rdər] 목　**chloroplast** [klɔ́:rəplæ̀st] 엽록체
mitochondrial [maítəkɑ́ndriəl] 미토콘드리아의　**violet** [váiəlit] 제비꽃　**passionflower** [pǽʃənflàuər] 시계풀
willow [wílou] 버드나무

[35-39]

Listen to part of a conversation between a student and a university administrator.

M: Excuse me, I'm looking for the Campus Media Manager's office.

W: Actually this is it. Are you here for an appointment?

M: Um, sort of... I host a radio show on campus and I got an e-mail asking me to visit this office.

W: Oh, yes! Casey, right? I'm Dana, I'm the one who e-mailed you.

M: Hi, nice to meet you. Um, I'm sorry I couldn't meet you earlier... I just finished the show, actually. And I have a class starting across campus in about twenty minutes, so...

W: All right, I'll try not to take up too much of your time. Casey, did you know that this office conducted a student survey recently, and your show was voted one of the most popular?

M: Really? Wow, that's interesting, I didn't know that.

W: Yes, it's definitely good news. All the students we surveyed seemed to really enjoy your show. I was surprised to hear that so many students are awake to listen to it! I must say... to get up so early every week to do your show... well, that must take a lot of dedication.

M: Yeah, it's tough waking up so early to do a three-hour show once a week... it takes more preparation than people realize... because my co-host and I have to decide what we're going to play, keep track of new releases, you know... that kind of thing.

W: Well, all your hard work is worth it... but I think some listeners would like to have more information about the music... You know, song titles and artists, things like that.

M: I see...

W: Have you thought about announcing the info at the end of the each song?

M: Well, actually, my co-host and I... we have our reasons for not doing that... see, some songs we like to mix together, and it would interrupt the flow of the music if we cut in every once in a while to talk.

W: Hmm... it's a good point, but here's where the Campus Media office comes in. As you know, the university administration believes student opinion is very important... especially since the school's investing quite a lot of money in the radio station. So the university administration office has asked me to make sure that you... keep your listeners as happy as possible... because if they're not satisfied, they will stop listening to the radio! So what if you announce the song titles before you start playing?

M: I guess that's possible too, but it's really not our style. We want our show to be about the music... and the less talking, the better. But I agree with you and the school... respecting our listeners' wishes is really important. After all, they're the reason why we have campus radio in the first place! So... how about if we started posting playlists of our show on the radio on the station's website?

W: That sounds like a good idea. Then you can announce on your show that listeners can see the song info online. Actually you can give a lot more information on the songs that way...

Now you get ready to answer the questions. You may use your notes to help you answer.

35. Why does the woman talk to the man?
36. According to the conversation, why did listeners feel the show needed to be changed?
37. What does the woman imply about the school administration?
38. What suggestion does the radio host make?

Listen again to part of the conversation. Then answer the question.

W: So what if you announce the song titles before you start playing?
M: I guess that's possible too, but it's really not our style. We want our show to be about the music... and the less talking, the better.

39. Why does the student say this:
M: We want our show to be about the music... and the less talking, the better.

M: 실례지만, 저는 캠퍼스 미디어 관리자의 사무실을 찾고 있어요.
W: 바로 여기에요. 약속이 있어서 오셨나요?
M: 음, 그렇다고 할 수 있어요... 저는 캠퍼스 라디오 프로그램의 사회를 보는데 이 사무실로 오라는 이메일을 받았어요.
W: 아, 맞아요! Casey, 맞죠? 저는 Dana에요, 제가 당신에게 이메일을 보냈어요.
M: 안녕하세요, 만나서 반갑습니다. 음, 더 일찍 오지 못해서 죄송해요... 사실, 방금 라디오 프로그램을 마치고 오는 길이에요. 그리고 20분 정도 후에 캠퍼스 반대편에서 시작하는 강의를 들으러 가야 해요, 그래서...
W: 알겠어요, 학생의 시간을 많이 빼앗지 않을게요. Casey, 우리 부서에서 근래에 학생들을 대상으로 설문조사를 했는데, 학생의 라디오 프로그램이 가장 인기가 많은 프로그램 중의 하나로 뽑혔다는 사실을 알고 있나요?
M: 정말이요? 와, 흥미로운 사실인데요, 전 모르고 있었어요.
W: 네, 정말 좋은 소식이죠. 우리가 설문조사를 한 모든 학생들이 학생의 라디오 프로그램을 정말 좋아하는 것 같았어요. 저는 그렇게 많은 학생들이 학생의 라디오 프로그램을 청취하려고 이른 시간에 깨어 있었다는 사실에 놀랐어요! 제가 하고 싶은 얘기는... 매주 라디오 프로그램을 방송하기 위해 일찍 일어나려면... 음, 분명 많은 헌신이 필요하겠죠.
M: 네, 매주 한 번씩 3시간짜리 방송을 하기 위해 일찍 일어나는 건 힘들어요... 사람들이 생각하는 것보다 많은 준비가 필요하답니다... 그러니까... 저와 공동 진행자는 어떤 곡을 방송할 것인지 결정하고, 최근 발매되는 음반과 같은 것들에 대해 알고 있어야 하기 때문이에요.
W: 음, 그래도 노력한 보람은 있네요. 그런데 몇몇 청취자들은 음악에 대한 정보를 더 알고 싶어하는 것 같아요... 그러니까, 노래 제목과 가수 등에 관한 것들 말이에요.
M: 그렇군요...
W: 한 곡이 끝날 때마다 정보를 알려주는 것은 어때요?
M: 음, 사실, 저와 제 공동 진행자가... 그렇게 하지 않는 이유가 있어요... 그러니까, 우리가 의도적으로 연결해서 방송하는 곡들이 있는데, 한 곡마다 잠깐씩 말을 하기 위해 끼어들면, 음악의 흐름이 끊기기 때문입니다.
W: 음... 좋은 지적이군요, 하지만 여기서 캠퍼스 방송 부서를 고려해야 해요. 알다시피, 대학 본부에서는 학생들의 의견이 매우 중요하다고 생각합니다... 특히 학교가 적지 않은 돈을 라디오 방송국에 투자하기 때문이에요. 따라서 대학 본부 사무실은 제게... 학생이 청취자들을 가능한 한 즐겁게 하는 것을 꼭 명심하게 해달라고 부탁했어요... 왜냐하면 그들을 만족시킬 수 없다면, 그들은 더 이상 라디오를 듣지 않을 테니까요! 그래서 음악 틀기 전에 곡명을 알려주면 어때요?
M: 그 방법도 가능하지만, 우리의 방식은 아니에요. 우리는 라디오 프로그램이 음악에 관한 것이기를 바라거든요... 말을 많이 하지 않는 편이 더 좋아요. 그렇지만 당신과 학교의 의견에 동의해요... 청취자들의 바람을 존중하는 것은 매우 중요해요. 어쨌든, 애초에 캠퍼스 라디오 방송을 하게 된 이유도 청취자들 덕분이니까요! 그러면... 라디오 방송 예정곡 목록을 방송국의 웹사이트에 게시하는 것은 어떨까요?
W: 좋은 생각이에요. 청취자들이 음악에 대한 정보를 인터넷에서 조회할 수 있다고 라디오 방송에서 공고하면 되겠군요. 그렇게 하면 음악에 대한 정보를 훨씬 많이 제공할 수 있겠어요...

host[houst] 사회를 보다, 진행을 하다 vote[vout] 투표하다 dedication[dèdəkéiʃən] 헌신 preparation[prèpəréiʃən] 준비
keep track of ~의 소식을 알고 있다 release[ri:lí:s] (레코드 등의) 발매 co-host (라디오, TV) 공동 진행자
interrupt[ìntərʌ́pt] 끊다, 방해하다 administration[ədmìnistréiʃən] 본부 radio station 라디오 방송국
playlist[pléilìst] (라디오 방송국의) 방송 예정곡 목록

[40-45]
Listen to a talk on music history.

P: We're going to talk about "romantic music" today. Now, when I use that term, I guess you know I'm not talking about love songs, right? I'm referring to that genre of music that was produced, uh, roughly from the 1820s till about the early 1900s. It's the type of music that emerged after the classical period... and it's associated with a movement called Romanticism. The basic philosophy of that movement was... truths aren't always expressed logically... They can be described through emotions, feelings and intuition. So it may sound a bit absurd to say romantic music was actually largely influenced by the industrial revolution. Can anyone tell me how?

S: The sound got... noisier?

P: Uh, no, not noisier... maybe louder... Well, if anything, the sound got better. We associate the industrial revolution with advancing technology, yes? Well, beginning in 1810, there was real innovation in the design and manufacture of musical instruments. Um... I think you're all familiar with the steam engine, right? It's considered the moving force behind the industrial revolution. Well, we often link this invention to transportation, but it actually had many applications. Two Germans–a trumpet player and a horn player–saw its adaptability to musical instruments. To make a long story short, these musicians worked together to devise a brass valve–similar to what they had observed in the steam engine–and this device produced an entire scale of whole notes and half notes that enhanced the sound of the trumpet and horn. So because of this device, many musicians began using brass instruments when they composed and played music. In fact, the mechanism they devised is still being used in the manufacture of brass instruments today.

OK... well... I guess everyone here knows who Beethoven is. Beethoven led the beginnings of romantic music... and he was pretty unhappy with the piano of his day. He found himself striking keys with great force if only to hammer out a stronger sound... and when he composed music, his compositions were always beyond what the piano could actually express. Well, improvements in molding and casting during the industrial revolution made it possible to produce heavier strings, strings with greater string tension possible... and that meant a wider range of notes, and a bigger, richer sound that resonated through the air. It also meant a more durable piano for Beethoven the piano pounder... And so, like brass instruments, the use of pianos escalated during this time for the same reason.

So... you had better-sounding instruments that yielded tones and notes that weren't doable in the past... and for romantic music, that meant greater experimentation in expressing emotions. The music had more harmonies, but it also explored dissonance. It was clearly more melodious, and there was greater variation in tempo and rhythm. So... nineteenth century instruments were capable of playing a wide range of musical types... folk music, waltzes, mazurkas, preludes...

Of course, the industrial revolution also meant mass manufacturing. This gave the middle class access to less expensive, good quality musical instruments. More people began playing instruments... and this produced middle-class virtuoso pianists and composers. The audience changed as well. Instead of playing to a courtly patron as composers did in the past, the romantic musician had a middle-class audience that knew how to appreciate music. And with appreciation

came more improvisation. You see, as more and more people listened to music, the length of the musical performances increased, and this led to orchestras playing more dramatic and complex music with a wider range of sounds for a larger audience. Composers such as Beethoven expanded musical forms and structures to include string quartets... and choral symphonies, which had an orchestra, a choir, and a soloist.
It was about this time that a number of music schools or conservatories were established. And these schools turned out many more extremely talented musicians and composers. Their music was easier to listen to. What do I mean by this? Classical music has a complexity that requires a truly significant level of technical mastery... and very often, the composer's style can't be appreciated and listened to meaningfully unless it is analyzed. The middle-class audience was not at the level where they could analyze style... so romantic music was something more in their league. Also... the new middle-class composers used human voice less often in their compositions. The uneducated middle class originally sang, but as the number of music schools increased and education levels rose, people started enjoying listening to classical instrumental music rather than the human voice.

Now get ready to answer the questions. You may use your notes to help you answer.

40. What is the talk mainly about?

Listen again to part of the lecture. Then answer the question.

P: Can anyone tell me how?
S: The sound got... noisier?
P: Uh, no, not noisier... maybe louder... Well, if anything, the sound got better.

41. What does the professor mean when he says this:
P: Well, if anything, the sound got better.

42. According to the lecture, what were two problems Beethoven experienced with earlier pianos?
43. Why does the professor mention a brass valve?
44. In the lecture, the professor describes the effects of mass manufacturing of instruments. Indicate whether each of the following is an effect.
45. What does the professor imply about the music written by Romantic composers?

P: 오늘 우리는 "낭만주의 음악"에 대해 얘기할거야. 자, 내가 이 용어를 사용할 때, 사랑 노래에 대해 얘기하는 것이 아니라는 것은 알겠지, 그렇지? 내가 얘기하는 것은, 음, 대충 1820년대에서 1900년대 초반까지 창조된 음악 장르를 가리키는 거야. 고전주의 시대 이후에 나타난 음악 종류지... 그리고 낭만주의라는 운동과 관련이 있어. 그 운동의 기본적인 철학은... 진실이 언제나 논리적으로 표현되는 것은 아니라는 거야... 감정, 느낌, 직감에 의해서 설명될 수도 있다는 거지. 그러니까 낭만주의 음악이 사실 산업 혁명의 영향을 크게 받았다고 하는 것이 이상하게 들릴 수도 있어. 어떻게 영향을 주었는지 누가 말해줄 수 있니?
S: 소리가... 더 시끄러워졌어요?
P: 음, 아니, 더 시끄러워진 건 아냐... 더 소리가 커졌을진 몰라도... 아무튼, 소리가 더 나아졌어. 우리는 산업 혁명을 기술의 발전과 관련 짓지, 그렇지? 음, 1810년부터, 악기의 디자인과 제작에서 진짜 혁신이 있었어. 음... 너희 모두 증기 기관은 잘 알고 있을 거야, 그렇지? 이것이 산업 혁명을 이끈 강력한 힘으로 여겨지잖니. 음, 우리는 이 발명품을 교통수단과 자주 연결시키지만, 사실 이것은 많은 곳에 적용되었어. 트럼펫 연주가와 호른 연주가인 두 독일인들이 그것의 악기에 대한 적용 가능성을 봤어. 긴 이야기를 짧게 말하자면, 이 음악가들은 놋쇠 밸브를 고안해내기 위해 힘을 합쳤어, 그들이 증기기관에서 관찰한 것과 비슷하게, 그리고 이 장치는 온음과 반음을 포괄하는

범위의 소리를 만들어냈고, 트럼펫과 호른의 소리 질을 높여 줬지. 그러니까 이 장치 덕분에, 많은 음악가들이 음악을 작곡하고 연주할 때 금관 악기를 사용하기 시작한 거야. 실제로, 그들이 고안해낸 방법은 오늘날까지도 금관악기의 제작에 사용되고 있어.
자... 그럼... 여기 있는 사람 모두 베토벤이 누군지 알겠지, 베토벤은 낭만주의 음악의 시작을 이끌었어... 그리고 당시의 피아노에 대해 꽤 불만스러워했어. 그는 오로지 더 강력한 소리를 두드려 내기 위해 건반을 엄청난 힘으로 치는 자신을 발견했어... 그리고 그가 음악을 작곡할 때, 그의 곡은 언제나 피아노가 실제로 표현할 수 있는 범위를 넘어섰지. 음, 산업혁명 동안 주형과 주조에서의 발전이 더 무거운 줄을 생산할 수 있도록 해줬어, 가능한한 가장 강력한 장력을 가진 선들을 말이야... 그리고 그것은 더 넓은 범위의, 그리고 공중에 울려 퍼지는 더 크고, 풍부한 소리를 만들 수 있다는 것을 뜻했어. 또한 베토벤이 더 강하게 두드릴 수 있는 더 튼튼한 피아노가 만들어졌다는 것을 의미했지... 그래서, 금관 악기들처럼, 이 시기에 피아노의 사용도 같은 이유로 확대되었어.
자... 과거에는 가능하지 않았던 음질과 음을 산출해내는 더 나은 소리가 나는 악기들이 생겼지... 그리고 낭만주의 음악에 이것은 감정을 표현하는 데 더 많은 실험을 할 수 있다는 것을 뜻했어. 음악에는 화음이 많아졌지만, 불협화음을 탐험하기도 했지. 확실히 더 선율적이었고, 리듬과 템포에 더 많은 변화가 있었어. 그래서... 19세기 악기들은 넓은 범위의 음악 종류들을 연주하는 것이 가능했어... 민속음악, 왈츠, 마주르카, 전주곡 같은 종류 말이야...
물론, 산업 혁명은 대량 생산을 의미하기도 했어. 덕분에 중산층은 덜 비싼, 품질 좋은 악기들을 접할 수 있었어. 더 많은 사람들이 악기를 연주하기 시작했고... 이것은 중산층 피아니스트 또는 작곡가 거장들을 낳았지. 관객도 바뀌었어. 과거에 작곡가들이 궁중의 후원자 앞에서 연주했던 것 대신, 낭만주의 음악가들에겐 음악을 감상할 줄 아는 중산층 관객들이 있었어. 그리고 감상과 함께 즉석 연주가 더 나왔지. 그러니까, 점점 더 많은 사람들이 음악을 들을수록, 음악 공연의 길이는 늘어났고, 그로 인해 오케스트라들은 더 많은 관객을 위해 넓은 범위의 소리를 가진 더욱 더 드라마틱하고 복잡한 음악을 연주하게 되었어. 베토벤과 같은 작곡가들은 현악 사중주와... 오케스트라, 합창단, 그리고 독주자가 있는 합창 교향곡을 포함시킬 수 있도록 음악의 형태와 구조를 확장시켰어.
이 시기 쯤에 몇 개의 음악학교 또는 학원들이 세워졌어. 그리고 이런 학교들은 더욱 많은 굉장히 능력 있는 음악가와 작곡가들을 배출해 냈단다. 그들의 음악은 감상하기 더 쉬웠어. 그게 무슨 말이냐고? 고전주의 음악은 진정 엄청난 수준의 기술적 숙달이 필요한 복잡성이 있어... 그리고 분석 없이는 작곡가의 스타일을 의미 있게 감상하고 들을 수 없을 때가 많지. 중산층 관객들은 스타일을 분석할 정도의 수준이 아니었어... 그러니까 낭만주의 음악이 그들과 더 잘 맞았다고 할 수 있겠지. 그리고... 새로운 중산층 작곡가들은 그들의 곡에서 사람 목소리를 덜 사용했어. 교육받지 못한 중산층 사람들은 원래 노래를 불렀지만, 음악 학교의 수가 증가하고 교육 수준이 증가하면서, 사람들은 사람 목소리보다 고전적인 기악을 듣는 것을 즐기기 시작했단다.

refer [rifə́ːr] 가리키다　genre [ʒɑ́ːŋrə] 장르　roughly [rʌ́fli] 대충　emerge [imə́ːrdʒ] 나타나다
classical [klǽsikəl] 고전주의의　movement [múːvmənt] 운동　philosophy [filɑ́səfi] 철학　logical [lɑ́dʒikəl] 논리적인
intuition [ìntjuːíʃən] 직감　industrial revolution 산업 혁명　associate [əsóuʃièit] 관련시키다　steam engine 증기 기관
application [æ̀pləkéiʃən] 적용　adaptability [ədæ̀ptəbíləti] 적용 가능성　devise [diváiz] 고안하다　scale [skeil] 범위
enhance [inhǽns] 높이다, 강화하다　brass instrument 금관 악기　compose [kəmpóuzd] 작곡하다
hammer out 두드리다　composition [kɑ̀mpəzíʃən] 작곡　beyond [bijɑ́nd] 범위를 넘어서　casting [kǽstiŋ] 주조
string tension 줄의 장력　escalate [éskəlèit] 확대하다　doable [dúːəbl] 가능한　experimentation [ikspèrəmentéiʃən] 실험
melodious [məlóudiəs] 선율적인　tempo [témpou] 템포　prelude [préljuːd] 전주곡
improvisation [imprɑ̀vizéiʃən] 즉석 연주　dramatic [drəmǽtik] 드라마틱한　conservatory [kənsə́ːrvətɔ̀ːri] 음악 학원
complexity [kəmpléksəti] 복잡성　technical [téknikəl] 기술적인　mastery [mǽstəri] 숙달
uneducated [ʌnédʒukèitid] 교육을 받지 못한　instrumental music 기악

[46-51]
Listen to a lecture on fishing.

OK, let me start by saying that in many parts of the world, fish is the top source of protein–over a billion people get their daily protein requirements from fish. And because it's a food consumed in great quantities, the fishing industry is a thriving one. One part of the industry, the live food fish trade, has been growing steadily over the past decade or so. People want fresh, live fish that's been killed just before it's eaten. The trade is presently upwards of a billion dollars a year. That is so great a demand that fishermen will often exploit locations with known fish stocks in various parts of the oceans, and when a source becomes depleted, they'll look for new sources to exploit. They've gone farther away into the ocean or deeper into it to look for fish that's in demand. Fish like... Peruvian and Japanese anchovies, blue whiting, yellowfin, and bluefin tuna, Alaskan salmon...

So... are there any laws in place to regulate fishing? Well, the United Nations Convention on the Law of the Sea met from 1973 through 1982. That was one long convention, huh? And the result was a treaty that set out the rights and responsibilities for fishing in the world's oceans. In 1995, the Food and Agriculture Organization, or FAO, produced a Code of Conduct for Responsible Fisheries. Were these regulations effective in managing marine natural resources? Well, if they had been, new regulations wouldn't have been necessary. In 2001, the FAO established the FAO International Plan of Action to Prevent, Deter and Eliminate Illegal, Unreported and Unregulated Fishing. That's IUU fishing, for short... And has that been successful? Well, it's been determined that six of the FAO regions that accounted for more than half the global catch in 2005 had 85 percent of their stocks fully fished or overfished. In parts of the Atlantic, and the western Indian Ocean as well, further expansion in fishing is just not possible; they have been exploited to the point where any further fishing cannot be supported.

So what seems to be the problem? Why aren't these laws making a difference? There are a number of problems where the IUU fishing law's concerned... well, not just this law, but fishing codes in general, whether international, national, or local... Let's look at just one aspect... It's the one that allows fishing for only a certain period of time each year.

Um, I think we can appreciate that lawmakers want stocks to recover after they've been depleted to some extent. But maybe they didn't have the funds to conduct research to find out what the effects would be if they limited fishing to certain periods during the year. Well, let me make an analogy... just so you have an idea what could happen when fishing time is regulated. Uh, let's say there's an ad for a sale at an upscale department store, and everything's seventy percent off. But the sale is limited to just one week in January. People will make a stampede for that store, and they'll buy stuff they don't need. They'll probably throw some of that stuff out in a year's time without ever having used it, or maybe sell some of it at a loss on eBay. Same thing with fishing! Limit the period, and fishermen will make it a point to catch as much as they can during the regulated period. Some of their catch they may wind up not selling, and they'll have to throw it away, right? And that means wasted resources, not to mention the money that went into financing those fishing expeditions.

What else? Well, I told you how people love fresh fish. Let me ask you... if you went crazy at the supermarket and bought twenty pounds of fresh salmon... Do you think you could eat the whole lot in one sitting? Probably not, unless you throw a big party with lots of guests, maybe... But if you're not, I mean, throwing a party, well, you're just going to have to put the fish away in a freezer, or it'll get spoiled. And if you freeze it, it won't be fresh the next day or the week after. And that means it won't be as tasty when you finally cook it. If you're selling fish, and you have no choice but to freeze it because you have large quantities of it, you're going to have to sell it at a lower price. Fresh fish commands top dollar. Frozen fish does not.

OK. One other thing... Um, I don't know if you've ever watched *The Perfect Storm*. It's about these fishermen who go out to sea to catch tuna, and while they're out in the open, three storms meet and generate a single monster storm. The fishing trawler and the men in it were never seen again. It's a true story. I don't mean just the movie, but in real life as well. Fishermen have to make a catch before the allotted period ends, and that's why they go out into stormy seas. The law forces them to.

Now get ready to answer the questions. You may use your notes to help you answer.

46. What is the main topic of the lecture?

47. According to the professor, what are two practices fishermen follow to meet worldwide demand for

live food fish?

48. What can be inferred about the fishing laws and regulations that have been implemented since the 1980s?

Listen again to part of the lecture. Then answer the question.

P: So what seems to be the problem? Why aren't these laws making a difference? There are a number of problems where the IUU fishing law's concerned... well, not just this law, but fishing codes in general, whether international, national, or local... Let's look at just one aspect... It's the one that allows fishing for only a certain period of time each year.

49. Why does the professor say this:
P: ...well, not just this law, but fishing codes in general, whether international, national, or local

50. Why does the professor talk about a sale at a department store?
51. According to the professor, why is fishing in large quantities unprofitable?

자, 세상의 많은 지역들에서, 물고기는 최고의 단백질 공급자라는 말을 하면서 시작하겠습니다, 10억이 넘는 사람들이 하루에 필수적으로 필요한 단백질을 물고기에서 공급받죠. 그리고 이것은 대량으로 섭취되는 음식이기 때문에, 어업은 매우 활발합니다. 어업의 일부인 살아있는 식용 물고기 교역은 지난 10여 년 간 착실하게 성장해 왔어요. 사람들은 신선하고, 먹기 바로 직전까지 살아있던 물고기를 원하죠. 이 교역은 현재 1년에 약 10억 달러 이상입니다. 이것은 너무나도 엄청난 수요라서 어부들은 알려진 물고기 떼들이 많은 지역을 종종 지나치게 이용하고, 자원이 고갈되면, 이용할 새로운 자원들을 찾습니다. 그들은 수요가 있는 물고기를 찾기 위해 더 멀리 또는 더 깊은 바다로 갑니다. 이러한 물고기들은 페루와 일본 멸치, 푸른 대구, 황다랑어, 참다랑어, 알래스카 연어와 같은 것들이에요...
그럼... 낚시를 규제하기 위한 법이 있을까요? 음, 해양법에 대한 UN의 회의가 1973년에서 1982년까지 열렸어요. 회의 하나 참 길죠, 그렇죠? 그리고 그 결과는 세계의 바다들에서 낚시의 권리와 의무들을 정리한 협정이었어요. 1995년에 식량농업기구, 또는 FAO는 책임있는 수산업 규범을 정했어요. 이 규칙들이 해양 천연 자원들을 다루는 데 효과적이었을까요? 음, 만일 그랬다면, 새로운 규칙이 필요없었겠죠. 2001년에, FAO는 불법, 비보고, 그리고 비규제 어업 근절을 위한 FAO 국제 행동 계획을 만들었어요. 짧게 말해서 IUU 어업이라고 하죠... 그럼 이건 성공적이었을까요? 음, 2005년에 전세계 어획량의 반 이상을 차지한 FAO의 여섯 지역의 물고기가 85퍼센트, 또는 그 이상 잡혔어요. 대서양과 서인도양의 일부 지역에서는 더 이상의 어획은 불가능해요. 더 이상 물고기를 잡을 수 없을 정도까지 남획한 거죠.
그럼 뭐가 문제일까요? 이러한 규정들이 왜 변화를 가져오지 못할까요? IUU 어획법에 관련해 많은 문제들이 있습니다... 음, 이 법뿐만 아니라 국제적이든, 국내적이든, 아님 지역적이든 어획 규정에 전반적으로요... 한 면만 살펴볼게요... 매년 특정 기간 동안만 어획을 허용하고 있다는 점이 문제 중 하나입니다.
음, 어느 정도 고갈된 후에라도 입법자들이 어업자원을 보호하려고 하는 데 우리는 고마워할 수 있는 것 같습니다. 하지만 그들은 일년에 일정 기간 동안 어업을 제한함으로써 생기는 영향에 대해 알아 볼 연구를 진행할 자금이 없었나 봅니다. 음, 비유를 해볼게요... 어업가능 기간을 제한하면 무슨 일이 생기는지 여러분들이 알 수 있도록요. 어, 고급 백화점에서 세일 광고를 한다고 해봐요, 그리고 모든 상품을 70퍼센트 할인해주고요. 하지만 이 세일은 1월의 딱 1주일에 제한되어 있습니다. 사람들은 백화점으로 쇄도하고, 필요하지 않은 물건을 살 것입니다. 일년쯤 후에는 아마 산 물건 중 일부를 쓰지도 않고 버리게 되던지, 아님 eBay에 손해를 보고 팔겠죠. 어업도 똑같아요! 기간을 제한하면, 어부들은 그 규정된 기간 동안 반드시 최대한 많이 잡으려고 할 것입니다. 잡은 물고기 중 일부는 팔지 못하게 되고, 버리게 되겠죠, 그렇죠? 그리고 이는 자원 낭비를 의미하죠, 어업을 위해 항해하는 데 들어간 비용은 말할 필요도 없고요.
또 뭐가 있을까요? 음, 사람들이 얼마나 신선한 물고기를 좋아하는지는 말했죠. 하나 물어볼게요... 만약 여러분이 정신 없이 슈퍼마켓에서 신선한 연어를 20파운드나 샀다면... 한 번에 모두를 다 먹을 수 있을 것 같아요? 아마 아니겠죠, 많은 손님들이 참석하는 큰 파티를 연다면 몰라도요... 하지만 그러지 않는다면, 그러니까, 파티를 열지 않으면, 음, 여러분은 아마 물고기를 냉장고에 넣어두게 될 거예요, 아님 썩을 테니까요. 그리고 만약 여러분이 그걸 얼린다면, 그 다음날이나 일주일 후에는 신선하지 않겠죠. 그리고 이는 결국 물고기를 요리했을 때 처음처럼 맛있지 않다는 것을 의미하죠. 여러분이 물고기를 파는 사람이었다면, 많은 양을 가지고 있어서 얼려두는 것 외에 선택의 여지가 없다면, 여러분은 가격을 내려서 팔아야 하게 될 겁니다. 신선한 물고기는 높은 가격을 받을 가치가 있어요. 얼린 물고기는 그렇지 않죠.
자. 또 다른 하나는... 음, The Perfect Storm을 본적이 있는지 모르겠네요. 이 영화는 참치를 잡기 위해 바다로 떠나는 어부들의 이야기인데, 망망대해에 있을 때, 세 개의 폭풍우가 합쳐져 거대한 하나의 폭풍우를 만든다는 내용입니다. 어획용 트롤과 그 안에 있는 사람들을 다시는 볼 수 없었죠. 실화입니다. 그저 영화 속에서 만이 아니라, 현실에서도 마찬가지예요. 어부들은 할당된 기간이 끝나기 전에 물고기를 잡아

야 하고, 그 때문에 폭풍우가 부는 바다에도 나가는 거죠. 법이 그들을 내모는 겁니다.

protein [próuti:n] 단백질 **thrive** [θraiv] 활발하다, 번창하다 **steadily** [stédili] 착실하게, 꾸준히 **upwards** [ʌ́pwərdz] 이상의 **demand** [dimǽnd] 수요 **exploit** [eksplɔ́it] 지나치게 이용하다, 착취하다 **deplete** [diplí:t] 고갈시키다 **anchovy** [ǽntʃouvi] 멸치, 안초비 **yellowfin tuna** 황다랑어 **bluefin tuna** 참다랑어 **salmon** [sǽmən] 연어 **regulate** [régjəlèit] 규제하다 **United Nations** UN **convention** [kənvénʃən] 회의 **treaty** [trí:ti] 협정, 협약 **Food and Agriculture Organization** 식량농업기구 **manage** [mǽnidʒ] 다루다, 관리하다 **marine** [mərí:n] 해양의 **stock** [stɑk] 자원, 재고 **extent** [ikstént] 정도, 범위 **analogy** [ənǽlədʒi] 비유 **upscale** [ʌ́pskèil] 고급의 **stampede** [stæmpí:d] 쇄도 **make it a point to** 반드시 ~하려고 하다 **wind up doing** ~하게 되다 **expedition** [èkspidíʃən] 항해, 탐험 **spoil** [spɔil] 썩게 하다, 손상하다 **tasty** [téisti] 맛있는 **generate** [dʒénərèit] 만들다, 발생시키다 **allot** [əlɑ́t] 할당하다 **stormy** [stɔ́:rmi] 폭풍우가 부는